Dizionari tascabili

DIZIONARIO
TEDESCO

ITALIANO - TEDESCO
TEDESCO - ITALIANO

A.VALLARDI

A cura di Erica Pichler
con la collaborazione
di Maria Corsi e Cristina Oprisan

Prima edizione 1995
Ristampa 1998

© Antonio Vallardi Editore s.r.l., 1998
Printed in Italy

ISBN 88-8211-092-3

ITALIANO-TEDESCO

Note all'uso

♦	Segnala il passaggio da una categoria grammaticale all'altra all'interno di una stessa voce.
( )	Il lemma tedesco è seguito dal genitivo singolare e dal nominativo plurale, indicati tra parentesi.
/.	Se il genitivo è seguito da una barra e un punto il lemma non ha il plurale o il plurale è usato solo molto di rado.
.	Il punto indica che il verbo è separabile.
Verbi forti	Di norma è indicato il paradigma dei verbi forti, a meno che si tratti degli ausiliari.
	L'imperfetto/passato remoto e il participio passato sono espressi tra parentesi immediatamente dopo l'infinito. Per ragioni di spazio nelle parentesi non è stato inserito il pronome riflessivo.
_	Il trattino basso è usato per evitare la ripetizione del lemma.
-	La lineetta seguita da una desinenza indica che il lemma è da usare modificato.

Tutte le indicazioni grammaticali sono stampate in corsivo.

VIII

Alfabeto e pronuncia

L'alfabeto tedesco ha 26 lettere. Oltre a quelle italiane ne fanno parte anche le lettere **J, K, W, X, Y**.

Vocali:

a, e, i, o, u	possono essere lunghe o brevi. Ortograficamente la lunghezza può essere indicata anche facendo seguire alla vocale una **h** muta o raddoppiando le vocali (ad eccezione della **u**).
	La lunghezza della **i** talvolta è indicata facendo seguire una **e** muta.

Raddolcimento:

ä	si pronuncia come la *e* breve ed aperta di *gerla*.
ö	è simile alla *eu* francese di *bleu*.
ü	si pronuncia come la *u* francese in *rue* o quella dialettale milanese.

Dittonghi:
La prima parte del dittongo è sempre accentata leggermente più forte della seconda.

ai, ei	si pronunciano entrambi come *ai* in *mai*.
äu, eu	si pronunciano entrambi come *oi* in *poi*.
au	si pronuncia come *au* in *auto*.

Consonanti
Vengono qui riportate solo le consonanti che foneticamente si differenziano molto dalle rispettive consonanti italiane.

c	davanti a *o, u, a* come la *c* in *casa*.
	davanti a *e, i, ä, ö, y* come la *z* di *ozio*.
g	davanti a *o, u, a* come la *g* di *gatto*.
	davanti a *e, i* di norma come la *g* di *gatto*.
	solo nelle parole di origine francese conserva il suono francese.
h	si aspira sempre prima di vocale.
k	corrisponde alla *c* italiana di *casa*.
q	è sempre seguita dalla *u* e si legge come la *c* di *casa* seguita da una *v*: *cv*.
s	seguita da vocale o intervocalica si legge sempre come la *s* di *rosa*.
	in fine di parola si legge sempre come la *s* di *sole*.
v	si legge spesso *f*, altrimenti come in italiano.

IX

w	corrisponde sempre alla *v* italiana.
x	corrisponde al suono di *cs*.
y	corrisponde al suono della semivocale *i* o a quello della *ü*.
z	corrisponde sempre al suono della *z* sorda di *ozio*.

Gruppi di consonanti:

ch	è un suono che manca in italiano.
	dopo *i, e, ä, ö, ü, ei, eu, äu, l, n, r*
	e nel diminutivo -*"chen"* si pronuncia con un suono palatale aspirato.
	dopo *a, o, u, au* la pronuncia è gutturale, aspirata simile alla *j* spagnola di *Juan*.
	nelle parole straniere che iniziano per *Ch* si pronuncia di norma come la *c* di *casa*.
ck	corrisponde ad una doppia *k*.
dt	si legge come una doppia *t*.
ph	si usa ormai poco e si legge come la *f*.
sch	corrisponde alla *sc* italiana di *scena*.
sp / st	all'inizio di sillaba si legge come *sc* di *scena* seguita rispettivamente dalla *p* o dalla *t*.
ß	foneticamente corrisponde a una doppia *s*.

Accento

In tedesco di norma l'accento tonico cade sulla prima sillaba.
Costituiscono un'eccezione e sono accentate sull'ultima sillaba le parole terminanti in **-ei** e **-ieren** e le abbreviazioni pronunciate con le singole lettere dell'alfabeto.
Le parole straniere seguono la pronuncia della lingua originaria.
Nelle parole composte l'accento principale cade sulla prima componente, mentre sulla seconda cade un accento secondario.
L'accento tedesco **non migra** mai.

Abbreviazioni

abbigl.	abbigliamento	*fin.*	finanza
abbr.	abbreviazione	*fis.*	fisica
acc.	accusativo	*gastr.*	gastronomia
agg.	aggettivo	*gen.*	genitivo
amm.	amministrazione	*geol.*	geologia
anat.	anatomia	*germ.*	germanico
arch.	architettura	*imp.*	imperativo
art.	articolo	*imperf.*	imperfetto
attr.	attributo, attributivo	*impers.*	impersonale
austr.	austriaco	*indef.*	indefinito
avv.	avverbio, avverbiale	*indet.*	indeterminativo
		indic.	indicativo
		inf.	infinito
biol.	biologia	*inform.*	informatica
bot.	botanica	*inter.*	interiezione
chim.	chimica	*interr.*	interrogativo
comm.	commercio	*intr.*	intransitivo
comp.	comparativo	*inv.*	invariato
compl. ogg.	complemento oggetto	*jdm.*	jemandem
cond.	condizionale	*jdn.*	jemanden
cong.	congiunzione, congiuntivo	*locuz.*	locuzione
		m.	maschile
dat.	dativo	*mar.*	marineria
det.	determinativo	*mat.*	matematica
dim.	dimostrativo	*med.*	medicina
dir.	diritto	*merid.*	meridionale
econ.	economia	*metall.*	metallurgia
elettr.	elettricità	*meteor.*	meteorologia
escl.	esclamazione	*mil.*	militare
f.	femminile	*min.*	mineralogia
fam.	familiare	*mus.*	musica
farm.	farmacologia	*n.*	neutro
ferr.	ferrovie	*nom.*	nominativo
fig.	figurato	*pitt.*	pittura
pl.	plurale	*s.*	sostantivo
pol.	politica	*scient.*	scientifico
pred.	predicativo	*sing.*	singolare
prep.	preposizione, preposizionale	*sogg.*	soggetto
		spec.	specialmente

pres.	presente	*spreg.*	spregiativo
pron.	pronome	*svizz.*	svizzero
prop.	proposizione	*teatr.*	teatro
psic.	psicologia	*tecn.*	tecnologia
qlco.	qualcosa	*tel.*	telecomunicazioni
qlcu.	qualcuno	*tip.*	tipografia
rel.	relativo	*tr.*	transitivo
relig.	religione	*tv.*	televisione
relig. catt.	religione cattolica	*v.*	verbo
s.	sostantivo	*zool.*	zoologia

XII

Alfabeto telefonico

	Italiano	**Tedesco**
A	*Ancona*	Anton
B	*Bologna*	Berta
C	*Como*	Cäsar
D	*Domodossola*	Dora
E	*Empoli*	Emil
F	*Firenze*	Friedrich
G	*Genova*	Gustav
H	*Hotel*	Heinrich
I	*Imola*	Ida
J	*Jolly*	Julius
K	*Kursaal*	Karl
L	*Livorno*	Ludwig
M	*Milano*	Martha
N	*Napoli*	Nordpol
O	*Otranto*	Otto
P	*Palermo*	Paul
Q	*Quarto*	Quelle
R	*Roma*	Richard
S	*Savona*	Siegfried
T	*Torino*	Theodor
U	*Udine*	Ulrich
V	*Venezia*	Viktor
W	*Washington*	Wolfgang
X	*Xeres*	Xanthippe
Y	*Yacht*	Ypsilon
Z	*Zara*	Zacharias

Numeri cardinali

1	uno	eins
2	due	zwei
3	tre	drei
4	quattro	vier
5	cinque	fünf
6	sei	sechs
7	sette	sieben
8	otto	acht
9	nove	neun
10	dieci	zehn
11	undici	elf
12	dodici	zwölf
13	tredici	dreizehn
14	quattordici	viezehn
15	quindici	fünfzehn
16	sedici	sechzehn
17	diciassette	siebzehn
18	diciotto	achtzehn
19	diciannove	neunzehn
20	venti	zwanzig
21	ventuno	einundzwanzig
30	trenta	dreißig
40	quaranta	vierzig
50	cinquanta	fünfzig
60	sessanta	sechzig
70	settanta	siebzig
80	ottanta	achtzig
90	novanta	neunzig
100	cento	einhundert
101	centouno	einhunderteins
200	duecento	zweihundert
1000	mille	tausend
1001	milleuno	tausendeins
2000	duemila	zweitausend
1000000	un milione	eine Million
1000000000	un miliardo	eine Milliarde

Numeri ordinali

1°	primo	1.	erste
2°	secondo	2.	zweite
3°	terzo	3.	dritte
4°	quarto	4.	vierte
5°	quinto	5.	fünfte
6°	sesto	6.	sechste
7°	settimo	7.	siebte
8°	ottavo	8.	achte
9°	nono	9.	neunte
10°	decimo	10.	zehnte
11°	undicesimo	11.	elfte
12°	dodicesimo	12.	zwölfte
13°	tredicesimo	13.	dreizehnte
20°	ventesimo	20.	zwanzigste
21°	ventunesimo	21.	einundzwanzigste
30°	trentesimo	30.	dreißigste
100°	centesimo	100.	hundertste
1000°	millesimo	1000.	tausendste

La data viene espressa con i numeri ordinali:
Mailand, den 20. Juli 1995

Nomi geografici

1. Sezione italiano-tedesco

Adige	die Etsch	**Genova**	Genua
Adriatico, Mare	die Adria	**Giappone**	Japan
Aia L'	Den Haag	**Ginevra**	Genf
Albania	Albanien	**Gorizia**	Görz
Algeria	Algerien	**Gran Bretagna**	Großbritannien
Alpi	die Alpen	**Grecia**	Griechenland
Alto Adige	Südtirol	**Inghilterra**	England
Amazzonia	Amazonien	**Italia**	Italien
America	Amerika	**Lapponia**	Lappland
Antartide	die Antarktis	**Lavaredo**, Tre Cime	die Drei Zinnen
Anversa	Antwerpen	**Lemano**, Lago	Genfer See
Argentina	Argentinien	**Lettonia**	Lettland
Artide	die Arktis	**Libia**	Libyen
Asia	Asien	**Lituania**	Litauen
Atene	Athen	**Lombardia**	Lombardei
Australia	Australien	**Londra**	London
Balcani	der Balkan	**Lubiana**	Laibach
Belgio	Belgien	**Lussemburgo**	Luxemburg
Bolzano	Bozen	**Manica**, La	der Ärmelkanal
Borgogna	Brugund	**Mantova**	Mantua
Brennero	der Brenner	**Merano**	Meran
Bressanone	Brixen	**Milano**	Mailand
Brunico	Bruneck	**Morto**, Mar	Totes Meer
Bruxelles	Brüssel	**Mosa**	die Maas
Bulgaria	Bulgarien	**Mosca**	Moskau
Campidoglio	Kapitol	**Napoli**	Neapel
Ceca, Repubblica	die Tschechei	**Nero**, Mar	das Schwarze Meer
Cevedale	die Zufallspitze	**Norvegia**	Norwegen
Copenaghen	Kopenhagen	**Nuova Zelanda**	Neuseeland
Danimarca	Dänemark	**Olanda**	Holland
Dolomiti	die Dolomiten	**Padova**	Padua
Egitto	Ägypten	**Paesi Bassi**	die Niederlande
Etna	der Atna	**Parigi**	Paris
Finlandia	Finnland	**Pan di Zucchero**	Zuckerhut
Firenze	Florenz	**Pechino**	Peking
Francia	Frankreich	**Polonia**	Polen
Friuli	Friaul	**Portogallo**	Portugal
Gardena, Val	Gröden	**Praga**	Prag

XVI

Sardegna	Sardinien	**Puglia**	Apulien
Scandinavia	Skandinavien	**Roma**	Rom
Scozia	Schottland	**Romania**	Rumänien
Sicilia	Sizilien	**Rosso,** Mar	das Rote Meer
Slovacchia	Slowakei	**Russia**	Rußland
Slovenia	Slowenien	**San Candido**	Innichen
Sorrento	Sorrent	**Tevere**	der Tiber
Spagna	Spanien	**Ticino**	das Tessin
Stati Uniti	die Vereinigten Staaten	**Torino**	Turin
		Transilvania	Siebenbürgen
Stelvio, Passo dello	das Stilfser Joch	**Trento**	Trient
Stoccolma	Stockholm	**Trieste**	Triest
Strasburgo	Straßburg	**Valtellina**	das Veltlin
Svezia	Schweden	**Venezia**	Venedig
Svizzera	die Schweiz	**Vesuvio**	der Vesuv
Terra del Fuoco	Feuerland	**Vetta d'Italia**	der Großvenediger
Terranova	Neufundland	**Vipiteno**	Sterzing

2. Sezione tedesco-italiano

Deutschland

Aachen	Aquisgrana	**München**	Monaco di Baviera
Augsburg	Augusta	**Niedersachsen**	Bassa Sassonia
Bayern	Baviera	**Nordrhein**	Renania Settentr.
Berlin	Berlino	**-Westfalen**	-Vestfalia
Brandenburg	Brandeburgo	**Nürnberg**	Norimberga
Bremen	Brema	**Ostsee,** die	Mar Baltico
Donau, die	Danubio	**Pfalz,** die	Palatinato
Dresden	Dresda	**Regensburg**	Ratisbona
Freiburg	Friburgo	**Rhein,** der	Reno
Hamburg	Amburgo	**Rheinland,** das	Renania
Hessen	Assia	**Sachsen**	Sassonia
Leipzig	Lipsia	**Stuttgart**	Stoccarda
Magonza	Mainz	**Thüringen**	Turingia
Mecklenburg-Vorpommern	Meclemburgo-Pomerania Occid.	**Treviri**	Trier
		Tübingen	Tubinga
Mosel, die	Mosella	**Ulm**	Ulma

Österreich

Donau, die	Danubio	**Salzburg**	Salisburgo
Kärnten	Carinzia	**Steiermark,** die	Stiria
Niederösterreich	Bassa Austria	**Tirol**	Tirol
Oberösterreich	Austria Superiore	**Wien**	Vienna

Svizzera
Aargau, der	Argovia	**Matterhorn**, das	M. Cervino
Basel	Basilea	**Sankt Gallen**	Sangallo
Bern	Berna	**Schaffhausen**	Sciaffusa
Freiburg	Friburgo	**Thurgau**, der	Turgovia
Glarus	Glarona	**Vierwaldstättersee**	Lago dei Quattro Cantoni
Graubünden	Grigioni		
Luzern	Lucerna	**Zürich**	Zurigo

XVIII

Fraseologia

Al telefono

Pronto?	Hallo?
Chi parla?	Wer spricht?
Sono Carla Negri.	Hier ist Carla Negri.
Vorrei parlare con il signor Mayer.	Ich möchte Herrn Mayer sprechen.
C'è Helmuth?	Ist Helmuth zu sprechen?
Attenda, prego.	Einen Augenblick, bitte.
Le passo l'interno.	Ich verbinde Sie.
La linea è occupata.	Es ist besetzt.
La linea è caduta.	Wir sind unterbrochen worden.
Ha sbagliato numero.	Sie haben sich verwählt.
Il telefono è guasto.	Das Telefon ist kaputt.

Saluti

Incontrandosi

Buon giorno	Guten Tag
Buonasera	Guten Abend
Ciao	Hallo
Come sta/come va?	Wie geht es Ihnen?
Bene, grazie, e Lei?	Danke, gut, und Ihnen?

Lasciandosi

Arrivederci	Auf Wiedersehen
Ciao	Tschüs
Buona giornata/serata	Einen schönen Tag/Abend wünsch' ich.
A presto	Bis bald

Presentazioni

Questa è mia cugina	Das ist meine Kusine
Conosce il signor Mayer?	Kennen Sie Herrn Mayer?
Posso presentarLe il signor Mayer?	Darf ich Ihnen Herrn Mayer vorstellen?
Molto piacere	Sehr angenehm

Data

Che giorno è oggi?	Den wievielten haben wir heute?
Oggi è sabato, 2 luglio	Heute ist Samstag, der 2. Juli.
È accaduto nel 1985	Es ist 1985 passiert (*man lese: neunzehnhundertfünfundachtzig*)
Nel 33 a.Cr.	Im Jahr 33 v.Chr. (*vor Christus*)

Nell'Ottocento	Im 19. Jahrhundert
Negli anni Venti	In den Zwanzigerjahren

Ora

Che ore sono?	Wie spät ist es?
Sono le tre	Es ist drei Uhr
Sono le tre e dieci	Es ist zehn nach drei
Sono le tre e un quarto	Es ist Viertel nach drei
Sono le tre e mezza	Es ist halb vier
Sono le quattro meno un quarto	Es ist dreiviertel vier
	Es ist Viertel vor vier
È mezzogiorno	Es ist zwölf Uhr mittags
L'ho saputo due ore fa	Ich habe es vor zwei Stunden erfahren

Età

Quanti anni hai?	Wie alt bist du?
Ho vent'anni	Ich bin zwanzig
Compio trent'anni il mese prossimo	Nächsten Monat werde ich dreißig
Ha un anno meno di te	Er/sie ist ein Jahr jünger als du
Va per i cinquanta	Er/sie ist fast fünfzig

Acquisti

Quanto costa?	Wieviel kostet das?
È caro/a buon mercato	Es ist teuer/billig
Posso pagare con un assegno?	Darf ich mit einem Scheck bezahlen?
con la carta di credito?	mit der Kreditkarte?
Può farmi uno sconto?	Können Sie mir einen Nachlaß gewähren?
Non ho il resto/non ho spiccioli	Ich kann nicht wechseln/ich habe kein Kleingeld
Può cambiarmi 100 marchi?	Können Sie mir 100 Mark wechseln?

PRINCIPALI VERBI IRREGOLARI

Nei seguenti paradigmi sono indicati, nell'ordine, l'**infinito**, la **2.a pers.sing. dell'ind.pres.**, la **1.a pers.sing. dell'ind.preterito e il participio passato.**
Spesso questi verbi si combinano con prefissi, formando verbi composti, coniugati nello stesso modo.

beginnen	beginnst	begann	begonnen
beißen	beißt	biß	gebissen
biegen	biegst	bog	gebogen
bieten	bietest	bot	geboten
binden	bindest	band	gebunden
bitten	bittest	bat	gebeten
blasen	bläst	blies	geblasen
bleiben	bleibst	blieb	geblieben
brechen	brichst	brach	gebrochen
brennen	brennst	brannte	gebrannt
bringen	bringst	brachte	gebracht
denken	denkst	dachte	gedacht
empfehlen	empfiehlst	empfahl	empfohlen
essen	ißt	aß	gegessen
fahren	fährst	fuhr	gefahren
fallen	fällst	fiel	gefallen
fangen	fängst	fing	gefangen
finden	findest	fand	gefunden
fliegen	fliegst	flog	geflogen
fliehen	fliehst	floh	geflohen
fließen	fließt	floß	geflossen
frieren	frierst	fror	gefroren
geben	gibst	gab	gegeben
gehen	gehst	ging	gegangen
gelingen	-	(es) gelang	gelungen
gelten	giltst	galt	gegolten
genießen	genießt	genoß	genossen
geschehen	-	geschah	geschehen
gewinnen	gewinnst	gewann	gewonnen
gießen	gießt	goß	gegossen
gleichen	gleichst	glich	geglichen
graben	gräbst	grub	gegraben
greifen	greifst	griff	gegriffen
haben	hast	hatte	gehabt

halten	hältst	hielt	gehalten
hängen	hängst	hing	gehangen
heben	hebst	hob	gehoben
heißen	heißt	hieß	geheißen
helfen	hilfst	half	geholfen
kennen	kennst	kannte	gekannt
kommen	kommst	kam	gekommen
kriechen	kriechst	kroch	gekrochen
laden	lädst	lud	geladen
lassen	läßt	ließ	gelassen
laufen	läufst	lief	gelaufen
leiden	leidest	litt	gelitten
leihen	leihst	lieh	geliehen
lesen	liest	las	gelesen
liegen	liegst	lag	gelegen
lügen	lügst	log	gelogen
meiden	meidest	mied	gemieden
messen	mißt	maß	gemessen
mißlingen	-	(es)mißlang	mißlungen
nehmen	nimmst	nahm	genommen
nennen	nennst	nannte	genannt
pfeifen	pfeifst	pfiff	gepfiffen
raten	rätst	riet	geraten
reißen	reißt	riß	gerissen
rennen	rennst	rannte	gerannt
riechen	riechst	roch	gerochen
rufen	rufst	rief	gerufen
salzen	salzt	salzte	gesalzen
scheinen	scheinst	schien	geschienen
schieben	schiebst	schob	geschoben
schießen	schießt	schoß	geschossen
schlafen	schläfst	schlief	geschlafen
schlagen	schlägst	schlug	geschlagen
schließen	schließt	schloß	geschlossen
schneiden	schneidest	schnitt	geschnitten
schreiben	schreibst	schrieb	geschrieben
schreien	schreist	schrie	geschrie(e)n
schweigen	schweigst	schwieg	geschwiegen
schwimmen	schwimmst	schwamm	geschwommen
schwinden	schwindest	schwand	geschwunden
schwören	schwörst	schwor	geschworen

XXII

sehen	siehst	sah	gesehen
sein	bist	war	gewesen
senden	sendest	sandte	gesandt
singen	singst	sang	gesungen
sinken	sinkst	sank	gesunken
sitzen	sitzt	saß	gesessen
sprechen	sprichst	sprach	gesprochen
springen	springst	sprang	gesprungen
stehen	stehst	stand	gestanden
stehlen	stiehlst	stahl	gestohlen
steigen	steigst	stieg	gestiegen
sterben	stirbst	starb	gestorben
stinken	stinkst	stank	gestunken
stoßen	stößt	stieß	gestoßen
streichen	streichst	strich	gestrichen
streiten	streitest	stritt	gestritten
tragen	trägst	trug	getragen
treffen	triffst	traf	getroffen
treten	tretest	trat	getreten
trinken	trinkst	trank	getrunken
tun	tust	tat	getan
vergessen	vergißt	vergaß	vergessen
verlieren	verlierst	verlor	verloren
wachsen	wächst	wuchs	gewachsen
waschen	wäscht	wusch	gewaschen
werden	wirst	wurde	geworden
werfen	wirfst	warf	geworfen
wiegen	wiegst	wog	gewogen
ziehen	ziehst	zog	gezogen
zwingen	zwingst	zwang	gezwungen

Brevi accenni alla riforma ortografica

Con il 1° settembre 1997 verrà attuata gradualmente una riforma ortografica applicata da tutti i paesi di lingua tedesca, che verrà portata a termine nell'arco di cinque anni.
Essenzialmente riguarderà:
♦ Suoni e lettere

• la lettera ß verrà scritta ormai solo dopo vocali lunghe:

oggi:		*dopo la riforma:*
	Gruß (*vocale lunga*)	Gruß
	Kuß (*vocale breve*)	Kuss
	daß (*vocale breve*)	dass

• nelle parole composte si scriveranno sempre tutte e tre le consonanti, anche se uguali

oggi:		*dopo la riforma:*
	Schiff + Fahrt → Schiffahrt	Schifffahrt

• le parole appartenenti alla stessa famiglia si scriveranno nello stesso modo

oggi:		*dopo la riforma:*	
	Nummer, *ma* numerieren		nummerieren
	Stange, *ma* Stengel		Stängel

• l'ortografia delle parole di origine straniera verrà adattata preferibilmente a quella tedesca.
Non verrà cambiata però l'ortografia dei nomi propri.

oggi:		*dopo la riforma:*	
	Grammophon		Grammofon
		oppure:	Grammophon
	Rhabarber		Rabarber
			Rhabarber
	Diskothek		Diskotek
			Diskothek
	Frotté		Frotté
			Frottee
	Penicillin		Penizilin
			Penicillin
	Mayonnaise		Majonäse
			Mayonnaise
	Nougat		Nugat
			Nougat
	Bravour		Bravur
			Bravour

XXIV

◆ le iniziali maiuscole o minuscole

• nelle locuzioni avverbiali si useranno le maiuscole:

oggi:	im allgemeinen	dopo la riforma:	im Allgemeinen
	in bezug auf		in Bezug auf
	radfahren		Rad fahren

• dopo i due punti verrà usata sempre la maiuscola.

• gli aggettivi verranno scritti sempre con la minuscola:

oggi:	Erste Hilfe	dopo la riforma:	erste Hilfe

◆ le parole scritte unite o staccate

• I verbi composti verranno scritti staccati e non più uniti:

oggi:	stehenbleiben	dopo la riforma:	stehen bleiben
	aneinandergeraten		aneinander geraten
	achtgeben		Acht geben
	haltmachen		Halt machen

• nella divisione delle parole ci si regolerà seondo le sillabe parlate:

oggi:	We-ste	dopo la riforma:	Wes-te
	Päd-ago-gik		Pä-da-go-gik
	He-li-ko-pter		He-li-kop-ter

A

a *prep.* **1** (*compl. di termine*) *si traduce con il dat.: lo mando – mio padre*, ich schicke es meinem Vater **2** (*stato in luogo*) in, an, bei, auf (+*dat.*): *abito – Milano*, ich wohne in Mailand; *è al mare*, er ist am Meer **3** (*moto a luogo*) in, an, auf (+*acc.*); zu; (*con nomi geografici di luogo*) nach **4** (*tempo*) um; zu, mit, in (+*dat.*), bis (+*acc.*): *alle 11, um elf; – vent'anni*, mit zwanzig **5** (*distanza*) weit, entfernt: *abita – 10 km da qui*, er wohnt 10 km von hier entfernt **6** (*modo o mezzo*) (*si traduce con prep., verbi, parole composte*): *andare – piedi*, zu Fuß gehen; *andare – casa*, heim·gehen; *barca – motore*, Motorboot **7** (*distributivo*) je, pro, zu: *1000 Lire al chilo*, 1000 Lire je Kilo **8** (*seguito da infinito*) zu: *inizio – capire ciò*, ich beginne es zu verstehen; *andare – passeggio*, spazierengehen **9** (*mat.*) hoch: *2 al quadrato*, 2 hoch 2.

abate *s.m.* Abt (-es, Äbte) *s.m.*

abbacchiato *agg.* (*fam.*) niedergeschlagen.

abbacchio *s.m.* (*gastr.*) Lammbraten (-s,-) *s.m.*

abbagliante *agg.* grell ♦ (*auto*) *fari -i*, Fernlicht (-s,-er) *s.n.*

abbaiare *v.intr.* bellen.

abbaino *s.m.* **1** Dachfenster (-s,-) *s.n.* **2** Dachkammer (-,-n) *s.f.*

abbandonare *v.tr.* **1** verlassen (verließ, verlassen) **2** (*bambini, animali*) aus·setzen **3** (*rinunciare a*) auf·geben (gab auf, aufgegeben).

abbandonato *agg.* **1** verlassen **2** (*trascurato*) vernachlässigt, verwahrlost.

abbandono *s.m.* **1** Verlassen (-/.) *s.n.* **2** (*incuria*) Vernachlässigung (-, -en) *s.f.*

abbassare *v.tr.* **1** senken **2** (*radio ecc.*) leiser stellen ♦ **abbassarsi** *v.pron.* **1** sich bücken **2** (*calare*) sinken (sank, gesunken); (*di temperatura*) fallen (fiel, gefallen) **3** (*fig.*) sich herab·lassen (ließ herab, herabgelassen).

abbasso *inter.* nieder mit.

abbastanza *avv.* **1** (*a sufficienza*) genug, genügend **2** (*alquanto, piuttosto*) ziemlich ♦ *agg.* genug, genügend.

abbattere *v.tr.* **1** (*a colpi*) niederschlagen (schlug nieder, niedergeschlagen); (*albero*) fällen **2** (*con arma*) nieder·schießen (schoß nieder, niedergeschossen); (*animali*) erlegen; (*per macellazione*) schlachten **3** (*aereo*) ab·schießen (schoß ab, abgeschossen) **4** (*fig.*) entmutigen ♦ **abbattersi**

abbattuto

v.pron. **1** (*di temporali*) nieder-gehen (ging nieder, niedergegangen); (*di fulmine*) ein-schlagen (schlug ein, eingeschlagen) **2** (*fig.*) niedergeschlagen sein.

abbattuto *agg.* (*fig.*) niedergeschlagen.

abbazia *s.f.* Abtei (-,-en) *s.f.*

abbellire *v.tr.* verschönern, schmücken.

abbicci *s.m.* Abc (-,-s) *s.n.*

abbiente *agg.* wohlhabend | *i non -i*, die Mittellosen *s.pl.*

abbigliamento *s.m.* Kleidung (-/.) *s.f.*: *negozio di –*, Bekleidungsgeschäft (-es, -e) *s.n.*

abbinare *v.tr.* **1** koppeln **2** kombinieren.

abbindolare *v.tr.* umgarnen.

abboccare *v.intr.* an-beißen (biß an, angebissen) (*anche fig.*)

abbonamento *s.m.* Abonnement (-s, -s) *s.n.*

abbondante *agg.* reichlich, üppig.

abbondanza *s.f.* (*di*) Überfluß (-flusses/.) (an +*dat.*)

abbordabile *agg.* (*di persona*) zugänglich; (*di prezzo*) annehmbar.

abbordare *v.tr.* **1** (*mar.*) entern **2** (*una persona*) an-machen **3** (*un problema*) erörtern.

abbottonare *v.tr.* zu-knöpfen.

abbottonato *agg.* zugeknöpft (*anche fig.*).

abbozzo *s.m.* Skizze (-,-n) *s.f.*; Entwurf (-s,-würfe) *s.m.*

abbracciare *v.tr.* umarmen | *– una causa*, für eine Sache eintreten.

abbraccio *s.m.* Umarmung (-,-en) *s.f.*

abbreviare *v.tr.* (ab-)kürzen, verkürzen.

abbreviazione *s.f.* Abkürzung (-,-en).

abbronzante *s.m.* Bräunungsmittel (-s,-) *s.n.*

abbronzarsi *v.pron.* sich bräunen.

abbronzatura *s.f.* Bräune (-/.) *s.f.*

abbuono *s.m.* (*comm.*) **1** Preisnachlaß (-lasses,-lässe) *s.m.* **2** (*sport*) Vorgabe (-,-n) *s.f.*

abdicare *v.intr.* ab-danken.

abete *s.m.* **1** Fichte (-,-n) *s.f.* **2** Fichtenholz (-es/.) *s.n.*

abile *agg.* **1** geschickt **2** fähig, tüchtig **3** (*militare*) tauglich.

abilità *s.f.* Geschicklichkeit (-/.) *s.f.*

abisso *s.m.* **1** Abgrund (-es,-gründe) *s.m.* **2** (*fig.*) Kluft (-/.) *s.f.*

abitabile *agg.* bewohnbar | *superficie –*, Wohnfläche (-/.) *s.f.*

abitacolo *s.m.* (*di auto*) Innenraum (-s,-räume) *s.m.*

abitante *s.m.* **1** Einwohner (-s,-) *s.m.* **2** (*di case ecc.*) Bewohner (-s,-) *s.m.*

abitare *v.intr.* wohnen; leben ♦ *v.tr.* bewohnen.

abitato *s.m.* Siedlung (-,-en) *s.f.*

abitazione *s.f.* Wohnung (-,-en) *s.f.*

abito *s.m.* Kleid (-es,-er) *s.n.* | *– da uomo*, Anzug (-s,-züge) *s.m.*

abituale *agg.* gewohnt, gewöhnlich, üblich: *cliente –*, Stammkunde (-n,-n) *s.m.*

abituarsi *v.pron.* (*a*) sich gewöhnen (an +*acc.*).

abitudinario *s.m.* Gewohnheitsmensch (-en,-en) *s.m.*

abitudine *s.f.* Gewohnheit (-/.) *s.f.* | *cattiva –*, Unsitte (-,-n) *s.f.*

abnegazione *s.f.* Selbstaufopferung (-/.) *s.f.*

abnorme *agg.* abnorm, abweichend.

abolire *v.tr.* ab-schaffen.

abolizione *s.f.* Abschaffung (-/.) *s.f.*

abominevole *agg.* abscheulich, widerlich.

abortire *v.intr.* **1** eine Fehlgeburt haben; (*volontariamente*) ab·treiben (trieb ab, abgetrieben) **2** (*fig.*) scheitern.

aborto *s.m.* **1** (*spontaneo*) Fehlgeburt (-,-en) *s.f.*; (*volontario*) Abtreibung (-, -en) *s.f.* **2** (*di persona*) Mißgebilde (-s,-) *s.n.*

abrasione *s.f.* (*med.*) Abschürfung (-, -en) *s.f.*

abrasivo *agg.* Schleif... ♦ *s.m.* Schleifmittel (-s,-) *s.n.*

abrogare *v.tr.* ab·schaffen (*.*).

abside *s.f.* Apsis (-, Apsiden) *s.f.*

abusare *v.intr.* mißbrauchen.

abusivamente *avv.* widerrechtlich.

abusivo *agg.* widerrechtlich; (*di persona*) ohne Lizenz; wild.

abuso *s.m.* Mißbrauch (-s,-bräuche) *s.m.*

acacia *s.f.* (*bot.*) Akazie (-,-n) *s.f.*

accademia *s.f.* Akademie (-,-n) *s.f.*

accadere *v.intr.* geschehen (geschah, geschehen), passieren.

accaduto *s.m.* Vorfall (-s,-fälle) *s.m.*

accalcarsi *v.pron.* sich drängen.

accaldato *agg.* erhitzt.

accampamento *s.m.* Lager (-s,-) *s.n.*; Feldlager (-s,-) *s.n.*

accampare *v.tr.* **1** lagern **2** (*fig.*) erheben (erhob, erhoben): – *pretese* Ansprüche erheben.

accanimento *s.m.* **1** Erbitterung (-/.) *s.f.*,Wut (-/.) *s.f.* **2** (*ostinazione*) Verbissenheit (-/.) *s.f.*

accanirsi *v.pron.* **1** (*contro*) sich erbittern (gegen +*acc.*) **2** (*ostinarsi*) (*in*) sich verbeißen (verbiß, verbissen) (*in+acc.*).

accanito *agg.* **1** erbittert **2** (*ostinato*)

verbissen, verbohrt.

accanto *avv.* daneben; (*a fianco*) nebenan ♦ – *a*: **1** (*stato*) neben, an (+*dat.*) **2** (*moto*) neben, zu.

accantonare *v.tr.* **1** zurück·stellen **2** (*rinviare*) verschieben.

accaparrare *v.tr.* auf·kaufen ♦ **accaparrarsi** *v.pron.* sich verschaffen.

accappatoio *s.m.* Bademantel (-s, -mäntel) *s.m.*

accarezzare *v.tr.* streicheln.

accatastare *v.tr.* **1** auf·stapeln **2** (*disporre disordinatamente*) aufeinander·werfen (warf aufeinander, aufeinandergeworfen).

accattivante *agg.* einnehmend, gewinnend.

accattonaggio *s.m.* Betteln (-s/.) *s.n.*

accavallare *v.tr.* übereinander·legen, kreuzen ♦ **accavallarsi** *v.pron.* **1** (*fig.*) (*accumularsi*) sich überstürzen (überstürzt, überstürzen) **2** (*coincidere*) sich überschneiden (überschnitt, überschnitten).

accecare *v.tr.* **1** blind machen **2** (*murare*) ab·blenden.

accelerare *v.intr.* beschleunigen.

acceleratore *s.m.* Gaspedal (-s,-e) *s.n.*

accelerazione *s.f.* Beschleunigung (-/.) *s.f.*

accendere *v.tr.* an·zünden – *il fuoco* das Feuer anzünden (*la luce, la radio,ecc.*) ein·schalten ♦ **accendersi** *v.pron.* sich entzünden.

accendino *s.m.* Feuerzeug (-s,-e) *s.n.*

accennare *v.intr.* **1** (*con la mano*) winken; (*con la testa*) nicken **2** (*alludere*) (*a*) an·spielen (auf +*acc*) ♦ *v.tr.* (*a*) hin·deuten (auf +*acc*).

accenno *s.m.* **1** (*cenno*) Wink (-s,-e) *s.m.* **2** (*allusione*) Andeutung (-,-en) *s.f.*

accensione

accensione *s.f.* 1 Anzünden (-s/.) *s.n.* 2 (*auto*) Zündung (-,-en) *s.f.* 3 (*di conto*) Eröffnung (-,-en) *s.f.*; (*di mutuo*) Aufnahme (-,-n) *s.f.*

accentare *v.tr.* akzentuieren, betonen.

accento *s.m.* 1 Akzent (-es,-e) *s.m.* 2 (*cadenza, tono*) Tonfall (-s,-fälle) *s.m.* 3 (*fig.*) Betonung (-,-en) *s.f.*

accentrare *v.tr.* 1 zentralisieren 2 konzentrieren.

accentratore *s.m.* zur Zentralisierung neigender Mensch.

accentuare *v.tr.* betonen ♦ **accentuarsi** *v.pron.* sich verstärken.

accentuato *agg.* betont.

accentuazione *s.f.* Betonung (-,-en) *s.f.*

accerchiare *v.tr.* 1 umzingeln 2 (*pol.*) einkreisen.

accertamento *s.m.* Feststellung (-,-en) *s.f.*

accertare *v.tr.* feststellen, ermitteln | **accertarsi** *v.pron.* (*di*) sich vergewissern (+*gen.*).

acceso *agg.* 1 brennend; (*di motori*) laufend 2 (*di colori*) lebhaft, kräftig.

accessibile *agg.* zugänglich.

accesso *s.m.* 1 Zugang (-s,-gänge) *s.m.*, Zutritt (-s,-e) *s.m.* 2 (*med.*) Anfall (-s, -fälle) *s.m.* 3 (*informatica*) Zugriff (-s,-e) *s.m.*

accessorio *s.m.pl.* (*di auto*) Zubehör (-s,-e) *s.n.* ♦ *agg.* nebensächlich.

accetta *s.f.* Axt (-,Äxte) *s.f.*

accettabile *agg.* annehmbar.

accettare *v.tr.* 1 annehmen (nahm an, angenommen) 2 (*accogliere*) zustimmen (+*dat*) 3 (*tollerare*) zulassen (ließ zu, zugelassen) 4 (*dir.*) akzeptieren.

accettazione *s.f.* 1 Annahme (-,-n) *s.f.* 2 (*ufficio*) Annahmestelle (-,-n) *s.f.* 3 (*ammissione*) Aufnahme (-,-n) *s.f.*

acciaieria *s.f.* Stahlwerk (-s,-e) *s.n.*

acciaio *s.m.* Stahl (-s,Stähle) *s.m.*

accidentale *agg.* zufällig.

accidentato *agg.* (*di terreno*) uneben, holprig.

accidente *s.m.* 1 Vorfall (-s,-fälle) *s.m.* 2 (*colpo apoplettico*) Schlaganfall (-s,-fälle) *s.m.* 3 *non capisci un —* (*fam.*) du verstehst überhaupt nichts.

acciuga *s.f.* Sardine (-,-n) *s.f.*

acclamare *v.tr.* 1 zujubeln 2 (*proclamare*) ausrufen (rief aus, ausgerufen).

acclimatazione *s.f.* Akklimatisierung (/.) *s.f.*

accludere *v.tr.* beifügen, beilegen.

accogliente *agg.* gemütlich; (*ospitale*) gastfreundlich.

accoglienza *s.f.* Aufnahme (-,-n) *s.f.*, Empfang (-s,-fänge) *s.m.*

accogliere *v.tr.* 1 empfangen (empfing, empfangen) 2 (*accettare*) aufnehmen (nahm auf, aufgenommen).

accollato *agg.* (*di abito*) hochgeschlossen.

accoltellare *v.tr.* erstechen (erstach, erstochen).

accomiatare *v.tr.* verabschieden ♦ **accomiatarsi** *v.pron.* (*da*) sich verabschieden, Abschied nehmen (von).

accomodante *agg.* entgegenkommend, gefällig.

accomodare *v.tr.* 1 (*riparare*) ausbessern 2 (*dir.*) schlichten ♦ **accomodarsi** *v.pron.* Platz nehmen (nahm, genommen); (*entrare*) eintreten (trat ein, eingetreten).

accompagnamento *s.m.* Begleitung (-,-en) *s.f.*
accompagnare *v.tr.* **1** begleiten **2** (*unire*) beifügen.
accompagnatore *s.m.* Begleiter (-s,-) *s.m.*
acconciatura *s.f.* Frisur (-,-en) *s.f.*
accondiscendere *v.intr.* einwilligen.
acconsentire *v.intr.* **1** (*a*) zustimmen (+*dat.*), einwilligen (in +*acc.*) **2** (*permettere*) erlauben, zulassen (ließ zu, zugelassen).
accontentare *v.tr.* zufriedenstellen, befriedigen ♦ **accontentarsi** *v.pron.* (*di*) sich zufriedengeben (gab zufrieden, zufriedengegeben) (mit).
acconto *s.m.* Anzahlung (-,-en) *s.f.*
accoppiare *v.tr.* paaren ♦ **accoppiarsi** *v.pron.* sich paaren.
accorciare *v.tr.* (ab-)kürzen, kürzer machen ♦ **accorciarsi** *v.pron.* sich verkürzen.
accordare *v.tr.* **1** gewähren, bewilligen **2** (*mus.*) stimmen ♦ **accordarsi** *v.pron.* (*su*) sich einigen (auf +*acc.*).
accordo *s.m.* **1** Übereinstimmung (-,-en) *s.f.* **2** Vereinbarung (-,-en) *s.f.*; (*pol.*) Abkommen (-s,-) *s.n.* **3** (*mus.*) Akkord (-s,-e) *s.m.* ♦ **d'accordo** *locuz.avv.* einverstanden; *essere d'- con qlcu*, mit jdm. einig sein; *come siete rimasti d'-?*, wie seid ihr verblieben?
accorgersi *v.pron.* bemerken.
accorgimento *s.m.* Kunstgriff (-s,-e) *s.m.*
accorrere *v.intr.* herbeieilen;|– *in aiuto di qlcu*, jdm zur Hilfe eilen.
accortezza *s.f.* Umsicht (-/.) *s.f.*
accorto *agg.* umsichtig, vorsichtig.
accostare *v.tr.* **1** nähern, rücken **2** anlehnen ♦ *v.intr.* (*a*) heranfahren (fuhr heran, herangefahren) (an +*acc*) ♦ **accostarsi** *v.pron.* (*a*) sich annähern (+*dat.*).
accreditare *v.tr.* **1** bestätigen **2** akkreditieren **3** (*comm.*) gutschreiben (schrieb gut, gutgeschrieben).
accredito *s.m.* Gutschrift (-,-en) *s.f.*
accrescere *v.tr.* vermehren, vergrößern ♦ **accrescersi** *v.pron.* wachsen (wuchs, gewachsen), sich vergrößern.
accumulare *v.tr.* anhäufen, ansammeln ♦ **accumularsi** *v.pron.* sich anhäufen, sich stapeln.
accumulatore *s.m.* **1** (*tecn.*) Speicher (-s,-) *s.m.* **2** (*elettr.*) Akkumulator (-s,-en) *s.m.*
accuratezza *s.f.* Sorgfalt (-/.) *s.f.*, Genauigkeit (-,-en) *s.f.*
accurato *agg.* sorgfältig, genau.
accusa *s.f.* Anschuldigung (-,-en) *s.f.*, Anklage (-,-n) *s.f.*
accusare *v.tr.* **1** beschuldigen: – *qlcu di qlco*, jdm etwas vorwerfen **2** (*dir.*) (*di*) anklagen (wegen).
accusato *s.m.* Angeklagte (-n,-n) *s.m.*
acerbo *agg.* **1** unreif **2** (*aspro*) sauer, derb **3** (*fig.*) scharf, bitter.
acero *s.m.* Ahorn (-s/.) *s.m.*
acetato *s.m.* Acetat (-s,-e) *s.n.*
aceto *s.m.* Essig (-s,-e) *s.m.*, | *cetrioli sott'–*, saure Gurken.
acetone *s.m.* Aceton (-s/.) *s.n.*
acidità *s.f.* **1** Säure (-,-n) *s.f.* | (*med.*) *di stomaco*, Sodbrennen (-s,-) *s.n.* **2** (*fig.*) Bissigkeit (-/.) *s.f.*
acido *agg.* **1** sauer; (*chim.*) säurehaltig **2** (*fig.*) beißend, bissig ♦ *s.m.* Säure (-,-n) *s.f.*; | – *muriatico*, Salzsäure (-/.) *s.f.*
acino *s.m.* Beere (-,-n) *s.f.*
acqua *s.f.* **1** Wasser (-s,-) *s.n* '– *mine-*

acquaforte

rale gassata/naturale, Mineralwasser mit/ohne Kohlensäure; – *corrente*, fließendes Wasser | *gettare – sul fuoco*, schlichtend eingreifen 2 (*pl.*) Gewässer | (*pl.*): *acque territoriali*, Hoheitsgewässer 3 (*pl.*) (*terme*) Thermalquellen.

acquaforte *s.f.* (*arte*) Radierung (-,-en) *s.f.*

acquaplano *s.m.* Wasserski (-s/.) *s.m.*

acquaragia *s.f.* Terpentin (-s,-e) *s.n.*

acquario *s.m.* 1 Aquarium (-s,-rien) *s.f.* 2 (*astrologia*) Wassermann (-s,-männer) *s.m.*

acquasanta *s.f.* Weihwasser (-s,-) *s.n.*

acquavite *s.f.* Schnaps (-es, Schnäpse) *s.m.*

acquazzone *s.m.* Platzregen (-s/.) *s.m.*

acquedotto *s.m.* Wasserleitung (-,-en) *s.f.*

acquerello *s.m.* 1 Aquarell (-s,-e) *s.f.* 2 (*colore*) Wasserfarbe (-,-n) *s.f.*

acquirente *s.m.* Käufer (-s,-) *s.m.*, Abnehmer (-s,-) *s.m.*

acquisizione *s.f.* Erwerbung (-,-en) *s.f.*, Anschaffung (-,-en) *s.f.*

acquistare *v.tr.* 1 (*acquisire*) erwerben (erwarb, erworben) ♦ *v. intr.* (*in*) gewinnen (an).

acquisto *s.m.* Kauf (-s, Käufe) *s.m.*, Einkauf (-s,-käufe) *s.m.*; (*comm.*) *fare -i*, Einkäufe machen.

acquitrino *s.m.* Sumpf (-es, Sümpfe) *s.m.*, Morast (-s,-e) *s.m.*

acquolina *s.f.*: *ho l'- in bocca*, (*fam.*) mir läuft das Wasser im Mund zusammen.

acquoso *agg.* wässerig.

acre *agg.* herb; (*di odore*) beißend.

acrilico *agg.* (*chim.*) Akryl...: *fibre acriliche*, Akrylfasern.

acrobata *s.m.* Akrobat (-en,-en) *s.m.*

acustico *agg.* 1 akustisch: *segnale –*, Klingelzeichen 2 (*anat.*) Hör...: *apparecchio –*, Hörgerät (-s,-e) *s.n.*

acutizzare *v.tr.* verschärfen ♦ **acutizzarsi** *v.pron.* sich verschärfen.

acuto *agg.* 1 spitz; scharf 2 (*intenso*) heftig, stark: *dolore –*, stechender Schmerz 2 (*perspicace*) scharfsinnig 4 (*di suono*) schrill; (*mus.*) hoch ♦ *s.m.* (*mus.*) hoher Ton.

adagiare *v.tr.* legen, betten ♦ **adagiarsi** *v.pron.* 1 sich (hin)legen 2 (*fig.*) (*in*) sich überlassen (überließ, überlassen) (+*dat*).

adagio *avv.* 1 langsam, gemächlich 2 vorsichtig, behutsam ♦ *s.m.* (*mus.*) Adagio (-s,-s) *s.n.*

adattabile *agg.* anpassungsfähig.

adattamento *s.m.* 1 Anpassung (-/.) *s.f.* 2 (*di testi ecc.*) Bearbeitung (-,-en) *s.f.*

adattare *v.tr.* 1 (*a*) an-passen (an +*acc*) 2 (*a*) um-stellen (auf +*acc*), ein-richten (als) ♦ **adattarsi** *v.pron.* sich an-passen (an +*acc*); sich richten (nach).

adattatore *s.m.* (*tecn.*) Adapter (-s,-) *s.m.*

adatto *agg.* (*a, per*) geeignet (für).

addebitare *v.tr.* 1 (*comm.*) belasten 2 (*fig.*) beschuldigen.

addebito *s.m.* 1 (*comm.*) Belastung (-,-en) *s.f.*: *nota di –*, Lastschrift (-,-en) *s.f.* 2 (*dir.*) Beschuldigung (-,-en) *s.f.*, Anschuldigung (-,-en) *s.f.*

addensare *v.tr.* verdichten, verdicken ♦ **addensarsi** *v.pron.* sich verdichten.

addentrarsi *v.pron.* 1 (*in*) ein-dringen (drang ein, eingedrungen) (in +*acc*) 2 (*fig.*) sich ein-lassen (ließ ein, eingelas-

addestramento *s.m.* Abrichtung (-, -en) *s.f.*, Dressur (-,-en) *s.f.*
addestrare *v.tr.* dressieren.
addetto *agg.* (*a*) zuständig (für) ♦ *s.m.* Zuständige (-s,-) *s.m.*; (*d'ambasciata*) Attaché (-s,-s) *s.m.*; *–stampa*, Pressesprecher (-s,-).
addio *s.m., inter.* adieu ♦ *s.m.* Abschied (-es,-e) *s.m.*
addirittura *avv.* 1 geradezu, wirklich; –!, wirklich?, tatsächlich? 2 (*persino*) sogar.
additare *v.tr.* mit dem Finger zeigen (auf +*acc*).
additivo *s.m.* Zusatz (-es,-sätze) *s.m.*
addizione *s.f.* Addition (-,-en) *s.f.*
addolcire *v.tr.* 1 süßen, versüßen 2 (*fig.*) mildern ♦ **addolcirsi** *v.pron.* milder werden (wurde milder, milder geworden), sanfter werden.
addolorare *v.tr.* betrüben ♦ **addolorarsi** *v.pron.* bedauern.
addome *s.m.* 1 (*anat.*) Unterleib (-s, -er) *s.m.*, Bauch (-s, Bäuche) *s.m.* 2 (*zool.*) Hinterleib (-s,-er) *s.m.*
addormentare *v.tr.* ein-schläfern ♦ **addormentarsi** *v.pron.* ein-schlafen (schlief ein, eingeschlafen).
addormentato *agg.* 1 eingeschlafen, schlafend 2 (*fig.*) verträumt.
addosso *avv.* auf, an; bei sich: *avere* –, an-haben (hatte an, angehabt) | *farsela* –, (*anche fig.*) in die Hose machen | (*idiom*): *mettere le mani* – *a qlcu.*, Hand an jdn. legen.
adeguare *v.tr.*(*a*) an-passen (an +*acc*) ♦ **adeguarsi** *v.pron.* (*a*) sich an-passen (an +*acc*)
adeguato *agg.* angemessen, passend.
aderente *agg.* 1 haftend 2 (*di ab-*

bigl.) enganliegend 3 (*fedele*) wort-getreu ♦ *s.m.* Anhänger (-s,-) *s.m.*
aderire *v.intr.* (*a*) 1 haften (an +*dat.*) 2 bei-treten (trat bei, beigetreten).
adesione *s.f.* 1 Haften (-s/.) *s.n.* 2 (*fig.*) Zustimmung (-,-en) *s.f.*; Beitritt (-s,-e) *s.m.*
adesivo *agg.* Kleb...: *nastro* –, Klebe-band (-es,-bänder) *s.n.* ♦ *s.m.* Aufkleber (-s,-) *s.m.*
adesso *avv.* 1 jetzt, nun | *per* –, vorläufig; *fino* –, bis jetzt 2 (*or ora*) eben 3 (*subito*) gleich, sofort.
adiacente *agg.* anliegend; angrenzend.
adibire *v.tr.* (*a*) bestimmen (für), vor-sehen (sah vor, vorgesehen) (für).
adirato *agg.* zornig, erzürnt.
adocchiare *v.tr.* 1 erblicken 2 (*con desiderio*) liebäugeln mit.
adolescente *s.m./f.* Jugendliche (-n,-n) *s.m./f.*
adoperare *v.tr.* gebrauchen, benutzen ♦ **adoperarsi** *v.pron.* sich ein-setzen, sich bemühen.
adorare *v.tr.* 1 an-beten 2 (*fig.*) mögen (mochte, gemocht), lieben.
adottare *v.tr.* 1 adoptieren 2 (*applicare*) an-wenden | *– un provvedimento*, eine Maßnahme ergreifen.
adozione *s.f.* 1 Adoption (-,-en) *s.f.* 2 (*scelta*) Wahl (-/.) *s.f.*
adriatico *agg.* (*geogr.*) adriatisch; *mare* –, Adria (-/.) *s.f.*
adulazione *s.f.* Schmeichelei (-,-en) *s.f.*
adulterare *v.tr.* 1 (*alimenti*) verfälschen; (*vino*) panschen 2 (*fig.*) verderben (verdarb, verdorben).
adulterio *s.m.* Ehebruch (-s,-brüche) *s.m.*
adulto *agg.* erwachsen; (*di animali*) aus-

aerare

gewachsen ♦ *s.m.* Erwachsene (-n,-n) *s.m.*

aerare *v.tr.* lüften, durchlüften.

aereo¹ *agg.* **1** Luft...: *spazio* –, Luftraum (-es,-räume) *s.m.* **|** (*anat.*) *vie aeree*, Atemwege **2** *posta aerea*, Luftpost (-,-en) *s.f.*; *linea aerea*, Fluglinie (-,-n) *s.f.* **3** (*leggero, lieve*) luftig, duftig.

aereo² *s.m.* Flugzeug (-s,-e) *s.n.*: – *passeggeri*, Passagierflugzeug; – *da turismo*, Sportflugzeug.

aeronautica *s.f.* **1** Flugwesen (-s,-) *s.n.*, Luftfahrt (-,-en) *s.f.* **2** (*mil.*) Luftwaffe (-,-n) *s.f.*

aeroporto *s.m.* Flughafen (-s,-häfen) *s.m.*, Flugplatz (-es,-plätze) *s.m.*

aerostazione *s.f.* Terminal (-s,-s) *s.m.* o *s.n.*

afa *s.f.* Schwüle (-/.) *s.f.*

affabile *agg.* freundlich, leutselig.

affacciare *v.tr.* zeigen ♦ **affacciarsi** *v.pron.* sich zeigen.

affamato *agg.* hungrig, ausgehungert: – *di potere*, (*fig.*) machthungrig.

affanno *s.m.* **1** Keuchen (-s/.) *s.n.*, Atemnot (-/.) *s.f.* **2** (*fig.*) Sorge (-,-n) *s.f.*, Besorgnis (-,-se) *s.f.*

affannoso *agg.* **1** keuchend **2** (*fig.*) mühselig.

affare *s.m.* **1** Angelegenheit (-,-en) *s.f.* **2** (*comm.*) Geschäft (-s,-e) *s.n.*: *un vero* –, ein gutes Geschäft.

affascinante *agg.* faszinierend, charmant.

affaticato *agg.* ermüdet, müde.

affatto *avv.* **1** (*in frasi negative*) gar nicht, überhaupt nicht; *niente* –, durchaus nicht; *non è* – *difficile*, es ist überhaupt nicht schwer **2** (*del tutto*) ganz und gar, vollkommen.

affermare *v.tr.* **1** behaupten **2** (*rivendicare*) durchsetzen, geltend machen ♦ **affermarsi** *v.pron.* sich durchsetzen, sich behaupten.

affermativo *agg.* bejahend, zustimmend.

affermazione *s.f.* **1** Behauptung (-,-en) *s.f.* **2** (*successo*) Erfolg (-s,-e) *s.m.*

afferrare *v.tr.* **1** ergreifen (ergriff, ergriffen) **2** (*fig.*) (*comprendere*) begreifen ♦ **afferrarsi** *v.pron.* (*a*) sich klammern (an +*acc.*).

affettare *v.tr.* in Scheiben schneiden.

affettato *agg.* in Scheiben geschnitten ♦ *s.m.* Aufschnitt (-es/.) *s.m.*

affetto *s.m.* Zuneigung (-,-en) *s.f.*, Liebe (-,-n) *s.f.*; *con* –, herzlich.

affettuoso *agg.* liebevoll, zärtlich.

affiatato *agg.* gut eingespielt; vertraut.

affidabile *agg.* zuverlässig.

affidamento *s.m.* **1** Anvertrauen (-s/.) *s.n.*: *dare un bambino in* –, ein Kind zu Pflegeeltern geben **2** (*fiducia*) Vertrauen (-s/.) *s.n.* **3** Versicherung (-,-en) *s.f.*

affidare *v.tr.* an·vertrauen ♦ **affidarsi** *v.pron.* (*a*) sich an·vertrauen (+*dat.*), sich verlassen (verließ, verlassen) (auf +*acc.*).

affilato *agg.* **1** scharf **2** (*magro*) hager, schmal.

affinare *v.tr.* verfeinern, verbessern ♦ **affinarsi** *v.pron.* sich verfeinern.

affinché *cong.* damit.

affine *agg.* ähnlich, verwandt.

affiorare *v.intr.* **1** auf·tauchen **2** (*fig.*) zutage·kommen (kam zutage, zutagegekommen).

affissione *s.f.* Anschlagen (-s/.) *s.n.*: *divieto di* –, Plakate ankleben verboten.

affittacamere *s.m.* Zimmervermieter (-s,-) *s.m.*

aggiunta

affittare v.tr. 1 vermieten 2 (prendere in affitto) mieten, pachten; (noleggiare) (aus-)leihen (lieh aus, ausgeliehen).

affitto s.m. 1 Miete (-,-n) s.f., Vermietung (-,-en) s.f., Pacht (-,-en) s.f.

afflosciarsi v.pron. 1 erschlaffen, schlaff werden 2 (fig.) verzagen.

affluenza s.f. Zufluß (-flusses,-flüsse) s.m.

affogare v.tr. ertränken ♦ v.intr. ertrinken.

affollato agg. gedrängt voll.

affondare v.tr. versenken ♦ v.intr. 1 sinken (sank, gesunken) 2 versinken (versank, versunken).

affrancare v.tr. 1 befreien, frei-lassen (ließ frei, freigelassen) 2 (posta) frankieren: *busta affrancata*, Freiumschlag.

affrancatura s.f. Frankierung (-,-en) s.f., Freimachung (-,-en) s.f.

affranto agg. gebrochen.

affresco s.m. Fresko(gemälde) s.n.

affrettare v.tr. beschleunigen ♦ **affrettarsi** v.pron. sich beeilen.

affrettato agg. hastig, eilig|*decisione -a*, (fig.) übereilte Entscheidung.

affrontare v.tr. 1 entgegen-treten (trat entgegen, entgegengetreten) (+dat) 2 (idiom): *un problema*, ein Problem angehen ♦ **affrontarsi** v.pron. sich gegenüber-stehen (stand gegenüber, gegenübergestanden).

affronto s.m. Beleidigung (-,-en) s.f.

affumicato agg. 1 (gastr.) geräuchert 2 rauchgeschwärzt 3 (di vetro) dunkelgetönt.

affusolato agg. schlank, schmal.

afono agg. stimmlos, ohne Stimme.

afoso agg. schwül, drückend.

agenda s.f. 1 Terminkalender (-,-) s.m. 2 (per appunti) Notizbuch (-es,-bücher) s.n.

agente s.m. 1 (comm.) Agent (-en,-en) s.m., Vertreter (-s,-) s.m. 2 (scient.) Wirkstoff (-es,-e) s.m.:– *patogeno*, Krankheitserreger (-s,-) s.m.

agenzia s.f. 1 Agentur (-,-en) s.f.|–*di viaggi*, Reisebüro (-s,-s) s.n. 2 (succursale) Zweigstelle (-,-n) s.f., Filiale (-,-n) s.f.

agevolare v.tr. erleichtern, unterstützen; begünstigen (anche fig.).

agevolazione s.f. Erleichterung (-,-en) s.f.; Begünstigung (-,-en) s.f.

agevole agg. leicht, angenehm.

agganciare v.tr. 1 ein-haken (ferr.ecc.) an-koppeln ♦ **agganciarsi** v.pron. ineinander-haken.

aggancio s.m. 1 Koppelung (-,-en) s.f. 2 (pl.) Beziehungen pl.

agghiacciante agg. grauenvoll, fürchterlich.

aggiornamento s.m. 1 Fortbildung (-,-en) s.f. 2 (rinvio) Aufschub (-s,-schübe) s.m.

aggiornare v.tr. 1 neu bearbeiten 2 (prezzi) auf den neuesten Stand bringen 3 (rinviare) vertagen ♦ **aggiornarsi** v.pron. 1 sich auf dem laufenden halten 2 (di riunioni) vertagen 3 sich fortbilden.

aggirare v.tr. (fig.) umgehen (umging, umgegangen) ♦ **aggirarsi** v.pron. 1 herum-gehen (ging herum, herumgegangen) 2 sich belaufen (belief, belaufen) (auf +acc.).

aggiudicare v.tr. zu-sprechen (sprach zu, zugesprochen), zu-erkennen (erkannte zu, zuerkannt).

aggiungere v.tr. (a) hinzu-fügen (zu).

aggiunta s.f. Zusatz (-es,Zusätze) s.m.

aggiustare

Zugabe (-,-n) *s.f.: con l'* –, zuzüglich.
aggiustare *v.tr.* 1 reparieren, ausbessern 2 (*idiom*): – *una lite*, einen Streit schlichten ♦ **aggiustarsi** *v.pron.* sich einigen.
agglomerato *s.m.*: – *urbano*, Siedlung (-,-en) *s.f.*, Wohngebiet (-es,-e) *s.n.*
aggrapparsi *v.pron.* (*a*) sich klammern (an +*acc.*).
aggravare *v.tr.* verschlechtern, verschlimmern ♦ **aggravarsi** *v.pron.* 1 sich verschlechtern, 2 (*acutizzarsi*) sich verschärfen, sich verschlimmern.
aggraziato *agg.* anmutig, graziös.
aggredire *v.tr.* an-greifen (griff an, angegriffen), überfallen (überfiel, überfallen).
aggregare *v.tr.* (*a*) an-gliedern (an +*acc.*).
aggressione *s.f.* Überfall (-s,-fälle) *s.m.*, Angriff (-s,-e) *s.m.* 1 (*pol.*) *patto di non* –, Nichtangriffspakt (-s,-e) *s.m.*
aggressività *s.f.* Aggressivität (-/.) *s.f.*
aggressivo *agg.* aggressiv.
aggressore *s.m.* Angreifer (-s,-) *s.m.*
aggrovigliato *agg.* verwickelt.
agguantare *v.tr.* 1 (*afferrare*) packen, fassen 2 (*arrestare*) ergreifen (ergriff, ergriffen).
agguato *s.m.* Hinterhalt (-s,-e) *s.m.*: *stare in* –, (*fig.*) auf der Hut sein.
agiatezza *s.f.* Wohlstand (-es,-) *s.m.*
agiato *agg.* wohlhabend, vermögend.
agibile *agg.* 1 benutzbar 2 (*percorribile*) begehbar; (*con automezzi*) befahrbar.
agile *agg.* beweglich.
agio *s.m.* 1 (*comodità*) Bequemlichkeit (-,-en) *s.f.*: *mettersi a proprio* –, es sich bequem machen.
agire *v.intr.* 1 handeln; (*comportarsi*)

sich verhalten (verhielt, verhalten) 2 wirken 3 (*dir.*) vor-gehen (ging vor, vorgegangen).
agitare *v.tr.* 1 schütteln; (*sventolare*) schwenken 2 (*turbare*) auf-regen, erregen 3 (*sobillare*) auf-wiegeln 4 (*diffondere*) propagieren ♦ **agitarsi** *v.pron.* 1 sich unruhig bewegen 2 (*emozionarsi*) sich auf-regen.
agitato *agg.* 1 bewegt (*anche mus.*) 2 unruhig, aufgeregt.
agitazione *s.f.* 1 Aufregung (-,-en) *s.f.* 2 (*pol.*) Agitation (-,-en) *s.f.*
aglio *s.m.* Knoblauch (-s/.) *s.m.*: *spicchio d'* –, Knoblauchzehe.
agnello *s.m.* Lamm (-s,Lämmer) *s.n.*
ago *s.m.* Nadel (-,-n) *s.f.*: – *da cucito*, Nähnadel. – *da maglia*, Stricknadel.
agonia *s.f.* Todeskampf (-s,-kämpfe) *s.m.*, Agonie (-,-n) *s.f.*
agopuntura *s.f.* Akupunktur (-,-en) *s.f.*
agosto *s.m.* August (-s/.) *s.m.*
agricolo *agg.* landwirtschaftlich, Agrar...: *prodotto* –, Agrarprodukt (-s, -e) *s.n.*; *lavoro* –, Feldarbeit (-,-en) *s.f.*
agricoltore *s.m.* Landwirt (-s,-e) *s.m.*
agricoltura *s.f.* Landwirtschaft (-/.) *s.f.*, Ackerbau (-s/.) *s.m.*
agrifoglio *s.m.* (*bot.*) Stechpalme (-,-n) *s.f.*
agriturismo *s.m.* Ferien auf dem Bauernhof.
agrodolce *agg.* süßsauer.
agronomo *s.m.* Diplomlandwirt (-s,-e) *s.m.* Agronom (-en,-en) *s.m.*
aguzzare *v.tr.* 1 (zu-)spitzen 2 (*fig.*) schärfen: – *le orecchie*, die Ohren spitzen; – *la vista*, den Blick schärfen.
aguzzo *agg.* 1 spitz 2 (*fig.*) scharf.
aitante *agg.* stattlich.
aiuola *s.f.* Beet (-es,-e) *s.n.*

aiutare v.tr. 1 helfen (half, geholfen) (+dat.) 2 (facilitare) fördern: – la digestione, die Verdauung fördern ♦ **aiutarsi** v.pron. sich (dat.) selbst helfen, sich (dat.) zu helfen wissen.

aiuto s.m. 1 Hilfe (-,-n) s.f. | -i economici, finanzielle Unterstützung 2 (assistente) Helfer (-s,-) s.m.

ala s.f. Flügel (-s,-) s.m.

alano s.m. (zool.) Dogge (-,-n) s.f.

alba s.f. Morgengrauen (-s/.) s.n.

albergatore s.m. Hotelier (-s,-s) s.m.

albergo s.m. Hotel (-s,-s) s.n.

albero s.m. 1 Baum (-s,Bäume) s.m. 2 (tecn.) Welle (-,-n) s.f. 3 (mar.) Mast (-es,-en) s.m.

albicocca s.f. Aprikose (-,-n) s.f.

albo s.m. 1 (per affissioni) Anschlagbrett (-es,-er) s.n. 2 (elenco ufficiale) Register (-s,-) s.n. 3 (libro illustrato) Bilderbuch (-es,-bücher) s.n.

album s.m. Album (-s,Alben) s.n.

alce s.m. Elch (-s,-e) s.m.

alcol s.m. Alkohol (-s,-e) s.m.: darsi all'–, dem Alkohol verfallen.

alcolico agg. alkoholisch, alkoholhaltig.

alcolizzato agg. alkoholisiert ♦ s.m. Alkoholiker (-s,-) s.m.

alcuno agg.indef. 1 (pl.) einige 2 (sing.) (negativo) kein ♦ pron.indef. 1 (pl.) einige 2 (sing.) (negativo) keiner, niemand.

alfabetico agg. alphabetisch.

alfabeto s.m. Alphabet (-s,-e) s.n.

alfiere s.m. 1 Fahnenträger (-s,-) s.m. 2 (scacchi) Läufer (-s,-) s.m.

alga s.f. Alge (-,-n) s.f.: – marina, Seetang (-s,-e) s.m.

algebra s.f. Algebra (-,-bren) s.f.

aliante s.m. Segelflugzeug (-es,-e) s.n.

alibi s.m. Alibi (-s,-s) s.n.

alienare v.tr. 1 (dir.) veräußern 2 entfremden ♦ **alienarsi** v.pron. sich entfremden.

alimentare 1 agg. nahrhaft, Nähr-..| s.m.pl. Lebensmittel s.pl.

alimentare 2 v.tr. 1 ernähren; (animali) füttern 2 (tecn.) speisen.

alimentazione s.f. Ernährung (-,-en) s.f.

alimento s.m. Nahrung (-,-en) s.f.

aliquota s.f. 1 Anteil (-s,-e) s.m. 2 (d'imposta) Steuersatz (-es,-sätze) s.m.

aliscafo s.m. Tragflächenboot (-es,-e) s.n.

alito s.m. Hauch (-s/.) s.m., Atem (-s/.) s.m.

allacciamento s.m. Anschluß (-es,-schlüsse) s.m.

allacciare v.tr. 1 zubinden (band zu, zugebunden) 2 (fig.) anknüpfen 3 (tecn.) anschließen (schloß an, angeschlossen).

allagamento s.m. Überschwemmung (-,-en) s.f.

allagare v.tr. überschwemmen; überfluten.

allargare v.tr. 1 erweitern, verbreitern; (abiti) weiter machen 2 (divaricare) spreizen 3 (fig.) ausdehnen.

allarmante agg. alarmierend, beunruhigend.

allarme s.m. Alarm (-es,-e) s.m.; Warnruf (-es,-e) s.m.

allarmismo s.m. (fam.) Panikmache (-/.) s.f.

allattamento s.m. Stillen (-s/.) s.n.; (di animali) Säugen (-s/.) s.n.

alleanza s.f. Allianz (-,-en) s.f.; (coalizione) Bündnis (-ses,-se) s.n.

allegare v.tr. beifügen.

allegato *s.m.* Anlage (-,-n) *s.f.*; (*di giornale*) Beilage (-,-n) *s.f.*

allegria *s.f.* Lustigkeit (-/.) *s.f.*, Fröhlichkeit (-/.) *s.f.*

allegro *agg.* **1** lustig, fröhlich, heiter **2** (*fam.*) (*alticcio*) angeheitert.

allenamento *s.m.* **1** (*sport*) Training (-s,-s) *s.n.* **2** (*esercizio*) Übung (-,-en) *s.f.*

allenare *v.tr.* trainieren ♦ **allenarsi** *v.pron.* **1** (*sport*) (*per*) trainieren (für) **2** (*esercitarsi*) üben (in +*dat*).

allenatore *s.m.* Trainer (-s,-) *s.m.*

allentare *v.tr.* lockern.

allergia *s.f.* Allergie (-,-n) *s.f.*

allergico *agg.* (*a*) allergisch (gegen).

allerta *s.f.*: (*mil.*) stato di ~, Alarmzustand (-s,-e) *s.m.* ♦ *avv.*: *stare in* ~, auf der Hut sein.

allettante *agg.* verlockend, anziehend.

allevamento *s.m.* Zucht (-,-en) *s.f.*: ~*di bestiame*, Viehzucht.

allevare *v.tr.* **1** (*animali e piante*) züchten **2** (*bambini*) aufziehen (zog auf, aufgezogen).

allevatore *s.m.* Züchter (-s,-) *s.m.*

alleviare *v.tr.* **1** erleichtern **2** (*mitigare*) mildern, lindern.

allibito *agg.* bestürzt, betroffen.

allibratore *s.m.* Buchmacher (-s,-) *s.m.*, Wettenvermittler (-s,-) *s.m.*

allievo *s.m.* **1** Schüler (-s,-) *s.m.* **2** (*mil.*) Kadett (-s,-en) *s.m.* **3** (*apprendista*) Lehrling (-s,-e) *s.m.*

allineare *v.tr.* **1** in einer Reihe auf·stellen **2** (*adeguare*) an·passen ♦ **allinearsi** *v.pron.* **1** sich in einer Reihe auf·stellen **2** (*adeguarsi*) (*a*) sich an·passen (an+*acc.*).

alloggiare *v.tr.* beherbergen ♦ *v.intr.* untergebracht sein; (*pernottare*) übernachten.

alloggio *s.m.* Unterkunft (-,-künfte) *s.f.*

allontanamento *s.m.* Abwendung (-,-en) *s.f.*, Entfernen (-s/.) *s.n.*

allontanare *v.tr.* **1** (*rimuovere*) (*da*) entfernen (aus) **2** weg·rücken ♦ **allontanarsi** *v.pron.* **1** sich entfernen **2** (*deviare*) ab·weichen (wich ab, abgewichen).

allora *avv.* (*tempo*) **1** in quel momento) da **2** (*a quei tempi*) damals | *da – in poi*, von da an; *fino ad* ~, bis dahin; *fin da* ~, schon seit damals; ♦ *agg.* (*precede il nome*) damalig ♦ *cong.* **1** (*in tal caso*) dann **2** (*dunque*) also.

alloro *s.m.* Lorbeer (-s,-en) *s.m.*

alluce *s.m.* große Zehe.

allucinazione *s f* Halluzination (-,-en) *s.f.*

alludere *v.intr.* (*a*) an·spielen (auf +*acc.*).

alluminio *s.m.* Aluminium (-s/.) *s.n.*

allungabile *agg.* verlängerbar, ausziehbar.

allungare *v.tr.* **1** verlängern **2** (*stendere*) aus·strecken **3** (*porgere*) (*fam.*) rüber·geben (gab rüber, rübergegeben) **4** (*diluire*) verdünnen | *allungare i guadagni* ♦ **allungarsi** *v.pron.* länger werden (wurde länger, länger geworden) **2** (*distendersi*) sich aus·strecken.

allusione *s.f.* Anspielung (-,-en) *s.f.*, Andeutung (-,-en) *s.f.*

alluvione *s.f.* Überschwemmung (-,-en) *s.f.*

almeno *avv.* wenigstens, mindestens.

alogeno *agg.* halogen: *lampada alogena*, Halogenlampe (-,-n) *s.f.*

alone *s.m.* (*macchia*) Schmutzrand (-es,-ränder) *s.m.*

alpinismo *s.m.* Bergsteigen (-s/.) *s.n.*,

Alpinistik (-/.) *s.f.*
alpinista *s.m.* Bergsteiger (-s,-) *s.m.*, Alpinist (-s,-en) *s.m.*
alquanto *agg.indef.* einige, nicht wenige ♦ *pron. indef. pl.* (*un certo numero*) einige, verschiedene ♦ *avv.* ziemlich.
alt *inter.* Halt ♦ *s.m.: intimare l'–*, stoppen.
altalena *s.f.* Schaukel (-,-n) *s.f.*; (*a bilico*) Wippe (-,-n) *s.f.*
altare *s.m.* Altar (-s,Altäre) *s.m.*
alterare *v.tr.* 1 verändern 2 (*fig.*) fälschen ♦ **alterarsi** *v.pron.* 1 sich verändern 2 (*irritarsi*) sich auf·regen.
alterazione *s.f.* 1 Veränderung (-,-en) *s.f.* 2 Fälschung (-,-en) *s.f.*
alterco *s.m.* Zank (-s/.) *s.m.*, Streit (-s,-e) *s.m.*
alternare *v.tr.* ab·wechseln ♦ **alternarsi** *v.pron.* sich ab·wechseln.
alternativa *s.f.* Alternative (-,-n) *s.f.*; (*comm.*): *in –*, als Ersatz.
alternativo *agg.* alternativ.
alterno *agg.* abwechselnd: *a giorni -i,* jeden zweiten Tag.
altezza *s.f.* 1 Höhe (-,-n) *s.f.* 2 (*statura*) Größe (-,-n) *s.f.* 3 (*tess.*) Breite (-,-n) *s.f.* 4 *Vostra Altezza,* Eure Hoheit ♦ **all'altezza di** *locuz.prep.* gewachsen (+gen.).
altezzoso *agg.* stolz, hochmütig; (*fam.*) hochnäsig.
alticcio *agg.* (*fam.*) angeheitert, angetrunken.
altitudine *s.f.* Höhe (-,-n) *s.f.*
alto *agg.* 1 hoch; (*di persona*) groß 2 (*di suono*) laut 3 (*di tessuto*) breit 4 (*profondo*) tief ♦ *s.m.* 1 Oberteil (-,en) *s.n.*; *un ordine dall'–,* ein Befehl von oben ♦ **in alto** *locuz.avv.* 1 (*stato in luogo*) oben 2 (*moto a luogo*) nach oben, hinauf.
altoparlante *s.m.* Lautsprecher (-s,-) *s.m.*
altopiano *s.m.* Hochebene (-,-n) *s.f.*
altrettanto *agg.indef.* ebensoviel ♦ *pron.indef.* 1 (*la stessa quantità*) ebensoviel 2 (*la stessa cosa*) dasselbe ♦ *avv.* genauso, ebenso.
altrimenti *avv.* 1 (*diversamente*) anders 2 (*in caso contrario*) sonst.
altro *agg.indef.* 1 (*diverso*) andere(r,s) 2 (*rimanente*) übrig, restlich 3 (*in aggiunta*) noch ein, weiter 4 (*tempo precedente*) vorig:(*tempo seguente*) nächst; *l'– ieri,* vorgestern; *un'-a volta,* ein nächstes Mal ♦ *pron.indef.* 1 andere(r,s) 2 (*reciproco*) einander 3 (*in proposizioni negative*) weiteres, mehr 4 (*interr.*) noch etwas, was noch.
altroché *avv.* (*come risposta affermativa*) und ob, und wie, natürlich, gewiß.
altronde, d' *locuz.avv.* übrigens, im übrigen.
altrove *avv.* 1 (*stato in luogo*) anderswo, woanders 2 (*moto a luogo*) anderswohin.
altrui *agg.poss.* der anderen, von anderen.
altruismo *s.m.* Altruismus (-/.) *s.m.*, Selbstlosigkeit (-/.) *s.f.*
altruista *agg.* altruistisch, selbstlos ♦ *s.m.* Altruist (-en,-en) *s.m.*
alunno *s.m.* Schüler (-s,-) *s.m.*
alveare *s.m.* Bienenstock (-s,-stöcke) *s.m.*
alzacristallo *s.m.* Fensterheber (-s,-) *s.m.*
alzare *v.tr.* 1 heben (hob, gehoben) 2 (*mettere più in alto*) höher·setzen; (*appendere più in alto*) höher·hän-

alzarsi

gen (hing höher, höhergehangen) 3 (*erigere*) auf·stellen, errichten 4 (*una vela*) hissen 5 (*aumentare*) erhöhen ♦
alzarsi *v.pron.* 1 auf·stehen (stand auf, aufgestanden) 2 (*levarsi*) (*di sole e luna*) auf·gehen (ging auf, aufgegangen).
alzato *agg.*: *rimanere — tutta la notte*, die ganze Nacht aufbleiben.
amabile *agg.* liebenswert, liebenswürdig.
amaca *s.f.* Hängematte (-,-n) *s.f.*
amante *agg.* Liebhaber (-s,-) *s.m.*, Geliebte (-n,-n) *s.m.*
amare *v.tr.* lieben, lieb·haben (hatte lieb, liebgehabt).
amareggiato *agg.* verbittert, vergrämt.
amarena *s.f.* Sauerkirsche (-,-n) *s.f.*
amaretto *s.m.* 1 (*biscotto*): kleine harte Mandelmakrone 2 (*liquore*) Mandellikör (-s,-e) *s.m.*
amarezza *s.f.* Bitterkeit (-/.) *s.f.*, Verbitterung (-/.) *s.f.*
amaro *agg.* bitter.
amarognolo *agg.* leicht bitter.
amato *agg.* geliebt.
ambasciata *s.f.* Botschaft (-,-en) *s.f.*
ambasciatore *s.m.* Botschafter (-s,-) *s.m.*
ambedue *agg.num.* beide ♦ *pron.* beide
ambientale *agg.* Umwelt...: *politica —*, Umweltpolitik (-/.) *s.f.*
ambientalismo *s.m.* Umweltschutz (-es/.) *s.m.*
ambientalista *s.m.* Umweltschützer (-s,-) *s.m.*
ambientarsi *v.pron.*(*in*) sich ein·gewöhnen (*in* +*dat.*).
ambiente *s.m.* 1 Umwelt (-/.) *s.f.* 2 (*fig.*) Milieu (-s,-s) *s.n.*; Kreis (-es,-e) *s.m.*
ambiguo *agg.* 1 zweideutig, doppelsinnig 2 (*equivoco*) zweifelhaft.

ambito *s.m.* Bereich (-s,-e) *s.m.*
ambivalente *agg.* ambivalent.
ambizione *s.f.* Ehrgeiz (-es/.) *s.m.*; Streben (-s/.) *s.n.*
ambizioso *agg.* ehrgeizig.
ambra *s.f.* Bernstein (-s,-e) *s.m.*
ambulante *s.m.* Straßenhändler (-s,-) *s.m.*
ambulanza *s.f.* Krankenwagen (-s,-) *s.m.*
ambulatorio *s.m.* Ambulanz (-,-en) *s.f.*; (*studio medico*) Sprechzimmer (-s,-) *s.n.*
amianto *s.m.* Asbest (-s,-e) *s.m.*
amichevole *agg.* freundschaftlich.
amicizia *s.f.* Freundschaft (-,-en) *s.f.*
amico *agg.* 1 befreundet ♦ *s.m.* Freund (-es,-e) *s.m.*
amido *s.m.* Stärke (-,-n) *s.f.*
ammaccato *agg.* 1 verbeult, eingedrückt 2 (*contuso*) gepreßt 3 (*di frutta*) fleckig.
ammalarsi *v.pron.* krank werden (wurde krank, krank geworden).
ammalato *agg.* krank ♦ *s.m.* Kranke (-n,-n) *s.m./f.*
ammanco *s.m.* Fehlbetrag (-s,-beträge) *s.m.*
ammanettare *v.tr.* 1 Handschellen an·legen (+*dat.*) 2 (*arrestare*) verhaften.
ammansire *v.tr.* 1 zähmen 2 (*persone*) besänftigen, beruhigen.
ammassare *v.tr.* an·häufen.
ammazzare *v.tr.* 1 töten, um·bringen (brachte um, umgebracht) | *— il tempo*, (*fig.*) die Zeit totschlagen.
ammesso *agg.* 1 zugelassen 2 (*tollerato*) zulässig ♦ **ammesso che** *locuz.cong.* angenommen, daß.
ammettere *v.tr.* 1 zu·lassen (ließ zu,

zugelassen) 2 (*riconoscere*) zu-geben (gab zu, zugegeben) 3 (*supporre*) an-nehmen (nahm an, angenommen).

ammiccare *v.intr.* zu-zwinkern.

amministrare *v.tr.* verwalten.

amministratore *s.m.* Verwalter (-s,-) *s.m.*

amministrazione *s.f.* Verwaltung (-,-en) *s.f.*, Administration (-,-en) *s.f.*

ammiraglio *s.m.* Admiral (-s,-e) *s.m.*

ammirare *v.tr.* 1 betrachten 2 (*stimare*) bewundern.

ammiratore *s.m.* 1 Bewunderer (-s,-) *s.m.* 2 (*corteggiatore*) Verehrer (-s,-) *s.m.*

ammirazione *s.f.* Bewunderung (-/.) *s.f.*

ammirevole *agg.* bewundernswert.

ammissibile *agg.* annehmbar.

ammissione *s.f.* Zulassung (-,-en) *s.f.*, Aufnahme (-,-n) *s.f.*

ammobiliare *v.tr.* möblieren; (*arredare*) ein-richten.

ammoniaca *s.f.* Ammoniak (-s/.) *s.m.*

ammonimento *s.m.* 1 Ermahnung (-,-en) *s.f.*

ammonire *v.tr.* 1 ermahnen; (*rimproverare*) verweisen (verwies, verwiesen) 2 (*sport*) verwarnen.

ammonizione *s.f.* Warnung (-,-en) *s.f.*

ammontare *v.intr.* (*a*) sich belaufen (belief, belaufen) (auf *+acc.*).

ammorbidente *s.m.* Weichspülmittel (-s,-) *s.m.*

ammorbidire *v.tr.* 1 erweichen 2 (*fig.*) mildern ♦ **ammorbidirsi** *v.pron.* weich werden (wurde weich, weich geworden).

ammortizzatore *s.m.* Stoßdämpfer (-s,-) *s.m.*

ammucchiare *v.tr.* häufen ♦ **ammucchiarsi** *v.pron.* sich an-sammeln.

ammuffire *v.intr.* 1 (ver)schimmeln 2 (*fig.*) versauern.

ammutolire *v.intr.* verstummen.

amnesia *s.f.* Amnesie (-,-n) *s.f.*, Gedächtnisschwund (-s/.) *s.m.*

amnistia *s.f.* Amnestie (-,-n) *s.f.*

amo *s.m.* Angelhaken (-s,-) *s.m.*

amore *s.m.* Liebe (-,-n) *s.f.*; – *materno*, Mutterliebe; –*prossimo*, Nächstenliebe.

amorevole *agg.* liebevoll.

ampiezza *s.f.* 1 Weite (-,-n) *s.f.* 2 (*tess.*) Breite (-,-n) *s.f.*

ampio *agg.* 1 weit, (*spazioso*) geräumig 2 (*esauriente*) ausführlich, umfassend.

ampliamento *s.m.* Erweiterung (-,-en) *s.f.*

amplificatore *s.m.* Verstärker (-s,-) *s.m.*

ampolla *s.f.* 1 Fläschchen (-s,-) *s.n.* 2 (*relig./tecn./anat.*) Ampulle (-,-n) *s.f.*

amputare *v.tr.* amputieren, ab-nehmen (nahm ab, abgenommen).

amuleto *s.m.* Amulett (-s,-e) *s.n.*

anabbaglianti *agg.* blendfrei ♦ *s.m.* (*auto*) Abblendlicht (-s,-er) *s.n.*

anacronistico *agg.* anachronistisch, unzeitgemäß.

anagrafe *s.f.* 1 Einwohnermelderegister (-s,-) *s.n.* 2 (*ufficio*) Einwohnermeldeamt (-s,-ämter) *s.n.*

analcolico *agg.* alkoholfrei.

analgesico *agg.* schmerzstillend ♦ *s.m.* schmerzstillendes Mittel (-s,-) *s.n.*

analisi *s.f.* Analyse (-,-n) *s.f.*, Untersuchung (-,-en) *s.f.*

analista *s.m.* Analytiker (-s,-) *s.m.*

analizzare *v.tr.* analysieren, untersuchen.

analogo *agg.* (*a*) analog (zu).

ananas s.f. Ananas (-,-se) s.f.
anarchia s.f. Anarchie (-,-n) s.f.
anarchico agg. anarchistisch.
anatomia s.f. Anatomie (-,-n) s.n.
anatra s.f. Ente (-,-n) s.f.; (maschio) Erpel (-s,-) s.m.
anca s.f. Hüfte (-,-n) s.f.
anche cong. **1** auch **2** (persino) sogar, selbst **3** (seguito da gerundio o dal congiuntivo o correlato a "a"+ inf.) selbst wenn, auch wenn.
ancora **1** avv. **1** noch, immer noch **2** (finora) bis jetzt **3** (un'altra volta) nochmals.
ancora **2** s.f. Anker (-s,-) s.m.
ancorare v.tr. verankern ♦ **ancorarsi** v.pron. **1** vor Anker gehen; ankern **2** (fig.) (a) sich klammern (an +acc.)
andamento s.m. Ablauf (-s,-läufe) s.m., Entwicklung (-,-en) s.f.
andante agg. **1** gängig, mittelmäßig **2** (mus.) andante.
andare v.intr. **1** (a piedi) gehen (ging, gegangen); (con veicolo) fahren (fuhr, gefahren); (in aereo) fliegen (flog, geflogen) **2** andarsene, fort-gehen, weg-gehen **3** (procedere) voran-gehen: come va?, wie geht's? **4** (di vestiario) passen **5** (piacere) gefallen (gefiel, gefallen) **│** andiamo!, los!; va bene, na gut.
andata s.f.: biglietto di – e ritorno, Rückfahrkarte (-,-n) s.f.; all'–, auf dem Hinweg.
andato agg. **1** vergangen **2** (guasto) verdorben.
andatura s.f. Gang (-s/,-) s.m.
andirivieni s.m. Hin und Her s.n., Kommen und Gehen s.n.
aneddoto s.m. Anekdote (-,-n) s.f.
anello s.m. Ring (-es,-e) s.m.

anemia s.f. Anämie (-,-n) s.f.
anestesia s.f. Betäubung (-,-en) s.f.
anestesista s.m. Narkosearzt (-es,-ärzte) s.m.
anestetizzare v.tr. betäuben.
anfora s.f. Amphore (-,-n) s.f.
angelo s.m. Engel (-s,-) s.m. │ – custode, Schutzengel (-s,-) s.m.
angolo s.m. **1** (mat.) Winkel (-s,-) s.m. **2** Ecke (-,-n) s.f.
angora s.f.: gatto d'–, Angorakatze (-,-n) s.f.
angoscia s.f. Angstzustand (-es,-stände) s.m.
angosciare v.tr. **1** ängstigen **2** (tormentare) quälen, peinigen.
angoscioso agg. beklemmend, beängstigend.
anguilla s.f. Aal (-s,-e) s.m.
anguria s.f. Wassermelone (-,-n) s.f.
angustiarsi v.pron. (per) sich ängstigen (um).
angusto agg. eng, schmal
anidride carbonica s.f. Kohlendioxyd (-s/,-) s.n.
anima s.f. Seele (-,-n) s.f.
animale agg. tierisch ♦ s.m. (bestia) Tier (-s,-e) s.n.
animare v.tr. **1** beleben **2** (stimolare) animieren, an-regen.
animato agg. lebhaft.
animella s.f. (gastr.) Bries (-es,-e) s.n.
anice s.m. Anis (-es,-e) s.m.
animo s.m. **1** Gemüt (-s,-er) s.n.; (spirito) Geist (-es/,-) s.m.; (mente) Sinn (-es,-e) s.m.; (anima) Seele (-,-n) s.f. **2** (intenzione) Absicht (-,-en) s.f. **3** (coraggio) Mut (-es,-) s.m.
annacquare v.tr. verwässern, verdünnen: – il vino, den Wein verdünnen.
annaffiare v.tr. (fiori) begießen (be-

anteriore

goß, begossen); *(giardini)* (be)sprengen.

annaffiatoio *s.m.* Gießkanne (-,-n) *s.f.*

annata *s.f.* **1** Jahrgang (-s,-gänge) *s.m.* **2** *(raccolto)* Erntejahr (-es,-e) *s.n.*

annebbiare *v.tr.* vernebeln ♦ *v.pron.* sich mit Nebel bedecken.

annegare *v.tr.* ertränken ♦ *v.intr.* ertrinken (ertrank, ertrunken).

annessione *s.f.* **1** Anfügung (-,-en) *s.f.* **2** *(pol.)* Annexion (-,-en) *s.f.*

annettere *v.tr.* **1** anschließen (schloß an, angeschlossen) **2** *(allegare)* beifügen.

annidarsi *v.pron.* nisten.

annientamento *s.m.* Vernichtung (-/.) *s.f.*

annientare *v.tr.* vernichten.

anniversario *s.m.* Jahrestag (-es,-e) *s.m.*

anno *s.m.* Jahr (-es,-e) *s.n.:* –bisestile, Schaltjahr (-es,-e) *s.n.*

annodare *v.tr.* verknüpfen ♦ **annodarsi** *v.pron.* sich verwirren.

annoiare *v.tr.* **1** langweilen **2** *(seccare)* belästigen.

annotare *v.tr.* aufschreiben (schrieb auf, aufgeschrieben), notieren, vermerken.

annotazione *s.f.* **1** Notiz (-,-en) *s.f.* **2** *(postilla)* Anmerkung (-,-en) *s.f.*

annoverare *v.tr.* *(tra)* zählen (zu).

annuale *agg.* **1** *(di ogni anno)* jährlich **2** *(per un anno)* Jahres...

annuario *s.m.* Jahrbuch (-es,-bücher) *s.n.*

annuire *v.intr.* nicken.

annullamento *s.m.* **1** Annullierung (-,-en) *s.f.* **2** *(dir.)* Aufhebung (-,-en) *s.f.*

annullare *v.tr.* für ungültig erklären; annullieren.

annunciare *v.tr.* **1** verkündigen **2** *(visita)* anmelden **3** *(tv)* ansagen ♦ **annunciarsi** *v.pron.* sich anmelden.

annunciatore *s.m.* *(tv)* Ansager (-s,-) *s.m.*, Sprecher (-s,-) *s.m.*

annuncio *s.m.* **1** Meldung (-,-en) *s.f.* **2** *(edit.)* Anzeige (-,-n) *s.f.* **3** *(di visita)* Anmeldung (-,-en) *s.f.* **4** *(tv)* Ansage (-,-n) *s.f.*

annuo *agg.* Jahres...: *fatturato* –, Jahresumsatz (-es,-sätze) *s.m.*

annusare *v.tr.* schnuppern (an +*dat*).

annuvolarsi *v.pron.* sich bewölken.

ano *s.m.* After (-s,-) *s.m.*, Anus (-, Ani) *s.m.*

anomalia *s.f.* Anomalie (-,-n) *s.f.*

anomalo *agg.* anomal; unregelmäßig.

anonimo *agg.* anonym; unbekannt.

anormale *agg.* anormal, unnormal.

ansia *s.f.* **1** Beklemmung (-,-en) *s.f.* **2** *(desiderio)* Verlangen (-s/.) *s.n.*

ansimare *v.intr.* keuchen, außer Atem sein.

ansioso *agg.* **1** besorgt **2** *(desideroso)* begierig.

anta *s.f.* Tür (-,-en) *s.f.:* armadio a tre -e, dreitüriger Schrank.

antagonista *s.m.* Antagonist (-en,-en) *s.m.*, Gegner (-s,-) *s.m.*

antecedente *agg.* vorhergehend.

antefatto *s.m.* Vorgeschichte (-,-n) *s.f.*

anteguerra *s.m.* Vorkriegszeit (-,-en) *s.f.*

antenato *s.m.* Ahne (-n,-n) *s.m.*, Vorfahr (-s,-en) *s.m.*

antenna *s.f.* Antenne (-,-n) *s.m.*

anteporre *v.tr.* voransetzen, voranstellen.

anteprima *s.f.* Voraufführung (-,-en) *s.f.*

anteriore *agg.* **1** Vorder... **2** *(prece-*

antiappannante

dente) vorhergehend.
antiappannante *agg.* Antibeschlag-.
antiatomico *agg.* Atom...: *rifugio* –, Atombunker (-s,-) *s.m.*
antibiotico *s.m.* Antibiotikum (-s,-ka) *s.n.*.
anticamera *s.f.* Vorzimmer (-s,-) *s.n.*
antichità *s.f.* **1** Altertum (-s/.) *s.n.* **2** *pl.* (*oggetti*) Antiquität (-,-en) *s.f.*
anticiclone *s.m.* Hochdruck: *zona anticiclonica*, Hochdruckgebiet (-s,-e) *s.n.*
anticipare *v.tr.* **1** vor·verlegen **2** (*una somma*) vor·strecken **3** (*prevedere*) voraus·sehen (sah voraus, vorausgesehen).
anticipo *s.m.* **1** Vorschuß (-schusses, -schüsse) *s.m.*; (*caparra*) Anzahlung (-, -en) *s.f.* **3** (*vantaggio*) Vorsprung (-, -sprünge) *s.m.*
antico *agg.* alt, antik ♦ **all'antica** *locuz.avv.* altmodisch.
anticoncezionale *agg.* empfängnisverhütend.
anticonformista *s.m.* Nonkonformist (-en,-en) *s.m.*
anticorpo *s.m.* Antikörper (-s,-) *s.m.*, Abwehrstoff (-es,-e) *s.m.*
anticostituzionale *agg.* verfassungswidrig.
anticrittogamico *s.m.* Pflanzenschutzmittel (-s,-) *s.n.*
antidatare *v.tr.* zurück·datieren.
antidolorifico *s.m.* schmerzlinderndes Mittel.
antifurto *s.m.* Alarmanlage (-,-en) *s.f.*
antigelo *s.m.* Frostschutzmittel (-s,-) *s.n.*
antilope *s.f.* Antilope (-,-n) *s.f.*
antincendio *agg.* Feuer...: *allarme* –, Feueralarm (-,-e) *s.m.*
antinebbia *agg.* Nebel...: *fari* –, Nebel-

scheinwerfer *pl.*
antiorario *agg.* gegen den Uhrzeigersinn.
antiparassitario *s.m.* Schädlingsbekämpfungsmittel (-s,-) *s.n.*
antipasto *s.m.* Vorspeise (-,-n) *s.f.*
antipatia *s.f.* Abneigung (-,-en) *s.f.*, Antipathie (-,-n) *s.f.*
antipatico *agg.* unsympatisch.
antipolio *s.f.*: *vaccino* –, Polioimpfung (-,-en) *s.f.*
antiproiettile *agg.*: *giubbotto* –, kugelsichere Weste.
antiquariato *s.m.* Antiquitätenhandel (-s/.) *s.m.*
antiquario *agg.* antiquarisch.
antiquato *agg.* veraltet, altmodisch.
antiruggine *s.m.* Rostschutzmittel (-s, -) *s.n.*
antisismico *agg.* erdbebensicher.
antitarmico *s.m.* mottenvernichtendes Mittel.
antitartaro *agg.*: *dentifricio* –, Zahnpasta gegen Zahnstein.
antologia *s.f.* Anthologie (-,-n) *s.f.*
antropologia *s.f.* Anthropologie (-/.) *s.f.*
anulare *s.m.* Ringfinger (-s,-) *s.m.*
anzi *cong.* **1** (*al contrario*) im Gegenteil **2** (*o meglio*) besser noch **3** (*rafforzativo*) sogar.
anzianità *s.f.*: – (*di servizio*), Dienstalter (-s,-) *s.n.*
anziano *agg.* alt.
anziché *cong.* **1** (*piuttosto che*) eher...als (+*inf.*) **2** (*invece di*) statt (+*inf.*).
apatico *agg.* apathisch; teilnahmslos.
ape *s.f.* Biene (-,-n) *s.f.*
aperitivo *s.m.* Aperitif (-s,-s/-e) *s.m.*
aperto *agg.* **1** offen,geöffnet **2** (*men-*

appiglio

talità) aufgeschlossen **3** *conto –*, laufendes Konto ♦ **all'aperto** *locuz.avv.* im Freien.

apertura *s.f.* **1** Eröffnung (-,-en) *s.f.* **2** (*inizio*) Beginn (-s/.) *s.m.* **3** (*fenditura*) Spalt (-s,-e) *s.m.*; (*passaggio*) Durchgang (-s,-gänge) *s.m.*

apice *s.m.* Gipfel (-s,-) *s.m.*, Spitze (-,-n) *s.f.*

apnea *s.f.* Atemlähmung (-,-en) *s.f.*

apolide *agg.* staatenlos.

apostolo *s.m.* Apostel (-s,-) *s.m.*

appagamento *s.m.* Befriedigung (-/.) *s.f.*

appagare *v.tr.* befriedigen ♦ **appagarsi** *v.pron.* (*di*) sich zufrieden-geben (gab sich zufrieden, sich zufriedengegeben) (mit).

appaiare *v.tr.* paaren.

appaltare *v.tr.* in Auftrag geben.

appalto *s.m.* Auftragsvergabe (-/.) *s.f.*

appannare *v.tr.* trüben ♦ **appannarsi** *v.pron.* sich trüben, beschlagen (beschlug, beschlagen): *vetro appannato*, beschlagene Scheibe.

apparato *s.m.* Apparat (-s,-e) *s.m.*

apparecchiare *v.tr.* decken.

apparecchiatura *s.f.* Apparatur (-,-en) *s.f.*

apparecchio *s.m.* Gerät (-s,-e) *s.m.*, Apparat (-s,-e) *s.m.*

apparente *agg.* **1** ersichtlich, erkennbar **2** (*non reale*) scheinbar.

apparenza *s.f.* Schein (-s/.) *s.m.*

apparire *v.intr.* **1** erscheinen (erschien, erschienen), sichtbar werden **2** (*sembrare*) scheinen (schien, geschienen).

appariscente *agg.* auffallend.

apparizione *s.f.* Erscheinung (-,-en) *s.f.*

appartamento *s.m.* Wohnung (-,-en) *s.f.*

appartenere *v.intr.* **1** (*a*) gehören (+*dat.*) **2** (*a*) an-gehören (+*dat.*).

appassionante *agg.* mitreißend, spannend.

appassionare *v.tr.* begeistern ♦ **appassionarsi** *v.pron.* (*a, per*) sich begeistern (für).

appassionato *agg.* leidenschaftlich; begeistert.

appassire *v.intr.* verwelken.

appellarsi *v.pron.* (*a*) appellieren (an +*acc.*).

appellativo *s.m.* Anrede (-,-n) *s.f.*

appello *s.m.* **1** Appell (-s,-e) *s.m.* **2** (*università*) Prüfungstermin (-s,-e) *s.m.* **3** (*dir.*) Berufung (-/.) *s.f.*

appena *avv.* **1** (*a stento*) kaum **2** (*tempo*) (*soltanto*) erst; (*da poco*) eben, gerade ♦ *cong.*: *non –*, sobald.

appendere *v.tr.* auf-hängen.

appendice *s.f.* **1** (*aggiunta*) Anhang (-s,-hänge) *s.m.* **2** (*anat.*) Blinddarm (-s,-därme) *s.m.*

appendicite *s.f.* Blinddarmentzündung (-,-en) *s.f.*

appetito *s.m.* Appetit (-s/.) *s.m.*

appetitoso *agg.* appetitlich.

appianare *v.tr.* ebnen, glätten, ab-flachen.

appiattire *v.tr.* **1** ab-flachen **2** (*fig.*) aus-gleichen (glich aus, ausgeglichen) ♦ **appiattirsi** *v.pron.* aus-gleichen.

appiccare *v.tr.*: *–il fuoco a qlco.*, etwas in Brand stecken.

appiccicare *v.tr.* (an–)kleben ♦ *v.intr.* kleben.

appiccicoso *agg.* klebrig.

appigliarsi *v.pron.* (*a*) sich klammern (an +*acc.*).

appiglio *s.m.* **1** Halt (-s/.) *s.m.* **2** (*fig.*)

appioppare

Gelegenheit (-,-en) *s.f.*
appioppare *v.tr.* verpassen.
appisolarsi *v.pron.* ein·nicken.
applaudire *v.tr.* (Beifall) klatschen (+*dat.*).
applauso *s.m.* Beifall (-s/.) *s.m.*, Applaus (-es/.) *s.m.*
applicare *v.tr.* 1 (*incollando*) kleben; (*cucendo*) auf·nähen; (*trucco*) auf·tragen (trug auf, aufgetragen) 2 (*mettere in pratica*) an·wenden ♦ **applicarsi** *v.pron.* (*a*) sich widmen (+*dat.*).
applicazione *s.f.* Anwendung (-,-en) *s.f.*
appoggiare *v.tr.* 1 (*accostare*) (an-)legen, (an-)lehnen 2 (*posare*) stellen 3 (*sostenere*) unterstützen ♦ **appogiarsi** *v.pron.* (*a*) sich (an-)lehnen (an +*acc.*).
appoggio *s.m.* 1 Stütze (-,-n) *s.f.* 2 (*fig.*) Unterstützung (-,-en) *s.f.*
apporto *s.m.* Beitrag (-s,-träge) *s.m.*
apposito *agg.* dafür vorgesehen, dazu bestimmt.
apposta *avv.* 1 absichtlich 2 (*espressamente*) eigens, extra.
apprendere *v.tr.* (*imparare*) lernen (erfahren (erfuhr, erfahren).
apprendista *s.m.* Lehrling (-s,-e) *s.m.*, Auszubildende (-n) *s.m./f.*
apprensione *s.f.* Sorge (-,-n) *s.f.*, Besorgnis (-,-se) *s.f.*
apprensivo *agg.* ängstlich.
apprezzabile *agg.* bemerkenswert; beträchtlich.
apprezzare *v.tr.* würdigen, schätzen.
approccio *s.m.* 1 (*contatto*) Annäherung (-,-en) *s.f.* 2 (*impostazione*) Ansatz (-es,-sätze) *s.m.*
approdo *s.m.* 1 Landung (-,-en) *s.f.* 2 (*luogo*) Landungsplatz (-es,-plät-

ze) *s.m.*
approfittare *v.intr.* 1 (*usare*) benutzen 2 (*trarre profitto*) profitieren 3 (*abusare*) mißbrauchen ♦ **approfittarsi** *v.pron.* aus·nutzen.
approfondire *v.tr.* vertiefen.
approfondito *agg.* eingehend, gründlich.
appropriarsi *v.pron.*: – *di qlco.*, sich etwas an·eignen.
appropriato *agg.* passend, geeignet.
appropriazione *s.f.* Aneignung (-,-en) *s.f.*
approssimativo *agg.* annähernd, ungefähr.
approvare *v.tr.* 1 billigen 2 (*dare convalida*) genehmigen.
approvazione *s.f.* 1 Billigung (-/.) *s.f.* 2 (*di bilancio*) Genehmigung (-, -en) *s.f.*
appuntamento *s.m.* 1 Verabredung (-,-en) *s.f.* 2 (*dal dottore*) Termin (-s, -e) *s.m.*
appuntito *agg.* spitz.
appunto¹ *s.m.* 1 Notiz (-,-en) *s.f.* 2 (*rimprovero*) Vorwurf (-s,-würfe) *s.m.*
appunto² *avv.* (*proprio*) (genau)so, gerade ♦ **per l'appunto** *locuz.prep.* 1 (*affermativo*) jawohl, gewiß 2 (*esprime rammarico*) leider.
appurare *v.tr.* nach·weisen (wies nach, nachgewiesen), überprüfen.
apribottiglie *s.m.* Flaschenöffner (-s,-) *s.m.*
aprile *s.m.* April (-s/.) *s.m.*: *fare un pesce d'– a qlcu*, jdn. in den April schicken.
aprire *v.tr.* 1 öffnen, auf·machen 2 (*allargare*) aus·breiten 3 (*svitare*) auf·drehen 4 (*avviare*) eröffnen 5 (*introdurre*) ein·leiten ♦ **aprirsi** *v.pron.* 1 sich öffnen 2 (*cominciare*)

beginnen (begann, begonnen) 3 (*spaccarsi*) sich spalten.
apriscatole *s.m.* Dosenöffner (-s,-) *s.m.*, Büchsenöffner (-s,-) *s.m.*
aquila *s.f.* Adler (-s,-) *s.m.*
aquilone *s.m.* Drachen (-s,-) *s.m.*
arachide *s.f.* Erdnuß (-,-nüsse) *s.f.*
aragosta *s.f.* Languste (-,-n) *s.f.*
aranceto *s.m.* Orangenhain (-s,-e) *s.m.*
arancia *s.f.* Apfelsine (-s,-n) *s.f.*, Orange (-,-n) *s.f.*
aranciata *s.f.* Orangensaft (-es,-säfte) *s.m.*
arancione *agg.* dunkelorange.
arare *v.tr.* pflücken, ackern.
aratro *s.m.* Pflug (-es,Pflüge) *s.m.*
arazzo *s.m.* Wandteppich (-s,-e) *s.m.*
arbitrare *v.tr.* schiedsrichtern (bei).
arbitrario *agg.* willkürlich.
arbitrato *s.m.* Schiedsspruch (-s,-sprüche) *s.m.*
arbitrio *s.m.* **1** Gutdünken (-s/.) *s.n.* **2** (*abuso*) eigenmächtige Handlung.
arbitro *s.m.* Schiedsrichter (-s,-) *s.m.*
arbusto *s.m.* Strauch (-es,Sträuche) *s.m.*, Busch (-es,Büsche) *s.m.*
arcata *s.f.* Bogen (-s,Bögen) *s.m.*
archeologia *s.f.* Archäologie (-/.) *s.f.*
archeologico *agg.* archäologisch.
archeologo *s.m.* Archäologe (-n,-n) *s.m.*
architetto *s.m.* Architekt (-en,-en) *s.m.*
architettura *s.f.* Baukunst (-,-künste) *s.f.*
archiviare *v.tr.* **1** archivieren **2** (*fig.*) auf·geben (gab auf, aufgeben).
archivio *s.m.* **1** Archiv (-s,-e) *s.n.* **2** (*tecn.*) Datei (-,-n) *s.f.*
arcipelago *s.m.* Archipel (-s,-e) *s.m.*, Inselgruppe (-,-n) *s.f.*

arcivescovo *s.m.* Erzbischof (-s,-schöfe).
arco *s.m.* Bogen (-s,Bögen) *s.m.*| *nell'– di un mese*, im Laufe eines Monats.
arcobaleno *s.m.* Regenbogen (-s,-bögen) *s.m.*
ardente *agg.* brennend, glühend.
ardere *v.tr.* verbrennen (verbrannte, verbrannt) ♦ *v.intr.* brennen (brannte, gebrannt), glühen.
ardesia *s.f.* Schiefer (-s,-) *s.m.*
ardire *v.intr.* wagen ♦ *s.m.* Mut (-es/.) *s.m.*
ardito *agg.* **1** mutig, tapfer **2** (*azzardato*) gewagt.
ardore *s.m.* **1** Fleiß (-es/.) *s.m.* **2** (*passione*) Leidenschaft (-,-en) *s.f.*
arduo *agg.* **1** (*erto*) steil **2** (*fig.*) schwierig.
area *s.f.* **1** (*superficie*) Fläche (-s,-n) *s.f.*| *– di servizio*, Raststätte (-,-n) *s.f.* **2** (*regione*) Gebiet (-s,-e) *s.n.* **3** (*sport*) Raum (-,Räume) *s.m.*
arena *s.f.* Arena (-,Arenen) *s.f.*
arenarsi *v.pron.* **1** stranden **2** (*fig.*) ins Stocken geraten.
argano *s.m.* Winde (-n,-n) *s.f.*; (*mar.*) Spill (-s,-e) *s.n.*
argentato *agg.* versilbert.
argenteria *s.f.* Silber (-s/.) *s.n.*
argento *s.m.* Silber (-s/.) *s.n.*; *–vivo*, Quecksilber (-s/.) *s.n.*
argilla *s.f.* Ton (-s/.) *s.m.*
arginare *v.tr.* **1** ein·dämmen **2** (*arrestare*) auf·halten (hielt auf, aufgehalten).
argine *s.m.* Damm (-es, Dämme) *s.m.*, Deich (-s,-e) *s.m.*
argomento *s.m.* **1** Argument (-s,-e) *s.n.* **2** (*soggetto*) Thema (-s,Themen) *s.n.*

arguire v.tr. schließen (schloß, geschlossen), folgern.

arguto agg. scharfsinnig, geistvoll.

arguzia s.f. Scharfsinn (-s/-) s.m.

aria s.f. 1 Luft (-, Lüfte) s.f. 2 (vento) Wind (-es,-e) s.m. |non c'è un filo d'–, es regt sich kein Lüftchen.

arido agg. 1 trocken 2 (fig.) gefühllos.

ariete s.m. (astrologia) Widder (-s,-) s.m.

aringa s.f. Hering (-s,-e) s.m.

aristocratico agg. aristokratisch, adlig; vornehm.

aristocrazia s.f. Aristokratie (-/.) s.f.

aritmetica s.f. Arithmetik (-/.) s.f., Rechnen (-s/.) s.n.

arma s.f. Waffe (-,-n) s.f.: chiamare alle -i, einberufen.

armadio s.m. Schrank (-es, Schränke) s.m.

armare v.tr. bewaffnen ♦ **armarsi** v.pron. (di) sich bewaffnen (mit): – per la guerra, zum Krieg rüsten.

armata s.f. Armee (-,-n) s.f., Heer (-es, -e) s.n.

armato agg. (di) bewaffnet, ausgerüstet (mit).

armatore s.m. (mar.) Reeder (-s,-) s.m.

armeria s.f. Waffenkammer (-,-n) s.f.; (collezione) Waffensammlung (-,-en) s.f.

armistizio s.m. Waffenstillstand (-es/.) s.m.

armonia s.f. Harmonie (-,-n) s.f., Einklang (-s,-klänge) s.m.

armonica s.f. Harmonika (-,-s) s.f. |– a bocca, Mundharmonika (-,-s) s.f.

armonioso agg. harmonisch.

arnese s.m. 1 (da lavoro) Werkzeug (-s,-e) s.n.; (da cucina) Küchengerät (-s,-e) s.n. 2 essere male in –, in einem schlechten Zustand sein.

arnia s.f. Bienenstock (-s,-stöcke) s.m.

aroma s.m. 1 Aroma (-s,-s) s.n. 2 (spezie) Gewürz (-es,-e) s.n.

aromatico agg. aromatisch.

arpa s.f. Harfe (-,-n) s.f.

arpione s.m. 1 (di porte) Angel (-,-n) s.f. 2 (gancio) Haken (-s,-) s.m. 3 (pesca) Harpune (-,-n) s.f.

arrabbiarsi v.pron. (per) sich ärgern (über +acc.)

arrabbiatura s.f. Ärger (-s/.) s.m.

arrampicarsi v.pron. 1 (hinauf-)klettern 2 (di piante) ranken.

arrampicatore s.m. Bergsteiger (-s,-) s.m.

arrangiare v.tr. zurecht-machen ♦ **arrangiarsi** v.pron. sich zurecht-finden (fand zurecht, zurechtgefunden)

arrecare v.tr. bereiten, verursachen.

arredamento s.m. Einrichtung (-,-en) s.f.

arredare v.tr. ein-richten, aus-statten.

arredatore s.m. Innenausstatter (-s,-) s.m.

arrendersi v.pron. 1 (a) sich ergeben (ergab, ergeben) (+dat.) 2 (cedere) nach-geben (gab nach, nachgegeben).

arrendevole agg. nachgiebig.

arrestare v.tr. 1 (fermare) zum Stillstand bringen 2 (dir.) verhaften, fest-nehmen (nahm fest, festgenommen).

arresto s.m. 1 Stillstand (-es/.) s.m. 2 Verhaftung (-,-en) s.f.

arretrare v.tr. e intr. zurück-treten (trat zurück, zurückgetreten).

arretrato agg. liegengeblieben ♦ s.m. Rückstand (-/.) s.m.

arricchire v.tr. bereichern; an-reichern

arricchirsi v.pron. reich werden.
arricciare v.tr. kräuseln.
arringa s.f. Plädoyer (-s,-s) s.n.
arrischiare v.tr. wagen.
arrivare v.intr. 1 kommen (kam, gekommen) 2 (giungere) (a) reichen (bis).
arrivato agg. 1 angekommen 2 (di successo) arriviert.
arrivederci, arrivederla inter. auf Wiedersehen.
arrivo s.m. 1 Ankunft (-,-künfte) s.f. 2 (ospite) Gast (-,Gäste) s.m. 3 (traguardo) Ziel (-es,-e) s.n.
arrogante agg. arrogant, anmaßend.
arroganza s.f. Arroganz (-/.) s.f.
arrossamento s.m. Rötung (-,-en) s.f.
arrossare v.tr. rot färben ♦ **arrossarsi** v.pron. sich röten.
arrossire v.intr. erröten.
arrostire v.tr. braten (briet, gebraten); (grigliare) grillen; (pane) rösten.
arrosto agg. gebraten ♦ s.m. Braten (-s,-) s.m.
arrotare v.tr. schleifen (schliff, geschliffen), schärfen.
arrotino s.m. Schleifer (-s,-) s.m.
arrotolare v.tr. auf·rollen, zusammen·rollen.
arrotondare v.tr. runden, ab·runden.
arroventare v.tr. glühend heiß machen.
arruffare v.tr. verwirren; (capelli) zerzausen.
arrugginire v.intr. (ver)rosten.
arruolare v.tr. ein·berufen (berief ein, einberufen) ♦ **arruolarsi** v.pron. (come volontario) sich freiwillig melden.
arsenale s.m. Arsenal (-s,-e) s.n.
arsura s.f. 1 brennender Durst 2 (siccità) Trockenheit (-/.) s.f.
arte s.f. 1 Kunst (-, Künste) s.f. 2 (mestiere) Handwerk (-s/.) s.n.
arteria s.f. Schlagader (-,-n) s.f.
artico agg.,s.m. arktisch.
articolare v.tr. 1 bewegen 2 (pronunciare) artikulieren ♦ **articolarsi** v.pron. sich gliedern.
articolazione s.f. Gelenk (-s,-e) s.n.
articolo s.m. Artikel (-s,-) s.m.
articiale agg. künstlich, Kunst...
artificio s.m. 1 Kunstgriff (-s,-e) s.m. 2 fuochi d'–, Feuerwerk (-s,-e) s.n.
artificioso agg. 1 unnatürlich 2 (affettato) gekünstelt.
artigianato s.m. Handwerk (-s/.) s.n.
artigiano agg. Handwerker (-s,-) s.m.
artiglio s.m. Kralle (-,-n) s.f.
artista s.m. 1 Künstler (-s,-) s.m. 2 (di circo) Artist (-en,-en) s.m.
artistico agg. künstlerisch.
arto s.m. Glied (-es,-er) s.n.
artrite s.f. Gelenkentzündung (-,-en) s.f.
artritico agg. arthritisch, Gelenk...
artrosi s.f. Arthrose (-,-n) s.f.
arzillo agg. rüstig.
ascella s.f. Achselhöhle (-,-n) s.f.
ascendente agg. ansteigend ♦ s.m. 1 (astrologia) Aszendent (-en,-en) s.m. 2 (pl.) (parente) direkter Vorfahr.
ascensore s.m. Fahrstuhl (-s,-stühle) s.m., Aufzug (-s,-züge) s.m.
ascesa s.f. Aufstieg (-s,-e) s.m.
ascesso s.m. Abszeß (-sses,-sse) s.m.
ascia s.f. Axt (-, Äxte) s.f., Beil (-es,-e) s.n.
asciugacapelli s.m. Fön (-s,-e) s.m.
asciugamano s.m. Handtuch (-s,-tücher) s.n.
asciugare v.tr. 1 trocknen 2 (pulire) ab·wischen ♦ **asciugarsi** v.pron. sich

asciutto

ab·trocknen.
asciutto *agg.* 1 trocken 2 (*magro*) sehnig, hager.
ascoltare *v.tr.* 1 hören (+*dat.*) 2 (*dare retta a*) befolgen (+*acc.*) ♦ *v.intr.* 1 zu·hören 2 (*origliare*) lauschen.
ascoltatore *s.m.* Zuhörer (-s,-) *s.m.*
asfaltare *v.tr.* asphaltieren.
asfalto *s.m.* Asphalt (-s/-) *s.m.*
asfissiare *v.tr.* ersticken.
asilo *s.m.* 1 (*rifugio*) Zufluchtsort (-es,-e) *s.m.* 2 (*scuola materna*) Kindergarten (-s,-gärten) *s.m.*: –*nido*, Kinderkrippe (-,-n) *s.f.*
asino *s.m.* Esel (-s,-) *s.m.*
asma *s.f.* Asthma (-s/-) *s.n.*
asola *s.f.* Knopfloch (-s,-löcher) *s.n.*
aspettare *v.tr.* 1 warten (auf +*acc.*) 2 (*prevedere*) erwarten.
aspettativa *s.f.* Erwartung (-,-en) *s.f.*, Anspruch (-s,-sprüche) *s.m.*
aspetto *s.m.* 1 Aussehen (-s/-) *s.n.* 2 (*punto di vista*) Gesichtspunkt (-s,-e) *s.m.*
aspirapolvere *s.m.* Staubsauger (-s,-) *s.m.*
aspirare *v.tr.* 1 (*inspirare*) ein·atmen 2 (*tecn.*) ab·saugen ♦ *v.intr.* (*a*) an·streben.
aspiratore *s.m.* (*tecn.*) Absauganlage (-,-n) *s.f.*
aspirazione *s.f.* 1 (*inspirazione*) Einatmung (-,-en) *s.f.* 2 (*desiderio*) Streben (-s/-) *s.n.* 3 (*tecn.*) Absaugen (-s/-) *s.n.*
aspirina *s.f.* Aspirin (-s/-) *s.n.*
asportare *v.tr.* 1 entfernen 2 mit·nehmen (nahm mit, mitgenommen).
aspro *agg.* 1 (*di sapore*) herb 2 (*fig.*) hart, bitter.
assaggiare *v.tr.* probieren, kosten.

assaggio *s.m.* Kostprobe (-,-n) *s.f.*
assai *avv.* 1 (*molto*) sehr 2 (*davanti a compar.*) viel 3 (*abbastanza*) genug.
assalire *v.tr.* an·fallen (fiel an, angefallen), überfallen.
assaltare *v.tr.* stürmen, an·greifen (griff an, angegriffen).
assalto *s.m.* Ansturm (-s,-stürme) *s.m.*, Überfall (-s,-fälle) *s.m.*
assaporare *v.tr.* aus·kosten; genießen (genoß, genossen).
assassinare *v.tr.* ermorden, um·bringen (brachte um, umgebracht).
assassinio *s.m.* Mord (-es,-e) *s.m.*
assassino *s.m.* Mörder (-s,-) *s.m.*
asse *s.f.* Brett (-es,-er) *s.n.*
assecondare *v.tr.* 1 begünstigen 2 (*favorire*) unterstützen 3 (*esaudire*) nach·kommen (kam nach, nachgekommen).
assediare *v.tr.* belagern.
assedio *s.m.* Belagerung (-,-en) *s.f.*
assegnare *v.tr.* 1 zu·weisen (wies zu, zugewiesen) 2 (*incarico*) erteilen 3 (*compiti di scuola*) auf·geben (gab auf, aufgegeben).
assegnazione *s.f.* Verleihung (-,-en) *s.f.*
assegno *s.m.* Scheck (-s,-s) *s.m.*
assemblea *s.f.* Versammlung (-,-en) *s.f.*
assembramento *s.m.* Ansammlung (-,-en) *s.f.*
assenso *s.m.* Zustimmung (-,-en) *s.f.*
assentarsi *v.pron.* sich entfernen.
assente *agg.* abwesend.
assentire *v.intr.* (*a*) zu·stimmen (+*dat.*).
assenza *s.f.* 1 Abwesenheit (-/-) *s.f.* 2 (*mancanza*) (*di*) Mangel (-s, Mängel) *s.m.* (an +*dat.*).

assertore *s.m.* Behaupter (-s,-) *s.m.*
asserzione *s.f.* Behauptung (-,-en) *s.f.*
assestarsi *v.pron.* sich einrichten.
assetato *agg.* durstig; *(fig.)* gierig.
assetto *s.m.* Ordnung (-,-en) *s.f.*
assicurare *v.tr.* 1 sichern 2 versichern 3 *(legare)* befestigen.
assicurazione *s.f.* Versicherung (-,-en) *s.f.*
assiduo *agg.* unbeirrbar, unermüdlich.
assillante *agg.* 1 quälend 2 *(di persona)* aufdringlich, belästigend.
assimilare *v.tr.* 1 sich an·eignen 2 *(paragonare)* gleich·stellen.
assimilazione *s.f.* 1 Assimilation (-,-en) *s.f.* 2 *(fig.)* Aneignung (-,-en) *s.f.*
assise *s.f.* 1 Schwurgericht (-es,-e) *s.n.* 2 Hauptversammlung (-,-en) *s.f.*
assistente *s.m.* Assistent (-en,-en) *s.m.*
assistenza *s.f.* Hilfe (-,-n) *s.f.*
assistenziale *agg.* Sozial...: *ente* –, Sozialamt (-es,-ämter) *s.n.*
assistere *v.intr.* *(a)* anwesend sein (bei) ♦ 1 helfen (half, geholfen) (+*dat.*), 2 *(curare)* betreuen, pflegen.
associare *v.tr.* als Mitglied an·nehmen 2 *(unire)* vereinigen ♦ **associarsi** *v.pron.* *(a)* 1 Mitglied werden (von) 2 sich an·schließen (schloß an, angeschlossen) (an +*acc.*).
associazione *s.f.* Verein (-s,-e) *s.m.*
assoggettare *v.tr.* unterwerfen (unterwarf, unterworfen).
assolato *agg.* sonnig.
assoldare *v.tr.* an·werben (warb an, angeworben).
assolutamente *avv.* 1 unbedingt 2 *(del tutto)* absolut, ganz.
assoluto *agg.* absolut.
assoluzione *s.f.* Freisprechung (-,-en) *s.f.*

assolvere *v.tr.* frei·sprechen (sprach frei, freigesprochen).
assomigliare *v.intr.* *(a)* ähneln (+*dat.*).
assonnato *agg.* schläfrig, verschlafen.
assorbente *s.m.* Damenbinde (-,-n) *s.f.*
assorbire *v.tr.* 1 auf·saugen 2 *(fig.)* in Anspruch nehmen (nahm, genommen).
assordare *v.tr.* taub machen.
assortimento *s.m.* Auswahl (-/.) *s.f.*
assortito *agg.* assortiert; (gut)ausgestattet.
assorto *agg.* versunken.
assottigliare *v.tr.* schmaler/dünner machen.
assuefazione *s.m.* *(med.)* Gewöhnung (-/.) *s.f.*
assumere *v.tr.* 1 übernehmen (übernahm, übernommen) 2 *(impiegare)* ein·stellen 3 *(ingerire)* ein·nehmen (nahm ein, eingenommen).
assunzione *s.f.* 1 Einstellung (-,-en) *s.f.* 2 *(ingestione)* Einnahme (-,-n) *s.f.*
assurdità *s.f.* Absurdität (-,-en) *s.f.*
assurdo *agg.* absurd ♦ **per assurdo** *locuz.avv.* widersinnigerweise.
asta *s.f.* 1 Stab (-es, Stäbe) *s.m.* 2 *(vendita)* Versteigerung (-,-en) *s.f.*
astemio *agg.* abstinent.
astenersi *v.pron.* *(da)* sich enthalten (enthielt, enthalten) (+*gen.*).
astensione *s.f.* Enthaltung (-/.) *s.f.*
asterisco *s.m.* Sternchen (-s,-) *s.n.*
astigmatico *agg.* astigmatisch.
astinenza *s.f.* Enthaltsamkeit (-/.) *s.f.*
astio *s.m.* Groll (-s/-) *s.m.*
astioso *agg.* mißgünstig, grollend.
astrattismo *s.m.* abstrakte Kunst.
astratto *agg.* abstrakt.
astrazione *s.f.* Abstraktion (-/.) *s.f.*
astringente *agg.* *(med.)* stopfend.

astro

astro *s.m.* Stern (-es,-e) *s.m.*, Gestirn (-s,-e) *s.n.*
astrologia *s.f.* Astrologie (-/.) *s.f.*
astronauta *s.m.* Raumfahrer (-s,-) *s.m.*
astronave *s.f.* Raumschiff (-es,-e) *s.n.*
astronomia *s.f.* Astronomie (-/.) *s.f.*
astronomico *agg.* astronomisch.
astuccio *s.m.* **1** Etui (-s,-s) *s.n.* **2** (*scol.*) Federmäppchen (-s,-) *s.n.*
astuto *agg.* schlau, listig.
astuzia *s.f.* Schlauheit (-/.) *s.f.*, List (-, -en) *s.f.*
ateneo *s.m.* (*accademia*) Universität (-,-en) *s.f.*
ateo *agg.* atheistisch.
atipico *agg.* atypisch.
atlante *s.m.* Atlas (-, Atlanten) *s.m.*
atlantico *agg.* atlantisch.
atleta *s.m./f.* Athlet (-en,-en) *s.m.*, Sportler (-s,-) *s.m.*
atletica *s.f.* Athletik (-/.) *s.f.*
atmosfera *s.f.* Atmosphäre (-,-n) *s.f.*; Stimmung (-,-en) *s.f.*
atomico *agg.* atomar, Atom...
atomo *s.m.* Atom (-s,-e) *s.n.*
atrio *s.m.* **1** Vorhalle (-,-n) *s.f.* **2** (*anat.*) Vorhof (-s,-höfe) *s.m.*
atroce *agg.* **1** schrecklich; grausam **2** (*acuto*) unerträglich.
attaccamento *s.m.* Anhänglichkeit (-/.) *s.f.*; (*dedizione*) Hingabe (-,-n) *s.f.*
attaccante *s.m.* (*sport*) Stürmer (-s,-) *s.m.*
attaccapanni *s.m.* Kleiderständer (-s,-) *s.m.*, (*gruccia*) Bügel (-s,-) *s.m.*
attaccare *v.tr.* **1** (*incollando*) (an-)kleben; (*cucendo*) an-nähen; (*legando*) (an-)binden (band, gebunden) **2** (*appendere*) hängen **3** (*assalire*) an-greifen (griff an, angegriffen) ♦ *v.intr.* **1** kleben **2** (*attecchire*) Wurzel fas-sen ♦ **attaccarsi** *v.pron.* **1** (*affezionarsi*) (*a*) Zuneigung fassen (zu) **2** aneinan-der hängen.
attaccaticcio *agg.* **1** klebrig **2** (*fig.*) aufdringlich.
attaccatura *s.f.* Ansatz (-es,-sätze) *s.m.*
attacco *s.m.* **1** Ansatz (-es,-sätze) *s.m.* **2** (*med.*) Anfall (-s,-fälle) *s.m.* **3** (*tecn.*) Anschluß (-sses, Anschlüsse) *s.m.*
attecchire *v.intr.* Fuß fassen; Anklang finden (fand, gefunden).
atteggiamento *s.m.* Verhalten (-s/.) *s.n.*
attempato *agg.* bejahrt, betagt.
attendere *v.tr.* warten.
attendibile *agg.* zuverlässig; glaubwür-dig.
attentare *v.intr.* **1** einen Anschlag verüben **2** (*mettere in pericolo*) gefähr-den.
attentato *s.m.* Anschlag (-es,-schläge) *s.m.*, Attentat (-s,-e) *s.n.*
attento *agg.* **1** aufmerksam **2** (*approfondito*) sorgfältig.
attenuante *s.f.* milderd.
attenuare *v.tr.* abschwächen; mildern.
attenzione *s.f.* **1** Aufmerksamkeit (-/.) *s.f.* **2** (*escl.*) Vorsicht!
atterraggio *s.m.* Landung (-,-en) *s.f.*
atterrare *v.intr.* **1** landen **2** (*sport*) auf-setzen.
atterrito *agg.* erschrocken.
attesa *s.f.* Wartezeit (-,-en) *s.f.*
atteso *agg.* erwartet; (*desiderato*) er-sehnt.
attico *s.m.* Dachwohnung (-,-en) *s.f.*
attiguo *agg.* angrenzend, anstoßend.
attillato *agg.* (*abbigl.*) enganliegend.
attimo *s.m.* Augenblick (-es,-e) *s.m.*
attinente *agg.* zugehörig (+*dat.*).

autenticità

attirare v.tr. an·ziehen (zog an, angezogen).
attitudine s.f. Begabung (-/-) s.f.
attivista s.m/f. Aktivist (-en,-en) s.m. (f.-in,-innen).
attività s.f. 1 Tätigkeit (-,-en) s.f. 2 (occupazione) Beschäftigung (-,-en) s.f.
attivo agg. aktiv, wirksam, tätig.
attizzatoio s.m. Schürhaken (-s,-) s.m.
atto¹ s.m. 1 Tat (-,-en) s.f. 2 (certificato) Urkunde (-,-n) s.f. 3 (teatr.) Akt (-es,-e) s.m.
atto² agg. (a) fähig (zu).
attonito agg. erstaunt, überrascht.
attorcigliare v.tr. verwickeln ♦ **attorcigliarsi** v.pron. sich verwickeln; (di serpenti) sich winden.
attore s.m. Schauspieler (-s,-) s.m.
attorno avv. ringsum ♦ **attorno a** locuz.prep. um (+acc.)
attraente agg. anziehend; attraktiv.
attrarre v.tr. an·ziehen (zog an, angezogen).
attrattiva s.f. 1 Anziehungskraft (-, -kräfte) s.f. 2 (di luogo) Sehenswürdigkeit (-,-en) s.f.
attraversamento s.m. Übergang (-es, -gänge) s.m.
attraversare v.tr. 1 durchqueren; (strada) überqueren 2 (vivere) durch·machen.
attraverso prep. 1 (luogo) durch (+acc.) 2 (mezzo) aufgrund, mittels (+gen.); durch (+acc.) 3 (tempo) hindurch (+acc.).
attrazione s.f. Anziehungskraft (-, -kräfte) s.f.
attrezzare v.tr. ein·richten, aus·rüsten.
attrezzatura s.f. 1 Einrichtung (-,-en) s.f. 2 (teatr.) Requisiten s.pl.
attrezzo s.m. Werkzeug (-es,-e) s.n.

attribuire v.tr. zu·schreiben (schrieb zu, zugeschrieben).
attributo s.m. Attribut (-s,-e) s.n.
attrice s.f. Schauspielerin (-,-nen) s.f.
attrito s.m. Reibung (-,-en) s.f.
attuale agg. aktuell, zeitgemäß.
attualità s.f. Aktualität (-,-en) s.f.
attualmente avv. gegenwärtig, jetzt.
attuare v.tr. verwirklichen.
attutire v.tr. vermindern ; (di suono) dämpfen ♦ **attutirsi** v.pron. nach·lassen (ließ nach, nachgelassen).
audace agg. mutig, kühn.
audio s.m. (radio, tv) Ton (-s,Töne) s.m.
audiovisivo agg. audiovisuell.
audizione s.f. Probesingen (-s/.) s.n.; (teatr.) Probesprechen (-s/.) s.n.
augurare v.tr. wünschen.
augurio s.m. Wunsch (-s,Wünsche) s.m.
aula s.f. Klassenzimmer (-s,-) s.n.; (univ.) Hörsaal (-s,-säle) s.m.
aumentare v.tr. steigern, erhöhen ♦ v.intr. zu·nehmen (nahm zu, zugenommen).
aumento s.m. Erhöhung (-,-en) s.f.
aureo agg. golden, Gold-.
auricolare s.m. Ohr...; lobo -, Ohrläppchen (-s,-) s.n.
aurora s.f. Morgenrot (-/.) s.n.
ausiliare agg. Hilfs-.
austerità s.f. Strenge (-/.) s.f.
austero agg. streng; (disadorno) schlicht.
australe agg. südlich, Süd-.
austriaco agg. österreichisch ♦ s.m. Österreicher (-s,-) s.m.
autenticare v.tr. beglaubigen, authentifizieren.
autenticità s.f. Echtheit (-/.) s.f.,

Authentizität (-/.) *s.f.*
autentico *agg.* echt.
autista *s.m.* Chauffeur (-s,-e) *s.m.*, Fahrer (-s,-) *s.m.*
autoadesivo *agg.* selbstklebend.
autoambulanza *s.f.* Krankenwagen (-s,-) *s.m.*
autobiografia *s.f.* Autobiografie (-,-n) *s.f.*
autobotte *s.f.* Tankwagen (-s,-) *s.m.*
autobus *s.m.* Autobus (-ses,-se) *s.m.*
autocarro *s.m.* Lastkraftwagen (-s,-) *s.m.*
autocisterna *s.f.* Tankwagen (-s,-) *s.m.*
autocontrollo *s.m.* Selbstkontrolle (-/.) *s.f.*
autocritica *s.f.* Selbstkritik (-/.) *s.f.*
autodidatta *s.m.* Autodidakt (-en,-en) *s.m.*
autodifesa *s.f.* Selbstverteidigung (-,-en) *s.f.*
autodromo *s.m.* Autorennbahn (-,-en) *s.f.*
autofficina *s.f.* Autoreparaturwerkstatt (-,-stätten) *s.f.*
autofinanziamento *s.m.* Selbstfinanzierung (-,-en) *s.f.*
autogestione *s.f.* Selbstverwaltung (-,-en) *s.f.*
autogol *s.m.* (*sport*) Eigentor (-s,-e) *s.n.*
autografo *agg.* eigenhändig geschrieben ♦ *s.m.* Autogramm (-s,-e) *s.n.*
autogrill *s.m.* Autobahnrasthof (-s,-höfe) *s.m.*
autolavaggio *s.m.* Autowaschanlage (-,-n) *s.f.*
autolinea *s.f.* Buslinie (-,-n) *s.f.*
automatico *agg.* automatisch.
automatizzare *v.tr.* automatisieren.
automezzo *s.m.* Kraftfahrzeug (-es,-e) *s.n.*
automobile *s.f.* Auto (-s,-s) *s.n.*, Wagen (-s,-) *s.m.*
automobilismo *s.m.* Autosport (-s/.) *s.m.*
automobilista *s.m.* Autofahrer (-s,-) *s.m.*
automobilistico *agg.* Auto...: *carta -a*, Autokarte (-,-n) *s.f.*
automotrice *s.f.* (*ferr.*) Triebwagen (-s,-) *s.m.*
autonoleggio *s.m.* Autoverleih (-s,-e) *s.m.*
autonomia *s.f.* Autonomie (-/.) *s.f.*
autonomo *agg.* autonom, selbständig.
autopattuglia *s.f.* Streifenwagen (-s,-) *s.m.*
autopsia *s.f.* Autopsie (-,-n) *s.f.*
autoradio *s.f.* Autoradio (-s,-s) *s.n.*
autore *s.m.* Täter (-s,-) *s.m.*; (*di testo*) Autor (-s,-en) *s.m.*
autoregolamentazione *s.f.* Selbstregelung (-,-en) *s.f.*
autorespiratore *s.m.* (*per sub*) Tauchgerät (-s,-e) *s.n.*
autorete *s.f.* Eigentor (-s,-e) *s.n.*
autorevole *agg.* **1** maßgebend **2** (*accreditato*) glaubwürdig.
autorimessa *s.f.* Garage (-,-n) *s.f.*
autorità *s.f.* **1** Autorität (-,-en) *s.f.* **2** *spec.pl.* Behörde (-,-n) *s.f.*
autoritario *agg.* autoritär.
autoritratto *s.m.* Selbstporträt (-s,-e) *s.n.*
autorizzare *v.tr.* genehmigen, erlauben.
autorizzazione *s.f.* Genehmigung (-,-en) *s.f.*
autosalone *s.m.* Autoausstellung (-,-en) *s.f.*
autoscuola *s.f.* Fahrschule (-,-n) *s.f.*

autosilo *s.m.* Parkhaus (-es,-häuser) *s.n.*

autostop *s.m.* per Anhalter fahren.

autostoppista *s.m.* Tramper (-,-) *s.m.*, Anhalter (-s,-) *s.m.*

autostrada *s.f.* Autobahn (-,-en) *s.f.*

autosuggestione *s.f.* Autosuggestion (-,-en) *s.f.*

autotreno *s.m.* Fernlaster (-s,-) *s.m.*

autoveicolo *s.m.* Kraftfahrzeug (-s,-e) *s.n.*

autovettura *s.f.* Personenkraftwagen (-s,-) *s.m.*

autunnale *agg.* herbstlich.

autunno *s.m.* Herbst (-es,-e) *s.m.*

avanguardia *s.f.* Vorhut (-/) *s.f.*

avanti *avv.* 1 (*stato in luogo*) vorn 2 (*moto a luogo*) (*di avvicinamento*) näher; (*di allontanamento*) voran, weiter 3 (*tempo*) später ♦ *prep.* 1 (*luogo*) → davanti 2 (*tempo*) vor ♦ *inter.* 1 herein!; bitte! 2 (*suvvia*) los ♦ *s.m.* (*sport*) Stürmer (-s,-) *s.m.*

avanzamento *s.m.* 1 Fortgang (-es, -gänge) *s.m.* 2 (*promozione*) Beförderung (-,-en) *s.f.*

avanzare¹ *v.intr.* voran·kommen (kam voran, vorangekommen) ♦ **avanzarsi** *v.pron.* heran·rücken (-, -) *v.r.*

avanzare² *v.tr.* 1 übrig·lassen (ließ übrig, übriggelassen) 2 (*essere creditore*) gut·haben ♦ *v.intr.* übrig·bleiben (blieb übrig, übriggeblieben).

avanzo *s.m.* Rest (-es,-e) *s.m.*

avaria *s.f.* Schaden (-s, Schäden) *s.m.*

avariato *agg.* beschädigt; verdorben.

avarizia *s.f.* Geiz (-es/.) *s.m.*

avaro *agg.* geizig.

avere *v.aus.* haben ♦ *v.tr.* 1 haben 2 (*correlato a "da" e inf.*) haben zu, müssen ♦ *s.m.* Vermögen (-s/.) *s.n.*

aviatore *s.m.* Flieger (-s,-) *s.m.*

aviazione *s.f.* Luftfahrt (-,-en) *s.f.*

avidità *s.f.* (*di*) Gier (-/.) *s.f.* (nach).

avido *agg.* (*di*) gierig (nach).

avorio *s.m.* Elfenbein (-es/.) *s.n.*

avvantaggiare *v.tr.* 1 begünstigen 2 (*far progredire*) fördern ♦ **avvantaggiarsi** *v.pron.* 1 (*di*) Vorteil ziehen (aus) 2 (*guadagnare tempo*) Zeit gewinnen (gewann Zeit, Zeit gewonnen).

avveduto *agg.* umsichtig.

avvelenamento *s.m.* Vergiftung (-,-en) *s.f.*

avvelenare *v.tr.* vergiften.

avvenimento *s.m.* Ereignis (-es,-e) *s.n.*

avvenire¹ *s.m.* Zukunft (-/.) *s.f.*

avvenire² *v.intr.* geschehen (geschah, geschehen), passieren.

avveniristico *agg.* zukunftsorientiert.

avventato *agg.* 1 (*di persona*) unbesonnen, leichtsinnig 2 (*di azione*) überstürzt.

avvento *s.m.* 1 Anbruch (-s,-brüche)

avventore *s.m.* Kunde (-n,-n) *s.m.*

avventura *s.f.* Abenteuer (-s,-) *s.n.*

avventuriero *s.m.* Abenteurer (-s,-) *s.m.*

avventuroso *agg.* abenteuerlich.

avverarsi *v.pron.* wahr werden (wurde wahr, wahr geworden), sich erfüllen.

avversario *s.m.* Gegner (-s,-) *s.m.*

avversione *s.f.* Abneigung (-,-en) *s.f.*

avversità *s.f.* Widerwärtigkeit (-/.) *s.f.*

avverso *agg.* widrig, feindlich.

avvertenza *s.f.* Anweisung (-,-en) *s.f.*

avvertimento *s.m.* Warnung (-,-en) *s.f.*

avvertire *v.tr.* 1 benachrichtigen 2 (*di*) warnen (vor) 3 (*percepire*) fühlen,

avvezzo *agg.* gewohnt.
avviamento *s.m.* 1 Einführung (-,-en) *s.f.* 2 *(auto)* Starten (-s/.) *s.n.*
avviare *v.tr.* 1 an-leiten 2 *(mecc.)* an-lassen (ließ an, angelassen) 3 *(aziende)* in Gang bringen ♦ **avviarsi** *v.pron.* sich auf den Weg machen.
avvicendare *v.tr.* ab-wechseln, ab-lösen.
avvicinamento *s.m.* Annäherung (-,-en) *s.f.*
avvicinare *v.tr.* heran-rücken ♦ **avvicinarsi** *v.pron.* (*a*) sich nähern (+*dat.*).
avvilente *agg.* entmutigend
avvincente *agg.* fesselnd, spannend.
avvinghiarsi *v.pron.* (*a*) sich klammern (an +*acc.*).
avvio *s.m.* Anfang (-s,-fänge) *s.m.*, Start (-s,-e) *s.m.*
avvisare *v.tr.* 1 benachrichtigen 2 *(ammonire)* (ver)warnen.
avviso *s.m.* 1 *(annuncio)* Bekanntmachung (-,-en) *s.f.* 2 *(amm.)* Anzeige (-,-n) *s.f.* 3 *(ammonimento)* Warnung (-,-en) *s.f.* 4 *(opinione)* Meinung (-,-en) *s.f.* | – *di garanzia*, Ermittlungsbescheid (-es,-e) *s.m.*
avvistare *v.tr.* sichten.
avvitare *v.tr.* (an-)schrauben, zuschrauben.
avvizzire *v.intr.* (ver)welken.
avvocato *s.m.* Rechtsanwalt (-es,-wälte) *s.m.*
avvolgere *v.tr.* 1 (auf-)rollen 2 *(avviluppare)* ein-packen.
avvolgibile *agg.* aufrollbar.
avvoltoio *s.m.* Geier (-s,-) *s.m.*
azalea *s.f.* Azalee (-,-n) *s.f.*
azienda *s.f.* Betrieb (-s,-e) *s.m.*
azionare *v.tr.* betätigen, in Betrieb setzen.
azionario *agg.* Aktien...: *capitale* –, Aktienkapital (-s,-e) *s.n.*
azione *s.f.* 1 Tat (-,-en) *s.f.* 2 *(effetto)* Wirkung (-,-en) *s.f.* 3 *(sport)* Aktion (-,-en) *s.f.* 4 *(letteratura)* Handlung (-,-en) *s.f.*
azionista *s.m./f.* Aktionär (-s,-e) *s.m.*
azoto *s.m.* Stickstoff (-es/.) *s.m.*
azzardare *v.tr.* wagen, riskieren.
azzardarsi *v.pron.* wagen, sich unterstehen (unterstand, unterstanden).
azzardato *agg.* gewagt.
azzardo *s.m.* Wagnis (-ses,-se) *s.n.*, Risiko (-s,-s) *s.n.*
azzerare *v.tr.* auf Null stellen.
azzuffarsi *v.pron.* raufen.
azzurro *agg.* himmelblau.

B

babbuino *s.m.* 1 *(zool.)* Pavian (-s,-e) *s.m.* 2 *(fig.)* Dummkopf (-es,-köpfe) *s.m.*
bacca *s.f.* Beere (-,-n) *s.f.*
baccano *s.m.* Krach (-s,Kräche) *s.m.*
baccello *s.m.* Schote (-,-n) *s.f.*
bacchetta *s.f.* Stab (-es, Stäbe) *s.m.*; *(bastone)* Stock (-s, Stöcke) *s.m.*
bacheca *s.f.* 1 Schaukasten (-s,-kästen) *s.m.* 2 *(per affissioni)* Pinnwand (-,-wände) *s.f.*
baciare *v.tr.* küssen.
bacillo *s.m.* Bazillus (-,-llen) *s.m.*
bacinella *s.f.* Schale (-,-n) *s.f.*; *(catino)* Waschschüssel (-,-n) *s.f.*
bacino *s.m.* 1 Becken (-s,-) *s.n.* 2 *(tecn.)* Dock (-s,-s) *s.n.*
bacio *s.m.* Kuß (Kusses, Küsse) *s.m.*
baco *s.m.* Raupe (-,-n) *s.f.*, *(da seta)*

Seidenraupe (-,-n) *s.f.*
badare *v.intr.* (a) auf-passen (auf +*acc.*), achten (auf +*acc.*).
badile *s.m.* Spaten (-s,-) *s.m.*
baffo *s.m.* Schnurrbart (-es,-bärte) *s.m.*
bagagliaio *s.m.* (*di stazione*) Gepäckaufbewahrung (-,-en) *s.f.*; (*di auto*) Kofferraum (-es,-räume) *s.m.*
bagaglio *s.m.* Gepäck (-s,) *s.n.*
bagarino *s.m.* Schwarzhändler von Eintrittskarten.
bagliore *s.m.* Schimmer (-s,-) *s.m.*
bagnare *v.tr.* 1 naß machen; (*innaffiare*) gießen (goß, gegossen) 2 (*di fiumi*) fließen (floß, geflossen) durch.
bagnino *s.m.* Bademeister (-s,-) *s.m.*
bagno *s.m.* 1 Bad (-es, Bäder) *s.n.* 2 (*stanza*) Badezimmer (-s,-) *s.n.*
bagnoschiuma *s.m.* Schaumbad (-es, -bäder) *s.n.*
baia *s.f.* (*geogr.*) Bucht (-,-en) *s.f.*
balaustra *s.f.* Balustrade (-,-n) *s.f.*
balbettare *v.intr.* 1 stottern 2 (*di bambini*) lallen ♦ *v.tr.* stottern, stammeln.
balconata *s.f.* (*teatr.*) Rang (-s, Ränge) *s.m.*
balcone *s.m.* Balkon (-s,-s) *s.m.*
balena *s.f.* Wal (-s,-e) *s.m.*
balla *s.f.* Ballen (-s,-) *s.m.* 2 *pl.* (*pop.*): raccontare -e, Lügen erzählen.
ballare *v.intr.* e *tr.* tanzen.
ballerina *s.f.* Tänzerin (-,-nen) *s.f.*
ballerino *s.m.* Tänzer (-s,-) *s.m.*
balletto *s.m.* Ballett (-s,-s) *s.n.*
ballo *s.m.* Tanz (-es, Tänze) *s.m.*
ballottaggio *s.m.* (*pol.*) Stichwahl (-, -en) *s.f.*
balneare *agg.* Bade-..., See...: *località -*, Seebadeort (-es,-e) *s.m.*
balordo *s.m.* 1 dumm 2 (*insensato*) verrückt.
balsamico *agg.* balsamisch.
balsamo *s.m.* Balsam (-s,-e) *s.m.*
balzare *v.intr.* auf-springen (sprang auf, aufgesprungen), hoch-hüpfen.
balzo *s.m.* Satz (-es, Sätze) *s.m.*; (*di palla*) Abprall (-s/.) *s.m.*
bambagia *s.f.* Baumwollabfall (-s/.) *s.m.*; (*cotone*) Watte (-,-n) *s.f.*
bambino *s.m.* 1 Kind (-es,-er) *s.n.*
bambola *s.f.* Puppe (-,-n) *s.f.*
bambù *s.m.* Bambus (-ses,-se) *s.m.*
banale *agg.* 1 banal, fade 2 (*comune*) einfach.
banana *s.f.* 1 Banane (-,-n) *s.f.* 2 (*pettinatura*) Tolle (-,-n) *s.f.*
banca *s.f.* Bank (-, Banken) *s.f.*
bancarella *s.f.* Stand (-es, Stände) *s.m.*
bancarotta *s.f.* Bankrott (-s,-e) *s.m.*
banchetto *s.m.* Bankett (-s,-e) *s.m.*, Schmaus (-es, Schmäuse) *s.m.*
banchiere *s.m.* Bankier (-s,-s) *s.m.*
banchina *s.f.* 1 (*mar.*) Kai (-s,-s) *s.m.* 2 (*ferr.*) Bahnsteig (-es,-e) *s.m.* 3 (*di strada*) Seitenstreifen (-s,-) *s.m.*
banco *s.m.* 1 Bank (-, Bänke) *s.f.* 2 (*di negozio*) Ladentisch (-es,-e) *s.m.*; (*di bar*) Theke (-,-n) *s.f.* 3 – *da lavoro*, Werkbank (-,-bänke) *s.f.*
bancomat *s.m.* Geldautomat (-en,-en) *s.m.*
banconota *s.f.* Banknote (-,-n) *s.f.*
banda¹ *s.f.* 1 Bande (-,-n) *s.f.* 2 (*mus.*) Kapelle (-,-n) *s.f.*
banda² *s.f.* 1 (*abbigl.*) Borte (-,-n) *s.f.* 2 (*tecn.*) Band (-es, Bänder) *s.n.*, Streifen (-s,-) *s.m.*
bandiera *s.f.* Fahne (-,-n) *s.f.*, Flagge (-,-n) *s.f.*
bandire *v.tr.* 1 (*concorso*) aus-schreiben (schrieb aus, ausgeschrieben) 2

bandito

(*esiliare*) verbannen 3 (*fig.*) beseitigen.
bandito *s.m.* Bandit (-en,-en) *s.m.*, Verbrecher (-s,-) *s.m.*
bando *s.m.* 1 (*di concorso*) Ausschreibung (-,-en) *s.f.* 2 (*esilio*) Verbannung (-,-en) *s.f.* ♦ bando a *locuz.prep.* fort mit, weg mit.
bara *s.f.* Sarg (-es, Särge) *s.m.*
baracca *s.f.* Baracke (-,-n) *s.f.*; (*fam.*) Bude (-,-n) *s.f.*
barare *v.intr.* 1 falsch-spielen 2 (*fig.*) betrügen (betrog, betrogen).
barattare *v.tr.* (ein-)tauschen.
barattolo *s.m.* Dose (-,-n) *s.f.*, Büchse (-,-n) *s.f.*
barba *s.f.* Bart (-es, Bärte) *s.m.*
barbabietola *s.f.* rote Beete: – da zucchero, Zuckerrübe (-,-n) *s.f.*
barbaro *agg.* barbarisch.
barbiere *s.m.* Herrenfriseur (-s,-e) *s.m.*
barbiturico *s.m.* Barbiturat (-s,-e) *s.n.*
barbone *s.m.* Stadtstreicher (-s,-) *s.m.*
barca *s.f.* 1 Boot (-es,-e) *s.n.* 2 (*di*) große Menge (an).
barcollare *v.intr.* taumeln, torkeln.
barella *s.f.* 1 Tragbahre (-,-n) *s.f.* 2 (*per materiali*) Traggestell (-,-e) *s.n.*
barile *s.m.* 1 (*recipiente*) Faß (Fasses, Fässer) *s.n.* 2 (*unità di misura del petrolio*) Barrel (-s,-) *s.n.*
barista *s.m.* Bedienung an der Theke eines Cafés.
baritono *s.m.* Bariton (-s,-e) *s.m.*
barlume *s.m.* Schimmer (-s/-,-/-) *s.m.*, Schein (-s/-,) *s.m.*
baro *s.m.* 1 (*al gioco*) Falschspieler (-s,-) *s.m.* 2 Betrüger (-s,-) *s.m.*
barocco *agg.* Barock (-s/-,) *s.m./n.*
barometro *s.m.* Barometer (-s,-) *s.n.*
barone *s.m.* Freiherr (-n,-en) *s.m.*, Baron (-s,-e) *s.m.*

barra *s.f.* 1 Stab (-es, Stäbe) *s.m.*, Stange (-,-n) *s.f.* 2 (*metall.*) Barren (-s,-) *s.m.* 3 (*segno grafico*) Schrägstrich (-s,-e) *s.m.*
barrare *v.tr.* an-kreuzen, durch-streichen (strich durch, durchgestrichen).
barricata *s.f.* Barrikade (-,-n) *s.f.*, Straßensperre (-,-n) *s.f.*
barriera *s.f.* 1 Sperre (-,-n) *s.f.* 2 (*calcio*) Mauer (-,-n) *s.f.*
baruffa *s.f.* Rauferei (-,-en) *s.f.*
barzelletta *s.f.* Witz (-es,-e) *s.m.*
basare *v.tr.* gründen, stützen ♦ basarsi *v.pron.* (*su*) sich stützen (auf +*acc.*).
base *s.f.* 1 Basis (-, Basen) *s.f.* 2 (*basamento*) Sockel (-s,-) *s.m.* 2 (*mil.*) Stützpunkt (-es,-e) *s.m.* ♦ a base di *locuz.prep.* auf der Grundlage von ♦ di base *locuz.agg.* Basis-..., Grund-... ♦ in base a, sulla base di *locuz. prep.* auf Grund (+*gen.* o von).
basilare *agg.* grundlegend.
basilica *s.f.* Basilika (-,-ken) *s.f.*
basilico *s.m.* Basilikum (-s,-s) *s.n.*
basso *agg.* 1 niedrig 2 (*di bassa statura*) klein 3 (*di suono*) tief 4 (*poco elevato*) a– prezzo, billig ♦ *s.m.* 1 unterer Teil (*mus.*) Baß (Basses, Bässe) *s.m.* ♦ *avv.* 1 (*in giù*) tief, nach unten 2 (*a voce bassa*) leise ♦ da basso, in basso *locuz.avv.* 1 (*stato in luogo*) unten 2 (*moto a luogo*) hinunter.
bassorilievo *s.m.* Basrelief (-s,-s) *s.n.*
bassotto *s.m.* Dackel (-s,-) *s.m.*
basta *inter.* genug, Schluß.
bastare *v.intr.* genügen, reichen.
bastione *s.m.* Bastion (-,-en) *s.f.*
bastonare *v.tr.* (ver)prügeln, schlagen (schlug, geschlagen).
bastone *s.m.* Stock (-s, Stöcke) *s.m.*
battaglia *s.f.* Schlacht (-,-en) *s.f.*,

Kampf (-es, Kämpfe) *s.m.*
battaglione *s.m.* Bataillon (-s,-e) *s.n.*
battello *s.m.* Boot (-es,-e) *s.n.*, Schiff (-es,-e) *s.n.*: *- a vapore*, Dampfer (-s,-) *s.m.*
battente *s.m.* 1 *(di porta)* Türflügel (-s,-) *s.m.* 2 *(batacchio)* Türklopfer (-s,-) *s.m.*
battere *v.tr.* 1 schlagen (schlug, geschlagen) 2 *(urtare) (contro)* stoßen (stieß, gestoßen) (an + *dat.*) 3 *(picchiare)* prügeln 4 *(scrivere a macchina)* tippen 5 *(sconfiggere)* besiegen (besiegte, besiegt) 6 *(percorrere)* begehen (beging, begangen) ♦ *v.intr.* 1 schlagen (schlug, geschlagen); *(bussare)* klopfen 2 *(insistere) (su)* verharren (bei).
batteria *s.f.* Batterie (-,-n) *s.f.*
battesimo *s.m.* Taufe (-,-n) *s.f.*
battistrada *s.m.* 1 *(auto)* Lauffläche (-,-n) *s.f.* 2 *(sport)* Schrittmacher (-s,-) *s.m.*
battitappeto *s.m.* Teppichkehrmaschine (-,-n) *s.f.*
battito *s.m.* Schlag (-es, Schläge) *s.m.*
battitore *s.m.* 1 *(tennis)* Aufschläger (-s,-) *s.m.* 2 *(nella caccia)* Treiber (-s,-) *s.m.*
battuta *s.f.* 1 *(colpo)* Schlag (-es, Schläge) *s.m.* 2 *(caccia)* Treibjagd (-,-en) *s.f.* 3 *(mus.)* Takt (-es,-e) *s.m.*
batuffolo *s.m.* Bausch (-es, Bäusche) *s.m.*
baule *s.m.* Truhe (-,-n) *s.f.*, Koffer (-s,-) *s.m.*
bavaglino *s.m.* Lätzchen (-s,-) *s.n.*
bazzecola *s.f.* Kleinigkeit (-,-en) *s.f.*
bazzicare *v.tr. e intr.* verkehren (in + *dat.*); sich herum-treiben (trieb herum, herumgetrieben) (in + *dat.*).

beato *agg.* 1 *(relig.)* selig 2 *(felice)* glücklich.
beccaccia *s.f.* *(zool.)* Schnepfe (-,-n) *s.f.*
beccaccino *s.m.* *(zool.)* Bekassine (-,-n) *s.f.*
beccare *v.tr.* 1 (auf-)picken; *(pungere)* stechen (stach, gestochen) 2 *(sorprendere)* erwischen ♦ **beccarsi** *v.pron.* sich gegenseitig hacken; zanken.
beccheggio *s.m.* *(mar.)* heftiges Schaukeln.
becchime *s.m.* Vogelfutter (-s/,-) *s.n.*
becchino *s.m.* Totengräber (-s,-) *s.m.*
becco *s.m.* Schnabel (-s, Schnäbel) *s.m.*
befana *s.f.* 1 *(relig.)* Dreikönigsfest (-es,-e) *s.n.* 2 alte Frau, die den Kindern in der Nacht vor dem Dreikönigsfest Geschenke bringt 3 *(fig.)* alte Hexe (-,-n) *s.f.*
beffa *s.f.* Spott (-s/.) *s.m.*
belare *v.intr.* 1 *(zool.) (di pecora)* blöken; *(di capra)* meckern 2 *(fig.)* jammern.
bellezza *s.f.* Schönheit (-,-en) *s.f.*
bello *agg.* 1 schön 2 *(buono)* gut ♦ *s.m.* Schöne (-n/.) *s.n.*
bemolle *s.m.* *(mus.)* Erniedrigungszeichen (-s,-) *s.n.*
benché *cong.* obwohl, obgleich.
benda *s.f.* 1 *(med.)* Binde (-,-n) *s.f.* 2 Stirnband (-es,-bänder) *s.n.*
bendaggio *s.m.* Verband (-es,-bände) *s.m.*
bendare *v.tr.* verbinden (verband, verbunden).
bendisposto *agg.* wohlgesinnt.
bene *avv.* 1 *(in modo giusto)* gut 2 *(rafforzativo)* ganz 3 *(escl.)* gut, schön ♦ *s.m.* Gute (-n/.) *s.n.*

benedire

benedire *v.tr.* (*relig.*) segnen.
benedizione *s.f.* Segen (-s,-) *s.m.*
beneducato *agg.* wohlerzogen.
beneficenza *s.f.* Wohltätigkeit (-,-en) *s.f.*
beneficiare *v.intr.* (*di*) genießen (genoß, genossen).
beneficio *s.m.* Vorteil (-s,-e) *s.m.*
benefico *agg.* wohltuend.
benessere *s.m.* Wohlstand (-s/.) *s.m.*
benestante *agg.* wohlhabend.
benestare *s.m.* (*amm.*) Genehmigung (-,-en) *s.f.*
benevolo *agg.* wohlwollend.
benigno *agg.* (*med.*) gutartig.
benintenzionato *agg.* gutgesinnt.
benvenuto *agg.* willkommen.
benzina *s.f.* Benzin (-s/.) *s.n.*: – *senza piombo*, bleifreies Benzin.
bere *v.tr.* trinken (trank, getrunken).
berlina *s.f.* (*auto*) Limousine (-,-n) *s.f.*
bernoccolo *s.m.* Beule (-,-n) *s.f.*
berretto *s.m.* Mütze (-,-n) *s.f.*
bersaglio *s.m.* Zielscheibe (-,-n) *s.f.*
besciamella *s.f.* (*gastr.*) Béchamelsoße (-,-n) *s.f.*
bestemmiare *v.intr.* fluchen ♦ *v.tr.* verfluchen.
bestia *s.f.* Tier (-es,-e) *s.n.*
bestiame *s.m.* Vieh (-s/.) *s.n.*
betoniera *s.f.* Betonmischmaschine (-,-n) *s.f.*
betulla *s.f.* Birke (-,-n) *s.f.*
bevanda *s.f.* Getränk (-s,-e) *s.n.*
bevitore *s.m.* Trinker (-s,-) *s.m.*
biancheria *s.f.* Wäsche (-,-) *s.f.*
bianco *agg.* 1 weiß 2 (*pulito*) rein 3 (*non scritto*) unbeschrieben 4 (*pallido*) blaß.
biasimare *v.tr.* tadeln, rügen.
biasimo *s.m.* Tadel (-s/.) *s.m.*

Bibbia *s.f.* Bibel (-,-n) *s.f.*
biberon *s.m.* Fläschchen (-s,-) *s.n.*
bibita *s.f.* Getränk (-s,-e) *s.n.*
biblioteca *s.f.* 1 Bibliothek (-,-en) *s.f.* 2 (*collezione*) Büchersammlung (-,-en) *s.f.*
bibliotecario *s.m.* Bibliothekar (-s,-e) *s.m.*
bicameralismo *s.m.* Zweikammersystem (-s,-e) *s.n.*
bicchiere *s.m.* Glas (-es, Gläser) *s.n.*: *–di carta*, Papierbecher (-s,-) *s.m.*
bicicletta *s.f.* Fahrrad (-es,-räder) *s.n.*
bidè *s.m.* Bidet (-s,-s) *s.n.*
bidello *s.m.* Schuldiener (-s,-) *s.m.*
bidone *s.m.* 1 Kanister (-s,-) *s.m.* 2 (*imbroglio*) Schwindel (-s/.) *s.m.*
biennale *agg.* 1 (*che dura due anni*) zweijährig 2 (*ogni due anni*) zweijährlich.
bietola *s.f.* Mangold (-es,-e) *s.m.*
biforcarsi *v.pron.* sich gabeln.
biforcazione *s.f.* Gabelung (-,-en) *s.f.*; (*di strada*) Abzweigung (-,-en) *s.f.*
bigamia *s.f.* Bigamie (-,-n) *s.f.*
bighellonare *v.intr.* bummeln, trödeln.
bigiotteria *s.f.* Modeschmuck (-s,-e) *s.m.*
bigliettaio *s.m.* 1 (*di stazione*) Fahrkartenverkäufer (-s,-) *s.m.*; (*di treno*) Schaffner (-s,-) *s.m.* 2 (*teatr.*) Kartenverkäufer (-s,-) *s.m.*
biglietteria *s.f.* 1 (*di stazione*) Fahrkartenschalter (-s,-) *s.m.* 2 (*botteghino*) Kasse (-,-n) *s.f.*
biglietto *s.m.* 1 Karte (-,-n) *s.f.* 2 (*sui mezzi di trasporto*) Fahrkarte (-,-n) *s.f.*
bigodino *s.m.* Lockenwickler (-s,-) *s.m.*
bilancia *s.f.* 1 Waage (-,-n) *s.f.* 2 (*econ.*) Bilanz (-,-en) *s.f.* 3 (*astr.*) Waage (-/.) *s.f.*

bilancio *s.m.* Bilanz (-,-en) *s.f.*; *(statale)* Haushalt (-s,-e) *s.m.*
bilaterale *agg.* bilateral, zweiseitig.
biliardo *s.m.* *(gioco)* Billardspiel (-s,-e) *s.n.*
bilico *s.m.* Gleichgewicht (-s,-e) *s.n.*
bilingue *agg.* zweisprachig.
bilocale *s.m.* Zweizimmerwohnung (-,-en) *s.f.*
bimensile *agg.* halbmonatlich.
bimestrale *agg.* **1** *(che dura due mesi)* zweimonatig **2** *(che scade ogni due mesi)* zweimonatlich.
bimestre *s.m.* Bimester (-s,-) *s.n.*
binario *s.m.* Gleis (-s,-e) *s.n.*
binocolo *s.m.* Fernglas (-es,-gläser) *s.n.*
biochimica *s.f.* Biochemie (-/.) *s.f.*
biodegradabile *agg.* biologisch abbaubar.
biografia *s.f.* Biographie (-,-n) *s.f.*
biografo *s.m.* Biograph (-en,-en) *s.m.*
biologia *s.f.* Biologie (-/.) *s.f.*
biologico *agg.* biologisch.
biondo *agg.* blond.
bipolare *agg.* bipolar, zweipolig.
birichino *agg.* schelmisch, spitzbübisch.
birillo *s.m.* Kegel (-s,-) *s.m.*
biro *s.f.* Kugelschreiber (-s,-) *s.m.*
birra *s.f.* Bier (-s,-e) *s.n.*
birreria *s.f.* Bierstube (-,-n) *s.f.*
bis *s.m. e inter.* Zugabe (-,-n) *s.f.*
bisbetico *agg.* launisch; mürrisch.
bisbigliare *v.intr.* **1** flüstern, wispern **2** *(sparlare)* tuscheln.
bisca *s.f.* Spielhölle (-,-n) *s.f.*
biscia *s.f.* Natter (-,-n) *s.f.*
biscotto *s.m.* Keks (-es,-e) *s.m.*
bisestile *agg.*: *anno* –, Schaltjahr (-es,-e) *s.n.*
bisettimanale *agg.* zweimal in der Woche.

bisnonna *s.f.* Urgroßmutter (-,-mütter) *s.f.*
bisnonno *s.m.* Urgroßvater (-s,-väter) *s.m.*
bisognare *v.intr.impers.* müssen, sollen.
bisogno *s.m.* **1** Bedarf (-es/.) *s.m.* **2** *(povertà)* Armut (-/.) *s.f.*
bisognoso *agg.* **1** bedürftig **2** *(povero)* notleidend, arm.
bisonte *s.m.* Wisent (-s,-e) *s.m.*
bistecca *s.f.* Steak (-s,-s) *s.n.*
bisticciare *v.intr.* streiten (stritt, gestritten), zanken.
bisticcio *s.m.* Zank (-s/.) *s.m.*, Streit (-es,-e) *s.m.*
bisturi *s.m.* *(med.)* Skalpell (-s,-e) *s.n.*
bitume *s.m.* Asphalt (-es,-e) *s.m.*
bivio *s.m.* Gabelung (-,-en) *s.f.*
bizzarro *agg.* bizarr, absonderlich.
bizzeffe, a *locuz.avv.* in Hülle und Fülle.
blando *agg.* sanft; *(leggero)* leicht.
blasfemo *agg.* blasphemisch, gotteslästerlich.
blasone *s.m.* Wappen (-s,-) *s.n.*
blindato *agg.* gepanzert, Panzer...
bloccare *v.tr.* blockieren, sperren ♦ **bloccarsi** *v.pron.* **1** stehen-bleiben (blieb stehen, stehengeblieben) **2** *(psic.)* verkrampft sein, blockiert sein.
bloccasterzo *s.m.* *(auto)* Lenkradschloß (-schlosses,-schlösser) *s.n.*
blocco *s.m.* Block (-s, Blöcke) *s.m.* ♦ **in blocco** *locuz.avv.* pauschal, en bloc.
blocco *s.m.* Sperre (-,-n) *s.f.*
blu *agg.* (dunkel)blau.
bluffare *v.intr.* bluffen.
blusa *s.f.* **1** Bluse (-,-n) *s.f.* **2** *(da lavoro)* Kittel (-s,-) *s.m.*
boa *s.f.* *(mar.)* Boje (-,-n) *s.f.*

boato *s.m.* Dröhnen (-s/.) *s.n.*, Knall (-s/.) *s.m.*

bobina *s.f.* 1 Spule (-,-n) *s.f.* 2 *(foto)* Rolle (-,-n) *s.f.*

bocca *s.f.* 1 Mund (-es, Münder) *s.m.* 2 *(di animali)* Maul (-s, Mäuler) *s.m.*

boccaglio *s.m.* 1 *(tecn.)* Düse (-,-n) *s.f.* 2 *(di respiratore)* Mundstück (-es, -e) *s.n.*

boccale *s.m.* Krug (-es, Krüge) *s.m.*

boccheggiare *v.intr.* nach Luft schnappen.

bocchino *s.m.* 1 *(mus.)* Mundstück (-es,-e) *s.n.* 2 *(per sigarette)* Zigarettenspitze (-,-n) *s.f.*

boccia *s.f.* 1 Karaffe (-,-n) *s.f.* 2 *(palla)* Kugel (-,-n) *s.f.*

bocciare *v.tr.* 1 durchfallen lassen (ließ durchfallen, durchfallen lassen) 2 *(respingere)* ab-lehnen.

bocciolo *s.m.* Knospe (-,-n) *s.f.*

boccone *s.m.* Bissen (-s,-) *s.m.*

bocconi *avv.* bäuchlings, auf dem Bauch.

boicottaggio *s.m.* Boykott (-s,-e) *s.m.*

boicottare *v.tr.* boykottieren.

bolgia *s.f.* Durcheinander (-s,-) *s.n.*

bolla¹ *s.f.* Blase (-,-n) *s.f.*

bolla² *s.f.* 1 *(sigillo)* Siegel (-s,-) *s.n.* 2 *(comm.)* Schein (-es,-e) *s.m.*

bollato *agg.: carta a*, Papierbogen mit Gebührenmarke.

bollente *agg.* 1 kochendheiß 2 *(fig.)* erhitzt.

bolletta *s.f.* 1 Schein (-es,-e) *s.m.* 2 *(fattura)* Rechnung (-,-en) *s.f.*

bollettino *s.m.* 1 *(rapporto)* Bericht (-s,-e) *s.m.* 2 *(modulo)* Formular (-s, -e) *s.n.* 3 *(pubblicazione)* Bulletin (-s, -s) *s.n.*

bollino *s.m.* Marke (-,-n) *s.f.*

bollire *v.intr.* kochen, sieden.

bollito *agg.* gekocht, gesotten.

bollitore *s.m.* Wasserkessel (-s,-) *s.m.*

bollo *s.m.* 1 *(timbro)* Stempel (-s,-) *s.m.* 2 *(marca)* Marke (-,-n) *s.f.*

bomba *s.f.* Bombe (-,-n) *s.f.*

bombardare *v.tr.* beschießen (beschoß, beschossen), bombardieren.

bombola *s.f.* Stahlflasche (-,-n) *s.f.*

bomboletta *s.f.* Sprühdose (-,-n) *s.f.*

bomboniera *s.f.* Bonbonniere (-,-n) *s.f.*

bonario *agg.* gutmütig, gutherzig.

bonifica *s.f.* Urbarmachung (-,-en) *s.f.*

bonificare *v.tr.* 1 urbar machen 2 *(fig.)* säubern 3 *(Banca)* gut-schreiben (schrieb gut, gutgeschrieben)

bonifico *s.m.* 1 *(Banca)* Überweisung (-,-en) *s.f.* 2 *(comm.)* *(abbuono)* Vergütung (-,-en) *s.f.*

bontà *s.f.* 1 Güte (-/.) *s.f.* 2 *(di cibo)* Wohlgeschmack (-s,.) *s.m.*

bonus-malus *s.m.* *(assicurazione)* Schadensfreiheitsrabatt (-s,-e) *s.m.*

borbottare *v.tr.* murmeln.

bordo *s.m.* 1 Bord (-es,-e) *s.m.* 2 *(orlo)* Umrandung (-,-en) *s.f.* 3 *(margine)* Rand (-es, Ränder) *s.m.*

borghese *agg.* bürgerlich, Bürger...

borghesia *s.f.* Bürgertum (-s,.) *s.n.*

borotalco *s.m.* Puder (-s,-) *s.m.*

boraccia *s.f.* Wasserflasche (-,-n) *s.f.*

borsa *s.f.* Tasche (-,-n) *s.f.*

borsa² *s.f.* Börse (-,-n) *s.f.*

borsaiolo, borseggiatore *s.m.* Taschendieb (-es,-e) *s.m.*

borseggio *s.m.* Taschendiebstahl (-s, -stähle) *s.m.*

borsellino *s.m.* Geldbeutel (-s,-) *s.m.*

borsetta *s.f.* Tasche (-,-n) *s.f.*

borsista *s.m.* Stipendiat (-en,-en) *s.m.*

bosco *s.m.* Wald (-es, Wälder) *s.m.*
boscoso *agg.* bewaldet, waldig.
bossolo *s.m.* 1 (*di proiettile*) Büchse (-,-n) *s.f.* 2 (*per i dadi*) Würfelbecher (-s,-) *s.m.* 3 (*per le offerte*) Sammelbüchse (-,-n) *s.f.*
botanica *s.f.* Botanik (-/-) *s.f.*
botta *s.f.* Schlag (-es, Schläge) *s.m.*
botte *s.f.* Faß (Fasses, Fässer) *s.n.*
bottega *s.f.* 1 (*negozio*) Laden (-s, Läden) *s.m.* 2 (*laboratorio*) Werkstatt (-,-stätten) *s.f.*
botteghino *s.m.* Kartenausgabe (-,-n) *s.f.*
bottiglia *s.f.* Flasche (-,-n) *s.f.*
bottino *s.m.* Beute (-,-n) *s.f.*
bottone *s.m.* 1 Knopf (-es, Knöpfe) *s.m.* 2 (*pulsante*) Druckknopf (-es, -knöpfe) *s.m.*
box *s.m.* 1 (*per auto*) Garage (-,-n) *s.f.* 2 (*per bambini*) Laufstall (-s,-ställe) *s.m.*
boxe *s.f.* Boxen (-s/-) *s.n.*
bozza *s.f.* (*di lettera*) Entwurf (-s,-würfe) *s.m.*
bozzetto *s.m.* Entwurf (-würfe) *s.m.*, Skizze (-,-n) *s.f.*
bozzolo *s.m.* Kokon (-s,-s) *s.m.*
braccare *v.tr.* (*preda*) auf-spüren; hetzen.
braccetto, a *locuz.avv.*: prendere qclu. a –, sich bei jdm. einhaken.
bracciale *s.m.* Armreif (-s,-e) *s.m.*
braccialetto *s.m.* Armband (-es,-bänder) *s.n.*
bracciante *s.m.* Tagelöhner (-s,-) *s.m.*
bracciata *s.f.* 1 Armvoll (-,-) *s.m.* 2 (*sport*) Stoß (-es, Stöße) *s.m.*
braccio *s.m.* 1 Arm (-es,-e) *s.m.* 2 (*braccianti*) Arbeiter *pl.* 3 (*unità di misura*) Elle (-,-n) *s.f.*

bracciolo *s.m.* Armlehne (-,-n) *s.f.*
bracco *s.m.* (*cane*) Jagdhund (-es,-e) *s.m.*
bracconiere *s.m.* Wilderer (-s,-) *s.m.*
brace *s.f.* Glut (-,-en) *s.f.*
braciola *s.f.* Schnitzel (-s,-) *s.n.*
branca *s.f.* (*di felini*) Tatze (-,-n) *s.f.*; (*di uccelli*) Kralle (-,-n) *s.f.*
branco *s.m.* Schar (-,-en) *s.f.*, Rudel (-s,-) *s.n.*; (*di pecore*) Herde (-,-n) *s.f.*; (*di uccelli*) Schwarm (-s, Schwärme) *s.m.*
brancolare *v.intr.* tappen.
branda *s.f.* Feldbett (-s,-en) *s.n.*
brandello *s.m.* Fetzen (-s,-) *s.m.*
brandire *v.tr.* (*impugnare*) zücken; schwenken.
brano *s.m.* (*passo*) Textstelle (-,-n) *s.f.*; (*paragrafo*) Abschnitt (-s,-e) *s.m.*
bravo *agg.* 1 (*esperto*) tüchtig, erfahren 2 (*onesto, buono*) lieb, brav.
bravura *s.f.* Tüchtigkeit (-/-) *s.f.*
breccia *s.f.* Bresche (-,-n) *s.f.*
bretella *s.f.* 1 Hosenträger (-s,-) *s.m.* 2 (*stradale*) Anschlußstraße (-,-n) *s.f.*
breve *agg.* kurz.
brevettato *agg.* patentiert, Patent...
brevetto *s.m.* Patent (-s,-e) *s.n.*
brezza *s.f.* Brise (-,-n) *s.f.*
bricco *s.m.* Kanne (-,-n) *s.f.*
briccone *s.m.* Schurke (-n,-n) *s.m.*
briciola *s.f.* Krümel (-s,-) *s.m.*
bricolage *s.m.* Bastelarbeit (-,-en) *s.f.*
briglia *s.f.* Zügel (-s,-) *s.m.*
brillante *agg.* 1 glänzend, strahlend 2 (*vivace*) temperamentvoll, geistreich.
brillantina *s.f.* Brillantine (-,-n) *s.f.*
brillare *v.intr.* glänzen, strahlen ♦ *v.tr.* sprengen.
brillo *agg.* (*fam.*) beschwipst.
brina *s.f.* Reif (-s/-) *s.m.*

brinata s.f. Reifbildung (-,-en) s.f.
brindare v.intr. (a) an-stoßen (stieß an, angestoßen) (auf +acc.).
brindisi s.m. Trinkspruch (-s,-sprüche) s.m.
brio s.m. Schwung (-s, Schwünge) s.m.
brioso agg. lebhaft.
brivido s.m. 1 Schauder (-s,-) s.m. 2 (di febbre) Schüttelfrost (-es/.) s.m.
brizzolato agg. 1 (macchiato) gesprenkelt 2 (di barba e capelli) grau-meliert.
brocca s.f. Krug (-s, Krüge) s.m.
broccato s.m. Brokat (-/.) s.m.
brodo s.m. Brühe (-,-n) s.f.
brodoso agg. dünn.
bronchite s.f. (med.) Bronchitis (-/.) s.f.
brontolare v.intr. 1 brummen 2 (di tuono) rollen 3 (di stomaco) knurren.
bronzo s.m. Bronze (-/.) s.f.
brossura s.f. Broschüre (-,-n) s.f.
bruciapelo, a locuz.avv. aus nächster Nähe; (fig.) unvermittelt.
bruciare v.tr. 1 verbrennen (verbrannte, verbrannt) 2 (fig.) verspielen ♦ v.intr. 1 brennen (brannte, gebrannt) 2 (scottare) heiß sein ♦ **bruciarsi** v.pron. sich verbrühen.
bruciatore s.m. Brenner (-s,-) s.m.
bruciatura s.f. Verbrennung (-,-en) s.f.
bruciore s.m. Brennen (-s/.) s.n.
bruco s.m. Raupe (-,-n) s.f.
brufolo s.m. Pickel (-s,-) s.m.
brughiera s.f. Heide (-,-n) s.f.
brulicare v.intr. (di) wimmeln (von).
bruno agg. braun.
brusco agg. 1 (di sapore) säuerlich, herb 2 (burbero) schroff, brüsk.
brusio s.m. Geflüster (-s/.) s.n.
brutale agg. brutal, gewalttätig.
brutta s.f. Konzept (-es,-e) s.n.

brutto agg. 1 häßlich, unschön 2 (cattivo) schlecht, böse.
buca s.f. Loch (-es, Löcher) s.n.
bucare v.tr. durch(-)bohren
bucato s.m. Wäsche (-/.) s.f.
buccia s.f. 1 (di frutto) Schale (-,-n) s.f.; (di legumi) Hülse (-,-n) s.f. 2 (pelle sottile) Haut (-, Häute) s.f. 3 (crosta) Rinde (-,-n) s.f.
buco s.m. 1 Loch (-es, Löcher) s.n. 2 (intervallo) Pause (-,-n) s.f. 3 (debito) Schuld (-,-en) s.f.
budino s.m. (gastr.) Pudding (-s,-s) s.m.
bue s.m. Ochse (-n,-n) s.m.
bufalo s.m. Büffel (-s,-) s.m.
bufera s.f. Unwetter (-s,-) s.n.
buffet s.m. 1 (mobile) Geschirrschrank (-es,-schränke) 2 (rinfresco) Büffet (-s,-s) s.n.
buffo agg. 1 drollig, tapsig 2 (curioso) merkwürdig, seltsam 3 (comico) komisch.
buffone s.m. 1 Narr (-en,-en) s.m. 2 (fam.) Spaßmacher (-s,-) s.m.
bugia s.f. Lüge (-,-n) s.f.
bugiardo s.m. Lügner (-s,-) s.m.
buio agg. dunkel, finster.
bulbo s.m. Zwiebel (-,-n) s.f., Knolle (-,-n) s.f.
bullone s.m. Bolzen (-s,-) s.m.
buonanotte s.f. e inter. gute Nacht.
buonasera s.f. e inter. guten Abend.
buoncostume s.f.; (squadra del) –, Sittendezernat (-s,-e) s.n.
buongiorno s.m. e inter. guten Tag.
buono agg. 1 gut 2 (bonario) gütig 3 (calmo) artig, lieb 4 (gentile) freundlich 5 (abile) tüchtig 6 (valido) gültig 7 (valido) gültig 8 (gradevole) angenehm 9 (salutare) gesund 10 (vantaggioso) vorteilhaft.

buono² *s.m.* 1 (*persona buona*) guter Mensch 2 *qlco di* –, etwas Gutes.

buonora, buon'ora *s.f.*: *di* –, in aller Frühe; *alla* –!, endlich.

buonsenso *s.m.* gesunder Menschenverstand.

buonumore *s.m.* gute Laune.

buonuscita *s.f.* 1 (*a inquilini*) Mietablösung (-,-en) *s.f.* 2 (*a dipendenti*) Abfindungssumme (-,-n) *s.f.*

burattino *s.m.* Handpuppe (-,-n) *s.f.*

burbero *agg.* rauhbeinig, mürrisch.

burla *s.f.* Scherz (-es,-e) *s.m.*

burlarsi *v.pron.* (*di*) sich lustig machen (über +*acc.*).

burlone *s.m.* Witzbold (-s,-e) *s.m.*

burocrate *s.m.* Bürokrat (-en,-en) *s.m.*

burocrazia *s.f.* Bürokratie (-,-n) *s.f.*

burrasca *s.f.* (*meteor.*) Sturm (-, Stürme) *s.m.*

burrascoso *agg.* stürmisch.

burro *s.m.* Butter (-/.) *s.f.*

burrone *s.m.* Abgrund (-es,-gründe) *s.m.*

bussare *v.intr.* klopfen.

bussola *s.f.* Kompaß (-passes,-passe) *s.m.*

busta *s.f.* 1 Briefumschlag (-s,-schläge) *s.m.* 2 (*involucro*) Mappe (-,-n) *s.f.*

bustarella *s.f.* (*fam.*) Schmiergeld (-es, -er) *s.n.*

bustina *s.f.* 1 kleiner Umschlag oder Beutel (-s,-) *s.m.*

busto *s.m.* 1 Oberkörper (-s,-) *s.m.* 2 (*scultura*) Büste (-,-n) *s.f.*

buttare *v.tr.* 1 werfen (warf, geworfen) *s.f.* 2 (*gettare*) zu-werfen (warf zu, zugeworfen) 3 (*mettere*) aus-stoßen (stieß aus, ausgestoßen).

buzzurro *s.m.* Grobian (-s,-e) *s.m.* Tölpel (-s,-) *s.m.*

C

cabina *s.f.* Kabine (-,-n) *s.f.* | – *telefonica*, Telefonzelle (-,-n) *s.f.*

cacao *s.m.* Kakao (-s/.) *s.m.*

caccia *s.f.* 1 Jagd (-/.) *s.f.* | – *grossa*, Großwildjagd (-/.) *s.f.* 2 (*di persona*) Verfolgung (-,-en) *s.f.*, Fahndung (-, -en) *s.f.*

cacciagione *s.f.* Wild (-es/.) *s.n.*

cacciare *v.tr.* 1 jagen 2 (*scacciare*) verjagen 3 (*fam.*) hin-tun (tat hin, hingetan) 4 (*fam.*) (*tirare fuori*) heraus-rücken ♦ **cacciarsi** *v.pron.*: – *nei guai*, sich in Schwierigkeiten bringen.

cacciatore *s.m.* Jäger (-s,-) *s.m.*

cacciavite *s.m.* Schraubenzieher (-s,-) *s.m.*

cachet *s.m.* 1 (*farm.*) Kapsel (-,-n) *s.f.* 2 (*compenso*) Gage (-,-n) *s.f.* 3 (*per capelli*) Haarfärbemittel (-s,-) *s.n.*

cadauno *agg.* pro Stück ♦ *pron.indef.* jeder.

cadavere *s.m.* Leiche (-,-n) *s.f.*

cadere *v.intr.* 1 fallen (fiel, gefallen) | – *nel nulla*, (*fig.*) sich zerschlagen (zerschlug, zerschlagen) 2 (*di denti, capelli*) aus-fallen 3 (*di accento*) (su) liegen (lag, gelegen) (auf +*dat.*) 4 (*abbigl.*) – *bene*, gut sitzen (saß, gesessen).

caduta *s.f.* 1 Fall (-es/.) *s.m.* 2 Untergang (-s,-gänge) *s.m.*

caffè *s.m.* 1 Kaffee (-s/.) *s.m.* 2 (*locale*) Café (-s,-s) *s.m.*

caffe(l)latte *s.m.* Milchkaffee (-s,-s) *s.m.*

caffettiera *s.f.* Kaffeekanne (-,-n) *s.f.*

cafone *s.m.* (*zoticone*) Banause (-n,-n) *s.m.*, Rüpel (-s,-) *s.m.*

calabrone *s.m.* Hornisse (-,-n) *s.f.*

calamaro *s.m.* Tintenfisch (-es,-e) *s.m.*

calamita *s.f.* Magnet (-en,-e/-en) *s.m.*
calamità *s.f.* Unheil (-s/.) *s.n.*
calare *v.tr.* herunter·lassen (ließ herunter, heruntergelassen), senken (sank, gesunken) 2 (*lavoro a maglia*) ab·nehmen (nahm ab, abgenommen) ♦ *v.intr.* 1 herunter·steigen (stieg herunter, heruntergestiegen) 2 (*di peso*) ab·nehmen (nahm ab, abgenommen) 3 (*di prezzo*) sinken (sank, gesunken), fallen (fiel, gefallen) ♦ **calarsi** *v.pron.* 1 sich herab·lassen (ließ herab, herabgelassen) 2 (*fig.*) sich hinein·versetzen.
calcagno *s.m.* Ferse (-,-n) *s.f.*
calcare *v.tr.* 1 treten (trat, getreten) | – *le scene*, auf der Bühne stehen 2 (*premere*) drücken | – *la mano*, (*fig.*) übertreiben (übertrieb, übertrieben).
calce[1] *s.f.* (*chim.*) Kalk (-s/.) *s.m.*
calce[2] *s.f.* (*amm.*) am unteren Rand.
calcestruzzo *s.m.* Beton (-s/.) *s.m.*
calciare *v.tr.* treten (trat, getreten), kicken.
calciatore *s.m.* Fußballspieler (-s,-) *s.m.*
calcinacci *s.m.pl.* Schutt (-s/.) *s.m.*
calcio[1] *s.m.* 1 Tritt (-es,-e) *s.m.*| – *di inizio*, Anstoß (-es,-stöße) *s.m.* 2 (*sport*) Fußball (-s/.) *s.m.* 3 (*nelle armi*) Gewehrkolben (-s,-) *s.m.*
calcio[2] *s.m.* (*chim.*) Kalzium (-s/.) *s.m.*
calcolare *v.tr.* (aus-)rechnen, berechnen: – *a mente*, kopf·rechnen.
calcolatrice *s.f.* Rechner (-s,-) *s.m.*: – *tascabile*, Taschenrechner (-s,-) *s.m.*
calcolo[1] *s.m.* 1 Rechnung (-,-en) *s.f.* 2 (*comm.*) Kalkulation (-,-en) *s.f.*
calcolo[2] *s.m.* (*med.*) Stein (-es,-e) *s.m.*
caldaia *s.f.* Heizkessel (-s,-) *s.m.*
caldo *agg.* 1 warm; (*molto caldo*) heiß

(*anche fig.*) 2 (*fig.*) herzlich ♦ *a caldo locuz.avv.* im ersten Moment ♦ *s.m.* Wärme (-/.) *s.f.*; (*intenso*) Hitze (-/.) *s.f.*
calendario *s.m.* Kalender (-s,-) *s.m.*
calibro *s.m.* Kaliber (-s,-) *s.n.* (*anche fig.*)
calice *s.m.* Kelch (-es,-e) *s.m.*
callifugo *s.m.* Mittel (-s,-) *s.n.* gegen Hühneraugen.
calligrafia *s.f.* (*scrittura*) Handschrift (-,-en) *s.f.*
callista *s.m./f.* Fußpfleger (-s,-) *s.m.* (*f.* -in,-innen).
callo *s.m.* 1 Schwiele (-,-n) *s.f.*; (*ai piedi*) Hühnerauge (-s,-n) *s.n.*
calma *s.f.* 1 Ruhe (-/.) *s.f.* 2 (*mar.*) Flaute (-,-n) *s.f.*, Windstille (-/.) *s.f.*
calmante *s.m.* Beruhigungsmittel (-s,-) *s.n.*
calmare *v.tr.* 1 beruhigen 2 (*alleviare*) lindern ♦ **calmarsi** *v.pron.* 1 sich beruhigen 2 (*attenuarsi*) sich legen, nach·lassen (ließ nach, nachgelassen).
calmiere *s.m.* Preisbindung (-,-en) *s.f.*
calmo *agg.* ruhig; *mantenersi* –, die Ruhe bewahren.
calo *s.m.* 1 Verminderung (-,-en) *s.f.* 2 (*di peso*) Abnahme (-,-n) *s.f.* 3 (*di prezzo*) Rückgang (-s,-gänge) *s.m.*
calore *s.m.* Wärme (-/.) *s.f.*; (*intenso*) Hitze (-/.) *s.f.*
caloria *s.f.* Kalorie (-,-n) *s.f.*
calorifero *s.m.* Heizkörper (-s,-) *s.m.*
caloroso *agg.* 1 (*di persona*) Kälte unempfindlich 2 (*cordiale*) herzlich 3 (*animato*) hitzig.
calotta *s.f.* (*tecn.*) Kappe *s.f.*
calpestare *v.tr.* 1 zertrampeln 2 (*fig.*) mit Füßen treten (trat, getreten).
calunnia *s.f.* Verleumdung (-,-en)

calvo *agg.* kahlköpfig ♦ *s.m.* Glatzkopf (-es,-köpfe) *s.m.*
calza *s.f.* **1** (*da uomo*) Socke (-,-n) *s.f.* **2** (*da donna*) Strumpf (-es, Strümpfe) *s.m.*
calzamaglia *s.f.* Strumpfhose (-,-n) *s.f.*
calzante *agg.* (*calzascarpe*) Schuhlöffel (-s,-) *s.m.* ♦ *agg.* treffend.
calzare *v.tr.* an-ziehen (zog an, angezogen); tragen (trug, getragen) ♦ *v.intr.* passen.
calzettone *s.m.* Kniestrumpf (-es, -strümpfe) *s.m.*
calzolaio *s.m.* Schuhmacher (-s,-) *s.m.*
calzoni *s.m.pl.* Hose (-,-n): - *corti*, kurze Hose.
cambiale *s.f.* (*comm.*) Wechsel (-s,-) *s.m.*
cambiamento *s.m.* **1** Änderung (-, -en) *s.f.*; Veränderung (-,-en) *s.f.* **2** (*cambio*) Wechsel (-s/-) *s.m.*: *– del tempo*, Wetterwechsel *s.m.*
cambiare *v.tr.* **1** wechseln **2** (*trasformare*) verändern **3** (*auto*) schalten ♦ *v.intr.* (ver)ändern, sich verändern ♦
cambiarsi *v.pron.* (*d'abito*) sich um-ziehen (zog um, umgezogen).
cambio *s.m.* **1** Tausch (-es,-e) *s.m.*; Wechsel (-s/-) *s.m.* **2** (*fin.*) Wechsel (-s,-) *s.m.*: (*corso*) Kurs (-es,-e) *s.m.* **3** (*tecn.*) Getriebe (-s,-) *s.n.* **4** (*auto*) Gangschaltung (-,-en) *s.f.*
camera *s.f.* **1** Zimmer (-s,-) *s.n.* **2** (*pol.*) Kammer (-,-n) *s.f.* **3** (*mobili*) Zimmereinrichtung (-,-en) *s.f.*
cameriera *s.f.* **1** (*di locale*) Kellnerin (-,-nen) *s.f.* **2** (*di albergo*) Zimmermädchen (-s,-) *s.n.* **3** (*domestica*) Haushaltshilfe (-,-n) *s.f.*
cameriere *s.m.* Kellner (-s,-) *s.m.*, Ober (-s,-) *s.m.* *!–!*, Herr Ober!

camerino *s.m.* (*teatr.*) Garderobe (-,-n) *s.f.*
camice *s.m.* Kittel (-s,-) *s.m.*
camicetta *s.f.* Bluse (-,-n) *s.f.*
camicia *s.f.* (*da uomo*) Hemd (-es,-en) *s.n. |uova in –*, (*gastr.*) verlorene Eier.
caminetto *s.m.* Kamin (-s,-e) *s.m.*
camino *s.m.* **1** Kamin (-s,-e) *s.m.* **2** (*ciminiera*) Schlot (-es,-e) *s.m.* | *cappa del –*, Rauchfang (-s,-fänge) *s.m.*
camion *s.m.* Lastkraftwagen (-s,-) *s.m.*, LKW (-s,-s) *s.m.*
camminata *s.f.* Spaziergang (-s,-gänge); (*escursione*) Wanderung (-,-en) *s.f.*
cammino *s.m.* Weg (-s,-e) *s.m.*: *mettersi in –*, sich auf den Weg machen.
camomilla *s.f.* (*bot.*) Kamille (-,-n) *s.f.* **2** (*infuso*) Kamillentee (-s,-s) *s.m.*
camoscio *s.m.* **1** (*zool.*) Gemse (-,-n) *s.f.* **2** (*pelle*) Wildleder (-s/-) *s.n.*
campagna *s.f.* **1** Land (-es,-) *s.n.*: *andare in –*, aufs Land fahren **2** (*mil.*) Feldzug (-s,-züge) *s.m.* **3** (*fig.*) Kampagne (-,-n) *s.f.*
campana *s.f.* Glocke (-,-n) *s.f.*
campanello *s.m.* Klingel (-,-n) *s.f.*
campanile *s.m.* Glockenturm (-es,-türme) *s.m.*
campanilismo *s.m.* Lokalpatriotismus (-/.) *s.m.*
campeggiatore *s.m.* Camper (-s,-) *s.m.*
campeggio *s.m.* Campingplatz (-es, -plätze) *s.m.*: *fare – libero*, wild zelten.
campionario *s.m.* Musterkatalog (-s, -e) *s.m.*, Musterkollektion (-,-en) *s.f.*
campionato *s.m.* Meisterschaft (-,-en) *s.f.*
campione *s.m.* **1** (*comm.*) Muster (-s,-) *s.n.* **2** (*sport*) Meister (-s,-) *s.m.*
campo *s.m.* **1** Feld (-es,-er) *s.n.* **2** (*agr.*) Acker (-s, Äcker) *s.m.*, Feld (-es,

camuffare 42

-er) *s.n.* **3** (*accampamento*) Lager (-s,-) *s.n.* **4** (*fig.*) Bereich (-es,-e) *s.m.*, Gebiet (-es,-e) *s.n.*

camuffare *v.tr.* **1** verkleiden **2** (*mil.*) tarnen.

canadese *s.f.* (*tenda*) Hauszelt (-es,-e) *s.n.*

canaglia *s.f.* Kanaille (-,-n) *s.f.*, Schurke (-n,-n) *s.m.*

canale *s.m.* **1** Kanal (-s, Kanäle) *s.m.* **2** (*tv*) Sendekanal (-s,-e) *s.m*, Programm (-s,-e) *s.n.*

canarino *s.m.* Kanarienvogel (-s,-vögel) *s.m.*

cancellare *v.tr.* **1** streichen (strich, gestrichen); (*con gomma*) ausradieren **2** (*inform.*) löschen (*disdire*) ab-sagen.

cancelleria *s.f.* **1** Kanzlei (-,-en) *s.f.* **2** (*articoli di*) Schreibwaren *s.pl.*

cancelliere *s.m.* **1** Kanzler (-s,-) *s.m.* **2** (*di tribunale*) Gerichtsschreiber (-s,-) *s.m.*

cancello *s.m.* Tor (-es,-e) *s.n.*, Gittertor (-es,-e) *s.n.*

cancerogeno *agg.* (*med.*) krebserregend.

cancro *s.m.* **1** (*zool.*) Krebs (-es,-e) *s.m.* **2** (*astrologia*) Krebs (-es,-e) *s.m.* **3** (*med.*) Krebs (-es,-e) *s.m.*

candeggina *s.f.* Chlorbleiche (-,-n) *s.f.*

candela *s.f.* **1** Kerze (-,-n) *s.f.* **2** (*auto*) Zündkerze (-,-n) *s.f.*

candelabro *s.m.* Kerzenleuchter (-s,-) *s.m.*

candelotto *s.m.*: – fumogeno, Rauchpatrone (-,-n) *s.f.*; – lacrimogeno, Tränengasbombe (-,-n) *s.f.*

candidare *v.tr.* als Kandidaten auf-stellen ♦ **candidarsi** *v. pron.* kandidieren.

candidato *s.m.* Kandidat (-en,-en) *s.m.*; (*a concorso*) Bewerber (-s,-) *s.m.*

candido *agg.* **1** schneeweiß **2** (*fig.*) arglos.

candito *agg.* kandiert.

cane *s.m.* **1** Hund (-es,-e) *s.m.* **2** (*di fucile*) Hahn (-es, Hähne) *s.m.* | (*escl.*) mondo –!, verflucht!

canestro *s.m.* Korb (-es, Körbe) *s.m.* (*anche sport*).

canguro *s.m.* (*zool.*) Känguruh (-s,-s) *s.n.*

canicola *s.f.*: giorni della –, Hundstage *s.m.*

canino *s.m.* (*dente*) Eckzahn (-s,-zähne) *s.m.*

canna *s.f.* **1** Rohr (-es,-e) *s.n.* **2** (*gergo*) Joint (-s,-s) *s.m.*

cannella *s.f.* (*bot./gastr.*) Zimt (-es/.) *s.m.*

canneto *s.m.* Röhricht (-s,-e) *s.n.*

cannibale *s.m.* **1** Kannibale (-n,-n) *s.m.* **2** (*fig.*) grausamer Mensch.

cannocchiale *s.m.* Fernrohr (-s,-e) *s.n.*

cannone *s.m.* **1** Kanone (-,-n) *s.f.* **2** (*fig.*) As (Asses, Asse) *s.n.*

cannuccia *s.f.* (*per bibite*) Strohhalm (-s,-e) *s.m.*

canoa *s.f.* **1** Kanu (-s,-s) *s.n.* **2** (*sport*) Kanusport (-es/.) *s.m.*

canone *s.m.* **1** (*norma*) Regel (-,-n) *s.f.* **2** (*somma da pagare*) Gebühr (-,-en) *s.f.*; – d'affitto, Miete (-,-n) *s.f.*

canottaggio *s.m.* Rudersport (-es/.) *s.m.*

canottiera *s.f.* Unterhemd (-es,-en) *s.n.*

canotto *s.m.* Schlauchboot (-s,-e) *s.n.*; – da salvataggio, Rettungsboot (-s,-e) *s.n.*

canovaccio *s.m.* Putztuch (-es,-tücher) *s.n.*

cantante *s.m./f.* Sänger (-s,-) *s.m.* (f.

-in,-innen).
cantare v.intr. 1 singen (sang, gesungen) 2 (di gallo) krähen 3 (gergo) aus·packen.
cantiere s.m. Baustelle (-,-n) s.f. |- navale, Werft (-,-en) s.f.
cantina s.f. Keller (-s,-) s.m.
canto s.m. Gesang (-es,-sänge) s.m.; (canzone) Lied (-es,-er) s.n.
canzone s.f. Lied (-es,-er) s.n.: – di successo, Schlager (-s,-) s.m.
caos s.m. Chaos (-/.) s.n. (anche fig.).
capace agg. 1 tüchtig; (abile) geschickt 2 (spazioso) geräumig 3 (dir.) fähig.
capacità s.f. 1 Fähigkeit (-,-en) s.f. (anche dir.) 2 (capienza) Fassungsvermögen (-s/.) s.n.
capanna s.f. Hütte (-,-n) s.f.
caparra s.f. Anzahlung (-,-en) s.f.
capello s.m. 1 Haar (-es,-e) s.n. |averne fino sopra i -i, (fig.) die Nase gestrichen voll haben 2 (gastr.) -i d'angelo, lange Fadennudeln s.pl.
capiente agg. geräumig.
capienza s.f. 1 Fassungsvermögen (-s/.) s.n. 2 (di locale) Geräumigkeit (-/.) s.f.
capigliatura s.f. Haar (-es/.) s.n.
capire v.tr. verstehen (verstand, verstanden), begreifen (begriff, begriffen) ♦ v.intr. verständlich sein: *farsi* –, sich verständlich machen.
capitale[1] agg. 1 Tod(es)...: *pena* –, Todesstrafe (-,-n) s.f. 2 (fig.) wesentlich.
capitale[2] s.m. Kapital (-s,-ien) s.n., Vermögen (-s/.) s.n.
capitale s.f. Hauptstadt (-,-städte) s.f.
capitaneria s.f.: (di porto) Hafenamt (-es,-ämter) s.n.
capitano s.m. 1 (aereo/mar.) Kapitän

(-s,-e) s.m. 2 (mil.) Hauptmann (-s, -männer) 3 (capo) Anführer (-s,-) s.m.
capitare v.intr. 1 zufällig (her-/hin-) kommen (kam, gekommen) 2 (presentarsi) sich bieten (bot, geboten) 3 (succedere) zufällig passieren ♦ v.impers. vor·kommen (kam vor, vorgekommen).
capitello s.m. (arch.) Kapitell (-s,-e) s.n.
capitolo s.m. Kapitel (-s,-) s.n.
capitombolo s.m. Sturz (-es, Stürze) s.m.
capo s.m. 1 (testa) Kopf (-es, Köpfe) s.m. 2 (estremità) Ende (-s,-n) s.n. 3 (direttore) Chef (-s,-s) s.m., Leiter (-s,-) s.m.: *redattore* –, Chefredakteur (-s,-e) s.m.
capodanno s.m. Neujahrstag (-es,-e) s.m. |*auguri di* –, Neujahrsgrüße s.pl.
capogiro s.m. Schwindel (-s/.) s.m.
capolavoro s.m. Meisterwerk (-es,-e) s.n.
capolinea s.m. Endstation (-,-en) s.f.
caposala s.f. (di ospedale) Stationsschwester (-,-n) s.f.
capostazione s.m. Bahnhofsvorsteher (-s,-) s.m.
capotreno s.m. Zugführer (-s,-) s.m.
capovolgere v.tr. um·drehen ♦ **capovolgersi** v.pron. 1 um·kippen 2 (fig.) sich wenden (wandte, gewandt), ins Gegenteil um·schlagen (schlug um, umgeschlagen).
cappa s.f. 1 Umhang (-s,-hänge) s.m. 2 (fig.) Glocke (-,-n) s.f. 3 (di camino) Rauchfang (-s,-fänge) s.m.
cappella s.f. Kapelle (-,-n) s.f.

cappello

cappello *s.m.* Hut (-es, Hüte) *s.m.*
cappero *s.m.* 1 Kaper (-,-n) *s.f.* 2 (*escl.*) -i!, Donnerwetter!
cappotto *s.m.* Mantel (-s, Mäntel) *s.m.*
cappuccio *s.m.* 1 (*abbigl.*) Kapuze (-,-n) *s.f.* 2 (*di penna*) Kappe (-,-n) *s.f.*
capra *s.f.* Ziege (-,-n) *s.f.*
capretto *s.m.* 1 Zicklein (-s,-) *s.n.* 2 (*pelle*) Ziegenleder (-s/.) *s.n.*
capriccio *s.m.* 1 Launenhaftigkeit (-/.) *s.f.* 2 (*austr.*) Kaprize (-,-n) *s.f.*
capriccioso *agg.* 1 launisch 2 (*di bambino*) eigensinnig.
capriola *s.f.* Purzelbaum (-es,-bäume) *s.m.*
capriolo *s.m.* Reh (-s,-e) *s.n.*
capsula *s.f.* Kapsel (-,-n) *s.f.*
caraffa *s.f.* Karaffe (-,-n) *s.f.*
carambola *s.f.* (*di auto*) Karambolage (-,-n) *s.f.*
caramella *s.f.* Bonbon (-s,-s) *s.m.* (*austr. s.n.*).
carato *s.m.* Karat (-s,-) *s.n.*
carattere *s.m.* 1 (*scrittura*) Schrift (-/.) *s.f.* 2 Charakter (-s,-e) *s.m.*
caratteristica *s.f.* Merkmal (-s,-e) *s.n.*
caratteristico *agg.* 1 (*di*) charakteristisch (für) 2 (*particolare*) eigenartig.
carboidrato *s.m.* (*chim.*) Kohlenhydrat (-s,-e) *s.n.*
carbone *s.m.* Kohle (-,-n) *s.f.*
carburante *s.m.* Treibstoff (-s,-e) *s.m.*
carburatore *s.m.* (*tecn.*) Vergaser (-s,-) *s.m.*
carcerato *s.m.* Häftling (-s,-e) *s.m.*
carcere *s.m.* Gefängnis (-ses,-se) *s.n.*
carciofo *s.m.* Artischocke (-,-n) *s.f.*
cardiaco *agg.* (*med.*) Herz-...: attacco -, Herzanfall (-s,-fälle) *s.m.*
cardinale *s.m.* (*relig.catt.*) Kardinal (-s, Kardinäle) *s.m.*

44

cardiologo *s.m.* (*med.*) Kardiologe (-n,-n) *s.m.*
carezza *s.f.* Liebkosung (-,-en) *s.f.*
cariato *agg.* von Karies befallen.
carica *s.f.* 1 Amt (-es, Ämter) *s.n.* 2 (*energia*) Ladung (-,-en) *s.f.*
caricare *v.tr.* 1 beladen (belud, beladen) 2 (*oberare*) überladen (überlud, überladen) ♦ **caricarsi** *v.pron.* (*di*) sich auf·bürden.
caricatura *s.f.* Karikatur (-,-en) *s.f.*
carie *s.f.* Karies (-/.) *s.f.*
carino *agg.* 1 hübsch 2 (*gentile*) nett.
carità *s.f.* 1 Nächstenliebe (-/.) *s.f.* 2 (*elemosina*) Almosen (-s,-) *s.n.*
carnagione *s.f.* Hautfarbe (-,-n) *s.f.*; (*del viso*) Gesichtsfarbe (-,-n) *s.f.*
carnale *agg.* sinnlich: *violenza* -, Vergewaltigung (-,-en) *s.f.*
carne *s.f.* Fleisch (-es/.) *s.n.*
carnevale *s.m.* Karneval (-s,-e) *s.m.*
caro *agg.* 1 lieb 2 beliebt 3 (*costoso*) teuer.
carota *s.f.* Karotte (-,-n) *s.f.*, Möhre (-,-n) *s.f.*
carovana *s.f.* Karawane (-,-n) *s.f.*
carovita *s.m.* Teuerung (-,-en) *s.f.*
carraio *agg.*: *passo* -, Einfahrt (-,-en) *s.f.*
carreggiata *s.f.* Fahrbahn (-,-en) *s.f.*
carrello *s.m.* 1 Wagen (-s,-) *s.m.* 2 (*aereo*) Fahrgestell (-s,-e) *s.n.*
carriera *s.f.* Karriere (-,-n) *s.f.*
carro *s.m.* Wagen (-s,-) *s.m.*, Karren (-s,-) *s.m.*: - *attrezzi*, Abschleppwagen (-s,-) *s.m.*
carrozza *s.f.* 1 Kutsche (-,-n) *s.f.* 2 (*ferr.*) Wagen (-s,-) *s.n.*, Waggon (-s,-s) *s.m.*
carrozzeria *s.f.* (*auto*) Karosserie (-,-n) *s.f.*

carrozzina *s.f.* Kinderwagen (-s,-) *s.m.*
carta *s.f.* 1 Papier (-s,-e) *s.n.* 2 (*cartina*) Karte (-,-n) *s.f.* 3 (*pol.*) Charta (-,-s) *s.f.*
cartastraccia *s.f.* Altpapier (-s/.) *s.n.*
cartella *s.f.* 1 Akte (-,-n) *s.f.* 2 Karte (-,-n) *s.f.* 3 (*fin.*) Brief (-es,-e), (*tasse*) Bescheid (-es,-e) *s.m.*
cartellino *s.m.* 1 Schildchen (-s,-) *s.n.* 2 (*amm.*) Stechkarte (-,-n) *s.f.*
cartello *s.m.* 1 Schild (-es,-er) *s.n.* 2 (*econ.*) Kartell (-s,-e) *s.n.*
cartellone *s.m.* 1 Plakat (-s,-e) *s.n.* 2 (*teatr.*) Spielplan (-s,-pläne) *s.m.*
cartoccio *s.m.* 1 Tüte (-,-n) *s.f.* 2 (*gastr.*) al –, in Folie.
cartolaio *s.m.* Schreibwarenhändler (-s,-) *s.m.*
cartolina *s.f.* Karte (-,-n) *s.f.*
cartone *s.m.* Karton (-s,-s) *s.m.*
cartuccia *s.f.* Patrone (-,-n) *s.f.*
casa *s.f.* Haus (-es, Häuser) *s.n.*
casalinga *s.f.* Hausfrau (-,-en) *s.f.*
cascata *s.f.* Wasserfall (-s,-fälle) *s.m.*
cascina *s.f.* Bauernhof (-es,-höfe) *s.m.*
casco *s.m.* 1 Helm (-s,-e) *s.m.* 2 (*per capelli*) Haube (-,-n) *s.f.*
casella *s.f.* 1 Fach (-es, Fächer) *s.n.* 2 (*riquadro*) Kästchen (-s,-) *s.n.*
casello *s.m.* (*di autostrada*) Zahlstelle (-,-n) *s.f.*
caserma *s.f.* Kaserne (-,-n) *s.f.*
caso *s.m.* 1 Fall (-es,- Fälle) *s.m.* 2 (*sorte*) Zufall (-s,-fälle) *s.m.*
cassa *s.f.* 1(*comm.*) Kasse (-,-n) *s.f.* 2 Kiste (-,-n) *s.f.*
cassaforte *s.f.* Safe (-s,-s) *s.m.*
cassetta *s.f.* 1 Kassette (-,-n) *s.f.* 2 Kasten (-s, Kästen) *s.m.*
cassetto *s.m.* Schublade (-,-n) *s.f.*
cassettone *s.m.* Kommode (-,-n) *s.f.*

cassiere/a *s.m./f.* Kassierer (-s,-) *s.m.* (*f.*-in,-innen).
castagna *s.f.* Kastanie (-,-n) *s.f.*
castello *s.m.* Schloß (Schlosses, Schlösser) *s.n.*
castigare *v.tr.* bestrafen.
castigo *s.m.* Strafe (-,-n) *s.f.*
castoro *s.m.* Biber (-s,-) *s.m.*
casuale *agg.* zufällig.
catalogare *v.tr.* katalogisieren.
catalogo *s.m.* Katalog (-s,-e) *s.m.*
catarro *s.m.* (*med.*) Katarrh *s.m.*
catastrofe *s.f.* Katastrophe (-,-n) *s.f.*
categoria *s.f.* Kategorie (-,-n) *s.f.*
catena *s.f.* Kette (-,-n) *s.f.*
catenaccio *s.m.* Riegel (-s,-) *s.m.*
cattedra *s.f.* 1 Pult (-es,-e) *s.n.* 2 (*università*) Lehrstuhl (-s,-stühle) *s.m.*
cattedrale *s.f.* Kathedrale (-,-n) *s.f.*
cattiveria *s.f.* Bosheit (-,-en) *s.f.*
cattivo *agg.* 1 schlecht 2 (*malvagio*) böse 3 (*indisciplinato*) unartig.
cattolico *agg.* katholisch ♦ *s.m.* Katholik (-en,-en) *s.m.*
catturare *v.tr.* 1 fest-nehmen (nahm fest, festgenommen) 2 (*di animali*) fangen (fing, gefangen).
causa *s.f.* 1 Ursache (-,-n) *s.f.*, Grund (-es, Gründe) *s.m.* 2 (*dir.*) Rechtssache (-,-n) *s.f.* 3 (*ideale*) Sache (-,-n) *s.f.*
causare *v.tr.* verursachen.
cautela *s.f.* Vorsicht (/.) *s.f.*
cauto *agg.* vorsichtig.
cauzione *s.f.* Kaution (-,-en) *s.f.*
cava *s.f.* Grube (-,-n) *s.f.*, Bruch (-es, Brüche) *s.m.*
cavalcare *v.tr. e intr.* reiten (ritt, geritten).
cavalcavia *s.m.* Überführung (-,-en) *s.f.*
cavalletta *s.f.* (*zool.*) Heuschrecke (-,-n) *s.f.*

cavalletto

cavalletto *s.m.* Bock (-es, Böcke) *s.m.*
cavallo *s.m.* **1** Pferd (-es,-e) *s.n.* **2** *(abbigl.)* Schritt (-es,-e) *s.m.*
cavare *v.tr.* **1** (heraus-)ziehen (zog, gezogen) **2** *(levare)* ab·nehmen (nahm ab, abgenommen) **3** *cavarsela*, da·von·kommen (kam davon, davon·gekommen).
cavatappi *s.m.* Korkenzieher (-s,-) *s.m.*
caverna *s.f.* Höhle (-,-n) *s.f.*
cavia *s.f.* **1** Versuchskaninchen (-s,-) *s.n.* **2** Meerschweinchen (-s,-) *s.n.*
caviale *s.m.* Kaviar (-s,-e) *s.m.*
caviglia *s.f.* *(anat.)* Knöchel (-s,-) *s.m.*
cavillo *s.m.* Kniff (-es,-e) *s.m.*; Haarspalterei (-,-en) *s.f.*
cavità *s.f.* Höhle (-,-n) *s.f.*
cavo¹ *agg.* hohl.
cavo² *s.m.* *(fune)* Kabel (-s,-) *s.n.*
cavolfiore *s.m.* Blumenkohl (-s,-e) *s.m.*
cavolo *s.m.* Kohl (-s,-e) *s.m.*
ce *pron.pers.* *(dat./acc.)* uns.
cedere *v.tr.* ab·treten (trat ab, abgetreten) ♦ *v.intr.* *(darsi per vinto)* nach·geben (gab nach, nachgegeben).
cedola *s.f.* *(econ.)* Kupon (-s,-s) *s.m.*
cedro *s.m.* *(conifera)* Zeder (-,-n) *s.f.*
celebrare *v.tr.* feiern.
celebre *agg.* berühmt.
celeste *agg.* *(azzurro)* blau, hellblau.
celibe *agg.* ledig, unverheiratet.
cella *s.f.* **1** Zelle (-,-n) *s.f.* **2** *(elettr.)* Element (-s,-e) *s.n.*
cellula *s.f.* Zelle (-,-n) *s.f.*
cellulare *agg.* Zellen ... ♦ *s.m.* Polizeiwagen (-s,-) *s.m.*
cellulosa *s.f.* Zellulose (-,-n) *s.f.*
cemento *s.m.* Zement (-s,-e) *s.m.*
cena *s.f.* Abendessen (-,-) *s.n.*
cenare *v.intr.* zu Abend essen (aß, gegessen).

46

cenere *s.f.* Asche (-,-n) *s.f.*
cenno *s.m.* **1** Zeichen (-s,-) *s.n.* **2** *(riferimento)* Andeutung (-,-en) *s.f.*
censura *s.f.* Zensur (-,-en) *s.f.*
centenario *s.m.* *(anniversario)* Hundertjahrfeier (-,-n) *s.f.*
centesimo *s.m.* *(di moneta)* Pfennig (-s,-e) *s.m.*
centimetro *s.m.* Zentimeter (-s,-) *s.m.*
centinaio *s.m.* Hundert (-s,-e) *s.n.*: *a -a*, zu Hunderten; *un – di persone*, etwa hundert Leute.
centralino *s.m.* Vermittlung (-,-en) *s.f.*
centrare *v.tr.* **1** zentrieren **2** *(colpire)* treffen (traf, getroffen).
centrifuga *s.f.* **1** Zentrifuge (-,-n) *s.f.* **2** *(di lavatrice)* Schleuder (-,-n) *s.f.*
centro *s.m.* **1** Zentrum (-s,-tren) *s.n.* **2** *(aggregato urbano)* Ortschaft (-,-en) *s.f.*
ceppo *s.m.* **1** Baumstumpf (-es, -stümpfe) *s.m.* **2** *(origine)* Ursprung (-s,-sprünge) *s.m.* **3** *(pl.)* Fesseln *s.pl.* **4** *(tecn.)* Backe (-,-n) *s.f.*
cera¹ *s.f.* Wachs (-es,-e) *s.n.*: *– d'api*, Bienenwachs.
cera² *s.f.* *(aspetto)* Aussehen (-s/.) *s.n.*
ceramica *s.f.* **1** Keramik (-,-en) *s.f.* **2** *(arte)* Töpferei (-/.) *s.f.*
cercapersone *s.m.* *(fam.)* Piepser (-s,-) *s.m.*
cercare *v.tr.* **1** suchen **2** *(tentare)* versuchen.
cerchia *s.f.* **1** Ring (-es,-e) *s.m.* **2** *(fig.)* Kreis (-es,-e) *s.m.*
cerchio *s.m.* Kreis (-es,-e) *s.m.*
cerchione *s.m.* *(di ruota)* Felge (-,-n) *s.f.*
cereale *s.m.* Getreide (-s/.) *s.n.*
ceretta *s.f.* *(per depilazione)* Enthaarungswachs (-es/.) *s.n.*

cerimonia *s.f.* Zeremonie (-,-n) *s.f.*, Feier (-,-n) *s.f.*

cerino *s.m.* Wachsstreichholz (-es,-hölzer) *s.n.*

cernia *s.f.* (*zool.*) Zackenbarsch (-es, -e) *s.m.*

cerniera *s.f.* **1** Scharnier (-s,-e) *s.n.* **2** (*lampo*) Reißverschluß (-schlusses, -schlüsse) *s.m.*

cerotto *s.m.* Heftpflaster (-s,-) *s.n.*

certezza *s.f.* Gewißheit (-,-en) *s.f.*

certificato *s.m.* Bescheinigung (-,-en) *s.f.*, Urkunde (-,-n) *s.f.*

certo *agg.* sicher, gewiß.

cervello *s.m.* Gehirn (-es,-e) *s.n.* | – *da gallina*, Spatzenhirn (-s,-e) *s.n.* | *ha dato di volta il* –, er ist übergeschnappt.

cervo *s.m.* Hirsch (-es,-e) *s.m.*

cespuglio *s.m.* Strauch (-es, Sträucher) *s.m.*

cessare *v.tr.* ein-stellen ♦ *v.intr.* auf-hören.

cestello *s.m.* (*di lavatrice*) Trommel (-,-n) *s.f.*

cesto *s.m.* Korb (-es, Körbe) *s.m.*

ceto *s.m.* Schicht (-,-en) *s.f.*

cetriolo *s.m.* Gurke (-,-n) *s.n.* | – *sott'aceto*, Essiggurke (-,-en) *s.f.*

che¹ *pron.rel.* **1** (*nom. e acc.*) der, die, das, die (*+dat.*), als **3** (*luogo*) dort, dorthin, dorther **4** (*cosa che*) was ♦ *pron.interr.* **1** was **2** (*con verbi reggenti una prep.*) wo... ♦ *pron.indef.* etwas ♦ *agg.interr.* **1** (*di che genere*) was für ein **2** (*quale, det.*) welcher.

che² *cong.* **1** daß **2** (*prop.consecutive*) so daß, als ob **3** (*prop.comp.*) (*ind.cong.*) als **4** (*prop.eccettuative*) nichts als, nur **5** (*prop.limitative*) (*con il cong.*) soweit, soviel **6** (*prop.correlative*) ob **7** (*prop.comp.*) als.

chetichella, alla *locuz.avv.*: heimlich.

chi *pron.interr.* wer; wen (*sing.*), wessen; wem; *a* –, wem ♦ *pron.rel.sing.* (*colui il quale*) wer; der; derjenige, der; alle, die ♦ *pron.indef. con valore rel.* **1** (*qlcu. che*) jemand; der; einer, der **2** (*chiunque*) jeder; wer, wer auch immer **3** (*nessuno che*) niemand; keiner **4** (*correlato a "chi"*) die einen..., die anderen.

chiacchierare *v.intr.* **1** plaudern, schwätzen **2** (*spreg.*) klatschen.

chiacchierone *s.m.* **1** Schwätzer (-s,-) *s.m.* **2** (*spreg.*) Klatschbase (-,-n) *s.f.*, Klatschmaul (-s,-mäuler) *s.n.*

chiamare *v.tr.* **1** rufen (rief, gerufen) **2** (*nominare*) nennen (nannte, genannt) **3** (*eleggere*) ernennen (ernannte, ernannt) ♦ **chiamarsi** *v.pron.* heißen (hieß, geheißen).

chiamata *s.f.* (*tel.*) Anruf (-s,-e) *s.m.*, Telefongespräch (-s,-e) *s.n.*

chiarezza *s.f.* **1** Klarheit (-/.) *s.f.* **2** (*evidenza*) Eindeutigkeit (-/.) *s.f.*

chiarire *v.tr.* **1** klären; (*spiegare*) erklären **2** (*procurarsi chiarezza*) sich Klarheit verschaffen.

chiaro *agg.* **1** hell (*anche fig.*) **2** (*limpido*) klar **3** (*evidente*) eindeutig **4** (*comprensibile*) deutlich ♦ *avv.* klar, deutlich.

chiasso *s.m.* Lärm (-s/.) *s.m.*

chiave *s.f.* Schlüssel (-s,-) *s.m.*

chicco *s.m.* Korn (-s, Körner) *s.n.*

chiedere *v.tr.* **1** (*per sapere*) fragen (nach) **2** (*per ottenere*) bitten (bat, gebeten) (um +*acc.*) **3** (*pretendere*) verlangen (+*acc.*) **4** (*in tr.*) (*di*) fragen (nach).

chierichetto *s.m.* (*relig.catt.*) Meßdiener (-s,-) *s.m.*, Ministrant (-en,-en) *s.m.*

chiesa *s.f.* Kirche (-,-n) *s.f.*

chiglia *s.f.* (*mar.*) Kiel (-es,-e) *s.m.*
chilo *s.m.* Kilogramm (-s,-e) *s.n.*
chilometro *s.m.* Kilometer (-s,-) *s.m.*
chimica *s.f.* Chemie (-/-) *s.f.*
chimico *agg.* chemisch.
chinare *v.tr.* beugen, neigen ♦ **chinarsi** *v.pron.* sich beugen (*anche fig.*)
chincaglieria *s.f.* Nippes *s.pl.*
chino *agg.* gesenkt, gebückt.
chiodo *s.m.* Nagel (-s, Nägel) *s.m.* | – *da pneumatico*, Spike (-s,-s) *s.m.*; – *da roccia*, Felshaken (-s,-) *s.m.*
chioma *s.f.* 1 Haar (-es,-e) *s.n.* (*criniera*) Mähne (-,-n) *s.f.* 3 (*di albero*) Krone (-,-n) *s.f.* 4 (*astrologia*) Schweif (-es,-e) *s.m.*
chiosco *s.m.* Kiosk (-s,-e) *s.m.*
chiromante *s.m./f.* Handleser (-s,-) *s.m.* (*f.*-in,-innen).
chirurgia *s.f.* Chirurgie (-/-) *s.f.*
chirurgo *s.m.* Chirurg (-en,-en) *s.m.*
chissà *avv.* 1 wer weiß 2 (*nelle risposte*) vielleicht.
chitarra *s.f.* Gitarre (-,-n) *s.f.*
chiudere *v.tr.* zu-machen; schließen (schloß, geschlossen) 2 (*rinchiudere*) ein-sperren 3 (*sbarrare*) versperren 4 (*terminare*) beenden ♦ *v.intr.* 1 schließen (schloß, geschlossen) 2 (*finire*) beenden.
chiunque *pron.indef.sing.* jeder ♦ *pron.rel.indef.sing.* jeder, der; wer auch immer.
chiuso *agg.* 1 geschlossen | *a porte -e, (fig.)* unter Ausschluß der Öffentlichkeit 2 (*riservato*) verschlossen 3 (*terminato*) abgeschlossen 4 (*sistemato*) erledigt.
chiusura *s.f.* 1 Schließung (-,-en) *s.f.* 2 (*dispositivo*) Verschluß (-schlusses,-schlüsse) *s.m.* 3 (*termine*) Ende

ci *pron.pers.pl.* 1 (*dat. e acc.*) uns 2 (*riflessivo*) uns 3 (*reciproco*) einander ♦ *pron.dim.* (*con funz. di prep.*) da... (+*prep.*) ♦ *avv.* 1 (*stato in luogo*) da; hier; dort 2 (*moto a luogo*) hin; dorthin; hierher 3 (*moto per luogo*) hier vorbei 4 (*con valore indet.*) man.
ciambella *s.f.* 1 (*gastr.*) Kranz (-es, Kränze) *s.m.* 2 (*salvagente*) Rettungsring (-es,-e) *s.m.*
ciao *inter.* (*fam.*) 1 hallo, grüß dich, ciao 2 (*commiato*) tschüs, ciao, ade 3 (*austr.*) servus.
ciascuno *agg.indef.sing.* jeder ♦ *pron.indef.* jeder, alle.
cibo *s.m.* 1 Nahrung (-/-) *s.f.* 2 (*mangime*) Futter (-s/-) *s.n.*
cicatrice *s.f.* Narbe (-,-n) *s.f.*
ciclamino *s.m.* (*bot.*) Alpenveilchen (-s,-) *s.n.*
ciclismo *s.m.* Radsport (-es/-) *s.m.*
ciclista *s.m.* 1 (*corridore*) Radrennfahrer (-s,-) *s.m.* 2 Radfahrer (-s,-) *s.m.*
ciclo *s.m.* 1 Zyklus (-,-len) *s.m.* 2 (*decorso*) Ablauf (-s,-läufe) *s.m.*
ciclone *s.m.* 1 (*meteor.*) Wirbelsturm (-s,-stürme) *s.m.* 2 (*fig.*) Wirbelwind (-es,-e) *s.m.*
cicogna *s.f.* (*zool.*) Storch (-es, Störche) *s.m.*
cieco *agg.* blind ♦ *s.m.* Blinde (-n,-n) *s.m.*
cielo *s.m.* Himmel (-s,-) *s.m.*
cifra *s.f.* 1 Ziffer (-,-n) *s.f.*, Zahl (-,-en) *s.f.* 2 (*codice*) Chiffre (-,-n) *s.f.*
ciglio *s.m.* 1 Wimper (-,-n) *s.f.* 2 (*di strada*) Rand (-es,-Ränder) *s.m.*
cigno *s.m.* (*zool.*) Schwan (-es, Schwäne) *s.m.*

cigolare *v.intr.* quietschen.

ciliegia *s.f.* Kirsche (-,-n) *s.f.*

cilindro *s.m.* Zylinder (-s,-) *s.m.*

cima *s.f.* **1** (*di monte*) Gipfel (-s,-) *s.m.* **2** (*di albero*) Wipfel (-s,-) *s.m.* **3** (*punta*) Spitze (-,-n) *s.f.* |*non essere una* –, (*fig.*) kein großes Licht sein **4** (*mar.*) Tau (-s,-e) *s.n.*

cimelio *s.m.* **1** Rarität (-,-en) *s.f.* **2** (*ricordo*) Erinnerungsstück (-es,-e) *s.n.*

cimice *s.f.* **1** Wanze (-,-n) *s.f.* **2** (*microspia*) Abhörwanze (-,-n) *s.f.*

ciminiera *s.f.* Schornstein (-s,-e) *s.m.*

cimitero *s.m.* Friedhof (-s,-höfe) *s.m.*

cin cin *inter.* Prosit, Prost.

cinema *s.m.* Kino (-s,-s) *s.n.*

cinepresa *s.f.* Filmkamera (-,-s) *s.f.*

cinghia *s.f.* **1** Gürtel (-s,-) *s.m.* **2** (*mecc.*) Riemen (-s,-) *s.m.*

cinghiale *s.m.* Wildschwein (-es,-e) *s.n.*

cinico *agg.* zynisch.

ciniglia *s.f.* Chenille (-,-n) *s.f.*

cinquantina *s.f.* Fünfzig (*inv.*) *s.f.*: *essere sulla* –, um die Fünfzig sein.

cintura *s.f.* Gürtel (-s,-) *s.m.*

cinturino *s.m.* (*di orologio*) Uhrarmband (-s,-bänder) *s.n.*

ciò *pron.dim.* **1** das, dies **2** (*correlato a "che"*) was **3** (*con prep.*) di –, davon; *nonostante* –, trotzdem; *oltre a* –, außerdem.

ciocca *s.f.* (*di capelli*) Strähne (-,-n) *s.f.*

cioccolatino *s.m.* Praline (-,-n) *s.f.*

cioccolato *s.m.* Schokolade (-,-n) *s.f.*

cioè *avv.* und zwar (*ossia*) das heißt.

ciondolo *s.m.* Anhänger (-s,-) *s.m.*

ciononostante *avv.* dennoch, dessen ungeachtet.

ciotola *s.f.* Schale (-,-n) *s.f.*

ciottolo *s.m.* Kieselstein (-s,-e) *s.m.*

cittadinanza

cipolla *s.f.* Zwiebel (-,-n) *s.f.*

cipresso *s.m.* (*bot.*) Zypresse (-,-n) *s.f.*

cipria *s.f.* Puder (-s,-) *s.m.*

circa *avv.* zirka, ungefähr ♦ *prep.* (*a proposito di*) über, in bezug auf (+*acc.*).

circo *s.m.* Zirkus (-,-se) *s.m.*

circolare¹ *agg.* zirkular, Kreis... **2** *lettera* –, Rundschreiben (-s,-) *s.n.*

circolare² *v.intr.* **1** (*di veicoli*) fahren (fuhr, gefahren), verkehren **2** (*del sangue*) zirkulieren **3** (*diffondersi*) um·gehen (ging um, umgegangen), zirkulieren.

circolazione *s.f.* **1** Verkehr (-s/-) *s.m.* **2** (*econ.*) Umlauf (-s/-) *s.m.* **3** (*med.*) Zirkulation (-,-en) *s.f.*, Kreislauf (-es/-,-) *s.m.*

circolo *s.m.* **1** Kreis (-es,-e) (*anche fig.*) **2** (*med.*) Blutkreislauf (-s/-.) *s.m.*

circondare *v.tr.* **1** ein·kreisen **2** (*attorniare*) umgeben (umgab, umgeben).

circonferenza *s.f.* Umfang (-s,-fänge) *s.m.*

circonvallazione *s.f.* Umgehungsstraße (-,-n) *s.f.*, Ring (-s,-e) *s.m.*

circostanza *s.f.* Umstand (-s,-stände) *s.m.* | *parole di* –, passende Worte.

circuito *s.m.* **1** (*elettr.*) Kreis (-es,-e) *s.m.* **2** (*tecn.*) System (-s,-e) *s.n.* **3** (*sport*) Runde (-,-n) *s.f.* **4** (*comm.*) Netz (-es,-e) *s.n.*

cisti *s.f.* Zyste (-,-n) *s.f.*

cistifellea *s.f.* (*anat.*) Gallenblase (-,-n) *s.f.*

citazione *s.f.* **1** Zitat (-s,-e) *s.n.* **2** (*dir.*) Vorladung (-,-en) *s.f.*

citofono *s.m.* Sprechanlage (-,-n) *s.f.*

città *s.f.* Stadt (-, Städte) *s.f.*

cittadinanza *s.f.* **1** Einwohnerschaft (-,-en) *s.f.* **2** (*dir.*) Staatsangehörigkeit (-, en) *s.f.*

cittadino agg. städtisch, Stadt... ♦ s.m. Bürger (-s,-) s.m.

civetta s.f. Kauz (-es, Käuze) s.m. | auto -, getarnter Polizeiwagen.

civico agg. 1 Bürger... 2 Zivil...

civile agg. 1 bürgerlich, Bürger... 2 zivil, Zivil... 3 (educato) zivilisiert ♦ s.m. Zivilist (-en,-en) s.m.

civilizzare v.tr. zivilisieren.

civiltà s.f. 1 Zivilisation (-,-en) s.f. 2 Kultur (-/.) s.f.

clacson s.m. Hupe (-,-n) s.f. | suonare il -, hupen.

clamoroso agg. aufsehenerregend.

clarinetto s.m. (mus.) Klarinette (-,-n) s.f.

classe s.f. 1 Klasse (-,-n) s.f. 2 Jahrgang (-s,-gänge) s.m.

classico agg. klassisch.

classifica s.f. Rangliste (-,-n) s.f.

classificare v.tr. 1 klassifizieren 2 (valutare) bewerten.

clausola s.f. (dir.) Klausel (-,-n) s.f.

clausura s.f. Klausur (-,-en) s.f.

clavicola s.f. (anat.) Schlüsselbein (-s, -e) s.n.

clemente agg. gnädig, mild.

clero s.m. Klerus (-/.) s.m.

cliente s.m. 1 (di esercizio) Kunde (-n,-n) s.m. (f.-in,-innen) 2 (di albergo) Gast (-es, Gäste) s.m.

clientela s.f. Kundschaft (-,-en) s.f.

clima s.m. Klima (-s,-ta) s.n.

climatizzazione s.f. Klimatisierung (-, -en) s.f.

clinica s.f. Klinik (-,-en) s.f.

clinico agg. klinisch, Krankheits...

cloro s.m. (chim.) Chlor (-es/.) s.n.

coagulare v.tr. gerinnen lassen (ließ, lassen) ♦ **coagularsi** v.pron. gerinnen (gerann, geronnen).

coalizione s.f. (pol.) Koalition (-,-en) s.f.

cocaina s.f. Kokain (-s/.) s.n.

coccinella s.f. Marienkäfer (-s,-) s.m.

cocciuto agg. starrsinnig.

cocco¹ s.m. (bot.) Kokospalme (-,-n) s.f.

cocco² s.m. (fam.) – di mamma, Muttersöhnchen (-s,-) s.n.

coccodrillo s.m. (zool.) Krokodil (-s, -e) s.n.

coccolare v.tr. liebkosen.

cocomero s.m. (bot.) Wassermelone (-,-n) s.f.

coda s.f. 1 Schwanz (-es, Schwänze) s.m. 2 Schlange (-,-n) s.f. | – di auto, Autoschlange (-,-n) s.f.

codice s.m. 1 Code (-s,-s) s.m. 2 (dir.) Gesetzbuch (-es,-bücher) s.n.

coerente agg. konsequent.

coetaneo agg. (di) gleichaltrig (mit) ♦ s.m. Altersgenosse (-n,-n) s.m.

cofano s.m. (aut.) Motorhaube (-,-n) s.f.

cogliere v.tr. 1 pflücken 2 (afferrare) ergreifen (ergriff, ergriffen).

cognata s.f. Schwägerin (-,-nen) s.f.

cognato s.m. Schwager (-s, Schwäger) s.m.

cognizione s.f. Wissen (-s/.) s.n., Kenntnis (-,-se) s.f. | con – di causa, mit Sachkenntnis.

cognome s.m. Nachname (-ns,-n) s.m.

coincidenza s.f. 1 Zufall (-s,-fälle) s.m. 2 (di treni ecc.) Anschluß (-schlusses,-schlüsse) s.m.

coincidere v.intr. (fig.) überein-stimmen.

coinvolgere v.tr. 1 verwickeln 2 (far partecipare) ein-beziehen (bezog ein, einbezogen).

colapasta s.m. Nudelsieb (-es,-e) s.n.

colare v.tr. 1 seihen 2 gießen (goß, gegossen) ♦ v.intr. 1 tropfen 2 – *a picco*, sinken (sank, gesunken).

colazione s.f. 1 Frühstück (-s,-e) s.n. 2 (*pranzo*) Mittagessen (-s,-) s.n.

colera s.m. (*med.*) Cholera (-/.) s.f.

colf s.f. Haushaltshilfe (-,-n) s.f.

colica s.f. (*med.*) Kolik (-,-en) s.f.

colino s.m. Sieb (-es,-e) s.n.

colite s.f. (*med.*) Kolitis (-, Kolitiden) s.f.

colla s.f. Leim (-s,-e) s.m., Klebstoff (-s,-e) s.m.

collaborare v.intr. 1 zusammen-arbeiten 2 mit-arbeiten 3 (*con il nemico*) kollaborieren.

collaboratore s.m. Mitarbeiter (-s,-) s.m.

collana s.f. Halskette (-,-n) s.f. 2 (*editoria*) Reihe (-,-n) s.f.

collant s.m. Strumpfhose (-,-n) s.f.

collare s.m. Halsband (-es,-bänder) s.n.

collasso s.m. (*med.*) Kollaps (-,-e) s.m.

collaterale agg. Neben-...| *effeti -i*, Nebenwirkungen s.pl.

collaudo s.m. Test (-s,-s) s.m.

collega s.m./f. Kollege (-n,-n) s.m. (f. -in,-innen).

collegamento s.m. 1 Verbindung (-, -en) s.f. 2 (*elettr.*) Schaltung (-,-en) s.f.

collegare v.tr. verbinden (verband, verbunden ♦ *collegarsi* v.pron. sich in Verbindung setzen.

collegio s.m. 1 Kollegium (-s,-ien) s.n. | – *elettorale*, Wahlkreis (-es,-e) s.m.; – *arbitrale*, Schiedsgericht (-es,-e) s.n. 2 (*convitto*) Internat (-s,-e) s.n.

collera s.f. Zorn (-es/.) s.m., Wut (-/.) s.f.

colletta s.f. 1 Geldsammlung (-,-en) s.f. 2 (*relig.*) Kollekte (-,-n) s.f.

collettivo agg. Kollektiv...

colletto s.m. Kragen (-s,-) s.m.

collezione s.f. 1 Sammlung (-,-en) s.f. 2 (*moda*) Kollektion (-,-en) s.f.

collina s.f. Hügel (-s,-) s.m.

collirio s.m. Augentropfen s.pl.

collisione s.f. 1 Zusammenstoß (-es,-stöße) s.m. 2 (*fig.*) Gegensatz (-es,-sätze) s.m.

collo¹ s.m. 1 Hals (-es, Hälse) s.m. 2 Kragen (-s,-) s.m.

collo² s.m. (*pacco*) (*comm.*) Kollo (-s, -s/-i) s.n.

collocamento s.m. Anstellung (-,-en) s.f. | *agenzia di –*, Stellenvermittlung (-, -en) s.f.

collocare v.tr. 1 legen 2 (*verticalmente*) stellen 3 unter-bringen (brachte unter, untergebracht).

colloquio s.m. Gespräch (-s,-e) s.n.

collutorio s.m. Mundwasser (-s,-wässer) s.n.

colmare v.tr. 1 füllen 2 (*fig.*) überhäufen.

colmo s.m. Gipfel (-s/.) s.m.

colomba s.f. Taube (-,-n) s.f.

colonia s.f. Kolonie (-,-n) s.f.

colonna s.f. 1 (*arch.*) Säule (-,-n) s.f. 2 (*fila*) Kolonne (-,-n) s.f. 3 (*tip.*) Spalte (-,-n) s.f.

colonnello s.m. (*mil.*) Oberst (-s/-en, -en) s.m.

colorante s.m. Farbstoff (-s,-e) s.m.

colore s.m. Farbe (-,-n) s.f. | *farne di tutti i -i*, (*fig.*) es bunt treiben (trieb, getrieben).

colorito agg. 1 farbig 2 (*di viso*) rosig.

colpa s.f. Schuld (-/.) s.f., Verschulden (-s/.) s.n.

colpevole agg. schuldig.

colpire

colpire *v.tr.* **1** schlagen (schlug, geschlagen) **2** (*cogliere*) treffen (traf, getroffen) **3** (*di malattie*) befallen (befiel, befallen) **4** (*impressionare*) beeindrucken.
colpo *s.m.* Schlag (-s, Schläge) *s.m.*, Stoß (-es, Stöße) *s.m.*
coltello *s.m.* Messer (-s,-) *s.n.*
coltivare *v.tr.* **1** bebauen (*prodotti agricoli*) an-bauen **3** (*prodotti ricercati*) züchten **4** (*fig.*) pflegen.
colto *agg.* gebildet.
comandante *s.m.* (*mil.*) Kommandant (-en,-en) *s.m.*
comandare *v.tr.* **1** befehlen (befahl, befohlen) **2** (*mecc.*) steuern ♦ *v.intr.* bestimmen.
comando *s.m.* **1** Befehl (-s,-e) *s.m.* **2** Kommando (-s,-s) *s.n.*
combattere *v.intr.* kämpfen ♦ *v.tr.* bekämpfen.
combattimento *s.m.* Kampf (-es, Kämpfe) *s.m.*, Gefecht (-es,-e) *s.n.*
combinare *v.tr.* **1** kombinieren **2** (*fam.*) an-richten.
combustibile *s.m.* Brennstoff (-es,-e) *s.m.*
come *avv.* **1** (*interr.*) wie **2** (*escl.*) wie **3** (*comp.*) wie **4** (*in qualità di*) als ♦ *cong.* **1** wie **2** (*tempo*) als, sobald.
comedone *s.m.* (*med.*) Mitesser (-s,-) *s.m.*
cometa *s.m.* Komet (-en,-en) *s.m.*
comico *agg.* **1** (*buffo*) komisch **2** Komödien...
cominciare *v.tr. e intr.* beginnen (begann, begonnen).
comitato *s.m.* Komitee (-s,-s) *s.n.*
comitiva *s.f.* Gruppe (-,-n) *s.f.*
comizio *s.m.* Wahlversammlung (-,-en) *s.f.*

commedia *s.f.* Komödie (-,-n) *s.f.*
commemorare *v.tr.* gedenken (+*gen.*).
commentare *v.tr.* kommentieren.
commento *s.m.* Kommentar (-s,-e) *s.n.*
commerciale *agg.* Handels...
commercialista *s.m.* Wirtschaftsberater (-s,-) *s.m.*
commercializzare *v.tr.* vermarkten.
commerciante *s.m.* Händler (-s,-) *s.m.*, Kaufmann (-s,-leute) *s.m.*
commerciare *v.intr.* (*in*) Handel treiben (trieb, getrieben) (mit).
commercio *s.m.* Handel (-s/.) *s.m.*
commessa *s.f.* **1** Bestellung (-,-en) *s.f.* **2** (*di negozio*) Verkäuferin (-,-nen) *s.f.*
commesso *s.m.* Verkäufer (-s,-) *s.m.*
commestibile *agg.* eßbar.
commettere *v.tr.* verüben.
commissariato *s.m.* Kommissariat (-s,-e) *s.n.*
commissione *s.f.* **1** Kommission (-,-en) *s.f.* **2** Auftrag (-s,-träge) *s.m.* (*anche comm.*) **3** (*acquisti*) Besorgung (-,-en) *s.f.* **4** (*compenso di mediatore*) Vermittlungsgebühr (-,-en) *s.f.*
commozione *s.f.* **1** Rührung (-/.) *s.f.* **2** (*med.*) Erschütterung (-,-en) *s.f.*
commuovere *v.tr.* rühren ♦ **commuoversi** *v.pron.* gerührt sein.
commutatore *s.m.* (*elettr.*) Umschalter (-s,-) *s.m.*
comodino *s.m.* Nachttisch (-es,-e) *s.m.*
comodità *s.f.* Bequemlichkeit (-,-en) *s.f.*, Komfort (-s,-s) *s.m.*
comodo *agg.* bequem.
compagnia *s.f.* **1** Gesellschaft (-,-en) *s.f.* **2** (*teatr.*) Ensemble (-s,-s) *s.n.* **3** (*mil.*) Kompanie (-,-n) *s.f.*
compagno *s.m.* **1** Gefährte (-n,-n) *s.m.*, Kamerad (-en,-en) *s.m.* **2** (*pol.*)

Genosse (-n,-n) *s.m.*
comparire *v.intr.* erscheinen (erschien, erschienen), auf·tauchen.
comparsa *s.f.* 1 Auftreten (-s/.) *s.n.* 2 *(film, teatr.)* Statist (-en,-en) *s.m.*
compartimento *s.m.* 1 Abteilung (-, -en) *s.f.*, Sektor (-s,-en) *s.m.* 2 *(ferr.)* Abteil (-s,-e) *s.n.*
compassione *s.f.* Mitleid (-s/.) *s.n.*
compatibile *agg.* kompatibel.
compatire *v.tr.* bemitleiden.
compatto *agg.* 1 kompakt 2 *(fig.)* geschlossen.
compensare *v.tr.* 1 kompensieren 2 *(pagare)* bezahlen 3 *(risarcire)* entschädigen.
compensato *s.m.* *(legno)* Sperrholz (-es/.) *s.n.*
compenso *s.m.* 1 Ausgleich (-s,-e) *s.m.* 2 *(pagamento)* Honorar (-s,-e) *s.n.*, Bezahlung (-/.) *s.f.* | – *giornaliero*, Tageslohn (-es,-löhne) *s.m.* 3 *(risarcimento)* Entschädigung (-,-en) *s.f.*
compera *s.f.* Einkauf (-s,-käufe) *s.m.*
competente *agg.* 1 kompetent 2 *(dir.)* zuständig.
competere *v.intr.* 1 *(con)* wetteifern (mit) 2 *(spettare)* zu·stehen (stand zu, zugestanden).
competitivo *agg.* 1 konkurrenzfähig 2 Wett-.
competizione *s.f.* 1 Wettbewerb (-s, -e) *s.m.* 2 *(sport)* Wettkampf (-es, -kämpfe) *s.m.*
compiacente *agg.* gefällig.
compiacimento *s.m.* Genugtuung (-, -en) *s.f.*
compiere *v.tr.* 1 durch·führen 2 *(adempiere)* aus·führen | – *vent'anni*, zwanzig Jahre alt werden ♦ **compiersi** *v.pron.* sich vollenden.

compilare *v.tr.* 1 zusammen·stellen 2 *(modulo)* aus·füllen.
compito *s.m.* Aufgabe (-,-n) *s.f.*
compleanno *s.m.* Geburtstag (-s,-e) *s.m.*
complessato *agg.* komplexbeladen.
complessivamente *avv.* insgesamt.
complesso *agg.* 1 komplex 2 kompliziert.
completare *v.tr.* ergänzen.
completo¹ *agg.* 1 vollständig, komplett 2 vollbesetzt.
completo² *s.m.* *(abbigl.)* 1 – *da uomo*, Herrenanzug (-s,-züge) *s.m.* 2 – *da donna*, Kostüm (-s,-e) *s.n.*
complicato *agg.* kompliziert.
complicazione *s.f.* Komplikation (-, -en) *s.f.* *(anche med.)*.
complice *s.m./f.* Komplize (-n,-n) *s.m.* (f.-in,-innen).
complimento *s.m.* Kompliment (-s, -e) *s.n.* |*non fare -i*, zier dich nicht.
complotto *s.m.* Komplott (-s,-e) *s.n.*
componente *s.m.* Bestandteil (-s,-e) *s.m.*
componibile *agg.* Einbau-...
componimento *s.m.* 1 *(mus.)* Komposition (-,-en) *s.f.* 2 *(dir.)* Schlichtung (-,-en) *s.f.* 3 *(scuola)* Aufsatz (-es,-sätze) *s.m.*
comporre *v.tr.* 1 zusammen·stellen 2 *(mus.)* komponieren 3 *(dir.)* schlichten ♦ **comporsi** *v.pron.* *(di)* bestehen *(aus)*.
comportamento *s.m.* 1 Benehmen (-s/.) *s.n.*, Verhalten (-s/.) *s.n.* 2 *(contegno)* Haltung (-,-en) *s.f.*
comportare *v.tr.* *(implicare)* mit sich (+dat.) bringen (brachte, gebracht) ♦ **comportarsi** *v.pron.* sich benehmen (benahm, benommen).

compositore *s.m.* (*mus.*) Komponist (-en,-en) *s.m.*

composizione *s.f.* **1** Komposition (-, -en) *s.f.* **2** Zusammensetzung (-,-en) *s.f.* **3** (*tema*) Aufsatz (-es,-sätze) *s.m.* **4** (*dir.*) Beilegung (-,-en) *s.f.*

composta *s.f.* **1** (*gastr.*) Kompott (-s, -e) *s.n.* **2** (*concime*) Kompost (-es,-e) *s.m.*

compratore *s.m.* Käufer (-s,-) *s.m.*

compravendita *s.f.* An- und Verkauf (-s,-käufe) *s.m.*: *contratto di –*, Kaufvertrag (-s,-träge) *s.m.*

comprendere *v.tr.* **1** ein·beziehen (bezog ein, einbezogen) (in +acc.) **2** (*capire*) verstehen (verstand, verstanden).

comprensibile *agg.* verständlich.

comprensione *s.f.* Verständnis (-ses, -se) *s.n.*

comprensivo *agg.* **1** verständnisvoll **2** (*comm.*) einschließlich.

compreso *agg.* **1** (*incluso*) inbegriffen (*capito*) verstanden.

compressa *s.f.* Tablette (-,-n) *s.f.*

compressore *s.m.* **1** (*mecc.*) Kompressor (-s,-en) *s.m.* **2** (*di strade*) Walze (-,-n) *s.f.*

comprimere *v.tr.* zusammen·drücken, komprimieren (*anche fis.*).

compromesso *s.m.* **1** Kompromiß (-misses,-misse) *s.m.* **2** (*dir.*) Vorvertrag (-s,-verträge) *s.m.*

compromettere *v.tr.* kompromittieren.

comunale *agg.* Gemeinde..., kommunal.

comune[1] *agg.* **1** gemeinsam (*generale*) allgemein **3** (*ordinario*) gewöhnlich.

comune[2] *s.m.* **1** (*istituzione*) Gemeinde (-,-n) *s.f.* **2** (*edificio*) Rathaus (-es, -häuser) *s.n.* **3** Kommune (-,-n) *s.f.*

comunicare *v.tr.* mit·teilen ♦ *v.intr.* **1** miteinander verbunden sein **2** (*dialogare*) sich verständigen.

comunicato *s.m.* Kommuniqué (-s,-s) *s.n.*

comunicazione *s.f.* **1** Mitteilung (-, -en) *s.f.* **2**

comunione *s.f.* **1** Gemeinschaft... **2** (*rel.catt.*) Kommunion (-/.) *s.f.*

comunismo *s.m.* Kommunismus (-/.) *s.m.*

comunista *agg.* kommunistisch ♦ *s.m./f.* Kommunist (-en,-en) *s.m.*(*f.*-in, -innen).

comunitario *agg.* Gemeinschafts...

comunque *cong.* wie auch immer.

con *prep.* **1** (*compagnia, relazione*) mit, bei, zu (+*dat.*) **2** (*modo, qualità, mezzo*) mit, bei (+*dat.*) **3** (*causa*) bei (+*dat.*) **4** (*concessivo*) trotz (+*gen.*) **5** (*tempo*) an (+*dat.*) **6** (*seguito da inf.*) damit.

concatenazione *s.f.* Verkettung (-, -en) *s.f.*

concedere *v.tr.* **1** gewähren **2** (*permettere*) erlauben.

concentrare *v.tr.* konzentrieren ♦ **concentrarsi** *v.pron.* (*su*) sich konzentrieren (auf +*acc.*).

concepire *v.tr.* **1** zeugen **2** (*sentimenti*) fühlen **3** (*raffigurarsi*) auf·fassen.

concerto *s.m.* Konzert (-es,-e) *s.m.*

concessionario *s.m.* Konzessionär (-s,-e) *sm.* |*– d'auto*, Autohändler (-s,-) *s.m.*

concessione *s.f.* **1** Zugeständnis (-es,-se) *s.n.* **2** (*amm.*) Konzession (-,-en) *s.f.*

concetto *s.m.* **1** Begriff (-s,-e) *s.m.* **2**

(opinione) Meinung (-,-en) *s.f.* **3** *(amm.)* impiegato di –, Sachbearbeiter (-s,-) *s.m.*

concezione *s.f.* **1** Konzeption (-,-en) *s.f.* **2** *(concetto)* Auffassung (-,-en) *s.f.*

conchiglia *s.f.* Muschel (-,-n) *s.f.*

conciliante *agg.* versöhnlich.

conciliare *v.tr.* **1** vereinbaren **2** *(favorire)* fördern ♦ **conciliarsi** *v.pron.* sich versöhnen.

concilio *s.m. (relig.)* Konzil (-s,-ien/-e) *s.n.*

concimare *v.tr.* düngen.

concime *s.m.* Dünger (-s/.) *s.m.*

conciso *agg.* knapp.

concitato *agg.* aufgeregt, erregt.

concittadino *s.m.* Mitbürger (-s,-) *s.m.*

concludere *v.tr.* **1** ab-schließen (schloß ab, abgeschlossen) **2** *(fig.)* schaffen **3** *(desumere)* schließen (schloß, geschlossen).

conclusione *s.f.* **1** Abschluß (-schlusses,-schlüsse) *s.m.* **2** *(deduzione)* Schlußfolgerung (-,-en) *s.f.*

concordare *v.tr.* vereinbaren ♦ *v.intr.* überein-stimmen.

concorrente *s.m./f.* **1** Kandidat (-en,-en) *s.m.* (f.-in,-innen) *s.f.* **2** *(comm.)* Konkurrent (-en,-en) *s.m.* (f.-in,-innen).

concorrenza *s.f.* Konkurrenz (-/.) *s.f.*, Wettbewerb (-s,-e) *s.m.*

concorrere *v.intr.* **1** *(a un concorso) (per)* sich bewerben (um) **2** *(sport) (per)* kämpfen (um) **3** *(contribuire) (a)* bei-tragen (trug bei, beigetragen) (zu).

concorso *s.m.* **1** Wettbewerb (-s,-e) *s.m.* **2** *(dir.)* – *di colpa*, Mitverschulden (-s/.) *s.n.*

concreto *agg.* konkret.

concussione *s.f. (dir.)* Erpressung (-,-en) *s.f.* unter Mißbrauch der Amtsgewalt.

condannare *v.tr.* **1** verurteilen **2** verwerfen (verwarf, verworfen).

condensare *v.tr.* **1** kondensieren **2** *(fig.)* zusammen-fassen ♦ **condensarsi** *v.pron.* sich verdichten.

condimento *s.m.* **1** *(per insalata, pasta)* Soße (-,-n) *s.f.* **2** *(fig.)* Würze (-,-n) *s.f.*

condire *v.tr.* an-machen; *(con spezie)* würzen.

condiscendente *agg.* entgegenkommend.

condividere *v.tr.* teilen.

condizionale *agg. (dir.)* Bewährungsfrist (-,-en) *s.f.*

condizionato *agg.* **1** bedingt **2** *aria* –, klimatisierte Luft **3** *riflesso* –, konditionierter Reflex.

condizionatore *s.m.* Klimaanlage (-,-n) *s.f.*

condizione *s.f.* **1** Bedingung (-,-en) *s.f.* **2** *(stato)* Zustand (-es,-stände) *s.m.* **3** *(posizione sociale)* Verhältnisse *s.pl.*

condoglianze *s.f.pl.* Beileid (-s/.) *s.n.* | *le mie più sincere* –, mein herzliches Beileid.

condomino *s.m.* Miteigentümer (-s,-) *s.m.*

condonare *v.tr. (dir.)* erlassen (erließ, erlassen).

condono *s.m. (dir.)* Erlaß (-lasses,-lasse) *s.m.*

condotta *s.f.* **1** Führung (-/.) *s.f.* **2** *(scuola)* Verhalten (-s/.) *s.n.* **3** *(conduzione)* Leitung (-,-en) *s.f.*

condotto *s.m.* **1** *(tecn.)* Rohr (-es,-es) *s.n.* **2** *(anat.)* Gang (-es, Gänge) *s.m.*, Kanal (-s, Kanäle) *s.m.*

conducente *s.m.* Fahrer (-s,-) *s.m.*
condurre *v.tr.* 1 führen 2 (*fis.*) leiten ♦ *v.intr.* führen.
conduttore *s.m.* 1 (*tv*) Showmaster (-s,-) *s.m.* 2 (*fis.*) Leiter (-s,-) *s.m.*
conduttura *s.f.* Leitung (-,-en) *s.f.*
confederato *agg.* verbündet; (*svizz.*) eidgenössisch ♦ *s.m.* Verbündete (-n,-n) *s.m.*, (*svizz.*) Eidgenosse (-n,-n) *s.m.*
confederazione *s.f.* Bund (-es, Bünde) *s.m.* | *la Confederazione Elvetica*, die Schweizerische Eidgenossenschaft.
conferenza *s.f.* Vortrag (-s,-träge) *s.m.*, Konferenz (-,-en) *s.f.*
conferma *s.f.* Bestätigung (-,-en) *s.f.*
confermare *v.tr.* bestätigen.
confessare *v.tr.* 1 zu-geben (gab zu, zugegeben) 2 (*relig.*) beichten ♦ **confessarsi** *v.pron.* 1 (*relig.*) beichten 2 sich bekennen (bekannte, bekannt).
confessionale *s.m.* Beichtstuhl (-s, -stühle) *s.m.*
confessione *s.f.* 1 (*dir.*) Geständnis (-ses,-se) *s.n.* 2 (*relig.*) Beichte (-,-n) *s.f.* 3 (*relig.*) Konfession (-,-en) *s.f.*
confetto *s.m.* Dragee (-s,-s) *s.n.* (*anche farm.*).
confezionare *v.tr.* 1 an-fertigen 2 verpacken.
confezione *s.f.* 1 Konfektion (-,-en) *s.f.* 2 (*imballaggio*) Verpackung (-, -en) *s.f.*
confidare *v.tr.* an-vertrauen ♦ *v.intr.* (*in*) vertrauen (*auf +acc.*) ♦ **confidarsi** *v.pron.* (*con*) sich an-vertrauen (*+dat.*).
confidente *agg.* 1 Vertraute (-n,-n) *s.m./f.* 2 (*della polizia*) Spitzel (-s,-) *s.m.*
confidenza *s.f.* Vertraulichkeit (-,-en) *s.f.* | *detto in –*, im Vertrauen gesagt.
confidenziale *agg.* vertraulich.

confinare *v.intr.* (*con*) grenzen (an *+acc.*) ♦ *v.tr.* (*dir.*) verbannen.
confine *s.m.* Grenze (-,-n) *s.f.*
confiscare *v.tr.* beschlagnahmen.
conflitto *s.m.* 1 Konflikt (-es,-e) *s.m.* 2 (*guerra*) Krieg (-es,-e) *s.m.*
conflittuale *agg.* Konflikt...| *un rapporto –*, eine problematische Beziehung.
confondere *v.tr.* 1 (*scambiare*) verwechseln 2 (*turbare*) verwirren ♦ **confondersi** *v.pron.* 1 (*mischiarsi*) sich mengen 2 (*turbarsi*) sich verwirren 3 (*diventare vago*) verschwimmen (verschwamm, verschwommen).
conforme *agg.* 1 (*a*) getreu (*+dat.*) 2 (*che si adatta*) (*a*) entsprechend (*+dat.*).
conformista *agg.* konformistisch.
confortare *v.tr.* 1 trösten 2 (*avvalorare*) bekräftigen.
confortevole *agg.* komfortabel, gemütlich.
conforto *s.m.* Trost (-es/.) *s.m.*
confrontare *v.tr.* vergleichen (verglich, verglichen).
confronto *s.m.* 1 Vergleich (-s,-e) *s.m.* 2 (*dir.*) Gegenüberstellung (-,-en) *s.f.*
confusionario *s.m.* Chaot (-en,-en) *s.m.*
confusione *s.f.* 1 Durcheinander (-s/.) *s.n.* 2 (*fig.*) Verwirrung (-,-en) *s.f.*
confuso *agg.* 1 (*vago*) undeutlich 2 (*psic.*) verwirrt.
confutare *v.tr.* widerlegen.
congedare *v.tr.* verabschieden.
congegno *s.m.* Mechanismus (-,-men) *s.m.*
congelare *v.tr.* 1 ein-frieren (fror ein, eingefroren); (*di alimenti*) tief-kühlen 2 (*med.*) erfrieren (erfror, erfroren) ♦ **congelarsi** *v.pron.* zu-frieren (fror

zu, zugefroren).
congelatore *s.m.* 1 Gefriertruhe (-, -n) *s.f.* 2 (*nel frigorifero*) Tiefkühlfach (-es,-fächer) *s.n.*
congenito *agg.* (*med.*) angeboren.
congestione *s.f.* 1 (*med.*) Blutandrang (-es/.) *s.m.* 2 (*intralcio*) Stau (-s,-e) *s.m.*
congiungere *v.tr.* vereinen.
congiunto *s.m.* Verwandte (-n,-n) *s.m.*
congiura *s.f.* Verschwörung (-,-en) *s.f.*
congratularsi *v.pron.* (*con*) gratulieren (+*dat*.).
congratulazioni *s.f.pl.* Glückwunsch (-es,-wünsche) *s.m.* |*escl.* -!, ich gratuliere!
congressista *s.m./f.* Kongreßteilnehmer (-s,-) *s.m.* (f.-in,innen).
congresso *s.m.* Kongreß (-gresses, -gresse) *s.m.*, Tagung (-,-en) *s.f.*
congruo *agg.* angemessen.
conguaglio *s.m.* Ausgleich (-s,-e) *s.m.*
coniglio *s.m.* Kaninchen (-s,-) *s.n.* | *essere un –*, (*fig.*) ein Angsthase sein.
coniugale *agg.* ehelich | *crisi –*, Ehekrise (-,-) *s.f.*
coniuge *s.m.* Ehegatte (-n,-n) *s.m.* ♦ *s.f.* Ehegattin (-,-nen) *s.f.* ♦ *pl.* Eheleute *s.pl.*
connazionale *s.m./f.* Landsmann (-es, -leute) *s.m.* (f.-männin).
connivente *s.m./f.* Mitwisser (-s,-) *s.m.*
connotato *s.m.* Kennzeichen (-s,-) *s.n.*
cono *s.m.* 1 Kegel (-s,-) *s.m.* 2 (*di gelato*) Eistüte (-,-n) *s.f.*
conoscente *s.m./f.* Bekannte (-n,-n) *s.m./f.*
conoscenza *s.f.* 1 Bekanntschaft (-, -en) *s.f.* 2 (*nozione*) Kenntnis (-,-en) *s.f.* 3 *perdere –*, ohnmächtig werden; *privo di –*, bewußtlos.

consigliere

conoscere *v.tr.* 1 kennen (kannte, gekannt) 2 (*fare la conoscenza*) kennenlernen.
conoscitore *s.m.* Kenner (-s,-) *s.m.*
conquista *s.f.* 1 Eroberung (-,-en) *s.f.* 2 (*fig.*) Errungenschaft (-,-en) *s.f.*
conquistare *v.tr.* 1 erobern 2 (*fig.*) für sich einnehmen (nahm ein, eingenommen) 3 (*far innamorare*) erobern.
consacrare *v.tr.* 1 weihen 2 widmen.
consanguineo *agg.* blutsverwandt.
consapevole *agg.* 1 (*di*) bewußt (+*gen.*) 2 (*deliberato*) wissentlich.
consegna *s.f.* 1 Lieferung (-,-en) *s.f.* 2 (*custodia*) Verwahrung (-,-en) *s.f.*
consegnare *v.tr.* 1 (*comm.*) liefern 2 aushändigen ♦ **consegnarsi** *v.pron.* sich stellen.
conseguenza *s.f.* 1 (*seguito*) Folge (-,-n) *s.f.* 2 Konsequenz (-,-en) *s.f.*
conseguire *v.tr.* erlangen ♦ *v.intr.* (*a*) folgen (aus): *ne consegue che*, daraus folgt, daß...
consenso *s.m.* Zustimmung (-/.) *s.f.*
consensuale *agg.* einvernehmlich.
consentire *v.tr.* erlauben.
conserva *s.f.* Konserve (-,-n) *s.f.* | *mettere in –*, einmachen.
conservante *s.m.* Konservierungsstoff (-es,-e) *s.m.*
conservare *v.tr.* aufbewahren ♦ **conservarsi** *v.pron.* sich halten (hielt, gehalten).
considerare *v.tr.* 1 betrachten 2 (*ritenere*) halten (hielt, gehalten) für 3 (*contemplare*) berücksichtigen.
considerevole *agg.* beträchtlich.
consigliare *v.tr.* raten (riet, geraten).
consigliere *s.m.* 1 Ratgeber (-s,-)

consiglio s.m. 2 (amm.) Rat (-es, Räte) s.m.

consiglio s.m. Rat (-es/-) s.m., Ratschlag (-s,-schläge) s.m.

consistere v.intr. 1 (di) bestehen (bestand, bestanden) (aus) 2 (in) bestehen (in +dat.)

consociata agg. Schwester...

consolare v.tr. trösten.

consolato s.m. Konsulat (-s,-e) s.n.

consolazione s.f. Trost (-es/-) s.m.

consolidare v.tr. 1 festigen (anche fig.) 2 (econ.) fundieren.

constatare v.tr. fest·stellen.

consulente s.m. Berater (-s,-) s.m.

consulenza s.f. Beratung (-,-en) s.f.

consulto s.m. (med.) Konsilium (-s, -lien) s.n.

consumare v.tr. verbrauchen.

consumatore s.m. (comm.) Verbraucher (-s,-) s.m.

consumazione s.f. (da bere) Getränk (-s,-e) s.n.

consumismo s.m. Konsumdenken (-s/.) s.n.

consumo s.m. 1 Verbrauch (-s/.) s.m. 2 (econ.) Konsum (-s/.) s.m.

contabilità s.f. (comm.) Buchhaltung (-/.) s.f.

contachilometri s.m. (auto) Kilometerzähler (-s,-) s.m.

contadino s.m. Bauer (-n,-n) s.m.

contagiare v.tr. an·stecken (anche fig.).

contagioso agg. ansteckend.

contagiri s.m. (auto) Tourenzähler (-s,-) s.m.

contagocce s.m. Pipette (-,-n) s.f.

contaminare v.tr. verseuchen.

contante s.m. Bargeld (-es/-) s.n.

contascatti s.m. Gebührenzähler (-s,-) s.m.

contatore s.m. Zähler (-s,-) s.m.

contattare v.tr. Kontakt auf·nehmen (nahm auf, aufgenommen).

conteggio s.m. Berechnung (-,-en) s.f.

contegno s.m. Haltung (-/.) s.f.

contemplare v.tr. 1 betrachten 2 (prevedere) vor·sehen (sah vor, vorgesehen).

contemporaneo agg. 1 gleichzeitig 2 (coevo) zeitgenössisch.

contendere v.tr. streitig machen.

contenere v.tr. 1 enthalten (enthielt, enthalten) 2 (fig.) beschränken.

contenitore s.m. Behälter (-s,-) s.m.

contentino s.m. (fam.) Trostpflaster (-s,-) s.n.

contento agg. (di) froh (über +acc.), zufrieden (mit).

contenuto s.m. Inhalt (-es,-e) s.m.

conteso agg. erkämpft.

contestare v.tr. 1 (negare) bestreiten (bestritt, bestritten) 2 (criticare) protestieren gegen.

contestatore s.m. (pol.) Protestler (-s,-) s.m.

contesto s.m. Kontext (-es,-e) s.m.

contiguo agg. (a) angrenzend (an +acc.).

continente s.m. Kontinent (-s,-e) s.m.

contingente agg. zufällig.

continuare v.tr. fort·setzen ♦ v.intr. (a) weiter...

continuazione s.f. Fortsetzung (-,-en) s.f.

continuo agg. andauernd.

conto s.m. 1 Rechnung (-,-en) s.f. 2 (banca) Konto (-s,-ten) s.n.

contorcersi v.pron. sich krümmen.

contorno s.m. 1 (gastr.) Beilage (-,-n) s.f. 2 Umriß (-risses,-risse) s.m.

contorto agg. (fig.) verworren.

contrabbandiere *s.m.* Schmuggler (-s, -) *s.m.*

contrabasso *s.m.* (*mus.*) Kontrabaß (-basses,-bässe) *s.m.*

contraccambiare *v.tr.* erwidern.

contraccetivo *agg.* Empfängnisverhütungsmittel (-s,-) *s.n.*

contraddire *v.tr.* widerlegen ♦ **contraddirsi** *v.pron.* sich widersprechen (widersprach, widersprochen).

contraddittorio *agg.* widersprüchlich.

contraddizione *s.f.* Widerspruch (-s, -sprüche) *s.m.*

contraffare *v.tr.* imitieren.

contrapposto *agg.* 1 gegensätzlich 2 (*posto di fronte*) gegenübergestellt.

contrariamente *avv.* (*a*) entgegen (+*dat.*).

contrariato *agg.* verärgert.

contrarietà *s.f.* Widrigkeit (-,-en) *s.f.*

contrario *agg.* 1 entgegengesetzt 2 (*sfavorevole*) widrig ♦ **al contrario** Gegenteil (-s/.) *s.n.*

contrarre *v.tr.* 1 (*di malattia*) zu-ziehen (zog zu, zugezogen) 2 (*di debito*) auf-nehmen (nahm auf, aufgenommen).

contrassegno[1] *s.m.* Markierung (-, -en) *s.f.*

contrassegno[2] *avv.* (*comm.*) gegen Nachnahme.

contrastare *v.tr.* behindern ♦ *v.intr.* im Widerspruch stehen (stand, gestanden).

contrasto *s.m.* 1 Kontrast (-es,-e) *s.m.* 2 Konflikt (-es,-e) *s.m.*

contrattacco *s.m.* Gegenangriff (-s,-e) *s.m.*

contrattare *v.tr.* verhandeln (über +*acc.*).

contrattempo *s.m.* Verzögerung (-, -en) *s.f.* | *ho avuto un –*, mir ist etwas dazwischengekommen.

contratto *s.m.* Vetrag (-es,-träge) *s.m.*

contravvenzione *s.f.* (*multa*) Strafmandat (-es,-e) *s.n.*

contrazione *s.f.* Kontraktion (-,-en) *s.f.*

contribuente *s.m.* Steuerzahler (-s,-) *s.m.*

contribuire *v.intr.* (*a*) bei-tragen (trug bei, beigetragen) (zu).

contributo *s.m.* 1 Beitrag (-s,-träge) *s.m.* 2 (*sovvenzione*) Zuschuß (-schusses,-schüsse) *s.m.*

contro *prep.* gegen ♦ *avv.* dagegen.

controbattere *v.tr.* 1 (*confutare*) widerlegen 2 (*replicare*) erwidern.

controcorrente *locuz.*: *andare –*, (fig.) gegen den Strom schwimmen (schwamm, geschwommen).

controfigura *s.f.* (*film*) Double (-s,-s) *s.n.*

controindicazione *s.f.* Gegenanzeige (-,-n) *s.f.*

controllare *v.tr.* kontrollieren ♦ **controllarsi** *v.pron.* sich beherrschen.

controllo *s.m.* 1 Kontrolle (-,-n) *s.f.* 2 (*dominio*) Beherrschung (-/.) *s.f.*

controllore *s.m.* Kontrolleur (-s,-e) *s.m.*

controluce, in *locuz.avv.* Gegenlicht...

contromano *avv.*: *guidare/andare –*, in die falsche Richtung fahren.

controparte *s.f.* (*dir.*) Gegenpartei (-, -en) *s.f.*

contropiede *a.m.* (*sport*) Konter (-s,-) *s.m.*

controprova *s.f.* Gegenbeweis (-es,-e) *s.m.*

contrordine *s.m.* Gegenbefehl (-s,-e) *s.m.*

controsenso *s.m.* Widersinn (-s/.) *s.m.*

controspionaggio *s.m.* Spionageabwehr (-/.) *s.f.*

controversia *s.f.* 1 Meinungsverschiedenheit (-,-en) *s.f.* 2 (*dir.*) Streitigkeit (-,-en) *s.f.*

controverso *agg.* umstritten.

contumacia *s.f.* (*dir.*) Abwesenheit (-/.) *s.f.*

contundente *agg.*: corpo –, stumpfer Gegenstand (-es,-stände) *s.m.*

contusione *s.f.* (*med.*) Prellung (-,-en) *s.f.*

convalescente *agg.* rekonvaleszent.

convalidare *v.tr.* 1 (*amm.*) beglaubigen 2 (*confermare*) bestätigen.

convegno *s.m.* Tagung (-,-en) *s.f.*

conveniente *agg.* 1 (*vantaggioso*) günstig 2 (*adeguato*) passend.

convenire *v.intr.* 1 (*essere vantaggioso*) sich lohnen 2 (*concordare*) (*su*) sich einigen (über +*acc.*) 3 (*ammettere*) zu·geben (gab zu, zugegeben) ♦ *v.tr.* (*patuire*) vereinbaren ♦ **convenirsi** *v.pron.impers.* sich schicken.

convento *s.m.* Kloster (-s, Klöster) *s.n.*

convenzionale *agg.* konventionell.

convenzione *s.f.* 1 Konvention (-, -en) *s.f.* 2 (*accordo*) Abkommen (-s,-) *s.n.*

convergere *v.intr.* 1 (*mat.*) konvergieren 2 zusammen·laufen (lief zusammen, zusammengelaufen) 3 (*fig.*) überein·stimmen.

conversare *v.intr.* plaudern.

conversazione *s.f.* 1 Unterhaltung (-/.) *s.f.*, Gespräch (-s,-e) *s.n.* 2 (*scuola*) ora di –, Konversationsstunde (-,-n) *s.f.*

convertire *v.tr.* 1 (*a*) bekehren (zu) 2 (*tecn.*) um·wandeln 3 (*econ.*) konvertieren, wechseln.

convincente *agg.* überzeugend.

convincere *v.tr.* überzeugen.

convivere *v.intr.* (*con*) zusammen·leben (mit).

convocare *v.tr.* (*amm./pol.*) ein·berufen (berief ein, einberufen).

convulso *agg.* 1 krampfartig 2 (*frenetico*) hektisch.

cooperativa *s.f.* Genossenschaft (-,-en) *s.f.*

coordinare *v.tr.* koordinieren.

coperchio *s.m.* Deckel (-s,-) *s.m.* | – a vite, Schraubverschluß (-schlusses, -schlüsse) *s.m.*

coperta *s.f.* 1 Decke (-,-n) *s.f.* 2 (*mar.*) Deck (-s,-s) *s.n.*

copertina *s.f.* 1 (*li libro, rivista*) Einband (-es,-bände) *s.m.* 2 (*di disco*) Hülle (-,-n) *s.f.*

coperto *s.m.* (*nei ristoranti*) Gedeck (-s,-e) *s.n.*

copertone *s.m.* Gummireifen (-s,-) *s.m.*

copertura *s.f.* 1 (*econ.*) Deckung (-/.) *s.f.* 2 (*fig.*) Deckmantel (-s/.) *s.m.*

copia *s.f.* 1 Kopie (-,-n) *s.f.* 2 (*amm.*) Abschrift (-,-en) *s.f.* 3 (*editoria*) Exemplar (-s,-e) *s.n.*

copione *s.m.* (*teatr./cinema*) Drehbuch (-es,-bücher) *s.n.*

coppa *s.f.* Pokal (-s,-e) *s.m.*

coppia *s.f.* Paar (-es,-e) *s.n.*

coprifuoco *s.m.* Ausgangssperre (-/.) *s.f.*

copriletto *s.m.* Tagesdecke (-,-n) *s.f.*

coprire *v.tr.* 1 bedecken 2 (*nascondere*) verdecken 3 (*proteggere*) decken 4 (*econ.*) decken 5 (*di suoni*) übertönen 6 (*amm.*) bekleiden ♦ **coprirsi** 1 sich warm an·ziehen (zog an, angezogen) 2 (*fig.*) (*di*) sich bedecken (mit).

coraggio *s.m.* 1 Mut (-es/.) *s.m.* 2 (*impudenza*) Frechheit (-/.) *s.f.*
coraggioso *agg.* mutig.
corallo *s.m.* Koralle (-,-n) *s.f.*
corazza *s.f.* Panzer (-s,-) *s.m.*
corda *s.f.* 1 Seil (-es,-e) *s.n.* 2 (*mus.*) Saite (-,-n) *s.f.* (*anat.*) -e vocali (*pl.*), Stimmbänder (-,-) *s.n.*
cordiale *agg.* herzlich.
cordoglio *s.m.* Trauer (-/.) *s.f.*
cordone *s.m.* 1 (*cintura*, *Schnüre*) *s.f.* 2 Kette (-/.) *s.f.*: i -i della polizia, die Kette der Polizisten 3 (*anat.*) – *ombelicale*, Nabelschnur (-,-) *s.f.*
coriandolo *s.m.* (*spec. pl.*) Konfetti *s.pl.*
cornacchia *s.f.* Krähe (-,-n) *s.f.*
cornamusa *s.f.* Dudelsack (-s/.) *s.m.*
cornice *s.f.* Rahmen (-s,-) *s.m.*
corno *s.m.* Horn (-es, Hörner) *s.n.*
coro *s.m.* 1 Chor (-s, Chöre) *s.m.* 2 (*arch.*) Chorgestühl (-s,-e) *s.n.*
corona *s.f.* 1 Krone (-,-n) *s.f.* 2 (*ghirlanda*) Kranz (-es, Kränze) *s.m.*
coronare *v.tr.* krönen.
coronaria *s.f.* (*anat.*) Kranzarterie (-,-n) *s.f.*
corpo *s.m.* Körper (-s,-) *s.m.*
corporatura *s.f.* Körperbau (-es/.) *s.m.*
corredo *s.m.* 1 Ausstattung (-,-en) *s.f.* 2 (*della sposa*) Aussteuer (-/.) *s.f.*
correggere *v.tr.* verbessern.
corrente[1] *agg.* 1 fließend 2 (*in corso*) laufend 3 (*abituale*) üblich
corrente[2] *s.f.* 1 (*mar.*) Strom (-es/.) *s.m.*, Strömung (-,-en) *s.f.* (*anche fig.*) 2 (*elettr.*) Strom (-es/.) *s.m.* 3 (*tendenza*) Strömung (-,-en) *s.f.*
correntista *s.m.* Kontoinhaber (-s,-) *s.m.*
correre *v.intr.* 1 laufen (lief, gelaufen) 2 (*passare*) verlaufen (verlief, verlaufen) 3 (*espressioni di tempo*) con i tempi che corrono!, bei den heutigen Zeiten!
corretto *agg.* 1 korrekt 2 (*gastr.*) *caffè*, Kaffee mit Schuß.
correttore *s.m.* 1 Korrektor (-s,-en) *s.m.* 2 (*cosmetica*) Deckstift (-es,-e) *s.m.*
correzione *s.f.* Korrektur (-,-en) *s.f.*
corridoio *s.m.* Korridor (-s,-e) *s.m.*
corridore *s.m.* 1 (*sport*) Läufer (-s,-) *s.m.*; (*su veicoli*) Rennfahrer (-s,-) *s.m.*
corriera *s.f.* Linienbus (-ses,-busse) *s.m.*
corriere *s.m.* Spediteur (-s,-e) *s.m.* | – *espresso*, durch Eilboten.
corrispondente *agg./m./f.* Korrespondent (-en,-en) *s.m.* (f.-in,-innen).
corrispondenza *s.f.* 1 Korrespondenz (-/.) *s.f.* 2 (*conformità*) Entsprechung (-/.) *s.f.* 3 (*reciprocità*) Gegenseitigkeit (-/.) *s.f.*
corrispondere *v.intr.* 1 (*a*) entsprechen (entsprach, entsprochen) (+dat.) 2 (*coincidere*) übereinstimmen 3 (*scrivere*) korrespondieren ♦ *v.tr.* 1 (*pagare*) zahlen 2 (*ricambiare*) erwidern.
corrompere *v.tr.* (*con denaro*) bestechen (bestach, bestochen).
corrosivo *agg.* 1 ätzend 2 (*fig.*) beißend.
corrotto *agg.* korrupt.
corruzione *s.f.* Korruption (-,-en) *s.f.*
corsa *s.f.* 1 (*di veicolo*) Fahrt (-,-en) *s.f.* 2 (*sport*) Lauf (-s, Läufe) *s.m.*; (*con veicoli*) Rennen (-s,-) *s.n.*
corsia *s.f.* 1 Fahrspur (-,-en) *s.f.* 2 (*di pista*) Bahn (-,-en) *s.f.* 3 (*di ospedale*) Krankensaal (-es,-säle) *s.m.*

corso *s.m.* 1 Lauf (-s/.) *s.m.* 2 (*lezioni*) Kurse (-es,-e) *s.m.* 3 (*strada*) Korso (-s,-s) *s.m.* 4 (*fin.*) Wechselkurs (-es,-e) *s.m.* ♦ **in** – *locuz.agg.* 1 im Gange 2 (*corrente*) laufend | *lavori* –, Baustelle.

corte *s.f.* 1 Hof (-es, Höfe) *s.m.* 2 (*dir.*) Gericht (-es,-e) *s.m.*

corteccia *s.f.* Rinde (-,-n) *s.f.*

corteggiatore *s.m.* Verehrer (-s,-) *s.m.*

corteo *s.m.* Zug (-es,- Züge) *s.m.*

cortese *agg.* höflich.

cortesia *s.f.* 1 Höflichkeit (-/.) *s.f.* 2 (*atto*) Gefallen (-s,-) *s.m.*

cortile *s.m.* Hof (-es, Höfe) *s.m.*

corto *agg.* kurz.

cortocircuito *s.m.* (*elettr.*) Kurzschluß (-schlusses,-schlüsse) *s.m.* (*anche fig.*).

cortometraggio *s.m.* Kurzfilm (-s,-e) *s.m.*

corvo *s.m.* Rabe (-n,-n) *s.m.*

cosa *s.f.* 1 Ding (-es,-e) *s.n.*, Sache (-,-n) *s.f.* 2 (*spec.pl.*) Zeug (-es/.) *s.n.* 3 (*in unione con agg. di solito non si traduce*) *molte -e*, viel.

coscia *s.f.* 1 (*anat.*) Schenkel (-s,-) *s.m.* 2 (*gastr.*) Keule (-,-n) *s.f.*

cosciente *agg.* bewußt: *essere – (di)*, sich (*dat.*) bewußt sein (+*gen.*).

coscienza *s.f.* 1 Gewissen (-s,-) *s.n.* 2 (*consapevolezza*) Bewußtsein (-s/.) *s.n.*

così *avv.* so ♦ (*con valore aggettivale*) solche(r,s) ♦ *cong.* so.

cosiddetto *agg.* sogenannt.

cosmetico *agg.* kosmetisch ♦ *s.m.* Kosmetikartikel (-s,-) *s.m.*

cosmo *s.m.* Weltall (-s/.) *s.n.*

cosmopolita *agg.* kosmopolitisch.

coso *s.m.* (*fam.*) Dingsbums (*inv.*) *s.m./f./n.*

cospargere *v.tr.* überstreuen.

cospicuo *agg.* beträchtlich.

costa *s.f.* 1 Küste (-,-en) *s.f.* 2 (*anat.*) Rippe (-,-n) *s.f.*

costante *agg.* konstant ♦ *s.f.* (*mat.*) Konstante (-n,-n) *s.f.* (*anche fig.*).

costanza *s.f.* Ausdauer (-/.) *s.f.*

costare *v.intr.* kosten (*anche fig.*).

costata *s.f.* (*gastr.*) 1 Rippenstück (-s,-e) *s.n.* | – *di vitello*, Kalbssteak (-s,-s) *s.n.*

costeggiare *v.tr.* entlangführen an (+*dat.*).

costellazione *s.f.* Sternbild (-es,-er) *s.n.*

costernato *agg.* bestürzt.

costipazione *s.f.* (*med.*) 1 (*raffreddore*) Verschleimung (-,-en) *s.f.* 2 Verstopfung (-,-en) *s.f.*

costituire *v.tr.* 1 (*fondare*) gründen 2 (*formare*) bilden 3 (*dir.*) darstellen ♦ **costituirsi** *v.pron.* sich stellen.

costituzione *s.f.* 1 Gründung (-,-en) *s.f.* 2 (*dir.*) Verfassung (-,-en) *s.f.* 3 (*struttura fisica*) Konstitution (-,-en) *s.f.*

costo *s.m.* 1 Preis (-es,-e) *s.m.* 2 (*pl.*) Kosten *s.pl.*

costola *s.f.* (*fam.*) Rippe (-,-n) *s.f.*

costoso *agg.* teuer.

costringere *v.tr.* (*obbligare*) zwingen (zwang, gezwungen).

costrizione *s.f.* Zwang (-es, Zwänge) *s.m.*

costruire *v.tr.* 1 bauen 2 (*creare*) schaffen (schuf, geschaffen).

costruttivo *agg.* (*fig.*) konstruktiv.

costruzione *s.f.* Bau (-s, ten) *s.m.*

costume *s.m.* 1 (*abbigl.*) Kostüm (-s, -e) *s.n.* 2 (*spec.pl.*) Sitte (-,-n) *s.f.*

cotoletta *s.f.* (*gastr.*) Kotelett (-s,-s) *s.f.*

| – alla milanese, Wiener Schnitzel (-s,-) s.n.
cotone s.m. Baumwolle (-/.) s.f. | – idrofilo, Watte (-/.) s.f.
cotonificio s.m. Baumwollspinnerei (-,-en) s.f.
cottimo s.m. Akkord (-s,-e) s.m.
cotto agg. 1 (fam.) (stravolto) fix und fertig 2 (innamorato) verknallt.
cottura s.f. Kochen (-s/.) s.n.
covare v.tr. aus·brüten.
covone s.m. Garbe (-,-n) s.f.
cozza s.f. Miesmuschel (-,-n) s.f.
crac s.m. (econ.) Zusammenbruch (-s, -brüche) s.m.
crampo s.m. (med.) Krampf (-es, Krämpfe).
cranio s.m. Schädel (-s,-) s.m. | a –, pro Nase.
cravatta s.f. Krawatte (-,-n) s.f.
creare v.tr. 1 (opere) schaffen (schuf, geschaffen) 2 (moda) kreieren 3 (causare) verursachen.
creativo agg. kreativ.
creatore s.m. Schöpfer (-s,-) s.m.
creatura s.f. Geschöpf (-es,-e) s.n.
credenza s.f. (mobile) Kredenz (-,-en) s.f.
credere v.tr. 1 glauben 2 (considerare) halten (hielt, gehalten) für ♦ v.intr. 1 (a) glauben (+dat.) 2 (relig.) (in) glauben (an +acc.).
credibile agg. glaubhaft.
credito s.m. 1 dare – a qlco., etwas (dat.) Glauben schenken 2 (stima) Ansehen (-s/.) s.n. 3 (econ./dir.) Kredit (-s,-e) s.m.
creditore s.m. (dir.) Gläubiger (-s,-) s.m.
credulone agg. leichtgläubig.
crema s.f. 1 (panna) Sahne (-/.) s.f. 2 (gastr.) Creme (-,-n) s.f. 3 (fig.) Elite (-/.) s.f.
cremazione s.f. Einäscherung (-,-en) s.f.
cremoso agg. 1 sahnig 2 cremig.
crepa s.f. Riß (Risses, Risse) s.m.
crepaccio s.m. Spalte (-,-n) s.f.
crepare v.intr. (morire) krepieren ♦ creparsi v.pron. rissig werden.
crepuscolo s.m. Dämmerung (-,-en) s.f.
crescere v.intr. 1 wachsen (wuchs, gewachsen) 2 groß werden 3 (migliorare) (in) gewinnen (an +dat.) 4 (eccesso) übrig·bleiben (blieb übrig, übriggeblieben) ♦ v.tr. auf·ziehen (zog auf, aufgezogen).
crescita s.f. 1 Wachstum (-s/.) s.n. 2 (aumento) Zunahme (-,-n) s.f.
cresima s.f. (rel.catt.) Firmung (-/.) s.f.
crespo agg. (di capelli) kraus.
cresta s.f. Kamm (-es, Kämme) s.m.
creta s.f. Ton (-es/.) s.m.
cretino s.m. Dummkopf (-s,-köpfe) s.m.
cric s.m. (auto) Wagenheber (-s,-) s.m.
criceto s.m. Hamster (-s,-) s.m.
criminalità s.f. Kriminalität (-/.) s.f.
crimine s.m. Verbrechen (-s,-) s.n.
criniera s.f. Mähne (-,-n) s.f.
crisi s.f. 1 Krise (-,-n) s.f. 2 (med.) Krisis (-,-en) s.f.
cristalleria s.f. (oggetti) Kristallwaren s.pl.
cristallo s.m. 1 (min.) Kristall (-s,-e) s.m. 2 (vetro) Kristall (-s/.) s.m.
cristianesimo s.m. Christentum (-s/.) s.n.
cristiano agg. christlich ♦ s.m. Christ (-en,-en) s.m.
Cristo s.m. Christus (-/.) s.m. | povero –, ar-

critica s.f. Kritik (-,-en) s.f.
criticare v.tr. kritisieren.
critico agg. kritisch, ernst.
crivellare v.tr. durchlöchern.
croccante agg. knusprig.
croce s.f. Kreuz (-es,-e) s.n.
crociera s.f. (mar.) Kreuzfahrt (-,-en) s.f. | velocità di –, Reisegeschwindigkeit (-/.) s.f.
crogiolarsi v.pron. sich aalen.
crogiolo s.m. Schmelztiegel (-s,-) s.m.
crollare v.intr. 1 ein-stürzen 2 (di prezzi) fallen (fiel, gefallen).
crollo s.m. Zusammenbruch (-s,-brüche) s.m.
cromato agg. verchromt.
cronaca s.f. Bericht (-es,-e) s.m.
cronico agg. chronisch.
cronologico agg. chronologisch.
cronometrare v.tr. stoppen.
cronometro s.m. Stoppuhr (-,-en) s.f.
crosta s.f. Kruste (-,-n) s.f.
crostacei s.m.pl. Schalentiere s.pl.
crostata s.f. Mürbteigkuchen (-s,-) s.m.
crostino s.m. gerösteter Brotwürfel.
cruccio s.m. Kummer (-s/.) s.m.
cruciale agg. ausschlaggebend.
cruciverba s.m. Kreuzworträtsel (-s,-) s.n.
crudele agg. grausam.
crudo agg. 1 roh 2 (fig.) rauh.
cruento agg. blutig.
cruna s.f. Nadelöhr (-s,-e) s.n.
crusca s.f. Kleie (-,-n) s.f.
cruscotto s.m. (auto) Armaturenbrett (-es,-er) s.n.
cubetto s.m. Würfel (-s,-) s.m.
cubo s.m. Kubus (-, Kuben) s.m., Würfel (-s,-) s.m.
cuccagna s.f.: paese della –, Schlaraf-
fenland (-es/.) s.n.
cuccetta s.f. (ferr.) Liegewagen (-s,-) s.m.
cucchiaino s.m. 1 (da tè) Teelöffel (-s,-) s.m. 2 (da caffé) Kaffeelöffel (-s,-) s.m.
cucchiaio s.m. Löffel (-s,-) s.m.
cuccia s.f. Hundelager (-s,-) s.n.
cucciolata s.f. Wurf (-s,-) s.m.
cucciolo s.m. Tierjunge (-n,-n) s.n.; (di cane) Welpe (-n,-n) s.m.
cucina s.f. Küche (-,-n) s.f.
cucinare v.tr. kochen.
cucinino s.m. Kochnische (-,-n) s.f.
cucire v.tr. nähen.
cucito s.m. Näharbeit (-,-en) s.f.
cucitrice s.f. Schnellhefter (-s,-) s.m.
cucitura s.f. Naht (-, Nähte) s.f.
cuculo s.m. Kuckuck (-s,-e) s.m.
cuffia s.f. Haube (-,-n) s.f.
cugino s.m. Vetter (-s,-n) s.m.
cui pron.rel.inv. 1 (preceduto da prep.) forme declinate di der, die, das 2 (preceduto da art.det.) dessen, deren.
culla s.f. Wiege (-,-n) s.f.
cullare v.tr. wiegen ♦ **cullarsi** v.pron. sich wiegen.
culminare v.intr. (in) gipfeln (in +dat.).
culmine s.m. Höhepunkt (-es,-e) s.m.
culto s.m. Kult (-es,-e) s.m.
cultura s.f. 1 Kultur (-,-en) s.f. 2 (sviluppo intellettuale) Bildung (-/.) s.f.
culturale agg. kulturell.
culturismo s.m. Körperkultur (-/.) s.f.
cumulare v.tr. sammeln.
cumulativo agg. Sammel...
cumulo s.m. 1 Haufen (-s,-) s.m. 2 (meteor.) Kumulus (-,-li) s.m.
cuneo s.m. Keil (-es,-e) s.m.
cuoca s.f. Köchin (-,-nen) s.f.

cuocere v.tr. e intr. **1** kochen **2** (dal sole) verbrennen (verbrannte, verbrannt).
cuoco s.m. Koch (-s, Köche) s.m.
cuoio s.m. Leder (-s/.) s.n.
cuore s.m. Herz (-ens,-en) s.n.
cupo agg. finster, düster (anche fig.).
cupola s.f. Kuppel (-,-n) s.f.
cura s.f. **1** Pflege (-/.) s.f. **2** (accuratezza) Sorgfalt (-/.) s.f. **3** (med.) Behandlung (-,-en) s.f.
curare v.tr. **1** (aver cura di) sorgen (für) **2** (assistere) pflegen **3** (med.) behandeln **4** (guarire) heilen | farsi –, sich behandeln lassen.
curiosare v.intr. schnüffeln.
curiosità s.f. **1** Neugierde (-/.) s.f. **2** (rarità) Kuriosität (-,-en) s.f.
curioso agg. **1** neugierig **2** (singolare) merkwürdig **3** (bizzarro) komisch.
curva s.f. Kurve (-,-n) s.f. | doppia –, S-Kurve (-,-n) s.f.
curvare v.tr. krümmen ♦ v.intr. (di veicolo) ab biegen (bug ab, abgebogen).
curvo agg. gekrümmt.
cuscinetto s.m. **1** Kissen (-s,-) s.n. **2** (fig.) Puffer (-s,-) s.m. **3** (mecc.) Lager (-s,-) s.n.
cuscino s.m. Kissen (-s,-) s.n.
custode s.m. **1** Hausmeister (-s,-) s.m. **2** (fig.) Bewahrer (-s,-) s.m.
custodia s.f. **1** Aufbewahren (-s/.) s.n. **2** (dir.) (detenzione) Haft (-/.) s.f. **3** (astuccio) Etui (-s,-s) s.n., Futteral (-s,-e) s.n.
custodire v.tr. **1** verwahren **2** (fig.) bewahren **3** (sorvegliare) beaufsichtigen.
cute s.f. (anat.) Haut (-, Häute) s.f.
cyclette s.f. Heimtrainer (-s,-) s.m.

D

da prep. **1** (moto a luogo, origine) von, aus **2** (stato in luogo con nomi di persona) bei **3** (moto a luogo con nomi di persona) zu **4** (tempo) seit, ab, von **5** (modo, condizione) als, wie **5** (qualità) mit.
daccapo avv. von vorn, noch einmal.
dado s.m. Würfel (-s,-) s.m.
daino s.m. Damhirsch (-es,-e) s.m.
dalia s.f. Dahlie (-,-n) s.f.
dama s.f. **1** Dame (-,-n) s.f. **2** (gioco) Damespiel (-s,-e) s.n.
damasco s.m. Damast (-s/.) s.m.
damigiana s.f. Korbflasche (-,-n) s.f.
dannare v.tr. verdammen.
danneggiare v.tr. beschädigen.
danno s.m. Schaden (-s, Schäden) s.m.
dannoso agg. (a, per) schädlich (für).
danza s.f. Tanz (-es, Tänze) s.m.
dappertutto avv. **1** (stato in luogo) überall **2** (moto a luogo) überallhin.
dare v.tr. **1** geben (gab, gegeben) **2** (augurare) sagen, wünschen ♦ v.intr. (colpire) schlagen (schlug, geschlagen).
dàrsena s.f. Hafenbecken (-s,-) s.n.
data s.f. Datum (-s,-ten) s.n. **2** (momento) Zeitpunkt (-es,-e) s.m.
datare v.tr. datieren.
dato[1] s.m. **1** Angabe (-,-n) s.f. **2** (inform.) (pl.) Daten s.pl.
dato[2] agg. bestimmt ♦ **– che** locuz.cong. da.
datore s.m. Geber (-s,-) s.m.
dàttero s.m. Dattel (-,-n) s.f.
dattilògrafa s.f. Maschine(n)schreiberin (-,-nen) s.f.
dattilografare v.tr. tippen.
davanti avv. **1** (nella parte anteriore) vorn, davor **2** (di fronte) gegenüber

agg. vordere ♦ *s.m.* Vorderseite (-,-n) *s.f.* ♦ – **a** *locuz.prep.* **1** (*stato in luogo*) vor (+*dat*) **2** (*moto a luogo*) vor (+*acc*).

davanzale *s.m.* Fensterbank (-,-bänke) *s.f.*

davvero *avv.* wirklich, wahrhaftig.

dazio *s.m.* Zoll (-s, Zölle) *s.m.*

debellare *v.tr.* (*di malattia*) überwinden (überwand, überwunden).

debilitare *v.tr.* schwächen, entkräften.

debito¹ *agg.* ordnungsgemäß.

debito² *s.m.* Schuld (-,-en) *s.f.*

debitore *s.m.* Schuldner (-s,-) *s.m.*

debole *agg.* schwach.

debuttare *v.intr.* (*teatr.*) debütieren.

decadere *v.intr.* verfallen (verfiel, verfallen); zerfallen (zerfiel, zerfallen).

decaffeinato *agg.* koffeinfrei.

decalcificare *v.tr.* entkalken ♦ **decalcificarsi** *v.pron.* weich werden.

decalogo *s.m.* **1** (*relig.*) zehn Gebote **2** Vorschriften *s.pl.*

decappottabile *agg.* mit zurückklappbarem Verdeck.

deceduto *agg.* verstorben.

decennale *agg.* **1** zehnjährig **2** (*ogni dieci anni*) zehnjährlich.

decente *agg.* anständig, schicklich.

decentrare *v.tr.* dezentralisieren.

decidere *v.tr.* **1** beschließen (beschloß, beschlossen) **2** (*stabilire*) festsetzen ♦ *v.intr.* entscheiden (entschied, entschieden).

decifrare *v.tr.* entziffern.

decimale *agg.* dezimal, Dezimal-.

decimo *s.m.* (*frazione*) Zehntel (-s,-) *s.n.*

decina *s.f.* **1** (*circa dieci*) etwa zehn **2** (*mat.*) Zehner (-s,-) *s.m.*

decisione *s.f.* **1** Entschluß (-schlus-

ses,-schlüsse) *s.m.* **2** (*prontezza*) Entschlossenheit (-/.) *s.f.*

decisivo *agg.* entscheidend, ausschlaggebend.

deciso *agg.* entschlossen, entschieden.

declassare *v.tr.* herabsetzen.

declino *s.m.* Untergang (-s/.) *s.m.*

decodificare *v.tr.* dekodieren, entschlüsseln.

decollare *v.intr.* (*aereo*) starten.

decollo *s.m.* (*aereo*) Start (-s,-e) *s.m.*, Abflug (-es,-flüge) *s.m.*

decolorare *v.tr.* **1** entfärben **2** (*dei capelli*) blondieren.

decongestionare *v.tr.* abschwellen lassen (ließ, lassen).

decontaminare *v.tr.* entseuchen.

decorare *v.tr.* **1** schmücken **2** (*premiare*) auszeichnen.

decorazione *s.f.* **1** Ausschmückung (-,-en) *s.f.* **2** Auszeichnung (-,-en) *s.f.*

decoro *s.m.* Anstand (-s,-stände) *s.m.*

decoroso *agg.* anständig.

decorrere *v.intr.* **1** (*trascorrere*) vergehen (verging, vergangen) **2** (*avere effetto*) laufen (lief, gelaufen).

decorso *s.m.* Verlauf (-s,-läufe) *s.m.*

decotto *s.m.* Absud (-s,-e) *s.m.*

decrepito *agg.* hinfällig, gebrechlich.

decreto *s.m.* Verordnung (-,-en) *s.f.*, Beschluß (-schlusses,-schlüsse) *s.m.*

dedalo *s.m.* Labyrinth (-s,-e) *s.n.*

dedica *s.f.* Widmung (-,-en) *s.f.*

dedicare *v.tr.* **1** widmen **2** weihen.

dedito *agg.* ergeben.

dedizione *s.f.* Hingabe (-/.) *s.f.*

dedurre *v.tr.* **1** folgern **2** (*sottrarre*) abziehen (zog ab, abgezogen).

deduzione *s.f.* **1** Schlußfolgerung (-, -en) *s.f.* **2** (*detrazione*) Abzug (-es,-züge) *s.m.*

deficiente *agg.* 1 *(carente)* ungenügend, mangelhaft 2 schwachsinnig.
deficienza *s.f.* 1 Mangel (-s, Mängel) *s.m.* 2 *(fam.)* Dummheit (-,-en) *s.f.*
deficit *s.m.* *(comm.)* Verlust (-es,-e) *s.m.*
defilarsi *v.pron.* sich entziehen (entzog, entzogen) (+*gen.*).
definire *v.tr.* 1 bestimmen 2 *(determinare)* fest·legen.
definitivo *agg.* endgültig, definitiv.
definizione *s.f.* 1 Definition (-,-en) *s.f.* 2 *(soluzione)* Entscheidung (-,-en) *s.f.*
deflagrazione *s.f.* Explosion (-,-en) *s.f.*
deflettore *s.m.* 1 *(auto)* Ausstellfenster (-s,-) *s.n.* 2 *(aereo)* Klappe (-,-n) *s.f.*
defluire *v.intr.* 1 *(di liquidi)* ab·fließen (floß ab, abgeflossen) ; *(di gas)* entweichen (entwich, entwichen) 2 *(di folla)* hinaus·strömen.
deformare *v.tr.* 1 verformen 2 *(deturpare)* entstellen.
deformazione *s.f.* 1 Verformung (-,-en) *s.f.* 2 *(di schiena, gambe)* Verkrümmung (-,-en) *s.f.*
deforme *agg.* verformt; *(storpio)* verkrüppelt.
defraudare *v.tr.* *(di)* betrügen (betrog, betrogen) (um).
defunto *agg.* verstorben.
degenerare *v.intr.* entarten, aus·arten.
degente *agg.* bettlägerig.
deglutire *v.tr.* schlucken.
degnare *v.tr.* Verbrechen (-s,-) *s.m.*; Gauner (-s,-) *s.m.*
♦ **degnarsi** *v.pron.* sich herab·lassen (ließ herab, herabgelassen).
degno *agg.* *(di)* würdig, wert (+*gen.*).
degradare *v.tr.* entehren, entwürdigen
♦ **degradarsi** *v.pron.* 1 zerfallen (zerfiel, zerfallen) 2 *(abbrutirsi)* verrohen.
degrado *s.m.* Zerfall (-s/.) *s.m.*, Verfall (-s/.) *s.m.*
degustare *v.tr.* probieren, kosten.
delatore *s.m.* Denunziant (-en,-en) *s.m.*
delazione *s.f.* Denunziation (-,-en) *s.f.*
delega *s.f.* Vollmacht (-,-en) *s.f.*
delegare *v.tr.* 1 bevollmächtigen 2 *(incaricare)* beauftragen.
delegato *s.m.* 1 *(incaricato)* Beauftragte (-n,-n) *s.m.* 2 *(con pieni poteri)* Bevollmächtigte (-n,-n) *s.m.*
delegazione *s.f.* Delegation (-,-en) *s.f.*
delfino *s.m.* Delphin (-s,-e) *s.m.*
deliberare *v.tr.* 1 beschließen (beschloß, beschlossen) ♦ beraten (beriet, beraten).
deliberato *agg.* absichtlich, willentlich.
delicatezza *s.f.* 1 Feinheit (-,-en) *s.f.* 2 *(fragilità)* Zerbrechlichkeit (-/.) *s.f.*
delicato *agg.* 1 zart, fein 2 *(difficile)* heikel 3 *(di salute)* schwach 4 *(di cibi)* erlesen.
delineare *v.tr.* umreißen (umriß, umrissen) ♦ **delinearsi** *v.pron.* sich ab·zeichnen.
delinquente *s.m.* Verbrecher (-s,-) *s.m.*; Gauner (-s,-) *s.m.*
delinquenza *s.f.* Kriminalität (-/.) *s.f.*
delirante *agg.* irrsinnig, unsinnig.
delirare *v.intr.* außer sich sein; delirieren.
delirio *s.m.* Wahn (-s/.) *s.m.*; Rausch (-es, Räusche) *s.m.*
delitto *s.m.* Verbrechen (-s,-) *s.n.*
delizia *s.f.* Freude (-,-n) *s.f.*
delizioso *agg.* entzückend, reizend

deltaplano s.m. Drachen (-s,-) s.m.
delucidazione s.f. Erklärung (-,-en) s.f., Erläuterung (-,-en) s.f.
deludere v.tr. enttäuschen.
delusione s.f. Enttäuschung (-,-en) s.f.
demagogia s.f. Demagogie (-,-n) s.f.
demanio s.m. Staatsgut (-es,-güter) s.n.
demarcazione s.f. Abgrenzung (-,-en) s.f.
democratico agg. demokratisch.
democrazia s.f. Demokratie (-,-n) s.f.
demografico agg. demografisch.
demolire v.tr. ab-reißen (riß ab, abgerissen).
demone s.m. Dämon (-s,-en) s.m.
demonio s.m. Teufel (-s,-) s.m.
demoralizzare v.tr. entmutigen, demoralisieren.
demoscopico agg. Meinungsforschungs...
demotivato agg. demotiviert.
denaro s.m. Geld (-es,-er) s.n.
denigrare v.tr. verleumden.
denominatore s.m. Nenner (-s,-) s.m.
denominazione s.f. Benennung (-,-en) s.f.
denotare v.tr. an-deuten, hin-deuten (auf +acc.).
densità s.f. Dichte (-,-n) s.f.
denso agg. 1 (di liquidi) dickflüssig 2 (fitto) dicht.
dentario agg. Zahn...
dentatura s.f. (anat.) Gebiß (-bisses, -bisse) s.n.
dente s.m. Zahn (-es, Zähne) s.m.
dentice s.m. (zool.) Zahnbrasse (-,-n) s.f.
dentiera s.f. (künstliches) Gebiß (-bisses,-bisse) s.n.
dentifricio s.m. Zahnpasta (-,-ten) s.f.
dentista s.m./f. Zahnarzt (-es,-ärzte)

s.m. (f.-ärztin,-ärztinnen).
dentistico agg. zahnärztlich.
dentro avv. 1 (stato in luogo) drinnen 2 (moto) (avvicinamento) herein; (allontanamento) hinein ♦ prep. 1 (stato in luogo) in (+dat.) 2 (moto a luogo) in (+acc.) ♦ s.m. Innere (-n,-n) s.n.

denuncia s.f. 1 Anzeige (-,-n) s.f. 2 (dichiarazione) Erklärung (-,-en) s.f. 3 (disdetta) Kündigung (-,-en) s.f.
denunciare v.tr. 1 an-zeigen 2 (notificare) (an-)melden 3 (disdire) kündigen.
denutrito agg. unterernährt.
depenalizzare v.tr. Straffreiheit zu-gestehen (gestand zu, zugestanden).
deperibile agg. verderblich.
deperimento s.m. Verfall (-s/.) s.m.
deperire v.intr. 1 verfallen (verfiel, verfallen) 2 (di alimenti) verderben (verdarb, verdorben).
depilare v.tr. enthaaren.
depilatorio agg. Enthaarungs...
depistare v.tr. irre-leiten.
dépliant s.m. Prospekt (-s,-e) s.m.
deplorare v.tr. (compiangere) bedauern; (biasimare) mißbilligen.
deplorazione s.f. Mißbilligung (-/.) s.f.
deplorevole agg. 1 bedauerlich, traurig 2 (da biasimare) tadelnswert.
deporre v.tr. ab-legen, ab-setzen.
deportare v.tr. deportieren.
depositare v.tr. 1 zur Aufbewahrung geben 2 ab-legen, ab-setzen.
depositario s.m. Verwahrer (-s,-) s.m.
deposito s.m. Lager (-s,-) s.n.
deposizione s.f. 1 (di sedimento) Ablagerung (-,-en) s.f. 2 Aussage (-,-n) s.f.
depravato agg. verderbt.

deprecare *v.tr.* tadeln, mißbilligen.
depressione *s.f.* Depression (-,-en) *s.f.*
depressivo *agg.* 1 (*che deprime*) deprimierend 2 (*depresso*) depressiv.
deprezzare *v.tr.* den Wert mindern (+*gen.*)
deprimere *v.tr.* bedrücken ♦ **deprimersi** *v.pron.* sich deprimieren lassen.
depurare *v.tr.* 1 reinigen 2 (*acqua*) klären.
depuratore *s.m.* 1 Reinigungsapparat (-es,-e) *s.m.* 2 (*impianto*) Kläranlage (-,-n) *s.f.*
deputato *s.m.* Abgeordnete (-n,-n) *s.m.*
deragliare *v.intr.* entgleisen.
derelitto *s.m.* verlassener Mensch.
deridere *v.tr.* auslachen, verspotten.
deriva *s.f.* 1 Abdrift (-,-en) *s.f.* 2 (*geol.*) Verschiebung (-,-en) *s.f.*
derivare *v.intr.* 1 herrühren 2 (*di parole*) (*da*) stammen (aus) ♦ *v.tr.* ableiten.
dermatologo *s.m.* Hautarzt (-es,-ärzte) *s.m.*
deroga *s.f.* Abweichung (-,-en) *s.f.*
derrata *s.f.* Lebensmittel (-s,-) *s.n.*
derubare *v.tr.* berauben, bestehlen (bestahl, bestohlen).
descrivere *v.tr.* 1 beschreiben (beschrieb, beschrieben) 2 (*tracciare*) zeichnen.
descrizione *s.f.* Beschreibung (-,-en) *s.f.*
deserto *agg.* öde, menschenleer ♦ *s.m.* Wüste (-,-n) *s.f.*
desiderare *v.tr.* wünschen, begehren.
desiderio *s.m.* 1 Wunsch (-es, Wünsche) *s.m.* 2 (*brama*) (*di*) Begier (-/.) *s.f.* (nach).
designare *v.tr.* 1 (*nominare*) ernennen 2 (*incaricare*) beauftragen.

desistere *v.intr.* (*da*) verzichten (auf +*acc.*).
destabilizzare *v.tr.* destabilisieren.
destinare *v.tr.* 1 bestimmen 2 (*assegnare*) zuweisen (wies zu, zugewiesen).
destinatario *s.m.* Empfänger (-s,-) *s.m.*
destinazione *s.f.* Bestimmungsort (-es,-e) *s.m.*
destino *s.m.* Schicksal (-s,-e) *s.n.*
destituire *v.tr.* absetzen.
destra *s.f.* Rechte (-n,-n) *s.f.*
destro *agg.* recht.
desumere *v.tr.* 1 entnehmen (entnahm, entnommen) 2 folgern.
deteinato *agg.* teeinfrei.
detentivo *agg.*: *pena -a,* Haftstrafe (-,-n) *s.f.*
detentore *s.m.* Inhaber (-s,-) *s.m.*, Besitzer (-s,-) *s.m.*
detenuto *s.m.* Häftling (-s,-e) *s.m.*
detenzione *s.f.* 1 Besitz (-es,-e) *s.m.* 2 (*carcerazione*) Haft (-/.) *s.f.*
detergente *agg.* reinigend ♦ *s.m.* Reinigungsmittel (-s,-) *s.n.*
deteriorare *v.tr.* 1 verderben 2 (*fig.*) beschädigen.
determinante *agg.* ausschlaggebend, entscheidend.
determinare *v.tr.* 1 bestimmen 2 (*causare*) verursachen 3 (*calcolare*) berechnen.
determinato *agg.* 1 bestimmt 2 (*deciso*) entschlossen.
deterrente *s.m.* Abschreckungsmittel (-s,-) *s.n.*
detersivo *s.m.* Reinigungsmittel (-s,-) *s.n.*
detestare *v.tr.* verabscheuen ♦ **detestarsi** *v.pron.* sich nicht ausstehen.
detrarre *v.tr.* abziehen (zog ab, abgezogen).

detrito *s.m.* Geröll (-s,-e) *s.n.*
dettagliante *s.m.* Einzelhändler (-s,-) *s.m.*
dettagliato *agg.* ausführlich.
dettaglio *s.m.* 1 Einzelheit (-,-en) *s.f.* 2 (*comm.*) Einzelhandel (-s/-) *s.m.*
dettare *v.tr.* 1 diktieren 2 (*suggerire*) vor·schreiben (schrieb vor, vorgeschrieben).
dettato *s.m.* Diktat (-es,-e) *s.n.*
detto *agg.* genannt.
deturpare *v.tr.* verunstalten, entstellen.
devastare *v.tr.* verwüsten; zerstören.
deviare *v.intr.* ab·weichen (wich ab, abgewichen).
deviazione *s.f.* (*via diversa*) Umweg (-es,-e) *s.m.*; (*strada*) Umleitung (-,-en) *s.f.*
devolvere *v.tr.* 1 zu·wenden 2 (*dir.*) übertragen (übertrug, übertragen).
devoto *agg.* 1 ergeben 2 (*relig.*) gläubig 3 (*fedele*) treu.
di *prep.* 1 (*possesso, specificazione*) von 2 (*partitivo*) von, unter (+*dat*) 3 (*materia*) aus 4 (*dopo compar.*) als 5 (*tempo*) in, an (+*dat.*) 6 (*mezzo*) mit 7 (*argomento*) über, von.
diabete *s.m.* (*med.*) Diabetes (-/.) *s.m.*
diadema *s.m.* Diadem (-s,-e) *s.n.*
diaframma *s.m.* 1 Trennwand (-,-wände) *s.f.* 2 (*anat.*) Zwerchfell (-es, -e) *s.n.*
diagnosi *s.f.* Diagnose (-,-n) *s.f.*
diagonale *agg.* diagonal, schräg ♦ *s.f.* Diagonale (-,-n) *s.f.*
dialetto *s.m.* Dialekt (-s,-e) *s.m.*
dializzato *s.m.* Dialysepazient (-en,-en) *s.m.*
dialogo *s.m.* Dialog (-s,-e) *s.m.*
diamante *s.m.* Diamant (-en,-en) *s.m.*
diametro *s.m.* Durchmesser (-s,-) *s.m.*

diapositiva *s.f.* Diapositiv (-s,-e) *s.n.*, Dia (-s,-s) *s.n.*
diaria *s.f.* Tagegeld (-es,-er) *s.n.*
diario *s.m.* Tagebuch (-es,-bücher) *s.n.*
diavolo *s.m.* Teufel (-s,-) *s.m.*
dibattimento *s.m.* Hauptverhandlung (-,-en) *s.f.*
dibattito *s.m.* (*su*) Debatte (-,-n) *s.f.* (über +*acc.*).
dicembre *s.m.* Dezember (-s,-) *s.m.*
diceria *s.f.* Klatsch (-es/.) *s.m.*
dichiarare *v.tr.* erklären.
dichiarazione *s.f.* Erklärung (-,-en) *s.f.*
didascalia *s.f.* 1 (*di illustrazione*) Bildunterschrift (-,-en) *s.f.* 2 (*cinema*) Untertitel (-s,-) *s.m.*
didattico *agg.* didaktisch; belehrend.
dieta *s.f.* Diät (-,-en) *s.f.*
dietologo *s.m.* Diätologe (-n,-n) *s.m.*
dietro *avv.* hinten ♦ *prep.* 1 (*stato in luogo*) hinter (+*dat.*) 2 (*moto a luogo*) hinter (+*acc.*) 3 (*tempo*) nach (+*dat.*).
dietrofront *s.m.* Kehrtwendung (-,-en) *s.f.*
difendere *v.tr.* verteidigen.
difensiva *s.f.* Defensive (-,-) *s.f.*
difensore *s.m.* Verteidiger (-s,-) *s.m.*
difesa *s.f.* Verteidigung (-,-en) *s.f.*
difettare *v.intr.* (*di*) mangeln (an +*dat.*).
difetto *s.m.* (*mancanza*) Mangel (-, Mängel) *s.m.* 2 (*imperfezione*) Fehler (-s,-) *s.m.*
difettoso *agg.* 1 defekt 2 fehlerhaft.
diffamare *v.tr.* verleumden.
diffamazione *s.f.* Verleumdung (-,-en) *s.f.*
differente *agg.* unterschiedlich.
differenza *s.f.* 1 Unterschied (-es,-e) *s.m.* 2 (*mat.*) Differenz (-,-en) *s.f.*
differenziato *agg.* unterschieden.
differita *s.f.* Aufzeichnung (-,-en) *s.f.*

difficile *agg.* 1 schwierig, schwer 2 (*improbabile*) kaum, schwerlich.
difficoltà *s.f.* Schwierigkeit (-,-en) *s.f.*
diffida *s.f.* Warnung (-,-en) *s.f.*
diffidare *v.intr.* mißtrauen ♦ *v.tr.* warnen.
diffidente *agg.* mißtrauisch.
diffidenza *s.f.* Mißtrauen (-s/.) *s.n.*
diffondere *v.tr.* verbreiten, aus-breiten.
diffusione *s.f.* 1 Verbreitung (-/.) *s.f.* 2 (*della luce*) Streuung (-/.) *s.f.*
difterite *s.f.* Diphtherie (-,-n) *s.f.*
diga *s.f.* Damm (-es, Dämme) *s.m.*
digerire *v.tr.* 1 verdauen 2 (*fam.*) ertragen (ertrug, ertragen).
digestione *s.f.* Verdauung (-/.) *s.f.*
digestivo *agg.* Verdauungs-...
digitale *agg.* Finger-...; digital ♦ *s.f.* (*bot.*) Fingerhut (-es,-hüte) *s.m.*
digitare *v.tr.* tippen, (*su computer*) ein-geben (gab ein, eingegeben).
digiunare *v.intr.* fasten.
digiuno *agg.* nüchtern.
dignità *s.f.* 1 Würde (-,-n) *s.f.* 2 (*decoro*) Anstand (-es,-stände) *s.m.*
dignitoso *agg.* 1 würdevoll, würdevoll 2 (*decoroso*) anständig.
digradare *v.intr.* 1 ab-fallen (fiel ab, abgefallen) 2 (*di luci, suoni*) ab-schwächen.
dilagare *v.intr.* 1 überfluten 2 (*fig.*) sich verbreiten.
dilaniare *v.tr.* 1 zerreißen (zerriß, zerrissen) 2 (*fig.*) quälen, plagen.
dilapidare *v.tr.* verschwenden.
dilatare *v.tr.* 1 aus-dehnen 2 (*fig.*) erweitern.
dilazione *s.f.* 1 Dehnung (-,-en) *s.f.* 2 (*med.*) Dilatation (-,-en) *s.f.*
dilemma *s.m.* Dilemma (-s/.) *s.n.*
dilettante *agg.* dilettantisch ♦ *s.m.*

dintorno

Amateur (-s,-e) *s.m.*
diligente *agg.* 1 fleißig 2 (*accurato*) sorgfältig.
diligenza *s.f.* 1 Fleiß (-es/.) *s.m.* 2 (*accuratezza*) Sorgfalt (-/.) *s.f.*
diluire *v.tr.* verdünnen.
diluviare *v.intr.* in Strömen regnen, schütten.
diluvio *s.m.* 1 strömender Regen 2 (*fig.*) Schwall (-s,-e) *s.m.*
dimagrante *agg.* Abmagerungs-...
dimagrire *v.intr.* ab-magern, ab-nehmen (nahm ab, abgenommen).
dimensione *s.f.* Größe (-,-n) *s.f.*
dimenticanza *s.f.* Vergessen (-s/.) *s.n.*
dimenticare *v.tr.* vergessen (vergaß, vergessen).
dimesso *agg.* (*di atteggiamento*) demütig; (*di voce*) leise; (*di stile*) einfach.
dimettere *v.tr.* entlassen (entließ, entlassen) ♦ **dimettersi** *v.pron.* zurück-treten (trat zurück, zurückgetreten).
diminuire *v.tr.* herab-setzen, reduzieren ♦ *v.intr.* ab-nehmen (nahm ab, abgenommen).
diminuzione *s.f.* Verminderung (-,-en) *s.f.*
dimissioni *s.f.* 1 Entlassung (-,-en) *s.f.* 2 Kündigung (-,-en) *s.f.*
dimostrare *v.tr.* 1 (*mostrare*) zeigen; beweisen (bewies, bewiesen) 2 (*presentare*) vor-führen ♦ *v.intr.* demonstrieren.
dimostrazione *s.f.* 1 Äußerung (-,-en) *s.f.* 2 (*prova*) Beweis (-es,-e) *s.m.* 3 (*presentazione*) Vorführung (-,-en) *s.f.* 4 (*manifestazione*) Demonstration (-,-en) *s.f.*
dinamico *agg.* dynamisch.
dinamite *s.f.* Dynamit (-s/.) *s.n.*
dintorno *agg.* herum ♦ *s.m.pl.* Umge-

dio 72

bung (-,-en) *s.f.*
dio *s.m.* Gott (-es, Götter) *s.m.*
diocesi *s.f.* Diözese (-,-n) *s.f.*
dipartimento *s.m.* Bezirk (-s,-e) *s.m.*; Ministerium (-s,-rien) *s.n.*
dipendente *agg.* abhängig.
dipendenza *s.f.* Abhängigkeit (-/.) *s.f.*
dipendere *v.intr.* (*da*) ab-hängen (von).
dipingere *v.tr.* 1 malen 2 (*pitturare*) an-streichen (strich an, angestrichen).
dipinto *s.m.* Gemälde (-s,-) *s.n.*
diploma *s.m.* Diplom (-s,-e) *s.n.*
diplomatico *agg.* diplomatisch.
diplomato *agg.* staatlich geprüft, Diplom...
diplomazia *s.f.* Diplomatie (-/.) *s.f.*
diradare *v.tr.* 1 zerteilen 2 ein-schränken.
diramare *v.tr.* verbreiten ♦ **diramarsi** *v.pron.* 1 ab-zweigen 2 (*diffondersi*) sich verbreiten.
diramazione *s.f.* 1 (*ramificazione*) Verzweigung (-,-en) *s.f.* 2 (*diffusione*) Verbreitung (-/.) *s.f.*
dire *v.tr.* 1 sagen 2 (*pensare*) meinen 3 *voler –*, bedeuten 4 (*recitare*) auf-sagen.
diretta *s.f.* (*rad./tv*) Direktübertragung (-,-en) *s.f.*
direttiva *s.f.* Vorschrift (-,-en) *s.f.*
direttivo *agg.* leitend, führend.
diretto *agg.* 1 auf dem Weg 2 (*fig.*) gerichtet 3 (*senza interposizioni*) direkt ♦ *s.m.* (*ferr.*) Eilzug (-es,-züge) *s.m.*
♦ *avv.* gerade, geradeaus.
direttore *s.m.* Leiter (-s,-) *s.m.*
direzione *s.f.* 1 Richtung (-,-en) *s.f.* 2 (*il dirigere*) Leitung (-,-en) *s.f.* 3 (*organo direttivo*) Vorstand (-es,-stände) *s.m.*
dirigente *agg.* Führungs...
dirigenza *s.f.* Leitung (-,-en) *s.f.*

dirigere *v.tr.* 1 richten 2 leiten, führen.
dirimpetto *avv. e agg.inv.* gegenüber.
diritto *s.m.* 1 Recht (-es/.) *s.n.* 2 (*giurisprudenza*) Jura *s.pl.* (senza art.).
dirittura *s.f.* 1 (*sport*) Gerade (-,-n) *s.f.* 2 (*fig.*) Redlichkeit (-/.) *s.f.*
diroccato *agg.* baufällig.
dirottare *v.tr.* 1 (*veicoli*) um-leiten; (*aerei, navi*) den Kurs ändern (+*gen*) 2 (*atto di pirateria*) entführen.
disabile *agg.* behindert ♦ *s.m.* Behinderte (-n,-n) *s.m.*
disabitato *agg.* unbewohnt.
disabituarsi *v.pron.* sich ab-gewöhnen.
disaccordo *s.m.* Uneinigkeit (-,-en) *s.f.*
disadattato *s.m.* (*psic.*) Milieugeschädigte (-n,-n) *s.m.*
disagiato *agg.* 1 unbehaglich 2 (*misero*) ärmlich.
disagio *s.m.* 1 Unbequemlichkeit (-,-en) *s.f.* 2 (*imbarazzo*) Verlegenheit (-/.) *s.f.*
disapprovare *v.tr.* mißbilligen.
disappunto *s.m.* Mißmut (-/.) *s.m.*
disarmante *agg.* entwaffnend.
disarmato *agg.* entwaffnet.
disarmo *s.m.* Abrüstung (-,-en) *s.f.*
disastro *s.m.* 1 Katastrophe (-,-n) *s.f.* 2 (*danno*) Unheil (-s/.) *s.n.*
disastroso *agg.* 1 katastrophal 2 (*fig.*) furchtbar.
disattento *agg.* 1 unaufmerksam 2 (*superficiale*) oberflächlich.
disattenzione *s.f.* Unaufmerksamkeit (-/.) *s.f.*
disattivare *v.tr.* außer Betrieb setzen.
disavanzo *s.m.* (*econ.*) Defizit (-s,-e) *s.n.*
disavventura *s.f.* Unglück (-s,-e) *s.n.*

discarica *s.f.* Abladeplatz (-es,-plätze) *s.m.*

discendente *s.m./f.* Nachkomme (-n, -n) *s.m.* (*senza f.*).

discendere *v.intr.* ab·stammen.

discernimento *s.m.* Urteilsvermögen (-s/.) *s.n.*

discesa *s.f.* Abstieg (-s/-e) *s.m.*

discesista *s.m.* Abfahrtsläufer (-s,-) *s.m.*

dischetto *s.m.* (*inform.*) Diskette (-,-n) *s.f.*

disciogliere lösen.

disciplina *s.f.* 1 Disziplin (-,-en) *s.f.* 2 (*materia*) Fach (-es, Fächer) *s.n.*

disciplinato *agg.* diszipliniert.

disco *s.m.* 1 Scheibe (-,-n) *s.f.* 2 (*sport*) Diskus (-,-se) *s.m.* 3 (*mus.*) Schallplatte (-,-n) *s.f.*

discolpare *v.tr.* rechtfertigen, entlasten.

disconoscimento *s.m.* Aberkennung (-/.) *s.f.*

discorde *agg.* nicht übereinstimmend.

discordia *s.f.* Zwietracht (-/.) *s.f.*

discorrere *v.intr.* (*di*) unterhalten (unterhielt, unterhalten) (über +*acc.*).

discorso *s.m.* 1 Rede (-,-n) *s.f.* 2 (*conversazione*) Gespräch (-s,-e) *s.n.*

discoteca *s.f.* 1 Schallplattensammlung (-,-en) *s.f.* 2 (*locale*) Diskothek (-,-en) *s.f.*

discredito *s.m.* Verruf (-/.) *s.m.*

discreto *agg.* 1 (*riservato*) taktvoll 2 (*moderato*) bescheiden 3 (*abbastanza buono*) ziemlich gut.

discrezione *s.f.* Rücksicht (-/.) *s.f.*

discriminare *v.tr.* 1 (*distinguere*) unterscheiden (unterschied, unterschieden) 2 (*fare discriminazioni*) diskriminieren.

discriminazione *s.f.* 1 (*distinzione*) Unterscheidung (-,-en) *s.f.* 2 Diskriminierung (-,-en) *s.f.*

discussione *s.f.* Diskussion (-,-en) *s.f.*

discusso *agg.* 1 erörtert 2 (*controverso*) umstritten.

discutere *v.tr.* 1 erörtern, diskutieren 2 (*contestare*) bestreiten (bestritt, bestritten) ♦ *v.intr.* 1 (*di*) diskutieren (über +*acc.*) 2 (*litigare*) streiten (stritt, gestritten) (über +*acc.*).

discutibile *agg.* 1 diskutabel 2 (*dubbio*) zweifelhaft.

disdegnare *v.tr.* verschmähen.

disdetta *s.f.* 1 Kündigung (-,-en) *s.f.* 2 (*sfortuna*) Unglück (-s/.) *s.n.*

disdire *v.tr.* 1 ab·sagen 2 kündigen.

disegnare *v.tr.* 1 zeichnen 2 (*ideare*) entwerfen (entwarf, entworfen) 3 (*tratteggiare*) beschreiben (beschrieb, beschrieben).

disegnatore *s.m.* Zeichner (-s,-) *s.m.*

disegno *s.m.* Zeichnung (-,-en) *s.f.*

diserbante *s.m.* Unkrautvertilgungsmittel (-s,-) *s.n.*

diseredare *v.tr.* enterben.

disertare *v.tr.* verlassen (verließ, verlassen) ♦ *v.intr.* (*mil.*) desertieren.

disfare *v.tr.* lösen, auf·trennen ♦ **disfarsi** *v.pron.* 1 (*di treccia*) sich lösen; (*di cucitura*) auf·gehen (ging auf, aufgegangen) 2 (*slegarsi*) 3 (*liquefarsi*) schmelzen (schmolz, geschmolzen).

disfatta *s.f.* Niederlage (-,-n) *s.f.*

disfunzione *s.f.* Funktionsstörung (-, -en) *s.f.*

disgelo *s.m.* Tauwetter (-s/.) *s.n.*

disgrazia *s.f.* Unglück (-s/.) *s.n.*

disgraziato *agg.* unglücklich.

disgregare *v.tr.* zersetzen.

disguido *s.m.* 1 Fehlleitung (-,-en) *s.f.* 2 (*equivoco*) Mißverständnis (-ses,-se) *s.n.*

disgustare *v.tr.* an·widern, an·ekeln.

disgusto *s.m.* Ekel (-s/.) *s.m.*

disgustoso *agg.* ekelhaft, unappetitlich.

disidratare *v.tr.* aus·trocknen; (*alimenti*) dörren.

disilludere *v.tr.* ernüchtern, enttäuschen.

disillusione *s.f.* Enttäuschung (-,-en) *s.f.*

disimpegno *s.m.* Befreiung (-,-en) *s.f.*

disincantato *agg.* ernüchtert.

disinfestazione *s.f.* Entwesung (-/.) *s.f.*

disinfettante *agg.* desinfizierend.

disinfettare *v.tr.* desinfizieren.

disinformato *agg.* 1 falsch informiert 2 unwissend.

disinibito *agg.* 1 (*psic.*) enthemmt 2 unbefangen.

disinnescare *v.tr.* entschärfen.

disinnestare *v.tr.* 1 (*frizione*) aus·kuppeln 2 (*elettr.*) aus·schalten.

disinquinare *v.tr.* entseuchen.

disintegrare *v.tr.* 1 zertrümmern 2 (*fis.*) spalten.

disinteressarsi *v.pron.* (*di*) sich nicht kümmern (um).

disinteressato *agg.* uneigennützig.

disinteresse *s.m.* 1 Interesselosigkeit (-/.) *s.f.* 2 Uneigennützigkeit (-,-en) *s.f.*

disintossicare *v.tr.* entgiften, ent·schlacken.

disinvolto *agg.* 1 ungezwungen (*sfrenato*) frech.

disinvoltura *s.f.* 1 Unbefangenheit (-/.) *s.f.* 2 (*sfrontatezza*) Frechheit (-/.) *s.f.*

dislivello *s.m.* Höhenunterschied (-es, -e) *s.m.*

disoccupato *agg.* arbeitslos.

disoccupazione *s.f.* Arbeitslosigkeit (-/.) *s.f.*

disonestà *s.f.* Unehrlichkeit (-/.) *s.f.*

disonesto *agg.* unehrlich.

disonore *s.m.* Unehre (-,/.) *s.f.*

disopra, di sopra *avv.* 1(*stato in luogo*) oben 2 (*moto a luogo*) nach oben ♦ **al disopra di** *locuz.prep.* über ♦ *agg.* ober ♦ *s.m.* Oberseite (-,-n) *s.f.*

disordinato *agg.* unordentlich.

disordine *s.m.* Unordnung (-/.) *s.f.*

disorganizzato *agg.* desorganisiert; (*di persona*) unordentlich.

disorientare *v.tr.* 1 in die Irre führen 2 (*fig.*) desorientieren, verwirren.

disossare *v.tr.* entbeinen.

disotto, di sotto *avv.* 1 (*stato in luogo*) unten 2 (*moto a luogo*) nach unten ♦ **al disotto di** *locuz.prep.* unter ♦ *agg.* unter ♦ *s.m.* Unterseite (-,-en) *s.f.*

dispaccio *s.m.* Botschaft (-,-en) *s.f.*

dispari *agg.* ungerade.

disparità *s.f.* Ungleichheit (-,-en) *s.f.*

disparte *avv.* *in* –, beiseite, abseits.

dispendioso *agg.* aufwendig, kostspielig.

dispensa *s.f.* (*locale*) Vorratskammer (-,-n) *s.f.*

dispensare *v.tr.* 1 befreien 2 (*elargire*) aus·teilen, verteilen.

disperarsi *v.pron.* (*per*) verzweifeln (an + *dat*).

disperato *agg.* 1 verzweifelt 2 (*senza speranza*) hoffnungslos.

disperazione *s.f.* Verzweiflung (-/.) *s.f.*

disperdere *v.tr.* 1 zerstreuen 2 (*fig.*) verschwenden.

disperso *agg.* 1 zerstreut (*smarrito*) verloren 3 (*scomparso*) vermißt ♦

s.m. Vermißte (-n,-n) *s.m.*
dispetto *s.m.* Bosheit (-,-en) *s.f.*
dispettoso *agg.* frech; (*fastidioso*) lästig.
dispiacere[1] *v.intr.* 1 mißfallen (mißfiel, mißfallen) 2 bedauern.
dispiacere[2] *s.m.* 1 Bedauern (-/.) *s.n.* 2 (*pl.*) Kummer (-s/.) *s.m.*
disponibile *agg.* 1 verfügbar 2 (*libero*) frei.
disporre *v.tr.* 1 an·ordnen (*preparare*) vor·bereiten.
dispositivo *s.m.* Vorrichtung (-,-en) *s.f.*
disposizione *s.f.* 1 Anordnung (-,-en) *s.f.* 2 (*stato d'animo*) Stimmung (-,-en) *s.f.* 3 (*norma*) Vorschrift (-,-en) *s.f.*
disposto *agg.* 1 angeordnet 2 (*pronto*) bereit 3 (*stabilito*) bestimmt.
disprezzare *v.tr.* verachten.
disprezzo *s.m.* Verachtung (-/.) *s.f.*
dissanguare *v.tr.* 1 verbluten lassen (ließ verbluten, verbluten lassen) 2 (*fig.*) aus·saugen.
dissanguato *agg.* 1 verblutet 2 (*fig.*) verheert.
dissapore *s.m.* Unstimmigkeit (-,-en) *s.f.*
dissennato *agg.* unvernünftig.
dissenso *s.m.* Meinungsverschiedenheit (-,-en) *s.f.*
dissequestrare *v.tr.* frei·geben (gab frei, freigegeben).
dissestato *agg.* beschädigt.
dissesto *s.m.* Zerrüttung (-/.) *s.f.*
dissetante *agg.* durststillend, durstlöschend.
dissidente *agg.* andersdenkend ♦ *s.m.* Dissident (-en,-en) *s.m.*
dissidio *s.m.* Meinungsverschiedenheit (-,-en) *s.f.*
dissimile *agg.* verschieden, unähnlich.

dissimulare *v.tr.* verbergen.
dissipare *v.tr.* 1 vertreiben (vertrieb, vertrieben) 2 (*sperperare*) verschwenden.
dissociarsi *v.pron.* (*da*) Abstand nehmen (von).
dissodare *v.tr.* urbar machen.
dissoluto *agg.* ausschweifend.
dissolvenza *s.f.* (*film*) Überblendung (-/.) *s.f.*
dissuadere *v.tr.* ab·bringen (brachte ab, abgebracht).
distaccare *v.tr.* 1 ab·nehmen (nahm ab, abgenommen) 2 (*allontanare*) trennen 3 (*trasferire*) verlegen ♦ **distaccarsi** *v.pron.* sich los·lösen.
distaccato *agg.* distanziert, gleichgültig.
distacco *s.m.* Trennung (-,-en) *s.f.*
distante *agg.* 1 (*lontano*) fern, weit 2 (*diverso*) verschieden.
distanza *s.f.* 1 Abstand (-es,-stände) *s.m.* 2 (*sport*) Strecke (-,-n) *s.f.*
distanziare *v.tr.* (*sport*) hinter sich lassen (ließ, gelassen).
distendere *v.tr.* 1 (*stendere*) aus·breiten; (*allungare*) aus·strecken; (*panni*) auf·hängen 2 (*fig.*) entspannen.
distensione *s.f.* 1 Ausstreckung (-,-en) *s.f.* 2 (*fig.*) Entspannung (-/.) *s.f.*
distensivo *agg.* erholend.
distesa *s.f.* 1 Ausdehnung (-,-en) *s.f.*
distillare *v.tr.* destillieren; (*liquori*) brennen (brannte, gebrannt).
distinguere *v.tr.* 1 unterscheiden (unterschied, unterschieden) 2 (*contassegnare*) kennzeichnen.
distinta *s.f.* Verzeichnis (-ses,-se) *s.n.*
distintivo *s.m.* Abzeichen (-s,-) *s.n.*
distinto *agg.* 1 verschieden 2 (*chiaro*) klar 3 (*signorile*) vornehm.

distinzione *s.f.* 1 Unterscheidung (-, -en) *s.f.* 2 (*raffinatezza*) Vornehmheit (-/.) *s.f.*
distorsione *s.f.* 1 Verstauchung (-, -en) *s.f.* 2 (*scient.*) Verzerrung (-,-en) *s.f.*
distorto *agg.* 1 verstaucht 2 (*scient.*) verzerrt.
distrarre *v.tr.* zerstreuen, ab·lenken.
distratto *agg.* 1 zerstreut 2 (*sventato*) unachtsam.
distrazione *s.f.* Zerstreuung (-,-en) *s.f.*
distretto *s.m.* Bezirk (-es,-e) *s.m.*
distribuire *v.tr.* verteilen, aus·teilen.
distributore *s.m.* Verteiler (-s,-) *s.m.* |— **di benzina**, Tankstelle (-,-n) *s.f.*
distribuzione *s.f.* Verteilung (-,-en) *s.f.*
districarsi *v.pron.* sich (*dat*) helfen (half, geholfen).
distruggere *v.tr.* zerstören.
distruzione *s.f.* Zerstörung (-,-en) *s.f.*
disturbare *v.tr.* stören.
disturbo *s.m.* 1 Störung (-,-en) *s.f.* 2 (*malessere*) Beschwerden *s.pl.*
disubbidiente *agg.* ungehorsam.
disubbidire *v.intr.* (*a*) nicht gehorchen.
disuguale *agg.* ungleich, verschieden.
disumano *agg.* unmenschlich.
disuso *s.m.*: *in* —, außer Gebrauch.
ditale *s.m.* Fingerhut (-es,-hüte) *s.m.*
ditata *s.f.* (*impronta*) Fingerabdruck (-s,-drücke) *s.m.*
dito *s.m.* 1 (*mano*) Finger (-s,-) *s.m.* 2 (*piede*) Zehe (-,-n) *s.f.*
ditta *s.f.* Firma (-,-men) *s.f.*
dittatore *s.m.* Diktator (-s,-en) *s.m.*
diurno *agg.* Tages...
diva *s.f.* Stern (-es,-e) *s.m.*
divagare *v.intr.* ab·schweifen.
divampare *v.intr.* auf·flammen.
divano *s.m.* Sofa (-s,-s) *s.n.*

divaricare *v.tr.* 1 spreizen 2 (*aprire*) öffnen.
divenire, diventare *v.intr.* werden (wurde, geworden).
diverbio *s.m.* Wortstreit (-s,-e) *s.m.*
divergere *v.intr.* auseinander·laufen (lief auseinander, auseinandergelaufen).
diversità *s.f.* 1 Verschiedenheit (-, -en) *s.f.* 2 (*varietà*) Vielfalt (-/.) *s.f.*
diversivo *s.m.* Abwechslung (-,-en) *s.f.*
diverso *agg.* anders, unterschiedlich ♦ *agg.indef.pl.* einige ♦ *pron. indef.pl.* einige.
divertente *agg.* unterhaltsam, belustigend.
divertimento *s.m.* Unterhaltung (-,-en) *s.f.*
divertire *v.tr.* unterhalten (unterhielt, unterhalten).
dividendo *s.m.* (*econ.*) Dividende (-,-n) *s.f.*
dividere *v.tr.* 1 teilen 2 (*separare*) trennen 3 (*disunire*) entzweien.
divieto *s.m.* Verbot (-es,-e) *s.n.*
divino *agg.* göttlich.
divisa *s.f.* 1 Uniform (-,-en) *s.f.* 2 (*di lavoro*) Arbeitskleidung (-,-en) *s.f.*
divisa 2 *s.f.* (*fin.*) Devise (-,-n) *s.f.*
divisione *s.f.* Teilung (-,-en) *s.f.*
divisorio *s.m.* Trennmauer (-,-n) *s.f.*
divo *s.m.* Star (-s,-s) *s.m.*
divorare *v.tr.* verschlingen (verschlang, verschlungen).
divorziare *v.intr.* sich scheiden lassen (ließ, lassen.).
divorzio *s.m.* Scheidung (-,-en) *s.f.*
divulgare *v.tr.* verbreiten.
dizionario *s.m.* Wörterbuch (-es,-bücher) *s.n.*
doccia *s.f.* Dusche (-,-n) *s.f.*, Brause (-, -n) *s.f.*

docile *agg.* 1 fügsam 2 (*malleabile*) weich, geschmeidig.
documentare *v.tr.* 1 belegen 2 (*informare*) berichten.
documentario *s.m.* Dokumentarfilm (-s,-e) *s.m.*
documento *s.m.* Dokument (-s,-e) *s.n.*
dogana *s.f.* 1 Zollamt (-es,-ämter) *s.n.* 2 (*dazio*) Zoll (-s, Zölle) *s.m.*
doglie *s.f.pl.* Wehen *s.pl.*
dolce *agg.* 1 süß 2 (*fig.*) sanft, mild 3 (*piacevole*) zärtlich ♦ *s.m.* Süßspeise (-,-n) *s.f.*
dolcevita *s.f.* (*abbigl.*) Rollkragenpullover (-s,-) *s.m.*
dolcezza *s.f.* 1 Süßigkeit (-,-en) *s.f.* 2 (*fig.*) Milde (-/.) *s.f.*
dolciastro *agg.* süßlich.
dolcificante *s.m.* Süßstoff (-es,-e) *s.m.*
dolciume *s.m.* Süßigkeit (-,-en) *s.f.*
dolente *agg.* 1 schmerzend 2 (*afflitto*) betrübt.
dolere *v.intr.* schmerzen ♦ **dolersi** *v.pron.* 1 leid tun (tat leid, leid getan) 2 (*lamentarsi*) klagen.
dolore *s.m.* 1 Schmerz (-es,-en) *s.m.* 2 (*pena*) Leid (-es/.) *s.n.*
doloroso *agg.* schmerzhaft, schmerzlich.
doloso *agg.* (*dir.*) vorsätzlich.
domanda *s.f.* 1 Frage (-,-n) *s.f.* 2 Gesuch (-s,-e) *s.n.*
domandare *v.tr.* fragen ♦ *v.intr.* (*di*) fragen (nach), sich erkundigen (nach).
domani *avv.* morgen.
domare *v.tr.* 1 bändigen 2 (*fig.*) unterdrücken.
domenica *s.f.* Sonntag (-s,-e) *s.m.*
domestico *agg.* 1 häuslich 2 *animale* –, Haustier (-s,-e) *s.n.* ♦ *s.m.* Diener (-s,-) *s.m.*
domiciliare *agg.* Haus...
domicilio *s.m.* 1 Wohnsitz (-es,-e) *s.m.*
dominante *agg.* herrschend.
dominare *v.tr.* beherrschen ♦ *v.intr.* herrschen.
dominazione *s.f.* Herrschaft (-/.) *s.f.*
donare *v.tr.* schenken ♦ **donarsi** *v.pron.* sich widmen.
donatore *s.m.* Spender (-s,-) *s.m.*
dondolare *v.tr. e intr.* schaukeln.
dondolo *s.m.*: *sedia a –*, Schaukelstuhl (-s,-stühle) *s.m.*
donna *s.f.* Frau (-,-en) *s.f.*
dono *s.m.* 1 Geschenk (-es,-e) *s.n.* 2 (*fig.*) Gabe (-n,-n) *s.f.*
dopo *avv.* 1 (*tempo*) dann, später 2 (*luogo*) danach ♦ *prep.* 1 (*tempo*) nach 2 (*luogo*) nach, hinter ♦ *cong.* nachdem.
dopobarba *s.m.* Rasierwasser (-s,-wässer) *s.n.*
dopodomani *avv.* übermorgen.
doppiaggio *s.m.* (*film*) Synchronisierung (-,-en) *s.f.*
doppio *agg.* doppelt ♦ *avv.* zweifach.
doppiopetto *agg.* zweireihig.
dorare *v.tr.* vergolden.
dormire *v.intr.* schlafen (schlief, geschlafen).
dorso *s.m.* Rücken (-s,-) *s.m.*
dosare *v.tr.* dosieren, ab·messen (maß ab, abgemessen).
dose *s.f.* Dosis (-,-sen) *s.f.*
dotato *agg.* (*di*) ausgestattet (mit).
dotazione *s.f.* Stiftung (-,-en) *s.f.*
dote *s.f.* Aussteuer (-,-) *s.f.*
dottore *s.m.* 1 (*dotto*) Gelehrte (-n,-n) *s.m.* 2 (*med.*) Arzt (-es, Ärzte) *s.m.*
dottrina *s.f.* 1 (*sapere*) Wissen (-s/.) *s.n.* 2 (*insieme di teorie*) Lehre (-,-n) *s.f.*

dove avv. 1 (*stato in luogo*) wo 2 (*moto a luogo*) wohin ♦ **da** – *locuz.avv.* woher.

dovere *v.intr.modale* 1 (*obbligo*) müssen 2 (*essere opportuno*) sollen 3 (*essere necessario*) brauchen 4 (*essere lecito*) dürfen ♦ *v.tr.* (*essere debitore*) schulden.

dovere *s.m.* Pflicht (-,-en) *s.f.*

doveroso *agg.* gebührend.

dovunque *avv.* 1 (*stato in luogo*) überall 2 (*moto a luogo*) überallhin.

dovuto *agg.* nötig, gebührend.

dozzina *s.f.* Dutzend (-s,-e) *s.n.*

drago *s.m.* Drache (-n,-n) *s.m.*

dramma *s.m.* Drama (-s,-e) *s.n.*

drammatico *agg.* dramatisch.

drammatizzare *v.tr.* dramatisieren.

drastico *agg.* drastisch, einschneidend.

drenaggio *s.m.* Entwässerung (-/.) *s.f.*

dritto *agg.* gerade ♦ *avv.* geradeaus.

droga *s.f.* 1 (*spezia*) Gewürz (-es,-e) *s.n.* 2 (*stupefacente*) Rauschgift (-es,-e) *s.n.*

drogare *v.tr.* Rauschgift verabreichen.

drogato *s.m.* Drogensüchtige (-n,-n) *s.m.*

dubbio *s.m.* Zweifel (-s,-) *s.m.*

dubbioso *agg.* fraglich.

dubitare *v.intr.* (*di*) zweifeln (an +*acc.*).

duello *s.m.* Duell (-s,-e) *s.n.*

duepezzi *s.m.* 1 zweiteiliger Badeanzug (-s,-züge) *s.m.* 2 (*vestito*) Kostüm (-s,-e) *s.n.*

duna *s.f.* Düne (-,-n) *s.f.*

dunque *cong.* 1 (*con valore conclusivo*) also, deshalb ♦ *avv.* 2 (*esortativo*) nun, also.

duomo *s.m.* Dom (-s,-e) *s.m.*

duplicato *s.m.* Duplikat (-s,-e) *s.n.*

durante *prep.* während (+*gen.*).

durare *v.intr.* 1 dauern 2 (*resistere*) sich halten (hielt, gehalten).

duraturo *agg.* dauerhaft, beständig.

durezza *s.f.* Härte (-/.) *s.f.*

duro *agg.* 1 hart 2 (*difficile*) schwer 3 (*rigido*) streng.

duttile *agg.* 1 dehnbar, streckbar 2 (*fig.*) geschmeidig.

E

e(d) *cong.* und.

ebano *s.m.* Ebenholz (-es/.) *s.n.*

ebbene *cong.* 1 (*dunque*) na gut 2 (*in prop.interr.*) und, na und.

ebbro *agg.* trunken, berauscht.

ebete *agg.* stumpfsinnig.

ebollizione *s.f.* Sieden (-s/.) *s.n.*

eccedenza *s.f.* Überschuß (-schusses,-schüsse) *s.m.*

eccellente *agg.* ausgezeichnet.

eccellere *v.intr.* (*su, in*) sich auszeichnen (vor, in +*acc.*).

eccessivo *agg.* übertrieben, übermäßig.

eccesso *s.m.* Übermaß (-es,-e) *s.n.*

eccetera *avv.* und so weiter, usw.

eccetto *prep.* außer (+*dat.*), bis auf (+*acc.*) ♦ **che** *locuz.cong.* 1 (*a meno che*) es sei denn 2 außer, nur nicht.

eccezionale *agg.* 1 ungewöhnlich 2 (*straordinario*) außergewöhnlich.

eccezione *s.f.* 1 Ausnahme (-,-n) *s.f.* 2 (*obiezione*) Einwand (-es,-wände) *s.m.*

eccitare *v.tr.* erregen, aufregen.

eccitazione *s.f.* Erregung (-/.) *s.f.*

ecclesiastico *agg.* kirchlich ♦ *s.m.* Geistliche (-n,-n) *s.m.*

ecco avv. 1 hier, da 2 (con valore conclusivo) deshalb.
eclissi s.f. Finsternis (-/.) s.f.
eco s.f. Echo (-s,-s) s.n.
ecografia s.f. Echographie (-,-n) s.f.
ecologico agg. umweltfreundlich.
ecologo s.m. Umweltforscher (-s,-) s.m.
economia s.f. Wirtschaft (-,-en) s.f.
economico agg. 1 Wirtschafts... 2 (fin.) finanziell 3 (conveniente) preiswert.
economista s.m.f. Wirtschaftswissenschaftler (-s,-) s.m.
economizzare v.intr. e tr. sparen.
edera s.f. Efeu (-s/.) s.m.
edicola s.f. Zeitungskiosk (-s,-e) s.m.
edicolante s.m. Zeitungsverkäufer (-s, -) s.m.
edificare v.tr. errichten, auf·bauen.
edificio s.m. Gebäude (-s,-) s.n.
edile agg. Bau..., baulich.
edilizia s.f. Bauwesen (-s,-) s.n.
editore s.m. 1 Verleger (-s,-) s.m. 2 (società) Verlag (-es,-lage) s.m. 3 (curatore) Herausgeber (-s,-) s.m.
editoria s.f. Verlagswesen (-s,-) s.n.
edizione s.f. Ausgabe (-,-n) s.f.
educare v.tr. 1 erziehen (erzog, erzogen) 2 aus·bilden.
educativo agg. erzieherisch, Lehr...
educato agg. wohlerzogen.
educazione s.f. Erziehung (-/.) s.f.
effeminato agg. weiblich.
effervescente agg. sprudelnd, Brause...
effettivamente avv. wirklich, tatsächlich.
effettivo agg. 1 (reale) wirklich 2 (che ricopre un incarico) ständig.
effetto s.m. Wirkung (-,-en) s.f. 2 (conseguenza) Folge (-,-n) s.f.

effettuare v.tr. aus·führen.
efficace agg. 1 wirksam 2 (incisivo) eindrucksvoll.
efficacia s.f. Wirksamkeit (-/.) s.f.
efficiente agg. 1 wirkend 2 (di macchinari) leistungsfähig 3 (di persona) fähig.
efficienza s.f. Leistungsfähigkeit (-,-en) s.f.
effrazione s.f. (dir.) Einbruch (-s,-brüche) s.m.
effusione s.f. Ausgießen (-s/.) s.n., Vergießen (-s/.) s.n.
egli pron.pers.m.sing. er.
egoismo s.m. Egoismus (-/.) s.m.
egoista s.m. Egoist (-en,-en) s.m.
egoista agg. egoistisch.
elaborare v.tr. 1 aus·arbeiten 2 (digerire) verdauen 3 (inform.) verarbeiten.
elaborazione s.f. Ausarbeitung (-,-en) s.f.
elargizione s.f. Spende (-,-n) s.f.
elasticità s.f. 1 Elastizität (-/.) s.f. 2 (fig.) Dehnbarkeit (-/.) s.f.
elasticizzato agg. Stretch...
elastico agg. elastisch, Gummi...; (fig.) dehnbar.
elefante s.m. (zool.) Elefant (-en,-en) s.m.
elegante agg. elegant, schick.
eleganza s.f. Eleganz (-/.) s.f.
eleggere v.tr. wählen.
elementare agg. 1 elementar 2 (scol.) Grund... 3 (semplice) einfach.
elemento s.m. Element (-es,-e) s.n.
elemosina s.f. Almosen (-s,-) s.n.
elemosinare v.intr. um Almosen betteln ♦ v.tr. betteln (um +acc.).
elencare v.tr. verzeichnen; (enumerare) auf·zählen.

elenco s.m. Verzeichnis (-ses,-se) s.n.
elettorale agg. Wahl...
elettorato s.m. Wählerschaft (-/.) s.f.
elettore s.m. Wähler (-s,-) s.m.
elettrauto s.m. 1 (officina) Elektrodienst (-es) s.m. 2 (operaio) Autoelektriker (-s,-) s.m.
elettricista s.m. Elektriker (-s,-) s.m.
elettricità s.f. Elektrizität (-/.) s.f.
elettrico agg. elektrisch.
elettrizzante agg. erregend, elektrisierend.
elettrizzare v.tr. elektrisieren ♦ **elettrizzarsi** v.pron. elektrisiert werden.
elettrocardiogramma s.m. Elektrokardiogramm (-s,-e) s.n., EKG (-s,-) s.n.
elettrodomestico s.m. Elektrogerät (-es,-e) s.n.
elettronica s.f. Elektronik (-/.) s.f.
elettronico agg. elektronisch.
elevare v.tr. 1 erhöhen 2 (innalzare) an·heben (hob an, angehoben).
elevato agg. 1 hoch 2 (fig.) erhoben.
elezione s.f. 1 (pol.) Wahl (-/.) s.f. 2 (scelta) Auswahl (-/.) s.f.
elica s.f. Propeller (-s,-) s.m.
elicottero s.m. Hubschrauber (-s,-) s.m.
eliminare v.tr. 1 beseitigen 2 (escludere) aus·schließen (schloß aus, ausgeschlossen).
eliminatoria s.f. (sport) Ausscheidungskampf (-es,-kämpfe) s.m.
eliminazione s.f. 1 Beseitigung (-,-en) s.f. 2 (esclusione) Ausschluß (-schlusses,-schlüsse) s.m.
eliporto s.m. Hubschrauberlandeplatz (-es,-plätze) s.m.
ella pron.pers.f.sing. sie.
elmetto, elmo s.m. Helm (-es,-e) s.m.
elogiare v.tr. loben.

elogio s.m. Lob (-es/.) s.n.
eloquente agg. eloquent; vielsagend.
eloquenza s.f. Redekunst (-,-künste) s.f.
elusione s.f. Umgehung (-,-en) s.f.
elzeviro s.m. 1 (edit.) Elzevirausgabe (-,-n) s.f. 2 (giornalismo) Feuilleton (-s,-s) s.n.
emaciato agg. ausgemergelt, abgezehrt.
emanare v.tr. aus·strahlen.
emancipazione s.f. Emanzipation (-/.) s.f.
emarginare v.tr. aus·grenzen.
emarginato s.m. Außenseiter (-s,-) s.m.
emarginazione s.f. Ausgrenzung (-/.) s.f.
emblema s.m. 1 (distintivo) Abzeichen (-s,-) s.n. 2 (fig.) Sinnbild (-es,-er) s.n.
embolia s.f. Embolie (-,-n) s.f.
embrionale agg. (biol.) embryonal, Embryo...
embrione s.m. 1 (biol.) Embryo (-s,-s) s.n. 2 (fig.) Keim (-s,-e) s.m.
emendamento s.m. Abänderung (-,-en) s.f.
emergenza s.f. Notfall (-es,-fälle) s.m.
emergere v.intr. 1 auf·tauchen 2 (elevarsi) empor·ragen.
emettere v.tr. 1 aus·stoßen (stieß aus, ausgestoßen); (calore) aus·strahlen 2 (emanare) erlassen (erließ, erlassen).
emicrania s.f. Migräne (-,-n) s.f.
emigrante s.m. Auswanderer (-s,-) s.m.
emigrare v.intr. aus·wandern, emigrieren.
eminente agg. hervorragend, vortrefflich.

emirato *s.m.* Emirat (-s,-e) *s.n.*
emisfero *s.m.* Halbkugel (-,-n) *s.f.*
emissione *s.f.* 1 Ausstoßen (-s/.) *s.n.* 2 *(fin.)* Ausgabe (-,-n) *s.f.* 3 *(trasmissione)* Sendung (-,-en) *s.f.*
emittente *s.f.* Sender (-s,-) *s.m.*
emorragia *s.f.* Blutung (-,-en) *s.f.*
emorroidi *s.f.pl.* Hämorrhoiden *s.pl.*
emotivo *agg.* emotional.
emozionarsi *v.pron.* in Aufregung geraten (geriet, geraten).
emozionato *agg.* aufgeregt, erregt.
emozione *s.f.* Aufregung (-,-en) *s.f.*
empio *agg.* 1 gotteslästerisch 2 *(spietato)* grausam.
emulare *v.tr.* nach·eifern (+*dat.*)
enciclopedia *s.f.* Enzyklopädie (-,-n) *s.f.*
endovena *s.f.* *(med.)* intravenöse Einspritzung (-,-en) *s.f.*
endovenoso *agg.* intravenös.
energetico *agg.* Energie...; *(stimolante)* kräftigend.
energia *s.f.* 1 Energie (-,-n) *s.f.*
energico *agg.* kraftvoll, energisch.
enigma *s.m.* Rätsel (-s,-) *s.n.*
enigmatico *agg.* rätselhaft.
enorme *agg.* 1 riesig, Riesen... 2 *(fig.)* außerordentlich.
ente *s.m.* *(dir.)* Amt (-es, Ämter) *s.n.*
entità *s.f.* 1 Entität (-,-en) *s.f.* 2 *(importanza)* Bedeutung (-,-en) *s.f.*
entrambi *agg. e pron.m.pl.* beide.
entrare *v.intr.* ein·treten (trat ein, eingetreten) 2 *(essere contenuto)* enthalten sein ♦ **entrarci** *v.pron.* hinein·passen.
entrata *s.f.* 1 Eintritt (-s,-e) *s.m.* 2 *(ingresso)* Eingang (-s,-gänge) *s.m.*
entro *prep.* 1 *(tempo)* binnen, in-

nerhalb (+*gen.*) 2 *(luogo)* innerhalb (+*gen.*).
entusiasmare *v.tr.* begeistern.
entusiasmo *s.m.* Begeisterung (-/.) *s.f.*
entusiastico *agg.* begeistert.
enumerare *v.tr.* auf·zählen.
enunciare *v.tr.* dar·legen, formulieren.
epatico *agg.* Leber...
epidemia *s.f.* 1 *(med.)* Seuche (-,-n) *s.f.* 2 *(fig.)* Plage (-,-n) *s.f.*
epidemico *agg.* epidemisch.
epilogo *s.m.* Epilog (-s,-e) *s.m.*
episodio *s.m.* 1 Episode (-,-n) *s.f.* 2 *(avvenimento)* Vorfall (-s,-fälle) *s.m.*
epoca *s.f.* Zeit (-/.) *s.f.*, Epoche (-,-n) *s.f.*
eppure *cong.* 1 *(avversativo)* dennoch, trotzdem 2 *(escl.)* doch.
epurazione *s.f.* Säuberung (-,-en) *s.f.*
equatore *s.m.* Äquator (-s/.) *s.m.*
equatoriale *agg.* äquatorial, Äquator...
equazione *s.f.* Gleichung (-,-en) *s.f.*
equilibrato *agg.* ausgeglichen.
equilibrio *s.m.* Gleichgewicht (-s,-e) *s.n.*
equipaggiamento *s.m.* Ausrüstung (-,-en) *s.f.*
equipaggiare *v.tr.* 1 aus·rüsten 2 *(fornire di equipaggio)* bemannen.
equipaggio *s.m.* Besatzung (-,-en) *s.f.*
équipe *s.f.* Team (-s,-s) *s.n.*
equità *s.f.* Billigkeit (-/.) *s.f.*
equitazione *s.f.* Reiten (-s/.) *s.n.*
equivalente *agg.* 1 gleichwertig 2 *(dello stesso significato)* gleichbedeutend.
equivoco *agg.* 1 zweideutig.
equo *agg.* 1 gerecht 2 *(adeguato)* angemessen.
era *s.f.* Zeitalter (-s,-) *s.n.*
erario *s.m.* Staatskasse (, n) *s.f.*

erba s.f. 1 Gras (-es, Gräser) s.n. 2 (gastr.) Kraut (-es, Kräuter) s.n.
erbaccia s.f. Unkraut (-es,-kräuter) s.n.
erbicida s.m. Unkrautvertilgungsmittel (-s,-) s.n.
erborista s.m. 1 Kräutersammler (-s,-) s.m. 2 (venditore) Heilpflanzenverkäufer (-s,-) s.m.
erede s.m. Erbe (-n,-n) s.m.
eredità s.f. 1 Erbschaft (-,-en) s.f.; (biol.) Vererbung (-,-en) s.f.
ereditare v.tr. erben.
ereditario agg. Erb...
eremo s.m. Einsiedelei (-,-en) s.f.
eresia s.f. 1 (teol.) Ketzerei (-/-) s.f. 2 (fig.) Unsinn (-s/-) s.m.
eretto agg. gerade, aufrecht.
ergastolano s.m. lebenslänglicher Zuchthäusler (-s,-) s.m.
ergastolo s.m. lebenslängliche Freiheitsstrafe (-,-n) s.f.
erigere v.tr. 1 errichten 2 (istituire) gründen 3 (elevare) erheben (erhob, erhoben) ♦ **erigersi** v.pron. sich aufrichten.
ermetico agg. dicht, hermetisch.
ernia s.f. (med.) Bruch (-es, Brüche) s.m.
eroe s.m. Held (-en,-en) s.m.
erogare v.tr. 1 (denaro) spenden 2 (acqua, luce, gas) liefern.
eroico agg. heldenhaft.
eroina¹ s.f. Heldin (-,-nen) s.f.
eroina² s.f. (droga) Heroin (-s/-) s.n.
eroinomane agg. heroinabhängig.
eroismo s.m. Heldentum (-s/-) s.n.
erosione s.f. Erosion (-,-en) s.f.
erotico agg. erotisch.
errare v.intr. 1 umher·irren 2 (sbagliare) sich irren.
errato agg. falsch.

errore s.m. Fehler (-s,-) s.m.
erudito agg. gelehrt, belesen.
erudizione s.f. Gelehrtheit (-/-) s.f., Wissen (-s/-) s.n.
esacerbato agg. verbittert.
esagerare v.tr. übertreiben (übertrieb, übertrieben).
esagerazione s.f. Übertreibung (-,-en) s.f.
esalare v.tr. aus·strömen.
esaltante agg. aufregend.
esaltare v.tr. 1 rühmen 2 (entusiasmare) begeistern 3 (far risaltare) hervor·heben (hob hervor, hervorgehoben).
esaltato s.m. Schwärmer (-s,-) s.m.
esaltazione s.f. 1 Verherrlichung (-,-en) s.f. 2 (eccitazione) Erregtheit (-/-) s.f.
esame s.m. 1 Untersuchung (-,-en) s.f. 2 (scol.) Prüfung (-,-en) s.f.
esaminare v.tr. prüfen.
esasperante agg. nervtötend.
esasperato agg. aufgebracht, gereizt.
esatto agg. 1 genau 2 (corretto) richtig.
esattore s.m. Einnehmer (-s,-) s.m.
esaudire v.tr. (persone) erhören; (desideri) erfüllen; (richieste) nach·kommen (kam nach, nachgekommen) (+dat.).
esauriente agg. 1 ausführlich 2 (convincente) ausreichend.
esaurimento s.m. Erschöpfung (-/-) s.f.
esaurire v.tr. 1 auf·brauchen 2 (trattare a fondo) erschöpfend behandeln.
esaurito agg. aufgebraucht, erschöpft.
esausto agg. 1 leer 2 (stremato) erschöpft.
esca s.f. Köder (-s,-) s.m.

escavatore *s.m. s.f.* Bagger (-s,-) *s.m.*
esclamare *v.intr.* aus·rufen (rief aus, ausgerufen).
esclamazione *s.f.* Ausruf (-es,-e) *s.m.*
escludere *v.tr.* aus·schließen (schloß aus, ausgeschlossen).
esclusione *s.f.* Ausschluß (schlusses, -schlüsse) *s.m.*
esclusiva *s.f.* Alleinrecht (-es/,-) *s.n.*
esclusivo *agg.* exklusiv.
escluso *agg.* 1 ausgenommen, außer (+*dat.*) 2 (*impossibile*) ausgeschlossen 3 (*non compreso*) ausschließlich.
escogitare *v.tr.* aus·denken (dachte aus, ausgedacht).
escoriazione *s.f.* (*med.*) Abschürfung (-,-en) *s.f.*
escursione *s.f.* Ausflug (-es,-flüge) *s.m.*
escursionista *s.m.* Ausflügler (-s,-) *s.m.*
esecutivo *agg.* ausführend; exekutiv.
esecuzione *s.f.* 1 Ausführung (-, -en) *s.f.* 2 (*mus.*) Vortrag (-s,-träge) *s.m.*
eseguire *v.tr.* aus·führen.
esempio *s.m.* Beispiel (-s,-e) *s.n.*
esemplare 1 *agg.* beispielhaft.
esemplare 2 *s.m.* Exemplar (-s,-e) *s.n.*
esemplificare *v.tr.* durch Beispiele erläutern.
esentare *v.tr.* befreien.
esente *agg.* frei, ohne.
esenzione *s.f.* Befreiung (-,-en) *s.f.*
esercente *s.m.* Gewerbetreibende (-n, -n) *s.m.*
esercitare *v.tr.* 1 Üben 2 (*attività*) aus·üben.
esercitazione *s.f.* übung (-,-) *s.f.*
esercito *s.m.* 1 Armee (-,-n) *s.f.* 2 (*forze terrestri*) Heer (-es,-e) *s.n.*
esercizio *s.m.* Übung (-,-en) *s.f.*
esibire *v.tr.* 1 vor·zeigen 2 (*ostentare*) zur Schau stellen ♦ **esibirsi** *v.pron.* vor·führen.
esibizione *s.f.* 1 Vorzeigen (-s/,-) *s.n.* 2 (*spettacolo*) Darbietung (-,-en) *s.f.*
esigente *agg.* anspruchsvoll.
esigenza *s.f.* 1 Bedürfnis (-ses,-se) *s.n.* 2 (*pretesa*) Anspruch (-s,-sprüche) *s.m.*
esigere *v.tr.* 1 fordern 2 (*riscuotere*) ein·treiben (trieb ein, eingetrieben).
esiguo *agg.* geringfügig.
esile *agg.* dünn, zart; schwach.
esiliare *v.tr.* verbannen, des Landes verweisen (verwies, verwiesen).
esiliato *agg.* Verbannte (-n,-n) *s.m.*
esilio *s.m.* Exil (-s,-e) *s.n.*
esistenza *s.f.* Existenz (-/.) *s.f.*
esistere *v.intr.* 1 da·sein 2 (*trovarsi*) vorhanden·sein.
esitare *v.intr.* Bedenken hegen.
esitazione *s.f.* Zögern (-s/.) *s.n.*
esito *s.m.* 1 Ausgang (-es,-gänge) *s.m.* 2 (*amm.*) Beantwortung (-,-en) *s.f.*
esodo *s.m.* Auswanderung (-,-en) *s.f.*
esonerare *v.tr.* befreien.
esonero *s.m.* Befreiung (-,-en) *s.f.*
esorbitante *agg.* übertrieben, übermäßig.
esordio *s.m.* Anfang (-s,-fänge) *s.m.*
esordire *v.intr.* an·fangen (fing an, angefangen).
esortare *v.tr.* auf·fordern; ermuntern.
esoso *agg.* habgierig; unverschämt.
esotico *agg.* 1 exotisch 2 (*stravagante*) merkwürdig.
espandere *v.tr.* erweitern; aus·breiten.

espansione *s.f.* Ausbreitung (-,-en) *s.f.*
espansivo *agg.* offenherzig, mitteilsam.
espatriare *v.intr.* außer Land gehen.
espatrio *s.m.* Ausreise (-,-n) *s.f.*
espediente *s.m.* Hilfsmittel (-s,-) *s.n.*
espellere *v.tr.* 1 aus·schließen (schloß aus, ausgeschlossen) 2 (*emettere*) aus·scheiden (schied aus, ausgeschieden).
esperienza *s.f.* Erfahrung (-,-en) *s.f.*
esperimento *s.m.* Versuch (-s,-e) *s.m.*
esperto *agg.* erfahren; gewandt ♦ *s.m.* Fachmann (-es,-leute) *s.m.*
espiare *v.tr.* sühnen.
esplicito *agg.* ausdrücklich, explizit.
esplodere *v.intr.* 1 explodieren 2 (*fig.*) aus·brechen (brach aus, ausgebrochen).
esplorare *v.tr.* 1 erforschen 2 (*med.*) untersuchen.
esplorativo *agg.* explorativ.
esploratore *s.m.* Forscher (-s,-) *s.m.*
esplorazione *s.f.* Erforschung (-,-en) *s.f.*
esplosione *s.f.* Explosion (-,-en) *s.f.*
esplosivo *agg.* explosiv ♦ *s.m.* Sprengstoff (-es,-e) *s.m.*
esponente *s.m.* Vertreter (-s,-) *s.m.*
esporre *v.tr.* 1 aus·stellen 2 (*fig.*) aus·setzen 3 (*riferito*) berichten.
esportabile *agg.* ausführbar, exportierbar.
esportare *v.tr.* aus·führen, exportieren.
esportatore *s.m.* Exporteur (-s,-e) *s.m.*
esportazione *s.f.* Ausfuhr (-,-en) *s.f.*
esposimetro *s.m.* (*fot.*) Belichtungsmesser (-s,-) *s.m.*
espositore *s.m.* Aussteller (-s,-) *s.m.*
esposizione *s.f.* Ausstellung (-,-en) *s.f.*; (*fiera*) Messe (-,-n) *s.f.*

esposto *agg.* 1 ausgestellt 2 (*soggetto*) ausgesetzt 3 (*riferito*) erklärt.
espressione *s.f.* Ausdruck (-es, -drücke) *s.m.*
espressivo *agg.* ausdrucksvoll.
espresso *agg.* 1 ausdrücklich 2 (*rapido*) eilig.
esprimere *v.tr.* aus·drücken.
espropriare *v.tr.* 1 enteignen 2 berauben.
espropriazione *s.f.* Enteignung (-,-en) *s.f.*
espulsione *s.f.* (*di soci*) Ausschluß (-schlusses,-schlüsse) *s.m.*; (*di studenti*) Schulverweis (-es,-e) *s.m.*
essa *pron.pers.f.sing.* sie.
esse *pron.pers.f.pl.* sie.
essenza *s.f.* 1 Wesen (-s,-) *s.n.* 2 (*sostanza odorosa*) Essenz (-,-en) *s.f.*
essenziale *agg.* wesentlich.
essere *v.aus.* 1 sein (war, gewesen), haben 2 (*passivo*) werden (wurde, geworden) ♦ *v.intr.* 1 sein 2 (*esserci*) da·sein ♦ – (*di*) 1 (*possesso*) gehören 2 (*provenienza*) kommen (kam, gekommen) 3 (*materia*) aus (+*dat.*) sein.
essi *pron.pers.m.pl.* sie.
essiccare *v.tr.* aus·trocknen.
esso *pron.pers.m.sing.* er, es.
est *s.m.* Osten (-/.) *s.m.*
estasi *s.f.* Ekstase (-,-en) *s.f.*
estate *s.f.* Sommer (-s/.) *s.m.*
estendere *v.tr.* erweitern ♦ **estendersi** *v.pron.* 1 sich erstrecken 2 (*diffondersi*) sich verbreiten.
estensibile *agg.* ausdehnbar.
estensione *s.f.* Ausdehnung (-,-en) *s.f.*
estenuante *agg.* zermürbend.
estenuato *agg.* erschöpft.

esteriore *agg.* äußere, äußerlich.
esternare *v.tr.* äußern, zum Ausdruck bringen.
esterno *agg.* äußere, Außen... ♦ *s.m.* Außenseite (-,-n) *s.f.*
estero *agg.* ausländisch ♦ *s.m.* Ausland (-*sl.*) *s.n.*
esterrefatto *agg.* bestürzt, entsetzt.
esteso *agg.* 1 ausgedehnt 2 (*fig.*) umfangreich.
estetico *agg.* 1 ästhetisch 2 (*bello*) schön.
estetista *s.f.* Kosmetikerin (-,-nen) *s.f.*
estinguere *v.tr.* löschen ♦ **estinguersi** *v.pron.* erlöschen.
estintore *s.m.* Feuerlöscher (-s,-) *s.m.*
estirpare *v.tr.* 1 aus·reißen (riß aus, ausgerissen) 2 (*fig.*) aus·merzen.
estivo *agg.* sommerlich.
estorcere *v.tr.* erpressen.
estorsione *s.f.* Erpressung (-,-en) *s.f.*
estradizione *s.f.* Auslieferung (-,-en) *s.f.*
estraibile *agg.* herausziehbar.
estraneo *agg.* fremd ♦ *s.m.* Fremde (-n,-n) *s.m.*
estrarre *v.tr.* 1 heraus·ziehen (zog heraus, herausgezogen) 2 (*miner.*) fördern 3 (*ricavare*) gewinnen (gewann, gewonnen).
estrazione *s.f.* 1 Herausziehen (-s*l.*) *s.n.* 2 (*di dente, biglietto*) Ziehung (-,-en) *s.f.* 3 (*il ricavare*) Gewinn (-s,) *s.m.*
estremità *s.f.* 1 Ende (-s*l.*) *s.n.* 2 Extremitäten *s.pl.*
estremo *agg.* äußerst, extrem.
estromettere *v.tr.* aus·schließen (schloß aus, ausgeschlossen).
estroso *agg.* 1 launisch, extravagant 2 (*originale*) phantasievoll.
estroverso *agg.* extrovertiert.

esuberante *agg.* 1 übermäßig 2 (*rigoglioso*) üppig 3 (*fig.*) temperamentvoll.
esule *s.m.* Verbannte (-n,-n) *s.m.*
esultare *v.intr.* jubeln, frohlocken.
esumare *v.tr.* exhumieren; aus·graben (grub aus, ausgegraben).
età *s.f.* Alter (-s*l.*) *s.n.*
eternità *s.f.* Ewigkeit (-,-en) *s.f.*
eterno *agg.* ewig.
eterogeneo *agg.* verschiedenartig, heterogen.
eterosessuale *agg.* heterosexuell.
etica *s.f.* Ethik (-*l.*) *s.f.*
etichetta *s.f.* 1 Etikett (-s,-s) *s.n.* 2 Bezeichnung (-,-en) *s.f.*
etichettare *v.tr.* 1 etikettieren 2 (*fig.*) ein·stufen.
etico *agg.* ethisch, sittlich.
etilista *s.m.* Alkoholiker (-s,-) *s.m.*
etnico *agg.* ethnisch, Volks...
etnologo *s.m.* Ethnologe (-n,-n) *s.m.*
ettaro *s.m.* Hektar (-s,-e) *s.m.*
etto(grammo) *s.m.* hundert Gramm.
eucaristia *s.f.* Eucharistie (-,-) *s.f.*
eufemistico *agg.* euphemistisch.
euforico *agg.* überglücklich, begeistert; (*psic.*) euphorisch.
europarlamentare *s.m.* Europaabgeordnete (-n,-n) *s.m.*
eutanasia *s.f.* Sterbehilfe (-*l.*) *s.f.*
evacuare *v.tr.* evakuieren, räumen.
evadere *v.intr.* 1 aus·brechen (brach aus, ausgebrochen) 2 (*fig.*) entfliehen (entfloh, entflohen).
evaporare *v.intr.* 1 verdunsten 2 (*svanire*) verfliegen (verflog, verflogen).
evaporazione *s.f.* Verdunstung (-*l.*) *s.f.*
evasione *s.f.* Flucht (-*l.*) *s.f.*
evasivo *agg.* ausweichend.

evasore *s.m.*: – *fiscale*, Steuerhinterzieher (-s,-) *s.f.*
evenienza *s.f.* Fall (-es, Fälle) *s.m.*
evento *s.m.* Ereignis (-ses,-se) *s.n.*
eventualità *s.f.* Möglichkeit (-,-en) *s.f.*
eventualmente *avv.* eventuell, gegebenenfalls.
eversivo *agg.* subversiv.
evidente *agg.* 1 (*visibile*) sichtlich 2 (*manifesto*) offensichtlich 3 (*chiaro*) klar.
evidenza *s.f.* 1 Offensichtlichkeit (-/.) *s.f.* 2 (*chiarezza*) Deutlichkeit (-/.) *s.f.*
evidenziare *v.tr.* betonen, hervor·heben (hob hervor, hervorgehoben).
evidenziatore *s.m.* Marker (-s,-) *s.m.*
evitabile *agg.* vermeidbar.
evitare *v.tr.* 1 vermeiden (vermied, vermieden) 2 (*risparmiare*) ersparen 3 (*impedire*) verhindern.
evolutivo *agg.* Entwicklungs...
evoluto *agg.* entwickelt, fortgeschritten.
evoluzione *s.f.* Entwicklung (-,-en) *s.f.*
evolversi *v.pron.* sich entwickeln.
evviva *inter.* hoch lebe, hurra.
ex *prep.* ehemalig, Ex...
extra *prep.* außerhalb (+*gen.*) ♦ *agg.* Extra... ♦ *s.m.* Sonderausgabe (-,-n) *s.f.*
extracomunitario *s.m.* Nicht-EU-Bürger (-s,-) *s.m.*
extraterrestre *s.m.* außerirdisches Wesen (-s,-) *s.n.*

F

fa *avv.* (*tempo*) vor (+*dat.*).
fabbisogno *s.m.* (*di*) Bedarf (-s/.) *s.m.* (an +*dat.*).

fabbrica *s.f.* Fabrik (-,-en) *s.f.*
fabbricante *s.m.* Hersteller (-s,-) *s.m.*
fabbricare *v.tr.* her·stellen, an·fertigen 2 (*edificare*) (er)bauen.
fabbricato *s.m.* Bau (-s,-ten) *s.m.*
fabbricazione *s.f.* Erzeugung (-,-en) *s.f.*
fabbro *s.m.* Schlosser (-s,-) *s.m.*; – *ferraio* Schmied (-,-e) *s.m.*
faccenda *s.f.* Angelegenheit (-,-en) *s.f.*
facchino *s.m.* Träger (-s,-) *s.m.*
faccia *s.f.* 1 Gesicht (-es,-er) *s.n.* 2 (*aspetto*) Miene (-,-n) *s.f.* 3 (*superficie*) Seite (-,-n) *s.f.* ♦ **a – a –** *locuz.avv.* Auge in Auge ♦ **di –** *locuz.prep.* gegenüber (+*dat.*).
facciata *s.f.* 1 Fassade (-,-n) *s.f.* 2 (*fig.*) Schein (-s/.) *s.m.* 3 (*di pagina*) Seite (-,-n) *s.f.*
facile *agg.* leicht.
facilità *s.f.* Leichtigkeit (-/.) *s.f.*
facilitare *v.tr.* erleichtern.
facilitazione *s.f.* Erleichterung (-/.) *s.f.*
facoltà *s.f.* 1 Fähigkeit (-,-en) *s.f.* 2 (*università*) Fakultät (-,-en) *s.f.*
facoltativo *agg.* fakultativ, wahlfrei.
facoltoso *agg.* wohlhabend.
faggio *s.m.* Buche (-,-n) *s.f.*
fagiano *s.m.* Fasan (-s,-e) *s.m.*
fagiolino *s.m.* Brechbohne (-,-n) *s.f.*
fagiolo *s.m.* Bohne (-,-n) *s.f.*
fagotto *s.m.* 1 (*mus.*) Fagott (-s,-e) *s.n.* 2 Bündel (-s,-) *s.n.*
fai da te *s.m.* Basteln (-/.) *s.n.*
falce *s.f.* Sense (-,-n) *s.f.*
falcetto *s.m.* Sichel (-,-n) *s.f.*
falciare *v.tr.* 1 mähen 2 (*sport*) foulen.
falciatrice *s.f.* Mähmaschine (-,-n) *s.f.*
falco *s.m.* Falke (-n,-n) *s.m.*
falda *s.f.* 1 (*geol.*) Schicht (-,-en)

faro

s.f. **2** (*di cappello*) Hutkrempe (-,-n) s.f.

falegname s.m. Tischler (-s,-) s.m.

falena s.f. Nachtfalter (-s,-) s.m.

falesia s.f. (*geol.*) Kliff (-s,-e) s.n.

falla s.f. **1** (*mar.*) Leck (-s,-s) s.n. | *tappare una* –, ein Loch stopfen.

fallimentare agg. **1** (*dir.*) Konkurs... **2** (*fig.*) verheerend.

fallimento s.m. **1** (*dir.*) Konkurs (-es, -e) s.m. **2** (*fig.*) Scheitern (-s/.) s.n.

fallire v.intr. **1** (*dir.*) Konkurs machen **2** (*fig.*) scheitern, versagen ♦ v.tr. verfehlen.

fallito agg. **1**(*dir.*) bankrott **2** (*fig.*) gescheitert.

fallo s.m. **1** Fehler (-s,-) s.m. **2** (*sport*) Foul (-s,-s) s.n.

falò s.m. Freudenfeuer (-s/.) s.n.

falsario s.m. Fälscher (-s,-) s.m.

falsificare v.tr. fälschen, verfälschen.

falsificazione s.f. Fälschung (-,-en) s.f.

falsità s.f. **1** Unwahrheit (-/.) s.f. **2** (*ipocrisia*) Falschheit (-/.) s.f.

falso agg. **1** falsch **2** (*falsificato*) gefälscht.

fama s.f. Ruf (-es/.) s.m.

fame s.f. Hunger (-s/.) s.m.

famigerato agg. berüchtigt.

famiglia s.f. Familie (-,-n) s.f.

familiare agg. **1** familiär **2** (*consueto*) vertraut **3** (*alla buona*) gemütlich.

familiarità s.f. Vertrautheit (-/.) s.f.

familiarizzare v.tr. (*con*) vertraut werden (mit).

famoso agg. berühmt.

fanale s.m. **1** Licht (-es,-er) s.n. **2** Scheinwerfer (-s,-) s.m.

fanatico agg. fanatisch.

fanatismo s.m. Fanatismus (-/.) s.m.

fango s.m. **1** Schlamm (-es/.) s.m. **2** pl. Moorbad (-es,-bäder) s.n.

fangoso agg. schlammig.

fannullone s.m. Nichtstuer (-s,-) s.m.

fantascienza s.f. Science-fiction (-/.) s.f.

fantasia s.f. **1** Phantasie (-/.) s.f. **2** (*invenzione*) Einbildung (-/.) s.f.

fantasioso agg. phantasievoll.

fantasma s.m. Gespenst (-es,-er) s.n.

fantasticare v.intr. (*su*/*di*) phantasieren (von).

fantastico agg. phantastisch; großartig.

fante s.m. (*a carte*) Bube (-n,-n) s.m.

fanteria s.f. Infanterie (-,-n) s.f.

fantino s.m. Jockey (-s,-s) s.m.

fantoccio s.m. **1** Puppe (-,-n) s.f. **2** (*fig.*) Marionette (-,-n) s.f.

fantomatico agg. phantomatisch.

farabutto s.m. Schurke (-n,-n) s.m.

faraona s.f. Perlhuhn (-s,-hühner) s.n.

farcire v.tr. (*gastr.*) füllen, farcieren.

fare v.tr. **1** (*generico*) machen, tun **2** (*costruire, creare*) machen, schaffen (schuf, geschaffen) **3** (*seguito da inf.*) lassen (ließ, gelassen) **4** (*percorrere*) zurücklegen **5** (*praticare*) treiben (trieb, getrieben) ♦ v.intr. **1** (*agire*) handeln **2** (*essere adatto*) geeignet sein.

faretto s.m. Strahler (-s,-) s.m.

farfalla s.f. Schmetterling (-s,-e) s.m.

farfallino s.m. Fliege (-,-n) s.f.

farina s.f. Mehl (-es/.) s.n.

farinoso agg. mehlig.

farmaceutico agg. pharmazeutisch, Pharma...

farmacia s.f. Apotheke (-,-n) s.f.

farmacista s.m./f. Apotheker (-s,-) s.m. (*f.*-in,-innen).

farmaco s.m. Arzneimittel (-s,-) s.n.

faro s.m. **1** Leuchtturm (-s,-türme)

s.m. 2 *(auto)* Scheinwerfer (-s,-) *s.m.*
farsa *s.f.* 1 *(teatr.)* Posse (-,-n) *s.f.* 2 *(buffonata)* Farce (-,-n) *s.f.*
farsesco *agg.* possenhaft; *(assurdo)* grotesk.
fascetta *s.f.* 1 *(di carta)* Papierstreifen (-s,-) *s.m.* 2 *(tecn.)* Manschette (-,-n) *s.f.* 3 *(abbigl.)* Hüftgürtel (-s,-) *s.m.*
fascia *s.f.* 1 Band (-es, Bänder) *s.n.*; *(med.)* Binde (-,-n) *s.f.* 2 *(di bambini)* Windel (-,-n) *s.f.*
fasciare *v.tr.* verbinden (verband, verbunden); *(neonati)* wickeln.
fasciatura *s.f.* Verband (-s,-bände) *s.m.*
fascicolo *s.m.* Bündel (-s,-) *s.n.*; *(di rivista)* Heft (-es,-e) *s.n.*
fascina *s.f.* Reisigbündel (-s,-) *s.n.*
fascino *s.m.* Charme (-s/.) *s.m.*; *(allettamento)* Reiz (-es,-e) *s.m.*
fascio *s.m.* Bündel (-s,-) *s.n.*
fascismo *s.m.* Faschismus (-/.) *s.m.*
fase *s.f.* 1 Phase (-,-n) *s.f.* 2 *(tecn.)* Takt (-es,-e) *s.m.*
fastidio *s.m.* Belästigung (-,-en) *s.f.*
fastidioso *agg.* lästig, störend.
fata *s.f.* Fee (-,-n) *s.f.*
fatale *agg.* 1 *(disastroso)* verhängnisvoll 2 *(letter.)* schicksalhaft 3 *(irresistibile)* unwiderstehlich.
fatalità *s.f.* Unglück (-s/.) *s.n.*
fatica *s.f.* Mühe (-,-n) *s.f.*; *(sforzo)* Anstrengung (-,-en) *s.f.*
faticare *v.intr.* hart arbeiten.
faticata *s.f.* Anstrengung (-,-en) *s.f.*
faticoso *agg.* anstrengend.
fatiscente *agg.* baufällig.
fattezze *s.f.pl.* Züge *s.pl.*
fatto 1 *agg.* 1 gemacht 2 *(adatto)* geeignet 3 *(maturo)* reif.
fatto 2 *s.m.* 1 Tatsache (-,-n) *s.f.* 2 *(avvenimento)* Ereignis (-ses,-se) *s.n.* 3 *(faccenda)* Angelegenheit (-,-en) *s.f.* ♦ **in – di** *locuz.prep.* in bezug auf (+*acc.*) ♦ **di –** *locuz.avv.* tatsächlich.
fattore *s.m.* *(elemento)* Faktor (-s,-en) *s.m.*
fattoria *s.f.* Gut (-s, Güter) *s.n.*
fattorino *s.m.* Bote (-n,-n) *s.m.*
fattura *s.f.* Rechnung (-,-en) *s.f.*
fatturare *v.tr.* um-setzen.
fatturato *s.m.* Umsatz (-es,-sätze) *s.m.*
fauna *s.f.* Fauna (-/.) *s.f.*
fava *s.f.* Saubohne (-,-n) *s.f.*
favola *s.f.* Fabel (-,-n) *s.f.*; *(fiaba)* Märchen (-s,-) *s.n.*
favoloso *agg.* fabelhaft, sagenhaft.
favore *s.m.* 1 Gunst (-/.) *s.f.* 2 *(piacere)* Gefallen (-s/.) *s.m.* ♦ **in – di** *locuz.prep.* zugunsten von.
favorevole *agg.* 1 zustimmend 2 *(vantaggioso)* günstig.
favorire *v.tr.* begünstigen; *(agevolare)* fördern, unterstützen.
favorito *s.m.* 1 Liebling (-s,-e) *s.m.* 2 *(sport)* Favorit (-en,-en) *s.m.*
fazzoletto *s.m.* Taschentuch (-s,-tücher) *s.n.*
febbraio *s.m.* Februar (-s,-e) *s.m.*
febbre *s.f.* Fieber (-s/.) *s.n.*
febbricitante *agg.* fiebrig.
febbrile *agg.* 1 *(med.)* fieberhaft 2 *(fig.)* hektisch, fiebernd.
feccia *s.f.* 1 Bodensatz (-es,-sätze) *s.m.* 2 *(fig.)* *(spreg.)* Abschaum (-s/.) *s.m.*
fecondazione *s.f.* Befruchtung (-,-en) *s.f.*
fecondo *agg.* fruchtbar.
fede *s.f.* 1 Glaube (-ns/.) *s.m.* 2 *(anello)* Ehering (-s,-e) *s.m.*
fedele *agg.* treu.

federa s.f. Kissenbezug (-es,-bezüge) s.m.
federazione s.f. 1 Bund (-es, Bünde) s.m. 2 (associazione) Verband (-es, -bände) s.m.
fedina s.f.: – penale, polizeiliches Führungszeugnis (-ses,-se) s.n.
fegato s.m. 1 Leber (-,-n) s.f. 2 (coraggio) Mut (-es/.) s.m.
felce s.f. Farn (-s,-e) s.m.
felice agg. glücklich.
felicità s.f. Glück (-es/.) s.n.
felpa s.f. Sweatshirt (-s,-s) s.n.
feltro s.m. Filz (-es,-e) s.m.
femmina s.f. 1 Mädchen (-s,-) s.n. 2 (zool.) Weibchen (-s,-) s.n.
femminile agg. 1 weiblich 2 (di donna) Frauen...; (abbigl.) Damen...
femore s.m. Oberschenkel (-s,-) s.m.
fenicottero s.m. Flamingo (-s,-s) s.m.
fenomeno s.m. Erscheinung (-,-en) s.f.
feretro s.m. Sarg (-es, Särge) s.m.
feriale agg. Wochen..., Werk...
ferie s.f.pl. Ferien s.pl., Urlaub (-s,-e) s.m.
ferire v.tr. verletzen, verwunden.
ferita s.f. Verletzung (-,-en) s.f., Wunde (-,-n) s.f.
fermacarte s.m. Briefbeschwerer (-s,-) s.m.
fermaglio s.m. 1 Spange (-,-n) s.f. 2 (per fogli) Büroklammer (-,-n) s.f.
fermare v.tr. an·halten (hielt an, angehalten) 2 (fissare) befestigen ♦ v.intr. stehen·bleiben (blieb stehen, stehengeblieben).
fermata s.f. Halt (-es,-e) s.m. 2 (di mezzo pubblico) Haltestelle (-,-n) s.f.
fermento s.m. Gärungserreger (-s,-) s.m.
fermezza s.f. Unbeweglichkeit (-/.) s.f.

fermo agg. 1 still, unbeweglich 2 (non in funzione) stillstehend ♦ s.m. (congegno) Haltevorrichtung (-,-en) s.f.
fermoposta s.m. Schalter für postlagernde Sendungen.
feroce agg. 1 wild 2 (crudele) grausam 3 (terribile) furchtbar, schrecklich.
ferramenta s.f.pl. Eisenwaren s.pl. ♦ s.m. (negozio) Eisenwarenhandlung (-, -en) s.f.
ferro s.m. Eisen (-s/.) s.n.
ferrovia s.f. Eisenbahn (-,-en) s.f.
ferroviere s.m. Eisenbahner (-s,-) s.m.
fertile agg. 1 (biol.) zeugungsfähig 2 (di terreno) fruchtbar 3 (fig.) schöpferisch.
fertilizzante s.m. Dünger (-s,-) s.m.
fertilizzare v.tr. düngen.
fervente agg. eifrig.
fervore s.m. Leidenschaft (-,-en) s.f.
fesseria s.f. (pop.) Dummheit (-,-en) s.f.
fessura s.f. Ritze (-,-n) s.f.
festa s.f. Feiertag (-es,-e) s.m.
festeggiamento s.m. Feiern (-s/.) s.n.
festeggiare v.tr. feiern.
festività s.f. Feiertag (-es,-e) s.m.
festivo agg. Feiertags..., Sonntags...
fetta s.f. Scheibe (-,-n) s.f.
fiaba s.f. Märchen (-s,-) s.n.
fiacca s.f. Müdigkeit (-/.) s.f.
fiacco agg. matt, schwach.
fiaccola s.f. Fackel (-,-n) s.f.
fiala s.f. Ampulle (-,-n) s.f.
fiamma s.f. Flamme (-,-n) s.f.
fiammifero s.m. Streichholz (-es,-hölzer) s.n.
fiancheggiare v.tr. 1 säumen 2 (andare lungo) entlang·gehen (ging entlang, entlanggegangen).

fianco 90

fianco *s.m.* Seite (-,-n) *s.f.*
fiasco *s.m.* 1 Korbflasche (-,-n) *s.f.* 2 *(fig.)* Pleite (-,-n) *s.f.*
fiato *s.m.* Atem (-s/,-) *s.m.*
fibbia *s.f.* Schnalle (-,-n) *s.f.*
fibra *s.f.* Faser (-,-n) *s.f.*
ficcare *v.tr.* stecken.
fico *s.m.* Feige (-,-n) *s.f.*
fidanzamento *s.m.* Verlobung (-,-en) *s.f.*
fidanzarsi *v.pron.* sich verloben.
fidanzata *s.f.* Verlobte (-n,-n) *s.f.*
fidarsi *v.pron. (di)* vertrauen (+*dat.*); *(su)* sich verlassen (verließ, verlassen) (auf +*acc.*).
fidato *agg.* zuverlässig.
fido *s.m. (comm.)* Kredit (-s,-e) *s.m.*
fiducia *s.f.* Vertrauen (-s,) *s.n.*
fienile *s.m.* Heuschuppen (-s,-) *s.m.*
fieno *s.m.* Heu (-s/,) *s.n.*
fiera *s.f.* 1 *(mercato)* Markt (-es, Märkte) *s.m.* 2 *(comm.)* Messe (-,-n) *s.f.*
fievole *agg.* schwach, leise.
figlia *s.f.* Tochter (-, Töchter) *s.f.*
figlio *s.m.* Sohn (-es, Söhne) *s.m.*; *(bambino)* Kind (-es,-er) *s.n.*
figura *s.f.* 1 Figur (-,-en) *s.f.* 2 *(illustrazione)* Bild (-es,-er) *s.n.*
figurare *v.tr.* sich *(dat)* vor·stellen ♦ *v.intr.*
figurinista *s.f.* Modezeichnerin (-,-nen) *s.f.*
fila *s.f.* 1 Reihe (-,-n) *s.f.* 2 *(coda)* Schlange (-,-n) *s.f.*
filare *v.tr.* 1 *(tess.)* spinnen 2 *(filarsela)* sich aus dem Staub machen ♦ *v.intr. (formare fili)* Fäden ziehen.
filastrocca *s.f.* Kinderreim (-es,-e) *s.m.*
filatelia *s.f.* Philatelie (-,) *s.f.*
filato *s.m.* Garn (-s,-e) *s.n.*

filetto *s.m.* 1 *(tecn.)* Gewinde (-s,-) *s.n.* 2 *(gastr.)* Filet (-s,-s) *s.n.* 3 *(gioco)* Mühle (-,-n) *s.f.*
filiale *s.f. (comm.)* Zweigstelle (-,-n) *s.f.*, Filiale (-,-n) *s.f.*
film *s.m.* Film (-s,-e) *s.m.*
filmare *v.tr.* filmen.
filo *s.m.* Faden (-s, Fäden) *s.m.*
filodiffusione *s.f.* Drahtfunk (-s/,) *s.m.*
filone *s.m.* 1 Ader (-,-n) *s.f.* 2 *(corrente)* Strömung (-,-en) *s.f.*
filosofia *s.f.* Philosophie (-,-n) *s.f.*
filosofo *s.m.* Philosoph (-s,-en) *s.m.*
filtrare *v.tr.* filtern ♦ *v.intr.* dringen (drang, gedrungen) (durch).
filtro¹ *s.m.* Filter (-s,-) *s.m.*
filtro² *s.m. (magico)* Zaubertrank (-s,-tränke) *s.m.*
finale *agg.* letzt..., End...♦ *s.m.* Schluß (Schlusses, Schlüsse) *s.m.* ♦ *s.f.* Endspiel (-s,-e) *s.n.*
finalmente *avv.* endlich, schließlich.
finanza *s.f.* Finanz (-,) *s.f.*
finanziamento *s.m.* Finanzierung (-,-en) *s.f.*
finanziare *v.tr.* finanzieren.
finanziaria *s.f. (econ.)* Finanzierungsgesellschaft (-,-en) *s.f.*
finché *cong.* 1 *(per tutto il tempo che)* solange 2 *(fino al momento in cui)* bis.
fine¹ *s.f.* Ende (-s,-n) *s.n.*
fine² *agg.* fein.
fine settimana *s.m.* Wochenende (-s,-n) *s.n.*
finestra *s.f.* 1 Fenster (-s,-) *s.n.* 2 *(di busta)* Blister (-s,-) *s.m.*
finestrino *s.m. (auto/treno)* Fenster (-s,-) *s.n.*
fingere *v.tr. e intr.* vor·täuschen, vor·spielen.
finire *v.tr.* 1 (be)enden 2 *(esaurire)*

verbrauchen 3 (*finirla*) Schluß machen ♦*v.intr.* 1 auf·hören 2 (*esaurirsi*) aus·gehen (ging aus, ausgegangen).
finito *agg.* 1 beendet, fertig 2 (*fallito*) gescheitert.
fino *prep.* ♦ – a *locuz.prep.* bis ♦ – **da** *locuz.prep.* 1 (*tempo*) von (+dat.) ... an; seit, ab (+dat.) 2 (*luogo*) aus (+dat.).
finocchio *s.m.* 1 Fenchel (-s,-) *s.m.* 2 (*omosessuale*) Schwule (-n,-n) *s.m.*
finora *avv.* bis jetzt, bisher, bislang.
finto *agg.* 1 unecht, falsch 2 (*simulato*) Schein...
fiocco *s.m.* 1 (*di stoffa*) Schleife (-,-n) *s.f.* 2 Flocke (-,-n) *s.f.*
fiocco *s.m.* (*vela*) Klüver (-s,-) *s.m.*
fioraio *s.m.* Blumenhändler (-s,-) *s.m.*
fiordaliso *s.m.* Kornblume (-,-n) *s.f.*
fiordo *s.m.* (*geogr.*) Fjord (-s,-e) *s.m.*
fiore *s.m.* 1 Blume (-,-n) *s.f.*; (*di albero*) Blüte (-,-n) *s.f.* 2 (*carte*) Eichel (-,-n) *s.f.*
fiorente *agg.* blühend.
fiorentina *s.f.* (*gastr.*) gegrilltes Rumpsteak (-s,-s) *s.n.*
fiorire *v.intr.* blühen.
fiorista *s.m.* Blumenverkäufer (-s,-) *s.m.*
firma *s.f.* Unterschrift (-,-en) *s.f.*
firmamento *s.m.* Firmament (-s,-e) *s.n.*
firmare *v.tr.* unterschreiben (unterschrieb, unterschrieben).
fisarmonica *s.f.* Akkordeon (-s,-s) *s.n.*
fiscale *agg.* 1 Steuer... 2 (*fig.*) kleinlich, streng.
fiscalista *s.m.* Steuerberater (-s,-) *s.m.*
fischiare *v.intr. e tr.* pfeifen (pfiff, gepfiffen).
fischietto *s.m.* Trillerpfeife (-,-n) *s.f.*
fischio *s.m.* Pfiff (-s,-e) *s.m.*
fisco *s.m.* Fiskus (-/-) *s.m.*

fisica *s.f.* Physik (-/-) *s.f.*
fisico *agg.* 1 (*della fisica*) physikalisch; (*della natura*) physisch 2 (*del corpo*) körperlich.
fissare *v.tr.* 1 befestigen, fest·machen 2 (*guardare*) an·starren 3 (*concordare*) fest·setzen ♦ **fissarsi** *v.pron.* (*mettersi in testa*) sich einbilden.
fissatore (-s,-) *s.m.*; (*per capelli*) Haarspray (-s,-s) *s.m./n.*
fissazione *s.f.* 1 (*determinazione*) Festsetzung (-,-en) *s.f.* 2 (*fig.*) fixe Idee.
fisso *agg.* 1 fest 2 (*di sguardo*) starr.
fitto *agg.* dicht ♦ *s.m.* Dickicht (-s,-e) *s.n.*
fiume *s.m.* Fluß (Flusses, Flüsse) *s.m.*, Strom (-es, Ströme) *s.m.*
fiutare *v.tr.* 1 be·schnüffeln 2 (*fig.*) ahnen, wittern.
fiuto *s.m.* 1 (*odorato*) Witterung (-,-en) *s.f.* 2 (*il fiutare*) Schnüffeln (-s/.) *s.n.* 3 (*fig.*) Spürsinn (-es/.) *s.m.*
flacone *s.m.* Flakon (-s,-s) *s.m./n.*
flauto *s.m.* Flöte (-,-n) *s.f.*
flebile *agg.* 1 weinerlich 2 (*fievole*) schwach, leise.
flessibile *agg.* flexibel, biegsam.
flessione *s.f.* 1 Biegung (-,-en) *s.f.* 2 (*sport*): – *sulle braccia*, Liegestütz (-es,-e) *s.m.*; – *sulle ginocchia*, Kniebeuge (-,-n) *s.f.*
flessuoso *agg.* geschmeidig; (*tortuoso*) schlängelnd.
flettere *v.tr.* biegen (bog, gebogen), beugen.
flirt *s.m.* Flirt (-s,-s) *s.m.*
flirtare *v.intr.* flirten.
flora *s.f.* Pflanzenwelt (-/-) *s.f.*
floricoltore *s.m.* Blumenzüchter (-s,-) *s.m.*

florido agg. blühend.
floscio agg. weich, schlaff.
flotta s.f. Flotte (-, -en) s.f.
fluente agg. 1 fließend, flüssig 2 (di capelli) wallend.
fluido agg. 1 flüssig 2 (fig.) unbeständig ♦ s.m. Flüssigkeit (-, -en) s.f.
fluire v.intr. fließen, strömen.
fluorescente agg. fluoreszierend.
flusso s.m. 1 Strom (-es, Ströme) 2 – e riflusso, Ebbe und Flut.
foca s.f. Robbe (-, -n) s.f.
focalizzare v.tr. 1 scharf einstellen 2 (fig.) richtig erkennen (erkannte, erkannt).
foce s.f. Mündung (-, -en) s.f.
focolare s.m. Herd (-es, -e) s.m.
fodera s.f. Futter (-s, -) s.n.
foderare v.tr. (abbigl.) füttern.
foglia s.f. Blatt (-es, Blätter) s.n.
foglio s.m. 1 Bogen (-s, Bögen) s.m., Blatt (-es, Blätter) s.n. 2 (documento) Papier (-es, -e) s.n.
fogna s.f. Abflußrohr (-s, -e) s.n.
fognatura s.f. 1 Kanalisation (-, -en) s.f. 2 (agr.) Dränierung (-, -en) s.f.
folata s.f.: – di vento, Windstoß (-es, -stöße) s.m.
folclore s.m. Folklore (-, -n) s.f.
folcloristico agg. volkskundlich, Volks..., folkloristisch.
folla s.f. Menge (-, -n) s.f.
folle agg. 1 wahnsinnig; (assurdo) irrsinnig 2 (auto) in –, im Leerlauf.
follia s.f. Wahnsinn (-s/.) s.m.
folto agg. dicht.
fomentare v.tr. schüren.
fon s.m. Fön (-s, -e) s.m.
fondamentale agg. grundlegend, Grund...
fondamento s.m. 1 Grundmauer (-, -n) s.f. 2 (principio fondamentale) Grundsatz (-es, -sätze) s.m.
fondato agg. begründet, stichhaltig.
fondazione s.f. 1 Gründung (-, -en) s.f. 2 (ente morale) Stiftung (-, -en) s.f.
fondere v.tr. gründen.
fonderia s.f. Gießerei (-, -en) s.f.
fondina¹ s.f. Pistolentasche (-, -n) s.f.
fondina² s.f. (piatto) Suppenteller (-s, -) s.m.
fondo¹ agg. tief.
fondo² s.m. 1 Boden (-s, Böden) s.m. 2 (sport) Langstrecke (-, -n) s.f.
fondotinta s.m. Grundierung (-, -en) s.f.
fonetica s.f. Phonetik (-/.) s.f.
fontana s.f. Brunnen (-s, -) s.m.
fonte s.f. Quelle (-, -n) s.f. ♦ s.m.: – battesimale, Taufbecken (-s, -) s.n.
foraggio s.m. Viehfutter (-s/.) s.n.
forare v.tr. durchlöchern.
forbice s.f. Schere (-, -n) s.f.
forchetta s.f. Gabel (-, -n) s.f.
forcina s.f. Haarnadel (-, -n) s.f.
forense agg. forensisch.
foresta s.f. Wald (-es, Wälder) s.m.
foresteria s.f. 1 Gästehaus (-es, -häuser) s.n. 2 (di appartamento) uso –, nur für Nicht-Ansässige.
forestiero agg. fremd, ausländisch.
forfait s.f. Pauschale (-, -n) s.f.
forfora s.f. Schuppen s.pl.
forma s.f. 1 Form (-, -en) s.f. 2 (del corpo) Figur (-, -en) s.f.
formaggiera s.f. Käsedose (-, -n) s.f.
formaggio s.m. Käse (-s, -) s.m.
formale agg. 1 förmlich 2 (solenne) feierlich.
formalità s.f. Formalität (-, -en) s.f.

formare v.tr. 1 bilden 2 (*forgiare*) formen.

formato s.m. Format (-es,-e) s.n.

formattazione s.f. (*inform.*) Formatierung (-,-en) s.f.

formica s.f. Ameise (-,-n) s.f.

formicaio s.m. Ameisenhaufen (-s,-) s.m.

formicolio s.m. Kribbeln (-s/.) s.n.

formidabile agg. vorzüglich, hervorragend.

formula s.f. Formel (-,-n) s.f.

formulare v.tr. formulieren, auf-stellen.

formulario s.m. 1 Formelsammlung (-,-en) s.f. 2 (*modulo*) Formular (-s,-e) s.n.

formulazione s.f. Formulierung (-,-en) s.f.

fornace s.f. Brennofen (-s,-öfen) s.m.

fornaio s.m. Bäcker (-s,-) s.m.

fornello s.m. Kocher (-s,-) s.m.

fornire v.tr. 1 versorgen (mit) 2 (*dotare*) aus-statten 3 (*dare*) geben (gab, gegeben).

fornitore s.m. Lieferant (-en,-en) s.m.

forno s.m. 1 Ofen (-s, Öfen) s.m. 2 (*negozio*) Bäckerei (-,-en) s.f.

foro¹ s.m. Loch (-es, Löcher) s.n.

foro² s.m. (*dir.*) Gerichtsstand (-es, -stände) s.m.

forse avv. 1 vielleicht 2 (*circa*) ungefähr ♦ s.m. Zweifel (-s,-) s.m.

forte agg. 1 stark, kräftig 2 (*bravo*) gut, tüchtig 3 (*di suono*) laut, stark.

fortezza s.f. Festung (-,-en) s.f.

fortificare v.tr. stärken.

fortificazione s.f. Befestigung (-,-en) s.f.

fortuito agg. zufällig.

fortuna s.f. 1 Glück (-s/.) s.n.; (*sorte*) Schicksal (-s,-e) s.n. 2 (*patrimonio*) Vermögen (-s/.) s.n.

fortunato agg.: essere –, Glück haben.

foruncolo s.m. (*med.*) Furunkel (-s,-) s.m.

forza s.f. 1 Kraft (-, Kräfte) s.f. 2 (*morale*) Stärke (-/.) s.f. 3 (*imposizione*) Gewalt (-/.) s.f. ♦ *inter.* los ♦ **in – di** *locuz.prep.* auf Grund (+*gen.*).

forzare v.tr. 1 auf-brechen (brach auf, aufgebrochen) 2 (*costringere*) zwingen (zwang, gezwungen).

forzatura s.f. 1 Anstrengung (-,-en) s.f. 2 (*fig.*) Entstellung (-,-en) s.f.

forzoso agg. (*econ.*) Zwangs...

foschia s.f. Dunst (-es/.) s.m.

fossa s.f. 1 Graben (-s, Gräben) s.m. 2 (*tomba*) Grab (-es, Gräber) s.n.

fossile agg. versteinert, fossil ♦ s.m. Fossil (-s,-ien) s.n.

fossilizzarsi v.pron. zu Fossilien werden, versteinern.

fosso s.m. Wassergraben (-s,-gräben) s.m.

foto s.f. (*fam.*) → **fotografia**.

fotocopia s.f. Fotokopie (-,-n) s.f.

fotocopiare v.tr. fotokopieren, vervielfältigen.

fotocopiatrice s.f. Fotokopierer (-s,-) s.m.

fotografare v.tr. fotografieren.

fotografia s.f. Fotografie (-,-n) s.f.; (*fam.*) Foto (-s,-s) s.n.

fotografo s.m. Fotograf (-en,-en) s.m.

fotomodella s.f. Fotomodell (-s,-e) s.n.

fotoreporter s.m. Fotoreporter (-s,-s) s.m.

foulard s.m. Kopftuch (-es,-tücher) s.n.

fra prep. 1 (*fra due persone*) (*stato in luogo*) zwischen (+*dat.*); (*moto a luogo*) zwischen (+*acc.*) 2 (*fra molte persone*) (*stato in luogo*) unter (+*dat.*); (*moto a luogo*) unter (+*acc.*) 3 (*tempo*) in, bin-

frac 94

nen (+*dat.*); (*durata*) zwischen.

frac *s.m.* Frack (-s,-e) *s.m.*

fracassare *v.tr.* zerschlagen (zerschlug, zerschlagen), zertrümmern.

fracasso *s.m.*: *fare* –, lärmen.

fradicio *agg.*: *bagnato*–, durchnäßt; *ubriaco* –, stockbesoffen.

fragile *agg.* 1 zerbrechlich 2 (*debole*) schwach.

fragola *s.f.* Erdbeere (-,-n) *s.f.*

fragrante *agg.* duftend.

fraintendere *v.tr.* mißverstehen (mißverstand, mißverstanden).

frammentario *agg.* fragmentarisch, bruchstückhaft.

frammento *s.m.* Fragment (-s,-e) *s.n.*

frammisto *agg.* vermischt.

frana *s.f.* Erdrutsch (-es,-e) *s.m.* | *sei una –!*, du bist eine Flasche!

franare *v.intr.* ab-rutschen (-/.) *s.f.*

franchezza *s.f.* Offenheit (-/.) *s.f.*

franco[1] *agg.* 1 offen, ehrlich 2 (*libero*) frei.

franco[2] *s.m.* (*moneta*) Franc (-,-s) *s.m.*; (*svizzero*) Franken (-s,-) *s.m.*

francobollo *s.m.* Briefmarke (-,-n) *s.f.*

frangetta *s.f.* Pony (-s,-s) *s.m.*

frangia *s.f.* 1 Franse (-,-n) *s.f.* 2 (*fig.*) Flügel (-s,-) *s.m.*

frappé *s.m.* Milchmixgetränk (-s,-e) *s.n.*

frase *s.f.* Satz (-es,-Sätze) *s.m.*

frassino *s.m.* Esche (-,-n) *s.f.*

frastagliato *agg.* zerklüftet.

frastornato *agg.* benommen.

frastuono *s.m.* Getöse (-s/.) *s.n.*

frate *s.m.* (*relig.*) Mönch (-s,-e) *s.m.*

fratellastro *s.m.* Stiefbruder (-s,-brüder) *s.m.*

fratello *s.m.* Bruder (-s, Brüder) *s.m.*

fraternizzare *v.intr.* (*con*) sich verbrüdern (mit).

fraterno *agg.* brüderlich, Bruder...

frattanto *avv.* inzwischen, unterdessen.

frattura *s.f.* Bruch (-s, Brüche) *s.m.*

fratturare *v.tr.* brechen (brach, gebrochen).

fraudolento *agg.* betrügerisch.

frazionare *v.tr.* auf-teilen.

frazione *s.f.* Bruchteil (-es,-e) *s.m.*; (*mat.*) Bruch (-s, Brüche) *s.m.*

freccia *s.f.* 1 Pfeil (-es,-e) *s.m.* 2 (*auto*) Blinker (-s,-) *s.m.*

freddo *agg.* kalt ♦ *s.m.* Kälte (-/.) *s.f.*

freddoloso *agg.* verfroren.

fregare *v.tr.* 1 scheuern 2 (*ingannare*) herein-legen 3 (*rubare*) klauen ♦ **fregarsi** *v.pron.* 1 sich ab-reiben (rieb ab, abgerieben) 2 (*pop.*) fregarsene di qlco., auf etwas pfeifen.

fregatura *s.f.* (*pop.*) Reinfall (-es,-fälle) *s.m.*

fregio *s.m.* 1 (*arch.*) Fries (-es,-e) *s.m.* 2 Verzierung (-,-en) *s.f.*

fremere *v.intr.* beben, zittern.

fremito *s.m.* Beben (-s/.) *s.n.*; (*di orrore*) Schauder (-s/.) *s.m.*

frenare *v.tr.* bremsen ♦ **frenarsi** *v.pron.* sich beherrschen.

frenata *s.f.* Bremsen (-s/.) *s.n.*

frenetico *agg.* 1 rasend, tobend 2 (*convulso*) hektisch.

freno *s.m.* 1 (*auto*) Bremse (-,-n) *s.f.* 2 (*morso*) Gebiß (-bisses,-bisse) *s.n.*

frequentare *v.tr.* (*scuola ecc.*) besuchen.

frequentato *agg.* besucht.

frequente *agg.* häufig; *di* –, oft.

frequenza *s.f.* 1 Häufigkeit (-/.) *s.f.* 2 (*scuola*) Besuch (-s,-e) *s.m.* 3 (*tecn.*) Frequenz (-,-en) *s.f.*

fresco *agg.* 1 (*freddo*) kühl 2 frisch

s.m. Kühle (-/.) *s.f.*
fretta *s.f.* Eile (-/.) *s.f.*
friggere *v.tr.* braten (briet, gebraten), fritieren.
friggitrice *s.f.* Friteuse (-,-n) *s.f.*
frigo, frigorifero *s.m.* Kühlschrank (-s, -schränke) *s.m.*
fringuello *s.m.* Buchfink (-en,-en) *s.m.*
frittata *s.f.* Omelett (-s,-s) *s.n.*
frivolo *agg.* frivol.
frizione *s.f.* **1** (*massaggio*) Einmassieren (-s/.) *s.n.* **2** (*tecn.*) Kupplung (-,-en) *s.f.*
frodare *v.tr.* betrügen.
frode *s.f.* Betrug (-es,-trüge) *s.m.*
frontale *agg.* frontal.
fronte *s.f.* Stirn (-,-en) *s.f.* ♦ *s.m.* Front (-,-en) *s.f.* ♦ **a – di** *locuz.prep.* in Anbetracht (+*gen.*) ♦ **a –** *locuz.avv.* gegenüber.
fronteggiare *v.tr.* entgegen·treten (trat entgegen, entgegengetreten).
frontiera *s.f.* Grenze (-,-n) *s.f.*
frugale *agg.* bescheiden, anspruchslos.
frugare *v.intr.* (tra) wühlen (in +*dat.*)
frullato *s.m.* Mixgetränk (-s,-e) *s.n.*
frullatore *s.m.* Mixer (-s,-) *s.m.*
frumento *s.m.* Weizen (-s/.) *s.m.*
frusciare *v.intr.* rascheln.
frusta *s.f.* **1** Peitsche (-,-n) *s.f.* **2** (*da cucina*) Schneebesen (-s,-) *s.m.*
frustare *v.tr.* peitschen.
frustata *s.f.* **1** Peitschenhieb (-es,-e) *s.m.* **2** (*segno*) Striemen (-s,-) *s.m.*
frustrante *agg.* frustrierend.
frustrazione *s.f.* Frustration (-s/.) *s.f.*
frutta *s.f.* Obst (-es/.) *s.n.*
fruttare *v.intr.* **1** (*fruttificare*) Früchte tragen (trug, getragen) **2** (*rendere*) ein·bringen (brachte ein, eingebracht) ♦ *v.tr.* (*econ.*) Zinsen bringen

funzionale

frutteto *s.m.* Obstgarten (-s,-gärten) *s.m.*
fruttifero *agg.* **1** (*bot.*) fruchttragend **2** (*econ.*) verzinslich, zinsbringend.
fruttivendolo *s.m.* Obsthändler (-s,-) *s.m.*
frutto *s.m.* Frucht (-, Früchte) *s.f.*
fucilare *v.tr.* erschießen (erschoß, erschossen).
fucilata *s.f.* Gewehrschuß (-schusses, -schüsse) *s.m.*
fucile *s.m.* Gewehr (-s,-e) *s.n.*
fuga *s.f.* Flucht (-/.) *s.f.*
fugace *agg.* vergänglich, flüchtig.
fuggire *v.intr.* flüchten, entlaufen (entlief, entlaufen).
fuggitivo *agg.* flüchtig, fliehend ♦ *s.m.* Flüchtling (-s,-e) *s.m.*
fuliggine *s.f.* Ruß (-es/.) *s.m.*
fuligginoso *agg.* rußig.
fulminarsi *v.pron.* durch·brennen (brannte durch, duchgebrannt).
fulmine *s.m.* Blitz (-es,-e) *s.m.*
fulvo *agg.* rotblond.
fumare *v.tr.* rauchen.
fumatore *s.m.* Raucher (-s,-) *s.m.*
fumetto *s.m.* **1** Sprechblase (-,-n) *s.f.* **2** (*racconto*) Comic (-s,-s) *s.m.*
fumo *s.m.* **1** Rauch (-es/.) *s.m.* **2** (*il fumare*) Rauchen (-s/.) *s.n.*
fune *s.f.* Strick (-s,-e) *s.m.*
funebre *agg.* Grab..., Trauer...
funerale *s.m.* Beerdigung (-,-en) *s.f.*
funereo *agg.* **1** Leichen... **2** (*fig.*) traurig.
fungo *s.m.* Pilz (-es,-e) *s.m.*
funicolare *s.f.* Standseilbahn (-,-en) *s.f.*
funivia *s.f.* Drahtseilbahn (-,-en) *s.f.*
funzionale *agg.* zweckmäßig, funktionell.

funzionamento *s.m.* Arbeitsweise (-, -en) *s.f.*

funzionare *v.intr.* funktionieren.

funzionario *s.m.* Funktionär (-s,-e) *s.m.*

funzione *s.f.* 1 Funktion (-,-en) *s.f.* 2 (*attività*) Tätigkeit (-,-en) *s.f.*

fuoco *s.m.* 1 Feuer (-s/-) *s.n.* 2 (*fis.*) Brennpunkt (-es,-e) *s.m.*

fuorché *cong.* außer ♦ *prep.* außer (+*dat.*); bis auf (+*acc.*).

fuori *avv.* 1 (*stato in luogo*) draußen 2 (*moto a luogo*) (*avvicinamento*) heraus; (*allontanamento*) hinaus 3 (*esternamente*) außen♦ *prep.* 1 (*stato in luogo*) außerhalb (+*gen.*) 2 (*moto a luogo*) aus...hinaus, über (+*acc.*) ...hinaus.

fuorigioco *s.m.* (*sport*) Abseits (-/.) *s.n.*

fuorimano *avv.* abgelegen.

fuoriserie *agg.* Sonder-.

fuoristrada *s.m.* Geländewagen (-s,-) *s.m.*

fuoriuscita *s.f.* Austritt (-s,-e) *s.m.*

fuorviante *agg.* irreführend.

furbesco *agg.* schlau; (*astuto*) listig.

furbizia *s.f.* Schlauheit (-/.) *s.f.*

furbo *agg.* schlau, gewitzt.

furente *agg.* wütend.

furfante *s.m.* Gauner (-s,-) *s.m.*

furgone *s.m.* Lieferwagen (-s,-) *s.m.*

furia *s.f.* 1 (*ira*) Wut (-/.) *s.f.* 2 (*intensità*) Heftigkeit (-/.) *s.f.*

furioso *agg.* 1 wütend 2 (*violento*) heftig, rasend.

furore *s.m.* 1 (*collera*) Raserei (-/.) *s.f.* 2 (*entusiasmo*) Begeisterung (-/.) *s.f.*

furtivo *agg.* gestohlen.

furto *s.m.* Diebstahl (-s,-stähle) *s.m.*

fusibile *s.m.* (*elettr.*) Schmelzsicherung (-,-en) *s.f.*

fusione *s.f.* Verschmelzung (-,-en) *s.f.*

fusoliera *s.f.* (*aer.*) Rumpf (-es, Rümpfe) *s.m.*

fusto *s.m.* 1 Stamm (-es, Stämme) *s.m.* 2 (*recipiente*) Faß (Fasses, Fässer) *s.m.*

futile *agg.* geringfügig; (*insignificante*) unbedeutend.

futuro *agg.* zukünftig ♦ *s.m.* Zukunft (-/.) *s.f.*

G

gabbia *s.f.* Käfig (-s,-e) *s.m.*

gabbiano *s.m.* Möwe (-,-n) *s.f.*

gabinetto *s.m.* 1 Toilette (-,-n) *s.f.* 2 (*studio*) Praxis (-, Praxen) *s.f.* 3 (*pol.*) Kabinett (-s,-e) *s.n.*

gaffe *s.f.: fare una – con qlcu.*, bei jdm. ins Fettnäpfchen treten (trat, getreten).

galantuomo *s.m.* Ehrenmann (-es, -männer) *s.m.*

galassia *s.f.* Milchstraße (-/.) *s.f.*

galateo *s.m.* gutes Benehmen (-s/.) *s.n.*

galera *s.f.* (*fam.*) Knast (-es,-e) *s.m.*

galla *s.f.*: a *locuz.avv.* an der Oberfläche.

galleggiante *s.m.* Schwimmer (-s,-) *s.m.*

galleggiare *v.intr.* schwimmen (schwamm, geschwommen).

galleria *s.f.* 1 Tunnel (-s,-) *s.m.* 2 Galerie (-,-n) *s.f.* 3 (*teatr.*) Rang (-es, Ränge) *s.m.* 4 (*min.*) Stollen (-s,-) *s.m.*

galletto *s.m.* Hähnchen (-s,-) *s.n.*

gallina *s.f.* Henne (-,-n) *s.f.*: *– da brodo*, Suppenhuhn (-s,-hühner) *s.n.*

gallo *s.m.* Hahn (-s, Hähne) *s.m.*

galoppare *v.intr.* galoppieren.

galoppatoio *s.m.* Reitbahn (-,-en) *s.f.*
gamba *s.f.* Bein (-es,-e) *s.n.* | *essere in –*, *auf Draht sein; prendere qlco. sotto –*, etwas auf die leichte Schulter nehmen.
gamberetto *s.m.* Garnele (-,-n) *s.f.*
gambero *s.m.* (*di mare*) Krebs (-es,-e) *s.m.*
gambo *s.m.* Stiel (-es,-e) *s.m.*, Stengel (-s,-) *s.m.*
gamma *s.f.* 1 Palette (-,-n) *s.f.* 2 (*mus.*) Skala (-,/-len) *s.f.*
gancio *s.m.* Haken (-s,-) *s.m.*
gara *s.f.* 1 Wettkampf (-es,-kämpfe) *s.m.* 2 (*concorso*) Wettbewerb (-es,-e) *s.m.*
garage *s.m.* Garage (-,-n) *s.f.*
garante *s.m.* Bürge (-n,-n) *s.m.*
garantire *v.tr.* 1 gewährleisten, bürgen 2 (*dire*) versichern ♦ *v.intr.* garantieren.
garanzia *s.f.* 1 Garantie (-,-n) *s.f.* 2 (*dir.*) *avviso di –*, Ermittlungsbescheid (-es,-e) *s.m.*
garbato *agg.* höflich.
gareggiare *v.intr.* (*con*) wetteifern (mit); (*sport*) kämpfen.
gargarismo *s.m.* Gurgeln (-s/.) *s.n.*
garofano *s.m.* (*bot.*) Nelke (-,-n) *s.f.*
garza *s.f.* Mull (-s/.) *s.m.*, Gaze (-,-n) *s.f.*
garzone *s.m.* Lehrling (-s,-e) *s.m.*
gas *s.m.* Gas (-es,-e) *s.n.*
gasdotto *s.m.* Gasfernleitung (-,-en) *s.f.*
gasolio *s.m.* Dieselöl (-s/.) *s.n.*
gastronomia *s.f.* 1 Gastronomie (-/.) *s.f.* 2 (*negozio*) Delikatessengeschäft (-es,-e) *s.n.*
gatto *s.m.* Katze (-,-n) *s.f.*; (*gatto maschio*) Kater (-s,-) *s.m.*
gattoni *avv.* auf allen vieren.
gazza *s.f.* (*zool.*) Elster (-,-n) *s.f.*

gazzella *s.f.* (*zool.*) Gazelle (-,-n) *s.f.*
gazzetta *s.f.* Zeitung (-,-en) *s.f.* | *– ufficiale*, Amtsblatt (-es,-blätter) *s.n.*
gelare *v.tr.* gefrieren lassen (ließ, lassen) ♦ *v.intr.* frieren (fror, gefroren) ♦
gelarsi *v.pron.* frieren (fror, gefroren), gefrieren (gefror, gefroren).
gelata *s.f.* Frost (-es, Fröste) *s.m.*
gelataio *s.m.* 1 (*produttore*) Eishersteller (-s,-) *s.m.* 2 (*venditore*) Eisverkäufer (-s,-) *s.m.*
gelateria *s.f.* Eisdiele (-,-n) *s.f.*
gelatina *s.f.* (*gastr.*) Sülze (-,-n) *s.f.*; (*per torte*) Tortenguß (-gusses,-güsse) *s.m.*; (*di frutta*) Gelee (-s,-s) *s.n.*
gelato *s.m.* Eis (-es,-e) *s.n.*
gelido *agg.* eisig, frostig (*anche fig.*).
gelo *s.m.* Frost (-es, Fröste) *s.m.*
gelosia *s.f.* Eifersucht (-/.) *s.f.*
geloso *agg.* (*di*) eifersüchtig (auf +*acc.*).
gelso *s.m.* (*bot.*) Maulbeerbaum (-es,-bäume) *s.m.*
gelsomino *s.m.* (*bot.*) Jasmin (-s,-e) *s.m.*
gemello *s.m.* 1 Zwilling (-s,-e) *s.m.* 2 (*pl.*) Manschettenknopf (-es,-knöpfe) *s.m.* 3 (*pl.*) (*astrologia*) Zwillinge *s.pl.*
gemma *s.f.* 1 (*bot.*) Knospe (-,-n) *s.f.* 2 (*min.*) Edelstein (-es,-e) *s.m.*
genealogico *agg.* genealogisch: *albero –*, Stammbaum (-es,-bäume) *s.m.*
generale¹ *agg.* allgemein, generell ♦ *s.m.* Allgemeine (-/.) *s.n.*
generale² *s.m.* (*mil.*) General (-s, Generäle) *s.m.*
generalizzare *v.tr. e intr.* verallgemeinern.
generare *v.tr.* 1 zeugen 2 (*fig.*) erzeugen, erregen.
generazione *s.f.* 1 (*insieme di coeta-*

genere

nei) Generation (-,-en) *s.f.* **2** (*biol.*) Zeugung (-,-en) *s.f.*

genere *s.m.* **1** Art (-,-en) *s.f.* **2** (*bot./zool.*) Gattung (-,-en) *s.f.* **3** (*biol.*) Geschlecht (-es,-er) *s.n.* **4** (*letteratura*) Genre (-s,-s) *s.n.* ♦ **in** – *locuz.avv.* im allgemeinen.

generico *agg.* **1** (*non specializzato*) allgemein **2** (*vago*) unbestimmt.

genero *s.m.* Schwiegersohn (-es,-söhne) *s.m.*

generosità *s.f.* Großzügigkeit (-/-) *s.f.*

generoso *agg.* großzügig.

genetica *s.f.* Genetik (-/-) *s.f.*

gengiva *s.f.* (*anat.*) Zahnfleisch (-es/-) *s.n.*

geniale *agg.* genial.

genio¹ *s.m.* Genie (-s,-s) *s.n.*

genio² *s.m.* (*mil.*) Pioniertruppe (-,-n) *s.f.* | – **civile**, technischer Hilfsdienst.

genitori *s.m.pl.* Eltern *s.pl.*

gennaio *s.m.* Januar (-s,-) *s.m.*

gente *s.f.* Leute *s.pl.*

gentile *agg.* freundlich.

gentilezza *s.f.* **1** Freundlichkeit (-/-) *s.f.* **2** (*favore*) Gefallen (-s/-) *s.m.*

genuino *agg.* unverfälscht.

genziana *s.f.* (*bot.*) Enzian (-s,-e) *s.m.*

geografia *s.f.* Erdkunde (-/-) *s.f.*

geologia *s.f.* Geologie (-/-) *s.f.*

geometra *s.m.* Geometer (-s,-) *s.m.*, Vermessungstechniker (-s,-) *s.m.*

geometria *s.f.* Geometrie (-/-) *s.f.*

geranio *s.m.* (*bot.*) Geranie (-,-n) *s.f.*

gerarchia *s.f.* Hierarchie (-,-n) *s.f.*

gerarchico *agg.* hierarchisch | **per via -a**, auf dem Instanzenweg.

gerente *s.m.* Leiter (-s,-) *s.m.*

gergo *s.m.* Jargon (-s,-s) *s.m.*

geriatra *s.m.* Geriater (-s,-) *s.m.*

germe *s.m.* Keim (-es,-e) *s.m.*

germicida *agg.* keimtötend.

germinare *v.intr.* keimen (*anche fig.*)

germogliare *v.intr.* treiben (trieb, getrieben).

germoglio *s.m.* Sproß (Srosses, Sprosse) *s.m.*

gesso *s.m.* **1** (*min.*) Gips (-es/-) *s.m.* **2** (*per lavagna*) Kreide (-,-) *s.f.*

gesticolare *v.intr.* gestikulieren.

gestionale *agg.* Geschäfts-.

gestione *s.f.* **1** Leitung (-,-en) *s.f.* **2** (*amm.*) Verwaltung (-,-en) *s.f.*

gestire *v.tr.* **1** leiten, führen **2** verwalten.

gesto *s.m.* **1** Geste (-,-n) *s.f.* **2** (*azione*) Tat (-,-en) *s.f.*

gestore *s.m.* Leiter (-s,-) *s.m.* **2** (*amm.*) Verwalter (-s,-) *s.m.*

gettare *v.tr.* werfen (warf, geworfen) ♦ *v.intr.* **1** (*di piante*) keimen **2** (*di fontana*) fließen (floß, geflossen).

gettito *s.m.* Aufkommen (-s/-) *s.n.*

getto *s.m.* **1** Strahl (-s,-en) *s.m.* **2** (*metall.*) Guß (Gusses, Güsse) *s.m.*

gettone *s.m.* Marke (-,-n) *s.f.*, Münze (-,-n) *s.f.*

gheriglio *s.m.* Nußkern (-es,-e) *s.m.*

ghetto *s.m.* Getto (-s,-s) *s.n.*

ghiacciaio *s.m.* Gletscher (-s,-) *s.m.*

ghiacciato *agg.* **1** zugefroren **2** (*freddissimo*) eiskalt.

ghiaccio *s.m.* Eis (-es/-) *s.n.*

ghiacciolo *s.m.* **1** Eiszapfen (-s,-) *s.m.* **2** (*gastr.*) Wassereis (-es,-e) *s.n.*

ghiaia *s.f.* **1** Kies (-es,-e) *s.m.* **2** (*grosso*) Schotter (-s,-) *s.m.*

ghianda *s.f.* Eichel (-,-n) *s.f.*

ghiandola *s.f.* Drüse (-,-n) *s.f.*

ghigno *s.m.* Grinsen (-s/-) *s.n.*

ghiotto *agg.* **1** (*di persona*) naschhaft **2** (*appetitoso*) lecker **3** (*fig.*) gierig.

ghirlanda *s.f.* Kranz (-es, Kränze) *s.m.*
ghiro *s.m.* Siebenschläfer | *dormire come un –*, wie ein Murmeltier schlafen.
ghisa *s.f.* Gußeisen (-s/-.) *s.n.*
già *avv.* **1** schon **2** (*stato precedente*) ehemalig, ex ♦ **di –** *locuz.avv.* jetzt schon.
giacca *s.f.* Jacke (-,-n) *s.f.* | *– a vento*, Windjacke (-,-n) *s.f.*
giacché *cong.* da, weil.
giacere *v.intr.* **1** liegen (lag, gelegen) **2** (*riposare*) ruhen.
giacimento *s.m.* Vorkommen (-s,-) *s.n.*
giacinto *s.m.* (*bot.*) Hyazinthe (-,-n) *s.f.*
giada *s.f.* (*min.*) Jade (-/-) *s.m./f.*
giaggiolo *s.m.* (*bot.*) Schwertlilie (-,-n) *s.f.*
giallo *agg.* gelb ♦ *s.m.* **1** Gelbe (-n/-.) *s.n.* **2** (*romanzo*) Krimi (-s,-s) *s.m.*
giardinaggio *s.m.* Gärtnern (-s/-.) *s.n.*
giardiniere *s.m.* Gärtner (-s,-) *s.m.*
giardino *s.m.* Garten (-s, Gärten) *s.m.* | *– pubblico*, Stadtpark (-s,-s) *s.m.*
giarrettiera *s.f.* Strumpfband (-es,-bänder) *s.n.*
gigante *s.m.* Riese (-n,-n) *s.m.*
gigantesco *agg.* riesig.
gigantografia *s.f.* Gigantographie (-,-n) *s.f.*
giglio *s.m.* (*bot.*) Lilie (-,-n) *s.f.*
gilet *s.m.* Weste (-,-n) *s.f.*
ginecologia *s.f.* Gynäkologie (-/-.) *s.f.*
ginecologo *s.m.* Frauenarzt (-es,-ärzte) *s.m.*
ginepro *s.m.* (*bot.*) Wacholder (-s,-) *s.m.*
ginestra *s.f.* (*bot.*) Ginster (-s,-) *s.m.*
ginnasta *s.m./f.* Turner (-s,-) *s.m.* (*f.* -in,-innen).
ginnastica *s.f.* Gymnastik (-/-.) *s.f.*, Turnen (-s/-.) *s.n.*

ginocchio *s.m.* Knie (-s,-) *s.n.*
giocare *v.tr. e intr.* spielen.
giocata *s.f.* (*puntata*) Einsatz (-es,-sätze) *s.m.*
giocatore *s.m.* Spieler (-s,-) *s.m.*
giocattolo *s.m.* Spielzeug (-s,-) *s.n.*
giocherellare *v.intr.* tändeln.
gioco *s.m.* Spiel (-es,-e) *s.n.*
gioia *s.f.* Freude (-/-.) *s.f.*
gioielleria *s.f.* Juweliergeschäft (-es,-e) *s.n.*
gioielliere *s.m.* Juwelier (-s,-e) *s.m.*
gioiello *s.m.* Schmuckstück (-s,-e) *s.n.*
gioioso *agg.* fröhlich, freudig.
gioire *v.intr.* (*di*) sich freuen (über *+acc.*).
giornalaio *s.m.* Zeitungshändler (-s,-) *s.m.*
giornale *s.m.* Zeitung (-,-en) *s.f.*
giornaliero *agg.* täglich, Tages...
giornalismo *s.m.* Journalismus (-/-.) *s.m.*
giornalista *s.m./f.* Journalist (-en,-en) *s.m.* (*f.* -in,-innen).
giornata *s.f.* **1** Tag (-es,-e) *s.m.* **2** (*sport*) Spieltag (-es,-e) *s.m.*
giorno *s.m.* Tag (-es,-e) *s.m.*
giostra *s.f.* Karussell (-s,-s/-e) *s.n.*
giovamento *s.m.* **1** Vorteil (-s,-e) *s.m.* **2** (*med.*) Besserung (-,-en) *s.f.*
giovane *agg.* jung.
giovanile *agg.* jugendlich, Jugend...
giovanotto *s.m.* junger Mann.
giovare *v.intr.* nützen (*+dat.*), nützlich sein (*+dat.*).
giovedì *s.m.* Donnerstag (-s,-e) *s.m.*
gioventù *s.f.* **1** Jugend (-/-.) *s.f.* **2** (*i giovani*) Jugendlichen *s.pl.*
giovinastro *s.m.* (*spreg.*) Rüpel (-s,-) *s.m.*
giovinezza *s.f.* Jugend (-/-.) *s.f.*

giradischi *s.m.* Plattenspieler (-s,-) *s.m.*
giraffa *s.f.* (*zool.*) Giraffe (-,-n) *s.f.*
girare *v.tr.* **1** drehen (*anche fig.*) **2** (*percorrere*) umher·reisen **3** (*filmare*) drehen **4** (*mescolare*) um·rühren **5** (*passare*) (*fig.*) weiter·geben (gab weiter, weitergegeben) **6** (*banca*) girieren ♦ *v.intr.* **1** drehen, kreisen **2** (*andare in giro*) herum·laufen (lief herum, herumgelaufen) **3** (*svoltare*) ab·biegen (bog ab, abgebogen) ♦ **girarsi** *v.pron.* sich um·drehen.
girasole *s.m.* (*bot.*) Sonnenblume (-,-n) *s.f.*
girata *s.f.* (*banca*) Indossament (-s,-e) *s.n.*
giravolta *s.f.* Drehung (-,-en) *s.f.*
girello *s.m.* (*per bambini*) Laufgitter (-s,-) *s.n.*
giro *s.m.* **1** Umdrehung (-,-en) *s.f.* **2** (*perimetro*) Umfang (-s,-fänge) *s.m.* **3** (*itinerario*) Rundgang (-s,-gänge) *s.m.* **4** (*fig.*) Kreis (-es,-e) *s.m.* **5** (*periodo*) nel – di pochi giorni, im Verlauf weniger Tage **6** (*carte*) Runde (-,-n) *s.f.*
giromanica *s.m.* Ärmelausschnitt (-s,-e) *s.m.*
girone *s.m.*: (*sport*) Runde (-,-n) *s.f.* | – di andata, Vorrunde (-,-n) *s.f.*; – di ritorno, Rückrunde (-,-n) *s.f.*
gironzolare *v.intr.* bummeln.
gita *s.f.* Ausflug (-s,-flüge) *s.m.*
gitante *s.m.* Ausflügler (-s,-) *s.m.*
giù *avv.* (*in basso*) **1** (*stato in luogo*) unten **2** (*moto a luogo*) nach unten, herunter **3** (*depresso*) niedergeschlagen ♦ *da* – *loc.avv.* von unten; *più in* –, weiter unten.
giubbotto *s.m.* **1** kurze Jacke (-,-n)

s.f. **2** – *di salvataggio*, Rettungsweste (-,-n) *s.f.*
giubileo *s.m.* Jubiläum (-s,-leen) *s.n.*
giudicare *v.tr.* **1** beurteilen (beurteilt, beurteilt); (*persone*) urteilen (über +*acc.*).
giudice *s.m.* Richter (-s,-) *s.m.*
giudiziario *agg.* gerichtlich, Gerichts...
giudizio *s.m.* **1** Urteil (-s,-e) *s.n.* **2** (*ragione*) Vernunft (-/.) *s.f.* **3** (*dir.*) Gerichtsverfahren (-s,-) *s.n.* | *citare in* –, verklagen.
giudizioso *agg.* vernünftig.
giugno *s.m.* Juni (-s,-) *s.m.*
giunco *s.m.* Binse (-,-n) *s.f.*
giungere *v.intr.* ein·treffen (traf ein, eingetroffen), (an·)kommen (kam, gekommen).
giungla *s.f.* Dschungel (-s,-) *s.m.*
giuntare *v.tr.* zusammen·fügen.
giuntura *s.f.* **1** Verbindung (-,-en) *s.f.* **2** (*anat.*) Gelenk (-s,-e) *s.n.*
giuramento *s.m.* Eid (-es,-e) *s.m.*, Schwur (-s, Schwüre) *s.m.*
giurare *v.tr. e intr.* schwören (schwor, geschworen).
giurato *s.m.* (*dir.*) Geschworene (-n,-n) *s.m.*
giuria *s.f.* **1** Jury (-,-s) *s.f.* **2** (*sport*) Kampfgericht (-s,-e) *s.n.*
giuridico *agg.* juristisch, Rechts...
giurisdizione *s.f.* Gerichtsbarkeit (-/.) *s.f.*
giurisprudenza *s.f.* Rechtswissenschaft (-/.) *s.f.*
giurista *s.m.* Jurist (-en,-en) *s.m.*
giustamente *avv.* richtigerweise.
giustificabile *agg.* entschuldbar.
giustificare *v.tr.* **1** rechtfertigen **2** (*scuola*) entschuldigen.
giustificazione *s.f.* **1** Rechtfertigung

gracile

(-,-en) *s.f.* **2** (*scuola*) Entschuldigung (-,-en) *s.f.*
giustizia *s.f.* **1** Gerechtigkeit (-/.) *s.f.* **2** (*dir.*) Justiz (-/.) *s.f.*
giustiziare *v.tr.* hin·richten.
giusto *agg.* **1** (*equo*) gerecht **2** (*corretto*) richtig ♦ *avv.* **1** richtig, genau **2** (*proprio*) gerade, eben.
glaciale *agg.* **1** Eis... **2** (*fig.*) eisig.
gli¹ *art.det.m.pl.* die.
gli² *pron.pers. m.sing.* ihm.
glicemico *agg.* Blutzucker...: *tasso –*, Blutzuckerspiegel (-s,-) *s.m.*
globale *agg.* **1** global **2** (*complessivo*) gesamt, Gesamt...
globo *s.m.* **1** Kugel (-,-n) *s.f.* **2** (*mappamondo*) Globus (-ses,-se) *s.m.* | (*anat.*) *– oculare*, Augapfel (-s,-äpfel) *s.m.*
gloria *s.f.* Ruhm (-es/.) *s.m.*
glorificare *v.tr.* verherrlichen.
glorioso *agg.* ruhmreich.
glossario *s.m.* Glossar (-s,-e) *s.n.*
glucosio *s.m.* Traubenzucker (-s/.) *s.m.*
gnomo *s.m.* Heinzelmännchen (-s,-) *s.n.*
gobba *s.f.* Buckel (-s,-) *s.m.*
gobbo *agg.* bucklig; (*curvo*) krumm.
goccia *s.f.* Tropfen (-s,-) *s.m.*
gocciolare *v.intr.* tropfen.
gocciolio *s.m.* Tröpfeln (-s/.) *s.n.*
godere *v.tr. e intr.* genießen (genoß, genossen).
godimento *s.m.* Genuß (-nusses,-genüsse) *s.m.*
goffo *agg.* **1** plump **2** (*maldestro*) ungeschickt.
gola *s.f.* **1** Kehle (-,-n) *s.f.* **2** Hals (-es, Hälse) *s.m.* | *mal di –*, Halschmerzen *s.pl.* **3** (*valle*) Schlucht (-,-en) *s.f.*
golf¹ *s.m.* Pullover (-s,-) *s.m.*, Pulli (-s,-s) *s.m.*
golf² *s.m.* (*sport*) Golf (-s/.) *s.n.*
golfo *s.m.* Golf (-s,-e) *s.m.*
goloso *agg.* naschhaft; (*di*) gierig (auf +*acc.*).
golpe *s.m.* Putsch (-es,-e) *s.m.*
golpista *s.m.* Putschist (-en,-en) *s.m.*
gomitata *s.f.* Ellbogenstoß (-es,-stöße) *s.m.*
gomito *s.m.* **1** Ellbogen (-s,-) *s.m.* | *alzare il –*, (*fig.*) zu tief ins Glas gucken **2** (*tecn.*) Knie (-s,-) *s.n.*
gomitolo *s.m.* Knäuel (-s,-) *s.n.*
gomma *s.f.* **1** Gummi (-s/.) *s.m./n.* **2** (*pneumatico*) Reifen (-s,-) *s.m.*
gommapiuma *s.f.* Schaumgummi (-s/.) *s.m.*
gommone *s.m.* Schlauchboot (-es,-e) *s.n.*
gommoso *agg.* gummiartig.
gonfiare *v.tr.* **1** auf·blasen (blies auf, aufgeblasen) **2** (*esagerare*) auf·bauschen ♦ **gonfiarsi** *v.pron.* **1** an·schwellen (schwoll an, angeschwollen) **2** (*fig.*) sich auf·blasen (blies auf, aufgeblasen).
gonfio *agg.* **1** geschwollen **2** (*fig.*) aufgeblasen.
gonfiore *s.m.* Schwellung (-,-en) *s.f.*
gonna *s.f.* Rock (-es, Röcke) *s.m.* | *– a pieghe*, Faltenrock (-s,-röcke) *s.m.*; *– a portafoglio*, Hosenrock (-s,-röcke) *s.m.*
gorgo *s.m.* Strudel (-s,-) *s.m.*
gorgogliare *v.intr.* **1** gluckern **2** (*di stomaco*) knurren.
governare *v.tr.* **1** regieren; leiten **2** (*pilotare*) steuern **3** (*accudire*) versorgen.
governativo *agg.* Regierungs...
governo *s.m.* Regierung (-,-en) *s.f.*
gracile *agg.* grazil, zart.

gradatamente avv. allmählich.

gradazione s.f. Abstufung (-,-en) s.f.

gradevole agg. angenehm.

gradimento s.m. Wohlgefallen (-s/.) s.m. | *indice di* –, Einschaltquote (-,-n) s.f.

gradino s.m. Stufe (-,-n) s.f.

gradire v.tr. 1 (*desiderare*) mögen 2 (*accettare*) gern an·nehmen (nahm an, angenommen).

gradito agg. angenehm.

grado s.m. Grad (-es,-e) s.m.

graduale agg. allmählich.

graduatoria s.f. Rangfolge (-/.) s.f.

graffetta s.f. Klammer (-,-n) s.f.

graffiare v.tr. 1 kratzen, zerkratzen 2 (*fig.*) bissig sein.

graffio s.m. Kratzer (-s,-) s.m.

grafica s.f. Graphik (-,-en) s.f.

gramigna s.f. Quecke (-,-n) s.f.; Unkraut (-es/.) s.n.

grammatica s.f. Grammatik (-,-en) s.f.

grammo s.m. Gramm (-es,-e) s.n.

grana s.f. 1 (*fastidio*) Schererei (-,-en) s.f. 2 (*fam.*) (*soldi*) Knete (-/.) s.f.

granaio s.m. Kornspeicher (-s,-) s.m.

granchio s.m. Krabbe (-,-n) s.f. | *prendere un* –, (*fig.*) einen Bock schießen.

grande agg. 1 groß 2 (*rafforzativo*) echt, wirklich.

grandezza s.f. Größe (-,-n) s.f.

grandinare v.impers. hageln.

grandioso agg. großartig.

granita s.f. (*gastr.*) Granita (-/.) s.f. (zerkleinertes Eis mit Fruchtsaft).

granito s.m. Granit (-es/.) s.m.

grano s.m. Korn (-es,-) s.n.

granturco s.m. Mais (-es,-e) s.m.

grappolo s.m. Traube (-,-n) s.f.

grasso agg. fett; (*di persona*) dick ♦ s.n. 1 Fett (-es,-e) s.n. 2 (*lubrificante*) Schmiere (-/.) s.f.

grata s.f. Gitter (-s,-) s.n.

graticcio s.m. Rohrgeflecht (-es,-e) s.n.

graticola s.f. Rost (-es,-e) s.m., Grill (-s,-s) s.m.

gratifica s.f. Gratifikation (-,-en) s.f.

gratificare v.tr. 1 befriedigen 2 (*dare una gratifica*) gratifizieren.

gratificazione s.f. Befriedigung (-/.) s.f.

gratis avv. umsonst, kostenlos ♦ agg. kostenlos, Gratis...

gratitudine s.f. Dankbarkeit (-/.) s.f.

grato agg. dankbar.

grattacielo s.m. Wolkenkratzer (-s,-) s.m.

grattare v.tr. e intr. 1 kratzen 2 (*fam.*) (*rubare*) klauen.

grattugia s.f. Reibe (-,-n) s.f.

grattugiare v.tr. reiben (rieb, gerieben).

gratuito agg. 1 kostenlos 2 (*fig.*) unbegründet, grundlos.

gravare v.tr. belasten ♦ v.intr. (*su*) lasten (auf +*dat.*).

grave agg. 1 schwer 2 (*serio*) ernst.

gravidanza s.f. Schwangerschaft (-,-en) s.f.

grazia s.f. 1 Anmut (-/.) s.f. 2 (*favore*) Gunst (-/.) s.f. 3 (*dir./rel.*) Gnade (-/.) s.f.

graziare v.tr. begnadigen.

grazie inter. danke; vielen Dank ♦ – a locuz.prep. dank (+*dat.*) ♦ s.m. Dank (-es/.) s.m.

grazioso agg. hübsch, niedlich.

gregge s.m. Herde (-,-n) s.f. (*anche fig.*)

greggio agg. roh, unbearbeitet.

grembiule s.m. 1 Schürze (-,-n) s.f. 2 (*camice*) Kittel (-s,-) s.m.

grembo s.m. Schoß (-es, Schöße) s.m. (*anche fig.*)

gremito agg. überfüllt.
grezzo agg. 1 unbearbeitet 2 (fig.) grob.
gridare v.tr. e intr. schreien (schrie, geschrien).
grido s.m. Schrei (-s,-e) s.m. ♦ **di – locuz.**agg. von Ruf, berühmt.
grigio agg. 1 grau 2 (fig.) eintönig.
griglia s.f. 1 Grill (-s,-s) s.m. 2 Gitter (-s,-) s.n.
grigliare v.tr. grillen.
grilletto s.m. Abzug (-s,-züge) s.m.
grillo s.m. Grille (-,-n) s.f. (anche fig.)
grimaldello s.m. Dietrich (-s,-e) s.m.
grinta s.f. (decisione) Durchsetzungsvermögen (-s/.) s.n.
grintoso agg. entschlossen, kämpferisch.
grissino s.m. Knabberstange (-,-n) s.f.
grondaia s.f. Dachrinne (-,-n) s.f.
grossezza s.f. 1 Umfang (-s,-fänge) s.m. 2 (spessore) Dicke (-,-) s.f.
grossista s.m. Großhändler (-s,-) s.m.
grosso agg. 1 groß 2 (fig.) wichtig 3 (grave) schlimm ♦ avv. dick.
grossolano agg. 1 grob 2 (approssimativo) ungenau.
grossomodo avv. ungefähr, etwa.
grotta s.f. Grotte (-,-n) s.f.
grottesco agg. grotesk.
groviglio s.m. Wirrwarr (-s/.) s.m., Gewirr (-s/.) s.n.
gru s.f. 1 (zool.) Kranich (-s,-e) s.m. 2 (tecn.) Kran (-es, Kräne) s.m.
gruccia s.f. 1 Krücke (-,-n) s.f. 2 (per abiti) Bügel (-s,-) s.m.
grugnito s.m. Grunzen (-s/.) s.n.
grumo s.m. Klumpen (-s,-) s.m. | – di sangue, Blutgerinnsel (-s,-) s.n.
grumoso agg. klumpig.
gruppo s.m. 1 Gruppe (-,-n) s.f. 2 (industriale) Konzern (-es,-e) s.m.
guadagnare v.tr. 1 verdienen 2 (conquistare) gewinnen (gewann, gewonnen).
guadagno s.m. Verdienst (-es,-e) s.m.
guaio s.m. Mißgeschick (-s,-e) s.n.
guancia s.f. Wange (-,-n) s.f.
guanciale s.m. Kissen (-s,-) s.n.
guanto s.m. Handschuh (-s,-e) s.m.
guardare v.tr. 1 schauen (stare a –) zu-schauen (+dat.) 2 (sorvegliare) bewachen ♦ v.intr. 1 schauen 2 (considerare) betrachten 3 (badare) Wärter (sah zu, zugesehen) 4 (di finestre ecc.) (su) gehen (ging, gegangen) auf ♦ **guardarsi** v.pron. 1 sich betrachten 2 (difendersi) (da) sich hüten vor.
guardaroba s.m. 1 Garderobe (-,-n) s.f. 2 (armadio) Kleiderschrank (-es, -schränke) s.m.
guardata s.f. Blick (-s,-e) s.m.
guardia s.f. 1 Wache (-/.) s.f. 2 (polizia) Polizist (-en,-en) s.m. 3 (carcere) Wärter (-s,-) s.m. 4 (sport) Deckung (-/.) s.f.
guardiano s.m. Wächter (-s,-) s.m.
guardiola s.f. Wache (-,-n) s.f.
guarigione s.f. Heilung (-,-en) s.f., Genesung (-,-en) s.f.
guarire v.intr. genesen (genas, genesen) ♦ v.tr. heilen.
guarnizione s.f. (tecn.) Dichtung (-,-en) s.f.
guastafeste s.m. Spielverderber (-s,-) s.m.
guastare v.tr. 1 ruinieren, beschädigen 2 (fig.) stören ♦ v.intr. schaden ♦ **guastarsi** v.pron. kaputt-gehen (ging kaputt, kaputtgegangen).
guasto agg. kaputt.
guerra s.f. 1 Krieg (-es,-e) s.m. 2

guerriero

(*ostilità*) Kampf (-es, Kämpfe) *s.m.*
guerriero *s.m.* Krieger (-s,-) *s.m.*
guerriglia *s.f.* Guerilla (-,-s) *s.f.*
guerrigliero *s.m.* Guerillakämpfer (-s, -) *s.m.*
gufo *s.m.* (*zool.*) Eule (-,-n) *s.f.*
guglia *s.f.* (*arch.*) Fiale (-,-n) *s.f.*
guida *s.f.* 1 (*accompagnatore*) Führer (-s,-) *s.m.* 2 (*elenco*) Verzeichnis (-ses,-se) *s.n.* 3 (*libro*) Führer (-s,-) *s.m.* 4 (*auto*) Fahrweise (-/-) *s.f.* | *esame di –*, Fahrprüfung (-,-en) *s.f.*
guidare *v.tr.* 1 (*veicoli*) fahren (fuhr, gefahren) 2 leiten.
guidatore *s.m.* Fahrer (-s,-) *s.m.*
guinzaglio *s.m.* Leine (-,-n) *s.f.*
guizzare *v.intr.* zucken, (*di fiamma*) züngeln.
guizzo *s.m.* Zucken (-s/-) *s.n.*
guscio *s.m.* Schale (-,-n) *s.f.*
gustare *v.tr.* genießen (genoß, genossen) (*anche fig.*).
gusto *s.m.* 1 Geschmack (-s, -schmäcke) *s.m.* 2 (*godimento*) Genuß (-nusses/.) *s.m.* 3 (*piacere*) Gefallen (-s/-) *s.m.*
gustoso *agg.* 1 schmackhaft 2 (*fig.*) amüsant.

H

habitué *s.m.* Stammkunde (-n,-n) *s.m.*; (*d'albergo*) Stammgast (-es,-gäste) *s.m.*
handicap *s.m.* 1 (*fisico*) Behinderung (-,-en) *s.f.* 2 (*sport*) Handikap (-s,-s) *s.n.*
handicappato *agg.* behindert ♦ Behinderte (-n,-n) *s.m.*
hard-core *agg.* Super-Sex...

hard disk *s.m.* (*inform.*) Festplatte (-, -n) *s.f.*
hooligan *s.m.* Rowdy (-s,-s) *s.m.*
hostess *s.f.* 1 Stewardess (-,-en) *s.f.* 2 (*accompagnatrice*) Hostess (-, -en) *s.f.*

I

ibrido *agg.* hybrid.
icona *s.f.* Ikone (-,-n) *s.f.*
idea *s.f.* Idee (-,-n) *s.f.*
ideale *agg.* ideal, Ideal... ♦ *s.m.* Ideal (-s,-e) *s.n.*
idealizzare *v.tr.* idealisieren.
ideare *v.tr.* 1 sich (*dat.*) ausdenken (dachte aus, ausgedacht) 2 (*progettare*) planen.
identico *agg.* (*a*) identisch (mit).
identificare *v.tr.* identifizieren.
identità *s.f.* 1 Identität (-,-) *s.f.* 2 (*coincidenza*) Übereinstimmung (-,-en) *s.f.*
ideologico *agg.* ideologisch.
idilliaco *agg.* idyllisch.
idillio *s.m.* Idylle (-/-) *s.f.*
idiomatico *agg.* idiomatisch.
idiota *s.m.* Idiot (-en,-en) *s.m.*
idolo *s.m.* Idol (-s,-e) *s.n.*
idoneo *agg.* (*a*) befähigt (zu); (*adatto*) geeignet (für).
idrante *s.m.* Hydrant (-en,-en) *s.m.*
idratante *agg.*: *crema –*, Feuchtigkeitscreme (-,-n) *s.f.*
idraulico *agg.* hydraulisch ♦ *s.m.* Installateur (-s,-e) *s.m.*
idrico *agg.* Wasser...
idrocarburo *s.m.* (*chim.*) Kohlenwasserstoff (-s,-e) *s.m.*

idrofobo *agg.* 1 (*vet.*) tollwütig 2 (*fig.*) rasend.
idrogeno *s.m.* Wasserstoff (-s/.) *s.m.*
idromassaggio *s.m.* Unterwassermassage (-,-n) *s.f.*
idrorepellente *agg.* wasserabstoßend.
idrovolante *s.m.* Wasserflugzeug (-es, -e) *s.n.*
iella *s.f.* (*fam.*) Pech (-s/.) *s.n.*
iellato *agg.* (*fam.*): essere –, vom Unglück verfolgt sein.
iena *s.f.* 1 Hyäne (-,-n) *s.f.* 2 (*fig.*) Biest (-es,-er) *s.n.*
ieri *avv.* gestern.
iettatore *s.m.* Unglücksbringer (-s,-) *s.m.*
igiene *s.f.* Hygiene (-/.) *s.f.*
igienico *agg.* hygienisch, sanitär.
ignaro *agg.* unwissend, ahnungslos.
ignifugo *agg.* feuerfest.
ignobile *agg.* verwerflich, niederträchtig.
ignominioso *agg.* schändlich.
ignorante *agg.* 1 ungebildet, unwissend 2 (*maleducato*) unerzogen.
ignoranza *s.f.* Unkenntnis (-/.) *s.f.*
ignorare *v.tr.* 1 nicht kennen (kannte, gekannt) 2 (*trascurare*) ignorieren, übersehen (übersah, übersehen).
ignoto *agg.* unbekannt ♦ *s.m.* Unbekannte (-n,-n) *s.m.*
il *art.det.m.sing.* 1 der 2 (*nelle date*) am.
ilarità *s.f.* Fröhlichkeit (-/.) *s.f.*
illazione *s.f.* Schlußfolgerung (-,-en) *s.f.*
illecito *agg.* unrechtmäßig, gesetzwidrig.
illeso *agg.* unversehrt, unbeschadet.
illimitato *agg.* unbegrenzt, unbeschränkt.
illudere *v.tr.* täuschen ♦ **illudersi** *v.pron.* sich (*dat.*) falsche Hoffnungen machen.
illuminare *v.tr.* beleuchten; (*con fari*) anstrahlen.
illuminazione *s.f.* 1 Beleuchtung (-, -en) *s.f.* 2 (*intuizione*) Erleuchtung (-/.) *s.f.*
illusione *s.f.* Täuschung (-,-en) *s.f.*; Illusion (-,-en) *s.f.*
illusionista *s.m.* Zauberkünstler (-s,-) *s.m.*
illuso *s.m.* Träumer (-s,-) *s.m.*
illusorio *agg.* täuschend, trügerisch.
illustrare *v.tr.* 1 illustrieren 2 (*fig.*) erklären, erläutern.
illustrativo *agg.* erläutend.
illustrazione *s.f.* 1 Bild (-es,-er) *s.n.* 2 (*spiegazione*) Erläuterung (-, -en) *s.f.*
illustre *agg.* berühmt; (*insigne*) hervorragend.
imbacuccarsi *v.pron.* sich einmummen.
imballaggio *s.m.* Verpackung (-,-en) *s.f.*
imballare *v.tr.* verpacken.
imballarsi *v.pron.* (*auto*) durchgehen (ging durch, durchgegangen).
imbalsamare *v.tr.* einbalsamieren.
imbambolato *agg.* duselig.
imbarazzare *v.tr.* 1 peinlich sein (+*dat.*) 2 (*rendere perplesso*) verwirren.
imbarazzo *s.m.* Verlegenheit (-/.) *s.f.*
imbarcadero *s.m.* (*mar.*) Landungssteg (-es,-e) *s.m.*
imbarcare *v.tr.* einschiffen.
imbarcazione *s.f.* Wasserfahrzeug (-es,-e) *s.n.*
imbarco *s.m.* Einschiffung (-/.) *s.f.*
imbastire *v.tr.* 1 heften 2 (*abbozzare*) entwerfen (entwarf, entworfen).

imbattersi

imbattersi *v.pron.* (*in*) stoßen (stieß, gestoßen) (auf +*acc*).

imbattibile *agg.* unschlagbar, unbesiegbar.

imbeccata *s.f.* 1 Futter (-s/-) *s.n.* 2 (*fig.*) Einflüsterung (-,-en) *s.f.*

imbecille *s.m.* Dummkopf (-es,-köpfe) *s.m.*

imbevuto *agg.* getränkt, durchtränkt.

imbiancare *v.tr.* 1 weiß färben 2 (*tingere*) an-streichen (strich an, angestrichen).

imbianchino *s.m.* Anstreicher (-s,-) *s.m.*

imbiondire *v.tr.* 1 blondieren 2 (*gastr.*) an-braten (briet an, angebraten).

imbizzarrirsi *v.pron.* 1 scheuen 2 (*fig.*) sich erregen.

imboccatura *s.f.* Mündung (-,-en) *s.f.*

imbocco *s.m.* Einfahrt (-,-en) *s.f.*

imboscata *s.f.* Hinterhalt (-,-en) *s.m.*

imboscato *s.m.* Deserteur (-s,-e) *s.m.*

imbottigliare *v.tr.* ab-füllen.

imbottito *agg.* 1 gefüllt; (*abbigl.*) wattiert; (*poltrone*) gepolstert 2 (*di panino*) belegt.

imbottitura *s.f.* 1 Füllung (-,-en) *s.f.* 2 (*di panini*) Belag (-s, Beläge) *s.m.*

imbracciare *v.tr.*: – *il fucile*, das Gewehr anlegen.

imbranato *agg.* (*fam.*) ungeschickt, tolpatschig.

imbrogliare *v.tr.* 1 (*arruffare*) verwickeln 2 (*fig.*) verwirren 3 (*frodare*) betrügen (betrog, betrogen).

imbroglio *s.m.* Betrug (-s/.) *s.m.*

imbroglione *s.m.* Betrüger (-s,-) *s.m.*

imbronciato *agg.* schmollend.

imbrunire *s.m.* Dämmerung (-/.) *s.f.*

imbucare *v.tr.* ein-werfen (warf ein, eingeworfen).

imbuto *s.m.* Trichter (-s,-) *s.m.*

imitare *v.tr.* nach-ahmen, imitieren.

imitazione *s.f.* Nachahmung (-,-en) *s.f.*

immaginare *v.tr.* 1 sich (*dat*) vor-stellen 2 (*supporre*) vermuten.

immagine *s.f.* 1 Bild (-es,-er) *s.n.* 2 (*di azienda*) Image (-s,-s) *s.n.*

immancabile *agg.* 1 unausbleiblich 2 (*inevitabile*) unvermeidlich.

immatricolare *v.tr.* 1 ein-schreiben (schrieb ein, eingeschrieben) 2 (*auto*) zu-lassen (ließ zu, zugelassen).

immedesimarsi *v.pron.* (*in*) sich ein-fühlen (in +*acc*.).

immediato *agg.* 1 sofortig, prompt 2 direkt (*istintivo*) spontan.

immenso *agg.* 1 unendlich 2 (*numeroso*) unzählig.

immergere *v.tr.* tauchen, unter-tauchen.

immeritato *agg.* unverdient; (*di castigo*) ungerecht.

immersione *s.f.* Tauchen (-s/.) *s.f.*

immettere *v.tr.* 1 ein-lassen (ließ ein, eingelassen) 2 (*introdurre*) ein-führen ♦ *v.intr.* führen.

immigrato *agg.* eingewandert ♦ *s.m.* Einwanderer (-s,-) *s.m.*

imminente *agg.* bevorstehend.

immischiare *v.tr.* hinein-ziehen (zog hinein, hineingezogen) ♦ **immischiarsi** *v.pron.* sich ein-mischen.

immobile *agg.* unbeweglich, regungslos.

immobiliare *agg.* Immobilien-..., Immobiliar-...

immobilizzare *v.tr.* 1 fest-halten (hielt fest, festgehalten) 2 (*med.*) ruhig-stellen.

immondizia *s.f.* Müll (-s/.) *s.m.*

immorale *agg.* unmoralisch, unsittlich.
immortale *agg.* unsterblich.
immune *agg.* (da) 1 (*med.*) immun (gegen) 2 (*essente*) frei (von).
immunitario *agg.* Immun-.
immunodeficienza *s.f.* Immunschwäche (-,-n) *s.f.*
immutato *agg.* unverändert.
impacciato *agg.* unbeholfen, ungeschickt.
impaccio *s.m.*: *essere d'–*, stören, im Weg sein.
impacco *s.m.* Umschlag (-s,-schläge) *s.m.*
impadronirsi *v.pron.* (di) sich bemächtigen (+gen), sich (dat) an eignen.
impalato *agg.* angewurzelt.
impalcatura *s.f.* Baugerüst (-es,-e) *s.n.*
impallidire *v.intr.* blaß werden, erblassen.
impalpabile *agg.* kaum wahrnehmbar.
impantanarsi *v.pron.* im Schlamm stecken bleiben.
impappinarsi *v.pron.* sich verhaspeln.
imparare *v.tr.* lernen.
impareggiabile *agg.* unvergleichlich.
imparziale *agg.* unparteiisch; unvoreingenommen.
impassibile *agg.* unbewegt.
impastare *v.tr.* kneten; (*colori*) mischen.
impasto *s.m.* 1 (*gastr.*) Teig (-es,-e) *s.m.* 2 Mischung (-,-en) *s.f.*
impatto *s.m.* 1 Zusammenstoß (-es, -stöße) *s.m.* 2 (*influsso*) Einfluß (-flusses,-flüsse) *s.m.*
impazzire *v.intr.* verrückt werden.
impeccabile *agg.* tadellos; einwandfrei.
impedimento *s.m.* Verhinderung (-, -en) *s.f.*
impedire *v.tr.* 1 hindern 2 (*evitare*) verhindern 3 (*impacciare*) behindern.
impegnare *v.tr.* 1 verpfänden 2 (*occupare*) beschäftigen ♦ **impegnarsi** *v.pron.* sich verpflichten.
impegnativo *agg.* 1 verbindlich 2 anspruchsvoll.
impegno *s.m.* 1 Verbindlichkeit (-, -en) *s.f.* 2 (*zelo*) Fleiß (-es!.) *s.m.*
impenetrabile *agg.* undurchdringlich.
impenitente *agg.* unverbesserlich.
impensierire *v.tr.* jdm. Sorgen machen.
impercettibile *agg.* unhörbar.
imperfezione *s.f.* Unvollkommenheit (-,-en) *s.f.*
imperialismo *s.m.* Imperialismus (-s!.) *s.m.*
imperioso *agg.* 1 gebieterisch 2 (*impellente*) dringend.
impermeabilizzare *v.tr.* wasserdicht machen.
impero *s.m.* Reich (-es,-e) *s.n.*
impersonale *agg.* unpersönlich.
imperterrito *agg.* unerschrocken.
impertinente *agg.* ungehörig, frech.
imperturbabile *agg.* unerschütterlich.
imperversare *v.intr.* toben, wüten.
impeto *s.m.* Schwung (-s, Schwünge) *s.m.*
impetuoso *agg.* 1 tobend 2 (*fig.*) ungestüm, impulsiv.
impianto *s.m.* Anlage (-,-n) *s.f.*
impiastro *s.m.* (*fam.*) (*persona noiosa*) Nervensäge (-,-n) *s.f.*
impiccare *v.tr.* erhängen.
impicciarsi *v.pron.* (di) sich ein mischen (in +acc.).
impiegare *v.tr.* 1 an wenden 2 (*assumere*) ein stellen 3 (*investire*) an legen.
impiegato *s.m.* 1 Angestellte (-n,-n) *s.m.* 2 (*in uffici pubblici*) Beamte (-n, -n) *s.m.*

impiego *s.m.* 1 Stelle (-,-n) *s.f.* 2 (*utilizzazione*) Anwendung (-,-en) *s.f.*

impietoso *agg.* mitleidlos, erbarmungslos.

impigliarsi *v.pron.* sich verfangen (verfing, verfangen).

implacabile *agg.* unversöhnlich, unerbittlich.

implicare *v.tr.* 1 (*comportare*) einschließen (schloß ein, eingeschlossen) 2 (*coinvolgere*) verwickeln.

implicito *agg.* 1 (*sottinteso*) implizit 2 (*ovvio*) selbstverständlich.

implorare *v.tr.* erflehen, (an-)flehen (um +*acc.*).

impolverato *agg.* verstaubt, staubig.

imponente *agg.* imposant; stattlich.

imponibile *s.m.* Bemessungsgrundlage (-,-n) *s.f.*

imporre *v.tr.* 1 auf·setzen 2 (*ordinare*) auf·zwingen (zwang auf, aufgezwungen) 3 (*far valere*) durch·setzen.

importante *agg.* wichtig; (*rilevante*) bedeutend; (*notevole*) beträchtlich.

importanza *s.f.* Wichtigkeit (-/-) *s.f.*; (*rilevanza*) Bedeutung (-,-en) *s.f.*; (*valore*) Wert (-es,-e) *s.m.*

importare *v.tr.* importieren ♦ *v.intr.* (*essere importante*) bedeuten 2 – *a qlcu.*, für jdn. wichtig sein.

importazione *s.f.* Import (-s,-e) *s.m.*

importo *s.m.* Betrag (-es, Beträge) *s.m.*

imposizione *s.f.* 1 (*ordine*) Auferlegung (-/.) *s.f.* 2 (*fin.*) Besteuerung (-/.) *s.f.*

impossessarsi *v.pron.* (*di*) sich (*dat.*) an·eignen; Besitz ergreifen (von).

impossibile *agg.* 1 unmöglich 2 (*insopportabile*) unerträglich.

imposta¹ *s.f.* (*fin.*) Steuer (-,-n) *s.f.*

imposta² *s.f.* 1 Fensterladen (-s,-läden) *s.m.* 2 (*arch.*) Kämpfer (-s,-) *s.m.*

impostare *v.tr.* 1 (*tracciare*) entwerfen (entwarf, entworfen) 2 (*imbucare*) ein·werfen (warf ein, eingeworfen).

impotenza *s.f.* 1 Machtlosigkeit (-/.) *s.f.* 2 (*sessuale*) Impotenz (-/.) *s.f.*

impraticabile *agg.* 1 (*inagibile*) unwegsam; (*a piedi*) ungangbar; (*con automezzo*) unbefahrbar 2 (*inattuabile*) undurchführbar.

imprecare *v.intr.* fluchen.

imprecisato *agg.* unbestimmt; unbekannt.

impregnare *v.tr.* 1 (durch)tränken (mit) 2 (*riempire*) erfüllen.

imprenditore *s.m.* Unternehmer (-s,-) *s.m.*

impreparato *agg.* unvorbereitet; unausgebildet.

impresa *s.f.* Unternehmen (-s,-) *s.n.*

impresario *s.m.* (*teatr.*) Agent (-en, -en) *s.m.*

impressionante *agg.* eindrucksvoll, beeindruckend.

impressionare *v.tr.* beeindrucken; (*turbare*) erschüttern.

impressione *s.f.* Eindruck (-s,-drücke) *s.m.*

imprevedibile *agg.* unabsehbar, (*di persone*) unberechenbar.

imprevisto *agg.* unvorhergesehen.

imprimere *v.tr.* ein·prägen 2 (*dare*) übertragen (übertrug, übertragen).

improbabile *agg.* unwahrscheinlich.

improduttivo *agg.* unergiebig, unproduktiv.

impronta *s.f.* 1 Abdruck (-es,-drücke) *s.m.* 2 (*traccia*) Spur (-,-en) *s.f.*

improprio *agg.* 1 unpassend; (*impreciso*) ungenau 2 (*mat.*) unecht.

improrogabile *agg.* unaufschiebbar.
improvvisare *v.tr. e intr.* 1 improvisieren 2 *(preparare in fretta)* rasch vorbereiten ♦ **improvvisarsi** *v.pron.* spielen.
improvvisata *s.f.* Überraschung (-,-en) *s.f.*
improvviso *agg.* plötzlich; *(inaspettato)* unerwartet.
impudente *agg.* unverschämt; *(sfacciato)* frech.
impugnare *v.tr.* 1 in der Hand halten 2 *(dir.)* anfechten.
impulsivo *agg.* impulsiv.
impulso *s.m.* Impuls (-es,-e) *s.m.*
impunemente *avv.* straffrei, ungestraft.
impuntarsi *v.pron.* *(su)* sich versteifen (auf +*acc*).
imputato *s.m.* Angeklagte (-n,-n) *s.m.*
imputazione *s.f.* Anklage (-,-n) *s.f.*
in *prep.* 1 *(stato in luogo)* in, auf (+*dat.*) 2 *(moto a luogo)* in, auf (+*acc.*) 3 *(moto per luogo circoscritto)* in (+*dat.*), durch (+*acc.*) 4 *(tempo det.)* in, an (+*dat.*) 5 *(mezzo)* mit, in (+*acc.*) 6 *(fine, scopo)* zu, in (+*dat.*); für.
inabile *agg.* unfähig, untauglich.
inabissarsi *v.pron.* versinken (versank, versunken).
inaccessibile *agg.* 1 unzugänglich, unerreichbar 2 *(di prezzi)* unerschwinglich.
inaccettabile *agg.* unannehmbar.
inacidirsi *v.pron.* sauer werden 2 *(fig.)* verbittern.
inadeguato *agg.* 1 unangemessen 2 *(insufficiente)* unzulänglich 3 *(incompetente)* ungeeignet.
inadempiente *agg.* nicht erfüllend; *(comm.)* vertragsbrüchig.
inagibile *agg.* 1 *(di edifici)* unbewohnbar 2 *(di strade)* unbefahrbar.
inalazione *s.f.* Inhalation (-,-en) *s.f.*
inamidare *v.tr.* stärken.
inammissibile *agg.* unzulässig; nicht akzeptabel.
inanimato *agg.* 1 unbelebt 2 *(esanime)* leblos.
inappuntabile *agg.* untadelig, tadellos.
inaridire *v.tr.* aus·dörren, aus·trocknen.
inaspettato *agg.* unerwartet, unvermutet.
inasprire *v.tr.* 1 verschärfen 2 *(aumentare)* erhöhen.
inattendibile *agg.* unglaubwürdig.
inattività *s.f.* Untätigkeit (-/.) *s.f.*
inaudito *agg.* unerhört, unglaublich.
inaugurare *v.tr.* ein·weihen, eröffnen.
inaugurazione *s.f.* 1 Eröffnung (-,-en) *s.f.* 2 *(di edificio)* Einweihung (-,-en) *s.f.*
incagliarsi *v.pron.* 1 *(mar.)* stranden 2 *(fig.)* ins Stocken geraten.
incalcolabile *agg.* unermeßlich; *(inestimabile)* unschätzbar.
incallito *agg.* 1 schwielig 2 *(fig.)* Gewohnheits...
incamminarsi *v.pron.* sich auf den Weg machen.
incandescente *agg.* glühend, Glüh...
incantare *v.tr.* 1 verzaubern 2 *(affascinare)* bezaubern.
incantesimo *s.m.* Verzauberung (-,-en) *s.f.*
incantevole *agg.* zauberhaft, bezaubernd.
incanto *s.m.* 1 Zauber (-s,-) *s.m.* 2 *(dir.)* Versteigerung (-,-en) *s.f.*
incapace *agg.* unfähig.
incaricare *v.tr.* *(di)* beauftragen (mit) ♦

incaricarsi *v.pron.* (*di*) sich kümmern (um +*acc.*).
incaricato *s.m.* Beauftragte (-n,-n) *s.m.*
incarico *s.m.* Auftrag (-s,-träge) *s.m.* | per – di, im Auftrag von.
incartamento *s.m.* Akte (-,-n) *s.f.*
incartare *v.tr.* in Papier wickeln, ein-wickeln.
incassare *v.tr.* 1 (ein-)kassieren; (*riscuotere*) ein-lösen 2 (*fig.*) ein-stecken
♦ **incassarsi** *v.pron.*eingedrückt werden.
incasso *s.m.* Einnahme (-,-n) *s.f.*
incastrare *v.tr.* ineinander-stecken ♦ **incastrarsi** *v.pron.* sich verklemmen.
incavo *s.m.* 1 Aushöhlung (-,-n) *s.f.* 2 (*sartoria*) Ausschnitt (-es,-e) *s.m.*
incendiare *v.tr.* in Brand setzen.
incendio *s.m.* Brand (-es, Brände) *s.m.*
incensurato *agg.* (*dir.*) unbescholten.
incentivo *s.m.* 1 Ansporn (-s,-e) *s.m.* 2 (*comm.*) Prämie (-,-n) *s.f.*
incepparsi *v.pron.* sich verklemmen.
incertezza *s.f.* Ungewißheit (-,-en) *s.f.*
incerto *agg.* unsicher; (*non definito*) ungewiß; (*indeterminato*) unbestimmt.
incessante *agg.* unaufhörlich, ununterbrochen.
incetta *s.f.*: fare – di provviste, Lebensmittel hamstern.
inchiesta *s.f.* 1 (*dir.*) Untersuchung (-,-en) *s.f.* 2 (*giornalistica*) Umfrage (-,-n) *s.f.*
inchino *s.m.* Verbeugung (-,-en) *s.f.*
inchiodare *v.tr.* fest-nageln (*anche fig.*).
inchiostro *s.m.* 1 Tinte (-,-n) *s.f.* 2 (*tip.*) Druckerschwärze (-) *s.f.*
inciampare *v.intr.* stolpern.
incidente *s.m.* Unfall (-s,-fälle) *s.m.*
incidere *v.tr.* 1 ein-schneiden (schnitt ein, eingeschnitten) 2 (*dischi*) ein-spielen.

incinta *agg.* schwanger.
incisione *s.f.* 1 Einschnitt (-es,-e) *s.m.* 2 (*registrazione*) Aufnahme (-,-n) *s.f.*
incisivo *agg.* 1 *dente –*, Schneidezahn, Vorderzahn (-es,-zähne) *s.m.* 2 (*fig.*) einprägsam..
incitare *v.tr.* 1 an-treiben (trieb an, angetrieben) 2 (*istigare*) (*a*) auf-hetzen (zu).
incivile *agg.* 1 unzivilisiert 2 (*maleducato*) grob, ungesittet.
inclinare *v.tr.* neigen, schräg stellen.
inclinazione *s.f.* Neigung (-,-en) *s.f.*
incline *agg.* (*a*) geneigt (zu).
includere *v.tr.* bei-legen.
incognita *s.f.* 1 (*mat.*) Unbekannte (-,-n) *s.f.* 2 (*fig.*) Ungewißheit (-,-en) *s.f.*
incollare *v.tr.* (auf-)kleben.
incolore *agg.* 1 farblos 2 (*fig.*) fade, leblos.
incolpare *v.tr.* beschuldigen.
incolto *agg.* 1 unbebaut 2 (*trascurato*) ungepflegt 3 (*fig.*) ungebildet.
incolume *agg.* unversehrt; (*di cose*) unbeschädigt.
incombere *v.intr.* drohen.
incominciare *v.tr. e intr.* (*con*) an-fangen (fing an, angefangen) (mit).
incompatibilità *s.f.* 1 Unvereinbarkeit (-/.) *s.f.* 2 (*med.*) Unverträglichkeit (-/.) *s.f.*
incompetente *agg.* nicht eingestehbar.
incomprensibile *agg.* unbegreiflich, unfaßbar.
inconcepibile *agg.* unbegreiflich, unfaßbar.
inconcludente *agg.* zusammenhanglos.
incondizionato *agg.* 1 bedingungslos 2 (*assoluto*) unbedingt.
inconfessabile *agg.* nicht eingestehbar.
inconfondibile *agg.* unverwechselbar.

incongruente agg. nicht übereinstimmend.

inconsapevole agg. unbewußt.

inconscio agg. unbewußt ♦ s.m. (psic.) Unbewußte (-n,-n) s.n.

inconsulto agg. unüberlegt, unbesonnen.

incontaminato agg. 1 nicht verschmutzt 2 (primigenio) unberührt.

incontentabile agg. unersättlich, unerfüllbar.

incontrare v.tr. treffen (traf, getroffen), begegnen.

incontro¹ s.m. Begegnung (-,-en) s.f.

incontro² avv. entgegen.

incontrovertibile agg. unanfechtbar.

inconveniente s.m. 1 Unannehmlichkeit (-,-en) s.f. 2 (svantaggio) Nachteil (-s,-e) s.m.

incoraggiare v.tr. 1 ermutigen (favorire) fördern.

incorniciare v.tr. 1 ein-rahmen 2 (fig.) umrahmen.

incoronare v.tr. krönen.

incoronazione s.f. Krönung (-,-en) s.f.

incorporare v.tr. ein-gliedern.

incorreggibile agg. unverbesserlich.

incorrere v.intr. (in) geraten (geriet, geraten) (in +acc.).

incosciente agg. 1 bewußtlos 2 (irresponsabile) leichtsinnig.

incostante agg. unkonstant, unbeständig.

incostituzionale agg. (dir.) verfassungswidrig.

incredulo agg. ungläubig.

incremento s.m. Zunahme (-,-n) s.f.

incriminare v.tr. beschuldigen, an-klagen.

incriminazione s.f. Beschuldigung (-, -en) s.f.

incrinatura s.f. Sprung (-s, Sprünge) s.m.

incrociare v.tr. kreuzen.

incrociatore s.m. Kreuzer (-s,-) s.m.

incrocio s.m. Kreuzung (-,-en) s.f.

incrollabile agg. 1 einsturzsicher 2 (fig.) unbeirrbar.

incrostare v.tr. verkrusten.

incruento agg. unblutig.

incubatrice s.f. Brutkasten (-s,-kästen) s.m.

incubo s.m. Alptraum (-s,-träume) s.m.

incudine s.f. Amboß (-bosses,-bosse) s.m.

inculcare v.tr. ein-prägen, ein-schärfen.

incurante agg. unbekümmert.

incuria s.f. Nachlässigkeit (-/-) s.f.

incuriosire v.tr. neugierig machen.

incursione s.f. (mil.) Angriff (-s,-e) s.m.

incurvare v.tr. biegen (bog, gebogen), krümmen.

incustodito agg. unbewacht.

incutere v.tr. ein-jagen, ein-flößen.

indaffarato agg. beschäftigt, vielbeschäftigt.

indagare v.tr. erforschen ♦ v.intr. (dir.) (su) ermitteln (gegen).

indagine s.f. 1 Erforschung (-,-en) s.f. 2 (dir.) Untersuchung (-,-en) s.f.

indebitarsi v.pron. in Schulden geraten.

indebito agg. 1 unrechtmäßig 2 (immeritato) unverdient.

indebolire v.tr. schwächen ♦ **indebolirsi** v.pron. schwach werden.

indecente agg. unanständig, schändlich.

indeciso agg. unentschieden, unentschlossen.

indefinibile agg. undefinierbar, unbestimmbar.

indefinito agg. 1 unbestimmt, ungenau 2 (non risolto) ungelöst.
indeformabile agg. unverformbar.
indegno agg. unwürdig, würdelos.
indelebile agg. unauslöschlich.
indelicato agg. taktlos, grob.
indenne agg. unverletzt, unversehrt.
indennità s.f. 1 Schadenersatz (-es/.) s.m. 2 (amn.) Zulage (-,-n) s.f.
indennizzare v.tr. entschädigen.
indennizzo s.m. Entschädigung (-/.) s.f.
inderogabile agg. unaufschiebbar.
indescrivibile agg. unbeschreiblich.
indeterminato agg. unbestimmt.
indiavolato agg. besessen, vom Teufel geritten.
indicare v.tr. 1 zeigen (auf +acc.) 2 (mostrare) (an-)zeigen 3 (consigliare) empfehlen (empfahl, empfohlen) 4 (rilevare) an-geben (gab an, angegeben).
indicativo agg. 1 Richt..., ungefähr 2 (rivelatore) bezeichnend.
indicato agg. (per) geeignet (für).
indicazione s.f. 1 Hinweis (-es,-e) s.m. 2 (segnalazione) Ausschilderung (-,-en) s.f.
indice s.m. 1 Zeigefinger (-e,-) s.m. 2 (segno) Zeichen (-s,-) s.n. 3 (edit.) Inhaltsverzeichnis (-ses,-se) s.n.
indicibile agg. unsagbar.
indicizzare v.tr. (econ.) an-gleichen (glich an, angeglichen); indexieren.
indietro avv. 1 (moto a luogo) zurück (come prefisso mobile di verbi) rückwärts 2 (stato in luogo) zurück (come prefisso mobile di verbi); im Rückstand.
indifeso agg. wehrlos.
indifferente agg. 1 gleichgültig 2 (uguale) egal, einerlei.

indigeno agg. eingeboren, einheimisch
♦ s.m. Eingeborene (-n,-n) s.m.
indigestione s.f. Verdauungsstörung (-,-en) s.f.
indigesto agg. unverdaulich.
indignato agg. entrüstet, empört.
indignazione s.f. Empörung (-/.) s.f.
indimenticabile agg. unvergeßlich.
indipendente agg. 1 (da) unabhängig (von) 2 (autonomo) selbständig.
indire v.tr.: (idiom.) – le elezioni, die Wahl ansetzen.
indiretto agg. indirekt, mittelbar.
indirizzare v.tr. richten.
indirizzo s.m. Anschrift (-,-en) s.f.
indiscreto agg. indiskret, taktlos.
indiscrezione s.f. Taktlosigkeit (-/.) s.f.
indiscusso agg. unbestritten.
indiscutibile agg. unbestreitbar.
indispensabile agg. unentbehrlich, unerläßlich.
indispettire v.tr. verdrießen (verdroß, verdrossen).
indisponente agg. verstimmend, ärgerlich.
indisposto agg. unpäßlich: essere –, sich unwohl fühlen.
individuale agg. individuell; Einzel...
individuo s.m. Individuum (-s,-duen) s.n.
indiziato s.m. (dir.) Verdächtige (-n,-n) s.m.
indizio s.m. 1 Anzeichen (-s,-) s.n. 2 (dir.) Indiz (-es,-dizien) s.n.
indole s.f. 1 Gemüt (-s/.) s.n. 2 (di cosa) Natur (-/.) s.f.
indolente agg. träge, lässig.
indolenzito agg.: sentirsi (tutto) –, Gliederschmerzen haben.
indossatore s.m. 1 Kleiderständer

(-s,-) *s.m.* **2** (*di moda*) Dressman (-s, -men) *s.m.*

indovinare *v.tr.* **1** raten (riet, geraten) **2** (*riuscire a indovinare*) erraten (erriet, erraten).

indovinato *agg.* gut getroffen.

indovinello *s.m.* Rätsel (-s,-) *s.n.*

indugio *s.m.* Zögern (-s/-) *s.n.*

indulgente *agg.* nachsichtig.

indumento *s.m.* Kleidungsstück (-(e)s,-e) *s.n.*

indurire *v.tr.* verhärten.

industria *s.f.* Industrie (-,-n) *s.f.*

industriale *agg.* Industrie...

inebetito *agg.* benommen, abgestumpft.

inebriante *agg.* berauschend.

ineccepibile *agg.* einwandfrei, tadellos.

inedito *agg.* **1** unveröffentlicht **2** (*fig.*) neu, original.

ineffabile *agg.* unsagbar, unaussprechlich.

ineguagliabile *agg.* unerreichbar.

inequivocabile *agg.* unmißverständlich, unzweideutig.

inerte *agg.* **1** träge **2** (*inoperoso*) untätig **3** (*immobile*) unbeweglich.

inesauribile *agg.* unerschöpflich.

inesorabile *agg.* unerbittlich.

inesperienza *s.f.* Unerfahrenheit (-/-) *s.f.*

inestimabile *agg.* **1** unschätzbar **2** (*fig.*) unermeßlich.

inetto *agg.* **1** untalentiert **2** (*incapace*) unfähig ♦ *s.m.* Nichtsnutz (-es,-e) *s.m.*

inezia *s.f.* Kleinigkeit (-,-en) *s.f.*

infallibile *agg.* unfehlbar; (*sicuro*) sicher.

infamante *agg.* entehrend, beschämend.

infame *agg.* **1** schändlich, infam **2** (*fam.*) scheußlich, abscheulich.

infangare *v.tr.* **1** mit Schlamm bedecken **2** (*fig.*) in den Schmutz ziehen.

infantile *agg.* **1** kindlich, Kinder... **2** (*puerile*) kindisch.

infanzia *s.f.* Kindheit (-/-) *s.f.*

infastidire *v.tr.* stören, belästigen.

infatti *cong.* **1** nämlich, denn **2** (*veramente*) tatsächlich.

infelice *agg.* **1** unglücklich **2** (*sgraziato*) nicht gut gebaut; ungünstig.

inferiore *agg.* **1** (*sottostante*) unter(e) **2** (*di altezza, misura*) niedriger, tiefer.

inferiorità *s.f.* Unterlegenheit (-/-) *s.f.*

infermeria *s.f.* Krankenstation (-,-en) *s.f.*

infermiera *s.f.* Krankenschwester (-,-n) *s.f.*

infermiere *s.m.* Krankenpfleger (-s,-) *s.m.*

infernale *agg.* höllisch, Höllen...

inferno *s.m.* Hölle (-/-) *s.f.*

inferocito *agg.* wildgeworden; (*fig.*) wütend.

inferriata *s.f.* Eisengitter (-s,-) *s.n.*

infestare *v.tr.* verseuchen.

infettivo *agg.* Infektions..., ansteckend.

infetto *agg.* infiziert.

infezione *s.f.* (*med.*) Infektion (-,-en) *s.f.*

infiammabile *agg.* entzündbar.

infiammazione *s.f.* Entzündung (-,-en) *s.f.*

infierire *v.intr.* **1** (*su*) rasen (über +*acc.*) **2** (*imperversare*) wüten.

infilare *v.tr.* **1** ein-fädeln **2** stecken **3** (*indossare*) an-ziehen (zog an, angezogen).

infiltrato *s.m.* Verbindungsmann (-es, -männer) *s.m.*

infiltrazione *s.f.* (*med./pol.*) Infiltration (-,-en) *s.f.*

infine *avv.* 1 (*alla fine*) schließlich 2 (*allora*) eigentlich, vielleicht einmal.

infinità *s.f.* 1 Unendlichkeit (-/.) *s.f.* 2 (*quantità innumerevole*) Unzahl (-/.) *s.f.*

infinito *agg.* 1 unendlich, endlos 2 (*innumerevole*) unzählig.

infischiarsi *v.pron.* (*fam.*) (*di*) pfeifen (pfiff, gepfiffen) (auf +*acc.*).

infisso *s.m.* Rahmen (-s,-) *s.m.*

inflazione *s.f.* Inflation (-,-en) *s.f.*

inflessibile *agg.* unbeugsam, unerschütterlich.

infliggere *v.tr.* verhängen, auferlegen.

influente *agg.* einflußreich.

influenza *s.f.* 1 (*su*) Einfluß (-flusses, -flüsse) *s.m.* (auf +*acc.*) 2 (*med.*) Grippe (-,-n) *s.f.*

influenzare *v.tr.* beeinflussen, ein·wirken (auf +*acc.*).

influire *v.intr.* (*su*) ein·wirken (auf +*acc.*), beeinflussen.

influsso *s.m.* (*su*) Einwirkung (-,-en) *s.f.* (auf +*acc.*).

informare *v.tr.* (*di*) benachrichtigen (über +*acc.*). ◆ **informarsi** *v.pron.* 1 (*di*) sich erkundigen (nach) 2 (*conformarsi*) (*a*) sich richten (nach).

informatica *s.f.* Informatik (-/.) *s.f.*

informazione *s.f.* Auskunft (-,-künfte) *s.f.*

infortunato *agg.* Verunglückte (-n,-n) *s.m.*

infortunio *s.m.* Unfall (-s,-fälle) *s.m.*

infrangere *v.tr.* 1 zerbrechen (zerbrach, zerbrochen) 2 (*fig.*) (*trasgredire*) übertreten (übertrat, übertreten).

infrangibile *agg.* unzerbrechlich, bruchfest.

infrasettimanale *agg.* während der Woche.

infrastruttura *s.f.* Infrastruktur (-,-en) *s.f.*

infrazione *s.f.* (*dir.*) Verstoß (-es, -stöße) *s.m.*

infreddolito *agg.*: essere –, frieren, frösteln.

infruttuoso *agg.* 1 fruchtlos, unfruchtbar 2 (*vano*) vergeblich, nutzlos.

infuriato *agg.* wütend.

infuso *s.m.* Aufguß (-gusses, -güsse) *s.m.*

ingaggiare *v.tr.* 1 engagieren 2 (*incominciare*) eröffnen.

ingaggio *s.m.* 1 Anstellung (-,-en) *s.f.* 2 (*somma*) Gage (-,-n) *s.f.*

ingannare *v.tr.* täuschen, (be)trügen ((be)trog, (be)trogen).

inganno *s.m.* Betrug (-es/.) *s.m.* 2 (*illusione*) Täuschung (-,-en) *s.f.*

ingarbugliare *v.tr.* verwirren, verwickeln.

ingegnere *s.m.* Ingenieur (-s,-e) *s.m.*

ingegneria *s.f.* 1 Ingenieurwesen (-s, -) *s.n.* 2 (*università*) Technische Hochschule (-,-n) *s.f.*

ingegno *s.m.* Geist (-es/.) *s.m.*

ingegnoso *agg.* erfinderisch, einfallsreich.

ingenuo *agg.* naiv, arglos.

ingerenza *s.f.* Einmischung (-,-en) *s.f.*

ingessare *v.tr.* ein·gipsen.

inghiottire *v.tr.* schlucken, verschlucken.

ingigantire *v.tr.* auf·bauschen, übertreiben (übertrieb, übertrieben).

inginocchiarsi *v.pron.* 1 sich nieder·knien 2 (*fig.*) sich krümmen.

ingiustizia *s.f.* Ungerechtigkeit (-/.) *s.f.*

ingiusto *agg.* ungerecht.

ingoiare *v.tr.* **1** verschlingen (verschlang, verschlungen) **2** (*sopportare*) erdulden.

ingolfato *agg.* abgesoffen.

ingombrante *agg.* sperrig, platzraubend.

ingombrare *v.tr.* versperren.

ingombro *agg.* versperrt; (*pieno*) überhäuft.

ingordo *agg.* **1** gefräßig **2** (*avido*) gierig.

ingorgarsi *v.pron.* verstopfen.

ingorgo *s.m.* **1** Verstopfung (-,-en) *s.f.* **2** (*di traffico*) Stau (-s,-e) *s.m.*

ingranaggio *s.m.* (*tecn.*) Getriebe (-s,-) *s.n.*

ingranare *v.tr.* **1** (*tecn.*) ein greifen (griff ein, eingegriffen) **2** (*fig.*) an laufen (lief an, angelaufen).

ingrandimento *s.m.* Vergrößerung (-, -en) *s.f.*

ingrassare *v.intr.* **1** (*peso*) dick machen **2** (*ungere*) ein fetten **3** (*lubrificare*) ein schmieren.

ingrediente *s.m.* **1** Zutat (-,-en) *s.f.* **2** (*componente*) Bestandteil (-s,-e) *s.m.*

ingresso *s.m.* **1** Eingang (-s,-gänge) *s.m.* **2** (*anticamera*) Vorzimmer (-s,-) *s.n.*

ingrossare *v.tr.* dick machen, vergrößern.

ingrosso, all' *locuz.avv.* en gros, Groß...

ingualcibile *agg.* knautschfrei, knitterfrei.

inguaribile *agg.* **1** unheilbar **2** (*fig.*) unverbesserlich.

inguine *s.m.* (*anat.*) Leiste (-,-n) *s.f.*

inibito *agg.* (*med.*) gehemmt.

iniettare *v.tr.* (*med.*) ein spritzen.

iniezione *s.f.* (*med.*) Spritze (-,-n) *s.f.*

inimicizia *s.f.* Feindschaft (-/.) *s.f.*

inimitabile *agg.* unnachahmlich, unvergleichlich.

iniquo *agg.* **1** (*ingiusto*) ungerecht **2** (*malvagio*) niederträchtig **3** (*avverso*) widrig.

iniziale *agg.* Anfangs... ♦ *s.f.* Anfangsbuchstabe (-n,-n) *s.m.*

iniziare *v.tr.* **1** an fangen (fing an, angefangen) **2** (*avviare*) ein weihen ♦ *v.intr.* beginnen (begann, begonnen).

iniziativa *s.f.* **1** Initiative (-,-n) *s.f.* **2** (*intraprendenza*) Unternehmung (-, -en) *s.f.*

inizio *s.m.* Anfang (-s, Anfänge) *s.m.*

innalzare *v.tr.* **1** (*portare in alto*) heben (hob, gehoben) **2** (*erigere*) errichten **3** (*aumentare*) erhöhen.

innamorarsi *v.pron.* (*di*) sich verlieben (in +*acc.*).

innegabile *agg.* unbestreitbar.

innervosire *v.tr.* nervös machen.

innescare *v.tr.* **1** zünden **2** (*fig.*) entfesseln.

innesto *s.m.* **1** (*bot.*) Veredlung (-, -en) *s.f.* **2** (*med.*) Verpflanzung (-,-en) *s.f.*

inno *s.m.* Hymne (-,-n) *s.f.*

innocente *agg.* **1** unschuldig **2** (*senza malizia*) harmlos ♦ *s.m.* Unschuldige (-n,-n) *s.m.*

innocuo *agg.* ungefähr, unschädlich.

innovazione *s.f.* Erneuerung (-/.) *s.f.*

innumerevole *agg.* unzählig, zahllos.

inoffensivo *agg.* harmlos, unschädlich.

inoltre *avv.* **1** außerdem, ferner **2** (*per di più*) darüber hinaus.

inondare *v.tr.* überschwemmen.

inopportuno *agg.* ungelegen, unpassend.

inorridire *v.intr.* erschaudern, sich entsetzen.

inospitale *agg.* ungastlich.

inosservato *agg.* unbemerkt, unbeachtet.

inossidabile *agg.* rostbeständig, rostfrei.

inquadrare *v.tr.* ein-ordnen.

inquadratura *s.f.* (*fot./cinem.*) Bildschnitt (-es,-e) *s.m.*

inqualificabile *agg.* 1 unqualifizierbar 2 (*fig.*) unmöglich.

inquietante *agg.* beunruhigend, unheimlich.

inquieto *agg.* 1 unruhig 2 (*preoccupato*) besorgt 3 (*risentito*) verärgert.

inquilino *s.m.* Mieter (-s,-) *s.m.*; (*in subaffitto*) Untermieter (-s,-) *s.m.*

inquinamento *s.m.* Verschmutzung (-,-en) *s.f.*

inquinare *v.tr.* verschmutzen.

inquisire *v.tr.* (*dir.*) ermitteln (gegen), untersuchen.

insabbiare *v.tr.* 1 mit Sand bedecken 2 (*fig.*) versanden lassen (ließ versanden, versanden lassen).

insalata *s.f.* Salat (-es,-e) *s.m.*

insalatiera *s.f.* Salatschüssel (-,-n) *s.f.*

insanguinare *v.tr.* mit Blut beflecken.

insaponare *v.tr.* ein-seifen.

insaporire *v.tr.* (*con spezie*) würzen.

insaziabile *agg.* unersättlich.

inscenare *v.tr.* inszenieren.

insediarsi *v.pron.* 1 an-treten (trat an, angetreten) 2 (*stanziarsi*) sich an-siedeln.

insegna *s.f.* 1 (*stemma*) Wappen (-s,-) *s.n.* 2 (*di negozio*) Schild (-es,-er) *s.n* ♦ **all'– di** *locuz.prep.* im Zeichen (+*gen.*).

insegnamento *s.m.* 1 Unterricht (-s/,-) *s.m.* 2 (*professione*) Lehrerberuf (-es,-e) *s.m.* 3 (*fig.*) Lehre (-,-n) *s.f.*

insegnante *s.m.* Lehrer (-s,-) *s.m.*

insegnare *v.tr.* 1 lehren 2 (*scuola*) unterrichten.

inseguire *v.tr.* verfolgen.

insenatura *s.f.* Einbuchtung (-,-en) *s.f.*

inserimento *s.m.* 1 Einstecken (-s,-) *s.n.* 2 (*fig.*) Einfügung (-,-en) *s.f.* 3 (*inform.*) Eingabe (-,-n) *s.f.*

inserire *v.tr.* 1 (ein-)stecken 2 (*includere*) ein-fügen.

inserto *s.m.* 1 (*di giornale*) Beilage (-,-n) *s.f.* 2 (*abbigl.*) Einsatz (-es,-sätze) *s.m.*

inservibile *agg.* unbenutzbar, unbrauchbar.

inserviente *s.m./f.* Bedienstete (-n,-n) *s.m./f.*

inserzione *s.f.* Anzeige (-,-n) *s.f.*, Inserat (-s,-e) *s.n.*

insetticida *agg.* Insekten... ♦ *s.m.* Insektizid (-s,-e) *s.n.*

insetto *s.m.* Insekt (-s,-en) *s.n.*

insidia *s.f.* 1 Falle (-,-n) *s.f.* 2 (*pericolo*) Gefahr (-,-en) *s.f.*

insidioso *agg.* tückisch, hinterhältig.

insieme *avv.* 1 (*compania*) zusammen, miteinander 2 (*contemporaneità*) zugleich, gleichzeitig ♦ **– a** *locuz.prep.* mit; zusammen.

insignificante *agg.* 1 unbedeutend 2 (*poco appariscente*) nichtssagend 3 (*irrisorio*) nichtig, unbeträchtlich.

insindacabile *agg.* unanfechtbar.

insinuare *v.tr.* 1 (*introdurre*) hinein-stecken 2 (*dubbi*) auf-bringen (brachte auf, aufgebracht); (*accuse*) unter-stellen ♦ **insinuarsi** *v.pron.* sich ein-schleichen (schlich ein, eingeschlichen).

insipido *agg.* 1 fade, geschmacklos 2 (*fig.*) langweilig.

versehen 2 (*dir.*) angemeldet.
intestino *s.m.* (*anat.*) Darm (-es, Därme) *s.m.*
intimare *v.tr.* (*dir.*) auf·fordern (zu); (*ordinare*) befehlen (befahl, befohlen).
intimidire *v.tr.* schüchtern machen; (*intimorire*) einschüchtern.
intimità *s.f.* Vertrautheit (-/.) *s.f.*
intimo *agg.* 1 innerst; (*profondo*) tief 2 (*personale*) intim 3 (*accogliente*) gemütlich.
intingere *v.tr.* ein·tauchen.
intirizzito *agg.* steif, starr.
intitolare *v.tr.* 1 (*dedicare*) betiteln (betitelte, betitelt) (*a*) benennen (benannte, benannt) (nach).
intonaco *s.m.* Putz (-es/.) *s.m.*
intonare *v.tr.* 1 (*una canzone*) an·stimmen; (*uno strumento*) stimmen 2 (*argomento*) ab·stimmen (auf +*acc.*).
intontito *agg.* betäubt, benommen.
intorno *avv.* ringsherum ♦ − a *locuz.prep.* 1 (*luogo*) um 2 (*circa*) an 3 (*tempo*) um 4 (*argomento*) über.
intossicazione *s.f.* Vergiftung (-,-en) *s.f.*
intralciare *v.tr.* behindern.
intrallazzo *s.m.* Machenschaften *s.pl.*
intramuscolare *agg.* (*med.*) intramuskulär.
intransigente *agg.* unnachgiebig.
intrappolare *v.tr.* in einer Falle fangen.
intraprendente *agg.* unternehmungslustig.
intrattabile *agg.* spröde, unansprechbar.
intrattenere *v.tr.* unterhielten (unterhielt, unterhalten).
intravedere *v.tr.* 1 undeutlich erkennen (erkannte, erkannt) 2 (*fig.*) erahnen.
intrecciare *v.tr.* 1 flechten (flocht, ge-

flochten) 2 (*fig.*) an·knüpfen ♦ **intrecciarsi** *v.pron.* sich verwirren.
intreccio *s.m.* 1 Geflecht (-s/.) *s.n.* 2 (*trama*) Handlung (-,-en) *s.f.*
intrico *s.m.* Gewirr (-s/.) *s.n.*; (*fig.*) Durcheinander (-s/.) *s.n.*
intrigante *agg.* hinterlistig.
introdurre *v.tr.* 1 (*infilare*) (ein-)stecken 2 ein·führen 3 (*avviare*) ein·leiten.
introduzione *s.f.* 1 Einführung (-,-en) *s.f.* 2 (*di libro*) Einleitung (-,-en) *s.f.*
introito *s.m.* Einnahme (-,-n) *s.f.*
intromettersi *v.pron.* sich ein·mischen.
introverso *s.m.* introvertiert.
intrufolarsi *v.pron.* sich ein·schleichen (schlich ein, eingeschlichen).
intruso *s.m.* Eindringling (-s,-e) *s.m.*
intuire *v.tr.* (er)ahnen.
intuito *s.m.* Intuition (-,-en) *s.f.*
inumidire *v.tr.* befeuchten.
inutile *agg.* 1 zwecklos 2 (*superfluo*) überflüssig 3 (*vano*) vergeblich.
invadente *agg.* aufdringlich.
invadere *v.tr.* 1 ein·dringen (drang ein, eingedrungen) 2 (*occupare*) besetzen 3 (*diffondersi*) sich verbreiten.
invalido *agg.* 1 invalide 2 (*dir.*) (rechts)ungültig.
invano *avv.* vergeblich, vergebens.
invariabile *agg.* 1 unveränderlich 2 (*costante*) beständig.
invasione *s.f.* Invasion (-,-en) *s.f.*
invecchiare *v.intr.* 1 alt werden 2 (*fig.*) veralten 3 (*di alimenti*) (ab-)lagern.
invece *avv.* jedoch, statt dessen.
inveire *v.intr.* schimpfen.
inventare *v.tr.* erfinden (erfand, erfunden)

inventore

inventore *s.m.* Erfinder (-s,-) *s.m.*
invenzione *s.f.* Erfindung (-,-en) *s.f.*
invernale *agg.* winterlich, Winter...
inverno *s.m.* Winter (-s,-) *s.m.*
inverosimile *agg.* unwahrscheinlich.
inverso *agg.* umgekehrt.
invertire *v.tr.* **1** wenden **2** (*scambiare*) vertauschen.
investigare *v.intr.* (*su*) **1** untersuchen **2** (*della polizia*) fahnden (nach).
investigatore *s.m.* Detektiv (-s,-e) *s.m.*
investimento *s.m.* **1** (*collisione*) Anfahren (-s/.) *s.n.*; (*mortale*) Überfahren (-s/.) *s.n.* **2** (*econ.*) Investition (-,-en) *s.f.*, Anlage (-,-n) *s.f.*
investire *v.tr.* **1** (*con veicolo*) anfahren (fuhr an, angefahren); (*a morte*) überfahren (überfuhr, überfahren) **2** (*econ.*) investieren **3** (*fig.*) (*in*) verwenden (auf +*acc.*).
inviare *v.tr.* **1** schicken **2** (*persone*) entsenden (entsandte, entsandt).
inviato *s.m.* (*di giornali*) Berichterstatter (-s,-) *s.m.*
invidia *s.f.* Neid (-s/.) *s.m.*
invidiare *v.tr.* (*per*) beneiden (um +*acc.*).
invidioso *agg.* neidisch.
invio *s.m.* **1** Übersendung (-,-en) *s.f.* **2** (*di persone*) Entsendung (-,-en) *s.f.*
invisibile *agg.* unsichtbar.
invitante *agg.* einladend.
invitare *v.tr.* ein-laden (lud ein, eingeladen).
invitato *s.m.* Geladene (-n,-n) *s.m.*
invito *s.m.* **1** Einladung (-,-en) *s.f.* **2** (*esortazione*) Aufforderung (-,-en) *s.f.*
invocare *v.tr.* **1** an-rufen (rief an, angerufen) **2** (*implorare*) rufen (rief, gerufen) (um) **3** (*chiedere*) fordern.
invogliare *v.tr.* (*a*) an-regen (zu).
involucro *s.m.* Hülle (-,-n) *s.f.*
inzuppare *v.tr.* **1** (*intingere*) ein-tauchen **2** (*impregnare*) durchnässen.
io *pron.pers.sing.* ich.
iodio *s.m.* Jod (-s/.) *s.n.*
ipermercato *s.m.* Supermarkt (-s, -märkte) *s.m.*
ipnosi *s.f.* Hypnose (-,-n) *s.f.*
ipocrisia *s.f.* Heuchelei (-/.) *s.f.*
ipocrita *s.m.* Heuchler (-s,-) *s.m.*
ipoteca *s.f.* Hypothek (-,-en) *s.f.*
ipotecare *v.tr.* mit einer Hypothek belasten.
ipotesi *s.f.* Hypothese (-,-n) *s.f.*
ippica *s.f.* Pferderennen (-s,-) *s.n.*
ippodromo *s.m.* Pferderennbahn (-, -en) *s.f.*
ira *s.f.* Zorn (-s/.) *s.m.*
irascibile *agg.* cholerisch, jähzornig.
iride *s.f.* Iris (-, Iriden) *s.f.*
iridescente *agg.* schillernd.
ironia *s.f.* Ironie (-/.) *s.f.*
ironico *agg.* ironisch.
irrazionale *agg.* unvernünftig, irrational.
irreale *agg.* unwirklich, irreal.
irrefrenabile *agg.* unaufhaltsam.
irremovibile *agg.* unbeugsam, unbeirrbar.
irreprensibile *agg.* einwandfrei, untadelig.
irrequieto *agg.* unruhig, unstet.
irresistibile *agg.* unwiderstehlich.
irrespirabile *agg.* kaum zu atmen.
irresponsabile *agg.* verantwortungslos.
irrestringibile *agg.* nicht einlaufend.
irriconoscibile *agg.* unkenntlich, nicht wiederzuerkennen.

irrigare *v.tr.* bewässern; (*a gocce*) berieseln; (*a getto*) sprengen.
irrigidirsi *v.pron.* sich versteifen.
irrinunciabile *agg.* unverzichtbar.
irripetibile *agg.* **1** nicht wiederholbar **2** (*unico*) einmalig.
irrisorio *agg.* spöttisch; lächerlich.
irritare *v.tr.* irritieren.
irritazione *s.f.* Irritation (-,-en) *s.f.*
irrobustirsi *v.pron.* kräftig werden.
irruente *agg.* ungestüm.
irruzione *s.f.* Eindringen (-s/.) *s.n.*
irto *agg.* borstig, struppig.
iscrivere *v.tr.* ein·tragen (trug ein, eingetragen), an·melden.
iscrizione *s.f.* **1** Einschreibung (-,-en) *s.f.* **2** (*scritta*) Inschrift (-,-en) *s.f.*
isola *s.f.* Insel (-,-n) *s.f.*
isolamento *s.m.* **1** Einsamkeit (-/.) *s.f.* **2** (*tecn./med.*) Isolierung (-,-en) *s.f.*
isolante *agg.* isolierend, Nichtleiter...
isolare *v.tr.* isolieren.
isolato *s.m.* Häuserblock (-s,-s) *s.m.*
ispettore *s.m.* Inspektor (-s,-en) *s.m.*
ispezione *s.f.* Inspektion (-,-en) *s.f.*
ispido *agg.* borstig, struppig.
ispirare *v.tr.* **1** ein·flößen, erwecken **2** (*arte*) inspirieren.
issare *v.tr.* hissen.
istantanea *s.f.* (*foto*) Momentaufnahme (-,-n) *s.f.*
istantaneo *agg.* augenblicklich, sofortig.
istante *s.m.* Augenblick (-s,-e) *s.m.*
isterico *agg.* hysterisch.
istigare *v.tr.* an·stiften, auf·wiegeln.
istintivo *agg.* instiktiv.
istinto *s.m.* Instinkt (-s,-e) *s.m.*
istituire *v.tr.* **1** stiften; (*fondare*) gründen **2** (*impostare*) an·stellen **3** (*nominare*) ein·setzen.
istituto *s.m.* Institut (-s,-e) *s.n.*, Anstalt (-,-en) *s.f.*
istituzionale *agg.* institutionell.
istituzione *s.f.* **1** Stiftung (-,-en) *s.f.* **2** (*ente*) Einrichtung (-,-en) *s.f.*
istrice *s.m.* Stachelschwein (-s,-e) *s.n.*
istruire *v.tr.* unterweisen (unterwies, unterwiesen).
istruito *agg.* gebildet.
istruttoria *s.f.* (*dir.*) Untersuchungsverfahren (-s,-.) *s.n.*
istruzione *s.f.* **1** Unterricht (-s,-e) *s.m.* **2** (*cultura*) Bildung (-/.) *s.f.*
iter *s.m.* Amtsweg (-es,-e) *s.m.*
itinerario *s.m.* Route (-,-n) *s.f.*
iuta *s.f.* (*tess.*) Jute (-/.) *s.f.*
IVA *s.f.* MWSt. (-/.) *s.f.*

J

jack *s.m.* **1** (*elettr.*) Anschaltklinke (-,-n) *s.f.* **2** (*carte*) Bube (-n,-n) *s.m.*
jeanseria *s.f.* Jeansladen (-s,-läden) *s.m.*
joystick *s.m.* (*aer.*) Knüppel (-s,-) *s.m.*
juke-box *s.m.* Musikautomat (-en,-en) *s.m.*

K

kermesse *s.f.* **1** Kirchweih (-,-en) *s.f.* **2** Jubel (-s,-) *s.m.*
keyword *s.f.* Schlüsselwort (-es,-wörter) *s.n.*
kit *s.m.* **1** (*da modellismo*) Satz (-es, Sätze) *s.m.* **2** (*astuccio con l'occorente*) Set (-s,-s) *s.n.*

L

la *art.det.f.* die ♦ *pron.pers.f.sing.* 1 (*compl.*) sie 2 (*forma di cortesia*) Sie.
là *avv.* 1 (*stato in luogo*) dort, da 2 (*moto a luogo*) dorthin, dahin 3 (*moto da luogo*) dort, dorther.
labbro *s.m.* 1 Lippe (-,-n) *s.f.* 2 (*margine*) Rand (-es, Ränder) *s.m.*
labile *agg.* 1 flüchtig, schwach 2 (*psic.*) labil 3 (*chim.*) instabil.
labirinto *s.m.* Labyrinth (-s,-e) *s.n.*
laboratorio *s.m.* 1 Laboratorium (-s, -rien) *s.n.* 2 (*di artigiani*) Werkstatt (-, -stätte) *s.f.*
laburista *s.m.* (*pol.*) Mitglied der Labour-Partei.
lacca *s.f.* 1 Lack (-s,-e) *s.m.* 2 (*per capelli*) Haarspray (-s,-s) *s.n.* 3 (*per unghie*) Nagellack (-s,-e) *s.m.*
laccio *s.m.* 1 Schlinge (-,-n) *s.f.* 2 (*stringa*) Schuhband (-es,-bänder) *s.n.*
lacerare *v.tr.* zerreißen (zerriß, zerrissen).
lacero *agg.* 1 (*stracciato*) zerfetzt 2 (*cencioso*) zerlumpt.
lacrima *s.f.* Träne (-,-n) *s.f.*
lacrimogeno *agg.* Tränen...
lacuna *s.f.* Lücke (-,-n) *s.f.*
lacunoso *agg.* lückenhaft.
ladro *s.m.* Dieb (-es,-e) *s.m.*
laggiù *avv.* 1 (*stato in luogo*) dort,da unten 2 (*moto a luogo*) dort hinunter.
lago *s.m.* 1 See (-s,-n) *s.m.* 2 Lache (-,-n) *s.f.*
laguna *s.f.* Lagune (-,-n) *s.f.*
laico *agg.* Laien..., weltlich.
lama *s.f.* 1 (*di coltello*) Klinge (-,-n) *s.f.* 2 (*di macchinari*) Schneide (-,-n) *s.f.*
lambire *v.tr.* 1 (be)lecken 2 (*fig.*) (*di fiamme*) um-züngeln; (*di acque*) bespülen.
lamentarsi *v.pron.* (*di*) sich beklagen (über +*acc.*).
lamentela *s.f.* Beschwerde (-,-n) *s.f.*
lamento *s.m.* 1 Klage (-,-n) *s.f.* 2 (*per dolore fisico/di animale*) Wimmern (-s /.) *s.n.*
lametta *s.f.* Rasierklinge (-,-n) *s.f.*
lamiera *s.f.* Blech (-s,-e) *s.n.*
lamina *s.f.* 1 Folie (-,-n) *s.f.* 2 (*bot.*) Blattfläche (-,-n) *s.f.*
lampada *s.f.* Lampe (-,-n) *s.f.*
lampadario *s.m.* Deckenlampe (-,-n) *s.f.*
lampadina *s.f.* Glühbirne (-,-n) *s.f.*
lampeggiare *v.intr.* 1 blitzen 2 (*auto*) blinken.
lampeggiatore *s.m.* (*auto*) Blinker (-s, -) *s.m.*
lampione *s.m.* Straßenlaterne (-,-n) *s.f.*
lampo *s.m.* Blitz (-es,-e) *s.m.* ♦ *s.f.* (*cerniera*) Reißverschluß (-schlusses, -schlüsse) *s.m.*
lampone *s.m.* (*frutto*) Himbeere (-,-n) *s.f.*
lana *s.f.* Wolle (-,-n) *s.f.*
lancetta *s.f.* Uhrzeiger (-s,-) *s.m.*
lancia *s.f.* 1 Lanze (-,-n) *s.f.* 2 – *termica*, Schweißgerät (-es,-e) *s.n.*
lanciare *v.tr.* 1 zu-werfen (warf zu, zu-geworfen) 2 (*scagliare*) schleudern.
lanciatore *s.m.* (*atletica*) Werfer (-s,-) *s.m.*
lancinante *agg.* stechend.
lancio *s.m.* 1 Wurf (-es, Würfe) *s.m.* 2 (*sport*) Sprung (-es, Sprünge) *s.m.*
lanificio *s.m.* Wollspinnerei (-,-en) *s.f.*
lanterna *s.f.* Laterne (-,-n) *s.f.* 2 (*faro*) Leuchtturm (-s,-türme) *s.m.*

lapidario *agg.* lapidar, kurz und bündig.
lapide *s.f.* 1 Grabstein (-es,-e) *s.m.* 2 (*sui muri*) Gedenktafel (-,-n) *s.f.*
lapsus *s.m.* Lapsus (-,-) *s.m.*
lardo *s.m.* Speck (-s,-e) *s.m.*
largheggiare *v.intr.* (*in*) großzügig sein (mit).
larghezza *s.f.* 1 Breite (-,-n) *s.f.*; (*ampiezza*) Weite (-,-n) *s.f.* 2 (*generosità*) Großzügigkeit (-/.) *s.f.*
largo *agg.* 1 breit, weit 2 (*generoso*) großzügig.
larice *s.m.* Lärche (-,-n) *s.f.*
larva *s.f.* Larve (-,-n) *s.f.*
lasciapassare *s.m.* Passierschein (-s, -e) *s.m.*
lasciare *v.tr.* 1 lassen (ließ, gelassen) 2 (*smettere di tenere*) los-lassen (ließ los, losgelassen) 3 (*abbandonare*) verlassen (verließ, verlassen) 4 (*per testamento*) vermachen 5 (*permettere*) erlauben ♦ **lasciarsi** *v.pron.* (*separarsi*) sich trennen.
lascito *s.m.* (*dir.*) Hinterlassenschaft (-,-en) *s.f.*
lassativo *agg.* abführend ♦ *s.m.* Abführmittel (-s,-) *s.m.*
lassù *avv.* 1 (*stato in luogo*) dort, oben 2 (*moto a luogo*) dort, hinauf.
lastra *s.f.* 1 Platte (-,-n) *s.f.* 2 (*radiografia*) Röntgenbild (-es,-er) *s.n.* 3 (*foto*) Glasscheibe (-,-n) *s.f.*
laterale *agg.* Seiten...
latitante *agg.* flüchtig.
lato *s.m.* Seite (-,-n) *s.f.*
latore *s.m.* Überbringer (-s,-) *s.m.*
latta *s.f.* 1 Blech (-es,-e) *s.n.* 2 (*contenitore*) Blechdose (-,-n) *s.f.*
lattaio *s.m.* Milchmann (-es,-männer) *s.m.*

lattante *s.m./f.* Säugling (-s,-e) *s.m.*
latte *s.m.* Milch (-/.) *s.f.*
latteria *s.f.* 1 (*stabilimento*) Molkerei (-,-en) *s.f.* 2 (*negozio*) Milchgeschäft (-es,-e) *s.n.*
latticini *s.m.pl.* Milchprodukte *s.pl.*
lattiera *s.f.* Milchkanne (-,-n) *s.f.*
lattiginoso *agg.* milchig.
lattina *s.f.* Dose (-,-n) *s.f.*
lattuga *s.f.* Kopfsalat (-es,-e) *s.m.*
laurea *s.f.* akademischer Titel, der einem Magistergrad oder einem Diplom entspricht.
laurearsi *v.pron.* den Universitätsabschluß erwerben.
lauto *agg.* üppig, reich.
lavabo *s.m.* Waschbecken (-s,-) *s.n.*
lavaggio *s.m.* 1 Reinigung (-,-en) *s.f.* 2 (*tecn.*) Spülung (-,-en) *s.f.*
lavagna *s.f.* Tafel (-,-n) *s.f.*
lavanda *s.f.* (*bot.*) Lavendel (-s,-) *s.m.*
lavanderia *s.f.* 1 Wäscherei (-,-en) *s.f.* 2 (*stanza*) Waschküche (-,-n) *s.f.*
lavandino *s.m.* Waschbecken (-s,-) *s.n.*
lavare *v.tr.* waschen (wusch, gewaschen).
lavastoviglie *s.f.* Spülmaschine (-,-n) *s.f.*
lavata *s.f.* Waschung (-,-en) *s.f.*
lavativo *s.m.* Drückeberger (-s,-) *s.m.*
lavatrice *s.f.* Waschmaschine (-,-n) *s.f.*
lavello *s.m.* Spülbecken (-s,-) *s.n.*
lavorare *v.intr.* arbeiten ♦ *v.tr.* bearbeiten.
lavorativo *agg.* Arbeits...
lavoratore *s.m.* Arbeiter (-s,-) *s.m.*
lavorazione *s.f.* 1 Bearbeitung (-,-en) *s.f.* 2 (*del terreno*) Bestellung (-,-en) *s.f.* 3 (*produzione*) Herstellung (-,-en) *s.f.*
lavoro *s.m.* Arbeit (-.-en) *s.f.*

lazzarone

lazzarone *s.m.* 1 (*pigro*) Faulenzer (-s,-) *s.m.* 2 (*birbante*) Schurke (-n,-n) *s.m.*

le¹ *art.det.f.pl.* die.

le² *pron.pers.f.sing.* 1 ihr 2 (*forma di cortesia*) Ihnen.

leale *agg.* 1 ehrlich, fair 2 (*fedele*) treu, loyal.

leccare *v.tr.* 1 lecken 2 (*fam.*) schmeicheln.

lecito *agg.* erlaubt.

ledere *v.tr.* 1 verletzen 2 (*fig.*) beschäftigen.

lega *s.f.* 1 Bund (-s, Bünde) *s.m.* 2 (*metall.*) Legierung (-,-en) *s.f.*

legale *agg.* 1 (*che concerne il diritto*) rechtlich 2 (*fissato per legge*) gesetzlich 3 (*conforme alla legge*) legal.

legame *s.m.* Verbindung (-,-en) *s.f.*; (*chim.*) Bindung (-,-en) *s.f.*

legare *v.tr.* 1 binden (band, gebunden) 2 (*metall.*) legieren.

legge *s.f.* Gesetz (-es,-e) *s.n.*

leggenda *s.f.* Legende (-,-n) *s.f.*

leggere *v.tr.* lesen (las, gelesen).

leggerezza *s.f.* 1 Leichtigkeit (-/-) *s.f.* 2 (*fig.*) Leichtsinn (-s/-) *s.m.*

leggero *agg.* 1 leicht 2 (*sottile*) dünn 3 (*minimo*) klein, gering.

leggibile *agg.* lesbar.

legislativo *agg.* gesetzgebend, legislativ.

legittimo *agg.* 1 rechtmäßig 2 (*lecito*) erlaubt 3 (*giustificato*) gerechtfertigt.

legna *s.f.* Holz (-es, Hölzer) *s.n.*

legno *s.m.* Holz (-es/-) *s.n.*

legume *s.m.* Hülsenfrucht (-,-früchte) *s.f.*

lei *pron.* 1 (*ogg. e sogg.*) sie (*forma di cortesia*) Sie 2 (*compl.indir.*) ihr, sie.

lente *s.f.* 1 Linse (-,-n) *s.f.* 2 (*di occhiali*) Brillenglas (-es,-gläser) *s.n.*

lenticchia *s.f.* Linse (-,-n) *s.f.*

lentiggini *s.f.pl.* Sommersprossen *s.pl.*

lento *agg.* 1 langsam 2 (*allentato*) locker.

lenza *s.f.* Angelschnur (-,-schnüre) *s.f.*

lenzuolo *s.m.* Bettuch (-s,-tücher) *s.n.*

leone *s.m.* Löwe (-n,-n) *s.m.*

leopardo *s.m.* Leopard (-en,-en) *s.m.*

lepre *s.f.* 1 Hase (-n,-n) *s.m.* 2 (*carne*) Hasenfleisch (-es/.) *s.n.*

lesione *s.f.* 1 Beschädigung (-,-en) *s.f.* 2 (*med.*) Verletzung (-,-en) *s.f.*

lessare *v.tr.* kochen, garen.

lesso *agg.* gekocht, gegart ♦ *s.m.* (*gastr.*) Kochfleisch (-es/-) *s.n.*

letame *s.m.* Mist (-s/.) *s.m.*

letargo *s.m.* 1 Winterschlaf (-es/.) *s.m.* 2 (*med.*) Lethargie (-/.) *s.f.*

lettera *s.f.* 1 Buchstabe (-n,-n) *s.m.* 2 (*missiva*) Brief (-es,-e) *s.m.*

letterale *agg.* wörtlich.

letterario *agg.* 1 literarisch 2 (*ricercato*) gehoben.

letteratura *s.f.* Literatur (-,-en) *s.f.*

lettiga *s.f.* 1 (*st.*) Sänfte (-,-n) *s.f.* 2 (*barella*) Tragbahre (-,-n) *s.f.*

letto *s.m.* Bett (-es,-en) *s.n.*

lettone *s.m.* Ehebett (-es,-en) *s.n.*

lettura *s.f.* 1 Lesen (-s/.) *s.n.* 2 (*libro*) Lektüre (-,-n) *s.f.*

leucemia *s.f.* (*med.*) Leukämie (-,-n) *s.f.*

leva¹ *s.f.* (*mecc.*) Hebel (-s,-) *s.m.*

leva² *s.f.* (*mil.*) 1 Einberufung (-,-en) *s.f.* 2 (*classe*) Jahrgang (-s,-gänge) *s.m.*

levare *v.tr.* 1 (*togliere*) ab-nehmen (nahm ab, abgenommen); (*abbigl.*) aus-ziehen (zog aus, ausgezogen) 2 (*sollevare*) heben (hob, gehoben).

levatrice *s.f.* Hebamme (-,-n) *s.f.*
levigare *v.tr.* schleifen (schliff, geschliffen).
lezione *s.f.* Unterrichtsstunde (-,-n) *s.f.*
li *pron.pers.m.pl.* sie.
lì *avv.* **1** (*stato in luogo*) dort **2** (*moto a luogo*) dorthin **3** (*moto da luogo*) dorther.
libbra *s.f.* Pfund (-es,-e) *s.n.*
libellula *s.f.* Libelle (-,-n) *s.f.*
liberale *agg.* liberal.
liberalizzare *v.tr.* liberalisieren.
liberare *v.tr.* **1** befreien **2** (*lasciare andare*) frei·setzen.
liberazione *s.f.* Befreiung (-,-en) *s.f.*
libero *agg.* frei.
libertà *s.f.* Freiheit (-/-) *s.f.*
liberty *s.m.* (*stile*) Jugendstil (-s/-) *s.m.*
libraio *s.m.* Buchhändler (-s,-) *s.m.*
libreria *s.f.* Buchhandlung (-,-en) *s.f.*
libretto *s.m.* kleines Buch (-es, Bücher) *s.n.*
libro *s.m.* Buch (-es, Bücher) *s.n.*
licenza *s.f.* **1** Frlaubnis (-,-se) *s.f.* **2** (*documento*) Schein (-s,-e) *s.m.* **3** (*mil.*) Urlaub (-s,-e) *s.m.*
licenziamento *s.m.* Entlassung (-,-en) *s.f.*
licenziare *v.tr.* entlassen (entließ, entlassen) ♦ **licenziarsi** *v.pron.* kündigen.
lieto *agg.* fröhlich, froh.
lieve *agg.* **1** leicht **2** (*piccolo*) gering.
lievitare *v.intr.* **1** auf·gehen (ging auf, aufgegangen) **2** (*fig.*) an·steigen (stieg an, angestiegen).
lievito *s.m.* Hefe (-,-n) *s.f.*
lifting *s.m.* Lifting (-s,-s) *s.n.*
ligio *agg.* (*a*) treu (+*dat.*).
lilla *agg.* fliederfarbig.
lillà *s.m.* Flieder (-s,-) *s.m.*
lima *s.f.* Feile (-,-n) *s.f.*

limare *v.tr.* feilen.
limitare *v.tr.* beschränken.
limite *s.m.* Grenze (-,-n) *s.f.*
limonata *s.f.* Zitronenlimonade (-,-n) *s.f.*
limone *s.m.* (*frutto*) Zitrone (-,-n) *s.f.*
limpido *agg.* klar.
linciare *v.tr.* lynchen.
linea *s.f.* **1** Linie (-,-n) *s.f.* **2** (*elettr.*) Leitung (-,-en) *s.f.* **3** (*contorno*) Figur (-,-en) *s.f.*
lineamenti *s.m.pl.* **1** Züge *s.pl.* **2** (*fig.*) Grundzüge *s.pl.*
lineetta *s.f.* Strich (-s,-e) *s.m.*
linfa *s.f.* **1** Lymphe (-,-n) *s.f.* **2** (*bot.*) Pflanzensaft (-es,-säfte) *s.m.*
lingotto *s.m.* Barren (-s,-) *s.m.*
lingua *s.f.* **1** Zunge (-,-n) *s.f.* **2** (*sistema linguistico*) Sprache (-,-n) *s.f.*
linguaggio *s.m.* **1** Sprache (-,-n) *s.f.* **2** (*modo di esprimersi*) Ausdrucksweise (-,-n) *s.f.*
lino *s.m.* Leinen (-s/-) *s.n.*
liotilizzato *agg.* gefriergetrocknet.
liquidare *v.tr.* **1** (aus·)zahlen **2** liquidieren **3** (*pagare la liquidazione*) ab·finden (fand ab, abgefunden).
liquidazione *s.f.* **1** (*di un impresa*) Liquidation (-,-en) *s.f.* **2** (*indennità di fine rapporto*) Abfindung (-,-en) *s.f.* **3** (*svendita*) Ausverkauf (-s,-käufe) *s.m.*
liquido *agg.* flüssig.
liquirizia *s.f.* Lakritze (-,-n) *s.f.*
liquore *s.m.* Likör (-s,-e) *s.m.*
lira *s.f.* (*mus.*) Leier (-,-n) *s.f.*
lisca *s.f.* Gräte (-,-n) *s.f.*
lisciare *v.tr.* **1** (*levigare*) glätten **2** (*accarezzare*) streicheln **3** (*adulare*) schmeicheln.
liscio *agg.* **1** glatt **2** (*fig.*) einfach **3**

liso

(*puro*) pur 4 *ballo* –, Gesellschaftstanz (-es,-tänze) *s.m.*

liso *agg.* abgenutzt, abgetragen.

lista *s.f.* Liste (-,-n) *s.f.*

listato *agg.*: *– a lutto*, mit Trauerrand.

lite *s.f.* Streit (-s,-e) *s.m.*

litigare *v.intr.* (*per*) streiten (stritt, gestritten) (um +*acc.*).

litigio *s.m.* Zank (-es/.) *s.m.*

litorale *s.m.* (*marino*) Meeresküste (-,-n) *s.f.*

litro *s.m.* Liter (-s,-) *s.m.*

liturgico *agg.* liturgisch, Kirchen...

livellare *v.tr.* 1 ebnen 2 (*fig.*) ausgleichen (glich aus, ausgeglichen).

livello *s.m.* 1 Stand (-es/.-) *s.m.* 2 (*di corsi d'acqua*) Stufe (-,-n) *s.f.*

livido *agg.* bläulich, blau.

lo *pron.pers.m.sing.* 1 ihn 2 es,das.

lobo *s.m.* Lappen (-s,-) *s.m.*

locale[1] *agg.* Lokal..., örtlich.

locale[2] *s.m.* 1 Zimmer (-s,-) *s.n.* 2 (*pubblico*) Lokal (-s, -e) *s.n.*

località *s.f.* Ort (-es,-e) *s.m.*

localizzare *v.tr.* lokalisieren.

locanda *s.f.* Gasthaus (-es,-häuser) *s.n.*

locandina *s.f.* Spielplan (-s,-pläne) *s.m.*

locomotiva *s.f.* Lokomotive (-,-n) *s.f.*

lodare *v.tr.* loben.

lode *s.f.* Lob (-s/.) *s.n.*; (*università*) Auszeichnung (-,-en) *s.f.*

loggia *s.f.* (*massoneria*) Loge (-,-n) *s.f.*

loggione *s.m.* (*teatr.*) Galerie (-,-n) *s.f.*

logica *s.f.* Logik (-/.) *s.f.*

logico *agg.* 1 logisch 2 (*naturale*) natürlich.

logorare *v.tr.* ab·nutzen, verschleißen (verschliß, verschlissen).

logorio *s.m.* Abnutzung (-/.) *s.f.*

logoro *agg.* abgenutzt, verbraucht.

lombaggine *s.f.* (*med.*) Hexenschuß (-schusses,-schüsse) *s.m.*

lombare *agg.* (*anat.*) Lenden..., Lumbal...

longevo *agg.* langlebig.

longilineo *agg.* schlank.

lontananza *s.f.* 1 Ferne (-,-n) *s.f.* 2 (*distacco*) Abwesenheit (-,-en) *s.f.*

lontano *agg.* 1 (*luogo/tempo*) fern 2 (*fig.*) entfernt ♦ *avv.* weit.

lontra *s.f.* Otter (-s,-) *s.m.*

loquace *agg.* redselig, gesprächig.

lordo *agg.* 1 schmutzig 2 (*comm.*) Brutto...

loro *agg.poss.* ihr.

loro *pron.poss.pl.* ihrer.

losco *agg.* krumm, finster.

lotta *s.f.* 1 Kampf (-es, Kämpfe) *s.m.* 2 (*sport*) Ringen (-s/.) *s.n.*

lottare *v.intr.* kämpfen.

lotteria *s.f.* Lotterie (-,-n) *s.f.*

lottizzare *v.tr.* in Parzellen auf·teilen.

lozione *s.f.* Lotion (-,-en) *s.f.*

lubrificante *s.m.* Schmiermittel (-s,-) *s.n.*

lubrificare *v.tr.* schmieren.

lucchetto *s.m.* Hängeschloß (-schlosses,-schlösser) *s.n.*

luccicare *v.intr.* glänzen, glitzern.

luccio *s.m.* Hecht (-s,-e) *s.m.*

lucciola *s.f.* Leuchtkäfer (-s,-) *s.m.*, Glühwürmchen (-s,-) *s.n.*

luce *s.f.* Licht (-s,-er) *s.n.*

lucente *agg.* glänzend, blank.

lucertola *s.f.* Eidechse (-,-n) *s.f.*

lucidalabbra *s.m.* Lipgloss (-,-es) *s.n.*

lucidare *v.tr.* polieren.

lucidatrice *s.f.* Bohnermaschine (-,-n) *s.f.*

lucido *agg.* 1 glänzend, blank 2 (*fig.*)klar.

lucro *s.m.* Gewinn (-s,-e) *s.m.*
luglio *s.m.* Juli (-s,-s) *s.m.*
lugubre *agg.* finster, düster.
lui *pron.pers.m.sing.* **1** er **2** *(compl.)* ihn, ihm.
lumaca *s.f.* Schnecke (-,-n) *s.f.*
lume *s.m.* Lampe (-,-n) *s.f.*
luminaria *s.f.* Festbeleuchtung (-,-en) *s.f.*
luminoso *agg.* **1** leuchtend, Leucht... **2** *(pieno di luce)* hell.
luna *s.f.* Mond (-es/.) *s.m.*
luna park *s.m.* Vergnügungspark (-s, -s) *s.m.*
lunatico *agg.* launenhaft.
lunedì *s.m.* Montag (-s,-e) *s.m.*
lunghezza *s.f.* Länge (-,-n) *s.f.*
lungimirante *agg.* weitsichtig, weitblickend.
lungo *agg.* **1** *(tempo/spazio)* lang **2** *(lento)* langsam **3** *(diluito)* verdünnt.
lungolago *s.m.* Seepromenade (-,-n) *s.f.*
lungomare *s.m.* Strandpromenade (-, -n) *s.f.*
lunotto *s.m.* *(auto)* Heckscheibe (-,-n) *s.f.*
luogo *s.m.* Ort (-es,-e) *s.m.*; *(posto)* Platz (-es, Plätze) *s.m.*
lupo *s.m.* Wolf (-s, Wölfe) *s.m.*
lusinga *s.f.* Schmeichelei (-,-en) *s.f.*
lusingare *v.tr.* schmeicheln (+*dat.*).
lusinghiero *agg.* schmeichlerisch.
lussazione *s.f.* *(med.)* Verrenkung (-, -en) *s.f.*
lusso *s.m.* Luxus (-/.) *s.m.*
lussuoso *agg.* luxuriös.
lustrino *s.m.* Flitter (-s,-) *s.m.*
lustro *agg.* blank, glänzend.
lutto *s.m.* Trauer (-/.) *s.f.*

luttuoso *agg.* unheilvoll, verhängnisvoll.

M

ma *cong.* **1** aber, jedoch **2** *(preceduto da negazione)* sondern **3** *(rafforzativo)* sogar **4** *(in apertura di frase)* nun **5** *(escl.)* doch, aber.
macabro *agg.* makaber.
macchia *s.f.* Fleck (-es,-e) *s.m.*
macchiare *v.tr.* beflecken ♦ *v.intr.* klecksen.
macchina *s.f.* **1** Maschine (-,-n) *s.f.* **2** *(auto)* Auto (-s,-s) *s.n.*
macchinare *v.tr.* anzetteln.
macchinario *s.m.* Maschinen *s.pl.*
macchinazione *s.f.* Anzettelung (-, -en) *s.f.*
macchinoso *agg.* verwickelt, kompliziert.
macedonia *s.f.* Obstsalat (-s,-e) *s.m.*
macellaio *s.m.* Metzger (-s,-) *s.m.*
macelleria *s.f.* Metzgerei (-,-en) *s.f.*
macello *s.m.* **1** Schlachthaus (-es, -häuser) *s.n.* **2** *(fam.) (chiasso)* Krawall (-s,-e) *s.m.*
maceria *s.f.* Trümmer *s.pl.*
macigno *s.m.* Felsblock (-s,-blöcke) *s.m.*
macilento *agg.* abgemagert.
macinacaffè *s.m.* Kaffeemühle (-,-n) *s.f.*
macinapepe *s.m.* Pfeffermühle (-,-n) *s.f.*
macinare *v.tr.* mahlen; *(carne)* hacken.
macrobiotica *s.f.* Makrobiotik (-/.) *s.f.*
macrobiotico *agg.* makrobiotisch.
maculato *agg.* gefleckt, scheckig.

madornale agg.: errore ~, grober Fehler (-s,-) s.m.
madre s.f. 1 Mutter (-, Mütter) s.f. 2 (suora) Schwester (-,-n) s.f.
madrelingua s.f. Muttersprache (-,-n) s.f.
madrepatria s.f. Vaterland (-es,-länder) s.n.
madreperla s.f. Perlmutt (-s/-) s.n.
madrina s.f. Patentante (-,-n) s.f.
maestà s.f. Majestät (-,-en) s.f.
maestoso agg. majestätisch, erhaben.
maestra s.f. 1 Lehrerin (-,-nen) s.f. 2 (esperta) Künstlerin (-,-nen) s.f.
maestranza s.f. Arbeiterschaft (-,-en) s.f.
maestro s.m. 1 Lehrer (-s,-) s.f. 2 (esperto) Meister (-s,-) s.m.
magari avv. vielleicht, wahrscheinlich ♦ cong. auch wenn ♦ inter. (esprime vivo desiderio) und ob, das wäre schön.
magazzino s.m. Lager (-s,-) s.n.
maggio s.m. Mai (-s,-e) s.m.
maggiorana s.f. Majoran (-s,-e) s.m.
maggioranza s.f. Mehrheit (-,-en) s.f.
maggiordomo s.m. Diener (-s,-) s.m., Butler (-s,-) s.m.
maggiore agg.compar. 1 (più grande) größer 2 (di età) älter 3 (riferimento a numeri) höher ♦ agg.superl. 1 größte 2 (di età) älteste 3 (più importante) bedeutendste, wichtigste.
maggiorenne agg. volljährig.
maggiormente avv. (viel)mehr, um so mehr.
magia s.f. 1 Magie (-/-) s.f. 2 (incantesimo) Zauber (-s/-) s.m. 3 (fascino) Zauber (-s/-) s.m.
magico agg. 1 magisch, Zauber... 2 (affascinante) zauberhaft.
magistrato s.m. Richter (-s,-) s.m.

magistratura s.f. Richterschaft (-/.) s.f.
maglia s.f. 1 Masche (-,-n) s.f. |lavorare a ~, stricken 2 (tessuto) Trikot (-s/.) s.n. 3 (sport) Trikot (-s,-) s.n. 4 (intima) Unterhemd (-es,-en) s.n.
maglietta s.f. T-Shirt (-s,-s) s.n.
maglificio s.m. Strickwarenfabrik (-, -en) s.f.
maglione s.m. Pullover (-s,-) s.m., Pulli (-s,-s) s.m.
magnanimo agg. großzügig.
magnate s.m. Magnat (-en,-en) s.m.
magnesio s.m. Magnesium (-s/.) s.n.
magnetico agg. magnetisch.
magnetofono s.m. Tonbandgerät (-es,-e) s.n.
magnificenza s.f. 1 Großzügigkeit (-/.) s.f. 2 (sontuosità) Prunk (-s/.) s.f.
magnifico agg. wunderbar, herrlich.
magnolia s.f. (bot.) Magnolie (-,-n) s.f.
mago s.m. 1 Zauberer (-s,-) s.m. 2 (fig.) Meister (-s,-) s.m., Zauberkünstler (-s,-) s.m.
magro agg. 1 mager 2 (fig.) dürftig, schwach ♦ s.m. 1 (parte magra di carni) fettarmer Teil 2 di ~, fleischlos.
mai avv. 1 nie, niemals 2 se, je, jemals 3 (enfatico) nur, wohl | ~ e poi ~, nie und nimmer.
maiale s.m. Schwein (-es,-e) s.n.
maionese s.f. (gastr.) Mayonnaise (-, -n) s.f.
maiuscola s.f. Großbuchstabe (-ns,-n) s.m.
maiuscolo agg. groß(geschrieben).
malaccorto agg. unbesonnen.
malafede s.f.: in ~, böswillig.
malalingua s.f. Lästerer (-s,-) s.m.
malandato agg. 1 in schlechtem Zustand 2 (trasandato) verlottert.
malanimo s.m. Mißgunst (-/.) s.f.

malanno s.m. Unheil (-s/.) s.n., Krankheit (-s,-en) s.f. | *prendersi un –*, erkranken.

malapena, a *locuz.avv.* kaum, mit Mühe und Not.

malaria s.f. Malaria (-/.) s.f.

malato agg. krank ♦ s.m. Kranke (-n, -n) s.m.

malattia s.f. Krankheit (-,-en) s.f. | *mettersi in –*, sich krankschreiben lassen.

malaugurio s.m. böses Omen (-s,-) s.n. | *uccello del –*, Unglücksrabe (-n,-n) s.m.

malavita s.f. Unterwelt (-/.) s.f.

malavoglia avv. unlustig.

malcapitato agg. unglücklich.

malconcio agg. übel zugerichtet.

malcontento agg. unzufrieden.

malcostume s.m. Mißstände s.pl.

maldestro agg. ungeschickt.

maldicenza s.f. Lästern (-s/.) s.n., Lästerei (-,-en) s.f.

maldisposto agg. übelgesinnt.

male¹ s.m. **1** Böse (-n/.) s.n. **2** (*disgrazia*) Schlimme (-n/.) s.n., Schlechte (-n/.) s.n. **3** (*dolore*) Schmerz (-es,-en) s.m., Weh (-s/.) s.n. **4** (*malattia*) Krankheit (-,-en) s.f.

male² avv. **1** schlecht, schlimm **2** falsch, nicht richtig.

maledetto agg. verdammt, verwünscht, verflucht.

maledire v.tr. verwünschen, verfluchen.

maledizione s.f. Verwünschung (-,-en) s.f.

maleducato agg. ungezogen.

maleducazione s.f. Ungezogenheit (-/.) s.f.

malessere s.m. Unpäßlichkeit (-,-en) s.f.

malfamato agg. verrufen.

malfattore s.m. Übeltäter (-s,-) s.m.

malfermo agg. wackelig, schwach.

malgoverno s.m. Mißwirtschaft (-,-en) s.f.

malgrado prep. gegen den Willen.

malignare v.intr. klatschen, schlecht reden.

malignità s.f. Bösartigkeit (-,-en) s.f.

maligno agg. **1** boshaft **2** (*med.*) bösartig.

malinconia s.f. Melancholie (-/.) s.f.

malinconico agg. melancholisch.

malincuore, a *locuz.avv.* schweren Herzens.

malintenzionato agg. übelgesinnt.

malinteso agg. mißverstanden.

malizia s.f. Arglist (-/.) s.f.

malizioso agg. maliziös, tückisch.

malleabile agg. formbar (*anche fig.*).

malore s.m. Schwächeanfall (-s,-fälle) s.m.

malridotto agg. **1** (*di persone*) übel zugerichtet **2** (*di oggetti*) ruiniert.

malsano agg. **1** ungesund **2** (*fig.*) krankhaft.

maltempo s.m. Unwetter (-s/.) s.n.

malto s.m. Malz (-es/.) s.n.

maltrattamento s.m. Mißhandlung (-, -en) s.f.; (*di animali*) Quälerei (-,-en) s.f.

maltrattare v.tr. mißhandeln; quälen.

malumore s.m. **1** schlechte Laune (-/.) s.f. **2** (*malcontento*) Unzufriedenheit (-/.) s.f.

malva s.f. (*bot.*) Malve (-,-n) s.f.

malvagio agg. gemein; böse.

malvisto agg. unbeliebt.

malvivente s.m. Verbrecher (-s,-) s.m.

malvolentieri avv. ungern.

mammola s.f. (*bot.*) Veilchen (-s,-) s.n.

manageriale agg. Manager...| *capacità -i*, Führungsqualitäten s pl

mancante *agg.* fehlend.
mancanza *s.f.* 1 *(il mancare)* Mangel (-s/.) *s.m.* 2 *(assenza)* Abwesenheit (-,-en) *s.f.* 3 *(errore)* Verfehlung (-,-en) *s.f.*
mancare *v.intr.* 1 fehlen, *(di)* mangeln (an +dat.) 2 *(sentire la mancanza di)* vermissen 3 *(venire a)* –, aus·gehen (ging aus, ausgegangen) 4 *(nelle espressioni di tempo e spazio si traduce con il verbo "essere")* mancano ancora 100 metri, es sind noch 100 Meter.
mancato *agg.* mißlungen, verfehlt.
mancia *s.f.* Trinkgeld (-es,-er) *s.n.*
manciata *s.f.* Handvoll (-/.) *s.f.* | *a -e*, mit vollen Händen.
mancino *agg.* 1 linkshändig 2 *(fig.)* tückisch.
mandarancio *s.m.* kernlose Kreuzung zwischen Mandarine und Apfelsine.
mandare *v.tr.* schicken | – **a**: – *chiamare*, rufen lassen (ließ, lassen); – *prendere*, abholen lassen (ließ, lassen); – *dire*, ausrichten lassen (ließ, lassen) | – **avanti** führen | – **giù** 1 hinunter·schlucken 2 *(fig.)* weg·stecken müssen.
mandarino *s.m.* Mandarine (-,-n) *s.f.*
mandato *s.m.* 1 *(dir./pol.)* Mandat (-s,-e) *s.n.* 2 *(ingiunzione)* Befehl (-s, -e) *s.m.*
mandibola *s.f.* Unterkiefer (-s,-) *s.m.*
mandolino *s.m.* Mandoline (-,-n) *s.f.*
mandorla *s.f.* Mandel (-,-n) *s.f.*
mandria *s.f.* Herde (-,-n) *s.f.*
mandriano *s.m.* Viehhüter (-s,-) *s.m.*
maneggevole *agg.* handlich, wendig.
maneggiare *v.tr.* handhaben, behandeln.
maneggio *s.m.* *(di cavalli)* Reitbahn (-,-en) *s.f.*
manette *s.f.pl.* Handschellen *s.pl.*

manganello *s.m.* Schlagstock (-s, -stöcke) *s.m.*
mangiare *v.tr. e intr.* 1 essen (aß, gegessen) 2 *(fam.) (di insetti.pungere)* stechen (stach, gestochen) 3 *(dissipare)* verschwenden 4 *(dama, scacchi ecc.)* (weg·)schnappen.
mangime *s.m.* Futter (-s/.) *s.n.*
mania *s.f.* Manie (-,-n) *s.f.*, Sucht (-/.) *s.f.*
maniaco *agg.* 1 *(psic.)* manisch 2 *(fig.)* fanatisch.
manica *s.f.* Ärmel (-s,-) *s.m.*
manico *s.m.* Griff (-es,-e) *s.m.*; *(di scopa ecc.)* Stiel (-es,-e) *s.m.*
manicomio *s.m.* Irrenanstalt (-,-en) *s.f.*
manicure *s.f.* Maniküre (-/.) *s.f.*
maniera *s.f.* 1 → **modo2** *(pl.)* Manieren *s.pl.*
manifestante *s.m./f.* Demonstrant (-en,-en) *s.m.* (f.-in,-innen).
manifestare *v.tr. e intr.* 1 äußern 2 *(mostrare)* zeigen 3 *(in corteo)* demonstrieren.
manifestazione *s.f.* 1 Äußerung (-, -en) *s.f.* 2 *(sintomo)* Symptom (-s,-e) *s.n.* 3 *(spettacolo)* Veranstaltung (-, -en) *s.f.* 4 *(corteo)* Demonstration (-, -en) *s.f.*
manifesto *s.m.* 1 Plakat (-es,-e) *s.n.* 2 *(programma pol.)* Manifest (-es,-e) *s.n.*
maniglia *s.f.* Türklinke (-,-en) *s.f.*
manipolare *v.tr.* manipulieren.
mannequin *s.m.* Mannequin (-s,-s) *s.n.*
mano *s.f.* 1 Hand (-, Hände) *s.f.* | *avere in – la situazione*, Herr der Lage sein; *a – a –*, nach und nach; *fuori –*, abgelegen 2 *(strato di vernice)* Schicht (-, -en) *s.f.* *(carte)* Runde (-,-n) *s.f.*
manodopera *s.f.* Arbeitskraft (-,-kräfte) *s.f.*

manopola *s.f.* 1 Drehknopf (-es, -knöpfe) *s.m.* 2 guanto a –, Fäustlinge *s.pl.*
manovra *s.f.* 1 Maßnahme (-,-n) *s.f.* 2 (*mil.*) Manöver (-s,-) *s.n.*
manovrare *v.tr. e intr.* manövrieren.
manrovescio *s.m.* Ohrfeige (mit dem Handrücken) (-,-n) *s.f.*
mansarda *s.f.* Mansarde (-,-n) *s.f.*, Dachkammer (-,-n) *s.f.*
mansione *s.f.* (*spec.pl.*) Aufgabe (-,-n) *s.f.*
mansueto *agg.* zutraulich, zahm.
mantella *s.f.* Umhang (-s,-hänge) *s.m.*, Cape (-s,-s) *s.n.*
mantello *s.m.* 1 Mantel (-s, Mäntel) *s.m.* 2 (*di animali*) Fell (-s,-e) *s.n.*
mantenere *v.tr.* 1 halten (hielt, gehalten) 2 (*provvedere al sotentamento*) unterhalten (unterhielt, unterhalten) ♦
mantenersi *v.pron.* 1 sich halten (hielt, gehalten) 2 sich selbst finanzieren.
mantenimento *s.f.* 1 (*conservazione*) Erhaltung (-,-en) *s.f.* 2 (*sostentamento*) Unterhalt (-s/.) *s.m.*
manuale *agg.* Hand...
manubrio *s.m.* Lenker (-s,-) *s.m.*
manufatto *s.m.* Manufaktur (-,-en) *s.f.*
manutenzione *s.f.* Instandhaltung (-, -en) *s.f.*
manzo *s.m.* Rind (-es,-er) *s.n.*
mappa *s.f.* Karte (-,-n) *s.f.*
maratona *s.f.* (*sport*) Marathonlauf (-es,-läufe) *s.m.*
marca *s.f.* 1 Marke (-,-n) *s.f.* 2 – *da bollo*, Steuermarke (-,-n) *s.f.*
marcare *v.tr.* 1 markieren 2 (*calcio*) ein Tor schießen (schoß, geschossen) 3 (*sport*) decken.
marcato *agg.* 1 markiert, gekennzeichnet 2 (*spiccato*) ausgeprägt.
marchiare *v.tr.* 1 ein-brennen (brannte ein, eingebrannt) 2 (*fig.*) brandmarken.
marchio *s.m.* Zeichen (-s,-) *s.n.*, Marke (-,-n) *s.f.*
marcia *s.f.* 1 Marsch (-es, Märsche) *s.m.* 2 (*auto*) Gang (-es, Gänge) *s.m.*
marciapiede *s.m.* Gehsteig (-es,-e) *s.m.*
marciare *v.intr.* 1 marschieren 2 (*di veicoli*) fahren (fuhr, gefahren).
marcio *agg.* faul, verfault; (*di legno*) morsch.
marcire *v.intr.* verfaulen, verrotten.
marco *s.m.* Mark (-/.) *s.f.*
mare *s.m.* 1 See (-/,-n) *s.f.* 2 Meer (-s, -e) *s.n.* 3 (*fig.*) Haufen (-s,-) *s.m.*
marea *s.f.* Gezeiten *s.pl.*
mareggiata *s.f.* Sturmflut (-,-en) *s.f.*
maremoto *s.m.* Seebeben (-s,-) *s.n.*
margarina *s.f.* Margarine (-/.) *s.f.*
margherita *s.f.* (*bot.*) Margerite (-,-n) *s.f.* | (*gastr.*) torta –, Sandkuchen (-s,-) *s.m.*
marginale *agg.* Rand..., Neben...
margine *s.m.* 1 Rand (-es, Ränder) *s.m.* 2 (*intervallo di tempo*) Zeitspanne (-,-n) *s.f.*
marina *s.f.* 1 (*litorale*) Küste (-,-n) *s.f.* 2 (*mil.*) Marine (-/.) *s.f.*
marinaio *s.m.* Seemann (-s,-männer) *s.m.*, Matrose (-n,-n) *s.m.*
marinare *v.tr.* 1 (*gastr.*) marinieren 2 (*fam.*) schwänzen.
marino *agg.* See..., Meeres...
marionetta *s.f.* Marionette (-,-n) *s.f.*
marito *s.m.* Ehemann (-es,-männer) *s.m.*
marittimo *agg.* See... | *clima* –, Seeklima (-s/.) *s.n.*
marmellata *s.f.* Marmelade (-,-n) *s.f.*

marmitta *s.f.* Auspuff (-s,-e) *s.m.*
marmo *s.m.* Marmor (-s/-.) *s.m.*
marmotta *s.f.* **1** Murmeltier (-es,-e) *s.n.* **2** (*fam.*) Schlafmütze (-,-n) *s.f.*
marrone *agg.* braun.
marsupio *s.m.* Beutel (-s,-) *s.m.*
martedì *s.m.* Dienstag (-s,-e) *s.m.*
martellare *v.tr.* hämmern, klopfen ♦ *v.intr.* (*pulsare*) pulsieren, pochen.
martello *s.m.* Hammer (-s, Hämmer) *s.m.*
martire *s.m.* Märtyrer (-s,-) *s.m.*
marzo *s.m.* März (-es,-e) *s.m.*
mascalzone *s.m.* Schurke (-n,-n) *s.m.*
mascella *s.f.* (*anat.*) Kiefer (-s,-) *s.m.*
maschera *s.f.* **1** Maske (-,-n) *s.f.* **2** (*di cinema*) Platzanweiser (-s,-) *s.m.*
mascherare *v.tr.* maskieren, verschleiern.
maschile *agg.* männlich.
maschio *agg.* männlich.
mascotte *s.f.* Maskottchen (-s,-) *s.n.*
massa *s.f.* **1** Masse (-,-n) *s.f.* **2** (*mucchio*) Menge (-,-n) *s.f.* **3** (*elettr.*) Erde (-,-n) *s.f.*
massacrare *v.tr.* massakrieren.
massacro *s.m.* Massaker (-s,-) *s.n.*
massaggiare *v.tr.* massieren.
massaggiatore *s.m.* Masseur (-s,-e) *s.m.*
massaggiatrice *s.f.* Masseurin (-,-nen) *s.f.*, Masseuse (-,-n) *s.f.*
massaggio *s.m.* Massage (-,-n) *s.f.*
massaia *s.f.* Hausfrau (-,-en) *s.f.*
massicciata *s.f.* (*ferr.*) Bettung (-,-en) *s.f.*
massiccio *agg.* massiv.
massima *s.f.* **1** Maxime (-,-n) *s.f.* **2** (*motto*) Denkspruch (-es,-sprüche) *s.m.*
massimo *agg.superlativo* **1** größte / höchste ♦ *s.m.* Höchst...: *il – delle richie-*

ste, Höchstanforderung (-,-en).
masso *s.m.* Felsblock (-s,-blöcke) *s.m.*
masticare *v.tr.* kauen.
mastice *s.m.* **1** Kitt (-s,-e) *s.m.* **2** (*resina*) Mastix (-es/.) *s.m.*
mastino *s.m.* **1** Mastiff (-s,-e) *s.m.* **2** (*persona*) Bluthund (-s,-e) *s.m.*
mastro *s.m.* Meister (-s,-) *s.m.*
matassa *s.f.* Strang (-s, Stränge) *s.m.*
matematica *s.f.* Mathematik (-/.) *s.f.*
matematico *agg.* mathematisch.
materassino *s.m.* Luftmatratze (-,-n) *s.f.*
materasso *s.m.* Matratze (-,-n) *s.f.*
materia *s.f.* **1** (*sostanza*) Stoff (-es,-e) *s.m.* **2** (*disciplina*) Fach (-es, Fächer) *s.n.*
materiale *agg.* materiell ♦ *s.m.* Material (-s,-ien) *s.n.*
maternità *s.f.* **1** Mutterschaft (-/.) *s.f.* **2** (*reparto*) Entbindungsstation (-,-en) *s.f.*
materno *agg* mütterlich, Mutter...
matita *s.f.* Bleistift (-s,-e) *s.m.*
matrice *s.f.* **1** (*tip.*) Matrize (-,-n) *s.f.* **2** (*origine*) Ursprung (-s,-sprünge) *s.m.* **3** (*tagliando*) Kontrollabschnitt (-s,-e) *s.m.*
matricola *s.f.* **1** Matrikel (-,-n) *s.f.* **2** (*università*) Erstsemestler (-s,-) *s.m.*
matrimonio *s.m.* **1** Ehe (-,-n) *s.f.* **2** (*cerimonia*) Hochzeit (-,-en) *s.f.*, Trauung (-,-en) *s.f.*
matterello *s.m.* Nudelholz (-es,-hölzer) *s.n.*
mattina *s.f.* Morgen (-s,-) *s.m.*, Vormittag (-s,-e) *s.m.*
mattiniero *s.m.* Frühaufsteher (-s,-) *s.m.*
mattino *s.m.* Morgen (-s,-) *s.m.*
matto *agg.* verrückt.

mattone *s.m.* Ziegelstein (-s,-e) *s.m.*, Backstein (-s,-e) *s.m.*
mattonella *s.f.* Fliese (-,-n) *s.f.*
maturare *v.tr. e intr.* reifen.
maturo *agg.* reif.
mazza *s.f.* 1 Knüppel (-s,-) *s.m.* 2 *(martello)* Vorschlaghammer (-s,-hämmer) *s.m.*
mazzetta *s.f.* 1 Banknotenbündel (-s,-) *s.n.* 2 *(fig.)* Schmiergeld (-es,-er) *s.n.*
mazzo *s.m.* 1 *(chiavi)* Bund (-es, Bunde) *s.n.* 2 *(di fiori)* Strauß (-es, Sträuße) *s.m.* 3 *(di carte)* Kartenspiel (-s,-e) *s.n.*
me *pron.pers.sing.* 1 *(compl.ogg.)* mich 2 *(compl.ind. introdotto da prep.)* mich, mir.
meccanica *s.f.* 1 *(fis.)* Mechanik (-,-en) *s.f.* 2 Maschinenbau (-s/.) *s.m.*
meccanico *agg.* mechanisch.
meccanismo *s.m.* Mechanismus (-,-men) *s.m.*
meccanizzato *agg.* motorisiert.
mecenate *s.m.* Mäzen (-s,-e) *s.m.*
mèche *s.f.* blondiertes Strähnchen (-,-n) *s.n.*
medaglia *s.f.* Medaille (-,-n) *s.f.*
media *s.f.* Durchschnitt (-s,-e) *s.m.*
mediante *prep.* durch (+*acc.*), mittels (+*gen.*), mit (+*dat.*).
medicare *v.tr.* ärztlich behandeln, verarzten.
medicina *s.f.* 1 Medizin (-/.) *s.f.* 2 *(medicinale)* Medikament (-s,-e) *s.n.*
medico *s.m.* Arzt (-es, Ärzte) *s.m.*
medio *agg.* 1 Mittel... 2 *(di valore intermedio)* Durchschnitts...
mediocre *agg.* mittelmäßig.
meditare *v.tr.* 1 meditieren (über) 2 *(progettare)* planen ♦ *v.intr.* nach·sinnen (über) (sann nach, nachgesonnen), meditieren.
meditazione *s.f.* 1 Meditation (-,-en) *s.f.* 1 *(riflessione)* Überlegung (-,-en) *s.f.*
mediterraneo *agg.* mediterran, Mittelmeer...
medusa *s.f.* Qualle (-,-n) *s.f.*
meglio *avv.* besser ♦ *agg.comparativo* besser.
mela *s.f.* Apfel (-s, Äpfel) *s.m.*
melagrana *s.f.* Granatapfel (-s,-äpfel) *s.m.*
melanzana *s.f.* Aubergine (-,-n) *s.f.*
melissa *s.f.* Melisse (-,-n) *s.f.*
melma *s.f.* Schlamm (-s, Schlämme) *s.m.*
melmoso *agg.* schlammig.
melo *s.m.* Apfelbaum (-s,-bäume) *s.m.*
melodia *s.f.* Melodie (-,-n) *s.f.*
melodioso *agg.* melodisch.
melodrammatico *agg.* melodramatisch.
melone *s.m.* Honigmelone (-,-n) *s.f.*
membro *s.m.* 1 *(fig.)* Mitglied (-s,-er) *s.n.* 2 Glied (-es,-er) *s.n.*
memorabile *agg.* denkwürdig.
memoria *s.f.* 1 Gedächtnis (-ses,-se) *s.n.* 2 *(ricordo)* Andenken (-s,-) *s.n.* 3 *(inform.)* Speicher (-s,-) *s.m.*
memorizzare *v.tr.* sich *(dat.)* ins Gedächtnis prägen.
menadito, a *locuz.avv.* aus dem Effeff.
mendicante *s.m.* Bettler (-s,-) *s.m.*
mendicare *v.tr.* betteln (um +*acc.*).
meno *avv.comparativo* 1 weniger, nicht so 2 *(comparativo di minoranza)* weniger ... als, nicht so ... wie 3 *(mat.)* weniger, minus ♦ *agg.comparativo* weniger ♦ *prep.* außer (+*dat.*).
mensa *s.f.* 1 Kantine (-,-n) *s.f.* 2

mensile 134

(*mil.*) – ufficiali, Kasino (-s,-s) *s.n.* **3** – universitaria, Mensa (-, Mensen) *s.f.*
mensile *agg.* monatlich, Monats...
mensola *s.f.* Konsole (-,-n) *s.f.*
menta *s.f.* Minze (-,-n) *s.f.*
mentale *agg.* **1** geistig **2** (*a mente*) Kopf...
mentalità *s.f.* Mentalität (-,-en) *s.f.*
mentalmente *avv.* im Geiste.
mente *s.f.* **1** Verstand (-es/.) *s.m.*, Kopf (-es/.) *s.m.* **2** (*memoria*) Gedächtnis (-ses,-se) *s.n.*
mentire *v.intr.* lügen (log, gelogen).
mento *s.m.* Kinn (-s,-) *s.n.*
mentre *cong.* **1** während **2** (*finché*) solange.
menzogna *s.f.* Lüge (-,-n) *s.f.*
meraviglia *s.f.* **1** Wunder (-s,-) *s.n.* **2** (*stupore*) Verwunderung (-/.) *s.f.*
meravigliare *v.tr.* (ver)wundern ♦ **meravigliarsi** *v.pron.* sich wundern.
meraviglioso *agg.* wunderbar.
mercante *s.m.* Händler (-s,-) *s.m.*
mercanteggiare *v.intr.* feilschen.
mercato *s.m.* Markt (-es, Märkte) *s.m.*
merce *s.f.* Ware (-,-n) *s.f.*
merceria *s.f.* Kurzwarengeschäft (-es, -e) *s.n.*
mercoledì *s.m.* Mittwoch (-s,-e) *s.m.*
mercurio *s.m.* (*chim.*) Quecksilber (-s/.) *s.n.*
merda *s.f.* Scheiße (-/.) *s.f.*
merenda *s.f.* Imbiß (-bisses,-bisse) *s.m.*; (*austr.*) Jause (-,-n) *s.f.*
meridiana *s.f.* Sonnenuhr (-,-en) *s.f.*
meridiano *s.m.* Meridian (-s,-e) *s.m.*
meridionale *agg.* Süd..., südlich.
meringa *s.f.* Baiser (-s,-s) *s.n.*
meritare *v.tr.* **1** verdienen **2** (*essere degno*) wert sein.
merito *s.m.* **1** Verdienst (-es,-e) *s.n.* **2** (*aspetto principale*) Kern (-s/.) *s.m.*
merletto *s.m.* Spitze (-,-n) *s.f.*
merlo *s.m.* (*zool.*) Amsel (-,-n) *s.f.*
merluzzo *s.m.* Kabeljau (-s,-e) *s.m.*
meschino *agg.* engherzig.
mescolanza *s.f.* Mischung (-,-en) *s.f.*, Gemisch (-s,-) *s.n.*
mescolare *v.tr.* **1** mischen **2** (*girare*) um-rühren **3** (*unire mescolando*) verrühren ♦ **mescolarsi** *v.pron.* sich vermischen.
mese *s.m.* Monat (-s,-e) *s.m.*
messa *s.f.* Messe (-,-n) *s.f.*
messaggero *s.m.* Bote (-n,-n) *s.m.*
messaggio *s.m.* **1** (*annuncio*) Rede (-,-n) *s.f.* **2** Botschaft (-,-en) *s.f.* | *lasciare un* –, eine Nachricht hinterlassen (hinterließ, hinterlassen).
messinscena *s.f.* Inszenierung (-,-en) *s.f.*
mestiere *s.m.* Beruf (-s,-e) *s.m.*, Handwerk (-s/.) *s.n.*
mesto *agg.* wehmütig, traurig.
mestolo *s.m.* Schöpfkelle (-,-n) *s.f.*
mestruazione *s.f.* Menstruation (-,-en) *s.f.*, Regel (-,-n) *s.f.*
meta *s.f.* Ziel (-es,-e) *s.n.*
metà *s.f.* **1** Hälfte (-,-n) *s.f.* **2** Mitte (-,-n) *s.f.*
metallico *agg.* Metall..., metallisch.
metallo *s.m.* Metall (-s,-e) *s.n.*
metalmeccanico *agg.* Metall- und Maschinenbau...
metano *s.m.* (*chim.*) Methan (-s/.) *s.n.*
metanodotto *s.m.* Methanpipeline (-, -s) *s.f.*
meteora *s.f.* Meteor (-s,-e) *s.m.*
meteorologia *s.f.* Meteorologie (-/.) *s.f.*
meteorologico *agg.* meteorologisch, Wetter...
meticoloso *agg.* gewissenhaft.

metodico agg. methodisch.
metodo s.m. 1 Methode (-,-n) s.f. 2 (mus.) Schule (-,-n) s.f.
metro s.m. 1 Meter (-s,-) s.m./n. 2 (mezzo di misurazione) Meterband (-es, bänder) s.n. 3 (metrica) Versmaß (-es,-e) s.n.
metronotte s.m. Nachtwächter (-s,-) s.m.
metropolitana s.f. U-Bahn (-,-en) s.f.
metropolitano agg. Großstadt...
mettere v.tr. 1 (orizzontalmente) legen; (verticalmente) stellen; (a sedere) setzen; (infilare) stecken 2 (causare) machen 3 (indossare) an·ziehen (zog an, angezogen) 4 (cappello, occhiali) auf·setzen 5 (installare) an·schließen (schloß an, angeschlossen).
mezzanino s.m. Zwischengeschoß (-schosses,-schosse) s.n.
mezzanotte s.f. Mitternacht (-/-) s.f.
mezzo agg. 1 halb 2 (medio) mittlere ♦ avv. halb.
mezzo s.m. 1 Mittel (-s,-) s.n. 2 (veicolo) Verkehrsmittel (-s,-) s.n.
mezzobusto s.m. 1 (arte) Büste (-,-n) s.f. 2 (fam.) Fernsehansager (-s,-) s.m.
mezzofondo s.m. (sport) Mittelstreckenlauf (-s,-läufe) s.m.
mezzogiorno s.m. 1 Mittag (-s,-e) s.m. 2 (sud) Süden (-s/,-) s.m.
mezzora s.f. halbe Stunde (-,-n) s.f.
mi pron.pers.sing. 1 (compl.ogg.) mich 2 (compl.di termine) mir.
miagolare v.intr. 1 (di gatto) miauen 2 (lamentarsi) plärren.
micidiale agg. mörderisch, tödlich.
micio s.m. (fam.) Mieze (-,-n) s.f.
microbo s.m. Mikrobe (-,-n) s.f.
microfilm s.m. Mikrofilm (-s,-e) s.m.
microfono s.m. Mikrophon (-s,-e) s.n.

microscopico agg. mikroskopisch.
microscopio s.m. Mikroskop (-s,-e) s.n.
microspia s.f. Minispion (-s,-e) s.m.
midollo s.m. (anat.) Mark (-s/,-) s.n.
miele s.m. Honig (-s/,-) s.m.
mietere v.tr. 1 mähen; (raccogliere) ernten 2 (fig.) dahin·raffen.
migliaio s.m. Tausend (-s,-e) s.n.
miglio s.m. Meile (-,-n) s.f.
miglio s.m. (bot.) Hirse (-,-n) s.f.
miglioramento s.m. Besserung (-,-en) s.f.
migliorare v.tr. (ver)bessern ♦ v.intr. besser werden, sich bessern.
migliore agg. 1 besser 2 (più conveniente) günstiger.
miglioria s.f. Verbesserung (-,-en) s.f.
mignolo s.m. (della mano) kleiner Finger (-s,-) s.m.; (del piede) kleiner Zeh (-s,-en) s.m.
migrare v.intr. 1 wandern 2 (zool.) (weg·)ziehen (zog weg, weggezogen).
miliardario s.m. Milliardär (-s,-e) s.m.
miliardo s.m. Milliarde (-,-n) s.f.
milionario s.m. Millionär (-s,-e) s.m.
milione s.m. Million (-,-en) s.f.
militare agg. Militär...,militärisch.
militante agg. kämpferisch.
mille agg.num.card. tausend.
millimetro s.m. Millimeter (-s,-) s.m./n.
milza s.f. (anat.) Milz (-/,-) s.f.
mimare v.tr. mimisch dar·stellen, mimen.
mimetizzare v.tr. tarnen.
mimo s.m. Mime (-n,-n) s.m.
mimosa s.f. (bot.) Mimose (-,-n) s.f.
minaccia s.f. Drohung (-,-en) s.f.
minacciare v.tr. drohen (+dat.).
minare v.tr. 1 (mil.) verminen 2

minatore 136

(*compromettere*) untergraben (untergrub, untergraben).
minatore s.m. Bergmann (-s,-männer) s.m.
minatorio agg. Droh...
minerale agg. mineralisch, Mineral... ♦ s.m. Mineral (-s,-e) s.n.
minerario agg. 1 (*di minerale*) Erz... 2 (*di miniera*) Bergbau...
minestra s.f. Suppe (-,-n) s.f.
miniappartamento s.m. Kleinwohnung (-,-en) s.f.
miniatura s.f. Miniatur (-,-en) s.f.
miniera s.f. 1 Bergwerk (-s,-e) s.n. 2 (*fig.*) Fundgrube (-,-n) s.f.
minigonna s.f. Minirock (-s,-röcke) s.m.
minimizzare v.tr. bagatellisieren; (*spreg.*) verniedlichen.
minimo agg. 1 kleinst, mindest... 2 (*piccolissimo*) minimal 3 (*il più basso*) tiefst...
ministeriale agg. ministeriel, Ministerial...
ministero s.m. 1 Ministerium (-s,-ien) s.n. 2 (*dir.*) pubblico ~, Staatsanwalt (-es,-anwälte) s.m.
ministro s.m. Minister (-s,-) s.m.
minoranza s.f. Minderheit (-,-en) s.f.
minorato agg.,s.m. behindert.
minore agg.compar. 1 (*più piccolo*) kleiner; (*più breve*) kürzer 2 (*di età*) jünger 3 (*riferito a numeri*) weniger 4 (*meno importante*) unbedeutend.
minorenne agg. minderjährig ♦ s.m./f. Minderjährige (-n,-n) s.m./f.
minorile agg. jugendlich, Jugend...
minuscola s.f. Kleinbuchstabe (-n,-n) s.m.
minuscolo agg. klein; klitzeklein.
minuta s.f. Konzept (-es,-e) s.n.

minuto¹ agg. 1 (*piccolissimo*) winzig 2 (*fine*) klein, fein 3 (*esile*) zierlich.
minuto² s.m. Minute (-,-n) s.f.
minuziosamente avv. genauestens.
minuzioso agg. minuziös, peinlich genau.
mio agg.poss. mein ♦ pron. poss. meiner.
miope agg. kurzsichtig.
mira s.f. 1 Zielen (-s/.) s.n. 2 (*fine*) Ziel (-es,-e) s.n.
miracolo s.m. Wunder (-s,-) s.n.
miracoloso agg. wunderbar, Wunder...
mirare v.intr. 1 (*a*) zielen (auf +acc.) 2 (*fig.*) (*a*) hinzielen (auf +acc.).
mirino s.m. 1 Visier (-s,-e) s.n. 2 (*foto*) Sucher (-s,-) s.m.
mirtillo s.m. Heidelbeere (-,-n) s.f.
mirto s.m. Myrte (-,-n) s.f.
miscela s.f. 1 Gemisch (-es/.) s.n. 2 (*di caffè*) Mischung (-,-en) s.f.
mischiare v.tr. mischen, vermischen.
miscredente s.m./f. Ungläubige (-n,-n) s.m./f.
miscuglio s.m. Mischung (-,-en) s.f.
miserabile agg. 1 elend, miserabel 2 (*spreg.*) gemein, niederträchtig.
miseria s.f. Elend (-s/.) s.n.
misericordia s.f. Erbarmen (-s/.) s.n.
misericordioso agg. barmherzig.
misero agg. 1 ärmlich 2 (*insufficiente*) mager 3 (*infelice*) unglücklich.
misfatto s.m. Missetat (-,-en) s.f.
misogino agg. frauenfeindlich ♦ s.m. Weiberfeind (-es,-e) s.m.
missile s.m. Rakete (-,-n) s.f.
missilistica s.f. Raketenforschung (-,-en) s.f.

missionario agg. missionarisch, Missions... ♦ s.m. Missionar (-s,-e) s.m.

missione s.f. Mission (-,-en) s.f.

misterioso agg. geheimnisvoll, mysteriös.

mistero s.m. Mysterium (-s,-rien) s.n.; (*segreto*) Geheimnis (-ses,-se) s.n.

misura s.f. 1 Maß (-es,-e) s.m. 2 (*taglia*) Größe (-,-n) s.f.

misurabile agg. meßbar.

misurazione s.f. Messung (-,-en) s.f.

misurino s.m. Meßbecher (-s,-) s.m.

mite agg. mild; (*mansueto*) zahm.

mitigare v.tr. mildern; (*lenire*) lindern.

mito s.m. Mythos (-,-then) s.m.

mitologia s.f. Mythologie (-,-n) s.f.

mitologico agg. 1 mythologisch 2 (*fig.*) phantastisch, sagenhaft.

mitra s.m. Maschinenpistole (-,-n) s.f.

mitragliatrice s.f. Maschinengewehr (-s,-e) s.n.

mittente s.m. Absender (-s,-) s.m.

mobile agg. beweglich; (*su ruote*) fahrbar ♦ s.m. Möbel (-s,-) s.n.

mobilitare v.tr. mobilisieren ♦ **mobilitarsi** v.pron. 1 (*mettersi in movimento*) sich in Bewegung setzen 2 (*darsi da fare*) aktiv werden.

mocassino s.m. Mokassin (-s,-s) s.m.

moda s.f. Mode (-,-n) s.f.

modella s.f. 1 Modell (-s,-e) s.n. 2 (*indossatrice*) Mannequin (-s,-s) s.n.

modellare v.tr. 1 modellieren 2 (*fig.*) nach·bilden.

modellino s.m. Modell (-s,-e) s.n.

modellismo s.m. Modellbau (-s/.) s.m.

modello s.m. 1 Modell (-s,-e) s.n. 2 (*esempio*) Muster (-s,-) s.n.

moderare v.tr. mäßigen.

moderazione s.f. Mäßigung (-/.) s.f.

modernizzare v.tr. modernisieren.

moderno agg. modern.

modestia s.f. 1 Bescheidenheit (-/.) s.f. 2 (*sobrietà*) Nüchternheit (-/.) s.f.

modesto agg. bescheiden.

modico agg. mäßig.

modifica s.f. Änderung (-,-en) s.f.

modificare v.tr. (ver)ändern.

modo s.m. 1 Weise (-,-n) s.f. 2 (*possibilità*) Möglichkeit (-,-en) s.f. ♦ **di – che** *locuz.cong.* so daß ♦ **in – da** *locuz.cong.* um...zu.

modulare agg. Modul...

modulo s.m. Formular (-s,-e) s.n.

mogano s.m. Mahagoni (-s/.) s.n.

moglie s.f. Ehefrau (-,-en) s.f.

molare 1 v.tr. schleifen (schliff, geschliffen).

molare 2 s.m. (*anat.*) Backenzahn (-es,-zähne) s.m.

mole s.f. 1 Ausmaß (-es,-e) s.n. 2 (*fig.*) (*quantità*) Menge (-,-n) s.f.

molesto agg. lästig.

molla s.f. 1 Feder (-,-n) s.f. 2 (*fig.*) (*stimolo*) Antrieb (-es,-e) s.m.

mollare v.tr. 1 (*allentare*) lockern 2 (*fam.*) (*piantare*) sitzen·lassen (ließ sitzen, sitzenlassen) ♦ v.intr. 1 (*cedere*) nach·geben (gab nach, nachgegeben) 2 (*smettere*) auf·hören.

molle agg. weich, locker.

molletta s.f. 1 Klammer (-,-n) s.f. 2 (*pl.*) (*pinze*) Zange (-,-n) s.f.

mollica s.f. Brotinnere (-n/.) s.n.

mollusco s.m. 1 (*zool.*) Weichtier (-es,-e) s.n. 2 (*spreg.*) Schlappschwanz (-es,-schwänze) s.m.

molo s.m. Hafenmole (-,-n) s.f.

molteplice agg. vielfach; (*svariato*) vielseitig.

moltiplicare v.tr. (*mat.*) (*per*) multipli-

moltiplicazione 138

zieren (mit) ♦ **moltiplicarsi** *v.pron.* sich vermehren.

moltiplicazione *s.f.* 1 (*mat.*) Multiplikation (-,-en) *s.f.* 2 Vermehrung (-,-en) *s.f.*

moltitudine *s.f.* Menge (-,-n) *s.f.*

molto *agg. e pron.indef.* 1 viel 2 (*tempo*) lange 3 (*distanza*) weit.

momentaneo *agg.* augenblicklich.

momento *s.m.* Augenblick (-s,-e) *s.m.*; Moment (-s,-e) *s.m.*

monaca *s.f.* 1 Nonne (-,-n) *s.f.* 2 (*zool.*) Bachstelze (-,-n) *s.f.*

monaco *s.m.* Mönch (-s,-e) *s.m.*

monarchia *s.f.* Monarchie (-,-n) *s.f.*

monastero *s.m.* Kloster (-s, Klöster) *s.n.*

monastico *agg.* 1 klösterlich, Kloster... 2 (*dei monaci*) Mönchs...

mondano *agg.* 1 (*del mondo*) irdisch 2 (*della società elegante*) mondän.

mondo *s.m.* 1 Welt (-/-) *s.f.* 2 (*ambiente*) Milieu (-s,-s) *s.n.*

mondovisione *s.f.* weltweit übertragenes Fernsehprogramm.

monello *s.m.* Straßenjunge (-n,-n) *s.m.*

moneta *s.f.* 1 Münze (-,-n) *s.f.* 2 (*spiccioli*) Kleingeld (-es/-) *s.n.*

monetario *agg.* (*econ.*) Münz..., Geld..., Währungs...

mongolfiera *s.f.* Heißluftballon (-s,-s) *s.m.*

monito *s.m.* Mahnung (-,-en) *s.f.*

monocamerale *agg.* (*pol.*) Einkammer...

monografia *s.f.* Monographie (-,-n) *s.f.*

monografico *agg.* monographisch.

monogramma *s.m.* Monogramm (-s,-e) *s.n.*

monolingue *agg.* einsprachig.

monolocale *s.m.* Einzimmerwohnung (-,-en) *s.f.*

monologo *s.m.* Monolog (-s,-e) *s.m.*

monopolio *s.m.* Monopol (-s,-e) *s.m.*

monopolizzare *v.tr.* monopolisieren.

monotono *agg.* monoton, eintönig.

monouso *agg.* Einweg...

montacarichi *s.m.* Lastenaufzug (-s,-züge) *s.m.*

montaggio *s.m.* Montage (-,-n) *s.f.*

montagna *s.f.* Berg (-es,-e) *s.m.*

montare *v.tr.* 1 montieren 2 (*cavalcare*) reiten (ritt, geritten) 3 (*gastr.*) schlagen (schlug, geschlagen) ♦ *v.intr.* steigen (stieg, gestiegen).

montatura *s.f.* Fassung (-,-en) *s.f.*; (*di occhiali*) Brillengestell (-s,-e) *s.n.*

monte *s.m.* 1 Berg (-es,-e) *s.m.* 2 (*gran quantità*) Haufen (-s,-) *s.m.*

montepremi *s.m.* gesamte Gewinnsumme.

montone *s.m.* Hammel (-s,-) *s.m.*

montuoso *agg.* Gebirgs..., bergig.

monumentale *agg.* monumental.

monumento *s.m.* Denkmal (-s,-mäler) *s.n.*

moquette *s.f.* Teppichboden (-s,-böden) *s.m.*

mora¹ *s.f.* Brombeere (-,-n) *s.f.*

mora² *s.f.* (*dir.*) Verzug (-s/-) *s.m.*

morale *agg.* moralisch ♦ *s.f.* Moral (-/-) *s.f.*

moralistico *agg.* moralistisch.

moralità *s.f.* Moralität (-/-) *s.f.*

moralizzare *v.tr.*: – *i costumi*, Moral in die Sitten bringen.

morbido *agg.* weich.

morbillo *s.m.* (*med.*) Masern *s.pl.*

morboso *agg.* morbid, krankhaft.

mordace *agg.* bissig, scharf.

mordere *v.tr.* 1 beißen (biß, gebissen)

multiproprietà

(in +*acc.*) **2** (*di insetti*) stechen (stach, gestochen).
morfina *s.f.* (*farm.*) Morphin (-s/.) *s.n.*
morire *v.intr.* **1** sterben (starb, gestorben).
mormorare *v.intr.* **1** rauschen **2** (*di persone*) murmeln, flüstern.
mormorio *s.m.* **1** Rauschen (-s/.) *s.n.* **2** (*di persone*) Geflüster (-s/.) *s.n.*
morsicare *v.tr.* → **mordere**.
mortale *agg.* **1** sterblich **2** (*letale*) tödlich.
mortaretto *s.m.* Böller (-s,-) *s.m.*
morte *s.f.* Tod (-es/.) *s.m.*
mortificato *agg.*: *sono* –, es tut mir aufrichtig leid.
morto *agg.* tot ♦ *s.m.* Tote (-n,-n) *s.m.*
mosaico *s.m.* Mosaik (-s,-en) *s.n.*
mosca *s.f.* Fliege (-,-n) *s.f.*
moscerino *s.m.* kleine Fliege (-,-n) *s.f.*
moschea *s.f.* Moschee (-,-n) *s.f.*
moschettone *s.m.* Karabinerhaken (-s,-) *s.m.*
moscone *s.m.* **1** (*zool.*) Brummer (-s,-) *s.m.* **2** (*pattino*) kleines H-förmiges Ruderboot (-es,-e) *s.n.*
mossa *s.f.* **1** Bewegung (-,-en) *s.f.* **2** (*giochi*) Zug (-es, Züge) *s.m.*
mostarda *s.f.* Senfsoße (-,-n) *s.f.*
mosto *s.m.* Most (-es,-e) *s.m.*
mostra *s.f.* **1** Ausstellung (-,-en) *s.f.* **2** (*sfoggio*) Schau (-/.) *s.f.*
mostrare *v.tr.* zeigen; (*esibire*) vorzeigen.
mostro *s.m.* Ungeheuer (-s,-) *s.n.*
mostruoso *agg.* **1** monströs **2** (*eccezionale*) ungeheuer, außerordentlich.
motivare *v.tr.* **1** verursachen **2** (*spiegare*) begründen **3** (*stimolare*) motivieren.
motivato *agg.* **1** begründet **2** (*stimo-*

lato) motiviert.
motivo *s.m.* **1** Grund (-es, Gründe) *s.m.* **2** (*decorazione*) Muster (-s,-) *s.n.*
moto *s.m.* **1** Bewegung (-,-en) *s.f.* **2** (*atto/gesto*) Geste (-,-n) *s.f.*
motocicletta *s.f.* Motorrad (-s,-räder) *s.n.*
motociclista *s.m.* Motorradfahrer (-s, -) *s.m.*
motore *s.m.* **1** Motor (-s,-en) *s.m.* **2** (*fig.*) Triebwerk (-es,-e) *s.n.*
motorino *s.m.* Mofa (-s,-s) *s.n.*
motoscafo *s.m.* Motorboot (-s,-e) *s.n.*
motrice *s.f.* **1** Zugmaschine (-,-n) *s.f.* **2** (*ferr.*) Triebwagen (-,-) *s.m.*
motto *s.m.* **1** Witz (-es,-e) *s.m.* **2** (*massima*) Motto (-s,-s) *s.n.*
movimentato *agg.* bewegt.
movimento *s.m.* **1** Bewegung (-,-en) *s.f.* **2** (*animazione*) Belebtheit (-/.) *s.f.*
mozione *s.f.* Antrag (-s,-träge) *s.m.*
mozzicone *s.m.* Stummel (-s,-) *s.m.*
mucca *s.f.* Kuh (-, Kühe) *s.f.*
mucchio *s.m.* Haufen (-s,-) *s.m.* ♦ *a.*
mucchi *locuz.avv.* haufenweise.
muffa *s.f.* Schimmel (-s/.) *s.m.*
muffola *s.f.* **1** Fausthandschuh (-s,-e) *s.m.* **2** (*tecn.*) Muffel (-,-n) *s.f.*
muggire *v.intr.* muhen.
mughetto *s.m.* Maiglöckchen (-s,-) *s.n.*
mulatto *s.m.* Mulatte (-n,-n) *s.m.*
mulino *s.m.* Mühle (-,-n) *s.f.*
mulo *s.m.* Maultier (-s,-e) *s.n.*
multa *s.f.* Geldstrafe (-,-n) *s.f.*
multare *v.tr.* mit einer Geldstrafe belegen.
multimediale *agg.* multimedial.
multinazionale *agg.* multinational.
multiplo *agg.* vielfach, mehrfach ♦ *s.m.* (*mat.*) Vielfache (-n,-n) *s.n.*
multiproprietà *s.f.* gemeinschaftlicher Besitz.

multiuso *agg.* vielseitig verwendbar.
mummia *s.f.* Mumie (-,-n) *s.f.*
mungere *v.tr.* melken.
municipale *agg.* Gemeinde...
municipalizzato *agg.* städtisch.
municipio *s.m.* **1** Gemeinde (-,-n) *s.f.* **2** (*edificio*) Rathaus (-es,-häuser) *s.n.*
munire *v.tr.* **1** (*di*) ausstatten (mit) **2** (*fortificare*) befestigen.
muovere *v.tr.* bewegen ♦ *v.intr.* fahren (fuhr, gefahren).
murale *agg.* Wand...: *pittura* –, Wandmalerei (-,-en) *s.f.*
murare *v.tr.* zumauern.
muratore *s.m.* Maurer (-s,-) *s.m.*
murena *s.f.* (*zool.*) Muräne (-,-n) *s.f.*
muro *s.m.* Mauer (-,-n) *s.f.*; (*parete*) Wand (-, Wände) *s.f.*
muschio *s.m.* Moos (-es,-e) *s.n.*
muscolo *s.m.* **1** (*anat.*) Muskel (-s,-n) *s.m.* **2** (*zool.*) Muschel (-,-n) *s.f.*
museo *s.m.* Museum (-s, Museen) *s.n.*
museruola *s.f.* Maulkorb (-s,-körbe) *s.m.*
musica *s.f.* Musik (-/-.) *s.f.*
musicale *agg.* **1** Musik... **2** (*portato per la musica*) musikalisch.
musicare *v.tr.* vertonen.
musicassetta *s.f.* Musikkassette (-,-n) *s.f.*
musicista *s.m.* **1** Musiker (-s,-) *s.m.* **2** (*compositore*) Komponist (-en, -en) *s.m.*
muso *s.m.* Maul (-s, Mäuler) *s.n.*, Schnauze (-,-n) *s.f.*
muta¹ *s.f.* (*biol.*) Mausern (-/-.) *s.n.*; (*di serpenti*) Häutung (-,-en) *s.f.*
muta² *s.f.* (*di cani*) Meute (-,-n) *s.f.*
mutamento *s.m.* **1** (*trasformazione*) Veränderung (-,-en) *s.f.* **2** (*cambiamento*) Wechsel (-s/-.) *s.m.*
mutande *s.f.pl.* Unterhose (-,-n) *s.f.*
mutare *v.tr.* verändern, wechseln ♦ **mutarsi** *v.pron.* sich verwandeln.
mutevole *agg.* wandelbar; launenhaft.
mutilato *agg.* körperbeschädigt.
muto *agg.* stumm ♦ *s.m.* Stumme (-n, -n) *s.m.*
mutuo¹ *agg.* gegenseitig, wechselseitig.
mutuo² *s.m.* Darlehen (-s,-) *s.n.*

N

nafta *s.f.* (*gasolio*) Dieselkraftstoff (-es/-.) *s.m.*
naftalina *s.f.* (*chim.*) Naphthalin (-s/-.) *s.n.*
nano *agg.* zwerghaft, Zwerg... ♦ *s.m.* Zwerg (-s,-e) *s.m.*
narciso *s.m.* (*bot.*) Narzisse (-,-n) *s.f.*
narcotico *agg.* (*med.*) Narkosemittel (-s,-) *s.n.* ♦ *s.f.*: (*polizia*) *la Narcotici*, Rauschgiftdezernat (-s,-e) *s.n.*
narcotrafficante *s.m.* Rauschgifthändler (-s,-) *s.m.*
narice *s.f.* Nasenloch (-es,-löcher) *s.n.*; (*di animali*) Nüster (-,-n) *s.f.*
narrare *v.tr. e intr.* erzählen.
narrativa *s.f.* Erzählliteratur (-,-en) *s.f.*; Kunstprosa (-/-.) *s.f.*
nasale *agg.* nasal, Nasen...
nascere *v.intr.* **1** geboren werden; (*di animali*) geworfen werden **2** (*di piante*) sprießen (spross, gesprossen), keimen **3** (*di fiume*) entspringen (entsprang, entsprungen) **4** (*fig.*) entstehen (entstand, entstanden).
nascita *s.f.* **1** Geburt (-,-en) *s.f.* **2** (*inizio*) Anbruch (-s,-brüche) *s.m.*

nascondere v.intr. (a) verstecken (vor); verbergen (verbarg, verborgen) (vor).
nascondiglio s.m. Versteck (-s,-e) s.n., Unterschlupf (-s,-schlüpfe) s.m.
nascondino s.m. Versteckspiel (-s,-e) s.n.
nascosto agg. 1 versteckt, verborgen 2 (segreto) geheim, heimlich.
nasello s.m. (zool.) Seehecht (-s,-e) s.m.
naso s.m. Nase (-,-n) s.f.; (di cane) Schnauze (-,-n) s.f.
nastro s.m. Band (-es, Bänder) s.n.
Natale s.m. Weihnachten (-,-) s.n.
natica s.f. (anat.) Gesäßbacke (-,-n) s.f.
nato agg. geboren.
natura s.f. Natur (-/.) s.f.
naturale agg. Natur..., natürlich.
naturalizzare v.tr. (dir.) ein·bürgern.
naturalmente avv. natürlich, (certamente) selbstverständlich.
naufragare v.intr. (di persone) Schiffbruch erleiden (erlitt, erlitten).
naufragio s.m. 1 Schiffbruch (-s,-brüche) s.m. 2 (fig.) Scheitern (-s/.) s.n.
nausea s.f. 1 Übelkeit (-/.) s.f. 2 (fig.) Ekel (-s/.) s.m.
nauseare v.tr. 1 Übelkeit erregen 2 (fig.) an·widern, an·ekeln.
nautica s.f. Schiffahrtskunde (-/.) s.f.
nautico agg. nautisch.
navale agg. See...
navata s.f. (arch.) Kirchenschiff (-s,-e) s.n.
nave s.f. Schiff (-es,-e) s.n.
navetta s.f. 1 (mezzo di trasporto) Pendelfahrzeug (-es,-e) s.n. 2 (astr.) Raumfähre (-,-n) s.f. 3 (del telaio) Schiffchen (-s,-) s.n.
navigabile agg. schiffbar.

navigare v.intr. (mar.) zur See fahren (fuhr, gefahren) ♦ v.tr. befahren (befuhr, befahren).
navigazione s.f. Schiffahrt (-,-en) s.f.
nazionale agg. National..., (dello stato) Staats...
nazionalità s.f. Staatsangehörigkeit (-,-en) s.f.
nazionalizzare v.tr. verstaatlichen.
nazione s.f. Nation (-,-en) s.f.
nazionalsocialismo s.m. Nationalsozialismus (-/.) s.m.
ne pron.m. e f.,sing. e pl. 1 (riferito a persona) er, sie 2 (riferito a cosa) davon, darüber ♦ avv. von hier, von dort.
né cong. und nicht, auch nicht | -... -, weder... noch.
neanche avv. nicht einmal ♦ cong. auch nicht.
nebbia s.f. Nebel (-s/.) s.m.
nebbioso agg. 1 neblig 2 (confuso) verschwommen.
necessario agg. notwendig, nötig.
necessità s.f. 1 Notwendigkeit (-,-en) s.f. 2 (fabbisogno) Bedürfnis (-ses,-se) s.n. 3 (indigenza) Not (-, Nöte) s.f.
necrologio s.m. Todesanzeige (-,-n) s.f.
negare v.tr. 1 verneinen, leugnen 2 (contestare) ab·streiten (stritt ab, abgestritten) 3 (rifiutare) versagen.
negativa s.f. (foto) Negativ (-s) s.n.
negativo agg. 1 negativ 2 (fis.) Minus... 3 (gramm.) Verneinungs...
negato agg. (per) unbegabt (für).
negletto agg. vernachlässigt.
negligente agg. nachlässig.
negoziante s.m. Kaufmann (-es,-leute) s.m.
negoziare v.tr. verhandeln, (fig.) handeln.
negoziato s.m. Verhandlung (-,-en) s.f.

negozio *s.m.* Geschäft (-es,-e) *s.n.*

negro *agg.* schwarz; (*spreg.*) Neger... ♦ *s.m.* Schwarze (-n,-n) *s.m.*, (*spreg.*) Neger (-s,-) *s.m.*

nemico *agg.* feindlich ♦ *s.m.* Feind (-es,-e) *s.m.*

nemmeno *avv.* e *cong.* → **neanche**.

neo *s.m.* 1 Leberfleck (-s,-e) *s.m.* 2 (*fig.*) Schönheitsfehler (-s,-) *s.m.*

neonato *agg.* neugeboren.

neppure *avv.* e *cong.* → **neanche**.

nerastro *agg.* schwärzlich.

nero *agg.* 1 schwarz 2 (*sporco*) dreckig.

nervo *s.m.* 1 (*med.*) Nerv (-s,-en) *s.m.* 2 (*fam.*) (*tendine*) Sehne (-,-n) *s.f.* 3 (*bot.*) Blattader (-,-n) *s.f.*

nervosismo *s.m.* Nervosität (-/.) *s.f.*

nervoso *agg.* 1 Nerven... 2 (*irascibile*) nervös, reizbar.

nespola *s.f.* (*bot.*) Mispel (-,-n) *s.f.*

nesso *s.m.* 1 Zusammenhang (-s, -hänge) *s.m.* 2 (*ling.*) Verbindung (-, -en) *s.f.*

nessuno *agg.indef.* 1 kein 2 (*qualche*) irgendein ♦ *pron.indef.* 1 niemand; (*con partitivi*) keiner 2 (*qualcuno*) jemand.

netto *agg.* 1 (*pulito*) sauber, rein 2 (*preciso, deciso*) klar, eindeutig 3 (*econ.*) Rein..., Netto...

netturbino *s.m.* Müllmann (-es,-männer) *s.m.*, Straßenkehrer (-s,-) *s.m.*

neutrale *agg.* neutral.

neutralità *s.f.* Neutralität (-/.) *s.f.*

neutralizzare *v.tr.* 1 (*pol.*) für neutral erklären 2 (*chim.*) neutralisieren.

neve *s.f.* Schnee (-s/.) *s.m.*

nevicare *v.intr.impers.* schneien.

nevicata *s.f.* Schneefall (-s,-fälle) *s.m.*

nevischio *s.m.* Schneeregen (-s/.) *s.m.*

nevoso *agg.* Schnee...

nevralgia *s.f.* (*med.*) Neuralgie (-,-n) *s.f.*

nevrotico *agg.* (*psic.*) neurotisch ♦ *s.m.* Neurotiker (-s,-) *s.m.*

nicchia *s.f.* 1 Nische (-,-n) *s.f.* 2 (*fig.*) ruhiges Plätzchen (-s,-) *s.n.*

nicotina *s.f.* Nikotin (-s/.) *s.n.*

nidificare *v.intr.* nisten.

nido *s.m.* 1 Nest (-es,-er) *s.n.* 2 (*asilo*) Kinderkrippe (-,-n) *s.f.*

niente *pron.indef.* 1 (*nessuna cosa*) nichts 2 (*qualcosa*) etwas (*poca cosa*) Kleinigkeit (-,-en) *s.f.* ♦ *s.m.* 1 gar nichts 2 (*poca cosa*) Kleinigkeit (-,-en) *s.f.*

ninfea *s.f.* (*bot.*) Seerose (-,-n) *s.f.*

ninnananna *s.f.* Wiegenlied (-es,-er) *s.n.*

nipote *s.m.* 1 (*di zio*) Neffe (-n,-n) *s.m.* 2 (*di nonno*) Enkel (-s,-) *s.m.* ♦ *s.f.* 1 (*di zio*) Nichte (-,-n) *s.f.* 2 (*di nonno*) Enkelin (-,-nen) *s.f.*

nitido *agg.* 1 scharf 2 (*limpido*) klar.

nitrire *v.intr.* wiehern.

no *avv.* 1 nein 2 (*nelle prop. negative ellittiche*) nicht: *meglio di –*, besser nicht.

nobile *agg.* 1 adlig 2 (*fig.*) vornehm, edel ♦ *s.m.* Adlige (-n,-n) *s.m.*

nobiltà *s.f.* Adel (-s/.) *s.m.*

nocciola *s.f.* Haselnuß (-,-nüsse) *s.f.*

nocciolo *s.m.* (*bot.*) Haselnuß (-,-nüsse) *s.f.*

nòcciolo *s.m.* Kern (-s,-e) *s.m.*

noce *s.f.* Nuß (-, Nüsse) *s.f.*

nocivo *agg.* schädlich.

nodo *s.m.* Knoten (-s,-) *s.m.*

nodoso *agg.* knotig.

noi *pron.pers.pl.* 1 (*sogg.*) wir 2 (*compl.*) uns.

noia *s.f.* 1 Langeweile (-/.) *s.f.* 2 (*fastidio*) Störung (-,-en) *s.f.*

noioso *agg.* 1 langweilig 2 (*fastidioso*) lästig.

noleggiare *v.tr.* 1 (*prendere a nolo*) mieten, aus-leihen (lieh aus, ausgeliehen) 2 (*dare in affitto*) vermieten, verleihen (verlieh, verliehen)

noleggio *s.m.* Verleih (-s,-e) *s.m.*; (*di veicoli*) Vermietung (-,-en) *s.f.*

nomade *s.m.* Nomade (-n,-n) *s.m.*

nome *s.m.* Name (-ns,-n) *s.m.*

nomina *s.f.* 1 Ernennung (-,-en) *s.f.* 2 (*scuola*) Einstellung (-,-en) *s.f.*

nominale *agg.* 1 Namens..., Nenn... 2 (*econ.*) Nominal...

nominare *v.tr.* nennen, erwähnen.

non *avv.* nicht; (*negazione di sostantivo senza art. o con art. indet.*) kein.

nonché *cong.* sowie, und auch.

noncurante *agg.* (*di*) nachlässig (mit).

nondimeno *cong.* dennoch, nichtsdestoweniger.

nonna *s.f.* Großmutter (-,-mütter) *s.f.*; (*fam.*) Oma (-,-s) *s.f.*

nonno *s.m.* Großvater (-s,-väter) *s.m.*; (*fam.*) Opa (-,-s) *s.m.*

nonnulla *s.m.* Kleinigkeit (-,-en) *s.f.*

nonostante *prep.* trotz (+gen.) ◆ *cong.* obwohl, obgleich.

nontiscordardimé *s.m.* (*bot.*) Vergißmeinnicht (-s,-e) *s.n.*

nonviolenza *s.f.* Gewaltlosigkeit (-/.) *s.f.*

nord *s.m.* Norden (-s) *s.m.*

norma *s.f.* 1 (*regola*) Norm (-,-en) *s.f.* 2 (*consuetudine*) Gewohnheit (-,-en) *s.f.*

normale *agg.* normal.

normalizzare *v.tr.* normalisieren.

nostalgia *s.f.* 1 Nostalgie (-,-n) *s.f.*, (*di casa, patria*) Heimweh (-s/.) *s.n.* 2 (*desiderio*) Sehnsucht (-,-süchte) *s.f.*

nostalgico *agg.* nostalgisch, sehnsüchtig.

nostro *agg.poss.* unser ◆ *pron.poss.* unserer.

nota *s.f.* 1 (*segno*) Merkmal (-s,-e) *s.n.* 2 (*mus.*) Note (-,-n) *s.f.* 3 (*annotazione*) Anmerkung (-,-en) *s.f.* 4 (*scuola*) Vermerk (-s,-e) *s.m.*

notaio *s.m.* Notar (-s,-e) *s.m.*

notare *v.tr.* 1 bemerken 2 (*annotare*) auf-schreiben (schrieb auf, aufgeschrieben), notieren.

notarile *agg.* Notar...

notazione *s.f.* 1 (*mus.*) Notenschrift (-,-en) *s.f.* 2 (*annotazione*) Anmerkung (-,-en) *s.f.*

notes *s.m.* Notizbuch (-es,-bücher) *s.n.*

notevole *agg.* bemerkenswert, beträchtlich.

notifica *s.f.* Bekanntmachung (-,-en) *s.f.*

notificare *v.tr.* bekannt-machen.

notizia *s.f.* 1 Nachricht (-,-en) *s.f.* 2 (*giornalismo*) Meldung (-,-en) *s.f.*

notiziario *s.m.* 1 (*giornalistico*) Nachrichten *s.pl.* 2 (*pubblicazione*) Bulletin (-s,-s) *s.n.*

noto *agg.* bekannt.

notorietà *s.f.* Berühmtheit (-/.) *s.f.*

notte *s.f.* Nacht (-, Nächte) *s.f.*

nottetempo *avv.* nachts, bei Nacht.

notturno *agg.* nächtlich, Nacht...

novella *s.f.* Novelle (-,-n) *s.f.*

novembre *s.m.* November (-s,-) *s.m.*

novità *s.f.* 1 Neuheit (-,-en) *s.f.* 2 (*fatto*) Neuigkeit (-,-en) *s.f.*

nozione *s.f.* 1 Begriff (-s,-e) *s.m.* 2 (*pl.*) (*elementi fondamentali*) Kenntnisse *s.pl.*

nozze *s.f.pl.* Hochzeit (-,-en) *s.f.*
nube *s.f.* Wolke (-,-n) *s.f.*
nubifragio *s.m.* Wolkenbruch (-s,-brüche) *s.m.*
nubile *agg.* ledig, unverheiratet.
nuca *s.f.* Genick (-s,-e) *s.n.*, Nacken (-s,-) *s.m.*
nucleare *agg.* Kern..., Atom..., Nuklear...
nucleo *s.m.* **1** Kern (-s,-e) *s.m.* **2** *(fig.)* Einheit (-,-en) *s.f.*
nudista *s.m.* Nudist (-en,-en) *s.m.*, FKK-Anhänger (-s,-) *s.m.*
nudo *agg.* nackt, bloß.
nulla *pron.indef.* nichts.
nullaosta *s.m.* *(amm.)* Genehmigung (-,-en) *s.f.*
nullità *s.f.* **1** *(dir.)* Nichtigkeit (-,-en) *s.f.* **2** *(di persone)* Null (-,-en) *s.f.*
numerare *v.tr.* numerieren, beziffern.
numerazione *s.f.* Numerierung (-,-en) *s.f.*
numerico *agg.* zahlenmäßig, Zahlen...
numero *s.m.* **1** Zahl (-,-en) *s.f.* **2** *(cifra)* Nummer (-,-n) *s.f.*
numeroso *agg.* zahlreich.
nuocere *v.intr.* *(a)* schaden (+*dat.*), schädigen (+*dat.*)
nuora *s.f.* Schwiegertochter (-,-töchter) *s.f.*
nuotare *v.intr.* schwimmen (schwamm, geschwommen).
nuotata *s.f.* **1** Schwimmen (-s/.) *s.n.* **2** *(stile)* Schwimmstil (-s,-e) *s.m.*
nuoto *s.m.* Schwimmen (-s/.) *s.n.*
nutriente *agg.* nahrhaft.
nutrimento *s.m.* Nahrung (-/.) *s.f.*
nutrire *v.tr.* **1** (er)nähren **2** *(fig.)* hegen, nähren.
nutrizione *s.f.* Ernährung (-/.) *s.f.*

nuvola *s.f.* Wolke (-,-en) *s.f.*
nuvoloso *agg.* bedeckt, wolkig.

O

o *cong.* **1** oder **2** *(correlativo)* –... –, entweder...oder.
oasi *s.f.* Oase (-,-n) *s.f.*
obbediente *agg.* → **ubbidiente**.
obbedire *v.intr.* → **ubbidire**.
obbligare *v.tr.* **1** verpflichten **2** *(costringere)* zwingen (zwang, gezwungen).
obbligato *agg.* **1** verpflichtet **2** *(grato)* verbunden **3** *(obbligatorio)* Zwangs...
obbligatorio *agg.* Pflicht..., obligatorisch.
obbligazione *s.f.* **1** *(dir.)* Verpflichtung (-,-en) *s.f.* **2** *(fin.)* Obligation (-,-en) *s.f.*
obbligo *s.m.* Pflicht (-,-en) *s.f.*, Verpflichtung (-,-en) *s.f.*
obeso *agg.* *(med.)* übergewichtig.
obiettare *v.tr.* entgegnen.
obiettivo *agg.* objektiv, sachlich ♦ *s.m.* **1** *(foto)* Objektiv (-s,-e) *s.n.* **2** *(scopo)* Ziel (-es,-e) *s.n.*
obiettore *s.m.* **1** Widersprecher (-s,-) *s.m.* **2** – *di coscienza*, Kriegsdienstverweigerer (-s,-) *s.m.*
obitorio *s.m.* Leichenschauhaus (-es, -häuser) *s.n.*
obliquo *agg.* schräg.
oblò *s.m.* Bullauge (-s,-n) *s.n.*
obolo *s.m.* Obolus (-,-) *s.m.*
oca *s.f.* Gans (-, Gänse) *s.f.*
occasionale *agg.* **1** Gelegenheits..., gelegentlich **2** *(fortuito)* zufällig.

occasione *s.f.* 1 Gelegenheit (-,-en) *s.f.* 2 (*motivo*) Anlaß (-lasses,-lässe) *s.m.*
occhiaia *s.f.pl.* Augenringe *s.pl.*
occhiali *s.m.pl.* Brille (-,-n) *s.f.*
occhiata *s.f.* Blick (-es,-e) *s.m.*
occhiello *s.m.* (*abbigl.*) Knopfloch (-es,-löcher) *s.n.*
occhio *s.m.* Auge (-s,-n) *s.n.*
occidentale *agg.* westlich, West...
occidente *s.m.* Westen (-s) *s.m.*
occlusione *s.f.* 1 (*med.*) Verschluß (-schlusses,-schlüsse) *s.m.* 2 (*meteor.*) Okklusion (-,-en) *s.f.*
occorrente *agg.* erforderlich, nötig ♦ *s.m.* Nötige (-n/.) *s.n.*
occorrenza *s.f.* Bedarf (-s/.) *s.m.*
occorrere *v.tr.* (*aver bisogno di*) brauchen, benötigen ♦ *v.intr.* (*essere necessario*) müssen; nötig sein.
occulto *agg.* geheim, okkult, versteckt.
occupare *v.tr.* 1 besetzen 2 (*uno spazio*) beanspruchen 3 (*dar lavoro a*) anstellen 4 (*tempo*) verbringen (verbrachte, verbracht) ♦ **occuparsi** *v.pron.* 1 (*di*) sich beschäftigen (mit) 2 (*prendersi cura*) (*di*) sich kümmern (um +*acc.*)
occupato *agg.* 1 besetzt, belegt 2 (*di persona*) beschäftigt.
occupazione *s.f.* 1 Besetzung (-,-en) *s.f.* 2 (*lavoro*) Beschäftigung (-,-en) *s.f.*
oceano *s.m.* Ozean (-s,-e) *s.m.*
ocra *s.f.* Ocker (-s/.) *s.m./n.*
oculare *agg.* Augen...
oculato *agg.* umsichtig, besonnen.
oculista *s.m.* Augenarzt (-es,-ärzte) *s.m.*
ode *s.f.* Ode (-,-n) *s.f.*
odiare *v.tr.* hassen.
odio *s.m.* Haß (Hasses/.) *s.m.*
odioso *agg.* gehässig.

odissea *s.f.* Odyssee (-,-n) *s.f.*
odontotecnico *s.m.* Zahntechniker (-s,-) *s.m.*
odorare *v.tr.* 1 riechen (roch, gerochen) an (+*dat.*) 2 (*fig.*) wittern ♦ *v.intr.* (*di*) duften (nach); riechen (roch, gerochen) (nach).
odore *s.m.* 1 Geruch (-es,-rüche) *s.m.* 2 (*fig.*) (*di*) Witterung (für).
offendere *v.tr.* 1 beleidigen, verletzen 2 (*lesionare*) schädigen.
offensivo *agg.* beleidigend, kränkend.
offerta *s.f.* 1 Angebot (-es,-e) *s.n.* 2 (*obolo*) Spende (-,-n) *s.f.*
offesa *s.f.* Beleidigung (-,-en) *s.f.*
offeso *agg.* 1 beleidigt, gekränkt 2 (*lesionato*) verletzt.
officina *s.f.* Werkstatt (-,-stätten) *s.f.*
offrire *v.tr.* anbieten (bot an, angeboten).
offuscare *v.tr.* verdunkeln, trüben.
oggettistica *s.f.* Geschenk- und Haushaltsartikel *s.pl.*
oggettivo *agg.* objektiv, sachlich.
oggetto *s.m.* Gegenstand (-es,-stände) *s.m.*
oggi *avv.* 1 heute 2 (*giorno*) heutzutage ♦ *s.m.* Gegenwart (-/.) *s.f.*
ogni *agg.* jeder.
ognuno *pron.* jedermann, jeder.
oleandro *s.m.* (*bot.*) Oleander (-s,-) *s.m.*
oleodotto *s.m.* Erdölleitung (-,-en) *s.f.*, Pipeline (-,-s) *s.f.*
oleoso *agg.* ölig, ölhaltig.
olfatto *s.m.* Geruchssinn (-es/.) *s.m.*
oliare *v.tr.* (*in*) öl(en); (*lubrificare*) schmieren.
oliera *s.f.* Ölflasche (-,-n) *s.f.*
olimpiadi *s.f.pl.* Olympiade (-,-n) *s.f.*
olimpico *agg.* olympisch, Olympia...

olio s.m. Öl (-s,-e) s.n.
oliva s.f. Olive (-,-n) s.f.
oliveto s.m. Olivenhain (-s,-e) s.m.
olivo s.m. Olivenbaum (-es,-bäume) s.m.
olocausto s.m. Holocaust (-s,-e) s.m.; Judenvernichtung (-/.) s.f.
oltraggio s.m. Beleidigung (-,-en) s.f.
oltranza s.f.: a –, bis aufs äußerste.
oltre avv. 1 (luogo) weiter 2 (tempo) länger ♦ prep. 1 (stato in luogo) jenseits (+gen.) 2 (moto a luogo) über (+acc.) 3 (tempo) über, länger als 4 (quantità) mehr als ♦ **– che** locuz.cong. nicht nur.
oltrepassare v.tr. überschreiten (überschritt, überschritten).
omaggio s.m. 1 (ossequio) Huldigung (-,-en) s.f. 2 (offerta) Geschenk (-s,-e) s.n.
ombelico s.m. (anat.) Nabel (-s,-) s.m.
ombra s.f. Schatten (-s,-) s.m.
ombrello s.m. Regenschirm (-s,-e) s.m.
ombrellone s.m. (da spiaggia) Sonnenschirm (-s,-e) s.m.
ombretto s.m. Lidschatten (-s,-) s.m.
ombroso agg. 1 schattig 2 (di cavallo) scheu 3 (di persona) leicht zu kränken.
omeopatico agg. homöopathisch.
omertà s.f. Stillschweigen (-s/.) s.n.
omettere v.tr. aus-lassen (ließ aus, ausgelassen).
omicida agg. mörderisch, Tötungs-, Mord-.
omicidio s.m. Mord (-es,-e) s.m.
omissione s.f. 1 Auslassung (-,-en) s.f. 2 (di dovere) Versäumnis (-ses,-se) s.n.
omogeneizzato agg. homogenisiert s.m. Babynahrung (-/.) s.f.
omogeneo agg. 1 homogen 2 gleichartig, einheitlich.
omologare v.tr. zu-lassen (ließ zu, zugelassen).
omonimo agg. gleichlautend, homonym.
omosessuale agg. homosexuell.
oncia s.f. Unze (-,-n) s.f.
oncologo s.m. Onkologe (-n,-n) s.m.
onda s.f. Welle (-,-n) s.f.
ondeggiare v.intr. wogen, wallen.
ondulato agg. 1 wellenförmig, Well(en)... 2 (di capelli) wellig.
onere s.m. Last (-,-en) s.f.
onestà s.f. Ehrlichkeit (-/.) s.f.
onesto agg. ehrlich, aufrichtig.
onnipotente agg. allmächtig.
onomastico s.m. Namenstag (-s,-e) s.m.
onorabile agg. ehrbar.
onorare v.tr. ehren.
onorario[1] agg. Ehren-.
onorario[2] s.m. Honorar (-s,-e) s.n.
onorato agg. geehrt.
onore s.m. Ehre (-/.) s.f.
onorevole agg. ehrenwert.
onorificenza s.f. Ehrung (-/.) s.f.
onta s.f. Schande (-/.) s.f.
opaco agg. 1 undurchsichtig 2 (privo di lucentezza) glanzlos; (di legno) matt.
opera s.f. 1 Werk (-s,-e) s.n. 2 (mus.) Oper (-,-n) s.f.
operaio s.m. Arbeiter (-s,-) s.m. ♦ agg. Arbeiter-.
operare v.tr. 1 (fare) tun (tat, getan), bewirken 2 (med.) operieren ♦ v.intr. 1 (agire) handeln 2 (produrre un effetto) wirken.
operatore s.m. 1 Fachmann (-s,-leute) s.m. 2 (econ.) Makler (-s,-) s.m.
operatorio agg. Operations-...

operazione *s.f.* 1 Unternehmen (-s,-) *s.n.* 2 (*med./mil.*) Operation (-,-en) *s.f.* 3 (*econ.*) Geschäft (-s,-e) *s.n.*
operoso *agg.* fleißig, arbeitsam.
opinione *s.f.* Meinung (-,-en) *s.f.*
opinionista *s.m.* Kolumnist (-en,-en) *s.m.*
oppio *s.m.* Opium (-s/.) *s.n.*
opporre *v.tr.* entgegen·setzen.
opportunista *s.m.* Opportunist (-en, -en) *s.m.*
opportunità *s.f.* 1 Angemessenheit (-/.) *s.f.* 2 (*occasione*) Gelegenheit (-,-en) *s.f.*
opportuno *agg.* gelegen; (*favorevole*) günstig.
oppositore *s.m.* Gegner (-s,-) *s.m.*
opposizione *s.f.* 1 Widerspruch (-s, -sprüche) *s.m.* 2 (*pol.*) Opposition (-, -en) *s.f.* 3 (*contrasto*) Gegensatz (-es, -sätze) *s.m.*
opposto *agg.* 1 gegenüberliegend 2 (*contrario*) entgegengesetzt ♦ *s.m.* Gegenteil (-s,-e) *s.n.*
oppressione *s.f.* 1 Unterdrückung (-/.) *s.f.* 2 (*fig.*) Beklemmung (-,-en) *s.f.*
opprimente *agg.* drückend.
opprimere *v.tr.* 1 unterdrücken 2 (*fig.*) überlasten.
oppure *cong.* 1 sonst, ansonsten 2 (*introduce un'ipotesi*) vielleicht, etwa.
opuscolo *s.m.* Prospekt (-s,-e) *s.m.*
ora¹ *s.f.* Stunde (-,-n) *s.f.*
ora² *avv.* 1 (*in questo momento*) jetzt, nun, im Augenblick 2 (*poco fa*) soeben 3 (*passato lontano*) vor (+*dat.*) 4 (*tra poco*) gleich ♦ *cong.* nun aber.
oracolo *s.m.* Orakel (-s,-) *s.n.*
orafo *s.m.* Goldschmied (-es,-e) *s.m.*
orale *agg.* Mund..., (*orale*) mündlich ♦ *s.m.* (*scuola*) mündliche Prüfung.
orario *s.m.* 1 Stunde (-,-n) *s.f.*; Zeit (-/.) *s.f.* 2 (*tabella*) Plan (-s, Pläne) *s.m.*
orata *s.f.* (*zool.*) Goldbrasse (-,-n) *s.f.*
oratore *s.m.* Redner (-s,-) *s.m.*
oratorio *s.m.* 1 Oratorium (-s,-rien) *s.n.* 2 (*di parrocchia*) Freizeiteinrichtungen (*s.pl.*) einer Pfarrei.
orbita *s.f.* 1 Umlaufbahn (-,-en) *s.f.* 2 (*fig.*) (*ambito*) Bereich (-s,-e) *s.m.*
orchestra *s.f.* Orchester (-s,-) *s.n.*
orchidea *s.f.* Orchidee (-,-n) *s.f.*
orco *s.m.* (*delle fiabe*) Ungeheuer (-s,-) *s.n.*
orda *s.f.* Horde (-,-n) *s.f.*
ordigno *s.m.* Sprengkörper (-s,-) *s.m.*
ordinale *agg.* Ordinal...: numero –, Ordinalzahl (-,-en) *s.f.*
ordinamento *s.m.* Ordnung (-/.) *s.f.*
ordinare *v.tr.* 1 (*disporre*) ordnen 2 (*comandare*) befehlen (befahl, befohlen) 3 (*richiedere*) bestellen 4 (*medicine*) verschreiben (verschrieb, verschrieben).
ordinario *agg.* 1 gewöhnlich 2 (*dir.*) ordentlich.
ordinazione *s.f.* Bestellung (-,-en) *s.f.*
ordinato *agg.* aufgeräumt, ordentlich.
ordine *s.m.* 1 Ordnung (-/.) *s.f.* 2 (*comando*) Befehl (-s,-e) *s.m.* 3 (*comm.*) Auftrag (-s,-träge) *s.m.*
orecchiabile *agg.* einprägsam.
orecchino *s.m.* Ohrring (-s,-e) *s.m.*
orecchio *s.m.* Ohr (-s,-en) *s.n.*
orefice *s.m.* Juwelier (-s,-e) *s.m.*
orfano *agg.* verwaist ♦ *s.m.* Waisenkind (-es,-er) *s.n.*
orfanotrofio *s.m.* Waisenhaus (-es, -häuser) *s.n.*
organico *agg.* organisch, lebend ♦ *s.m.* Personal (-s/.) *s.n.*

organismo *s.m.* 1 Organismus (-, -men) *s.m.*, Lebewesen (-s,-) *s.n.* 2 (*corpo umano*) Körper (-s,-) *s.m.*

organizzare *v.tr.* organisieren.

organizzazione *s.f.* Organisation (-, -en) *s.f.*

organo *s.m.* 1 Organ (-s,-e) *s.n.* 2 (*mus.*) Orgel (-,-n) *s.f.*

orgia *s.f.* Orgie (-,-n) *s.f.*

orgoglio *s.m.* Stolz (-es/.) *s.m.*

orgoglioso *agg.* (*di*) stolz (auf +*acc.*)

orientale *agg.* Ost...; östlich.

orientamento *s.m.* 1 Orientierung (-/.) *s.f.* 2 (*consulenza*) Beratung (-, -en) *s.f.*

orientare *v.tr.* 1 orientieren 2 (*fig.*) (*verso*) richten (nach); (*indirizzare*) lenken.

oriente *s.m.* 1 Osten (-s/.) *s.m.* 2 (*Asia*) Orient (-s/.) *s.m.*

originale *agg.* 1 original, Original... 2 (*delle origini*) ursprünglich 3 (*persona*) *s.m.* (-s/.) *s.n.*

originario *agg.* 1 gebürtig 2 (*delle origini*) ursprünglich.

origine *s.f.* 1 Ursprung (-s,-sprünge) *s.m.*; (*provenienza*) Herkunft (-,-künfte) *s.f.* 2 (*causa*) Ursache (-,-n) *s.f.*

orizzontale *agg.* waagerecht.

orizzontarsi *v.pron.* sich orientieren, sich zurecht-finden (fand zurecht, zurechtgefunden).

orizzonte *s.m.* Horizont (-s,-e) *s.m.*

orlare *v.tr.* säumen.

orlo *s.m.* 1 Saum (-s, Säume) *s.m.* 2 Rand (-es, Ränder) *s.m.*

orma *s.f.* 1 Fußstapfe (-,-n) *s.f.*; (*traccia*) Spur (-,-en) *s.f.* 2 (*pl.*) (*vestigia*) Reste *s.pl.*

ormai *avv.* 1 (*adesso*) nun, jetzt 2 (*già*) schon, bereits.

ormeggiare *v.tr.* (*mar.*) vertäuen.

ormeggio *s.m.* Vertäuung (-,-en) *s.f.*; (*luogo*) Ankerplatz (-es,-plätze) *s.m.*

ormone *s.m.* (*biol.*) Hormon (-s,-e) *s.n.*

ornamento *s.m.* Schmuck (-s/.) *s.m.*, Verzierung (-/.) *s.f.*

ornare *v.tr.* schmücken.

oro *s.m.* Gold (-es/.) *s.n.*

orologeria *s.f.* 1 Uhrwerk (-s,-e) *s.n.* 2 (*negozio*) Uhrengeschäft (-es,-e) *s.n.*

orologio *s.m.* Uhr (-,-en) *s.f.*

oroscopo *s.m.* Horoskop (-s,-e) *s.n.*

orrendo *agg.* schrecklich.

orribile *agg.* grauenvoll, schrecklich.

orrore *s.m.* Entsetzen (-s/.) *s.n.*; Schrecken (-s/.) *s.m.*

orso *s.m.* Bär (-en,-en) *s.m.*

ortaggio *s.m.* Gemüse (-s/.) *s.n.*

ortensia *s.f.* Hortensie (-,-n) *s.f.*

ortica *s.f.* Brennessel (-,-n) *s.f.*

orticaria *s.f.* (*med.*) Nesselsucht (-/.) *s.f.*

orto *s.m.* Gemüsegarten (-s,-gärten) *s.m.*

ortografia *s.f.* Rechtschreibung (-/.) *s.f.*

ortopedico *agg.* orthopädisch.

orzo *s.m.* Gerste (-,-n) *s.f.*

osare *v.intr.* wagen.

osceno *agg.* 1 obszön, unanständig 2 ekelhaft, abscheulich.

oscillare *v.intr.* 1 schwingen (schwang, geschwungen) 2 (*fig.*) schwanken.

oscurare *v.tr.* verdunkeln.

oscurità *s.f.* 1 Dunkelheit (-/.) *s.f.* 2 (*fig.*) Unverständlichkeit (-,-en) *s.f.*

oscuro *agg.* dunkel, finster.

ospedale *s.m.* Krankenhaus (-es,-häuser) *s.n.*

ospedaliero *agg.* Krankenhaus...

ospitale *agg.* gastfreundlich.

ospitalità *s.f.* Gastfreundschaft (-/.) *s.f.*
ospitare *v.tr.* **1** zu Gast haben **2** (*custodire*) beherbergen.
ospite *s.m.* **1** (*chi ospita*) Gastgeber (-s,-) *s.m.* **2** (*persona ospitata*) Gast (-es, Gäste) *s.m.*
ospizio *s.m.* Altersheim (-es,-e) *s.n.*
osseo *agg.* Knochen..., knöchern.
ossequio *s.m.* **1** (*rispetto*) Hochachtung (-/.) *s.f.* **2** (*saluti*) Empfehlungen *s.pl.*
osservante *agg.* **1** etwas beachtend **2** (*relig.*) praktizierend.
osservare *v.tr.* **1** (*esaminare*) beobachten **2** (*notare*) bemerken **3** (*rispettare*) befolgen.
osservatorio *s.m.* Observatorium (-, -rien) *s.n.*
osservazione *s.f.* **1** Beobachtung (-,-en) *s.f.* **2** (*considerazione*) Bemerkung (-,-en) *s.f.*
ossessionare *v.tr.* quälen; plagen.
ossessione *s.f.* **1** Obsession (-,-en) *s.f.* **2** Besessenheit (-/.) *s.f.*
ossessivo *agg.* **1** (*psic.*) Zwangs..., obsessiv **2** quälend.
ossesso *s.m.* Besessene (-n,-n) *s.m.*
ossido *s.m.* (*chim.*) Oxyd (-s/.) *s.n.*
ossidrico *agg.* (*chim.*) Sauerstoff...
ossigenare *v.tr.* **1** mit Sauerstoff anreichern **2** (*decolorare*) bleichen.
ossigeno *s.m.* (*chim.*) Sauerstoff (-s/.) *s.m.*
osso *s.m.* Knochen (-s,-) *s.m.*
ossuto *agg.* knochig.
ostacolare *v.tr.* (be)hindern.
ostacolo *s.m.* **1** Hindernis (-ses,-se) *s.n.* **2** (*sport*) Hürde (-,-n) *s.f.*
ostaggio *s.m.* Geisel (-,-n) *s.f.*
oste *s.m.* Wirt (-s,-e) *s.m.*
ostello *s.m.* Herberge (-,-n) *s.f.*

ovvio

ostentare *v.tr.* zur Schau stellen, prahlen mit.
osteria *s.f.* Gasthaus (-es,-häuser) *s.n.*
ostetrico *s.m.* Geburtshelfer (-s,-) *s.m.*
ostia *s.f.* **1** Hostie (-,-n) *s.f.* **2** (*cialda*) Oblate (-,-n) *s.f.*
ostile *agg.* feindselig, feindlich.
ostinarsi *v.pron.* (*in/su/a*) beharren (auf +*dat.*), sich versteifen (auf +*acc.*).
ostinato *agg.* hartnäckig.
ostinazione *s.f.* Hartnäckigkeit (-/.) *s.f.*
ostrica *s.f.* Auster (-,-n) *s.f.*
ostruire *v.tr.* **1** versperren **2** (*intasare*) verstopfen.
otite *s.f.* (*med.*) Ohrenentzündung (-, -en) *s.f.*
ottano *s.m.* (*chim.*) Oktan (-s,-e) *s.n.*
ottenere *v.tr.* erhalten (erhielt, erhalten); erzielen.
ottica *s.f.* **1** Optik (-/.) *s.f.* **2** (*fig*,) Gesichtswinkel (-s,-) *s.m.*
ottico *agg.* Seh...; (*fis.*) optisch.
ottimale *agg.* optimal.
ottimista *s.m.* Optimist (-en,-en) *s.m.*
ottimizzare *v.tr.* optimieren.
ottimo *agg. superl.* **1** sehr gut, hervorragend **2** (*di cibi*) köstlich.
ottobre *s.m.* Oktober (-s,-) *s.m.*
ottone *s.m.* Messing (-s/.) *s.n.*
otturare *v.tr.* **1** verstopfen **2** (*denti*) plombieren.
ottuso *agg.* stumpf; (*fig.*) stumpfsinnig, beschränkt.
ovale *agg.* oval.
ovatta *s.f.* Watte (-,-n) *s.f.*
ovazione *s.f.* Ovation (-,-en) *s.f.*
ovest *s.m.* West (-en/.) *s.m.*
ovile *s.m.* Schafstall (-s,-ställe) *s.m.*
ovolo *s.m.* (*fungo*) Kaiserling (-s,-e) *s.m.*
ovvio *agg.* natürlich, selbstverständlich.

ozio s.m. Müßiggang (-s/.) s.m.
ozioso agg. müßig.
ozono s.m. (chim.) Ozon (-s/.) s.n.

P

pacato agg. ruhig, sanft.
pacca s.f. (fam.) Klaps (-es,-e) s.m.
pacchetto s.m. 1 Päckchen (-s,-) s.n. 2 (fin.) Paket (-s,-e) s.n. | – *turistico*, Pauschalreise (-,-n) s.f.
pacco s.m. Paket (-es,-e) s.n.
pace s.f. Frieden (-s/.) s.m.
pacemaker s.m. (med.) Herzschrittmacher (-s,-) s.m.
paciere s.m. Friedensstifter (-s,-) s.m.
pacificare v.tr. (riconciliare) versöhnen, besänftigen ♦ **pacificarsi** v.pron. sich versöhnen.
pacifico agg. 1 friedlich 2 (fig.) selbstverständlich 3 (geografia) Pazifik...
pacifista s.m./s.f. Pazifist (-en,-en) s.m. (f.-in,-innen).
padella s.f. 1 Pfanne (-,-n) s.f. | *cadere dalla – nella brace*, (fig.) vom Regen in die Traufe kommen 2 (per malati) Schieber (-s,-) s.m.
padiglione s.m. Pavillon (-s,-s) s.m., Halle (-,-n) s.f.
padre s.m. 1 Vater (-s, Väter) s.m. 2 (relig.) Pfarrer, (come appellativo) Herr Pfarrer.
padrino s.m. Pate (-n,-n) s.m.
padrona s.f. Eigentümerin (-,-nen) s.f., Herrin (-,-nen) s.f.
padronanza s.f. Beherrschung (-/.) s.f.
padrone s.m. 1 Eigentümer (-s,-) s.m., Besitzer (-s,-) s.m. 2 (datore di lavoro) Arbeitgeber (-s,-) s.m.

paesaggio s.m. Landschaft (-,-en) s.f.
paesano agg. ländlich, dörflich ♦ s.m. 1 Dorfbewohner (-s,-) s.m. 2 (connazionale) Landsmann (-es,-leute) s.m.
paese s.m. 1 Land (-es, Länder) s.n. 2 (villaggio) Dorf (-es, Dörfer) s.n.
paga s.f. Lohn (-es, Löhne) s.m. | – *oraria*, Stundenlohn (-es,-löhne) s.m.
pagamento s.m. Zahlung (-,-en) s.f., Bezahlung (-,-en) s.f.
pagano agg. heidnisch ♦ s.m. Heide (-n,-n) s.m.
pagare v.tr. 1 zahlen, bezahlen 2 (scontare) büßen | *farla – a qlcu.*, jdm. etwas heimzahlen.
pagella s.f. Zeugnis (-ses,-se) s.n.
pagina s.f. Seite (-,-n) s.f. | *voltare –*, (fig.) neu anfangen (fing an, angefangen).
paglia s.f. Stroh (-s/.) s.n.
pagliaccio s.m. Clown (-s,-s) s.m.
paglietta s.f. (lana di ferro) Metallwolle (-/.) s.f.
paio s.m. 1 Paar (-es,-e) s.n. 2 etwa zwei, ein paar, einige.
pala s.f. 1 Schaufel (-,-n) s.f. 2 (tecn.) Flügel (-s,-) s.m. 3 (del remo) Ruderblatt (-es,-blätter) s.n.
palafitta s.f. Pfahlbau (-s,-ten) s.m.
palato s.m. (anat.) Gaumen (-s,-) s.m.
palazzo s.m. 1 Palast (-es, Paläste) s.m. 2 (edificio) Gebäude (-s,-) s.n. 3 (governo) Regierung (-/.) s.f.
palco s.m. 1 (impalcatura) Gerüst (-es,-e) s.n. 2 (palcoscenico) Bühne (-,-n) s.f. 3 (teatr.) Loge (-,-n) s.f.
palcoscenico s.m. Bühne (-,-n) s.f.
palese agg. offenkundig.
palestra s.f. 1 (scuola) Turnhalle (-,

-n) s.f.; *(a pagamento)* Fitness-Center (-s,-) s.n. **2** Muskeltraining (-s/.) s.n. | *fare –*, Muskeltraining machen.

paletta s.f. **1** kleine Schaufel; Sandschaufel (-n/.) s.f. **2** *(del capostazione)* Kelle (-,-n) s.f. **3** *(per dolci)* Tortenheber (-s,-) s.m.

paletto s.m. **1** *(di tenda)* Pflock (-s, Pflöcke) s.m. **2** *(della porta)* Riegel (-s,-) s.m.

palissandro s.m.*(bot.)* Palisander (-s,-) s.m.

palizzata s.f. Palisade (-,-n) s.f.

palla s.f. **1** Ball (-s, Bälle) s.m.; *(sfera)* Kugel (-,-n) s.f. **2** *(proiettile)* Kugel (-,-n) s.f. **3** *(pl.) (volgare)* Eier s.pl.: *mi fai girare le –*, du gehst mir auf die Eier; *che -e*, ich habe die Nase voll **4** *(fam.) raccontare -e*, Märchen erzählen.

pallacanestro s.f. *(usato generalmente senza art.)* Basketball (-s/.) s.m.

pallanuoto s.f. *(usato generalmente senza art.)* Wasserball (-s/.) s.m.

pallavolo s.f. *(usato generalmente senza art.)* Volleyball (-s/.) s.m.

palliativo s.m. **1** *(farm.)* Palliativum (-s,-va) s.n. **2** *(fig.)* Trostpflaster (-s,-) s.n.

pallido *agg.* blaß, bleich *(anche fig.)*.

pallino s.m. **1** *(boccino)* Zielkugel (-,-n) s.f. **2** *(nelle munizioni)* Schrot (-es/.) s.m. **3** *(abbigl.)* Tupfen (-s,-) s.m. **4** *(fam.)* Fimmel (-s,-) s.m.

palloncino s.m. **1** Luftballon (-s,-e) s.m.| *maniche a –*, Puffärmel s.pl.; *prova del –*, Alkoholtest (-s,-s) s.m. **2** *(lampioncino)* Lampion (-s,-s) s.m.

pallone s.m. **1** großer Ball (-s, Bälle) s.m.; *(da calcio)* Fußball (-s, -bälle) s.m. **2** Ballon (-s,-s) s.m.

pallore s.m. Blässe *(-/.)* s.f.

pallottola s.f. Kugel (-,-n) s.f.

palma¹ s.f. *(bot.)* Palme (-,-n) s.f.

palma² s.f. Handteller (-s,-) s.m. | *portare qlcu. in – di mano*, jdn. auf Händen tragen.

palmo s.m. Handbreit (-/.) s.f. | *– a –*, Schritt für Schritt.

palo s.m. **1** Pfahl (-s, Pfähle) s.m. **2** Pfosten (-s,-) s.m. **3** *(gergo)* Schmiere (-/.) s.f. | *fare da –*, Schmiere stehen (stand, gestanden).

palombaro s.m. Taucher (-s,-) s.m.

palpare v.tr. betasten, befühlen.

palpebra s.f. *(anat.)* Augenlid (-es,-er) s.n.

palpitare v.intr. klopfen, schlagen (schlug, geschlagen).

paltò s.m. Wintermantel (-s,-mäntel) s.m.

palude s.f. Sumpf (-es, Sümpfe) s.m.

panca s.f. Bank (-, Bänke) s.f.

pancarré s.m. Toastbrot (-es/.) s.n.

pancetta s.f. **1** *(gastr.)* durchwachsener Speck (-s/.) s.m. **2** *(fam.)* Bäuchlein (-s,-) s.n.

panchina s.f. Gartenbank (-,-bänke) s.f. | *(sport) stare in –*, auf der Reservebank sitzen.

pancia s.f. Bauch (-es, Bäuche) s.m. | *stare a – all'aria*, auf dem Rücken liegen; *(fig.)* auf der faulen Haut liegen; *grattarsi la –*, *(fam.)* faulenzen.

pane s.m. Brot (-es,-e) s.n. | *– rafferro*, altes Brot; *pan di Spagna*, Biskuit (-s,-s) s.n. |*non è – per i suoi denti*, das ist nicht seine Kragenweite.

panetteria s.f. Bäckerei (-,-en) s.f.

panfilo s.m. *(mar.)* Jacht (-,-en) s.f.

pangrattato s.m. Paniermehl (-s/.) s.n., Semmelbrösel s.pl.

panico agg. panikartig ♦ s.m. Panik (-,-en) s.f.

paniere *s.m.* (*econ.*) Warenkorb (-s, -körbe) *s.m.*

panino *s.m.* Brötchen (-s,-) *s.n.* | – *imbottito*, belegtes Brötchen.

panna *s.f.* Sahne (-/.) *s.f.*; (*austr.*) Obers (-/.) *s.n.*; (*svizz.*) Rahm (-s/.) *s.m.*

panne *s.f.* Panne (-,-n) *s.f.*

pannello *s.m.* Platte (-,-n) *s.f.*, Tafel (-,-n) *s.f.* | – *solare*, Sonnenkollektor (-s,-en) *s.m.*

panno *s.m.* **1** Tuch (-es, Tücher) *s.n.* **2** (*pl.*) Kleider *s.pl.*; (*biancheria*) Wäsche (-/.) *s.f.* | *mettiti nei miei -i*, (*fig.*) versetz dich in meine Lage.

pannocchia *s.f.* Maiskolben (-s,-) *s.m.*

pannolino *s.m.* **1** (*per neonato*) Windel (-,-n) *s.f.* **2** (*assorbente*) Damenbinde (-,-n) *s.f.*

panorama *s.m.* **1** Panorama (-s,-s) *s.n.* **2** (*fig.*) Überblick (-s/.) *s.m.*

panoramica *s.f.* **1** Panoramaaufnahme (-,-n) *s.f.* **2** (*quadro d'insieme*) Überblick (-s/.) *s.m.* **3** (*strada*) Panoramastraße (-/.) *s.f.* **4** (*med.*) Röntgenaufnahme des Gebisses.

panoramico *agg.* Panorama..., Aussichts...

pantaloni *s.m.pl.* Hose (-,-n) *s.f.*

pantano *s.m.* Morast (-s,-e) *s.m.*

pantera *s.f.* (*zool.*) Panther (-s,-) *s.m.*

pantofola *s.f.* Pantoffel (-s,-n) *s.m.*

paonazzo *agg.* hochrot, purpurrot.

papa *s.m.* Papst (-es, Päpste) *s.m.* | *a ogni morte di –*, (*fig.*) alle Jubeljahre.

papà *s.m.* (*fam.*) Papa (-s,-s) *s.m.*, Vati (-s,-s) *s.m.*

papale *agg.* päpstlich.

papavero *s.m.* **1** Mohn (-s/.) *s.m.* **2** (*bot.*) Klatschmohn (-s/.) *s.m.* **3** (*fig.*) großes Tier.

papera *s.f.* **1** junge Gans (-, Gänse) *s.f.* **2** (*errore*) Versprecher (-s,-) *s.m.* | *prendere una –*, sich versprechen (versprach, versprochen).

pappa *s.f.* Brei (-s,-e) *s.m.* | – *reale*, Gelée royale.

pappagallo *s.m.* **1** (*zool.*) Papagei (-s,-en) *s.m.* **2** (*orinale*) Urinal (-s,-e) *s.n.*

paprica *s.f.* Paprika (-s/.) *s.m.*

pap-test *s.m.* (*med.*) Abstrich (-s,-e) *s.m.*

para *s.f.* Paragummi (-s/.) *s.m./n.*

parabola *s.f.* **1** Parabel (-,-n) *s.f.*

parabrezza *s.m.* Windschutzscheibe (-,-n) *s.f.*

paracadute *s.m.* Fallschirm (-s,-e) *s.m.*

paracadutista *s.m.* Fallschirmspringer (-s,-) *s.m.*

paracarro *s.m.* Prellstein (-s,-e) *s.m.*

paradiso *s.m.* Paradies (-es/.) *s.n.*, Himmel (-s/.) *s.m.*

paradossale *agg.* paradox.

parafango *s.m.* (*auto*) Kotflügel (-s,-) *s.m.*, (*di bici, moto ecc.*) Schutzblech (-es,-e) *s.n.*

parafulmine *s.m.* Blitzableiter (-s,-) *s.m.*

paraggi *s.m.pl.*: *nei – (di)*, in der Nähe (+*gen.*).

paragonare *v.tr.* **1** (*con*) vergleichen (verglich, verglichen) (mit) **2** (*ritenere simile*) (*a*) gleich-setzen (+*dat.*).

paragone *s.m.* Vergleich (-s,-e) *s.m.*

paragrafo *s.m.* (*dir.*) Paragraph (-en,-en) *s.m.*, Abschnitt (-s,-e) *s.m.*

paralisi *s.f.* **1** (*med.*) Lähmung (-,-en) *s.f.* **2** (*fig.*) Lahmlegung (-/.) *s.f.*, Zusammenbrechen (-s/.) *s.n.*

paralizzare *v.tr.* **1** (*med.*) lähmen, paralysieren **2** (*fig.*) lahmlegen, zum Erliegen bringen (brachte, gebracht).

parallela s.f. 1 Parallele (-,-n) s.f. 2 (pl.) (ginnastica) Barren (-s,-) s.m.
parallelo agg. parallel, Parallel...♦ s.m. 1 Parallelkreis (-es,-e) s.m. 2 (geografia) Breitenkreis (-es,-e) s.m. 3 (paragone) Parallele (-,-n) s.f., Vergleich (-s,-e) s.m.
paralume s.m. Lampenschirm (-es,-e) s.m.
paramedico agg. Pflege...| personale –, medizinisches Hilfspersonal (-s/.) s.n. ♦ s.m. medizinischer Assistent (-en,-en) s.m.
parametro s.m. Parameter (-s,-) s.m., Maßstab (-s,-stäbe) s.m. (anche fig.).
paranoico agg. 1 (psic.) paranoisch 2 (fig.) krankhaft ♦ s.m. Paranoiker (-s,-) s.m.
paraocchi s.m. Scheuklappe (-,-n) s.f.
paraorecchi s.m. Ohrenschützer (-s,-) s.m.
parapendio s.m. 1 Paraglider (-s,-) s.m. 2 (sport) Paragliding (-s/.) s.n.
parapetto s.m. 1 Geländer (-s,-) s.n. 2 (mar.) Reling (-,-en) s.f.
parare v.tr. 1 (respingere) abwehren 2 (ornare) schmücken 3 (proteggere) schützen ♦ v.intr. hinaus-wollen ♦
pararsi v.pron. 1 (presentarsi davanti a) hin-treten (trat hin, hingetreten) (vor +acc.) 2 – a festa, sich festlich kleiden.
parassita s.m. 1 Parassit (-en,-en) s.m., Schmarotzer (-s,-) s.m. (anche fig.).
parata¹ s.f. 1 (calcio) Abwehr (-/.) s.f. 2 (scherma, pugilato) Parade (-,-n) s.f.
parata² s.f. Parade (-,-n) s.f. | passo di –, Paradeschritt (-es,-e) s.m.
paraurti s.m. (auto) Stoßstange (-,-n) s.f.
paravento s.m. Wandschirm (-es,-e)

s.m. | fare da – a qlcu., (fig.) jdn. decken.
parcella s.f. 1 Rechnung (-,-en) s.f. 2 Parzelle (-,-n) s.f. | – catastale, Grundbuchparzelle (-,-n) s.f.
parcheggiare v.tr. parken.
parcheggiatore s.m. Parkwächter (-s, -) s.m.
parcheggio s.m. Parkplatz (-es,-plätze) s.m.
parchimetro s.m. Parkuhr (-,-en) s.f.
parco s.m. 1 Park (-s,-s) s.m. 2 – macchine, Fuhrpark (-s,-s) s.m.
parecchio agg. 1 (sing.) ziemlich viel 2 (pl.) etliche, mehrere 3 (tempo) ziemlich lange ♦ pron.indef. 1 ziemlich viel 2 (tempo) lange 3 (spazio, luogo) weit 4 (pl.) ziemlich viele, mehrere ♦ avv. 1 ziemlich viel 2 (tempo) lange.
pareggiare v.tr. (econ.) aus-gleichen (glich aus, ausgeglichen) ♦ v.intr. (sport) unentschieden spielen.
pareggio s.m. Ausgleich (-s/.) s.m.
parente s.m./f. Verwandte (-n,-n) s.m./f.
parentela s.f. Verwandtschaft (-/.) s.f.
parentesi s.f. 1 Klammer (-,-n) s.f.: – tonda,quadra,graffa, runde, eckige, geschweifte Klammer | aprire una –, (fig.) eine Zwischenbemerkung machen 2 (fig.) Zwischenzeit (-/.) s.f.
parere¹ v.intr. 1 scheinen (schien, geschienen) 2 (ritenere) meinen; glauben 3 (volere) wollen.
parere² s.m. Meinung (-,-en) s.f. -
parete s.f. Wand (-, Wände) s.f.
pari agg. 1 gleich; (allo stesso livello) ebenbürtig 2 (livellato) gleichmäßig 3 (di numero) gerade ♦ alla – locuz.avv. au pair.
parificato agg. gleichgestellt; staatlich anerkannt.

parimenti *avv.* gleichfalls, ebenfalls.

parità *s.f.* **1** (*uguaglianza*) Gleichheit (-/-) *s.f.* **2** (*sport*) Unentschieden (-s/-) *s.n.* **3** (*econ.*) Parität (-,-en) *s.f.*

parlamentare *agg.* parlamentarisch, Parlaments. ...

parlamento *s.m.* Parlament (-s,-e) *s.n.*

parlare *v.intr.* **1** sprechen (sprach, gesprochen), reden **2** (*riferire, raccontare*) berichten (über +*acc.*) ♦ *v.tr.* sprechen (sprach, gesprochen) ♦ **parlarsi** *v.pron.* miteinander sprechen.

parlato *s.m.* **1** Umgangssprache (-/-) *s.f.* **2** (*film*) Gesprochene (-n/-) *s.n.* ♦ *agg.* **1** gesprochen, Sprach... **2** (*film*) Ton...

parlatorio *s.m.* Besuchszimmer (-s,-) *s.n.*

parmigiano *s.m.* (*formaggio*) Parmesankäse (-s,-) *s.m.*

parodia *s.f.* Parodie (-,-n) *s.f.*

parola *s.f.* **1** Wort (-es,-e/ Wörter) *s.n.*: le sue *-e* ci hanno dato conforto, *seine Worte waren uns ein Trost*; non so scrivere queste *-e*, *diese Wörter kann ich nicht schreiben*, **2** (*facoltà di parlare*) Sprache (-/-) *s.f.* **3** (*chiacchiere*) Geschwätz (-es/-) *s.n.*

parolaccia *s.f.* Schimpfwort (-es,-wörter) *s.n.*

paroliere *s.m.* Texter (-s,-) *s.m.*

parotite *s.f.* (*med.*) Mumps (eines/-) *s.m.*

parricida *s.f./m.* Vatermörder (-s,-) *s.m./f.*

parrocchia *s.f.* **1** (*circoscrizione*) Pfarrei (-,-en) *s.f.* **2** (*chiesa*) Pfarrkirche (-,-n) *s.f.* **3** (*comunità*) Pfarrgemeinde (-,-n) *s.f.* **4** (*fig.*) Gruppe (-,-n) *s.f.*

parroco *s.m.* Pfarrer (-s,-) *s.m.*

parrucca *s.f.* Perücke (-,-n) *s.f.*

parrucchiere *s.m.* Friseur (-s,-e) *s.m.* | –

da donna, *Damenfriseur* (-s,-) *s.m.*, – *da uomo*, *Herrenfriseur* (-s,-e) *s.m.*

parte *s.f.* **1** Teil (-s,-e) *s.m.* **2** (*lato*) Seite (-,-n) *s.f.* **3** (*luogo*) Gegend (-, -en) *s.f.* **4** (*direzione*) Richtung (-,-en) *s.f.* **5** (*dir.*) Partei (-,-en) *s.f.* ♦ **a** – *locuz.prep.* **1** außer +*dat.* **2** (*separato*) getrennt, separat ♦ **da** – **di** *locuz.prep.* seitens (+*gen.*) ♦ **in** – *locuz.avv.* zum Teil, teilweise.

partecipare *v.intr.* **1** (*prendere parte*) teilnehmen (nahm teil, teilgenommen) (an +*dat.*); sich beteiligen (an +*dat.*) **2** (*a gioia, dolore*) Anteil nehmen (nahm, genommen) (an +*dat.*).

partecipazione *s.f.* **1** Teilnahme (-,-n) *s.f.* **2** Beteiligung (-,-en) *s.f.* **3** (*annuncio scritto*) Anzeige (-,-n) *s.f.* **4** (*fin.*) Beteiligung (-,-en) *s.f.*

parteggiare *v.intr.* (per) Partei ergreifen (ergriff, ergriffen) (für).

partenza *s.f.* **1** Abreise (-,-n) *s.f.*, (*di treno ecc.*) Abfahrt (-,-en) *s.f.* **2** (*sport*) Start (-s,-s) *s.m.*: – *da fermo, lanciata*, *stehender, fliegender Start*.

particolare *agg.* **1** bestimmt, besonder...: *niente di* –, *nichts Besonderes* **2** (*speciale*) speziell, Spezial..., ungewöhnlich.

particolareggiato *agg.* ausführlich, detailliert.

partigiano *s.m.* Partisan (-s/-en,-en) *s.m.*

partire *v.intr.* **1** ab·fahren (fuhr ab, abgefahren), ab·reisen; (*con aereo*) ab·fliegen (flog ab, abgeflogen) | – *in quarta*, (*fig.*) wild loslegen **2** (*andare in moto*) an·springen (sprang an, angesprungen) **3** (*aver inizio*) beginnen (begann, begonnen) **4** (*di posta*) ab·gehen (ging ab, abgegangen).

partita s.f. 1 (sport) Spiel (-s,-e) s.n. 2 (gioco) Partie (-,-n) s.f., Spiel (-s,-e) s.n. 3 (comm.) Posten (-s,-) s.m., Partie (-,-n) s.f.
partito s.m. 1 Partei (-,-en) s.f. 2 (occasione matrimoniale) Partie (-,-n) s.f.
partitura s.f. (mus.) Partitur (-,-en) s.f.
parto s.m. 1 (med.) Geburt (-,-en) s.f.: – prematuro, Frühgeburt (-,-en) s.f.; sala –, Kreißsaal (-es,-säle) s.m. 2 – della fantasia, Ausgeburt (-/-.) s.f.
partorire v.tr. 1 (med.) gebären (gebar, geboren) 2 (fig.) hervorbringen (brachte hervor, hervorgebracht).
part time agg. Teilzeit-...
parziale agg. 1 Teil-..., partiell 2 (di parte) parteiisch ♦ s.m. (sport) Zwischenergebnis (-ses,-se) s.n.
pascolare v.tr. hüten ♦ v.intr. weiden.
pascolo s.m. 1 Weiden (-s/.) s.n. 2 (prato) Weide (-,-n) s.f.
Pasqua s.f. Ostern (usato prevalentemente senza art.) s.n. (austr./svizz. s.pl.) |uovo di –, Osterei (-s,-er) s.f.; lunedì di –, Ostermontag (-,-e) s.m.; pulizie di –, Frühjahrsputz (-es/.) s.m.
passabile agg. annehmbar; leidlich.
passaggio s.m. 1 Vorbeigehen (-s/.) s.n., Vorbeifahren (-s/.) s.n., Vorüberziehen (-s/.) s.n. | essere di –, auf der Durchreise sein; cliente di –, Gelegenheitskunde (-n,-n) s.m.; una via con molto –, eine stark befahrene Straße; dare un – a qlcu., jdn. im Auto mitnehmen (nahm mit, mitgenommen) 2 (luogo) Passage (-,-n) s.f., Durchgang (-s,-gänge) s.m. 3 (cambiamento) Übergang (-s,-gänge) s.m., Wechsel (-s/.) s.m. 4 (Übertragung (-,-en) s.f. 5 (brano) Passage (-,-n) s.f. 6 (sport) Paß (Passes, Pässe) s.m.: – all'in-

passato

dietro, Rückpaß (-passes,-pässe) s.m.
passamontagna s.m. Sturmwollhaube (-,-n) s.f.
passante s.m. 1 Passant (-en,-en) s.m. 2 (mezzi di trasporto) Verbindungslinie (-,-n) s.f. 3 (abbigl.) Schlaufe (-,-n) s.f.
passaporto s.m. Reisepaß (-passes, -pässe) s.m. | ufficio –, Paßamt (-s, -ämter) s.n.
passare v.intr. 1 (da) vorbei·gehen (ging vorbei, vorbeigegangen) (an +dat.), vorbei·fahren (fuhr vorbei, vorbeigefahren) (an +dat.) 2 (attraversare) (per) gehen (ging, gegangen) (durch); (di fiumi) fließen (floß, geflossen) (durch) 3 (transitare) fahren (fuhr, gefahren) (über +acc.) 4 (visitare brevemente) vorbei·kommen (kam vorbei, vorbeigekommen) 5 (essere tramandato) (a) über·gehen (ging über, übergegangen) (auf +acc.) 6 (trascorrere) vergehen (verging, vergangen) 7 (intercorrere) bestehen (bestand, bestanden) 8 (essere approvato) durch·kommen (kam durch, durchgekommen) 9 (cessare) vorbei sein 10 (essere considerato) (per) gelten (galt, gegolten) (als) 11 (a carte) passen ♦ v.tr. 1 (attraversare) gehen (ging, gegangen) (über +acc.) 2 (dare) weiter·geben (gab weiter, weitergegeben) 3 (al telefono) verbinden (verband, verbunden) 4 (tempo) verbringen (verbrachte, verbracht) 5 (gastr.) passieren ♦ s.m. con il – con il tempo, im Laufe der Zeit, mit der Zeit.
passatempo s.m. Zeitvertreib (-s/.) s.m.
passato agg. 1 vergangen, vorbei 2 (scorso) vorig, letzt ♦ s.m. Vergangenheit (-/.) s.f.

passeggero *agg.* vorübergehend ♦ *s.m.* Passagier (-s,-e) *s.m.*

passeggiare *v.intr.* spazieren, bummeln.

passeggiata *s.f.* Spaziergang (-s,-gänge) *s.m.*

passeggiatrice *s.f.* Strichmädchen (-s, -) *s.n.*

passeggino *s.m.* Buggy (-s,-s) *s.m.*, Sportwagen (-s,-) *s.m.*

passeggio *s.m.* **1** Spaziergang (-s, -gänge) *s.m.* **2** (*luogo*) Promenade (-, -n) *s.f.*

passerella *s.f.* **1** (*aereo/mar.*) Steg (-s,-e) *s.m.* **2** (*teatr.*) Rampe (-,-n) *s.f.* **3** (*per sfilate*) Laufsteg (-s,-e) *s.m.*

passero *s.m.* (*zool.*) Spatz (-es,-en) *s.m.*

passibile *agg.* **1** (*di*) strafbar (mit) **2** (*suscettibile*) (*di*) unterworfen (+*dat.*).

passionale *agg.* leidenschaftlich | *delitto* ~, Eifersuchtsdelikt (-es,-e) *s.n.*

passione *s.f.* **1** Leidenschaft (-,-en) *s.f.* **2** (*relig.*) Passion (-/-) *s.f.*

passivo *agg.* passiv, Passiv...

passo¹ *s.m.* **1** Schritt (-es,-e) *s.m.* **2** (*brano di testo*) Passus (-,-) *s.m.* **3** (*tecn.*) Steigung (-,-en) *s.f.* **4** (*film*) Breite (-,-n) *s.f.*: *a - ridotto, normale,* Schmalfilm, Normalfilm (-s,-e) *s.m.*

passo² *s.m.* **1** Durchgang (-s,-gänge) *s.m.*, Durchfahrt (-,-en) *s.f.* **2** (*di montagna*) Paß (Passes, Pässe) *s.m.*

pasta *s.f.* **1** Paste (-,-n) *s.f.*: ~ *dentifricia,* Zahnpaste (-,-n) *s.f.* **2** Nudeln *s.pl.*, Teigwaren *s.pl.* **3** (*impasto*) Teig (-s, -e) *s.m.*

pastello *s.m.* Pastell (-s) *s.n.*, Buntstift (-es,-e) *s.m.* | ~ *a cera,* Wachsmalkreide (-,-n) *s.f.* ♦ *agg.* pastellfarben.

pasticca *s.f.* (*fam.*) Pastille (-,-n) *s.f.*

pasticceria *s.f.* **1** Konditorei (-,-en) *s.f.*; (*svizz.*) Konfiserie (-,-en) *s.f.* **2** (*pasticcini*) Gebäck (-s/-) *s.n.*

pasticciare *v.tr.* **1** (*sporcare*) beschmieren **2** (*fare malamente*) verpfuschen.

pasticcino *s.m.* Törtchen (-s,-) *s.n.*; (*pl.*) Gebäck (-s/-) *s.n.*

pasticcio *s.m.* **1** (*gastr.*) Pastete (-,-n) *s.f.* **2** (*fig.*) (*lavoro malfatto*) Pfusch (s/.) *s.m.* **3** (*fig.*) (*guaio*) Patsche (-/.) *s.f.* | *essere nei -i,* in der Patsche sitzen.

pastiglia *s.f.* **1** (*farm.*) Tablette (-,-n) *s.f.* **2** (*auto*) (*dei freni*) Bremsbelag (-s,-beläge) *s.m.*

pasto *s.m.* Mahlzeit (-,-en) *s.f.* | *vino da* ~, Tischwein (-s,-e) *s.m.* | *dare qlco. in - a qlcu.,* (*fig.*) jdm. etwas zu spielen.

pastore *s.m.* **1** (*relig.*) Pastor (-,-en) *s.m.* **2** Hirt (-en,-en) *s.m.* **3** (*cane*) Schäferhund (-es,-e) *s.m.*

pastorizzato *agg.* pasteurisiert.

pastoso *agg.* **1** dickflüssig **2** (*di vino*) vollmundig.

patata *s.f.* Kartoffel (-,-n) *s.f.*

patente *s.f.* (-,-n) *s.f.* **2** (*di guida*) Führerschein (-s,-e) *s.m.*

paternale *s.f.* Strafpredigt (-,-en) *s.f.*

paternalistico *agg.* gönnerhaft.

paternità *s.f.* Vaterschaft (-,-en) *s.f.*

paterno *agg.* **1** väterlich **2** (*dal lato paterno*) väterlicherseits.

patetico *agg.* **1** pathetisch **2** (*imbarazzante*) peinlich.

patibolo *s.m.* Schafott (-,-e) *s.n.*

patina *s.f.* **1** (*su metalli*) Patina (-,-) *s.f.* **2** Belag (-s, Beläge) *s.m.*

patinato *agg.* patiniert.

patire *v.tr.* **1** (*subire*) erleiden (erlitt, erlitten) **2** (*soffrire*) leiden (litt, gelitten) (unter +*dat.*) ♦ *v.intr.* leiden (litt,

gelitten) (unter, an +*dat.*)
patito *agg.* abgezehrt ♦ *s.m.* Fanatiker (-s,-) *s.m.*
patologico *agg.* krankhaft.
patria *s.f.* Heimat (-/-) *s.f.*, Vaterland (-es/-) *s.n.*
patrimonio *s.m.* 1 Vermögen (-s,-) *s.n.* 2 (*fig.*) Gut (-es, Güter) *s.n.*
patriota *s.m.* Patriot (-en,-en) *s.m.*
patrocinio *s.m.* 1 (*dir.*) Verteidigung (-/-) *s.f.* 2 Unterstützung (-/-) *s.f.*
patronato *s.m.* 1 Patronat (-s,-e) *s.n.* 2 (*istituzione*) Hilfswerk (-es,-e) *s.n.*
patrono *s.m.* 1 (*relig.*) Patron (-s, -e) *s.m.* 2 (*di iniziativa*) Schirmherr (-n, -en) *s.m.* 3 (*dir.*) Rechtsbeistand (-es, -stände) *s.m.*
patteggiare *v.tr.* aus·handeln (*anche dir.*).
pattinare *v.intr.* 1 (*su ghiaccio*) eis·laufen (lief Eis, eisgelaufen) 2 (*a rotelle*) Rollschuh laufen (lief, gelaufen).
pattino *s.m.* (*du ghiaccio*) Schlittschuh (-s,-e) *s.m.*; (*a rotelle*) Rollschuh (-s,-e) *s.m.*
patto *s.m.* 1 Vereinbarung (-,-en) *s.f.* 2 (*pol.*) Pakt (-es,-e) *s.m.* ♦ **a – che** *locuz.cong.* unter der Bedingung, daß...
pattuglia *s.f.* Patrouille (-,-n) *s.f.*
pattumiera *s.f.* Mülleimer (-s,-) *s.m.*
paura *s.f.* (*di*) Angst (-, Ängste) *s.f.*, Furcht (-/.) *s.f.* (vor +*dat.*)
pauroso *agg.* 1 ängstlich, furchtsam 2 (*che incute paura*) erschreckend.
pausa *s.f.* Pause (-,-n) *s.f.*
pavimentazione *s.f.* (*di strada*) Pflasterung (-,-en) *s.f.*
pavimento *s.m.* Fußboden (-s,-böden) *s.m.*

pavone *s.m.* (*zool.*) Pfau (-s,-en) *s.m.*
paziente *agg.* geduldig ♦ *s.m.* Patient (-en,-en) *s.m.*
pazienza *s.f.* Geduld (-/.) *s.f.*
pazzesco *agg.* wahnsinnig, irrsinnig.
pazzia *s.f.* Wahnsinn (-s/.) *s.m.*, Verrücktheit (-,-en) *s.f.*
pazzo *agg.* verrückt, wahnsinnig.
peccaminoso *agg.* sündig, sündhaft.
peccare *v.intr.* sündigen.
peccato *s.m.* 1 Sünde (-,-n) *s.f.* 2 (*che*) -!, schade!
pecora *s.f.* Schaf (-es,-e) *s.n.*
peculato *s.m.* (*dir.*) Amtsveruntreuung (-,-en) *s.f.*
pedaggio *s.m.* Gebühr (-,-en) *s.f.* | – *autostradale*, Autobahngebühr (-,-en) *s.f.*; (*austr.*) Maut (-/.) *s.f.*
pedalare *v.intr.* in die Pedale treten (trat, getreten).
pedale *s.m.* Pedal (-s,-e) *s.n.*
pedana *s.f.* 1 Trittbrett (-s,-er) *s.n.* 2 (*sport*) Sprungbrett (-s,-er) *s.n.*
pedante *agg.* pedantisch.
pedata *s.f.* Fußtritt (-s,-e) *s.m.*
pediatra *s.m.* Kinderarzt (-es,-ärzte) *s.m.*
pedicure *s.m.* 1 Fußpfleger (-s,-) *s.m.* 2 (*trattamento*) Fußpflege (-/.) *s.f.*
pedina *s.f.* Figur (-,-en) *s.f.*
pedinare *v.tr.* beschatten.
pedone *s.m.* 1 Fußgänger (-s,-) *s.m.* 2 (*negli scacchi*) Bauer (-n,-n) *s.m.*
peggioramento *s.m.* Verschlechterung (-/.) *s.f.*, Verschlimmerung (-/.) *s.f.*
peggiorare *v.tr.* verschlechtern, verschlimmern ♦ *v.intr.* sich verschlechtern, sich verschlimmern.
peggiore *agg.comparativo* schlechter, schlimmer ♦ *agg.superlativo* schlimmst.

schlechtest ♦ *s.m.* Schlechteste (-n,-n) *s.m.*

pegno *s.m.* Pfand (-es, Pfänder) *s.n.*

pelare *v.tr.* 1 schälen 2 (*fig.*) (*spillare soldi*) schröpfen.

pelle *s.f.* 1 Haut (-, Häute) *s.f.* 2 (*di animali*) Fell (-s,-e) *s.n.*, Haut (-, Häute) *s.f.* 3 (*cuoio*) Leder (-s/,-) *s.n.* 4 (*buccia*) Schale (-,-n) *s.f.*

pellegrinaggio *s.m.* Wallfahrt (-,-en) *s.f.*

pellerossa *s.m.* Indianer (-s,-) *s.m.*

pelletteria *s.f.* Lederwarengeschäft (-es,-e) *s.n.*

pellicceria *s.f.* 1 Pelzgeschäft (-es,-e) *s.n.* 2 (*lavorazione*) Kürschnerei (-, -en) *s.f.*

pelliccia *s.f.* 1 Fell (-s,-e) *s.n.* 2 Pelzmantel (-s,-mäntel) *s.m.*

pellicola *s.f.* Film (-s,-e) *s.m.*

pelo *s.m.* 1 Haar (-es,-e) *s.n.* 2 (*pelliccia*) Pelz (-es,-e) *s.m.* 3 (*superficie*) Oberfläche (-,-n) *s.f.*

peloso *agg.* behaart, haarig.

peltro *s.m.* Zinn (-es,-) *s.n.*

pena *s.f.* 1 (*sanzione*) Strafe (-,-n) *s.f.* 2 (*sofferenza*) Leid (-es,-en) *s.n.* 3 (*pietà*) Mitleid (-s,-) *s.n.*

penalizzare *v.tr.* benachteiligen.

penare *v.intr.* 1 (*soffrire*) leiden (litt, gelitten) 2 (*faticare*) sich ab·mühen.

pendente *agg.* 1 hängend 2 (*fig.*) offen, ungelöst.

pendenza *s.f.* Neigung (-,-en) *s.f.*

pendere *v.intr.* 1 hängen (hing, gehangen) 2 (*essere inclinato*) schief sein.

pendio *s.m.* Hang (-es, Hänge) *s.m.*

pendolare *s.m.* Pendler (-s,-) *s.m.*

pendolo *s.m.* Pendel (-s,-) *s.n.*

penetrare *v.intr.* ein·dringen (drang ein, eingedrungen) ♦ *v.tr.* durchdringen (durchdrang, durchdrungen).

penisola *s.f.* Halbinsel (-,-n) *s.f.*

penitenza *s.f.* Buße (-,-n) *s.f.*

penitenziario *s.m.* Haftanstalt (-,-en) *s.f.*

penna *s.f.* Feder (-,-n) *s.f.*

pennarello *s.m.* Filzstift (-es,-e) *s.m.*

pennello *s.m.* Pinsel (-s,-) *s.m.*

penombra *s.f.* Halbschatten (-s,-) *s.m.*

penoso *agg.* 1 (*imbarazzante*) peinlich 2 schmerzvoll.

pensare *v.tr.* denken (dachte, gedacht); meinen ♦ *v.intr.* 1 (*a*) denken (an +*acc.*) (dachte, gedacht) 2 (*riflettere*) nach·denken (dachte nach, nachgedacht) (über +*acc.*) 3 (*provvedere*) (*a*) sich kümmern (um).

pensata *s.f.* Einfall (-s,-fälle) *s.m.*

pensiero *s.m.* 1 Gedanke (-ns,-n) *s.m.* 2 (*opinione*) Meinung (-,-en) *s.f.* 3 (*insegnamento*) Lehre (-,-n) *s.f.* 4 (*preoccupazione*) Sorge (-,-n) *s.f.* 5 (*regalo*) kleine Aufmerksamkeit (-/,-) *s.f.*

pensile *agg.* Hänge...

pensilina *s.f.* Schutzdach (-es,-dächer) *s.n.*

pensionamento *s.m.* Pensionierung (-,-en) *s.f.*

pensionato *s.m.* 1 Rentner (-s,-) *s.m.*; (*austr./svizz.*) Pensionist (-en,-en) *s.m.* 2 (*residenza*) Wohnheim (-s,-e) *s.n.*

pensione *s.f.* 1 (*albergo*) Pension (-, -en) *s.f.* 2 (*somma*) Rente (-,-n) *s.f.* 3 (*condizione*) Ruhestand (-es/,-) *s.m.*, Pension (-/,-) *s.f.*

pentimento *s.m.* Reue (-/,-) *s.f.*

pentirsi *v.pron.* (*di*) bereuen (+*acc.*).

pentola *s.f.* Kochtopf (-es,-töpfe) *s.m.*

penultimo *agg.* vorletzt; zweitletzt.
penzolare *v.intr.* baumeln.
pepe *s.m.* Pfeffer (-/-) *s.m.*
peperoncino *s.m.* Paprika (-s,-) *s.m.*
peperone *s.m.* Paprikaschote (-,-n) *s.f.*
per *prep.* **1** *(moto per luogo)* durch, über (+acc.) **2** *(moto a luogo)* nach; in (+acc.) **3** *(stato in luogo)* auf, in (+dat.) **4** *(causa)* wegen, aufgrund (+gen.); vor, aus (+dat.) **5** *(fine, vantaggio)* für **6** *(tempo det.)* zu, an (+dat.); gegen, für **7** *(in locuz.perifrastiche indicanti un futuro immediato)* gerade, gleich: *sto – andare*, ich gehe gleich ♦ *cong.* **1** *(prop. finali)* um...zu (+inf.), damit, zum (+sostantivo) **2** *(prop.causale)* dafür, weil **3** *(prop.consecutiva)* als daß.
pera *s.f.* **1** Birne (-,-n) *s.f.* **2** *(gergo)* Schuß (Schusses, Schüsse) *s.m.*: *farsi una –*, sich (+dat.) einen Schuß setzen.
perbene *agg.* anständig.
percentuale *agg.* prozentual, Prozent-.
percepire *v.tr.* **1** wahrnehmen (nahm wahr, wahrgenommen) **2** *(comm.)* beziehen (bezog, bezogen).
perché *avv.interr.* warum, wieso, weshalb ♦ *cong.* **1** *(prop. causali)* weil, da, denn **2** *(prop.consecutive)* (v.al cong.) als daß ♦ *s.m.* Grund (-es, Gründe) *s.m.*
perciò *cong.* deshalb, deswegen, daher, darum.
percorrere *v.tr.* **1** zurück·legen (*attraversare*) durchqueren; durchlaufen (durchlief, durchlaufen) *(anche fig.)*.
percorso *s.m.* **1** *(distanza)* Strecke (-,-n) *s.f.* **2** *(tragitto)* Fahrt (-,-en) *s.f.*
percossa *s.f.* Hieb (-es,-e) *s.m.*
percuotere *v.tr.* (ver)prügeln.) ♦ **percuotersi** *v.pron.* sich schlagen (schlug, geschlagen).

perdere *v.tr.* **1** verlieren (verlor, verloren) **2** *(tempo)* vergeuden **3** *(mancare)* versäumen, versäumen ♦ *v.intr.* **1** *(di)* verlieren (verlor, verloren) *(an* +dat.*)* **2** *(contenitori)* Verluste machen **3** *(di contenitori)* lecken ♦ *vuoto a –*, Einwegflasche (-,-n) *s.f.* ♦ **perdersi** *v.pron.* **1** *(smarrirsi)* sich verirren **2** *(fig.)* sich verlieren.
perdita *s.f.* **1** Verlust (-es,-e) *s.m.* **2** *(fuoriuscita)* Ausströmen (-s/-) *s.n.*
perdonare *v.tr.* **1** verzeihen (verzieh, verziehen) **2** *(scusare)* entschuldigen ♦ *v.intr.* verzeihen (verzieh, verziehen), verschonen.
perdono *s.m.* Verzeihung (-/.) *s.f.*
perenne *agg.* **1** ewig **2** *(di pianta)* mehrjährig.
perfetto *agg.* perfekt, vollkommen.
perfezionare *v.tr.* **1** vervollkommnen **2** *(completare)* vervollständigen ♦ **perfezionarsi** *v.pron.* *(studi, lavoro)* sich fort·bilden.
perfezione *s.f.* Perfektion (-/.) *s.f.*
perfido *agg.* heimtückisch.
perfino *avv.* sogar.
perforare *v.tr.* durchlochen.
pergamena *s.f.* Pergament (-es,-e) *s.n.*
pericolante *agg.* **1** baufällig **2** *(fig.)* gefährdet.
pericolo *s.m.* Gefahr (-,-en) *s.f.*
pericoloso *agg.* gefährlich.
periferia *s.f.* Peripherie (-,-n) *s.f.*
perimetro *s.m.* Umfang (-s,-fänge) *s.m.*, Begrenzung (-,-en) *s.f.*
periodico *agg.* periodisch ♦ *s.m.* Zeitschrift (-,-en) *s.f.*
periodo *s.m.* Periode (-,-n) *s.f.*
peripezia *s.f.* Mißgeschick (-s,-e) *s.n.*
perito *s.m.* Sachverständige (-n,-n) *s.m.*

peritonite s.f. (med.) Bauchfellentzündung (-,-en) s.f.

perizia s.f. Gutachten (-s,-) s.n.

perla s.f. Perle (-,-n) s.f.

perlomeno avv. 1 (almeno) wenigstens 2 (a dir poco) mindestens.

perlustrazione s.f. Durchsuchung (-,-en) s.f.

permaloso agg. überempfindlich.

permanente agg. permanent.

permanenza s.f. (soggiorno) Aufenthalt (-s,-e) s.m. |in –, ständig.

permesso agg. erlaubt, gestattet.

permettere v.tr. 1 erlauben 2 permettersi qlco., sich (dat.) etwas erlauben.

permissivo agg. permissiv.

pernice s.f. Rebhuhn (-es,-hühner) s.n. |occhio di –, Hühnerauge (-s,-n) s.n.

perno s.m. Stift (-es,-e) s.m.

pernottamento s.m. Übernachtung (-,-en) s.f.

però cong. 1 aber, doch 2 (ciò nonostante) trotzdem, dennoch.

perpendicolare agg. senkrecht ♦ s.f. Senkrechte (-n,-n) s.f.

perpetuo agg. 1 (eterno) ewig 2 (continuo) dauernd.

perplesso agg. verblüfft, ratlos.

perquisizione s.f. (dir.) Durchsuchung (-,-en) s.f.

persecuzione s.f. Verfolgung (-,-en) s.f.

perseguitare v.tr. verfolgen (anche fig.).

perseverare v.intr. (in) beharren (auf +dat.).

persiana s.f. Fensterladen (-s,-läden) s.m.

persistente agg. anhaltend.

persona s.f. 1 Person (-,-en) s.f. 2 (aspetto fisico) Äußere (-n/.) s.n. ♦ **di –** locuz.avv. persönlich.

personaggio s.m. 1 Persönlichkeit (-,-en) s.f. 2 Figur (-,-en) s.f.

personale agg. 1 persönlich 2 Personal... ♦ s.m. Personal (-s/.) s.n.

personalità s.f. 1 Persönlichkeit (-/.) s.f. 2 (dir.) – giuridica, Rechtsperson (-/.) s.f.

personificare v.tr. verkörpern.

persuadere v.tr. überreden ♦ **persuadersi** v.pron. sich überzeugen.

persuasione s.f. Überredung (-/.) s.f.

pertinente agg. dazugehörig.

pertosse s.f. (med.) Keuchhusten (-s/.) s.m.

perturbazione s.f. (meteor.) Störung (-,-en) s.f.

pervadere v.tr. erfüllen.

perverso agg. 1 niederträchtig 2 (degenerato) pervers 3 (aberrante) abartig.

pervertire v.tr. pervers.

pervinca s.f. (bot.) Immergrün (-s/.) s.n.

pesa s.f. (apparecchio) Waage (-,-n) s.f.

pesante agg. 1 schwer (anche fig.) 2 (di droga) hart 3 (di cibo) schwer verdaulich.

pesantezza s.f. Schwere (-/.) s.f.

pesare v.tr. 1 wiegen (wog, gewogen) 2 (valutare) ab·wägen ♦ v.intr. 1 wiegen (wog, gewogen) 2 (risultare difficile) eine Belastung dar·stellen 3 (essere determinante) von Gewicht sein.

pesca¹ s.f. Pfirsich (-s,-e) s.m. |– noce, Nektarine (-,-n) s.f.

pesca² s.f. 1 Fischfang (-s/.) s.m. 2 (lotteria) Lotterie (-,-n) s.f.

pescare v.tr. fischen.

pescatore *s.m.* Fischer (-s,-) *s.m.*
pesce *s.m.* Fisch (-es,-e) *s.m.*
pescecane *s.m.* Hai (-s,-e) *s.m.*
pesce spada *s.m.* Schwertfisch (-es,-e) *s.m.*
peschereccio *s.m.* Fischkutter (-s,-) *s.m.*
pescheria *s.f.* Fischgeschäft (-es,-e) *s.n.*
pescivendolo *s.m.* Fischverkäufer (-s, -) *s.m.*
peso *s.m.* **1** Gewicht (-es,-e) *s.n.* **2** *(sport)* lancio del –, Kugelstoßen (-s,-) *s.n.*
pessimismo *s.m.* Pessimismus (-/-) *s.m.*
pessimo *agg.superlativo* sehr schlecht.
pestare *v.tr.* **1** zerstampfen **2** *(calpestare)* zertreten (zertrat, zertreten) **|** – *i piedi*, mit den Füßen stampfen **3** *(fam.)* zusammen-schlagen (schlug zusammen, zusammengeschlagen).
peste *s.f.* Pest (-/.) *s.f.*
pesticida *s.m.* Pestizid (-es,-e) *s.n.*
pestifero *agg.* *(di persona)* unausstehlich.
petalo *s.m.* *(bot.)* Blütenblatt (-es,-blätter) *s.n.*
petardo *s.m.* Knallfrosch (-es,-frösche) *s.m.*
petizione *s.f.* Petition (-,-en) *s.f.*
petroliera *s.f.* Tanker (-s,-) *s.m.*
petrolifero *agg.* Erdöl...
petrolio *s.m.* Erdöl (-s/-) *s.n.*
pettegolezzo *s.m.* Klatsch (-es/-) *s.m.*
pettegolo *s.m.* Klatschmaul (-s,-mäuler) *s.n.* ♦ *agg.* geschwätzig.
pettinare *v.tr.* kämmen; *(acconciare)* frisieren ♦ **pettinarsi** *v.pron.* sich kämmen.
pettinatura *s.f.* Frisur (-,-en) *s.f.*
pettine *s.m.* Kamm (-es,-Kämme) *s.m.*

petto *s.m.* **1** Brust (-, Brüste) *s.f.* **|** *prendere di –* *qlco.*, *(fig.)* etwas direkt anpacken **2** *(seno)* Busen (-s,-) *s.m.*
petulante *agg.* aufdringlich.
pezza *s.f.* **1** Lappen (-s,-) *s.m.* **2** *(toppa)* Flicken (-s,-) *s.m.* **3** *(rotolo di stoffa)* Stoffballen (-s,-) *s.m.*
pezzente *s.m.* Bettler (-s,-) *s.m.*
pezzo *s.m.* Stück (-s,-e) *s.n.*
piacente *agg.* gefällig, einnehmend.
piacere[1] *s.m.* **1** Freude (-,-n) *s.f.* **2** *(nelle presentazioni)* angenehm **3** *(favore)* Gefallen (-s/.) *s.m.* **4** *(divertimento)* Vergnügen (-s/.) *s.n.* **5** *(piacere sensuale)* Lust (-/.) *s.f.*
piacere[2] *v.intr.* **1** gefallen (gefiel, gefallen) **2** *(gradire)* mögen (mochte, gemocht), gern haben **3** *(di cibo)* schmecken.
piacevole *agg.* angenehm, gefällig.
piaga *s.f.* **1** Wunde (-,-n) *s.f.* **2** *(fig.)* Übel (-s/.) *s.n.* **3** *(fam.)* *(persona)* Plage (-,-n) *s.f.*
pialla *s.f.* Hobel (-s,-) *s.m.*
pianeggiante *agg.* flach.
pianerottolo *s.m.* Treppenabsatz (-es,-sätze) *s.m.*
pianeta *s.m.* **1** *(astr.)* Planet (-en,-en) *s.n.* **2** *(fig.)* Welt (-/.) *s.f.*
piangere *v.intr.* e *tr.* weinen.
pianista *s.m.* Pianist (-en,-en) *s.m.*
piano[1] *agg.* **1** eben, flach **2** *(chiaro)* leicht, mühelos ♦ *avv.* **1** *(adagio)* langsam **2** *(a bassa voce)* leise **3** *(cauto)* vorsichtig.
piano[2] *s.m.* **1** Fläche (-,-n) *s.f.* **2** *(livello)* Ebene (-,-n) *s.f.* **3** *(di edificio)* Stockwerk (-s,-e) *s.n.* **4** *(film/foto)* primo –, Nahaufnahme (-,-n) *s.f.*
piano[3] *s.m.* *(progetto)* Plan (-s, Pläne) *s.m.*

pianoforte *s.m.* Klavier (-s,-e) *s.n.*
pianoro *s.m.* Hochebene (-,-n) *s.f.*, Plateau (-s,-s) *s.n.*
pianta *s.f.* 1 Pflanze (-,-n) *s.f.* 2 (*anat.*) Sohle (-,-n) *s.f.* 3 (*cartina*) Plan (-s, Pläne) *s.m.*
piantagione *s.f.* Plantage (-,-n) *s.f.*
piantare *v.tr.* 1 pflanzen, bepflanzen 2 (*conficcare*) schlagen (schlug, geschlagen) 3 (*fam.*) (*abbandonare*) stehen-lassen (ließ stehen, stehenlassen).
pianterreno *s.m.* Erdgeschoß (-schosses,-schosse) *s.n.*
pianto *s.m.* Weinen (-s/.) *s.n.*
piantonare *v.tr.* streng bewachen.
pianura *s.f.* Ebene (-,-n) *s.f.*
piastra *s.f.* Platte (-,-n) *s.f.*
piastrella *s.f.* Fliese (-,-n) *s.f.*, Kachel (-,-n) *s.f.*
piattaforma *s.f.* 1 Plattform (-,-en) *s.f.* 2 (*sport*) Sprungbrett (-es,-er) *s.n.*
piattino *s.m.* Untertasse (-,-n) *s.f.*
piatto *agg.* 1 flach, eben 2 (*scialbo*) eintönig ♦ *s.m.* 1 Teller (-s,-) *s.m.* 2 (*pietanza*) Gericht (-es,-e) *s.n.* 3 (*carte*) Einsatz (-es,-sätze) *s.m.*
piazza *s.f.* 1 Platz (-es, Plätze) *s.m.* 2 (*comm.*) Markt (-es, Märkte) *s.m.*
piazzare *v.tr.* 1 auf-stellen 2 (*comm.*) ab-setzen ♦ **piazzarsi** *v.pron.* 1 (*sistemarsi*) sich ein·richten 2 (*sport*) sich plazieren
piazzata *s.f.* (*fam.*) Szene (-,-n) *s.f.*
piazzola *s.f.* Ausweichstelle (-,-n) *s.f.*
piccante *agg.* 1 (*gastr.*) scharf 2 (*fig.*) pikant.
picchetto *s.m.* 1 Pflock (-s, Pflöcke) *s.m.*; (*da tenda*) Hering (-s,-e) *s.m.* 2 (*mil.*) Wache (-,-n) *s.f.* 3 (*durante uno sciopero*) Streikposten (-s,-) *s.m.*

picchiare *v.tr.* 1 schlagen (schlug, geschlagen) 2 verprügeln ♦ *v.intr.* 1 schlagen (schlug, geschlagen) 2 (*bussare*) klopfen.
picchiata *s.f.* 1 Schlag (-es, Schläge) *s.m.* 2 (*aereo*) Sturzflug (-es,-flüge) *s.m.*
piccione *s.m.* Taube (-,-n) *s.f.*
picco *s.m.* 1 Bergspitze (-,-n) *s.f.* 2 (*mar.*) Gaffel (-,-n) *s.f.* ♦ **a** – *locuz.agg. e avv.* steil, senkrecht.
piccolo *agg.* 1 klein 2 (*breve*) kurz.
piccone *s.m.* Spitzhacke (-,-n) *s.f.*
pidocchio *s.m.* 1 Laus (-, Läuse) *s.f.* 2 (*spreg.*) Geizhals (-es,-hälse) *s.m.*
piede *s.m.* 1 Fuß (-es, Füße) *s.m.* 2 (*di animale*) Pfote (-,-n) *s.f.*
piega *s.f.* 1 Falte (-,-n) *s.f.* 2 (*fig.*) (*andamento*) Wendung (-,-en) *s.f.*
piegare *v.tr.* 1 biegen (bog, gebogen), beugen 2 (*ripiegare*) falten 3 (*inclinare*) nach vorne beugen ♦ *v.intr.* ab·biegen (bog ab, abgebogen).
pieghettare *v.tr.* plissieren.
piena *s.f.* Hochwasser (-s,-wässer) *s.n.*
pieno *agg.* 1 voll 2 (*fam.*) (*sazio*) satt 3 (*paffuto*) rund ♦ **in** – *locuz.avv.* völlig, genau.
pienone *s.m.* volles Haus (-es, Häuser) *s.n.*
pietà *s.f.* 1 Mitleid (-s/.) *s.n.* 2 (*relig.*) Frömmigkeit (-/.) *s.f.*
pietanza *s.f.* 1 Gericht (-s,-e) *s.n.* 2 (*secondo piatto*) zweiter Gang (-es, Gänge) *s.m.*
pietoso *agg.* 1 erbärmlich, mitleiderregend 2 (*misericordioso*) barmherzig.
pietra *s.f.* Stein (-s,-e) *s.m.*
pigiama *s.m.* Schlafanzug (-es,-züge) *s.m.*, Pyjama (-s,-s) *s.m./n.*
pigiare *v.tr.* 1 drücken 2 (*spingere*) drängen.

pigliare v.tr. (fam.) → **prendere**.
pigmento s.m. (biol./chim.) Pigment (-es,-e) s.n.
pigna s.f. Zapfen (-s,-) s.m.
pignolo agg. kleinlich.
pignorare v.tr. (dir.) pfänden.
pigolare v.intr. 1 piepsen 2 (fig.) quengeln.
pigro agg. faul, träge.
pila s.f. 1 (cumulo) Stapel (-s,-) s.m. 2 (batteria) Batterie (-,-n) s.f. 3 (lampadina tascabile) Taschenlampe (-,-n) s.f.
pilastro s.m. 1 Pfeiler (-s,-) s.m. 2 (fig.) Stütze (-,-n) s.f.
pillola s.f. 1 Pille (-,-n) s.f.; Tablette (-,-n) s.f. 2 (anticoncezionale) Antibabypille (-,-n) s.f., Pille (-,-n) s.f.
pilota s.m. Pilot (-en,-en) s.m.
pilotare v.tr. 1 fahren (fuhr, gefahren), steuern 2 (aereo) führen 3 (mar.) lotsen.
pimpante agg. (fam.) lebhaft, keck.
pinacoteca s.f. Pinakothek (-,-en) s.f.
pince s.f. Bundfalte (-,-n) s.f.
pineta s.f. Pinienwald (-es,-wälder) s.m.
pinguino s.m. (zool.) Pinguin (-s,-e) s.m.
pinna s.f. Flosse (-,-n) s.f.
pino s.m. Kiefer (-,-n) s.f.
pinza s.f. 1 Zange (-,-n) s.f. 2 (chela) Schere (-,-n) s.f.
pinzetta s.f. Pinzette (-,-n) s.f.
pio agg. fromm.
pioggia s.f. Regen (-s/.) s.m.
piombare¹ v.intr. 1 herunterstürzen 2 (precipitare) fallen (fiel, gefallen) 3 (avventarsi) anfallen (fiel an, angefallen).
piombare² v.tr. 1 verbleien 2 (di dente) plombieren,

piombo s.m. 1 Blei (-s/.) s.n. 2 (peso) Senkblei (-s/.) s.n.
pioniere s.m. 1 Pionier (-s,-e) s.m. 2 (fig.) Bahnbrecher (-s,-) s.m.
pioppo s.m. (bot.) Pappel (-,-n) s.f.
piovere v.intr. regnen.
piovigginare v.intr. tröpfeln, nieseln.
piovoso agg. regnerisch, Regen...
piovra s.f. 1 Polyp (-en,-en) s.m. 2 (fig.) Mafia (-/.) s.f.
pipa s.f. Pfeife (-,-n) s.f.
pipì s.f. (fam.) Pipi (-s/.) s.n.
pipistrello s.m. (zool.) Fledermaus (-,-mäuse) s.f.
piramide s.f. Pyramide (-,-n) s.f.
pirata s.m. Pirat (-en,-en) s.m., Seeräuber (-s,-) s.m.
pirofila s.f. feuerfeste Form (-,-en) s.f.
piromane s.m. Pyromane (-n,-n) s.m.
piroscafo s.m. Dampfer (-s,-) s.m.
piscina s.f. Schwimmbad (-es,-bäder) s.n.
pisello s.m. Erbse (-,-n) s.f.
pisolino s.m. (fam.) Schläfchen (-s,-) s.n.
pista s.f. 1 (traccia) Spur (-,-en) s.f. 2 (sentiero) Weg (-es,-e) s.m. 3 (sport) Piste (-,-n) s.f. 4 (aereo) Bahn (-,-en) s.f.
pistacchio s.m. Pistazie (-,-n) s.f.
pistola s.f. Pistole (-,-n) s.f.
pistone s.m. Kolben (-s,-) s.m.
pittore s.m. 1 Maler (-s,-) s.m. 2 (imbianchino) Anstreicher (-s,-) s.m.
pittoresco agg. malerisch, pittoresk.
pittura s.f. 1 Malerei (-,-en) s.f. 2 (vernice) Anstrich (-s,-e) s.m.
pitturare v.tr. (an-)streichen (strich an, angestrichen), bemalen.
più avv. mehr (nel comparativo non si traduce, poiché viene modificato il gra-

piuma

do comparativo dell'aggettivo).
piuma *s.f.* Feder (-,-n) *s.f.*
piumino *s.m.* 1 Daune (-,-n) *s.f.* 2 *(abbigl.)* Daunenjacke (-,-n) *s.f.* 3 *(per spolverare)* Staubwedel (-s) *s.m.*
piumone *s.m.* Daunenbett (-es,-en) *s.n.*
piuttosto *avv.* 1 *(preferibilmente)* lieber, eher 2 *(o meglio)* oder besser, vielmehr 3 *(alquanto)* ziemlich 4 *(invece)* stattdessen.
pivello *s.m.* *(fam.)* Grünschnabel (-s,-) *s.m.*
pizza *s.f.* 1 Pizza (-,-s) *s.f.* 2 *che -!*, *(fig.)* so etwas Langweiliges!
pizzicare *v.tr.* 1 kneifen (kniff, gekniffen), zwicken 2 *(pungere)* stechen (stach, gestochen) ♦ *v.intr. (prudere)* jucken.
pizzico *s.m.* 1 Bißchen (-s,-) *s.n.* 2 *(pizzicotto)* Kniff (-s,-e) *s.m.*
pizzicotto *s.m.* Kniff (-s,-e) *s.m.*
pizzo *s.m.* 1 Spitze (-,-n) *s.f.* 2 *(cima)* Bergspitze (-,-n) *s.f.* 3 *(barba)* Spitzbart (-es, -bärte) *s.m.*
placca *s.f.* 1 Platte (-,-n) *s.f.* 2 *(targhetta)* Plakette (-,-n) *s.f.*
placcato *agg.* dubliert.
placido *agg.* ruhig, still.
plagiare *v.tr.* 1 plagieren 2 *(rendere succube)* hörig machen.
plagio *s.m.* Plagiat (-s,-e) *s.n.*
plaid *s.m.* Wolldecke (-,-n) *s.f.*
planetario *agg.* 1 Planeten..., 2 *(del pianeta Terra)* weltweit ♦ *s.m.* Planetarium (-s,-rien) *s.n.*
planimetria *s.f.* 1 Planimetrie (-,-n) *s.f.* 2 *(pianta)* Plan (-es, Pläne) *s.m.*
plantare *s.m.* Schuheinlage (-,-n) *s.f.*
plasmare *v.tr.* formen.
plastica *s.f.* Plastik (-s/.) *s.n.*
plastilina *s.f.* Plastilin (-s,-e) *s.n.*, Knetmasse (-,-n) *s.f.*
platea *s.f.* Zuschauerraum (-es,-räume) *s.m.*
plateale *agg.* grob.
platino *s.m.* Platin (-s/.) *s.n.*
plausibile *agg.* plausibel, stichhaltig.
plauso *s.m.* Beifall (-s) *s.m.*
plenario *agg.* 1 Plenar...,Voll... 2 *(totale)* vollständig.
plenilunio *s.m.* Vollmond (-es/.) *s.m.*
pleonastico *agg.* pleonastisch.
pleurite *s.f.* *(med.)* Rippenfellentzündung (-,-en) *s.f.*
plico *s.m.* 1 *(busta)* Umschlag (-s, -schläge) *s.m.* 2 *(Poste)* Sendung (-, -en) *s.f.*
plotone *s.m.* *(mil.)* Abteilung (-,-en) *s.f.*
plumbeo *agg.* 1 bleiern 2 *(fig.)* drückend.
plurale *s.m.* Plural (-s,-e) *s.m.*
plurimo *agg.* mehrfach.
pluriomicida *s.m.* mehrfacher Mörder (-s,-) *s.m.*
pneumatico *agg.* Luft..., Preßluft... ♦ *s.m.* Reifen (-s,-) *s.m.*
poco *agg.indef.* 1 wenig, nicht viel 2 *(scarso)* gering, knapp 3 *(tempo)* kurz 4 *(spazio)* nah.
podere *s.m.* Gut (-s/.) *s.n.*
podio *s.m.* *(sport)* Podium (-s,-dien) *s.n.*
podista *s.m.* Geher (-s,-) *s.m.*
poema *s.m.* Gedicht (-s,-e) *s.n.*
poesia *s.f.* 1 Dichtung (-,-en) *s.f.* 2 *(componimento)* Gedicht (-s,-e) *s.n.*
poeta *s.m.* Dichter (-s,-) *s.m.*
poetico *agg.* dichterisch, poetisch.
poggiare *v.intr.* → posare.
poggiatesta *s.m.* Kopfstütze (-,-n) *s.f.*
poi *avv.* 1 *(dopo)* später, dann 2 *(dopodiché)* danach, darauf 3 *(inoltre)*

außerdem 4 (*conclusivo*) denn, schließlich **5** (*avversativo*) aber, dagegen.
poiché *cong.* da, weil.
pois *s.m.* Tupfen (-s,-) *s.m.*, Pünktchen (-s,-) *s.n.*
polare *agg.* polar, Polar...
polemica *s.f.* Polemik (-,-en) *s.f.*
polemico *agg.* polemisch.
polemizzare *v.intr.* polemisieren.
poliambulatorio *s.m.* Poliklinik (-,-en) *s.f.*
poliedrico *agg.* **1** (*geom.*) poliedrisch **2** (*fig.*) vielseitig.
poligrafico *agg.* hektographisch.
poliomielite *s.f.* (*med.*) Kinderlähmung (-/-) *s.f.*
polipo *s.m.* Polyp (-en,-en) *s.m.*, Krake (-n,-n) *s.m.*
polistirolo *s.m.* Polystyrol (-s/) *s.n.*: – *espanso*, Styropor (-s/-.) *s.n.*
politecnico *s.m.* Polytechnikum (-s/.) *s.n.*
politica *s.f.* Politik (-/.) *s.f.*
politicante *s.m.* (*spreg.*) Politikant (-en,-en) *s.m.*
politichese *s.m.* (*spreg.*) Politikersprache (-,-n) *s.f.*
politicizzato *agg.* politisiert.
politico *agg.* **1** politisch **2** (*sociale*) sozial.
polizia *s.f.* Polizei (-/.) *s.f.*
poliziesco *agg.* **1** polizeilich, Polizei... **2** (*di libri, film*) Kriminal...
poliziotto *s.m.* Polizist (-en,-en) *s.m.*
polizza *s.f.* Police (-,-n) *s.f.*
pollaio *s.m.* Hühnerstall (-s,-ställe) *s.m.*
pollame *s.m.* Geflügel (-s/.) *s.n.*
pollice *s.m.* **1** Daumen (-s,-) *s.m.* **2** (*unità di misura*) Zoll (-s,-) *s.m.*

polline *s.m.* (*bot.*) Blütenstaub (-s/.) *s.m.*
pollivendolo *s.m.* Geflügelhändler (-s, -) *s.m.*
pollo *s.m.* Huhn (-s, Hühner) *s.n.*
polmone *s.m.* Lunge (-,-n) *s.f.*
polmonite *s.f.* (*med.*) Lungenentzündung (-,-en) *s.f.*
polo *s.m.* Pol (-s,-e) *s.m.*
polpa *s.f.* (*di frutto*) Fruchtfleisch (-es/.) *s.n.*
polpaccio *s.m.* (*anat.*) Wade (-,-n) *s.f.*
polpastrello *s.m.* Fingerspitze (-,-n) *s.f.*
polpetta *s.f.* Frikadelle (-,-n) *s.f.*
polpettone *s.m.* **1** Hackbraten (-s,-) *s.m.* **2** (*fig.*) Schinken (-s,-) *s.m.*
polpo *s.m.* (*zool.*) Krake (-,-n) *s.f.*
polsino *s.m.* Manschette (-,-n) *s.f.*
polso *s.m.* **1** (*anat.*) Handgelenk (-s, -e) *s.n.* **2** (*abbigl.*) Manschette (-,-n) *s.f.* **3** (*anat.*) Pulsschlag (-es,-schläge) *s.m.*
poltiglia *s.f.* (*fanghiglia*) Matsch (-es/.) *s.m.*
poltrona *s.f.* **1** Lehnstuhl (-s,-stühle) *s.m.* **2** (*teatr.*) Parkettplatz (-es,-plätze) *s.m.*
poltrone *s.m.* Faulenzer (-s,-) *s.m.*
polvere *s.f.* **1** Staub (-es/.) *s.m.* **2** Pulver (-s/.) *s.n.*
polveriera *s.f.* **1** Pulverfaß (-fasses, -fässer) *s.m.* **2** (*magazzino*) Pulverkammer (-,-n) *s.f.*
polverizzare *v.tr.* **1** pulverisieren **2** (*fig.*) vernichten **3** (*nebulizzare*) zerstäuben.
polveroso *agg.* **1** staubig **2** (*simile a polvere*) Pulver...
pomata *s.f.* Salbe (-,-n) *s.f.*
pomeriggio *s.m.* Nachmittag (-s,-e) *s.m.*

pomodoro *s.m.* Tomate (-,-n) *s.f.*; *(austr.)* Paradeiser (-s,-) *s.m.*

pompa *s.f.* 1 Pumpe (-,-n) *s.f.* 2 *(colonnina di benzina)* Zapfsäule (-,-n) *s.f.*; *(distributore)* Tankstelle (-,-n) *s.f.*

pompare *v.tr.* 1 pumpen 2 *(fig.)* *(esagerare)* auf-bauschen.

pompelmo *s.m.* Pampelmuse (-,-n) *s.f.*

pompiere *s.m.* Feuerwehrmann (-s, -männer) *s.m.*

pomposo *agg.* 1 pompös, prunkvoll 2 *(ampolloso)* schwülstig.

ponderare *v.tr. e intr.* überlegen.

ponderazione *s.f.* Besonnenheit (-/.) *s.f.*, Überlegung (-,-en) *s.f.*

ponente *s.m.* 1 Westen (-/.) *s.m.* 2 *(vento)* Westwind (-es,-e) *s.m.*

ponte *s.m.* 1 Brücke (-,-n) *s.f.* 2 *(mar.)* Deck (-s,-s) *s.n.* 3 *(ferie)* verlängertes Wochenende (-s,-n) *s.n.*

pontificare *v.intr.* 1 *(relig.cast.)* das Pontifikalamt zelebrieren 2 *(fig.)* dozieren.

pontile *s.m.* Landungssteg (-s,-e) *s.m.*

popolare¹ *agg.* 1 Volks... 2 *(famoso)* populär.

popolare² *v.tr.* 1 bevölkern, besiedeln 2 *(abitare)* bewohnen.

popolazione *s.f.* Bevölkerung (-,-en) *s.f.*

popolo *s.m.* Volk (-es, Völker) *s.n.*

popoloso *agg.* dichtbevölkert.

poppa *s.f.* Heck (-s,-e) *s.n.*

poppante *s.m.* 1 Säugling (-s,-e) *s.m.* 2 *(fig.)* Grünschnabel (-s,-) *s.m.*

poppata *s.f.* 1 Stillen (-s/.) *s.n.* 2 *(al biberon)* Fläschchen (-s,-) *s.n.*

porcellana *s.f.* Porzellan (-s/.) *s.n.*

porcellanato *agg.* Email...

porcellino *s.m.*: – d'India, Meerschweinchen (-s,-) *s.n.*

porcheria *s.f.* 1 *(atto, detto riprovevole)* Schweinerei (-,-en) *s.f.* 2 *(cosa fatta male)* Mist (-s/.) *s.m.*

porcile *s.m.* Schweinestall (-s,-ställe) *s.m.*

porcino *s.m.*: *(fungo)* –, Edelpilz (-es, -e) *s.m.*, Steinpilz (-es,-e) *s.m.*

porco *s.m.* Schwein (-es,-e) *s.n.*

porfido *s.m.* *(geol.)* Porphyr (-s,-e) *s.m.*

porgere *v.tr.* 1 bieten (bot, geboten); *(passare)* reichen 2 *(il braccio)* reichen.

pornografico *agg.* pornographisch.

poro *s.m.* Pore (-,-n) *s.f.*

poroso *agg.* porös.

porre *v.tr.* 1 *(verticalmente)* stellen 2 *(orizzontalmente)* legen 3 *(rivolgere)* richten, stellen.

porta *s.f.* 1 Tür (-,-en) *s.f.* 2 *(della città)* Tor (-s,-e) *s.n.*

portabagagli *s.m.* 1 *(facchino)* Gepäckträger (-s,-) *s.m.* 2 *(bagagliaio)* Kofferraum (-s,-räume) *s.m.*

portacenere *s.m.* Aschenbecher (-s,-) *s.m.*

portachiavi *s.m.* Schlüsselanhänger (-s,-) *s.m.*

portacipria *s.m.* Puderdose (-,-n) *s.f.*

portaerei *s.f.* Flugzeugträger (-s,-) *s.m.*

portafinestra *s.f.* Fenstertür (-,-en) *s.f.*

portafoglio *s.m.* 1 Geldbeutel (-s,-) *s.m.* 2 *(ministero e carica di ministro)* Geschäftsbereich (-es,-e) *s.m.*

portafortuna *s.m.* Glücksbringer (-s,-) *s.m.*

portagioie *s.m.* Schmuckkasten (-s,-kästen) *s.m.*

portale *s.m.* Pforte (-,-n) *s.f.*, Tor (-s,-e) *s.n.*

portamento *s.m.* Haltung (-/.) *s.f.*

portante *agg.* tragend, Trag...

portaombrelli *s.m.* Schirmständer (-s,-) *s.m.*

portapacchi *s.m.* Gepäckträger (-s,-) *s.m.*

portare *v.tr.* **1** tragen (trug, getragen) **2** (*recare*) bringen (brachte, gebracht); (*portare con sé*) mitbringen (brachte mit, mitgebracht); (*prendere con sé*) mitnehmen (nahm mit, mitgenommen) **3** (*indossare*) tragen (trug, getragen) ♦ **portarsi** *v.pron.* sich begeben (begab, begeben).

portasapone *s.m.* Seifenschale (-,-n) *s.f.*

portasci *s.m.* Skiträger (-s,-) *s.m.*

portata *s.f.* **1** Tragweite (-/.) *s.f.* **2** (*gittata*) Reichweite (-/.) *s.f.* **3** (*capacità di carico*) Tragfähigkeit (-/.) *s.f.*

portatile *agg.* tragbar.

portato *agg.* begabt; (*incline*) geneigt.

portatore *s.m.* **1** (*biol.*) Träger (-s,-) *s.m.* **2** (*fin.*) Überbringer (-s,-) *s.m.*

portavalori *s.m.*: (*furgone*) –, Geldtransporter (-s,-) *s.m.*

portavoce *s.m.* Sprachrohr (-s,-e) *s.n.*, Sprecher (-s,-) *s.m.*

portellone *s.m.* Klappe (-,-n) *s.f.*

portico *s.m.* Laubengang (-s,-gänge) *s.m.*

portiera *s.f.* **1** (*auto*) Tür (-,-en) *s.f.* **2** (*portinaia*) Pförtnerin (-,-nen) *s.f.*

portiere *s.m.* **1** Pförtner (-s,-) *s.m.* **2** (*sport*) Torwart (-s,-e) *s.m.*

portinaio *s.m.* Hausmeister (-s,-) *s.m.*

portineria *s.f.* Pförtnerloge (-,-n) *s.f.*

porto *s.m.* Hafen (-s,- Häfen) *s.m.*

porto *s.m.* **1** – *d'armi*, Waffenschein (-s,-e) *s.m.* **2** (*comm.*) (*trasporto*) Fracht (-,-en) *s.f.*

portone *s.m.* Eingang (-s,-gänge) *s.m.*, Tor (-s,-e) *s.n.*

porzione *s.f.* **1** Portion (-,-en) *s.f.* **2** (*parte*) Teil (-s,-e) *s.m.*

posa *s.f.* **1** Legen (-s/.) *s.n.* **2** (*atteggiamento*) Pose (-,-n) *s.f.* **3** (*foto*) Aufnahme (-,-n) *s.f.*

posare *v.tr.* (ab-)legen ♦ *v.intr.* **1** (*stare in posa*) posieren **2** (*poggiare*) ruhen.

posate *s.f.pl.* Besteck (-s,-e) *s.n.*

poscritto *s.m.* Nachschrift (-,-en) *s.f.*

positivo *agg.* positiv.

posizione *s.f.* Position (-,-en) *s.f.*, Stellung (-,-en) *s.f.*, Lage (-,-n) *s.f.*

posporre *v.tr.* **1** nachstellen, stellen (hinter +*acc.*) **2** (*posticipare*) verschieben (verschob, verschoben).

possedere *v.tr.* **1** besitzen (besaß, besessen) **2** (*conoscere a fondo*) beherrschen.

possessivo *agg.* **1** (*gramm.*) besitzanzeigend, Possessiv... **2** (*fig.*) possessiv, besitzergreifend.

possesso *s.m.* **1** Besitz (-es,-e) *s.m.* **2** (*padronanza*) Beherrschung (-/.) *s.f.*

possessore *s.m.* Besitzer (-s,-) *s.m.*

possibile *agg.* möglich.

possibilità *s.f.* Möglichkeit (-,-en) *s.f.*

posta *s.f.* **1** Post (-/.) *s.f.* **2** (*corrispondenza*) Korrespondenz (-,-en) *s.f.*

postale *agg.* Post...

posteggiare *v.tr.* parken.

posteggio *s.m.* Parkplatz (-es,-plätze) *s.m.*

posteriore *agg.* **1** Hinter..., hinter **2** (*di tempo*) nachfolgend, später.

posticipare *v.tr.* aufschieben (schob auf, aufgeschoben).

postino *s.m.* Briefträger (-s,-) *s.m.*

posto *s.m.* **1** Platz (-es, Plätze) *s.m.* **2** (*località*) Ort (-es,-e) *s.m.* **3** (*impiego*) Stelle (-,-n) *s.f.*

postumo *agg.* posthum, nachträglich.
potabile *agg.* trinkbar.
potare *v.tr.* stutzen, schneiden (schnitt, geschnitten).
potente *agg.* **1** stark **2** *(che ha grande di potere)* mächtig.
potenza *s.f.* **1** Macht (-/.) *s.f.* **2** *(fis.)* Kraft (-, Kräfte) *s.f.* **3** *(mat.)* Potenz (-,-en) *s.f.*
potere *v.modale* **1** können, vermögen (vermochte, vermocht) *2 (avere il permesso)* dürfen *(dovere)* sollen, müssen.
povero *agg.* arm.
povertà *s.f.* **1** Armut (-/.) *s.f.* **2** *(scarsità)* Mangel (-s/.) *s.m.*
pozza *s.f.* **1** Pfütze (-,-n) *s.f.* **2** *(liquido)* Lache (-,-n) *s.f.*
pozzanghera *s.f.* Pfütze (-,-n) *s.f.*
pozzo *s.m.* Brunnen (-s,-) *s.m.*
pranzare *v.intr.* zu Mittag essen (aß, gegessen).
pranzo *s.m.* Mittagessen (-s,-) *s.n.*
prateria *s.f.* Prärie (-,-n) *s.f.*
pratica *s.f.* **1** Praxis (-/.) *s.f.* **2** *(esperienza)* Erfahrung (-,-en) *s.f.* **3** *(amm.)* Vorgang (-s,-gänge) *s.m.*
praticare *v.tr.* **1** in die Praxis umsetzen **2** *(sport)* aus-üben **3** *(eseguire)* machen.
pratico *agg.* **1** praktisch **2** *(esperto)* erfahren.
prato *s.m.* Wiese (-,-n) *s.f.*; *(coltivato)* Rasen (-s,-) *s.m.*
preavviso *s.m.* **1** Benachrichtigung (-,-en) *s.f.* **2** *(di licenziamento)* Kündigung (-,-en) *s.f.*
precario *agg.* unsicher.
precauzione *s.f.* **1** Vorsicht (-/.) *s.f.* **2** *(pl.) (provvedimenti)* Vorsichtsmaßnahmen *s.pl.*

precedente *agg.* vorhergehend, Vor...
precedenza *s.f.* **1** Vortritt (-s/.) *s.m.* **2** *(su strada)* Vorfahrt (-,-en) *s.f.*
precedere *v.tr. e intr.* **1** voran-gehen (ging voran, vorangegangen); *(con veicolo)* vor-fahren (fuhr vor, vorgefahren) **2** *(venire prima)* zuvor-kommen (kam zuvor, zuvorgekommen).
precipitare *v.intr.* **1** herab-stürzen **2** *(peggiorare)* schlimmer werden ♦ *v.intr.* stürzen.
precipitoso *agg.* **1** überstürzt **2** *(frettoloso)* voreilig.
precipizio *s.m.* Abgrund (-es,-gründe) *s.m.*
precisare *v.tr.* genauer bestimmen, präzisieren.
precisazione *s.f.* genauere Erklärung (-,-en) *s.f.*
precisione *s.f.* Genauigkeit (-/.) *s.f.*
preciso *agg.* genau.
precoce *agg.* **1** frühreif **2** *(prematuro)* früh(zeitig).
preda *s.f.* Beute (-,-n) *s.f.*
predatore *s.m.* Raub...
predecessore *s.m.* Vorgänger (-s,-) *s.m.*
predellino *s.m.* Trittbrett (-es,-er) *s.n.*
predestinato *agg.* (a) vorherbestimmt (zu).
predica *s.f.* Predigt (-,-en) *s.f.*
predicare *v.tr. e intr.* predigen.
predire *v.tr.* wahr-sagen, voraus-sagen.
preesistente *agg.* bereits bestehend.
prefabbricato *agg.* vorgefertigt.
prefazione *s.f.* Vorwort (-es,-e) *s.n.*
preferenza *s.f.* Vorliebe (-,-n) *s.f.*
preferenziale *agg.*: *trattamento* –, Sonderbehandlung (-,-en) *s.f.*
preferibile *agg.* besser.
preferire *v.tr.* vor-ziehen (zog vor, vorgezogen).

preferito *agg.* Lieblings...
prefetto *s.m.* Präfekt (-en,-en) *s.m.*
prefisso *s.m.* **1** – (*teleselettivo*), Vorwahlnummer (-,-n) *s.f.*
pregare *v.tr.* **1** (*chiedere*) bitten (bat, gebeten) **2** (*relig.*) beten (zu).
pregevole *agg.* **1** wertvoll **2** (*di persona*) ehrwürdig.
preghiera *s.f.* **1** (*richiesta*) Bitte (-,-n) *s.f.* **2** (*relig.*) Gebet (-es,-e) *s.n.*
pregiato *agg.* wertvoll, kostbar.
pregio *s.m.* Vorteil (-s,-e) *s.m.*
pregiudicare *v.tr.* beeinträchtigen.
pregiudicato *s.m.* Vorbestrafte (-n,-n) *s.m.*
pregiudizio *s.m.* Vorurteil (-s,-e) *s.m.*
prego *inter.* bitte.
preistoria *s.f.* Vorgeschichte (-,-n) *s.f.*
prelato *s.m.* (*relig.catt.*) Prälat (-en,-en) *s.m.*
prelavaggio *s.m.* Vorwäsche (-/.) *s.f.*
prelevare *v.tr.* **1** entnehmen (entnahm, entnommen) **2** (*Banca*) abheben (hob ab, abgehoben).
prelievo *s.m.* **1** Abnahme (-,-n) *s.f.* **2** (*Banca*) Abhebung (-,-en) *s.f.*
preliminare *agg.* Vor...
preludio *s.m.* **1** (*mus.*) Präludium (-s, -dien) *s.n.* **2** (*introduzione*) Vorrede (-,-n) *s.f.*
prematrimoniale *agg.* vorehelich.
prematuro *agg.* voreilig.
premeditato *agg.* **1** vorbedacht **2** (*dir.*) vorsätzlich.
premeditazione *s.f.* Vorbedacht (-s/.) *s.m.*
premere *v.tr.* **1** drücken (auf) **2** (*incalzare*) bedrängen.
premessa *s.f.* Vorraussetzung (-,-en) *s.f.*
premettere *v.tr.* vorausetzen.

premiare *v.tr.* auszeichnen, prämieren.
premiazione *s.f.* Preisverleihung (-,-en) *s.f.*
premio *s.m.* **1** Preis (-es,-e) *s.m.* **2** (*dir./comm.*) Prämie (-,-n) *s.f.*; (*indennità*) Zulage (-,-n) *s.f.*
premura *s.f.* Eile (-/.) *s.f.*
premuroso *agg.* zuvorkommend, aufmerksam.
prendere *v.tr.* **1** nehmen (nahm, genommen) **2** (*afferrare*) fassen (faßte, gefaßt) **3** (*catturare*) fangen (fing, gefangen).
prendisole *s.m.* Trägerkleid (-es,-er) *s.n.*
prenotare *v.tr.* vorbestellen.
prenotazione *s.f.* Vorbestellug (-,-en) *s.f.*
preoccupare *v.tr.* Sorgen bereiten, beunruhigen.
preoccupazione *s.f.* Sorge (-,-n) *s.f.*
preparare *v.tr.* vorbereiten.
preparativi *s.m.pl.* Vorbereitungen *s.pl.*
preparazione *s.f.* **1** Vorbereitung (-,-en) *s.f.* **2** (*formazione*) Bildung (-/.) *s.f.*
prepotente *agg.* **1** anmaßend **2** (*irresistibile*) dringend.
prerogativa *s.f.* **1** Vorrecht (-es,-e) *s.n.* **2** (*caratteristica*) Eigenschaft (-,-en) *s.f.*
presa *s.f.* Griff (-s,-e) *s.m.*
presbite *agg.* (*med.*) weitsichtig.
prescelto *agg.* ausgewählt.
prescrivere *v.tr.* **1** vorschreiben (schrieb vor, vorgeschrieben) **2** (*med.*) verschreiben (verschrieb, verschrieben).
presentare *v.tr.* vorstellen.
presentatore *s.m.* Showmaster (-s,-) *s.m.*

presentazione *s.f.* 1 Vorstellung (-, -en) *s.f.* 2 (*di documenti*) Vorlage (-, -n) *s.f.*

presente 1 *agg.* 1 anwesend 2 (*attuale*) jetzig, heutig ♦ *s.m.* 1 Gegenwart (-/.) *s.f.* 2 (*persona*) Anwesende (-n, -n) *s.m.* ♦ *s.f.* (*comm.*) con la –, hiermit.

presente 2 *s.m.* (*regalo*) Geschenk (-s, -e) *s.n.*

presentimento *s.m.* Vorahnung (-,-en) *s.f.*

presenza *s.f.* 1 Anwesenheit (-/.) *s.f.* 2 (*aspetto*) Aussehen (-s/.) *s.n.*

presepio *s.m.* Krippe (-,-n) *s.f.*

preservare *v.tr.* (*da*) bewahren (vor).

preservativo *s.m.* Kondom (-s,-e) *s.n.*

preside *s.m.* Studiendirektor (-s,-en) *s.m.*

presidente *s.m.* 1 Vorsitzende (-n,-n) *s.m.* 2 (*pol.*) Präsident (-en,-en) *s.m.*

presidenza *s.f.* Vorsitz (-es,-e) *s.m.*

presiedere *v.intr.* vor-sitzen (saß vor, vorgesessen) (+*dat.*).

pressappoco *avv.* ungefähr.

pressione *s.f.* Druck (-s/.) *s.m.*

presso *prep.* 1 (*stato in luogo*) bei, neben (+*dat.*) 2 (*stato in luogo con persone, istituzioni*) in (+*dat.*), bei.

pressurizzare *v.tr.* (*tecn.*) unter Überdruck setzen.

prestabilito *agg.* im voraus festgesetzt.

prestare *v.tr.* 1 (ver)leihen (verlieh, verliehen) 2 – *attenzione*, (*fig.*) aufpassen ♦ **prestarsi** *v.pron.* sich her-geben (gab her, hergegeben).

prestazione *s.f.* Leistung (-,-en) *s.f.*

prestigiatore *s.m.* Taschenspieler (-s,-) *s.m.*

prestigio *s.m.* Prestige (-s/.) *s.n.*

prestito *s.m.* 1 (*Banca*) Dahrlehen (-s,-) *s.n.* 2 fare un –, Geld leihen (lieh, geliehen).

presto *avv.* 1 (*tra poco*) bald 2 (*rapidamente*) schnell 3 (*di buon'ora*) früh.

presumere *v.tr.* 1 vermuten 2 (*pretendere*) sich etwas an-maßen.

presunto *agg.* mutmaßlich, vermutlich.

presuntuoso *agg.* anmaßend, eingebildet.

prete *s.m.* Priester (-s,-) *s.m.*

pretendente *s.m.* Freier (-s,-) *s.m.*

pretendere *v.tr.* verlangen.

pretesa *s.f.* Anspruch (-s,-sprüche) *s.m.*

pretesto *s.m.* vermeintlich.

pretore *s.m.* Amtsrichter (-s,-) *s.m.*

prevalente *agg.* vorherrschend.

prevalere *v.intr.* überwiegen (überwog, überwogen).

prevaricare *v.intr.* ein Amt mißbrauchen.

prevedere *v.tr.* voraus-sehen (sah voraus, vorausgesehen).

prevenire *v.tr.* vor-beugen.

preventivo *agg.* vorbeugend.

prevenuto *agg.* voreingenommen.

prevenzione *s.f.* 1 Vorbeugung (-, -en) *s.f.* 2 (*pregiudizio*) Voreingenommenheit (-/.) *s.f.*

previdente *agg.* vorausschauend, vorsichtig.

previdenza *s.f.* 1 Voraussicht (-/.) *s.f.* 2 (*ente*) Fürsorge (-/.) *s.f.*

previsione *s.f.* Voraussage (-,-en) *s.f.*

prezioso *agg.* kostbar, wertvoll.

prezzemolo *s.m.* Petersilie (-/.) *s.f.*

prezzo *s.m.* Preis (-es,-e) *s.m.*

prigione *s.f.* Gefängnis (-ses,-se) *s.n.*

prigioniero *agg.* gefangen.

prima¹ *avv.* 1 (*in precedenza*) früher; (*prima di ciò*) davor 2 (*più presto*) schneller 3 (*in anticipo*) im voraus 4 (*stato in luogo, davanti*) davor 5

(*stato in luogo, più sopra*) vorig 6 (*in primo luogo*) zuerst, erstens.
prima² *s.f.* (*teatr.*) Erstaufführung (-, -en) *s.f.*
primario *agg.* 1 primär 2 (*essenziale*) wesentlich ♦ *s.m.* Chefarzt (-es,-ärzte) *s.m.*
primatista *s.m.* (*sport*) Rekordhalter (-s,-) *s.m.*
primato *s.m.* 1 (*supremazia*) Primat (-s,-e) *s.m./n.* 2 (*miglior risultato*) Spitzenleistung (-,-en) *s.f.*
primavera *s.f.* Frühling (-s,-e) *s.m.*
primaverile *agg.* Frühlings..., frühlingshaft.
primitivo *agg.* primitiv, Ur...
primizia *s.f.* (*di frutta*) Frühobst (-es/.) *s.n.*; (*di ortaggi*) Frühgemüse (-s/.) *s.n.*
primogenito *agg.* erstgeboren.
primula *s.f.* (*bot.*) Primel (-,-n) *s.f.*
principale *agg.* Haupt..., hauptsächlich.
principe *s.m.* Fürst (-en,-en) *s.m.*
principiante *s.m.* Anfänger (-s,-) *s.m.*
principio *s.m.* 1 Anfang (-s,-fänge) *s.m.* 2 (*fondamento*) Grundsatz (-es, -sätze) *s.m.*
priorità *s.f.* Priorität (-,-en) *s.f.*
privare *v.tr.* berauben.
privatizzare *v.tr.* privatisieren.
privato *agg.* privat, Privat...
privazione *s.f.* Entzug (-s,-züge) *s.m.*
privilegiare *v.tr.* bevorzugen.
privilegiato *agg.* privilegiert, bevorzugt.
privilegio *s.m.* Privileg (-s,-ien) *s.n.*
privo *agg.* ohne (*acc.*).
probabile *agg.* wahrscheinlich.
problema *s.m.* Problem (-s,-e) *s.n.*; Aufgabe (-,-n) *s.f.*

proboscide *s.f.* Rüssel (-s,-) *s.m.*
procedere *v.intr.* 1 (*avanzare*) vor·gehen (ging vor, vorgegangen) 2 (*progredire*) voran·gehen (ging voran, vorangegangen).
procedimento *s.m.* 1 Vorgang (-s, -gänge) *s.m.* 2 (*dir.*) Verfahren (-s,-) *s.n.*
processare *v.tr.* prozessieren.
processione *s.f.* (*relig.*) Prozession (-, -en) *s.f.*
processo *s.m.* Prozeß (-zesses,-zesse) *s.m.*
proclamare *v.tr.* 1 proklamieren 2 (*dichiarare*) erklären.
procura *s.f.* Vollmacht (-,-en) *s.f.*
procurare *v.tr.* 1 verschaffen 2 (*causare*) zu·fügen.
procuratore *s.m.* 1 Bevollmächtigte (-n,-n) *s.m.* 2 (*dir.*) Staatsanwalt (-s, -wälte) *s.m.*
prodezza *s.f.* 1 Tapferkeit (-/.) *s.f.* 2 Heldentat (-,-en) *s.f.*
prodigare *v.tr.* 1 (*spendere*) verschwenden 2 (*fig.*) (*distribuire*) spenden.
prodigio *s.m.* Wunder (-s,-) *s.n.*
prodigo *agg.* 1 verschwenderisch 2 großzügig.
prodotto *s.m.* Produkt (-es,-e) *s.n.*
produrre *v.tr.* 1 produzieren 2 (*creare*) schaffen (schuf, geschaffen) 3 (*causare*) verursachen.
produttivo *agg.* fruchtbar, produktiv; Produktions...
produttore *agg.* Herstellungs...
produzione *s.f.* Produktion (-,-en) *s.f.*; Erzeugung (-,-en) *s.f.*; (*fabbricazione*) Herstellung (-,-en) *s.f.*
profano *agg.* 1 weltlich 2 (*incompetente*) laienhaft.

professionale *agg.* Berufs..., professionell.

professionalità *s.f.* Sachkenntnis (-,-e) *s.f.*

professione *s.f.* **1** Beruf (-es,-e) *s.m.* **2** (*relig.*) Bekenntnis (-ses,-se) *s.n.*

professionista *s.m.* Berufstätige (-n, -n) *s.m.*

professore *s.m.* **1** Lehrer (-s,-) *s.m.* **2** (*di università*) Professor (-s,-en) *s.m.*

profeta *s.m.* Prophet (-en,-en) *s.m.*

profezia *s.f.* Prophezeihung (-,-en) *s.f.*

profilarsi *v.pron.* sich ab·zeichnen.

profilattico *agg.* Präservativ (-s,-e) *s.n.*

profilo *s.m.* **1** Profil (-s,-e) *s.n.* **2** (*linea*) Kontur (-,-en) *s.f.* **3** (*fig.*) Porträt (-s,-s) *s.n.*

profitto *s.m.* Gewinn (-es,-e) *s.m.*

profondità *s.f.* Tiefe (-,-n) *s.f.*

profondo *agg.* tief.

profugo *agg.* flüchtig ♦ *s.m.* Flüchtling (-s,-e) *s.m.*

profumare *v.tr.* parfümieren ♦ *v.intr.* duften.

profumato *agg.* duftend, wohlriechend.

profumeria *s.f.* Parfümerie (-,-n) *s.f.*

profumo *s.m.* **1** Duft (-es, Düfte) *s.m.* **2** (*essenza*) Parfüm (-s,-s) *s.n.*

progettare *v.tr.* **1** planen **2** (*tecn.*) entwerfen (entwarf, entworfen).

progettista *s.m.* Planer (-s,-) *s.m.*

progetto *s.m.* **1** Plan (-es, Pläne) *s.m.* **2** (*tecn.*) Entwurf (-s,-würfe) *s.m.*, Projekt (-es,-e) *s.n.*

prognosi *s.f.* (*med.*) Prognose (-,-n) *s.f.*

programma *s.m.* Programm (-s,-e) *s.n.*

programmare *v.tr.* **1** planen **2** (*tv/radio*) aufs Programm setzen **3** (*inform.*) programmieren.

programmazione *s.f.* **1** Wirtschaftsplanung (-,-en) *s.f.* **2** (*inform.*) Programmierung (-,-en) *s.f.*

progredire *v.intr.* fort·schreiten (schritt fort, fortgeschritten).

progressista *agg.* fortschrittlich, progressiv.

progresso *s.m.* Fortschritt (-s,-e) *s.m.*

proibire *v.tr.* verbieten (verbot, verboten), untersagen.

proibitivo *agg.* Verbots...

proibizione *s.f.* Verbot (-s,-e) *s.n.*

proiettare *v.tr.* projizieren.

proiettile *s.m.* Geschoß (-schosses, -schosse) *s.n.*, Kugel (-,-n) *s.f.*

proiettore *s.m.* Projektor (-s,-en) *s.m.*

proiezione *s.f.* **1** (*film*) Vorführung (-,-en) *s.f.* **2** (*geom.*) Projektion (-, -en) *s.f.*

prole *s.f.* Nachwuchs (-es/,-) *s.m.*, Kinder *s.pl.*

proletario *agg.* proletarisch ♦ *s.m.* Proletarier (-s,-) *s.m.*

proliferare *v.intr.* **1** (*biol.*) wuchern **2** (*fig.*) sich vermehren.

prolifico *agg.* fruchtbar.

prolisso *agg.* weitschweifig, langatmig.

prolunga *s.f.* **1** Verlängerung (-,-en) *s.f.* **2** (*elettr.*) Verlängerungsschnur (-, -schnüre) *s.f.*

prolungare *v.tr.* verlängern.

promemoria *s.m.* Merkzettel (-s,-) *s.m.*

promessa *s.f.* **1** Versprechen (-s,-) *s.n.* **2** (*fig.*) Hoffnung (-,-en) *s.f.*

promettere *v.tr.* versprechen (versprach, versprochen).

promiscuità *s.f.* Vermischung (-,-en) *s.f.*

promiscuo *agg.* gemischt.

promontorio *s.m.* Kap (-s,-s) *s.n.*

promotore agg. Förderungs...
promozionale agg. Werbe...
promozione s.f. 1 (*avanzamento*) Beförderung (-,-en) s.f. 2 (*scuola*) Versetzung (-,-en) s.f. 3 (*sport*) Aufstieg (-s,-e) s.m.
promuovere v.tr. 1 fördern 2 (*scuola*) versetzen
pronome s.m. Pronomen (-s,-) s.n.
pronostico s.m. Voraussage (-,-n) s.f.
pronto agg. 1 fertig 2 (*disposto*) bereit 3 (*immediato*) sofortig.
pronuncia s.f. Aussprache (-,-n) s.f.
pronunciare v.tr. aus·sprechen (sprach aus, ausgesprochen).
propaganda s.f. Propaganda (-/.) s.f.
propagare v.tr. verbreiten.
propellente s.m. Treibstoff (-s,-e) s.m.
propenso agg. geneigt.
propizio agg. günstig.
proponimento s.m. Vorsatz (-es,-sätze) s.m.
proporre v.tr. 1 vor·schlagen (schlug vor, vorgeschlagen) 2 (*presentare*) auf·werfen (warf auf, aufgeworfen).
proporzionale agg. 1 proportional 2 (*corrispondente*) entsprechend 2 (*pol.*) Verhältnis...
proporzionato agg. 1 entsprechend 2 (*armonico*) gut proportioniert.
proporzione s.f. Proportion (-,-en) s.f.
proposito s.m. 1 (*intenzione*) Absicht (-,-en) s.f. 2 (*argomento*) Thema (-s, -men) s.n.
proposizione s.f. Satz (-es, Sätze) s.m.
proposta s.f. Vorschlag (-s,-schläge) s.m.
proprietà s.f. 1 Besitz (-es,-e) s.m. 2 (*dir.*) Eigentum (-s,-tümer) s.m.
proprietario s.m. Besitzer (-s,-) s.m.

proprio agg. 1 eigen, eigentümlich 2 eigentlich, wirklich.
prora s.f. Bug (-s,-e) s.m.
proroga s.f. Fristverlängerung (-,-en) s.f.
prorogare v.tr. verlängern.
prosa s.f. Prosa (-/.) s.f.
prosaico agg. prosaisch.
prosciutto s.m. Schinken (-s,-) s.m.
proseguire v.tr. fort·setzen ♦ v.intr. weiter·gehen (ging weiter, weitergegangen).
prosperare v.intr. gedeihen (gedieh, gediehen), blühen.
prospettare v.tr. in Aussicht stellen.
prospettiva s.f. 1 Perspektive (-,-n) s.f. 2 (*fig.*) Aussicht (-,-en) s.f.
prospetto s.m. 1 Vorderseite (-,-n) s.f. 2 (*disegno*) Aufriß (-risses,-risse) s.m. 3 (*tabella*) Übersicht (-,-en) s.f.
prossimo agg. 1 (*tempo*) nächst, kommend 2 (*stato in luogo*) nächst 3 (*molto vicino*) nah, fast an.
prostituta s.f. Prostituierte (n, n) s.f.
protagonista s.m. Hauptfigur (-,-en) s.f.
proteggere v.tr. 1 schützen 2 (*fig.*) protegieren 3 (*favorire*) fördern.
proteina s.f. (*biol.*) Protein (-s,-e) s.n.
protesta s.f. Protest (-s,-e) s.m.
protestante agg. evangelisch.
protestare v.tr. e intr. protestieren.
protesto s.m. Protest (-s,-e) s.m.
protettivo agg. Schutz...
protettore s.m. 1 Beschützer (-s,-) s.m. 2 (*di prostituta*) Zuhälter (-s,-) s.m.
protezione s.f. 1 Schutz (-es/.) s.m. 2 (*inform.*) Sicherung (-,-en) s.f.
protocollo s.m. Protokoll (-s,-e) s.n.

prototipo *s.m.* Prototyp (-s,-en) *s.m.*
protuberanza *s.f.* Auswuchs (-es, -wüchse) *s.m.*
prova *s.f.* 1 Probe (-,-n) *s.f.* 2 (*esame*) Prüfung (-,-en) *s.f.* 3 (*dimostrazione*) Beweis (-es,-e) *s.m.* 4 (*tentativo*) Probe (-,-n) *s.f.*
provare *v.tr.* 1 proben 2 (*tentare*) versuchen 3 (*dimostrare*) beweisen (bewies, bewiesen) 4 (*di sentimento*) empfinden (empfand, empfunden).
provato *agg.* 1 (*afflaticato*) erschöpft 2 (*dimostrato*) bewiesen.
provenienza *s.f.* Herkunft (-/.) *s.f.*
provenire *v.intr.* 1 her-kommen (kam her, hergekommen) 2 (*derivare*) stammen.
proverbio *s.m.* Sprichwort (-s,-wörter) *s.n.*
provetta *s.f.* Reagenzglas (-es,-gläser) *s.n.*
provetto *agg.* erfahren, bewandert.
provincia *s.f.* Provinz (-,-en) *s.f.*
provinciale *agg.* Provinz..., Land...; provinziell.
provino *s.m.* 1 (*film/tv*) Probeaufnahme (-,-n) *s.f.* 2 (*campione*) Probestück (-s,-e) *s.n.*
provocare *v.tr.* 1 (*causare*) verursachen 2 (*suscitare*) aus-lösen.
provvedere *v.intr.* sich kümmern (um) ♦ *v.intr.* versehen (versah, versehen) (mit), aus-statten (mit).
provvedimento *s.m.* Maßnahme (-,-n) *s.f.*
provvidenza *s.f.* 1 (*teol.*) Vorsehung (-/.) *s.f.* 2 Segen (-s/.) *s.m.*
provvigione *s.f.* (*comm.*) Provision (-, -en) *s.f.*
provvisorio *agg.* vorläufig, provisorisch.

provvista *s.f.* Vorrat (-s,-räte) *s.m.*
prua *s.f.* (*mar.*) Bug (-s,-e) *s.m.*, Vorschiff (-es,-e) *s.n.*
prudente *agg.* vorsichtig; (*saggio*) klug, überlegt.
prudenza *s.f.* 1 Vorsicht (-/.) *s.f.* 2 (*teol.*) Besonnenheit (-/.) *s.f.*
prudere *v.intr.* jucken.
prugna *s.f.* Pflaume (-,-n) *s.f.*
prurito *s.m.* Jucken (-s/.) *s.n.*
pseudonimo *s.m.* Deckname (-ns,-n) *s.m.*
psiche (*psic.*) Psyche (-,-n) *s.f.*
psichedelico *agg.* psychedelisch.
psichiatra *s.m.* Psychiater (-s,-) *s.m.*
psichico *agg.* psychisch, Seelen...
psicoanalisi *s.f.* Psychoanalyse (-,-n) *s.f.*
psicoanalista *s.m.* Psychoanalytiker (-s,-) *s.m.*
psicofarmaco *s.m.* Psychopharmakon (-s,-ka) *s.n.*
psicologia *s.f.* Psychologie (-/.) *s.f.*
psicologo *s.m.* Psychologe (-n,-n) *s.m.*
psicosi *s.f.* Psychose (-,-n) *s.f.*
psicosomatico *agg.* psychosomatisch.
pubblicare *v.tr.* veröffentlichen.
pubblicazione *s.f.* Veröffentlichung (-,-en) *s.f.*
pubblicista *s.m.* freier Mitarbeiter (-s, -) *s.m.* (an Zeitungen).
pubblicità *s.f.* Werbung (-,-en) *s.f.*, Reklame (-,-n) *s.f.*
pubblicitario *agg.* Werbe...
pubblico *agg.* öffentlich.
pudico *agg.* 1 schamhaft; verschämt 2 (*risevato*) zurückhaltend.
pudore *s.m.* Scham (-/.) *s.f.*
puerile *agg.* Kindes..., Kinder..., kindlich.
pugilato *s.m.* Boxen (-s/.) *s.n.*

pugile s.m. Boxer (-s,-) s.m.
pugnalare v.tr. erstechen (erstach, erstochen).
pugnale s.m. Dolch (-s,-e) s.m.
pugno s.m. 1 Faust (-, Fäuste) s.f. 2 (manciata) Handvoll (-/.) s.f.
pulce s.f. Floh (-s, Flöhe) s.m.
pulcino s.m. 1 Küken (-s,-) s.n. 2 (sport) Jungspieler (-s,-) s.m.
puledro s.m. Fohlen (-s,-) s.n.
pulire v.tr. putzen.
pulito agg. sauber.
pulizia s.f. Reinigung (-/.) s.f.
pullman s.m. Autobus (-ses,-se) s.m.
pullulare v.intr. wimmeln (von).
pulpito s.m. Kanzel (-,-n) s.f.
pulsante s.m. Knopf (-es, Knöpfe) s.m.
pulsare v.intr. pulsieren.
pulsazione s.f. Pulsschlag (-s,-schläge) s.m.
pulviscolo s.m. Staub (-es/.) s.m.
pungente agg. 1 stechend 2 (acuto) beißend 3 (fig.) bissig.
pungere v.tr. stechen (stach, gestochen).
pungiglione s.m. Stachel (-,-n) s.m.
pungolo s.m. Stachel (-s,-) s.m. (anche fig.).
punire v.tr. bestrafen.
punizione s.f. 1 Strafe (-,-n) s.f. 2 calcio di –, Freistoß (-es,-stöße) s.m.
punta s.f. 1 Spitze (-,-n) s.f. 2 (sport) Angriffsspieler (-s,-) s.m.
puntare v.tr. 1 stemmen (dito/arma) (su) richten (auf +acc.) 3 (scommettere) (su) setzen (auf +acc.) ♦ v.intr. 1 zu-steuern (auf +acc.) 2 (mirare) streben (nach).
puntata¹ s.f. 1 (mil.) Vorstoß (-es, -stöße) s.m. 2 (somma) Einsatz (-es, -sätze) s.m.

puntata² s.f. Fortsetzung (-,-en) s.f.
punteggio s.m. Punktzahl (-,-en) s.f.
puntellare v.tr. (ab-)stützen.
punteruolo s.m. Ahle (-,-n) s.f.
puntiglio s.m. Starrsinn (-s/.) s.m.
puntina s.f. 1 Reißnagel (-s,-nägel) s.m. 2 (di giradischi) Nadel (-,-n) s.f.
puntino s.m. Tüpfchen (-s,-) s.n.
punto s.m. 1 Punkt (-es,-e) s.m. 2 (di discorso) Stelle (-,-n) s.f. 3 (tempo) Augenblick (-s,-e) s.m. 4 (cucito) Stich (-s,-e) s.m.
puntuale agg. 1 pünktlich 2 (esatto) genau.
puntura s.f. 1 Stich (-s,-e) s.m. 2 (fam.) Spritze (-,-n) s.f.
punzecchiare v.tr. sticheln.
pupazzo s.m. Puppe (-,-n) s.f.
pupilla s.f. 1 (anat.) Pupille (-,-n) s.f. 2 Augapfel (-s,-äpfel) s.m.
purché cong. nur wenn.
purè s.m. Püree (-s,-s) s.n.
purga s.f. Abführmittel (-s,-) s.n.
purgare v.tr. (med./tecn.) reinigen, säubern.
purgatorio s.m. Fegefeuer (-s/.) s.n.
purificare v.tr. reinigen, läutern.
puritano agg. 1 puritanisch 2 (fig.) sittenstreng.
puro agg. rein.
purosangue agg. vollblütig.
purtroppo avv. leider.
putiferio s.m. Affentheater (-s,-) s.n., Krawall (-s/.) s.m.
putrido agg. verwest, verfallen.
puttana s.f. Nutte (-,-n) s.f., Hure (-,-n) s.f.
puzza s.f. Gestank (-s/.) s.m.
puzzare v.intr. (di) stinken (stank, gestunken) (nach).
puzzola s.f. (zool.) Stinktier (-es,-e) s.n.

Q

qua *avv.* 1 (*stato in luogo*) hier, da 2 (*moto a/da luogo*) hierhin; hierher.
quaderno *s.m.* Heft (-es,-e) *s.n.*
quadrato *agg.* quadratisch ♦ *s.m.* Quadrat (-es,-e) *s.n.*
quadrettato *agg.* kariert.
quadrifoglio *s.m.* Glücksklee (-s,-s) *s.m.*
quadro *s.m.* 1 Bild (-es,-er) *s.n.* 2 (*descrizione*) Beschreibung (-,-en) *s.f.* 3 (*schema*) Tabelle (-,-n) *s.f.* 4 (*pl.*) Führungskräfte *s.pl.*
quaggiù *avv.* 1 (*stato in luogo*) hier unten 2 (*moto a luogo*) hier herunter.
quaglia *s.f.* Wachtel (-,-n) *s.f.*
qualche *agg.indef.m. e f.* 1 (*alcuni*) einige 2 (*pochi*) wenige 3 (*un po'*) etwas 4 (*uno qualsiasi*) irgend...
qualcosa *pron.indef.* etwas.
qualcuno *pron.indef.* 1 (*riferito a persone*) jemand 2 (*riferito a cose*) eines
quale *agg.* 1 (*interr.*) welcher, was für ein 2 (*escl.*) welch.. 3 (*come*) wie ♦ *pron.* 1 (*interr.*) welcher, was für einer 2 (*rel.*) der ♦ *avv.* (*in qualità di*) als.
qualifica *s.f.* 1 Bezeichnung (-,-en) *s.f.* 2 (*titolo*) Titel (-s,-) *s.m.* 3 (*doti professionali*) Qualifikation (-,-en) *s.f.*
qualificare *v.tr.* 1 bezeichnen 2 (*determinare*) kennzeichnen 3 (*professionalmente*) ausbilden ♦ **qualificarsi** *v. pron.* 1 (*dare la generalità*) sich ausweisen (wies aus, ausgewiesen) 2 (*sport*) sich qualifizieren.
qualità *s.f.* Qualität (-,-en) *s.f.*
qualora *cong.* falls.
qualsiasi *agg.* 1 (*indef.*) irgendein, jeder; beliebig 2 (*rel.*) was auch immer.
quando *avv.* (*interr.*) wann ♦ *cong.* 1 (*una volta nel passato*) als 2 (*sempre nel passato*) wenn 3 (*nel presente o futuro*) wenn 4 (*con valore avversativo*) während ♦ **da** – *locuz.cong.* seitdem.
quantificare *v.tr.* fest-legen.
quantità *s.f.* Menge (-,-n) *s.f.*
quanto *agg.* 1 (*interr.*) wieviel; (*pl.*) wie viele 2 (*rel.*) soviel...wie ♦ *pron.* 1 wieviel; (*pl.*) wie viele 2 (*rel.*) das, was; alle, die ♦ *avv.* 1 (*interr.*) wieviel, wie (+*agg. o avv.*) 2 (*nella misura in cui*) soviel...wie 3 (*correlato a "tanto"*) sowohl...als auch.
quantomeno *avv.* wenigstens.
quantunque *cong.* obwohl, wenn auch.
quaresima *s.f.* Fastenzeit (-,-en) *s.f.*
quartiere *s.m.* 1 Viertel (-s,-) *s.n.* 2 (*mil.*) Quartier (-s,-e) *s.n.*
quarzo *s.m.* (*min.*) Quarz (-es,-e) *s.m.*
quasi *avv.* fast, beinahe ♦ *cong.* (*come se*) als ob.
quassù *avv.* 1 (*stato in luogo*) hier oben 2 (*moto a luogo*) nach oben.
quattrino *s.m.* 1 Heller (-s,-) *s.m.*, Pfennig (-s,-e) *s.m.* 2 (*pl.*) Geld (-es/.) *s.n.*
quello *agg.dim.* jener, der ♦ *pron.dim.* der, die, das.
quercia *s.f.* Eiche (-,-n) *s.f.*
querela *s.f.* Klage (-/.) *s.f.*, Strafantrag (-,-anträge) *s.m.*
querelare *v.tr.* (*dir.*) verklagen.
quesito *s.m.* Frage (-,-n) *s.f.*
questionario *s.m.* Fragebogen (-,-bögen) *s.m.*
questione *s.f.* 1 Problem (-s,-e) *s.n.*, Angelegenheit (-,-en) *s.f.* 2 Frage (-/.) *s.f.* ♦ **è** – **di tempo**, es ist eine Frage der Zeit 3 (*discussione*) Auseinandersetzung (-,-en) *s.f.*, Diskussion (-,-en) *s.f.*

questo *agg.dim.* dieser, der ♦ *pron.dim.* dieser, der.
questore *s.m.* Polizeipräsident (-en, -en) *s.m.*
questura *s.f.* Polizeipräsidium (-s, -dien) *s.n.*
qui *avv.* **1** (*stato in luogo*) hier, da **2** (*moto a luogo*) hierher, her.
quiete *s.f.* Ruhe (-/.) *s.f.*, Stille (-/.) *s.f.*
quieto *agg.* ruhig; friedlich.
quindi *cong.* daher, folglich ♦ *avv.* dann, danach.
quintale *s.m.* Doppelzentner (-s,-) *s.m.*
quota *s.f.* **1** Quote (-,-n) *s.f.* **2** (*altezza*) Höhe (-,-n) *s.f.*
quotato *agg.* (*Borsa*) notiert.
quotazione *s.f.* **1** (*econ.*) Quotation (-,-en) *s.f.* **2** (*fig.*) Ansehen (-s/.) *s.n.*
quotidianamente *avv.* täglich.
quotidiano *agg.* täglich, Tages-... ♦ *s.m.* Tageszeitung (-,-en) *s.f.*
quoziente *s.m.* Quotient (-en,-en) *s.m.*

R

rabarbaro *s.m.* Rhabarber (-s,-) *s.m.*
rabbia *s.f.* **1** Wut (-/.) *s.f.* **2** (*med.*) Tollwut (-/.) *s.f.*
rabbino *s.m.* Rabbiner (-s,-) *s.m.*
rabbioso *agg.* **1** verärgert, zornig **2** (*med.*) tollwütig.
rabbrividire *v.intr.* schaudern.
raccapricciante *agg.* grauenhaft.
raccapriccio *s.m.* Schaudern (-s/.) *s.n.*
racchetta *s.f.* **1** (*da tennis*) Tennisschläger (-s,-) *s.m.* **2** (*da sci*) Skistock (-s,-stöcke) *s.m.*
racchiudere *v.tr.* **1** ein-schließen (schloß ein, eingeschlossen) **2** (*contenere*) enthalten (enthielt, enthalten).
raccogliere *v.tr.* **1** auf-heben (hob auf, aufgehoben) **2** (*prodotti della terra*) ernten, sammeln, pflücken **3** (*fig.*) (*radunare*) sammeln ♦ **raccogliersi** *v. pron.* **1** (*riunirsi*) sich versammeln **2** (*meditare*) sich sammeln.
raccoglimento *s.m.* Andacht (-/.) *s.f.* | *un minuto di –,* eine Schweigeminute (-,-n) *s.f.*
raccoglitore *s.m.* Ordner (-s,-) *s.m.*
raccolta *s.f.* **1** Sammlung (-,-en) *s.f.* **2** (*agr.*) Ernte (-,-n) *s.f.* **3** (*adunata*) Versammlung (-,-en) *s.f.*
raccolto *agg.* **1** (*assorto*) gesammelt **2** (*rannicchiato*) zusammengekauert **3** (*di capelli*) zusammengebunden **4** (*tranquillo*) behaglich.
raccomandabile *agg.* **1** empfehlenswert **2** (*affidabile*) vertrauenserweckend.
raccomandare *v.tr.* empfehlen (empfahl, empfohlen).
raccomandata *s.f.* Einschreiben (-s,-) *s.n.;* (*austr.*) rekommandierter Brief (-es,-e) *s.m.*
raccontare *v.tr.* erzählen.
racconto *s.m.* Erzählung (-,-en) *s.f.,* Geschichte (-,-n) *s.f.*
raccordo *s.m.* **1** (*circolazione*) Zubringer (-s,-) *s.m.* **2** (*tecn.*) Verbindungsstück (-s,-e) *s.n.*
racimolare *v.tr.* zusammen-kratzen.
raddoppiare *v.tr.* verdoppeln.
raddrizzare *v.tr.* **1** gerade-biegen (bog gerade, geradegebogen) **2** zurechtbiegen (bog zurecht, zurechtgebogen).
radente *agg.* streifend | (*aereo*) *volo –,* Tiefflug (-es,-flüge) *s.m.*
radere *v.tr.* **1** rasieren **2** (*distruggere*) dem Erdboden gleich-machen ♦ **radersi**

radiante agg. strahlend, Strahlungs...
radiare v.tr. (amm.) aus·schließen (schloß aus, ausgeschlossen).
radiatore s.m. 1 (auto) Kühler (-s,-) s.m. 2 (calorifero) Heizkörper (-s,-) s.m.
radica s.f. Wurzelholz (-es,-hölzer) s.n.
radicale agg. 1 (bot.) Wurzel... 2 (fig.) radikal (anche pol.) ♦ s.m. 1 (pol.) Radikale (-n,-n) s.m. 2 (chim.) Radikal (-s,-e) s.n.
radicato agg. verwurzelt (anche fig.).
radicchio s.m. Radicchio (-s/.) s.m.
radice s.f. 1 Wurzel (-,-n) s.f. 2 (lingua) Stamm (-es, Stämme) s.m.
radio¹ s.f. Rundfunk (-s/.) s.m., Radio (-s,-s) s.n. ♦ via – *locuz.avv.* über Funk.
radio² s.m. (chim.) Radium (-s/.) s.n.
radioamatore s.m. Funkamateur (-s, -e) s.m.
radioattivo agg. radioaktiv.
radiocomandato agg. ferngesteuert.
radiocronaca s.f. Rundfunkbericht (-es,-e) s.m.
radiofonico agg. Rundfunk..., Radio...: *programma* –, Rundfunkprogramm (-es,-e) s.n.
radiografia s.f. 1 (med.) Röntgenaufnahme (-,-n) s.f. 2 (fig.) Analyse (-,-n) s.f.
radiologo s.m. Radiologe (-n,-n) s.m.
radioricevitore s.m. Funkempfänger (-s,-) s.m.
radioso agg. strahlend.
radiospia s.f. Abhörwanze (-,-n) s.f.
radiosveglia s.f. Radiowecker (-s,-) s.m.
rado agg. 1 (non fitto) schütter, licht 2 (raro) selten 3 (di tessuto) grobmaschig.

radunare v.tr. 1 (di persone) versammeln; (di animali) zusammen·treiben (trieb zusammen, zusammengetrieben) 2 (di cose) an·sammeln ♦ **radunarsi** v.pron. sich versammeln.
raduno s.m. Treffen (-s,-) s.n.
rafferno agg. altbacken.
raffica s.f. 1 Bö (-,-en) s.f. 2 (di mitra) Garbe (-,-n) s.f. 3 (fig.) Hagel (-s/.) s.m.
raffigurare v.tr. 1 dar·stellen 2 (simboleggiare) symbolisieren.
raffinatezza s.f. Feinheit (-,-en) s.f.
raffinato agg. 1 raffiniert 2 (ricercato) erlesen, raffiniert.
raffineria s.f. Raffinerie (-,-n) s.f.
rafforzare v.tr. 1 verstärken 2 (fig.) stärken ♦ **rafforzarsi** v.pron. stärker werden.
raffreddare v.tr. (ab·)kühlen (anche fig.).
raffreddore s.m. Erkältung (-,-en) s.f., Schnupfen (-s/.) s.m. | – *da fieno*, Heuschnupfen (-s,-) s.m.
ragazza s.f. 1 Mädchen (-s,-) s.n. 2 (fam.) (fidanzata) Freundin (-,-nnen) s.f.
ragazzata s.f. Dummejungenstreich (-s,-e) s.m.
ragazzo s.m. 1 Junge (-n,-n) s.m. 2 (fam.) (fidanzato) Freund (-es,-e) s.m. 3 (pl.) (matche) Jugendlichen (n) s.pl.
raggiante agg. strahlend.
raggiera s.f. Strahlenkranz (-es,-kränze) s.m.
raggio s.m. 1 Strahl (-s,-en) s.m. (anche fig.) 2 (mat.) Radius (-,-ien) s.m. 3 (ambito) Umkreis (-,-) s.m. | *a largo* –, (fig.) weitreichend 4 (di ruota) Speiche (-,-n) s.f.
raggirare v.tr. hintergehen (hinterging, hintergangen).

raggiungere v.tr. 1 erreichen 2 (*prendere*) ein·holen.
raggomitolato agg. zusammengekauert.
raggrinzito agg. runzlig.
raggruppare v.tr. gruppieren ♦ **raggrupparsi** v.pron. sich gruppieren.
ragguaglio s.m. 1 Vergleich (-s,-e) s.m. 2 (*informazione*) Information (-, -en) s.f.
ragguardevole agg. 1 ansehnlich 2 (*di persona*) angesehen.
ragionamento s.m. 1 Gedankengang (-es,-gänge) s.m. 2 Argumentation (-, -en) s.f.
ragionare v.intr. 1 denken (dachte, gedacht) 2 (*riflettere*) (*su*) nach·denken (dachte nach, nachgedacht) (über +*acc.*) 3 (*scambiare opinioni*) vernünftig reden.
ragione s.f. 1 Vernunft (-/-) s.f., Verstand (-es/-) s.m. 2 Recht (-es/-) s.n. 3 (*causa, motivo*) Grund (-es, Gründe) s.m., Ursache (-,-n) s.f. 4 (*comm.*) — *sociale*, Unternehmensform (-,-en) s.f.
ragionevole agg. 1 vernünftig 2 (*di prezzo ecc.*) angemessen.
ragioniere s.m. Buchhalter (-s,-) s.m.
ragliare v.intr. iahen.
ragnatela s.f. Spinngewebe (-s,-) s.n.
ragno s.m. Spinne (-,-n) s.f.
ragù s.m. Ragout (-s,-s) s.n.
rallegrare v.tr. erfreuen ♦ **rallegrarsi** v.pron. 1 (*di*) sich erfreuen (an +*acc.*) 2 (*congratularsi*) (*per*) gratulieren (zu).
rallentare v.tr. verlangsamen ♦ v.intr. (*di veicolo*) ab·bremsen.
rallentatore s.m. Zeitlupe (-,-) s.f. | *al* —, im Zeitlupentempo.
ramarro s.m. (*zool.*) Smaragdeidechse (-,-i) s.f.

rame s.m. Kupfer (-s/-) s.n. ♦ agg.: *color* —, kupferrot.
ramificarsi v.pron. sich verzweigen.
ramino s.m. Rommé (-s,-s) s.n.
rammaricarsi v.pron. (*di/per*) bedauern (+*acc.*).
rammendare v.tr. stopfen.
ramo s.m. 1 Ast (-es, Äste) s.m. 2 Zweig (-es,-e) s.m.
rampa s.f. 1 (*di scala*) Treppe (-, -en) s.f. 2 Rampe (-,-n) s.f. | — *di lancio*, Abschußrampe (-,-n) s.f.
rampante agg. (*fig.*) ehrgeizig.
rampicante agg. (*pianta*) Kletterpflanze (-,-n) s.f.
rana s.f. 1 Frosch (-es, Frösche) s.m. 2 (*nuoto*) Brustschwimmen (-s/-) s.n.
rancido agg. ranzig.
rancore s.m. Groll (-s/-) s.m. | *senza* —!, nichts für ungut!
randagio agg. streunend.
rango s.m. 1 (*mil.*) Reihe (-,-n) s.f. 2 (*ceto sociale*) Stand (-es/-) s.m., Rang (-es, Ränge) s.m.
rannicchiarsi v.pron. sich kauern.
rannuvolarsi v.pron. 1 sich bewölken 2 (*fig.*) sich verfinstern.
rantolare v.intr. röcheln.
rapa s.f. Rübe (-,-n) s.f.
rapace agg. Raub...: *uccelli* -*i*, Raubvögel s.pl.
rapido agg. schnell, rasch.
rapimento s.m. 1 Entführung (-,-en) s.f. 2 (*estasi*) Verzückung (-/-) s.f.
rapina s.f. Raubüberfall (-s,-fälle) s.m.
rapinare v.tr. aus·rauben.
rapire v.tr. entführen.
rappezzare v.tr. zusammen·flicken.
rapportare v.tr. (*a*) in ein Verhältnis setzen (mit).
rapporto s.m. 1 Verhältnis (-ses,-se)

rappresaglia s.n., Beziehung (-,-en) s.f. 2 (*connessione*) Zusammenhang (-s,-hänge) s.m. 3 (*resoconto*) Bericht (-es,-e) s.m. 4 (*mil.*) Rapport (-es,-e) s.m. 5 (*mat.*) Verhältnis (-ses,-se) s.n. 6 (*bicicletta*) Gang (-es, Gänge) s.m.

rappresaglia s.f. Vergeltungsmaßnahme (-,-n) s.f.

rappresentante s.m./f. Vertreter (-s,-) s.m. (f.-in,-innen)

rappresentanza s.f. Vertretung (-,-en) s.f.

rappresentare v.tr. 1 dar·stellen 2 (*agire per conto di altri*) vertreten (vertrat, vertreten) 3 (*teatr.*) auf·führen 4 (*simboleggiare*) symbolisieren 5 (*significare*) bedeuten.

rappresentativo agg. 1 darstellerisch 2 (*caratteristico*) typisch 3 (*pol.*) Repräsentativ...

rappresentazione s.f. 1 Darstellung (-,-en) s.f. 2 (*teatr.*) Aufführung (-,-en) s.f.

raptus s.m. (*psic.*) Raptus (-,-) s.m.

raramente avv. selten.

rarefatto agg. verdünnt.

rarità s.f. Rarität (-,-en) s.f.

raro agg. rar, selten.

rasare v.tr. rasieren ♦ **rasarsi** v.pron. sich rasieren.

raschiamento s.m. 1 Abkratzen (-s/,-) s.n. 2 (*med.*) Ausschabung (-,-en) s.f.

raschiare v.tr. 1 ab·kratzen 2 (*med.*) aus·schaben.

rasentare v.tr. 1 dicht entlang·gehen (ging entlang, entlanggegangen) 2 (*fig.*) grenzen (an +*acc.*)

rasente prep. 1 dicht an (+*dat.*) 2 (*fig.*) grenzen (an +*acc.*).

raso agg. 1 kurzhaarig 2 (*pieno*) randvoll.

rasoio s.m. Rasiermesser (-s,-) s.n. | *sul filo del –*, (*fig.*) auf des Messers Schneide.

rassegna s.f. 1 Schau (-,-en) s.f. 2 (*mostra*) Festival (-s,-s) s.n. 3 (*mil.*) Parade (-,-n) s.f. 4 Überprüfung (-,-en) s.f. | *passare in – qlco.*, (*fig.*) etwas Revue passieren lassen (ließ, lassen).

rassegnare v.tr. nieder·legen | – *le dimissioni*, kündigen ♦ **rassegnarsi** v.pron. resignieren.

rasserenare v.tr. auf·heitern.

rassicurante agg. beruhigend.

rassodante agg. straffend.

rastrellare v.tr. 1 harken 2 (*fig.*) durchkämmen.

rastrelliera s.f. Ständer (-s,-) s.m.

rastrello s.m. Harke (-,-n) s.f.

rata s.f. Rate (-,-n) s.f. ♦ **a rate** locuz. avv. ratenweise.

rateale agg. ratenweise, Raten-...

rateo s.m. (*comm.*) Betrag (-es,-träge) s.m.

ratificare v.tr. 1 (*dir.*) ratifizieren 2 bestätigen.

rattoppare v.tr. zusammen·flicken (*anche fig.*).

rattrappito agg. verkrampft.

rattristare v.tr. traurig machen, betrüben ♦ **rattristarsi** v.pron. traurig werden.

rauco agg. heiser.

ravvedersi v.pron. zur Einsicht kommen (kam, gekommen).

ravvisare v.tr. erkennen (erkannte, erkannt).

ravvivare v.tr. auf·frischen.

razionale agg. 1 vernünftig 2 (*funzionale*) rationell, zweckmäßig 3 (*mat.*) rational.

razionare v.tr. rationieren.

razione s.f. Ration (-,-en) s.f., Portion (-,-en) s.f.

razza *s.f.* 1 Rasse (-,-n) *s.f.* 2 *(tipo)* Sorte (-,-n) *s.f.* | *ma che – di uomo sei?*, was bist du nur für ein Mensch!

razzia *s.f.* 1 Beutezug (-es,-züge) *s.m.* 2 Dieberei (-,-en) *s.f.* | *far – di qlco.*, etwas stehlen (stahl, gestohlen).

razziale *agg.* Rassen...: *odio –*, Rassenhaß (-hasses-/.) *s.m.*

razzismo *s.m.* Rassismus (-/.) *s.m.*

razzo *s.m.* Rakete (-,-n) *s.f.*

re¹ *s.m.* König (-s,-e) *s.m.*

re² *s.m.* *(mus.)* D, d *s.n.*

reagire *v.intr.* *(a)* reagieren (auf +*acc.*) (anche chim.).

reale¹ *agg.* 1 *(concreto)* wirklich 2 *(mat.)* reell 3 *(econ.)* Real... 4 *(dir.)* dinglich ♦ *s.m.* Wirklichkeit (-,-en) *s.f.*

reale² *agg.* königlich, Königs... ♦ *s.m.pl.* Königspaar (-es,-e) *s.n.*

realismo *s.m.* Realismus (-,-men) *s.m.*

realistico *agg.* realistisch.

realizzare *v.tr.* 1 verwirklichen 2 *(comm.)* erzielen 3 *(sport)* erzielen 4 *(rendersi conto)* erfassen ♦ **realizzarsi** *v.pron.* sich verwirklichen.

realtà *s.f.* Wirklichkeit (-,-en) *s.f.*

reato *s.m.* *(dir.)* Straftat (-,-en) *s.f.*, Vergehen (-s,-) *s.n.*

reattore *s.m.* 1 *(aereo)* Düsenflugzeug (-es,-e) *s.n.* 2 *(motore)* Düsentriebwerk (-s,-e) *s.n.* 3 *(fis.)* Reaktor (-s,-en) *s.m.*

reazionario *agg.* reaktionär ♦ *s.m.* Reaktionär (-s,-e) *s.m.*

reazione *s.f.* Reaktion (-,-en) *s.f.*

recapitare *v.tr.* zu·stellen.

recapito *s.m.* 1 *(indirizzo)* Anschrift (-,-en) *s.f.* 2 *(consegna)* Zustellung (-,-en) *s.f.*

recarsi *v.pron.* sich begeben (begab, begeben).

recensione *s.f.* Rezension (-,-en) *s.f.*

recente *agg.* jüngst, letzt | *di –* neulich.

recidere *v.tr.* (ab·)schneiden (schnitt ab, abgeschnitten).

recidivo *agg.* rückfällig ♦ *s.m.* 1 *(med.)* rückfälliger Patient (-en,-en) *s.m.* 2 *(dir.)* Wiederholungstäter (-s,-) *s.m.*

recinto *s.m.* 1 *(per bambini)* Laufstall (-s,-ställe) *s.m.* 2 *(per animali)* Pferch (-s,-e) *s.m.*

recipiente *s.m.* Behälter (-s,-) *s.m.*

reciproco *agg.* gegenseitig.

reciso *agg.* 1 abgeschnitten | *fiori -i*, Schnittblumen *s.pl.* 2 *(risoluto)* entschieden.

recita *s.f.* Aufführung (-,-en) *s.f.*, Vorstellung (-,-en) *s.f.*

recitare *v.tr.* 1 *(a memoria)* auf·sagen 2 *(una parte)* spielen ♦ *v.intr.* 1 *(fingere)* schauspielern 2 *(affermare)* besagen.

reclamare *v.tr.* sich beschweren, reklamieren.

reclamo *s.m.* Beschwerde (-,-n) *s.f.*, Beanstandung (-,-en) *s.f.*

reclinabile *agg.* zurückklappbar.

reclusione *s.f.* Gefängnis *s.n.*

recluta *s.f.* 1 *(mil.)* Rekrut (-en,-en) *s.m.* 2 *(nuove leve)* Nachwuchs (-es/-.) *s.m.*

reclutare *v.tr.* 1 *(mil.)* ein·berufen (berief ein, einberufen) 2 rekrutieren.

recriminare *v.intr.* sich beklagen.

recuperare *v.tr.* 1 wieder·bekommen (bekam wieder, wiederbekommen) 2 *(fig.)* wieder·ein·gliedern 3 *(riciclare)* wieder·verwerten 4 *(sport)* nach·holen 5 *(tempo)* auf·holen 6 *(edilizia)* sanieren.

redattore *s.m.* Redakteur (-s,-e) *s.m.*

redazionale *agg.* redaktionell, Redaktions...

redazione *s.f.* Redaktion (-,-en) *s.f.*

redditizio *agg.* einträglich, rentabel.

reddito *s.m.* (*econ.*) Einkommen (-s,-) *s.n.*

redigere *v.tr.* 1 verfassen 2 (*editoria*) redigieren.

redimere *v.tr.* befreien, erlösen (*anche relig.*).

redini *s.f.pl.* Zügel *s.pl.* (*anche fig.*).

reduce *s.m.* Heimkehrer (-s,-) *s.m.*

referenza *s.f.* Referenz (-,-en) *s.f.*

referto *s.m.* (*med.*) Befund (-es,-e) *s.m.*

refrattario *agg.* 1 hitzebeständig 2 (*fig.*) unempfindlich.

refrigerare *v.tr.* kühlen.

refurtiva *s.f.* Diebesgut (-es/.) *s.n.*

refuso *s.m.* (*tip.*) Druckfehler (-s,-) *s.m.*

regalare *v.tr.* schenken.

regale *agg.* königlich, Königs... (*anche fig.*).

regalo *s.m.* Geschenk (-s,-e) *s.n.*

regata *s.f.* Regatta (-,-tten) *s.f.*

reggente *s.m./f.* Regent (-en,-en) *s.m.* (*f.*-in,-innen).

reggere *v.tr.* 1 halten (hielt, gehalten) 2 (*sopportare*) ertragen (ertrug, ertragen) 3 (*dirigere*) führen; (*governare*) regieren ♦ *v.intr.* 1 (*resistere*) standhalten (hielt stand, standgehalten) 2 (*durare*) halten (hielt, gehalten).

reggimento *s.m.* Regiment (-s,-e/-er) *s.n.*

reggiseno *s.m.* Büstenhalter (-s,-) *s.m.*

regia *s.f.* Regie (-,-n) *s.f.* (*anche fig.*).

regime *s.m.* 1 Regierungsform (-,-en) *s.f.*, Regime (-s,-s) *s.n.* 2 (*dir.*) System (-s,-e) *s.n.* 3 (*mecc.*) (*numero dei giri*) Drehzahl (-,-en) *s.f.* 4 (*dieta*) Diät (-,-en) *s.f.*

regina *s.f.* Königin (-,-nen) *s.f.*

regione *s.f.* Region (-,-en) *s.f.*

regista *s.m./f.* Regisseur (-s,-e) *s.m.* (*f.*-in,-innen).

registrare *v.tr.* 1 (*amm.*) registrieren 2 (*su nastro*) aufnehmen (nahm auf, aufgenommen) 3 (*per iscritto*) erfassen 5 (*tecn.*) (*mettere a punto*) einstellen.

registratore *s.m.* 1 Recorder (-s,-) *s.m.* 2 – *di cassa*, Registrierkasse (-,-n) *s.f.* 3 (*aereo*) – *di volo*, Flugschreiber (-s,-) *s.m.*

registrazione *s.f.* 1 Aufzeichnung (-,-en) *s.f.* 2 (*dir.*) Registrierung (-,-en) *s.f.* 3 (*tecn.*) Einstellung (-,-en) *s.f.*

registro *s.m.* Register (-s,-) *s.n.*

regnare *v.intr.* herrschen (*anche fig.*).

regno *s.m.* 1 Königreich (-s,-e) *s.n.* 2 (*fig.*) Reich (-s,-e) *s.n.*

regola *s.f.* Regel (-,-n) *s.f.*

regolabile *agg.* regulierbar.

regolamentare¹ *agg.* vorschriftsmäßig.

regolamentare² *v.tr.* (*amm.*) reglementieren.

regolamento *s.m.* 1 Reglement (-s,-s) *s.n.* 2 (*comm.*) Abrechnung (-,-en) *s.f.*

regolare¹ *v.tr.* 1 regeln, regulieren 2 (*pagare*) begleichen (beglich, beglichen) ♦ **regolarsi** *v.pron.* 1 sich mäßigen (verhielt, verhalten) 2 (*comportarsi*) sich verhalten (verhielt, verhalten).

regolare² *agg.* 1 regelmäßig 2 (*secondo le regole*) regulär.

regolata *s.f.* Regelung (-,-en) *s.f.* | *darsi una –*, (*fam.*) sich zusammenreißen (riß zusammen, zusammengerissen).

regredire *v.intr.* zurück·fallen (fiel

zurück, zurückgefallen); sich zurück·bilden.
reintegrare v.tr. wieder eingliedern.
relatività s.f. Relativität (-,-en) s.f.
relativo agg. 1 (a) bezüglich (+gen.) 2 (limitato) relativ 3 (in rapporto a) (a) im Verhältnis (zu).
relatore s.m. Vortragende (-n,-n) s.m.
relax s.m. Entspannung (-/.) s.f.
relazione s.f. 1 Zusammenhang (-s, -hänge) s.m. 2 (rapporto) Verhältnis (-ses,-se) s.n., Beziehung (-,-en) s.f. 3 (resoconto) Bericht (-es,-e) s.m.; (scuola) Referat (-s,-e) s.n.
religione s.f. Religion (-,-en) s.f.
religioso agg. kirchlich, sakral, Religions...
reliquia s.f. Reliquie (-,-n) s.f.
relitto s.m. Wrack (-s,-s) s.n. (anche fig.).
remare v.intr. rudern.
remissivo agg. nachgiebig.
remo s.m. Ruder (-s,-) s.n. | barca a -i, Ruderboot (-es,-e) s.n.
remora s.f. (indugio) Zögern (-s/.) s.n.
remoto agg. entfernt, weit zurückliegend.
rendere v.tr. 1 zurück·geben (gab zurück, zurückgegeben) 2 (esprimere) aus·drücken 3 (fruttare) ab·werfen (warf ab, abgeworfen) 4 (far diventare) machen ♦ **rendersi** v.pron. sich machen.
rendiconto s.m. 1 Rechnungslegung (-,-en) s.f. 2 (fig.) Bericht (-es,-e) s.m.
rendimento s.m. 1 Leistung (-,-en) s.f. 2 (rendita) Ertrag (-es,-träge) s.m.
rendita s.f. Ertrag (-es,-träge) s.m. | vivere di –, von Zinsen leben; (fig.) sich auf den eignen Lorbeeren aus·ruhen.
rene s.m. (anat.) Niere (-,-n) s.f.
renna s.f. (zool.) Rentier (-s,-e) s.n.

residenziale

reo agg. (di) schuldig (+gen.) ♦ s.m. Schuldige (-n,-n) s.m.
reparto s.m. 1 Abteilung (-,-en) s.f. 2 (di ospedale) Station (-,-en) s.f.
repellente agg. abstoßend.
repentaglio s.m.: mettere a – la vita di qlcu., jds. Leben gefährden.
repentino agg. plötzlich.
reperibile agg. erreichbar.
reperire v.tr. finden (fand, gefunden); sammeln.
reperto s.m. 1 (arch.) Fund (-es,-e) s.m. 2 (med.) Befund (-es,-e) s.m.
repertorio s.m. 1 Repertoire (-s,-s) s.n. 2 (raccolta) Sammlung (-,-en) s.f.
replica s.f. 1 Wiederholung (-,-en) s.f. 2 (obiezione) Widerspruch (-s,-sprüche) s.m.
replicare v.tr. 1 wiederholen 2 (rispondere) erwidern.
reprimere v.tr. 1 unterdrücken 2 (psic.) verdrängen.
repubblica s.f. Republik (-,-en) s.f.
repulsione s.f. 1 Ekel (-s/.) s.m. 2 (fis.) Abstoßung (-,-en) s.f.
reputare v.tr. halten (hielt, gehalten) für.
reputazione s.f. Ruf (-es/.) s.m.
requisire v.tr. beschlagnahmen.
requisito s.m. Erfordernis (-ses,-se) s.n.
resa s.f. 1 Kapitulation (-,-en) s.f. 2 (restituzione) Rückgabe (-,-n) s.f. 3 (rendimento) Leistung (-,-en) s.f.
residence s.m. Apartamenthotel (-s,-s) s.n.
residente agg. wohnhaft ♦ s.m./f. Ansässige (-n,-n) s.m./f.
residenza s.f. 1 (amm.) Wohnsitz (-es,-e) s.m. 2 (edificio) Residenz (-,-en) s.f.
residenziale agg. Wohn...: quartiere –,

resina

Wohnviertel (-s,-) *s.n.*
resina *s.f.* Harz (-es,-e) *s.n.*
resistente *agg.* 1 (*a*) widerstandsfähig (gegen) (*di tessuto*) strapazierfähig.
resistenza *s.f.* 1 Widerstand (-es, -stände) *s.m.* 2 (*di stoffe*) Strapazierfähigkeit (-/.) *s.f.* 3 (*di materiale*) Festigkeit (-/.) *s.f.*
resistere *v.intr.* 1 widerstehen (widerstand, widerstanden) 2 (*conservarsi*) sich bewähren.
resoconto *s.m.* 1 Bericht (-es,-e) *s.m.* 2 (*rendiconto*) Aufstellung (-,-en) *s.f.*
respingere *v.tr.* 1 zurück·weisen (wies zurück, zurückgewiesen) 2 (*rifiutare*) ab·lehnen 3 (*sport*) ab·wehren.
respirare *v.tr. e intr.* atmen.
respirazione *s.f.* Atmung (-/.) *s.f.*
respiro *s.m.* Atem (-s/.) *s.m.* |*non avere un attimo di –,* (*fig.*) nicht einmal Zeit zum Verschnaufen haben.
responsabile *agg.* 1 (*di*) verantwortlich (für) 2 (*che ha senso di responsabilità*) verantwortungsbewußt ♦ *s.m.* Verantwortliche (-n,-n) *s.m.*
responsabilità *s.f.* Verantwortung (-,-en) *s.f.*
responsabilizzare *v.tr.* verantwortungsbewußt machen.
responso *s.m.* 1 Entscheidung (-,-en) *s.f.* 2 (*med.*) Bescheid (-es,-e) *s.m.*
ressa *s.f.* Gedränge (-s/.) *s.n.*
restare *v.intr.* 1 bleiben (blieb, geblieben) 2 (*avanzare*) übrig·bleiben (blieb, übriggeblieben) 3 – *male,* enttäuscht sein ♦ *restarci* (*fam.*) 1 (*morire*) daran glauben müssen 2 (*essere meraviglato*) überrascht sein.
restaurare *v.tr.* wieder·her·stellen.

restauro *s.m.* Restaurierung (-,-en) *s.f.*
restio *agg.* 1 (*di persona*) widerwillig 2 (*di animale*) störrisch.
restituire *v.tr.* 1 zurück·geben (gab zurück, zurückgegeben) 2 (*contraccambiare*) erwidern.
resto *s.m.* 1 Rest (-es,-e) *s.m.* 2 (*pl.*) Überreste *s.pl.* ♦ **del** – *locuz.avv.* übrigens.
restringere *v.tr.* enger machen ♦ **restringersi** *v.pron.* enger werden.
restrizione *s.f.* Beschränkung (-,-en) *s.f.*
resurrezione *s.f.* (*relig.*) Auferstehung (-/.) *s.f.*
retata *s.f.* (*di persone*) Razzia (-,-zzien) *s.f.*
rete *s.f.* 1 Netz (-es,-e) *s.n.* (*anche fig.*) 2 (*recinzione*) Zaun (-es, Zäune) *s.m.* 3 (*calcio*) Tor (-es,-e) *s.n.*
reticente *agg.* 1 widerwillig 2 (*dir.*) verschwiegen.
reticolato *s.m.* Drahtzaun (-es,-zäune) *s.m.*
retorico *agg.* rhetorisch.
retribuzione *s.f.* Lohn (-es, Löhne) *s.m.*
retro *s.m.* Rückseite (-,-n) *s.f.*
retroattivo *agg.* rückwirkend.
retrocedere *v.tr.* 1 zurück·weichen (wich zurück, zurückgewichen) 2 (*sport*) ab·steigen (stieg ab, abgestiegen) 3 (*fig.*) auf·geben (gab auf, aufgegeben.)
retroguardia *s.f.* 1 (*mil.*) Nachhut (-/.) *s.f.* 2 (*sport*) Verteidigung (-/.) *s.f.* 3 (*fig.*) Rückständigkeit (-/.) *s.f.*
retromarcia *s.f.* (*auto*) Rückwärtsgang (-es,-gänge) *s.m.*
retroscena *s.m.* (*teatr.*) Hintergrund (-es,-gründe) (*anche fig.*).

retrospettivo agg. retrospektiv.
retrovisore s.m. Rückspiegel (-s,-) s.m.
retta¹ s.f. (geometria) Gerade (-n,-n) s.f.
retta² s.f. (di clinica ecc.) Pflegesatz (-es,-sätze) s.m.; (di convitto) Pension (-/-) s.f.
retta³ s.f.: dare – a qlcu., jdm. Gehör schenken.
rettangolo s.m. Rechteck (-s,-e) s.n.
rettifica s.f. 1 Begradigung (-,-en) s.f. 2 (correzione) Richtigstellung (-,-en) s.f.
rettificare v.tr. 1 begradigen 2 richtigstellen.
rettile s.m. Reptil (-s,-lien) s.n.
rettilineo agg. 1 gerade 2 (fig.) aufrichtig ♦ s.m. Gerade (-n,-n) s.f. (sport) – d'arrivo, Zielgerade (-n,-n) s.f.
rettitudine s.f. Redlichkeit (-/.) s.f.
retto agg. 1 gerade 2 (fig.) redlich ♦ s.m. (anat.) Mastdarm (-s/.) s.m.
rettore s.m. Rektor (-s,-en) s.m.
reumatico agg. (med.) rheumatisch.
reumatismo s.m. (med.) Rheumatismus (-/.) s.m.
reverendo agg. ehrwürdig ♦ s.m. Priester (-s,-) s.m.
reversibile agg. reversibel, übertragbar.
revisione s.f. 1 Revision (-,-en) s.f. 2 (tecn.) Überholung (-,-en) s.f.
revisore s.m. (amm.) Prüfer (-s,-) s.m.
revoca s.f. Widerruf (-s,-e) s.m.
revocabile agg. widerruflich.
revocare v.tr. 1 widerrufen (widerrief, widerrufen) 2 (rimuovere da una carica) absetzen.
riabilitare v.tr. 1 rehabilitieren 2 (ripristinare) wiederaufbauen.
riaccompagnare v.tr. zurückbegleiten.

riacquistare v.tr. 1 zurückkaufen 2 (fig.) zurückgewinnen (gewann zurück, zurückgewonnen).
rialzare v.tr. 1 (alzare di nuovo) wieder aufrichten 2 erhöhen 3 (aumentare) steigern.
rialzo s.m. 1 Steigerung (-,-en) s.f. 2 (altura) Erhebung (-,-en) s.f.
rianimare v.tr. wiederbeleben.
rianimazione s.f. Wiederbelebung (-/.) s.f.
riaprire v.tr. wieder öffnen ♦ v.intr. wieder aufmachen.
riarmo s.m. Wiederaufrüstung (-,-en) s.f.
riarso agg. 1 ausgedorrt 2 (di gola) trocken.
riassumere v.tr. 1 zusammenfassen 2 (nel lavoro) wieder einstellen 3 (riprendere) wieder übernehmen (übernahm, übernommen).
riassunto s.m. Zusammenfassung (-,-en) s.f.
riaversi v.pron. wieder zu sich kommen (kam, gekommen).
ribadire v.tr. bekräftigen.
ribalta s.f. 1 Klappe (-,-n) s.f. 2 (teatr.) Rampe (-,-n) s.f.
ribaltabile agg. Klapp...: sedile –, Klappstuhl (-s,-stühle) s.m.
ribaltarsi v.pron. sich überschlagen (überschlug, überschlagen).
ribassare v.tr. senken ♦ v.intr. sinken (sank, gesunken).
ribasso s.m. Senkung (-/.) s.f.; (sconto) Rabatt (-s,-e) s.m.
ribellarsi v.pron. 1 rebellieren, sich erheben (erhob, erhoben) 2 (opporsi) protestieren.
ribelle agg. 1 rebellisch 2 (insubordinato) widerspenstig.

ribellione *s.f.* Aufstand (-es,-stände) *s.m.*

ribes *s.m.* Johannisbeere (-,-n) *s.f.*

ribollire *v.intr.* 1 wieder (auf-)kochen 2 (*fermentare*) gären.

ribrezzo *s.m.* Abscheu (-s/,) *s.m.*

ricadere *v.intr.* 1 wieder fallen (fiel, gefallen), 2 (*cadere giù*) zurück·fallen (fiel zurück, zurückgefallen) 3 (*di capelli*) fallen (fiel, gefallen).

ricaduta *s.f.* Rückfall (-s,-fälle) *s.m.*

ricalcare *v.tr.* 1 (*un disegno*) durch·pausen 2 (*imitare*) nach·ahmen.

ricalcitrante *agg.* 1 (*di cavallo*) ausschlagend 2 (*fig.*) störrisch.

ricamare *v.tr.* 1 sticken 2 (*ornare*) aus·schmücken.

ricambiare *v.tr.* 1 (*cambiare di nuovo*) wieder wechseln 2 (*contraccambiare*) erwidern ♦ **ricambiarsi** *v. pron.* (*di abito*) sich wieder um·ziehen (zog um, umgezogen).

ricambio *s.m.* 1 Austausch (-es,-e) *s.m.* 2 (*avvicendamento*) Wechsel (-s,-) *s.m.*

ricamo *s.m.* 1 Sticken (-s/,) *s.n.* 2 (*prodotto ricamato*) Stickerei (-,-en) *s.f.*

ricattare *v.tr.* erpressen.

ricatto *s.m.* Erpressung (-,-en) *s.f.*

ricavare *v.tr.* 1 (*estrarre*) gewinnen (gewann, gewonnen) 2 (*guadagnare*) verdienen.

ricavato *s.m.* Ertrag (-s,-träge) *s.m.*

ricchezza *s.f.* 1 Reichtum (-s,-tümer) *s.m.* 2 (*patrimonio*) Vermögen (-s,-) *s.n.*

riccio *agg.* lockig, kraus.

riccio *s.m.* 1 (*zool.*) Igel (-s,-) *s.m.* 2 (*di castagne*) Schale (-,-n) *s.f.*

ricciolo *s.m.* Locke (-,-n) *s.f.*

ricco *agg.* reich.

ricerca *s.f.* 1 Suche (-,-n) *s.f.* 2 (*indagine*) Forschung (-,-en) *s.f.* 3 (*della polizia*) Fahndung (-,-en) *s.f.*

ricercare *v.tr.* 1 erforschen, ergründen 2 (*della polizia*) fahnden nach.

ricercato *agg.* 1 gesucht 2 (*scelto*) gewählt.

ricercatore *s.m.* Forscher (-s,-) *s.m.*

ricetrasmittente *s.f.* (*apparecchio*) Funkgerät (-es,-e) *s.n.*

ricetta *s.f.* 1 (*med.*) Rezept (-es,-e) *s.n.*, Verschreibung (-,-en) *s.f.* 2 (*gastr.*) Kochrezept (-es,-e) *s.n.*

ricettatore *s.m.* Hehler (-s,-) *s.m.*

ricevere *v.tr.* 1 erhalten (erhielt, erhalten) 2 (*raccogliere*) auf·nehmen (nahm auf, aufgenommen) 3 (*accogliere*) empfangen (empfing, empfangen).

ricevimento *s.m.* 1 (*festa*) Empfang (-s,-Empfänge) *s.m.* 2 (*med.*) Sprechstunde (-,-n) *s.f.*

ricevitore *s.m.* Hörer (-s,-) *s.m.*

ricevuta *s.f.* Quittung (-,-en) *s.f.*

richiamare *v.tr.* 1 zurück·rufen (rief zurück, zurückgerufen) 2 (*attirare*) lenken.

richiamo *s.m.* 1 Ruf (-es,-e) *s.m.* 2 (*fig.*) Lockruf (-es,-e) *s.m.*

richiedere *v.tr.* 1 (*per sapere*) noch einmal fragen 2 (*esigere*) erfordern 3 (*fare richiesta di*) bestellen 4 (*amm.*) beantragen.

richiesta *s.f.* 1 Bitte (-,-n) *s.f.* 2 (*comm.*) Anfrage (-,-n) *s.f.*

riciclare *v.tr.* wieder·verwerten, recyceln.

ricino *s.m.* (*bot.*) Rizinus (-/,) *s.m.*

ricognizione *s.f.* 1 (*mil.*) Aufklärung (-,-en) *s.f.* 2 (*dir.*) Anerkennung (-, -en) *s.f.*

ricollegare v.tr. 1 wieder an·schließen (schloß an, angeschlossen) 2 *(fig.)* verknüpfen ♦ **ricollegarsi** v.pron. an·knüpfen (an +acc.).
ricompensa s.f. Belohnung (-,-en) s.f.
riconciliare v.tr. versöhnen.
ricongiungere v.tr. wieder zusammen·führen.
riconoscente agg. erkenntlich; *(grato)* dankbar.
riconoscere v.tr. 1 erkennen (erkannte, erkannt) 2 *(ammettere)* ein·sehen (sah ein, eingesehen) 3 *(accettare)* an·erkennen (erkannte an, anerkannt).
riconoscimento s.m. 1 Wiedererkennen (-/-) s.n. 2 *(accettazione)* Anerkennung (-,-en) s.f.
ricoprire v.tr. 1 wieder bedecken 2 *(coprire)* beziehen (bezog, bezogen) 3 *(fig.)* überhäufen 4 *(occupare)* bekleiden.
ricordare v.tr. sich erinnern (an +acc.).
ricordo s.m. 1 Erinnerung (-,-en) s.f. 2 *(memoria)* Gedenken (-s/-) s.n.
ricorrenza s.f. 1 Wiederkehr (-/-) s.f. 2 *(anniversario)* Jahrestag (-es,-e) s.m.
ricorrere v.intr. 1 zurück·laufen (lief zurück, zurückgelaufen) 2 *(rivolgersi a)* sich wenden (an +acc.) 3 *(ripiegare)* zurück·greifen (griff zurück, zurückgegriffen) (auf +acc.).
ricorso s.m. 1 Anwendung (-,-en) s.f. 2 *(dir.)* Beschwerde (-,-en) s.f.
ricostituente agg. kräftigend, stärkend ♦ s.m. Stärkungsmittel (-s,-) s.n.
ricostruire v.tr. 1 wieder auf·bauen 2 *(fig.)* rekonstruieren.
ricotta s.f. *(gastr.)* aus Molke hergestellter quarkähnlicher Frischkäse.
ricoverare v.tr. 1 ein·liefern 2 *(offrire riparo a)* Unterschlupf gewähren.

ricovero s.m. 1 *(med.)* Einlieferung (-/-) s.f. 2 *(riparo)* Unterschlupf (-s,-e) s.m.
ricreazione s.f. 1 Erholung (-/-) s.f. 2 *(scuola)* Pause (-,-n) s.f.
ricredersi v.pron. seine Meinung ändern.
ricuperare v.tr. → recuperare.
ridente agg. 1 lachend 2 *(ameno)* anmutig, heiter.
ridere v.intr. 1 lachen 2 *(brillare)* strahlen.
ridicolo agg. lächerlich.
ridimensionare v.tr. 1 verkleinern 2 *(fig.)* zurück·schrauben.
ridire v.tr. 1 wiederholen 2 *(riferire)* berichten 3 *(esprimere)* aus·drücken 4 *(criticare)* aus·setzen.
ridotto agg. reduziert, gekürzt.
ridurre v.tr. 1 reduzieren 2 *(indurre)* bringen (brachte, gebracht) 3 *(adattare)* bearbeiten.
riduzione s.f. 1 Ermäßigung (-,-en) s.f. 2 *(adattamento)* Bearbeitung (-,-en) s.f.
riedizione s.f. Neuauflage (-,-n) s.f.
rieducazione s.f. 1 Umerziehung (-/-) s.f. 2 *(med.)* Rehabilitation (-/-) s.f.
rielaborare v.tr. neu bearbeiten.
riempire v.tr. 1 füllen 2 *(fig.)* erfüllen 3 *(compilare)* aus·füllen.
rientranza s.f. Einbuchtung (-,-en) s.f.
rientrare v.intr. 1 wieder ein·treten (trat ein, eingetreten) 2 *(tornare)* zurück·kehren.
rientro s.m. 1 Wiedereintritt (-s/-) s.m. 2 *(ritorno)* Rückkehr (-/-) s.f.
rievocare v.tr. 1 *(ricordare)* erinnern (an +acc.) 2 *(commemorare)* gedenken (gedachte, gedacht) (+gen.).
rifare v.tr. 1 neu machen 2 *(rinnova-*

riferimento

re) erneuern 3 (*ricostruire*) wieder aufbauen 4 (*rielaborare*) neu bearbeiten.

riferimento *s.m.* 1 Bezug (-s/.) *s.m.* 2 (*accenno*) Hinweis (-es,-e) *s.m.*

riferire *v.tr.* 1 berichten 2 (*collegare*) (*a*) zurück·führen (zu) ♦ **riferirsi** *v.pron.* sich beziehen (bezog, bezogen) (auf +*acc.*).

rifilare *v.tr.* 1 (*tagliare*) beschneiden (beschnitt, beschnitten) 2 (*fam.*) unterschieben (unterschob, unterschoben).

rifinitura *s.f.* 1 Beendung (-/.) *s.f.* 2 (*decorazione*) Verzierung (-,-en) *s.f.*

rifiutare *v.tr.* 1 ab·lehnen 2 (*negare*) verweigern.

rifiuto *s.m.* 1 Ablehnung (-,-en) *s.f.* 2 (*scarto*) Abfall (-s,-fälle) *s.m.*

riflessione *s.f.* 1 Überlegung (-,-en) *s.f.* 2 (*osservazione*) Beobachtung (-,-en) *s.f.*

riflessivo *agg.* nachdenklich, besonnen.

riflesso *s.m.* 1 Widerschein (-s,-e) *s.m.* 2 (*fig.*) Auswirkung (-,-en) *s.f.*

riflettere *v.tr.* 1 zurück·spiegeln 2 (*fis.*) reflektieren ♦ *v.intr.* (*su*) nachdenken (dachte nach, nachgedacht) (über +*acc.*), überlegen

riflettore *s.m.* Scheinwerfer (-s,-) *s.m.*

riflusso *s.m.* 1 Rückfluß (-flusses, -flüsse) *s.m.* 2 (*del mare*) Ebbe (-,-n) *s.f.*

rifocillare *v.tr.* stärken.

riforma *s.f.* Reform (-,-en) *s.f.*

riformare *v.tr.* 1 neu bilden 2 (*sottoporre a riforma*) umgestalten.

rifornimento *s.m.* 1 Versorgung (-, -en) *s.f.* 2 (*pl.*) Vorräte *s.pl.*

rifornire *v.tr.* versorgen ♦ **rifornirsi**

v.pron. sich ein·decken.

rifugiarsi *v.pron.* sich flüchten.

rifugiato *s.m.* Flüchtling (-s,-e) *s.m.*

rifugio *s.m.* Zuflucht (-/.) *s.f.*

riga *s.f.* 1 Linie (-,-n) *s.f.* 2 (*di scritto*) Zeile (-,-n) *s.f.* 3 (*di tessuto/carta*) Streifen (-s,-) *s.m.* 4 (*strumento da disegno*) Lineal (-s,-e) *s.n.*

rigare *v.tr.* lini(i)eren.

rigetto *s.m.* 1 Abstoßung (-/.) *s.f.* 2 (*fig.*) Ablehnung (-,-en) *s.f.*

rigido *agg.* 1 (*teso*) fest 2 (*teso*) starr, steif 3 (*fig.*) streng.

rigoglioso *agg.* 1 üppig 2 (*fig.*) blühend.

rigonfio *agg.* (*an*)geschwollen, dick.

rigore *s.m.* 1 Strenge (-/.) *s.f.*; (*durezza*) Härte (-/.) *s.f.* 2 (*sport*) Elfmeterstoß (-es,-stöße) *s.m.*

riguardare *v.tr.* 1 wieder schauen 2 (*rivedere*) überprüfen ♦ **riguardarsi** *v.pron.* sich in acht nehmen (nahm, genommen) (vor).

riguardo *s.m.* 1 Rücksicht (-,-en) *s.f.* 2 (*considerazione*) Achtung (-/.) *s.f.* (vor).

rilanciare *v.tr.* 1 wieder werfen (warf, geworfen) 2 (*nelle aste*) überbieten (überbot, überboten).

rilasciare *v.tr.* 1 wieder lassen (ließ, gelassen) 2 (*lasciare libero*) frei·lassen (ließ frei, freigelassen) 3 (*documenti*) aus·stellen.

rilasciarsi *v.pron.* sich entspannen.

rilegare *v.tr.* ein·binden (band ein, eingebunden).

rilevante *agg.* relevant, erheblich.

rilevare *v.tr.* 1 (*cogliere*) entnehmen (entnahm, entnommen) 2 (*subentrare*) übernehmen (übernahm, übernommen).

rilievo s.m. Relief (-s,-s) s.n.
riluttante agg. widerwillig.
rima s.f. Reim (-s,-e) s.m.
rimandare v.tr. **1** wieder schicken **2** (mandare indietro) zurück·schicken **3** (differire) verschieben (verschob, verschoben).
rimando s.m. **1** Zurückschlagen (-s/.) s.n. **2** (rinvio) Verweis (-es,-e) s.m.
rimaneggiare v.tr. **1** (rielaborare) um·arbeiten **2** (modificare le cariche) um·bilden.
rimanere v.intr. **1** bleiben (blieb, geblieben) **2** (avanzare) übrig·bleiben (blieb übrig, übriggeblieben).
rimarginare v.tr. heilen ♦ **rimarginarsi** v.pron. **1** verheilen ♦ (fig.) ab·heilen.
rimasuglio s.m. **1** Rest (-es,-e) s.m. **2** (fig.) Funke (-ns,-n) s.m.
rimbalzare v.intr. auf·prallen.
rimbambito agg. verkalkt, vertrottelt.
rimbecillito agg. verblödet.
rimboccare v.tr. **1** um·schlagen (schlug um, umgeschlagen) **2** (abbigl.) hoch·krempeln.
rimbombare v.intr. dröhnen.
rimbombo s.m. Dröhnen (-/.) s.n.
rimborsare v.tr. zurück·zahlen, erstatten.
rimborso s.m. Erstattung (-/.) s.f.
rimboschimento s.m. Aufforstung (-/.) s.f.
rimediare v.tr. e intr. wiedergut·machen.
rimedio s.m. **1** Abhilfe (-/.) s.f. **2** (med.) Heilmittel (-s,-) s.n.
rimessa s.f. **1** Schuppen (-s,-) s.m. (deposito) Depot (-s,-s) s.n. **2** (fin.) Überweisung (-,-en) s.f.
rimettere v.tr. **1** (mettere di nuovo) wieder hin·stellen **2** (indossare di nuovo) wieder an·ziehen (zog an, angezogen) **3** (vomitare) erbrechen (erbrach, erbrochen) **4** (affidare) an·vertrauen **5** (spedire) senden (sandte, gesandt); (denaro) überweisen (überwies, überwiesen).
rimonta s.f. (sport) Aufholen (-s/.) s.n.
rimontare v.intr. wieder auf·steigen (stieg auf, aufgestiegen).
rimorchiare v.tr. **1** (ab-)schleppen **2** (fig.) (trascinare) mit·schleppen.
rimorchiatore s.m. (mar.) Schlepper (-s,-) s.m.
rimorchio s.m. Anhänger (-s,-) s.m.
rimordere v.tr. **1** wieder beißen (biß, gebissen) **2** (fig.) quälen.
rimorso s.m. Schuldgefühl (-es,-e) s.n.
rimozione s.f. **1** Beseitigung (-/.) s.f. **2** (destituzione) Absetzung (-,-en) s.f.
rimpasto s.m. Umbildung (-,-en) s.f.
rimpatriare v.tr. in die Heimat zurück·schicken.
rimpiangere v.tr. bedauern, nach·trauern.
rimpianto s.m. Bedauern (-s/.) s.n.
rimproverare v.tr. Vorwürfe machen.
rimprovero s.m. Vorwurf (-s,-würfe) s.m.
rimuginare v.tr. durchstöbern, wühlen.
rimuovere v.tr. **1** entfernen **2** (destituire) ab·setzen **3** (psic.) verdrängen.
rinascere v.intr. **1** (rispuntare) nach·wachsen (wuchs nach, nachgewachsen) **2** (rifiorire) wieder auf·blühen.
rinascimento s.m. (arte) Rennaissance (-/.) s.f.
rincarare v.tr. verteuern; (un prezzo) erhöhen ♦ v.intr. teurer werden.
rincaro s.m. Verteuerung (-/.) s.f.

rincasare *v.intr.* nach Hause kommen (kam, gekommen).

rinchiudere *v.tr.* ein·schließen (schloß ein, eingeschlossen).

rincorrere *v.tr.* nach·laufen (lief nach, nachgelaufen).

rincorsa *s.f.* Anlauf (-s,-läufe) *s.m.*

rincrescere *v.intr.* (*far dispiacere*) leid tun.

rincuorare *v.tr.* ermutigen.

rinfacciare *v.tr.* vor·halten (hielt vor, vorgehalten).

rinforzare *v.tr.* befestigen ♦ *v.intr.* stärker werden.

rinforzo *s.m.* Verstärkung (-/.) *s.f.*

rinfrancare *v.tr.* aufmuntern.

rinfrescare *v.tr.* erfrischen ♦ *v.intr.* kühler werden.

rinfresco *s.m.* 1 Imbiß (-bisses,-bisse) *s.m.* 2 (*buffet*) kaltes Büffett (-s,-s) *s.n.*

rinfusa, alla *locuz.avv.* durcheinander, kunterbunt.

ringhiare *v.intr.* knurren.

ringhiera *s.f.* Geländer (-s,-) *s.n.*

ringraziamento *s.m.* Dank (-s/.) *s.m.*

ringraziare *v.tr.* danken (+*dat.*), sich bedanken bei.

rinnovare *v.tr.* 1 erneuern 2 (*ripetere*) wiederholen.

rinnovo *s.m.* Erneuerung (-/.) *s.f.*

rinoceronte *s.m.* (*zool.*) Nashorn (-s, -hörner) *s.n.*

rinsaldare *v.tr.* festigen, stärken.

rinsecchito *agg.* vertrocknet.

rintanarsi *v.pron.* sich verkriechen (verkroch, verkrochen).

rintocco *s.m.* Schlag (-es, Schläge) *s.m.*

rintracciare *v.tr.* auf·finden (fand auf, aufgefunden).

rintronato *agg.* (*fam.*) betäubt, benommen.

rinuncia *s.f.* Verzicht (-es,-e) *s.m.*

rinunciare *v.intr.* verzichten (auf +*acc.*).

rinvenire *v.intr.* 1 wieder zu sich kommen (kam, gekommen) 2 (*di cose apassite*) sich erholen

rinviare *v.tr.* 1 zurück·schicken 2 (*posporre*) auf·schieben (schob auf, aufgeschoben).

rinvigorire *v.tr.* stärken, kräftigen.

rinvio *s.m.* 1 Zurückschicken (-s/.) *s.n.* 2 (*nel tempo*) Verschiebung (-,-en) *s.f.*

rione *s.m.* Stadtviertel (-s,-) *s.n.*

riordinare *v.tr.* 1 auf·räumen 2 (*dare un nuovo ordinamento*) neu ordnen.

ripagare *v.tr.* 1 wieder (be)zahlen 2 (*indennizzare*) wiedergut·machen.

riparare[1] *v.tr.* 1 reparieren 2 (*proteggere*) schützen ♦ *v.intr.* ab·helfen (half ab, abgeholfen) (+*dat.*).

riparare[2] *v.intr.* flüchten.

riparato *agg.* geschützt.

riparazione *s.f.* 1 Wiedergutmachung (-/.) *s.f.* 2 (*risarcimento*) Entschädigung (-/.) *s.f.* 3 (*aggiustatura*) Reparatur (-,-en) *s.f.*

riparo *s.m.* Schutz (-es/.) *s.m.*

ripassare *v.tr.* 1 wieder vorbei·kommen (kam vorbei, vorbeigekommen) 2 (*con uno straccio*) wieder ab·wischen 3 (*scuola*) wiederholen.

ripensamento *s.m.* sich (+*dat.*) etwas anders überlegen.

ripercuotersi *v.pron.* 1 (*su*) sich nieder·schlagen (schlug nieder, niedergeschlagen) (+*acc.*) 2 (*fig.*) (*su*) sich aus·wirken (auf +*acc.*).

ripetere *v.tr.* wiederholen.

ripetizione *s.f.* 1 Wiederholung (-/.) *s.f.* 2 *ora di* –, Nachhilfestunde (-,-n) *s.f.*

ripiano *s.m.* 1 Terrasse (-,-n) *s.f.* 2 (*di mobili*) Fach (-s, Fächer) *s.n.*
ripicca *s.f.*: *per* –, zum Trotz.
ripido *agg.* steil.
ripiego *s.m.* Notbehelf (-s,-e) *s.m.*
ripieno *agg.* gefüllt (mit).
riporre *v.tr.* legen; (*posizione verticale*) stellen.
riportare *v.tr.* 1 (*riindossare*) wieder an·ziehen (zog an, angezogen) 2 (*riportare indietro*) zurück·bringen (brachte zurück, zurückgebracht).
riposare *v.intr.* sich erholen, sich aus·ruhen.
riposo *s.m.* Erholung (-/.) *s.f.*
ripostiglio *s.m.* Abstellkammer (-,-n) *s.f.*
riprendere *v.tr.* 1 wieder nehmen (nahm, genommen) 2 (*cominciare di nuovo*) wieder auf·nehmen (nahm auf, aufgenommen) ♦ *v.intr.* wieder an·fangen (fing an, angefangen).
ripresa *s.f.* 1 Wiederaufnahme (-,-n) *s.f.* 2 (*sport*) zweite Halbzeit (-,-en) *s.f.*
ripristinare *v.tr.*: wiederherstellen.
riprodurre *v.tr.* wieder·geben (gab wieder, wiedergegeben).
ripromettersi *v.pron.* sich wieder vor·nehmen (nahm vor, vorgenommen).
riprova *s.f.* Beweis (-es,-e) *s.m.*
ripudiare *v.tr.* 1 (*di persone*) verstoßen (verstieß, verstoßen) 2 (*di idee*) verleugnen.
ripugnante *agg.* widerlich, widerwärtig.
ripugnare *v.intr.* an·ekeln (+*acc.*), an·widern (+*acc.*).
ripulire *v.tr.* wieder säubern.
risaia *s.f.* Reisfeld (-,-er) *s.n.*
risalire *v.tr.* 1 wieder hinauf·steigen (stieg hinauf, hinaufgestiegen) ♦ *v.intr.* (*fig.*) steigen (stieg, gestiegen).
risalita *s.f.* Aufstieg (-s/.) *s.m.*
risaltare *v.intr.* hervor·treten (trat hervor, hervorgetreten).
risalto *s.m.* Hervorhebung (-,-en) *s.f.*
risanare *v.tr.* sanieren.
risarcimento *s.m.* Entschädigung (-,-en) *s.f.*
risarcire *v.tr.* entschädigen.
risata *s.f.* Gelächter (-s/.) *s.n.*
riscaldamento *s.m.* 1 Heizung (-,-en) *s.f.* 2 (*sport*) Warmspielen (-s/.) *s.n.*
riscaldare *v.tr.* 1 erwärmen; (*gastr.*) auf·wärmen 2 (*casa*) heizen.
riscattare *v.tr.* 1 los·kaufen 2 (*fig.*) befreien 3 (*dir.*) ab·lösen.
riscatto *s.m.* 1 Lösegeld (-es,-er) *s.n.* 2 (*dir.*) Ablösung (-,-en) *s.f.*
rischiarare *v.tr.* erleuchten, auf·hellen.
rischiare *v.tr. e intr.* riskieren.
rischio *s.m.* Risiko (-s,-s) *s.n.*
rischioso *agg.* riskant.
risciacquare *v.tr.* (ab·)spülen.
riscontrare *v.tr.* 1 (*confrontare*) vergleichen (verglich, verglichen) 2 (*controllare*) prüfen 3 (*rilevare*) bemerken.
riscossa *s.f.* Wiedereroberung (-,-en) *s.f.*
riscossione *s.f.* Eintreiben (-s/.) *s.n.*
riscuotere *v.tr.* ein·treiben (trieb ein, eingetrieben), kassieren.
risentimento *s.m.* 1 Groll (-s/.) *s.m.* 2 (*med.*) Nachwirkung (-,-en) *s.f.*
risentito *agg.* 1 gekränkt 2 (*già sentito*) immer wieder gehört.
riserbo *s.m.* Zurückhaltung (-/.) *s.f.*
riserva *s.f.* Reserve (-,-n) *s.f.*
riservare *v.tr.* reservieren.
riservato *agg.* 1 reserviert 2 (*privato*) vertraulich.

risiedere v.intr. 1 ansässig sein 2 (fig.) bestehen (bestand, bestanden) (in +dat.).

riso¹ s.m. Reis (-es/-) s.m.

riso² s.m. (il ridere) Lachen (-s/-) s.n.

risoluto agg. entschlossen, resolut.

risoluzione s.f. 1 (il risolvere) Auflösen (-s/-) s.n.; (soluzione) Lösung (-,-en) s.f. 2 (dir.) Resolution (-,-en) s.f.

risolvere v.tr. 1 (auf-)lösen 2 (med.) heilen.

risonanza s.f. 1 (fis./mus.) Resonanz (-/-) s.f. 2 (fig.) Widerhall (-s/-) s.m.

risorgere v.intr. 1 wieder aufgehen (ging auf, aufgegangen) 2 (relig.) auferstehen (erstand auf, auferstanden).

risorsa s.f. (capacità) Fähigkeit (-,-en) s.f.

risparmiare v.tr. 1 sparen 2 (evitare) ersparen 3 verschonen ♦ **risparmiarsi** v.pron. sich schonen, scheuen (+acc.)

risparmio s.m. Sparen (-s) s.n.

rispecchiare v.tr. widerspiegeln.

rispettare v.tr. 1 respektieren (osservare) beachten.

rispettivo agg. 1 jeweilig 2 (corrispondente) dazugehörig.

rispettoso agg. respektvoll.

risplendere v.intr. strahlen, glänzen.

rispondere v.intr. 1 antworten, beantworten 2 (per posta) zurückschreiben (schrieb zurück, zurückgeschrieben) 3 (di) verantwortlich sein (für).

risposta s.f. 1 Antwort (-,-en) s.f. 2 (osservanza) Beachtung (-/-) s.f.

rissa s.f. Rauferei (-,-en) s.f.

ristagnare v.intr. 1 (di acqua) versumpfen 2 (fig.) stagnieren, stocken.

ristampa s.f. Nachdruck (-s, -e) s.m.

ristorante s.m. Restaurant (-s,-s) s.n.

ristorare v.tr. erquicken, stärken.

ristorazione s.f. Gaststättengewerbe (-s/-) s.n.

ristoro s.m. Erquickung (-/-) s.f.

ristrettezza s.f. 1 Enge (-,-n) s.f. 2 (scarsità) Mangel (-s, Mängel) s.m. 3 (grettezza) Beschränktheit (-/-) s.f.

ristretto agg. 1 begrenzt 2 (limitato) eng 3 (scarso) beschränkt.

ristrutturare v.tr. 1 um-strukturieren 2 (edil.) renovieren.

risucchio s.m. Wirbel (-s,-) s.m., Sog (-s,-e) s.m.

risultare v.intr. 1 sich ergeben (ergab, ergeben) 2 (dimostrarsi) sich heraus-stellen.

risultato s.m. Ergebnis (-ses,-se) s.n.

risuolare v.tr. neu besohlen.

risuonare v.intr. 1 (echeggiare) dröhnen 2 (di suoni) erklingen (erklang, erklungen).

risvolto s.m. 1 Aufschlag (-s,-schläge) s.m. 2 (aspetto secondario) Kehrseite (-,-n) s.f.

ritagliare v.tr. (tagliare i contorni) aus-schneiden (schnitt aus, ausgeschnitten).

ritardare v.tr. 1 verzögern 2 (rallentare) verlangsamen 3 (differire) aufschieben (schob auf, aufgeschoben)

ritardo s.m. 1 Verspätung (-,-en) s.f. 2 (rinvio) Verzögerung (-,-en) s.f.

ritegno s.m. Zurückhaltung (-/-) s.f.

ritenere v.tr. 1 (trattenere) zurück-halten (hielt zurück, zurückgehalten) 2 (ricordare) behalten (behielt, behalten) 3 (detrarre) ein-behalten (behielt ein, einbehalten).

ritenuta s.f. Abzug (-es,-züge) s.m.

ritirare v.tr. 1 (ritrarre) zurück-ziehen (zog zurück, zurückgezogen) 2 (anda-

re a prendere) ab·holen **3** (*togliere*) entziehen (entzog, entzogen).

ritirata *s.f.* **1** (*mil.*) Rückzug (-es,-züge) *s.m.* **2** (*rientro in caserma*) Zapfenstreich (-s,-e) *s.m.*

ritiro *s.m.* **1** (*di pacco*) Abholen (-s/.) *s.n.* **3** (*dalla circolazione*) Einzug (-es, -züge) *s.m.* **4** (*di patente*) Entzug (-es/.) *s.m.*

ritmico *agg.* rhythmisch.

ritmo *s.m.* Rhythmus (-/,-men) *s.m.*

rito *s.m.* **1** Ritus (-,-ten) *s.m.* **2** (*dir.*) Verfahrensweise (-,-n) *s.f.*

ritoccare *v.tr.* (*correggere*) überarbeiten.

ritornare *v.intr.* **1** zurück·kehren **2** (*ripresentarsi*) wieder erscheinen (erschien, erschienen).

ritornello *s.m.* **1** (*metrica*) Kehrreim (-s,-e) *s.m.* **2** (*fig.*) alte Leier (-,-n) *s.f.*, altes Lied (-es,-er) *s.n.*

ritorno *s.m.* **1** Rückkehr (-/.) *s.f.* **2** (*periodico*) Wiederkehr (-/.) *s.f.*

ritorsione *s.f.* Vergeltung (-,-en) *s.f.*

ritorto *agg.* **1** gekrümmt, krumm **2** (*tess.*) gezwirnt.

ritrattare *v.tr.* (*smentire*) widerrufen (widerrief, widerrufen).

ritratto *s.m.* Porträt (-s,-e/-s) *s.n.*

ritrovare *v.tr.* **1** wieder·finden (fand wieder, wiedergefunden) **2** (*fig.*) wieder·erlangen.

ritrovo *s.m.* Treffpunkt (-s,-e) *s.m.*

ritto *agg.* aufrecht.

rituale *agg.* rituell ♦ *s.m.* Ritual (-s,-e) *s.n.*

riunione *s.f.* **1** Wiedervereinigung (-/.) *s.f.* **2** (*convegno*) Versammlung (-,-en) *s.f.*

riunire *v.tr.* **1** wieder vereinen **2** (*radunare*) versammeln **3** (*riconciliare*) versöhnen.

riuscire *v.intr.* **1** (*uscire di nuovo*) wieder aus·gehen (ging aus, ausgegangen) **2** (*fig.*) gelingen (gelang, gelungen) **3** (*realizzarsi*) erfolgreich sein.

riuscita *s.f.* **1** Ausgang (-s,-gänge) *s.m.* **2** (*buona riuscita*) Erfolg (-s,-e) *s.m.*

riva *s.f.* Ufer (-s,-) *s.n.*

rivale *agg.* rivalisierend, gegnerisch ♦ *s.m.* Rivale (-n,-n) *s.m.*

rivalersi *v.pron.* **1** wieder benutzen **2** (*rifarsi*) sich revanchieren; (*vendicarsi*) sich rächen.

rivalità *s.f.* Rivalität (-,-en) *s.f.*

rivangare *v.tr.* (*wieder*) auf·rühren.

rivedere *v.tr.* **1** wieder·sehen (sah wieder, wiedergesehen) **2** (*ripassare*) wiederholen **3** (*controllare*) prüfen.

rivelare *v.tr.* enthüllen, verraten (verriet, verraten).

rivendicazione *s.f.* Beanspruchung (-,-en) *s.f.*

rivendita *s.f.* **1** Wiederverkauf (-s, -käufe) *s.m.* **2** (*negozio*) Laden (-s, Läden) *s.m.*

rivenditore *s.m.* Verkäufer (-s,-) *s.m.*

riverbero *s.m.* Widerschein (-s,-e) *s.m.*

riverire *v.tr.* **1** verehren **2** (*salutare*) sich empfehlen (empfahl, empfohlen).

riversare *v.tr.* **1** wieder gießen (goß, gegossen) **2** (*fig.*) (*effondere*) aus·strömen.

riverso *agg.* rücklings.

rivestire *v.tr.* **1** wieder an·ziehen (zog an, angezogen) **2** (*ricoprire*) verkleiden.

rivincita *s.f.* Revanche (-,-n) *s.f.*

rivista *s.f.* Zeitschrift (-,-en) *s.f.*

rivolgere *v.tr.* (*a*) richten (an), wenden (wandte, gewandt) (an).

rivolgimento *s.m.* Umsturz (-es,-stürze) *s.m.*
rivolta *s.f.* Aufstand (-es,-stände) *s.m.*
rivoltante *agg.* ekelhaft, widerlich.
rivoltella *s.f.* Revolver (-s,-) *s.m.*
rivoluzionario *agg.* revolutionär.
rivoluzione *s.f.* Revolution (-,-en) *s.f.*
roba *s.f.* 1 (*cosa*) Sachen *s.pl.* 2 (*abiti*) Kleidung (-/.) *s.f.*
robusto *agg.* robust, kräftig.
rocchetto *s.m.* Garnspule (-,-n) *s.f.*
roccia *s.f.* Felsen (-s,-) *s.m.*
rodaggio *s.m.* 1 Einlaufen (-s/.) *s.n.* 2 (*periodo*) Einlaufzeit (-,-en) *s.f.*
rodere *v.tr.* nagen.
roditore *s.m.* (*zool.*) Nagetier (-es,-e) *s.n.*
rogito *s.m.* (*dir.*) Notariatsurkunde (-,-n) *s.f.*
rogna *s.f.* 1 (*med.*) Krätze (-/.) *s.f.* 2 (*fam.*) Plage (-,-n) *s.f.*
rognone *s.m.* (*gastr.*) Niere (-,-n) *s.f.*
rollio *s.m.* Rollen (-s/.) *s.n.*
romantico *agg.* romantisch.
romanzesco *agg.* Roman...
romanziere *s.m.* Romanschriftsteller (-s,-) *s.m.*
romanzo *s.m.* Roman (-s,-e) *s.m.*
rombare *v.intr.* dröhnen, donnern.
rompere *v.tr.* brechen (brach, gebrochen).
rompicapo *s.m.* 1 Sorge (-,-n) *s.f.* 2 (*indovinello*) Rätsel (-s,-) *s.n.*
rompiscatole *s.m.* (*fam.*) Nervensäge (-,-n) *s.f.*
rondine *s.f.* Schwalbe (-,-n) *s.f.*
rondò *s.m.* (*stradale*) Verkehrskreisel (-s,-) *s.m.*
ronzare *v.intr.* 1 (*di insetti*) summen 2 sausen, brummen.
rosa *agg.* rosa ♦ *s.f.* Rose (-,-n) *s.f.*

rosario *s.m.* Rosenkranz (-es,-kränze) *s.m.*
rosmarino *s.m.* (*bot.*) Rosmarin (-s/.) *s.m.*
rosolare *v.tr.* schmoren.
rosolia *s.f.* (*med.*) Röteln *s.pl.*
rospo *s.m.* (*zool.*) Kröte (-,-n) *s.f.*
rossetto *s.m.* Lippenstift (-es,-e) *s.m.*
rosso *agg.* rot.
rosticceria *s.f.* Feinkostgeschäft (-es, -e) *s.n.*
rotaia *s.f.* 1 (*ferr.*) Schiene (-,-n) *s.f.* 2 (*solco*) Radspur (-,-en) *s.f.*
rotazione *s.f.* Umdrehung (-,-en) *s.f.*
rotella *s.f.* Rädchen (-s,-) *s.n.*
rotocalco *s.m.* Illustrierte (-n,-n) *s.f.*
rotolare *v.tr.* wälzen ♦ *v.intr.* rollen.
rotolo *s.m.* Rolle (-,-n) *s.f.*
rotondo *agg.* rund.
rotta[1] *s.f.* 1 Dammbruch (-s,-brüche) *s.m.* 2 (*sconfitta*) Niederlage (-,-n) *s.f.*
rotta[2] *s.f.* Kurs (-es,-e) *s.m.*
rottame *s.m.* Schrott (-s/.) *s.m.*
rottura *s.f.* Bruch (-s, Brüche) *s.m.*
roulotte *s.f.* Wohnwagen (-s,-) *s.m.*
rovente *agg.* glühend.
rovesciare *v.tr.* 1 um-drehen 2 (*pol.*) stürzen 3 (*versare*) vergießen (vergoß, vergossen).
rovescio *agg.* verkehrt.
rovina *s.f.* 1 Verderben (-s/.) *s.n.* 2 (*pl.*) Ruinen *s.pl.*
rovinare *v.tr.* ruinieren, verderben (verdarb, verdorben).
rovistare *v.tr.* kramen (in +*dat.*).
rovo *s.m.* (*bot.*) Brombeere (-,-n) *s.f.*
rozzo *agg.* grob, roh.
rubare *v.tr.* stehlen (stahl, gestohlen).
rubinetto *s.m.* Wasserhahn (-s,-hähne) *s.m.*
rubino *s.m.* Rubin (-s,-e) *s.m.*

rubrica s.f. 1 alphabetisches Verzeichnis (-ses,-se) s.n. 2 (su giornali) Rubrik (-,-en) s.f.
rude agg. 1 hart, schwer 2 (rozzo) roh, rauh.
rudere s.m. 1 (pl.) Ruine (-,-n) s.f. 2 (casa in rovina) verfallenes Haus (-es, Häuser) s.n. 3 (di persona) Wrack (-s/.) s.n.
ruga s.f. Falte (-,-n) s.f.
ruggine s.f. Rost (-es/.) s.m.
ruggire v.intr. 1 brüllen 2 (di vento) heulen.
rugiada s.f. Tau (-s/.) s.m.
rugoso agg. runzlig, faltig.
rullare v.intr. 1 (di tamburi) dröhnen 2 (aereo) rollen.
rullino s.m. (foto) Film (-s,-e) s.m.
rullo s.m. Rolle (-,-n) s.f., Walze (-,-n) s.f.
ruminante s.m. (zool.) Wiederkäuer (-s,-) s.m.
ruminare v.tr. 1 (zool.) wiederkauen 2 (fig.) grübeln (über +acc.)
rumore s.m. Geräusch (-es,-e) s.n., (chiasso) Lärm (-s/.) s.m.
rumoreggiare v.intr. lärmen.
rumoroso agg. laut, lärmend.
ruolo s.m. 1 Rolle (-,-n) s.f. 2 (amm.) Stellenplan (-es,-pläne) s.m.
ruota s.f. 1 Rad (-es, Räder) s.n. 2 (del lotto) Lottoziehung (-,-en) s.f.
ruotare v.tr. e intr. (sich) drehen.
rupe s.f. Felsen (-s,-) s.m.
rurale agg. ländlich, Land...
ruscello s.m. Bach (-es, Bäche) s.m.
ruspa s.f. Bagger (-s,-) s.m.
russare v.intr. schnarchen.
rustico agg. 1 ländlich, rustikal 2 (scontroso) grob 3 (grezzo) roh.
rutto s.m. Rülpser (-s,-) s.m.
ruvido agg. rauh.
ruzzolare v.intr. purzeln.

S

sabato s.m. Samstag (-s,-e) s.m.
sabbia s.f. Sand (-es,-e) s.m.
sabbioso agg. sandig, Sand...
sabotaggio s.m. Sabotage (-,-n) s.f.
sabotare v.tr. sabotieren.
sacca s.f. 1 Sack (-es, Säcke) s.m. 2 (insenatura) Einbuchtung (-,-en) s.f.
saccarina s.f. (chim.) Saccharin (-/.) s.n.
saccheggiare v.tr. plündern.
saccheggio s.m. Plünderung (-,-en) s.f.
sacchetto s.m. Tüte (-,-n) s.f., Beutel (-s,-) s.m.
sacco s.m. Sack (-es, Säcke) s.m.; (fam.) Haufen (-s,-) s.m.
sacerdote s.m. Priester (-s,-) s.m.
sacramento s.m. 1 Sakrament (-s,-e) s.n. 2 (Eucaristia) Abendmahl (-s,-e) s.n.
sacrestia s.f. → **sagrestia**.
sacrificare v.tr. e intr. opfern.
sacrificio s.m. Opfer (-s,-) s.n.
sacrilegio s.m. Gotteslästerung (-,-en) s.f.
sacro agg. heilig.
sadico agg. sadistisch.
sadismo s.m. Sadismus (-s/.) s.m.
saggezza s.f. Weisheit (-/.) s.f.
saggiare v.tr. prüfen, proben.
saggio¹ agg. weise, klug.
saggio² s.m. 1 (campione) Probe (-,-n) s.f. 2 (prova) Beweis (-es,-e) s.m.
saggista s.m. Essayist (-en,-en) s.m.
sagoma s.f. 1 Profil (-s,-e) s.n.

sagrato

(*bersaglio*) Zielscheibe (-,-n) *s.f.*
sagrato *s.m.* Kirchplatz (-es,-plätze) *s.m.*
sagrestano *s.m.* Kirchendiener (-s,-) *s.m.*
sagrestia *s.f.* Sakristei (-,-en) *s.f.*
sala *s.f.* 1 Saal (-s, Säle) *s.m.* 2 (*salotto*) Wohnzimmer (-s,-) *s.n.*
salame *s.m.* Salami (-,-s) *s.f.*
salamoia *s.f.* Salzlake (-,-n) *s.f.*
salare *v.tr.* salzen.
salario *s.m.* Lohn (-es, Löhne) *s.m.*
salato *agg.* gesalzen, Salz...
saldare *v.tr.* 1 löten 2 (*fig.*) vereinigen 3 (*comm.*) saldieren, begleichen.
saldo¹ *agg.* fest, sicher.
saldo² *s.m.* (*spec.pl.*) Ausverkauf (-s, -käufe) *s.m.*
sale *s.m.* Salz (-es/.) *s.n.*
salice *s.m.* (*bot.*) Weide (-,-n) *s.f.*
saliera *s.f.* Salzgefäß (-es,-e) *s.n.*
salire *v.intr.* 1 steigen (stieg, gestiegen) 2 (*su veicolo*) ein-steigen (stieg ein, eingestiegen) 3 (*aumentare*) (an-)steigen (stieg an, angestiegen).
salita *s.f.* 1 Aufsteig (-s,-e) *s.m.* 2 (*tratto in salita*) Steigung (-,-en) *s.f.*
saliva *s.f.* Speichel (-s,-) *s.m.*
salma *s.f.* Leiche (-,-n) *s.f.*
salmastro *agg.* Salz...
salmo *s.m.* Psalm (-s,-en) *s.m.*
salmone *s.m.* Lachs (-es,-e) *s.m.*
salone *s.m.* 1 Saal (-s, Säle) *s.m.* 2 (*fiera*) Salon (-s,-s) *s.m.*
salotto *s.m.* Wohnzimmer (-s,-) *s.n.*
salpare *v.intr.* den Anker lichten ♦ *v.tr.* lichten.
salsa *s.f.* Soße (-,-n) *s.f.*
salsiccia *s.f.* Bratwurst (-,-würste) *s.f.*
salsiera *s.f.* Soßenschüssel (-,-n) *s.f.*
saltare *v.tr.* 1 springen (sprang, gesprungen) 2 (*fig.*) überspringen (übersprang, übersprungen) ♦ *v.intr.* 1 springen 2 (*venir via*) ab-gehen (ging ab, abgegangen).
saltellare *v.intr.* hüpfen, hopsen.
salto *s.m.* Sprung (-s, Sprünge) *s.m.*
saltuario *agg.* gelegentlich.
salubre *agg.* gesund, heilsam.
salumeria *s.f.* Wurstwarenhandlung (-,-en) *s.f.*
salutare¹ *v.tr.* grüßen.
salutare² *agg.* 1 gesund 2 (*fig.*) (*utile*) heilsam, nützlich.
salute *s.f.* Gesundheit (-/.) *s.f.*
saluto *s.m.* Gruß (-es, Grüße) *s.m.*
salvacondotto *s.m.* Schutzbrief (-es, -e) *s.m.*
salvadanaio *s.m.* Sparbüchse (-,-n) *s.f.*
salvagente *s.m.* Rettungsring (-es,-e) *s.m.*
salvaguardare *v.tr.* 1 schützen, (be)hüten 2 (*interessi*) wahren.
salvaguardia *s.f.* Schutz (-es/.) *s.m.*, Wahrung (-/.) *s.f.*
salvare *v.tr.* 1 retten 2 (*preservare*) (be)wahren, schützen 3 (*inform.*) speichern.
salvataggio *s.m.* 1 Rettung (-,-en) *s.f.* 2 (*inform.*) Speicherung (-/.) *s.f.*
salvavita *s.m.* (*elettr.*) Leitungsschutzschalter (-s,-) *s.m.*
salve *inter.* grüß dich.
salvezza *s.f.* Heil (-s/.) *s.n.*, Rettung (-/.) *s.f.*
salvia *s.f.* Salbei (-/.) *s.m.*
salvietta *s.f.* Serviette (-,-n) *s.f.*
salvo *agg.* 1 heil, unversehrt 2 gerettet ♦ *prep.* außer (+*dat.*), abgesehen von.
sambuco *s.m.* (*bot.*) Holunder (-s/.) *s.m.*

sancire *v.tr.* 1 bekräftigen 2 (*confermare*) bestätigen.
sandalo¹ *s.m.* Sandale (-,-n) *s.f.*
sandalo² *s.m.* (*albero*) Sandelbaum (-s,-bäume) *s.m.*
sangue *s.m.* Blut (-es/,-) *s.n.*
sanguinare *v.intr.* bluten.
sanguinario *agg.* blutrünstig.
sanguinoso *agg.* blutig.
sanità *s.f.* Gesundheitswesen (-s,-) *s.n.*
sanitario *agg.* 1 Gesundheits... 2 (*igienico*) sanitär.
sano *agg.* 1 gesund 2 (*fam.*) (*intatto*) heil, unzerbrochen.
santificare *v.tr.* heiligen.
santità *s.f.* Heiligkeit (-/.) *s.f.*
santo *agg.* 1 heilig 2 (*buono*) gut ♦ *s.m.* Heilige (-n,-n) *s.m.*
santuario *s.m.* 1 (*luogo sacro*) Heiligtum (-s/.) *s.n.* 2 (*chiesa*) Wallfahrtskirche (-,-n) *s.f.*
sanzione *s.f.* 1 (*approvazione*) Zustimmung (-,-en) *s.f.* 2 (*misura punitiva*) Sanktion (-,-en) *s.f.*, Strafe (-,-n) *s.f.*
sapere *v.tr.* 1 wissen (wußte, gewußt) 2 (*fam.*) (*conoscere*) kennen (kannte, gekannt) 3 (*venire a sapere*) erfahren (erfuhr, erfahren) ♦ *v.intr.* (*aver sapore*) schmecken nach; (*aver odore*) riechen (roch, gerochen) nach.
sapiente *agg.* weise, klug; gelehrt ♦ *s.m.* Weise (-n,-n) *s.m.*
sapienza *s.f.* Weisheit (-/.) *s.f.*
sapone *s.m.* Seife (-,-n) *s.f.*
sapore *s.m.* Geschmack (-s/.) *s.m.*
saporito *agg.* 1 (*gastr.*) schmackhaft, lecker 2 (*fig.*) genußvoll.
saracinesca *s.f.* 1 Rolladen (-s,-läden) *s.m.* 2 (*idraulica*) Schieber (-s,-) *s.m.*
sarcasmo *s.m.* Sarkasmus (-,-men) *s m*

sarcastico *agg.* sarkastisch.
sarda, sardina *s.f.* Sardine (-,-n) *s.f.*
sarta *s.f.* Schneiderin (-,-nen) *s.f.*
sarto *s.m.* Schneider (-s,-) *s.m.*
sasso *s.m.* Stein (-s,-e) *s.m.*
sassofono *s.m.* (*mus.*) Saxophon (-s,-e) *s.n.*
sassoso *agg.* steinig.
satanico *agg.* satanisch, teuflisch.
satellite *s.m.* Satellit (-en,-en) *s.m.*, Trabant (-en,-en) *s.m.*
satira *s.f.* Satire (-/.) *s.f.*
saturare *v.tr.* 1 sättigen 2 (*fig.*) füllen.
sauna *s.f.* Sauna (-,-s) *s.f.*
savana *s.f.* Savanne (-,-n) *s.f.*
saziare *v.tr.* 1 sättigen 2 (*fig.*) befriedigen.
sazietà *s.f.* Sattheit (-/.) *s.f.*
sazio *agg.* satt.
sbadato *agg.* zerstreut, unachtsam.
sbadigliare *v.intr.* gähnen.
sbagliare *v.tr.* verfehlen ♦ *v.intr.* sich irren.
sbagliato *agg.* falsch.
sbaglio *s.m.* 1 Fehler (-s,-) *s.m.* 2 (*colpa*) Schuld (-/.) *s.f.*
sbalordire *v.tr.* verblüffen.
sbandare *v.intr.* 1 (*auto*) schleudern 2 (*fig.*) entgleisen.
sbandierare *v.tr.* 1 schwenken 2 (*fig.*) zur Schau stellen.
sbando *s.m.* Orientierungslosigkeit (-/.) *s.f.*
sbaraccare *v.tr.* e *intr.* (*fam.*) weg-räumen.
sbaragliare *v.tr.* zerschlagen (zerschlug, zerschlagen).
sbarazzarsi *v.pron.* sich entledigen, sich befreien.
sbarcare *v.tr.* 1 landen 2 (*fig.*) über-

sbarco

stehen (überstand, überstanden) ♦ *v. intr.* (*aereo*) aus·steigen (stieg aus, ausgestiegen); (*mar.*) an Land gehen (ging, gegangen).

sbarco *s.m.* Ausschiffung (-,-en) *s.f.*

sbarra *s.f.* Schranke (-,-n) *s.f.*

sbarrare *v.tr.* 1 (ver)sperren 2 (*barrare*) durch·streichen (strich durch, durchgestrichen).

sbattere *v.tr.* 1 schlagen (schlug, geschlagen) 2 (*fam.*) schmeißen (schmiß, geschmissen) ♦ *v.intr.* 1 schlagen (schlug, geschlagen) 2 (*urtare*) stoßen (stieß, gestoßen).

sberla *s.f.* Ohrfeige (-,-n) *s.f.*

sbiadire *v.tr.* aus·bleichen ♦ *v.intr.* verblassen.

sbigottimento *s.m.* Verblüffung (-/.) *s.f.*

sbigottire *v.tr.* verblüffen; (*turbare*) bestürzen.

sbilanciare *v.tr.* aus dem Gleichgewicht bringen (brachte, gebracht).

sbirciare *v.tr.* verstohlen blicken.

sbirro *s.m.* (*gergo*) Bulle (-n,-n) *s.m.*

sbloccare *v.tr.* lösen.

sboccare *v.intr.* münden.

sboccato *agg.* unanständig.

sbocciare *v.intr.* auf·blühen.

sbocco *s.m.* 1 Mündung (-,-en) *s.f.* 2 (*fig.*) Möglichkeit (-,-en) *s.f.* 3 (*econ.*) Absatzmarkt (-es,-märkte) *s.m.*

sbocconcellare *v.tr.* knabbern an (+*dat.*)

sbornia Rausch (-es, Räusche) *s.m.*

sborsare *v.tr.* aus·geben (gab aus, ausgegeben).

sbottonare *v.tr.* auf·knöpfen.

sbraitare *v.intr.* brüllen.

sbranare *v.tr.* 1 zerfleischen 2 (*fig.*) zerreißen (zerriß, zerrissen).

sbriciolare *v.tr.* zerbröckeln, zerkrümeln.

sbrigare *v.tr.* 1 erledigen 2 (*sbrigarsela*) fertig werden (mit) ♦ **sbrigarsi** *v.pron.* sich beeilen.

sbrigativo *agg.* 1 eilig 2 (*superficiale*) übereilt, vorschnell.

sbrinamento *s.m.* Abtauen (-s/.) *s.n.*

sbrinare *v.tr.* ab·tauen.

sbrindellato *agg.* zerfetzt.

sbrodolare *v.tr.* besudeln.

sbrogliare *v.tr.* 1 entwirren 2 (*risolvere*) lösen 3 (*sgombrare*) leer machen.

sbronza *s.f.* (*fam.*) Rausch (-es, Räusche) *s.m.*

sbronzo *agg.* (*fam.*) (stock)besoffen, blau.

sbruffone *s.m.* Angeber (-s,-) *s.m.*

sbucare *v.intr.* heraus·kommen (kam heraus, herausgekommen).

sbucciare *v.tr.* schälen.

sbuffare *v.intr.* 1 schnauben 2 (*di locomotiva*) schnaufen 3 (*sofferenza*) stöhnen.

scabbia *s.f.* (*med.*) Krätze (-/.) *s.f.*

scabro *agg.* 1 rauh 2 (*fig.*) knapp, nüchtern.

scabroso *agg.* 1 heikel 2 (*malagevole*) holprig, uneben.

scacchiera *s.f.* Schachbrett (-es,-er) *s.n.*

scacciare *v.tr.* vertreiben (vertrieb, vertrieben), verscheuchen.

scacco *s.m.* Schach (-s/.) *s.n.*

scadente *agg.* schlecht, minderwertig.

scadenza *s.f.* 1 Ablauf (-s,-läufe) *s.m.* 2 (*termine di tempo*) Frist (-,-en) *s.f.*

scadere *v.intr.* 1 ab·laufen (lief ab, abgelaufen) 2 (*perdere pregio*) sinken (sank, gesunken).

scadimento *s.m.* Verfall (-s/.) *s.m.*, Niedergang (-s/.) *s.m.*

scafandro *s.m.* Taucheranzug (-s,-züge) *s.m.*

scaffalatura *s.f.* Regale *s.pl.*

scaffale *s.m.* Regal (-s,-e) *s.n.*

scafo *s.m.* (*mar.*) Schiffsrumpf (-es,-rümpfe) *s.m.*

scagionare *v.tr.* entlasten.

scaglia *s.f.* (*zool.*) Schuppe (-,-n) *s.f.*

scagliare *v.tr.* schleudern, werfen (warf, geworfen) ♦ **scagliarsi** *v.pron.* **1** sich stürzen **2** (*fig.*) wettern.

scaglionare *v.tr.* staffeln, auf.teilen.

scaglione *s.m.* **1** (*mil.*) Staffel (-,-n) *s.f.* **2** (*amm./econ.*) Stufe (-,-n) *s.f.*

scala *s.f.* **1** Treppe (-,-n) *s.f.*, Leiter (-,-n) *s.f.* **2** (*fig.*) Skala (-,-len) *s.f.*

scalare¹ *agg.* **1** treppenartig **2** (*Banca*) Staffel...

scalare² *v.tr.* **1** besteigen (bestieg, bestiegen) **2** (*disporre in scala*) ab.stufen **3** (*detrarre*) ab.ziehen (zog ab, abgezogen).

scalata *s.f.* Besteigung (-,-en) *s.f.*

scalatore *s.m.* **1** Bergsteiger (-,-) *s.m.* **2** (*ciclismo*) Kletterer (-s,-) *s.m.*

scaldabagno *s.m.* Boiler (-s,-) *s.m.*

scaldare *v.tr.* **1** wärmen **2** (*eccitare*) erhitzen.

scalfire *v.tr.* schrammen.

scalinata *s.f.* Freitreppe (-,-n) *s.f.*

scalino *s.m.* Stufe (-,-n) *s.f.*

scalo *s.m.* **1** (*mar.*) Landungsplatz (-es,-plätze) *s.m.* **2** (*aereo*) Zwischenlandung (-,-en) *s.f.* **3** (*ferr.*) Bahnhof (-s,-höfe) *s.m.*

scaloppina *s.f.* (*gastr.*) Schnitzel (-s,-) *s.m.*

scalpello *s.m.* Meißel (-,-n) *s.m.*; (*per legno*) Stechbeitel (-s,-) *s.m.*

scalpore *s.m.* Aufsehen (-s/.) *s.n.*

scaltro *agg.* gewitzt, verschlagen, schlau.

scalzo *agg.* barfüßig ♦ *avv.* barfuß.

scambiare *v.tr.* **1** (*con*) (um-)tauschen (gegen) **2** (*prendere per altro*) (*per*) verwechseln (mit) **3** (*opinioni*) aus.tauschen **4** (*sostituire*) vertauschen.

scambio *s.m.* **1** Austausch (-es,-e) *s.m.* **2** (*errore*) Verwechslung (-,-en) *s.f.*

scampo¹ *s.m.* Ausweg (-es,-e) *s.m.*

scampo² *s.m.* (*zool.*) Kaisergranat (-s,-e) *s.m.*

scampolo *s.m.* Stoffrest (-es,-e) *s.m.*

scanalatura *s.f.* Rille (-,-n) *s.f.*

scandagliare *v.tr.* aus.loten (*anche fig.*).

scandalistico *agg.* Skandal...

scandalizzare *v.tr* schockieren, Anstoß erregen an (+*dat.*).

scandalo *s.m.* Skandal (-s,-e) *s.m.*

scandaloso *agg.* skandalös.

scansafatiche *s.m.* (*spreg.*) Nichtstuer (-s,-) *s.m.*, Faulpelz (-es,-e) *s.m.*

scansare *v.tr.* **1** weg.rücken **2** (*schivare*) aus.weichen (wich aus, ausgewichen) (+*dat.*).

scantinato *s.m.* Kellergeschoß (-es,-e) *s.n.*

scapaccione *s.m.* leichter Schlag (-s,Schläge) *s.m.* auf den Kopf.

scapola *s.f.* (*anat.*) Schulterblatt (-,-blätter) *s.n.*

scapolo *agg.* ledig.

scappamento *s.m.* (*auto*) Auspuff (-es,-e) *s.m.*

scappare *v.intr.* fliehen (floh, geflohen), weg.laufen (lief weg, weggelaufen).

scappata *s.f.* Sprung (-s, Sprünge) *s.m.*

scappatella *s.f.* Seitensprung (-s, -sprünge) *s.m.*

scappatoia *s.f.* Ausweg (-es,-e) *s.m.*

scarabeo *s.m.* 1 (*zool.*) Skarabäus (-,-bäen) *s.m.* 2 (*gioco*) Scrabble (-s/.) *s.n.*

scarabocchiare *v.tr* (be)kritzeln; schmieren.

scarafaggio *s.m.* (*zool.*) Kakerlak (-s, -en) *s.m.*, Küchenschabe (-,-n) *s.f.*

scaramanzia *s.f.* Beschwörung (-,-en) *s.f.*

scaraventare *v.tr* werfen (warf, geworfen), schleudern.

scarcerare *v.tr.* aus der Haft entlassen (entließ, entlassen).

scarcerazione *s.f.* Haftentlassung (-, -en) *s.f.*

scardinare *v.tr.* aus den Angeln heben (hob, gehoben).

scarica *s.f.* 1 Salve (-,-n) *s.f.* 2 (*fig.*) Hagel (-s/.) *s.m.* 3 (*elettr.*) Stromschlag (-s,-schläge) *s.m.*

scaricare *v.tr* 1 entladen (entlud, entladen) 2 (*riversare*) ergießen (ergoß, ergossen) 3 (*fam.*) (*liberarsi*) los·werden (wurde los, losgeworden).

scaricatore *s.m.* 1 Auslader (-s,-) *s.m.* 2 (*dispositivo*) Kipper (-s,-) *s.m.*

scarico *agg.* leer, unbeladen.

scarlattina *s.f.* (*med.*) Scharlach (-s/.) *s.m.*

scarlatto *agg.* scharlachrot.

scarmigliato *agg.* zerzaust, zerrauft.

scarno *agg.* 1 hager, mager 2 (*fig.*) schmucklos.

scarpa *s.f.* Schuh (-s,-e) *s.m.* 2 (*fig.*) Stümper (-s,-) *s.m.*

scarpata *s.f.* Böschung (-,-en) *s.f.*

scarpiera *s.f.* Schuhschrank (-s, -schränke) *s.m.*

scarpone *s.m.* Bergschuh (-s,-e) *s.m.*

scarseggiare *v.intr.* 1 (*mancare*) mangeln 2 (*diventare scarso*) sich verknappen.

scarsezza *s.f.* Mangel (-s, Mängel) *s.m.*

scarso *agg.* 1 mager, wenig 2 (*debole*) schwach 3 (*di misura*) knapp.

scartare¹ *v.tr.* 1 aus·packen 2 (*giochi di carte*) ab·legen 3 (*respingere*) verwerfen (verwarf, verworfen).

scartare² *v.intr.* aus·brechen (brach aus, ausgebrochen) ♦ *v.tr.* (*calcio*) um·dribbeln.

scarto¹ *s.m.* 1 (*lo scartare*) Wegwerfen (-s/.) *s.n.* 2 (*cosa scartata*) Abfall (-s,-fälle) *s.m.*

scarto² *s.m.* 1 Seitensprung (-s, -sprünge) *s.m.* 2 (*differenza*) Abstand (-es,-stände) *s.m.*

scassinare *v.tr.* auf·brechen (brach auf, aufgebrochen); (*fam.*) knacken.

scassinatore *s.m.* Einbrecher (-s,-) *s.m.*

scasso *s.m.* Einbruch (-s,-brüche) *s.m.*

scatenare *v.tr.* entfesseln.

scatola *s.f.* Schachtel (-,-n) *s.f.*

scatolame *s.m.* Konserven *s.pl.*

scattare *v.intr.* 1 zu·schnappen 2 (*balzare*) springen (sprang, gesprungen) ♦ *v.tr.* (*una foto*) knipsen.

scatto *s.m.* 1 (*di congegno*) Losgehen (-s/.) *s.n.* 2 (*moto brusco*) Ausbruch (-s,-brüche) *s.m.* 3 (*sport*) Spurt (-s, -s) *s.m.* 4 (*telefonia*) Gebühreneinheit (-,-en) *s.f.*

scaturire *v.intr.* 1 heraus·sprudeln 2 (*fig.*) (*derivare*) entspringen (entsprang, entsprungen).

scavalcare *v.tr* 1 überklettern 2 (*fig.*) überflügeln.

scavare *v.tr.* 1 graben (grub, gegra-

ben) 2 (*indagare*) nach·forschen.
scavatrice *s.f.* Bagger (-s,-) *s.m.*
scavo *s.m.* 1 Grube (-,-n) *s.f.* 2 (*archeologico*) Ausgrabung (-,-en) *s.f.*
scegliere *v.tr* 1 wählen 2 (*selezionare*) aus·suchen, aus·wählen.
sceicco *s.m.* Scheich (-s,-s) *s.m.*
scellerato *agg.* frevelhaft.
scelta *s.f.* 1 Wahl (-,-en) *s.f.* 2 (*raccolta*) Auswahl (-/-.) *s.f.*
scelto *agg.* 1 gewählt 2 (*prescelto*) ausgewählt.
scemo *agg.* (*fam.*) dämlich, dumm ♦ *s.m.* Dummkopf (-es,-köpfe) *s.m.*
scempio *s.m.* 1 Gemetzel (-s,-) *s.m.* 2 (*fig.*) (*distruzione*) Zerstörung (-,-en) *s.f.*
scena *s.f.* Szene (-,-n) *s.f.*
scenario *s.m.* (*teatr.*) Szenerie (-,-en) *s.f.*
scendere *v.intr.* 1 hinunter·gehen (ging hinunter, hinuntergegangen) 2 (*venir giù*) herunter·kommen (kam herunter, heruntergekommen) 3 (*diminuire*) sinken (sank, gesunken).
sceneggiare *v.tr* inszenieren.
sceneggiato *s.m.* Fernsehfilm (-s,-e) *s.m.*
sceneggiatore *s.m.* Drehbuchautor (-s,-en) *s.m.*
sceneggiatura *s.f.* 1 Inszenierung (-,-en) *s.f.* 2 (*copione*) Drehbuch (-es,-bücher) *s.n.*
scenografia *s.f.* Bühnenbild (-es,-er) *s.n.*
scenografo *s.m.* Bühnenbildner (-s,-) *s.m.*
sceriffo *s.m.* Sheriff (-s,-e) *s.m.*
scervellarsi *v.pron.* (*su*) sich (+*dat.*) den Kopf zerbrechen (zerbrach, zerbrochen) (über +*acc.*)

scetticismo *s.m.* Skeptizismus (-/.) *s.m.*
scettico *agg.* skeptisch.
scheda *s.f.* 1 Zettel (-s,-) *s.m.*, Karte (-,-n) *s.f.* 2 (*elettorale*) Stimmzettel (-s,-) *s.m.*
schedare *v.tr* ein·tragen (trug ein, eingetragen), registrieren.
schedario *s.m.* Kartei (-,-en) *s.f.*
schedina *s.f.* 1 Zettelchen (-s,-) *s.n.* 2 (*totocalcio*) Tippschein (-s,-e) *s.m.*
scheggia *s.f.* Splitter (-s,-) *s.m.*
scheggiare *v.tr* an·schlagen (schlug an, angeschlagen) ♦ **scheggiarsi** *v.pron.* splittern.
scheletro *s.m.* 1 (*anat.*) Skelett (-s,-e) *s.n.* 2 Gerüst (-es,-e) *s.n.*
schema *s.m.* 1 Schema (-s,-s) *s.n.* 2 (*abbozzo*) Entwurf (-s,-würfe) *s.m.* 3 (*fig.*) Klischee (-s,-s) *s.n.*
scherma *s.f.* Fechten (-s/.) *s.n.*
schermare *v.tr* ab·schirmen.
schermo *s.m.* 1 (*protezione*) Schutz (-es/.) *s.m.* 2 (*per proiezione*) Leinwand (-,-wände) *s.f.*
schernire *v.tr* verhöhnen, verspotten.
scherno *s.m.* Verhöhnung (-,-en) *s.f.*, Hohn (-s/.) *s.m.*
scherzare *v.intr.* scherzen.
scherzo *s.m.* Scherz (-es,-e) *s.m.*, Spaß (-es, Späße) *s.m.*
scherzoso *agg.* Scherz..., scherzhaft.
schettinare *v.intr.* Rollschuh laufen (lief, gelaufen).
schettino *s.m.* Rollschuh (-s,-e) *s.m.*
schiaccianoci *s.m.* Nußknacker (-s,-) *s.m.*
schiacciapatate *s.m.* Kartoffelpresse (-,-n) *s.f.*
schiacciare *v.tr* 1 quetschen, zerdrücken 2 (*premere*) drücken 3 (*fig.*)

schiaffeggiare 202

(*soprafare*) schlagen (schlug, geschlagen); (*opprimere*) erdrücken.
schiaffeggiarsi v.*tr* ohrfeigen.
schiaffo s.*m.* 1 Ohrfeige (-,-n) s.*f.* 2 (*fig.*) Schlag (-es, Schläge) s.*m.*
schiamazzo s.*m.* 1 (*zool.*) (*di galline*) Gegacker (-s/,-) s.*n.*; (*di oche*) Geschnatter (-s/,-) s.*n.* 2 Lärm (-s/,-) s.*m.*
schiantare v.*tr* (*piante*) spalten ♦ v.*intr.* (*fam.*) platzen ♦ **schiantarsi** v.*pron.* zerschellen.
schianto s.*m.* 1 Knall (-s,-e) s.*m.* 2 (*fam.*) Wucht (-/,-) s.*f.*
schiappa s.*f.* (*pop.*) Niete (-,-n) s.*f.*
schiarimento s.*m.* 1 Aufhellung (-/,-) s.*f.* 2 (*fig.*) Klarheit (-/,-) s.*f.*
schiarire v.*tr* aufhellen.
schiarita s.*f.* 1 Aufheiterung (-,-n) s.*f.* 2 (*fig.*) (*distensione*) Entspannung (-/,-) s.*f.*
schiavitù s.*f.* Sklaverei (-/,-) s.*f.*; Joch (-s/,-) s.*m.*
schiavo s.*m.* Sklave (-n,-n) s.*m.*
schiena s.*f.* Rücken (-s,-) s.*m.*
schienale s.*m.* Rückenlehne (-,-n) s.*f.*
schiera s.*f.* Schar (-,-en) s.*f.*; (*fila*) Reihe (-,-n) s.*f.*
schierare v.*tr* (*mil./sport*) aufstellen.
schietto agg. 1 (*puro*) rein, echt 2 (*franco*) ehrlich, aufrichtig.
schifezza s.*f.* Widerlichkeit (-/,-) s.*f.*
schifo s.*m.* Ekel (-s/,-) s.*m.*
schifoso agg. ekelhaft, widerlich.
schioccare v.*tr.* e *intr.* schnalzen.
schiudere v.*tr* halb öffnen ♦ **schiudersi** v.*pron.* sich öffnen.
schiuma s.*f.* 1 Schaum (-s, Schäume) s.*m.* 2 (*bava*) Geifer (-s/,-) s.*m.*
schiumaiola s.*f.* Schaumlöffel (-s,-) s.*m.*
schiuso agg. geöffnet, offen.

schivare v.*tr* 1 aus·weichen (wich aus, ausgewichen) (+*dat.*) 2 (*evitare*) meiden (mied, gemieden).
schivo agg. zurückhaltend, scheu.
schizzare v.*intr.* 1 spritzen 2 (*saltar fuori*) schießen (schoß, geschossen) ♦ v.*tr.* 1 (ver)spritzen 2 (*sporcare*) bespritzen, beschmutzen 3 (*disegnare*) skizzieren ♦ **schizzarsi** v.*pron.* sich bespritzen.
schizzinoso agg. zimperlich, heikel, wählerisch.
schizzo s.*m.* 1 Spritzer (-s,-) s.*m.* 2 (*disegno*) Skizze (-,-n) s.*f.*
sci s.*m.* 1 Ski (-s,-er) s.*m.* 2 (*sport*) Skisport (-s/,-) s.*m.*
scia s.*f.* Kielwasser (-s,-) s.*n.*
sciabola s.*f.* Säbel (-s,-) s.*m.*
sciacallo s.*m.* 1 (*zool.*) Schakal (-s,-e) s.*m.* 2 (*chi ruba*) Plünderer (-s,-) s.*m.*
sciacquare v.*tr* ab·spülen.
sciacquo s.*m.* Mundspülung (-,-en) s.*f.*
sciacquone s.*m.* Spülkasten (-s,-kästen) s.*m.*
sciagura s.*f.* Unglück (-s,-e) s.*n.*
sciagurato agg. 1 unglücklich 2 (*che comporta sciagure*) unheilvoll.
scialacquare v.*tr* vergeuden, verschwenden.
scialbo agg. 1 (*pallido*) blaß, fahl, bleich 2 (*fig.*) farblos, fad(e).
scialle s.*m.* Schultertuch (-es,-tücher) s.*n.*
scialuppa s.*f.* Beiboot (-s,-e) s.*n.*, Schaluppe (-,-n) s.*f.*
sciamare v.*intr.* aus·schwärmen (*anche fig.*).
sciame s.*m.* Schwarm (-s, Schwärme) s.*m.*, Schar (-,-en) s.*f.*
sciarada s.*f.* 1 Scharade (-,-n) s.*f.* 2 (*fig.*) Rätsel (-s,-) s.*n.*

sciare *v.intr.* Ski laufen (lief, gelaufen).
sciarpa *s.f.* 1 Schal (-s,-s) *s.m.* 2 *(fascia)* Schärpe (-,-n) *s.f.*
sciatore *s.m.* Skiläufer (-s,-) *s.m.*
sciatto *agg.* schlampig.
scientifico *agg.* wissenschaftlich.
scienza *s.f.* Wissenschaft (-,-en) *s.f.*
scienziato *s.m.* Wissenschaftler (-s,-) *s.m.*
scimmia *s.f.* Affe (-n,-n) *s.m.*
scimmiottare *v.tr* nach·äffen, nach·machen.
scimpanzé *s.m.* Schimpanse (-n,-n) *s.m.*
scindere *v.tr* spalten.
scintilla *s.f.* Funke (-ns,-n) *s.m.*
scintillante *agg.* glitzernd, glänzend.
scintillare *v.intr.* glitzern, sprühen.
scintillio *s.m.* Glitzern (-s,) *s.n.*
scioccare *v.tr* schockieren.
sciocchezza *s.f.* 1 Dummheit (-,-en) *s.f.* 2 *(cosa da poco)* Kleinigkeit (-,-en) *s.f.*
sciocco *agg.* dumm, töricht.
sciogliere *v.tr* 1 lösen 2 *(discioliere)* auf·lösen 3 *(liberare)* los·sprechen (sprach los, losgesprochen) ♦ **sciogliersi** *v.pron.* schmelzen (schmolz, geschmolzen).
scioglilingua *s.m.* Zungenbrecher (-s,-) *s.m.*
scioglimento *s.m.* Auflösung (-,-en) *s.f.*
scioltezza *s.f.* Freiheit (-/.) *s.f.*, Gelöstheit (-/.) *s.f.*
sciolto *agg.* 1 los 2 *(libero)* frei 3 *(agile)* gewandt 4 *(disciolto)* aufgelöst 5 *(fuso)* geschmolzen 6 *(discinto)* gelöst, offen.
scioperante *s.m./f.* Streikende (-n,-n) *s.m./f.*

scioperare *v.intr.* streiken.
sciopero *s.m.* Streik (-s,-e/-s) *s.m.*
scippare *v.tr.* durch Wegreißen stehlen (stahl, gestohlen).
scippo *s.m.* Handtaschenraub (-s/.) *s.m.*
sciroppo *s.m.* Sirup (-s,-e) *s.m.*
sciropposo *agg.* dickflüssig.
scisma *s.m.* Schisma (-s,-men) *s.n.*
scissione *s.f.* Spaltung (-,-en) *s.f.*
sciupare *v.tr.* 1 *(rovinare)* zu·richten 2 *(sprecare)* verschwenden ♦ **sciuparsi** *v.pron.* sich ruinieren.
sciupio *s.m.* Vergeudung (-/.) *s.f.*
scivolare *v.intr.* 1 rutschen 2 *(cadere)* aus·rutschen.
scivolata *s.f.* Ausrutscher (-s,-) *s.m.*
scivolo *s.m.* Rutsche (-,-n) *s.f.*
scivoloso *agg.* rutschig.
scocciare *v.tr.* *(fam.)* lästig sein (+*dat.*) ♦ **scocciarsi** *v.pron.* 1 die Lust verlieren (verlor, verloren) 2 *(seccarsi)* sich ärgern.
scocciatore *s.m.* *(fam.)* Nervensäge (-,-n) *s.f.*
scocciatura *s.f.* *(fam.)* Unannehmlichkeit (-,-en) *s.f.*
scodella *s.f.* *(ciotola)* Schüssel (-,-n) *s.f.*; *(piatto fondo)* Suppenteller (-s,-) *s.m.*
scodinzolare *v.intr.* 1 wedeln 2 *(scherz.)* *(di persone)* herumschwänzeln (um).
scoglio *s.f.* Klippe (-,-n) *s.f.*; *(barriera di scogli)* Riff (-s,-e) *s.n.*
scoglio *s.m.* 1 Felsblock (-s,-blöcke) *s.m.* 2 *(fig.)* Hürde (-,-n) *s.f.*
scoglioso *agg.* klippenreich.
scoiattolo *s.m.* Eichhörnchen (-s,-) *s.n.*
scolapasta *s.m.* Nudelsieb (-es,-e) *s.n.*
scolapiatti *s.m.* Abtropfständer (-s,-) *s.m.*

scolare¹ *agg.* Schul...

scolare² *v.tr.* 1 ab-gießen (goß ab, abgegossen) 2 *(fam.)* hinunter-schütten ♦ *v.intr.* ab-fließen (floß ab, abgeflossen).

scolaro *s.m.* Schüler (-s,-) *s.m.*

scolastico *agg.* 1 Schul..., schulisch 2 *(spreg.)* oberflächlich.

scollare> v.tr. ab-lösen.

scollato *agg.* tief ausgeschnitten.

scollatura *s.f.* Ausschnitt (-s,-e) *s.m.*

scolo *s.m.* Abfluß (-flusses,-flüsse) *s.m.*

scolorire *v.tr.* entfärben ♦ *v.intr.* verblassen.

scolpire *v.tr.* 1 *(modellare)* meißeln 2 *(fig.)* ein-prägen.

scombinare *v.tr.* 1 durcheinanderbringen (brachte durcheinander, durcheinandergebracht) 2 *(mandare a monte)* vereiteln.

scombinato *agg.* ungeordnet.

scombussolare *v.tr.* verwirren.

scommessa *s.f.* 1 Wette (-,-n) *s.f.* 2 *(somma)* Einsatz (-es,-sätze) *s.m.*

scommettere *v.tr.* wetten um (+*acc.*) ♦ *v.intr.* wetten.

scommettitore *s.m.* Wettende (-n,-n) *s.m.*

scomodare *v.tr.* bemühen, stören

scomodità *s.f.* Unbequemlichkeit (-,-en) *s.f.*

scomodo *agg.* unbequem.

scompagnato *agg.* einzeln.

scomparire *v.intr.* verschwinden (verschwand, verschwunden).

scomparsa *s.f.* 1 Verschwinden (-s/.) *s.n.* 2 *(morte)* Hinscheiden (-s/.) *s.n.*

scomparso *agg.* untergegangen, verschwunden.

scompartimento *s.m.* *(ferr.)* Abteil (-s,-e) *s.n.*

scomparto *s.m.* Fach (-s, Fächer) *s.n.*

scompigliare *v.tr.* verwirren; *(capelli)* zersausen.

scompiglio *s.m.* Unordnung (-/.) *s.f.*

scomponibile *agg.* zerlegbar.

sconcertare *v.tr.* verblüffen, erschüttern.

sconcerto *s.m.* Verblüffung (-/.) *s.f.*

sconclusionato *agg.* 1 zusammenhanglos 2 *(di persona)* unschlüssig.

scondito *agg.* ungewürzt.

sconfessare *v.tr.* 1 *(ritrattare)* verleugnen 2 *(disconoscere)* gering-schätzen.

sconfiggere *v.tr.* 1 besiegen *(anche sport)* 2 *(superare)* überwinden (überwand, überwunden).

sconfinare *v.intr.* 1 die Grenze überschreiten (überschritt, überschritten) 2 *(fig.)* ab-kommen (kam ab, abgekommen).

sconfinato *agg.* grenzenlos; unbegrenzt.

sconfitta *s.f.* Niederlage (-,-n) *s.f.*

sconfortante *agg.* entmutigend, trostlos.

sconforto *s.m.* Verzagtheit (-/.) *s.f.*

scongelare *v.tr.* auf-tauen.

scongiurare *v.tr.* 1 beschwören 2 *(allontanare)* ab-wehren.

scongiuro *s.m.* Beschwörung (-,-en) *s.f.*

sconnesso *agg.* unzusammenhängend, zusammenhangslos.

sconosciuto *agg.* unbekannt.

sconquasso *s.m.* 1 Zerstörung (-,-en) *s.f.* 2 *(fig.)* Durcheinander (-s/.) *s.n.*

sconsacrare *v.tr.* *(relig.)* entweihen.

sconsiderato *agg.* unüberlegt.

sconsigliare *v.tr.* ab-raten (riet ab, abgeraten) (von +*dat.*).

sconsolato agg. 1 untröstlich 2 (*triste*) traurig.
scontare v.tr. 1 (*fin.*) diskontieren 2 (*ribassare*) ermäßigen 3 (*detrarre*) abziehen (zog ab, abgezogen) 4 (*espiare*) ab∙büßen.
scontato agg. 1 (*ribassato*) ermäßigt 2 (*prevedibile*) voraussehbar.
scontentare v.tr. unzufrieden machen.
scontentezza s.f. Unzufriedenheit (-/-) s.f.
scontento agg. unzufrieden.
sconto s.m. 1 Preisnachlaß (-lasses/-lässe) s.m. 2 (*per pronta cassa*) Skonto (-s, -ti) s.m. 3 (*per quantità*) Rabatt (-es, -e) s.m. 4 (*fin.*) Diskont (-es, -e) s.m.
scontrarsi v.pron. 1 zusammen∙stoßen (stieß zusammen, zusammengestoßen) 2 (*fig.*) eine Auseinandersetzung haben.
scontrino s.m. Kassenzettel (-s,-) s.m.
scontro s.m. 1 Zusammenstoß (-es, -stöße) s.m. 2 (*contrasto*) Auseinandersetzung (-,-en) s.f.
scontroso agg. unverträglich.
sconveniente agg. unpassend.
sconvolgere v.tr. 1 erschüttern 2 (*devastare*) verwüsten.
scoordinato agg. unkoordiniert (*anche fig.*).
scopa s.f. Besen (-s,-) s.m.
scopare v.tr. 1 kehren, fegen 2 (*volgare*) bumsen.
scoperta s.f. Entdeckung (-,-en) s.f.
scoperto agg. 1 offen 2 unbedeckt | *a viso -*, (*fig.*) mit gutem Gewissen 3 (*fin.*) (*assegno*) ungedeckt ♦ s.m. 1 *allo -*, im Freien 2 (*fin.*) ungedeckter Betrag (-es,-träge) s.m.
scopo s.m. Zweck (-s,-e) s.m., Ziel (-s,-e) s.n.

scoppiare v.intr. 1 platzen 2 (*prorompere*) aus∙brechen (brach aus, ausgebrochen) 3 (*fig.*) platzen.
scoppio s.m. 1 (*esplosione*) Explosion (-,-en) s.f. | *motore a –*, Verbrennungsmotor (-s,-en) s.m.; *reagire a – ritardato*, (*fig.*) eine Spätzündung haben 2 (*rumore*) Knall (-s,-e) s.m. 3 (*fig.*) Ausbruch (-s,-brüche) s.m.
scoprire v.tr. 1 ab∙decken 2 (*fig.*) entdecken 3 (*individuare*) finden (fand, gefunden).
scoraggiare v.tr. entmutigen ♦ **scoraggiarsi** v.pron. verzagen.
scorciatoia s.f. 1 Abkürzung (-,-en) s.f. 2 kürzester Weg (-es/.) s.m.
scordare[1] v.tr. vergessen (vergaß, vergessen).
scordare[2] v.tr. (*mus.*) verstimmen.
scordato agg. (*di strumento*) verstimmt.
scorfano s.m. (*fig.*) Ungeheuer (-s,-) s.n.
scorgere v.tr. 1 erblicken 2 (*fig.*) erkennen (erkannte, erkannt).
scorie s.f.pl. Abfälle s.pl.
scorno s.m. Schmach (-/.) s.f.
scorpacciata s.f.: *farsi una – (di)*, sich vollschlagen (mit).
scorpione s.m. 1 Skorpion (-s,-e) s.m. 2 (*astrologia*) Skorpion (-s/-.) s.m.
scorrere v.intr. 1 strömen 2 (*trascorrere*) vergehen (verging, vergangen) ♦ v.tr. überfliegen (überflog, überflogen).
scorrettezza s.f. Unkorrektheit (-,-en) s.f.
scorretto agg. 1 unkorrekt 2 (*sleale*) unfair.
scorrevole agg. 1 verschiebbar 2 (*fig.*) flüssig.
scorsa s.f.: *dare una – a qlco.*, etwas

überfliegen (überflog, überflogen).
scorso *agg.* vorig, vergangen, letzt.
scorta *s.f.* 1 Eskorte (-,-n) *s.f.* 2 (*per protezione*) Personenschutz (-es/.) *s.m.* 3 (*provvisa*) Vorrat (-es,-räte) *s.m.*, Bestand (-es,-stände) *s.m.*
scortare *v.tr.* geleiten.
scortese *agg.* unhöflich.
scorticare *v.tr.* 1 ab·ziehen (zog ab, abgezogen) 2 (*escoriare*) ab·schürfen.
scorza *s.f.* 1 (*bot.*) Rinde (-,-n) *s.f.* 2 (*di agrumi*) Schale (-,-n) *s.f.* 3 (*fig.*) Schale (-,-n) *s.f.*
scosceso *agg.* abschüssig.
scossa *s.f.* 1 (*elettr.*) Stromschlag (-es,-schläge) *s.m.* 2 (*di terremoto*) Beben (-s,-) *s.n.* 3 (*fig.*) Schlag (-es, Schläge) *s.m.*, Schock (-s,-s) *s.m.*
scosso *agg.* erschüttert.
scossone *s.m.* heftiger Ruck (-s,-e) *s.m.*
scostante *agg.* abweisend.
scostare *v.tr.* weg·rücken.
scostumato *agg.* (*maleducato*) ungezogen, flegelhaft.
scotch *s.m.* (*nastro adesivo*) Tesafilm (-s,-e) *s.m.*
scottare *v.tr.* 1 verbrennen (verbrannte, verbrannt); (*con liquidi*) verbrühen 2 (*gastr.*) kurz in kochendes Wasser tauchen ♦ *v.intr.* heiß sein, glühen.
scottatura *s.f.* 1 Verbrennung (-,-en) *s.f.*, Verbrühung (-,-en) *s.f.* 2 (*di sole*) Sonnenbrand (-es,-brände) *s.m.* 3 (*fig.*) Enttäuschung (-,-en) *s.f.*
scotto *agg.* verkocht.
scotto *s.m.*: *pagare lo ~*, (*fig.*) die Zeche bezahlen.
scovare *v.tr.* 1 auf·spüren 2 (*fig.*) ausfindig machen.
screditare *v.tr.* diskreditieren ♦ **scredi-**

tarsi *v.pron.* seinen Ruf verlieren (verlor, verloren).
screpolarsi *v.pron.* rissig werden.
screziato *agg.* gesprenkelt.
screzio *s.m.* Zerwürfnis (-ses,-se) *s.n.*
scribacchiare *v.tr. e intr.* schmieren, kritzeln.
scricchiolare *v.intr.* 1 knirschen 2 (*fig.*) wackeln.
scritta *s.f.* Aufschrift (-,-en) *s.f.*
scritto *s.m.* 1 Schreiben (-s,-) *s.n.* 2 (*esame*) schriftliche Prüfung (-,-en) *s.f.*
scrittore *s.m.* Schriftsteller (-s,-) *s.m.*
scrittura *s.f.* 1 Schrift (-,-en) *s.f.* 2 (*dir.*) Urkunde (-,-n) *s.f.* 3 (*teatr./film*) Vertrag (-s,-träge) *s.m.* 4 (*comm.*) *-e contabili*, Bücher *s.pl.*
scritturare *v.tr.* (*teatr./film*) verpflichten.
scrivania *s.f.* Schreibtisch (-es,-e) *s.m.*
scrivere *v.tr. e intr.* schreiben (schrieb, geschrieben).
scroccare *v.tr.* (*fam.*) schnorren.
scrofa *s.f.* Sau (-, Säue) *s.f.*
scrollare *v.tr.* schütteln, rütteln.
scrosciare *v.intr.* rauschen, tosen.
scroscio *s.m.*: *- di pioggia*, Platzregen (-s/.) *s.m.*
scrostare *v.tr.* ab·schaben, ab·kratzen.
scrupolo *s.m.* 1 Skrupel (-s,-) *s.m.* 2 (*esitazione*) Bedenken (-s,-) *s.n.* 3 (*precisione*) Gewissenhaftigkeit (-/.) *s.f.*
scrupoloso *agg.* (*coscienzioso*) gewissenhaft.
scrutare *v.tr.* beobachten.
scrutatore *s.m.* (*pol.*) Stimmenzähler (-s,-) *s.m.*
scrutinare *v.tr.* 1 (*pol.*) aus·zählen 2 (*scuola*) benoten.
scrutinio *s.m.* 1 (*pol.*) Stimmenauszählung (-,-en) *s.f.* 2 (*scuola*) Be-

sdraio *s.f.* Liegestuhl (-s,-stühle) *s.m.*
sdrucciolare *v.intr.* aus·rutschen.
sdrucciolevole *agg.* ruschtig, glatt.
se¹ *cong.* 1 *(ipotetico)* wenn, falls 2 *(interr. o dubitativo)* ob.
se² *pron.pers.m. e f.sing. e pl.* sich.
sé *pron.rifl.m. e f.sing. e pl.* sich.
sebbene *cong.* obwohl.
seccante *agg.* nervend, lästig.
seccare *v.tr.* 1 aus·trocknen 2 *(gastr.)* trocknen 3 *(fig.)* belästigen.
seccatore *s.m.* Quälgeist (-es,-er) *s.m.*
seccatura *s.f.* Schererei (-,-en) *s.f.*
secchio *s.m.* Eimer (-s,-) *s.m.*
secco *agg.* 1 trocken; dürr 2 *(molto magro)* hager 3 *(scortese)* barsch.
secessione *s.f.* Sezession (-,-en) *s.f.*
secolare *agg.* 1 jahrhundertealt 2 *(che dura da un secolo)* hundertjährig 3 *(laico)* weltlich.
secolo *s.m.* 1 Jahrhundert (-s,-e) *s.n.* 2 *(fam.)* Ewigkeit (-/-) *s.f.*
seconda *s.f.* 1 *(auto)* zweiter Gang (-es/.) *s.m.* 2 *(mezzi di trasporto)* zweite Klasse (-,-n) *s.f.* ♦ **a – che** *locuz. cong.* je nachdem ob.
secondariamente *avv.* zweitens.
secondario *agg.* sekundär, Zweit...; *(di minor importanza)* Neben...
secondino *s.m.* Gefängniswärter (-s,-) *s.m.*
secondo¹ *s.m.* 1 Sekunde (-,-n) *s.f.* 2 *(sport)* Sekundant (-en,-en) *s.m.*
secondo² *prep.* 1 gemäß, nach 2 *(a seconda di)* je nachdem, je nach.
secondogenito *s.m.* Zweitgeborene (-n,-n) *s.m.*
sedano *s.m.* Sellerie (-s,-s) *s.m.* *(austr. solo s.f.)*.
sedativo *s.m.* Beruhigungsmittel (-s,-) *s.n.*

·udo *s.m.* 1 Schild (-es,-er) *s.m.* 2 *(protezione)* Schutz (-es/.) *s.m.* *(anche fig.)* 3 *(stemma)* Wappen (-s,-) *s.n.*
sculacciare *v.tr.* den Hintern versohlen.
scultore *s.m.* Bildhauer (-s,-) *s.m.*
scultura *s.f.* 1 Bildhauerei (-/-) *s.f.* 2 *(opera)* Skulptur (-,-en) *s.f.*
scuola *s.f.* Schule (-,-n) *s.f.*
scuotere *v.tr.* 1 aus·schütteln, rütteln 2 *(fig.)* wach·rütteln 3 *(turbare)* erschüttern.
scure *s.f.* Beil (-es,-e) *s.n.*
scurire *v.tr.* verdunkeln, dunkel machen.
scuro *agg.* 1 dunkel 2 *(fig.)* finster, düster.
scusa *s.f.* Entschuldigung (-,-en) *s.f.*
scusabile *agg.* verzeihlich.
scusante *s.f.* Entschuldigung (-,-en) *s.f.*
scusare *v.tr.* entschuldigen.
sdebitarsi *v.pron.* *(fig.)* sich revanchieren.
sdegnato *agg.* empört.
sdegno *s.m.* Empörung (-/.) *s.f.*, Entrüstung (-/.) *s.f.*
sdegnoso *agg.* 1 verächtlich 2 *(altero)* hochmütig.
sdoganare *v.tr.* verzollen, ab·fertigen.
sdoppiare *v.tr.* spalten, teilen.
sdraiare *v.tr.* hin·legen, nieder·legen.

(*biol.*) Auslese (-/.) *s.f.* **3** (*tel.*) Wahl (-/.) *s.f.*
sella *s.f.* Sattel (-s, Sättel) *s.m.*
sellare *v.tr.* satteln.
selvaggina *s.f.* Wild (-es/.) *s.n.*
selvaggio *agg.* **1** wild **2** (*crudele*) grausam ♦ *s.m.* Wilde (-n,-n) *s.m.*
selvatico *agg.* **1** wild **2** (*scontroso*) ungesellig **3** (*rozzo*) grob.
selz *s.m.* Selterswasser (-s/.) *s.n.*
semaforo *s.m.* **1** Verkehrsampel (-,-n) *s.f.* **2** (*mar.*) Signalstation (-,-en) *s.f.* **3** (*ferr.*) Signal (-s,-e) *s.n.*
sembrare *v.intr.* **1** scheinen (schien, geschienen) **2** (*assomigliare*) aus·sehen (sah aus, ausgesehen) wie **3** (*ritenere*) meinen ♦ *v.impers.* scheinen (schien, geschienen).
seme *s.m.* **1** (*biol.*) Same (-ns,-n) *s.m.* **2** (*nocciolo*) Kern (-es,-e) *s.m.* **3** (*fig.*) Keim (-s,-e) *s.m.* **4** (*delle carte*) Farbe (-,-n) *s.f.*
semestrale *agg.* **1** halbjährig, Semester... **2** (*che ricorre ogni semestre*) halbjährlich.
semestre *s.m.* **1** Halbjahr (-es,-e) *s.n.* **2** (*scuola*) Semester (-s,-) *s.n.*
semifinale *s.f.* (*sport*) Halbfinale (-s,-) *s.n.*
semilibertà *s.f.* (*dir.*) offener Strafvollzug (-/.) *s.m.*
semina *s.f.* **1** Aussaat (-/.) *s.f.* **2** (*periodo*) Saatzeit (-/.) *s.f.*
seminare *v.tr.* **1** säen (*anche fig.*) **2** (*fam.*) ab·schütteln.
seminario *s.m.* **1** (*relig.*) Priesterseminar (-s,-e) *s.n.* **2** (*università*) Seminar (-s,-e) *s.n.*
seminfermità *s.f.*: (*dir.*) – *mentale*, verminderte Zurechnungsfähigkeit (-/.) *s.f.*
seminterrato *s.m.* Kellergeschoß (-geschosses,-geschosse) *s.n.*
semmai *cong.* wenn je, wenn überhaupt.
semolino *s.m.* **1** Grieß (-es/.) *s.m.* **2** (*gastr.*) Grießbrei (-es,-e) *s.m.*
semplice *agg.* **1** einfach **2** (*facile*) leicht **3** (*modesto*) schlicht **4** (*ingenuo*) einfältig **5** (*soltanto*) nur, bloß, rein **6** (*di grado basso*) gemein, einfach.
semplicistico *agg.* simpel, oberflächlich.
semplicità *s.f.* Einfachheit (-/.) *s.f.* (*anche fig.*).
semplificare *v.tr.* **1** vereinfachen **2** (*mat.*) kürzen.
sempre *avv.* **1** immer **2** (*continuamente*) dauernd, ständig ♦ – *che* *loc.cuz.cong.* vorausgesetzt, daß..
sempreverde *agg.* immergrün.
senape *s.f.* Senf (-s/.) *s.m.*
senato *s.m.* Senat (-es,-e) *s.m.*
senatore *s.m.* Senator (-s,-en) *s.m.*: – *a vita*, Senator auf Lebenszeit.
senile *agg.* senil, altersschwach.
senilità *s.f.* Altersschwäche (-/.) *s.f.*
senno *s.m.* Verstand (-es/.) *s.m.*, Vernunft (-/.) *s.f.*
sennò *cong.* sonst, andernfalls.
sennonché *cong.* **1** (*avversativo*) doch, jedoch **2** (*eccettuativo*) außer.
seno *s.m.* Busen (-s,-) *s.m.*, Brust (-, Brüste) *s.f.* | *in – alla famiglia*, im Schoß (-es, Schöße) *s.m.* der Familie.
sensato *agg.* vernünftig.
sensazionale *agg.* sensationell.
sensazione *s.f.* **1** Gefühl (-s,-e) *s.n.* **2** (*scalpore*) Sensation (-,-en) *s.f.*
sensibile *agg.* **1** sensibel **2** (*a uno stimolo*) empfindlich **3** (*rilevante*) merklich.

sensibilità *s.f.* 1 Sensibilität (-/-) *s.f.* (*anche tecn.*) 2 (*a uno stimolo*) Empfindlichkeit (-,-en) *s.f.*

sensibilmente *avv.* spürbar *agg.*

senso *s.m.* 1 Sinn (-es/-) *s.m.* 2 (*sensazione*) Gefühl (-s/-) *s.n.* 3 (*significato*) Bedeutung (-,-en) *s.f.* 4 (*direzione di marcia*) Richtung (-,-en) *s.f.*

sensuale *agg.* sinnlich.

sensualità *s.f.* Sinnlichkeit (-/-) *s.f.*

sentenza *s.f.* 1 (*dir.*) Urteil (-s,-e) *s.n.* 2 (*massima*) Sinnspruch (-s,-sprüche) *s.m.*

sentenziare *v.tr.* (*dir.*) urteilen ♦ *v.intr.* 1 (*dir.*) urteilen 2 (*fig.*) große Töne spucken.

sentiero *s.m.* Pfad (-es,-e) *s.m.*, Wanderweg (-es,-e) *s.m.*

sentimentale *agg.* 1 Gefühls... ♦ sentimental.

sentimentalismo *s.m.* Sentimentalität (-,-en) *s.f.*

sentimento *s.m.* Gefühl (-s,-e) *s.n.*

sentinella *s.f.* Wachposten (-s,-) *s.m.*

sentire *v.tr.* 1 (*udire*) hören 2 (*provare*) spüren 3 (*venire a sapere*) erfahren (erfuhr, erfahren) 4 (*capire*) merken 5 (*ascoltare*) zu·hören 6 (*consultare*) fragen 7 (*al tatto*) fühlen 8 (*col gusto*) schmecken nach 9 (*assaggiare*) kosten 10 (*di odori*) riechen (roch, gerochen) nach ♦ **sentirsi** *v. pron.* 1 sich fühlen 2 (*aver voglia di*) Lust haben 3 (*reciproco*) voneinander hören.

sentito *agg.* 1 (*udito*) gehört | *il parere degli esperti*, nach Anhörung der Experten 2 (*sincero*) aufrichtig.

senza *prep.* 1 ohne (*+acc.*) 2 (*seguita da inf.*) ohne...zu ♦ **— che** *locuz.cong.* ohne daß.

senzatetto *s.m.* Obdachlose (-n,-n) *s.m.*

separare *v.tr.* trennen ♦ **separarsi** *v.pron.* sich trennen.

separazione *s.f.* Trennung (-,-en) *s.f.*

sepolto *agg.* begraben.

sepoltura *s.f.* Begräbnis (-ses,-se) *s.n.*

seppellire *v.tr.* begraben (begrub, begraben).

seppia *s.f.* Tintenfisch (-es,-e) *s.m.*

sequenza *s.f.* 1 (*ordine*) Reihenfolge (-,-n) *s.f.* 2 (*serie*) Folge (-,-n) *s.f.* 3 (*film*) Sequenz (-,-en) *s.f.*

sequestrare *v.tr.* (*dir.*) beschlagnahmen 2 (*rapire*) entführen.

sequestro *s.m.* 1 (*dir.*) Beschlagnahme (-,-n) *s.f.* 2 (*rapimento*) Entführung (-,-en) *s.f.*

sera *s.f.* Abend (-s,-e) *s.m.*

serale *agg.* abendlich, Abend...

serata *s.f.* Abend (-s,-e) *s.m.*

serbare *v.tr.* 1 (*mettere da parte*) auf·heben (hob auf, aufgehoben) 2 (*fig.*) behalten (behielt, behalten) | *— rancore a qlcu.*, Groll gegen jdn. hegen.

serbatoio *s.m.* 1 Tank (-s,-s) *s.m.* 2 (*idrico*) Speicherbecken (-s,-) *s.n.*

serbo *s.m.*: *mettere in —*, auf·heben (hob auf, aufgehoben).

serenata *s.f.* 1 Ständchen (-s,-) *s.n.* 2 (*mus.*) Serenade (-,-n) *s.f.*

serenità *s.f.* 1 Heiterkeit (-/-) *s.f.* 2 (*equilibrio psic.*) Ausgeglichenheit (-/-) *s.f.*

sereno *agg.* 1 (*di cielo*) heiter 2 unbeschwert.

sergente *s.m.* (*mil.*) Unteroffizier (-s,-e) *s.m.*

serie *s.f.* 1 Serie (-,-n) *s.f.* 2 (*parte di un tutto*) Satz (-es, Sätze) *s.m.* 3 (*sport*) Liga (-, Ligen) *s.f.*

serio *agg.* ernst.

sermone *s.m.* (*relig.*) Predigt (-,-en) *s.f.*

serpeggiare v.intr. 1 sich schlängeln 2 (fig.) sich ein·schleichen (schlich ein, eingeschlichen).
serpente s.m. Schlange (-,-n) s.f.
serra s.f. Treibhaus (-es,-häuser) s.n.
serramenta s.f.pl. Türen und Fenster s.pl.
serranda s.f. 1 Rolladen (-s,-läden) s.m. 2 (del forno) Schieber (-s,-) s.m.
serrare v.tr. 1 verriegeln 2 (chiudere stringendo) an·ziehen (zog an, angezogen) 3 (intensificare) beschleunigen 4 (incalzare) bedrängen.
serrata s.f. Aussperrung (-,-en) s.f.
serratura s.f. Schloß (Schlosses, Schlösser) s.n.
servile agg. unterwürfig.
servilismo s.m. Unterwürfigkeit (-/.) s.f.
servire v.tr. 1 dienen (+dat.) 2 (in un negozio) bedienen 3 (portare in tavola) servieren 4 (di mezzi di trasporto) erreichen 5 (sport) bedienen ♦ v.intr. 1 dienen 2 (giovare) nützen 3 (occorrere) brauchen ♦ **servirsi** v. pron. 1 (usare) Gebrauch machen von 2 (prendere) sich bedienen 3 (essere cliente) kaufen 4 (sfrutare) ausnutzen.
servitore s.m. Diener (-s,-) s.m.
servitù s.f. 1 Dienstpersonal (-s/.) s.n. 2 (dir.) Servitut (-s,-e) s.n.
servizievole agg. anstellig.
servizio s.m. 1 Dienst (-es,-e) s.m. 2 (al ristorante) Bedienungsgeld (-es,-er) s.n.; Bedienung (-/.) s.f. 3 (favore) Gefallen (-s,-) s.m. 4 (insieme di oggetti) Service (-s,-s) s.n. 5 (spec.pl.) (econ.) Dienstleistungen s.pl. 6 (pl.) Badezimmer und Toilette 7 (giornalismo) Reportage (-,-n) s.f. 8 (sport) Angabe (-, -n) s.f.
servofreno s.m. (auto) Servobremse (-,-n) s.f.
servosterzo s.m. (auto) Servolenkung (-,-en) s.f.
sessione s.f. 1 Sitzung (-,-en) s.f. 2 (all'università) Prüfungstermin (-s,-e) s.m.
sesso s.m. 1 Geschlecht (-s,-er) s.n. 2 (sessualità) Sex (-es/.) s.m. 3 (organi sessuali) Geschlechtsorgane s.pl.
sessuale agg. Geschlechts..., Sexual...
seta s.f. Seide (-,-n) s.f.
setacciare v.tr. 1 sieben 2 (fig.) durchkämmen.
setaccio s.m. Sieb (-es,-e) s.n. | *passare al* −, (fig.) unter die Lupe nehmen (nahm, genommen).
sete s.f. Durst (-es/.) s.m.
setificio s.m. Seidenfabrik (-,-en) s.f.
setola s.f. Borste (-,-n) s.f.
setta s.f. Sekte (-,-n) s.f.
settembre s.m. September (-s,-) s.m.
settentrionale agg. Nord..., nördlich.
settentrione s.m. Norden (-s/.) s.m.
settimana s.f. Woche (-,-n) s.f.
settimanale agg. Wochen..., wöchentlich ♦ s.m. Wochenzeitung (-,-en) s.f.
settimanalmente avv. wöchentlich.
settore s.m. Sektor (-s,-en) s.m., Bereich (-s,-e) s.m.
settoriale agg. Fach..., branchenspezifisch.
severità s.f. Strenge (-/.) s.f.
severo agg. streng.
seviziare v.tr. 1 mißhandeln 2 (violentare) vergewaltigen.
sezionare v.tr. 1 zerlegen 2 (med.) sezieren.
sezione s.f. 1 (ripartizione) Abteilung

sfaccendato (-,-en) s.f. Sektion (-,-en) s.f. 2 (med.) Sezierung (-,-en) s.f. 3 (fig.) Abschnitt (-es,-e) s.m.

sfaccendato s.m. Faulenzer (-s,-) s.m.

sfaccettato agg. 1 facettiert 2 (fig.) vielschichtig.

sfacchinata s.f. (fam.) Schufterei (-,-en) s.f.

sfacciataggine s.f. Unverschämtheit (-/-.) s.f.

sfacciato agg. unverschämt, frech.

sfacelo s.m. 1 (rovina) Untergang (-s,-gänge) s.m. 2 (disfacimento) Auflösung (-,-en) s.f.

sfaldarsi v.pron. 1 zerbröckeln 2 (fig.) sich auf-lösen.

sfamare v.tr. ernähren.

sfarzo s.m. Prunk (-s/.) s.m.

sfarzoso agg. prunkvoll.

sfasciare¹ v.tr. den Verband ab·nehmen (nahm ab, abgenommen) s.m.

sfasciare² v.tr. (distruggere) kaputt-machen.

sfasciato agg. (distrutto) kaputt.

sfascio s.m. Zusammenbruch (-s,-brüche) s.m., Verfall (-s/.) s.m.

sfavillare v.intr. glitzern.

sfavore s.m. Ungunst (-/.) s.f.| a – di, zu Ungunsten von.

sfavorevole agg. ungünstig.

sfera s.f. 1 Kugel (-,-n) s.f. 2 (fig.) Bereich (-s,-e) s.m., Sphäre (-,-n) s.f.

sferico agg. kugelförmig.

sferrare v.tr. versetzen.

sferzante agg. prasselnd (anche fig.).

sfiancato agg. erschöpft.

sfibrante agg. aufreibend.

sfibrato agg. entnervt.

sfida s.f. Herausforderung (-,-en) s.f.

sfidare v.tr. 1 heraus·fordern, auf·fordern 2 (affrontare) trotzen (+dat.).

sfiducia s.f. Mißtrauen (-s/.) s.n.

sfiduciato agg. mutlos.

sfigurare 1 v.tr. verunstalten ♦ v.intr. eine schlechte Figur machen, sich blamieren.

sfilare 1 v.tr. 1 aus·fädeln 2 (togliersi) aus·ziehen (zog aus, ausgezogen) ♦ **sfilarsi** v.pron. 1 sich aus·fransen 2 (di collana) reißen (riß, gerissen).

sfilare 2 v.intr. vorbei·ziehen (zog vorbei, vorbeigezogen).

sfilata s.f. (di moda) Modenschau (-,-en) s.f.

sfinge s.f. Sphinx (-,-e) s.f. (anche fig.).

sfinito agg. erschöpft.

sfiorare v.tr. streifen (anche fig.).

sfiorire v.intr. verwelken (anche fig.).

sfitto agg. unvermietet, frei.

sfociare v.intr. münden (anche fig.).

sfoderabile agg. abziehbar.

sfoderato agg. ungefüttert.

sfogare v.tr. austoben (ließ aus, ausgelassen) ♦ v.intr. ab·ziehen (zog ab, abgezogen) ♦ **sfogarsi** v.pron. sich Luft machen – con qlcu., jdm. sein Herz aus·schütten.

sfoggiare v.tr. zur Schau stellen.

sfoggio s.m.: fare – di eleganza, mit Eleganz prunken.

sfogliare v.tr. durch·blättern ♦ **sfogliarsi** v.pron. (sfaldarsi) ab·blättern.

sfogo s.m. 1 Abzug (-s,-züge) s.m., (di liquidi) Abfluß (-flusses,-flüsse) s.m. 2 (sbocco) Zugang (-s,-gänge) s.m. 3 (fig.) Ausbruch (-s,-brüche) s.m. 4 (fam.) (eruzione cutanea) Ausschlag (-s,-schläge) s.m.

sfollagente s.m. Gummiknüppel (-s,-) s.m.

sfollare v.tr. (sgomberare) räumen ♦ v.intr. 1 leeren, verlassen (verließ, ver-

lassen) 2 (*per calamità naturali o guerra*) evakuieren ♦ **sfollarsi** *v.pron.* sich leeren.

sfoltire *v.tr.* aus-dünnen, lichten ♦ **sfoltirsi** *v.pron.* dünner werden, sich lichten.

sfondare *v.tr.* **1** durchbrechen (durchbrach, durchbrochen) **2** (*oltrepassare*) überschreiten (überschritt, überschritten) ♦ *v.intr.* (*affermarsi*) sich durchsetzen ♦ **sfondarsi** *v.pron.* ein-stürzen, ein-brechen (brach ein, eingebrochen).

sfondo *s.m.* Hintergrund (-es,-gründe) *s.m.* (*anche fig.*)

sforbiciata *s.f.* **1** Scherenschnitt (-s, -e) *s.m.* **2** (*sport*) Schere (-/.) *s.f.*

sformato 1 *agg.* verformt.

sformato 2 *s.m.* (*gastr.*) Auflauf (-s, -läufe) *s.m.*

sfortuna *s.f.* Unglück (-s/.) *s.n.*, Pech (-s/.) *s.n.*

sfortunato *agg.* unglücklich: *essere* –, Pech haben ♦ *s.m.* Pechvogel (-s,-vögel) *s.m.*

sforzarsi *v.pron.* sich an-strengen.

sforzo *s.m.* **1** Anstrengung (-,-en) *s.f.* **2** (*tecn.*) Beanspruchung (-,-en) *s.f.*

sfrattare *v.tr.* kündigen (+*dat.*) ♦ *v.intr.* aus-ziehen (zog aus, ausgezogen).

sfratto *s.m.* Mietkündigung (-,-en) *s.f.* | (*dir.*) *intimazione di –*, Räumungsklage (-,-n) *s.f.*

sfrecciare *v.intr.* (vorbei-)flitzen.

sfregare *v.tr.* reiben (rieb, gerieben).

sfrenare *v.tr.* freien Lauf lassen (ließ, gelassen) (+*dat.*) ♦ **sfrenarsi** *v.pron.* sich aus-toben.

sfrenato *agg.* **1** (*incontrollato*) unbeherrscht; zügellos **2** (*scatenato*) hemmungslos.

sfrontato *agg.* frech.

sfruttamento *s.m.* Ausbeutung (-,-en) *s.f.*, Ausnutzung (-/.) *s.f.*

sfruttare *v.tr.* aus-nutzen, aus-beuten.

sfuggente *agg.* **1** flüchtig **2** (*poco pronunciato*) fliehend.

sfuggire *v.intr.* **1** entkommen (entkam, entkommen), entgehen (entging, entgangen) **2** (*fig.*) entziehen (entzog, entzogen) **3** (*scappare*) entfallen (entfiel, entfallen) ♦ *v.tr.* aus-weichen (wich aus, ausgewichen).

sfumare *v.intr.* **1** (*dissolversi*) verfliegen (verflog, verflogen) **2** (*divenire meno netto*) verschwimmen (verschwamm, verschwommen) **3** (*meno intenso, di colori*) ab-tönen **4** (*meno intenso, di suono*) ab-klingen (klang ab, abgeklungen) ♦ *v.tr.* **1** (*colori*) schattieren **2** – *i capelli*, die Haare stufig schneiden (schnitt, geschnitten).

sfumatura *s.f.* **1** (*pittura*) Schattierung (-,-en) *s.f.* **2** (*gradazione*) Nuancierung (-,-en) *s.f.* **3** (*taglio di capelli*) Stufenschnitt (-s,-e) *s.m.* **4** (*fig.*) Nuance (-,-n) *s.f.* **5** (*colori*) Tönung (-s/.) *s.f.* **6** (*fig.*) cenno) Hauch (-s/.) *s.m.*

sfuriata *s.f.* Wutausbruch (-s,-brüche) *s.m.*

sfuso *agg.* offen, lose.

sgabello *s.m.* Hocker (-s,-) *s.m.*

sgabuzzino *s.m.* Abstellraum (-es, -räume) *s.m.*

sgambetto *s.m.*: *fare lo – a qlcu.*, jdm. ein Bein stellen (*anche fig.*).

sganciare *v.tr.* **1** ab-hängen, ab-kuppeln **2** (*fam.*) heraus-rücken ♦ **sganciarsi** *v.pron.* **1** sich lösen **2** (*fig.*) (*da*) sich lösen (von +*dat.*).

sgangherato *agg.* klapprig, kaputt.

sgarbato *agg.* unhöflich, unfreundlich.

sgarbo *s.m.* Unhöflichkeit (-/.) *s.f.*

sgargiante *agg.* grell, schreiend.
sgattaiolare *v.intr.* entschlüpfen.
sghembo *agg. e avv.* schräg.
sghignazzare *v.intr.* kichern.
sghignazzata *s.f.* Gekicher (-s/.) *s.n.*
sgobbare *v.intr.* (*fam.*) schuften.
sgocciolare *v.intr.* tröpfeln.
sgolarsi *v.pron.* sich heiser schreien (schrie, geschrien).
sgomb(e)rare *v.tr.* 1 räumen 2 evakuieren.
sgombro 1 *agg.* frei, leer.
sgombro 2 *s.m.* (*zool.*) Makrele (-,-n) *s.f.*
sgomentare *v.tr.* erschüttern.
sgomento *s.m.* Bestürzung (-/.) *s.f.* ♦ *agg.* bestürzt.
sgominare *v.tr.* zerschlagen (zerschlug, zerschlagen).
sgomitare *v.intr.* durch·boxen.
sgonfiare *v.tr.* die Luft heraus·lassen (ließ heraus, herausgelassen) ♦ *v.intr.* (*med.*) ab·schwellen (schwoll ab, abgeschwollen).
sgonfio *agg.* ohne Luft, platt.
sgorbio 1 *s.m.* Gekritzel (-s/.) *s.n.* 2 (*persona brutta*) Mißgeburt (-,-en) *s.f.*
sgorgare *v.intr.* sprudeln ♦ *v.tr.* reinigen.
sgozzare *v.tr.* schlachten.
sgradevole *agg.* unangenehm.
sgradito *agg.* unerwünscht.
sgrammaticato *agg.* (*lingua*) fehlerhaft.
sgranare *v.tr.* 1 enthülsen 2 (*di occhi*) auf·reißen (riß auf, aufgerissen).
sgranchire *v.tr.*: *sgranchirsi le gambe*, sich (*dat.*) die Beine vertreten (vertrat, vertreten).
sgranocchiare *v.tr.* (*fam.*) knabbern.
sgravio *s.m.* Entlastung (-,-en) *s.f.*

sgraziato *agg.* plump, ungraziös.
sgretolare *v.tr.* zerbröckeln ♦ **sgretolarsi** *v.pron.* ab·bröckeln.
sgridare *v.tr.* aus·schimpfen.
sgridata *s.f.* Schelte (-,-n) *s.f.*
sgualato *agg.* unanständig.
sgualcire *v.tr.* zerknittern ♦ **sgualcirsi** *v.pron.* knittern.
sguardo *s.m.* Blick (-es,-e) *s.m.*
sguazzare *v.intr.* 1 planschen 2 (*fig.*) (*in*) genießen (genoß, genossen).
sguinzagliare *v.tr.* 1 los·lassen (ließ los, losgelassen) 2 (*fig.*) hetzen.
sgusciare *v.intr.* schlüpfen ♦ *v.tr.* schälen.

shampoo *s.m.* Shampoo (-s,-s) *s.n.*
si *s.m.* (*nota musicale*) H, h *s.n.inv.*
si *pron.pers.rifl.m. e f.sing. e pl.* sich ♦ *pron.impers.* (*sogg.*) man
si *avv.* 1 ja, jawohl 2 (*risposta a domanda negativa*) doch ♦ *s.m.* Ja (-s,-s) *s.n.*
sia... sia *cong.* sowohl...als auch.
sibilare *v.intr.* 1 (*di serpente*) zischen 2 (*fig.*) pfeifen.
sibilo *s.m.* 1 Zischen (-s/.) *s.n.* 2 (*fischio*) Pfeifen (-s/.) *s.n.*
sicario *s.m.* Killer (-s/.) *s.m.*
siccità *s.f.* Dürre (-,-n) *s.f.*
siccome *cong.* da, weil ♦ *avv.* wie, so...wie.
sicura *s.f.* Sicherung (-,-en) *s.f.*
sicurezza *s.f.* Sicherheit (-,-en) *s.f.*
sicuro *agg.* sicher.
siderurgia *s.f.* Stahlindustrie (-/.) *s.f.*
siderurgico *agg.* Stahl..., stahlverarbeitend.
sidro *s.m.* Obstwein (-es,-e) *s.m.*
siepe *s.f.* Hecke (-,-n) *s.f.*
siero *s.m.* 1 Serum (-s,-ren) *s.n.* 2 – *del latte*, Molke (-/.) *s.f.*

sieropositivo agg. (med.) HIV-positiv ♦ s.m. HIV-Infizierte (-n,-n) s.m.
siesta s.f. Mittagsruhe (-/-) s.f.
sifone s.m. Siphon (-s,-s) s.m.
sigaretta s.f. Zigarette (-,-n) s.f.
sigaro s.m. Zigarre (-,-n) s.f.
sigillare v.tr. **1** versiegeln **2** (chiudere bene) verschließen (verschloß, verschlossen).
sigillo s.m. Siegel (-s,-) s.n.
sigla s.f. Kennzeichen (-s,-) s.n.; (abbreviazione) Abkürzung (-,-en) s.f. **2** (firma) Signatur (-,-en) s.f. **3** (mus.) Erkennungsmelodie (-,-n) s.f.
siglare v.tr. **1** signieren **2** (pol.) paraphieren.
significare v.tr. bedeuten.
significativo agg. bedeutungsvoll, vielsagend.
significato s.m. Bedeutung (-,-en) s.f.
signora s.f. Frau (-,-en) s.f., Dame (-, -n) s.f.
signore s.m. **1** Mann (-es, Männer) s.m., Herr (-n,-en) s.m. **2** (pl.) Herrschaften s.pl.; (ricchi) Reichen s.pl.
signorile agg. herrschaftlich.
signorina s.f. **1** junge Frau (-,-en) s.f., junge Dame (-,-n) s.f. **2** Fräulein (-s,-) s.n.
silenziatore s.m. (tecn.) Schalldämpfer (-s,-) s.m.
silenzio s.m. **1** Stille (-/-) s.f. **2** (il tacere) Schweigen (-s/-) s.n.
silenzioso agg. **1** ruhig, schweigsam **2** (senza rumore) leise, geräuschlos.
sillaba s.f. Silbe (-,-n) s.f.
silurare v.tr. **1** (mil.) torpedieren **2** (fig.) torpedieren; (di persona) absägen.
siluro s.m. (mil.) Torpedo (-s,-s) s.m.
simboleggiare v.tr. symbolisieren.

simbolo s.m. Symbol (-s,-e) s.n.
similare agg. ähnlich.
simile agg. **1** ähnlich **2** (tale) solch, derartig ♦ s.m. Mitmensch (-en,-en) s.m.
similpelle s.f. Kunstleder (-s/-) s.n.
simmetria s.f. Symmetrie (-,-n) s.f.
simmetrico agg. symmetrisch.
simpatia s.f. Sympathie (-,-n) s.f.
simpatico agg. **1** (di persona) sympathisch; (di cose) nett **2** inchiostro –, Geheimtinte (-,-n) s.f.
simpatizzante s.m. Sympathisant (-en, -en) s.m.
simpatizzare v.intr. **1** Freundschaft schließen (schloß, geschlossen) **2** (pol.) (per) sympathieren (für +acc.).
simulare v.tr. **1** vortäuschen, heucheln **2** (imitare) nachahmen **3** (tecn.) simulieren.
simultaneo agg. simultan.
sinagoga s.f. Synagoge (-,-n) s.f.
sincerarsi v.pron. (di) sich vergewissern (+gen.).
sincerità s.f. Aufrichtigkeit (-/-) s.f.
sincero agg. ehrlich, aufrichtig.
sincronizzare v.tr. synchronisieren.
sindacalista s.m. Gewerkschafter (-s,-) s.m.
sindacato s.m. Gewerkschaft (-,-en) s.f.
sindaco s.m. **1** Bürgermeister (-s,-) s.m. **2** (di società) Aufsichtsrat (-es,-räte) s.m.
sinfonia s.f. Sinfonie (-,-n) s.f., Symphonie (-,-n) s.f.
sinfonico agg. sinfonisch, symphonisch.
singhiozzare v.intr. schluchzen.
singhiozzo s.m. **1** Schluckauf (-s/-) s.m. **2** (di pianto) Schluchzer (-s,-) s.m. | sciopero a –, Streik (-s,-s) s.m. mit Un

singolare agg. 1 (grammatica) singular 2 (unico) einzigartig.

singolo agg. 1 (considerato singolarmente) einzeln 2 (per una persona) Einzel-. ♦ s.m. (mus.) Single (-,-s) s.f.

sinistra s.f. (pol.) Linke (-n,-n) s.f.

sinistrato agg. geschädigt | zona -a, Notstandsgebiet (-es,-e) s.n.

sinistro agg. 1 (che è a sinistra) link 2 (inquietante) unheimlich 3 (di persona) finster ♦ s.m. 1 (incidente) Unfall (-s,-fälle) s.m., Versicherungsfall (-es,-fälle) s.m., Schaden (-s, Schäden) s.m. 2 (pugilato) Linke (-,-n) s.f. 3 (calcio) tirare di –, mit dem linken Fuß schießen (schoß, geschossen).

sinonimo s.m. Synonym (-s,-e) s.n.

sintassi s.f. Syntax (-,-en) s.f.

sintesi s.f. 1 Zusammenfassung (-, -en) s.f. 2 (chim./filosofia) Synthese (-, -n) s.f.

sintetico agg. 1 knapp 2 (chim.) synthetisch.

sintetizzare v.tr. 1 zusammen·fassen 2 (chim.) synthetisieren.

sintomatico agg. symptomatisch (anche fig.).

sintomo s.m. Symptom (-s,-e) s.n.

sintonia s.f. Einklang (-s,-klänge) s.m.

sintonizzatore s.m. Synthesizer (-s,-) s.m.

sinuoso agg. gewunden.

sionista s.m. Zionist (-en,-en) s.m.

sipario s.m. (teatr.) Vorhang (-s,-) s.m.

sirena s.f. Sirene (-,-n) s.f.; (di ambulanze ecc.) Martin-Horn (-es,-Hörner) s.n.

siringa s.f. 1 Spritze (-,-n) s.f. 2 (gastr.) Spritzbeutel (-s,-) s.m.

sisma s.m. Erdbeben (-s,-) s.n.

sistemare v.tr. 1 (mettere a posto) in Ordnung bringen (brachte, gebracht) 2 (collocare) stellen; (alloggiare) unter·bringen (brachte unter, untergebracht) 3 (risolvere) erledigen 4 (accasare) unter die Haube bringen (brachte, gebracht); (trovare un impiego a) unter·bringen (brachte unter, untergebracht) 5 (fam.) sich (+dat.) vor·knöpfen ♦ **sistemarsi** v.pron. 1 sich ein·richten; (presso qlcu.) unter·kommen (kam unter, untergekommen) 2 (sposarsi) heiraten 3 (aggiustarsi) in Ordnung kommen (kam, gekommen).

sistematico agg. 1 systematisch 2 (regolare) regelmäßig.

sistemazione s.f. 1 (alloggio) Unterbringung (-/.) s.f. 2 (disposizione) Anordnung (-,-en) s.f. 3 (lavoro) Stelle (-,-n) s.f. 4 (di lite) Beilegung (-,-en) s.f. 5 (di faccenda) Erledigung (-,-en) s.f.

situato agg. gelegen.

situazione s.f. Lage (-/.) s.f., Situation (-,-en) s.f.

slanciarsi v.pron. 1 (contro) sich stürzen (auf +acc.) 2 (fig.) streben.

slanciato agg. schlank.

slancio s.m. Schwung (-es, Schwünge) s.m. 2 (fig.) Schwung (-es/-.) s.m., Elan (-s/-.) s.m. | in uno – di generosità, in einer Anwandlung (-,-en) s.f. von Großzügigkeit.

slavato agg. 1 verblichen 2 (fig.) farblos.

slavina s.f. Lawine (-,-n) s.f.

sleale agg. unfair, unehrlich.

slegare v.tr. los·binden (band los, losgebunden) ♦ **slegarsi** v.pron. 1 auf·gehen (ging auf, aufgegangen) 2 (fig.) sich lösen.

slip *s.m.* Slip (-s,-s) *s.m.*
slitta *s.f.* Schlitten (-s,-) *s.m.*
slittare *v.intr.* 1 schlittern 2 *(fig.)* rutschen 3 *(essere rimandato)* sich verschieben (verschob, verschoben).
slittino *s.m.* Rodel (-,-n) *s.f.*
slogare *v.tr.* verrenken.
sloggiare *v.tr.* aus-weisen (wies aus, ausgewiesen) ♦ *v.intr.* aus-ziehen (zog aus, ausgezogen) | *(escl.) sloggia!*, hau ab!
smacchiare *v.tr.* die Flecken entfernen.
smacchiatore *s.m.* Fleckenentferner (-s,-) *s.m.*
smacco *s.m.* Niederlage (-,-n) *s.f.*
smagliante *agg.* strahlend, glänzend.
smagliarsi *v.pron.* 1 eine Laufmasche haben 2 *(med.)* Dehnungsstreifen bekommen (bekam, bekommen).
smagliatura *s.f.* 1 Laufmasche (-,-n) *s.f.* 2 *(med.)* Dehnungsstreifen (-s,-) *s.m.*
smaliziato *agg.* gerissen, schlau.
smaltato *agg.* 1 emailliert; *(a vetro)* glasiert 2 *(cosmesi/tecn.)* lackiert.
smaltire *v.tr.* 1 *(digerire)* verdauen 2 *(eliminare)* entsorgen 3 *(far passare)* verrauchen lassen | – *la sbornia*, nüchtern werden 4 *(sbrigare)* erledigen.
smalto *s.m.* 1 Email (-,-s) *s.n,* Glasur (-,-en) *s.f.* 2 *(per unghie)* Nagellack (-s,-e) *s.m.* 3 *(anat.)* Zahnschmelz (-es/.) *s.m.* 4 *(fig.)* Schwung (-s/.) *s.m.*
smanioso *agg.* 1 rasend 2 *(desideroso) (di)* begierig (nach).
smantellare *v.tr.* 1 ab-reißen (riß ab, abgerissen) 2 *(fig.)* entkräften.
smarrimento *s.m.* 1 Verlust (-es,-e) *s.m.* 2 *(fig.)* Verwirrung (-,-en) *s.f.*
smarrire *v.tr.* 1 verlieren (verlor, verloren) *(anche fig.)* 2 *(la via)* sich verlaufen (verlief, verlaufen), verfahren (verfuhr, verfahren).
smarrito *agg.* 1 verloren 2 *(fig.)* verwirrt.
smascherare *v.tr. (fig.)* entlarven, enthüllen.
smembrare *v.tr.* zerteilen.
smemorato *agg.* vergeßlich.
smentire *v.tr.* 1 dementieren 2 *(dir.)* widerrufen (widerrief, widerrufen) 3 *(fama)* nicht gerecht werden ♦ **smentirsi** *v.pron.* sich widersprechen (widersprach, widersprochen).
smentita *s.f.* 1 Dementi (-s,-s) *s.n.* 2 *(dir.)* Widerruf (-s,-e) *s.m.*
smeraldo *s.m. (min.)* Smaragd (-es,-e) *s.m.*
smerciabile *agg.* absetzbar.
smerciare *v.tr.* verkaufen, ab-setzen.
smercio *s.m.* Verkauf (-s/.) *s.m.*, Absatz (-es/.) *s.m.*
smerigliato *agg.* geschliffen | *carta -a*, Schmirgelpapier (-s/.) *s.n.*
smesso *agg. (abbigl.)* abgetragen.
smettere *v.tr.* 1 auf-hören 2 *(abiti)* ab-legen ♦ *v.intr.* auf-hören.
smidollato *agg.* 1 ohne Mark 2 *(fig.)* schwach 3 *(fam.)* Schlappschwanz (-es,-schwänze) *s.m.*
militarizzare *v.tr.* entmilitarisieren.
sminuire *v.tr.* schmälern.
sminuzzare *v.tr.* zerkleinern.
smisurato *agg.* unermeßlich, grenzenlos.
smodato *agg.* unmäßig, maßlos.
smoking *s.m.* Smoking (-s,-s) *s.m.*
smontare *v.tr.* 1 ab-montieren 2 *(fig.)* einen Dämpfer geben (gab, gegeben) *(+dat.)* ♦ *v.intr. (scendere)* aus-steigen (stieg aus, ausgestiegen); *(da mo-*

smorfia

smorfia *s.f.* **1** Grimasse (-,-n) *s.f.* **2** (*moina*) Ziererei (-/-) *s.f.*
smorto *agg.* blaß, bleich.
smorzare *v.tr.* **1** dämpfen (*anche fig.*)
♦ **smorzarsi** *v.pron.* verebben; (*di luce*) schwinden (schwand, geschwunden) (*anche fig.*)
smottamento *s.m.* Erdrutsch (-es,-e) *s.m.*
smunto *agg.* schmal.
smuovere *v.tr.* **1** weg-wälzen **2** (*fig.*) ab-bringen (brachte ab, abgebracht).
smussare *v.tr.* **1** runden **2** (*fig.*) verschönen.
snellire *v.tr.* **1** schlank machen **2** (*sveltire*) beschleunigen **3** (*semplificare*) vereinfachen.
snello *agg.* schlank.
snervante *agg.* entnervend, nervenaufreibend.
snervato *agg.* entnervt.
snobbare *v.tr.* ignorieren.
snobismo *s.m.* Snobismus (-/-) *s.m.*
snodato *agg.* gelenkig.
snodo *s.m.* **1** (*mecc.*) Gelenk (-s,-e) *s.n.* **2** – *autostradale*, Autobahnkreuz (-es,-e) *s.n.* **3** (*fig.*) Kernpunkt (-es,-e) *s.m.*
sobbalzare *v.intr.* **1** holpern **2** (*di persona*) zusammen-fahren (fuhr zusammen, zusammengefahren).
sobbalzo *s.m.* Aufschrecken (-s/-) *s.n.*
sobborgo *s.m.* Vorort (-es,-e) *s.m.*
sobillare *v.tr.* (*contro*) auf-hetzen (gegen).
sobrio *agg.* **1** nüchtern **2** (*moderato*) mäßig **3** (*semplice*) einfach.
socchiuso *agg.* angelehnt.
soccorrere *v.tr.* zur Hilfe kommen (kam, gekommen) (+*dat.*).
soccorritore *s.m.* Helfer (-s,-) *s.m.*
soccorso *s.m.* Hilfe (-/-) *s.f.*: squadra di –, Rettungsmannschaft (-,-en) *s.f.*; (*auto*) – *stradale*, Pannenhilfe (-/-) *s.f.*
sociale *agg.* gesellschaftlich, sozial.
socialismo *s.m.* Sozialismus (-/-) *s.m.*
socialista *agg.* sozialistisch –♦ *s.m.* Sozialist (-en,-en) *s.m.*
socializzare *v.intr.* Kontakte knüpfen
♦ **socializzarsi** *v.pron.* sich ein-leben.
società *s.f.* **1** Gesellschaft (-/-) *s.f.* **2** (*comm.*) Unternehmen (-s,-) *s.n.*, Gesellschaft (-,-en) *s.f.* **3** (*club*) Verein (-s,-e) *s.m.*
socievole *agg.* gesellig.
socio *s.m.* **1** (*di club ecc.*) Mitglied (-s,-er) *s.n.* **2** (*econ.*) Teilhaber (-s,-) *s.m.*, Gesellschafter (-s,-) *s.m.*
soda *s.f.* **1** (*chim.*) Natriumkarbonat (-s/-) *s.n.* **2** (*acqua di* –) Soda(wasser) (-s/-) *s.n.*
soddisfacente *agg.* befriedigend, zufriedenstellend.
soddisfare *v.tr. e intr.* **1** befriedigen, zufrieden-stellen **2** (*adempiere*) erfüllen.
soddisfatto *agg.* (*di*) zufrieden (mit).
soddisfazione *s.f.* **1** Befriedigung (-/-) *s.f.* **2** (*riparazione di offesa*) Genugtuung (-,-en) *s.f.*
sodio *s.m.* (*chim.*) Natrium (-s/-) *s.n.*
sodo *agg.* hart, fest: *su* –, fester Grund (-es/-.) *s.m.* | *venire al* –, (*fig.*) zur Sache kommen (kam, gekommen).
sofferente *agg.* leidend.
sofferenza *s.f.* Leiden (-s,-) *s.n.*
sofferto *agg.* schwierig.
soffiare *v.intr.* blasen (blies, geblasen)
♦ *v.tr.* **1** blasen (blies, geblasen) **2** (*nei giochi con pedine*) weg-nehmen (nahm

weg, weggenommen) 3 (*sottrarre*) weg·schnappen.
soffiata *s.f.* (*gergo*) Wink (-s/.) *s.m.*
soffice *agg.* weich.
soffio *s.m.* **1** Hauch (-s,-e) *s.m.* **2** (*med.*) Geräusch (-es,-e) *s.n.*
soffitta *s.f.* Dachboden (-s,-böden) *s.m.*
soffitto *s.m.* Decke (-,-n) *s.f.*
soffocamento *s.m.* Ersticken (-s,/.) *s.n.*, Erstickung (-/.) *s.f.*
soffocare *v.tr.* **1** ersticken **2** (*reprimere*) unterdrücken ♦ *v.intr.* ersticken.
soffriggere *v.tr.* an·braten (briet an, angebraten).
soffrire *v.tr.* **1** leiden (litt, gelitten) **2** (*fig.*) aus·stehen (stand aus, ausgestanden) ♦ *v.intr.* leiden (litt, gelitten).
soffuso *agg.* (*di luce*) diffus.
sofisticato *agg.* **1** verfälscht; (*di vino*) gepanscht **2** (*ricercato*) gekünstelt **3** (*tecnicamente avanzato*) hochentwickelt.
sofisticazione *s.f.* Verfälschung (-,-en) *s.f.*; (*di vino*) Panschen (-s/.) *s.n.*
soggettista *s.m.* (*film*) Drehbuchautor (-s,-en) *s.m.*
soggettivo *agg.* subjektiv.
soggetto **1** *agg.* **1** unterworfen **2** verpflichtet: – *a imposta*, steuerpflichtig **3** (*predisposto*) (*a*) anfällig (für +*acc.*).
soggetto **2** *s.m.* **1** (*argomento*) Thema (-s, Themen) *s.n.* **2** (*psic.*) Subjekt (-es,-e) *s.n.* **3** (*persona*) Typ (-s,-en) *s.m.*
soggezione *s.f.* Befangenheit (-/.) *s.f.*
sogghignare *v.intr.* grinsen.
sogghigno *s.m.* Grinsen (-s/.) *s.n.*
soggiornare *v.intr.* sich auf·halten (hielt auf, aufgehalten).
soggiorno *s.m.* **1** Aufenthalt (-s,-e) *s.m.* **2** (*sala*) Wohnzimmer (-s,-) *s.n.*
soglia *s.f.* Schwelle (-,-n) *s.f.*
sogliola *s.f.* Seezunge (-,-n) *s.f.*
sognare *v.tr. e intr.* träumen.
sogno *s.m.* Traum (-s, Träume) *s.m.*
soia *s.f.* (*bot.*) Sojabohne (-,-n) *s.f.*
sol *s.m.* (*mus.*) G, g *s.n.inv.*
solaio *s.m.* Dachboden (-s,-böden) *s.m.*
solamente *avv.* nur, bloß.
solare *agg.* **1** Sonnen... **2** (*fig.*) sonnig.
solco *s.m.* Furche (-,-n) *s.f.*
soldato *s.m.* Soldat (-en,-en) *s.m.*
soldo *s.m.* **1** Pfennig (-s,-e) *s.m.*, (*austr.*) Groschen (-s,-) *s.m.* **2** (*pl.*) (*denaro*) Geld (-es/.) *s.n.*
sole *s.m.* Sonne (-,-n) *s.f.* | *alla luce del* –, vor aller Welt.
soleggiato *agg.* sonnenbeschienen.
solenne *agg.* feierlich.
solennità *s.f.* **1** Feierlichkeit (-,-en) *s.f.* **2** (*festività religiosa*) Festtag (-es,-e) *s.m.*
soletta *s.f.* Einlegesohle (-,-n) *s.f.*
solidarietà *s.f.* Solidarität (-/.) *s.f.*
solidificare *v.tr.* verfestigen.
solido *agg.* fest, solide.
solista *s.m.* Solist (-en,-en) *s.m.*
solitamente *avv.* gewöhnlich.
solitario *agg.* **1** einsam **2** (*deserto*) verlassen ♦ *s.m.* **1** (*gioco di carte*) Patience (-,-n) *s.f.* **2** (*brillante*) Solitär (-s,-e) *s.m.*
solito *agg.* üblich, gewöhnlich.
solitudine *s.f.* Einsamkeit (-/.) *s.f.*
sollecitare *v.tr.* **1** an·mahnen (*anche comm.*) **2** (*brigare per ottenere*) drängen (auf +*acc.*) **3** (*tecn.*) beanspruchen.
sollecito¹ *agg.* **1** umgehend **2** (*soler-*

sollecito

te) eifrig **3** (*premuroso*) zuvorkommend.

sollecito² *s.m.* (*comm.*) Mahnschreiben (-*s*) *s.n.*

sollecitudine *s.f.* **1** (*prontezza*) Promptheit (-/.) *s.f.* **2** (*premura*) Zuvorkommenheit (-/.) *s.f.*

solleone *s.m.* Sommerhitze (-/.) *s.f.*

solleticare *v.tr.* **1** kitzeln **2** (*fig.*) reizen.

sollevare *v.tr.* **1** heben (hob, gehoben) **2** (*liberare*) entheben (enthob, enthoben) **3** (*porre*) auf·werfen (warf auf, aufgeworfen) **4** (*confortare*) erleichtern ♦ **sollevarsi** *v.pron.* **1** sich erheben (erhob, erhoben) **2** (*riprendersi*) sich wieder erholen.

sollevazione *s.f.* Aufstand (-es,-stände) *s.m.*

sollievo *s.m.* Erleichterung (-/.) *s.f.*

solo *agg.* **1** allein, einsam **2** (*unico*) einzig ♦ *avv.* **1** nur, allein **2** (*non prima di*) erst.

solo che *locuz.cong.* nur.

soltanto *avv.* → **solo.**

solubile *agg.* **1** löslich **2** (*fig.*) lösbar.

soluzione *s.f.* **1** Lösung (-,-en) *s.f.* **2** (*comm.*) *pagare in un'unica* –, den ganzen Betrag auf einmal bezahlen.

solvente **1** *agg.* (*comm.*) zahlungsfähig, solvent.

solvente 2 *s.m.* (*chim.*) Lösungsmittel (-s,-) *s.n.*

solvibilità *s.f.* (*comm.*) Zahlungsfähigkeit (-/.) *s.f.*

somaro *s.m.* Esel (-s,-) *s.m.*

somigliante *agg.* ähnlich.

somiglianza *s.f.* Ähnlichkeit (-,-en) *s.f.*

somigliare *v.intr.* ähneln (+*dat.*), gleichen (glich, geglichen) (+*dat.*).

somma *s.f.* Summe (-,-n) *s.f.*

sommare *v.tr.* **1** zusammen·zählen **2** (*aggiungere*) hinzu·rechnen | *tutto sommato*, alles in allem ♦ *v.intr.* sich belaufen auf.

sommario *s.m.* **1** Abriß (-risses,-risse) *s.m.* **2** (*riassunto*) Zusammenfassung (-,-en) *s.f.*

sommergere *v.tr.* **1** überfluten **2** (*oberare*) überhäufen.

sommergibile *s.m.* U-Boot (-es,-e) *s.n.*

sommerso *agg.* **1** überschwemmt **2** (*oberato*) überhäuft **3** (*econ.*): *economia -a*, Schattenwirtschaft (-/.) *s.f.*; *lavoro* –, Schwarzarbeit (-/.) *s.f.*

sommesso *agg.* leise.

somministrare *v.tr.* **1** verabreichen **2** (*di sacramenti*) erteilen.

sommità *s.f.* **1** Gipfel (-s,-) *s.m.* **2** (*fig.*) Vollkommenheit (-/.) *s.f.*

sommo *agg.* höchst.

sommossa *s.f.* Aufstand (-es,-stände) *s.m.*

sommozzatore *s.m.* **1** Taucher (-s,-) *s.m.* **2** (*mil.*) Froschmann (-es,-männer) *s.m.*

sonda *s.f.* **1** Sonde (-,-n) *s.f.* **2** (*mi-sensore*) Bohrer (-s,-) *s.m.* **3** (*sensore*) Fühler (-s,-) *s.m.*

sondaggio *s.m.* **1** Sondierung (-,-en) *s.f.* **2** (*fig.*) Umfrage (-,-n) *s.f.*

sondare *v.tr.* **1** sondieren **2** (*fig.*) erforschen.

sonnambulo *s.m.* Schlafwandler (-s,-) *s.m.*

sonnecchiare *v.intr.* **1** schlummern **2** (*fig.*) schlafen (schlief, geschlafen).

sonnellino *s.m.* **1** Nickerchen (-s,-) *s.n.* **2** (*siesta pomeridiana*) Mittagsschlaf (-/.) *s.m.*

sonnifero *s.m.* Schlafmittel (-s,-) *s.n.*

sonno *s.m.* Schlaf (-es/.) *s.m.*

sonnolenza s.f. 1 Schläfrigkeit (-/.) s.f. 2 (fig.) Trägheit (-/.) s.f.
sonoro agg. 1 Schall..., schallend 2 (risonante) sonor, schallend 3 (film) Ton... ♦ s.m. 1 (film) Tonfilm (-es,-e) s.m. 2 (colonna sonora) Soundtrack (-s,-s) s.m.
sontuoso agg. prächtig, prunkvoll.
soppesare v.tr. 1 wägen (wog, gewogen) 2 (fig.) abwägen (wog ab, abgewogen) | – ogni parola, (fig.) jedes Wort auf die Waagschale legen.
soppiantare v.tr. verdrängen.
soppiatto, di avv. heimlich.
sopportabile agg. erträglich.
sopportazione s.f. 1 Ertragen (-s/.) s.n.: capacità di –, Ausdauer (-/.) s.f. 2 (pazienza) Geduld (-/.) s.f.
sopprimere v.tr. 1 auf·heben (hob auf, aufgehoben) 2 (eliminare) beseitigen.. um·bringen (brachte um, umgebracht).
sopra prep. 1 (con contatto) (stato in luogo) auf (+dat.); (moto a luogo) auf (+acc.) 2 (senza contatto) (stato in luogo) über (+dat.); (moto a luogo) über (+acc.) 3 (oltre, più di) über (stato in luogo +dat.) (moto a luogo +acc.) ♦ avv. 1 (stato in luogo) oben 2 (moto a luogo) nach oben, hinauf; herauf ♦ agg. ober ♦ s.m. Oberteil (-s,-e) s.m.
soprabito s.m. Überzieher (-s,-) s.m.
sopracciglio s.m. Augenbraue (-,-n) s.f.
sopraddetto agg. obengenannt, obenerwähnt.
sopraffare v.tr. überwältigen.
sopraffazione s.f. 1 Überwältigung (-/.) s.f. 2 (repressione) Unterdrückung (-/.) s.f. 3 (sopruso) Übergriff (-es,-e) s.m.

sopraggiungere v.intr. 1 plötzlich kommen (kam, gekommen) 2 (venire ad aggiungersi) (riferito a cose) dazwischen·kommen (kam dazwischen, dazwischengekommen), (riferito a persone) dazu·kommen (kam dazu, dazugekommen) ♦ v.tr. 1 (raggiungere) erreichen 2 (cogliere di sorpresa) ertappen.
sopralluogo s.m. 1 (dir.) Lokaltermin (-s,-e) s.m. 2 (ispezione) Inspektion (-,-en) s.f.
soprannaturale agg. übernatürlich; (ultraterreno) überirdisch ♦ s.m. Übernatürliche (-n/.) s.n.
soprannome s.m. Beiname (-ns,-n) s.m., Spitzname (-ns,-n) s.m.
soprannominare v.tr. einen Beinamen geben (gab, gegeben).
soprannumero s.m. Überzahl (-/.) s.f.
soprappensiero avv. gedankenverloren, in Gedanken versunken.
soprassalto s.m. Auffahren (-s/.) s.n.
soprassedere v.intr. (a) auf·schieben (schob auf, aufgeschoben) (+acc.).
sopratassa s.f. (amm.) Steuerzuschlag (-s,-schläge) s.m.
soprattutto avv. 1 vor allem 2 (particolarmente) besonders.
sopravvalutare v.tr. über·bewerten.
sopravvenire v.intr. 1 plötzlich kommen (kam, gekommen) 2 (accadere) plötzlich geschehen (geschah, geschehen).
sopravvento s.m. Oberhand (-/.) s.f.
sopravvissuto agg. 1 überlebend 2 (fig.) altmodisch.
sopravvivenza s.f. Überleben (-s/.) s.n.
sopravvivere v.intr. überleben (+acc.).
soprintendente s.m. 1 Oberintendant (-en,-en) s.m. 2 (nella polizia)

sopruso

Polizeimeister (-s,-) *s.m.*
sopruso *s.m.* Übergriff (-s,-e) *s.m.*
soqquadro *s.m.* Durcheinander (-s/.) *s.n.*
sorbetto *s.m.* Sorbett (-s,-s) *s.n.*
sorbire *v.tr.* 1 schlürfen 2 (*scherz.*) ertragen (ertrug, ertragen).
sordido *agg.* 1 schmutzig, dreckig 2 (*fig.*) gemein 3 (*avaro*) geizig.
sordità *s.f.* Taubheit (-/.) *s.f.*
sordo *agg.* taub.
sordomuto *agg.* taubstumm.
sorella *s.f.* Schwester (-,-n) *s.f.*
sorgente *s.f.* Quelle (-,-n) *s.f.*
sorgere *v.intr.* 1 (*levarsi*) auf·gehen (ging auf, aufgegangen) 2 (*di corsi d'acqua*) entspringen (entsprang, entsprungen) 3 (*nascere*) entstehen (entstand, entstanden).
sorpassare *v.tr.* 1 (*veicoli*) überholen 2 (*essere superiore*) übertragen.
sorpassato *agg.* überholt.
sorpasso *s.m.* Überholen (-s/.) *s.n.*
sorprendente *agg.* überraschend, verwunderlich.
sorprendere *v.tr.* 1 überraschen, wundern 2 (*cogliere su fatto*) ertappen.
sorpresa *s.f.* Überraschung (-,-en) *s.f.*
sorreggere *v.tr.* 1 schützen 2 (*fig.*) aufrecht·erhalten (erhielt aufrecht, aufrechterhalten).
sorridere *v.intr.* lächeln.
sorriso *s.m.* Lächeln (-s/.) *s.n.*
sorseggiare *v.tr.* in kleinen Schlucken trinken (trank, getrunken), schlürfen.
sorso *s.m.* Schluck (-s,-e) *s.m.*
sorta *s.f.* Sorte (-,-n) *s.f.*, Art (-,-en) *s.f.*
sorte *s.f.* Schicksal (-s,-e) *s.n.*
sorteggiare *v.tr.* verlosen.
sorteggio *s.m.* Verlosung (-,-en) *s.f.*

sortilegio *s.m.* Zauberei (-/.) *s.f.*
sorvegliante *s.m.* Wächter (-s,-) *s.m.*; Aufseher (-s,-) *s.m.*
sorveglianza *s.f.* Aufsicht (-,-en) *s.f.*
sorvegliare *v.tr.* überwachen.
sorvolare *v.tr.* e *intr.* überfliegen (überflog, überflogen).
sosia *s.m.* Doppelgänger (-s,-) *s.m.*
sospendere *v.tr.* 1 unterbrechen (unterbrach, unterbrochen) 2 (*appendere*) auf·hängen.
sospensione *s.f.* 1 (*interruzione*) Unterbrechung (-,-en) *s.f.* 2 (*dir.*) Aussetzung (-,-en) *s.f.*
sospeso *agg.* 1 hängend 2 (*interrotto*) unterbrochen.
sospettare *v.tr.* 1 (*di*) verdächtigen (+dat.) 2 (*supporre*) vermuten.
sospetto *agg.* verdächtig.
sospetto *s.m.* 1 Verdacht (-s,-e) *s.m.* 2 (*persona sospetta*) Verdächtige (-n,-n) *s.m.*
sospettoso *agg.* 1 argwöhnisch 2 (*diffidente*) mißtrauisch.
sospirare *v.tr.* ersehnen, schmachten (nach) ♦ *v.intr.* seufzen.
sospiro *s.m.* Seufzer (-s,-) *s.m.*
sosta *s.f.* 1 (*di veicoli*) Halt (-s,-e) *s.m.* 2 (*pausa*) Rast (-,-en) *s.f.*
sostantivo *s.m.* Substantiv (-s,-e) *s.n.*
sostanza *s.f.* 1 Wesen (-s,-) *s.n.* 2 (*materia*) Substanz (-/.) *s.f.*
sostanzialmente *avv.* wesentlich.
sostanzioso *agg.* nahrhaft.
sostare *v.intr.* 1 halten (hielt, gehalten) 2 (*fare una sosta*) rasten.
sostegno *s.m.* 1 Stütze (-,-n) *s.f.* 2 (*fig.*) Unterstützung (-,-en) *s.f.*
sostenere *v.tr.* 1 stützen 2 (*fig.*) unterstützen 3 (*affermare*) behaupten 4 (*difendere*) vertreten (vertrat, vertre-

sostenibile agg. 1 (di spesa) trag-bar 2 (di tesi) vertretbar.
sostenitore s.m. Anhänger (-s,-) s.m.
sostentamento s.m. Unterhalt (-s/.)
sostenuto agg. 1 fest 2 (fig.) steif, reserviert 3 (elevato) erhöht.
sostituire v.tr. 1 ersetzen 2 (cambiare) auswechseln.
sostitutivo agg. Ersatz...
sostituto s.m. Stellvertreter (-s,-) s.m.
sostituzione s.f. 1 Ersatz (-es/.) s.m. 2 (persone) Vertretung (-,-en) s.f.
sottaceti s.m.pl. Mixpickles s.pl.
sottaceto avv. in Essig.
sottana s.f. 1 (fam.) Rock (-es, Röcke) s.m. 2 (abito talare) Talar (-s, -e) s.m.
sotterfugio s.m. Heimlichtuerei (-/.) s.f.
sotterraneo agg. unterirdisch.
sotterrare v.tr. 1 ein·graben (grub ein, eingegraben) 2 (seppellire) beerdigen.
sottile agg. 1 dünn 2 (esile) zierlich 3 (fig.) scharf, fein.
sottintendere v.tr. 1 nicht erwähnen 2 (implicare) ein·beziehen (bezog ein, einbezogen).
sottinteso agg. implizit; selbstverständlich.
sotto prep. unter ♦ avv. unten ♦ agg. untere.
sottobanco avv. unter der Hand.
sottobraccio avv. eingehakt.
sottoccupazione s.f. (econ.) Unterbeschäftigung (-,-en) s.f.
sottocosto avv. unter dem Einkaufspreis.
sottofondo s.m. 1 Unterbau (-s,-ten) s.m. 2 (tv.) Hintergrund (-es/.) s.m.

sottolineare v.tr. unterstreichen (unterstrich, unterstrichen), betonen.
sottomano avv. 1 griffbereit 2 (a disposizione) zur Verfügung (-/.) s.f.
sottomarino agg. unterseeisch ♦ s.m. U-Boot (-es,-e) s.m.
sottomettere v.tr. unterwerfen (unterwarf, unterworfen).
sottopassaggio s.m. Unterführung (-,-en) s.f.
sottoporre v.tr. 1 aus·setzen 2 (proporre) unterbreiten.
sottoprodotto s.m. Nebenprodukt (-es,-e) s.m.
sottoscritto s.m. Unterzeichnete (-n,-n) s.m.
sottoscrivere v.tr. unterschreiben (unterschrieb, unterschrieben).
sottoscrizione s.f. Unterschrift (-,-en) s.f.
sottosegretario s.m. Unterstaatssekretär (-s,-e) s.m.
sottosopra avv. 1 umgekehrt 2 (in disordine) in Unordnung (-/.) s.f.
sottostante agg. darunter liegend.
sottosuolo s.m. Untergrund (-es/.) s.m.
sottosviluppato agg. unterentwickelt.
sottoterra avv. 1 (stato in luogo) unter der Erde 2 (moto a luogo) unter die Erde (-/.) s.f.
sottotitolo s.m. (film) Untertitel (-s,-) s.m.
sottovalutare v.tr. unterschätzen.
sottoveste s.f. Unterrock (-s,-röcke) s.m.
sottovoce avv. leise, halblaut.
sottovuoto agg. Vakuum... ♦ avv. (tecn.) vakuumverpackt.
sottrarre v.tr. 1 retten 2 (rubare) entwenden 3 (mat.) subtrahieren ♦
sottrarsi v.pron. sich entziehen (entzog,

entgotten).
sottrazione *s.f.* Subtraktion (-,-en) *s.f.*
sottufficiale *s.m.* (*mil.*) Unteroffizier (-s,-e) *s.m.*
sovrabbondante *agg.* überreichlich.
sovraccarico *agg.* überlastet.
sovraffollamento *s.m.* Überfüllung (-/.) *s.f.*
sovraffollato *agg.* überfüllt.
sovranità *s.f.* Souveränität (-/.) *s.f.*
sovrano *s.m.* 1 souverän 2 (*del monarca*) Herrscher..., herrschaftlich.
sovrapporre *v.tr.* 1 übereinandersetzen 2 (*far prevalere*) überordnen.
sovrapprezzo *s.m.* Aufpreis (-es,-e) *s.m.*
sovrastante *agg.* überragend.
sovrastruttura *s.f.* Überbau (-s,-ten) *s.m.*
sovreccitabile *agg.* überreizbar.
sovrumano *agg.* übermenschlich.
sovvenzionare *v.tr.* subventionieren, fördern.
sovvenzione *s.f.* Subvention (-,-en) *s.f.*
sovversivo *agg.* subversiv, umstürzlerisch.
sovvertire *v.tr.* umstürzen, zersetzen.
spaccare *v.tr.* spalten.
spaccatura *s.f.* 1 Spaltung (-,-en) *s.f.* 2 (*crepa*) Riß (Risses, Risse) *s.m.*
spacciare *v.tr.* 1 (*vendere*) verkaufen 2 (*vendere illecitamente*) in Umlauf bringen (brachte, gebracht) 3 (*far passare per*) ausgeben (gab aus, ausgegeben) (für +*acc.*).
spacciatore *s.m.* 1 (*di moneta falsa*) Falschmünzer (-s,-) *s.m.* 2 (*di droga*) Rauschgifthändler (-s,-) *s.m.*
spaccio *s.m.* 1 (*vendita al pubblico*) Direktverkauf (-s,-käufe) *s.m.* 2 (*vendita illecita*) Handel (-s/.) *s.m.* 3 (*locale*) Verkaufsstelle (-,-n) *s.f.*
spacco *s.m.* 1 Spalt (-es,-e) *s.m.* 2 (*strappo*) Riß (Risses, Risse) *s.m.*
spaccone *s.m.* Aufschneider (-s,-) *s.m.*
spada *s.f.* 1 Schwert (-es,-er) *s.n.* 2 (*sport*) Degen (-s,-) *s.m.*
spaesato *agg.* unbehaglich; verwirrt.
spago *s.m.* Schnur (-, Schnüre) *s.f.*, Bindfaden (-s,-fäden) *s.m.*
spaiato *agg.* getrennt, nicht zusammengehörend.
spalancare *v.tr.* auf-reißen (riß auf, aufgerissen).
spalancato *agg.* aufgerissen.
spalla *s.f.* Schulter (-,-n) *s.f.*
spalleggiare *v.tr.* unterstützen, bei-stehen (stand bei, beigestanden).
spalliera *s.f.* 1 Rückenlehne (-,-n) *s.f.* 2 (*sport*) Sprossenwand (-,-wände) *s.f.*
spallina *s.f.* 1 (*mil.*) Schulterklappe (-,-n) *s.f.* 2 (*abbigl.*) Träger (-s,-) *s.m.*
spalmare *v.tr.* 1 bestreichen (bestrich, bestrichen) 2 (*creme*) ein-schmieren.
spandere *v.tr.* 1 auf-tragen (trug auf, aufgetragen) 2 (*versare*) vergießen (vergoß, vergossen) 3 (*diffondere*) verströmen.
sparare *v.tr. e intr.* schießen (schoß, geschossen).
sparatoria *s.f.* Schußwechsel (-s,-) *s.m.*
sparecchiare *v.tr.* ab-decken, ab-räumen.
spareggio *s.m.* 1 (*disavanzo*) Unterschied (-s,-e) *s.m.* 2 (*sport*) Entscheidungsspiel (-s,-e) *s.n.*
spargere *v.tr.* 1 (*semi*) verstreuen 2 (*diffondere*) verbreiten.
sparire *v.intr.* verschwinden (verschwand, verschwunden).
sparizione *s.f.* Verschwinden (-s/.) *s.n.*

sparo *s.m.* Schuß (Schusses, Schüsse) *s.m.*

sparpagliare *v.tr.* verstreuen, zerstreuen.

spartire *v.tr.* (ver)teilen.

spartito *s.m.* Partitur (-,-en) *s.f.*

spartitraffico *s.m.* Mittelstreifen (-s,-) *s.m.*

spartizione *s.f.* Teilung (-,-en) *s.f.*

sparuto *agg.* 1 (*emaciato*) hager, schmächtig 2 (*esiguo*) spärlich.

spasimo *s.m.* Qual (-,-en) *s.f.*

spassionato *agg.* unbefangen.

spasso *s.m.* 1 (*divertimento*) Vergnügen (-s/,-) *s.n.* 2 Spaziergang (-s,-gänge) *s.m.*

spassoso *agg.* lustig, amüsant.

spaurito *agg.* erschrocken.

spavaldo *agg.* dreist, frech.

spaventapasseri *s.m.* Vogelscheuche (-,-n) *s.f.*

spaventare *v.tr.* erschrecken (erschrak, erschrocken).

spavento *s.m.* Schreck (-s,-e) *s.m.*

spaventoso *agg.* schrecklich, erschreckend.

spazientirsi *v.pron.* ungeduldig werden.

spazientito *agg.* ungeduldig.

spazio *s.m.* 1 Raum (-es, Räume) *s.m.* 2 (*cosmo*) Weltraum (-s/.) *s.m.*

spazioso *agg.* geräumig.

spazzaneve *s.m.* Schneepflug (-es, -pflüge) *s.m.*

spazzare *v.tr.* 1 kehren, fegen 2 (*fam.*) (*mangiare avidamente*) verputzen.

spazzatura *s.f.* Müll (-s/.) *s.m.*

spazzino *s.m.* Straßenkehrer (-s,-) *s.m.*

spazzola *s.f.* 1 Bürste (-,-n) *s.f.* 2 (*auto*) Wischblatt (-es,-blätter) *s.n.*

spazzolare *v.tr.* (aus-)bürsten.

spazzolino *s.m.* Bürstchen (-s,-) *s.n.*

speaker *s.m.* 1 (*tv.*) Sprecher (-s,-) *s.m.* 2 (*sport*) Ansager (-s,-) *s.m.*

specchiarsi *v.pron.* sich spiegeln (in +*dat.*).

specchio *s.m.* Spiegel (-s,-) *s.m.*

speciale *agg.* speziell, besonder.., Sonder...

specialista *s.m.* 1 Fachmann (-es, -leute) *s.m.* 2 *medico* −, Facharzt (-es, -ärzte) *s.m.*

specialità *s.f.* Spezialität (-,-en) *s.f.*

specializzare *v.tr.* spezialisieren.

specialmente *avv.* besonders.

specie *s.f.* (*zool.*) Art (-,-en) *s.f.*

specificare *v.tr.* spezifizieren, genau an(geben) (gab an, angegeben).

specifico *agg.* 1 arteigen, spezifisch 2 (*determinato*) bestimmt.

speculare *v.intr.* 1 (*fin.*) spekulieren 2 (*fig. spreg.*) aus·nutzen.

speculatore *s.m.* (*econ.*) Spekulant (-en,-en) *s.m.*

speculazione *s.f.* (*econ.*) Spekulation (-,-en) *s.f.*

spedire *v.tr.* 1 ab·senden 2 (*specificando il modo*) befördern.

spedizione *s.f.* 1 (*invio*) Versand (-s/.) *s.m.* 2 (*cosa inviata*) Sendung (-,-en) *s.f.*

spedizioniere *s.m.* Spediteur (-s,-e) *s.m.*

spegnere *v.tr.* 1 löschen 2 (*apparecchi*) aus·schalten.

spellare *v.tr.* häuten.

spendere *v.tr.* aus·geben (gab aus, ausgegeben).

spensierato *agg.* sorglos, unbeschwert.

spento *agg.* 1 gelöscht 2 (*colore*) matt.

speranza s.f. Hoffnung (-,-en) s.f.
speranzoso agg. hoffnungsvoll.
sperare v.tr. e intr. hoffen.
sperduto agg. 1 verloren 2 (isolato) abgelegen.
spergiuro agg. 1 (che giura il falso) meineidig 2 (che rompe il giuramento) eidbrüchig.
spericolato agg. waghalsig, draufgängerisch.
sperimentale agg. experimentell, Versuchs...
sperimentare v.tr. erproben, versuchen ♦ v.intr. experimentieren.
sperperare v.tr. 1 verschwenden 2 (fig.) vergeuden.
sperpero s.m. Verschwendung (-,-en) s.f.
spesa s.f. Ausgabe (-,-n) s.f.
spesso agg. 1 dick 2 (fitto) dicht ♦ avv. oft, häufig.
spessore s.m. 1 (dimensione) Dicke (-,-n) s.f.; (fitto) Dichte (-,-n) s.f. 2 (rilievo) Bedeutung (-,-en) s.f.
spettabile agg. sehr geehrt.
spettacolare agg. spektakulär, aufsehenerregend.
spettacolo s.m. Vorstellung (-,-en) s.f., Aufführung (-,-en) s.f.
spettacoloso agg. großartig.
spettare v.intr. zu·fallen (fiel zu, zugefallen).
spettatore s.m. 1 Zuschauer (-s,-) s.m. 2 (testimone) Beiwohner (-s,-) s.m.
spettegolare v.intr. (fam.) klatschen, tratschen.
spettinato agg. zerzaust.
spettro s.m. 1 Gespenst (-es,-er) s.n. 2 (fig.) (campo) Bereich (-es,-e) s.m.
spezie s.f.pl. Gewürze s.pl.

spezzare v.tr. 1 ab·brechen (brach ab, abgebrochen) 2 (interrompere nella sua continuità) unterbrechen (unterbrach, unterbrochen).
spezzettare v.tr. zerstückeln.
spia s.f. 1 Spion (-s,-e) s.m. 2 (tecn.) Anzeiger (-s,-) s.m.
spiacente agg.: essere –, leid tun.
spiacevole agg. unerfreulich; (increscioso) bedauerlich.
spiaggia s.f. Strand (-es, Strände) s.m.
spianare v.tr. 1 ebnen; (rendere liscio) glätten 2 (puntare) (contro) richten (auf +acc.).
spiantato agg. ruiniert.
spiare v.tr. 1 spionieren; (pedinare) bespitzeln 2 (origliare) (be)lauschen; (guardare) gucken 3 (aspettare) lauern.
spiata s.f. (denuncia) Anzeige (-,-n) s.f.
spiccare v.tr. 1 (staccare) pflücken 2 (dir.) erlassen (erließ, erlassen) ♦ v.intr. 1 (risaltare) auf·fallen (fiel auf, aufgefallen) 2 (emergere) (su) hervor·ragen (unter +dat.).
spiccato agg. 1 deutlich 2 (notevole) ausgeprägt.
spicchio s.m. Schnitz (-es,-e) s.m.
spicciarsi v.pron. (fam.) sich beeilen.
spicciolata, alla locuz.avv. einzeln.
spicco s.m. 1 Auffälligkeit (-/.) s.f. 2 (rilevante) Hervorragende (-n/-) s.n.
spider s.m. (auto) Sportwagen (-s,-) s.m.
spiedino s.m. Spießchen (-s,-) s.n.
spiedo s.m. Spieß (-es,-e) s.m.
spiegamento s.m. 1 (mil.) Aufstellung (-,-en) s.f. 2 (impiego) Aufgebot (-s,-e) s.n.
spiegare v.tr. 1 (distendere) aus·breiten 2 (fig.) (diradare) erklären ♦ v.intr.

spiegazione s.f. Erklärung (-,-en) s.f.
spiegazzare v.tr. zerknittern.
spietato agg. 1 erbarmungslos 2 (inesorabile) unerbittlich; (accanito) hartnäckig.
spifferare v.tr. (fam.) ausplaudern.
spiga s.f. (bot.) Ähre (-,-n) s.f.
spigliato agg. unbefangen, ungezwungen.
spigolo s.m. (zool.) Seebarsch (-es,-e) s.m.
spilla s.f. (ornamento) Brosche (-,-n) s.f.
spillo s.m. Nadel (-,-n) s.f.
spilorcio agg. knaus(e)rig.
spina s.f. 1 Dorne (-,-n) s.f. 2 (lisca) Fischgräte (-,-n) s.f. 3 (elettr.) Stecker (-s,-) s.m.
spinaci s.m.pl. Spinat (-s/.) s.m.
spinello s.m. (gergo) Joint (-s,-s) s.m.
spingere v.tr. 1 schieben (schob, geschoben); (urtare) stoßen (stieß, gestoßen) 2 (spostare) rücken (ist gerückt) 3 (premere) drücken ◆ v.intr. drängeln.
spinoso agg. 1 dornig, stachelig 2 (fig.) heikel, schwierig.
spinotto s.m. 1 (mecc.) Bolzen (-s,-) s.m. 2 (elettr.) Steckerstift (-s,-e) s.m.
spinta s.f. Schub (-s,-e), Schübe) s.m.
spinterogeno s.m. (elettr.) Verteiler (-s,-) s.m.
spinto agg. 1 (licenzioso) schmutzig 2 (esagerato) übertrieben 3 (di motore) forciert.
spintonare v.tr. stoßen (stieß, gestoßen), schubsen.
spintone s.m. 1 Stoß (Stosses, Stosse) s.m. 2 (fig.) (raccomandazione) Beziehungen s.pl.
spionaggio s.m. Spionage (-/.) s.f.
spioncino s.m. Guckloch (es,-löcher) s.m.

sponda

spiovere v.intr. 1 (scolare) (herab-) fließen (floß, geflossen) 2 (fig.) herabfallen (fiel herab, herabgefallen).
spiraglio s.m. 1 Spalt (-s,-e) s.m. 2 (fig.) Lichtblick (-s,-e) s.m.
spirale agg. spiralförmig ◆ s.f. Spirale (-,-n) s.f.
spirare v.intr. 1 wehen 2 (fig.) ausstrahlen.
spirito s.m. 1 Geist (-es/.) s.m. 2 (umore) Gemüt (-es/.) s.n.
spiritoso agg. humorvoll, geistreich.
spirituale agg. geistig; (relig.) geistlich
spiritualmente avv. geistig, in Gedanken.
splendente agg. glänzend, strahlend.
splendere v.intr. 1 (sole) scheinen (schien, geschienen) 2 glänzen, strahlen.
splendido agg. 1 strahlend 2 (fig.) prächtig, wunderschön.
splendore s.m. Glanz (-es/.) s.m.
spodestare v.tr. entmachten; (detronizzare) entthronen.
spogliare v.tr. ausziehen (zog aus, ausgezogen), entkleiden.
spogliarellista s.f. Stripteasetänzerin (-,-nen) s.f.
spogliarello s.m. Striptease (-/.) s.m./n.
spogliatoio s.m. Umkleideraum (-es, -räume) s.m.
spoglio¹ agg. 1 kahl, nackt 2 (fig.) nüchtern 3 (privo) ohne.
spoglio² s.m. 1 Auswertung (-,-en) s.f. 2 (conteggio) Auszählung (-,-en) s.f.
spola s.f. Spule (-,-n) s.f.
spoliticizzare v.tr. entpolitisieren.
spolverare v.tr. 1 abstauben (gastr.) bestreuen 3 (scherz.) verputzen.
sponda s.f. 1 Ufer (-s,-) s.n. 2 (di letto) Bettkante (-,-n) s.f.

sponsorizzare *v.tr.* sponsern.
sponsorizzazione *s.f.* Sponsoring (-s/.) *s.n.*
spontaneo *agg.* spontan.
spopolare *v.tr.* entvölkern.
sporcare *v.tr.* beschmutzen.
sporcizia *s.f.* 1 Unsauberkeit (-/.) *s.f.* 2 (*sporco*) Schmutz (-es/.) *s.m.*
sporco *agg.* schmutzig, unsauber, dreckig.
sporgente *agg.* vorspringend, hervorstehend.
sporgenza *s.f.* Vorsprung (-s,-sprünge) *s.m.*
sporgere *v.intr.* 1 vor·springen (sprang vor, vorgesprungen) ♦ *v.tr.* hinaus·strecken.
sport *s.m.* Sport (-s/.) *s.m.*
sportello *s.m.* Schalter (-s,-) *s.m.*
sportivamente *avv.* 1 fair, sportlich 2 (*serenamente*) gelassen.
sportivo *agg.* 1 Sport..., sportlich 2 (*coretto*) fair, sportlich.
sposa *s.f.* Braut (-, Bräute) *s.f.*
sposalizio *s.m.* Hochzeit (-,-en) *s.f.*
sposare *v.tr.* heiraten, vermählen.
sposo *s.m.* Bräutigam (-s,-e) *s.m.*
spossante *agg.* ermüdend, mühselig.
spossatezza *s.f.* Erschöpfung (-/.) *s.f.*
spostamento *s.m.* Verschiebung (-,-en) *s.f.*
spostare *v.tr.* 1 verschieben (verschob, verschoben) 2 (*trasferire*) versetzen.
spostato *agg.* ausgegrenzt.
spot *s.m.* 1 (*pubblicità*) Spot (-s,-s) *s.m.* 2 (*riflettore*) Strahler (-s,-) *s.m.*
spranga *s.f.* 1 Stange (-,-n) *s.f.* 2 (*per porte*) Riegel (-s,-) *s.m.*
sprangare *v.tr.* verriegeln.
sprazzo *s.m.* 1 (*spruzzo*) Spritzer (-s,-) *s.m.* 2 (*raggio*) Strahl (-s,-en) *s.m.*
sprecare *v.tr.* verschwenden.
spreco *s.m.* Verschwendung (-/.) *s.f.*
spregevole *agg.* verachtenswert, verächtlich.
spregiudicato *agg.* 1 vorurteilslos 2 (*senza scrupoli*) skrupellos.
spremere *v.tr.* 1 aus·pressen 2 (*sfruttare*) aus·nutzen.
spremuta *s.f.* Fruchtsaft (-es,-säfte) *s.m.*
sprezzante *agg.* verächtlich, geringschätzig.
sprigionare *v.tr.* aus·strömen ♦ **sprigionarsi** *v.pron.* (*liberarsi*) befreien.
sprofondare *v.tr.* versenken ♦ *v.intr.* (*di terreno*) nach·geben (gab nach, nachgegeben); (*crollare*) ein·stürzen.
spronare *v.tr.* (*cavallo*) (an·)spornen (*anche fig.*).
sproporzionato *agg.* 1 unverhältnismäßig groß (*o* klein); unproportioniert 2 (*inadeguato*) unangemessen; (*esagerato*) übertrieben.
sproporzione *s.f.* Mißverhältnis (-ses, -se) *s.n.*
spropositato *agg.* 1 voller Fehler (-,-) *s.m.* 2 (*smisurato*) unverhältnismäßig.
sproposito *s.m.* 1 Dummheit (-,-en) *s.f.* 2 (*quantità esagerata*) Unmenge (-,-n) *s.f.* 3 (*errore*) grober Fehler (-,-) *s.m.*
sprovveduto *agg.* 1 (*incapace*) unbegabt; (*impreparato*) unvorbereitet 2 (*ingenuo*) unerfahren, naiv 3 (*sprovvisto*) nicht versehen.
sprovvisto *agg.* (*di*) nicht versehen (mit), ohne (+*acc.*).
spruzzare *v.tr.* 1 spritzen, sprühen 2 (*di*) bespritzen (mit).
spruzzata *s.f.* Bespritzen (-s/.) *s.n.*

spruzzatore *s.m.* 1 Zerstäuber (-s,-) *z.m.*; (*da imbianchino*) Spritzpistole (-, n) *s.f.* 2 (*auto*) Einspritzdüse (-,-n) *s.f.*

spruzzo *s.m.* Spritzer (-s,-) *s.m.*

spudorato *agg.* schamlos; (*sfrontato*) unverschämt.

spugna *s.f.* Schwamm (-s, Schwämme) *s.m.*

spugnoso *agg.* schwammig.

spumante *agg.* schäumend, Schaum... ♦ *s.m.* Sekt (-s/.) *s.m.*

spumeggiare *v.intr.* schäumen; (*di vino*) mousieren.

spuntare¹ *v.tr.* 1 (*smussare*) stumpf machen 2 (*capelli*) stutzen 3 (*fig.*) durch-setzen ♦ *v.intr.* 1 (*di germogli*) sprießen (sproß, gesprossen) 2 (*apparire*) auf-tauchen 3 (*fig.*) (*apparire all'improviso*) erscheinen (erschien, erschienen)

spuntare² *v.tr.* (*controllare*) ab-haken.

spuntino *s.m.* Zwischenmahlzeit (-, -en) *s.f.*

spunto *s.m.* 1 (*teatr.*) Stichwort (-es, -wörter) 2 (*auto*) (*ripresa*) Anlauf (-s, -läufe) *s.m.*

sputare *v.intr.* spucken, speien (spie, gespie(e)n) ♦ *v.tr.* aus-spucken.

sputo *s.m.* Spucke (-/.) *s.f.*

squadra *s.f.* Mannschaft (-,-en) *s.f.* (*anche sport*).

squadrare *v.tr.* viereckig zuschneiden (schnitt zu, zugeschnitten).

squalifica *s.f.* Disqualifizierung (-,-en) *s.f.* (*anche sport*).

squalificare *v.tr.* aus-schließen (schloß aus, ausgeschlossen) 2 (*screditare*) herab-setzen ♦ **squalificarsi** *v.pron.* (*screditarsi*) sich in Mißkredit bringen (brachte, gebracht).

squallido *agg.* 1 trostlos, elend 2 (*sciutto*) schäbig; (*trascurato*) unge-

pflegt 3 (*cupo*) düster 4 (*meschino*) gemein.

squalo *s.m.* Haifisch (-es,-e) *s.m.*

squama *s.f.* Schuppe (-,-n) *s.f.*

squarciagola, a *locuz.avv.* aus vollem Halse.

squarciare *v.tr.* zerreißen (zerriß, zerrissen).

squattrinato *agg.* abgebrannt.

squilibrato *agg.* 1 unausgewogen 2 (*med.*) verrückt.

squilibrio *s.m.* 1 Ungleichgewicht (-s,-e) *s.n.* 2 (*fig.*) Mißverhältnis (-ses, -se) *s.n.*

squillante *agg.* 1 schrill 2 (*fig.*) lebhaft.

squillare *v.intr.* 1 klingeln, schellen 2 (*di tromba*) schmettern.

squillo *s.m.* Klingeln (-s/.) *s.n.*

squisito *agg.* 1 köstlich, erlesen 2 (*fig.*) fein.

sradicare *v.tr.* 1 entwurzeln 2 (*fig.*) aus-merzen.

srotolare *v.tr.* aus-rollen.

stabile *agg.* 1 stabil 2 (*durevole*) dauerhaft 3 (*inalterabile*) beständig.

stabilimento *s.m.* 1 Fabrik (-,-en) *s.f.* 2 (*impianto di pubblico interesse*) Anstalt (-,-en) *s.f.*

stabilire *v.tr.* 1 (*fissare*) fest-setzen 2 (*decidere*) beschließen (beschloß, beschlossen) 3 (*concordare*) vereinbaren.

stabilità *s.f.* Stabilität (-/.) *s.f.*

staccare *v.tr.* 1 (*allontanare*) entfernen 2 (*spaziare*) ab-hängen 3 (*elettr.*) aus-schalten 4 (*sport*) distanzieren ♦ **staccarsi** *v.pron.* sich (los-)lösen.

staccionata *s.f.* Lattenzaun (-es,-zäune) *s.m.*

stadio *s.m.* 1 Stadion (-s,-dien) *s.n.* 2

staffetta

(fase) Stadium (-s,dien) *s.n.*
staffetta *s.f.* 1 *(sport)* Staffellauf (-s, -läufe) *s.m.* 2 *(fig.)* *(avvicendamento)* Wechseln (-s,-) *s.n.*
stagionato *agg.* 1 abgelagert 2 *(fig.)* betagt, reif.
stagione *s.f.* Jahreszeit (-,-en) *s.f.*
stagno¹ *s.m.* Weiher (-s,-) *s.m.*, Teich (-es,-e) *s.m.*
stagno² *s.m.* *(chim.)* Zinn (-s/.) *s.n.*
stagno³ *agg.* dicht, hermetisch.
stagnola *s.f. e agg.: (carta)* –, Stanniol (-s,-e) *s.n.*; Alufolie (-,-n) *s.f.*
stalla *s.f.* Stall (-s, Ställe) *s.m.*
stamattina *avv.* heute morgen.
stambecco *s.m.* *(zool.)* Steinbock (-s, -böcke) *s.m.*
stampa *s.f.* 1 *(tecnica)* Druck (-s,-e) *s.m.* 2 *(giornali)* Presse (-,-) *s.f.*
stampante *s.f.* Drucker (-s,-) *s.m.*
stampare *v.tr.* 1 drucken 2 *(pubblicare)* veröffentlichen 3 *(tecn.)* pressen.
stampatello *agg.* Block..., Druck... ♦ *s.m.* Druckschrift (-,-en) *s.f.*
stampella *s.f.* 1 Krücke (-,-n) *s.f.* 2 *(per abiti)* Kleiderbügel (-s,-) *s.m.*
stampo *s.m.* 1 Form (-,-en) *s.f.* 2 *(tecn.)* Gußform (-,-en) *s.f.*
stanare *v.tr.* aufstöbern.
stancare *v.tr.* 1 ermüden; (an-)strengen 2 *(annoiare)* satt haben.
stanchezza *s.f.* Müdigkeit (-/.) *s.f.*
stanco *agg.* 1 müde 2 *(infastidio)* satt sein.
stanga *s.f.* Stange (-,-n) *s.f.*; *(di carro)* Deichsel (-,-n) *s.f.*
stangata *s.f.* Schlag mit einer Stange (-,-n) *s.f.*
stanotte *avv.* heute nacht.
stanza *s.f.* Zimmer (-s,-) *s.n.*
stanziamento *s.m.* 1 Bereitstellung (-,-en) *s.f.* 2 *(insediamento)* Niederlassung (-,-en) *s.f.*
stanzino *s.m.* 1 *(ripostiglio)* Abstellraum (-s,-räume) *s.m.* 2 *(piccola stanza)* kleines Zimmer (-s,-) *s.n.*
stappare *v.tr.* entkorken; *(aprire)* öffnen.
stare *v.intr.* 1 *(rimanere)* bleiben (blieb, geblieben) 2 *(essere)* sein (war, gewesen) 3 *(in posizione orizzontale)* liegen (lag, gelegen) 4 *(in posizione verticale)* stehen (stand, gestanden) *(abitare)* wohnen.
starnutire *v.intr.* niesen.
starnuto *s.m.* Niesen (-s/.) *s.n.*
stasera *avv.* heute abend.
statale *agg.* staatlich, Staats...
station-wagon *s.f.* Kombiwagen (-s,-) *s.m.*
statista *s.m.* Staatsmann (-es,-männer) *s.m.*
statistica *s.f.* Statistik (-,-en) *s.f.*
statistico *agg.* statistisch.
stato *s.m.* 1 *(condizione)* Zustand (-es,-stände) *s.m.* 2 *(pol.)* Staat (-es,-en) *s.m.*
statua *s.f.* Statue (-,-n) *s.f.*
statura *s.f.* Körperbau (-s/.) *s.m.*
stavolta *avv.* *(fam.)* diesmal, dieses Mal.
stazionare *v.intr.* parken, stehen-bleiben (blieb stehen, stehengeblieben).
stazionario *agg.* unverändert.
stazione *s.f.* 1 Bahnhof (-s,-höfe) *s.m.* 2 *(sede di servizio)* Stelle (-,-n) *s.f.*
stecca *s.f.* 1 Stab (-s, Stäbe) *s.m.* 2 *(confezione)* Stange (-,-n) *s.f.*
steccato *s.m.* Lattenzaun (-es,-zäune) *s.m.*
stecchino Zahnstocher (-s,-) *s.m.*
stella *s.f.* 1 Stern (-s,-e) *s.m.* 2 *(a luce)* Star (-s,-s) *s.m.*

stelo *s.m. (bot.)* Stengel (-s,-) *s.m.* | *lampada a –*, Stehlampe (-,-n) *s.f.*
stemma *s.m.* Wappen (-s,-) *s.n.*
stendardo *s.m.* Standarte (-,-n) *s.f.*
stendere *v.tr.* 1 aus·strecken 2 *(bucato)* auf·hängen 3 *(spalmare)* schmieren.
stendibiancheria *s.m.* Wäscheständer (-s,-) *s.m.*
stenodattilografia *s.f.* Stenotypieren (-s/.) *s.n.*
stenografia *s.f.* Stenographie (-/.) *s.f.*
stentare *v.intr.* Mühe haben.
stento *s.m.* Mühe (-/.) *s.f.*, Anstrengung (-,-en) *s.f.*
stereo *agg.*: *impianto –*, Stereoanlage (-,-n) *s.f.*
sterile *agg. (biol.)* unfruchtbar, steril, zeugungsunfähig.
sterilità *s.f.* Unfruchtbarkeit (-/.) *s.f.*
sterilizzare *v.tr.* sterilisieren.
sterminare *v.tr.* aus·rotten, vernichten.
sterminato *agg.* grenzenlos, unendlich.
sterminio *s.m.* Ausrottung (-/.) *s.f.*
sterno *s.m. (anat.)* Brustbein (-es,-e) *s.n.*
sterpo *s.m.* Dornengestrüpp (-s,-e) *s.m.*
sterzare *v.intr.* steuern.
sterzo *s.m.* Lenkung (-/.) *s.f.* 2 *(manubrio)* Lenkstange (-,-n) *s.f.*
stesso *agg.* 1 *(medesimo)* derselbe 2 *(uguale)* gleich ♦ *prep.* *(la stessa persona)* derselbe; *(la stessa cosa)* dasselbe ♦ *lo – locuz.avv.* trotzdem, sowieso.
stesura *s.f.* 1 Abfassung (-/.) *s.f.* 2 *(versione)* Fassung (-,-en) *s.f.*
stile *s.m.* Stil (-s,-e) *s.m.*
stilista *s.f. (moda)* Modeschöpfer (-s, -) *s.m.*; *(designer)* Stylist (-en,-en) *s.m.*
stilizzare *v.tr.* stilisieren.
stilografica *s.f.* Füllfederhalter (-s,-) *s.m.*

stima *s.f.* 1 Achtung (-/.) *s.f.* 2 *(valutazione)* Schätzung (-,-en) *s.f.*
stimato *agg.* geehrt.
stimolare *v.tr.* 1 *(incitare)* an·spornen 2 *(eccitare)* erregen 3 *(med.)* an·regen.
stinco *s.m.* 1 Schienbein (-es,-e) *s.n.* 2 *(gastr.)* Hachse (-,-n) *s.f.*
stipare *v.tr.* zusammen·pferchen, zusammen·drängen.
stipendio *s.m.* Gehalt (-es,-hälter) *s.n.*
stipite *s.m.*: *lo – della porta*, Türpfosten (-s,-) *s.m.*
stipulare *v.tr. (dir.)* 1 ab·schließen (schloß ab, abgeschlossen) 2 *(redigere)* ab·fassen.
stiracchiato *agg.* 1 gezwungen 2 *(fig.)* erzwungen.
stiramento *s.m. (med.)* Zerrung (-,-en) *s.f.*
stirare *v.tr.* 1 bügeln 2 *(stiracchiare)* aus·strecken 3 *(un arto)* zerren.
stireria *s.f.* Bügelerei (-,-en) *s.f.*
stirpe *s.f.* Geschlecht (-s,-er) *s.n.*
stitichezza *s.f.* Verstopfung (-,-en) *s.f.*
stiva *s.f. (mar./aereo)* Laderaum (-es, -räume) *s.m.*
stivale *s.m.* Stiefel (-s,-) *s.m.*
stivare *v.tr. (mar./aereo)* verstauen, trimmen.
stizzoso *agg.* 1 reizbar, grimmig 2 *(pieno di stizza)* ärgerlich.
stoccafisso *s.m. (gastr.)* Stockfisch (-es,-e) *s.m.*
stoccata *s.f. (scherma)* Hieb (-es, -e) *s.m.* 2 *(fig.)* Seitenhieb (-es,-e) *s.m.*
stoffa *s.f.* Stoff (-es,-e) *s.m.*
stoino *s.m.* Fußmatte (-,-n) *s.f.*
stola *s.f.* Stola (-,-len) *s.f.*
stolto *agg.* töricht, dumm.

stomaco

stomaco *s.m.* Magen (-s,-) *s.m.*
stonare *v.tr.* 1 falsch singen (sang, gesungen) 2 (*fig.*) (*confondere*) verwirren ♦ *v.intr.* (*con*) nicht passen (zu).
stonato *agg.* 1 falsch 2 (*fig.*) verwirrt 3 (*fig.*) (*contrastante*) unpassend.
stop *s.m.* 1 (*telegrafia*) Punkt (-es,-e) *s.m.* 2 (*segnale*) Stoppschild (-es,-er) *s.n.* 3 (*auto*) Bremslicht (-es,-er) *s.n.*
storcere *v.tr.* verbiegen (verbog, verbogen).
stordire *v.tr.* 1 betäuben 2 (*fig.*) (*sbalordire*) verblüffen.
storia *s.f.* 1 Geschichte (-/.) *s.f.* 2 (*pl.*) (*fandonie*) Märchen (-s,-) *s.n.*
storico *agg.* 1 Geschichts..., geschichtlich 2 (*memorabile*) denkwürdig.
storione *s.m.* (*zool.*) Stör (-s,-e) *s.m.*
stormire *v.intr.* rascheln, lispeln.
stormo *s.m.* Schwarm (-s, Schwärme) *s.m.*
stornare *v.tr.* 1 (*rimuovere*) (*da*) abwenden (von) 2 (*comm.*) stornieren.
storno¹ *s.m.* (*comm.*) Storno (-s,-ni) *s.m.*
storno² *s.m.*: cavallo –, Grauschimmel (-s,-) *s.m.*
storpiare *v.tr.* 1 verkrüppeln 2 (*fig.*) entstellen.
storpio *agg.* verkrüppelt.
storta *s.f.* (*fam.*) Verstauchen (-s/.) *s.n.*
storto *agg.* 1 krumm 2 (*non allineato*) schief 3 (*fam.*) schlecht ♦ *avv.* schief.
stoviglie *s.f.pl.* Geschirr (-s/.) *s.n.*
strabico *agg.* schielend.
strabiliante *agg.* verblüffend.
stracarico *agg.* (*fam.*) (*di*) überfüllt (mit), überladen (mit).
stracciare *v.tr.* 1 zerreißen (zerriß,

zerrissen) 2 (*fam.*) (*sport*) fertig machen.
straccio *s.m.* Lappen (-s,-) *s.m.*
straccione *s.m.* Bettler (-s,-) *s.m.*
straccivendolo *s.m.* Lumpensammler (-s,-) *s.m.*
strada *s.f.* 1 Straße (-,-n) *s.f.* 2 (*cammino*) Weg (-es,-e) *s.m.*; (*percorso*) Strecke (-,-n) *s.f.*
stradale *agg.* Straßen..., Verkehrs...
stradino *s.m.* Straßenarbeiter (-s,-) *s.m.*
strafare *v.tr.* übertreiben (übertrieb, übertrieben).
strage *s.f.* Blutbad (-es,-bäder) *s.n.*
stralunato *agg.* 1 verdreht 2 (*fig.*) (*sconvolto*) verwirrt.
stramazzare *v.intr.* (zu Boden) stürzen.
strambo *agg.* sonderbar, extravagant, komisch.
strangolare *v.tr.* erwürgen.
straniero *agg.* Fremd(en)..., fremd; (*estero*) ausländisch.
strano *agg.* sonderbar, komisch.
straordinario *agg.* 1 außerordentlich; (*speciale*) Extra..., Sonder... 2 (*grandissimo*) außergewöhnlich.
strapagare *v.tr.* über(be)zahlen.
strapazzare *v.tr.* 1 (*trattare male*) schlecht behandeln 2 (*affaticare*) strapazieren, überanstrengen.
strapazzata *s.f.* Strapaze (-,-n) *s.f.*
strapieno *agg.* überfüllt, übervoll.
strapotere *s.m.* Übermacht (-/.) *s.f.*
strappare *v.tr.* 1 abreißen (riß ab, abgerissen) 2 (*sottrarre*) entreißen (entriß, entrissen) 3 (*stracciare*) zerreißen (zerriß, zerrissen).
strappo *s.m.* 1 (*tirata*) Ruck (-es,-e) *s.m.* 2 (*lacerazione*) Riß (Risses, Ris-

straripare v.intr. über die Ufer treten (trat, getreten).

strascicare v.tr. 1 schleppen 2 (fig.) verschleppen ♦ v.intr. schleifen (schliff, geschliffen).

strascico s.m. 1 Schleppen (-s/.) s.m. 2 (abbigl.) Schleppe (-,-n) s.f. 3 (sbavatura di lumaca) Schleimspur (-,-en) s.f.

stratagemma s.m. List (-,-en) s.f., Trick (-s,-s) s.m.

strategia s.f. Strategie (-,-n) s.f.

strategico agg. 1 (mil.) strategisch 2 (abile) geschickt.

strato s.m. Schicht (-,-en) s.f.

strattone s.m. Ruck (-s,-e) s.m.

stravagante agg. extravagant.

stravolgere v.tr. 1 verdrehen 2 (turbare) verwirren.

straziante agg. quälend.

strazio s.m. 1 Zerfleischung (-/.) s.f. 2 (tormento) Qual (-,-en) s.f.

strega s.f. Hexe (-,-n) s.f.

stregare v.tr. verhexen.

stremato agg. erschöpft.

strenna s.f. Geschenk (-es,-e) s.n.

strepito s.m. Lärm (-s/.) s.m., Krach (-s/.) s.m.

strepitoso agg. 1 (fragoroso) lärmend 2 (fig.) großartig.

stressante agg. (fam.) stressig, stressend.

stressare v.tr. (fam.) stressen.

stretta s.f. 1 Druck (-s, Drücke) s.m. 2 (fitta) Stich (-s,-e) s.m. 3 (passaggio angusto) Engpaß (-passes,-pässe) s.m.

stretto¹ agg. 1 eng, schmal 2 (serrato) fest 3 (vicino) dicht, nah.

stretto² s.m. Meerenge (-,-n) s.f. Meeresstraße (-,-n) s.f.

strettoia s.f. Engpaß (-passes,-pässe) s.m.

striato agg. 1 gestreift 2 (anat.) quergestreift.

stridere v.intr. kreischen, quietschen.

stridulo agg. schrill, kreischend.

strillare v.intr. schreien (schrie, geschrie(e)n), brüllen ♦ v.tr. rufen (rief, gerufen).

strillo s.m. Schrei (-s,-e) s.m.

strillone s.m. 1 Zeitungsausrufer (-s,-) s.m. 2 (fam.) Schreihals (-es,-hälse) s.m.

striminzito agg. 1 (fig.) kümmerlich, dürftig.

stringa s.f. 1 Schnürband (-es,-bänder) s.n. 2 (inform.) Zeichenfolge (-,-n) s.f.

stringatezza s.f. Knappheit (-/.) s.f.

stringere v.tr. 1 drücken 2 (sintetizzare) kürzen 3 (rendere più stretto) enger machen ♦ v.intr. 1 eng sein 2 (incalzare) drängen.

striscia s.f. Streifen (-s,-) s.m.

strisciare v.intr. 1 kriechen (kroch, gekrochen) 2 (sfiorare) streifen.

striscio s.m. 1 Kriechen (-s/.) s.n. 2 (med.) Abstrich (-s,-e) s.m.

stritolare v.tr. zermalmen; zerquetschen.

strizzare v.tr. auswringen.

strofinaccio s.m. Scheuerlappen (-s,-) s.m.

strofinare v.tr. reiben (rieb, gerieben), scheuern.

stroncare v.tr. 1 ab-reißen (riß ab, abgerissen) 2 (affaticare) brechen (brach, gebrochen) 3 (reprimere) unterdrücken.

stroncatura s.f. (critica) Verriß (-ris-

strozzare ses,-risse) s.m.
strozzare v.tr. **1** (er)würgen **2** (soffocare) ersticken.
strozzatura s.f. Verengung (-,-en) s.f.
strozzino s.m. (fam.) Wucherer (-s,-) s.m.
strumentalizzare v.tr. ausnutzen.
strumento s.m. **1** Werkzeug (-es,-e) s.n. **2** (mus.) Instrument (-s,-e) s.n.
strutto s.m. Schweineschmalz (-es/.) s.n.
struttura s.f. **1** Struktur (-,-en) s.f. **2** (intelaiatura) Gestell (-s,-e) s.n.
strutturare v.tr. gliedern, strukturieren.
struzzo s.m. (zool.) Strauß (-es,-e) s.m.
stuccare v.tr. **1** verkitten **2** (decorare) stuckieren.
stuccatura s.f. **1** (procedimento) Stukkatur (-/.) s.f. **2** (risultato) Stuckarbeit (-,-en) s.f.
stucchevole agg. **1** (di cibi) ekelerregend **2** (fig.) süßlich
stucco s.m. Stuck (-s/.) s.m.
studente s.m. Schüler (-s,-) s.m.; (di università) Student (-en,-en) s.m.
studentesco agg. Schüler..., Studenten...
studiare v.tr. **1** lernen; (all'università) studieren **2** (esaminare) untersuchen.
studio s.m. **1** Lernen (-s/.) s.n., Studium (-s,-dien) s.n. **2** (ufficio) Büro (-s,-s) s.n.
stufa s.f. Ofen (-s, Öfen) s.m.
stufare v.tr. **1** (gastr.) schmoren **2** (fam.) langweilen.
stufato s.m. (gastr.) Schmorbraten (-s,-) s.m.
stuoia s.f. Matte (-,-n) s.f.
stupefacente agg. erstaunlich, verblüffend.
stupefatto agg. erstaunt, verblüfft.

stupendo agg. phantastisch, wunderbar.
stupidaggine s.f. **1** Dummheit (-,-en) s.f. **2** (inezia) Kinderspiel (-s,-e) s.n.
stupidità s.f. Dummheit (-/.) s.f., Stupidität (-/.) s.f.
stupido agg. dumm, blöd(e), stupid(e).
stupire v.tr. erstaunen, verwundern.
stupore s.m. **1** Staunen (-s/.) s.n. **2** (med.) Stupor (-s/.) s.m.
stupro s.m. Vergewaltigung (-,-en) s.f.
sturare v.tr. (stappare) entkorken.
stuzzicadenti s.m. Zahnstocher (-s,-) s.m.
stuzzicare v.tr. **1** (infastidire) reizen, sticheln **2** (stimolare) reizen, anregen.
su prep. **1** (con contatto) (stato in luogo) auf (+dat.); (moto a luogo) auf (+acc.) **2** (senza contatto) (stato in luogo) über (+dat.); (moto a luogo) über (+acc.).
sub s.m. Taucher (-s,-) s.m.
subacqueo agg. Unterwasser..., Tauch...
subaffittare v.tr. unter-vermieten.
subalterno agg. untergeben ♦ s.m. Untergebene (-n,-n) s.m.
subbuglio s.m. Aufregung (-,-en) s.f.
subconscio agg. (psic.) unterbewußt ♦ s.m. Unterbewußtsein (-s/.) s.n.
subdolo agg. hinterlistig, falsch.
subentrare v.intr. **1** (a) (nach-)folgen (+dat.) **2** (a) folgen (+dat.).
subire v.tr. erleiden (erlitt, erlitten).
subito avv. sofort, unverzüglich, gleich.
sublime agg. erhaben, sublim, verfeinert ♦ s.m. Erhabene (-n/.) s.n.
subnormale agg. minderbegabt.
subordinato agg. untergeordnet.
succedere v.intr. **1** (subentrare) folgen (+dat.) **2** (accadere) passieren.

successione *s.f.* 1 Nachfolge (-,-n) *s.f.* 2 (*susseguirsi*) Abfolge (-,-n) *s.f.*
successivamente *avv.* später, nachher, danach.
successivo *agg.* (nach)folgend.
successo *s.m.* Erfolg (-s,-e) *s.m.*
successore *s.m.* Nachfolger (-s,-) *s.m.*
succhiare *v.tr.* saugen, lutschen.
succhiotto *s.m.* 1 Schnuller (-s,-) *s.m.* 2 (*fam.*) (*segno sulla pelle*) Knutschfleck (-s,-e) *s.m.*
succinto *agg.* 1 (*di indumenti*) knapp, weit ausgeschnitten 2 (*breve*) kurz, knapp.
succo *s.m.* 1 Saft (-es, Säfte) *s.m.* 2 (*fig.*) Kern (-s,-e) *s.m.*
succoso *agg.* 1 saftig 2 (*fig.*) gehaltvoll.
succursale *s.f.* Zweigstelle (-,-n) *s.f.*
sud *s.m.* Süden (-s/.) *s.m.*
sudare *v.intr.* schwitzen.
sudata *s.f.* 1 Schwitzen (-s/.) *s.n.* 2 (*fig.*) Anstrengung (-/.) *s.f.*
sudato *agg.* 1 verschwitzt, schweißig 2 (*fig.*) mit Mühe verdient.
suddetto *agg.* obengenannt, obenerwähnt.
suddito *s.m.* Untertan (-s,-en) *s.m.*
suddividere *v.tr.* unterteilen.
sudicio *agg.* schmutzig, dreckig.
sudiciume *s.m.* Schmutz (-es/.) *s.m.*
sudista *s.m.* (*st.*) Südstaatler (-s,-) *s.m.*
sudorazione *s.f.* Schwitzen (-s/.) *s.n.*
sudore *s.m.* Schweiß (-es/.) *s.m.*
sufficiente *agg.* 1 genügend, ausreichend 2 (*borioso*) überheblich.
sufficienza *s.f.* 1 Genüge (-/.) *s.f.* 2 (*scuola*) Ausreichend (-s,-) *s.n.*
suffisso *s.m.* Nachsilbe (-,-n) *s.f.*
suffragio *s.m.* 1 Wahlrecht (-es,-e) *s.n.* 2 (*voto*) Stimme (-,-n) *s.f.*; (*consenso*) Zustimmung (-,-en) *s.f.*
suggerimento *s.m.* Ratschlag (-es, -schläge) *s.m.*
suggerire *v.tr.* 1 vor·sagen 2 (*proporre*) vor·schlagen (schlug vor, vorgeschlagen) 3 (*consigliare*) empfehlen (empfahl, empfohlen).
suggeritore *s.m.* (*teatr.*) Souffleur (-s, -e) *s.m.*
suggestionabile *agg.* (leicht) beeinflußbar.
suggestione *s.f.* Beeinflussung (-/.) *s.f.*
suggestivo *agg.* eindrucksvoll.
sughero *s.m.* (*bot.*) Korkeiche (-,-n) *s.f.*; (*corteccia*) Kork (-s,-e) *s.m.*
sugo *s.m.* Soße (-,-n) *s.f.*
suicida *agg.* selbstmörderisch, Selbstmord...
suicidarsi *v.pron.* Selbstmord begehen (beging, begangen).
suicidio *s.m.* Selbstmord (-es,-e) *s.m.*
sultanina *agg. e s.f.*: (*uva*) –, Sultanine (-,-n) *s.f.*
suo *agg.poss.* 1 (*di lui*) sein; (*di lei*) ihr; (*forma di cortesia*) Ihr; (*proprio*) eigen sein ♦ *pron.poss.m.*(*di lui*) seiner; (*di lei*) ihrer; (*forma di cortesia*) Ihrer.
suocera *s.f.* Schwiegermutter (-,-mütter) *s.f.*
suocero *s.m.* Schwiegervater (-s,-väter) *s.m.*
suola *s.f.* Schuhsohle (-,-n) *s.f.*
suolo *s.m.* Boden (-s, Böden) *s.m.*
suonare *v.tr.* spielen ♦ *v.intr.* 1 spielen; (*di campanello*) klingeln 2 (*scoccare*) schlagen (schlug, geschlagen).
suonatore *s.m.* Spieler (-s,-) *s.m.*
suoneria *s.f.* 1 (*di orologio*) Schlagwerk (-s,-e) *s.n.* 2 Klingel (-,-n) *s.f.*, Glocke (-,-n) *s.f.*

suono *s.m.* Ton (-es, Töne) *s.m.*, Klang (-s, Klänge) *s.m.*
suora *s.f.* Nonne (-,-n) *s.f.*
super *agg.* Super...
superalcolico *s.m.* Spirituose (-,-n.) *s.f.*
superare *v.tr.* 1 (*in altezza*) überragen; (*grandezza*) größer sein 2 (*in quantità*) überschreiten (überschritt, überschritten) 3 (*sorpassare*) überholen.
superato *agg.* überholt.
superbia *s.f.* Hochmut (-es/.) *s.m.*, Stolz (-es/.) *s.m.*
superbo *agg.* 1 hochmütig, stolz 2 (*fig.*) (*grandioso*) großartig.
superficiale *agg.* oberflächlich.
superficie *s.f.* 1 Oberfläche (-,-n) *s.f.* 2 (*geometria*) Fläche (-,-n) *s.f.*
superfluo *agg.* überflüssig.
superiore *agg.* 1 ober, Ober... 2 (*di altezza, misura*) höher, größer.
superiorità *s.f.* Überlegenheit (-/.) *s.f.*
superlativo *agg.* (*fig.*) höchst, vorzüglich.
supermercato *s.m.* Supermarkt (-,-märkte) *s.m.*
superstite *agg.* 1 überlebend 2 (*che resta*) verblieben, übriggeblieben).
superstizione *s.f.* Aberglaube (-ns/.) *s.m.*
supervisione *s.f.* 1 Oberaufsicht (-,-en) *s.f.* 2 (*film*) (künstlerische) Leitung (-,-en) *s.f.*
supino *agg.* 1 auf dem Rücken 2 (*servile*) unterwürfig, untertänig.
suppellettili *s.f.pl.* Einrichtungsgegenstand (-es,-stände) *s.m.*
suppergiù *avv.* (*fam.*) ungefähr.
supplementare *agg.* zusätzlich, ergänzend.
supplemento *s.m.* 1 Ergänzung (-,

-en) *s.f.* 2 (*di treni*) Zuschlag (-s, schläge) *s.m.*
supplicare *v.tr.* an-flehen.
supplire *v.intr.* aus-gleichen (glich aus, ausgeglichen) ♦ *v.tr.* ersetzen.
supplizio *s.m.* 1 Tortur (-,-en) *s.f.* 2 (*fig.*) Qual (-,-en) *s.f.*
supporre *v.tr.* an-nehmen (nahm an, angenommen), vermuten.
supporto *s.m.* Stütze (-,-n) *s.f.*; (*struttura*) Gestell (-s,-e) *s.n.*; (*sostegno*) Halter (-s,-) *s.m.*
supposizione *s.f.* Annahme (-,-n) *s.f.*
supposta *s.f.* (*farm.*) Zäpfchen (-s,-) *s.n.*
supremazia *s.f.* Vorherrschaft (-/.) *s.f.*
supremo *agg.* höchst..., oberst..., größt...
surclassare *v.tr.* weit überlegen sein (+*dat.*).
surf *s.m.* Surfen (-s/.) *s.n.*
surgelare *v.tr.* tief-kühlen.
surrogato *s.m.* Ersatz (-es/.) *s.m.*
suscettibile *agg.* 1 (*di*) fähig (zu) 2 (*permaloso*) empfindlich.
suscitare *v.tr.* erregen, aus-lösen.
susseguirsi *v.pron.* aufeinander-folgen.
sussidio *s.m.* 1 (*aiuto*) Unterstützung (-,-en) *s.f.* 2 (*econ.*) Beihilfe (-, -n) *s.f.*
sussistere *v.intr.* bestehen (bestand, bestanden).
sussultare *v.intr.* 1 zucken 2 (*per un sisma*) beben.
sussulto *s.m.* 1 Zucken (-s/.) *s.n.* 2 (*scossa sismica*) Beben (-s,-) *s.n.*
sussurrare *v.tr.* flüstern, raunen ♦ *v.intr.* (*di vento*) säuseln; (*di ruscello*) murmeln; (*di foglie*) rauschen.
sussurro *s.m.* 1 (*di voce*) Flüstern

(-s/.) *s.n.* **2** (*fruscio*) Rascheln (-s/.) *s.n.*

svagarsi *v.pron.* (*distrarsi*) sich ablenken; (*ricrearsi*) sich entspannen.

svago *s.m.* **1** Erholung (-/.) *s.f.* **2** (*passatempo*) Zeitvertreib (-s/.) *s.m.*

svaligiare *v.tr.* aus·rauben, plündern.

svalutare *v.tr.* entwerten **2** (*sminuire*) herab·würdigen.

svalutazione *s.f.* Entwertung (-/.) *s.f.*

svanire *v.intr.* **1** (*disperdersi*) sich auf·lösen **2** (*scomparire*) verschwinden (verschwand, verschwunden) **3** (*di odori*) verfliegen (verflog, verflogen).

svantaggio *s.m.* **1** Nachteil (-s,-e) *s.m.* **2** (*sport*) Rückstand (-es,-stände) *s.m.*

svariato *agg.* (*vario*) vielerlei, unterschiedlich **2** (*pl.*) (*diversi*) verschieden.

svasato *agg.* ausgeweitet, ausgestellt.

sveglia *s.f.* Wecker (-s,-) *s.m.*

svegliare *v.tr.* auf·wecken ♦ **svegliarsi** *v.pron.* auf·wachen (wachte auf, aufgewacht).

sveglio *agg.* wach.

svelare *v.tr.* enthüllen, verraten (verriet, verraten).

sveltire *v.tr.* beschleunigen **2** (*rendere più sveglio*) aufgeweckter machen.

svelto *agg.* **1** schnell, rasch **2**(*sveglio, pronto*) aufgeweckt, flink.

svendere *v.tr.* aus·verkaufen.

svendita *s.f.* Ausverkauf (-es,-käufe) *s.m.*

svenire *v.intr.* in Ohnmacht fallen (fiel, gefallen).

sventato *agg.* **1** (*distratto*) kopflos **2** (*imprudente*) leichtsinnig.

sventolare *v.tr.* schwenken ♦ *v.intr.* flattern, wehen.

sventura *s.f.* Unglück (-s/.) *s.n.*

sventurato *agg.* unglücklich, unglückselig.

svenuto *agg.* ohnmächtig.

svergognato *agg.* schamlos.

svestire *v.tr.* aus·ziehen (zog aus, ausgezogen).

svezzare *v.tr.* entwöhnen, ab·stillen; (*animali*) ab·setzen.

sviare *v.tr.* **1** ab·lenken **2** (*fig.*) ab·bringen (brachte ab, abgebracht).

svignarsela *v.pron.* sich verdrücken, ab·hauen.

sviluppare *v.tr.* **1** (*elaborare*) entwickeln, aus·arbeiten **2** (*provocare*) aus·lösen.

sviluppo *s.m.* **1** Entwicklung (-,-en) *s.f.* **2** (*elaborazione*) Ausarbeitung (-,-en) *s.f.*

svincolo *s.m.* **1** Befreiung (-/.) *s.f.* **2** – *autostradale*, Autobahnkreuz (-es,-e) *s.n.*

svista *s.f.* Versehen (-s/.) *s.n.*

svitare *v.tr.* lösen; ab·schrauben.

svolgere *v.tr.* **1** ab·wickeln **2** (*trattare*) behandeln; (*scuola*) schreiben (schrieb, geschrieben) **3** (*operare*) aus·üben ♦ **svolgersi** *v.pron.* **1** ab·rollen **2** (*aver luogo*) statt·finden (fand statt, stattgefunden).

svolgimento *s.m.* **1** Abrollen (-s/.) *s.n.* **2** (*esecuzione*) Durchführung (-,-en) *s.f.*

svolta *s.f.* **1** (*curva*) Kurve (-,-n) *s.f.* **2** (*cambiamento radicale*) Wende (-,-n) *s.f.*

svoltare *v.intr.* ab·biegen (bog ab, abgebogen).

svuotare *v.tr.* leeren.

symposium *s.m.* Kongreß (Kongresses, Kongresse) *s.m.*

T

tabaccheria s.f. Tabakladen (-s,-läden) s.m.
tabacco s.m. Tabak (-s,-e) s.m.
tabella s.f. Tafel (-,-n) s.f.; (prospetto) Tabelle (-,-n) s.f.
tabulato s.m. Tabelle (-,-n) s.f., Übersicht (-,-en) s.f.
tacca s.f. Kerbe (-,-n) s.f. **2** (fig.) (difetto) Makel (-s,-) s.m.
taccheggio s.m. Ladendiebstahl (-s, -stähle) s.m.
tacchino s.m. Truthahn (-s,-hähne) s.m., Puter (-s,-) s.m.
tacco s.m. Absatz (-es,-sätze) s.m.
taccuino s.m. Notizbuch (-es,-bücher) s.n.
tacere v.intr. **1** schweigen (schwieg, geschwiegen) **2** (essere quieto) still sein ♦ v.intr. **1** verschweigen (verschwieg, verschwiegen) **2** (tralasciare) auslassen (ließ aus, ausgelassen).
tachimetro s.m. Tachometer (-s,-) s.m.
taglia s.f. **1** Kopfgeld (-es,-er) s.n. **2** (abbigl.) Kleidergröße (-,-n) s.f.
tagliaerba s.f. Rasenmäher (-s,-) s.m.
tagliando s.m. Abschnitt (-s,-e) s.m.; (cedola) Coupon (-s,-s) s.m.
tagliare v.tr. e v.intr. **1** schneiden (schnitt, geschnitten) **2** (eliminare) streichen (strich, gestrichen) **3** (abbreviare) kürzen ♦ v.intr. schneiden (schnitt, geschnitten).
taglieggiare v.tr. erpressen.
tagliere s.m. Hackbrett (-es,-er) s.n.
taglio s.m. **1** Schnitt (-es,-e) s.m. **2** (pezzo) Stück (-es,-e) s.n.
tagliola s.f. Fangeisen (-s,-) s.n.
tagliuzzare v.tr. zerschnitzeln, (fam.) zerschnippeln.
tailleur s.m. (abbigl.) Kostüm (-s,-e) s.n.
talco s.m. Talkum (-s/.) s.n.
tale¹ pron.dimostr. der, derjenige ♦ pron.indef. **1** (preceduto da art.indef.) einer, jemand **2** (preceduto da quel, quella) der, derjenige.
tale² agg. **1** solcher, dieser **2** (correlato a "che", "da") so, dermaßen **3** (correlato a "quale") genau wie ♦ agg.indef. **1** (certo) gewiß **2** (preceduto da art. det.) jener.
talea s.f. (bot.) Steckling (-s,-e) s.m.
talento s.m. Talent (-s,-e) s.n.
talismano s.m. Talisman (-s,-e) s.m.
tallone s.m. Ferse (-,-n) s.f.
talmente avv. so, dermaßen.
talpa s.f. **1** (zool.) Maulwurf (-s,-würfe) s.m. **2** (fig.) Spitzel (-s,-) s.m.
talvolta avv. manchmal, ab und zu.
tamarindo s.m. (bot.) Tamarinde (-,-n) s.f.
tamburo s.m. Trommel (-,-n) s.f.
tamponamento s.m. (di veicoli) Auffahrunfall (-s,-fälle) s.m.
tana s.f. **1** Höhle (-,-n) s.f.; (covo) Bau (-s/.) s.m. **2** (nascondiglio) Schlupfwinkel (-s,-) s.m. **3** (stamberga) Loch (-es, Löcher) s.n.
tanfo s.m. Modergeruch (-s,-gerüche) s.m.
tangente s.f. **1** (mat.) Tangente (-,-n) s.f. **2** (bustarella) Schmiergelde (-es,-er) s.n.
tangenziale s.f. Umgehungsstraße (-,-n) s.f.
tanica s.f. Kanister (-s,-) s.m.
tanto¹ agg. e pron.indef. **1** viel, soviel **2** (tempo) lange **3** (luogo) weit **4** (intensità) groß, stark ♦ pron.dimostr. das ♦

s.m. (*quantità det.*) soviel.
tanto² *avv.* 1 (*talmente*) so, sehr 2 (*prop. comp.*) so...wie 3 (*sia...sia*) sowohl...als auch 4 (*solamente*) nur.
tappa *s.f.* 1 (*sosta*) Rast (-,-en) *s.f.* 2 (*distanza percorsa*) Teilstrecke (-,-n) *s.f.*
tappare *v.tr.* verschließen (verschloß, verschlossen); (*con tappo di sughero*) verkorken.
tapparella *s.f.* Rolladen (-s,-läden) *s.m.*
tappeto *s.m.* 1 Teppich (-s,-e) *s.m.* 2 (*sport*) Matte (-,-n) *s.f.*
tappezzeria *s.f.* Tapete (-,-n) *s.f.*
tappo *s.m.* 1 (*di sughero*) Korken (-s,-) *s.m.*; (*a vite*) Schraubverschluß (-schlusses,-verschlüsse) *s.m.* 2 (*fam.*) (*di persona*) Knirps (-,-e) *s.m.*
tardare *v.intr.* sich verspäten; (*aspettare*) warten.
tardi *avv.* spät.
tardo *agg.* spät, Spät...
targa *s.f.* 1 Schild (-es,-er) *s.n.* 2 (*di veicoli*) Nummernschild (-es,-er) *s.n.*
tariffa *s.f.* 1 Tarif (-s,-e) *s.m.*, Gebühr (-,-en) *s.f.*
tarlato *agg.* wurmstichig.
tarlo *s.m.* Holzwurm (-es,-würmer) *s.m.*
tarma *s.f.* Motte (-,-n) *s.f.*
tarmato *agg.* von Motten zerfressen (zerfraß, zerfressen).
tarmicida *s.m.* Mottenvertilgungsmittel (-s,-) *s.n.*, Mottenkugeln *s.pl.*
tartagliare *v.intr.* (*fam.*) stottern.
tartaro *s.m.* (*dentario*) Zahnstein (-s,-e) *s.m.*
tartaruga *s.f.* Schildkröte (-,-n) *s.f.*
tartina *s.f.* belegtes Brot (-es,-e) *s.n.*
tartufo *s.m.* (*bot.*) Trüffel (-,-n) *s.f.* – *di mare*, warzige Venusmuschel (-,-n) *s.f.*
tasca *s.f.* 1 Tasche (-,-n) *s.f.* 2 (*scomparto*) Fach (-es, Fächer) *s.n.*

tegame

tascabile *agg.* Taschen...
tassa *s.f.* 1 Gebühr (-,-en) *s.f.* 2 (*imposta*) Steuer (-,-n) *s.f.*
tassametro *s.m.* Fahrpreisanzeiger (-s,-) *s.m.*
tassare *v.tr.* besteuern.
tassativo *agg.* endgültig, strikt.
tassi *s.m.* Taxi (-s,-s) *s.n.*
tassista *s.m.* Taxifahrer (-s,-) *s.m.*
tasso¹ *s.m.* (*zool.*) Dachs (-es,-e) *s.m.*
tasso² *s.m.* Rate (-,-n) *s.f.*
tasso³ *s.m.* (*bot.*) Eibe (-,-n) *s.f.*
tastare *v.tr.* tasten.
tastiera *s.f.* Tastatur (-,-en) *s.f.*
tasto *s.m.* Taste (-,-n) *s.f.*
tattica *s.f.* Taktik (-,-en) *s.f.*
tatto *s.m.* 1 Tastsinn (-s/.) *s.m.* 2 (*fig.*) Takt (-es,-e) *s.m.*
tatuaggio *s.m.* Tätowierung (-,-en) *s.f.*
tatuato *agg.* tätowiert.
taverna *s.f.* Taverne (-,-n) *s.f.*
tavola *s.f.* 1 Brett (-es,-er) *s.n.* 2 (*tavolo*) Tisch (-es,-e) *s.m.*: *apparecchiare la* –, den Tisch decken 3 (*arte*) Gemälde (-s,-) *s.n.*
tavolo *s.m.* Tisch (-es,-e) *s.m.*
tavolozza *s.f.* Palette (-,-n) *s.f.*
tazza *s.f.* Tasse (-,-n) *s.f.*
tazzina *s.f.* Mokkatasse (-,-n) *s.f.*
te *pron.* dich.
tè *s.m.* Tee (-s,-s) *s.m.*
teatrale *agg.* Theater...; (*fig.*) theatralisch.
teatro *s.m.* Theater (-s,-) *s.n.*
tecnica *s.f.* Technik (-/.) *s.f.*
tecnico *agg.* technisch ♦ *s.m.* Techniker (-s,-) *s.m.*, Fachmann (-es,-leute) *s.m.*
tecnologia *s.f.* Technologie (-,-n) *s.f.*
tecnologico *agg.* technologisch.
tegame *s.m.* flacher Kochtopf (-es,-töpfe) *s.m.*

teglia *s.f.* Auflaufform (-,-en) *s.f.*
tegola *s.f.* Dachziegel (-s,-) *s.m.*
teiera *s.f.* Teekanne (-,-n) *s.f.*
tela *s.f.* **1** Gewebe (-s,-) *s.n.* **2** (*dipinto*) Leinwand (-,-wände) *s.f.*
telaio *s.m.* **1** Webstuhl (-es,-stühle) *s.m.* **2** (*auto*) Untergestell (-es,-e) *s.n.*
teleabbonato *s.m.* Fersehteilnehmer (-s,-) *s.m.*
telecamera *s.f.* Fernsehkamera (-,-s) *s.f.*
telecomando *s.m.* Fernbedienung (-,-en) *s.f.*
telecronaca *s.f.* Fernsehrepotage (-,-n) *s.f.*
telecronista *s.m.* Fersehreporter (-s,-) *s.m.*
teleferica *s.f.* Schwebebahn (-,-en) *s.f.*
telefonare *v.intr.* (*a*) an-rufen (rief an, angerufen); telefonieren (mit).
telefonata *s.f.* Anruf (-s,-e) *s.m.*
telefonino *s.m.* Mobiltelefon (-s,-e) *s.n.*
telefonista *s.m.* Telefonist (-en,-en) *s.m.*
telefono *s.m.* Telefon (-s,-e) *s.n.*
telegiornale *s.m.* Tagesschau (-,-en) *s.f.*
telegrafare *v.tr. e intr.* telegrafieren.
telegrafo *s.m.* Telegraf (-en,-e) *s.m.*
telegramma *s.m.* Telegramm (-s,-e) *s.n.*
teleobbiettivo *s.m.* Teleobjektiv (-s,-e) *s.n.*
teleromanzo *s.m.* Fernsehverfilmung (-,-en) *s.f.* eines Romans.
teleschermo *s.m.* Bildschirm (-s,-e) *s.m.*
telescopio *s.m.* Teleskop (-s,-e) *s.m.*
telescrivente *s.f.* Fernschreiber (-s,-) *s.m.*
teleselezione *s.f.* Selbstwählferndienst (-es,-e) *s.m.*

telespettatore *s.m.* Fernsehzuschauer (-s,-) *s.m.*
televisione *s.f.* Fernsehen (-s/.) *s.n.*
televisore *s.m.* Fernseher (-s,-) *s.m.*
tema *s.m.* **1** Thema (-s,-men) *s.n.* **2** (*scuola*) Aufsatz (-es,-sätze) *s.m.*
temerario *agg.* wagemutig.
temere *v.tr.* fürchten.
temperamatite *s.m.* Spitzer (-s,-) *s.m.*
temperamento *s.m.* Temperament (-s,-e) *s.n.*
temperare *v.tr.* **1** (*mitigare*) mildern **2** (*matita*) spitzen.
temperatura *s.f.* Temperatur (-,-en) *s.f.*
tempesta *s.f.* Sturm (-s, Stürme) *s.m.*
tempestare *v.tr.* (*fig.*) bestürmen.
tempestivamente *avv.* rechtzeitig.
tempestivo *agg.* rechtzeitig.
tempestoso *agg.* stürmisch.
tempia *s.f.* (*anat.*) Schläfe (-,-n) *s.f.*
tempio *s.m.* Tempel (-s,-) *s.m.*
tempo *s.m.* **1** Zeit (-,-en) *s.f.* **2** (*meteor.*) Wetter (-s/.) *s.n.* **3** (*sport*) Halbzeit (-,-en) *s.f.*
temporale *s.m.* Gewitter (-s,-) *s.n.*
temporaneo *agg.* vorübergehend, vorläufig.
temporeggiare *v.intr.* Zeit gewinnen (gewann, gewonnen).
tenace *agg.* zäh, widerstandsfähig, (*ostinato*) hartnäckig.
tenaglia *s.f.* **1** Zange (-,-n) *s.f.* **2** (*pl.*) (*chele*) Schere (-n,-n) *s.f.*
tenda *s.f.* **1** Vorhang (-s,-hänge) *s.m.* **2** (*da campo*) Zelt (-es,-e) *s.n.*
tendenza *s.f.* **1** Tendenz (-,-en) *s.f.* **2** (*inclinazione*) Neigung (-,-en) *s.f.*
tendere *v.tr.* spannen ♦ *v.intr.* (*a*) neigen (zu).
tendine *s.m.* (*anat.*) Sehne (-,-n) *s.f.*
tenebra *s.f.* Finsternis (-/.) *s.f.*

tenebroso *agg.* finster, dunkel.
tenente *s.m.* (*mil.*) Oberleutnant (-s,-s) *s.m.*
tenere *v.tr.* **1** halten (hielt, gehalten) **2** (*trattenere*) behalten (behielt, behalten).
tenero *agg.* zart, weich; (*fig.*) zärtlich.
tennis *s.m.* Tennis (-/.) *s.n.*
tenore *s.m.* **1** Tenor (-s,-e) *s.m.* **2** (*contenuto*) Gehalt (-s,-e) *s.m.*
tensione *s.f.* Spannung (-,-en) *s.f.*
tentare *v.tr.* versuchen.
tentativo *s.m.* Versuch (-s,-e) *s.m.*
tentazione *s.f.* Versuchung (-,-en) *s.f.*
tenue *agg.* dünn; (*lieve*) leicht; (*debole*) schwach.
tenuta *s.f.* **1** Halten (-s/.) *s.n.* **2** (*tecn.*) Dichte (-,-n) *s.f.* **3** (*capacità*) Fassungsvermögen (-s,-) *s.n.*
tenuto *agg.* (*obbligato*) verpflichtet.
teologo *s.m.* Theologe (-n,-n) *s.m.*
teorema *s.m.* Lehrsatz (-es,-sätze) *s.m.*
teoria *s.f.* Theorie (-,-n) *s.f.*
teorico *agg.* theoretisch.
teorizzare *v.tr.* theoretisieren.
teppista *s.m.* Rowdy (-s,-s) *s.m.*
terapeutico *agg.* therapeutisch, Heil...
terapia *s.f.* Therapie (-,-n) *s.f.*
tergicristallo *s.m.* (*auto*) Scheibenwischer (-s,-) *s.m.*
tergiversare *v.intr.* Ausflüchte suchen.
termale *agg.* Thermal...
terme *s.f.pl.* Thermalbad (-es,-bäder) *s.n.*
terminale *agg.* End... ♦ *s.m.* **1** (*inform.*) Terminal (-s,-s) *s.n.* **2** (*elettr.*) Klemme (-,-n) *s.f.*
terminare *v.tr.* beenden ♦ *v.intr.* enden, aufhören.
termine *s.m.* **1** (*confine*) Grenze (-,-n) *s.f.* **2** (*spazio di tempo*) Frist (-,-en)

s.f. **3** (*scadenza*) Termin (-s,-e) *s.m.* **4** (*fine*) Ende (-s/.) *s.n.*
termite *s.f.* (*zool.*) Termite (-,-n) *s.f.*
termoforo *s.m.* Heizkissen (-s,-) *s.n.*
termometro *s.m.* Thermometer (-s,-) *s.n.*
termonucleare *agg.* (*fis.*) thermonuklear.
termosifone *s.m.* Heizkörper (-s,-) *s.m.*
terra *s.f.* **1** Erde (-,-n) *s.f.*; Welt (-/.) *s.f.* **2** (*suolo*) Erdboden (-s/.) *s.m.* **3** (*terraferma*) Land (-es/.) *s.n.*
terracotta *s.f.* gebrannter Ton (-es/.) *s.m.*
terraglia *s.f.* Steingut (-s/.) *s.n.*
terrazza *s.f.* Terrasse (-,-n) *s.f.*
terremoto *s.m.* Erdbeben (-s,-) *s.n.*
terreno¹ *agg.* **1** irdisch, weltlich **2** (*a livello del suolo*) Erd...
terreno² *s.m.* **1** Boden (-s, Böden) *s.m.* **2** (*proprietà*) Grundstück (-s,-e) *s.n.*
terrestre *agg.* Erd...
terribile *agg.* schrecklich, furchtbar.
terriero *agg.* Grund..., Land...
terrificante *agg.* schrecklich, entsetzlich.
territorio *s.m.* **1** Gebiet (-s,-e) *s.n.* **2** (*amm.*) Territorium (-s,-rien) *s.n.*
terrore *s.m.* Schrecken (-s/.) *s.m.*, Terror (-s/.) *s.m.*
terrorismo *s.m.* Terrorismus (-/.) *s.m.*
terrorista *s.m.* Terrorist (-en,-en) *s.m.*
terzino *s.m.* (*sport*) Außenverteidiger (-s,-) *s.m.*
teschio *s.m.* Schädel (-s,-) *s.m.*
tesi *s.f.* **1** These (-,-n) *s.f.* **2** (*di laurea*) Diplomarbeit (-,-en) *s.f.*
teso *agg.* **1** gespannt, angespannt **2** (*proteso*) (aus)gestreckt.
tesoreria *s.f.* Schatzkammer (-,-n) *s.f.*

tesoriere *s.m.* Schatzmeister (-s,-) *s.m.*

tesoro *s.m.* 1 Schatz (-es, Schätze) *s.m.* 2 (*amm.*): *ministero del Tesoro*, Finanzministerium (-s/.) *s.n.* 3 (*caveau*) Tresor (-s,-e) *s.m.*

tessera *s.f.* 1 Karte (-,-n) *s.f.* 2 (*di riconoscimento*) Ausweis (-es,-e) *s.m.*

tessere *v.tr.* weben (wob/webte, gewoben/gewebt); (*intrecciare*) flechten (flocht, geflochten).

tessile *agg.* Textil...

tessuto *s.m.* Gewebe (-s,-) *s.m.*

testa *s.f.* Kopf (-es, Köpfe) *s.m.*

testamento *s.m.* Testament (-s,-e) *s.n.*

testardo *agg.* starrsinnig.

testare *v.tr.* testen.

testata *s.f.* Kopfstoß (-es,-stöße) *s.m.*

teste *s.m.* (*dir.*) Zeuge (-n,-n) *s.m.*

testimone *s.m.* 1 (*dir.*) Zeuge (-n,-n) *s.m.* 2 (*staffetta*) Staffelstab (-s,-stäbe) *s.m.*

testimonianza *s.f.* (*dir.*) Zeugnis (-es, -se) *s.n.*

testimoniare *v.tr.* 1 Zeugnis ablegen 2 (*dimostrare*) zeugen ♦ *v.intr.* aus-sagen.

testo *s.m.* 1 Text (-es,-e) *s.m.* 2 (*libro autorevole*) Buch (-es, Bücher) *s.n.*

tetro *agg.* (*scuro*) dunkel 2 (*lugubre*) düster, finster 3 (*triste*) traurig.

tetto *s.m.* 1 Dach (-es, Dächer) *s.n.* 2 (*di roccia*) Felsvorsprung (-s,-sprünge) *s.m.*

thermos *s.m.* Thermosflasche (-,-n) *s.f.*

ti *pron.pers.sing.* 1 (*compl.ogg.*) dich 2 (*compl. di termine*) dir.

tibia *s.f.* (*anat.*) Schienbein (-es,-e) *s.n.*

ticchettare *v.intr.* ticken.

tiepido *agg.* 1 lau(warm) 2 (*fig.*) kühl, kalt.

tifare *v.intr.* 1 (*fam.*) (*per*) schwärmen (für); Fan sein (von) 2 (*parteggiare*) (*per*) Partei nehmen (nahm, genommen) (für).

tifo *s.m.* 1 (*med.*) Typhus (-s/.) *s.m.* 2 (*sport*) Begeisterung (-/.) *s.f.*

tifone *s.m.* (*meteor.*) Taifun (-s/.) *s.m.*

tifoso *s.m.* Anhänger (-s,-) *s.m.*, Fan (-s,-s) *s.m.*

tight *s.m.* (*abbigl.*) Cut(away) (-s,-s) *s.m.*

tiglio *s.m.* Linde (-,-n) *s.f.*

tigre *s.f.* Tiger (-s,-) *s.m.*

timballo *s.m.* (*gastr.*) Pastete (-,-n) *s.f.*; (*sformato*) Auflauf (-s,-läufe) *s.m.*

timbrare *v.tr.* stempeln.

timbro *s.m.* Stempel (-s,-) *s.m.*

timidezza *s.f.* Schüchternheit (-/.) *s.f.*, Scheu (-/.) *s.f.*

timido *agg.* scheu, schüchtern.

timo *s.m.* 1 (*anat.*) Thymusdrüse (-,-n) *s.f.* 2 (*bot.*) Thymian (-s/.) *s.m.*

timone *s.m.* 1 (*del carro*) Deichsel (-,-n) *s.f.* 2 (*mar./aereo*) Ruder (-s,-) *s.n.*, Steuer (-s,-) *s.n.* 3 (*fig.*) Leitung (-/.) *s.f.*

timoniere *s.m.* (*mar.*) Steuermann (-es,-männer) *s.m.*

timore *s.m.* 1 Angst (-, Ängste) *s.f.* 2 (*soggezione*) Ehrfurcht (-/.) *s.f.*

timpano *s.m.* (*anat.*) Paukenhöhle (-,-n) *s.f.*

tinca *s.f.* (*zool.*) Schleie (-,-n) *s.f.*

tingere *v.tr.* färben.

tino *s.m.* Bottich (-s,-e) *s.m.*

tinozza *s.f.* 1 Bottich (-s,-e) *s.m.* 2 (*per bucato*) Waschbütte (-,-n) *s.f.*

tinta *s.f.* Farbe (-,-n) *s.f.*

tintarella *s.f.* (*fam.*) Sonnenbräune (-/.) *s.f.*

tinteggiare *v.tr.* an-streichen (strich an, angestrichen).

tintinnare *v.intr.* klingeln, bimmeln.
tintoria *s.f.* Reinigung (-,-en) *s.f.*
tintura *s.f.* 1 Färbung (-/.) *s.f.* 2 (*vernice*) Farbmittel (-s,-) *s.n.* 3 (*chim.*) Tinktur (-,-en) *s.f.*
tipico *agg.* typisch.
tipo *s.m.* 1 Typ (-s,-en) *s.m.* 2 (*sorta*) Art (-,-en) *s.f.*
tipografia *s.f.* Typographie (-,-n) *s.f.*
tipografo *s.m.* Drucker (-s,-) *s.m.*
tipologia *s.f.* Typologie (-,-n) *s.f.*
tiranneggiare *v.tr.* tyrannisieren.
tirannia *s.f.* 1 Tyrannei (-,-en) *s.f.* 2 (*fig.*) Zwang (-s, Zwänge) *s.m.*
tiranno *s.m.* Tyrann (-s,-en) *s.m.*
tirare *v.tr.* 1 ziehen (zog, gezogen) 2 (*lanciare*) werfen (warf, geworfen) 3 (*sparare*) schießen (schoß, geschossen) 4 (*tendere*) spannen ♦ *v.intr.* 1 ziehen (zog, gezogen) 2 (*di aria*) wehen.
tiratore *s.m.* Schütze (-n,-n) *s.m.*
tiratura *s.f.* Auflage (-,-n) *s.f.*
tirchio *agg.* (*fam.*) knauserig.
tiro *s.m.* 1 (*di arma*) Schuß (Schusses, Schüsse) *s.m.* 2 (*sport*) Wurf (-s, Würfe) *s.m.*
tirocinio *s.m.* Lehre (-,-n) *s.f.*
tiroide *s.f.* (*anat.*) Schilddrüse (-,-n) *s.f.*
tirrenico *agg.* tyrrhenisch.
tisana *s.f.* Aufguß (-gusses,-güsse) *s.m.*
titolare *s.m.* 1 Inhaber (-s,-) *s.m.* 2 (*proprietario*) Eigentümer (-s,-) *s.m.*
titolo *s.m.* 1 Titel (-s,-) *s.m.* 2 (*dir.*) Berechtigung (-/.) *s.f.* 3 (*fin.*) Wertpapier (-s,-e) *s.n.*
titubante *agg.* unschlüssig, zögernd.
toast *s.m.* Toast (-s,-e) *s.m.*
toccante *agg.* rührend, ergreifend.
toccare *v.tr.* 1 berühren 2 (*raggiungere*) erreichen 3 (*riguardare*) betreffen (betraf, betroffen) ♦ *v.intr.* 1 (*capitare*) treffen (traf, getroffen) 2 (*essere costretto*) müssen 3 (*spettare*) zu-stehen (stand zu, zugestanden).
tocco *s.m.* 1 Berührung (-,-en) *s.f.* 2 (*pittura*) Pinselstrich (-s,-e) *s.m.*
toga *s.f.* (*di giudici*) Talar (-s,-e) *s.m.*, Robe (-,-n) *s.f.*
togliere *v.tr.* 1 nehmen (nahm, genommen) 2 (*di indumenti*) aus-ziehen (zog aus, ausgezogen) 3 (*ritirare*) entziehen (entzog, entzogen) 4 (*sottrarre*) ab-ziehen (zog ab, abgezogen) 5 (*togliere*) befreien.
toilette *s.f.* Toilette (-,-n) *s.f.*
tollerabile *agg.* tolerierbar; (*sopportabile*) erträglich.
tollerante *agg.* tolerant.
tolleranza *s.f.* Toleranz (-/.) *s.f.*
tollerare *v.tr.* 1 ertragen (ertrug, ertragen) 2 (*ammettere*) dulden, tolerieren.
tolto *agg.* abgesehen von.
tomba *s.f.* Grab (-es, Gräber) *s.n.*
tombino *s.m.* Gully (-s,-s) *s.m.*
tombola *s.f.* Bingo (-s,-s) *s.n.*
tondeggiante *agg.* rundlich.
tondo *agg.* rund, Rund...
tonfo *s.m.* dumpfer Schlag (-s, Schläge) *s.m.*
tonificare *v.tr.* kräftigen, beleben.
tonnellaggio *s.m.* 1 (*mar.*) Tonnage (-,-n) *s.f.* 2 (*ferr.*) Tragfähigkeit (-/.) *s.f.*
tonnellata *s.f.* Tonne (-,-n) *s.f.*
tonno *s.m.* Thunfisch (-s,-e) *s.m.*
tono *s.m.* 1 Ton (-s, Töne) *s.m.* 2 (*pittura*) Farbton (-s,-töne) *s.m.*
tonto *agg.* (*fam.*) dumm, blöd.
topo *s.m.* Maus (-, Mäuse) *s.f.*
torace *s.m.* Brustkorb (-s,-körbe) *s.m.*
torba *s.f.* Torf (-s/.) *s.m.*

torbido *agg.* trübe.
torcere *v.tr.* verdrehen.
torchio *s.m.* 1 Presse (-,-n) *s.f.* 2 (*per uva*) Kelter (-,-n) *s.f.*
torcia *s.f.* 1 Fackel (-,-n) *s.f.* 2 (*lampada tascabile*) Taschenlampe (-,-n) *s.f.*
torcicollo *s.m.* steifer Hals (-es, Hälse) *s.m.*
tordo *s.m.* 1 (*zool.*) Drossel (-,-n) *s.f.* 2 (*fig.*) Dummkopf (-es,-köpfe) *s.m.*
tormenta *s.f.* Schneesturm (-s,-stürme) *s.m.*
tormentare *v.tr.* peinigen, quälen.
tormento *s.m.* Qual (-,-en) *s.f.*
tornaconto *s.m.* Gewinn (-s,-e) *s.m.*
tornare *v.intr.* 1 zurück·kehren (*andare, venire di nuovo*) wieder·kommen (kam wieder, wiedergekommen).
torneo *s.m.* Turnier (-s,-e) *s.n.*
torpedone *s.m.* Autobus (-ses,-se) *s.m.*
torpore *s.m.* 1 Taubheit (-/.) *s.f.* 2 (*fig.*) Trägheit (-/.) *s.f.*
torre *s.f.* Turm (-s, Türme) *s.m.*
torrente *s.m.* Wildbach (-s,-bäche) *s.m.*
torrido *agg.* drückend heiß.
torrone *s.m.* Nougat (-s,-s) *s.m./f.*
torsione *s.f.* 1 (*fis./tecn.*) Torsion (-,-en) *s.f.* 2 (*ginnastica*) Drehung (-,-en) *s.f.*
torso *s.m.* 1 (*torsolo*) Kerngehäuse (-s,-) *s.n.* 2 (*anat.*) Oberkörper (-s,-) *s.m.*
torsolo *s.m.* (*fam.*) Kerngehäuse (-s,-) *s.n.*
torta *s.f.* Torte (-,-n) *s.f.*
tortiera *s.f.* Kuchenform (-,-en) *s.f.*
tortino *s.m.* Auflauf (-s,-läufe) *s.m.*
torto *s.m.* Unrecht (-s/.) *s.n.*
tortora *s.f.* (*zool.*) Turteltaube (-,-n) *s.f.*
tortuoso *agg.* 1 gewunden 2 (*fig.*) geschlungen.
tortura *s.f.* 1 Folter (-,-n) *s.f.* 2 (*fig.*) Qual (-,-en) *s.f.*
torturare *v.tr.* 1 foltern 2 (*fig.*) quälen, peinigen.
torvo *agg.* finster.
tosare *v.tr.* scheren; schneiden (schnitt, geschnitten).
tosse *s.f.* Husten (-s/.) *s.m.*
tossico *agg.* Gift..., toxisch.
tossicodipendente *s.m./f.* Rauschgiftsüchtige (-n,-n) *s.m./f.*
tossire *v.intr.* husten.
tostapane *s.m.* Toaster (-s,-) *s.m.*
tostare *v.tr.* rösten; (*pane*) toasten.
totale *agg.* total, Gesamt... ♦ *s.m.* Summe (-,-n) *s.f.*
totalità *s.f.* 1 (*insieme*) Gesamtheit (-/.) *s.f.* 2 (*interezza*) Ganzheit (-/.) *s.f.*
totalitario *agg.* (*pol.*) totalitär.
totalizzare *v.tr.* insgesamt erzielen.
totano *s.m.* (*zool.*) Pfeilkalmar (-s,-e) *s.m.*
totocalcio *s.m.* Fußballtoto (-s,-s) *s.n.*
tournée *s.f.* Tournee (-,-s) *s.f.*
tovaglia *s.f.* Tischtuch (-s,-tücher) *s.n.*
tovagliolo *s.m.* Serviette (-,-n) *s.f.*
tozzo *agg.* (*di persona*) gedrungen, untersetzt; (*di cosa*) breit, niedrig.
tra *prep.* zwischen (+*dat./+acc.*).
traballare *v.intr.* 1 (*di persona*) taumeln; (*di cosa*) wackeln 2 (*fig.*) schwanken.
traboccare *v.intr.* über·laufen (lief über, übergelaufen).
trabocchetto *s.m.* 1 Falltür (-,-en) *s.f.* 2 (*fig.*) Falle (-,-n) *s.f.*
traccia *s.f.* Spur (-,-en) *s.f.*
tracciare *v.tr.* (*strade, ferrovie*) trassieren; vor·zeichnen 2 –*una riga*, eine Linie ziehen (zog, gezogen).

trachea *s.f. (anat.)* Luftröhre (-,-n) *s.f.*
tracolla *s.f.* Tragriemen (-s,-) *s.m.*
tracollo *s.m.* Zusammenbruch (-s,-brüche) *s.m.*
tradimento *s.m.* Verrat (-s/.) *s.m.*
tradire *v.tr.* 1 verraten (verriet, verraten) 2 (*ingannare*) trügen.
tradizionale *agg.* traditionell; (*tramandato*) überliefert.
tradizione *s.f.* 1 Tradition (-,-en) *s.f.* 2 (*usanza*) Brauch (-s, Bräuche) *s.m.*
tradurre *v.tr.* übersetzen.
traduttore *s.m.* Übersetzer (-s,-) *s.m.*
traduzione *s.f.* Übersetzung (-,-en) *s.f.*
trafelato *agg.* atemlos, abgehetzt.
trafficante *s.m.* Händler (-s,-) *s.m.*
trafficare *v.intr.* 1 handeln 2 (*fam.*) (*affaccendarsi*) arbeiten.
traffico *s.m.* 1 Verkehr (-s/.) *s.m.* 2 (*commercio*) Handel (-s/.) *s.m.*
trafiggere *v.tr.* durchbohren.
traforo *s.m.* 1 Durchbohren (-s/.) *s.m.* 2 (*galleria*) Tunnel (-s,-/ *s.m.* 3 (*attrezzo*) Laubsäge (-,-n) *s.f.*
tragedia *s.f.* Tragödie (-,-n) *s.f.*
traghettare *v.tr.* (mit der Fähre) befördern.
traghetto *s.m.* Fähre (-,-n) *s.f.*
tragico *agg.* tragisch.
tragitto *s.m.* 1 (*viaggio*) Fahrt (-,-en) *s.f.* 2 (*percorso*) Strecke (-,-n) *s.f.*
traguardo *s.m.* (*sport*) Ziel (-s,-e) *s.n.*
trainare *v.tr.* ziehen (zog, gezogen); (*trascinare*) schleppen.
tralasciare *v.tr.* aus·lassen (ließ aus, ausgelassen).
tralcio *s.m.* Schößling (-s,-e) *s.m.*, Trieb (-s,-e) *s.m.*
traliccio *s.m.* (*elettr.*) Gittermast (-es, -en) *s.m.*
tram *s.m.* Straßenbahn (-,-en) *s.f.*

trama *s.f.* Handlung (-,-en) *s.f.*
tramandare *v.tr.* übertragen (übertrug, übertragen), überliefern.
tramare *v.tr.* komplottieren, sich verschwören.
tramezzino *s.m.* Sandwich (-s,-s) *s.m./n.*
tramite *prep.* mittels ♦ *s.m.* Vermittler (-s,-) *s.m.*
tramontare *v.intr.* unter·gehen (ging unter, untergegangen).
tramonto *s.m.* Untergang (-s,-gänge) *s.m.*
tramortire *v.tr.* nieder·schlagen (schlug nieder, niedergeschlagen).
trampolino *s.m.* Sprungbrett (-es,-er) *s.n.*
tramutare *v.tr.* verwandeln.
trancio *s.m.* Stück (-s,-e) *s.n.*
tranello *s.m.* Falle (-,-n) *s.f.*
tranguigare *v.tr.* hinunter·schlucken.
tranne *prep.* außer (+*dat.*)
tranquillante *s.m.* (*farm.*) Beruhigungsmittel (-s,-) *s.n.*
tranquillità *s.f.* Ruhe (-/.) *s.f.*
tranquillizzare *v.tr.* beruhigen.
tranquillo *agg.* ruhig, still.
transazione *s.f.* 1 (*comm.*) Zahlungsverkehr (-s/.) *s.m.* 2 (*dir.*) Vergleich (-s,-e) *s.m.*
transennare *v.tr.* ab·sperren.
transitabilità *s.f.* Befahrbarkeit (-/.) *s.f.*
transitare *v.intr.* fahren (fuhr, gefahren); (*a piedi*) gehen (ging, gegangen).
transito *s.m.* Transit (-s,-e) *s.m.*; (*con veicoli*) Durchfahrt (-,-en) *s.f.*; (*a piedi*) Durchgang (-s,-gänge) *s.m.*
transitorio *agg.* vergänglich; (*provvisorio*) vorübergehend.
trapanare *v.tr.* (durch)bohren.
trapano *s.m.* Bohrmaschine (-,-n) *s.f.*

trapassare *v.tr.* durchbohren.
trapelare *v.intr.* durch·sickern.
trapiantare *v.tr.* 1 (*bot.*) um·pflanzen; (*alberi*) verpflanzen 2 (*med.*) transplantieren ♦ **trapiantarsi** *v.pron.* über·siedeln.
trapianto *s.m.* Transplantation (-,-en) *s.f.*, Verpflanzung (-,-en) *s.f.*
trappola *s.f.* Falle (-,-n) *s.f.*
trapunta *s.f.* Steppdecke (-,-n) *s.f.*
trarre *v.tr.* 1 ziehen (zog, gezogen) 2 (*desumere*) entnehmen (entnahm, entnommen) ♦ **trarsi** *v.pron.* 1 treten (trat, getreten) 2 (*fig.*) sich befreien.
trasalire *v.intr.* zusammen·zucken; (*sobbalzare*) hoch fahren (fuhr hoch, hochgefahren).
trasandato *agg.* nachlässig, ungepflegt.
trascinare *v.tr.* schleppen.
trascorrere *v.tr.* verbringen (verbrachte, verbracht) ♦ *v.intr.* vergehen (verging, vergangen).
trascrivere *v.tr.* 1 ab·schreiben (schrieb ab, abgeschrieben) 2 (*dir.*) um·schreiben (schrieb um, umgeschrieben).
trascurare *v.tr.* vernachlässigen.
trasferimento *s.m.* 1 (*di persone*) Versetzung (-,-en) *s.f.*; (*di cose*) Verlegen (-*s*/.) *s.n.* 3 (*trasloco*) Umzug (-*s*,-züge) *s.m.* 2 (*cessione*) Übertragung (-,-en) *s.f.*
trasferire *v.tr.* 1 (*persone*) versetzen; (*cose*) verlegen 2 (*cedere*) übertragen (übertrug, übertragen); (*denaro*) überweisen (überwies, überwiesen).
trasformare *v.tr.* verwandeln, verändern.
trasformatore *v.tr.* (*elettr.*) Transformator (-*s*,-en) *s.m.*
trasfusione *s.f.* Transfusion (-,-en) *s.f.*

trasgredire *v.tr. e intr.* übertreten (übertrat, übertreten), zuwider·handeln.
traslocare *v.tr.* versetzen, verlegen ♦ *v.intr.* um·ziehen (zog um, umgezogen).
trasloco *s.m.* Umzug (-*s*,-züge) *s.m.*
trasmettere *v.tr.* 1 übertragen (übertrug, übertragen) 2 (*inoltrare*) übermitteln 3 (*radio, tv*) senden.
trasmissione *s.f.* 1 Übertragung (-,-en) *s.f.* 2 (*radio, tv*) Sendung (-,-en) *s.f.*
trasmittente *s.f.* Sender (-*s*,-) *s.m.*
trasparente *agg.* 1 durchsichtig, transparent 2 (*chiaro*) deutlich.
trasparire *v.intr.* 1 durch·scheinen (schien durch, durchgeschienen) 2 (*fig.*) durch·blicken.
trasportare *v.tr.* 1 befördern, transportieren 2 (*spostare*) tragen (trug, getragen) (*qlco. di pesante*) schleppen.
trasportatore *s.m.* Transportunternehmer (-*s*,-) *s.m.*
trasporto *s.m.* 1 (*comm.*) Beförderung (-,-en) *s.f.*, Transport (-*s*,-e) *s.m.* 2 (*pl.*) Verkehrsmittel *s.pl.*
trasudare *v.intr.* 1 schwitzen ♦ *v.tr.* 1 aus·schwitzen 2 (*fig.*) durch·blicken lassen (ließ, lassen).
trasversale *agg.* 1 Quer..., quer 2 (*mat.*) transversal.
tratta *s.f.* 1 (*ferr.*) Strecke (-,-n) *s.f.* 2 (*comm.*) Tratte (-,-n) *s.f.*
trattabile *agg.* 1 auszuhandeln 2 (*di malattia*) behandelbar 3 (*fig.*) umgänglich.
trattamento *s.m.* 1 Behandlung (-,-en) *s.f.* 2 (*servizio*) Bewirtung (-/.) *s.f.*
trattare *v.tr.* 1 behandeln 2 (*comportarsi*) um·gehen (ging um, umgegangen) 3 (*negoziare*) verhandeln.

trattativa s.f. Verhandlung (-,-en) s.f.
trattato s.m. 1 Abhandlung (-,-en) s.f. 2 (accordo) Vertrag (-s,-träge) s.m.
trattazione s.f. 1 Behandlung (-,-en) s.f. 2 (trattato) Abhandlung (-,-en) s.f.
tratteggiare v.tr. 1 stricheln 2 (disegnare) schraffieren, skizzieren.
tratteggio s.m. Schraffierung (-,-en) s.f.
trattenere v.tr. 1 zurück·halten (hielt zurück, zurückgehalten) 2 (conservare) zurück·behalten (behielt zurück, zurückbehalten).
trattenimento s.m. Veranstaltung (-,-en) s.f.
tratto s.m. 1 Strich (-s,-e) s.m. 2 (spec. pl.) (lineamenti) Gesichtszüge s.pl.
trattore s.m. Traktor (-s,-en) s.m.
trauma s.m. Trauma (-s,-men) s.n.
traumatizzare v.tr. 1 ein Trauma verursachen 2 (fig.) erschüttern, schokkieren.
trave s.f. 1 Balken (-s,-) s.m., Träger (-s,-) s.m. 2 (sport) Schwebebalken (-s,-) s.m.
traversata s.f. Überquerung (-,-en) s.f.
traverso agg. Quer... ● s.m. Quere (-/.) s.f.
travestire v.tr. verkleiden.
travestito s.m. Transvestit (-en,-en) s.m.
travisare v.tr. entstellen, verfälschen.
travolgente agg. 1 fortreißend 2 (fig.) mitreißend.
travolgere v.tr. fortreißen (riß fort, fortgerissen) ; (in auto) überfahren (überfuhr, überfahren).
trazione s.f. 1 Zug (-s/.) s.m. 2 (mecc.) Antrieb (-s,-e) s.m.
trebbiatrice s.f. Dreschmaschine (-,-n) s.f.

treccia s.f. Zopf (-es, Zöpfe) s.m.
tredicesima s.f. dreizehntes Monatsgehalt (-es,-hälter) s.n.
tregua s.f. 1 Waffenstillstand (-es/.) s.m. 2 (fig.) Ruhe (-/.) s.f., Pause (-,-n) s.f.
tremare v.intr. zittern, beben.
tremendo agg. furchtbar, schrecklich.
tremolare v.intr. zittern; (di fiamma) flackern.
treno s.m. Zug (-es, Züge) s.m.
trepidante agg. bange.
triangolare agg. dreieckig; dreiseitig.
triangolo s.m. 1 Dreieck (-s,-e) s.n. 2 (mus.) Triangel (-,-) s.m.
tribù s.f. Stamm (-es, Stämme) s.m.
tribuna s.f. Tribüne (-,-n) s.f.
tribunale s.m. Gericht (-s,-e) s.n.
tricheco s.m. Walroß (-rosses,-rösser) s.n.
trifoglio s.m. Klee (-s/.) s.m.
triglia s.f. (zool.) Moorbarbe (-,-n) s.f.
trionfante agg. triumphierend.
trionfare v.intr. (su) triumphieren (über +acc.).
trionfo s.m. Triumph (-s,-e) s.m.
triplo agg. dreifach.
triste agg. traurig.
tritacarne s.m. Fleischwolf (-es,-wölfe) s.m.
tritare v.tr. 1 zerkleinern 2 (gastr.) hacken.
tritatutto s.m. Allesschneider (-s,-) s.m.
triturare v.tr. zerkleinern, zermahlen.
trivellare v.tr. bohren.
triviale agg. vulgär, ordinär.
trofeo s.m. Trophäe (-,-n) s.f.
tromba s.f. 1 Trompete (-,-n) s.f. 2 (meteor.): – d'aria, Windhose (-,-n) s.f.
troncare v.tr. ab·brechen (brach ab, abgebrochen).

tronco *s.m.* **1** (*bot.*) Stamm (-s, Stämme) *s.m.* **2** (*anat.*) Rumpf (-es, Rümpfe) *s.m.* **3** (*scultura*) Torso (-s, Torsi) *s.m.*

trono *s.m.* Thron (-s,-e) *s.m.*

tropicale *agg.* tropisch, Tropen...

tropico *s.m.* **1** Wendekreis (-es,-e) *s.m.* **2** (*pl.*) Tropen *s.pl.*

troppo *agg. e pron.* **1** zuviel, zu viele **2** (*se segue un agg.*) zu.

trota *s.f.* Forelle (-,-n) *s.f.*

trottare *v.intr.* traben.

trotto *s.m.* Trab (-s/.) *s.m.*

trottola *s.f.* **1** Kreisel (-s,-) *s.m.* **2** (*sport*) Pirouette (-,-n) *s.f.*

troupe *s.f.* Truppe (-,-n) *s.f.*, Team (-s, -s) *s.n.*

trovare *v.tr.* **1** finden (fand, gefunden) **2** (*incontrare*) stoßen (stieß, gestoßen) (auf +*acc.*) **3** (*sorprendere*) ertappen ♦

trovarsi *v.pron.* sich treffen (traf, getroffen).

trovata *s.f.* Einfall (-s,-fälle) *s.m.*

truccare *v.tr.* **1** schminken **2** (*camuffare*) maskieren, verkleiden **3** (*manipolare*) verfälschen, manipulieren.

truccatore *s.m.* (*teatr., film*) Maskenbildner (-s,-) *s.m.*

trucco *s.m.* **1** Schminke (-,-n) *s.f.* **2** (*artificio*) Trick (-s,-s) *s.m.*

truffa *s.f.* Betrug (-s,-trüge) *s.m.*

truffare *v.tr.* betrügen.

truffatore *s.m.* Betrüger (-s,-) *s.m.*

truppa *s.f.* **1** (*mil.*) Truppe (-,-n) *s.f.* **2** (*scherz.*) Schar (-,-en) *s.f.*

tu *pron.pers.sing.* **1** du **2** (*valore impersonale*) man.

tubare *v.intr.* gurren; turteln.

tubatura *s.f.* Rohrleitung (-,-en) *s.f.*

tubero *s.m.* (*bot.*) Knolle (-,-n) *s.f.*

tubetto *s.m.* **1** Röhrchen (-s,-) *s.n.* **2** (*contenitore spremibile*) Tube (-,-n) *s.f.*

tubo *s.m.* Rohr (-s, -e) *s.n.*

tubolare *agg.* röhrenförmig.

tuffare *v.tr.* (ein-)tauchen ♦ **tuffarsi** *v.pron.* **1** springen (sprang, gesprungen) **2** (*lanciarsi*) sich stürzen.

tuffo *s.m.* (*sport*) Sprung (-s, Sprünge) *s.m.*

tulipano *s.m.* (*bot.*) Tulpe (-,-n) *s.f.*

tumefazione *s.f.* (*med.*) Schwellung (-,-en) *s.f.*

tumore *s.m.* (*med.*) Tumor (-s,-en) *s.m.*, Geschwulst (-,-schwülste) *s.f.*

tumulto *s.m.* Tumult (-s,-e) *s.m.*

tumultuoso *agg.* stürmisch, bewegt.

tuo *agg.poss.* dein.

tuonare *v.intr.* donnern.

tuono *s.m.* Donner (-s,-) *s.m.*

tuorlo *s.m.* Eigelb (-s,-e) *s.n.*, Eidotter (-s,-) *s.m./n.*

turacciolo *s.m.* Korken (-s,-) *s.m.*

turare *v.tr.* stopfen.

turbante *s.m.* Turban (-s,-e) *s.m.*

turbare *v.tr.* stören, verwirren.

turbinare *v.intr.* wirbeln.

turbine *s.m.* Wirbel (-s,-) *s.m.*

turbo *agg.* Turbo...

turismo *s.m.* Tourismus (-/.) *s.m.*

turista *s.m./f.* Tourist (-en,-en) *s.m.*

turistico *agg.* touristisch, Touristen..., Reise...

turnista *s.m.* Schichtarbeiter (-s,-) *s.m.*

turno *s.m.* Schicht (-,-en) *s.f.*

turpe *agg.* schamlos.

tuta *s.f.* Overall (-s,-s) *s.m.*, Anzug (-s,-züge) *s.m.*

tutela *s.f.* (*dir.*) Vormundschaft (-/.) *s.f.*

tutelare *v.tr.* wahren, schützen.

tutina *s.f.* **1** (*per bambini*) Strampelhose (-,-n) *s.f.* **2** (*body*) Bodysuit (-s,-s) *s.m.*

tutore *s.m. (dir.)* Vormund (-s,-e) *s.m.*
tuttalpiù *avv.* schlimmstenfalls; *(al massimo)* höchstens.
tuttavia *cong.* dennoch, jedoch, trotzdem.
tutto *agg.* 1 *(sing.)* ganz 2 *(pl.)* sämtlich ♦ *pron.indef.* alles.
tuttora *avv.* noch immer.

U

ubbidiente *agg.* gehorsam, folgsam.
ubbidire *v.intr. (a)* gehorchen (+*dat.*).
ubicato *agg.* gelegen.
ubriacare *v.tr.* betrunken machen *(anche fig.)* ♦ **ubriacarsi** *v.pron.* sich betrinken (betrank, betrunken).
ubriachezza *s.f.* Trunkenheit (-/.) *s.f.*; *in stato di –,* in betrunkenem Zustand.
ubriaco *agg.* betrunken.
ubriacone *s.m.* Säufer (-s,-) *s.m.*
uccello *s.m.* 1 Vogel (-s, Vögel) *s.m.* 2 *(volgare)* Schwanz (-es, Schwänze) *s.m.*
uccidere *v.tr.* 1 töten 2 *(macellare)* schlachten ♦ **uccidersi** *v.pron.* sich um bringen (brachte um, umgebracht).
uccisione *s.f.* Tötung (-/.) *s.f.*; *(omicidio)* Mord (-es,-e) *s.m.*
udienza *s.f.* 1 Audienz (-,-en) *s.f.* 2 *(dir.)* Verhandlung (-,-en) *s.f.*
udire *v.tr.* 1 hören 2 *(fig.)* verstehen (verstand, verstanden).
udito *s.m.* Gehör (-s/.) *s.n.*
uditorio *s.m.* Hörerschaft (-/.) *s.f.*
ufficiale 1 *agg.* offiziell.
ufficiale 2 *s.m.* 1 *(mil.)* Offizier (-s,-e) *s.m.* 2 Amtsperson (-,-en) *s.f.* /– *sanitario,* Amtsarzt (-es,-ärzte) *s.m.*; *– giudi-*

ziario, Gerichtsvollzieher (-s,-) *s.m.*
ufficializzare *v.tr.* offiziell bekanntgeben (gab bekannt, bekanntgegeben).
ufficio *s.m.* 1 Büro (-s,-s) *s.n.* 2 *(ufficio pubblico)* Amt (-es, Ämter) *s.n.* 3 *(carica)* Amt (-es, Ämter) *s.n.*
ufficio d' *avv.* von Amts wegen.
ufficioso *agg.* halbamtlich.
ufo *s.m.: a –,* kostenlos.
ugello *s.m. (tecn.)* Düse (-,-n) *s.f.*
uguaglianza *s.f.* Gleichheit (-/.) *s.f.*
uguagliare *v.tr.* 1 gleich machen 2 *(essere pari a)* gleich kommen (kam gleich, gleichgekommen) (+*dat.*) 3 *(sport)* egalisieren ♦ **uguagliarsi** *v.pron.* gleichwertig sein.
uguale *agg.* 1 gleich 2 *(dello stesso tipo)* gleich 3 *(indifferente)* gleichgültig 4 *(omogeneo)* gleichmäßig 5 *(uniforme)* eben, glatt ♦ *avv.* gleich, egal.
ulcera *s.f. (med.)* Geschwür (-s,-e) *s.n.*
ulivo *s.m.* Ölbaum (-es,-bäume) *s.m.*
ulteriore *agg.* weiter.
ultimamente *avv.* in der letzten Zeit; neulich.
ultimare *v.tr.* beenden.
ultimatum *s.m.* Ultimatum (-s,-ten) *s.n.*
ultimo *agg.* 1 *(spazio, tempo)* letzt 2 *(più recente)* neueste, jüngste, letzte 3 *(al termine)* äußerst, letzt 4 *(massimo)* höchst ♦ *s.m.* 1 Letzte (-n,-n) *s.m.* 2 *(punto estremo)* zuletzt: *fino all' –,* bis zuletzt.
ultimogenito *agg.* letztgeboren.
ultrà *s.m.* 1 *(pol.)* Extremist (-en,-en) *s.m.*, Radikale (-n,-n) *s.m.* 2 *(tifoso)* Hooligan (-s,-s) *s.m.*
umanità *s.f.* 1 *(genere umano)* Menschheit (-/.) *s.f.* 2 *(l'essere umano)* Menschlichkeit (-/.) *s.f.*
umanitario *agg.* humanitär.

umano *agg.* 1 menschlich, Menschen- 2 human.

umidificatore *s.m.* Luftbefeuchter (-s, -) *s.m.*

umidità *s.f.* Feuchtigkeit (-/-) *s.f.*

umido *agg.* feucht | (*gastr.*) *cuocere in* –, dünsten.

umile *agg.* 1 demütig 2 (*modesto*) bescheiden.

umiliare *v.tr.* demütigen ♦ **umiliarsi** *v.pron.* sich erniedrigen.

umiliazione *s.f.* Demütigung (-,-en) *s.f.*

umiltà *s.f.* 1 Demut (-/.) *s.f.* 2 (*modestia*) Bescheidenheit (-/.) *s.f.*

umore *s.m.* (*stato d'animo*) Laune (-,-n) *s.f.* 2 (*med.*) Körpersaft (-es,-säfte) *s.m.*

umorismo *s.m.* Humor (-s/.) *s.m.*

umoristico *agg.* humorvoll.

unanime *agg.* einstimmig.

una tantum *s.f.* 1 (*compenso*) außerordentliche Vergütung (-,-en) *s.f.* 2 (*imposta*) einmalige Sonderabgabe (-,-n) *s.f.*

uncinetto *s.m.* Häkelnadel (-,-n) *s.f.*

uncino *s.m.* Haken (-s,-) *s.m.*

ungere *v.tr.* 1 ein·fetten; schmieren 2 (*fig.*) (*corrompere*) schmieren.

unghia *s.f.* 1 Nagel (-s, Nägel) *s.m.* 2 (*di animale*) Kralle (-,-n) *s.f.*

unghiata *s.f.* Kratzwunde (-,-n) *s.f.*

unguento *s.m.* (*farm.*) Salbe (-,-n) *s.f.*

unicamerale *agg.* (*pol.*) Einkammer...: *sistema* –, Einkammersystem (-s,-e) *s.n.*

unificare *v.tr.* 1 vereinen; vereinigen 2 (*standardizzare*) normen.

unificazione *s.f.* 1 Vereinigung (-,-en) *s.f.* 2 (*standardizzazione*) Normung (-,-en) *s.f.*

uniforme *agg.* gleichmäßig.

unilaterale *agg.* einseitig.

unione *s.f.* 1 Verbindung (-,-en) *s.f.*, Vereinigung (-,-en) *s.f.* 2 (*concordia*) Einigkeit (-/.) *s.f.* 3 (*alleanza*) Union (-,-en) *s.f.*, Verband (-es,-bände) *s.m.*

unire *v.tr.* 1 vereinen, vereinigen, verbinden (verband, verbunden) 2 (*avvicinare*) zusammen·stellen 3 (*allegare*) bei·legen ♦ **unirsi** *v.pron.* 1 (*reciproco*) sich vereinigen 2 (*accodarsi*) sich jdm. an·schließen (schloß an, angeschlossen).

unità *s.f.* 1 Einheit (-/.) *s.f.* 2 (*mat.*) Einheit (-/.) *s.f.* 3 (*gruppo operativo*) Zentrum (-s,-tren) *s.n.*

unitario *agg.* einheitlich, Einheits...: *prezzo* –, Einheitspreis (-es,-e) *s.m.*

unito *agg.* 1 vereint 2 (*affiatato*) einträchtig.

universale *agg.* 1 Welt... 2 universal 3 (*di tutti*) allgemein.

università *s.f.* Universität (-,-en) *s.f.*, Hochschule (-,-n) *s.f.*

universitario *agg.* Universitäts... ♦ *s.m.* Student (-en,-en) *s.m.*

universo *s.m.* 1 Universum (-s/.) *s.n.* 2 (*fig.*) Welt (-/.) *s.f.*

uno *art.indet.m.* 1 ein 2 (*pressappoco*) etwa, an (+*acc.*) ♦ *pron.indef.* 1 einer 2 (*qualcuno*) einer, jemand 3 (*ognuno*) jeder.

unto *agg.* schmierig, ölig, fettig.

uomo *s.m.* 1 (*essere umano*) Mensch (-en,-en) *s.m.* 2 (*maschio*) Mann (-es, Männer) *s.m.*

uovo *s.m.* Ei (-es,-er) *s.n.*

uragano *s.m.* Orkan (-s,-e) *s.m.*

urbanistica *s.f.* Urbanistik (-/.) *s.f.*

urbano *agg.* städtisch, Stadt...: *vigile* –, Stadtpolizist (-en,-en) *s.m.*

urgente *agg.* dringend.

urgenza *s.f.* Dringlichkeit (-/.) *s.f.*, Eile

(-/.) s.f.
urina s.f. Harn (-s,-e) s.m., Urin (-s,-e) s.m.
urinare v.intr. e tr. urinieren.
urlare v.intr. schreien (schrie, geschrien), brüllen.
urlo s.m. 1 Schrei (-s,-e) s.m. 2 (pl.) Geschrei (-s/.) s.n.
urna s.f. Urne (-,-n) s.f.
urtare v.tr. e intr. stoßen (stieß, gestoßen).
urto s.m. 1 Stoß (-es, Stöße) s.m. 2 (fig.) (contrasto) Gegensatz (-es,-sätze) s.m.
usa e getta agg. Einweg-..., Wegwerf-...
usanza s.f. Brauch (-s, Bräuche) s.m.
usare v.tr. 1 (servirsi di) benutzen 2 (essere solito) pflegen ♦ v.intr. 1 Mode sein 2 (impers.) (essere solito) Sitte sein.
usato agg. 1 gebraucht 2 (utilizzato) benutzt ♦ s.m. Gebrauchte (-n/.) s.n.
usciere s.m. Amtshelfer (-s,-) s.m.
uscire v.intr. 1 (andare fuori) hinausgehen (ging hinaus, hinausgegangen); (con veicolo) hinausfahren (fuhr hinaus, hinausgefahren); (con imbarcazione) auslaufen (lief aus, ausgelaufen) 2 (per divertirsi) ausgehen (ging aus, ausgegangen) 3 (lasciare un luogo) verlassen (verließ, verlassen) 4 (di liquidi) ausfließen (floß aus, ausgeflossen) 5 (di pubblicazioni) erscheinen (erschien, erschienen) 6 (essere estratto) gezogen werden 7 (cavarsela) davonkommen (kam davon, davongekommen) 8 (sporgere) hervorstechen (stach hervor, hervorgestochen).
uscita s.f. 1 Ausgang (-s,-gänge) s.m., Ausfahrt (-,-en) s.f. 2 (comm.) Ausgabe (-,-n) s.f. 3 (fig.) (battuta) Bemerkung (-,-en) s.f. 4 (inform.) Ausgabe (-,-n) s.f.
usignolo s.m. (zool.) Nachtigall (-,-en) s.f.
uso s.m. 1 Gebrauch (-s,-e) s.m., Benutzung (-/.) s.f. 2 (destinazione) Verwendungszweck (-s,-e) s.m. 3 (usanza) Brauch (-s, Bräuche) s.m. ♦ **fuori** – loc.uz.agg. 1 (non più usato) außer Gebrauch 2 (inutilizzabile) unbrauchbar.
ustionare v.tr. verbrennen (verbrannte, verbrannt); (con liquidi) verbrühen.
ustione s.f. (med.) Verbrennung (-,-en) s.f.
usuale agg. üblich.
usufrutto s.m. (dir.) Nutznießung (-,-e, n) s.f.
usura¹ s.f. Wucher (-s/.) s.m.
usura² s.f. (logoramento) Abnutzung (-,-en) s.f., Verschleiß (-es/.) s.m.
utensile s.m. Werkzeug (-s,-e) s.n.
utente s.m. 1 Teilnehmer (-s,-) s.m. 2 Abnehmer (-s,-) s.m.
utero s.m. (anat.) Gebärmutter (-,-mütter) s.f.
utile agg. 1 nützlich 2 (vantaggioso) vorteilhaft 3 (utilizzabile) Nutz-...: carico – Nutzlast (-/.) s.f. ♦ s.m. 1 Vorteil (-s,-e) s.m. 2 Gewinn (-s,-e) s.m., Profit (-s,-e) s.m.
utilità s.f. 1 Nützlichkeit (-/.) s.f. 2 (vantaggio) Nutzen (-s/.) s.m.
utilitaria s.f. (auto) Kleinwagen (-s,-) s.m.
utilizzare v.tr. 1 benutzen, verwenden 2 (sfruttare) ausnutzen.
utilizzazione s.f. Verwendung (-,-en) s.f.
uva s.f. Trauben s.pl.
uvetta s.f. Rosinen s.pl.
uxoricidio s.m. (dir.) Gattenmord (-es,-e) s.m.

V

vacante *agg.* frei, vakant.
vacanza *s.f.* 1 Urlaub (-s,-e) *s.m.*, Ferien *s.pl.* 2 (*di sede, carica*) Vakanz (-,-en) *s.f.*
vacca *s.f.* Kuh (-, Kühe) *s.f.*
vaccinare *v.tr.* impfen.
vaccino *agg.* Kuh... : *latte* –, Kuhmilch (-/.) *s.f.* ♦ *s.m.* Impfstoff (-es,-e) *s.m.*
vacillare *v.intr.* schwanken.
vacuo *agg.* leer, nichtssagend.
vagabondo *s.m.* 1 Landstreicher (-s, -) *s.m.* 2 (*giramondo*) Weltenbummler (-s,-) *s.m.*
vagare *v.intr.* (umher·)ziehen (zog umher, umhergezogen) | – *con la fantasia*, (*fig.*) der Phantasie freien Lauf lassen.
vagito *s.m.* Wimmern (-s/.) *s.n.*
vaglia *s.m.* Anweisung (-,-en) *s.f.*: – *postale*, Postanweisung (-,-en) *s.f.*
vagliare *v.tr.* 1 sieben 2 (*fig.*) prüfen.
vaglio *s.m.* 1 Sieb (-es,-e) *s.n.* 2 (*fig.*) Prüfung (-,-en) *s.f.*: *passare qlco. al* –, etwas prüfen.
vago *agg.* vage, unbestimmt.
vagone *s.m.* (*ferr.*) Wagen (-s,-) *s.m.*, Waggon (-s,-s) *s.m.*
valanga *s.f.* Lawine (-,-n) *s.f.* (*anche fig.*)
valere *v.tr.* e *intr.* 1 (*aver valore*) wert sein 2 (*essere capace*) tüchtig sein 3 (*essere valido*) gelten (galt, gegolten) 4 (*contare*) zählen 5 (*giovare*) nützen; (*servire*) dienen | *ne vale la pena*, es lohnt sich 6 (*bastare*) genügen, können 7 (*essere uguale*) gleich sein: *vale a dire*, das heißt; *vale a dire, che...* das bedeutet, daß... 8 *farsi* –, sich durchsetzen 9 (*procurare*) ein·bringen (brachte ein, eingebracht) ♦ **valersi** *v.pron.*: – *di qlco*, sich (*dat.*) etwas zunutze machen.
valeriana *s.f.* Baldrian (-s,-e) *s.m.*
valevole *agg.* gültig.
valicare *v.tr.* überqueren.
valico *s.m.* Paß (Passes, Pässe) *s.m.* | – *di frontiera*, Grenzübergang (-es,-gänge) *s.m.*
valido *agg.* 1 gültig 2 (*efficace*) wirksam 3 (*in gamba*) tüchtig 4 (*che ha pregio*) bedeutend.
valigia *s.f.* Koffer (-s,-) *s.m.*
valle *s.f.* Tal (-es, Täler) *s.n.* | *a* –, talabwärts.
valletta *s.f.* (*tv*) Assistentin (-,-nen) *s.f.*
valore *s.m.* 1 Wert (-es,-e) *s.m.*: – *reale*, Ist-Wert (-es,-e) *s.m.*; – *di riferimento*, Richtwert (-es,-e) *s.m.* 2 (*significato*) Bedeutung (-,-en) *s.f.* 3 (*sg.pl.*) Wertsachen *s.pl.*, (*titoli*) Wertpapiere *s.pl.*: *Borsa* -*i*, Wertpapierbörse (-,-n) *s.f.*; - *bollati*, Wertmarken *s.pl.* 4 (*coraggio*) Tapferkeit (-/.) *s.f.* 5 (*validità*) Gültigkeit (-/.) *s.f.* 6 (*funzione*) Funktion (-,-en) *s.f.*
valorizzare *v.tr.* auf·werten.
valoroso *agg.* tapfer, mutig.
valuta *s.f.* 1 Währung (-,-en) *s.f.*: – *forte, debole*, harte, weiche Währung 2 (*Banca*) Wertstellung (-,-en) *s.f.*
valutare *v.tr.* 1 schätzen 2 (*giudicare*) bewerten 3 (*considerare*) ab·wägen (wog ab, abgewogen)
valutazione *s.f.* 1 Schätzung (-,-en) *s.f.* 2 (*giudizio*) Bewertung (-,-en) *s.f.* | *parametro di* –, Wertmaßstab (-s,-stäbe) *s.m.*
valvola *s.f.* 1 (*mecc.*) Ventil (-s,-e) *s.n.*, Klappe (-,-n) *s.f.* 2 (*elettr.*) Siche-

rung (-,-en) *s.f.*   **3** (*anat.*) Klappe (-,-n) *s.f.*

valzer *s.m.* Walzer (-s,-) *s.m.*

vampata *s.f.*   **1** Stichflamme (-,-n) *s.f.*   **2** (*ondata di calore*) Hitzewelle (-,-n) *s.f.*

vandalico *agg.* wandalisch (*anche fig.*): *atti -i,* Wandalismus (-/.).

vanga *s.f.* Spaten (-s,-) *s.m.*

vangelo *s.m.* Evangelium (-s,-lien) *s.n.*

vaniglia *s.f.* Vanille (-/.) *s.f.*

vanità *s.f.*   **1** Eitelkeit (-/.) *s.f.*   **2** (*inutilità*) Vergeblichkeit (-/.) *s.f.*

vanitoso *agg.* eitel.

vano *agg.*   **1** vergeblich   **2** (*privo di fondamento*) unbegründet ♦ *s.m.*   **1** Öffnung (-,-en) *s.f.*   **2** (*stanza*) Raum (-es,- Räume) *s.m.*

vantaggio *s.m.*   **1** Vorteil (-s-,-e) *s.m.*   **2** (*sport*) Vorsprung (-s,-sprünge) *s.m.*| *andare in –,* in Führung sein.

vantare *v.tr.*   **1** sich rühmen (+*gen.*)   **2** heraus·kehren   **3** (*fin.*) haben ♦ **vantarsi** *v.pron.* (*di*) prahlen (mit).

vanto *s.m.*   **1** Prahlen (-s/.) *s.n.*   **2** (*motivo di orgoglio*) Stolz (-es/.) *s.m.*

vanvera *s.f.*: *parlare a –,* drauflos·reden.

vapore *s.m.* Dampf (-es, Dämpfe) *s.m.*

vaporetto *s.m.*   **1** Dampfer (-s,-) *s.m.*   **2** kleines Linienmotorboot (-s,-e) *s.n.*

vaporizzare *v.tr.* zerstäuben.

vaporoso *agg.* weich, leicht; (*di capelli*) duftig.

varare *v.tr.*   **1** (*mar.*) vom Stapel laufen lassen (ließ laufen, laufen lassen)   **2** (*fig.*) verabschieden.

varcare *v.tr.*   **1** (*oltrepassare*) überschreiten (überschritt, überschritten)   **2** (*attraversare*) überqueren.

varco *s.m.* Durchgang (-s,-gänge) *s.m.*

variabile *agg.* veränderlich ♦ *s.f.* Variable (-n,-n) *s.f.*

variante *s.f.*   **1** Veränderung (-,-en) *s.f.*   **2** (*lingua*) Variante (-,-n) *s.f.*: – *regionale,* regionale Variante.

variare *v.tr.* ändern, ab·ändern   **2** (*rendere vario*) variieren ♦ *v.intr.* sich ändern   **2** (*essere diverso*) variieren.

variazione *s.f.*   **1** Veränderung (-,-en) *s.f.*   **2** (*oscillazione*) Schwankung (-,-en) *s.f.*   **3** (*mus.*) Variation (-,-en) *s.f.*

varicella *s.f.* (*med.*) Windpocken *s.pl.*

variegato *agg.*   **1** bunt gestreift   **2** (*fig.*) vielfältig.

varietà¹ *s.f.*   **1** Vielfalt (-,-en) *s.f.*   **2** (*tipo*) Sorte (-,-n) *s.f.*

varietà² *s.m.* (*teatr.*) Varieté (-s,-s) *s.n.*

vario *agg.*   **1** abwechslungsreich   **2** (*diverso*) verschieden, vielfältig.

variopinto *agg.* bunt.

varo *s.m.*   **1** (*mar.*) Stapellauf (-s,-läufe) *s.m.*   **2** (*fig.*) (*di legge ecc.*) Verabschiedung (-,-en) *s.f.*

vasca *s.f.*   **1** Wanne (-,-n) *s.f.*   **2** (*piscina*) Becken (-s,-) *s.n.*   **3** (*lunghezza di piscina*) Bahn (-,-en) *s.f.*

vaselina *s.f.* Vaseline (-/.) *s.f.*

vaso *s.m.*   **1** Vase (-,-n) *s.f.*| – *da fiori,* Blumentopf (-es,-töpfe) *s.m.*   **2** (*contenitore di vetro*) Glas (-es,- Gläser) *s.n.*   **3** (*anat.*) Gefäß (-es,-e) *s.n.*

vassoio *s.m.* Tablett (-s,-e) *s.n.*

vasto *agg.*   **1** weit   **2** (*fig.*) umfangreich.

Vaticano *nome proprio m.* Vatikan (-s/.) *s.m.*

ve *pron.pers.pl.* euch.

vecchiaia *s.f.* Alter (-s/.) *s.n.*: *morire di –,* an Altersschwäche (-/.) *s.f.* sterben (starb, gestorben).

vecchio *agg.* alt ♦ *s.m.*   **1** Alte (-n,-n)

vece *s.m.* 2 (*negli appellativi*) der Ältere (-n/.) *s.m.*

vece *s.f.*: *in – di*, anstelle von; *fare le -i di*, jdn. vertreten (vertrat, vertreten).

vedere *v.tr.* 1 sehen (sah, gesehen) 2 (*incontrare*) treffen (traf, getroffen) 3 (*non sopportare*) nicht ertragen (ertrug, ertragen) 4 (*mostre ecc.*) besichtigen 5 (*capire*) verstehen (verstand, verstanden) 6 (*tentare*) versuchen 7 (*immaginarsi*) sich vorstellen 8 (*consultare*) sprechen (sprach, gesprochen) ♦ *v.intr.* sehen (sah, gesehen) ♦ **stare a –** 1 zu·schauen 2 (*aspettare*) ab·warten; **far –** 1 zeigen 2 (*lasciare vedere*) sehen lassen (ließ sehen, sehen lassen) ♦ **vedersi** *v.pron.* 1 sich sehen (sah, gesehen) 2 (*incontrarsi*) sich treffen (traf, getroffen).

vedova *s.f.* Witwe (-,-n) *s.f.*

vedovo *s.m.* Witwer (-s,-) *s.m.*

veduta *s.f.* 1 (*vista*) Sicht (-/.) *s.f.*, Blick (-es,-e) *s.m.* 2 (*foto*) Aufnahme (-,-n) *s.f.* 3 (*fig.*) Ansicht (-,-en) *s.f.*

veemente *agg.* heftig, ungestüm.

vegetale *agg.* 1 pflanzlich, Pflanzen... 2 (*gastr.*) Gemüse... ♦ *s.m.* Pflanze (-,-n) *s.f.*

vegetariano *agg.* vegetarisch ♦ *s.m.* Vegetarier (-s,-) *s.m.*

vegetazione *s.f.* Vegetation (-/.) *s.f.*

vegliare *v.intr.* 1 wachen 2 (*su*) wachen (über +*acc.*) ♦ *v.tr.* wachen bei.

veglione *s.m.* Ball (-s, Bälle) *s.m.*: *– di capodanno*, Silvesterfeier (-,-n) *s.f.*

veicolare *v.tr.* 1 (*med.*) übertragen (übertrug, übertragen) 2 übermitteln.

veicolo *s.m.* 1 Fahrzeug (-s,-e) *s.n.* 2 (*fig.*) Übertrager (-s,-) *s.m.*

vela *s.f.* Segel (-s,-) *s.n.*: *barca a –*, Segelboot (-es,-e) *s.n.*

velare *v.tr.* 1 verschleiern 2 (*fig.*) verstecken.

velato *agg.* 1 verschleiert 2 (*fig.*) verhüllt, versteckt.

veleno *s.m.* Gift (-es,-e) *s.n.*

velenoso *agg.* giftig (*anche fig.*).

velico *agg.* Segel...: *sport –*, Segelsport (-s/.) *s.m.*

veliero *s.m.* Segelschiff (-s,-e) *s.n.*

velina *s.f.* 1 (*carta*) Durchschlagpapier (-s,-e) *s.n.* 2 (*copia*) Durchschlag (-s,-schläge) *s.m.*

velista *s.m.* Segler (-s,-) *s.m.*

velivolo *s.m.* Flugzeug (-s,-e) *s.n.*

velleità *s.f.* Ambition (-,-en) *s.f.*

velleitario *agg.* 1 ambitiös 2 (*inconcludente*) unfruchtbar.

velluto *s.m.* Samt (-es,-e) *s.m.*: *– a coste*, Kord (-es,-e) *s.m.*

velo *s.m.* 1 Schleier (-s,-) *s.m.* 2 (*strato*) Schicht (-,-en) *s.f.* 3 (*fig.*) Hauch (-es/.) *s.m.*

veloce *agg.* schnell ♦ *avv.* schnell.

velocista *s.m./f.* (*sport*) Sprinter (-s,-) *s.m.* (*f.*-in,-innen).

velocità *s.f.* 1 Geschwindigkeit (-,-en) *s.f.*, Tempo (-s, Tempi) *s.n.* 2 (*marcia*) Gang (-es, Gänge) *s.m.*

vena *s.f.* 1 Ader (-,-n) *s.f.* (*anche fig.*) 2 (*fig.*) (*stato d'animo*) Stimmung (-/.) *s.f.*: *essere in –*, in der Stimmung sein.

venale *agg.* 1 (*di persona*) geldgierig 2 Verkaufs...: *valore –*, Verkaufswert (-es,-e) *s.m.*

venatorio *agg.* Jagd...: *arte –a*, Jagdwesen (-s/.) *s.n.*

venatura *s.f.* Maserung (-,-en) *s.f.*

vendemmia *s.f.* Weinlese (-,-) *s.f.*

vendemmiare *v.intr.* (*austr./svizz.*) wimmen ♦ *v.tr.* (*germ.*) Wein lesen (las, gelesen).

vendere *v.tr.* verkaufen ♦ **vendersi** *v.pron.* 1 sich verkaufen 2 *(prostituirsi)* sich prostituieren.
vendetta *s.f.* Rache (-/,-) *s.f.*
vendicare *v.tr.* rächen ♦ **vendicarsi** *v.pron.* sich rächen.
vendicativo *agg.* rachsüchtig.
vendita *s.f.* Verkauf (-s,-käufe) *s.m.*
venditore *s.m.* Verkäufer (-s,-) *s.m.*, Händler (-s,-) *s.m.*: – *ambulante*, Straßenhändler (-s,-) *s.m.*; – *autorizzato (di auto)*, Vertragshändler (-s,-) *s.m.*
venduto *agg.* 1 verkauft 2 *(fig.)* bestochen, geschmiert.
venerare *v.tr.* verehren.
venerdì *s.m.* Freitag (-s,-e) *s.m.*
veneziana *s.f. (serramento)* Jalousie (-,-n) *s.f.*
venire *v.intr.* 1 kommen (kam, gekommen) 2 *(avere origine)* stammen 3 *(venire in mente)* ein·fallen (fiel ein, eingefallen) 4 *(riuscire)* werden (wurde, geworden).
ventaglio *s.m.* Fächer (-s,-) *s.m.*
ventata *s.f.* 1 Windstoß (-es,-stöße) *s.m.* 2 *(fig.)* Welle (-,-n) *s.f.*
ventilare *v.tr.* 1 lüften 2 *(proporre)* an·deuten.
ventilato *agg.* luftig.
ventilatore *s.m.* Ventilator (-s,-en) *s.m.*
ventiquattrore *s.f. (valigetta)* Diplomatenkoffer (-s,-) *s.m.*
vento *s.m.* Wind (-es,-e) *s.m.* | *parlare al* –, *(fig.)* in den Wind reden.
ventola *s.f.* 1 *(mecc.)* Gebläse (-s,-) *s.n.* 2 *(del fuoco)* Blasebalg (-es,-bälge) *s.m.* 3 *(in cucina o bagno)* Luftabzug (-s,-züge) *s.m.*
ventosa *s.f.* Saugnapf (-es,-näpfe) *s.m.*
ventoso *agg.* windig.
ventre *s.m.* 1 Bauch (-es, Bäuche) *s.m.* 2 Leib (-es,-er) *s.m.*
ventriloquo *s.m.* Bauchredner (-s,-) *s.m.*
venturo *agg.* kommend.
venuta *s.f.* Kommen (-s/,-) *s.n.*
vera *s.f. (anello)* Trauring (-es,-e) *s.m.*
veranda *s.f.* Veranda (-,-den) *s.f.*
verbale 1 *agg.* mündlich, verbal.
verbale 2 *s.m.* Protokoll (-s,-e) *s.n.*
verbo *s.m.* 1 Verb (-s,-en) *s.n.* 2 *(teologia)* Wort (-es/.) *s.n.*
verde *agg.* grün | *benzina* –, bleifreies Benzin (-s/.) *s.n.*; *carta* –, grüne Versicherungskarte (-,-n) *s.f.*; *tappeto* –, *(fig.)* Spieltisch (-es,-e) *s.m.*
verdetto *s.m.* 1 Urteil (-s,-e) *s.n.* 2 *(sport)* Entscheidung (-,-en) *s.f.*
verdura *s.f.* Gemüse (-s/,-) *s.n.*
verga *s.f.* 1 Rute (-,-n) *s.f.* 2 *(metall.)* Barren (-s,-) *s.m.*
vergine *agg.* 1 *(incontaminato)* unberührt 2 *(di prodotti)* rein ♦ *s.f.* Jungfrau (-,-en) *s.f. (anche astrologia)*.
vergogna *s.f.* 1 Scham (-/.) *s.f.* 2 *(onta)* Schande (-/.) *s.f.*
vergognarsi *v.pron.* 1 sich schämen 2 *(provare ritegno)* sich genieren.
vergognoso *agg.* 1 schändlich 2 *(timido)* verschämt.
veridico *agg.* wahrhaft.
verifica *s.f.* Kontrolle (-,-n) *s.f.*
verificare *v.tr.* kontrollieren.
verità *s.f.* Wahrheit (-,-en) *s.f.*
veritiero *agg.* wahr.
verme *s.m.* 1 Wurm (-es, Würmer) *s.m.* 2 *(fig.)* Schurke (-n,-n) *s.m.*
vernice *s.f.* 1 Lack (-es,-e) *s.m.* 2 *(pelle)* Lackleder (-s/.) *s.n.* 3 *(fig.)* äußerer Schein (-s,-) *s.m.* 4 *(inaugurazione)* Vernissage (-,-n) *s.f.*
verniciare *v.tr.* 1 *(laccare)* lackie-

ren 2 (*pitturare*) streichen (strich, gestrichen).

vero agg. **1** wahr **2** (*effettivo*) eigentlich.

verosimile agg. wahrscheinlich.

versamento s.m. **1** (*comm.*) Einzahlung (-,-en) s.f.; (*bonifico*) Überweisung (-,-en) s.f. **2** (*med.*) Erguß (-gusses, -güsse) s.m. **3** Vergießen (-s/.) s.n.

versante s.m. Abhang (-es,-hänge) s.m., Hang (-es, Hänge) s.m.

versare v.tr. **1** gießen (goß, gegossen) **2** (*rovesciare*) verschütten **3** (*comm.*) einzahlen. ♦ **versarsi** v.pron. sich befinden (befand, befunden) ♦ **versarsi** v.pron. sich ergießen (ergoß, ergossen).

versatile agg. vielseitig.

versione s.f. **1** (*traduzione*) Übersetzung (-,-en) s.f. **2** (*interpretazione*) Version (-,-en) s.f. **3** (*film ecc.*) Fassung (-,-en) s.f. **4** (*modello*) Ausführung (-,-en) s.f.

verso¹ prep. **1** (*stato in luogo*) in der Nähe von **2** (*moto a luogo*) in Richtung **3** (*tempo*) gegen **4** (*nei confronti di*) gegenüber (+dat.).

verso² s.m. **1** (*di poesia*) Vers (-es,-e) s.m. **2** (*pl.*) Gedicht (-es,-e) s.n. **3** (*di animale*) Laut (-es,-e) s.m. **4** (*esclamazione*) Ausruf (-s,-e) s.m. **5** (*smorfia*) Grimasse (-,-n) s.f. **6** (*senso, direzione*) Richtung (-,-en) s.f.

vertenza s.f. Rechtsstreit (-es,-e) s.m.

vertere v.intr. **1** (*riguardare*) sich drehen um (+acc.) **2** (*essere in corso*) sich abspielen, im Gange sein.

verticale agg. senkrecht; vertikal ♦ s.f. (*geometria*) Vertikale (-,-n) s.f. **2** (*ginnastica*) Handstand (-es,-e) s.m.

vertice s.m. **1** Gipfel (-s,/.) s.m. **2** (*fig.*) (*livello più alto*) Spitze (-,-n) s.f. **3** (*pol.*) Gipfel (-s,-) s.m. **4** (*geometria*) Scheitelpunkt (-es,-e) s.m.

vertigine s.f. **1** (*pl.*) Schwindel (-s/.) s.m. **2** (*fig.*) Rausch (-es/.) s.m.

vertiginoso agg. schwindelerregend (anche fig.).

verza s.f. Wirsing (-s,-e) s.m.

vescica s.f. (*med.*) Blase (-,-n) s.f.: – biliare, Gallenblase (-,-n) s.f.; – urinaria, Harnblase (-,-n) s.f.

vescovo s.m. Bischof (-s, Bischöfe) s.m.

vespa s.f. (*zool.*) Wespe (-,-n) s.f.

vespaio s.m. Wespennest (-es,-er) s.n. (anche fig.).

vessillo s.m. Fahne (-,-n) s.f., Banner (-s,-) s.n. (anche fig.).

vestaglia s.f. Morgenrock (-s,-röcke) s.m.

veste s.f. **1** (*da donna*) Kleid (-es,-er) s.n. **2** (*pl.*) Gewand (-es,-wänder) s.n. **3** (*tip.*) Aufmachung (-,-en) s.f. **4** (*fig.*) Eigenschaft (-/.) s.f.

vestire v.tr. **1** kleiden **2** (*indossare*) tragen (trug, getragen) ♦ v.intr. kleiden ♦ **vestirsi** v.pron. sich anziehen (zog an, angezogen).

vestito s.m. **1** (*da donna*) Kleid (-es, -er) s.n. **2** (*da uomo*) Anzug (-s,-züge) s.m.

veterinaria s.f. Tiermedizin (-/.) s.f.

veterinario s.m. Tierarzt (-es,-ärzte) s.m. ♦ agg. Tier-...

vetraio s.m. Glaser (-s,-) s.m.

vetrata s.f. **1** (*parete*) Glaswand (-, -wände) s.f. **2** (*di chiesa*) Glasfenster (-s,-) s.n.

vetreria s.f. **1** Glaserei (-,-en) s.f. **2** (*stabilimento*) Glashütte (-,-n) s.f.

vetrina s.f. **1** Schaufenster (-s,-) s.n. **2** (*mobile*) Vitrine (-,-n) s.f.

vetrinista *s.m.* Schaufensterdekorateur (-s,-e) *s.m.*
vetro *s.m.* 1 Glas (-es/.) *s.n.* 2 (*di finestra*) Scheibe (-,-n) *s.f.* 3 (*frammento*) Scherbe (-,-n) *s.f.*
vetta *s.f.* 1 Gipfel (-s,-) *s.m.* 2 (*apice*) Spitze (-,-n) *s.f.*
vettovaglie *s.f.pl.* Proviant (-s/.) *s.m.*
vettura *s.f.* Wagen (-s,-) *s.m.* | (*comm.*) *lettera di –*, Frachtbrief (-es,-e) *s.m.*
vi¹ *pron.pers.pl.* 1 (*compl.ogg. e di termine*) euch; (*forma di cortesia*) Ihnen 2 (*riflessivo e reciproco*) euch, einander.
vi² *avv.* 1 (*stato in luogo*) hier 2 (*moto a luogo*) dorthin 3 (*col v.essere*) es gibt.
via¹ *s.f.* 1 Straße (-,-n) *s.f.* 2 (*percorso*) Weg (-es,-e) *s.m.* ♦ **in** – *locuz.avv.*: *in – confidenziale*, im Vertrauen; *in – amichevole*, auf gütlichem Wege.
via² *avv.* 1 (*con verbi*) weg 2 (*segnale di partenza*) los 3 *e così –*, und so weiter.
viadotto *s.m.* Überführung (-,-en) *s.f.*
viaggiare *v.intr.* 1 reisen 2 (*di veicolo*) fahren (fuhr, gefahren).
viaggiatore *s.m.* Reisende (-n,-n) *s.m.*
viaggio *s.m.* 1 Reise (-,-n) *s.f.* 2 (*gergo*) Trip (-s,-s) *s.m.*
viale *s.m.* Allee (-,-n) *s.f.*
viavai *s.m.* Kommen und Gehen *s.n.*
vibrante *agg.* 1 vibrierend 2 (*di voce*) tönend | – *di odio*, (*fig.*) haßerfüllt.
vibrare *v.tr.* versetzen ♦ *v.intr.* 1 vibrieren 2 (*risuonare*) schwingen (schwang, geschwungen).
vice *s.m.* Stellvertreter (-s,-) *s.m.*; (*fam.*) Vize (-,-n) *s.m.*
vicenda *s.f.* 1 Angelegenheit (-,-en) *s.f.* 2 (*vicissitudine*) Wechselfälle *s.pl.*

♦ **a** – *locuz.avv.* 1 (*reciprocamente*) gegenseitig 2 (*a turno*) abwechselnd.
viceversa *avv.* 1 umgekehrt 2 (*invece*) dagegen, aber.
vicinanza *s.f.* 1 Nähe (-/.) *s.f.* 2 (*fig.*) Ähnlichkeit (-,-en) *s.f.*
vicinato *s.m.* Nachbarschaft (-/.) *s.f.*
vicino¹ *agg.* 1 nah 2 (*accanto*) nebenan 3 (*fig.*) nah.
vicino² *avv.* nah, in der Nähe ♦ **a –** *locuz.prep.* 1 (*stato in luogo*) in der Nähe von; neben (+*dat.*) 2 (*moto a luogo*) neben (+*acc.*).
vicino³ *s.m.* Nachbar (-n,-n) *s.m.*
vicolo *s.m.* Gasse (-,-n) *s.f.* | – *cieco*, (*anche fig.*) Sackgasse (-,-n) *s.f.*
video *s.m.* 1 Videogerät (-es,-e) *s.n.* 2 (*schermo*) Bildschirm (-es,-e) *s.m.*
videoregistratore *s.m.* Videorecorder (-s,-) *s.m.*
videoscrittura *s.f.* Textverarbeitung (-/.) *s.f.*
vidimare *v.tr.* (*amm.*) 1 (*con bollo*) mit einem Sichtvermerk versehen (versah, versehen) 2 (*autenticare*) beglaubigen 3 (*convalida di biglietto*) entwerten.
viennese *agg.* Wiener, wienerisch ♦ *s.m./f.* Wiener (-s,-) *s.m.* (*f.*-in,-innen).
vietare *v.tr.* verbieten (verbot, verboten) | *nulla vieta che...*, nichts spricht dagegen, daß...
vietato *agg.* verboten.
vigente *agg.* geltend.
vigilante *s.m.* Wächter (-s,-) *s.m.*
vigilanza *s.f.* 1 Wachsamkeit (-/.) *s.f.* 2 (*sorveglianza*) Aufsicht (-/.) *s.f.*, Überwachung (-/.) *s.f.*
vigilare *v.intr. e tr.* 1 überwachen, beaufsichtigen 2 (*essere vigile*) wachsam sein.

vigile *agg.* wachsam ♦ *s.m.*: – *urbano*, Stadtpolizist (-en,-en) *s.m.*; – *del fuoco*, Feuerwehrmann (-es,-männer) *s.m.*

vigilia *s.f.* Vorabend (-s,-e) *s.m.*; (*giorno*) Vortag (-s,-e) *s.m.*

vigliacco *agg.* feig ♦ *s.m.* Feigling (-s, -e) *s.m.*

vigna *s.f.* 1 (*vite*) Reben *s.pl.* 2 (*vigneto*) Weinberg (-es,-e) *s.m.*

vignetta *s.f.* Vignette (-,-n) *s.f.*

vigogna *s.f.* 1 (*lana*) Vikunjawolle (-/.) *s.f.* 2 (*tessuto*) Vigogne (-,-n) *s.f.*

vigore *s.m.* 1 Kraft (-, Kräfte) *s.f.* 2 (*amm.*) essere in –, in Kraft sein.

vigoroso *agg.* kräftig, kraftvoll.

vile *agg.* 1 feig 2 (*ignobile*) gemein, niedrig.

vilipendio *s.m.* (*dir.*) Verunglimpfung (-,-en) *s.f.*

villa *s.f.* Villa (-, Villen) *s.f.*

villaggio *s.m.* Dorf (-es, Dörfer) *s.n.*

villania *s.f.* 1 Ungezogenheit (-/.) *s.f.* 2 *fare una – a qlcu.*, sich jdm. gegenüber flegelhaft benehmen (benahm, benommen).

villano *agg.* ungezogen.

villeggiante *s.m.* Urlauber (-s,-) *s.m.*

villeggiatura *s.f.* Sommerfrische (-/.) *s.f.* | *località di –*, Ferienort (-es,-e) *s.m.*; *andare in –*, in Urlaub fahren.

villoso *agg.* zottig, behaart.

vimine *s.m.* Weide (-,-n) *s.f.* | *mobili di -i*, Korbmöbel *s.pl.*

vinaccia *s.f.* Trester (-s,-) *s.m.*

vincere *v.tr.* 1 gewinnen (gewann, gewonnen) 2 (*sconfiggere*) besiegen 3 (*superare*) überwinden (überwand, überwunden) ♦ *v.intr.* 1 (*su*) gewinnen (+*acc.*) 2 (*prevalere*) sich durchsetzen ♦

vincersi *v.pron.* sich beherrschen.

vincita *s.f.* Gewinn (-s,-e) *s.m.*

vincitore *agg.* siegreich, Sieger... ♦ *s.m.* 1 Sieger (-s,-) *s.m.* (*anche sport*) 2 (*di premio*) Preisträger (-s,-) *s.m.* 3 (*nel gioco*) Gewinner (-s,-) *s.m.*

vincolare *v.tr.* verpflichten, binden (band, gebunden).

vincolo *s.m.* 1 Band (-es,-e) *s.n.* 2 (*econ.*) Bindung (-,-en) *s.f.* 3 (*di ipoteca*) Belastung (-,-en) *s.f.*

vino *s.m.* Wein (-s,-e) *s.m.*

vinto *agg.* Besiegte (-n,-n) *s.m.* ♦ *agg.*: *darsi per –*, sich geschlagen geben; *darla -a a qlcu.*, jdm etwas durchgehen lassen.

viola *agg.* violett ♦ *s.f.* 1 (*bot.*) Veilchen (-s,-) *s.n.* 2 (*mus.*) Bratsche (-,-n) *s.f.*

violaceo *agg.* violett, veilchenblau.

violare *v.tr.* 1 verletzen, brechen (brach, gebrochen) 2 (*profanare*) schänden.

violentare *v.tr.* vergewaltigen (*anche fig.*).

violento *agg.* 1 gewalttätig, gewaltsam 2 (*fig.*) heftig 3 (*di luce, colore*) grell.

violenza *s.f.* 1 (*forza*) Gewalt (-/.) *s.f.* 2 (*brutalità*) Gewalttätigkeit (-,-en) *s.f.*

violonista *s.m./f.* Geiger (-s,-) *s.m.* (*f. -in,-innen*).

violino *s.m.* Geige (-,-n) *s.f.*, Violine (-,-n) *s.f.*

violoncello *s.m.* Cello (-s,-i/-s) *s.n.*

viottolo *s.m.* Pfad (-es,-e) *s.m.*, Weg (-es,-e) *s.m.*

vipera *s.f.* 1 (*zool.*) Viper (-,-n) *s.f.* 2 (*fig.*) Giftschlange (-,-n) *s.f.*

virale *agg.* (*med.*) Virus...

virare *v.intr.* 1 (*aereo/mar.*) abdrehen 2 (*nuoto*) wenden.

virgola s.f. Komma (-s,-ta) s.n.
virgolette s.f.pl. Anführungszeichen (-s,-) s.n.
virile agg. männlich.
virtù s.f. 1 Tugend (-e,-en) s.f. 2 (proprietà) Eigenschaft (-,-en) s.f. 3 in – di, kraft (+gen.)
virtuale agg. virtuell.
virtuosismo s.m. Virtuosität (-/.) s.f.; außergewöhnliche Geschicklichkeit (-/.) s.f.
virtuoso agg. 1 tugendhaft 2 (arte, sport) virtuos.
virulento agg. 1 (med.) virulent, ansteckend 2 (fig.) heftig.
virus s.m. Virus (-,-en) s.n/m. (anche inform.).
viscere s.m. 1 Eingeweide s.pl. 2 (pl.f.) (fig.) Innere (-n/.) s.n.
vischio s.m. (bot.) Mistel (-,-n) s.f.
vischioso agg. klebrig.
viscido agg. 1 schlüpfrig, glitschig 2 (fig.) schleimig.
visibile agg. sichtbar.
visiera s.f. 1 (di casco) Visier (-s,-e) s.n. 2 (di berretto) Schirm (-es,-e) s.m.
visionario agg. visionär ♦ s.m. Visionär (-s,-e) s.m.
visione s.f. 1 (capacità visiva) Sehvermögen (-s/.) s.n. 2 (controllo) Einsicht (-/.) s.f. 3 (vista) Anblick (-s,-e) s.m. 4 (concezione) Anschauung (-,-en) s.f.
visita s.f. 1 Besuch (-s,-e) s.m. 2 (monumenti ecc.) Besichtigung (-,-en) s.f. 3 (med.) Untersuchung (-,-en) s.f.
visitare v.tr. 1 besichtigen, besuchen 2 (fare visita a) besuchen 3 (med.) untersuchen.
visitatore s.m. Besucher (-s,-) s.m.
visivo agg. visuell, Seh-. | arti -e, darstellende Kunst.
viso s.m. Gesicht (-es,-er) s.n.
visone s.m. (zool.) Nerz (-es,-e) s.m.
visore s.m. 1 (foto) Diabetrachter (-s,-) s.m. 2 (microlettore) Lesegerät (-es,-e) s.n.
vissuto agg. 1 gelebt, erlebt 2 (con esperienza) erfahren.
vista s.f. 1 Sehen (-s/.) s.n. 2 (il vedere) Anblick (-s,-e) s.m. 3 (panorama) Aussicht (-/.) s.f. 4 (visuale) Ansicht (-,-en) s.f. ♦ a – locuz.agg. e avv.: guardare a –, scharf bewachen | (comm.) cambiale a –, Sichtwechsel (-s,-) s.m. | a prima –, auf den ersten Blick; tradurre a prima –, aus dem Stegreif übersetzen; suonare a prima –, vom Blatt spielen ♦ in – di locuz.prep. in Hinblick auf (+acc.)
visto s.m. 1 (amm.) Sichtvermerk (-s,-e) s.m. 2 (sul passaporto) Visum (-s, Visa) s.n.
vistoso agg. 1 auffällig 2 (considerevole) beträchtlich.
visuale s.f. Sicht (-/.) s.f.
vita[1] s.f. 1 Leben (-s,-) s.n. | senza –, leblos; un corpo senza –, Leichnam (-s,-e) s.m.; – vegetale, animale, Pflanzenwelt (-/.) s.f., Tierwelt (-/.) s.f. 2 (durata) Dauer (-/.) s.f. 3 (vitalità) Lebendigkeit (-/.) s.f. ♦ in fin di – locuz.avv.: ridurre qlcu. –, jdn. lebensgefährlich verletzen; essere –, im Sterben liegen (lag, gelegen).
vita[2] s.f. (parte del corpo) Taille (-,-n) s.f. | fino alla –, bis zur Taille; giro –, Taillenweite (-/.) s.f.
vitale agg. 1 Lebens-, lebens- 2 (pieno di vita) lebhaft, rüstig.
vitalità s.f. Vitalität (-/.) s.f.
vitalizio s.m. Leibrente (-,-n) s.f.

vitamina

vitamina s.f. Vitamin (-s,-e) s.n.
vite¹ s.f. (bot.) Rebe (-,-n) s.f.
vite² s.f. Schraube (-,-n) s.f. | – *a espansione*, Dübel (-s,-) s.m.
vitello s.m. Kalb (-es, Kälber) s.n. | *carne di* –, Kalbfleisch (-es/.) s.n.
vitigno s.m. Weinstock (-s,-stöcke) s.m.
vitreo agg. 1 (*di vetro*) gläsern, Glas-. 2 (*simile al vetro*) glasig.
vittima s.f. Opfer (-s,-) s.n.
vitto s.m. Kost (-/.) s.f., Verpflegung (-/.) s.f.
vittoria s.f. Sieg (-es,-e) s.m. | *cantare* –, siegessicher sein.
vittorioso agg. siegreich.
viva inter. es lebe, hoch lebe...
vivace agg. 1 lebhaft 2 (*di colore*) leuchtend, grell 3 (*di luce*) stark.
vivaio s.m. 1 (*di piante*) Baumschule (-,-n) s.f. 2 (*di pesci*) Fischzucht (-/.) s.f.
vivanda s.f. Speise (-,-n) s.f.
vivere v.intr. 1 leben 2 (fig.) (*sopravvivere*) fort-leben ♦ v.tr. 1 (*trascorrere*) führen 2 (*passare*) erleben.
viveri s.m.pl. Lebensmittel s.pl. | *tagliare i – a qlcu.*, (fig.) jdm. den Geldhahn zu-drehen.
vivido agg. 1 (*luminoso*) leuchtend 2 (*vivace*) lebhaft, rege.
vivisezione s.f. Vivisektion (-,-en) s.f.
vivo agg. 1 lebendig | *farsi* –, (fig.) von sich hören lassen 2 (*di colore*) kräftig ♦ s.m. 1 Lebende (-n,-n) s.m. 2 (fig.) *entrare nel* – *della questione*, zur Sache kommen; *nel* – *della partita*, mitten im Spiel ♦ *dal* – *locuz.agg. e avv.* live.
viziare v.tr. verwöhnen.
vizio s.m. Laster (-s,-) s.n. 2 (*difetto*) Fehler (-s,-) s.m.
vizioso agg. lasterhaft | *circolo* –, (fig.)

Teufelskreis (-es/.) s.m.
vocabolario s.m. 1 Wörterbuch (-es, -bücher) s.n. 2 (*patrimonio lessicale*) Wortschatz (-es/.) s.m.
vocabolo s.m. Vokabel (-,-n) s.f.
vocale¹ agg. 1 (mus.) vokal 2 Stimm-: *corde* -i, Stimmbänder s.pl.
vocale² s.f. Vokal (-s,-e) s.m.
vocazione s.f. Berufung (-/.) s.f. (*anche relig.*).
voce s.f. 1 Stimme (-,-n) s.f. 2 (*di animali*) Laut (-es,-e) s.m. 3 (*strumenti mus.*) Klang (-es, Klänge) s.m. 4 (*lemma*) Stichwort (-es,-wörter) s.n. 5 (*di elenco*) Posten (-s,-) s.m. 6 (fig.) (*diceria*) Gerücht (-es,-e) s.n.
vocio s.m. Gekreische (-s/.) s.n. 2 Stimmen s.pl.
voga s.f. 1 (*mar.*) Rudern (-s/.) s.n. 2 (*moda*) Mode (-/.) s.f. | *essere in* –, in sein.
vogare v.intr. (*mar.*) rudern.
vogatore s.m. 1 Ruderer (-s,-) s.m. 2 (*apparecchio*) Rudergerät (-es,-e) s.n.
voglia s.f. 1 Lust (-/.) s.f. 2 (*in gravidanza*) (*di* +acc.) Heißhunger (auf +acc.) s.m. 3 (*macchia*) Muttermal (-es,-e) s.n.
voi pron.pers.pl. 1 (*sogg.*) ihr 2 (*compl.*) euch 3 (*con valore impers.*) man.
volante s.f. Polizeistreife (-,-n) s.f.
volantino s.m. Flugblatt (-es,-blätter) s.n., Handzettel (-s,-) s.m.
volare v.intr. fliegen (flog, geflogen) | *il tempo vola*, die Zeit vergeht wie im Flug.
volata s.f. 1 (*sport*) Spurt (-es,-e) s.m. 2 *fare una* –, eilen; *fare qlco. di* –, etwas im Eiltempo verrichten.
volatilizzarsi v.pron. 1 (*chim.*) sich verflüchtigen 2 (*fam.*) sich in Luft

auf-lösen.
volenteroso *agg.* willig.
volentieri *avv.* gern.
volere *v.tr. modale* 1 wollen 2 (*desiderare*) mögen, wünschen ◆ *v.autonomo* 1 wollen, mögen 2 (*esigere*) verlangen 3 (*essere necessario, opportuno*) brauchen, nötig sein.
volgare *agg.* vulgär.
volgere *v.tr.* (*dirigere*) richten ◆ *v.intr.* wenden (wandte, gewandt).
volo *s.m.* 1 Flug (-s, Flüge) *s.m.* 2 (*caduta*) Sturz (-es, Stürze) *s.m.*
volontà *s.f.* Wille (-ens/.) *s.m.*
volontariato *s.m.* Volontariat (-s/.) *s.m.*
volontario *agg.* freiwillig.
volpe *s.f.* Fuchs (-es, Füchse) *s.m.*
volta¹ *s.f.* 1 Mal (-es,-e) *s.n.* 2 a mia –, meinerseits.
volta² *s.f.* (*arch.*) Gewölbe (-s,-) *s.n.*
voltafaccia *s.m.* Gesinnungswechsel (-s,-) *s.m.*
voltaggio *s.m.* (*elettr.*) Spannung (-, -en) *s.f.*
voltare *v.tr.* 1 drehen 2 (*dirigere*) richten 3 (*girare*) um-kehren 4 (*oltrepassare*) biegen (bog, gebogen) ◆ *v.intr.* ab-biegen (bog ab, abgebogen) ◆ **voltarsi** *v.pron.* sich um-drehen.
volteggiare *v.intr.* kreisen.
volteggio *s.m.* 1 (*ginnastica*) Flanke (-,-n) *s.f.* 2 (*equitazione*) Voltige (-,-n) *s.f.* 3 (*aereo*) Looping (-s,-s) *s.m./n.*
volto *s.m.* Antlitz (-es,-e) *s.m.*, Gesicht (-es,-er) *s.n.*
volubile *agg.* unbeständig.
volume *s.m.* 1 Volumen (-s,-) *s.n.* 2 (*intensità del suono*) Lautstärke (-/.) *s.f.* 3 (*libro*) Band (-es, Bände) *s.m.*
voluminoso *agg.* umfangreich, groß.
voluttuario *agg.* Luxus..., Genuß...

vomitare *v.tr.* 1 erbrechen (erbrach, erbrochen) 2 (*espellere*) aus-stoßen (stieß aus, ausgestoßen) ◆ *v.intr.* brechen (brach, gebrochen); (*fam. e fig.*) kotzen.
vomito *s.m.* 1 (*il vomitare*) Erbrechen (-s/.) *s.n.* | conato di –, Brechreiz (-es,-e) *s.m.* 2 (*sostanza vomitata*) Erbrochene (-n/.) *s.n.*
vongola *s.f.* Venusmuschel (-,-n) *s.f.*
vorace *agg.* gefräßig.
voragine *s.f.* Abgrund (-es,-gründe) *s.m.*
vortice *s.m.* Wirbel (-s,-) *s.m.*
vostro *agg.poss.* 1 euer 2 (*forma di cortesia*) Ihr.
votare *v.tr.* 1 wählen 2 ab-stimmen 3 (*approvare*) verabschieden 4 (*dedicare*) weihen ◆ *v.intr.* (*a favore, contro*) stimmen (für, gegen).
votazione *s.f.* 1 Abstimmung (-,-en) *s.f.* 2 (*scuola*) Benotung (-/.) *s.f.*, Noten *s.pl.*
voto *s.m.* 1 Stimme (-,-n) *s.f.* 2 (*scuola*) Note (-, n) *s.f.*, Zensur (-,-en) *s.f.* 3 (*relig.*) Gelübde (-s,-) *s.n.*
vulcanico *agg.* 1 vulkanisch 2 (*fig.*) sprühend.
vulcanizzare *v.tr.* 1 vulkanisieren 2 (*di pneumatici*) rund-erneuern.
vulcano *s.m.* 1 Vulkan (-s,-e) *s.m.* 2 (*persona superattiva*) Energiebündel (-s,-) *s.n.*
vulnerabile *agg.* verwundbar, verletzlich | *punto –,* Schwachstelle (-,-n) *s.f.*
vuotare *v.tr.* leeren | *– il sacco,* aus-packen ◆ **vuotarsi** *v.pron.* sich leeren.
vuoto *agg.* leer ◆ *s.m.* 1 Leere (-n/.) *s.n.* 2 (*bottiglia vuota a rendere*) Leergut (-es/.) *s.n.* 3 (*fis.*) Vakuum

wafer

(-s,-kuen) *s.n.* ♦ **a** – *locuz.avv.*: andare a –, fehl·schlagen (schlug fehl, fehlgeschlagen), umsonst sein.

W

wafer *s.m.* Waffel (-/-n) *s.f.*
warrant *s.m.* (*fin.*) Optionszertifikat (-es,-e) *s.n.*
water *s.m.* Toilettenschüssel (-/-n) *s.f.*
western *agg.* Wildwest...
wurstel *s.m.* Würstchen (-s,-) *s.n.*

X

xenofobo *agg.* ausländerfeindlich.
xilofono *s.m.* Xylophon (-s,-e) *s.n.*
xilografia *s.f.* 1 Xylographie (-/.) *s.f.* 2 (*oggetto*) Holzschnitt (-es,-e) *s.m.*

Y

yacht *s.m.* Jacht (-,-en) *s.f.*
yogurt *s.m.* Joghurt (-s,-s) *s.n./m.*
yogurtiera *s.f.* Joghurtmaschine (-,-n) *s.f.*
yucca *s.f.* (*bot.*) Palmlilie (-,-n) *s.f.*

Z

zaffata *s.f.* Schwall (-s,-e) *s.m.*
zafferano *s.m.* Safran (-s,-e) *s.m.*
zaffiro *s.m.* Saphir (-s,-e) *s.m.*
zaino *s.m.* 1 Rucksack (-s,-säcke) *s.m.* 2 (*mil./scuola*) Tornister (-s,-) *s.m.*
zampa *s.f.* 1 (*zool.*) Fuß (-es, Füße) *s.m.* 2 (*cane, gatto*) Pfote (-,-n) *s.f.* 3 (*carnivori*) Pranke (-,-n) *s.f.*
zampillo *s.m.* (*dünner*) Strahl (-es,-en) *s.m.*
zampirone *s.m.* Räucherspirale (-,-n) *s.f.* gegen Mücken.
zampogna *s.f.* Dudelsack (-s,-säcke) *s.m.*
zanna *s.f.* Stoßzahn (-s,-zähne) *s.m.*
zanzara *s.f.* Stechmücke (-,-n) *s.f.*
zappa *s.f.* Hacke (-,-n) *s.f.*
zattera *s.f.* (*mar.*) Floß (-es, Flöße) *s.n.*
zavorra *s.f.* Ballast (-s/.) *s.m.*
zazzera *s.f.* Mähne (-,-n) *s.f.*
zebra *s.f.* 1 (*zool.*) Zebra (-s,-s) *s.n.* 2 (*pl.*) (*segnaletica*) Zebrastreifen (-s,-) *s.m.*
zecca¹ *s.f.* Münzstätte (-,-n) *s.f.*
zecca² *s.f.* (*zool.*) Zecke (-,-n) *s.f.*
zelante *agg.* eifrig, gewissenhaft.
zeppo *agg.* (*di*) vollgestopft mit; überfüllt.
zerbino *s.m.* Fußmatte (-,-n) *s.f.*, Abtreter (-s,-) *s.m.*
zero *s.m.* Null (-,-en) *s.f.*
zia *s.f.* Tante (-,-n) *s.f.*
zibellino *s.m.* (*zool.*) Zobel (-s,-) *s.m.*
zigomo *s.m.* (*anat.*) Backenknochen (-,-n) *s.m.*
zinco *s.m.* (*chim.*) Zink (-es/.) *s.m.*
zingaro *s.m.* Zigeuner (-s,-) *s.m.*
zio *s.m.* Onkel (-s,-) *s.m.*
zircone *s.m.* (*min.*) Zirkon (-s,-e) *s.m.*
zittire *v.intr.* schweigen (schwieg, geschwiegen) ♦ *v.tr.* zum Schweigen bringen (brachte, gebracht).
zitto *agg.* still: stare –, still sein, den Mund halten.

zoccolino *s.m.* (*battiscopa*) Zierleiste (-,-n) *s.f.*, Sockel (-s,-) *s.m.*
zoccolo *s.m.* 1 Clog (-s,-s) *s.m.* 2 (*di animale*) Huf (-es,-e) *s.m.* 3 (*basamento*) Sockel (-s,-) *s.m.*
zodiaco *s.m.* Tierkreis (-es/.) *s.m.*
zolfo *s.m.* Schwefel (-s/.) *s.m.*
zolla *s.f.* Erdscholle (-,-n) *s.f.*
zolletta *s.f.* (*di zucchero*) Würfel (-s,-) *s.m.*, Stück (-es,-e) *s.n.*
zona *s.f.* 1 Zone (-,-n) *s.f.*, Gegend (-,-en) *s.f.* 2 (*amm.*) Bezirk (-es,-e) *s.m.* 3 (*calcio*) Raum (-es, Räume) *s.m.*
zoo *s.m.* Zoo (-s,-s) *s.m.*
zoologo *s.m.* Zoologe (-n,-n) *s.m.*
zootecnico *agg.* Vieh..., Viehzucht...
zoppicare *v.intr.* 1 hinken; (*di animale*) lahmen 2 (*fig.*) schwach sein.
zoppo *agg.* 1 lahm, hinkend 2 (*fig.*) hinkend, schwach.
zucca *s.f.* 1 (*bot.*) Kürbis (-ses,-se) *s.m.* 2 (*fig.*) Birne (-,-n) *s.f.* | *non avere sale in* –, nichts im Kopf haben.
zuccherare *v.tr.* zuckern.
zuccheriera *s.f.* Zuckerdose (-,-n) *s.f.*
zuccherificio *s.m.* Zuckerfabrik (-,-en) *s.f.*
zucchero *s.m.* Zucker (-s/.) *s.m.* | *carta da* –, fliegerblau; – *filato*, Zuckerwatte (-/.) *s.f.*
zuffa *s.f.* 1 Handgemenge (-s/.) *s.n.* 2 (*discussione*) Wortgefecht (-es,-e) *s.n.*
zufolo *s.m.* (*mus.*) Hirtenflöte (-,-n) *s.f.*
zufolare *v.tr.* e *intr.* pfeifen (pfiff, gepfiffen).
zumare *v.intr.* e *tr.* zoomen.
zuppa *s.f.* 1 Suppe (-,-n) *s.f.* | – *di verdura*, Gemüsesuppe (-,-n) *s.f.*; – *di pesce*, Fischsuppe (-,-n) *s.f.* 2 (*dolce*) – *inglese*, Biskuitschichten mit Creme und Likör.
zuppiera *s.f.* Suppenschüssel (-,-n) *s.f.*
zuppo *agg.* (*fam.*) klatschnaß.

TEDESCO-ITALIANO

Alfabeto tedesco: fonetica

A	a	**N**	en
B	be	**O**	o
C	tse	**P**	pe
D	de	**Q**	ku
E	e	**R**	er
F	ef	**S**	es
G	ghe	**T**	te
H	ha	**U**	u
I	i	**V**	fau
J	jot	**W**	ve
K	ka	**X**	iks
L	el	**Y**	ypsilon
M	em	**Z**	tset

A

a, A *s.n.inv.* a, A: *von – bis Z*, dall'a alla zeta.

A, a *s.n.inv.* (*mus.*) la.

Aal (-es,-e) *s.m.* anguilla | *glatt wie ein – sein*,(*fig.*) essere viscido.

Aas (-es,-e) *s.n.* carogna (*anche fig.*)

ab *prep.*(+*dat.*) **1** (*luogo*) da **2** (*tempo*) a partire da: *– morgen*, da domani; *– wann?*, da quando? | (*orario ferr.*) partenza da **3** (*successione*) da, in su: *– 5 DM*, da 5 marchi in su ◆ *avv.* **1** lontano: *weit – von hier*, molto lontano da qui | *– und zu*, di tanto in tanto | *– sein*, essere staccato: *der Knopf ist –*, il bottone ne si è staccato ◆ particella mobile di verbi separabili.

ab-ändern *v.tr.* modificare.

abartig *agg.* anomalo.

Abbau (-s, -e/-ten) *s.m.* **1** smantellamento **2** smontaggio **3** (*min.*) estrazione **4** riduzione **5** (*fig.*) declino.

ab-beißen (biß ab, abgebissen) *v.tr.* staccare con un morso.

ab-bestellen *v.tr.* **1** disdire **2** annullare.

ab-biegen (bog ab, abgebogen) *v.intr.* svoltare ◆ *v.tr.* (*tecn.*) curvare, piegare.

Abbildung (-,-en) *s.f.* illustrazione, figura

ab-blenden *v.tr.* abbassare (una luce) ◆ *v.intr.* abbassare i fari.

Abblendlicht (-es,-er) *s.n.* anabbagliante.

ab-brechen (brach ab, abgebrochen) *v.tr.* **1** smontare **2** rompere, spezzare **3** troncare ◆ *v.intr.* interrompersi.

ab-bremsen *v.tr.* **1** frenare (*anche fig.*) **2** rallentare.

ab-bringen (brachte ab, abgebracht) *v.tr.* dissuadere.

Abbruch (-s,-brüche) *s.m.* **1** demolizione **2** interruzione, rottura (*anche fig.*).

ab-buchen *v.tr.* detrarre (dal conto corrente).

ab-danken *v.intr.* dimettersi; abdicare.

ab-decken *v.tr.* **1** sparecchiare **2** scoprire **3** scoperchiare.

ab-dichten *v.tr.* sigillare, turare.

Abdruck[1] (-es,-e) *s.m.* **1** stampa, pubblicazione **2** ristampa **3** copia.

Abdruck[2] (-es,-drücke) *s.m.* impronta; stampo.

abend *avv.* di sera: *heute –*, stasera; *morgen –*, domani sera.

Abend (-s,-e) *s.m.* sera: *der Heilige –*, la vigilia di Natale.

Abendbrot (-/s/.) *s.n.* cena (generalmente fredda).

Abendessen (-s,-) *s.n.* cena.

Abendkasse (-,-n) *s.f* (*teatr*) botteghino.

abends *avv.* di sera.

Abenteuer (-s,-) *s.n.* avventura.

aber *cong.* ma, però, invece ♦ *part.* certo, proprio, davvero: – *ja,* sì, certo; – *nein,* proprio no.

abergläubisch *agg.* superstizioso.

ab-fahren (fuhr ab, abgefahren) *v.intr.* partire.

Abfahrt (-,-en) *s.f.* **1** partenza **2** (*di autostrada*) uscita **3** (*sport*) discesa.

Abfall (-s,-fälle) *s.m.* **1** (*pl.*) rifiuti, immondizie; scorie **2** (*sing.*) (*prestazioni*) calo **3** (*sing.*) (*di terreno*) pendenza **4** (*sing.*) (*fig.*) distacco; defezione; rinnegamento **5** (*tecn.*) caduta.

Abfalleimer (-s,-) *s.m.* pattumiera.

abfällig *agg.* sprezzante, spregevole.

ab-fangen (fing ab, abgefangen) *v.tr.* **1** (*fam.*) aspettare al varco **2** intercettare **3** attutire.

ab-färben *v.intr.* **1** perdere il colore **2** (*fig.*) (*auf +acc.*) esercitare un'influenza (su).

ab-fassen *v.tr.* redigere.

ab-fertigen *v.tr.* **1** spedire **2** (*dogana*) ispezionare **3** (*sportello*) servire **4** (*fam.*) trattare sbrigativamente.

Abfertigung (-,-en) *s.f.* **1** ispezione doganale; sdoganamento **2** spedizione (*di pacchi*) **3** (*sportello*) disbrigo.

ab-finden (fand ab, abgefunden) *v.tr.* indennizzare ♦ *sich* – (*mit*) *v.pron.* rassegnarsi (a).

ab-fliegen (flog ab, abgeflogen) *v.intr.* **1** partire con l'aereo **2** (*aereo*) decollare; (*uccelli*) spiccare il volo ♦ *v.tr.* sorvolare.

Abflug (-s,-flüge) *s.m* (*di aereo*) partenza.

Abführmittel (-s,-) *s.n.* lassativo.

ab-füllen *v.tr.* travasare.

Abgabe (-,-n) *s.f.* **1** consegna **2** (*fin.*) imposta **3** (*sport*) passaggio.

Abgang (-s,-gänge) *s.m.* **1** (*teatr.*) uscita di scena **2** (*med.*) espulsione **3** (*fig.*) dipartita.

Abgas (-es,-e) *s.n.* gas di scarico.

ab-geben (gab ab, abgegeben) *v.tr.* **1** consegnare **2** cedere **3** (*sport*) passare ♦ *sich* – *v.pron.* (*mit*) occuparsi (di).

ab-gehen (ging ab, abgegangen) *v.intr.* **1** andarsene **2** appartarsi **3** defalcare **3** (*di strada*) diramarsi **4** mancare: *er geht mir ab,* mi manca ♦ *v.tr.* (*mil.*) passare in rassegna.

abgelegen *agg.* isolato, sperduto.

abgemacht! (*escl.*) d'accordo!

abgenutzt *agg.* logoro, consunto.

Abgeordnete (-n, -n) *s.m./f.* **1** delegato/a **2** (*pol.*) deputato/a.

abgerissen *agg.* **1** strappato **2** interrotto (*anche fig.*).

abgeschlossen *agg.* **1** chiuso a chiave **2** concluso, compiuto **3** isolato, segregato ♦ *avv.* segregato, isolato.

abgesehen von *loc.prep.* (+*dat.*) a prescindere da.

abgespannt *agg.* spossato, snervato.

abgestanden *agg.* stantio.

abgestorben *agg.* **1** (*med.*) intorpidito, insensibile **2** (*di piante*) morto, secco.

ab-gewöhnen *v.tr.* disabituare: *sich das Rauchen* –, togliersi l'abitudine di fumare.

ab-grenzen *v.tr.* delimitare.

Abgrund (-s,-gründe) *s.m.* precipizio, abisso (*anche fig.*).

ab-haken *v.tr.* spuntare: *die Namen einer Liste* –, spuntare i nomi su un elenco.

ab-halten (hielt ab, abgehalten) *v.tr.* **1**

Ablauf (-s,-läufe) *s.m.* 1 svolgimento, corso 2 scarico 3 scadenza ♦ *nach – der gesetzten Frist*, decorsi i termini stabiliti.

ab-legen *v.tr.* 1 togliersi (un indumento) 2 sostenere (un esame) 3 salpare 4 (*idiom.*) *Rechenschaft –*, rendere conto; *ein Geständnis –*, confessare.

ab-lehnen *v.tr.* 1 rifiutare, respingere 2 (*dir.*) ricusare.

ab-leiten *v.tr.* derivare (*anche fig.*); dedurre.

ab-lenken *v.intr.* cambiare discorso ♦ *sich – v.pron.* distrarsi.

ab-lösen *v.tr.* 1 staccare 2 dare il cambio 3 (*fin.*) riscattare, estinguere.

Abmachung (-,-en) *s.f.* accordo.

ab-magern *v.intr.* dimagrire.

ab-melden *v.tr.* 1 notificare il ritiro 2 disdire ♦ *sich – v.pron.* denunciare il cambio di residenza.

Abnahme (-,-n) *s.f.* 1 diminuzione 2 asportazione 3 collaudo 4 (*comm.*) acquisto.

ab-nehmen (nahm ab, abgenommen) *v.tr.* 1 diminuire 2 asportare 3 collaudare 4 (*tel.*) alzare 5 (*comm.*) acquistare.

Abneigung (-,-en) *s.f.* avversione; antipatia.

ab-nutzen, ab-nützen *v.tr.* logorare, consumare ♦ *sich – v.pron.* logorarsi.

Abonnement (-s, -s) *s.n.* abbonamento.

Abordnung (-,-en) *s.f.* delegazione.

Abort (-s,-e) *s.m.* 1 gabinetto 2 (*med.*) aborto spontaneo.

ab·raten

ab·raten (riet ab, abgeraten) (+*dat.*) *v.intr.* sconsigliare.
ab·räumen *v.tr.* sparecchiare.
ab·reagieren *v.tr.* sfogare ♦ **sich** – *v.pron.* sfogarsi.
ab·rechnen *v.intr.* regolare i conti (*anche fig.*) ♦ *v.tr.* detrarre.
Abreise (-,-n) *s.f.* partenza.
ab·reißen (riß ab, abgerissen) *v.tr.* 1 strappare, staccare 2 demolire ♦ *v.intr.* (*fig.*) interrompersi bruscamente.
Abriegelung (-,-en) *s.f.* 1 (*di strade*) sbarramento 2 chiusura con chiavistello.
ab·rufen (rief ab, abgerufen) *v.tr.* 1 richiamare 2 (*comm.*) prelevare.
ab·runden *v.tr.* arrotondare.
Abrüstung (-,-en) *s.f.* disarmo.
Abs. *abbr. di* → **Absender**.
ab·sagen *v.tr.* disdire; revocare ♦ *v.tr.* disdire un appuntamento.
Absatz (-es,-sätze) *s.m.* 1 capoverso; a capo 2 tacco: *auf dem – kehrtmachen*, fare dietro front 3 (*comm.*) smercio, vendita: *reißenden – finden*, andare a ruba 4 pianerottolo.
ab·schaffen *v.tr.* abolire, eliminare.
ab·schalten *v.tr.* (*tecn.*) disinserire, spegnere ♦ *v.intr.* (*fig.*) perdere la concentrazione; rilassarsi.
Abscheu (-*s/.*) *s.m.* ribrezzo.
abscheulich *agg.* ripugnante, disgustoso, schifoso.
Abschiebung (-,-en) *s.f.* espulsione.
Abschied (-s,-e) *s.m.* congedo, addio.
Abschlag (-s,-schläge) *s.m.* 1 acconto 2 sconto 3 rata: *etwas auf – kaufen*, comperare qlco. a rate.
Abschleppwagen (-s,-) *s.m.* carro attrezzi.

ab·schließen (sch[lo]ssen) *v.tr.* 1 chiude[re,] cludere, stipulare.
Abschluß (-schlusses[,...]) conclusione 2 (*comm.*[)...]
ab·schneiden (schnitt [ab,] ten) *v.tr.* recidere, tag[liare] (*fam.*) cavarsela.
Abschnitt (-s,-e) *s.m.* 1 capitolo 3 periodo.
abschreckend *agg.* deter[rente].
ab·schreiben (schrieb ab, a[bgeschrie]ben) *v.tr.* 1 copiare 2 (*co[mm.*) am]mortizzare.
Abschreibung (-,-en) *s.f.* a[mmorta]mento.
Abschrift (-,-en) *s.f.* copia: *begla[ubigte] –*, copia autenticata.
Abschürfung (-,-en) *s.f.* escoriazi[one].
ab·schwellen (schwoll ab, ab[ge]schwollen) *v.intr.* 1 (*med.*) sgonfi[ar]si 2 diminuire.
absehbar *agg.* prevedibile ♦ **in** -*er Zei[t]*, prossimamente.
abseits *avv.* in disparte ♦ *prep.* (+*gen.*) lontano da.
Absender (-s,-) *s.m.* mittente.
ab·setzen *v.tr.* 1 far scendere 2 levare (*cappello*) 3 smerciare 4 rimuovere ♦ **sich** – *v.pron.* andarsene (all'estero).
Absicht (-,-en) *s.f.* intenzione: *ohne –*, involontariamente.
ab·sondern *v.tr.* 1 separare 2 secernere ♦ **sich** – *v.pron.* isolarsi.
ab·sperren *v.tr.* 1 bloccare, sbarrare 2 (*di acqua, gas*) chiudere.
Absprache (-,-n) *s.f.* intesa verbale.
ab·spielen, sich *v.pron.* svolgersi.
ab·spülen *v.tr.* 1 lavare 2 (*di piatti*) sciacquare.

ab-stammen v.tr. discendere.
Abstand (-s,-stände) s.m. **1** distanza **2** indennizzo.
ab-stauben v.tr. spolverare.
Abstecher (-s,-) s.m. **1** scappata, breve visita **2** digressione.
ab-steigen (stieg ab, abgestiegen) v. intr. **1** scendere **2** prendere alloggio (in albergo) **3** (sport) retrocedere.
ab-stellen v.tr. **1** deporre **2** (veicoli) parcheggiare **3** disattivare, chiudere.
ab-stempeln v.tr. **1** timbrare **2** (fig.) bollare.
ab-sterben (starb ab, abgestorben) v.intr. **1** (di piante) morire **2** (med.) diventare insensibile.
Abstieg (-s,-e) s.m. **1** discesa **2** (sport) retrocessione.
ab-stimmen v.tr. conciliare, adattare ♦ v.intr.(über) votare: über etwas – lassen, mettere ai voti qlco.
ab-stoßen (stieß ab, abgestoßen) v.tr. **1** suscitare ribrezzo **2** (med.) rigettare ♦ sich – v.pron. respingersi.
ab-streiten (stritt ab, abgestritten) v.tr. confutare, negare.
Abstrich (-s,-e) s.m. **1** (med.) striscio **2** taglio.
ab-stürzen v.intr. precipitare, cadere.
ab-suchen v.tr. perlustrare.
absurd agg. assurdo.
Abszeß (Abszesses, Abszesse) s.m. ascesso.
Abt (-es, Äbte) s.m. abate.
ab-tasten v.tr. palpare.
ab-tauen v.tr. (di frigorifero) sbrinarsi ♦ v.tr. far sgelare.
Abtei (-,-en) s.f. abbazia.
Abteil (-s,-e) s.n. scompartimento.
ab-teilen v.tr. suddividere, dividere.
Abteilung (-,-en) s.f. sezione, reparto.

ab-töten v.tr. **1** (med.) devitalizzare **2** (fig.) soffocare, reprimere.
ab-tragen (trug ab, abgetragen) v.tr. **1** (di edificio) demolire **2** (di debito) estinguere **3** (di vestiti) logorare **4** (med.) asportare **5** (di terreno) spianare.
abträglich agg. dannoso, nocivo.
Abtreibung (-,-en) s.f. aborto intenzionale.
ab-trennen v.tr. **1** staccare; separare **2** scucire.
ab-treten (trat ab, abgetreten) v.tr. **1** cedere **2** consumare (il tacco) ♦ v.intr. dimettersi; uscire di scena (anche fig.).
Abtreter (-s,-) s.m. zerbino.
Abtritt (-s,-e) s.m. **1** dimissioni, ritiro **2** (teatr.) uscita di scena.
ab-trocknen v.tr. asciugare, asciugarsi.
Abtropfbrett (-s,-er) s.n. scolapiatti.
abtrünnig agg. infedele, rinnegato.
ab-wägen (wog ab, abgewogen) v.tr. ponderare, valutare.
ab-warten v.tr. stare in attesa | – und Tee trinken, calma e sangue freddo.
abwärts avv. all'ingiù.
ab-waschen (wusch ab, abgewaschen) v.tr. lavare ♦ v.intr. lavare i piatti.
Abwasser (-s,-wässer) s.n. acqua di scarico.
ab-wechseln, sich v.pron. darsi il cambio, alternarsi.
Abwechslung (-,-en) s.f. **1** cambiamento **2** svago.
Abwehr (-/.) s.f. difesa.
ab-weichen (wich ab, abgewichen) v.intr. **1** scostarsi **2** differire.
ab-weisen (wies ab, abgewiesen) v.tr. respingere.
ab-wenden, sich v.pron. **1** (fig.) (von) ritirarsi (da) **2** voltarsi.

ab·werfen

ab·werfen (warf ab, abgeworfen) *v.tr.* 1 (*econ.*) fruttare 2 (*fig.*) sbarazzarsi di qlco. 3 (*aereo*) lanciare.
ab·werten *v.tr.* 1 sminuire 2 (*econ.*) svalutare.
abwesend *agg.* assente (*anche fig.*).
Abwicklung (-,-en) *s.f.* 1 disbrigo 2 svolgimento.
ab·würgen *v.tr.* 1 strangolare 2 interrompere, troncare 3 (*di motore*) ingolfare.
ab·zahlen *v.tr.* pagare a rate.
ab·zählen *v.tr.* 1 contare 2 fare la conta.
ab·zapfen *v.tr.* spillare.
Abzeichen (-s,-) *s.n.* distintivo.
ab·zeichnen, sich *v.pron.* delinearsi.
Abziehbild (-es,-er) *s.n.* decalcomania.
ab·ziehen (zog ab, abgezogen) *v.tr.* 1 sottrarre 2 pelare 3 (*di foto*) riprodurre ♦ *v.intr.* ritirarsi, girare i tacchi.
Abzug (-s,-züge) *s.m.* 1 sottrazione 2 trattenuta 3 fotocopia; (*di foto*) copia 4 bozza 5 sfiatatoio.
abzüglich *prep.* (+*gen.*) detratto, meno.
Abzweigung (-,-en) *s.f.* diramazione, biforcazione.
ach *inter.* ahimè.
Achse (-,-n) *s.f.* asse | *ständig auf – sein*, essere sempre in giro.
Achsel (-,-n) *s.f.* spalla.
Achselhöhle (-,-n) *s.f.* ascella.
Acht¹ (-,-en) *s.f.* 1 otto 2 (*linea di tram, autobus*) otto.
Acht² (-.) *s.f.* considerazione, attenzione: *sich in – nehmen*, stare attenti.
achten *v.tr.* 1 rispettare 2 (*auf+acc.*) prestare attenzione.
Achterbahn (-,-en) *s.f.* ottovolante.
acht·geben (gab acht, achtgegeben)

v.tr. (*auf+acc.*) 1 badare 2 fare attenzione.
achtsam *agg.* attento ♦ *avv.* con cura.
Achtung (-/.) *s.f.* 1 considerazione 2 attenzione.
achtziger *agg.inv.* 1 degli anni ottanta 2 dell'ottanta.
Acker (-s, Äcker) *s.m.* campo.
a.d. *abbr.geogr.di* **an der**, sul, sulla: *Krems – Donau*, Krems sul Danubio.
ADAC *abbr. s.m.* Automobile Club Tedesco.
Adapter (-s,-) *s.m.* adattatore.
addieren *v.tr.* sommare.
Addresse (-,-n) *s.f.* indirizzo.
Adria (-/.) *s.f.* (*geogr.*) Mare Adriatico.
Advent (-s,-e) *s.m.* Avvento.
Affäre (-,-n) *s.f.* 1 faccenda: *sich aus der – ziehen*, cavarsi d'impiccio 2 relazione amorosa 3 caso politico.
Affe (-n,-n) *s.m.* scimmia ♦ *einen –n sitzen haben*, avere una sbornia.
Affekt (-s,-e) *s.m.* stato di alterazione mentale.
Affenhitze (-/.) *s.f.* caldo torrido.
Affentheater (-s,-) *s.m.* putiferio: *ein – machen*, far scoppiare un putiferio.
After (-s,-) *s.m.* ano.
AG¹ (-,-s) *s.f. abbr. di →* **Aktiengesellschaft**.
AG² (-s/.) *s.n. abbr. di →* **Amtsgericht**.
Agent (-en,-en) *s.m.* (*f.* -in/-innen) 1 agente segreto 2 rappresentante.
Agentur (-,-en) *s.f.* agenzia.
Agrarland (-s,-länder) *s.n.* paese agri-

colo.
ähneln *v.intr.* (+*dat.*) assomigliare.
ahnen *v.tr.* immaginare, temere ♦ *v. intr.* presagire, avere il presentimento.
ähnlich *agg.* (+*dat.*) 1 simile 2 affine, similare | *das sieht dir –*, è una delle tue.
Ahnung (-,-en) *s.f.* idea, presentimento: *keine blasse – haben*, non avere la più pallida idea.
ahnungslos *agg.* ignaro; inconsapevole ♦ *avv.* inconsapevolmente.
Ahorn (-s,-e) *s.m.* (*bot.*) acero.
Ähre (-,-n) *s.f.* (*bot.*) spiga.
Akademiker (-s,-) *s.m.* (*f. -in/-innen*) laureato/a.
Akkord (-s,-e) *s.m.* 1 (*mus.*) accordo 2 cottimo.
Akkordeon (-s,-e) *s.n.* fisarmonica.
Akt (-s,-e) *s.m.* 1 azione, atto 2 cerimonia 3 (*teatro*) atto 4 (*pitt.*) nudo.
Akte (-,-n) *s.f.* 1 pratica, dossier 2 (*pl.*) atti.
Aktie (-,-n) *s.f.* (*comm.*) azione.
Aktiengesellschaft (-,-en) *s.f.* società per azioni.
Aktionär (-s,-e) *s.m.* azionista.
Aktivposten (-s,-) *s.m.* (*econ.*) voce attiva.
aktualisieren *v.tr.* aggiornare.
akut *agg.* acuto, incombente: *eine -e Gefahr*, un pericolo incombente.
Akzent (-s,-e) *s.m.* accento (*anche fig.*).
Akzept (-s,-e) *s.n.* (*comm.*) 1 accettazione 2 cambiale accettata.
Alarm (-s,-e) *s.m.* allarme: *– schlagen*, dare l'allarme.
albern *agg.* sciocco, stupido.
Album (-s, Alben) *s.n.* album.
Alge (-,-n) *s.f.* alga.
Alimente *s.pl.* (*dir.*) alimenti.
Alkohol (-s,-e) *s.m.* alcol.
alkoholfrei *agg.* analcolico.
alkoholhaltig *agg.* alcolico.
All (-s/.) *s.n.* cosmo, universo.
alle *pron.indef.pl.* tutti ♦ *agg.pred.* finito.
Allee (-s,-n) *s.f.* viale alberato.
allein *agg.pred.* solo ♦ *avv.* solo, da solo.
alleinstehend *agg.* 1 solo 2 celibe; nubile.
Alleinvertretung (-,-en) *s.f.* rappresentanza esclusiva.
allerdings *avv.* 1 ma certo! 2 tuttavia.
Allerheiligen (*senza art.*) Ognissanti.
allerhöchstens *avv.* al massimo.
Allerseelen (*senza art.*) giorno dei morti.
alles *pron.indef.* tutto ♦ *– in allem*, tutto sommato; *vor allem*, soprattutto.
Alleskleber (-s,-) *s.m.* colla universale.
allgemein *agg.* 1 generale | *im allgemeinen*, in genere 2 comune 3 generico.
Allgemeinarzt (-es,-ärzte) *s.m.* medico generico.
Allgemeinbildung (-/.) *s.f.* cultura generale.
Allgemeinheit (-/.) *s.f.* comunità, collettività.
Allheilmittel (-s,-) *s.n.* toccasana (*anche fig.*).
alljährlich *agg.* annuale ♦ *avv.* annualmente.
allmählich *agg.* graduale ♦ *avv.* a poco a poco.
Alltag (-s,-e) *s.m.* vita di tutti i giorni: *der graue –*, la routine quotidiana.
alltäglich *agg.* 1 quotidiano 2 comune, usuale.
allzu *avv.* troppo: *– genau*, troppo preciso.

allzuviel *avv.* troppo: – *arbeiten*, lavorare troppo.

Alm (-,-en) *s.f.* **1** alpeggio **2** malga.

Almosen (-s,-) *s.n.* elemosina.

Alpenrose (-,-n) *s.f.* rododendro.

Alpenveilchen (-s,-) *s.n.* ciclamino.

Alptraum (-s,-träume) *s.m.* incubo.

als *prep.* **1** come, in qualità di **2** (*dopo comparativo*) di **3** (*dopo negazione*) solo: *nichts – das*, solo questo ♦ *cong.* **1** (*tempo*) quando **2** (*comparative*) di quanto | *um so mehr –*, tanto più che. ♦ **– ob** (+ *congiuntivo*) come se.

also *cong.* quindi, dunque.

alt *agg.* **1** vecchio | *er ist 20 Jahre –*, ha 20 anni **2** usato.

Alt (-s/.) *s.m.* (*mus.*) contralto.

Altar (-s, Altäre) *s.m.* altare.

Alter (-s/.) *s.n.* **1** età **2** vecchiaia **3** era.

Altersgenosse (-n,-n) *s.m.* coetaneo.

Altersheim (-s,-e) *s.n.* casa di riposo.

Altertum (-s,-tümer) *s.n.* **1** antichità **2** (*pl.*) oggetti antichi.

Altmeister (-s,-) *s.m.* (*sport*) ex campione.

altmodisch *agg.* fuori moda.

Altstadt (-,-städte) *s.f.* centro storico, città vecchia.

Altsteinzeit (-/.) *s.f.* paleolitico.

Altweibersommer (-s,-) *s.m.* estate di San Martino.

Alufolie (-,-n) *s.f.* foglio di alluminio.

am *prep.art.* al, allo.

Amateur (-s,-e) *s.m.* dilettante.

Ambulanz (-,-en) *s.f.* **1** (*med.*) pronto soccorso **2** ambulanza.

Ameise (-,-n) *s.f.* formica.

Amok (-s/.) *s.m.* follia omicida.

Ampel (-,-n) *s.f.* semaforo.

Amsel (-,-n) *s.f.* merlo.

Amt (-es, Ämter) *s.n.* **1** ufficio pubblico **2** incarico; carica.

amtlich *agg.* ufficiale.

Amtsarzt (-es,-ärzte) *s.m.* ufficiale sanitario.

Amtsgericht (-es,-e) *s.n.* pretura.

amüsant *agg.* divertente.

an *prep.* (+*dat./acc.*) **1** (stato in luogo +*dat.*) a, su: *am Fenster sitzen*, star seduto alla finestra **2** (*moto a luogo* +*acc.*) a | *– die Arbeit gehen*, mettersi al lavoro **3** (*orari*) arrivo a... **4** (*tempo* +*dat.*) a, di, in: *– Wochentagen*, nei giorni feriali **5** (*con il superlativo* +*dat.*) *am schnellsten geht es per Fax*, il fax è la via più veloce ♦ *avv.* **1** circa: *der Eintritt kostet – die 30 DM*, l'ingresso costa circa 30 DM **2** in poi: *von heute –*, da oggi in poi **3** acceso: *der Fernseher ist –*, il televisore è acceso ♦ particella mobile di verbi separabili.

an-bahnen *v.tr.* avviare | *Geschäftsverbindungen –*, avviare relazioni d'affari ♦ **sich –** *v.pron.* profilarsi.

Anbau (-s,-bauten) *s.m.* **1** (*sing.*) coltivazione **2** parte di edificio aggiunta, ala.

an-behalten (behielt an, anbehalten) *v.tr.* tenere addosso.

anbei *avv.* (*comm.*) in allegato.

an-beißen (biß an, angebissen) *v.intr.* abboccare (*anche fig.*).

an-belangen *v.tr.* riguardare, concernere.

Anbetracht, in *locuz.avv.* (+*gen.*) in considerazione di.

an-bieten (bot an, angeboten) *v.tr.* **1** offrire **2** proporre.

an-binden (band an, angebunden) *v.tr.* legare (*anche fig.*) | (*idiom.*) *kurz ange-*

an-fügen

bunden sein, essere di poche parole.
Anblick (-s,-e) *s.m.* vista.
an-brechen (brach an, angebrochen) *v.intr.* incominciare ♦ *v.tr.* aprire (confezione).
Anchovis (-,-) *s.f.* acciuga sotto sale.
Andacht (-,-en) *s.f.* 1 raccoglimento 2 funzione religiosa.
an-dauern *v.intr.* perdurare.
andauernd *agg.* continuo ♦ *avv.* continuamente.
Andenken (-s,-) *s.n.* 1 ricordo 2 souvenir.
ander... *agg.indef.* altro ♦ *pron.indef.* altro.
andererseits *avv.* d'altra parte.
ändern *v.tr.* cambiare; modificare ♦ *sich – v.pron.* cambiare: *das Wetter ändert sich*, il tempo sta cambiando.
andernfalls *avv.* altrimenti.
anders *avv.* 1 diverso 2 (*dopo pron. e avv.*) altro: *jemand –*, qualcun altro; *nirgendwo –*, da nessun'altra parte.
andersherum *avv.* in senso opposto, contrario.
anderthalb *agg.num.inv.* uno e mezzo.
Änderung (-,-en) *s.f.* cambiamento: (*comm.*) *Änderungen vorbehalten*, salvo variazioni o rettifiche.
an-deuten *v.tr.* 1 accennare 2 dare da intendere.
Andrang (-s/.) *s.m.* affollamento, ressa.
an-drehen *v.tr.* 1 accendere (azionando una manopola) 2 (*fam.*) affibbiare, rifilare.
aneignen *v.tr.*: *sich (dat.) etwas –*, impadronirsi di qlco.
aneinander *avv.* l'un l'altro.
aneinander-reihen *v.tr.* allineare, mettere in fila.
an-ekeln *v.tr.* disgustare, fare schifo.

an-erkennen (erkannte an, anerkannt) *v.tr.* 1 riconoscere 2 apprezzare.
Anerkennung (-,-en) *s.f.* 1 riconoscimento (*anche dir.*) 2 approvazione.
an-fahren (fuhr an, angefahren) *v.tr.* 1 (*auto*) investire 2 (*meta*) dirigersi verso ♦ *v.intr.* avviarsi.
Anfall (-s,-fälle) *s.m.* 1 attacco, crisi 2 (*fig.*) slancio.
anfällig *agg.* 1 (*für*) soggetto (a): – *sein für Grippe*, andar soggetto all'influenza 2 malaticcio.
Anfang (-s,-fänge) *s.m.* inizio |– *Mai*, ai primi di maggio; *von –* an dall'inizio.
an-fangen (fing an, angefangen) *v.tr.* 1 iniziare 2 saperci fare: *mit diesem Geschenk kann ich nichts –*, non so che farmene di questo regalo ♦ *v.intr.* cominciare.
Anfänger (-s,-) *s.m.* (*f.* -in/-innen) principiante.
anfänglich *avv.* inizialmente.
an-fassen *v.tr.* 1 toccare 2 dare una mano 3 (*fig.*) affrontare.
anfechtbar *agg.* 1 contestabile 2 (*dir.*) impugnabile.
an-fertigen *v.tr.* 1 produrre 2 (*abbigl.*) confezionare.
an-feuchten *v.tr.* inumidire.
an-feuern *v.tr.* (*fig.*) incoraggiare, incitare.
an-flehen *v.tr.* supplicare, implorare.
an-fordern *v.tr.* richiedere.
Anforderung (-,-en) *s.f.* 1 richiesta, pretesa 2 (*pl.*) esigenze.
Anfrage (-,-n) *s.f.* 1 domanda, richiesta 2 (*pol.*) interpellanza.
an-freunden, sich *v.pron.* 1 (*mit*) fare amicizia (con) 2 (*mit*) abituarsi (a).
an-fügen *v.tr.* 1 aggiungere 2 accludere.

an·fühlen, sich *v.pron.* sembrare (al tatto).

an·führen *v.tr.* 1 guidare 2 citare 3 (*fam.*) buggerare.

Angabe (-,-n) *s.f.* 1 indicazione 2 dichiarazione 3 dato 4 (*sport*) battuta 5 (*fam.*) spacconata.

an·geben (gab an, angegeben) *v.tr.* 1 indicare 2 segnare, stabilire ♦ *v.intr.* 1 darsi delle arie 2 (*sport*) battere; servire.

angeblich *avv.* a quanto pare.

angeboren *agg.* 1 (*med.*) congenito 2 innato.

Angebot (-,-e) *s.n.* (*econ.*) offerta.

angebracht *agg.* opportuno: *etwas für - halten*, ritenere opportuno qlco.

angeheitert *agg.* (*fam.*) alticcio.

an·gehen (ging an, angegangen) *v.tr.* 1 affrontare 2 riguardare: *das geht niemanden etwas an*, non riguarda proprio nessuno 3 (*gegen*) combattere (contro) ♦ *v.intr.* 1 iniziare 2 essere sopportabile.

an·gehören *v.intr.* (+*dat.*) far parte (di), appartenere.

Angehörige (-n,-n) *s.m./f.* 1 familiare, parente 2 membro.

Angeklagte (-n,-n) *s.m./f.* imputato/a.

Angel (-,-n) *s.f.* 1 canna da pesca 2 cardine: *aus den Angeln heben*, (*anche fig.*) scardinare.

Angelegenheit (-,-en) *s.f.* faccenda, vicenda.

angemessen *agg.* adeguato, opportuno.

angenehm *agg.* 1 piacevole 2 piacere! ♦ *avv.* piacevolmente.

angenommen *agg.* adottato ♦ *– daß*, supposto che.

angeregt *agg.* animato, vivace.

angesehen *agg.* apprezzato, stimato.

angesichts *prep.* (+*gen.*) alla luce di, considerando che.

angespannt *agg.* 1 teso (*anche fig.*) 2 (*di situazione*) critico.

Angestellte (-n,-n) *s.m./f.* impiegato/a: *der leitende –*, il dirigente.

angewiesen *agg.*: *auf jdn. – sein*, dipendere da qlcu.

an·gewöhnen *v.tr.* abituare: *jdm. etwas –*, abituare qlcu. a qlco.

Angewohnheit (-,-en) *s.f.* abitudine.

an·gleichen (glich an, angeglichen) *v.tr.* 1 (+*dat.*) adattare 2 (*di prezzi*) allineare ♦ *sich – v.pron.* conformarsi.

an·greifen (griff an, angegriffen) *v.tr.* 1 attaccare (*anche sport*); aggredire 2 intaccare 3 (*chim.*) corrodere.

angrenzend *agg.* confinante, attiguo.

Angriff (-,-e) *s.m.* attacco ♦ *etwas in – nehmen*, porre mano a qlco.

Angriffslust (-/-) *s.f.* aggressività.

Angst (-, Ängste) *s.f.* paura, timore; ansia.

ängstigen *v.tr.* spaventare ♦ *sich – v.pron.* angosciarsi.

an·gurten, sich *v.pron.* allacciarsi la cintura di sicurezza.

an·haben (hatte an, angehabt) *v.tr.* 1 (*fam.*) indossare.

an·halten (hielt an, angehalten) *v.tr.* 1 (*di auto*) fermare 2 esortare ♦ *v.intr.* 1 fermarsi 2 perdurare.

Anhalter (-s,-) *s.m.* autostoppista | *per –*, in autostop.

Anhaltspunkt (-s,-e) *s.m.* punto di riferimento.

anhand *prep.* (+*gen.*) in base.

Anhang (-s,-hänge) *s.m.* 1 allegato, appendice 2 seguito.

an·hängen[1] *v.tr.* 1 attaccare 2 ag-

annoncieren

giungere ♦ **sich** – *v.pron.* accodarsi.
an-hängen¹ (hing an, angehangen) *v.intr.* gravare addosso.
Anhänger (-s,-) *s.m.* **1** rimorchio **2** ciondolo **3** seguace, fan.
anhänglich *agg.* fedele, affezionato.
an-häufen *v.tr.* accumulare.
an-heben (hob an, angehoben) *v.tr.* alzare, aumentare (*anche fig.*).
Anhöhe (-,-n) *s.f.* altura, colle.
an-hören *v.tr.* **1** prestare ascolto a **2** sentire.
Ankauf (-s,-käufe) *s.m.* acquisto.
Anker (-s,-) *s.m.* ancora (*anche fig.*).
Anklage (-,-n) *s.f.* accusa.
Anklang (-s,-klänge) *s.m.*: *bei jdm. – finden*, incontrare favore presso qlcu.
an-kleben *v.tr.* incollare.
an-kleiden *v.tr.* vestire ♦ **sich** – *v.pron.* vestirsi.
an-klopfen *v.intr.* bussare.
an-knipsen *v.tr.* (*di luce*) accendere.
an-knüpfen *v.tr.* **1** attaccare con un nodo **2** incominciare: *Unterhandlungen –*, intavolare delle trattative ♦ *v.intr.* far riferimento a.
an-kommen (kam an, angekommen) *v.intr.* **1** arrivare **2** avere successo ♦ *v.imp.* dipendere.
an-kündigen *v.tr.* annunciare.
Ankunft (-,-künfte) *s.f.* arrivo.
an-kurbeln *v.tr.* (*econ.*) incentivare.
Anlage (-,-n) *s.f.* **1** (*tecn.*) impianto **2** area attrezzata **3** allegato **4** (*econ.*) investimento **5** predisposizione.
Anlaß (-sses,-lässe) *s.m.* **1** evento: *zu diesem freudigen –*, per questo lieto evento **2** motivo, ragione: *allen – haben zu*, avere tutte le ragioni per **3** occasione.
Anlasser (-s,-) *s.m.* (*auto*) starter.

anläßlich *prep.* (+*gen.*) in occasione di.
Anlauf (-s,-läufe) *s.m.* **1** (*sport*) slancio **2** avviamento **3** (*fig.*) tentativo: *einen neuen – nehmen*, fare un altro tentativo.
an-legen *v.tr.* **1** investire **2** sistemare **3** puntare, mirare (*anche fig.*) **4** attraccare ♦ *v.intr.* approdare ♦ **sich** – *v.pron.* (*mit jdm.*) attaccare briga (con qlcu.).
an-lehnen *v.tr.* **1** appoggiare **2** (*porta*) socchiudere ♦ **sich** – *v.pron.* appoggiarsi.
Anleihe (-,-n) *s.f.* prestito; credito.
Anleitung (-,-en) *s.f.* istruzioni, guida.
Anlieger (-s,-) *s.m.* proprietario, confinante.
an-locken *v.tr.* attirare, attrarre.
an-machen *v.tr.* **1** accendere **2** condire (l'insalata) **3** (*fam.*) abbordare.
anmaßend *agg.* arrogante.
Anmeldeformular (-s,-e) *s.n.* modulo di iscrizione.
an-melden *v.tr.* **1** annunciare **2** iscrivere **3** (*auto*) immatricolare ♦ **sich** – *v.pron.* **1** annunciarsi **2** prendere appuntamento **3** iscriversi.
Anmerkung (-,-en) *s.f.* **1** appunto, annotazione **2** osservazione.
annähernd *avv.* all'incirca.
Annäherung (-/.) *s.f.* avvicinamento, approccio.
Annahme (-,-n) *s.f.* **1** accettazione **2** supposizione **3** adozione.
annehmbar *agg.* accettabile.
an-nehmen (nahm an, angenommen) *v.tr.* **1** accettare **2** supporre **3** ammettere **4** adottare ♦ **sich** – *v.pron.* (+*gen.*) prendersi cura di.
Annehmlichkeit (-,-en) *s.f.* comodità.
annoncieren *v.intr.* fare un annuncio.

annullieren v.tr. annullare (anche dir.).

Anorak (-s,-s) s.m. giacca a vento.

Anordnung (-,-en) s.f. 1 (med.) prescrizione 2 disposizione, ordine.

an-packen v.tr. 1 (fig.) affrontare: *ein Problem –*, affrontare un problema 2 trattare: *jdn. hart –*, trattare qlcu. duramente ♦ v.intr. dare una mano.

an-passen v.tr. 1 adattare 2 (fig.) conformare ♦ sich – v.pron. adattarsi.

an-pflanzen v.tr. 1 piantare 2 coltivare.

an-pöbeln v.tr. (fam.) dar fastidio, seccare.

an-probieren v.tr. (abbigl.) provare.

an-pumpen v.tr. chiedere in prestito del denaro.

an-quatschen v.tr. (fam.) attaccar bottone.

Anrecht (-s,-e) s.n. diritto.

Anrede (-,-n) s.f. 1 titolo, appellativo 2 modo di rivolgere la parola.

an-regen v.tr. 1 stimolare 2 indurre.

Anreise (-,-n) s.f. 1 viaggio di andata 2 arrivo.

Anreiz (-es,-e) s.m. stimolo, incentivo, impulso.

Anrichte (-,-n) s.f. credenza.

an-richten v.tr. 1 preparare, condire (pietanze) 2 causare.

Anruf (-s,-e) s.m. (tel.) chiamata.

Anrufbeantworter (-s,-) s.m. segreteria telefonica.

an-rufen (rief an, angerufen) v.tr. chiamare, telefonare.

an-rühren v.tr. toccare.

an-sagen v.tr. 1 annunciare 2 dichiarare.

Ansager (-s,-) s.m. (f.-in/innen) 1 (radio, TV) annunciatore/trice 2 presentatore/trice.

ansammeln, sich v.pron. accumularsi.

ansässig agg. residente.

Ansatz (-es, Ansätze) s.m. 1 inizio 2 (capelli) attaccatura 3 (mus.) imboccatura 4 (mat.) impostazione 5 (comm.) preventivo.

an-schaffen v.tr. 1 acquistare ♦ v.intr. prostituirsi, battere la strada.

Anschaffung (-,-en) s.f. acquisto.

an-schalten v.tr. 1 accendere 2 mettere in moto.

an-schauen v.tr. guardare, osservare.

anschaulich agg. in modo chiaro.

Anschauung (-,-en) s.f. opinione, punto di vista.

Anschein (-s/.) s.m. apparenza | *allem nach*, evidentemente.

anscheinend avv. a quanto pare, evidentemente.

Anschlag (-s,-schläge) s.m. 1 manifesto 2 attentato 3 rintocco; tocco 4 (dattilografia) battuta 5 (serramenti) battuta 6 (sport) battuta 7 (tecn.) dispositivo di arresto 8 (fucile) posizione di tiro 9 (lav.femm.) maglia diritta.

an-schlagen (schlug an, angeschlagen) v.tr. 1 affiggere 2 battere 3 urtare contro ♦ v.intr. 1 risuonare, rintoccare 2 essere efficace 3 abbaiare.

an-schließen (schloß an, angeschlossen) v.tr. 1 allacciare, collegare annettere ♦ sich – v.pron. 1 associarsi 2 far seguito a 3 aderire.

anschließend avv. immediatamente dopo.

Anschluß (-sses,-schlüsse) s.m. 1 allacciamento 2 (treno) coincidenza 3 collegamento 4 (fig.) conoscenza: *leicht – finden*, fare facilmente delle conoscenze.

an-schnallen v.tr. allacciare ♦ **sich –** v.pron. allacciarsi la cintura di sicurezza.

an-schrauben v.tr. avvitare.

an-schreiben (schrieb an, angeschrieben) v.tr.: *jdn. –*, rivolgersi per iscritto a qlcu. **2** segnare | *etwas – lassen*, far mettere in conto, far segnare.

Anschrift (-,-en) s.f. indirizzo.

Anschwellung (-,-en) s.f. (*med.*) gonfiore.

an-sehen (sah an, angesehen) v.tr. **1** osservare, guardare **2** visitare **3** (*fig.*) ritenere: *etwas als seine Aufgabe –*, ritenere qlco. come proprio dovere.

Ansehen (-s/.) s.n. **1** considerazione: *hohes – genießen*, godere di alta considerazione **2** aspetto.

ansehnlich agg. **1** (*d'aspetto*) imponente **2** considerevole.

an sein v.intr. essere acceso, essere in funzione.

an-setzen v.tr. **1** fissare (data, prezzo) **2** mettere sul fuoco **3** portare alla bocca **4** iniziare ♦ **sich –** v.pron. formarsi.

Ansicht (-,-en) s.f. **1** (*sing.*) visione **2** veduta **3** parere: *meiner – nach*, a mio avviso.

Ansichtskarte (-,-en) s.f. cartolina illustrata.

Ansiedlung (-,-en) s.f. insediamento.

Anspannung (-/.) s.f. **1** tensione, stress **2** (*tecn.*) sollecitazione.

Anspielung (-,-en) s.f. allusione.

Ansporn (-s,-e) s.m. incitamento, stimolo.

Ansprache (-,-n) s.f. discorso.

an-sprechen (sprach an, angesprochen) v.tr. **1** rivolgere la parola a **2** rammentare a **3** interessare: *essere*

gradito a ♦ v.intr. **1** (*auf +acc.*) reagire a **2** (*bei*) avere effetto (su).

ansprechend agg. gradevole.

Ansprechpartner (-s,-) s.m. interlocutore.

an-springen (sprang an, angesprungen) v.intr. mettersi in moto.

Anspruch (-s,-sprüche) s.m. **1** pretesa **2** diritto.

Anstand (-s,-stände) s.m. **1** (*sing.*) buone maniere **2** (*austr.*) difficoltà.

anständig agg. decoroso, onesto.

anstatt prep. (+gen.) invece di ♦ cong. al posto di.

an-stecken v.tr. **1** appuntare (con spilli) **2** (*sigaretta*) accendere **3** contagiare ♦ v.intr. essere contagioso (*anche fig.*)
♦ **sich –** v.pron. contagiarsi.

an-stehen (stand an, angestanden) v.intr. **1** fare la coda **2** essere in arretrato con il lavoro.

an-stellen v.tr. **1** far funzionare **2** impiegare, assumere **3** (*fam.*) fare una sciocchezza ♦ **sich –** v.pron. mettersi in fila **2** comportarsi in un (determinato) modo.

Anstieg (-s/.) s.m. **1** salita **2** aumento.

Anstoß (-sses,-stöße) s.m. **1** scandalo: *der Stein des Anstoßes*, la pietra dello scandalo **2** impulso iniziale **3** (*sport*) calcio d'inizio.

an-stoßen (stieß an, angestoßen) v.tr. dare un colpo ♦ v.intr. **1** essere adiacente **2** urtare contro **3** *auf etwas –*, brindare a qlco.

Anstreicher (-s,-) s.m. imbianchino.

an-strengen v.tr. **1** sforzare **2** (*dir.*) intentare ♦ **sich –** v.pron. sforzarsi; affaticarsi.

anstrengend agg. faticoso.

Ansuchen

Ansuchen (-s,-) *s.n.* petizione: *auf – von, su richiesta di*.

Anteil (-s,-e) *s.m.* 1 parte, quota 2 interessamento.

Anteilnahme (-/-) *s.f.* partecipazione | *jdm. seine – aussprechen*, fare le condoglianze a qlcu.

Antenne (-,-n) *s.f.* antenna.

Antibiotikum (-s, Antibiotika) *s.n.* antibiotico.

antik *agg.* 1 antico 2 in stile antico.

Antiquar (-s,-e) *s.m.* antiquario.

Antiquität (-,-en) *s.f.* oggetto d'antiquariato.

Antrag (-s,-träge) *s.m.* 1 richiesta, domanda | *einen – stellen*, far domanda 2 (*pol.*) mozione 3 (*dir.*) petizione.

an-treiben (trieb an, angetrieben) *v.tr.* 1 incitare 2 indurre a.

Antrieb (-s,-e) *s.m.* 1 trazione 2 impulso (*anche fig.*).

Antriebswelle (-,-n) *s.f.* albero di trasmissione.

Antritt (-s,-e) *s.m.* 1 inizio 2 assunzione (di incarico).

an-tun (tat an, angetan) *v.tr.* 1 arrecare: *jdm. etwas –*, arrecar danno a qlcu. 2 affascinare: *dieses Auto hat es mir angetan*, questa macchina mi affascina.

Antwort (-,-en) *s.f.* risposta.

antworten *v.intr.* rispondere.

Antwortschein (-s,-e) *s.m.:* *internationaler –*, risposta internazionale.

an-vertrauen *v.tr.* affidare ♦ *sich – v.pron.* (+*dat.*) confidarsi (con).

Anwalt (-s,-wälte) *s.m.* 1 avvocato 2 (*fig.*) difensore.

an-weisen (wies an, angewiesen) *v.tr.* 1 assegnare 2 addestrare 3 (*comm.*) dare ordine di pagare.

Anweisung (-,-en) *s.f.* 1 disposizione 2 istruzione | *die – befolgen*, seguire le istruzioni 3 ordine di pagamento.

an-wenden *v.tr.* 1 adoperare, usare . 2 (*di leggi*) applicare.

Anwesen (-s,-) *s.n.* podere, tenuta.

anwesend *agg.* presente.

Anwesenheitsliste (-,-n) *s.f.* elenco dei presenti.

an-widern *v.tr.* nauseare, ripugnare.

Anwohner (-s,-) *s.m.* vicino, confinante | *Parken nur für –*, parcheggio riservato ai residenti.

Anzahl (-/.) *s.f.* numero; quantità.

an-zahlen *v.tr.* dare in acconto.

an-zapfen *v.tr.* spillare.

Anzeichen (-s,-) *s.n.* 1 segno, indizio 2 (*med.*) sintomo.

Anzeige (-,-n) *s.f.* 1 (*dir.*) denuncia 2 inserzione 3 annuncio; partecipazione 4 (*tecn.*) indicatore; segnale.

an-ziehen (zog an, angezogen) *v.tr.* 1 indossare, vestire 2 attirare 3 (*tecn.*) serrare, tirare: *die Bremse –*, tirare il freno ♦ *v.intr.* 1 salire, aumentare 2 mettersi in moto ♦ *sich – v.pron.* vestirsi.

anziehend *agg.* attraente.

Anzug (-s,-züge) *s.m.* 1 completo da uomo 2 avanzamento: *im – sein*, avvicinarsi.

anzüglich *agg.* allusivo; equivoco.

an-zünden *v.tr.* 1 accendere 2 dar fuoco.

apart *agg.* 1 interessante 2 fuori dal comune.

Apfel (-s, Äpfel) *s.m.* mela | *in den sauren – beißen müssen*, dover fare qlco. di sgradevole; *für einen – und ein Ei*, per pochissimo, quasi gratuitamente.

Apfelsine (-,-n) *s.f.* arancia.

Apotheke (-,-n) *s.f.* farmacia.
Apparat (-s,-e) *s.m.* **1** apparecchio, macchina **2** telefono: *am – bleiben*, rimanere in linea; *wer ist am – ?*, chi parla? **3** organizzazione, struttura.
Appetit (-s,-e) *s.m.* appetito.
Appetithappen (-s,-) *s.m.* stuzzichino.
Aprikose (-,-n) *s.f.* albicocca.
April (-s,-e) *s.m.* aprile.
Äquator (-s/.) *s.m.* equatore.
Arbeit (-,-en) *s.f.* **1** lavoro **2** impiego **3** opera.
arbeiten *v.intr.* **1** lavorare **2** funzionare.
Arbeiter (-s,-) *s.m.* (*f.* -in/-innen) operaio/a.
Arbeitgeber (-s,-) *s.m.* datore di lavoro.
Arbeitnehmer (-s,-) *s.m.* lavoratore dipendente.
Arbeitsamt (-es,-ämter) *s.n.* ufficio di collocamento.
arbeitslos *agg.* disoccupato.
ARD *abbr.* di prima rete televisiva tedesca.
Ärger (-s/.) *s.m.* **1** rabbia, stizza **2** contrarietà.
ärgern *v.tr.* far arrabbiare ♦ *sich* – *v.pron.* (*über*) arrabbiarsi (per).
Argwohn (-s/.) *s.m.* sospetto: *jds. – erregen*, destare i sospetti di qlcu.
arm *agg.* povero.
Arm (-es,-e) *s.m.* braccio (*anche fig.*) | *auf den – nehmen*, prendere in giro; *einem unter die – greifen*, aiutare qlcu.
Armatur (-,-en) *s.f.* **1** (*tecn.*) armatura **2** rubinetteria.
Armaturenbrett (-es,-er) *s.n.* (*auto*) cruscotto.
Armband (-s,-bänder) *s.n.* braccialetto.
Armbanduhr (-,-en) *s.f.* orologio da polso.
Armee (-,-n) *s.f.* esercito, armata.
Ärmel (-s,-) *s.m.* manica | *etwas aus dem – schütteln*, fare qlco. con estrema facilità; *die – hochkrempeln*, rimboccarsi le maniche (*anche fig.*).
Armlehne (-,-n) *s.f.* bracciolo.
Armut (-/.) *s.f.* povertà.
arrangieren *v.tr.* **1** organizzare **2** (*mus.*) arrangiare ♦ *sich* – *v.pron.* adattarsi, trovare un accordo.
Arsch (-es, Ärsche) *s.m.* sedere, culo | *am – der Welt*, a casa del diavolo.
Arschloch (-s,-löcher) *s.n.* (*volg.*) (*fig.*) stronzo.
Art (-,-en) *s.f.* **1** modo **2** tipo **3** stile.
Artenschutz (-es/.) *s.m.* protezione della specie.
artig *agg.* bene educato; ubbidiente.
Artischocke (-,-n) *s.f.* carciofo.
Artist (-en,-en) *s.m.* (*f.* -in/-innen) artista di circo o varietà.
Arznei (-, en) *s.f.* medicina.
Arzt (-es, Ärzte) *s.m.* medico, dottore.
Ärztin (-,-nen) *s.f.* dottoressa.
Arztpraxis (-,-praxen) *s.f.* studio medico.
As (-ses,-se) *s.n.* asso (*anche fig.*).
Asbest (-es,-e) *s.m.* amianto.
Asche (-,-n) *s.f.* cenere.
Aschenbecher (-s,-) *s.m.* posacenere.
aseptisch *agg.* asettico.
Aspekt (-es,-e) *s.m.* aspetto: *unter diesem –*, sotto questo aspetto.
Asphalt (-es,-e) *s.m.* asfalto.
Ast (-es, Äste) *s.m.* **1** ramo | *sich den eigenen – absägen*, (*fig.*) darsi la zappa sui piedi **2** (*legno*) nodo.
ästhetisch *agg.* estetico.
Asthma (-s/.) *s.n.* (*med.*) asma
Asyl (-s,-e) *s.n.* **1** (*pol.*) asilo **2** rifugio, ricovero: *das Obdachlosenasyl*, ri-

Asylant

covero per i senzatetto.
Asylant (-en,-en) *s.m.* (*in Germania*) rifugiato politico.
Atelier (-s,-s) *s.n.* (*film, foto*) studio.
Atem (-s/.) *s.m.* **1** respiro, fiato **2** (*fig.*) alito.
Atembeschwerden *s.pl.* affezioni alle vie respiratorie.
Atempause (-,-n) *s.f.* pausa per riprendere fiato.
Atemwege *s.pl.* vie respiratorie.
Äther (-s/.) *s.m.* etere.
Athlet (-en,-en) *s.m.* (*f.* -in/-innen) atleta.
Atlas[1] (-ses, Atlanten) *s.m.* atlante.
Atlas[2] (-ses,-se) *s.m.* raso, satin.
atmen *v.intr.* respirare.
Atomkraftwerk (-es,-e) *s.n.* centrale nucleare.
ätsch (*escl.*) marameo.
Attentäter (-s,-) *s.m.* attentatore.
Attest (-es,-e) *s.n.* certificato.
Attrappe (-,-n) *s.f.* **1** manichino **2** imitazione; falso.
ätzend *agg.* **1** corrosivo **2** (*fig.*) pungente.
Aubergine (-,-n) *s.f.* melanzana.
auch *avv.* **1** anche, pure **2** perfino **3** veramente.
audiovisuell *agg.* audiovisivo.
auf *prep.* (+*dat.*/+*acc.*) su, sopra, in *avv.* **1** aperto **2** caro, sveglio.
auf-atmen *v.intr.* tirare un sospiro di sollievo.
Aufbau (-s,-ten) *s.m.* **1** sovrastruttura **2** (*sing.*) costruzione, montaggio.
auf-bauschen *v.tr.* esagerare, ingrandire.
auf-bewahren *v.tr.* conservare, custodire.
auf-bieten (bot auf, aufgeboten) *v.tr.*

mobilitare, impiegare.
auf-blähen *v.tr.* gonfiare ♦ *sich* – *v.pron.* gonfiarsi.
auf-bleiben (blieb auf, aufgeblieben) *v.intr.* **1** rimanere alzato (di notte) **2** rimanere aperto.
auf-blenden *v.intr.* (*auto*) accendere gli abbaglianti, abbagliare.
auf-brauchen *v.tr.* consumare, esaurire.
auf-brechen (brach auf, aufgebrochen) *v.tr.* scassinare ♦ *v.intr.* mettersi in viaggio.
auf-bürden *v.tr.* addossare: *jdm. die Verantwortung –*, addossare la responsabilità a qlcu.
auf-decken *v.tr.* scoprire, svelare ♦ *v. intr.* apparecchiare.
auf-drängen *v.tr.* offrire con insistenza ♦ *sich* – *v.pron.* **1** essere invadente **2** insinuarsi.
auf-drehen *v.tr.* accendere (girando una manopola) ♦ *v.intr.* (*fam.*) andare su di giri.
aufdringlich *agg.* invadente.
Aufeinanderfolge (-/.) *s.f.* successione, sequenza.
Aufenthalt (-s,-e) *s.m.* **1** soggiorno **2** sosta.
Aufenthaltserlaubnis (-/.) *s.f.* permesso di soggiorno.
auf-fahren (fuhr auf, aufgefahren) *v. intr.* **1** (*auto*) tamponare **2** svegliarsi di soprassalto.
Auffahrt (-,-en) *s.f.* rampa di accesso.
Auffahrunfall (-s,-fälle) *s.m.* tamponamento.
auf-fallen (fiel auf, aufgefallen) *v.intr.* dare nell'occhio.
auffallend *agg.* vistoso, appariscente.
auf-fangen (fing auf, aufgefangen)

Aufmachung

v.tr. **1** prendere al volo **2** (*tecn.*) captare **3** compensare.

auf·fassen *v.tr.* capire; interpretare.

Auffassung (-,-en) *s.f.* parere: *meiner – nach*, secondo il mio parere.

auf·finden (fand auf, aufgefunden) *v.tr.* ritrovare.

auf·fordern *v.tr.* esortare, incitare.

auf·führen *v.tr.* **1** rappresentare **2** addurre ♦ *sich – v.pron.* comportarsi.

Aufführung (-,-en) *s.f.* rappresentazione.

auf·füllen *v.tr.* **1** riempire, colmare **2** integrare, ripristinare.

Aufgabe (-,-n) *s.f.* **1** compito **2** rinuncia; (*comm.*) cessione.

auf·geben (gab auf, aufgegeben) *v.tr.* **1** imbucare **2** smettere: *das Rauchen –*, smettere di fumare ♦ *v.intr.* (*sport*) ritirarsi da una gara.

Aufgebot (-s,-e) *s.n.* **1** pubblicazioni di matrimonio **2** spiegamento.

auf·gehen (ging auf, aufgegangen) *v.intr.* **1** sorgere **2** sbocciare **3** lievitare **4** dedicarsi completamente: *im Beruf –*, consacrarsi al lavoro **5** capire: *mir geht ein Licht auf!*, ora capisco!

aufgelegt *part.pass.: gut/schlecht – sein*, essere di buon/cattivo umore.

aufgeregt *agg.* agitato.

aufgeschlossen *part.pass.* aperto, disponibile.

aufgrund *prep.* (+*gen.*) a causa (di).

Auguß (-gusses,-güsse) *s.m.* infuso.

Aufgußbeutel (-s,-) *s.m.* (*di tè, di infuso*) bustina.

auf·haben (hatte auf, aufgehabt) *v.tr.* **1** (*di cappello*) indossare **2** tenere aperto, essere aperto.

auf·halten (hielt auf, aufgehalten) *v.tr.* fermare, bloccare ♦ *sich – v.pron.* trovarsi, soggiornare.

auf·hängen *v.tr.* appendere.

Aufhänger (-s,-) *s.m.* (*abbigl.*) laccetto, gancio.

auf·heben (hob auf, aufgehoben) *v.tr.* **1** sollevare da terra **2** conservare **3** porre fine a, annullare.

auf·heitern, sich *v.pron.* (*tempo*) rasserenarsi.

auf·holen *v.tr.* recuperare: *die Verspätung –*, recuperare il ritardo ♦ *v.intr.* riguadagnare terreno.

auf·hören *v.intr.* finire, smettere: *hör auf!*, smettila!

aufklappbar *agg.* apribile, pieghevole.

auf·klären *v.tr.* **1** (*über*) informare (di), mettere al corrente **2** dare un'educazione sessuale.

Aufklärer (-s,-) *s.m.* adesivo.

auf·knöpfen *v.tr.* sbottonare.

auf·kommen (kam auf, aufgekommen) *v.intr.* (*für*) rispondere (per), garantire (per).

auf·laden (lud auf, aufgeladen) *v.tr.* **1** caricare **2** (*fig.*) accollare.

Auflage (-,-n) *s.f.* **1** edizione **2** imposizione.

Auflauf (-s,-läufe) *s.m.* (*gastr.*) soufflé **2** assembramento.

auf·leben *v.intr.* rianimarsi (*anche fig.*).

auf·legen *v.tr.* **1** (*tel.*) riappendere **2** mettere, stendere: *Make up –*, truccarsi **3** pubblicare.

auf·lehnen, sich *v.pron.* ribellarsi.

auf·leuchten *v.intr.* lampeggiare.

auf·lösen *v.tr.* **1** sciogliere **2** risolvere **3** (*comm.*) rescindere.

auf·machen *v.tr.* **1** aprire **2** addobbare ♦ *sich – v.pron.* mettersi in cammino, mettersi in viaggio.

Aufmachung (-/-.) *s.f.* abbigliamento.

aufmerksam *agg.* attento.
auf-muntern *v.tr.* 1 incoraggiare 2 sollevare il morale.
Aufnahme (-,-n) *s.f.* 1 accoglienza 2 ripresa, foto 3 (*mus.*) registrazione.
auf-nehmen (nahm auf, aufgenommen) *v.tr.* 1 accogliere 2 includere 3 stabilire (contatti) 4 registrare.
auf-passen *v.intr.* 1 fare attenzione a 2 curarsi di.
auf-prallen *v.intr.* 1 rimbalzare 2 (*auf*) urtare.
Aufpreis (-ses,-e) *s.m.* sovrapprezzo.
auf-pumpen *v.tr.* gonfiare, pompare.
Aufputschmittel (-s,-) *s.n.* eccitante, stimolante.
auf-raffen, sich *v.pron.* (*zu*) decidersi (a).
auf-räumen *v.tr.* mettere in ordine.
aufregen, sich *v.pron.* 1 agitarsi 2 (*über*) indignarsi (per).
aufregend *agg.* eccitante.
aufreibend *agg.* stressante.
aufrichtig *agg.* sincero.
Aufruf (-s,-e) *s.m.* appello, invito.
auf-rufen (rief auf, aufgerufen) *v.tr.* 1 chiamare ad alta voce, fare l'appello 2 incitare.
Aufruhr (-s,-e) *s.m.* ribellione, rivolta.
auf-runden *v.tr.* arrotondare.
Aufsatz (-es,-sätze) *s.m.* 1 tema 2 saggio, articolo.
auf-schieben (schob auf, aufgeschoben) *v.tr.* 1 aprire spingendo 2 rinviare.
Aufschlag (-s,-schläge) *s.m.* 1 supplemento 2 impatto 3 (*abbigl.*) risvolto 4 (*sport*) battuta, servizio.
auf-schlagen (schlug auf, aufgeschlagen) *v.tr.* 1 aprire 2 (*tenda*) montare 3 (*med.*) sbucciarsi ♦ *v.intr.* 1 rincarare 2 (*sport*) battere, servire.
auf-schließen (schloß auf, aufgeschlossen) *v.tr.* aprire (con chiave).
aufschlußreich *agg.* informativo.
auf-schneiden (schnitt auf, aufgeschnitten) *v.tr.* tagliare a fette ♦ *v.intr.* darsi delle arie.
Aufschnitt (-s/.) affettati misti.
auf-schrecken *v.tr.* far sobbalzare ♦ *v.intr.* trasalire.
auf-schreien (schrie auf, aufgeschrien) *v.intr.* lanciare un urlo.
Aufschrift (-,-en) *s.f.* scritta, iscrizione.
Aufschub (-s,-schübe) *s.m.* rinvio, proroga.
Aufschwung (-s,-schwünge) *s.m.* 1 slancio 2 (*comm.*) ripresa.
Aufsehen (-s/.) *s.n.* scalpore: – *erregen*, destare scalpore.
Aufseher (-s,-) *s.m.* sorvegliante, guardia.
auf-setzen *v.tr.* 1 mettere, inforcare 2 stilare, redigere 3 mettere sul fuoco.
Aufsicht (-,-en) *s.f.* controllo, sorveglianza.
Aufsichtsrat (-es,-räte) *s.m.* 1 collegio sindacale di società 2 sindaco di società.
auf-sitzen (saß auf, aufgesessen) *v.intr.* 1 montare a cavallo 2 (*fam.*) rimanere fregato ♦ *v.tr.*: *jdn. – lassen*, (*fam.*) tirare un bidone a qlcu.
auf-sparen *v.tr.* mettere in serbo.
auf-sperren *v.tr.* 1 aprire con la chiave 2 spalancare.
aufspielen, sich *v.pron.* atteggiarsi a.
auf-springen (sprang auf, aufgesprungen) *v.intr.* 1 balzare in piedi 2 spaccarsi.
Aufstand (-es,-stände) *s.m.* sommossa,

insurrezione.
auf·stecken v.tr. (*capelli*) appuntare.
auf·stehen (stand auf, aufgestanden) v.intr. alzarsi.
auf·steigen (stieg auf, aufgestiegen) v.intr. 1 salire 2 (*fig.*) far carriera 3 (*sport*) essere promosso.
auf·stellen v.tr. 1 disporre; collocare 2 mettere in fila 3 (*record*) stabilire.
Aufstellung (-,-en) s.f. 1 disposizione 2 (*sport*) formazione 3 tabella.
auf·stoßen (stieß auf, aufgestoßen) v.tr. aprire con una spinta ♦ v.intr. ruttare.
auf·streichen (strich auf, aufgestrichen) v.tr. spalmare.
auf·stützen v.tr. appoggiare; puntare.
auf·suchen v.tr. andare da, far visita a.
auf·tanken v.intr. (*auto*) riempire il serbatoio di carburante, far rifornimento.
auf·tauchen v.tr. 1 emergere; spuntare 2 (*fig.*) insorgere; affiorare.
auf·tauen v.tr. sgelare.
auf·teilen v.tr. suddividere.
auf·tischen v.tr. portare in tavola.
Auftrag (-s,-träge) s.m. 1 incarico 2 (*comm.*) ordinazione.
auf·tragen (trug auf, aufgetragen) v.tr. 1 portare in tavola 2 *jdm. etwas* –, ordinare qlco. a qlcu.
auf·treten (tritt auf, aufgetreten) v. intr. 1 (*als*) presentarsi (come) 2 entrare in scena 3 poggiare il piede a terra.
Auftritt (-s,-e) s.m. 1 entrata in scena 2 (*fig.*) scenata.
auf·tun (tat auf, aufgetan) v.tr. (*fam.*) aprire: *nicht den Mund* –, non aprir bocca.
auf·wachen v.intr. svegliarsi.

auf·wachsen (wuchs auf, aufgewachsen) v.intr. crescere.
Aufwand (-s/.) s.m. 1 spesa 2 (*fig.*) dispendio.
auf·wärmen v.tr. 1 riscaldare 2 (*fig.*) rivangare.
aufwärts avv. in su, verso l'alto
auf·wecken v.tr. svegliare.
auf·weisen (wies auf, aufgewiesen) v.tr. presentare, mostrare.
aufwendig agg. dispendioso.
auf·werfen (warf auf, aufgeworfen) v.tr. (*fig.*) sollevare (una questione).
auf·werten v.tr. rivalutare.
Aufwind (-es,-e) s.m. corrente ascendente.
auf·wischen v.tr. pulire, asciugare (con uno straccio).
auf·zählen v.tr. enumerare.
auf·zeichnen v.tr. 1 registrare 2 prendere appunti.
auf·ziehen (zog auf, aufgezogen) v.tr. 1 aprire tirando 2 (*orologio*) caricare 3 allevare, crescere 4 (*fam.*) prendere in giro.
Aufzug (-s,-züge) s.m. 1 montacarichi 2 (*teatro*) atto 3 (*abbigl.*) tenuta.
Auge (-s,-en) s.n. occhio/*einem Sand in die –n streuen*, imbrogliare; *etwas/jdn. aus den –n verlieren*, perdere qlco./qlcu. di vista; *etwas im – haben*, avere in mente un obiettivo preciso; *unter vier –n*, a quattr'occhi.
Augenblick (-s,-e) s.m. momento, attimo.
Augenbraue (-,-n) s.f. sopracciglio.
Augenlicht (-s/.) s.n. vista.
Augenlid (-es,-er) s.n. palpebra.
Augenmaß (-es/.) s.n. misura a occhio.
Augentropfen s.pl. collirio.
August (s, e) agosto.

Auktion (-,-en) *s.f.* asta pubblica.
Au-pair-Mädchen (-s,-) *s.n.* ragazza alla pari.
aus *prep.* (+*dat.*) **1** (*luogo, provenienza*) da, di: – *Italien kommen*, venire dall'Italia **2** (*tempo*) di: – *dem vorigen Jahrhundert*, del secolo scorso **3** (*materia*) di: – *Gold*, d'oro **4** (*causa*) per: – *Liebe*, per amore ♦ *avv.* **1** terminato **2** spento: *das Licht ist –*, la luce è spenta **3** (*sport*) out **4** (*idiom.*) *von mir –*, per quanto mi riguarda; *von sich –*, per iniziativa propria ♦ elemento mobile di verbi separabili.
aus-arbeiten *v.tr.* elaborare.
aus-arten *v.intr.* degenerare.
Ausbau (-s,-ten) *s.m.* **1** (*sing.*) smontaggio **2** ampliamento.
aus-bauen *v.tr.* **1** ampliare **2** potenziare.
aus-bessern *v.tr.* **1** correggere, aggiustare **2** rammendare.
aus-beuten *v.tr.* sfruttare.
aus-bezahlen *v.tr.* liquidare.
aus-bilden *v.tr.* **1** istruire, formare **2** sviluppare.
Ausbildung (-,-en) *s.f.* **1** istruzione, formazione scolastica **2** tirocinio; apprendistato **3** sviluppo.
aus-blasen (blies aus, ausgeblasen) *v.tr.* spegnere soffiando **2** svuotare soffiando.
aus-bleiben (blieb aus, ausgeblieben) *v.intr.* **1** rimanere fuori **2** non verificarsi.
Ausblick (-s,-e) *s.m.* **1** vista, panorama **2** (*fig.*) prospettiva.
aus-borgen *v.tr.* prendere in prestito.
aus-brechen (brach aus, ausgebrochen) *v.tr.* **1** evadere; scappare **2** scoppiare: *in Tränen –*, scoppiare in lacrime.
aus-breiten *v.tr.* stendere ♦ *sich – v.pron.* **1** diffondersi **2** estendersi.
Ausbruch (-s,-brüche) *s.m.* **1** evasione **2** scoppio **3** eruzione **4** (*fig.*) sfogo.
aus-brüten *v.tr.* **1** covare **2** (*fig.*) tramare.
aus-bürgern *v.tr.* togliere la cittadinanza.
aus-bürsten *v.tr.* spazzolare.
Ausdauer (-/,-) *s.f.* perseveranza, tenacia.
aus-dehnen *v.tr.* **1** ampliare, estendere **2** prolungare.
aus-denken (dachte aus, ausgedacht) *v.tr.* escogitare; immaginare.
Ausdruck[1] (-s,-drücke) *sm.* **1** espressione, termine **2** espressività.
Ausdruck[2] (-s,-e) *s.m.* tabulato, foglio stampato.
aus-drücken *v.tr.* **1** spremere **2** (*fig.*) esprimere.
ausdrücklich *avv.* espressamente.
auseinander *avv.* separato l'uno dall'altro: *–gehen*, separarsi; *–nehmen*, smontare.
auseinander-setzen *v.tr.* spiegare ♦ *sich – v.pron.* (*mit*) confrontarsi (*con*).
auserlesen *agg.* prelibato, squisito.
Ausfahrt (-,-en) *s.f.* uscita: *– freihalten*, lasciare libero l'accesso.
aus-fallen (fiel aus, ausgefallen) *v.intr.* **1** non aver luogo **2** essere guasto **3** (*lavoro*) *gut/schlecht –*, andare bene/male.
aus-fertigen *v.tr.* redigere, stendere.
Ausflucht (-,-flüchte) *s.f.* scusa, pretesto.
Ausflug (-s,-flüge) *s.m.*, escursione.
Ausfluß (-flusses,-flüsse) *s.m.* (*med.*)

secrezione, perdita.
aus·fragen *v.tr.* interrogare.
Ausfuhr (-,-en) *s.f.* esportazione.
aus·führen *v.tr.* 1 esportare 2 eseguire 3 portare fuori 4 spiegare.
ausführlich *agg.* dettagliato.
Ausführung (-,-en) *s.f.* 1 esecuzione, realizzazione 2 esposizione 3 modello, tipo.
aus·füllen *v.tr.* 1 compilare: *ein Formular –*, compilare un modulo 2 (*mit*) riempire (di).
Ausgabe (-,-n) *s.f.* 1 spesa 2 distribuzione 3 edizione.
Ausgang (-s,-gänge) *s.m.* 1 uscita 2 esito 3 libera uscita.
aus·geben (gab aus, ausgegeben) *v.tr.* 1 spendere 2 distribuire 3 (*econ.*) emettere ♦ **sich –** *v.pron.* (*als/für*) spacciarsi (per).
Ausgeglichenheit (-/-) *s.f.* equilibrio.
aus·gehen (ging aus, ausgegangen) *v.intr.* 1 uscire 2 partire da; basarsi su 3 (*auf*) mirare (a) 4 finire; esaurirsi 5 spegnersi.
ausgelassen *agg.* scatenato, sfrenato.
ausgelastet *part.pass.* impegnato, occupato: *voll – sein*, essere impegnato al massimo.
ausgemacht *part.pass.* pattuito.
ausgeprägt *agg.* marcato, spiccato.
ausgestorben *agg.* 1 deserto 2 estinto.
ausgezeichnet *agg.* eccellente, ottimo.
ausgiebig *agg.* abbondante.
Ausgleich (-s,-e) *s.m.* 1 pareggio 2 (*dir.*) compromesso.
aus·gleiten (glitt aus, ausgeglitten) *v.intr.* scivolare.
aus·graben (grub aus, ausgegraben) *v.tr.* 1 dissotterrare 2 (*fig.*) tirare fuori.
aus·halten (hielt aus, ausgehalten) *v.tr.* sopportare, reggere.
aus·handeln *v.tr.* concordare, patteggiare.
aus·händigen *v.tr.* consegnare brevi manu.
Aushang (-s,-hänge) *s.m.* avviso, comunicato.
aus·hängen *v.tr.* affiggere.
aus·helfen (half aus, ausgeholfen) *v.intr.* dare una mano, aiutare.
Aushilfskraft (-,-kräfte) *s.f.* sostituto, supplente.
auskennen, sich (kannte sich aus, ausgekannt) *v.pron.* (*in/mit*) intendersi (di).
aus·kommen (kam aus, ausgekommen) *v.intr.* 1 cavarsela economicamente 2 andare d'accordo.
Auskunft (-,-künfte) *s.f.* 1 informazione 2 ufficio informazioni.
aus·lachen *v.tr.* deridere.
aus·laden (lud aus, ausgeladen) *v.tr.* 1 scaricare 2 disdire (un invito).
Ausland (-s/-) *s.n.* estero.
Ausländer (-s,-) *s.m.* (*f.*-in/-innen) straniero/a.
Auslandsgespräch (-s,-e) *s.n.* (*tel.*) comunicazione internazionale.
aus·lassen (ließ aus, ausgelassen) *v.tr.* 1 tralasciare 2 sfogare 3 (*grassi*) sciogliere.
aus·laufen (lief aus, ausgelaufen) *v.intr.* 1 defluire 2 svuotarsi 3 salpare.
Ausläufer (-s,-) *s.m.* propaggine.
aus·leeren *v.tr.* vuotare.
Auslegung (-,-en) *s.f.* 1 interpretazione 2 (*tecn.*) rivestimento.
aus·leihen (lieh aus, ausgeliehen)

v.tr. **1** prendere in prestito **2** dare in prestito.

Auslieferung (-,-en) *s.f.* **1** estradizione **2** (*comm.*) consegna, distribuzione.

aus·löschen *v.tr.* **1** spegnere, estinguere **2** cancellare.

aus·losen *v.tr.* estrarre a sorte.

aus·machen *v.tr.* **1** (*fam.*) spegnere **2** ammontare a ♦ *v.intr.impers.* **1** importare **2** essere stabilito.

Ausmaß (-es,-e) *s.n.* dimensione (*anche fig.*).

Ausnahme (-,-n) *s.f.* eccezione.

aus·nutzen **1** sfruttare **2** approfittare di.

aus·packen *v.tr.* **1** (*valigia*) disfare **2** (*fam.*) vuotare il sacco.

aus·pressen *v.tr.* spremere.

aus·probieren *v.tr.* provare, collaudare.

Auspuff (-s,-e) *s.m.* tubo di scappamento.

Auspufftopf (-s,-töpfe) *s.m.* marmitta.

aus·quartieren *v.tr.* far sloggiare.

aus·radieren *v.tr.* cancellare.

aus·rauben *v.tr.* svaligiare; derubare.

aus·räumen *v.tr.* **1** sgomberare **2** (*fig.*) eliminare.

aus·rechnen *v.tr.* calcolare.

Ausrede (-,-n) *s.f.* scusa, pretesto.

aus·reichen *v.intr.* bastare.

aus·reisen *v.intr.* espatriare.

aus·reißen (riß aus, ausgerissen) *v.intr.* **1** fuggire **2** strapparsi.

aus·renken *v.tr.* slogare, lussare.

aus·richten *v.tr.* **1** riferire **2** ottenere **3** orientare **4** (*tecn.*) regolare.

aus·rufen (rief aus, ausgerufen) *v.tr.* **1** far chiamare **2** proclamare.

aus·ruhen, sich *v.pron.* riposarsi.

Ausrüstung (-,-en) *s.f.* equipaggiamento.

aus·rutschen *v.intr.* scivolare.

Aussage (-,-n) *s.f.* **1** dichiarazione **2** (*dir.*) deposizione.

aus·schalten *v.tr.* **1** spegnere **2** escludere.

aus·scheiden (schied aus, ausgeschieden) *v.tr.* **1** eliminare **2** (*med.*) secernere ♦ *v.intr.* ritirarsi.

aus·schlafen (schlief aus, ausgeschlafen) *v.tr.* smaltire dormendo ♦ *v.intr.* dormire a sufficienza.

Ausschlag (-s,-schläge) *s.m.* **1** (*med.*) eruzione **2** (*tecn.*) oscillazione | *den geben,* essere determinante.

ausschlaggebend *agg.* decisivo, determinante.

aus·schließen (schloß aus, ausgeschlossen) *v.tr.* **1** escludere **2** espellere.

Ausschluß (-schlusses,-schlüsse) *s.m.* esclusione.

aus·schneiden (schnitt aus, ausgeschnitten) *v.tr.* ritagliare.

Ausschnitt (-s,-e) *s.m.* **1** ritaglio **2** (*abbigl.*) scollatura **3** frammento.

aus·schreiben (schrieb aus, ausgeschrieben) *v.tr.* **1** scrivere per esteso **2** bandire (un concorso).

Ausschuß (-schusses,-schüsse) *s.m.* **1** commissione **2** (*comm.*) scarto.

aus·schütten *v.tr.* **1** vuotare **2** (*econ.*) distribuire.

aus·sehen (sah aus, ausgesehen) *v.intr.* sembrare, apparire.

aus·sein (war aus, aus gewesen) *v.intr.* **1** essere finito **2** essere spento **3** essere fuori **4** (*auf*) mirare (a).

außen *avv.* fuori; all'esterno.

Außenhandel (-s/.) *s.m.* commercio

con l'estero.
Außenstände *s.pl.* (*comm.*) crediti.
außer *prep.* (+*dat.*) **1** eccetto, tranne **2** oltre **3** (*luogo*) fuori (di) ♦ *cong.* tranne, a meno che, a parte il fatto.
äußer... *agg.* **1** esterno **2** apparente.
außerdem *avv.* inoltre.
außergewöhnlich *agg.* straordinario, eccezionale.
außerhalb *prep.* (+*gen.*) **1** al di fuori (di) ♦ *avv.* fuori.
äußerlich *agg.* **1** esterno **2** superficiale.
äußern, sich *v.pron.* **1** esprimersi, pronunciarsi **2** mostrarsi.
Äußerung (-,-en) *s.f.* **1** commento **2** espressione.
aus·setzen *v.tr.* **1** (*an* +*dat.*) criticare, aver da ridire **2** interrompere ♦ *v.intr.* **1** smettere **2** fare una pausa.
Aussicht (-,-en) *s.f.* **1** vista **2** probabilità, prospettiva.
aussichtsreich *agg.* promettente.
aus·sortieren *v.tr.* **1** scartare **2** selezionare.
aus·spannen *v.tr.* **1** staccare; smontare **2** (*fam.*) soffiare, fregare ♦ *v.intr.* rilassarsi.
aus·spielen *v.tr.* (*carte*) giocare: *den letzten Trumpf –*, giocare l'ultima carta (*anche fig.*).
Aussprache (-,-n) *s.f.* **1** pronuncia **2** discussione; chiarimento.
aus·spülen *v.tr.* sciacquare.
Ausstattung (-,-en) *s.f.* **1** equipaggiamento **2** arredamento.
aus·stehen (stand aus, ausgestanden) *v.intr.* **1** sopportare **2** mancare.
aus·steigen (stieg aus, ausgestiegen) *v.intr.* **1** scendere **2** uscire **3** auto-emarginarsi

Ausstellung (-,-en) *s.f.* **1** esposizione **2** (*documento*) rilascio **3** emissione (assegno).
aus·strecken *v.tr.* distendere, allungare.
aus·suchen *v.tr.* scegliere.
Austausch (-s,-e) *s.m.* scambio.
austauschbar *agg.* intercambiabile.
Auster (-,-n) *s.f.* ostrica.
aus·tragen (trug aus, ausgetragen) *v.tr.* **1** (*sport*) disputare **2** recapitare.
aus·treten (trat aus, ausgetreten) *v.intr.* **1** uscire, fuoriuscire **2** (*fam.*) andare al gabinetto.
aus·trinken (trank aus, ausgetrunken) *v.tr.* finire di bere, vuotare.
aus·üben *v.tr.* esercitare: *Druck auf jdn. –*, esercitare pressione su qlcu.
Ausverkauf (-s,-käufe) *s.m.* svendita, liquidazione.
ausverkauft *agg.* esaurito.
Auswahl (-/-) *s.f.* **1** scelta **2** assortimento.
Auswanderer (-s,-) *s.m.* emigrante.
auswärts *avv.* **1** fuori; in trasferta **2** verso l'esterno.
aus·wechseln *v.tr.* cambiare, sostituire.
Ausweg (-s,-e) *s.m.* via d'uscita.
aus·weichen (wich aus, ausgewichen) *v.intr.* **1** (+*dat.*) scansare **2** (*auf*) ripiegare.
Ausweis (-es,-e) *s.m.* documento d'identità; tessera.
auswendig *avv.* a memoria.
aus·werten *v.tr.* analizzare.
aus·wickeln *v.tr.* scartare, togliere la carta.
aus·wirken, sich *v.pron.* (*auf*) ripercuotersi (su).
aus·zahlen *v.tr.* pagare ♦ *sich – v.pron.* valere la pena.

Auszählung (-,-en) *s.f.* spoglio.
aus·zeichnen *v.tr.* premiare ♦ **sich –** *v.pron.* distinguersi.
aus·ziehen (zog aus, ausgezogen) *v.tr.* 1 (*abbigl.*) levare 2 sloggiare.
Auszug (-s,-züge) *s.m.* 1 estratto 2 sgombero 3 esodo.
Auto (-s,-s) *s.n.* automobile, macchina | **– fahren**, guidare (la macchina).
Autobahn (-,-en) *s.f.* autostrada.
Autofahrer (-s,-) *s.m.* (*f.*-**in**/-**innen**) automobilista.
Automat (-en,-en) *s.m.* distributore automatico.
Autoreifen (-s,-) *s.m.* pneumatico.
Autoreisezug (-es,-züge) *s.m.* treno navetta.
Autounfall (-s,-fälle) *s.m.* incidente automobilistico.
Autoverleih (-s,-e) *s.m.* autonoleggio.
Autowerkstatt (-,-stätten) *s.f.* officina per auto.
Az. *abbr.* di **Aktenzeichen** (-s,-) *s.n.* numero di protocollo.

B

Bach (-es, Bäche) *s.m.* ruscello.
Backe (-,-n) *s.f.* 1 guancia 2 natica 3 (*mecc.*) ganascia, ceppo.
backen (backte/buk, gebacken) *v.tr.* e *intr.* cuocere al forno | *frisch gebacken sein*, (*fig.*) essere novellini.
Backenknochen (-s,-) *s.m.* zigomo.
Backenzahn (-s,-zähne) *s.m.* dente molare.
Bäcker (-s,-) *s.m.* fornaio, panettiere.
Bäckerei (-,-en) *s.f.* panetteria.
Bad (-es, Bäder) *s.n.* 1 bagno 2 località termale.
Badeanstalt (-,-en) *s.f.* stabilimento balneare.
Badeanzug (-s,-züge) *s.m.* costume da bagno.
Badehose (-,-n) *s.f.* calzoncini da bagno.
Badekappe (-,-n) *s.f.* cuffia da bagno.
Bademeister (-s,-) *s.m.* bagnino.
baden *v.tr.* fare il bagno a ♦ *v.intr.* fare il/un bagno.
Badewanne (-,-n) *s.f.* vasca da bagno.
baff *agg.*: **– sein**, rimanere di stucco.
Bagatellschaden (-s,-schäden) *s.m.* danno lieve.
Bagger (-s,-) *s.m.* escavatrice.
Bahn (-,-en) *s.f.* 1 orbita; circuito 2 ferrovia 3 corsia; carreggiata | *auf die schiefe – geraten*, mettersi sulla cattiva strada; *aus der – geworfen werden*, (*fig.*) andare fuori strada; *freie – haben*, avere via libera 4 tram 5 telo.
bahnen *v.tr.*: *sich* (*dat.*) *einen Weg –*, farsi strada; aprirsi un varco.
Bahnhof (-s,-höfe) *s.m.* stazione | *immer nur – verstehen*, non voler capire nulla.
Bahnsteig (-s,-e) *s.m.* (*ferr.*) marciapiede, binario.
Bahnübergang (-s,-gänge) *s.m.* passaggio a livello.
Bahre (-,-n) *s.f.* 1 barella, lettiga 2 bara.
Baiser (-s,-s) *s.n.* meringa.
bald *avv.* 1 presto: *bis –*, a presto; *wird's –?*, sbrigati! 2 subito 3 quasi.
Baldrian (-s/-,) *s.m.* valeriana.
Balken (-s,-) *s.m.* trave.
Balkon (-s,-e) *s.m.* 1 balcone 2 (*teatr.*) balconata.
Ball¹ (-s, Bälle) *s.m.* palla; sfera | *am –*

Bart

bleiben, (fig.) non abbandonare qlco.; *sich die Bälle zuspielen*, passarsi suggerimenti o battute.

Ball² (-s, Bälle) *s.m.* ballo.
Ballast (-, -e) *s.m.* zavorra.
Ballaststoffe *s.pl.* fibre alimentari.
ballen *v.tr.* appallottolare; *die Hand zur Faust –*, stringere il pugno.
Ballett (-s,-e) *s.n.* corpo di ballo; balletto.
Balljunge (-n,-n) *s.m.* raccattapalle.
Ballon (-s,-s) *s.m.* 1 mongolfiera 2 palloncino 3 (*fam.*) testa | *einen – kriegen*, diventare rosso come un peperone.
Ballungsgebiet (-es,-e) *s.n.* zona ad alta concentrazione urbana.
Banane (-,-n) *s.f.* banana.
Bananenstecker (-s,-) *s.m.* spina unipolare.
Banause (-n,-n) *s.m.* persona gretta.
Band¹ (-es, Bänder) *s.n.* 1 nastro; fascia | *am laufenden –*, ininterrottamente 2 (*anat.*) legamento.
Band² (-es, Bände) *s.m.* volume; tomo | *das spricht Bände!*, questo dice tutto!
Band³ (-es,-e) *s.n.* (fig.) legame, vincolo | *außer Rand und – sein*, essere fuori di sé.
Bandbreite (-/-) *s.f.* 1 banda di frequenza 2 (*econ.*) margine.
Bande (-,-n) *s.f.* 1 banda 2 raggruppamento di fuorilegge.
Banderole (-,-n) *s.f.* fascetta fiscale.
bändigen *v.tr.* 1 domare 2 ammansire 3 (*sentimenti*) frenare.
Bandnudeln *s.pl.* tagliatelle.
Bandscheibe (-,-n) *s.f.* disco vertebrale.
Bank¹ (-, Bänke) *s.f.* 1 panca 2 banco di lavoro 3 (*geol.*) banco | *etwas auf die lange – schieben*, tirare qlco. per le lunghe; *durch die –*, tutti indistintamente.
Bank² (-,-en) *s.f.* 1 banca 2 banco (da gioco).
Bankkonto (-s,-konten) *s.n.* conto corrente bancario.
Bankleitzahl (-,-en) *s.f.* codice di avviamento bancario.
Banknote (-,-n) *s.f.* banconota.
Banküberweisung (-,-en) *s.f.* bonifico bancario.
Bann (-s,-e) *s.m.* 1 bando, esilio 2 incantesimo | *den – brechen*, superare l'imbarazzo.
Banner (-s,-) *s.n.* gonfalone; stendardo.
bar *agg.* 1 contante | *etwas für bare Münze nehmen*, prendere qlco. per oro colato 2 nudo ♦ *avv.* in contanti.
Bar (-,-s) *s.f.* 1 locale notturno 2 bancone.
Bär (-en,-en) *s.m.* orso | *einen ,Bärenhunger haben*, avere una fame da lupo; *jdm. einen Bären aufbinden*, darla a bere a qlcu.
Barbetrag (-s,-träge) *s.m.* somma in contanti.
barfuß *avv.* a piedi nudi.
Bargeld (-es/-) *s.n.* denaro in contanti.
barmherzig *agg.* misericordioso.
Barock (-s/-) *s.n.* barocco.
Barren (-s,-) *s.m.* 1 lingotto 2 (*sport*) parallele.
Barrikade (-,-n) *s.f.* barricata: *auf die Barrikaden gehen*, salire sulle barricate.
barsch *agg.* burbero, brusco.
Barsch (-s,-e) *s.m.* pesce persico.
Barscheck (-s,-s) *s.m.* assegno pagabile in contanti.
Bart (-es, Bärte) *s.m.* 1 barba | *einen – haben*, essere trito e ritrito 2 ingegno della chiave 3 (*mecc.*) bava

Barzahlung (-,-en) *s.f.* pagamento in contanti.
basieren *v.intr.* (*auf* +*dat.*) basarsi su.
Basis (-, Basen) *s.f.* base.
Baß (Basses, Bässe) *s.m.* 1 basso 2 contrabbasso.
Bastelarbeit (-,-en) *s.f.* bricolage.
Batterie (-,-n) *s.f.* 1 batteria 2 fila.
Bau[1] (-s, Bauten) *s.m.* 1 costruzione: *auf dem – arbeiten*, lavorare in cantiere 2 edificio.
Bau[2] (-s,-e) *s.m.* 1 tana 2 (*min.*) galleria | *nicht aus dem – herauskommen*, non darsi da fare.
Bauch (-s, Bäuche) *s.m.* 1 pancia 2 (*aereo*) fusoliera.
Bauchfellentzündung (-,-en) *s.f.* peritonite.
Bauchredner (-s,-) *s.m.* ventriloquo.
Bauchweh (-s/.) *s.n.* mal di pancia.
bauen *v.tr.* costruire | *auf jdn. –*, fidarsi di qlcu.; *einen Unfall –*, fare un incidente.
Bauer[1] (-n,-n) *s.m.* 1 contadino 2 (*carte*) fante 3 (*scacchi*) pedone.
Bauer[2] (-s,-) *s.m.* gabbia per uccelli.
Bäuerchen (-s,-) *s.n.* ruttino: *ein – machen*, fare il ruttino.
Bäuerin (-,-nen) *s.f.* contadina.
Bauernhof (-s,-höfe) *s.m.* fattoria: *Ferien auf dem –*, agriturismo.
baufällig *agg.* pericolante.
Baukasten (-s,-kästen) *s.m.* gioco delle costruzioni.
Baukastensystem (-s,-e) *s.n.* sistema modulare.
Baum (-es, Bäume) *s.m.* albero.
Baumschule (-,-n) *s.f.* vivaio.
Baumwolle (-,-n) *s.f.* cotone.
Bausch (-es, Bäusche) *s.m.* batuffolo | *in – und Bogen*, in blocco.

Bausparkasse (-s,-n) *s.f.* cassa di risparmio per l'edilizia privata.
Baustein (-s,-e) *s.m.* 1 pietra da costruzione; (*gioco*) cubo 2 (*tecn.*) componente.
Baustelle (-,-n) *s.f.* cantiere
Bauvorhaben (-s,-) *s.m.* progetto di costruzione.
Bazillus (-, Bazillen) *s.m.* bacillo.
beabsichtigen *v.tr.* avere intenzione di.
beachten *v.tr.* 1 seguire 2 tenere conto di 3 rispettare.
beachtlich *agg.* considerevole, notevole ♦ *avv.* notevolmente.
Beachtung (-/.) *s.f.* 1 considerazione 2 attenzione 3 osservanza.
Beamte (-n,-n) *s.m.* 1 impiegato statale 2 pubblico ufficiale.
beängstigend *agg.* allarmante, preoccupante ♦ *avv.* spaventosamente.
beanspruchen *v.tr.* 1 esigere, rivendicare 2 aver bisogno di 3 (*tecn.*) sollecitare.
Beanstandung (-,-en) *s.f.* reclamo.
beantragen *v.tr.* richiedere; chiedere.
beantworten *v.tr.* rispondere a.
bearbeiten *v.tr.* 1 lavorare 2 (*teatr.*) adattare 3 (*dati*) elaborare.
beaufsichtigen *v.tr.* sorvegliare.
beauftragen *v.tr.* 1 incaricare 2 delegare.
bebauen *v.tr.* (*agr.*) coltivare.
beben *v.intr.* tremare: *vor Zorn –*, fremere di rabbia.
Becher (-s,-) *s.m.* coppa; tazza.
Becken (-s,-) *s.n.* 1 bacino 2 lavandino 3 piscina 4 (*pl.*) (*mus.*) piatti.
bedacht *agg.*: *auf etwas – sein*, dare importanza a qlco.
bedächtig *agg.* riflessivo ♦ *avv.* con

Bergung (-,-en) *s.f.* salvataggio, recupero.

Bergwacht (-,-en) *s.f.* soccorso alpino.

Bericht (-s,-e) *s.m.* 1 relazione, rapporto 2 articolo.

berichten *v.intr.* (über) relazionare, raccontare (di).

Bernstein (-s-,) *s.m.* ambra.

berücksichtigen *v.tr.* tenere conto di, prendere in considerazione.

Beruf (-s,-e) *s.m.* professione.

berufen *v.tr.* nominare, designare ♦ **sich** – *v.pron.* richiamarsi (a).

Berufung (-,-en) *s.f.* 1 vocazione 2 designazione 3 (*dir.*) ricorso.

Berufungsgericht (-s,-e) *s.n.* corte d'appello.

beruhen *v.intr.* (*auf +dat.*) basarsi (su).

beruhigen *v.tr.* calmare, tranquilizzare ♦ **sich** – *v.pron.* calmarsi.

Beruhigungsmittel (-s,-) *s.n.* tranquillante, sedativo.

berühmt *agg.* famoso, celebre.

berühren *v.tr.* 1 toccare 2 (*fig.*) menzionare; (*argomenti*) toccare.

besänftigen *v.tr.* placare.

Besatzung (-,-en) *s.f.* equipaggio.

beschädigen *v.tr.* danneggiare.

beschaffen *v.tr.* procurare, fornire.

Beschaffenheit (-/.) *s.f.* 1 natura, carattere 2 stato, condizione.

beschäftigen *v.tr.* occupare, dare lavoro a ♦ **sich** – *v.pron.* (*mit*) occuparsi (di).

Bescheid (-s,-e) *s.m.* avviso, informazione: *jdm.* – *geben*, informare qlcu.

bescheiden *agg.* modesto.

bescheinigen *v.tr.* attestare, documentare.

Beschilderung (-,-en) *s.f.* segnaletica.

beschimpfen *v.tr.* insultare.

Beschlag[1] (-s,-schläge) *s.m.* 1 borchia 2 guarnizione di metallo 3 ferratura del cavallo.

Beschlag[2] (-s,-schläge) *s.m.* 1 (*vetro*) appannamento 2 (*metallo*) patina.

Beschlag[3] (-s/.) *s.m.* sequestro, confisca: *in – nehmen*, sequestrare; (*fig.*) impegnare molto.

beschleunigen *v.tr.* 1 accelerare 2 (*passo*) allungare.

beschließen (beschloß, beschlossen) *v.tr.* 1 decidere 2 terminare.

Beschluß (-schlusses,-schlüsse) *s.m.* decisione.

beschmutzen *v.tr.* sporcare.

beschränken *v.tr.* limitare, ridurre ♦ **sich** – *v.pron.* (*auf +acc.*) limitarsi (a).

beschreiben *v.tr.* 1 descrivere 2 scrivere su un foglio.

Beschriftung (-,-en) *s.f.* dicitura.

beschuldigen *v.tr.* accusare, incolpare.

beschützen *v.tr.* proteggere.

Beschwerde (-,-n) *s.f.* 1 lagnanza, reclamo 2 (*pl.*) disturbi; dolori.

beschweren, sich *v.pron.* (*über +acc./wegen +gen.*) lamentarsi (di), reclamare (per).

beschwichtigen *v.tr.* placare.

beschwingt *agg.* vivace, pieno di slancio.

beschwipst *agg.* brillo.

beschwören *v.tr.* 1 scongiurare 2 evocare 3 (*dir.*) giurare.

beseitigen *v.tr.* 1 eliminare 2 allontanare 3 far fuori.

Besen (-s,-) *s.m.* 1 scopa 2 (*fam.*) donna scontrosa, rude.

besetzen *v.tr.* 1 occupare 2 assegnare 3 (*abbigl.*) applicare guarnizioni.

besetzt *agg.* 1 occupato 2 completo.

besichtigen *v.tr.* 1 visitare 2 ispezionare.

besiegen *v.tr.* **1** vincere, sconfiggere **2** (*fig.*) superare.

Besitz (-es,-e) *s.m.* **1** possesso **2** detenzione **3** patrimonio.

besitzen (besaß, besessen) *v.tr.* possedere.

besonder... *agg.* particolare, speciale.

besonders *avv.* **1** particolarmente **2** soprattutto **3** espressamente.

besorgen *v.tr.* **1** procurare **2** eseguire, fare.

Besorgnis (-,-se) *s.f.* preoccupazione.

Besorgung (-,-en) *s.f.* **1** acquisto **2** disbrigo.

besprechen (besprach, besprochen) *v.tr.* **1** discutere di **2** recensire **3** incidere (su nastro o disco).

besser *agg.* **1** migliore **2** poco più di ♦ *avv.* meglio.

bessern, sich *v.pron.* migliorare, correggersi.

Besserung (-/.) *s.f.* **1** miglioramento **2** guarigione.

best... *agg.* **1** migliore **2** ottimo ♦ *avv.* la cosa migliore, meglio di tutti | *am besten gehen Sie zu Fuß*, Le conviene andare a piedi.

Bestand (-es,-stände) *s.m.* **1** scorte; riserva **2** (*sing.*) stabilità, durata.

beständig *agg.* duraturo, stabile, costante ♦ *avv.* costantemente, senza sosta.

Bestandteil (-s,-e) *s.m.* componente, parte essenziale.

bestätigen *v.tr.* confermare ♦ **sich** – *v.pron.* trovar conferma.

Bestätigung (-,-en) *s.f.* **1** conferma **2** ricevuta.

bestechen (bestach, bestochen) *v.tr.* **1** corrompere **2** (*fig.*) convincere, conquistare.

Besteck (-s,-e) *s.n.* **1** posate **2** (*med.*) ferri.

bestehen (bestand, bestanden) *v.tr.* superare, passare ♦ *v.intr.* **1** esserci, esistere **2** (*aus +dat.*) essere composto (da) **3** (*auf +dat.*) insistere (su).

bestellen *v.tr.* **1** ordinare **2** prenotare **3** nominare **4** (*terreno*) coltivare **5** (*saluti*) mandare, portare.

bestimmen *v.tr.* **1** determinare, stabilire **2** classificare ♦ *v.intr.* (*über +acc.*) disporre (di).

bestrafen *v.tr.* castigare, punire.

bestrebt *agg.*: – *sein, etwas zu tun*, sforzarsi di fare qlco.

Besuch (-s,-e) *s.m.* **1** visita **2** frequenza **3** ospite.

besuchen *v.tr.* **1** far visita a, andare a trovare **2** (*scuola*) frequentare.

betätigen *v.tr.* far funzionare, azionare ♦ **sich** – *v.pron.* darsi da fare.

betäuben *v.tr.* **1** (*med.*) anestetizzare **2** stordire.

Bete (-,-n) *s.f.*: *rote* –, barbabietola.

beteiligen *v.tr.* (*an*) far partecipare ♦ **sich** – *v.pron.* (*an*) partecipare (a).

beten *v.intr.* pregare.

beteuern *v.tr.* affermare, assicurare.

Beton (-s,-e/-s) *s.m.* calcestruzzo, cemento armato.

betonen *v.tr.* **1** sottolineare **2** accentare.

Betracht (-s/.) *s.m.* considerazione: *in – ziehen*, prendere in considerazione.

betrachten *v.tr.* **1** osservare, guardare **2** considerare.

beträchtlich *agg.* considerevole.

Betrag (-s,-träge) *s.m.* importo, somma, ammontare.

betragen (betrug, betragen) *v.intr.* ammontare a ♦ **sich** – *v.pron.* comportarsi.

betreffen (betraf, betroffen) *v.tr.* concernere, riguardare.

betreiben (betrieb, betrieben) *v.tr.* 1 esercitare 2 (*sport*) praticare 3 (*esercizi pubblici*) gestire 4 (*tecn.*) azionare.

betreten¹ (betrat, betreten) *v.tr.* mettere piede in/su.

betreten² *agg.* imbarazzato.

betreuen *v.tr.* accudire, assistere.

Betrieb (-s,-e) *s.m.* 1 azienda 2 fabbrica 3 attività, esercizio 4 movimento 5 (*tecn.*) funzionamento: *außer –*, fuori servizio; *in – setzen*, mettere in moto.

betrinken, sich (betrank, betrunken) *v.pron.* ubriacarsi.

betrüblich *agg.* spiacevole, triste.

Betrug (-s/.) *s.m.* 1 imbroglio 2 (*dir.*) truffa.

betrügen (betrog, betrogen) *v.tr.* 1 imbrogliare 2 truffare.

Bett (-es,-en) *s.n.* 1 letto: *das – beziehen*, cambiare le lenzuola; *das – hüten*, essere ammalato; *zu – gehen*, andare a letto 2 (*tecn.*) basamento.

betteln *v. intr.* mendicare.

bettlägerig *agg.* degente.

Bettlaken (-s,-) *s.n.* lenzuolo.

beugen *v.tr.* piegare (*anche fig.*) ♦ **sich – ** *v.pron.* (*fig.*) sottomettersi.

Beule (-,-n) *s.f.* 1 bernoccolo 2 ammaccatura.

beunruhigen *v.tr.* preoccupare, inquietare ♦ **sich –** *v.pron.* inquietarsi.

beurlauben *v.tr.* 1 sospendere 2 mandare in licenza.

beurteilen *v.tr.* 1 giudicare 2 valutare.

Beute (-/.) *s.f.* 1 bottino 2 preda.

Beutel (-s,-) *s.m.* 1 sacchetto 2 bustina 3 borsellino, borsa 4 (*zool.*) marsupio.

Bevölkerung (-,-en) *s.f.* popolazione.

bevollmächtigen *v.tr.* 1 autorizzare 2 delegare.

bevor *cong.* prima che, prima di: *– du abfährst, mußt du das noch erledigen*, prima di partire devi sbrigare ancora questa faccenda.

bevormunden *v.tr.* tenere/mettere sotto tutela, dominare.

bevor-stehen (stand bevor, bevorgestanden) *v.intr.* aver davanti a sé, incombere.

bevorzugen *v.tr.* 1 preferire, prediligere 2 favorire.

bewachen *v.tr.* sorvegliare, custodire.

bewaffnen *v.tr.* (*mit*) armare (di).

bewahren *v.tr.* 1 custodire 2 mantenere: *jdm. die Treue –*, rimanere fedeli a qlcu. 3 proteggere | *Gott bewahre!* per carità di Dio!

bewähren, sich *v.pron.* 1 dimostrarsi 2 dare buoni risultati.

bewahrheiten, sich *v.pron.* dimostrarsi vero.

bewältigen *v.tr.* 1 superare, risolvere 2 (*lavoro*) sbrigare.

bewandert *agg.* (*in +dat.*) esperto (di); pratico (di).

bewässern *v.tr.* irrigare.

bewegen¹ *v.tr.* 1 muovere 2 (*fig.*) commuovere, turbare ♦ **sich –** *v.pron.* 1 muoversi, avviarsi 2 aggirarsi: *die Kosten bewegen sich zwischen zwei und elf DM*, i costi oscillano fra i due e gli undici marchi 3 frequentare: *sich in schlechten Kreisen –*, frequentare cattive compagnie.

bewegen² (bewog, bewogen) *v.tr.* indurre, spingere.

beweglich *agg.* 1 mobile 2 (*persona*) agile, dinamico 3 trasportabile.

Beweis (-es,-e) *s.m.* prova, dimostrazione: *aus Mangel an Beweisen*, per insufficienza di prove.

beweisen (bewies, bewiesen) *v.tr.* provare, dimostrare.

bewerben, sich (bewarb, beworben) *v.pron.* (um) 1 far domanda (per) 2 concorrere (a).

Bewerbung (-,-en) *s.f.* domanda d'impiego.

bewerten *v.tr.* 1 valutare, giudicare 2 (*scol.*) dare un voto.

bewilligen *v.tr.* acconsentire a, concedere.

bewirken *v.tr.* provocare, causare.

bewirten *v.tr.* offrire a qlcu. da mangiare e da bere.

bewirtschaften *v.tr.* 1 amministrare, gestire 2 (*agr.*) coltivare.

bewohnen *v.tr.* abitare.

Bewohner (-s,-) *s.m.* (*f.* -in/-innen) abitante.

bewölken, sich *v.pron.* 1 rannuvolarsi 2 offuscarsi.

bewundern *v.tr.* ammirare.

bewußt *agg.* 1 cosciente 2 intenzionale 3 in questione: *an der bewußten Stelle*, in quel determinato posto ♦ *avv.* 1 coscientemente 2 intenzionalmente.

bewußtlos *agg.* privo di sensi.

Bewußtsein (-s/-) *s.n.* 1 coscienza, consapevolezza 2 conoscenza, sensi: *das — verlieren*, perdere conoscenza.

bezahlen *v.tr.* pagare.

bezaubernd *agg.* incantevole.

bezeichnen *v.tr.* 1 indicare 2 contrassegnare 3 (*als*) qualificare (come) 4 caratterizzare.

Bezeichnung (-,-en) *s.f.* 1 denominazione 2 segno, contrassegno.

bezeugen *v.tr.* attestare, testimoniare.

beziehen (bezog, bezogen) *v.tr.* 1 vestire, ricoprire 2 insediarsi 3 ricevere: *die Zeitschrift im Abbonnement –*, ricevere la rivista in abbonamento ♦ *sich – v.pron.* (*auf*) 1 riferirsi (a) 2 riguardare.

Beziehung (-,-en) *s.f.* 1 riferimento 2 rapporto, relazione 3 relazione amorosa 4 riferimento.

beziehungsweise *cong.* 1 ovvero 2 rispettivamente | *abbr.*: **bzw.**

Bezirk (-s,-e) *s.m.* 1 distretto 2 zona 3 quartiere.

Bezug (-s,-züge) *s.m.* 1 rivestimento 2 riferimento 3 acquisto 4 (*pl.*) reddito.

bezüglich *agg.* relativo ♦ *prep.* (+*gen.*) riguardo a.

bezuschussen *v.tr.* dare un contributo, una sovvenzione.

bezwecken *v.tr.* mirare a.

bezweifeln *v.tr.* mettere in dubbio, dubitare di.

bezwingen (bezwang, bezwungen) *v.tr.* vincere, superare.

Bibel (-,-n) *s.f.* Bibbia.

Biber (-s,-) *s.m.* castoro.

biegen (bog, gebogen) *v.tr.* piegare, curvare ♦ *v.intr.* svoltare, fare una curva.

biegsam *agg.* 1 flessibile 2 (*fig.*) malleabile.

Biene (-,-n) *s.f.* ape.

Bier (-s,-e) *s.n.* birra: *helles –*, birra bionda; *– vom Faß*, birra alla spina | *das ist nicht mein –*, non sono fatti miei.

Biergarten (-s,-gärten) *s.m.* birreria all'aperto.

Biest (-es,-er) *s.n.* bestia.
bieten (bot, geboten) *v.tr.* **1** offrire **2** fare un'offerta.
Bilanz (-,-en) *s.f.* bilancio (*anche fig.*): *die – ziehen*, fare il bilancio.
Bild (-es,-er) *s.n.* **1** quadro **2** immagine **3** figura **4** fotografia **5** scena **6** idea: *im –e sein*, essere al corrente; *sich ein – von etwas machen*, farsi un'idea di qlco.
bilden *v.tr.* **1** formare **2** costituire **3** istruire ♦ *sich – v.pron.* **1** formarsi **2** farsi una cultura.
Bilderbuch (-s,-bücher) *s.n.* libro illustrato per bambini.
Bilderrahmen (-s,-) *s.m.* cornice.
Bilderrätsel (-s,-) *s.n.* rebus.
Bildhauer (-s,-) *s.m.* scultore.
Bildschirm (-es,-e) *s.m.* schermo, video.
Bildung (-,-en) *s.f.* **1** formazione, creazione **2** (*sing.*) formazione culturale; cultura; educazione.
billig *agg.* a buon mercato, modico ♦ *avv.* modestamente.
billigen *v.tr.* approvare.
Bimsstein (-s,-e) *s.m.* pietra pomice.
Binde (-,-n) *s.f.* **1** benda, fascia **2** assorbente igienico.
Bindegewebe (-s, -) *s.n.* tessuto connettivo.
Bindehaut (-,-häute) *s.f.* congiuntiva.
binden (band, gebunden) *v.tr.* **1** legare, fissare **2** rilegare **3** (*gastr.*) far legare ♦ *v.intr.* legare, fare presa ♦ *sich – v.pron.* **1** legarsi **2** impegnarsi.
Bindung (-,-en) *s.f.* **1** legame **2** vincolo **3** (*sci*) attacchi.
binnen *prep.* (+*gen./dat.*) entro, fra, nel giro di.
Binnenmarkt (-es,-märkte) *s.m.* mercato interno.
Binse (-,-n) *s.f.* giunco | *in die Binsen gehen*, andare a monte.
Binsenweisheit (-,-en) *s.f.* verità lapalissiana.
Birke (-,-n) *s.f.* betulla.
Birne (-,-n) *s.f.* **1** pera **2** (*tecn.*) lampadina.
bis *prep.* (+*acc.*) **1** (*luogo*) fino a **2** (*tempo*) fino a ♦ *cong.* fino a che.
bis auf *prep.* (+*acc.*) **1** eccetto, tranne **2** fino a.
Bischof (-s, Bischöfe) *s.m.* vescovo.
bisher *avv.* finora.
Biskuit (-s,-e/-s) *s.n.* **1** pan di Spagna **2** biscotto.
Biß (Bisses, Bisse) *s.m.* morso | *ohne – spielen*, giocare senza aggressività.
bißchen *agg.inv.* poco, po': *kein –*, nemmeno un po'.
Bissen (-s,-) *s.m.* boccone | *an einem harten – zu kauen haben*, dover affrontare una questione spiacevole.
bissig *agg.* **1** che morde | *Achtung, bissiger Hund!*, Attenti al cane! **2** (*fig.*) mordace, pungente.
Bistum (-s, Bistümer) *s.n.* diocesi.
bisweilen *avv.* a volte.
bitte *avv.* **1** prego, per favore **2** prego, non c'è di che **3** come?
Bitte (-,-n) *s.f.* **1** domanda, richiesta **2** preghiera.
bitten (bat, gebeten) *v.tr.* **1** pregare, chiedere **2** invitare: *zu Tisch –*, chiamare a tavola.
bitter *agg.* **1** amaro **2** triste, doloroso **3** serio ♦ *avv.* estremamente, terribilmente.
Blähung (-,-en) *s.f.* (*med.*) flatulenza.
Blamage (-,-n) *s.f.* figuraccia.
blamieren *v.tr.* far fare una figuraccia ♦

blank

sich – *v.pron.* fare una figuraccia.
blank *agg.* 1 lucido 2 pulito 3 nudo | – *sein*, essere al verde.
Blase (-,-n) *s.f.* 1 bolla 2 (*med.*) vescica.
blasen (blies, geblasen) *v.tr.* 1 soffiare 2 (*mus.*) suonare ♦ *v.intr.* 1 soffiare 2 (*auf* +*dat.*) suonare.
Blasenentzündung (-,-en) *s.f.* (*med.*) cistite.
Bläser (-,-) *s.m.* 1 suonatore di strumento a fiato 2 soffiatore di vetro.
blaß *agg.* 1 pallido 2 scolorito.
Blatt (-es, Blätter) *s.n.* 1 foglia 2 foglio, pagina | *das steht auf einem andern* –, è tutt'altra questione; *kein – vor den Mund nehmen*, non avere peli sulla lingua 3 (*metall.*) lamina, lama 4 (*mus.*) ancia 5 (*di remo*) pala.
blättern *v.intr.* (*in* +*dat.*) sfogliare.
Blätterteig (-es,-e) *s.m.* pasta sfoglia.
blau *agg.* 1 azzurro, blu, celeste 2 livido | *ein blaues Auge*, un occhio pesto; *mit einem blauen Auge davonkommen*, cavarsela a buon mercato 3 (*fam.*) sbronzo.
Blaulicht (-es,-er) *s.n.* (*ambulanza, polizia*) lampeggiatore azzurro.
blau-machen *v.intr.* non andare al lavoro, far vacanza.
Blech (-es,-e) *s.n.* 1 lamiera, latta 2 teglia 3 (*mus.*) ottoni 4 (*fam.*) stupidaggini: – *reden*, dire sciocchezze.
Blechschaden (-s,-schäden) *s.m.* danni alla carrozzeria.
Blei (-s,-e) *s.n.* 1 (*sing.*) piombo: *es liegt mir wie – im Magen*, è un mattone sullo stomaco 2 piombino: *im – sein*, essere a posto.
Bleibe (-/-) *s.m.* (*fam.*) dimora, alloggio: *keine – haben*, non aver fissa dimora.
bleiben (blieb, geblieben) *v.intr.* rimanere, restare: *es bleibt dabei!*, intesi!
bleibend *agg.* permanente.
bleiben-lassen (ließ bleiben, bleiben lassen) *v.tr.* lasciar stare, smettere.
bleich *agg.* pallido.
bleichen *v.tr.* 1 sbiancare, candeggiare 2 (*capelli*) ossigenare.
Bleikristall (-s,-e) *s.n.* cristallo al piombo.
Bleistift (-s,-e) *s.m.* matita.
Bleistiftabsatz (-es,-sätze) *s.m.* tacco a spillo.
Blende (-,-n) *s.f.* 1 (*fot.*) diaframma 2 (*aut.*) aletta parasole 3 (*abbigl.*) guarnizione, finta.
blenden *v.tr.* 1 abbagliare 2 (*fig.*) incantare ♦ *v.intr.* ingannare.
blendend *agg.* magnifico, splendido.
Blick (-es,-e) *s.m.* 1 occhiata, sguardo: *der böse* –, il malocchio 2 vista.
Blickwinkel (-s,-) *s.m.* (*fig.*) punto di vista.
blind *agg.* 1 cieco 2 clandestino: *ein blinder Passagier*, un passeggero clandestino 3 (*vetro*) offuscato 4 (*allarme*) falso.
Blinddarm (-s,-e) *s.m.* (*med.*) appendice.
blinken *v.intr.* 1 lampeggiare 2 (*aut.*) mettere la freccia.
Blinker (-s,-) *s.m.* segnalatore luminoso, lampeggiatore.
Blitz (-es,-e) *s.m.* 1 fulmine, lampo 2 (*fot.*) flash.
Blitzableiter (-s,-) *s.m.* parafulmine.
blitzen *v.intr.* luccicare ♦ *v.impers.* lampeggiare.
Blitzlicht (-es,-er) *s.n.* (*fot.*) flash.
Block¹ (-es, Blöcke) *s.m.* 1 blocco,

macigno 2 ceppo.

Block² (-es,-s) *s.m.* **1** (*di case*) isolato **2** blocco di carta.

Blockade (-,-n) *s.f.* blocco: *die – brechen*, forzare il blocco.

Blockflöte (-,-n) *s.f.* flauto dolce.

blockfrei *agg.* non allineato.

Blockschrift (-,-en) *s.f.* stampatello.

blöde *agg.* **1** deficiente, stupido **2** spiacevole: *eine – Angelegenheit*, una faccenda spiacevole.

blöken *v.intr.* belare.

blond *agg.* biondo, chiaro.

bloß *agg.* **1** nudo **2** puro ♦ *avv.* soltanto.

Bluff (-s,-s) *s.m.* inganno, finzione.

blühen *v.intr.* fiorire, prosperare.

Blume (-,-n) *s.f.* **1** fiore (*anche fig.*): *durch die –*, eufemisticamente **2** (*vino*) bouquet; (*birra*) schiuma.

Blumenkohl (-s,-) *s.m.* cavolfiore.

Blumenstrauß (-es,-sträuße) *s.m.* mazzo di fiori.

Bluse (-,-n) *s.f.* camicetta.

Blut (-es/.) *s.m.* sangue.

blutarm *agg.* anemico.

Blutdruck (-s/.) *s.m.* (*med.*) pressione sanguigna.

bluten *v.intr.* sanguinare.

Blüte (-,-n) *s.f.* **1** fiore **2** fioritura.

Blütenstaub (-es/.) *s.m.* polline.

Bluterguß (-gusses,-güsse) *s.m.* ematoma.

Blütezeit (-/.) *s.f.* **1** fioritura **2** periodo aureo.

blutig *agg.* **1** insanguinato **2** sanguinoso **3** (*fam.*) vero: *ein blutiger Anfänger*, un pivello.

Blutkreislauf (-es,-läufe) *s.m.* circolazione sanguigna.

Blutprobe (-,-n) *s.f.* esame del sangue.

Blutung (-,-en) *s.f.* emorragia.

Blutvergiftung (-,-en) *s.f.* setticemia.

BLZ *abbr. s.f.* codice avviamento bancario.

Bö (-,-en) *s.f.* raffica (di vento).

Bock (-s, Böcke) *s.m.* **1** montone, caprone **2** cavalletto **3** (*sport*) cavallina **4** (*fam.*) cantonata: *einen – schießen*, prendere una cantonata | *Null – haben*, non aver voglia.

Bockbier (-s,-) *s.n.* birra forte.

Boden (-s, Böden) *s.m.* **1** suolo, terreno: *an – gewinnen*, guadagnare terreno; *etwas aus dem – stampfen*, creare qlco. dal nulla **2** pavimento **3** fondo **4** base **5** sottotetto.

bodenlos *agg.* **1** senza fondo **2** inaudito.

Bodenschätze *s.pl.* risorse minerarie.

Bogen (-s, Bögen) *s.m.* **1** arco | *den – überspannen*, esagerare, tirare troppo la corda **2** (*tip.*) foglio **3** (*mus.*) archetto **4** curva | *einen – um jemanden machen*, girare al largo da qlcu.

Bohne (-,-n) *s.f.* **1** fagiolo | *nicht die –*, niente affatto **2** (*pl.*) grüne Bohnen, fagiolini **3** (*di caffè*) chicco | *Bohnen in den Ohren haben*, non voler sentire.

bohren *v.tr.* **1** trapanare **2** scavare **3** conficcare ♦ *v.intr.* **1** perforare; trapanare | *in der Nase –*, mettersi le dita nel naso **2** trivellare.

Bohrer (-s,-) *s.m.* **1** trapano **2** perforatrice, trivella.

Bohrinsel (-,-n) *s.f.* piattaforma per trivellazioni.

Boje (-,-n) *s.f.* boa.

böllern *v.intr.* **1** sparare mortaretti **2** far baccano.

Bollwerk (-s,-e) *s.n.* bastione, baluardo.

Bombe (-,-n) *s.f.* bomba: *die Nachricht*

schlägt wie eine – ein, la notizia fa scalpore.
Bon (-s,-s) *s.m.* **1** buono, tagliando **2** scontrino.
Bonbon (-s,-s) *s.n./m.* caramella.
bongen *v.tr.* emettere lo scontrino per qlco.
Bonmot (-s,-s) *s.n.* battuta spiritosa.
Boot (-es,-e) *s.n.* barca, battello, canotto.
Bord[1] (-es,-e) *s.m.* **1** bordo, orlo **2** (*mar.*) bordo: *an – gehen*, salire a bordo.
Bord[2] (-es,-e) *s.n.* (*per libri, a parete*) scaffale.
Bordkarte (-,-n) *s.f.* carta d'imbarco.
borgen *v.tr.* **1** prestare, dare in prestito **2** prendere in prestito.
borniert *agg.* ottuso.
Börse (-,-n) *s.f.* **1** (*econ.*) borsa **2** borsellino.
Borste (-,-n) *s.f.* setola.
borstig *agg.* **1** (*fig.*) ispido, scontroso **2** irsuto.
Borte (-,-n) *s.f.* (*abbigl.*) nastro, passamano.
bösartig *agg.* **1** (*med.*) maligno **2** malvagio.
böse *agg.* **1** cattivo **2** arrabbiato: *auf jdn. – sein*, essere arrabbiato con qlcu. **3** grave: *eine – Krankheit*, una grave malattia.
Botanik (-/.) *s.f.* botanica.
Bote (-n,-n) *s.m.* **1** fattorino, corriere **2** messaggero.
Botschaft (-,-en) *s.f.* **1** messaggio, notizia **2** ambasciata.
Bottich (-s,-e) *s.m.* tinozza.
Boulevardpresse (-/.) *s.f.* stampa scandalistica.
Bowle (-,-n) *s.f.* bevanda a base di spumante, frutta e spezie.
boxen *v.intr.* fare la boxe.
Boykott (-s,-e) *s.m.* boicottaggio.
brach-liegen (lag brach, brachgelegen) *v.intr.* **1** stare a maggese **2** (*fig.*) essere improduttivo.
Branche (-,-n) *s.f.* (*comm.*) branca, ramo, settore.
Brand (-es, Brände) *s.m.* **1** incendio **2** (*med.*) cancrena.
Brandblase (-,-n) *s.f.* vescica da scottatura.
brandmarken *v.tr.* marchiare, bollare.
Brandstifter (-s,-) *s.m.* piromane, incendiario.
Branntwein (-s,-e) *s.m.* acquavite.
Bratapfel (-s,-äpfel) *s.m.* mela al forno.
braten (briet, gebraten) *v.tr.* **1** arrostire **2** friggere **3** far cuocere nel forno.
Braten (-s,-) *s.m.* arrosto: *den – riechen*, sentire odor di bruciato.
Bratsche (-,-n) *s.f.* (*mus.*) viola.
Brauch (-s, Bräuche) *s.m.* usanza, uso, costume.
brauchbar *agg.* utile, indicato.
brauchen *v.tr.* **1** aver bisogno di **2** impiegare, metterci **3** consumare **4** (*in frasi negative*) dovere: *du brauchst das nicht zu tun*, non devi fare ciò.
Brauerei (-,-en) *s.f.* fabbrica di birra.
braun *agg.* **1** marrone, bruno, castano **2** abbronzato.
Bräune (-/.) *s.f.* abbronzatura.
Brause (-,-n) *s.f.* **1** bevanda gassata **2** doccia.
Braut (-, Bräute) *s.f.* sposa (il giorno delle nozze).
Bräutigam (-s,-e) *s.m.* sposo (il giorno delle nozze).
Brautleute *s.pl.* sposi (il giorno delle nozze).

brav *agg.* buono, bravo ♦ *avv.* da bravo.
Bravour (-/.) *s.f.* bravura, abilità.
Brechdurchfall (-/s/.) *s.m.* diarrea e vomito.
brechen (brach, gebrochen) *v.tr.* **1** spezzare, rompere **2** (*fig.*) non mantenere **3** vomitare ♦ *v.intr.* **1** rompersi **2** farsi largo ♦ **sich** – *v.pron.* infrangersi.
Brechreiz (-es/.) *s.m.* conato di vomito.
Brei (-s,-e) *s.m.* pappa | *um den heißen* – *herumreden,* menare il can per l'aia.
breit *agg.* **1** largo **2** ampio.
Breitengrad (-s,-e) *s.m.* grado di latitudine.
Bremsbelag (-s,-läge) *s.m.* guarnizione del freno.
Bremse (-,-n) *s.f.* freno.
bremsen *v.intr.* frenare ♦ *v.tr.* frenare.
brennen (brannte, gebrannt) *v.intr.* ardere, bruciare ♦ *v.tr.* **1** bruciare **2** (*caffè*) tostare **3** distillare **4** (*ceramica*) cuocere.
Brennessel (-,-n) *s.f.* ortica.
Brennpunkt (-es,-e) *s.m.* **1** punto cruciale **2** (*ott.*) fuoco **3** (*fig.*) centro.
Brennstoff (-es,-e) *s.m.* combustibile, carburante.
Brennweite (-,-n) *s.f.* distanza focale.
Brett (-es,-er) *s.n.* asse, tavola | *schwarzes* –, bacheca.
Brief (-es,-e) *s.m.* lettera.
Briefkasten (-s,-kästen) *s.m.* buca, cassetta delle lettere.
Briefkopf (-es,-köpfe) *s.m.* intestazione (della carta da lettere).
Briefmarke (-,-n) *s.f.* francobollo.
Brieftaube (-,-n) *s.f.* piccione viaggiatore.
Briefwechsel (-s,-) *s.m.* corrispondenza (epistolare).

Brikett (-s,-s) *s.n.* mattonella di carbone.
Brillant (-en,-en) *s.m.* brillante.
Brille (-,-n) *s.f.* **1** occhiali **2** asse del water.
bringen (brachte, gebracht) *v.tr.* **1** portare **2** accompagnare **3** rendere, fruttare.
brisant *agg.* attualissimo.
britisch *agg.* britannico.
Brocken (-s,-) *s.m.* pezzo, boccone | *die – aus der Suppe fischen,* prendersi il meglio per se stesso; *ein harter –,* (*fig.*) un osso duro.
Brombeere (-,-n) *s.f.* mora.
Bronze (-/.) *s.f.* bronzo.
Brosche (-,-n) *s.f.* fermaglio, spilla.
Broschüre (-,-n) *s.f.* opuscolo, dépliant.
Brösel (-s,-) *s.m.* briciola.
Brot (-es,-e) *s.n.* pane.
Brötchen (-s,-) *s.n.* panino: *belegtes –,* panino imbottito.
Brotzeit (-,-en) *s.f.* merenda, spuntino.
Bruch (-es, Brüche) *s.m.* **1** rottura **2** (*med.*) frattura **3** (*fig.*) violazione **4** (*mat.*) frazione **5** frantumi: *in die Brüche gehen,* (*fig.*) andare in fumo.
Bruchstück (-s,-e) *s.n.* frammento.
Brücke (-,-n) *s.f.* ponte (*anche fig.*): *alle Brücken hinter sich abbrechen,* tagliare i ponti.
Bruder (-s, Brüder) *s.m.* fratello.
brüderlich *agg.* fraterno ♦ *avv.* fraternamente.
Brüderschaft (-/.) *s.f.* fratellanza: – *trinken,* bere qlco. insieme per poi darsi del tu.
Brühe (-,-n) *s.f.* **1** brodo **2** brodaglia | *in der – sitzen,* trovarsi nei guai.
brüllen *v.intr.* **1** muggire **2** urlare ♦

brummen

v.tr. gridare: – *wie am Spieß*, urlare come un ossesso.

brummen *v.intr.* 1 ronzare 2 brontolare 3 *(mot.)* rombare 4 stare in prigione ♦ *v.tr.* borbottare, brontolare.

brünett *agg.* castano.

Brunnen (-s,-) *s.m.* 1 fontana 2 pozzo, cisterna | *in den – fallen*, (fig.) andare in fumo.

brüsk *agg.* brusco, sgarbato.

Brust (-, Brüste) *s.f.* 1 petto 2 seno | *frei von der – weg reden*, parlare liberamente.

brüsten, sich *v.pron.* darsi delle arie, vantarsi.

Brustfellentzündung (-/.) *s.f.* pleurite.

Brustschwimmen (-s/.) *s.n.* nuoto a rana.

Brustwarze (-,-n) *s.f.* capezzolo.

Brüstung (-,-en) *s.f.* parapetto.

brüten *v.intr.* 1 covare 2 *(über)* riflettere (su) ♦ *v.tr.* covare, meditare.

Brutkasten (-s,-kästen) *s.m.* incubatrice.

Brutstätte (-,-n) *s.f.* 1 luogo di cova 2 *(med.)* focolaio.

brutto *avv.* lordo.

Bruttoregistertonne (-,-n) *s.f.* tonnellata di stazza lorda.

Bruttosozialprodukt (-s,-e) *s.n.* prodotto interno lordo.

Bube (-n,-n) *s.m.* 1 maschietto 2 *(carte)* fante.

Bubikopf (-s,-köpfe) *s.m.* pettinatura a paggetto.

Buch (-es, Bücher) *s.n.* 1 libro 2 registro: *zu – schlagen*, incidere.

Buchbinder (-s,-) *s.m.* rilegatore.

Buche (-,-n) *s.f.* faggio.

buchen *v.tr.* 1 *(comm.)* registrare 2 prenotare, riservare.

Bücherei (-,-en) *s.f.* biblioteca.

Bücherwurm (-s,-würmer) *s.m.* 1 tarlo dei libri 2 *(fig.)* topo di biblioteca.

Buchfink (-en,-en) *s.m.* fringuello.

Buchführung (-/.) *s.f.* contabilità.

Buchgemeinschaft (-,-en) *s.f.* club del libro.

Buchhalter (-s,-) *s.m.* (f.-in/-innen) contabile.

Buchhandel (-s/.) *s.m.* commercio librario.

Buchsbaum (-s,-bäume) *s.m.* bosso.

Buchse (-,-n) *s.f.* 1 *(elettr.)* presa 2 boccola.

Büchse (-,-n) *s.f.* 1 barattolo 2 fucile.

Buchstabe (-ns,-n) *s.m.* lettera: *am Buchstaben kleben*, prendere tutto alla lettera; *die vier -n*, il sedere.

buchstabieren *v.tr.* sillabare, fare lo spelling.

buchstäblich *agg.* letterale ♦ *avv.* letteralmente.

Bucht (-,-en) *s.f.* baia, insenatura.

Buchung (-,-en) *s.f.* 1 *(comm.)* registrazione 2 prenotazione.

Buchweizen (-s/.) *s.m.* grano saraceno.

Buckel (-s,-) *s.m.* 1 gobba 2 dorso: *etwas auf seinen – nehmen*, (fig.) addossarsi la responsabilità di qlco. | *rutsch mir den – runter!*, vai al diavolo!

bücken, sich *v.pron.* chinarsi.

Bude (-,-n) *s.f.* 1 bottega, chiosco: *die – schließen*, chiuder bottega (*anche fig.*) 2 negozio 3 camera ammobiliata: *die – auf den Kopf stellen*, far baldoria.

Büfett (-s,-s) *s.n.* buffet.

Büffel (-s,-) *s.m.* bufalo.

büffeln *v.tr.-intr.* studiare molto, sgobbare.

Bug (-s,-e) *s.m.* prua.
Bügel (-s,-) *s.m.* 1 ometto, gruccia 2 (*sport*) staffa 3 stanghetta degli occhiali.
Bügeleisen (-s,-) *s.n.* ferro da stiro.
Bügelfalte (-,-) *s.f.* piega dei calzoni.
bügeln *v.tr.* stirare | *gebügelt sein*, (*fig.*) restare di stucco.
Bühne (-,-n) *s.f.* palcoscenico: *von der – abtreten*, abbandonare le scene | *über die – gehen*, aver luogo, svolgersi.
Bühnenbild (-es,-er) *s.n.* scenografia.
Bulette (-s,-n) *s.f.* polpetta di carne.
Bullauge (-s,-n) *s.n.* oblò.
Bulle (-n,-n) *s.m.* 1 toro 2 omaccione 3 (*spreg.*) poliziotto.
bummeln *v.intr.* 1 gironzolare 2 battere la fiacca.
Bummelstreik (-s,-s) *s.m.* sciopero bianco.
Bums (-es,-e) *s.m.* botta; colpo | *–!,* tonfete!
bumsen *v.intr.* 1 fare un tonfo 2 (*volg.*) scopare.
Bund[1] (-es, Bünde) *s.m.* 1 legame, vincolo 2 alleanza 3 confederazione 4 *abbr.* (*ted.*) esercito federale 5 (*di chiavi*) mazzo 6 (*abbigl.*) polsino.
Bund[2] (-s,e) *s.n.* 1 fascio 2 fascina.
Bündel (-s,-) *s.n.* 1 fascio 2 fascina 3 fardello 4 (*amm.*) dossier.
bündeln *v.tr.* legare insieme.
Bundesbahn (-,-en) *s.f.* ferrovie dello stato.
Bundeskanzler (-s,-) *s.m.* cancelliere federale.
Bundesland (-es,-länder) *s.n.* Land di stato federale.
Bundesliga (-/-) *s.f.* (*calcio*) serie A.
Bundesrat (-s,-räte) *s.m.* 1 (*sing.*) consiglio federale (tedesco e austriaco) 2 (*sing.*) governo centrale (svizzero) 3 membro del consiglio federale (austriaco) o del governo (svizzero).
Bundesrepublik (-/-) *s.f.* repubblica federale.
Bundestag (-es/-) *s.m.* parlamento.
Bundeswehr (-/-) *s.f.* forze armate della RFT: *bei der – sein*, fare il servizio militare.
Bündnis (-ses,-se) *s.n.* alleanza, coalizione.
Bunker (-s,-) *s.m.* 1 deposito di beni di massa 2 rifugio antiaereo 3 (*sport*) buca.
bunt *agg.* 1 variopinto, colorato 2 (*fig.*) movimentato, vivace: *ein bunter Abend*, serata con divertimenti vari; *es zu – treiben*, trascendere.
Buntstift (-s,-e) *s.m.* pastello, matita colorata.
Bürde (-,-n) *s.f.* carico, peso.
Burg (-,-en) *s.f.* roccaforte, castello.
bürgen *v.intr.* garantire, farsi garante.
Bürger (-s,-) *s.m.* 1 cittadino 2 (*pl.*) cittadinanza.
Bürgerkrieg (-s,-e) *s.m.* guerra civile.
bürgerlich *agg.* 1 civile 2 civico 3 borghese | *bürgerliche Küche*, cucina casalinga.
Bürgermeister (-s,-) *s.m.* sindaco, borgomastro.
Bürgersteig (-s,-e) *s.m.* marciapiede.
Bürgschaft (-,-en) *s.f.* 1 garanzia 2 fideiussione.
Büro (-s,-s) *s.n.* 1 ufficio 2 agenzia.
Büroklammer (-,-n) *s.f.* graffetta.
bürokratisch *agg.* burocratico.
Bursche (-n,-n) *s.m.* 1 ragazzo, giovanotto 2 tipo.
Burschenschaft (-,-n) associazione

goliardica.
burschikos *agg.* disinvolto, spigliato.
Bürste (-,-n) *s.f.* spazzola.
bürsten *v.tr.* spazzolare.
Bus (-ses,-se) *s.m.* autobus.
Busch (-es, Büsche) *s.m.* **1** cespuglio | *auf den – klopfen*, tastare il terreno; *mit einer Sache hinter dem – halten*, tenere nascosto qlco. **2** foresta tropicale **3** pennacchio.
Büschel (-s,-) *s.n.* **1** cespo **2** (*capelli*) ciocca.
Buschhemd (-s,-en) *s.n.* camicia a sacca.
Buschmesser (-s,-) *s.n.* machete.
Busen (-s,-) *s.f.* **1** seno, petto **2** (*geogr.*) golfo.
Busenfreund (-es,-e) *s.m.* (*f.-in/-innen*) amico/a del cuore.
Buße (-s/.) *s.f.* **1** penitenza **2** (*svizz.*) ammenda.
büßen *v.tr.* **1** scontare, espiare **2** (*fig.*) pagare: *das sollst du mir –!*, questa me la pagherai!
Bußgeldbescheid (-es,-e) *s.m.* verbale di accertamento infrazione .
Büste (-,-n) *s.f.* busto.
Büstenhalter (-s,-) *s.m.* reggiseno | *abbr.* **BH** *s.m.*
Butt (-s,-e) *s.m.* rombo.
Büttenpapier (-s,-e) *s.n.* carta a mano.
Butter (-/.) *s.f.* burro | *es ist alles in –*, è tutto a posto.
Butterblume (-,-n) *s.f.* ranuncolo.
Butterbrotpapier (-s,-e) *s.n.* carta oleata.
Buttermilch (-/.) *s.f.* latticello.
Button (-s,-s) *s.m.* distintivo a forma di bottone.
Butzenscheibe (-,-n) *s.f.* vetro a tondi.
bzw. *cong.abbr.* **beziehungsweise 1** ovvero **2** rispettivamente.

C

C, c *s.n.inv.* (*mus.*) do.
ca. *abbr. di* **circa**, circa.
Café (-s,-s) *s.n.* caffè, bar.
campen *v.intr.* fare il campeggio.
Campingplatz (-es,-plätze) *s.m.* campeggio.
Cape (-s,-s) *s.n.* mantella; cappa.
CDU *s.f.inv.* (*pol.*) unione cristiano democratica.
Cello (-s,-s) *s.n.* violoncello.
Celsiusgrad (-s,-e) *s.m.* grado centigrado.
Chamäleon (-s,-s) *s.n.* camaleonte.
Champignon (-s,-s) *s.m.* fungo prataiolo.
Chance (-,-n) *s.f.* opportunità, occasione.
Chaos (-/.) *s.n.* caos.
Chaot (-en,-en) *s.m.* casinista.
Charakter (-s,-e) *s.m.* carattere: *vertraulichen – haben*, essere di natura riservata.
Charakterdarsteller (-s,-) *s.m.* caratterista.
charakterisieren *v.tr.* caratterizzare.
Charakteristik (-,-en) *s.f.* **1** descrizione, profilo **2** caratteristica.
charmant *agg.* affascinante.
Charme (-s/.) *s.m.* fascino.
Charta (-,-s) *s.f.* carta costituzionale, statuto.
Chartergesellschaft (-,-en) *s.f.* compagnia charter.
Chassis (-,-) *s.n.* (*aut.*) telaio.
Chauffeur (-s,-e) *s.m.* autista.

Chauvinismus (-/.) *s.m.* sciovinismo.
checken *v.tr.* **1** esaminare, controllare **2** (*sport*) ostacolare **3** (*fam.*) capire, afferrare.
Checkliste (-,-n) *s.f.* elenco di tutte le voci per controllare l'esecuzione corretta di un lavoro.
Chef (-s,-s) *s.m.* (*f.*-in/-innen) capo, principale.
Chefarzt (-es,-ärzte) *s.m.* primario.
Chemie (-/.) *s.f.* chimica.
Chemiefaser (-,-n) *s.f.* fibra sintetica; fibra artificiale.
Chemikalie (-,-n) *s.f.* sostanza chimica.
chemisch *agg.* chimico: *-e Reinigung*, lavaggio a secco.
Chemotherapie (-,-n) *s.f.* chemioterapia.
Chiffre (-,-n) *s.f.* **1** cifra **2** segno convenzionale **3** (*su documenti*) sigla.
chiffrieren *v.tr.* cifrare.
Chinese (-n,-n) *s.m.* cinese.
Chinin (-s/.) *s.n.* chinino.
Chip (-s,-s) *s.m.* **1** chip **2** gettone.
Chiropraktik (-/.) *s.f.* chiropratica.
Chirurg (-en,-en) *s.m.* chirurgo.
Chlor (-s/.) *s.n.* cloro.
Chlorophyll (-s/.) *s.n.* clorofilla.
Chor (-s, Chöre) *s.m.* coro.
Christ (-en,-en) *s.m.* (*f.*-in/-innen) cristiano/a.
Christbaum (-s,-bäume) *s.m.* albero di natale.
Christenheit (-/.) *s.f.* cristianità.
Christentum (-s/.) *s.n.* cristianesimo.
Christkind (-es/.) *s.n.* Gesù Bambino.
Christnacht (-/.) *s.f.* notte di Natale.
chromatisch *agg.* cromatico.
Chromosom (-s,-en) *s.n.* cromosoma.
Chronik (-,-en) *s.f.* cronaca.
chronisch *agg.* cronico.
Chronist (-en,-en) *s.m.* (*f.*-in/-innen) cronista.
chronologisch *agg.* cronologico.
Clique (-,-s) *s.f.* compagnia, combriccola.
Clou (-s,-s) *s.m.* momento culminante.
Computersprache (-,-n) *s.f.* linguaggio di programmazione.
Conférencier (-s,-s) *s.m.* presentatore.
Cord (-s,-e) *s.m.* velluto a coste.
Couch (-,-en) *s.f.* divano.
Countdown (-s,-s) *s.n.* conteggio alla rovescia.
Coup (-s,-s) *s.m.* colpo: *ein großer –*, un colpo grosso.
Coupon (-s,-s) *s.m.* tagliando, coupon.
Courage (-s/.) *s.f.* coraggio.
Cousin (-s,-s) *s.m.* (*f.*-e/-n) cugino/a.
Creme (-,-n) *s.f.* **1** crema **2** (*fig.*) élite.
CSU (-/.) *s.f.inv.* unione cristiano-sociale.

D

D, d *s.n.inv.* (*mus.*) re.
da *avv.* **1** (*luogo*) qui; lì; là **2** con questo, ci, vi **3** (*tempo*) allora; a quel punto **3** ecco ♦ *cong.* poiché, dato che, siccome: *– dem so ist*, stando così le cose ♦ elemento mobile di verbi separabili.
dabei *avv.* **1** (*luogo*) accanto **2** contemporaneamente, intanto **3** ciononostante: *ich bleibe –*, resto della mia opinione ♦ elemento mobile di verbi separabili.
Dach (-es, Dächer) *s.n.* tetto | *etwas unter – und Fach bringen*, mandare in porto qlco.

Dachfenster (-s,-) *s.n.* abbaino.
Dachgesellschaft (-,-en) *s.f.* holding.
Dachrinne (-,-n) *s.f.* grondaia.
Dachs (-es,-e) *s.m.* tasso: *frech sein wie ein* –, essere sfacciato.
Dachziegel (-s,-) *s.m.* tegola.
Dackel (-s,-) *s.m.* bassotto.
dadurch *avv.* 1 per ciò. 2 perciò.
dadurch, daß *locuz.* per il fatto che (si traduce però preferibilmente con il gerundio).
dafür *avv.* 1 per questo 2 in compenso 3 a favore, pro | – *sein*, essere favorevole; *ich kann nichts* –, io non c'entro; *ich bin auch* –, sono d'accordo anch'io.
dagegen *avv.* 1 contro: – *sein*, essere contro, a sfavore 2 in confronto 3 al contrario, invece ♦ elemento mobile di verbi separabili.
daheim *avv.* (stato in luogo) a casa.
daher *avv.* (luogo) da lì; da ciò ♦ *cong.* 1 perciò, per questo motivo 2 di conseguenza ♦ elemento mobile di verbi separabili.
dahin *avv.* 1 (luogo) lì; là 2 a questo, a ciò 3 passato, finito, rovinato ♦ elemento mobile di verbi separabili.
dahingestellt *avv.: etwas* – *sein lassen*, lasciare qlco. in sospeso.
dahinter *avv.* 1 dietro 2 (fig.) sotto: *nicht viel* – *sein*, non esserci sotto un gran che ♦ elemento mobile di verbi separabili.
dahinter-kommen (kam dahinter, dahintergekommen) *v.intr.* scoprire, capire finalmente.
damalig *agg.* di allora, di quel tempo.
damals *avv.* allora, in quel periodo, quella volta.
Damast (-es,-e) *s.m.* damasco.
Dame (-,-n) *s.f.* 1 signora 2 (gioco) dama 3 (carte, scacchi) regina.
Damhirsch (-es,-e) *s.m.* daino.
damit *avv.* con questo, con ciò, ne ♦ *cong.* (+*ind.*) affinché, perché, per.
dämlich *agg.* sciocco.
Damm (-es, Dämme) *s.m.* diga; terrapieno | *wieder auf dem* – *sein*, (fig.) stare di nuovo bene.
dämmern *v.intr.* 1 albeggiare 2 imbrunire 3 (fig.) cominciare a capire.
Dämmerung (-,-en) *s.f.* 1 alba 2 crepuscolo, imbrunire.
Dampf (-es, Dämpfe) *s.m.* 1 vapore 2 (fig.) slancio | – *machen*, mettere fretta.
dampfen *v.intr.* emanare vapore; fumare.
dämpfen *v.tr.* 1 smorzare, attenuare 2 cuocere al vapore 3 vaporizzare.
Dampfer (-s,-) *s.m.* piroscafo, vaporetto: *auf dem falschen* – *sein*, (fig.) essere sulla strada sbagliata.
Dämpfer (-s,-) *s.m.* 1 (*mus.*) sordina 2 silenziatore.
Dampfnudel (-,-n) *s.f.* gnocco di pasta lievitata.
danach *avv.* 1 (tempo) poi, dopo 2 in conformità a ciò | *es sieht ganz* – *aus, daß*, pare proprio che 3 a questo proposito.
daneben *avv.* 1 (luogo) accanto, di fianco 2 inoltre, nello stesso tempo 3 in conpronto.
dank *prep.* (+*gen.*) grazie a.
Dank (-s/.) *s.m.* 1 ringraziamento; gratitudine: *jdm. zu* – *verpflichtet sein*, essere obbligato verso qlcu.
dankbar *agg.* 1 grato; riconoscente 2 gratificante ♦ *avv.* con gratitudine.
Dankbarkeit (-/.) *s.f.* gratitudine.
danke *inter.* grazie: – *schön*, tante gra-

zie.

danken *v.intr.* (+*dat.*) **1** ringraziare **2** rifiutare ringraziando ♦ *v.tr.* ricompensare.

Danksagung (-,-en) *s.f.* (*in risposta a condoglianze*) ringraziamento.

dann *avv.* **1** (*tempo*) poi; dopo **2** (*luogo*) poi; di seguito **3** allora.

daran *avv.* **1** (*luogo*) a questo; a ciò **2** (*tempo*) in seguito a ciò.

darauf *avv.* **1** (*luogo*) su questo; sopra questo **2** (*tempo*) più tardi; seguente: *am Tag* –, il giorno seguente; *kurz* –, subito dopo.

daraufhin *avv.* **1** in seguito a ciò **2** sotto questo aspetto.

daraus *avv.* **1** (*luogo*) da qui **2** di qui, da questo, ne: – *folgt, daß*, ne consegue che.

dar-bieten (bot *dar*, *dargeboten*) *v.tr.* **1** porgere; offrire **2** (*teatr./mus.*) rappresentare; eseguire.

darin *avv.* **1** (*luogo*) qui dentro, in questo, ci, vi **2** (*fig.*) su questo punto.

dar-legen *v.tr.* esporre; spiegare.

Darlehen (-s,-) *s.n.* prestito; mutuo.

Darm (-s, Därme) *s.m.* **1** intestino **2** (*di salsiccia*) budello.

Darmträgheit (-/.) *s.f.* stitichezza.

dar-stellen *v.tr.* **1** esporre, descrivere **2** (*teatr.*) rappresentare, interpretare (un ruolo) ♦ *sich* – *v.pron.* configurarsi; mostrarsi.

darüber *avv.* **1** (*luogo*) sopra, di sopra **2** (*tempo*) intanto **3** di più.

darüber hinaus *locuz.* inoltre: – *mußt du noch wissen, daß*, inoltre devi sapere che.

darum *avv.* **1** perciò; per questo **2** di questo, ne **3** (*luogo*) attorno a ciò **4** (*fam.*) perché sì; perché no.

darunter *avv.* **1** (*luogo*) di sotto, sotto **2** tra cui **3** con ciò ♦ elemento mobile di verbi separabili.

das[1] *art.det.n.sing.* il, lo, la.

das[2] *pron.rel.n.sing.* che, il quale.

das[3] *pron.dim.n.sing.* questo, quello.

Dasein (-s/.) *s.n.* **1** esistenza **2** l'esserci.

daß *cong.* che.

dasselbe *agg.dim.n.sing.* stesso, medesimo ♦ *pron.dim.n.sing.* lo stesso, la stessa cosa.

Datei (-,-en) *s.f.* **1** archivio dati **2** (*inform.*) file.

Datenverarbeitung (-,-en) *s.f.* elaborazione dei dati.

datieren *v.tr.* datare ♦ *v.intr.* portare la data.

Dattel (-,-n) *s.f.* dattero.

Datum (-s, Daten) *s.n.* **1** data **2** (*pl.*) dati; indicazioni.

Dauer (-/.) *s.f.* durata: *auf die* –, alla lunga.

Dauerauftrag (-s,-träge) *s.m.* ordine permanente.

dauern *v.intr.* durare.

Dauerwelle (-,-n) *s.f.* permanente.

Daumen (-s,-) *s.m.* pollice: *ich drück dir die* –!, in bocca al lupo!

Daune (-,-n) *s.f.* piuma.

Daunendecke (-,-n) *s.f.* piumino.

davon *avv.* **1** (*luogo*) di lì, di là **2** di questo, di ciò, ne **3** da questo, da ciò ♦ elemento mobile di verbi separabili.

davor *avv.* **1** (*luogo*) davanti a ciò **2** di questo, di ciò, ne **3** (*tempo*) prima ♦ elemento mobile di verbi separabili.

dazu *avv.* **1** a questo, a ciò, ci, ne **2** per questo **3** inoltre, per di più, con ♦ elemento mobile di verbi separabili | *was sagen Sie* –?, cosa ne pensa?; *gehören*

Sie auch –?, fa parte anche lei di questo gruppo?

dazu·kommen (kam dazu, dazugekommen) *v.intr.* **1** sopraggiungere **2** aggiungersi: *kommt noch etwas dazu?*, desidera altro?

dazwischen *avv.* **1** (*luogo*) in mezzo, fra questi **2** (*tempo*) tra l'uno e l'altro, nel frattempo ♦ elemento mobile di verbi separabili.

dazwischen·kommen (kam dazwischen, dazwischengekommen) *v.intr.* **1** capitare: *wenn nichts dazwischenkommt*, se non capitano imprevisti **2** frapporsi.

Dealer (-s,-) *s.m.* spacciatore.

Debatte (-,-n) *s.f.* dibattito; discussione.

Deck (-s,-s) *s.n.* **1** (*mar.*) ponte, coperta **2** (*di autobus*) piano superiore.

Decke (-,-n) *s.f.* **1** coperta; tovaglia **2** soffitto: *an die – gehen*, (*fig.*) esplodere dalla rabbia **3** coltre; rivestimento.

Deckel (-s,-) *s.m.* **1** coperchio **2** (*edit.*) copertina **3** (*fam.*) cappello | *einen auf den – kriegen*, prendersi un cicchetto.

decken *v.tr.* **1** coprire (*anche econ.*) **2** proteggere **3** apparecchiare **4** (*sport*) marcare ♦ *sich* – *v.pron.* coincidere.

Deckmantel (-s,-mäntel) *s.m.* (*fig.*) pretesto, manto: *unter dem – der Freundschaft*, sotto il manto dell'amicizia.

Deckname (-ns,-n) *s.m.* pseudonimo.

Deckung (-,-en) *s.f.* **1** copertura **2** (*econ.*) garanzia **3** (*mil.*) protezione, riparo **4** (*sport*) difesa; guardia | *in – gehen*, (*mil.*) mettersi al riparo; (*sport*) mettersi in guardia.

Defekt (-es,-e) *s.m.* guasto.

Defensive (-,-n) *s.f.* **1** difensiva **2** (*sport*) difesa.

deftig *agg.* **1** (*di cibi*) sostanzioso **2** (*fig.*) pesante: *deftige Witze*, barzellette pesanti.

dehnbar *agg.* elastico: *ein dehnbarer Begriff*, (*fig.*) una definizione ambigua.

dehnen *v.tr.* **1** dilatare **2** allungare.

Deich (-s,-e) *s.m.* diga, argine.

dein *pron. e agg.poss.m.nom.sing. e n.nom. e acc.sing.* tuo.

deine *pron. e agg.poss.f.nom. e acc.sing e nom. e acc.pl.* tua; tue; tuoi.

Deine (-n,-n) *s.n.* **1** i tuoi averi **2** (*pl.*) i tuoi.

deinetwegen *avv.* **1** per te, per amor tuo **2** per causa tua.

Dekagramm (-s,-e) *s.n.* (*austr.*) dieci grammi: *zehn –*, un etto.

Dekor (-s,-s/-e) *s.m./n.* decorazione.

delikat *agg.* **1** delicato: *eine delikate Angelegenheit*, una faccenda delicata **2** delizioso.

Delikatesse (-,-n) *s.f.* ghiottoneria, leccornia.

Delle (-,-n) *s.f.* ammaccatura.

Delphin (-s,-e) *s.m.* delfino (*anche sport*).

Dementi (-s,-s) *s.n.* smentita.

dementieren *v.tr.* smentire.

demnach *avv.* dunque; per cui.

demnächst *avv.* prossimamente.

Demo (-,-s) *s.f.* abbr. *di* → **Demonstration**.

Demonstration (-,-en) *s.f.* manifestazione; dimostrazione.

Demut (-/.) *s.f.* **1** umiltà **2** devozione.

denen *pron.dim.pl.dat.* ai quali, alle quali.

denken (dachte, gedacht) *v.tr.* **1** pensare; ponderare **2** pensare, ideare **3**

Dichtung

pensare, giudicare ♦ *v.intr.* **1** ragionare, pensare **2** pensare, essere d'animo **3** credere, ritenere **4** (*an +acc.*) pensare (a) **5** (*über +acc.*) pensare (di).

Denkmal (-s,-mäler) *s.n.* monumento.

Denkmalschutz (-es/.) *s.m.* tutela dei monumenti.

Denkzettel (-s,-) *s.m.* (*fam.*) avvertimento, lezione: *jdm. einen – verpassen,* dare una bella lezione a qlcu.

denn *cong.* **1** perché, poiché **2** (*in proposizioni comparative*) lieber – je, più volentieri che mai ♦ *part.rafforzativa* allora; dunque; ma: *wieso –,* e come mai?

dennoch *avv.* tuttavia, ugualmente.

Deo (-s,-) *s.n. abbr. di →* **Deodorant.**

Deodorant (-s,-s/-e) *s.n.* deodorante.

deponieren *v.tr.* depositare.

Depot (-s,-s) *s.n.* deposito.

der[1] *art.det.m.nom.sing.* il, lo *art.det.f.gen. e dat.sing.* della, alla *art.det.pl.m.gen.* dei, degli, delle.

der[2] *pron.dim.m.sing.* questo, costui, quello.

der[3] *pron.rel.m.sing.* che, il quale.

derartig *agg.* simile, del genere.

derb *agg.* **1** grezzo; ruvido **2** (*fig.*) rude; volgare: *derbe Witze,* barzellette sporche.

dergleichen *agg.dim.inv.* simile, del genere.

derjenige *pron.dim.m.sing.* colui, quello.

derselbe *agg.dim.m.sing.* stesso, medesimo.

derzeit *avv.* attualmente, al momento.

derzeitig *agg.* attuale.

desertieren *v.intr.* disertare.

deshalb *cong.* perciò, per questo motivo ♦ *avv.* perciò | *eben –,* proprio per questo.

desinfizieren *v.tr.* disinfettare.

desto *avv.* (*davanti a proposizione comparativa*) tanto: *je mehr man hat, – mehr möchte man,* quanto più si possiede, tanto più si vorrebbe.

Detail (-s,-s) *s.n.* dettaglio, particolare.

Detektivbüro (-s,-s) *s.n.* agenzia d'investigazioni.

Detektor (-s,-en) *s.m.* rivelatore.

deuten *v.tr.* interpretare ♦ *v.intr.* (*auf +acc.*) **1** indicare **2** far pensare.

deutlich *agg.* **1** chiaro, evidente **2** (*fig.*) schietto ♦ *avv.* **1** chiaramente **2** sensibilmente **3** in modo schietto.

deutsch *agg.* tedesco ♦ *avv.* in tedesco.

Deutsch (-en/.) *s.n.* la lingua tedesca.

Deutsche(r) (-n,-n) *s.m./f.* tedesco/a.

Deutung (-,-en) *s.f.* interpretazione.

Devise[1] (-/.) *s.f.* motto.

Devise[2] (-,-n) *s.f.* (*pl.*) valuta estera.

Dezember (-s,-) *s.m.* dicembre.

dezent *agg.* **1** discreto, delicato **2** (*di colore*) smorzato.

Dezernat (-s,-e) *s.n.* sezione, assessorato.

Dia (-s,-s) *s.n. abbr. di →* **Diapositiv.**

Diagnose (-,-n) *s.f.* diagnosi.

diagnostizieren *v.tr.* diagnosticare.

Dialekt (-s,-e) *s.m.* dialetto.

Diapositiv (-s,-e) *s.n.* diapositiva.

Diät (-,-) *s.f.* dieta.

Diäten *s.pl.* indennità giornaliera (per parlamentari); rimborso spese.

dicht *agg.* **1** fitto **2** a tenuta stagna.

dichten[1] *v.intr.* scrivere poesie ♦ *v.tr.* scrivere, comporre.

dichten[2] *v.tr.* impermeabilizzare.

Dichtung (-,-en) *s.f.* **1** poesia **2** invenzione.

Dichtung² (-,-en) *s.f.* (*tecn.*) guarnizione.

dic... *agg.* **1** grosso **2** grasso; corpulento; *etwas – haben*, (*fam.*) essere stufo di qlco.; *mit jdm. durch – und dünn gehen*, essere inseparabili.

Dickdarm (-s,-därme) *s.m.* intestino crasso.

Dickhäuter (-s,-) *s.m.* pachiderma (*anche fig.*).

Dickkopf (-es,-köpfe) *s.m.* testardo.

die¹ *art.det.f.nom. e acc.sing.* la ♦ *art.det.nom. e acc.pl.* i, gli, le.

die² *art.det.f.nom. e acc.sing.* questa, quella ♦ *pron.dim.nom. e acc. pl.* quelli, quelle.

die³ *art.det.f.nom. e acc.sing.* che, la quale ♦ *pron.rel.nom. e acc.pl.* che, i quali, le quali.

Dieb (-es,-e) *s.m.* ladro.

Diebstahl (-s,-stähle) *s.m.* furto.

Diele (-,-n) *s.f.* **1** ingresso, anticamera **2** asse, tavola.

dienen *v.intr.* **1** (+*dat.*) servire (*anche fig.*) **2** essere d'aiuto: *womit kann ich Ihnen –?*, posso esserLe d'aiuto? **3** (*als*) servire da.

Diener (-s,-) *s.m.* **1** servitore **2** inchino.

Dienst (-es,-e) *s.m.* servizio.

Dienstag (-s,-e) *s.m.* martedì.

Dienstgespräch (-s,-e) *s.n.* (*tel.*) comunicazione di servizio.

Dienstleistungsbetrieb (-s,-e) *s.m.* società di servizi.

Dienstreise (-,-n) *s.f.* viaggio per motivi di lavoro.

dies *pron.dim.inv.* questo, questa, questi, queste.

diese *agg.dim.f.nom. e acc.sing.* questa ♦ *pron.dim.f.nom. e acc.* questa ♦ *agg. e pron.dim.nom. e acc. pl.* questi, queste.

dieselbe *pron.dim.f. nom. e acc.sing.* la stessa, la medesima ♦ *agg.dim.f.sing.* stessa, medesima.

Diesel¹ (-,-s) *s.m. abbr.* → **Dieselmotor**.

Diesel² (-s,-) *s.m.* carburante diesel.

Dieselmotor (-s,-en) *s.m.* motore diesel.

dieser *agg.dim.m.nom.sing.* questo ♦ *pron.dim.m.nom.sing.* ciò, questo.

diesig *agg.* nebbioso, con foschia.

diesseits *prep.* (+*gen.*) al di qua di ♦ *avv.* di qua.

Diesseits (-/-) *s.n.* vita terrena.

Dietrich (-s,-e) *s.m.* grimaldello.

Diktat (-s,-e) *s.n.* **1** dettato **2** imposizione.

Diktatur (-,-en) *s.f.* dittatura.

DIN *abbr. di Deutsche Industrie-Norm*, norma industriale tedesca.

Ding (-s,-e) *s.n.* cosa; oggetto: *persönliche Dinge anvertrauen*, confidare questioni personali; *so wie die Dinge liegen*, stando così le cose.

dinglich *agg.* **1** concreto, materiale **2** (*dir.*) reale.

Diphtherie (-,-n) *s.f.* (*med.*) difterite.

Diplom (-s,-e) *s.n.* **1** diploma; laurea **2** attestato.

Diplomat (-en,-en) *s.m.* diplomatico.

direkt (-,-) *agg.* **1** diretto **2** (*di persona*) schietto ♦ *avv.* **1** direttamente **2** (*tv*) in diretta.

Dirigent (-en,-en) *s.m.* direttore d'orchestra.

Dirndl (-s,-s) *s.n.* **1** (*austr. e ted.sud*) ragazzina **2** *abbr. di* → **Dirndlkleid**.

Dirndlkleid (-es,-er) *s.n.* tipico costume femminile austriaco e bavarese.

Diskette (-,-n) *s.f.* (*inform.*) floppy disk; dischetto.

Disko (-,-s) *s.f. abbr.* → **Diskothek.**
Diskont (-es,-e) *s.m.* tasso di sconto.
Diskothek (-,-en) *s.f.* discoteca.
Diskus (-,-kusse/sken) *s.m.* (*sport*) disco.
Dissertation (-,-en) *s.f.* tesi del dottorato di ricerca.
Distel (-,-n) *s.f.* cardo.
Distrikt (-s,-e) *s.n.* distretto.
Disziplin (-, -en) *s.f.* **1** (*sing.*) disciplina: – *halten*, mantenere la disciplina **2** materia; disciplina.
d.J. *abbr. di dieses Jahres*, dell'anno in corso.
doch *cong.* ma, però ♦ *part.raff.* proprio ♦ (*in risposta ad una domanda negativa*) sì.
Docht (-es,-e) *s.m.* stoppino.
Dock (-es,-s) *s.n.* **1** bacino di carenaggio **2** cantiere navale.
Dogge (-,-n) *s.f.* alano.
Dohle (-,-n) *s.f.* taccola.
Doktor (-s,-en) *s.m.* **1** dottore **2** medico.
Doktrin (-,-en) *s.f.* dottrina.
Dokument (-s,-e) *s.n.* documento; attestato.
Dolch (-es,-e) *s.m.* pugnale.
dolmetschen *v.tr.* tradurre a voce ♦ *v.intr.* fare da interprete.
Dolmetscher (-s,-) *s.m.* (*f.*-in/-innen) interprete.
Dom (-es,-e) *s.m.* duomo, cattedrale.
Domäne (-,-n) *s.f.* **1** demanio **2** (*fig.*) specialità, campo di competenza.
Dompteur (-s,-e) *s.m.* domatore.
Donner (-s,-) *s.m.* **1** tuono **2** rombo.
donnern *v.imp.* tuonare ♦ *v.tr.* **1** rombare **2** (*fam.*) picchiare con violenza; sbattere.
Donnerstag (-s,-e) *s.m.* giovedì.

Donnerwetter (-s,-) *s.n.* **1** sfuriata **2** (*escl.*) accipicchia!
doof *agg.* tonto, scemo.
dopen *v.tr.* (*sport*) drogare.
Doppel (-s,-) *s.n.* **1** copia, duplicato **2** (*sport*) doppio: *ein gemischtes –*, un doppio misto.
Doppelbett (-s,-en) *s.n.* letto a due piazze.
Doppeldecker (-s,-) *s.m.* **1** (*aereo*) biplano **2** autobus a due piani.
doppeldeutig *agg.* ambiguo; equivoco.
Doppelgänger (-s,-) *s.m.* sosia.
doppelt *agg.* **1** doppio, duplice **2** (*fig.*) doppio, ambiguo ♦ *avv.* doppio, due volte | – *genäht hält besser*, la prudenza non è mai troppa; – *gemoppelt*, detto e ridetto.
Dorf (-es, Dörfer) *s.n.* paese, villaggio.
Dorn[1] (-es,-en) *s.m.* spina.
Dorn[2] (-es,-e) *s.m.* (*tecn.*) **1** mandrino **2** puntale.
dörren *v.tr.* **1** seccare **2** disidratare.
Dörrobst (-es/.) *s.n.* frutta essiccata.
Dorsch (-es,-e) *s.m.* merluzzo.
dort *avv.* là, lì, ci: *von – aus*, da lì | – *oben*, lassù; – *hinten*, là dietro; – *unten*, laggiù.
dorther *avv.:* *von –*, di là, di lì.
dorthin *avv.* (*moto a luogo*) lì, là: *bis –*, fino là.
dortig *agg.* di quel luogo, di là.
Dose (-,-n) *s.f.* **1** barattolo; scatola di conserva **2** (*tecn.*) presa (di corrente).
Dosenöffner (-s,-) *s.m.* apriscatole.
dösen *v.intr.* sonnecchiare.
Dosis (-, Dosen) *s.f.* dose.
dotiert *agg.* **1** dotato, rifornito **2** remunerato, retribuito.
Dotter (-s,-) *s.m./n.* tuorlo.
Doublé (-s,-s) *s.n.* placcato d'oro.

dozieren *v.intr.* insegnare all'università.
Dr. *abbr. di* → Doktor.
Drache (-ns,-n) *s.m.* drago.
Drachen (-s,-) *s.m.* 1 aquilone 2 (*sport*) deltaplano 3 (*fam.*) strega.
Dragée (-s,-s) *s.n.* 1 confetto 2 pillola.
Draht (-es, Drähte) *s.m.* filo metallico | *auf - sein*, (*fig.*) essere in gamba.
Drahtesel (-s,-) *s.m.* (*fam.*) bicicletta.
Drall (-s,-e) *s.m.* 1 torsione 2 (*fam.*) inclinazione.
Drama (-s, Dramen) *s.n.* dramma.
Drang (-es, Dränge) *s.m.* 1 stimolo, impulso 2 pressione, spinta.
drängen *v.tr.* spingere; incitare.
drastisch *agg.* drastico.
Draufgänger (-s,-) *s.m.* persona spavalda; scavezzacollo.
draußen *avv.* (*stato in luogo*) fuori.
drechseln *v.tr.* tornire (*anche fig.*).
Dreck (-s/,) *s.m.* 1 sporcizia 2 fango, melma 3 porcheria: *kauf nicht jeden –!*, non comperare queste porcherie! 4 (*fam.*) faccende; affari: *mach deinen – alleine!*, sbrigatela da solo!
dreckig *agg.* 1 sporco 2 volgare.
Drehbuch (-s,-bücher) *s.n.* copione, sceneggiatura.
drehen *v.tr.* 1 girare, far girare 2 arrotolare 3 (*tecn.*) lavorare al tornio ♦ *v.intr.* 1 girarsi; virare 2 (*fig.*) vertere.
Drehmoment (-s,-e) *s.n.* momento torcente.
Drehorgel (-,-n) *s.f.* (*mus.*) organetto.
Drehscheibe (-,-n) *s.f.* piattaforma girevole.
Drehstrom (-s,-ströme) *s.m.* corrente trifase.
Drehzahl (-,-en) *s.f.* (*tecn.*) numero di giri.
Drei (-,-en) *s.f.* 1 (*voto scol.*) sette 2 (*carte, dadi*) tre.
Dreieck (-s,-e) *s.n.* triangolo.
Dreieinigkeit (-/.) *s.f.* Trinità.
dreifach *agg.* triplice, triplo ♦ *avv.* 1 tre volte tanto 2 in tre parti.
Dreikampf (-s,-kämpfe) *s.m.* (*sport*) triatlon.
Dreikönigsfest (-es,-e) *s.n.* Epifania.
drein-reden *v.intr.* intromettersi, ficcare il naso.
Dreirad (-es,-räder) *s.n.* 1 triciclo 2 furgoncino a tre ruote.
Dreisprung (-s,-sprünge) *s.m.* (*sport*) salto triplo.
dreist *agg.* 1 arrogante 2 sfacciato.
Dreizack (-es,-e) *s.m.* tridente.
dreizehn *agg.num.card.inv.* tredici (*numero portasfortuna*) | *jetzt schlägt's aber dreizehn!*, è il colmo!
dressieren *v.tr.* 1 (*di animali*) addestrare 2 (*gastr.*) condire, guarnire.
Dressing (-s,-s) *s.n.* 1 condimento per insalata 2 ripieno per pollame arrosto.
dribbeln *v.intr.* (*sport*) dribblare.
Drift (-,-en) *s.f.* 1 corrente di deriva 2 deriva.
Drill (-s/,) *s.m.* 1 addestramento rigido 2 educazione rigida.
drillen *v.tr.* 1 addestrare 2 trapanare.
dringen (drang, gedrungen) *v.intr.* 1 (*in +acc.*) penetrare, entrare (*anche fig.*) 2 (*in +acc.*) far pressione (su) 3 (*auf +acc.*) pretendere.
dringend *agg.* 1 urgente, impellente 2 insistente ♦ *avv.* urgentemente.
dritt, zu *locuz.avv.* a tre, in tre.
Drittel (-s,-) *s.n.* un terzo, la terza parte.
dritteln *v.tr.* dividere in tre parti.
droben *avv.* lassù, in alto.

Droge (-,-n) *s.f.* droga, stupefacente: *harte Drogen*, droghe pesanti; *weiche Drogen*, droghe leggere.
drogenabhängig *agg.* tossicodipendente.
Drogerie (-,-n) *s.f.* drugstore.
drohen *v.intr.* (+*dat.*) **1** minacciare ♦ incombere ♦ *v.imp.* minacciare.
dröhnen *v.intr.* rimbombare.
Drohung (-,-en) *s.f.* minaccia, intimidazione.
drollig *agg.* buffo, divertente.
drosseln *v.tr.* (*fig.*) limitare, ridurre, abbassare.
drüben *avv.* di là; dall'altra parte.
Druck[1] (-es, Drücke) *s.m.* pressione: *unter – stehen*, (*fam.*) essere sotto pressione.
Druck[2] (-es,-e) *s.m.* stampa: *in – gehen*, andare in stampa **2** (*di stampa*) caratteri.
drucken *v.tr.* **1** stampare **2** pubblicare.
drücken *v.tr.* **1** premere **2** (*fig.*) stringere: *an sich –*, stringere a sé **3** (*di prezzo*) comprimere ♦ *v.intr.* **1** essere stretto **2** (*fig.*) opprimere ♦ *sich – v.pron.* (*fam.*) **1** svignarsela **2** (*vor/von* +*dat.*) defilarsi (da).
Drucker (-s,-) *s.m.* (*inform.*) stampante **2** tipografo.
Drücker (-s,-) *s.m.* **1** pulsante | *auf den letzten –*, all'ultimo momento; *am – sitzen*, stare nella stanza dei bottoni **2** (*di arma*) grilletto.
Druckerei (-,-en) *s.f.* tipografia.
Druckfehler (-s,-) *s.m.* errore di stampa, refuso.
Drucksache (-,-n) *s.f.* (*posta*) stampe.
Druckschrift (-,-en) *s.f.* **1** stampatello **2** stampato.

Drüse (-,-n) *s.f.* ghiandola.
Dschungel (-s,-) *s.m.* giungla (*anche fig.*).
du *pron.pers.nom.sing.* tu.
Dübel (-s,-) *s.m.* tassello.
Dudelsack (-es,-säcke) *s.m.* cornamusa; zampogna.
Duell (-s,-e) *s.n.* duello: *jdm. zum – herausfordern*, sfidare qlcu. a duello.
Duett (-s,-e) *s.n.* duetto.
Duft (-es, Düfte) *s.m.* profumo; aroma.
dulden *v.tr.* **1** sopportare **2** permettere.
duldsam *agg.* indulgente; tollerante.
dumm *agg.* scemo, stupido | *sich – stellen*, fare lo gnorri; *jdn. für – verkaufen*, gabbare qlcu.
Dummheit (-,-en) *s.f.* **1** (*sing.*) stupidità **2** sciocchezza.
dumpf *agg.* **1** (*di suono*) cupo **2** (*di aria*) pesante **3** apatico.
Düne (-,-n) *s.f.* duna.
Düngemittel (-s,-) *s.n.* fertilizzante, concime.
düngen *v.tr.* concimare.
Dünger (-s,-) *s.m.* concime: *Kunstdünger*, concime chimico.
dunkel *agg.* **1** scuro **2** vago **3** losco **4** sordo, cupo.
Dunkelheit (-/.) *s.f.* oscurità; buio.
Dunkelziffer (-,-n) *s.f.* quota, cifra non ufficiale.
dünn *agg.* **1** sottile **2** acquoso **3** (*abbigl.*) leggero **4** esile **5** (*luce*) fioco.
Dünndarm (-s,-därme) *s.m.* intestino tenue.
dünnflüssig *agg.* fluido.
Dunst (-es, Dünste) *s.m.* **1** foschia, nebbia **2** fumo; esalazione.
dünsten *v.tr.* (*gastr.*) stufare ♦ *v.intr.*

Dunstglocke

(*gastr.*) cuocersi nel sugo.
Dunstglocke (-,-n) *s.f.* cappa di smog.
dunstig *agg.* velato; caliginoso.
Dur *s.n.inv.* (*mus.*) modo maggiore.
durch *prep.* (+*acc.*) **1** (*luogo*) attraverso **2** (*causa*) a causa di **3** (*modo*) per mezzo di **4** (*tempo*) durante, per: *das ganze Jahr –*, per tutto l'anno ♦ *avv.* **1** cotto: *das Fleisch ist –*, la carne è ben cotta **2** completamente: *– und – naß sein*, essere bagnati completamente ♦ elemento mobile di verbi separabili.
durch-arbeiten *v.intr.* lavorare senza interruzione ♦ *v.tr.* studiare a fondo.
durchaus *avv.* assolutamente.
durch-blättern *v.tr.* dare una scorsa a, sfogliare.
Durchblick (-s,-e) *s.m.* (*fig.*) visione d'insieme.
durch-blicken *v.intr.* **1** guardare attraverso **2** (*fig.*) capire.
durchblutet *agg.* irrorato di sangue.
durch-brechen (brach durch, durchgebrochen) *v.tr.* spezzare in due ♦ *v. intr.* **1** spezzarsi **2** spuntare; apparire (*anche fig.*).
durchbrechen (durchbrach, durchbrochen) *v.tr.* **1** sfondare, forzare **2** violare.
durch-brennen (brannte durch, durchgebrannt) *v.tr.* **1** (*di lampadina*) fulminarsi **2** tagliare la corda.
Durchbruch (-s,-brüche) *s.m.* **1** sfondamento (*anche fig.*) **2** (*di malattia*) insorgenza **3** breccia, apertura.
durch-drehen *v.intr.* perdere la testa.
durch-dringen (drang durch, durchgedrungen) *v.tr.* **1** (*di notizia*) trapelare **2** penetrare (*anche fig.*).
durchdringen (durchdrang, durchdrungen) *v.tr.* **1** trapassare **2** (*fig.*)

impregnare.
durch-drücken *v.tr.* **1** far passare spingendo **2** (*fam.*) imporre.
durcheinander *avv.* disordinatamente: *alles – trinken*, bere in modo disordinato diverse bevande ♦ elemento mobile di verbi separabili.
Durchfahrt (-,-en) *s.f.* passaggio, transito.
Durchfall (-s,-fälle) *s.m.* (*med.*) diarrea.
durch-fallen (fiel durch, durchgefallen) *v.intr.* **1** cadere **2** (*teatr.*) non aver successo, far fiasco **3** (*scuola, esami*) essere bocciato.
durch-forschen *v.tr.* **1** esplorare (*anche fig.*) **2** perlustrare.
durch-fragen, sich *v.pron.* chiedere in giro (per avere informazioni).
durchführbar *agg.* realizzabile, fattibile.
Durchführungsbestimmung (-,-en) *s.f.* norma di applicazione.
Durchgang (-s,-gänge) *s.m.* **1** passaggio, transito **2** corridoio **3** fase.
durch-geben (gab durch, durchgegeben) *v.tr.* trasmettere.
durch-gehen (ging durch, durchgegangen) *v.intr.* **1** passare (*anche fig.*) **2** scappare **3** perdere il controllo ♦ *v.tr.* rivedere, esaminare **2** proseguire per.
durchgehend *agg.* continuato, ininterrotto.
durch-greifen (griff durch, durchgegriffen) *v.intr.* **1** (*fig.*) intervenire drasticamente **2** passare la mano attraverso qlco.
durch-halten (hielt durch, durchgehalten) *v.tr. e intr.* resistere a.
durch-helfen (half durch, durchgeholfen) *v.intr.* (+*dat.*) **1** (*durch*) aiutare a

passare attraverso 2 aiutare a superare una difficoltà.
durch-ixen *v.tr.* cancellare con delle crocette.
durch-kämmen *v.tr.* 1 pettinare bene 2 perlustrare.
durch-kämpfen, sich *v.pron.* farsi faticosamente strada (*anche fig.*).
durch-kommen (kam durch, durchgekommen) *v.intr.* 1 passare attraverso 2 (*fam.*) cavarsela 3 (*scuola*) essere promosso 4 (*tel.*) ottenere la linea 5 spuntarla 6 attraversare 7 (*di notizia*) giungere.
durchkreuzen *v.tr.*(*fig.*) intralciare.
Durchlaß (-lasses,-lässe) *s.m.* passaggio.
durchlässig *agg.* permeabile, poroso.
durchlaufen (durchlief, durchlaufen) *v.tr.* 1 percorrere 2 (*fig.*) pervadere.
Durchlauferhitzer (-s,-) *s.m.* scaldaacqua rapido.
durch-lesen (las durch, durchgelesen) *v.tr.* leggere dall'inizio alla fine.
durchleuchten *v.tr.* (*med.*) fare una radiografia.
durchlöchern *v.tr.* 1 perforare, crivellare 2 (*fig.*) minare.
durch-lüften *v.tr.* aerare, arieggiare.
durch-machen *v.tr.* 1 patire; sopportare 2 lavorare senza sosta ♦ *locuz.: die Nacht -*, far baldoria fino all'alba.
Durchmesser (-s,-) *s.m.* diametro.
durchqueren *v.tr.* attraversare.
durch-rechnen *v.tr.* 1 calcolare 2 verificare un calcolo.
Durchreiche (-,-n) *s.f.* passavivande.
Durchreise (-,-n) *s.f.* 1 transito 2 passaggio; luogo di passaggio.
durch-ringen, sich (rang durch, durchgerungen) *v.pron.* (*zu*) decidersi (a).

Durchsage (-,-n) *s.f.* comunicato, annuncio.
durch-schauen *v.tr.* guardare attraverso.
durchschauen *v.intr.* riuscire a capire ♦ *v.tr.* capire le intenzioni.
durch-schlafen (schlief durch, durchgeschlafen) *v.intr.* dormire senza interruzione.
Durchschlag (-s,-schläge) *s.m.* 1 copia carbone 2 (*tecn.*) perforazione.
durch-schlagen, sich (schlug durch, durchgeschlagen) *v.pron.* 1 (*fig.*) tirare avanti 2 (*bis*) riuscire a raggiungere.
Durchschlupf (-s,-e) *s.m.* passaggio stretto.
Durchschnitt (-s,-e) *s.m.* 1 media 2 (*arch.*) sezione.
durchschnittlich *agg.* 1 medio 2 mediocre ♦ *avv.* 1 in media 2 in genere.
Durchschrift (-,-en) *s.f.* copia.
durch-setzen *v.tr.* affermare, imporre ♦ *sich -, v.pron.* affermarsi.
Durchsicht (-/.) *s.f.* controllo, revisione; verifica.
Durchsichtigkeit (-/.) *s.f.* 1 trasparenza 2 evidenza.
durch-streichen (strich durch, durchgestrichen) *v.tr.* depennare.
durchströmen *v.tr.* 1 attraversare 2 (*fig.*) pervadere.
Durchsuchung (-,-en) *s.f.* perquisizione.
durchtrieben *agg.* scaltro, malizioso.
durchwachsen *agg.* venato | *durchwachsener Speck*, pancetta.
durch-wählen *v.intr.* formare un numero in teleselezione.
durchwegs *avv.* senza eccezione, completamente.

durchwühlen *v.tr.* frugare, rovistare in.
durch·ziehen¹ (zog durch, durchgezogen) *v.tr.* 1 infilare 2 portare a termine ♦ *v.intr.* passare, passare volando.
durchziehen² (durchzog, durchzogen) *v.tr.* 1 pervadere 2 (*fiume, strada*) attraversare.
durchzucken *v.tr.* 1 balenare 2 assalire repentinamente.
Durchzug (-s,-züge) *s.m.* 1 corrente d'aria 2 passaggio.
dürfen (durfte, gedurft) *v.intr. modale* potere, avere il permesso di | *darf ich?, posso?*, è permesso?
dürftig *agg.* 1 misero, povero 2 insufficiente.
dürr *agg.* 1 secco, arido 2 scarno, magro.
Dürre (-/.) *s.f.* 1 siccità 2 magrezza.
Durst (-es/.) *s.m.* sete | *einen über den – trinken*, alzare un po' il gomito.
durstig *agg.* assetato.
Dusche (-,-n) *s.f.* doccia | *eine kalte – bekommen*, avere una delusione.
duschen *v.intr.* fare la doccia ♦ *sich – v.pron.* farsi la doccia.
Düse (-,-n) *s.f.* 1 ugello 2 (*auto*) iniettore 3 getto.
duselig *agg.* (*fam.*) tonto.
Düsenflugzeug (-es,-e) *s.n.* aereo a reazione.
düster *agg.* 1 scuro 2 (*fig.*) deprimente.
Dutzend (-es,-e) *s.n.* dozzina.
Dutzendware (-,-n) *s.f.* merce corrente.
dutzendweise *avv.* a dozzine.
duzen *v.tr.* dare del tu.
Dynamik (-/.) *s.f.* 1 dinamica 2 (*fig.*) dinamismo, slancio.
D-Zug (-es,-züge) *s.m.* direttissimo.

E

E, e *s.n.inv.* (*mus.*) mi.
Ebbe (-,-n) *s.f.* bassa marea.
ebd. *abbr. di* → **ebenda.**
eben¹ *agg.* 1 piano 2 piatto.
eben² *avv.* 1 appena, proprio ora 2 proprio, precisamente.
ebenda *avv.* (*nelle citazioni*) ibidem.
Ebenbild (-es,-er) *s.n.* immagine, ritratto vivente.
Ebene (-,-n) *s.f.* 1 pianura 2 piano 3 (*fig.*) livello.
ebenerdig *agg.attr.* a pian terreno.
ebenfalls *avv.* 1 altrettanto 2 anche; (*in prop.negative*) neanche.
ebenso *avv.* allo stesso modo.
ebensoviel *avv.* altrettanto.
ebensowenig *avv.* altrettanto poco: – *wie*, tanto poco quanto.
ebnen *v.tr.* livellare; spianare; *jdm. den Weg –*, spianare la strada a qlcu.
Echo (-s,-s) *s.n.* eco (*anche fig.*)
echt *agg.* 1 vero, sincero 2 genuino 3 naturale, puro 4 tipico.
Ecke (-,-n) *s.f.* 1 angolo (*anche fig.*): *an allen -n und Enden*, dappertutto 2 spigolo.
eckig *agg.* 1 angolare; spigoloso: *eckige Klammer*, parentesi quadra 2 maldestro, goffo.
Eckzahn (-es,-zähne) *s.m.* (*dente*) canino.
edel *agg.* 1 nobile, magnanimo 2 nobile; prezioso 3 purosangue.
Edelstein (-s,-e) *s.m.* pietra preziosa.
Edelweiß (-es,-e) *s.n.* stella alpina.
EDV *abbr. di* → **elektronische Datenverarbeitung.**
Efeu (-s/.) *s.m.* edera.

Effekten *s.pl.* (*fin.*) titoli.
effizient *agg.* efficace ♦ *avv.* in modo efficace.
egal *agg.* 1 uguale 2 indifferente: *das ist mir –*, per me è lo stesso.
ehe *cong.* 1 prima di 2 piuttosto: *ich dich darum bitte, verzichte doch darauf*, piuttosto che chiedertelo ci rinuncio.
Ehe (-,-n) *s.f.* matrimonio: *wilde –*, convivenza.
Ehebruch (-s,-brüche) *s.m.* adulterio.
Eheleute *s.pl.* coniugi, sposi.
ehelich *agg.* 1 coniugale 2 legittimo.
ehemalig *agg.* 1 ex: *mein ehemaliger Freund*, il mio ex 2 di una volta.
Ehepaar (-s,-e) *s.n.* coniugi, sposi.
eher *avv.* 1 prima: *komm bitte –*, vieni prima, per favore 2 meglio: *morgen würde es mir – passen*, domani mi andrebbe meglio 3 piuttosto: *er ist – zurückhaltend*, è piuttosto riservato
Ehering (-s,-e) *s.m.* fede nuziale.
Ehescheidung (-,-en) *s.f.* divorzio.
Ehre (-/.) *s.f.* onore: *es ist mir eine –*, è per me un onore; *jdm. die – abschneiden*, diffamare qlcu.
ehrenamtlich *agg.* onorario.
Ehrenwort (-es,-wörter) *s.n.* parola d'onore: *auf –*, sulla parola.
Ehrgeiz (-es/.) *s.m.* ambizione.
ehrlich *agg.* 1 onesto, retto 2 sincero, leale ♦ *avv.* onestamente; sinceramente.
Ei (-es,-er) *s.n.* 1 uovo: *hartes –*, uovo sodo; *weiches –*, uovo alla coque | *jdn. wie ein rohes – behandeln*, trattare qlcu. con i guanti 2 (*pl.*) palle: *jdm. auf die –er gehen*, rompere le palle a qlcu.
Eiche (-,-n) *s.f.* (*bot.*) quercia.
Eid (-es,-e) *s.m.* giuramento: *einen – leisten*, prestare giuramento.
Eidechse (-,-n) *s.f.* lucertola.
eidesstattlich *agg.* sotto il vincolo del giuramento.
Eidgenosse (-n,-n) *s.m.* 1 cittadino elvetico 2 confederato.
Eidgenossenschaft (-/.) *s.f.*: *Schweizerische –*, Confederazione elvetica.
Eidotter (-s,-) *s.m./n.* tuorlo.
Eieruhr (-,-en) *s.f.* contaminuti per le uova.
Eifer (-s/.) *s.m.* zelo; foga, fervore; entusiasmo | *im – des Gefechtes*, (*fig.*) nella foga.
Eifersucht (-/.) *s.f.* gelosia: *aus –*, per gelosia.
Eigelb (-s,-e) *s.n.* tuorlo.
eigen *agg.* 1 proprio (*anche fig.*): *sein -er Herr sein*, essere padrone di se stesso 2 indipendente: *ein –er Eingang*, un ingresso indipendente 3 tipico, caratteristico 4 strano, particolare.
eigenartig *agg.* 1 insolito, strano 2 caratteristico, tipico.
Eigenliebe (-/.) *s.f.* amor proprio.
eigenmächtig *agg.* arbitrario, ingiustificato ♦ *avv.* di propria iniziativa.
Eigenname (-ns,-n) *s.m.* nome proprio.
eigens *avv.* 1 appositamente 2 espressamente.
Eigenschaft (-,-en) *s.f.* 1 qualità; pregi 2 caratteristica, proprietà 3 funzione.
eigensinnig *agg.* caparbio; ostinato.
eigentlich *agg.* 1 vero, proprio 2 originario ♦ *avv.* effettivamente; realmente.
Eigentum (-s/.) *s.n.* proprietà | (*dir.*) *geistiges –*, proprietà delle opere dell'ingegno.

eigenwillig

eigenwillig *agg.* 1 ostinato, testardo 2 eccentrico.

eignen, sich *v.pron.* (*als, für, zu*) essere adatto (per/come).

Eilbote (-n,-n) *s.m.* corriere espresso: *durch Eilboten*, per espresso.

Eilbrief (-s,-e) *s.m.* (lettera) espresso.

Eile (-/.) *s.f.* fretta: *in der –*, nella fretta 2 urgenza: *es hat keine –*, non è urgente.

eilen *v.intr.* 1 andare in fretta 2 essere urgente |*eilt!*, urgente!

eilig *agg.* 1 frettoloso, affrettato: *er hat es eilig*, ha fretta, va di fretta 2 urgente.

Eilzug (-s,-züge) *s.m.* (treno) direttto.

Eimer (-s,-) *s.m.* secchio | *im – sein*, (*fam.*) essere rovinato, rotto.

ein[1] *art.indet.* un, uno, una ♦ *agg.num.* uno, una: *es ist – Uhr*, è l'una.

ein[2] *avv.* dentro: *nicht mehr – noch aus wissen*, non sapere che pesci pigliare ♦ elemento mobile di verbi separabili.

einander *pron.* l'un l'altro, a vicenda, ci vi: *– begegnen*, incontrarsi.

ein-arbeiten *v.tr.* 1 addestrare sul posto di lavoro 2 inserire ♦ **sich** – *v.pron.* (*in +acc.*) impratichirsi (di).

ein-äschern *v.tr.* 1 cremare 2 ridurre in cenere.

Einbahnstraße (-,-n) *s.f.* strada a senso unico.

Einband (-es,-bände) *s.m.* copertina.

ein-bauen *v.tr.* 1 installare, montare 2 (*fig.*) (*in +acc.*) inserire (in).

ein-berufen (berief ein, einberufen) *v.tr.* 1 convocare 2 (*mil.*) chiamare alle armi.

ein-beziehen (bezog ein, einbezogen) *v.tr.* (*in +acc.*) 1 includere 2 (*fig.*) coinvolgere.

ein-bilden, sich *v.pron.* 1 immaginarsi; credere 2 (*auf +acc.*) vantarsi (di).

Einbildung (-/.) *s.f.* 1 immaginazione, illusione 2 presunzione.

ein-binden (band ein, eingebunden) *v.tr.* 1 avvolgere 2 (*edit.*) rilegare 3 coprire (con una copertina).

Einblick (-s,-e) *s.m.* 1 visione 2 (*fig.*) idea, impressione: *einen – in etwas gewinnen*, farsi un'idea di qlco.

ein-brechen (brach ein, eingebrochen) *v.tr.* 1 commettere un furto con scasso 2 sprofondare, crollare 3 (*in +dat.*) fare irruzione (in) 4 (*notte*) calare; sopraggiungere.

Einbruch (-s,-brüche) *s.m.* 1 furto con scasso 2 irruzione 3 crollo (*anche econ.*) 4 il calare: *bei – der Nacht*, al calare della notte.

ein-bürgern *v.tr.* naturalizzare, dare la cittadinanza a ♦ **sich** – *v.pron.* 1 prendere piede 2 prendere la cittadinanza.

Einbuße (-,-n) *s.f.* 1 (*an +dat.*) perdita (di) 2 danno 3 (*von*) riduzione (di).

ein-decken, sich *v.pron.* (*mit*) approvvigionarsi (di).

eindeutig *agg.* chiaro, evidente; inequivocabile.

ein-dringen (drang ein, eingedrungen) *v.intr.* 1 (*in +acc.*) penetrare (in), irrompere (in) 2 (*in +acc.*) (*mil.*) invadere.

eindringlich *agg.* insistente.

Eindruck (-s,-drücke) *s.m.* impressione.

ein-drücken *v.tr.* 1 sfondare 2 imprimere 3 ammaccare.

eindrucksvoll *agg.* 1 impressionante, imponente 2 convincente.

eineinhalb *agg.num.inv.* uno e mezzo.

ein-haken

eine(r,s) *pron.indef.* 1 uno 2 qualcuno, un tale 3 (*uso impers.*) si: *wie kann einer nur so denken!*, ma come si fa a pensare così!

einerseits *avv.* da un lato, da una parte.

einfach *agg.* 1 semplice 2 facile 3 alla buona ♦ *avv.* 1 modestamente, alla buona 2 solo: *Frankfurt, 1. Klasse, –*, Francoforte, 1.a classe, solo andata.

einfarbig *agg.* a tinta unita.

Einfahrt (-,-en) *s.f.* 1 entrata, ingresso, accesso: *– freihalten!*, lasciare libero il passaggio 2 arrivo.

Einfall (-s,-fälle) *s.m.* 1 idea 2 invasione.

Einfalt (-/-) *s.f.* 1 semplicità, candore 2 semplicioneria.

Einfassung (-,-en) *s.f.* 1 (*abbigl.*) bordatura 2 recinto 3 montatura.

Einfluß (-flusses,-flüsse) *s.m.* 1 influenza, influsso 2 effetto: *unter dem – von Alkohol stehen*, essere sotto l'effetto dell'alcol.

einförmig *agg.* uniforme, monotono; ripetitivo.

ein-frieren (fror ein, eingefroren) *v.tr.* congelare (*anche fig.*).

ein-fügen *v.tr.* (+*acc.*) inserire (in).

ein-führen *v.tr.* 1 (*comm.*) importare 2 (*in +acc.*) introdurre (in), iniziare (a) 3 lanciare: *ein neues Produkt –*, lanciare un nuovo prodotto 4 insediare (in una carica).

Einführung (-,-en) *s.f.* introduzione; avviamento.

Eingabe (-,-n) *s.f.* 1 petizione 2 (*inform.*) input, immissione.

Eingang (-s,-gänge) *s.m.* 1 entrata, ingresso; accesso 2 bocca: *der – des Magens*, la bocca dello stomaco 3 (*comm.*) ricevimento, ricevuta 4 (*pl.*) posta in arrivo 5 (*pl.*) entrate.

eingangs *avv.* all'inizio.

ein-geben (gab ein, eingegeben) *v.tr.* 1 (*inform.*) introdurre 2 (*med.*) somministrare 3 suggerire, ispirare.

eingebildet *agg.* 1 presuntuoso 2 immaginario, irreale.

Eingeborene (-n,-n) *s.m./f.* indigeno/a.

eingedenk *prep.* (+*gen.*) memore di.

ein-gehen (ging ein, eingegangen) *v.intr.* 1 giungere, arrivare 2 entrare 3 (*di animali*) morire 4 restringersi 5 (*auf +acc.*) interessarsi (di) | *auf Einzelheiten –*, scendere nei particolari 6 (*auf +acc.*) aderire (a) ♦ *v.tr.* fare, contrarre, stipulare: *eine Wette –*, fare una scommessa; *ein Risiko –*, correre un rischio.

eingehend *avv.* accuratamente, a fondo.

eingeschrieben *agg.* 1 iscritto, immatricolato 2 (*di posta*) raccomandato.

ein-gestehen (gestand ein, eingestanden) *v.tr.* ammettere, confessare.

eingetragen *agg.* registrato.

ein-gewöhnen, sich *v.pron.* (*in +acc.*) abituarsi (a).

ein-gipsen *v.tr.* 1 (*med.*) ingessare 2 fissare con il gesso.

ein-gliedern *v.tr.* (+*dat.*) incorporare (in) ♦ **sich –** *v.pron.* inserirsi.

ein-graben (grub ein, eingegraben) *v.tr.* sotterrare.

ein-gravieren *v.tr.* incidere.

Eingriff (-s,-e) *s.m.* 1 intervento (*anche med.*) 2 intromissione.

ein-haken *v.tr.* agganciare ♦ *v.intr.* (*fam.*) intervenire ♦ **sich –** *v.pron.*: *sich bei jdm. –*, prendere qlcu. a braccetto.

ein-halten (hielt ein, eingehalten) *v.tr.* 1 rispettare 2 mantenere ♦ *v.intr.* (*mit*) fermarsi, interrompere.

ein-hängen *v.tr.* 1 riappendere 2 incardinare ♦ *v.intr.* (*tel.*) riattaccare.

einheimisch *agg.* 1 indigeno 2 nostrano, locale.

Einheit (-,-en) *s.f.* unità.

einheitlich *agg.* 1 uniforme, omogeneo 2 unitario ♦ *avv.* in modo uniforme.

einhellig *agg.* unanime ♦ *avv.* all'unanimità.

ein-holen *v.tr.* 1 raggiungere 2 richiedere: *ein Angebot –*, richiedere un'offerta 3 ammainare.

ein-hüllen *v.tr.* (*in +acc.*) avvolgere (in) (*anche fig.*).

einig *agg.* 1 (*über*) d'accordo (su) 2 unito.

einige *agg.indef.* 1 (*sing.*) qualche, un po': *nach -r Zeit*, dopo un po' di tempo 2 (*pl.*) alcuni/e ♦ *pron.indef.* 1 (*sing.*) qualcosa 2 un bel po' 3 (*pl.*) alcuni/e.

einigen *v.tr.* 1 unire 2 mettere d'accordo ♦ **sich** *– v.pron.* (*auf +acc.*) accordarsi (su).

einigermaßen *avv.* abbastanza.

einjährig *agg.* 1 di un anno 2 annuale, che dura un anno.

ein-kalkulieren *v.tr.* 1 mettere in conto 2 (*fig.*) tenere conto di.

Einkauf (-s, -käufe) *s.m.* spesa; acquisto: *Einkäufe machen*, fare la spesa.

ein-kaufen *v.tr.* comperare ♦ *v.intr.* fare la spesa.

ein-kehren *v.intr.* 1 fermarsi (in un locale) 2 tornare: *es kehrt wieder Ruhe ein*, torna nuovamente la calma.

einklagbar *agg.* rivendicabile, esigibile.

Einklang (-s/.) *s.m.* 1 armonia, accordo 2 (*mus.*) unisono.

Einkommen (-s,-) *s.n.* reddito.

ein-kreisen *v.tr.* 1 accerchiare 2 circoscrivere.

Einkünfte *s.pl.* guadagno, entrate.

ein-laden (lud ein, eingeladen) *v.tr.* invitare.

Einladung (-,-en) *s.f.* invito.

Einlage (-,-n) *s.f.* 1 (*di calzature*) plantare 2 (*abbigl.*) rinforzo 3 (*med.*) otturazione 4 (*teatr.*) fuori programma 5 (*fin.*) deposito.

ein-leben, sich *v.pron.* ambientarsi.

ein-legen *v.tr.* 1 inserire, mettere (anche *fig.*) 2 (*gastr.*) conservare 3 (*banca*) depositare 5 presentare; opporre: *Berufung –*, fare ricorso.

ein-leiten *v.tr.* 1 introdurre 2 avviare.

Einleitung (-,-en) *s.f.* 1 introduzione; prefazione 2 avvio 3 (*mus.*) preludio.

ein-leuchten *v. intr.* essere chiaro: *das leuchtet mir ein*, lo capisco.

ein-liefern *v.tr.* 1 (*med.*) ricoverare 2 portare, trasportare.

ein-lösen *v.tr.* 1 incassare, riscuotere 2 riscattare 3 mantenere: *sein Wort –*, mantenere la parola.

einmal *avv.* 1 una volta 2 questa volta, un tempo 4 (*mat.*) uno per.

einmalig *agg.* 1 unico 2 straordinario.

Einmarsch (-es, -märsche) *s.m.* invasione (di truppe).

ein-mischen, sich *v.pron.* (*in +acc.*) intromettersi (in).

Einnahme (-,-n) *s.f.* 1 (*comm.*) incasso 2 (*pl.*) entrate 3 (*med.*) assunzione 4 (*mil.*) conquista.

ein-nehmen (nahm ein, eingenom-

ein-schüchtern

men) *v.tr.* **1** (*comm.*) riscuotere, incassare **2** (*med.*) assumere, ingerire **3** occupare.

ein-ordnen *v.tr.* ordinare, classificare ♦ **sich** – *v.pron.* inserirsi.

ein-packen *v.tr.* **1** imballare, impacchettare **2** avvolgere, coprire.

ein-pflanzen *v.tr.* **1** piantare **2** (*fig.*) inculcare **3** (*med.*) trapiantare.

ein-planen *v.tr.* progettare; prevedere.

einprägsam *agg.* facile da ricordare.

ein-quartieren *v.tr.* alloggiare.

ein-rahmen *v.tr.* incorniciare.

ein-räumen *v.tr.* **1** mettere in ordine **2** arredare **3** concedere, accordare.

ein-reden *v.tr.* mettere in testa, far credere ♦ *v.intr.*: *auf jdn.* –, cercare di convincere qlcu.

ein-reiben (rieb ein, eingerieben) *v.tr.* (*med.*) frizionare.

ein-reichen *v.tr.* presentare, inoltrare.

Einreise (-,-n) *s.f.* entrata, ingresso (in un paese).

ein-renken *v.tr.* **1** (*med.*) ridurre **2** (*fam.*) aggiustare, sistemare.

ein-richten *v.tr.* **1** arredare **2** fondare, istituire **3** installare **4** (*tecn.*) aggiustare ♦ **sich** – *v.pron.* **1** mettere su casa **2** arrangiarsi.

Einrichtung (-,-en) *s.f.* **1** arredamento **2** allestimento **3** istituzione, ente **4** impianto **5** (*med.*) riduzione **6** (*tecn.*) messa a punto.

eins *pron.indef.* una cosa, qualcosa: – *ist wichtig*, una cosa è importante ♦ *avv.* **1** una cosa sola: *mit jdm.* – *werden*, mettersi d'accordo con qlcu.; diventare una cosa sola **2** indifferente: *das ist mir* –, per me fa lo stesso.

einsam *agg.* **1** solo, solitario; appartato **2** deserto, spopolato.

Einsamkeit (-,-en) *s.f.* solitudine.

Einsatz (-es,-sätze) *s.m.* **1** impegno **2** aggiunta **3** (*nel gioco*) posta, puntata **4** uso, impiego **5** (*mil.*) operazione.

ein-schalten *v.tr.* **1** accendere, avviare **2** inserire (*anche elettr.*) **3** far intervenire.

ein-schärfen *v.tr.* **1** inculcare, intimare **2** raccomandare vivamente.

ein-schenken *v.tr.* versare, servire.

ein-schenken *v.tr.* spedire, inviare.

ein-schiffen (schlief ein, eingeschlafen) ♦ **sich** – *v.pron.* imbarcarsi.

ein-schlafen (schlief ein, eingeschlafen) *v.intr.* addormentarsi (*anche fig.*).

ein-schlagen (schlug ein, eingeschlagen) *v.tr.* **1** conficcare **2** spaccare **3** avvolgere; (*di libro*) ricoprire **4** (*di strada*) imboccare **5** (*abbigl.*) fare un risvolto (a) ♦ *v.intr.* **1** (*di fulmine, disgrazia*) colpire, abbattersi **2** avere successo **3** (*auto*) sterzare.

einschlägig *agg.* pertinente; del ramo.

ein-schließen (schloß ein, eingeschlossen) *v.tr.* **1** rinchiudere **2** (*fig.*) includere, comprendere ♦ **sich** – *v.pron.* rinchiudersi.

ein-schnappen *v.intr.* **1** chiudersi a scatto **2** (*fam.*) offendersi.

ein-schneidend *agg.* **1** incisivo, decisivo **2** energico, radicale.

ein-schränken *v.tr.* limitare, ridurre ♦ **sich** – *v.pron.* limitarsi, contenersi.

Einschreibebrief (-s,-e) *s.m.* lettera raccomandata.

ein-schreiten (schritt ein, eingeschritten) *v.intr.* intervenire, prendere provvedimenti.

ein-schüchtern *v.tr.* intimidire.

ein·sehen (sah ein, eingesehen) *v.tr.* 1 ammettere 2 rendersi conto 3 esaminare.

einseitig *agg.* 1 unilaterale 2 limitato ♦ *avv.* 1 su un lato solo 2 in modo incompleto 3 (*inform.*) unidirezionale.

ein·senden (sandte ein, eingesandt) *v.tr.* inviare, spedire.

ein·setzen *v.tr.* 1 piantare, inserire 2 impiegare 3 insediare.

Einsicht (-,-en) *s.f.* 1 visione, esame 2 comprensione 3 giudizio 4 convinzione.

Einsiedler (-s,-) *s.m.* eremita.

ein·sperren *v.tr.* (*in +acc.*) rinchiudere.

ein·springen (sprang ein, eingesprungen) *v.intr.* (*für*) supplire (a), sostituire.

Einspritzmotor (-s,-en) *s.m.* motore a iniezione.

Einspruch (-s,-sprüche) *s.m.* 1 protesta 2 reclamo 3 (*dir.*) obiezione.

einst *avv.* un tempo, un giorno.

ein·stecken *v.tr.* 1 intascare 2 imbucare 3 introdurre.

ein·steigen (stieg ein, eingestiegen) *v.intr.* 1 salire (su un veicolo) 2 (*fig.*) imbarcarsi.

ein·stellen *v.tr.* 1 assumere 2 (*tecn.*) regolare; mettere a fuoco 3 sospendere, interrompere ♦ **sich** – *v.pron.* (*auf +acc.*) adeguarsi (a), abituarsi (a).

Einstellung (-,-en) *s.f.* 1 mentalità 2 assunzione 3 (*tecn.*) messa a punto, regolazione 4 cessazione.

einstimmig *agg.* 1 unanime, concorde 2 (*mus.*) a una sola voce ♦ *avv.* 1 all'unanimità, di comune accordo 2 a una sola voce.

einstöckig *agg.* a un piano.

ein·strömen *v.intr.* affluire.

Einsturz (-es,-stürze) *s.m.* crollo.

einstweilen *avv.* 1 per il momento, per ora 2 intanto, nel frattempo.

Eintagsfliege (-,-n) *s.f.* 1 (*fig.*) fuoco di paglia 2 (*zool.*) efemera.

ein·tauchen *v.tr.* immergere ♦ *v.intr.* immergersi.

ein·teilen *v.tr.* 1 (*in +acc.*) suddividere (in) 2 organizzare: *seine Zeit* –, organizzare il proprio tempo 3 assegnare: *jdn. für eine Arbeit* –, assegnare il lavoro a qlcu.

eintönig *agg.* monotono.

Eintopf (-s,-töpfe) *s.m.* minestrone.

Eintrag (-s,-träge) *s.m.* 1 registrazione 2 (*scol.*) nota.

einträglich *agg.* redditizio.

ein·treffen (traf ein, eingetroffen) *v.intr.* 1 arrivare 2 avverarsi, accadere.

ein·treten (trat ein, eingetreten) *v.intr.* 1 entrare 2 cominciare: *in Verhandlungen* –, cominciare le trattative 3 verificarsi 4 sostenere: *für jdn.* –, intercedere per qlcu.

Eintritt (-s,-e) *s.m.* entrata, ingresso; – *frei*, entrata libera; – *verboten*, vietato l'accesso.

ein·trocknen *v.intr.* seccarsi, asciugarsi.

ein·tunken *v.tr.* (*in +acc.*) inzuppare (in).

ein·verleiben *v.tr.* (*in +acc.*) incorporare, annettere.

Einvernahme (-,-n) *s.f.* (*austr./svizz.*) interrogatorio.

Einvernehmen (-s/-.) *s.n.* accordo, intesa.

einverstanden *agg.* consenziente ♦ *avv.* d'accordo: *ich bin damit* –, d'accordo.

Einverständnis (-ses,-se) *s.n.* consenso, approvazione.

Einwand (-es,-wände) *s.m.* obiezione.

Einwanderer (-s,-) *s.m.* immigrato.
einwandfrei *agg.* 1 ineccepibile 2 perfetto.
einwärts *avv.* in dentro.
Einwegflasche (-,-n) *s.f.* vuoto a perdere.
ein-weichen *v.tr.* mettere a mollo; mettere a bagno.
ein-weihen *v.tr.* 1 inaugurare 2 (*fig.*) mettere al corrente.
ein-weisen (wies ein, eingewiesen) *v.tr.* 1 far ricoverare 2 (*in +acc.*) istruire, avviare (a).
ein-wenden (wandte ein, eingewandt) *v.tr.* obiettare, ridire.
ein-werfen (warf ein, eingeworfen) *v.tr.* 1 imbucare 2 frantumare 3 (*sport*) rimettere in gioco 4 (*fig.*) replicare.
ein-wickeln *v.tr.* 1 avvolgere, incartare 2 (*fam.*) abbindolare.
ein-willigen *v.intr.* (*in +acc.*) acconsentire; accettare.
Einwohner (-s,-) *s.m.* abitante.
Einwohnermeldeamt (-es,-ämter) *s.n.* anagrafe.
Einzahl (-/-) *s.f.* singolare.
einzahlen *v.tr.* versare, effettuare un versamento.
Einzahlungsschein (-s,-e) *s.m.* modulo di versamento.
Einzelbett (-s,-en) *s.n.* letto singolo.
Einzelfall (-s,-fälle) *s.m.* caso particolare.
Einzelhandel (-s/-) *s.m.* commercio al dettaglio.
Einzelheit (-,-en) *s.f.* dettaglio, particolare.
einzeln *agg.* 1 unico; singolo 2 (*pl.*) alcuni ♦ *avv.* singolarmente, separatamente, ad uno ad uno.

Einzelzimmer (-s,-) *s.n.* camera singola.
ein-ziehen (zog ein, eingezogen) *v. intr.* 1 andare ad abitare in 2 (*di cima, acqua*) venire assorbito ♦ *v.tr.* 1 infilare 2 (*dir.*) sequestrare 3 (*fin.*) ritirare dalla circolazione 4 riscuotere 5 (*bandiera*) ammainare 6 (*di rete*) tirare a riva.
einzig *agg.* 1 unico, solo 2 eccezionale, incomparabile ♦ *avv.* unicamente, soltanto.
einzigartig *agg.* unico nel suo genere; straordinario.
Einzugsbereich (-s,-e) *s.m.* 1 bacino idrografico 2 area di approvvigionamento.
Eis (-es/-.) *s.n.* 1 ghiaccio 2 (*gastr.*) gelato.
Eisbahn (-,-en) *s.f.* pista di pattinaggio su ghiaccio.
Eisbär (-en,-en) *s.m.* orso bianco.
Eisbein (-es,-e) *s.n.* cosciotto di maiale lesso.
Eisbeutel (-s,-) *s.m.* borsa del ghiaccio.
Eisdiele (-,-n) *s.f.* gelateria.
Eisen (-s/-.) *s.n.* ferro | *zum alten – gehören*, essere da buttare.
Eisenbahn (-,-en) *s.f.* 1 ferrovia 2 (*gioco*) trenino | *es ist höchste –*, il tempo stringe.
eisern *agg.* 1 di ferro | (*med.*) *eiserne Lunge*, polmone d'acciaio 2 ferreo, irremovibile ♦ *avv.* ostinatamente.
Eishockey (-s/-.) *s.n.* hockey su ghiaccio.
eisig *agg.* gelido (*anche fig.*)
Eiskunstlauf (-s/-.) *s.m.* pattinaggio artistico su ghiaccio.
Eismann (-es,-männer) *s.m.* gelataio.
Eisschießen (-s/-.) *s.n.* curling.

Eisschrank (-s,-schränke) *s.m.* frigorifero.

Eiszapfen (-s,-) *s.m.* ghiacciolo.

eitel *agg.* **1** vanitoso **2** vano, futile.

Eiter (-s/.) *s.m.* pus.

Eiweiß (-es/.) *s.n.* **1** albume **2** (*biol.*) albumina.

Ekel (-s/.) *s.m.* disgusto, nausea.

ekelhaft *agg.* nauseante, disgustoso.

EKG (-s,-s) *s.n. abbr. di* → **Elektrokardiogramm.**

Ekzem (-s,-e) *s.n.* eczema.

Elan (-s,/.) *s.m.* slancio, entusiasmo.

elastisch *agg.* elastico.

Elch (-s,-e) *s.m.* alce.

Elefant (-en,-en) *s.m.* elefante.

elegant *agg.* elegante.

Elektriker (-s,-) *s.m.* elettricista.

Elektrogerät (-s,-e) *s.n.* elettrodomestico.

Elektrokardiogramm (-s,-e) *s.n.* elettrocardiogramma.

elektronisch *agg.* elettronico: *-e Datenverarbeitung,* elaborazione elettronica dei dati.

Element (-s,-e) *s.n.* **1** elemento, componente **2** pila.

elend *agg.* **1** misero **2** malaticcio **3** miserabile.

Elf (-,-en) *s.f.* (*sport*) squadra di calcio.

Elfenbein (-s/.) *s.n.* avorio.

Elfmeter (-s,-) *s.m.* (*sport*) calcio di rigore.

Ellbogen (-s,-) *s.m.* gomito (*anche fig.*): *seine – gebrauchen,* sgomitare.

Eltern *s.pl.* genitori.

Elternhaus (-es,-häuser) *s.n.* **1** casa paterna **2** famiglia.

Email (-s,-s) *s.n.* smalto.

Embryo (-s,-nen) *s.m.* embrione.

Empfang (-s,-fänge) *s.m.* **1** ricevimento **2** accoglienza **3** (*radio,tv*) ricezione **4** (*hotel*) reception.

empfangen (empfing, empfangen) *v.tr.* **1** ricevere **2** accogliere **3** concepire (un bambino).

Empfänger (-s,-) *s.m.* **1** destinatario **2** beneficiario **3** apparecchio radioricevente.

Empfängnisverhütung (-/.) *s.f.* contraccezione.

empfehlen (empfahl, empfohlen) *v.tr.* raccomandare, consigliare ♦ **sich** – *v.pron.* **1** congedarsi **2** offrire i propri servizi.

empfindlich *agg.* **1** sensibile **2** delicato **3** (*fig.*) permaloso **4** doloroso.

Empfindung (-,-en) *s.f.* **1** sensazione **2** sentimento, senso.

empor *avv.* verso l'alto, all'insù.

empören *v.tr.* indignare ♦ **sich** – *v.pron.* **1** (*über +acc.*) indignarsi (per) **2** (*gegen*) ribellarsi (a).

empörend *agg.* vergognoso.

Ende (-s,-n) *s.n.* **1** fine, termine **2** fondo; estremità.

Endeffekt *s.m.: im –,* in fondo, alla fin fine.

enden *v.intr.* **1** finire **2** (*di termine*) scadere.

endgültig *agg.* definitivo ♦ *avv.* definitivamente.

endlich *avv.* **1** infine, finalmente **2** insomma ♦ *agg.* finito (*anche mat.*).

Energie (-,-n) *s.f.* energia (*anche fig.*).

eng *agg.* **1** stretto **2** (*abbigl.*) attillato **3** limitato (*anche fig.*) **4** intimo | *im -sten Kreise,* tra pochi intimi.

Engagement (-s,-s) *s.n.* **1** impegno **2** ingaggio, scrittura.

Enge (-/.) *s.f.* **1** strettezza **2** strettoia; gola | *jdn. in die – treiben,* (*fig.*) mettere

qlcu. alle strette 3 (*fig.*) limitatezza.
Engel (-s,-) *s.m.* angelo.
englisch *agg.* inglese.
Engpaß (-passes,-pässe) *s.m.* 1 strettoia 2 (*fig.*) impasse, difficoltà.
Engroshandel (-s/.) *s.m.* commercio all'ingrosso.
Enkel (-s,-) *s.m.* (f.-in/-innen) nipote di nonno.
Ensemble (-s,-s) *s.n.* 1 (*teatr.*) complesso 2 (*abbigl.*) insieme, complesso 3 (*abbigl.*) completo.
entbehren *v.tr.* 1 sentire la mancanza di 2 fare a meno di ♦ *v.intr.* (+*gen.*) essere privo di.
entbehrlich *agg.* superfluo.
entdecken *v.tr.* scoprire.
Ente (-,-n) *s.f.* 1 anatra 2 (*giornalismo*) falsa notizia 3 (*med.*) pappagallo.
enteignen *v.tr.* espropriare.
entfallen (entfiel, entfallen) *v.intr.* 1 sfuggire di mano 2 sfuggire di mente 3 (*auf* +*acc.*) spettare (a) 4 venire meno, non aver luogo.
entfalten *v.tr.* 1 srotolare, aprire 2 sviluppare 3 presentare, mostrare.
entfernen *v.tr.* 1 (*aus* +*acc.*) rimuovere (da) 2 allontanare 3 (*med.*) togliere.
Entfernung (-,-en) *s.f.* 1 distanza 2 lontananza 3 rimozione 4 (*med.*) asportazione.
entfesseln *v.tr.* scatenare, provocare.
entfremden *v.tr.* 1 alienare 2 destinare ad altro.
entführen *v.tr.* 1 rapire, sequestrare 2 (*aereo*) dirottare 3 portare via.
entgegen *prep.* (+*dat.*) contrariamente a ♦ elemento mobile di verbi separabili.
entgegengesetzt *agg.* opposto, contrario.
entgegen-kommen (kam entgegen, entgegengekommen) *v.intr.* venire incontro (*anche fig.*).
entgegenkommend *agg.* cortese, gentile.
entgegen-setzen *v.tr.* opporre.
entgegnen *v.tr.* ribattere, replicare.
entgehen (entging, entgangen) *v.intr.* sfuggire a (*anche fig.*).
entgeistert *agg.* costernato.
entgleisen *v.intr.* 1 deragliare 2 (*fig.*) fare un passo falso.
enthalten (enthielt, enthalten) *v.tr.* contenere, comprendere ♦ **sich –** *v.pron.* (+*gen.*) trattenersi da; rinunciare a.
enthaltsam *agg.* 1 sobrio 2 casto 3 astemio.
enthemmt *agg.* disinibito.
enthüllen *v.tr.* 1 scoprire 2 (*fig.*) svelare, rivelare.
entkommen (entkam, entkommen) *v.intr.* scappare; sfuggire.
entkorken *v.tr.* stappare.
entkräften *v.tr.* 1 indebolire 2 confutare 3 (*dir.*) invalidare.
entladen (entlud, entladen) *v.tr.* scaricare.
entlang *prep.* (*preposta* +*dat./posposta* +*acc.*) lungo ♦ *avv.* lungo ♦ elemento mobile di verbi separabili.
entlassen (entließ, entlassen) *v.tr.* 1 rilasciare; dimettere 2 licenziare.
entlasten *v.tr.* 1 alleggerire 2 scaricare 3 (*traffico*) decongestionare 4 esonerare, liberare.
Entlastungszeuge (-n,-n) *s.m.* testimone a discarico.
entledigen, sich *v.pron.* (+*gen.*) liberarsi di, sbarazzarsi di.

entlegen *agg.* lontano, distante.
entleihen (entlieh, entliehen) *v.tr.* prendere in prestito.
entlohnen *v.tr.* remunerare.
Entlüftung (-,-en) *s.f.* 1 impianto di ventilazione 2 sfiato.
Entmündigung (-,-en) *s.f. (dir.)* interdizione.
entmutigen *v.tr.* scoraggiare.
entnehmen (entnahm, entnommen) *v.tr.* 1 prendere, trarre 2 prelevare 3 *(fig.)* dedurre 4 apprendere, venire a sapere.
entreißen (entriß, entrissen) *v.tr.* 1 strappare di mano 2 *(fig.)* estorcere.
entrichten *v.tr.* 1 pagare, versare 2 *(fig.)* porgere.
Entrüstung (-/.) *s.f.* indignazione.
entschädigen *v.tr.* ricompensare; risarcire.
Entschädigung (-,-en) *s.f.* risarcimento, indennizzo; indennità.
entschärfen *v.tr.* 1 disinnescare 2 *(fig.)* appianare.
entscheiden (entschied, entschieden) *v.intr.* decidere ♦ **sich –** *v.pron.* 1 decidersi 2 *(für)* scegliere.
Entscheidung (-,-en) *s.f.* 1 decisione 2 *(dir.)* verdetto.
entschieden *agg.* risoluto, determinato ♦ *avv.* decisamente.
Entschiedenheit (-/.) *s.f.* decisione, risolutezza, fermezza.
entschließen, sich (entschloß, entschlossen) *v.pron. (zu)* decidersi (a).
entschlossen *agg.* deciso, energico, risoluto.
Entschluß (-schlusses,-schlüsse) *s.m.* proposito; decisione.
entschlüsseln *v.tr.* decifrare.
entschuldigen *v.tr.* scusare, perdonare; giustificare ♦ **sich –** *v.pron. (bei)* chiedere scusa (a).
Entschuldigung (-,-en) *s.f.* 1 scusa 2 giustificazione.
entsetzen, sich *v.pron.* indignarsi.
entsetzlich *agg.* 1 spaventoso 2 *(fig.)* terribile.
entsorgen *v.tr.* smaltire i rifiuti di: *eine Stadt –*, smaltire i rifiuti di una città.
entspannen *v.tr.* rilassare *(anche fig.)* ♦ **sich –** *v.pron.* rilassarsi *(anche fig.)*.
entsprechen (entsprach, entsprochen) *v.intr.* (+*dat.*) corrispondere.
entsprechend *agg.* 1 corrispondente, relativo 2 adeguato, opportuno ♦ *prep.* (+*dat.*) secondo.
entspringen (entsprang, entsprungen) *v.intr.* 1 *(di fiume)* nascere 2 *(fig.)* provenire.
entstehen (entstand, enstanden) *v.intr.* 1 sorgere: *den Eindruck –*, dare l'impressione 2 (+*dat.*) derivare da.
entstellen *v.tr.* 1 deturpare 2 *(fig.)* storpiare.
enttäuschen *v.tr.* deludere.
entvölkern *v.tr.* spopolare ♦ **sich –** *v.pron.* spopolarsi.
entwaffnen *v.tr.* disarmare.
entwässern *v.tr.* 1 prosciugare 2 drenare *(anche med.)* 3 *(chim.)* disidratare.
entweder *cong. (sempre correlato a "oder")* o | – *oder!*, deciditi!
entweichen (entwich, entwichen) *v.intr.* 1 uscire, fuoriuscire 2 fuggire.
entwerfen (entwarf, entworfen) *v.tr.* progettare, abbozzare.
entwerten *v.tr.* 1 svalutare 2 *(biglietti)* obliterare, vidimare.
entwickeln *v.tr.* 1 sviluppare 2 rea-

lizzare ♦ sich – *v.pron.* 1 svilupparsi 2 (*zu*) trasformarsi (in).

Entwicklung (-,-en) *s.f.* 1 sviluppo; evoluzione 2 concezione.

Entwicklungsland (-es,-länder) *s.n.* paese in via di sviluppo.

entwöhnen *v.tr.* 1 svezzare 2 disabituare, togliere un'abitudine.

Entwurf (-s,-würfe) *s.m.* 1 progetto, piano 2 abbozzo, schizzo.

entwurzeln *v.tr.* sradicare (*anche fig.*).

entziehen (entzog, entzogen) *v.tr.* 1 togliere 2 (*patente*) ritirare ♦ **sich** – *v.pron.* (+*dat.*) sottrarsi a.

Entziehungskur (-,-en) *s.f.* cura di disintossicazione.

entziffern *v.tr.* decifrare; decodificare.

entzückend *agg.* incantevole; favoloso.

entzünden *v.tr.* accendere ♦ **sich** – *v.pron.* 1 prender fuoco 2 (*med.*) infiammarsi 3 (*fig.*) accendersi.

Entzündung (-,-en) *s.f.* (*med.*) infiammazione.

entzwei *agg.* a pezzi; rotto; strappato.

Enzian (-s,-e) *s.m.* 1 genziana 2 acquavita di genziana.

Enzym (-s,-e) *s.n.* (*biol.*) enzima.

Epidemie (-,-n) *s.f.* epidemia.

Epoche (-,-n) *s.f.* epoca | – **machen**, (*fig.*) far epoca.

er *pron.pers.m.sing.* lui, egli, esso.

Erbanlage (-,-n) *s.f.* (*biol.*) predisposizione genetica.

erbarmen, sich *v.pron.* (+*gen.*) avere pietà di.

erbarmenswert *agg.* pietoso.

erbauen *v.tr.* 1 costruire 2 (*fig.*) costruire, edificare | **erbaut sein**, essere contento.

Erbauer (-s,-) *s.m.* costruttore.

Erbe¹ (-n,-n) *s.m.* erede.

Erbe² (-s/.) *s.n.* eredità.

erbeuten *v.tr.* 1 predare, far bottino di 2 catturare.

erbitten *v.tr.* 1 chiedere, sollecitare 2 ottenere con le suppliche.

erbittert *agg.* 1 esasperato 2 accanito.

erblich *agg.* ereditario, genetico.

erbost *agg.* arrabbiato.

erbrechen (erbrach, erbrochen) *v.tr.* 1 forzare, scassinare 2 rimettere, vomitare ♦ **sich** – *v.pron.* rimettere, vomitare.

Erbse (-,-n) *s.f.* pisello.

Erbstück (-s,-e) *s.n.* oggetto ereditato.

Erbsünde (-/.) *s.f.* peccato originale.

Erdbeben (-s,-) *s.n.* terremoto, sisma.

Erdbeere (-,-n) *s.f.* fragola.

Erdboden (-s/.) *s.m.* suolo, terra: *im – versinken wollen*, (*fig.*) voler sprofondare; *dem – gleichmachen*, radere al suolo.

Erde (-,-n) *s.f.* 1 (*sing.*) Terra, mondo 2 terra; suolo 3 terra, terreno 4 (*tecn.*) terra, massa.

erden *v.tr.* (*tecn.*) mettere a terra, mettere a massa.

erdenklich *agg.* pensabile, immaginabile.

Erdgas (-es/.) *s.n.* 1 gas naturale 2 metano.

Erdgeschoß (-schosses,-schosse) *s.n.* pianterreno.

Erdnuß (-,-nüsse) *s.f.* arachide, nocciolina americana.

Erdöl (-s/.) *s.n.* petrolio.

erdrücken *v.tr.* schiacciare, stritolare (*anche fig.*).

Erdrutsch (-es,-e) *s.m.* frana, smottamento.

ereignen, sich *v.pron.* avvenire, aver

luogo.
Ereignis (-ses,-se) *s.n.* avvenimento, evento.
erfahren¹ (erfuhr, erfahren) *v.tr.* 1 apprendere, venire a sapere 2 provare *Leid* –, soffrire.
erfahren² *agg.* (*in +dat.*) esperto (in), pratico (di).
Erfahrung (-,-en) *s.f.* esperienza.
erfassen *v.tr.* 1 capire 2 afferrare 3 registrare.
erfinden (erfand, erfunden) *v.tr.* inventare; escogitare.
Erfindung (-,-en) *s.f.* 1 invenzione (*anche fig.*) 2 bugia.
Erfolg (-es,-e) *s.m.* successo; risultato *viel* –!, buona fortuna!
erfolgen *v.intr.* 1 avvenire, succedere 2 (*aus*) risultare.
erforderlich *agg.* necessario, indispensabile.
Erforschung (-,-en) *s.f.* 1 indagine, ricerca 2 esplorazione.
erfreuen *v.tr.* rallegrare, fra piacere a ♦ **sich** – *v.pron.* 1 (*an +dat.*) rallegrarsi 2 (*+gen.*) godere.
erfreulich *agg.* piacevole; lieto.
erfrieren (erfror, erfroren) *v.intr.* morire assiderato.
Erfrischung (-,-en) *s.f.* 1 rinfresco 2 ristoro.
erfüllen *v.tr.* 1 compiere 2 soddisfare, realizzare 3 riempire (*anche fig.*) ♦ **sich** – *v.pron.* avverarsi.
ergänzen *v.tr.* completare, integrare.
ergeben (ergab, ergeben) *v.tr.* risultare ♦ **sich** – *v.pron.* 1 delinearsi 2 (*in +acc.*) rassegnarsi 3 (*+dat.*) arrendersi a.
Ergebenheit (-/.) *s.f.* 1 devozione, attaccamento 2 sottomissione.

Ergebnis (-ses,-se) *s.n.* 1 risultato 2 conseguenza 3 frutto 4 (*sport*) punteggio.
ergebnislos *agg.* infruttuoso.
ergehen (erging, ergangen) *v.intr.* 1 essere diramato 2 *etwas über sich lassen*, accettare passivamente qlco. ♦ *v.impers.* (*+dat.*) passarsela ♦ **sich** – *v.pron.* (*in +acc.*) dilungarsi.
ergiebig *agg.* 1 fertile 2 redditizio.
ergreifen (ergriff, ergriffen) *v.tr.* 1 afferrare 2 catturare 3 (*fig.*) cogliere, colpire 4 toccare da vicino, commuovere.
ergreifend *agg.* commovente.
ergriffen *agg.* commosso.
Erguß (-gusses,-güsse) *s.m.* 1 effusione 2 sfogo 3 (*med.*) versamento.
erhalten (erhielt, erhalten) *v.tr.* 1 ricevere 2 mantenere, conservare.
erhältlich *agg.* in vendita, disponibile.
erhängen *v.tr.* impiccare ♦ **sich** – *v.pron.* impiccarsi.
erheben (erhob, erhoben) *v.tr.* 1 sollevare 2 elevare (*anche fig.*) 3 (*tasse*) riscuotere ♦ **sich** – *v.pron.* 1 alzarsi in piedi 2 insorgere.
erheblich *agg.* notevole, rilevante.
Erhebung (-,-en) *s.f.* 1 collina, altura 2 rilevamento 3 sommossa.
erhitzen *v.tr.* 1 riscaldare 2 eccitare ♦ **sich** – *v.pron.* scaldarsi.
erhöhen *v.tr.* 1 alzare, rialzare 2 aumentare 3 innalzare, elevare ♦ **sich** – *v.pron.* aumentare.
erholen, sich *v.pron.* 1 riposarsi 2 (*rif. a salute*) rimettersi.
erinnern *v.tr.* (*an +acc.*) ricordare ♦ **sich** – *v.pron.* (*an +acc.; +gen.*) ricordare, ricordarsi (di).
Erinnerung (-,-en) *s.f.* ricordo.

Erkältung (-,-en) *s.f.* raffreddore.
erkennen (erkannte, erkannt) *v.tr.* 1 (*an* +*dat.*) riconoscere (da) 2 capire, riconoscere.
Erkenntnis (-,-se) *s.f.* 1 cognizione 2 conoscenza 3 riconoscimento.
erklären *v.tr.* 1 spiegare 2 dichiarare 3 proclamare.
erkranken *v.intr.* (*an* +*dat.*) ammalarsi (di).
erkundigen, sich *v.pron.* informarsi, chiedere informazioni.
Erlagschein (-s,-e) *s.m.* (*austr.*) bollettino di versamento.
Erlaß (-lasses,-lasse) *s.m.* 1 decreto 2 condono.
erlauben *v.tr.* permettere, consentire.
Erlaubnis (-/.) *s.f.* permesso, autorizzazione.
erleben *v.tr.* 1 provare, fare l'esperienza di 2 conoscere, vedere.
Erlebnis (-ses,-se) *s.n.* 1 avventura 2 evento 3 esperienza.
erledigen *v.tr.* 1 sbrigare 2 (*fam.*) far fuori ♦ **sich** – *v.pron.* risolversi.
erleichtern *v.tr.* 1 facilitare 2 alleggerire 3 (*fig.*) scaricare, sfogare.
Erlös (-es,-e) *s.m.* ricavato.
ermahnen *v.tr.* 1 ammonire 2 esortare.
Ermäßigung (-,-en) *s.f.* riduzione.
Ermessen (-s/.) *s.n.* discrezione; giudizio: *nach menschlichem* –, a giudizio d'uomo; *nach meinem* –, a mio parere.
ermitteln *v.intr.* (*gegen*) fare indagini (su) ♦ *v.tr.* rintracciare.
Ermittlung (-,-en) *s.f.* 1 indagine, inchiesta 2 rilevamento.
ermorden *v.tr.* assassinare.
ermüden *v.intr.* stancarsi ♦ *v.tr.* stancare, affaticare.

ermutigen *v.tr.* incoraggiare.
Ernährung (-/.) *s.f.* 1 nutrizione 2 alimentazione.
ernennen (ernannte, ernannt) *v.tr.* nominare.
erneuern *v.tr.* rinnovare.
erneut *agg.* 1 ulteriore 2 rinnovato ♦ *avv.* di nuovo, nuovamente.
erniedrigen *v.tr.* umiliare ♦ **sich** – *v.pron.* (*fig.*) abbassarsi.
ernst *agg.* serio; critico ♦ *avv.* seriamente.
Ernstfall (-s,-fälle) *s.m.* caso di emergenza.
ernten *v.tr.* 1 raccogliere 2 (*fig.*) mietere, ottenere.
ernüchtern *v.tr.* 1 far passare la sbornia 2 (*fig.*) disincantare.
erobern *v.tr.* conquistare (*anche fig.*).
Eröffnung (-,-en) *s.f.* 1 apertura 2 avvio 3 rivelazione.
erörtern *v.tr.* discutere.
erpressen *v.tr.* 1 ricattare 2 estorcere.
erproben *v.tr.* 1 provare; mettere alla prova 2 (*tecn.*) collaudare.
erraten (erriet, erraten) *v.tr.* indovinare.
erregen *v.tr.* 1 suscitare, provocare 2 eccitare ♦ **sich** – *v.pron.* (*über*) eccitarsi (per).
Erreger (-s,-) *s.m.* agente patogeno.
erreichbar *agg.* raggiungibile.
erreichen *v.tr.* 1 raggiungere 2 ottenere, conseguire.
errichten *v.tr.* erigere, innalzare.
erröten *v.intr.* arrossire.
Errungenschaft (-,-en) *s.f.* conquista (*anche fig.*).
Ersatz (-es/.) *s.m.* 1 sostituzione 2 sostituto/a 3 ricambio 4 (*sport*) riser-

Ersatzrad

va.
Ersatzrad (-es,-räder) *s.n.* ruota di scorta.
Ersatzteil (-s, -e) *s.n.* pezzo di ricambio.
erschaffen (erschuf, erschaffen) *v.tr.* creare.
erscheinen (erschien, erschienen) *v.intr.* **1** apparire; comparire **2** (*edit.*) essere pubblicato ♦ *v.impers.* sembrare, parere.
erschießen (erschoß, erschossen) *v.tr.* **1** uccidere **2** fucilare.
erschlagen[1] (erschlug, erschlagen) *v.tr.* uccidere a colpi; colpire a morte.
erschlagen[2] *agg.* ucciso, ammazzato | – sein, (*fam.*) essere a pezzi.
erschöpfen *v.tr.* **1** esaurire **2** trattare esaurientemente **3** spossare.
erschöpft *agg.* **1** esausto, sfinito **2** esaurito, consumato.
erschrecken (erschrak, erschrocken) *v.tr.* far paura ♦ *v.intr.* (*über*) spaventarsi.
erschrocken *agg.* spaventato.
erschüttern *v.tr.* scuotere (*anche fig.*).
erschwinglich *agg.* accessibile.
ersetzen *v.tr.* **1** sostituire **2** rimborsare.
ersichtlich *agg.* evidente, chiaro.
ersparen *v.tr.* **1** risparmiare **2** (*fig.*) evitare, fare a meno.
Ersparnis (-,-se) *s.f.* (*pl.*) risparmi.
erst *avv.* **1** prima, per prima cosa **2** solo, soltanto **3** solo, non più di che.
erstatten *v.tr.* rimborsare | *eine Anzeige* –, sporgere denuncia; *jdm. Bericht* –, fare rapporto a qlcu.
erstaunen *v.tr.* stupire ♦ *v.intr.* (*über*) stupirsi (di).
erstaunlich *agg.* **1** sorprendente **2** straordinario.

erstbeste *agg.* prima venuto.
erstechen (erstach, erstochen) *v.tr.* pugnalare, trafiggere.
Erste Hilfe *s.f.* pronto soccorso.
erstens *avv.* primo, per prima cosa.
ersticken *v.tr.* soffocare, asfissiare ♦ *v.intr.* **1** essere soffocato **2** essere represso.
erstklassig *agg.* eccellente; di prim'ordine.
erstrebenswert *agg.* auspicabile.
erstrecken, sich *v.pron.* (*über*) **1** estendersi **2** durare **3** (*auf*) riguardare.
ertappen *v.tr.* sorprendere, cogliere sul fatto.
erteilen *v.tr.* **1** dare: *Unterricht* –, impartire lezioni; *einen Auftrag* –, conferire un ordine **2** (*amm.*) concedere, accordare: *eine Vollmacht* –, conferire una procura.
Ertrag (-s, -träge) *s.m.* **1** profitto, utile; rendita **2** raccolto.
ertragen (ertrug, ertragen) *v.tr.* sopportare; tollerare.
ertrinken (ertrank, ertrunken) *v.intr.* affogare, annegare.
erwachen *v.intr.* svegliarsi (*anche fig.*).
erwachsen[1] *agg.* adulto.
erwachsen[2] (erwuchs, erwachsen) *v.intr.* **1** derivare, risultare **2** crescere (*anche fig.*).
erwähnen *v.tr.* menzionare.
erwärmen *v.tr.* riscaldare ♦ *sich* – *v.pron.* **1** riscaldarsi **2** (*fig.*) (*für*) entusiasmarsi (per).
erwarten *v.tr.* aspettare, attendere (*anche fig.*).
Erwartung (-,-en) *s.f.* **1** attesa **2** speranza, aspettativa.
erwartungsvoll *agg.* impaziente.

erweisen (erwies, erwiesen) *v.tr.* 1 provare 2 (*idiom.*) *einen Gefallen –,* fare un piacere ♦ *sich – v.pron.* risultare.
erweitern *v.tr.* 1 allargare 2 (*fig.*) estendere 3 (*med.*) dilatare.
Erwerb (-s/.) *s.m.* 1 acquisto 2 attività professionale.
erwerben (erwarb, erworben) *v.tr.* acquistare (*anche fig.*).
erwidern *v.tr.* 1 replicare 2 ricambiare (un piacere).
erwiesenermaßen *avv.* come dimostrato.
erwischen *v.tr.* 1 acchiappare 2 afferrare ♦ *v.impers.*: *es hat mich erwischt,* mi sono ammalato/a.
erwünscht *agg.* desiderato; gradito.
erwürgen *v.tr.* strozzare, strangolare.
Erz (-es,-e) *s.n.* minerale metallico.
erzählen *v.tr.* raccontare.
Erzählung (-,-en) *s.f.* 1 racconto, storia 2 narrazione.
Erzbischof (-s,-bischöfe) *s.m.* arcivescovo.
erzeugen *v.tr.* 1 produrre; creare 2 causare.
Erzeugnis (-ses,-se) *s.n.* prodotto.
erziehen (erzog, erzogen) *v.tr.* educare.
erzielen *v.tr.* raggiungere, ottenere.
es *pron.pers.n.nom. e acc.* esso, essa; lo la.
Esel (-s,-) *s.m.* 1 asino 2 (*fig.*) somaro, stupido.
Essay (-s,-s) *s.m./n.* saggio.
eßbar *agg.* commestibile.
essen (aß, gegessen) *v.tr. e intr.* mangiare | *sich voll – ,* abbuffarsi.
Essig (-s/.) *s.m.* aceto.
Eßlöffel (-s,-) *s.m.* cucchiaio.
Etage (-,-n) *s.f.* (*di edificio*) piano.

Existenz

Etappe (-,-n) *s.f.* tappa (*anche sport*).
Etat (-s,-s) *s.m.* bilancio, budget.
Etikette (-,-n) *s.f.* etichetta, regole del bon ton.
etliche *agg.indef.pl.* parecchi, parecchie.
Etui (-s,-s) *s.n.* astuccio, custodia.
etwa *avv.* 1 circa, all'incirca 2 forse, per caso, mica: *glaubst du das –?,* mica lo crederai? 3 per esempio.
etwas *pron.indef.* 1 qualcosa 2 un po' di ♦ *part.* un po', alquanto: *sie ist jetzt – freundlicher,* ora è un po' più gentile.
euch *pron.pers.* 1 (*dat.*) a voi, vi 2 (*acc.*) voi, vi 3 (*retto da prep.*) voi.
euer *pron.poss.* vostro ♦ *pron.pers.pl.* (*gen.*) di voi.
Eule (-,-n) *s.f.* civetta; gufo | *-n nach Athen tragen,* portare acqua al mare.
euretwegen *avv.* per colpa vostra.
Europäer (-s,-) *s.m.* europeo.
Euter (-s,-) *s.n.* (*zool.*) mammella.
evangelisch *agg.* 1 evangelico 2 protestante.
Evangelium (-s, Evangelien) *s.n.* vangelo.
eventuell *agg.* eventuale ♦ *avv.* eventualmente, caso mai.
ewig *agg.* 1 eterno 2 perenne: *ewiger Schnee,* neve perenne ♦ *avv.* 1 eternamente 2 (per) un'eternità.
Ewigkeit (-,-en) *s.f.* eternità (*anche fig.*).
exakt *agg.* esatto, preciso.
Examen (-s, Examina) *s.n.* esame: *ein – ablegen,* sostenere un esame.
Exemplar (-s,-e) *s.n.* 1 esemplare 2 (*di libro*) copia 3 campione.
Exil (-s,-e) *s.n.* esilio.
Existenz (-,-en) *s.f.* 1 esistenza 2 so-

Experiment

stentamento; posizione: *jdm. eine – ermöglichen*, dare a qlcu. la possibilità di farsi una posizione **3** personaggio, figuro: *finstere -en*, personaggi loschi.
Experiment (-s,-e) *s.n.* esperimento.
Experte (-n,-n) *s.m.* esperto.
Expertise (-,-n) *s.f.* perizia.
explodieren *v.intr.* esplodere, scoppiare.
Export (-s,-e) *s.m.* esportazione.
Expreßzug (-s,-züge) *s.m.* treno rapido.
extra *avv.* **1** a parte, separatamente **2** in più, in aggiunta **3** particolarmente **4** appositamente.
extravagant *agg.* bizzarro, stravagante.
extrem *agg.* **1** estremo **2** radicale ♦ *avv.* estremamente; eccessivamente.
Exzeß (-zesses, -zesse) *s.m.* eccesso.

F

F, f *s.n.inv.(mus.)* fa.
Fabel (-,-n) *s.f.* favola.
Fabrik (-,-en) *s.f.* fabbrica.
Fach (-es, Fächer) *s.n.* **1** scomparto, ripiano **2** materia; disciplina **3** ramo; specialità.
Fachausdruck (-s,-drücke) *s.m.* termine tecnico.
Fächer (-s,-) *s.m.* ventaglio.
Fachgebiet (-es,-e) *s.n.* settore, ramo.
fachgemäß *agg.* a regola d'arte.
Fachmann (-es,-leute) *s.m.* esperto.
Fackel (-,-n) *s.f.* fiaccola.
fad *agg.* **1** insipido **2** noioso.
Faden (-s, Fäden) *s.m.* **1** filo (*anche fig.*) | *der rote –*, il filo conduttore **2** (*pl.*) (*med.*) punti.

fähig *agg.* **1** capace, bravo **2** abile **3** dotato **4** qualificato **5** adatto, idoneo.
Fahndungsfoto (-s,-s) *s.n.* foto segnaletica.
Fahne (-,-n) *s.f.* **1** bandiera (*anche fig.*): *die – nach dem Winde drehen*, (*fig.*) seguire il vento che tira **2** (*rif. a fumo, nuvole*) scia **3** (*fam.*) puzza di alcol: *eine – haben*, puzzare d'alcol **4** (*tip.*) bozza.
Fahnenschwinger (-s,-) *s.m.* sbandieratore.
Fahrbahn (-,-en) *s.f.* carreggiata: *von der – abkommen*, uscire di strada.
Fähre (-,-n) *s.f.* traghetto.
fahren (fuhr, gefahren) *v.intr.* **1** andare (con un mezzo) **2** viaggiare **3** partire: *wann fährt der nächste Zug?*, quando parte il prossimo treno? **4** guidare: *rechts –*, tenere la destra **5** (*idiom.*) *was ist bloß in dich gefahren?*, ma cosa ti succede? | *gut, schlecht – bei jdm.*, trovarsi bene, male con qlcu. ♦ *v.tr.* **1** guidare: *er fährt auch schwere Maschinen*, porta anche moto pesanti **2** accompagnare in macchina: *jdn. nach Hause –*, accompagnare a casa qlcu. **3** trasportare: *Getränke –*, trasportare bibite.
Fahrer (-s,-) *s.m.* **1** conducente, guidatore **2** autista.
Fahrgast (-es,-gäste) *s.m.* passeggero.
Fahrgestell (-s,-e) *s.n.* **1** (*auto*) telaio, chassis **2** (*aereo*) carrello.
Fahrkarte (-,-n) *s.f.* biglietto.
fahrlässig *agg.* **1** negligente; trascurato **2** (*dir.*) colposo.
Fahrplan (-s,-pläne) *s.m.* orario.
Fahrrad (-es,-räder) *s.n.* bicicletta.
Fahrschein (-s,-e) *s.m.* biglietto.
Fahrscheinentwerter (-s,-) *s.m.* macchina obliteratrice.

Fahrschule (-,-n) *s.f.* scuola guida.
Fahrspur (-,-en) *s.f.* corsia.
Fahrstuhl (-s,-stühle) *s.m.* ascensore.
Fahrt (-,-en) *s.f.* **1** corsa; percorso gita; viaggio **3** velocità: *in voller* –, a tutta velocità | *in* – *geraten*, (*fam.*) prendere lo slancio; montare su tutte le furie; *in* – *sein*, (*fam.*) essere in vena; essere fuori dai gangheri.
Fährte (-,-n) *s.f.* traccia, pista: *jdn. auf eine falsche* – *locken*, mettere q.lcu. su una pista sbagliata (*anche fig.*).
Fahrwasser (-s,-) *s.n.* **1** canale **2** elemento naturale: *im richtigen* – *sein*, trovarsi nel proprio elemento | *wieder ins richtige* – *kommen*, (*fig.*) rimettersi in carreggiata.
Fahrzeug (-s,-e) *s.n.* **1** veicolo **2** (*mare*) imbarcazione.
Fahrzeugbrief (-s,-e) *s.m.* (*auto*) foglio complementare.
fair *agg.* leale, onesto ♦ *avv.* in modo leale.
Fall (-es, Fälle) *s.m.* **1** caduta **2** (*fig.*) rovina, crollo **3** caso | *auf jdn.* –, in ogni caso; *für alle Fälle*, per ogni eventualità; *von* – *zu* –, da caso a caso.
Falle (-,-n) *s.f.* **1** trappola **2** (*fig.*) trabocchetto, tranello.
fallen (fiel, gefallen) *v.intr.* **1** cadere, precipitare **2** (*di prezzi*) diminuire **3** (*di luce*) penetrare **4** (*di capelli*) (*auf* +*acc.*) ricadere (su) **5** (*di vestito*) (*auf* +*acc.*) capitare (di) **6** (*di colpo d'arma*) partire.
fällen *v.tr.* **1** abbattere **2** (*fig.*) prendere: *eine Entscheidung* –, prendere una decisione.
fällig *agg.* **1** in scadenza, che scade **2** atteso: *ein längst -es Treffen*, un incontro tanto atteso.

falls *cong.* se; nel caso in cui.
Fallschirm (-s,-e) *s.m.* paracadute.
falsch *agg.* **1** falso (*anche fig.*) **2** sbagliato **3** finto; falsificato **4** sleale; ipocrita ♦ *avv.* **1** in modo sbagliato **2** in modo falso **3** in modo sleale.
fälschen *v.tr.* falsificare.
fälschlicherweise *avv.* per sbaglio.
Fälschung (-,-en) *s.f.* **1** falsificazione **2** (*quadro*) falso.
Faltblatt (-es,-blätter) *s.n.* dépliant, pieghevole.
falten *v.tr.* **1** piegare, ripiegare | *die Hände* –, congiungere le mani **2** corrugare (la fronte).
Falter (-s,-) *s.m.* farfalla.
familiär *agg.* **1** di famiglia **2** familiare, confidenziale.
Familie (-,-n) *s.f.* **1** famiglia | *das bleibt in der* –, (*fig.*) questo resti fra noi **2** casato.
Familienname (-ns,-n) *s.m.* cognome.
famos *agg.* magnifico, fantastico.
Fang (-es, Fänge) *s.m.* **1** cattura, presa **2** preda; pesca **3** (*fig.*) affare, acquisto: *einen guten* – *machen*, fare un buon affare.
Fangarm (-s,-e) *s.m.* tentacolo (*anche fig.*).
fangen (fing, gefangen) *v.tr.* prendere; catturare ♦ *sich* –, *v.pron.* **1** (*di*) riaversi **2** riprendere l'equilibrio.
Farbe (-,-n) *s.f.* **1** colore **2** tinta **3** pittura **4** colorito **5** (*di carte*) seme: – *bekennen*, rispondere con lo stesso seme; (*fig.*) scoprire le carte in tavola.
farbecht *agg.* **1** di colore solido **2** indelebile.
färben *v.tr.* **1** tingere, colorare **2** (*fig.*) colorire ♦ *v.intr.* stingere, scolorire.

farbig *agg.* 1 colorato, a colori 2 (*di persona*) di colore 3 (*fig.*) vivace.
farblos *agg.* 1 incolore; neutro 2 pallido 3 (*fig.*) insignificante.
Farbstift (-es,-e) *s.m.* matita colorata.
Farbstoff (-s,-e) *s.m.* colorante, sostanza colorante.
Farbton (-s,-töne) *s.m.* tonalità cromatica.
Färbung (-,-en) *s.f.* 1 colorazione 2 tonalità, tinta 3 (*fig.*) colorazione; tendenza.
Farn (-es,-e) *s.m.* felce.
Fasan (-s,-e) *s.m.* fagiano.
Fasching (-s,-e) *s.m.* carnevale.
Faser (-,-n) *s.f.* fibra.
faserig *agg.* fibroso, filamentoso.
Faß (Fasses, Fässer) *s.n.* botte; barile, fusto: *Bier vom –*, birra alla spina | *ein – ohne Boden*, un pozzo senza fondo.
Fassade (-,-n) *s.f.* facciata.
faßbar *agg.* 1 comprensibile 2 tangibile.
fassen *v.tr.* 1 afferrare 2 catturare 3 contenere 4 mettere (in cornice) 5 (*fig.*) capire, afferrare ♦ *v.intr.* 1 toccare 2 (*tecn.*) far presa ♦ *sich – v.pron.* calmarsi.
Fassung (-,-en) *s.f.* 1 (*di occhiali*) montatura 2 (*elettr.*) portalampada 3 (*di testo*) stesura 4 calma, autocontrollo.
fassungslos *agg.* sconcertato; fuori di sé.
fast *avv.* 1 quasi 2 (*con verbi*) per poco non, quasi: *fast wäre ich hingefallen*, per poco non sono caduto.
fasten *v.intr.* 1 digiunare 2 osservare il digiuno.
Fastnacht (-/-) *s.f.* 1 martedì grasso 2 carnevale.

faszinieren *v.tr.* affascinare.
fatal *agg.* fatale, nefasto.
fauchen *v.intr.* 1 (*di gatti*) soffiare 2 (*fig.*) sibilare.
faul *agg.* 1 pigro 2 marcio 3 (*fam.*) sospetto | *da ist etwas –*, c'è qlco. che non quadra.
faulen *v.intr.* 1 marcire 2 (*di dente*) cariarsi.
faulenzen *v.intr.* poltrire; oziare.
Faulpelz (-es,-e) *s.m.* (*fam.*) poltrone, fannullone.
Faust (-, Fäuste) *s.f.* pugno | *auf eigene –*, per proprio conto.
Fazit (-s,-s) *s.n.* risultato finale: *das – ziehen*, tirare le somme.
Februar (-s,-e) *s.m.* febbraio.
fechten (focht, gefochten) *v.intr.* 1 tirare di scherma 2 (*fig.*) combattere, lottare.
Feder (-,-n) *s.f.* 1 penna 2 piuma 3 (*tecn.*) molla.
Federballspiel (-s,-e) *s.n.* (*sport*) badminton.
Federbett (-s,-en) *s.n.* piumone.
federn *v.intr.* 1 (*tecn.*) essere elastico 2 (*sport*) molleggiarsi ♦ *v.tr.* 1 spennare 2 (*tecn.*) molleggiare, ammortizzare.
Federung (-,-en) *s.f.* sospensione elastica, molleggio.
Fee (-,-n) *s.f.* fata.
Fegefeuer (-s/-) *s.n.* purgatorio.
fegen *v.tr.* 1 scopare, spazzare 2 spazzare via ♦ *v.intr.* (*di tempesta*) infuriare.
Fehlanzeige (-,-n) *s.f.* (*fam.*) falso allarme.
fehlen *v.intr.* 1 mancare 2 essere assente ♦ *v.impers.* (*an +dat.*) essere privo (di).

Fehler (-s,-) *s.m.* **1** errore, sbaglio; svista **2** difetto, vizio.
Fehlgeburt (-,-en) *s.f.* aborto spontaneo.
Fehlgriff (-s,-e) *s.m.* mossa sbagliata.
fehl·schlagen (schlug fehl, fehlgeschlagen) *v.tr.* andare a vuoto, fallire.
Fehlschluß (-schlusses,-schlüsse) *s.m.* deduzione errata.
Feier (-,-n) *s.f.* festa, festeggiamento.
Feierabend (-s,-e) *s.m.* **1** riposo serale **2** fine del lavoro: – *machen,* smettere di lavorare.
feierlich *agg.* solenne.
feiern *v.tr.* **1** festeggiare; celebrare **2** onorare ♦ *v.intr.* far festa.
Feiertag (-es,-e) *s.m.* giorno di festa, giorno festivo.
feige *agg.* vile, vigliacco.
Feige (-,-n) *s.f.* (*frutto*) fico.
Feigling (-s,-e) *s.m.* vigliacco, codardo.
Feile (-,-n) *s.f.* lima.
fein *agg.* **1** fine, sottile **2** macinato fine **3** sensibile, acuto **4** elegante, fine ♦ *avv.* bene, favorevolmente.
Feind (-es,-e) *s.m.* nemico.
feindlich *agg.* ostile, nemico.
Feindschaft (-/-) *s.f.* inimicizia, ostilità; avversione.
feinfühlig *agg.* **1** sensibile **2** pieno di tatto.
Feingebäck (-s/-) *s.n.* pasticceria da tè.
Feingefühl (-s/-) *s.n.* sensibilità, tatto.
Feinheit (-,-en) *s.f.* **1** finezza, delicatezza **2** (*dei sensi*) acutezza **3** (*di strumenti*) precisione **4** sottigliezza, sfumatura.
Feinkost (-/-) *s.f.* specialità gastronomiche.
Feinschmecker (-s,-) *s.m.* buongustaio.

Feinwaschmittel (-s,-) *s.n.* detersivo per indumenti delicati.
Feld (-es,-er) *s.n.* **1** campo **2** (*di tavola da gioco*) casella **3** (*di modulo*) spazio vuoto **4** (*fig.*) settore.
Feldflasche (-,-n) *s.f.* borraccia.
Feldsalat (-s,-e) *s.m.* lattughino.
Feldzug (-s,-züge) *s.m.* campagna militare.
Fell (-s,-e) *s.n.* **1** pelo, pelliccia; (*di cavallo*) mantello **2** pelle | *ein dickes – haben,* (*fig.*) avere la pelle dura.
Fels (-en,-en) *s.m.* **1** roccia **2** scoglio.
Fenchel (-s,-) *s.m.* (*bot.*) finocchio.
Fenster (-s,-) *s.n.* **1** finestra **2** (*di veicoli*) finestrino.
Fensterbank (-,-bänke) *s.f.* davanzale.
Ferien *s.pl.* ferie, vacanze.
Feriendorf (-s,-dörfer) *s.n.* villaggio turistico.
Ferkel (-s,-) *s.n.* **1** porcellino **2** (*fig.*) maiale, sozzone.
fern *agg.* lontano.
Fernbedienung (-,-en) *s.f.* telecomando.
ferner *cong.* inoltre.
Fernfahrer (-s,-) *s.m.* camionista.
Ferngespräch (-s,-e) *s.n.* telefonata interurbana.
Fernglas (-es,-gläser) *s.n.* cannocchiale.
fern·halten, sich (hielt fern, ferngehalten) *v.pron.* (*von*) tenersi lontano (da).
Fernheizung (-,-en) *s.f.* teleriscaldamento.
Fernlicht (-s,-er) *s.n.* (*luce*) abbagliante.
Fernschreiber (-s,-) *s.m.* telescrivente.
fern·sehen (sah fern, ferngesehen) *v.intr.* guardare la televisione.
Fernseher (-s,-) *s.m.* televisore.

Fernsicht (-/.) s.f. 1 vista 2 visibilità.

Fernsprechamt (-es,-ämter) s.n. posto telefonico pubblico.

Fernstudium (-s,-studien) s.n. studio per corrispondenza.

Fernverkehr (-s/.) s.m. 1 trasporti interurbani 2 collegamenti telefonici interurbani.

Fernwahl (-/.) s.f. teleselezione.

Ferse (-,-n) s.f. calcagno, tallone.

fertig agg. 1 finito; concluso 2 pronto 3 esaurito, sfinito.

Fessel[1] (-,-n) s.f. 1 catena, ceppo; manette 2 (fig.) (pl.) obblighi; vincoli.

Fessel[2] (-,-n) s.f. (anat.) caviglia.

fesseln v.tr. 1 incatenare; ammanettare 2 (fig.) avvincere.

fest agg. 1 solido; sodo 2 compatto, denso 3 fermo, risoluto 4 fisso, rigido 5 stabile ♦ avv. saldamente, fortemente; fisso.

Fest (-es,-e) s.n. festa.

festigen v.tr. consolidare, rafforzare (anche fig.).

fest·legen v.tr. 1 fissare, stabilire 2 (econ.) vincolare ♦ sich – v.pron. impegnarsi.

festlich agg. festivo, solenne ♦ avv. a festa.

fest·machen v.tr. 1 fermare, fissare 2 stabilire, fissare 3 attraccare, ormeggiare ♦ v.intr. attraccare.

fest·nehmen (nahm fest, festgenommen) v.tr. arrestare, fermare.

Festplatte (-,-n) s.f. (inform.) disco rigido, hard disk.

Festrede (-,-n) s.f. discorso ufficiale.

fest·setzen v.tr. 1 fissare, stabilire 2 arrestare ♦ sich – v.pron. depositarsi.

Festspiel (-es,-e) s.n. festival.

fest·stehen (stand fest, festgestanden) v.intr. essere stabilito ♦ v.impers. essere certo.

fest·stellen v.tr. 1 stabilire 2 constatare 3 (tecn.) fissare.

Festung (-,-en) s.f. 1 rocca, fortezza 2 baluardo, roccaforte.

Fete (-,-n) s.f. festicciola, party.

fett agg. 1 grasso 2 ricco, fertile 3 (tip.) in neretto ♦ avv. (gastr.) in modo grasso.

Fett (-es,-e) s.n. 1 grasso 2 (chim.) lipide.

Fettnäpfchen (-s,-) s.n.: bei jdm. ins - treten, fare una gaffe con qlcu.

feucht agg. umido; inumidito.

Feuer (-s,-) s.n. 1 fuoco; incendio 2 fiamma 3 entusiasmo 4 (mil.) tiro, fuoco.

feuerfest agg. resistente al fuoco, refrattario.

feuergefährlich agg. infiammabile.

Feuerlöscher (-s,-) s.m. estintore.

feuern v.tr. 1 buttare fuori 2 gettare via 3 jdm. eine –, dare un ceffone a qlcu. ♦ v.intr. 1 far fuoco 2 fare un fuoco.

Feuerwehr (-,-en) s.f. vigili del fuoco, pompieri.

Feuerwerk (-s,-e) s.n. fuochi d'artificio.

Feuerzeug (-s,-e) s.n. accendino, accendisigari.

Feuilleton (-s,-s) s.n. (edit.) terza pagina.

feurig agg. 1 ardente, fiammeggiante 2 (fig.) focoso.

Fichte (-,-n) s.f. abete rosso.

Fieber (-/.) s.n. febbre.

fieberhaft agg. 1 febbrile 2 (fig.) febbrile, frenetico ♦ avv. freneticamente.

Fiebermittel (-s,-) s.n. antipiretico.

fies agg. 1 cattivo, meschino 2

schifoso.
Figur (-,-en) *s.f.* **1** figura **2** (*di libro ecc.*) personaggio **3** linea **4** pedina.
Filet (-s,-s) *s.n.* (*gastr.*) filetto.
Film (-s,-e) *s.m.* **1** film **2** pellicola, rullino **3** strato sottile, pellicola **4** (*ambiente*) cinema.
filmen *v.tr.* filmare, riprendere ♦ *v.intr.* girare un film.
Filter (-s,-) *s.n./m.* filtro.
filtern *v.tr.* filtrare.
Filz (-es,-e) *s.m.* **1** feltro; cappello di feltro **2** (*fam.*) avaraccio.
Filzschreiber (-s,-) *s.m.* pennarello.
Finanzamt (-es,-ämter) *s.n.* intendenza di finanza.
finanziell *agg.* finanziario ♦ *avv.* finanziariamente, economicamente.
finden (fand, gefunden) *v.tr.* **1** trovare (*anche fig.*) **2** considerare, giudicare: *das finde ich auch*, anch'io la penso così ♦ *v.intr.* trovare la strada: *nach Hause –*, trovare la strada di casa ♦ **sich –** *v.pron.* **1** ritrovarsi **2** adattarsi **3** *es wird sich alles –*, tutto andrà bene.
Finderlohn (-(e)s,-) *s.m.* ricompensa per chi riconsegna un oggetto smarrito.
findig *agg.* ingegnoso; furbo.
Finger (-s,-) *s.m.* dito | (*fig.*): *keinen – krumm machen*, non muovere un dito; *die – im Spiel haben*, avere le mani in pasta; *jdm. auf die – sehen*, tenere d'occhio qlcu.
Fingerabdruck (-s,-drücke) *s.m.* impronta digitale.
Fingerhut (-s,-hüte) *s.m.* digitale.
Fingernagel (-s,-nägel) *s.m.* unghia.
Fingerspitzengefühl (-s/-) *s.n.* sensibilità, tatto.
finster *agg.* **1** buio, scuro **2** tetro **3** (*fig.*) losco, ambiguo.

Finsternis (-/-) *s.f.* oscurità.
Firma (-, Firmen) *s.f.* ditta.
firmen *v.tr.* cresimare.
Firmung (-/-) *s.f.* cresima.
Firnis (-ses,-se) *s.m.* vernice protettiva.
Fisch (-es,-e) *s.m.* **1** pesce (*anche fig.*): *ein großer –*, un pesce grosso **2** (*astr.*) pesci: *sie ist –*, è del segno dei pesci.
fischen *v.tr.* e *intr.* pescare (*anche fig.*).
Fischer (-s,-) *s.m.* pescatore.
Fischgericht (-es,-e) *s.n.* piatto a base di pesce.
Fischgräte (-,-n) *s.f.* lisca di pesce.
Fischkutter (-s,-) *s.m.* peschereccio.
Fisole (-,-n) *s.f.* (*austr.*) fagiolino.
fit *agg.* e *avv.* **1** in forma **2** (*fam.*) in gamba.
fix *agg.* **1** fisso **2** (*fam.*) svelto, pronto; abile.
fixen *v.intr.* bucarsi.
fixieren *v.tr.* **1** dare il fissativo, fissare **2** stabilire **3** guardare fisso.
Fjord (-s,-e) *s.m.* fiordo.
FKK *s.f.abbr.* di → **Freikörperkultur**.
flach *agg.* **1** piano, piatto **2** basso, poco profondo **3** (*fig.*) superficiale; scialbo.
Fläche (-,-n) *s.f.* **1** (*geometria*) superficie **2** area, estensione.
flach-fallen (fiel flach, flachgefallen) *v.intr.* (*fam.*) andare a monte.
flackern *v.intr.* (*di fiamma*) guizzare; (*di luce*) tremolare.
Fladen (-s,-) *s.m.* **1** pagnotta, focaccia **2** sterco di vacca.
Flagge (-,-n) *s.f.* bandiera | *eine – führen*, battere bandiera.
flambiert *agg.* alla fiamma.
Flamme (-,-n) *s.f.* **1** fiamma (*anche fig.*) **2** (*fornello*) fuoco.
Flasche (-,-n) *s.f.* **1** bottiglia | *zur –*

greifen, darsi al bere 2 (*gas*) bombola 3 (*fam.*) schiappa.

Flaschenöffner (-s,-) *s.m.* apribottiglie.

flatterhaft *agg.* volubile, incostante.

flattern *v.intr.* 1 svolazzare 2 sventolare 3 (*palpebre*) sbattere.

flau *agg.* 1 fiacco 2 (*vento*) debole 3 (*Borsa*) stagnante.

Flaum (-es/.) *s.m.* 1 piume 2 peluria.

Flause (-,-n) *s.f.* 1 (*pl.*) frottole, fandonie 2 idea bizzarra.

Flaute (-/.) *s.f.* 1 (*mare*) bonaccia 2 (*econ.*) ristagno 3 (*fig.*) fase di stanchezza.

Flechte (-,-n) *s.f.* 1 (*biol.*) lichene 2 eruzione cutanea, psoriasi.

flechten (flocht, geflochten) *v.tr.* intrecciare; impagliare.

Fleck (-s,-e) / **Flecken** (-s,-) *s.m.* 1 macchia, chiazza 2 toppa 3 punto, luogo | (*fig.*): *nicht vom – kommen*, non riuscire ad andare avanti; *am falschen –*, fuori luogo.

fleckig *agg.* 1 macchiato 2 (*animali*) pezzato.

Fledermaus (-,-mäuse) *s.f.* pipistrello.

flegelhaft *agg.* villano, cafone.

flehen *v.intr.* supplicare, implorare.

Fleisch (-s/.) *s.n.* 1 carne 2 (*frutta*) polpa.

Fleischer (-s,-) *s.m.* macellaio.

Fleischerei (-,-en) *s.f.* macelleria.

fleischig *agg.* 1 carnoso 2 (*frutta*) polposo.

Fleischklößchen (-s,-) *s.n.* polpetta di carne.

Fleiß (-es/.) *s.m.* diligenza, zelo.

fleißig *agg.* diligente, zelante.

flexibel *agg.* 1 flessibile, elastico 2 (*fig.*) flessibile, versatile.

flicken *v.tr.* rattoppare, riparare.

Flieder (-s/.) *s.m.* (*bot.*) lillà.

Fliege (-,-n) *s.f.* mosca | *zwei -n mit einer Klappe schlagen*, prendere due piccioni con una fava.

fliegen (flog, geflogen) *v.intr.* 1 volare 2 andare in aereo 3 (*fam.*) essere licenziato ♦ *v.tr.* 1 (*aereo*) pilotare 2 trasportare in aereo.

fliehen (floh, geflohen) *v.intr.* fuggire, scappare ♦ *v.tr.* evitare.

Fliese (-,-n) *s.f.* piastrella, mattonella.

Fließband (-es,-bänder) *s.n.* catena di montaggio.

fließen (floß, geflossen) *v.intr.* 1 scorrere, fluire 2 sgorgare 3 (*in +acc.*) sfociare in.

fließend *agg.* 1 corrente 2 scorrevole 3 fluttuante ♦ *avv.* correntemente, fluidamente.

flink *agg.* 1 svelto, veloce 2 sveglio.

Flinte (-,-n) *s.f.* fucile, schioppo | *die – ins Korn werfen*, (*fig.*) gettare la spugna.

Flitterwochen *s.pl.* luna di miele.

Flocke (-,-n) *s.f.* 1 fiocco, falda 2 batuffolo.

Floh (-es, Flöhe) *s.m.* pulce | *jdm. einen -ins Ohr setzen*, mettere una pulce nell'orecchio a qlcu.

Flop (-s,-s) *s.m.* insuccesso, fiasco.

Floß (-es, Flöße) *s.n.* zattera.

Flosse (-,-n) *s.f.* pinna.

Flöte (-,-n) *s.f.* flauto.

flott *agg.* 1 chic 2 pronto; svelto ♦ *avv.* 1 in modo svelto 2 spensieratamente 3 in modo elegante.

Fluch (-es, Flüche) *s.m.* 1 bestemmia 2 maledizione.

fluchen *v.intr.* 1 bestemmiare, imprecare 2 (*auf +acc.*) inveire (contro).

Flucht (-,-en) *s.f.* **1** fuga; evasione **2** serie, fila.

fluchtartig *agg.* precipitoso ♦ *avv.* in fretta e furia.

flüchten *v.intr.* fuggire.

Flüchtigkeitsfehler (-s,-) *s.m.* svista, disattenzione.

Flüchtling (-s,-e) *s.m.* profugo, rifugiato.

Flug (-es, Flüge) *s.m.* volo | *wie im* –, (*fig.*) in un baleno.

Flugblatt (-es,-blätter) *s.n.* volantino.

Flügel (-s,-) *s.m.* **1** ala (*anche fig.*) **2** (*finestra*) anta **3** (*porta*) battente **4** pala **5** pianoforte a coda.

Fluggast (-es,-gäste) *s.m.*, (*aereo*) passeggero.

Flughafen (-s,-häfen) *s.m.* aeroporto.

Fluglotse (-n,-n) *s.m.* controllore di volo.

Flugkapitän (-s,-e) *s.m.* comandante di aereo.

Flugplan (-es,-pläne) *s.m.* orario aereo.

Flugschein (-es,-e) *s.m.* brevetto di pilota.

Flugticket (-s,-s) *s.n.* biglietto d'aereo.

Flugzeug (-s,-e) *s.n.* aereo.

Fluor (-s/.) *s.n.* fluoro.

Flur (-s,-e) *s.m.* corridoio; ingresso.

Flurschaden (-s,-schäden) *s.m.* danno ambientale.

Fluß (Flusses, Flüsse) *s.m.* **1** fiume **2** flusso.

flüssig *agg.* **1** liquido (*anche econ.*) | *nicht* – *sein*, non disporre di liquidi **2** scorrevole, sciolto ♦ *avv.* scorrevolmente, correntemente.

Flüssigkeit (-,-en) *s.f.* **1** liquido, fluido **2** scorrevolezza.

Flußpferd (-es,-e) *s.n.* ippopotamo.

flüstern *v.tr. e intr.* bisbigliare, sussurrare | *jdm. etwas* –, dirne quattro a qlcu.

Flut (-,-en) *s.f.* **1** alta marea **2** acque, flutti **3** (*fig.*) marea, fiumana: *eine* – *von Zuschriften*, una marea di risposte.

Flutlicht (-es,-er) *s.n.* luce a largo fascio luminoso, luce da proiettore.

Fohlen (-s,-) *s.n.* puledro.

Föhn (-s/.) *s.m.* (*vento*) föhn.

Föhre (-,-n) *s.f.* pino silvestre.

Folge (-,-n) *s.f.* **1** conseguenza: *die -n tragen müssen*, doversi assumere le responsabilità **2** continuazione **3** serie, successione: *in rascher* –, in rapida successione **4** (*di romanzo; radio/tv*) puntata; (*di rivista*) numero **5** (+*dat.*) – *leisten*, obbedire a; aderire a.

folgen *v.intr.* **1** (+*dat.*) seguire **2** (+*dat./auf + acc.*) succedere a; essere successivo a, seguire **3** conseguire, risultare: *daraus folgt, daß...*, ne consegue che... **4** (+*dat.*) ubbidire; (*di regole*) osservare.

Folgende (-n,-n) *s.n.* quanto segue la seguente cosa: *ich möchte -s hinzufügen*, vorrei aggiungere quanto segue.

folgendermaßen *avv.* nel seguente modo, come segue.

folgerichtig *agg.* coerente ♦ *avv.* con coerenza.

folgern *v.tr.* (*aus* +*dat.*) arguire; concludere.

Folgerung (-,-en) *s.f.* deduzione, conclusione.

folglich *avv. e cong.* di conseguenza, quindi.

folgsam *agg.* ubbidiente.

Folie (-,-n) *s.f.* **1** (*metallo*) lamina **2** (*plastica*) pellicola.

Folter (-,-n) *s.f.* **1** tortura **2** (*fig.*) tormento: *jdn. auf die* – *spannen*, tenere qlcu. sulle spine.

foltern *v.tr.* torturare; tormentare (*anche fig.*).

Fön (-s,-e) *s.m.* asciugacapelli, fon.

Fonds (-,-) *s.m.* (*econ.*) fondo.

Fondue (-s,-s) *s.n.* (*gastr.*) fonduta.

fönen *v.tr.* asciugare con il fon, fonare.

Fontäne (-,-n) *s.f.* 1 getto d'acqua 2 fontana.

foppen *v.tr.* prendere in giro, sfottere.

forcieren *v.tr.* 1 forzare, sforzare 2 accelerare, dare impulso a: *das Arbeitstempo –*, accelerare il ritmo di lavoro.

fordern *v.tr.* 1 pretendere, esigere 2 sfidare.

fördern *v.tr.* 1 promuovere, favorire 2 incentivare 3 (*min.*) estrarre.

Forderung (-,-en) *s.f.* 1 richiesta; pretesa 2 esigenza 3 (*comm.*) credito.

Förderung (-,-en) *s.f.* 1 incremento; promozione 2 incentivo, aiuto 3 (*min.*) estrazione; quantità estratta.

Forelle (-,-n) *s.f.* trota.

Form (-,-en) *s.f.* 1 forma, aspetto 2 forma, modo, stile 3 (*sport*) forma fisica: *in – sein*, essere in forma (*anche fig.*) 4 (*tecn.*) modello, stampo.

Format (-s,-e) *s.n.* 1 formato 2 (*fig.*) statura, levatura; prestigio.

formatieren *v.tr.* (*inform.*) formattare.

Formblatt (-es,-blätter) *s.n.* modulo.

Formel (-,-n) *s.f.* formula: *etwas auf einen – bringen*, (*fig.*) semplificare un problema.

formell *agg.* formale ♦ *avv.* formalmente.

formen *v.tr.* formare, modellare, plasmare; forgiare (*anche fig.*).

förmlich *agg.* 1 formale, ufficiale 2 convenzionale 3 vero e proprio ♦ *avv.* addirittura, proprio.

Formular (-s,-e) *s.n.* modulo, formulario.

formvollendet *agg.* accurato, perfetto.

forsch *agg.* risoluto, energico ♦ *avv.* con decisione.

forschen *v.intr.* (*nach*) 1 indagare, investigare 2 ricercare; condurre ricerche (*su*).

Forscher (-s,-) *s.m.* ricercatore.

Forschung (-,-en) *s.f.* indagine, ricerca scientifica.

Forst (-es,-e) *s.m.* foresta.

Förster (-s,-) *s.m.* guardia forestale.

Forstwirtschaft (-/-) *s.f.* silvicoltura.

fort *avv.* 1 via, assente 2 avanti, ancora ♦ elemento mobile di verbi separabili.

fort-bewegen, sich *v.pron.* andare avanti; muoversi.

fort-bilden, sich *v.pron.* aggiornarsi.

Fortbildungskurs (-es,-e) *s.m.* corso di aggiornamento.

fort-dauern *v.intr.* perdurare, continuare ad esistere.

fort-fahren (fuhr fort, fortgefahren) *v.tr.* portare via (con un mezzo) ♦ *v.intr.* 1 partire, andarsene 2 proseguire, continuare.

fort-gehen (ging fort, fortgegangen) *v.intr.* andare via.

fortgeschritten *agg.* progredito, evoluto, avanzato.

fortgesetzt *agg.* ininterrotto, continuato ♦ *avv.* ininterrottamente, continuamente.

fortlaufend *agg.* 1 continuo 2 progressivo.

fort-pflanzen, sich *v.pron.* 1 propagarsi, diffondersi (*anche fig.*) 2 (*biol.*) riprodursi.

fort-schreiten (schritt fort, fortge-

schritten) *v.intr.* **1** procedere **2** *(fig.)* *(in +dat.)* progredire, fare progressi.

Fortschritt (-s,-e) *s.m.* progresso.

fortschrittlich *agg.* **1** innovatore, progressista **2** innovativo.

Fortsetzung (-,-en) *s.f.* continuazione, seguito.

fortwährend *agg.* continuo, ininterrotto.

Foto (-s,-s) *s.n.* foto.

Fotograf (-en,-en) *s.m.* fotografo.

Fracht (-,-en) *s.f.* **1** carico **2** nolo, spese di spedizione.

Frage (-,-n) *s.f.* **1** domanda **2** problema, questione.

Fragebogen (-,-bögen) *s.m.* questionario.

fragen *v.tr.* domandare, chiedere ♦ *v.intr.* **1** fare domande **2** *(nach)* chiedere (di), cercare **3** *(nach)* informarsi su ♦ **sich** – *v.pron.* domandarsi, chiedersi.

fraglich *agg.* **1** dubbio, incerto **2** discutibile.

fragwürdig *agg.* **1** dubbio, incerto **2** discutibile.

Fraktur (-,-en) *s.f.* **1** *(med.)* frattura **2** scrittura gotica.

frankieren *v.tr.* *(posta)* affrancare.

Franse (-,-n) *s.f.* frangia.

frappant *agg.* sorprendente.

Fratze (-,-n) *s.f.* smorfia.

Frau (-,-en) *s.f.* **1** donna **2** moglie, consorte **3** signora.

Frauenarzt (-es,-ärzte) *s.m.* ginecologo.

Frauenheld (-en,-en) *s.m.* donnaiolo.

Fräulein (-s,-) *s.n.* **1** signorina **2** cameriera **3** bambinaia.

fraulich *agg.* femminile.

frech *agg.* impertinente, sfacciato.

Frechheit (-,-en) *s.f.* impudenza; sfacciataggine.

frei *agg.* **1** libero, indipendente **2** libero, non occupato **3** gratis **4** all'aperto **5** libero, spregiudicato **6** *(comm.)* franco ♦ *avv.* liberamente.

Freibad (-es,-bäder) *s.n.* piscina all'aperto.

Freiberufler (-s,-) *s.m.* libero professionista.

Freie (-/-.) *s.n.* aperto: *im Freien*, all'aperto.

freigebig *agg.* generoso, liberale.

freihändig *agg.* a mano libera ♦ *avv.* **1** a mano libera **2** senza mani.

Freiheit (-,-en) *s.f.* libertà: *sich -en herausnehmen*, prendersi delle libertà.

Freiheitsstrafe (-,-n) *s.f.* pena detentiva.

Freikarte (-,-n) *s.f.* biglietto gratuito.

Freikörperkultur (-/.) *s.f.* nudismo.

frei-legen *v.tr.* scoprire, mettere a nudo; dissotterrare.

freilich *avv.* certamente, sicuro.

Freilichtbühne (-,-n) *s.f.* teatro all'aperto.

frei-machen *v.tr.* **1** *(posta)* affrancare **2** prendere una vacanza ♦ *v.intr.* fare vacanza ♦ **sich** – *v.pron.* **1** liberarsi da impegni **2** spogliarsi.

Freimaurer (-s,-) *s.m.* massone.

freimütig *agg.* franco, sincero, aperto ♦ *avv.* francamente, sinceramente, apertamente.

Freiplatz (-es,-plätze) *s.m.* posto gratuito.

frei-sprechen (sprach frei, freigesprochen) *v.tr.* assolvere; prosciogliere.

Freistil (-s/.) *s.m.* **1** *(nuoto)* stile libero **2** lotta libera.

Freistoß (-es,-stöße) *s.m.* *(sport)* calcio

Freitag di punizione.
Freitag (-s,-e) *s.m.* venerdì.
Freiumschlag (-s,-schläge) *s.m.* busta affrancata.
freiwillig *agg.* volontario; spontaneo.
Freizeit (-/.) *s.f.* tempo libero.
freizügig *agg.* 1 libero, nomade 2 libero, non rigido, elastico.
fremd *agg.* 1 straniero; forestiero 2 di altri: *-es Eigentum*, proprietà di terzi 3 sconosciuto 4 strano, singolare.
fremdartig *agg.* strano; insolito.
Fremde¹ (-n,-n) *s.m./f.* 1 straniero/a 2 estraneo/a.
Fremde² (-/.) *s.f.* paese lontano: *in die gehen*, andarsene lontano.
Fremdenführer (-s,-) *s.m.* guida turistica.
Fremdenverkehr (-s/.) *s.m.* turismo.
Fremdkörper (-s,-) *s.m.* 1 (*med.*) corpo estraneo 2 intruso.
Fremdsprache (-,-n) *s.f.* lingua straniera.
Fresko (-s, Fresken) *s.n.* affresco.
fressen (fraß, gefressen) *v.tr.* 1 (*di animali*) mangiare 2 divorare 3 consumare ♦ *v.intr.* (*an* +*dat.*) 1 intaccare 2 (*fig.*) logorare ♦ **sich** – *v.pron.* (*durch*) farsi strada.
Freude (-,-n) *s.f.* gioia | *vor – an die Decke springen*, non stare più nella pelle dalla gioia.
freudig *agg.* gioioso, lieto.
freuen *v.tr.* rallegrare, far piacere a: *es freut mich*, mi fa piacere ♦ **sich** – *v.pron.* 1 (*auf/über*+*acc.*) gioire (di), essere contento (di) 2 (+*gen.*) godersi.
Freund (-es,-e) *s.m.* (f.-in/-innen) 1 amico/a 2 fidanzato/a, ragazzo/a.
freundlich *agg.* gentile, cortese ♦ *avv.* gentilmente.
Freundlichkeit (-,-en) *s.f.* gentilezza, cortesia.
Freundschaft (-,-en) *s.f.* amicizia.
Frieden (-s/.) *s.m.* pace; quiete, tranquillità.
Friedhof (-es,-höfe) *s.m.* cimitero, camposanto.
friedlich *agg.* 1 pacifico 2 tranquillo.
frieren (fror, gefroren) *v.intr.* 1 avere freddo 2 gelarsi ♦ *v.impers.* 1 fare freddo: *es friert mich*, ho freddo 2 gelarsi.
Frikadelle (-,-n) *s.f.* (*gastr.*) polpetta.
frisch *agg.* fresco ♦ *avv.* di fresco.
Friseur (-s,-e) *s.m.* parrucchiere; barbiere.
Friseuse (-,-n) *s.f.* parrucchiera.
frisieren *v.tr.* 1 pettinare, acconciare 2 (*motore*) truccare.
Frist (-,-en) *s.f.* 1 termine; scadenza 2 proroga.
fristlos *agg.* senza preavviso.
Frisur (-,-en) *s.f.* pettinatura, acconciatura.
fritieren *v.tr.* (*gastr.*) friggere.
froh *agg.* contento, lieto.
fröhlich *agg.* allegro.
fromm *agg.* pio, devoto.
Fronleichnam (-s/.) *s.m.* Corpus Domini.
Front (-,-en) *s.f.* 1 fronte, pima linea (*anche fig.*) 2 (*arch.*) facciata 3 (*meteor.*) fronte.
Frontantrieb (-s/.) *s.m.* (*auto*) trazione anteriore.
Frosch (-es, Frösche) *s.m.* rana.
Frost (-es, Fröste) *s.m.* gelo.
Frottee (-s,-s) *s.n./m.* (*tessuto*) spugna.
Frucht (-, Früchte) *s.f.* frutto (*anche fig.*).

fruchtbar *agg.* fertile, fecondo; prolifico.

Fruchtsaft (-es,-säfte) *s.m.* succo di frutta.

Fruchtsalat (-s,-e) *s.m.* macedonia di frutta.

früh *agg.* primo ♦ *avv.* di buon'ora, presto.

früher *agg.* precedente, di una volta, ex ♦ *avv.* una volta, un tempo.

frühestens *avv.* 1 al più presto 2 non prima di.

Frühling (-s,-e) *s.m.* primavera.

frühreif *agg.* precoce.

Frühstück (-s,-e) *s.n.* prima colazione.

frühstücken *v.intr.* far colazione.

Frust (-es/.) *s.m.* frustrazione.

Fuchs (-es, Füchse) *s.m.* 1 volpe (*anche fig.*) 2 (*cavallo*) sauro.

Fuge¹ (-,-n) *s.f.* 1 fessura 2 (*tecn.*) giunto: *aus den Fugen geraten*, sfasciarsi.

Fuge² (-,-n) *s.f.* (*mus.*) fuga.

fügen, sich *v.pron.* (+*dat.*) 1 sottomettersi 2 adattarsi.

fühlbar *agg.* 1 palpabile 2 tangibile.

fühlen *v.tr.* 1 sentire, provare; avvertire 2 palpare, tastare ♦ *sich* – *v.pron.* sentirsi.

Fühler (-s,-) *s.m.* 1 (*zool.*) antenna 2 (*tecn.*) sonda 3 (*fig.*) sonde *seine – ausstrecken*, tastare il terreno.

führen *v.tr.* 1 condurre 2 guidare 3 (*comm.*) trattare, tenere 4 tenere: *die Buchhaltung* –, tenere la contabilità ♦ *v.intr.* 1 essere in vantaggio 2 portare, condurre: *alle Straßen – nach Rom*, tutte le strade portano a Roma.

führend *agg.* 1 (il) più rinomato di primo piano 3 (*sport*) in testa, al comando.

Führer (-s,-) *s.m.* 1 capo, leader 2 dirigente 3 guida (turistica) 4 conducente, pilota.

Führerschein (-s,-e) *s.m.* patente di guida.

Führung (-,-en) *s.f.* 1 direzione | *in – sein*, essere al primo posto 2 visita guidata 3 comportamento.

Fülle (-,-n) *s.f.* 1 (*sing.*) gran quantità 2 (*sing.*) pienezza 3 (*sing.*) corpulenza 4 (*gastr.*) ripieno.

füllen *v.tr.* 1 riempire 2 (*fig.*) colmare 3 versare 4 (*gastr.*) farcire ♦ *sich* – *v.pron.* riempirsi.

Füller (-s,-) *s.m.* penna stilografica.

Füllung (-,-en) *s.f.* 1 (*cuscino*) imbottitura 2 (*di dente*) otturazione 3 (*gastr.*) ripieno 4 riempimento.

Fund (-es,-e) *s.m.* 1 ritrovamento 2 reperto.

fundamental *agg.* basilare.

Fundbüro (-s,-s) *s.n.* ufficio oggetti smarriti.

Fundgrube (-,-n) *s.f.* (*fig.*) miniera.

Fundsache (-,-n) *s.f.* oggetto ritrovato.

Fünfkampf (-es,/) *s.m.* pentatlon.

Fünftagewoche (-,-n) *s.f.* settimana corta.

fungieren *v.intr.* (*als*) fungere (da).

Funk (-s/.) *s.m.* radio.

Funke (-ns,-n) *s.m.* 1 scintilla (*anche fig.*) 2 briciolo, minimo: *keinen -n Verstand haben*, non avere nemmeno un briciolo di cervello.

funkeln *v.intr.* 1 scintillare 2 brillare, sfavillare.

funken *v.tr.* 1 radiotrasmettere ♦ *v. intr.* 1 fare scintille 2 (*fam.*) funzionare bene ♦ *v.impers.* 1 capire, arrivarci 2 (*fig.*) esserci un colpo di fulmine.

Funkgerät (-es,-e) *s.n.* apparecchio ricetrasmittente.

Funktaxi (-s,-) *s.n.* radiotaxi.

Funktion (-,-en) *s.f.* 1 funzione 2 *(amm.)* carica, funzioni.

funktionieren *v.intr.* funzionare.

für *prep.* (+*acc.*) 1 per, a favore di: *ich tue alles – dich*, faccio tutto per te 2 al posto di: *ich entscheide das – ihn*, lo decido per lui 3 *(scopo)* per: *– die Prüfung lernen*, studiare per l'esame 4 *(prezzo, quantità)* a, per: *– 1 DM*, per 1 marco 5 *(durata)* per: *– einen Monat verreisen*, partire per un mese 6 contro, per: *ein Mittel – den Husten*, un rimedio contro la tosse 7 *(tra due sostantivi uguali)* per: *Mann – Mann*, a uno a uno; *Wort – Wort*, parola per parola 8 *(appartenenza)* di: *Institut – Wirtschaftswissenschaften*, istituto di scienze economiche 9 *(come)* per: *er arbeitet – zwei*, lavora per due.

Für *s.n.inv.* pro: *das – und Wider*, il pro e il contro.

Furche (-,-n) *s.f.* 1 solco 2 *(viso)* ruga, grinza.

Furcht (-/.) *s.f.* 1 paura 2 timore.

furchtbar *agg.* terribile ♦ *avv.* terribilmente, estremamente.

fürchten *v.tr.* temere ♦ *v.intr.* (*um, für*) temere (per), stare in pensiero (per) ♦ **sich** – *v.pron.* (*vor*) temere, aver paura (di).

fürchterlich *agg. e avv.* terribile.

furchtsam *agg.* pauroso, timoroso.

füreinander *avv.* l'uno per l'altro.

Fürsorge (-/.) *s.f.* 1 cura, premure 2 assistenza (sociale), previdenza.

fürsorglich *agg.* premuroso, sollecito.

Fürsprache (-,-n) *s.f.* intercessione.

Fürst (-en,-en) *s.m.* principe.

Fürstentum (-s,-tümer) *s.n.* principato.

fürstlich *agg.* principesco ♦ *avv.* da principe.

Furunkel (-s,-) *s.m./n.* foruncolo.

furzen *v.intr.* fare un peto, scoreggiare.

Fuß (-es, Füße) *s.m.* 1 piede [*zu* –, a piedi 2 *(idiom.) auf freiem –*, a piede libero; *mit jdm. auf gutem – stehen*, essere in buoni rapporti con qlcu. *kalte Füße bekommen*, cacciarsi in un guaio; farsi prendere dalla fifa 3 *(di animale)* zampa; zoccolo 4 basamento, zoccolo.

Fußbad (-es,-bäder) *s.n.* pediluvio.

Fußball (-es,-bälle) *s.m.* 1 pallone (da calcio) 2 *(sport)* calcio.

Fußballplatz (-es,-plätze) *s.m.* campo di calcio.

Fußballspiel (-es,-e) *s.n.* partita di calcio.

Fußboden (-s,-böden) *s.m.* pavimento.

Fußbremse (-,-n) *s.f.* freno a pedale.

fusselig *agg.* 1 *(di stoffa)* pieno di peluzzi 2 sfilacciato | *sich den Mund – reden*, sprecare il fiato.

fußen *v.intr.* (*auf* +*dat.*) basarsi (su), poggiare (su).

Fußgänger (-s,-) *s.m.* pedone.

Fußgängerübergang (-es,-gänge) *s.m.* passaggio pedonale.

Fußgelenk (-es,-e) *s.n.* caviglia.

Fußknöchel (-s,-) *s.m.* malleolo.

Fußleiste (-,-n) *s.f.* battiscopa, zoccolo.

Fußmatte (-,-n) *s.f.* zerbino.

Fußnote (-,-n) *s.f.* nota a piè di pagina.

Fußpflege (-/.) *s.f.* pedicure.

Fußsohle (-,-n) *s.f.* pianta del piede.

Fußtritt (-es,-e) *s.m.* calcio, pedata.

futsch *agg.* 1 *(di denaro)* perso 2 rotto.

Futter[1] (-s/.) *s.n.* 1 foraggio; becchime 2 *(scherz.)* cibo.

Futter² (-s/.) *s.n.* (*vestito*) fodera.
futtern *v.tr. e intr.* rimpinzarsi di.
füttern¹ *v.tr.* **1** (*persone*) imboccare **2** (*animali*) dare da mangiare.
füttern² *v.tr.* foderare, rivestire.
Futternapf (-es,-näpfe) *s.m.* ciotola per il mangime.
Fütterung (-,-en) *s.f.* **1** l'imboccare **2** (*animali*) dar da mangiare.
Futurismus (-/.) *s.m.* futurismo.

G

G, g *s.n.inv.* (*mus.*) sol.
Gabel (-,-n) *s.f.* **1** forchetta **2** (*tecn.*) forcella.
Gabelung (-,-en) *s.f.* biforcazione, bivio.
Gage (-,-n) *s.f.* compenso, cachet.
gähnen *v.intr.* sbadigliare.
gähnend *agg.* profondo, abissale; assoluto: *-e Leere*, vuoto assoluto.
Galerie (-,-n) *s.f.* **1** galleria **2** (*teatr.*) loggione.
Galgen (-s,-) *s.m.* **1** patibolo, forca **2** (*film,tv*) giraffa.
Galle (-/.) *s.f.* bile | *bitter wie* –, amaro come il fiele.
Gallenblase (-,-n) *s.f.* cistifellea.
Galopp (-s/-e/-s) *s.m.* galoppo: *im –, al galoppo* (*anche fig.*).
Gammler (-s,-) *s.m.* vagabondo.
Gang (-es, Gänge) *s.m.* **1** andatura, modo di camminare **2** moto, movimento: *in – setzen*, mettere in moto; (*fig.*) avviare **3** corso **4** (*auto*) marcia **5** corridoio **6** piatto, portata **7** commissione: *ich muß noch einen – erledigen*, devo sbrigare ancora una commissione.
gängig *agg.* corrente, comune.
Gangschaltung (-,-en) *s.f.* (*auto*) cambio.
Gans (-, Gänse) *s.f.* oca.
Gänsemarsch (-es/.) *s.m.* fila indiana.
ganz *agg.* **1** tutto, intero **2** parecchio: *seine ganze Reihe*, un gran numero **3** solo, soltanto ♦ *avv.* **1** completamente **2** molto **3** abbastanza: *es geht ihm – gut*, sta abbastanza bene **4** (*fam.*) proprio, del tutto: *– gewiß!*, certamente!; *– richtig!*, esatto!
gänzlich *avv.* totalmente.
gar¹ (*agg.*) ben cotto.
gar² (*avv.*) addirittura, perfino ♦ *part.* (*rafforzativo davanti a negazione*) affatto, assolutamente: *ich verstehe – nichts mehr*, non capisco assolutamente niente.
Garantie (-,-n) *s.f.* garanzia.
Garderobe (-,-n) *s.f.* **1** guardaroba **2** camerino.
Gardine (-,-n) *s.f.* tenda, tendina.
gären (gor, gegoren) *v.intr.* fermentare (*anche fig.*) ♦ *v.impers.* fermentare.
Garn (-es,-e) *s.n.* filo, filato.
Garnitur (-,-en) *s.f.* **1** completo, parure **2** servizio (di piatti, posate).
garstig *agg.* **1** maleducato; insopportabile **2** ripugnante.
Garten (-n, Gärten) *s.m.* **1** giardino **2** orto.
Gärtnerei (-,-en) *s.f.* **1** vivaio **2** giardinaggio.
Gas (-es,-e) *s.n.* gas (*auto*): *– geben*, accelerare; *– wegnehmen*, rallentare.
Gasflasche (-,-n) *s.f.* bombola del gas.
Gaspedal (-s,-e) *s.n.* pedale dell'acceleratore.
Gasse (-,-n) *s.f.* vicolo; viuzza | (*austr.*)

Gast

über die –, da asporto.
Gast (-es, Gäste) *s.m.* 1 ospite 2 invitato 3 (*albergo ecc.*) cliente.
gastfreundlich *agg.* ospitale.
Gasthaus (-es, -häuser) *s.n.* osteria, trattoria, locanda.
gastieren *v.intr.* (*teatr.*) essere in tournée.
Gastronomie (-/.) *s.f.* gastronomia.
Gatte (-n,-n) *s.m.* marito, coniuge.
Gattin (-,-nen) *s.f.* moglie, coniuge.
Gattung (-,-en) *s.f.* 1 genere, specie 2 (*bot./zool.*) nome del genere.
Gaumen (-s,-) *s.m.* 1 palato 2 (*fig.*) gusto, palato: *einen feinen – haben*, avere il palato fine.
Gauner (-s,-) *s.m.* imbroglione, furfante.
Gaze (-,-n) *s.f.* garza.
Gebäck (-s/.) *s.n.* pasticcini, biscotti.
gebärden, sich *v.pron.* atteggiarsi.
gebären (gebar, geboren) *v.tr.* partorire.
Gebärmutter (-,-mütter) *s.f.* utero.
Gebäude (-s,-) *s.n.* edificio.
gebaut *agg.* costruito, fatto | *kräftig – sein*, essere di costituzione robusta.
geben (gab, gegeben) *v.tr.* 1 dare 2 affidare 3 accordare, concedere | *etwas von sich –*, proferire qlco. ♦ *v.intr.* 1 (*carte*) dare 2 (*sport*) servire, battere ♦ *v.impers.* (+*acc.*) esserci, esistere ♦ *sich – v.pron.* 1 comportarsi 2 attenuarsi, calmarsi.
Gebet (-es,-e) *s.n.* preghiera.
Gebiet (-es,-e) *s.n.* 1 regione, zona: *in diesem –*, in questa zona 2 settore, campo: *auf diesem –*, in questo settore.
Gebilde (-s,-) *s.n.* 1 forma, struttura 2 creazione.
gebildet *agg.* colto, istruito.

Gebirge (-s,-) *s.n.* 1 montagna: *ins – fahren*, andare in montagna 2 catena montuosa.
Gebiß (Gebisses, Gebisse) *s.n.* 1 dentatura 2 dentiera.
geblümt *agg.* a fiori.
geboren *agg.* 1 nato: *– werden*, nascere 2 di nascita: *-er Deutscher*, tedesco di nascita.
geborgen *agg.* al sicuro, protetto.
Gebot (-es,-e) *s.n.* 1 comandamento 2 precetto, norma 3 esigenza: *das – der Stunde*, l'esigenza del momento.
Gebrauch (-s,-bräuche) *s.m.* 1 uso, impiego 2 (*pl.*) usanze, costumi.
gebrauchen *v.tr.* adoperare, usare.
gebräuchlich *agg.* in uso, usato.
Gebrauchsanweisung (-,-en) *s.f.* istruzioni per l'uso.
gebrechlich *agg.* 1 malaticcio 2 decrepito.
gebrochen *agg.* 1 spezzato, rotto 2 (*fig.*) distrutto 3 stentato: *ein -es Deutsch sprechen*, parlare un tedesco stentato.
Gebühr (-,-en) *s.f.* 1 tassa; canone 2 dovere, spettanza: *nach –*, a dovere; *über –*, più del dovuto.
gebührend *agg.* dovuto, adeguato ♦ *avv.* debitamente.
Gebühreneinheit (-,-en) *s.f.* (*tel.*) scatto, unità.
Geburt (-,-en) *s.f.* 1 nascita 2 parto.
gebürtig *agg.* nativo, oriundo.
Geburtsdatum (-s,-daten) *s.n.* data di nascita.
Geburtstag (-es,-e) *s.m.* 1 giorno di nascita 2 compleanno: *alles Gute zum –!*, tanti auguri di buon compleanno!
Gebüsch (-s,-e) *s.n.* boscaglia.
Gedächtnis (-ses,-se) *s.n.* 1 memoria |

ein gutes – haben, avere una buona memoria **2** ricordo: *zum – an jdn.*, in ricordo di qlcu.

Gedächtnisfeier (-,-n) *s.f.* commemorazione.

gedämpft *agg.* **1** attenuato, smorzato **2** (*gastr.*) stufato.

Gedanke (-ns,-n) *s.m.* pensiero; idea | *auf andere – kommen*, svagarsi | *mit dem -n spielen*, accarezzare l'idea.

Gedankengang (-s,-gänge) *s.m.* ragionamento.

Gedeck (-s,-e) *s.n.* coperto.

gedeihen (gedieh, gediehen) *v.intr.* **1** crescere, prosperare **2** procedere bene: *wie weit ist die Sache gediehen?*, a che punto è la faccenda?

gedemütigt *agg.* umiliato.

gedenken (gedachte, gedacht) *v. intr.* **1** (+*gen.*) ricordare, commemorare **2** avere l'intenzione di.

Gedicht (-es,-e) *s.n.* **1** poesia **2** cosa meravigliosa.

Gedränge (-es/.) *s.n.* calca, ressa.

Geduld (-/.) *s.f.* pazienza.

geduldig *agg.* paziente; tollerante ♦ *avv.* pazientemente.

geehrt *agg.* stimato | (*nelle lettere*) *sehr geehrte Herren*, egregi signori.

geeignet *agg.* **1** (*für*) adatto (a) **2** appropriato.

Gefahr (-,-en) *s.f.* pericolo, rischio: *auf eigene –*, a proprio rischio e pericolo.

gefährden *v.tr.* mettere in pericolo; compromettere.

gefährlich *agg.* pericoloso; rischioso, azzardato.

Gefährte (-n,-n) *s.m.* (*f.-in/-innen*) **1** compagno/a; amico/a **2** coniuge, convivente.

Gefälle (-s,-) *s.n.* **1** pendenza, inclinazione **2** dislivello, divario (*anche fig.*).

gefallen (gefiel, gefallen) *v.intr.* (+*dat.*) piacere (a), andare a genio.

Gefälligkeit (-,-en) *s.f.* cortesia, piacere, favore.

gefälligst *avv.* per cortesia.

Gefängnis (-ses,-se) *s.n.* prigione, carcere.

gefärbt *agg.* tinto, colorato.

Gefäß (-es,-e) *s.n.* recipiente, vaso.

gefaßt *agg.* calmo, controllato ♦ *avv.* con calma.

Gefecht (-s,-e) *s.n.* combattimento: *außer – setzen*, mettere fuori combattimento (*anche fig.*).

gefeit *agg.* (*gegen*) immune (a).

gefleckt *agg.* macchiato.

geflissentlich *agg.* intenzionale ♦ *avv.* di proposito.

Geflügel (-s/.) *s.n.* pollame, volatili.

Geflügelschere (-,-n) *s.f.* trinciapollo.

Geflüster (-s/.) *s.n.* bisbiglio.

Gefolge (-s,-) *s.n.* seguito, scorta.

gefrieren (gefror, gefroren) *v.intr. e impers.* gelare.

Gefrierfach (-es, fächer) *s.n.* scomparto congelatore (del frigorifero).

Gefriertruhe (-,-n) *s.f.* congelatore.

Gefrorene (-n,-) *s.n.* (*austr.*) gelato.

gefügig *agg.* docile, malleabile.

Gefühl (-s,-e) *s.n.* **1** sentimento **2** sensibilità, sensazione, senso **3** istinto, intuizione: *nach –*, d'istinto.

gefüllt *agg.* ripieno, farcito.

gegebenenfalls *avv.* eventualmente.

gegen *prep.* (+*acc.*) **1** contro **2** (*nelle indicazioni numeriche e di tempo*) verso, circa: *wir kommen – 9 Uhr an*, arriveremo verso le 9 **3** (*controvalore*) dietro, in cambio di **4** in confronto a.

Gegenanzeige (-,-n) *s.f.* (*med.*) con-

Gegend (-,-en) *s.f.* **1** regione, zona **2** dintorni, vicinanze **3** quartiere.

gegeneinander *avv.* l'uno contro l'altro.

Gegensatz (-es,-sätze) *s.m.* **1** contrasto, disaccordo **2** contraddizione **3** opposto.

gegenseitig *agg.* mutuo, reciproco ♦ *avv.* reciprocamente, a vicenda.

Gegenstand (-es,-stände) *s.m.* **1** oggetto **2** (*fig.*) argomento.

Gegenteil (-es,-e) *s.n.* contrario: *im –*, al contrario.

gegenüber *prep.* (+*dat.*) **1** di fronte (a), dirimpetto **2** nei riguardi di, verso ♦ *avv.* di fronte ♦ elemento mobile di verbi separabili.

gegenüber-stellen *v.tr.* **1** mettere di fronte **2** mettere a confronto **3** contrapporre.

Gegenwart (-/.) *s.f.* **1** presente **2** presenza.

gegenwärtig *agg.* presente; attuale ♦ *avv.* attualmente.

Gegenwert (-es,-e) *s.m.* controvalore, equivalente.

Gegner (-s,-) *s.m.* **1** avversario (*anche sport*) **2** nemico.

gegrillt *agg.* alla griglia.

Gehackte (-n/.) *s.n.* carne trita.

Gehalt¹ (-es,-hälter) *s.n.* stipendio.

Gehalt² (-es,-e) *s.m.* **1** contenuto, valore intrinseco **2** contenuto, percentuale; (*chim.*) titolo.

Gehäuse (-s,-) *s.n.* **1** cassa **2** custodia, involucro.

Gehege (-s,-) *s.n.* **1** riserva di caccia | *jdm. ins – kommen*, (*fig.*) intralciare i piani di qlcu. **2** recinto per animali.

geheim *agg.* **1** segreto, in segreto **2** riservato.

Geheimnis (-ses,-se) *s.n.* **1** segreto **2** mistero.

gehemmt *agg.* inibito, bloccato.

gehen (ging, gegangen) *v.intr.* **1** andare (a piedi), camminare **2** (*tecn.*) funzionare **3** andare bene: *das geht nicht, non va bene* ♦ *v.impers.* andare: *wie geht es dir?*, come stai? ♦ *v.tr.* percorrere.

Gehilfe (-n,-n) *s.m.* assistente.

Gehirn (-es,-e) *s.n.* cervello.

Gehirnerschütterung (-,-en) *s.f.* commozione cerebrale.

Gehör (-s/.) *s.n.* **1** udito **2** orecchio (musicale) **3** (*fig.*) ascolto: *– finden*, trovare ascolto.

gehorchen *v.intr.* ubbidire.

gehören *v.intr.* **1** (+*dat.*) appartenere (a) **2** (*zu*) far parte (di) **3** spettare **4** dover stare, essere dovuto ♦ *sich – v.pron.* addirsi.

gehorsam *agg.* ubbidiente.

Gehsteig (-s,-e) *s.m.* marciapiede.

Geige (-,-n) *s.f.* violino.

Geisel (-,-n) *s.f.* ostaggio.

Geist (-es,-er) *s.m.* spirito (*in tutti i significati*).

geistesabwesend *agg.* distratto, assente.

Geistesgegenwart (-/.) *s.f.* presenza di spirito.

geistig *agg.* **1** intellettuale; mentale **2** spirituale, interiore ♦ *avv.* **1** intellettualmente **2** spiritualmente

geistlich *agg.* **1** religioso, sacro; spirituale **2** ecclesiastico.

geistreich *agg.* spiritoso, arguto.

Geiz (-es/.) *s.m.* avarizia.

Geizhals (-es,-hälse) *s.m.* avaraccio/a; taccagno/a.

geizig *agg. (mit)* avaro (di).
Gelächter (-s,-) *s.n.* risa, risate.
gelähmt *agg.* paralizzato.
Gelände (-s,-) *s.n.* terreno, zona.
Geländer (-s,-) *s.n.* 1 ringhiera 2 parapetto.
Geländewagen (-s,-) *s.m. (auto)* fuoristrada.
gelangen *v.intr.* arrivare, giungere *(anche fig.).*
gelassen *agg.* calmo, tranquillo; rilassato.
geläufig *agg.* corrente, comune.
gelaunt *agg.: gut, schlecht – sein*, essere di buon, cattivo umore.
gelb *agg.* giallo.
Geld (-es,-er) *s.n.* 1 denaro, soldi 2 *(pl.)* fondi: *öffentliche -er*, fondi pubblici.
Geldautomat (-en,-en) *s.m.* bancomat.
Geldbeutel (-s,-) *s.m.* portamonete, borsellino.
Geldgeber (-s,-) *s.m.* finanziatore.
Gelee (-s,-s) *s.n. (gastr.)* gelatina.
gelegen *agg.* 1 situato, posto 2 opportuno, comodo.
Gelegenheit (-,-en) *s.f.* opportunità; occasione.
gelegentlich *agg.* occasionale ♦ *avv.* occasionalmente, all'occasione.
Gelehrte (-n,-n) *s.m./f.* studioso/a, scienziato/a.
Geleise (-s,-) *s.n. (austr.)* binario.
Gelenk (-es,-e) *s.n.* 1 articolazione, giuntura 2 *(tecn.)* giunto.
Geliebte (-n,-n) *s.m./f.* amante.
gelingen (gelang, gelungen) *v.intr.* riuscire.
gellend *agg.* squillante, stridulo.
geloben *v.tr.* giurare.
gelten (galt, gegolten) *v.intr.* 1 essere valido; essere in vigore 2 valere 3 – **als,** essere considerato 4 *(+dat.)* essere indirizzato: *das Lob galt dir*, l'elogio era riservato a te ♦ *v.impers.* trattarsi: *es gilt, sofort zu handeln*, si tratta di agire subito.
Geltung (-,-en) *s.f.* 1 validità: *– haben*, essere valido 2 considerazione: *sich – verschaffen*, farsi valere 3 rilievo: *zur – bringen*, mettere in risalto.
Geltungsbedürfnis (-ses/,-se) *s.n.* desiderio di mettersi in mostra; ambizione.
gemächlich *agg.* calmo, tranquillo ♦ *avv.* adagio, pian piano.
Gemahl (-s,-e) *s.m. (f.-in/innen)* consorte, coniuge.
Gemälde (-s,-) *s.n.* dipinto, tela.
Gemäldegalerie (-,-n) *s.f.* pinacoteca.
gemäß *prep.* *(+dat.)* secondo, conforme a.
gemäßigt *agg.* 1 moderato 2 *(di clima)* temperato.
gemein *agg.* 1 comune, normale 2 cattivo, perfido, meschino.
Gemeinde (-,-n) *s.f.* 1 comune 2 comunità *(anche religiosa).*
Gemeinheit (-,-en) *s.f.* cattiveria; meschinità, bassezza.
gemeinsam *avv.* 1 insieme 2 in comune ♦ *agg.* in comune.
Gemeinschaft (-,-en) *s.f.* 1 collettività 2 comunità, unione.
Gemisch (-es,-e) *s.n.* miscela, miscuglio.
Gemse (-,-n) *s.f.* camoscio.
Gemurmel (-s/) *s.n.* borbottio.
Gemüse (-s/,-) *s.n.* verdura, ortaggi.
gemustert *agg.* a disegni.
Gemüt (-s,-er) *s.n.* 1 disposizione d'animo, natura 2 cuore, animo.
gemütlich *agg.* 1 accogliente, confor-

tevole 2 piacevole, tranquillo 3 piacevole, simpatico ♦ *avv.* 1 comodamente 2 piacevolmente 3 con calma.

Gen (-s,-e) (*biol.*) gene.

genau *agg.* 1 preciso, esatto 2 minuzioso 3 meticoloso, pignolo ♦ *avv.* 1 precisamente 2 in orario 3 proprio: – *als ich gehen wollte*, proprio quando io me ne volli andare.

genaugenommen *avv.* precisamente.

Genauigkeit (-/-) *s.f.* precisione, accuratezza, meticolosità.

genauso *avv.* (*correlato a "wie"*) altrettanto, tanto...quanto.

genehmigen *v.tr.* 1 permettere a, autorizzare 2 approvare 3 permettersi, concedersi.

Genehmigung (-,-en) *s.f.* permesso, autorizzazione.

geneigt *agg.* 1 inclinato 2 chino, abbassato 3 (*fig.*) incline, propenso.

Generation (-,-en) *s.f.* generazione.

generell *agg.* generale; generico ♦ *avv.* in generale, generalmente.

genesen (genas, genesen) *v.intr.* guarire.

Genesung (-/-) *s.f.* guarigione, convalescenza.

genial *agg.* geniale; brillante.

Genick (-s,-e) *s.n.* nuca | *jdm. das – brechen*, (*fig.*) rompere l'osso del collo a qlcu.

Genie (-s,-s) *s.n.* genio.

genieren, sich *v.pron.* essere imbarazzato; vergognarsi.

genießbar *agg.* commestibile.

genießen (genoß, genossen) *v.tr.* 1 gustare 2 godersi: *den Urlaub* –, godersi le ferie.

genormt *agg.* unificato, standardizzato.

Genosse (-n,-n) *s.m.* compagno.

Genossenschaft (-,-en) *s.f.* cooperativa, consorzio.

genug *avv.* abbastanza, sufficientemente | – *haben*, (*fig.*) averne abbastanza.

Genüge (-/-) *s.f.* 1 sufficienza: *zur* –, a sufficienza 2 soddisfazione: *jdm. – leisten*, dare soddisfazione a qlcu.

genügen *v.intr.* bastare.

genügend *agg.* sufficiente ♦ *avv.* a sufficienza, abbastanza.

genügsam *agg.* di poche pretese, parco.

Genugtuung (-/-) *s.f.* soddisfazione.

Genuß (Genusses, Genüsse) *s.m.* 1 ingestione 2 piacere, gioia 3 (*dir.*) godimento.

Genußmittel (-s,-) *s.n.* genere voluttuario.

Gepäck (-s/-) *s.n.* bagaglio, bagagli.

Gepäckaufbewahrung (-/-) *s.f.* deposito bagagli.

Gepäckstück (-s,-e) *s.n.* (*bagagli*) collo.

Gepäckträger (-s,-) *s.m.* 1 facchino, portabagli 2 (*auto*) portapacchi.

gepanzert *agg.* blindato.

gepfeffert *agg.* 1 pepato 2 (*fig.*) piccante.

gepflegt *agg.* 1 curato, ben tenuto 2 raffinato; pregiato.

Gepflogenheit (-,-en) *s.f.* abitudine; costume.

geprüft *agg.* qualificato: *staatlich* –, abilitato.

gerade *agg.* 1 rettilineo, diritto 2 proprio: – *das will ich nicht*, è proprio questo che non voglio 3 (*matematica*) pari ♦ *avv.* 1 in questo momento, ora 2 (*indica contemporaneità; si traduce spesso con "stare" + gerundio*) er spricht –, sta parlando 3 eretto, diritto 4 appena, giusto ♦ elemento mobile di verbi separabili.

geradeaus *avv.* dritto: *immer –*, sempre dritto.

geradeheraus *avv.* francamente.

Gerät (-es,-e) *s.n.* 1 attrezzo, utensile 2 apparecchio, strumento.

geraten (geriet, geraten) *v.intr.* 1 riuscire, venire (bene *o* male) 2 (*in +acc.*) imbattersi (in), finire 3 (*an +acc.*) capitare (con), trovare: *an die richtige Person –*, trovare la persona giusta 4 (*nach*) assomigliare (a).

Geratewohl (-es/.) *s.n.*: *aufs –*, a caso.

geräuchert *agg.* affumicato.

geräumig *agg.* vasto, spazioso.

Geräusch (-es,-e) *s.n.* rumore, chiasso.

gerecht *agg.* giusto, meritato.

gerechtfertigt *agg.* giustificato.

Gerede (-s/.) *s.n.* chiacciere, pettolezzi.

Gericht¹ (-es,-e) *s.n.* tribunale | *Jüngstes –*, giudizio universale.

Gericht² (-es,-e) *s.n.* piatto, portata.

gerichtlich *agg.* giudiziario; legale.

gering *agg.* 1 piccolo; scarso 2 breve 3 scadente.

gerinnen (gerann, geronnen) *v.intr.* (*di latte*) cagliare; coagulare.

Gerippe (-s,-) *s.n.* scheletro, ossatura.

gerissen *agg.* scaltro, furbo.

Germ (-s/.) *s.m.* (*austr.*) lievito.

gern *avv.* volentieri, bene, con piacere.

geröstet *agg.* 1 arrostito 2 tostato.

Gerste (-/.) *s.f.* orzo.

Gerstenkorn (-s,-körner) *s.n.* (*med.*) orzaiolo.

Geruch (-es,-e) *s.m.* 1 odore 2 odorato, olfatto.

Gerücht (-s,-e) *s.n.* voce, diceria.

gerührt *agg.* commosso.

Gerüst (-s,-e) *s.n.* 1 struttura (*anche fig.*) 2 impalcatura, ponteggio.

gesalzen *agg.* salato.

gesamt *agg.* totale; completo, complessivo.

Gesang (-es,-sänge) *s.m.* canto.

Gesäß (-es,-e) *s.n.* sedere.

Geschäft (-es,-e) *s.n.* 1 affare; affari 2 negozio 3 ditta 4 incarico, compito 5 bisogno (corporale): *ein kleines – verrichten*, fare un bisognino.

geschäftlich *agg.* d'affari, professionale ♦ *avv.* per affari.

Geschäftsführer (-s,-) *s.m.* 1 gerente, gestore 2 amministratore (delegato).

Geschäftsordnung (-,-en) *s.f.* regolamento interno.

Geschäftsverbindung (-,-en) *s.f.* relazione d'affari.

geschehen (geschah, geschehen) *v. intr. e impers.* avvenire, succedere, accadere.

Geschehen (-s/.) *s.n.* 1 avvenimento 2 andamento.

gescheit *agg.* intelligente, ragionevole, giudizioso.

Geschenk (-s,-e) *s.n.* regalo, dono.

Geschichte (-,-n) *s.f.* 1 storia 2 racconto, storia 3 faccenda, affare.

geschichtlich *agg.* storico.

Geschick (-es,-e) *s.n.* 1 destino, sorte 2 abilità, attitudine.

geschickt *agg.* abile, capace ♦ *avv.* abilmente.

geschieden *agg.* divorziato.

Geschirr (-s,-e) *s.n.* 1 stoviglie, piatti 2 finimenti, bardatura.

Geschirrspüler (-s,-) *s.m.* 1 lavapiatti 2 lavastoviglie.

Geschlecht (-s,-er) *s.n.* 1 sesso 2 ge-

nere 3 stirpe.
Geschlechtskrankheit (-,-en) *s.f.* malattia venerea.
Geschlechtsverkehr (-s/.) *s.m.* rapporti sessuali.
geschlossen *agg.* 1 chiuso 2 compatto, unito 3 ristretto; esclusivo | *eine -e Gesellschaft*, una festa privata.
Geschmack (-s,-schmäcker) *s.m.* gusto (*anche fig.*)
Geschmacksache (-,-n) *s.f.* questione di gusti.
geschmeidig *agg.* 1 malleabile, flessibile 2 morbido, soffice 3 agile.
Geschöpf (-s,-e) *s.n.* creatura, essere vivente.
Geschoß (-schosses,-schosse) *s.n.* 1 piano: *im ersten –*, al primo piano 2 proiettile, pallottola.
Geschrei (-s/.) *s.n.* grida, chiasso.
Geschwätz (-es/.) *s.n.* chiacchiere.
Geschwindigkeit (-,-en) *s.f.* velocità, rapidità.
Geschwister *s.pl.* fratelli e sorelle.
geschwollen *agg.* gonfio.
Geschwulst (-,-schwülste) *s.f.* (*med.*) tumore.
Geschwür (-s,-e) *s.n.* (*med.*) ulcera.
Geselle (-n,-n) *s.m.* 1 lavorante 2 compagno.
gesellig *agg.* socievole.
Gesellschaft (-,-en) *s.f.* 1 società 2 associazione 3 ricevimento 4 compagnia.
Gesellschafter (-s,-) *s.m.* socio.
gesellschaftlich *agg.* 1 sociale 2 mondano ♦ *avv.* socialmente.
Gesellschaftsreise (-,-n) *s.f.* viaggio in comitiva.
Gesetz (-es,-e) *s.n.* legge, norma, regola.

Gesetzesverordnung (-,-en) *s.f.* decreto legge.
gesetzlich *agg.* legale, di legge ♦ *avv.* legalmente.
Gesicht (-es,-er) *s.n.* 1 viso, faccia 2 (*fig.*) aspetto, volto 3 espressione.
Gesichtsfarbe (-,-n) *s.f.* colorito.
Gesichtspunkt (-es,-e) *s.m.* punto di vista (*anche fig.*)
Gesichtszüge *s.pl.* lineamenti (del volto).
Gesindel (-s/.) *s.n.* gentaglia.
gesinnt *agg.* disposto, intenzionato: *jdm. freundlich – sein*, essere ben disposto verso qlcu.
Gesinnung (-,-en) *s.f.* modo di pensare, disposizione.
Gesinnungswechsel (-s,-) *s.m.* cambiamento d'opinione, voltafaccia.
gesondert *agg.* separato; a parte.
gespannt *agg.* (*auf +acc.*) teso (per), ansioso (di) ♦ *avv.* con attenzione, attento.
Gespenst (-es,-er) *s.n.* spettro, fantasma.
Gespött (-s/.) *s.n.* 1 scherno, beffa 2 zimbello.
Gespräch (-es,-e) *s.n.* 1 dialogo, colloquio 2 conversazione telefonica, chiamata.
gesprächig *agg.* loquace.
Gesprächspartner (-s,-) *s.m.* interlocutore.
gespreizt *agg.* 1 allargato, largo 2 (*fig.*) affettato.
gesprenkelt *agg.* screziato; pezzato.
Gespür (-s/.) *s.n.* fiuto (*anche fig.*).
Gestalt (-,-en) *s.f.* 1 forma, figura; aspetto; *– annehmen –*, (*fig.*) prendere forma 2 statura, corporatura 3 personaggio, figura.

Gestaltung (-,-en) *s.f.* **1** organizzazione; progettazione **2** allestimento **3** creazione.

Geständnis (-ses,-se) *s.n.* confessione.

Gestank (-s/.) *s.m.* puzzo, cattivo odore.

gestatten *v.tr.* permettere, concedere.

Geste (-,-n) *s.f.* gesto (*anche fig.*), mossa.

gestehen (gestand, gestanden) *v.tr.* confessare, ammettere.

Gestein (-es,-e) *s.n.* roccia.

Gestell (-s,-e) *s.n.* **1** struttura, base **2** rastrelliera, scaffale **3** (*tecn.*) telaio.

gestern *avv.* ieri.

Gestirn (-s,-e) *s.n.* astro; costellazione.

gestört *agg.* **1** disturbato **2** (*fig.*) turbato **3** complicato; problematico.

gestreift *agg.* a strisce, a righe.

gestrichen *agg.* **1** raso: *man nehme einen -en Löffel voll Backpulver*, prendete un cucchiaio raso di lievito **2** verniciato: *frisch* –!, vernice fresca! **3** cancellato.

gestrig *avv.* di ieri.

Gestrüpp (-s,-e) *s.n.* sterpaglia.

Gesuch (-es,-e) *s.n.* istanza, richiesta.

gesund *agg.* **1** sano **2** salutare, salubre **3** ragionevole: *der -e Menschenverstand*, il buon senso.

Gesundheit (-/.) *s.f.* salute | *auf unsere* –!, alla nostra!

Gesundheitswesen (-s/.) *s.n.* pubblica sanità.

Getränk (-s,-e) *s.n.* bevanda, bibita: *alkoholische* –, alcolici.

Getreide (-s,-) *s.n.* **1** cereali **2** grano.

Getriebe (-s,-) *s.n.* (*tecn.*) **1** meccanismo **2** trasmissione.

Getue (-s/.) *s.n.* smancerie, storie: *ein großes – machen*, fare un sacco di sto-

gewinnen

rie.

Gewächs (-es,-e) *s.n.* **1** pianta **2** (*med.*) escrescenza.

gewachsen *agg.* (+*dat.*) (*fig.*) all'altezza di, pari.

Gewächshaus (-es,-häuser) *s.n.* serra.

gewagt *agg.* **1** azzardato **2** osé, spinto **3** provocante.

gewählt *agg.* ricercato, elegante.

Gewähr (-/.) *s.f.* **1** garanzia **2** responsabilità: *keine – übernehmen*, declinare ogni responsabilità.

gewähren *v.tr.* accordare, concedere.

gewährleisten *v.tr.* garantire.

Gewalt (-,-en) *s.f.* **1** violenza, forza **2** potere | *elterliche* –, patria potestà **3** forza, furia: *höhere* –, forza maggiore.

gewaltig *agg.* **1** enorme, immenso **2** forte, violento **3** grosso, robusto **4** potente ♦ *avv.* immensamente.

gewaltsam *agg.* violento ♦ *avv.* con violenza.

Gewässer (-s,-) *s.n.* acque.

Gewebe (-s,-) *s.n.* tessuto (*anche med.*).

Gewehr (-s,-e) *s.n.* fucile.

Geweih (-s,-e) *s.n.* corna (dei cervidi).

Gewerbe (-s,-) *s.n.* **1** ditta, attività **2** mestiere.

Gewerbegebiet (-es,-e) *s.n.* zona industriale.

Gewerbeschein (-es,-e) *s.m.* licenza d'esercizio.

Gewerkschaft (-,-en) *s.f.* sindacato.

Gewicht (-es,-e) *s.n.* peso (*anche fig.*).

gewillt *agg.*: – *sein*, essere intenzionato.

Gewinde (-es,-e) *s.n.* **1** (*tecn.*) filettatura, filetto **2** ghirlanda.

Gewinn (-s,-e) *s.m.* **1** utile, profitto **2** (*fig.*) vantaggio, tornaconto.

gewinnen (gewann, gewonnen) *v.tr.* **1** vincere **2** raggiungere, ottenere **3** guadagnare, conquistare **4** (*aus*) estrarre (da) ♦ *v.intr.* **1** vincere **2** (*an +dat.*) guadagnare (in).

Gewinner (-s/-) *s.m.* vincitore.

Gewirr (-s/-) *s.n.* groviglio.

gewiß *agg.* **1** certo **2** (*+gen.*) sicuro (di) ♦ *avv.* certamente.

Gewissen (-s/-) *s.n.* coscienza | *mit gutem –*, in tutta coscienza.

gewissenhaft *agg.* coscienzioso, scrupoloso.

gewissermaßen *avv.* in certo qual modo.

Gewißheit (-/-en) *s.f.* certezza.

Gewitter (-s/-) *s.n.* **1** temporale **2** tempesta (*anche fig.*).

gewogen *agg.* (*+dat.*) bendisposto, benevolo (verso).

gewöhnen *v.tr.* abituare ♦ **sich –** *v.pron.* (*an +acc.*) abituarsi (a).

Gewohnheit (-/-en) *s.f.* abitudine: *aus –*, per abitudine.

gewöhnlich *agg.* **1** solito, usuale **2** comune, normale ♦ *avv.* di solito.

gewohnt *agg.* consueto, abituale.

Gewölbe (-s,-e) *s.n.* (*arch.*) volta.

Gewühl (-s/-) *s.n.* confusione; mischia.

Gewürz (-es,-e) *s.n.* spezia; erba aromatica.

Gewürznelke (-,-n) *s.f.* chiodo di garofano.

gezackt *agg.* dentellato.

gezähmt *agg.* addomesticato.

Gezeiten *s.pl.* marea.

gezielt *agg.* finalizzato ♦ *avv.* con determinazione.

Gezwitscher (-s/-) *s.n.* cinguettio.

gezwungen *agg.* costretto, forzato (*anche fig.*).

Gicht (-/-) *s.f.* (*med.*) gotta.

gierig *agg.* (*nach*) avido (di).

gießen (goß, gegossen) *v.tr.* **1** versare **2** annaffiare, bagnare **3** colare (in forme) **4** (*metall.*) fondere ♦ *v.impers.* diluviare, piovere a dirotto.

Gießkanne (-,-n) *s.f.* annaffiatoio.

Gift (-es,-e) *s.n.* veleno (*anche fig.*).

giftig *agg.* velenoso; tossico.

Gipfel (-s,-) *s.m.* **1** cima, vetta **2** (*fig.*) apice, culmine: *das ist der –!,* è il colmo!

Gipfeltreffen (-s,-) *s.n.* incontro al vertice.

Gips (-es,-e) *s.m.* gesso | *in – legen,* ingessare.

Giraffe (-,-n) *s.f.* giraffa.

Gitarre (-,-n) *s.f.* chitarra.

Gitter (-s,-) *s.n.* **1** inferriata, grata **2** cancellata.

Glanz (-es/-) *s.m.* splendore (*anche fig.*).

glänzen *v.intr.* **1** splendere, luccicare **2** (*fig.*) distinguersi, brillare.

glänzend *agg.* **1** splendente, lucente **2** (*fig.*) brillante ♦ *avv.* splendidamente.

Glas (-es, Gläser) *s.n.* **1** vetro **2** bicchiere **3** vasetto di vetro.

Glasscherbe (-,-n) *s.f.* coccio di vetro.

Glasur (-,-en) *s.f.* **1** smalto vitreo **2** (*gastr.*) glassa.

glatt *agg.* **1** liscio, piatto **2** scivoloso **3** (*fig.*) facile **4** (*fig.*) netto: *eine -e Lüge,* una bugia bell'e buona ♦ *avv.* **1** senza difficoltà **2** proprio, veramente **3** nettamente.

glätten *v.tr.* lisciare, spianare ♦ **sich –** *v.pron.* spianarsi; (*fig.*) calmarsi.

Glatze (-,-n) *s.f.* testa calva.

Glaube (-ns/-) *s.m.* **1** fede, credenza, convinzione **2** fede, confessione.

glaubhaft *agg.* credibile; attendibile.

gläubig *agg.* credente.

Gläubige (-n,-n) *s.m./f.* credente, fedele.

Gläubiger (-s,-) *s.m.* creditore.

gleich *agg* 1 stesso, simile 2 indifferente: *es ist mir –*, per me fa lo stesso ♦ *avv.* 1 subito: *komme –*, torno subito 2 altrettanto 3 qui vicino 4 in un colpo solo ♦ *prep.* (+*dat.*) come.

gleichaltrig *agg.* (*mit*) coetaneo (di).

Gleichberechtigung (-/.) *s.f.* parità di diritti.

gleichen (glich, geglichen) *v.intr.* somigliare, assomigliare.

gleichermaßen *avv.* allo stesso modo, in egual misura.

gleichfalls *avv.* altrettanto.

Gleichgewicht (-s,-e) *s.n.* equilibrio (*anche fig.*).

gleichgültig *agg.* (*gegen*) indifferente (a).

gleichmäßig *agg.* 1 uniforme; costante 2 equilibrato ♦ *avv.* in parti uguali.

gleichsam *avv.* per così dire.

gleichwertig *agg.* equivalente; dello stesso valore.

gleichzeitig *agg.* contemporaneo, simultaneo ♦ *avv.* 1 contemporaneamente 2 nel contempo.

Gleis (-es,-e) *s.n.* binario | (*fig.*) *auf ein falsches – geraten*, essere sulla cattiva strada; *jdm. aus dem – werfen*, sconvolgere completamente qlcu.

gleiten (glitt, geglitten) *v.intr.* (far) scivolare; scorrere.

Gletscher (-s,-) *s.m.* ghiacciaio.

Gletscherspalte (-,-n) *s.f.* crepaccio.

Glied (-es,-er) *s.n.* 1 elemento, componente; membro 2 membro, arto 3 falange 4 anello, maglia 5 (*mat.*) termine.

gliedern *v.tr.* 1 suddividere 2 organizzare ♦ *sich – v.pron.* articolarsi, suddividersi.

Gliederung (-,-en) *s.f.* 1 suddivisione, struttura 2 disposizione, organizzazione 3 scaletta.

Gliedmaßen *s.pl.* arti, membra.

glitzern *v.intr.* luccicare, scintillare.

Glocke (-,-n) *s.f.* 1 campana 2 campanello.

Glück (-s/.) *s.n.* 1 fortuna, buona sorte 2 fortuna, caso fortunato 3 fortuna, successo 4 felicità.

Glucke (-,-n) *s.f.* chioccia.

glücken *v.intr.* riuscire, aver successo ♦ *v.impers.* riuscire.

glücklich *agg.* 1 fortunato 2 (*über*) felice (per) 3 felice: *eine -e Hand haben*, avere la mano felice 4 favorevole, opportuno.

Glücksfall (-s,-fälle) *s.m.* caso fortunato.

Glücksspiel (-s,-e) *s.n.* 1 gioco d'azzardo 2 lotteria.

Glückstreffer (-s,-) *s.m.* colpo di fortuna.

Glückwunsch (-es,-wünsche) *s.m.* 1 augurio 2 felicitazioni, congratulazioni.

glühen *v.intr.* 1 essere incandescente 2 scottare 3 (*fig.*) bruciare, ardere.

Glühwein (-s,-e) *s.m.* vin brûlé.

Glut (-,-en) *s.f.* 1 brace 2 calura 3 (*fig.*) ardore, fuoco.

Gnade (-,-n) *s.f.* 1 grazia: *um – bitten*, chiedere grazia 2 pietà: *aus –*, per pietà.

Gold (-es/.) *s.n.* 1 oro 2 ori, oggetti d'oro.

Goldfisch (-es,-e) *s.m.* pesciolino rosso.

golden *agg.* d'oro, aureo.

Goldschmied (-es,-e) *s.m.* orafo.
Golf¹ (-s,-e) *s.m.* golfo.
Golf² (-s/.) *s.n.* (*sport*) golf.
gönnen *v.tr.* (+*dat.*) concedere, permettere.
Gönner (-s,-) *s.m.* benefattore; protettore, mecenate.
Gosse (-,-n) *s.f.* 1 tombino 2 (*fig.*) fango: *aus der – kommen*, venire dal marciapiede, dai bassifondi.
gotisch *agg.* gotico.
Gott (-es, Götter) *s.m.* 1 dio; divinità 2 (*sing.*) Dio.
Gottesdienst (-es,-e) *s.m.* funzione religiosa; culto.
göttlich *agg.* divino (*anche fig.*).
Grab (-es, Gräber) *s.n.* tomba, sepolcro; fossa.
graben (grub, gegraben) *v.tr.* scavare ♦ *v.intr.* 1 scavare 2 (*nach*) cercare scavando.
Grabstein (-s,-e) *s.m.* pietra tombale.
Grad (-es,-e) *s.m.* 1 grado 2 titolo, rango 3 (*tip.*) corpo (tipografico).
Graf (-en,-en) *s.m.* conte.
grämen, sich *v.pron.* (*über, um* +*acc.*) crucciarsi, affliggersi (per).
Gramm (-s,-e) *s.n.* grammo: *hundert –*, un etto.
Granatapfel (-s,-äpfel) *s.m.* melagrana.
Gras (-es, Gräser) *s.n.* 1 erba: *über etwas – wachsen lassen*, mettere una pietra sopra qlco. 2 (*droga*) erba.
grasen *v.intr.* pascolare.
Grashüpfer (-s,-) *s.m.* cavalletta.
gräßlich *agg.* orribile, orrendo.
Grat (-es,-e) *s.m.* 1 cresta (di montagna) 2 spigolo (vivo) 3 (*tecn.*) bava.
Gräte (-,-n) *s.f.* lisca.
gratulieren *v.intr.* (+*dat.*) 1 felicitarsi (con) 2 fare gli auguri (a): *jdm. zum Geburtstag –*, augurare buon compleanno a qlcu.
grau *agg.* grigio (*anche fig.*).
grauen¹ *v.intr. e impers.* (*vor*) provare orrore (per), inorridire (per).
grauen² *v.intr.* 1 diventare grigio 2 albeggiare.
grausam *agg.* crudele, spietato ♦ *avv.* crudelmente.
Gravierung (-,-en) *s.f.* incisione.
greifbar *agg.* 1 a portata di mano 2 (*fig.*) concreto.
greifen (griff, gegriffen) *v.intr.* 1 afferrare 2 (*fig.*) (*zu*) ricorrere (a) 3 aderire, fare presa 4 (*an, in* +*acc.*) allungare la mano (verso) 5 *um sich –*, diffondersi.
Greis (-es,-e) *s.m.* vecchio.
grell *agg.* 1 abbagliante, accecante 2 sgargiante 3 stridulo.
Grenze (-,-n) *s.f.* 1 confine, frontiera 2 (*fig.*) limite.
Greuel (-s,-) *s.m.* 1 orrore 2 (*pl.*) atrocità.
Grieß (-es/.) *s.m.* semolino.
Griff (-es,-e) *s.m.* 1 manico, maniglia 2 presa.
griffbereit *agg. e avv.* a portata di mano.
Grill (-s,-s) *s.m.* griglia: *vom –*, ai ferri, alla griglia.
Grille (-,-n) *s.f.* 1 grillo 2 (*pl.*) pensieri bizzarri.
Grimasse (-,-n) *s.f.* smorfia, boccaccia.
grimmig *agg.* rabbioso, furibondo.
Grippe (-,-n) *s.f.* (*med.*) influenza.
grob *agg.* 1 grosso, spesso 2 grossolano, rozzo 3 (*fig.*) grave: *ein -er Fehler*, un grave errore 4 (*fig.*) approssimativo: *in -en Zügen*, approssimativamente ♦ *avv.* 1 grossolanamente 2 (*fig.*) in modo sgarbato 3 (*fig.*) appros-

simativamente.
grollen v.intr.: (mit) jdm. –, provare rancore per qlcu.
groß agg. 1 grande, grosso; lungo: *die -en Ferien*, le vacanze estive 2 alto; adulto 3 importante 4 numeroso: *eine -e Familie*, una famiglia numerosa ♦ avv. 1 (alla) grande 2 particolarmente.
großartig agg. 1 grandioso 2 fantastico ♦ avv. 1 in grande stile 2 in modo eccellente.
Größe (-,-n) s.f. 1 grandezza 2 altezza 3 misura, taglia 4 grande personalità 5 ordine di grandezza; quantità: (mat.) *unbekannte –*, incognita.
Großeltern s.pl. nonni.
großmütig agg. magnanimo.
Großmutter (-,-mütter) s.f. nonna.
Großstadt (-,-städte) s.f. grande città, metropoli.
größtenteils avv. in massima parte; principalmente.
Großvater (-s,-väter) s.m. nonno.
großzügig agg. 1 generoso 2 spazioso ♦ avv. con generosità.
grotesk agg. grottesco.
Grotte (-,-n) s.f. caverna, grotta.
Grube (-,-n) s.f. fossa.
Grübelei (-,-en) s.f. elucubrazioni.
grübeln v.intr. (*über*) rimuginare (su).
Gruft (-, Grüfte) s.f. 1 cripta 2 fossa.
grün agg. 1 verde 2 (fig.) inesperto, immaturo.
Grund (-es, Gründe) s.m. 1 terreno, suolo: *– und Boden*, proprietà terriere 2 fondo 3 (fig.) base, fondamento 4 motivo, causa: *auf –* (+gen.), a causa di 5 (pittura) sfondo.
Grundbegriff (-s,-e) s.m. concetto fondamentale.
gründen v.tr. fondare (*anche fig.*) ♦

v.intr. (*auf +acc.*) basarsi (su) ♦ sich – v.pron. (*auf +acc.*) basarsi (su).
Grundlage (-,-n) s.f. 1 base 2 presupposto.
gründlich agg. 1 accurato, scrupoloso 2 approfondito ♦ avv. 1 con precisione 2 a fondo, del tutto.
Grundschule (-,-n) s.f. scuola elementare.
Grundstoff (-s,-e) s.m. materia base, elemento.
Gründung (-,-en) s.f. fondazione, istituzione.
Gruppe (-,-n) s.f. gruppo.
gruselig agg. raccapricciante.
Gruß (-es, Grüße) s.m. saluto.
grüßen v.tr. 1 salutare 2 mandare i saluti.
gucken v.tr. 1 guardare 2 spuntare.
Gulasch (-s,-s) s.n./m. spezzatino.
gültig agg. valido, valevole; vigente.
Gültigkeit (-/.) s.f. validità: *– haben*, essere valido.
Gummi (-s,-s) s.m./n. 1 gomma 2 (fam.) preservativo.
Gummiband (-es,-bänder) s.n. elastico.
günstig agg. 1 vantaggioso, conveniente 2 favorevole.
Gurgeln v.intr. 1 fare i gargarismi 2 gorgogliare.
Gurke (-,-n) s.f. cetriolo: *saure –n*, cetrioli sott'aceto.
Gurt (-es,-e) s.m. 1 cinghia, cintura 2 fascia.
Gürtel (-s,-) s.m. cintura, cinghia.
Gußeisen (-s/.) s.n. ghisa.
gut agg. 1 buono 2 bravo, capace 3 buono, giusto 4 utile ♦ avv. 1 bene 2 almeno, per lo meno: *ich bin noch – eine halbe Stunde hier*, sono ancora qui almeno per mezz'ora 3 d'accordo.

Gut (-es, Güter) *s.n.* **1** bene (*anche fig.*) **2** proprietà terriera **3** (*pl.*) merce.

Gutachten (-s,-) *s.n.* perizia.

gutartig *agg.* **1** (*med.*) benigno **2** mansueto.

Güte (-/-) *s.f.* **1** bontà, gentilezza: *in –, amichevolmente* **2** qualità.

Guthaben (-s,-) *s.n.* **1** deposito (bancario) **2** credito **3** saldo creditore.

gütig *agg.* buono, di buon cuore.

gutmütig *agg.* bonario.

Gutsbesitzer (-s,-) *s.m.* proprietario terriero.

Gutschein (-s,-e) *s.m.* buono.

gut-schreiben (schrieb gut, gutgeschrieben) *v.tr.* accreditare.

gutwillig *agg.* volenteroso.

Gymnasium (-s,-sien) *s.n.* liceo.

Gymnastik (-/-) *s.f.* ginnastica.

Gynäkologie (-/-) *s.n.* ginecologia.

H

H, h *s.n.inv.* (*mus.*) si.

Haar (-es,-e) *s.n.* **1** capello; capelli, capigliatura **2** pelo | *um ein –, per un pelo*; *sich in die –e kriegen*, (*anche fig.*) accapigliarsi.

haaren *v.intr.* perdere il pelo.

haargenau *avv.* esattamente.

Haarklammer (-,-n) *s.f.* fermaglio per capelli.

Haarnadelkurve (-,-n) *s.f.* tornante, curva pericolosa.

haarscharf *avv.* con la massima precisione.

Habe (-/-) *s.f.* averi, possesso.

haben (hatte, gehabt) *v.tr.* **1** avere, possedere **2** essere affetto da ♦ *v.intr.* dovere, avere da ♦ *sich – v.pron.* fare lo smorfioso.

Habgier (-/-) *s.f.* avidità.

Hackbraten (-s,-) *s.m.* polpettone.

Hacke (-,-n) *s.f.* zappa.

hacken *v.tr.* **1** zappare **2** spaccare, tagliare: *Holz –*, tagliare la legna ♦ *v.intr.* **1** zappare **2** beccare.

Hackfleisch (-s/-) *s.n.* carne trita.

Hafen[1] (-, Häfen) *s.m.* porto (*anche fig.*).

Hafen[2] (-s, Häfen) *s.n.* recipiente, vaso.

Hafer (-s/-) *s.m.* avena, biada.

Haflinger (-s,-) *s.m.* cavallo avelignese.

Haft (-/-) *s.f.* **1** detenzione, reclusione **2** arresto.

haften[1] *v.intr.* rimanere attaccato, aderire (*anche fig.*).

haften[2] *v.intr.* garantire, rispondere.

Häftling (-s,-e) *s.m.* detenuto.

Hagebuttentee (-s,-s) *s.m.* (*gastr.*) infuso di rosa canina.

Hagel (-s/-) *s.m.* grandine.

hageln *v.impers.* grandinare | (*fig.*) *es hagelte Beschwerden*, piovevano le lamentele; *es hagelt Steine*, piovono sassi.

Hahn (-es, Hähne) *s.m.* **1** gallo **2** rubinetto **3** maschio di gallinacei.

Hähnchen (-s,-) *s.n.* **1** galletto **2** pollo arrosto.

Hai (-es,-e) *s.m.* pescecane.

häkeln *v.tr.* fare un lavoro all'uncinetto ♦ *v.intr.* lavorare all'uncinetto.

Haken (-s,-) *s.m.* **1** gancio **2** amo **3** (*fig.*) intoppo, trappola.

halb *agg.* **1** mezzo, metà di **2** mezzo, quasi: *ein – blind*, è quasi cieco **3** ridotto: *mit – Geschwindigkeit*, con velocità ridotta ♦ *avv.* **1** a metà **2** mezzo **3** quasi – *so wie*, la metà di **5** –

und –, così così.
halbieren *v.tr.* dimezzare.
Halbinsel (-,-n) *s.f.* penisola.
Halbjahr (-s,-e) *s.n.* semestre.
Halbkreis (-es,-e) *s.m.* semicerchio.
Halbpension (-,-en) *s.f.* mezza pensione.
Halbschatten (-s/.) *s.m.* penombra.
Halbschlaf (-s/.) *s.m.* dormiveglia.
Halbschuh (-s,-e) *s.m.* scarpa bassa.
halbtags *avv.* a mezza giornata.
halbwegs *avv.* 1 a metà strada 2 abbastanza, piuttosto.
Halbzeit (-,-en) *s.f.* (*sport*) 1 tempo 2 intervallo 3 ripresa.
Hälfte (-,-n) *s.f.* metà.
Hallenbad (-es,-bäder) *s.n.* piscina coperta.
hallo (*inter.*) 1 ehi!, ciao! 2 (*tel.*) pronto!
Halogenlampe (-,-n) *s.f.* (lampada) alogena.
Hals (-es, Hälse) *s.m.* 1 collo 2 gola 3 manico, impugnatura.
Halsader (-,-n) *s.f.* vena giugulare.
Halsausschnitt (-s/.) *s.m.* scollatura.
Halsband (-es,-bänder) *s.n.* 1 collare 2 collana (girocollo).
Halsentzündung (-,-en) *s.f.* infiammazione della gola.
Halsschmerzen *s.pl.* mal di gola.
Halstuch (-s,-tücher) *s.n.* foulard.
Hals- und Beinbruch *inter.* in bocca al lupo!
halt *inter.* alto, stop.
Halt (-s,-e) *s.m.* 1 (*sing.*) sostegno, appoggio (*ae fig.*) 2 sosta, fermata.
haltbar *agg.* 1 durevole, resistente 2 (*fig.*) sostenibile.
halten (hielt, gehalten) *v.tr.* 1 tenere 2 mantenere 3 rispettare 4 trattenere, contenere 5 considerare, ritenere 6 (*animali*) allevare 7 (*sport*) parare ♦ *v.intr.* 1 fermarsi 2 tenere | *ich halte nichts davon*, lo tengo in poca considerazione | *dicht* –, tacere | *zu jdm.* –, stare dalla parte di qlcu. ♦ *sich* – *v.pron.* 1 tenersi, reggersi 2 tenersi: *sich rechts* –, tenere la destra 3 (*an* +*acc.*) attenersi (a).
Haltestelle (-,-n) *s.f.* fermata.
Halteverbot (-s,-e) *s.n.* divieto di sosta.
haltlos *agg.* 1 instabile 2 infondato 3 inconsistente.
Haltung (-/.) *s.f.* 1 portamento 2 atteggiamento 3 controllo: *die* – *verlieren*, perdere il controllo.
Hammer (-s, Hämmer) *s.m.* 1 martello | *das ist ein* –!, è il colmo!
hämmern *v.tr.* martellare ♦ *v.intr.* martellare, battere: *an die Tür* –, picchiare alla porta.
Hamster (-s,-) *s.m.* criceto.
Hand (-es, Hände) *s.f.* 1 mano | (*fig.*): *an* – *von*, sulla base di; *mit vollen Händen*, a pieni mani; *die öffentliche* –, la mano pubblica; *zu Händen von*, all'attenzione di 2 (*sport*) fallo di mano.
Handarbeit (-,-en) *s.f.* 1 lavoro manuale, lavoro artigianale 2 lavoro fatto a mano 3 (*cucito*) lavoro femminile.
Handbremse (-,-n) *s.f.* freno a mano.
Handbuch (-s,-bücher) *s.n.* manuale.
Händedruck (-s,-drücke) *s.m.* stretta di mano.
Handel (-s/.) *s.m.* 1 commercio 2 affare: *einen* – *abschließen*, concludere un affare 3 piccola impresa commerciale.
handeln *v.intr.* 1 agire 2 commerciare, trattare 3 contrattare 4 (*von*) trattare (di) ♦ *v.tr.* 1 quotare 2 considerare ♦ *sich* – *v.pron.* (*um*) trattarsi (di).

Handelsbetrieb (-es,-e) *s.m.* azienda commerciale.

Handelsbeziehungen *s.pl.* relazioni commerciali.

Handelskammer (-,-n) *s.f.* camera di commercio.

Handfesseln *s.pl.* manette.

Handgelenk (-s,-e) *s.n.* polso | *etwas aus dem – schütteln*, fare qlco. con estrema facilità.

Handgepäck (-s/.) *s.n.* bagaglio a mano.

handgreiflich *agg.*: *– werden*, passare alle vie di fatto.

Handgriff (-s,-e) *s.m.* 1 movimento della mano: *ein falscher –*, un movimento sbagliato | *er tut keinen –*, (fig.) non alza un dito 2 maniglia.

Handlanger (-s,-) *s.m.* manovale.

handlich *agg.* 1 maneggevole, comodo 2 (svizz.) capace, abile ♦ *avv.* (svizz.) manualmente.

Handlung (-,-en) *s.f.* 1 azione, atto 2 (teatr.) trama, azione.

Handlungsspielraum (-s,-räume) *s.m.* spazio di manovra.

Handpflege (-/.) *s.f.* manicure.

Handschrift (-,-en) *s.f.* 1 calligrafia, scrittura 2 manoscritto.

Handschuh (-s,-e) *s.m.* guanto.

Handschuhfach (-s,-fächer) *s.n.* (auto) vano portaoggetti.

Handtasche (-,-n) *s.f.* borsetta.

Handtuch (-s,-tücher) *s.n.* asciugamano.

Handwerk (-s,-e) *s.n.* 1 artigianato 2 mestiere.

Handzettel (-s,-) *s.m.* volantino.

Hang (-es, Hänge) *s.m.* 1 pendio 2 (fig.) (zu) inclinazione (a), tendenza (a).

Hängematte (-,-n) *s.f.* amaca.

hängen¹ (hing, gehangen) *v.intr.* 1 essere appeso, pendere 2 essere inclinato 3 essere attaccato (anche fig.) 4 (fig.) essere in sospeso.

hängen² *v.tr.* 1 appendere | *den Kopf – lassen*, (fig.) essere giù di morale 2 (an +acc.) attaccare (a) 3 impiccare ♦ *sich – v.pron.* (an +acc.) attaccarsi (a) (anche fig.).

hängen-bleiben (blieb hängen, hängengeblieben) *v.intr.* 1 restare impigliato 2 rimanere impresso 3 (scuola) essere bocciato 4 (bei) trattenersi a lungo (presso).

Hängeschloß (-schlosses,-schlösser) *s.n.* lucchetto.

hantieren *v.intr.* 1 (mit) maneggiare 2 (an +dat.) trafficare con.

Happen (-s,-) *s.m.* boccone (anche fig.).

Harfe (-,-n) *s.f.* arpa.

Harke (-,-n) *s.f.* rastrello.

harmlos *agg.* 1 innocuo 2 ingenuo ♦ *avv.* 1 in modo innocuo 2 in modo ingenuo.

Harmonie (-,-n) *s.f.* armonia (anche fig.).

harmonieren *v.intr.* armonizzare; andare d'accordo.

Harn (-s/.) *s.m.* urina: *– lassen*, orinare.

harntreibend *agg.* diuretico.

Harpune (-,-n) *s.f.* arpione, fiocina.

hart *agg.* 1 duro (anche fig.) 2 sodo, solido 3 severo, rigido 4 faticoso, pesante 5 (fin.) forte: *-e Währung*, valuta forte ♦ *avv.* 1 duramente 2 severamente 3 (an +dat.) al limite (di).

Härte (-,-n) *s.f.* 1 (sing.) durezza 2 (sing.) (di valuta) stabilità 3 inflessibilità.

hartnäckig *agg.* 1 ostinato 2 tena-

ce 3 persistente ♦ *avv.* 1 ostinatamente 2 tenacemente.
Harz (-es,-e) *s.n.* resina.
Hasardspiel (-es,-e) *s.n.* gioco d'azzardo *(anche fig.).*
Hasch (-es/.) *s.n. abbr.* → **Haschisch.**
haschen¹ *v.tr.* prendere al volo ♦ *v. intr.* 1 cercare di afferrare 2 *(nach)* aspirare (a).
haschen² *v.intr.* fumare hashish.
Haschisch (-s/.) *s.n.* hashish.
Hase (-n,-n) *s.m.* lepre | *(gastr.) falscher –*, polpettone | *ein alter – sein, (fig.)* essere una vecchia volpe; *mein Name ist –*, non so proprio niente.
Haselnuß (-,-nüsse) *s.f.* nocciola.
Hasenscharte (-,-n) *s.f.* labbro leporino.
Haß (Hasses/.) *s.m.* odio.
hassen *v.tr.* odiare; detestare.
häßlich *agg.* 1 brutto 2 cattivo.
Hast (-/.) *s.f.* fretta, furia.
hastig *agg.* affrettato, frettoloso.
Haube (-,-n) *s.f.* 1 cuffia 2 *(capelli)* casco 3 *(auto)* cofano 4 calotta.
Hauch (-s,-e) *s.m.* 1 soffio, alito 2 fragranza, profumo 3 velo, tocco.
hauen (haute, gehauen) *v.tr.* 1 spaccare 2 *(chiodo)* piantare 3 *(auf +acc.)* picchiare (su) 4 sbattere, buttare ♦ *v.intr.* (*auf +acc.*) colpire (su).
Haufen (-s,-) *s.m.* 1 mucchio | *einen Plan über den – werfen, (fig.)* mandare a monte un progetto 2 banda, gruppo.
häufen, sich *v.pron.* ammucchiarsi, accumularsi.
häufig *agg.* frequente ♦ *avv.* spesso, frequentemente.
Haupt (-s, Häupter) *s.n.* capo.
Haupt<u>bahnhof</u> (-s,-höfe) *s.m.* stazione centrale.

Haupteingang (-s,-gänge) *s.m.* ingresso principale.
Hauptmann (-s, Hauptleute) *s.m. (militare)* capitano.
hauptsächlich *agg.* principale, fondamentale ♦ *avv.* soprattutto, specialmente.
Hauptsaison (-,-en) *s.f.* alta stagione.
Hauptsitz (-es,-e) *s.m.* sede centrale.
Hauptstadt (-,-städte) *s.f.* capitale.
Hauptverkehrszeit (-,-en) *s.f.* ora di punta.
Hauptversammlung (-,-en) *s.f.* assemblea generale.
Haus (-es, Häuser) *s.n.* 1 casa, edificio 2 casa, patria 3 famiglia: *aus gutem -e*, di buona famiglia 4 teatro: *das – ist ausverkauft*, è tutto esaurito 5 tipo, individuo: *er ist ein netter –*, è un tipo allegro 6 ditta, casa; impresa: *außer – sein*, essere fuori (casa, ditta) | *das erste – am Platz*, il miglior albergo della città.
Hausarzt (-es,-ärzte) *s.m.* medico di famiglia.
Häuserblock (-s,-s) *s.m.* isolato, caseggiato.
Hausflur (-s,-e) *s.m.* corridoio, ingresso.
Hausfrau (-,-en) *s.f.* casalinga; padrona di casa.
Haushalt (-s,-e) *s.m.* 1 casa, governo della casa 2 nucleo familiare 3 *(econ.)* bilancio dello stato.
hausieren *v.intr.* vendere porta a porta.
Hausmannskost (-/.) *s.f.* cucina casalinga.
Hausschuh (-s,-e) *s.m.* pantofola.
Haussprechanlage (-,-n) *s.f.* citofono.
Haustier (-es,-e) *s.n.* animale domesti-

co.

Haut (-, Häute) *s.f.* **1** pelle; cute; epidermide **2** buccia, scorza **3** pellicola, velo **4** membrana.

Hautarzt (-es,-ärzte) *s.m.* dermatologo.

Hautfarbe (-/.) *s.f.* carnagione, colorito.

Häutung (-,-en) *s.f.* spellatura **2** (*animali*) muta.

Hebamme (-,-n) *s.f.* levatrice, ostetrica.

Hebel (-s,-) *s.m.* leva | *alle – in Bewegung setzen*, tentare con tutti i mezzi possibili; *am längeren – sitzen*, avere il coltello dalla parte del manico.

heben (hob, gehoben) *v.tr.* **1** alzare, sollevare **2** (*fig.*) elevare, aumentare.

Hecht (-es,-e) *s.m.* luccio.

Heck (-s,-s) *s.n.* **1** (*mare*) poppa **2** (*aereo*) coda **3** (*auto*) parte posteriore.

Heckscheibe (-,-n) *s.f.* (*auto*) lunotto.

Heer (-es,-e) *s.n.* esercito.

Hefe (-,-n) *s.f.* lievito; fermento (*anche fig.*)

Heft (-es,-e) *s.n.* **1** quaderno **2** fascicolo **3** libretto, opuscolo.

heften *v.tr.* **1** fissare, attaccare | *den Blick auf etwas –*, (*fig.*) fissare lo sguardo su qlco. **2** (*tip.*) rilegare **3** (*cucito*) imbastire.

Hefter (-s,-) *s.m.* cucitrice.

heftig *agg.* **1** forte, violento **2** impetuoso, impulsivo ♦ *avv.* violentemente, impetuosamente.

Heftpflaster (-s,-) *s.n.* cerotto.

hegen *v.tr.* **1** proteggere; curare **2** (*fig.*) nutrire, serbare: *Zweifel –*, nutrire dubbi.

Hehl (-/.) *s.m./n.*: *keinl-en – aus etwas machen*, non fare mistero di qlco.

Hehler (-s,-) *s.m.* ricettatore.

Heide (-,-n) *s.f.* brughiera, landa.

Heidelbeere (-,-n) *s.f.* mirtillo nero.

heidnisch *agg.* pagano.

heikel *agg.* **1** delicato, scabroso **2** schizzinoso.

heil *agg.* **1** illeso, sano e salvo **2** intatto, intero.

Heiland (-s/.) *s.m.* Salvatore.

Heilanstalt (-,-en) *s.f.* casa di cura.

Heilbad (-s,-bäder) *s.n.* stabilimento termale.

heilbar *agg.* curabile, guaribile.

heilen *v.tr.* **1** guarire, risanare **2** (*fig.*) riparare ♦ *v.intr.* guarire.

heilig *agg.* **1** santo, sacro **2** sacrosanto.

Heiligtum (-s,-tümer) *s.n.* **1** santuario **2** oggetto sacro.

Heilkraft (-,-kräfte) *s.f.* virtù terapeutica.

Heilkraut (-s,-kräuter) *s.n.* pianta officinale.

heillos *agg.* terribile, enorme: *-e Verwirrung stiften*, fare una confusione terribile.

Heilmittel (-s,-) *s.n.* farmaco, medicinale.

Heilsarmee (-/.) *s.f.* Esercito della Salvezza.

Heilung (-,-en) *s.f.* guarigione; cicatrizzazione.

Heim (-s,-e) *s.n.* **1** casa, focolare domestico **2** casa di riposo **3** pensionato **4** riformatorio.

Heimat (-/.) *s.f.* patria.

Heimatabend (-s,-e) *s.m.* serata folcloristica.

heim-begleiten *v.tr.* accompagnare a casa.

heim-fahren (fuhr heim, heimgefahren) *v.intr.* **1** andare a casa (con un mezzo) **2** accompagnare a casa (con un mezzo).

heim-gehen (ging heim, heimgegangen) *v.intr.* rincasare (a piedi).

Heimkehr (-/.) *s.f.* rimpatrio, ritorno a casa.

heim-kommen (kam heim, heimgekommen) *v.intr.* rincasare.

heimlich *agg.* 1 furtivo 2 segreto; nascosto ♦ *avv.* di nascosto.

heim-suchen *v.tr.* 1 colpire 2 affliggere.

heimtückisch *agg.* maligno, perfido.

heimwärts *avv.* verso casa.

Heimweh (-s/.) *s.n.* nostalgia.

heim-zahlen *v.tr. e intr.* (*fam.*) ripagare.

Heirat (-/.) *s.f.* matrimonio, nozze.

heiraten *v.tr.* sposare, sposarsi con ♦ *v.intr.* sposarsi.

heiser *agg.* rauco, roco.

heiß *agg.* 1 molto caldo 2 (*tema*) scottante; (*dibattito*) acceso; (*lotta*) accanito; (*bacio*) appassionato.

heißen (hieß, geheißen) *v.intr.* 1 chiamarsi 2 significare, voler dire ♦ *v. impers.* 1 occorrere: *hier heißt es sparen!*, ora occorre risparmiare 2 si dice, corre voce: *es heißt, die Firma sei in Schwierigkeiten*, si dice che la ditta si trovi in difficoltà ♦ *v.tr.* 1 dare (del): *jdn. einen Faulpelz –*, dare del fannullone a qlcu. 2 ordinare (a): *er hieß ihn aufstehen*, gli ordinò di alzarsi.

heiter *agg.* 1 sereno 2 gaio, spensierato.

heizen *v.tr. e intr.* riscaldare.

Heizkörper (-s,-) *s.m.* calorifero.

Heizung (-,-en) *s.f.* riscaldamento.

Hektar (-s/.) *s.n.* ettaro.

hektisch *agg.* frenetico, febbrile.

Held (-en,-en) *s.m.* 1 eroe 2 protagonista.

helfen (half, geholfen) *v.intr.* (+*dat.*) 1 aiutare 2 servire, essere utile.

hell *agg.* 1 chiaro, luminoso 2 limpido 3 (*fig.*) lucido ♦ *avv.* chiaramente.

Heller (-s,-) *s.m.* soldo: *keinen – wert sein*, non valere un fico secco.

Hellseher (-s,-) *s.m.* chiaroveggente.

Helm (-s,-e) *s.m.* casco; elmo.

Hemd (-es,-en) *s.n.* camicia.

Hemdblusenkleid (-es,-er) *s.n.* chemisier.

hemdsärmelig *agg.* in maniche di camicia.

hemmen *v.tr.* 1 ostacolare 2 frenare 3 mettere soggezione.

Hemmung (-,-en) *s.f.* 1 scrupolo 2 inibizione.

hemmungslos *agg.* sfrenato ♦ *avv.* senza ritegno.

Henkel (-s,-) *s.m.* manico.

Henker (-s,-) *s.m.* carnefice, boia.

Henna (-/.) *s.n./f.* henné.

Henne (-,-n) *s.f.* gallina.

her *avv.* 1 (*verso chi parla*) qui, qua 2 (*correlato a "von"*) per quanto riguarda, per: *vom Aussehen –*, per quanto riguarda l'aspetto 3 (*tempo*) da: *von früher –*, da prima ♦ elemento mobile di verbi separabili.

herab *avv.* (*verso chi parla*) giù | *von oben –*, dall'alto in basso ♦ elemento mobile di verbi separabili.

herab-lassen, sich (ließ herab, herabgelassen) *v.pron.* degnarsi.

heran *avv.* (*verso chi parla*) vicino, avanti ♦ elemento mobile di verbi separabili.

heran-machen, sich *v.pron.* (*an* +*acc.*) 1 avvicinarsi (a) 2 (*fam.*) abbordare.

heran-reichen *v.intr.* 1 arrivare, rag-

herauf *avv.* (*verso chi parla*) su, sopra, quassù ♦ elemento mobile di verbi separabili.

herauf·beschwören *v.tr.* **1** evocare **2** provocare: *einen Streit –*, provocare una lite.

herauf·kommen (kam herauf, heraufgekommen) *v.intr.* salire.

heraus *avv.* (*verso chi parla*) fuori ♦ elemento mobile di verbi separabili.

heraus·finden (fand heraus, herausgefunden) *v.intr.* **1** trovare la via d'uscita **2** (*fig.*) scoprire: *den Fehler –*, trovare l'errore.

Herausforderung (-,-en) *s.f.* sfida; provocazione.

Herausgeber (-s,-) *s.m.* editore.

heraus·holen *v.tr.* **1** tirare fuori **2** *jdn. –*, tirare fuori dai guai qlcu.

heraus·nehmen (nahm heraus, herausgenommen) *v.tr.* **1** estrarre, tirare fuori **2** permettersi: *sich ein Recht –*, arrogarsi un diritto.

herb *agg.* **1** aspro; asprigno **2** (*fig.*) duro, amaro.

herbei *avv.* qui, qua ♦ elemento mobile di verbi separabili.

herbei·führen *v.tr.* **1** sollecitare: *eine Entscheidung –*, sollecitare una decisione **2** causare: *den Tod –*, causare la morte.

Herberge (-,-n) *s.f.* locanda, alberghetto.

Herbst (-es,-e) *s.m.* autunno.

Herd (-es,-e) *s.m.* **1** cucina economica **2** (*fig.*) focolare domestico **3** (*med.*) focolaio.

Herde (-,-n) *s.f.* gregge; branco.

herein *avv.* (*verso chi parla*) dentro ♦ *inter.* avanti! ♦ elemento mobile di verbi separabili.

herein·brechen (brach herein, hereingebrochen) *v.intr.* (*über +acc.*) abbattersi (su), colpire.

herein·kommen (kam herein, hereingekommen) *v.intr.* entrare.

Hergang (-s/.) *s.m.* svolgimento; accaduto: *den – schildern*, descrivere l'accaduto.

Hering (-s,-e) *s.m.* **1** aringa **2** picchetto (da tenda).

herkömmlich *agg.* tradizionale, convenzionale.

Herkunft (-/.) *s.f.* origine; provenienza.

her·laufen (lief her, hergelaufen) *v.intr.*

hermetisch *agg.* ermetico ♦ *avv.* ermeticamente.

Heroin (-s/.) *s.n.* (*droga*) eroina.

Herpes (-,-petes) *s.m.* herpes.

Herr (-n,-en) *s.m.* **1** signore: *meine -en, signori!; – Ober!*, cameriere! **2** sovrano, signore **3** padrone, proprietario **4** Dio, Signore **5** (*danza*) cavaliere.

Herrgott (-s/.) *s.m.* Signore, Dio.

her·richten *v.tr.* **1** preparare, approntare **2** sistemare, fare dei lavori ♦ **sich –** *v.pron.* prepararsi.

Herrin (-,-nen) *s.f.* signora, padrona.

herrisch *agg.* dispotico, prepotente.

herrlich *agg.* magnifico; meraviglioso, splendido.

Herrschaft (-,-en) *s.f.* **1** dominio; potere; sovranità **2** (*fig.*) controllo: *die – über das Auto verlieren*, perdere il controllo dell'auto **3** (*pl.*) signori: *meine -en!*, signore e signori!

herrschen *v.intr.* **1** (*über +acc.*) dominare (su), regnare (su) **2** (*fig.*) esserci; regnare.

herrschsüchtig *agg.* avido di potere.

her-rühren v.intr. (von) derivare (da), provenire (da).
Hersteller (-s,-) s.m. produttore, fabbricante.
herüben avv. (austr.) da questa parte, di qua.
herum avv. intorno, attorno.
herum-kriegen v.tr. (fam.) 1 far cambiare idea a 2 passare (il tempo).
herum-sprechen, sich (sprach herum, herumgesprochen) v.pron. diffondersi.
herunter avv. giù, abbasso ♦ elemento mobile di verbi separabili.
heruntergekommen agg. malandato, deperito.
hervor avv. fuori, in fuori ♦ elemento mobile di verbi separabili.
hervor-bringen (brachte hervor, hervorgebracht) v.tr. 1 produrre 2 (fig.) creare.
hervor-gehen (ging hervor, hervorgegangen) v.intr. (aus +dat.) risultare da.
hervor-ragen v.intr. 1 sporgere fuori 2 (durch) distinguersi (per), spiccare (per).
hervorragend agg. eccellente; straordinario ♦ avv. in modo straordinario.
hervor-tun, sich (tat hervor, hervorgetan) v.pron. 1 distinguersi 2 mettersi in mostra.
Herz (-ens,-en) s.n. 1 cuore (anche fig.) 2 (fig.) parte centrale 3 (gioco delle carte) cuori.
herzhaft agg. 1 forte, vigoroso 2 (di cibo) saporito ♦ avv. di cuore.
Herzinfarkt (-es,-e) s.m. infarto cardiaco.
Herzklopfen (-s/-) s.n. batticuore.
herzlich agg. cordiale ♦ avv. 1 di cuore 2 molto: – wenig, ben poco.
Herzog (-s,-zöge) s.m. duca.

Herzschlag (-s,-schläge) s.m. 1 battito cardiaco 2 colpo apoplettico.
Herzschrittmacher (-s,-) s.m. pacemaker.
herzzerreißend agg. straziante.
hetzen v.tr. 1 dare la caccia a 2 (auf +acc.) aizzare (contro) ♦ v.intr. 1 inveire 2 (zu) istigare (a), incitare (a) 3 aver fretta; precipitarsi.
Heu (-es/.) s.n. fieno: Geld wie – haben, avere soldi a palate.
heucheln v.tr. e v.intr. simulare, fingere; far finta (di).
heuer avv. (austr./svizz./germ.merid.) quest'anno.
heulen v.intr. 1 ululare 2 piangere 3 (di sirene) fischiare, urlare.
Heuschnupfen (-s,-) s.m. raffreddore da fieno.
Heuschrecke (-,-n) s.f. cavalletta.
heute avv. oggi: – morgen, questa mattina.
heutig agg. 1 odierno 2 di oggi.
heutzutage avv. oggigiorno, al giorno d'oggi, oggi come oggi.
Hexe (-,-n) s.f. strega.
hexen v.intr. fare stregonerie.
Hieb (-es,-e) s.m. 1 colpo 2 (fig.) frecciata.
hier avv. qui, qua |–!, ecco qui!
hierauf avv. dopo di ciò, poi, quindi.
hierbei avv. in questa occasione.
hierdurch avv. 1 (luogo) per di qua, attraverso questo luogo 2 in tal modo.
hiermit avv. con questo, con ciò.
hiernach avv. 1 (tempo) dopo di ciò, poi 2 secondo questa cosa.
hiervon avv. 1 di questo, ne 2 (di materiale) da questa cosa, ne.
hierzu avv. 1 per questo, per ciò 2 a questo proposito, inoltre.

hierzulande *avv.* qui da noi, qui in questo paese.

hiesig *agg.* locale, di qui, di questo luogo.

Hilfe (-,-n) *s.f.* 1 aiuto; soccorso; assistenza 2 aiutante, aiuto.

hilfsbereit *agg.* disponibile, servizievole.

Himbeere (-,-n) *s.f.* lampone.

Himmel (-s,-) *s.m.* cielo: *unter freiem –*, all'aperto | *das Himmel bewahre!*, cielo non sia mai, scandalo; *um -s willen!*, per l'amor del cielo!

Himmelsrichtung (-,-en) *s.f.* punto cardinale.

himmlisch *agg.* 1 celeste, divino 2 *(fam.)* meraviglioso.

hin *avv.* 1 *(luogo)* là, verso quel luogo 2 *auf die Gefahr –, daß...*, a rischio di ...; *auf seinen Rat –*, su suo consiglio ♦ elemento mobile di verbi separabili.

hinab *avv.* *(luogo)* in giù ♦ elemento mobile di verbi separabili.

hinauf *avv.* *(luogo)* in su ♦ elemento mobile di verbi separabili.

hinaus *avv.* *(luogo)* fuori *(allontanamento da chi parla)* ♦ elemento mobile di verbi separabili.

hinaus-gehen (ging hinaus, hinausgegangen) *v.intr.* 1 *(auch)* uscire (da) 2 *(fig.)* *(über + acc.)* andare al di là (di) 3 *(auf + acc.)* dare (su).

hinaus-strömen *v.intr.* defluire.

hinaus-wollen *v.intr.* 1 voler uscire 2 *(fig.)* *(auf + acc.)* mirare (a), alludere (a).

hinaus-zögern *v.tr.* rimandare ♦ **sich –** *v.pron.* slittare, subire un ritardo.

Hinblick *s.m.*: *im – auf*, in vista di, con riguardo a.

hindern *v.tr.* *(an +dat.)* impedire.

Hindernis (-ses,-se) *s.n.* 1 ostacolo *(anche sport)* 2 *(fig.)* impedimento.

hin-deuten *v.intr.* *(auf +acc.)* 1 additare, indicare 2 lasciar presagire.

hindurch *avv.* 1 *(luogo)* attraverso 2 *(tempo)* per: *die ganze Woche –*, per tutta la settimana ♦ elemento mobile di verbi separabili.

hinein *avv.* 1 *(luogo)* dentro 2 *(tempo)*: *bis in die Nacht –*, fino a notte inoltrata ♦ elemento mobile di verbi separabili.

hinein-geraten (geriet hinein, hineingeraten) *v.intr.* 1 finire dentro 2 *(fig.)* rimanere coinvolto.

hinein-platzen *v.intr.* 1 arrivare improvvisamente 2 intromettersi improvvisamente.

hinein-versetzen, sich *v.pron.* *(in +acc.)* immedesimarsi *(in).*

Hinfahrt (-,-en) *s.f.* viaggio di andata, andata.

hin-fallen (fiel hin, hingefallen) *v.intr.* cadere per terra.

hinfällig *agg.* *(dir.)* nullo.

Hingabe (-/.) *s.f.* *(an +acc.)* 1 dedizione (a) 2 abbandono (a).

hin-geben, sich (gab hin, hingegeben) *v.pron.* *(+dat.)* 1 sacrificarsi (per); dedicarsi totalmente (a) 2 abbandonarsi (a).

hingegen *cong.* al contrario, invece.

hin-halten (hielt hin, hingehalten) *v.tr.* 1 porgere 2 temporeggiare.

hinken *v.intr.* zoppicare.

hinlänglich *agg.* sufficiente ♦ *avv.* a sufficienza.

hin-legen, sich *v.pron.* sdraiarsi, coricarsi.

hin-nehmen (nahm hin, hingenommen) *v.tr.* accettare (passivamente).

hinreichend *agg.* sufficiente, abbastanza.

hin-richten v.tr. giustiziare.

Hinrichtung (-,-en) s.f. esecuzione capitale.

hin-schleichen (schlich hin, hingeschlichen) v.intr. avvicinarsi di soppiatto.

hin-schleppen v.tr. trascinare ♦ **sich –** v.pron. trascinarsi, andare per le lunghe.

hin-sehen (sah hin, hingesehen) v.intr. (nach/zu) dare un'occhiata (a).

hin-setzen, sich v.pron. mettersi a sedere.

hinsichtlich prep. (+gen.) rispetto a, riguardo a.

hin-stellen v.tr. 1 collocare, mettere 2 (als) far passare (per).

hin-strecken v.tr. porgere, tendere.

hinten avv. dietro | von vorne bis –, da cima a fondo.

hintenherum avv. 1 per di dietro 2 sotto banco, per vie traverse.

hinter prep. (+ dat./acc.) 1 (stato in luogo) (+dat.) dietro 2 (moto a luogo) (+acc.) dietro ♦ agg. ultimo: die -en Reihen, le ultime file.

Hinterbliebene (-n,-n) s.m./f. familiare dell'estinto.

hintereinander avv. uno dietro l'altro.

Hintergedanke (-ns,-n) s.m. secondo fine; pensiero segreto.

hintergehen (hinterging, hintergangen) v.tr. tradire, ingannare.

Hintergrund (-es,-gründe) s.m. 1 fondo, sfondo 2 (fig.) retroscena.

hinterhältig agg. insidioso, subdolo.

hinterher avv. dopo, più tardi ♦ elemento mobile di verbi separabili.

hinterher-laufen (lief hinterher, hinterhergelaufen) v.intr. (+dat.) corre dietro (a).

hinterlassen (hinterließ, hinterlassen) v.tr. 1 lasciare 2 lasciare in eredità.

hinterlegen v.tr. depositare.

Hinterlist (-/.) s.f. perfidia.

Hintermann (-es,-männer) s.m. 1 chi sta dietro 2 (fig.) mandante.

Hintern (-s,-) s.m. sedere: jdm. den – versohlen, sculacciare qlcu.

Hinterradantrieb (-s,-e) s.m. (auto) trazione posteriore.

hinterrücks avv. alle spalle.

Hintertreffen s.n.: ins – geraten, avere la peggio; im – sein, essere svantaggiato.

hinterziehen (hinterzog, hinterzogen) v.tr. evadere (tasse ecc.).

hinüber avv. da qui a là ♦ elemento mobile di verbi separabili.

hinüber-gehen (ging hinüber, hinübergegangen) v.intr. andare dall'altra parte.

hinüber-sein (war hinüber, hinübergewesen) v.intr. 1 essere rotto, inservibile, (cibo) essere avariato 2 essere rovinato (economicamente) 3 essere sbronzo.

hinunter avv. giù ♦ elemento mobile di verbi separabili.

hinunter-schlucken v.tr. 1 inghiottire, mandare giù 2 (fig.) trattenere, reprimere: eine Antwort –, trattenere una risposta.

hinunter-stürzen v.intr. cadere giù, precipitare giù ♦ v.tr. 1 buttare giù 2 bere d'un fiato; (cibo) tranguggiare ♦ **sich –** v.pron. 1 gettarsi giù 2 scendere precipitosamente.

hinweg avv. via ♦ elemento mobile di verbi separabili.

hinweg-gehen (ging hinweg, hinweggegangen) v.intr. (über +acc.) passare sopra (a), ignorare.

hinweg·helfen (half hinweg, hinweggeholfen) *v.intr.* aiutare a superare.

hinweg·setzen, sich *v.pron.* (über +*acc.*) ignorare, non tener conto (di).

Hinweis (-es,-e) *s.m.* accenno.

hin·weisen (wies hin, hingewiesen) *v.intr.* (auf +*acc.*) 1 indicare 2 (*fig.*) far presente.

hin·ziehen, sich (zog hin, hingezogen) *v.pron.* protrarsi.

hinzu *avv.* inoltre, in aggiunta: *es kommt noch –, daß...*, inoltre bisogna dire che ... ◆ elemento mobile di verbi separabili.

hinzu·fügen *v.tr.* (zu) aggiungere (a).

hinzu·kommen (kam hinzu, hinzugekommen) *v.intr.* 1 sopraggiungere, sopravvenire 2 aggiungersi.

hinzu·ziehen (zog hinzu, hinzugezogen) *v.tr.* ricorrere a, consultare.

Hirn (-es,-e) *s.n.* cervello, senno.

Hirntod (-es,-e) *s.m.* morte cerebrale.

Hirsch (-es,-e) *s.m.* cervo.

Hirse (-/.) *s.f.* miglio.

Hirt (-en,-en) *s.m.* pastore.

hissen *v.tr.* issare, alzare.

historisch *agg.* storico ◆ *avv.* storicamente.

Hitze (-/.) *s.f.* 1 caldo, calura 2 (*fig.*) calore, bollore ardore.

hitzig *agg.* 1 focoso; violento 2 irascibile, collerico.

Hitzkopf (-es,-köpfe) *s.m.* testa calda.

Hitzschlag (-s,-schläge) *s.m.* colpo di calore.

HIV-negativ *agg.* sieronegativo.

HIV-positiv *agg.* sieropositivo.

HNO-Arzt (-es,-Ärzte) *s.m.* otorinolaringoiatra.

Hobel (-s,-) *s.m.* 1 pialla 2 grattugia

verdure.

hoch *agg.* (*comp.:* höher, *superl.* höchst) 1 alto 2 estremo 3 (*fig.*) grande 4 illustre 5 (*mus.*) acuto ◆ *avv.* 1 molto, altamente 2 in alto.

Hoch (-s,-s) *s.n.* 1 evviva 2 zona di alta pressione.

hoch·achten *v.tr.* stimare molto.

Hochaltar (-s,-altäre) *s.m.* altare maggiore.

Hochamt (-es,-ämter) *s.n.* messa solenne.

Hochburg (-,-en) *s.f.* (*fig.*) roccaforte.

Hochdruck (-s/.) *s.m.* 1 alta pressione 2 (*med.*) ipertensione.

Hochebene (-,-n) *s.f.* altopiano.

hochexplosiv *agg.* altamente esplosivo (*anche fig.*).

hoch·fahren (fuhr hoch, hochgefahren) *v.intr.* 1 sobbalzare 2 salire (con un veicolo).

hoch·halten (hielt hoch, hochgehalten) *v.tr.* 1 tenere in alto 2 stimare.

Hochhaus (-es,-häuser) *s.n.* grattacielo.

hoch·krempeln *v.tr.* rimboccare. rimboccarsi (le maniche) (*anche fig.*).

Hochmut (-es/.) *s.m.* superbia, alterigia.

hochmütig *agg.* superbo, arrogante; borioso.

hochnäsig *agg.* presuntuoso, altezzoso.

Hochofen (-s,-öfen) *s.m.* altoforno.

Hochrechnung (-,-en) *s.f.* proiezione, stima.

Hochsaison (-,-en) *s.f.* alta stagione.

Hochschule (-,-n) *s.f.* università; istituto superiore.

Hochsommer (-s,-) *s.m.* piena estate.

höchst *agg.superl.* 1 il più alto, il mas-

Hörer

simo 2 supremo, sommo ♦ *avv.* assai, altamente.

höchstens *avv.* al massimo, tutto al più.

Hochstraße (-,-n) *s.f.* strada sopraelevata.

höchstwahrscheinlich *avv.* con tutta probabilità.

Hochwasser (-s/.) *s.n.* piena, acqua alta.

Hochzeit (-,-en) *s.f.* sposalizio, nozze.

Hocker (-s,-) *s.m.* sgabello.

Höcker (-s,-) *s.m.* gobba.

Hof (-es, Höfe) *s.m.* 1 cortile, corte 2 fattoria, podere 3 corte (reale).

hoffen *v.tr. e intr.* sperare.

hoffentlich *avv.* speriamo che, auguriamoci che.

Hoffnung (-,-en) *s.f.* speranza | *sich keine – machen*, non farsi illusioni.

Hoffnungslosigkeit (-/.) *s.f.* disperazione.

höflich *agg.* educato, cortese.

Höhe (-,-n) *s.f.* 1 altezza 2 altitudine, quota 3 (*fig.*) culmine: *das ist die –!*, è proprio il colmo! 4 vetta, cima 5 importo, ammontare.

Hoheit (-,-en) *s.f.* 1 (*sing.*) sovranità 2 Altezza 3 (*fig.*) maestà, dignità.

Hoheitsgewässer *s.pl.* acque territoriali.

Höhenklima (-s,-klimata) *s.n.* clima di montagna.

Höhenluft (-/.) *s.f.* aria di montagna.

Höhensonne (-,-n) *s.f.* 1 sole di montagna 2 lampada a raggi ultravioletti.

Höhepunkt (-es,-e) *s.m.* apice, culmine, vertice.

höher *agg.* 1 (*als*) più alto (di) 2 (*fig.*) (*als*) superiore (di) | *-e Gewalt*, forza maggiore ♦ *avv.* più in alto.

höher-stufen *v.tr.* passare di livello.

hohl *agg.* 1 cavo 2 infossato 3 (*suono*) cupo 4 (*fig.*) insulso, vuoto.

Höhle (-/.) *s.f.* 1 grotta 2 tana (*anche fig.*) 3 cavità.

Hohlmaß (-es,-e) *s.n.* misura di capacità.

Hohn (-es/.) *s.m.* scherno, derisione.

höhnisch *agg.* canzonatorio, beffardo.

holen *v.tr.* 1 andare a prendere 2 andare a chiamare 3 beccarsi qlco.

Hölle (-/.) *s.f.* inferno: *jdm. die – heiß machen*, non dar tregua a qlcu.

holprig *agg.* 1 accidentato 2 (*fig.*) stentato.

Holunder (-s,-) *s.m.* sambuco.

Holz (-es, Hölzer) *s.n.* 1 legno 2 legna (da ardere) 3 (*fig.*) materia, stoffa.

hölzern *agg.* 1 di legno 2 (*fig.*) legnoso, impacciato.

holzig *agg.* legnoso.

Holzweg (-es,-e) *s.m.*: *sich auf dem – befinden*, sbagliarsi di grosso.

homogenisieren *v.tr.* omogeneizzare.

Homöopathie (-/.) *s.f.* omeopatia.

homosexuell *agg.* omosessuale.

Honig (-s/.) *s.m.* miele.

Honorar (-es,-e) *s.n.* onorario, compenso.

honorieren *v.tr.* 1 pagare 2 onorare.

Hopfen (-s/.) *s.m.* luppolo.

horchen *v.intr.* ascoltare; origliare.

hören *v.tr.* 1 sentire, udire 2 ascoltare: *Musik –*, ascoltare della musica 3 sentire, venire a sapere ♦ *v.intr.* 1 sentire, udire 2 (*auf +acc.*) ascoltare, ubbidire (a).

Hörer (-s,-) *s.m.* 1 ascoltatore 2 (*telefono*) ricevitore 3 (*università*) uditire.

hörig *agg.* succube, dipendente.
Horizont (-s,-e) *s.m.* orizzonte (anche *fig.*).
Hormondrüse (-,-n) *s.f.* ghiandola endocrina.
Horn (-es, Hörner) *s.n.* **1** corno **2** (*mus.*) corno **3** (*auto*) segnale acustico.
Hörnchen (-s,-) *s.n.* cornetto (anche *gastr.*).
hörnen *v.tr.* fare le corna (a).
Hornisse (-,-n) *s.f.* calabrone.
Horoskop (-s,-e) *s.n.* oroscopo.
Horrortrip (-s,-s) *s.m.* **1** (*fig.*) esperienza allucinante **2** (*droga*) viaggio allucinatorio.
Hörsaal (-s,-säle) *s.m.* aula universitaria.
Hörspiel (-s,-e) *s.n.* dramma radiofonico.
Hort (-s,-e) *s.m.* **1** asilo, rifugio **2** asilo nido.
horten *v.tr.* accumulare, mettere da parte.
Hose (-,-n) *s.f.* calzoni, pantaloni.
Hosenanzug (-s,-züge) *s.m.* tailleur pantalone.
Hosenträger (-s,-) *s.m.* bretella.
hospitieren *v.intr.* assistere in qualità di uditore.
Hotel (-s,-s) *s.n.* albergo, hotel.
Hotelverzeichnis (-ses, -se) *s.n.* guida degli alberghi.
Hotelzimmer (-s,-) *s.n.* camera d'albergo.
Hubraum (-es) *s.m.* (*auto*) cilindrata.
hübsch *agg.* carino, grazioso ♦ *avv.* graziosamente.
Hubschrauber (-s,-) *s.m.* elicottero.
huckepack *avv.* a cavalluccio.

Huf (-s,-e) *s.m.* zoccolo.
Hufeisen (-s,-) *s.n.* ferro di cavallo.
Hüfte (-,-n) *s.f.* anca, fianco.
Hügel (-s,-) *s.m.* collina, colle.
hügelig *agg.* collinoso.
Huhn (-es, Hühner) *s.n.* pollo|*blödes* –, persona stupida.
Hühnerauge (-s,-n) *s.n.* callo; occhio di pernice.
Hülle (-,-n) *s.f.* involucro; custodia.
hüllen *v.tr.* (in +acc.) avvolgere (in) ♦ *sich* – *v.pron.* chiudersi.
Hülse (-,-n) *s.f.* **1** baccello **2** bossolo.
Hülsenfrüchte *s.pl.* legumi.
human *agg.* umano ♦ *avv.* in modo umano.
Hummer (-s,-) *s.m.* gambero di mare.
Humor (-s/-) *s.m.* **1** umorismo **2** buon umore.
humpeln *v.intr.* zoppicare.
Hund (-es,-e) *s.m.* cane.
hundemüde *agg.* stanco morto.
Hundertjahrfeier (-,-n) *s.f.* centenario.
hundertmal *avv.* cento volte.
Hunger (-s/-) *s.m.* fame.
hungern *v.intr.* **1** patire la fame **2** digiunare **3** (*fig.*) (*nach*) desiderare ardentemente.
Hungersnot (-,-nöte) *s.f.* carestia.
Hungerstreik (-s,-s) *s.m.* sciopero della fame.
Hungertuch *s.n.*: *am – nagen*, fare la fame.
hungrig *agg.* affamato.
hüpfen *v.intr.* saltare, saltellare.
Hupverbot (-s,-e) *s.n.* divieto di suonare il clacson.
Hürde (-,-n) *s.f.* ostacolo (anche *fig.*).
Hure (-,-n) *s.f.* puttana.
hurra *inter.* hurrà.
husten *v.intr.* **1** tossire **2** (*di motori*)

perdere colpi.
Husten (-s/.) *s.m.* tosse.
Hustensaft (-es,-säfte) *s.m.* sciroppo contro la tosse.
Hut¹ (-es, Hüte) *s.m.* cappello | (*fig.*): *alles unter einen – bringen*, accomodare tutto; *das ist ein alter –*, è una storia vecchia.
Hut² *s.f.*: *auf der – sein*, stare all'erta.
hüten *v.tr.* **1** pascolare **2** guardare, sorvegliare **3** (*fig.*) custodire | *das Bett –*, stare a letto (per malattia).
Hütte (-,-n) *s.f.* **1** capanna **2** rifugio; baita.
Hüttenwerk (-s,-e) *s.n.* stabilimento metallurgico.
Hyäne (-,-n) *s.f.* iena (*anche fig.*).
Hyazinthe (-,-n) *s.f.* giacinto.
Hydrant (-en,-en) *s.m.* idrante.
hydraulisch *agg.* idraulico.
Hygiene (-/.) *s.f.* igiene.
Hymne (-,-n) *s.f.* inno.
hypermodern *agg.* ultramoderno.
Hypnose (-,-n) *s.f.* ipnosi.
Hypothek (-,-en) *s.f.* ipoteca.
Hypothese (-,-n) *s.f.* ipotesi, supposizione.
Hysterie (-,-n) *s.f.* isteria, isterismo.

I

ich *pron.pers.nom.sing.* io.
Ich (-s,-s) *s.n.* io.
ichbezogen *agg.* egocentrico.
Ichform (-/.) *s.f.* prima persona: *in der –*, alla prima persona.
ideal *agg.* ideale.
Ideal (-s,-e) *s.n.* ideale.
Idee (-,-n) *s.f.* idea.

ideell *agg.* ideale.
identifizieren *v.tr.* identificare.
identisch *agg.* identico.
Ideologie (-,-n) *s.f.* ideologia.
Idiot (-en,-en) *s.m.* **1** idiota **2** cretino.
Idiotenhügel (-s,-) *s.m.* piccolo colle con pista da sci per principianti.
Idol (-s,-e) *s.n.* idolo.
Idyll (-s,-e) *s.n.* idillio.
Igel (-s,-) *s.m.* riccio.
ihm *pron.pers.dat.* a lui, gli, ad esso.
ihn *pron.pers.acc.m.* lui, lo.
ihnen *pron.pers.dat.* a loro, gli, loro.
Ihnen *pron.pers.dat.* (*forma di cortesia sing. e pl.*) a Lei, a Voi, Le, Vi.
ihr *pron.pers.nom.pl.* voi.
ihr *pron.pers.dat.f.* a lei, le.
ihr *pron.poss.* *con valore aggettivale* **1** suo, sua **2** loro ♦ *con valore sostantivale* **1** il suo **2** il loro.
Ihr *pron.poss.con valore aggettivale* **1** Suo **2** Vostro ♦ *con valore sostantivale* **1** il Suo **2** il Vostro.
ihrer *pron.poss.pl.* loro.
Ihrer *pron.poss.* (*forma di cortesia*) suo, loro.
ihrerseits *avv.* **1** (*sing.*) da parte sua **2** (*pl.*) da parte loro.
ihretwegen *avv.* **1** (*sing.*) per causa sua, per lei **2** (*pl.*) per causa loro, per loro.
Illustrierte (-n,-n) *s.f.* giornale illustrato, rivista.
Imbiß (Imbisses, Imbisse) *s.m.* spuntino.
Imbißstube (-,-n) *s.f.* tavola calda.
Imker (-s,-) *s.m.* apicoltore.
immer *avv.* **1** sempre **2** ogni volta che.
immerhin *avv.* comunque.
immerzu *avv.* continuamente.

immigrieren *v.intr.* immigrare.
Immission (-,-en) *s.f.* inquinamento ambientale.
Immobilienbüro (-s,-s) *s.n.* agenzia immobiliare.
Immobilienmakler (-s,-) *s.m.* agente immobiliare.
immun *agg.* (*gegen*) immune (da).
Immunschwäche (-,-n) *s.f.* immunodeficienza.
impfen *v.tr.* vaccinare.
Impfpaß (-passes,-pässe) *s.m.* libretto di vaccinazione.
Impfstoff (-es,-e) *s.m.* vaccino.
imponieren *v.intr.* (+*dat.*) impressionare, far colpo su.
Import (-s,-e) *s.m.* importazione.
Importfirma (-,-firmen) *s.f.* ditta importatrice.
imposant *agg.* **1** impressionante **2** imponente, maestoso.
Impotenz (-/.) *s.f.* impotenza sessuale.
imprägnieren *v.tr.* impregnare.
improvisieren *v.tr.* improvvisare.
Impuls (-es,-e) *s.m.* impulso (*anche fig.*).
imstande *agg.*: – *sein*, essere in grado, essere capace.
in *prep.* (+*dat./acc.*) **1** (*stato in luogo* +*dat.*) in, a **2** (*moto a luogo* +*acc.*) in, a **3** (*tempo* +*dat.*) in, a di; tra, fra **4** (*modo* +*dat.*) in, su, per ♦ *avv.* in, di moda: – *sein*, essere in, essere di moda.
Inbegriff (-s,-e) *s.m.* **1** quintessenza **2** non plus ultra.
indem *cong.* **1** (*tempo*) mentre **2** (*modo*) si traduce con il gerundio: *er grüßte sie, – er ihr zulächelte*, la salutò sorridendole.
indessen *avv.* **1** (*tempo*) intanto, nel frattempo **2** ma, però, tuttavia ♦ *cong.* **1** mentre, intanto che **2** pertanto.
indiskret *agg.* indiscreto.
individuell *agg.* individuale.
Individuum (-, Individuen) *s.n.* individuo.
Indizienbeweis (-es,-e) *s.m.* prova indiziaria.
Industrie (-,-n) *s.f.* industria.
Industriebetrieb (-s,-e) *s.m.* azienda industriale.
Industrielle (-n,-n) *s.m.* industriale.
ineinander *avv.* l'uno nell'altro.
Infarkt (-es,-e) *s.m.* infarto.
infizieren *v.tr.* infettare.
infolge *prep.* (+*gen.*) in seguito a, a causa di.
infolgedessen *avv.* perciò, per cui, per questa ragione.
Informatik (-/.) *s.f.* informatica.
Information (-,-en) *s.f.* informazione: *-en einholen*, chiedere informazioni.
Infusion (-,-en) *s.f.* fleboclisi.
Ingenieur (-s,-e) *s.m.* ingegnere.
Ingwer (-s/.) *s.m.* zenzero.
Inhaber (-s,-) *s.m.* **1** titolare **2** proprietario.
inhaftieren *v.tr.* arrestare.
inhalieren *v.tr.* inalare.
Inhalt (-es,-e) *s.m.* **1** contenuto **2** (*mat.*) area; volume.
inhaltlich *agg.* contenutistico ♦ *avv.* per quanto riguarda il contenuto.
Inhaltsverzeichnis (-ses,-se) *s.n.* indice; sommario.
Initiative (-,-n) *s.f.* iniziativa: *die – ergreifen*, prendere l'iniziativa.
Injektion (-,-en) *s.f.* iniezione.
injizieren *v.tr.* iniettare.
inklusive *prep.* (+*gen.*) incluso, compreso.

inkonsequent *agg.* incoerente.
Inkrafttreten (-s/.) *s.n.* entrata in vigore.
Inland (-es/.) *s.n.* territorio nazionale.
Inlandsmarkt (-es,-märkte) *s.m.* mercato interno.
inmitten *prep.* (+*gen.*) **1** (*luogo*) in mezzo a **2** tra, fra **3** (*tempo*) durante, nel bel mezzo di.
inne-haben (hatte inne, innegehabt) *v.tr.* detenere.
innen *avv.* internamente, all'interno, dentro.
Innenausstattung (-,-en) *s.f.* **1** arredamento **2** rifiniture interne.
Innenleben (-s/.) *s.n.* vita interiore.
Innere (-n/.) *s.n.* **1** interno **2** animo, cuore.
Innereien *s.pl.* interiora, frattaglie.
innerhalb *prep.* (+*gen.*) **1** (*luogo*) in, all'interno di; entro **2** (*tempo*) nello spazio di, entro ♦ *avv.* all'interno, dentro.
innerlich *agg.* **1** interiore, interno **2** intimo, segreto, profondo.
innig *agg.* profondo; sentito; stretto ♦ *avv.* profondamente, in modo stretto.
inoffiziell *agg.* non ufficiale, privato; confidenziale.
Insasse (-n,-n) *s.m.* **1** (*auto*) passeggero **2** detenuto.
insbesondere *avv.* specialmente.
Inschrift (-,-en) *s.f.* iscrizione, incisione.
Insekt (-es,-en) *s.n.* insetto.
Insel (-,-n) *s.f.* isola (*anche fig.*).
Inselgruppe (-,-n) *s.f.* arcipelago.
Inserat (-s,-e) *s.n.* inserzione.
inserieren *v.intr.* fare un'inserzione.
insgeheim *avv.* segretamente, in segreto; di nascosto.
insgesamt *avv.* in tutto, in totale; complessivamente.
insofern *avv.* **1** in quanto a ciò **2** (*correlato con* "*als*") nella misura in cui, in quanto ♦ *cong.* **1** se, purché, per quanto **2** dal momento che, nella misura in cui.
insoweit *cong.* → **insofern**.
Installateur (-s,-e) *s.m.* idraulico.
instand *avv.* in ordine.
instand-setzen *v.tr.* **1** aggiustare, riparare **2** (*fig.*) dare la possibilità a.
Instanzenweg (-es,-e) *s.m.* via gerarchica.
instinktiv *agg.* istintivo ♦ *avv.* per istinto, istintivamente.
Instrument (-s,-e) *s.n.* **1** strumento (*anche mus.*) **2** attrezzo.
Intellektuelle (-n,-n) *s.m./f.* intellettuale.
intelligent *agg.* intelligente.
interessant *agg.* interessante.
Internat (-s,-e) *s.n.* collegio, pensionato.
intervenieren *v.intr.* **1** (*bei*) intervenire (presso) **2** (*in* +*dat.*) intromettersi (in).
Interview (-s,-s) *s.n.* intervista.
intim *agg.* **1** intimo **2** familiare **3** confidenziale.
intolerant *agg.* intollerante.
introvertiert *agg.* introverso.
Inventar (-s,-e) *s.n.* inventario.
Inventur (-,-en) *s.f.* periodo in cui si fa l'inventario.
inwendig *avv.* dentro, all'interno.
inwiefern *avv.* in che senso, in che modo ♦ *cong.* in che senso, in che modo.
inwieweit *avv.* fino a che punto, in che misura ♦ *cong.* fino a che punto, quanto.
inzwischen *avv.* **1** intanto, nel frat-

irdisch 376

tempo **2** da allora.
irdisch *agg.* terreno, terrestre.
irgend *agg.* qualche ♦ *avv.* in qualche modo.
irgendein *agg.* uno qualunque, uno qualsiasi.
irgendeinmal *avv.* una volta o l'altra.
irgendwann *avv.* prima o poi.
irgendwas *pron.indef.* qualcosa, una cosa qualsiasi.
irgendwelch... *agg.* qualche, di qualche tipo.
irgendwer *pron.indef.* qualcuno.
irgendwie *avv.* in qualche modo.
irgendwo *avv.* (*stato in luogo*) in qualche posto.
irgendwoher *avv.*(*moto da luogo*) da qualche parte.
irgendwohin *avv.* (*moto a luogo*) in qualche posto.
ironisch *agg.* ironico.
irr *agg.* **1** folle, pazzo **2** confuso, sgomento **3** (*fam.*) fantastico, pazzesco
Irre[1] (-n,-n) *s.m./f.* pazzo/a.
Irre[2] (-/.) *s.f.: in die – führen,* fuorviare.
irreführend *agg.* che trae in inganno.
irre-machen *v.tr.* confondere, sconcertare.
irren *v.intr.* **1** errare, vagare **2** errare, sbagliare ♦ *sich – v.pron.* sbagliarsi.
Irrenanstalt (-,-en) *s.f.* manicomio.
Irrlehre (-,-n) *s.f.* eresia (*anche fig.*).
irrsinnig *agg.* pazzesco, da pazzi ♦ *avv.* pazzescamente, moltissimo.
Irrtum (-(e)s,-tümer) *s.m.* errore, sbaglio.
Irrweg (-es,-e) *s.m.* strada sbagliata.
Ischias (-/.) *s.m./n.* sciatica.
Isolation (-,-en) *s.f.* **1** (*tecn.*) isolamento **2** solitudine.
Isolierband (-es,-bänder) *s.n.* nastro isolante.

isolieren *v.tr.* isolare ♦ *sich – v.pron.* isolarsi.
I-Tüpfelchen (-s,-) *s.n.* puntino sulla i | *bis aufs –*, (*fig.*) nei minimi dettagli.

J

ja *avv.* sì.
Jacke (-,-n) *s.f.* giacca.
Jacketkrone (-,-n) *s.f.* corona dentaria.
Jackett (-s,-s) *s.n.* giacca (da uomo)
Jade (-/.) *s.m.* giada.
Jagd (-,-en) *s.f.* caccia: *auf die – gehen,* andare a caccia.
Jagdbomber (-s,-) *s.m.* cacciabombardiere.
Jagdgewehr (-s,-e) *s.n.* fucile da caccia.
jagen *v.tr.* cacciare, dare la caccia (a).
Jäger (-s,-) *s.m.* cacciatore.
Jaguar (-s,-e) *s.m.* giaguaro.
jäh *agg.* improvviso, brusco.
Jahr (-es,-e) *s.n.* **1** anno: *– für –,* anno dopo anno; *von – zu –,* di anno in anno **2** (*pl.*) età, anni: *in jungen -n,* in gioventù; *in die -e kommen,* invecchiare.
jahraus *avv.: –, jahrein,* anno per anno.
Jahrbuch (-es,-bücher) *s.n.* annuario.
jahrelang *avv.* per anni ♦ *agg.* che dura da anni.
jähren, sich *v.pron.* ricorrere l'anniversario.
Jahreszeit (-,-en) *s.f.* stagione.
Jahrgang (-s,-gänge) *s.m.* **1** annata **2** (*di persona*) classe.
Jahrhundert (-s,-e) *s.n.* secolo.
jährlich *agg.* annuale, annuo ♦ *avv.* ogni anno.

Jahrtausend (-s,-e) *s.n.* millennio.
Jahrzehnt (-s,-e) *s.n.* decennio.
Jähzorn (-s,-e) *s.m.* irascibilità.
jähzornig *agg.* collerico, irascibile.
Jalousie (♦,-n) *s.f.* (*serramento*) veneziana.
Jammer (-/s./) *s.m.* strazio; pena.
jämmerlich *agg.* pietoso, misero ♦ *avv.* 1 miseramente 2 (*fam.*) molto.
jammern *v.intr.* lamentarsi, dolersi ♦ *v.tr.* muovere a compassione.
Januar (-/-s,-e) *s.m.* gennaio.
Jargon (-s,-s) *s.m.* gergo.
Jasmin (-s,-e) *s.m.* gelsomino.
Jaß (Jasses/.) *s.m.* gioco di carte svizzero.
jäten *v.tr.* sarchiare: *Unkraut –*, estirpare le erbacce.
Jauche (-,-n) *s.f.* stallatico.
jauchzen *v.intr.* esultare, giubilare.
jaulen *v.intr.* guaire.
Jause (-,-n) *s.f.* (*austr.*) merenda, spuntino.
Jawort (-es,-worte) *s.n.* sì, assenso matrimoniale: *das – geben*, acconsentire al matrimonio.
Jazz (-/.) *s.m.* (*musica*) jazz.
je *avv.* 1 ciascuno: *sie kosten – 1 DM*, costano un marco l'uno/ciascuno 2 mai: *hast du das – gehört?*, ne hai mai sentito parlare? 3 a seconda di: *– nach Größe*, secondo la taglia ♦ *cong.* 1 *– nachdem*, dipende 2 (*in proposizioni comparative correlato a "desto"*) quanto ... tanto: *– schneller du kommst, desto besser ist es*, quanto più velocemente verrai, tanto meglio sarà.
jedenfalls *avv.* in ogni caso; comunque.
jeder *agg.indef.* 1 ogni 2 tutti: *jeden Tag*, tutti i giorni 3 (*correlato a "oh-*

ne") alcuno: *ohne jede Lust*, senza alcuna voglia 4 qualsiasi, qualunque: *um jeden Preis*, a qualunque prezzo ♦ *pron.indef.* ognuno, ciascuno.
jedermann *pron.indef.* tutti, ognuno.
jederzeit *avv.* in qualunque momento.
jedesmal *avv.* 1 ogni volta 2 sempre.
jedoch *cong.* però, tuttavia ♦ *avv.* ma.
jeher *avv.* (*correlato a "von" o "seit"*): *seit –*, da sempre.
jemals *avv.* mai: *ob ich – Arbeit finde?*, troverò mai un lavoro?
jemand *pron.indef.* qualcuno.
jener *agg. e pron.dim.* quello.
jenseitig *agg.* dall'altra parte: *das -e Ufer*, la riva dell'altra parte.
Jenseits (-/.) *s.n.* aldilà.
Jesuit (-en,-en) *s.m.* gesuita.
Jeton (-s,-s) *s.m.* gettone (per gioco).
jetten *v.intr.* volare con un jet ♦ *v.tr.* trasportare su un jet.
jetzig *agg.* attuale, presente.
jetzt *avv.* adesso, ora.
jeweilig *agg.* 1 del momento, vigente 2 rispettivo, relativo.
jobben *v.intr.* fare un lavoro occasionale.
Joch (-s,-e) *s.n.* 1 giogo (*anche fig.*) 2 valico, passo.
Jochbein (-es,-e) *s.n.* zigomo.
Jockel (-s,-s) *s.m.* fantino.
Jod (-es/.) *s.n.* iodio.
joggen *v.intr.* fare footing.
Joghurt (-s,-s) *s.m./n.* yogurt.
Johannisbeere (-,-n) *s.f.* ribes.
johlen *v.intr.* gridare, schiamazzare.
jonglieren *v.intr.* (*mit*) fare giochi di destrezza (con).
Joppe (-,-n) *s.f.* giacca/giaccone di loden.
Journal (-s,-e) *s.n.* 1 (*comm.*) libro

giornale 2 (*mar.*) diario di bordo.
Journalismus (-/.) *s.m.* giornalismo.
Journalist (-en,-en) *s.m.* (*f.*-in/-innen) giornalista.
jovial *agg.* affabile, cordiale.
Jubel (-s/.) *s.m.* giubilo, esultanza.
jubeln *v.intr.* esultare: *vor Freude –*, esultare di gioia.
Jubiläum (-s,-läen) *s.n.* giubileo.
jucken *v.tr.* **1** prudere a, causare prurito a **2** (*fam.*) interessare: *das juckt mich nicht*, non mi interessa.
Juckreiz (-es,-e) *s.m.* prurito.
Jude (-n,-n) *s.m.* ebreo.
Jugend (-/.) *s.f.* gioventù, giovinezza.
Jugendherberge (-,-n) *s.f.* ostello della gioventù.
jugendlich *agg.* giovanile.
Jugendstil (-s/.) *s.m.* stile liberty.
Juli (-s,-s) *s.m.* luglio.
jung *agg.* giovane ♦ *avv.* da giovane: *von – an*, fin da giovane.
Junge (-n,-n) *s.m.* ragazzo, giovane.
Jungfrau (-,-en) *s.f.* vergine (*anche astrologia*).
Junggeselle (-n,-n) *s.m.* scapolo.
jüngst *agg.* il più recente ♦ *avv.* ultimamente.
Juni (-,-s) *s.m.* giugno.
Jura *s.pl.* legge: *– studieren*, studiare legge.
Jurist (-en,-en) *s.m.* giurista.
Juror (-s,-en) *s.m.* (*di concorso*) membro di una giuria.
Jury (-,-s) *s.f.* (*di concorso*) giuria.
Justiz (-/.) *s.f.* giustizia.
Jute (-/.) *s.f.* iuta.
Juwel (-s,-en) *s.n.* **1** gioiello, gemma **2** (*fig.*) perla.
Juwelier (-s,-e) *s.m.* gioielliere.
Jux (-es,-e) *s.m.* scherzo, burla.

K

Kabarett (-s,-s/-e) *s.n.* cabaret.
Kabel (-s,-) *s.n.* cavo.
Kabeljau (-s,-e/-s) *s.m.* merluzzo.
Kabine (-,-n) *s.f.* cabina.
Kabinett (-s,-e) *s.n.* (*pol.*) gabinetto, governo.
Kabriolett (-s,-e) *s.n.* (*auto*) decappottabile.
Kachel (-,-n) *s.f.* piastrella.
kacheln *v.tr.* piastrellare.
Kacke (-/.) *s.f.* cacca; (*escl.*) merda!
Käfer (-s,-) *s.m.* **1** coleottero **2** (*auto*) maggiolino.
Kaffee (-s,-s) *s.m.* caffè.
Käfig (-s,-e) *s.m.* gabbia (*anche fig.*).
kahl *agg.* **1** calvo **2** (*terreno*) spoglio **3** (*uccelli*) implume.
Kahn (-s, Kähne) *s.m.* **1** barca **2** chiatta.
Kai (-s,-s) *s.m.* banchina, molo.
Kaiser (-s,-) *s.m.* imperatore.
Kaiserschmarren (-,-) *s.m.* (*gastr.*) omelette dolce sminuzzata con uvetta.
Kaiserschnitt (-s,-e) *s.m.* (*med.*) taglio cesareo.
Kajüte (-,-n) *s.f.* (*mar.*) cabina.
Kalb (-es, Kälber) *s.n.* vitello.
Kalbfleisch (-es/.) *s.n.* carne di vitello.
Kaldaunen *s.pl.* (*gastr.*) trippa.
Kalender (-s,-) *s.m.* calendario.
Kalium (-s/.) *s.n.* potassio.
Kalk (-es,-e) *s.m.* **1** calcare **2** calce.
kalkig *agg.* **1** calcareo **2** calcinoso **3** bianco come la calce.
Kalorie (-,-n) *s.f.* caloria.
kalt *agg.* freddo ♦ *avv.* **1** a freddo: *– duschen*, fare una doccia fredda; *–*

stellen, mettere al fresco **2** freddamente.
Kälte (-/.) *s.f.* **1** freddo **2** (*fig.*) freddezza.
Kaltschale (-,-n) *s.f.* (*gastr.*) zuppa dolce fredda.
kaltschnäuzig *agg.* insensibile, sgarbato.
Kamee (-,-n) *s.f.* cammeo.
Kamel (-s,-e) *s.n.* **1** cammello **2** (*fam.*) idiota.
Kamera (-,-s) *s.f.* **1** macchina fotografica **2** cinepresa.
Kamille (-,-n) *s.f.* camomilla.
Kamillentee (-,-s) *s.m.* (tisana di) camomilla.
Kamin (-s,-e) *s.m.* camino, caminetto.
Kamm (-es, Kämme) *s.m.* **1** pettine | *alles über einen – scheren,* (*fig.*) fare di ogni erba un fascio **2** cresta (*anche fig.*).
kämmen *v.tr.* pettinare ♦ *sich – v.pron.* pettinarsi.
Kammer (-,-n) *s.f.* **1** stanzino, ripostiglio **2** (*parlamento*) camera **3** ordine professionale **4** (*dir.*) sezione **5** ventricolo.
Kampf (-es, Kämpfe) *s.m.* **1** lotta **2** combattimento **3** gara, competizione.
kämpfen *v.intr.* (*mit*) (*con*) **1** lottare (*con*) **2** combattere (*con*) **3** gareggiare (*con*).
Kanal (-s, Kanäle) *s.m.* **1** canale **2** conduttura.
Kanarienvogel (-s,-vögel) *s.m.* canarino.
Kandidat (-en,-en) *s.m.* **1** candidato **2** concorrente.
Kaninchen (-s,-) *s.n.* coniglio.
Kanister (-s,-) *s.m.* tanica.
Kanne (-,-n) *s.f.* brocca.

Kanone (-,-n) *s.f.* cannone.
Kante (-,-n) *s.f.* spigolo.
kantig *agg.* **1** spigoloso; squadrato **2** (*fig.*) goffo.
Kantine (-,-n) *s.f.* mensa.
Kanton (-s,-e) *s.m.* (*svizz.*) cantone.
Kanu (-s,-s) *s.n.* canoa.
Kanzel (-,-n) *s.f.* **1** pulpito **2** (*aereo*) cabina di pilotaggio.
Kanzlei (-,-en) *s.f.* **1** cancelleria **2** studio legale.
Kanzler (-s,-) *s.m.* **1** (*pol.*) cancelliere **2** (*di università, ambasciate ecc.*) economo.
Kapelle (-,-n) *s.f.* **1** cappella **2** (*mus.*) banda; orchestrina.
Kapellmeister (-s,-) *s.m.* direttore (di orchestra, banda).
Kaper (-,-n) *s.f.* cappero.
Kapital (-s, -ien) *s.n.* capitale | *aus etwas – schlagen,* trarre profitto da qlco.
Kapitän (-s,-e) *s.m.* **1** capitano **2** (*aereo*) comandante.
Kapitel (-s,-) *s.n.* capitolo (*anche fig.*).
Kaplan (-s, Kapläne) *s.m.* cappellano.
Kappe (-,-n) *s.f.* **1** beretto | *das geht auf seine –,* è responsabilità sua **2** (*tecn.*) calotta; cappuccio.
Kapsel (-,-n) *s.f.* capsula.
kaputt *agg.* **1** guasto, rotto **2** (*fig.*) a pezzi.
kaputt-lachen, sich *v.pron.* sbellicarsi dalle risa.
Kapuze (-,-n) *s.f.* cappuccio.
Karabinerhaken (-s,-) *s.m.* moschettone.
Karawane (-,-n) *s.f.* carovana.
Kardinal (-s, Kardinäle) *s.m.* cardinale.
Karfiol (-s/.) *s.m.* (*austr.*) cavolfiore.
Karfreitag (-s,-e) *s.m.* venerdì santo.

kärglich *agg.* misero, povero, scarso.
kariert *agg.* a quadretti.
Karies (-/.) *s.f.* carie.
Karneval (-s,-e) *s.m.* carnevale.
Karo (-s,-s) *s.n.* 1 quadro, quadretto 2 (*carte*) quadri.
Karotte (-,-n) *s.f.* carota.
Karpfen (-s,-) *s.m.* carpa.
Karren (-s,-) *s.m.* carretto, carro.
Karriere (-,-n) *s.f.* 1 carriera 2 (*di cavallo*) galoppo sfrenato.
Kartause (-,-n) *s.f.* certosa.
Karte (-,-n) *s.f.* 1 biglietto; carta; cartellino 2 menu 3 biglietto da visita 4 carta geografica 5 cartolina 6 carta (da gioco) 7 scheda.
Kartei (-,-en) *s.f.* schedario.
Kartell (-s,-e) *s.n.* (*econ.*) cartello.
Kartoffel (-,-n) *s.f.* patata.
Karton (-s,-s/-e) *s.n.* 1 cartone, cartoncino 2 scatola di cartone.
Karwoche (-,-n) *s.f.* settimana santa.
Karzinom (-s,-e) *s.n.* carcinoma.
kaschieren *v.tr.* 1 coprire, rivestire 2 (*fig.*) nascondere mascherando.
Käse (-s,-) *s.m.* formaggio.
Käseblatt (-es,-blätter) *s.n.* (*fam.*) giornale da quattro soldi.
Käsekuchen (-s,-) *s.m.* torta di ricotta.
Kaserne (-,-n) *s.f.* caserma.
käsig *agg.* (*fig.*) pallido, cereo.
Kasino (-s,-s) *s.n.* 1 casinò 2 mensa ufficiali.
Kasper (-s,-) *s.m.* pupazzo (personaggio del teatro delle marionette).
Kassa/Kasse (-, Kassen) *s.f.* 1 cassa 2 ufficio cassa 3 (*teatro*) botteghino 4 banca 5 (*fam.*) mutua.
Kasseler (-s,-) *s.m.* (*gastr.*) cotoletta di maiale affumicata.
Kassenarzt (-es,-ärzte) *s.m.* medico della mutua.
Kassensturz (-es,-stürze) *s.m.* controllo cassa.
Kassenzettel (-s,-) *s.m.* scontrino di cassa.
Kasserolle (-,-n) *s.f.* casseruola.
Kassette (-,-n) *s.f.* 1 cassetta 2 videocassetta 3 (*foto*) caricatore.
Kassettenrecorder (-s,-) *s.m.* registratore (per cassette).
kassieren *v.tr.* incassare.
Kastanie (-,-n) *s.f.* castagna: *geröstete -n*, caldarroste.
Kasten (-s, Kästen) *s.m.* 1 cassetta 2 custodia 3 (*austr./svizz.*) armadio.
Katalog (-s,-e) *s.m.* catalogo.
Katarrh (-s,-e) *s.m.* catarro.
katastrophal *agg.* catastrofico.
Katastrophe (-,-n) *s.f.* catastrofe.
kategorisch *agg.* categorico ♦ *avv.* in modo categorico.
Kater (-s,-) *s.m.* 1 gatto 2 (*fam.*) mal di testa dopo una sbornia.
Kathedrale (-,-n) *s.f.* cattedrale.
Katze (-,-n) *s.f.* gatto | *nicht die – im Sack kaufen wollen*, non voler comperare a scatola chiusa.
Katzenauge (-s,-n) *s.n.* (*fam.*) catarifrangente.
kauen *v.tr.* masticare ♦ *v.intr.* (*an +dat.*) rimuginare (su).
kaufen *v.tr.* 1 acquistare, comperare 2 corrompere, comprare.
Kaufhaus (-es,-häuser) *s.n.* grande magazzino.
Kaufkraft (-/.) *s.f.* potere d'acquisto.
Kaufmann (-s,-leute) *s.m.* commerciante; negoziante.
Kaugummi (-s,-s) *s.m.* gomma da masticare.
kaum *avv.* 1 appena, a mala pena 2

non appena ♦ *cong.:* – *daß,* appena, non appena.

Kaution (-,-en) *s.f.* cauzione.

Kauz (-es, Käuze) *s.m.* 1 civetta 2 *(fig.)* tipo strano.

Kaviar (-s,-e) *s.m.* caviale.

Kegel (-s,-) *s.m.* 1 birillo 2 *(geometria)* cono.

Kehle (-,-n) *s.f.* gola: *aus voller* –, a squarciagola.

Kehlkopf (-es,-köpfe) *s.m.* laringe.

Kehre (-,-n) *s.f.* 1 tornante 2 *(sport)* volteggio dorsale.

kehren[1] *v.tr.* rivoltare, voltare: *jdm. den Rücken* –, voltare le spalle a qlcu. ♦ *v. intr.* girare: *kehrt euch!,* dietro-front!

kehren[2] *v.tr.* scopare, spazzare.

Kehrseite (-,-n) *s.f.* rovescio.

kehrt·machen *v.intr.* 1 fare dietro-front 2 *(fig.)* tirarsi indietro.

Keil (-es,-e) *s.m.* cuneo.

Keilriemen (-s,-) *s.m. (tecn.)* cinghia trapezoidale.

Keim (-es,-e) *s.m.* 1 germe 2 germoglio 3 *(fig.)* origine *| etwas im -e ersticken,* soffocare qlco. sul nascere.

keimen *v.intr.* 1 germogliare, germinare 2 *(fig.)* nascere, sorgere.

keimfrei *agg.* asettico.

kein *pron.indef.* non un(o), non...alcuno, nessuno.

keinerlei *agg.inv.* non...alcuno.

keineswegs *avv.* per niente, assolutamente no.

keinmal *avv.* nemmeno una volta.

Keks (-es,-e) *s.m.* biscotto *| jdm. auf den – gehen, (fam.)* rompere le scatole a qlcu.

Kelch (-es,-e) *s.m.* calice.

Kelle (-,-n) *s.f.* 1 cazzuola 2 cucchiaione, ramaiolo 3 paletta (del capostazione).

Keller (-s,-) *s.m.* cantina.

Kellner (-s,-) *s.m.* cameriere.

kennen (kannte, gekannt) *v.tr.* 1 conoscere 2 sapere ♦ *sich* – *v.pron.* conoscersi.

kennen-lernen *v.tr.* fare la conoscenza di, conoscere.

Kenner (-s,-) *s.m.* conoscitore.

Kenntnis (-,-se) *s.f.* 1 conoscenza 2 esperienza.

Kennzeichen (-s,-) *s.n.* 1 segno caratteristico 2 segno di riconoscimento.

kennzeichnen *v.tr.* 1 caratterizzare 2 *(durch)* marcare (con), contrassegnare (con).

Keramik (-,-en) *s.f.* ceramica.

Kerbe (-,-n) *s.f.* 1 tacca 2 *(tecn.)* intaglio.

Kerbholz *s.n.: etwas auf dem – haben, (fig.)* avere qlco. sulla coscienza.

Kerker (-s,-) *s.m.* carcere, prigione.

Kerl (-s,-e) *s.m.* individuo, tipo.

Kern (-es,-e) *s.m.* 1 nocciolo 2 nucleo *(anche fig.).*

Kernenergie (-/-) *s.f.* energia nucleare.

Kernobst (-es) *s.n.* frutta con nocciolo.

Kernpunkt (-es,-e) *s.m.* punto principale.

Kerze (-,-n) *s.f.* candela.

Kerzenlicht (-es/-) *s.n.* lume di candela.

keß *agg.* 1 disinvolto 2 sfacciato 3 *(abbigl.)* audace, osé.

Kessel (-s,-) *s.m.* 1 pentolone 2 conca.

Kette (-,-n) *s.f.* 1 catena 2 collana, catenina 3 *(fig.)* sequela.

Kettenraucher (-s,-) *s.m.* fumatore accanito.

Keuchhusten (-s/-) *s.m. (med.)* pertosse.

Keule (-,-n) *s.f.* 1 clava 2 (*gastr.*) cosciotto.
kicken *v.tr.* (*fam.*) giocare a calcio.
kidnappen *v.tr.* rapire (una persona).
Kiefer (-s,-) *s.m.* mascella; mandibola.
Kiefer (-,-n) *s.f.* pino.
Kiel (-es,-e) *s.m.* (*mar.*) chiglia.
Kielwasser (-s,-) *s.n.* scia.
Kies (-es,-e) *s.m.* 1 ghiaia 2 (*fam.*) soldi; grana 3 pirite.
Kiesel (-s,-) *s.m.* ciottolo.
Kilo (-s,-s) *s.n.* chilo.
Kilometer (-s,-) *s.m.* chilometro.
Kind (-es,-er) *s.n.* 1 bambino 2 figlio.
Kinderarzt (-es,-ärzte) *s.m.* pediatra.
Kindergarten (-s,-gärten) *s.m.* asilo, scuola materna.
Kindergeld (-es/.) *s.n.* assegni famigliari.
Kinderkrippe (-,-n) *s.f.* asilo nido.
Kinderlähmung (-/.) *s.f.* (*med.*) poliomielite.
Kinderwagen (-s,-) *s.m.* carrozzina.
Kindheit (-/.) *s.f.* infanzia.
kindisch *agg.* infantile; puerile.
kindlich *agg.* 1 infantile, da bambino 2 (*fig.*) ingenuo ♦ *avv.* in modo infantile.
Kindskopf (-es,-köpfe) *s.m.* (*fam.*) bambinone; sciocco.
Kinn (-s,-e) *s.n.* mento.
Kinnlade (-,-n) *s.f.* mandibola.
Kino (-s,-s) *s.n.* cinema.
Kiosk (-s,-e) *s.m.* chiosco.
kippen *v.tr.* 1 rovesciare 2 (*fam.*) bere ♦ *v.intr.* ribaltarsi, cadere.
Kirche (-,-n) *s.f.* chiesa.
kirchlich *agg.* 1 ecclesiastico 2 religioso ♦ *avv.* religiosamente.
Kirchturm (-es,-türme) *s.m.* campanile.
Kirchweih (-,-en) *s.f.* sagra.
Kirsche (-s,-n) *s.f.* ciliegia.
Kissen (-s,-) *s.n.* cuscino.
Kiste (-,-n) *s.f.* 1 cassa 2 scatola.
kitschig *agg.* di cattivo gusto.
Kitt (-s,-e) *s.m.* mastice, stucco.
Kittchen (-s,-) *s.n.* (*fam.*) galera: *im sitzen*, essere al fresco.
Kittel (-s,-) *s.m.* 1 camice 2 camiciotto 3 (*svizz.*) giacca da uomo.
kitten *v.tr.* 1 stuccare 2 incollare 3 (*fig.*) aggiustare, rimettere insieme.
Kitz (-es,-e) *s.n.* 1 capretto 2 cucciolo di capriolo/camoscio.
kitzeln *v.tr.* fare il solletico.
Klage (-,-n) *s.f.* 1 lamento 2 lamentela, reclamo 3 azione legale, causa.
klagen *v.intr.* 1 lamentarsi, guaire 2 (*über +acc.*) lamentarsi (di) 3 (*gegen*) agire in giudizio (contro).
Kläger (-s,-) *s.m.* (*dir.*) attore.
Klammer (-,-n) *s.f.* 1 molletta 2 graffetta 3 parentesi.
klammern, sich *v.pron.* (*an +acc.*) aggrapparsi a (*anche fig.*).
Klamotten *s.pl.* stracci, cenci, vestiti vecchi.
Klang (-es, Klänge) *s.m.* 1 suono 2 tono, tonalità (*anche fig.*).
Klappbett (-es,-en) *s.n.* letto ribaltabile.
Klappe (-,-n) *s.f.* 1 valvola 2 coperchio ribaltabile 3 (*fam.*) bocca, becco.
Klappstuhl (-es,-stühle) *s.m.* sedia pieghevole.
klar *agg.* 1 chiaro (*anche fig.*) 2 (*di cielo*) sereno, (*di acqua*) limpido 3 pronto per la partenza ♦ *avv.* chiaramente.
klären *v.tr.* 1 chiarire 2 (*tecn.*) depurare.

klar·kommen (kam klar, klargekommen) *v.intr.* (*mit*) venire a capo (di).

Klarsichtfolie (-,-n) *s.f.* pellicola trasparente (per cibi).

klar-stellen *v.tr.* mettere in chiaro, chiarire.

Klasse (-,-n) *s.f.* **1** classe **2** ceto **3** categoria (*anche sport*).

Klassenarbeit (-,-en) *s.f.* compito in classe.

klassifizieren *v.tr.* classificare.

Klassik (-/.) *s.f.* **1** età classica **2** classicità **2** (*arte*) classicismo.

Klatsch (-es,-e) *s.m.* **1** tonfo **2** (*sing.*) pettegolezzi.

Klatschbase (-,-n) *s.f.* pettegola.

klatschen *v.intr.* **1** applaudire ♦ spettegolare ♦ *v.tr.* schiaffare, buttare.

Klaue (-,-n) *s.f.* **1** (*zool.*) zoccolo; artiglio **2** (*fig.*) grinfie.

klauen *v.tr.* (*fam.*) rubare, grattare.

Klavier (-s,-e) *s.n.* pianoforte.

Klebeband (-es,-bänder) *s.n.* nastro adesivo.

kleben *v.tr.* incollare, attaccare ♦ *v.intr.* **1** essere attaccato **2** appiccicarsi.

Klebestreifen (-s,-) *s.m.* nastro adesivo.

Klebstoff (-s,-e) *s.m.* colla, collante.

Klecks (-es,-e) *s.m.* macchia; schizzo.

Klee (-s/.) *s.m.* trifoglio.

Kleid (-es,-er) *s.n.* vestito, abito.

kleiden *v.tr.* **1** vestire **2** stare bene a ♦ **sich** – *v.pron.* vestirsi.

Kleiderschrank (-es,-schränke) *s.m.* armadio guardaroba.

Kleidung (-,-en) *s.f.* abbigliamento, vestiario.

Kleidungsstück (-es,-e) *s.n.* capo di vestiario.

Kleie (-,-n) *s.f.* crusca.

klein *agg.* **1** piccolo **2** basso **3** giovane **4** breve.

Kleingeld (-es/.) *s.n.* spiccioli.

Kleinigkeit (-,-en) *s.f.* piccolezza, sciocchezza.

kleinkariert *agg.* **1** a quadrettini **2** (*fig.*) ottuso; meschino.

Kleinkram (-s/.) *s.m.* cianfrusaglie.

kleinlaut *agg. e avv.* mogio mogio.

kleinlich *agg.* pedante, minuzioso.

kleinmütig *agg.* pusillanime; pauroso.

Kleinod (-es,-odien) *s.n.* gioiello.

Kleinstadt (-,-städte) *s.f.* cittadina.

Kleinvieh (-s/.) *s.n.* animali da cortile.

Kleister (-s,-) *s.m.* colla.

Klemme (-,-n) *s.f.* **1** (*tecn.*) morsetto **2** fermaglio **3** (*med.*) graffetta **4** (*fam.*) guaio: *in der – sein*, essere nei guai.

Klempner (-s,-) *s.m.* lattoniere; idraulico.

Klerus (-/.) *s.m.* clero.

Klinge (-,-n) *s.f.* lama.

Klingel (-,-n) *s.f.* campanello.

klingeln *v.intr.* suonare il campanello.

Klinke (-,-n) *s.f.* maniglia (della porta).

Klippe (-,-n) *s.f.* scoglio (*anche fig.*).

klirren *v.intr.* tintinnare.

Klischee (-s,-s) s.n. cliché | *in -s sprechen*, parlare per frasi fatte.

Klistier (-s,-e) s.n. clistere.

klonen v.intr. clonare.

klönen v.intr. fare una chiacchierata.

klopfen v.intr. **1** bussare **2** battere, picchiare ♦ v.tr. battere (tappeto).

Klops (-es,-e) s.m. (gastr.) polpettone.

Klosett (-s,-e/-s) s.n. gabinetto.

Kloß (-es, Klöße) s.m. (gastr.) gnocco.

Kloster (-s, Klöster) s.n. convento, monastero.

Klotz (-es, Klötze) s.m. ceppo: *einen - am Bein haben*, (fig.) avere una palla al piede.

Kluft (-, Klüfte) s.f. **1** fessura **2** (fig.) abisso.

klug agg. **1** intelligente **2** sveglio, brillante ♦ avv. in modo acuto.

Klumpen (-s,-) s.m. **1** massa informe **2** zolla di terra.

Klüngel (-s,-) s.m. combriccola, cricca.

knabbern v.tr. sgranocchiare ♦ v.intr.: *zu - haben* (an +dat.), (fam.) dover penare (per).

Knabe (-n,-n) s.m. fanciullo, ragazzo.

Knäckebrot (-es,-e) s.n. (gastr.) pane di segale croccante.

Knall (-es,-e) s.m. botto, scoppio.

knallen v.intr. **1** schioccare; scoppiare **2** (*di porta*) sbattere **3** (*gegen*) andare a sbattere (contro) ♦ v.tr. sbattere, scaraventare.

knapp agg. scarso; risicato.

knapp-halten (hielt knapp, knappgehalten) v.tr. tenere a corto di.

knarren v.intr. scricchiolare.

Knäuel (-s,-) s.m. **1** gomitolo **2** (fig.) groviglio.

Knauf (-es, Knäufe) s.m. pomo, manopola.

knauserig agg. (fam.) taccagno, spilorcio.

knautschen v.intr. sgualcire.

knebeln v.tr. imbavagliare (anche fig.).

kneifen (kniff, gekniffen) v.tr. pizzicare ♦ v.intr. (vor) sottrarsi (a).

Kneipe (-,-n) s.f. bettola, birreria.

kneten v.tr. **1** (gastr.) impastare **2** lavorare (la creta).

Knick (-s,-e) s.m. **1** piega **2** curva a gomito.

Knie (-s,-) s.n. **1** ginocchio **2** (tecn.) gomito.

knien v.intr. stare in ginocchio.

Kniescheibe (-,-n) s.f. rotula.

Kniestrumpf (-es,-strümpfe) s.m. calzettone; gambaletto.

Kniff (-es,-e) s.m. **1** pizzicotto **2** piega **3** (fig.) trucco.

kniffelig agg. difficile, complicato.

knipsen v.tr. (fam.) fare una foto (a).

Knirps (-es,-e) s.m. **1** marmocchio **2** ombrello pieghevole.

knistern v.intr. (di carta) frusciare **2** (di fuoco) scoppiettare, crepitare.

knobeln v.intr. **1** (um) tirare a sorte (per) **2** riflettere.

Knoblauch (-s/-) s.m. aglio.

Knöchel (-s,-) s.m. malleolo; caviglia.

Knochen (-s,-) s.m. osso; (pl.) ossa.

Knochenmark (-s/-) s.n. midollo osseo.

knochig agg. ossuto.

Knolle (-,-n) s.f. bulbo.

Knopf (-es, Knöpfe) s.m. **1** bottone **2** pulsante.

Knopfloch (-es,-löcher) s.n. asola.

Knorpel (-s,-) s.m. cartilagine.

Knospe (-,-n) s.f. bocciolo, gemma (anche fig.).

knoten v.tr. annodare.

Knoten (-s,-) s.m. nodo (anche fig.).

Knotenpunkt (-es,-e) *s.m.* 1 punto di congiunzione 2 nodo stradale 3 nodo ferroviario.
Knüller (-s,-) *s.m.* 1 successo strepitoso 2 offerta sensazionale.
knüpfen *v.tr.* 1 annodare 2 tessere 3 allacciare (legami) 4 (*an +acc.*) far dipendere (da) ♦ **sich** – *v.pron.* (*an +acc.*) ricollegarsi (a).
Knüppel (-s,-) *s.m.* randello, manganello, sfollagente.
knurren *v.intr.* 1 ringhiare 2 (*fig.*) brontolare.
knusperig *agg.* croccante.
Knute (-,-n) *s.f.* frusta (*anche fig.*).
knutschen *v.tr.* (*fam.*) sbaciucchiare.
Kobold (-s,-e) *s.m.* folletto.
Koch (-s, Köche) *s.m.* cuoco.
kochen *v.intr.* 1 cucinare 2 bollire 3 (*fig.*) ribollire ♦ *v.tr.* 1 cuocere; bollire 2 preparare, fare (caffè, tè) 3 lavare a 90°.
kochfest *agg.* (*di tessuti*) resistente ad alte temperature.
Kochnische (-,-n) *s.f.* cucinino.
Kochplatte (-,-n) *s.f.* piastra, fornello.
Köder (-s,-) *s.m.* esca.
koffeinfrei *agg.* decaffeinato.
Koffer (-s,-) *s.m.* valigia, baule.
Kofferkuli (-s,-) *s.m.* carrello portabagagli.
Kofferraum (-es,-räume) *s.m.* (*auto*) bagagliaio.
Kohl (-s,-e) *s.m.* cavolo.
Kohle (-,-n) *s.f.* carbone.
Koje (-,-n) *s.f.* (*mar.*) cuccetta; cabina.
Kokain (-s) *s.n.* cocaina.
kokett *agg.* civettuolo ♦ *avv.* con civetteria.
Kokosnuß (-,-nüsse) *s.f.* noce di cocco.
Kolben (s,) *s.m.* 1 (*tecn.*) stantuffo,

pistone 2 (*bot.*) pannocchia.
Kolik (-,-en) *s.f.* colica.
Kollaps (-es,-e) *s.m.* collasso.
Kollegium (-s,-ien) *s.n.* corpo insegnante, collegio.
Kollektion (-,-en) *s.f.* (*comm.*) campionario 2 (*abbigl.*) collezione.
Kollision (-,-en) *s.f.* collisione; scontro, urto.
Kolonie (-,-n) *s.f.* colonia.
Kolonne (-,-n) *s.f.* 1 colonna, fila 2 squadra, gruppo.
Kombination (-,-en) *s.f.* 1 combinazione 2 deduzione 3 (*abbigl.*) completo; spezzato 4 (*sport*) combinata.
kombinieren *v.tr.* combinare ♦ *v.intr.* dedurre.
Kombiwagen (-s,-) *s.m.* station-wagon.
Komik (-/.) *s.f.* comicità.
komisch *agg.* 1 divertente 2 strano, bizzarro.
Komitee (-s,-s) *s.n.* comitato.
Komma (-s,-s) *s.n.* virgola.
Kommanditgesellschaft (-,-en) *s.f.* società in accomandita.
Kommando (-s,-s) *s.n.* 1 comando 2 ordine 3 commando.
kommen (kam, gekommen) *v.intr.* 1 venire 2 arrivare, giungere 3 uscire, venire fuori.
kommend *agg.* prossimo, entrante, venturo.
Kommentar (-s,-e) *s.n.* commento.
kommentieren *v.tr.* commentare.
Kommode (-,-n) *s.f.* cassettone, comò.
kommunal *agg.* comunale, municipale.
Kommune (-,-n) *s.f.* comune.
Kommunion (-/.) *s.f.* comunione.
kommunistisch *agg.* comunista.
Komödiant (-en,-en) *s.m.* commediante; attore.
Komödie (-,-n) *s.f.* commedia.

Kompaß (-passes,-passe) *s.m.* bussola.
Komplex (-es,-e) *s.m.* complesso.
Kompliment (-s,-e) *s.n.* complimento.
Komplize (-n,-n) *s.m.* complice.
kompliziert *agg.* complicato, difficile.
komponieren *v.tr.* comporre.
Komponist (-en,-en) *s.m.* compositore.
Kompost (-es,-e) *s.m.* composta, concime misto.
Kompott (-s,-e) *s.n.* frutta cotta.
Kompromiß (Kompromisses, Kompromisse) *s.m.* compromesso.
kompromittieren *v.tr.* compromettere.
kondensieren *v.tr.* condensare, concentrare.
Kondenswasser (-s/.) *s.n.* (acqua di) condensa.
Kondition (-,-n) *s.f.* 1 condizione 2 forma.
Konditor (-s,-e) *s.m.* pasticciere.
kondolieren *v.intr.* fare le condoglianze.
Kondom (-s,-e) *s.n.* preservativo.
Konfekt (-es,-e) *s.n.* 1 confetteria 2 pasticcini mignon.
Konfektion (-,-en) *s.f.* 1 confezione di abiti in serie 2 abiti confezionati.
Konfektionsgröße (-,-n) *s.f.* taglia.
Konferenz (-,-en) *s.f.* 1 conferenza, congresso 2 riunione.
Konfession (-,-en) *s.f.* 1 religione 2 professione di fede.
Konfetti *s.pl.* coriandoli.
Konfirmation (-,-en) *s.f.* (*religione protestante*) confermazione.
Konfiserie (-,-n) *s.f.* (*svizz.*) pasticceria.
Konfitüre (-,-n) *s.f.* confettura, marmellata.
Konflikt (-es,-e) *s.m.* conflitto.
konfus *agg.* confuso: *jdn. – machen*, confondere le idee a qlcu.
Kongreß (Kongresses, Kongresse) *s.m.* congresso.
kongruieren *v.intr.* 1 concordare 2 (*geometria*) essere congruente.
König (-s,-e) *s.m.* re | *die Heiligen Drei -e, i re Magi* | *der Kunde ist –*, il cliente ha sempre ragione.
Königin (-,-nen) *s.f.* regina.
königlich *agg.* 1 reale, regio 2 regale, maestoso 3 (*fam.*) favoloso ♦ *avv.* (*fam.*) moltissimo.
Konjunktur (-,-en) *s.f.* (*econ.*) 1 congiuntura 2 congiuntura alta.
konkret *agg.* concreto ♦ *avv.* concretamente.
Konkurrent (-en,-en) *s.m.* concorrente.
Konkurrenz (-,-en) *s.f.* 1 concorrenza 2 competizione.
konkurrenzfähig *agg.* competitivo, concorrenziale.
konkurrieren *v.intr.* (*um*) competere, concorrere (per) | *miteinander –*, farsi concorrenza.
Konkurs (-es,-e) *s.m.* 1 fallimento, bancarotta 2 procedura fallimentare.
können *v.intr./mod.* 1 potere, essere in grado 2 essere autorizzati, potere 3 sapere, essere capaci di 4 essere possibile.
Können (-s/.) *s.n.* capacità; bravura.
Konsens (-es,-e) *s.m.* consenso.
konsequent *agg.* 1 coerente; conseguente 2 perseverante ♦ *avv.* in modo coerente.
Konserve (-,-n) *s.f.* conserva; scatola di conserva.
Konservierungsmittel (-s,-) *s.n.* conservante.
Konsilium (-s,-lien) *s.n.* consulto medico.

Konsole (-,-n) *s.f.* mensola, console.
konstant *agg.* costante, invariabile.
konstruieren *v.tr.* costruire; edificare.
konstruktiv *agg.* costruttivo (*anche fig.*).
Konsul (-s,-n) *s.m.* console.
Konsulat (-s,-e) *s.n.* consolato.
Konsum (-s/.) *s.m.* consumo.
Konsument (-en,-en) *s.m.* consumatore.
Kontakt (-es,-e) *s.m.* contatto; relazione: *gute -e haben zu jdm.*, essere in buone relazioni con qlcu.
kontaktfreudig *agg.* comunicativo, socievole.
Kontaktlinse (-,-n) *s.f.* lente a contatto.
Kontinent (-es,-e) *s.m.* continente.
kontinuierlich *agg.* continuativo ♦ *avv.* continuamente.
Konto (-s, Konten) *s.n.* conto | *das geht auf dein –*, (*fig.*) la responsabilità è tua.
Kontrollampe (-,-n) *s.f.* (lampada) spia.
Kontrolle (-,-n) *s.f.* 1 controllo, verifica 2 padronanza, dominio.
kontrollieren *v.tr.* controllare, ispezionare.
Kontroverse (-,-n) *s.f.* controversia, vertenza.
Kontur (-,-en) *s.f.* contorno, sagoma.
konventionell *agg.* 1 convenzionale 2 formale.
Konversation (-,-en) *s.f.* conversazione.
Konzentration (-,-en) *s.f.* concentrazione.
Konzept (-es,-e) *s.n.* 1 brutta copia, minuta 2 programma, piano 3 (*fig.*): *jdn. aus dem – bringen*, far perdere il filo a qlcu.
Konzern (-s,-e) *s.m.* (*econ.*) gruppo industriale.
Konzert (-es,-e) *s.n.* concerto.
Kopf (-es, Köpfe) *s.m.* 1 testa, capo 2 mente, testa 3 intestazione, testata 4 punta, estremità, cima 5 (*di insalata*) cespo | *– hoch!, coraggio!*; *pro –*, a testa.
köpfen *v.tr.* 1 decapitare 2 (*sport*) tirare di testa.
Kopfende (-s,-) *s.n.* capo, testata (di letto).
Kopfhörer (-s,-) *s.m.* cuffia, auricolari.
Kopfsalat (-s,-e) *s.m.* lattuga.
Kopfschmerzen *s.pl.* mal di testa.
Kopftuch (-es,-tücher) *s.n.* foulard.
Kopie (-,-n) *s.f.* copia; imitazione.
koppeln *v.tr.* 1 abbinare 2 accoppiare 3 attaccare, agganciare.
Koralle (-,-n) *s.f.* corallo.
Korb (-es, Körbe) *s.m.* 1 cesto, paniere 2 (*sport*) canestro 3 (*fig.*) rifiuto: *einen – geben*, declinare (un invito a fare qlco.).
Korbflasche (-,-n) *s.f.* damigiana; fiasco.
Kordel (-,-n) *s.f.* cordoncino.
Kordsamt (-es,-e) *s.m.* velluto a coste.
Kork (-s,-e) *s.m.* sughero.
Korken (-s,-) *s.m.* tappo di sughero.
Korkenzieher (-s,-) *s.m.* cavatappi.
Korn[1] (-es, Körner) *s.m.* 1 (*sing.*) grano 2 chicco 3 (*sing.*) cereali.
Korn[2] (-es/.) *s.n.* mirino | *jdn. aufs – nehmen*, (*fig.*) prendere di mira qlcu.
Korn[3] (-es/.) *s.n.* acquavite (di grano).
Kornblume (-,-n) *s.f.* fiordaliso.
Körper (-s,-) *s.m.* corpo.
körperlich *agg.* 1 fisico, corporeo 2 (*di lavoro*) manuale ♦ *avv.* fisicamente.
Körperpflege (-/.) *s.f.* igiene del corpo.
Körperschaft (-,-en) *s.f.* organo, ente: *das öffentlichen Rechts*, ente

pubblico.
Korps (-/.) *s.n.* **1** corpo: *diplomatisches ~*, corpo diplomatico **2** associazione studentesca o goliardica.
korpulent *agg.* corpulento.
korrekt *agg.* giusto, corretto ♦ *avv.* **1** correttamente **2** educatamente.
Korrektur (-,-en) *s.f.* rettifica; correzione.
Korrespondent (-en,-en) *s.m.* corrispondente.
korrespondieren *v.intr.* essere in rapporto epistolare.
Korridor (-s,-e) *s.m.* corridoio.
korrigieren *v.tr.* correggere; rettificare.
korrupt *agg.* corrotto; depravato.
Korruption (-,-en) *s.f.* corruzione.
Korsett (-s,-s/-e) *s.n.* busto.
Kosename (-ns,-n) *s.m.* vezzeggiativo.
Kosmetikerin (-,-nen) *s.f.* estetista.
kosmopolitisch *agg.* cosmopolita, cosmopolitico.
Kosmos (-/.) *s.m.* cosmo; universo.
Kost (-/.) *s.f.* **1** alimentazione; cibo **2** vitto: *~ und Logis*, vitto e alloggio.
kostbar *agg.* prezioso ♦ *avv.* lussuosamente, preziosamente.
kosten[1] *v.tr.* **1** assaggiare **2** *(fig.)* provare ♦ *v.intr. (von)* assaggiare.
kosten[2] *v.tr.* costare.
Kosten *s.pl.* costo, spesa; spese | *auf seine ~ kommen*, rimanere soddisfatto; *auf ~ von etwas gehen*, andare a scapito di qlco.
kostenlos *agg.* gratuito ♦ *avv.* gratis.
köstlich *agg.* **1** squisito; delizioso **2** gustoso.
Kostprobe (-,-n) *s.f.* **1** assaggio **2** saggio.
kostspielig *agg.* caro, costoso.
Kostüm (-s,-e) *s.n.* **1** tailleur **2** vestito di carnevale.
kostümieren *v.tr.* travestire, mascherare.
Kot (-es) *s.m.* **1** fango **2** feci, sterco.
Kotelett (-s,-e) *s.n.* cotoletta, costoletta.
Kotflügel (-s,-) *s.m.* parafango.
kotzen *v.intr.* vomitare.
Krabbe (-,-n) *s.f.* granchio; gambero.
Krach (-es) *s.m.* **1** chiasso, baccano **2** litigio **3** *(Borsa)* crollo, crac.
krachen *v.intr.* **1** tuonare; esplodere **2** *(gegen)* schiantarsi (contro) ♦ *v.impers.* sentire il botto.
kraft *prep.* (+gen.) in virtù di.
Kraft (-, Kräfte) *s.f.* **1** forza **2** sforzo **3** *(dir.)* vigore: *in ~ treten*, entrare in vigore **4** *(tecn.)* potenza.
Kraftfahrzeug (-es,-e) *s.n.* autoveicolo, automezzo | *abbr.* Kfz.
Kraftfahrzeugbrief (-es,-e) *s.m.* *(auto)* foglio complementare.
kräftig *agg.* **1** robusto, forte **2** intenso **3** sostanzioso **4** spinto, pesante.
Kraftprobe (-,-n) *s.f.* prova di forza.
Kragen (-s,-) *s.m.* **1** colletto **2** gola | *mir platzt der ~*, sto perdendo le staffe **3** *(zool.)* collare.
Kragenweite (-,-n) *s.f.* misura del collo.
Krähe (-,-n) *s.f.* cornacchia.
Kralle (-,-n) *s.f.* **1** artiglio **2** *(fig.)* grinfia | *die ~ zeigen*, *(fig.)* mostrare i denti.
Kram (-es/-.) *s.m.* **1** ciarpame, cianfrusaglie **2** affari, faccenda.
kramen *v.intr.* **1** frugare, rovistare **2** *(svizz.)* far compere.
Krampf (-es, Krämpfe) *s.m.* crampo, spasmo.
Krampfader (-,-n) *s.f.* vena varicosa.
krampfhaft *agg.* **1** spasmodico **2** *(fig.)* forzato ♦ *avv.* forzatamente.

Kran (-es, Kräne) *s.m.* (*tecn.*) gru.
krank *agg.* ammalato.
kränken *v.tr.* offendere, ferire.
Krankenblatt (-es,-blätter) *s.n.* cartella clinica.
Krankenhaus (-es,-häuser) *s.n.* ospedale.
Krankenkasse (-,-n) *s.f.* (cassa) mutua.
Krankenpfleger (-s,-) *s.m.* infermiere.
Krankenschwester (-,-n) *s.f.* infermiera.
Krankenwagen (-s,-) *s.m.* ambulanza.
krankhaft *agg.* patologico, morboso (*anche fig.*) ♦ *avv.* in modo patologico; morbosamente.
Krankheit (-,-en) *s.f.* malattia.
Kränkung (-,-en) *s.f.* offesa.
Kranz (-es, Kränze) *s.m.* corona, ghirlanda.
Kratzer (-s,-) *s.m.* graffio.
Kraulschwimmen (-s/-) *s.n.* (*sport*) crawl, stile libero.
kraus *agg.* 1 (*di capelli*) crespo 2 (*fig.*) contorto.
Kraut (-es, Kräuter) *s.n.* 1 erba; erba officinale 2 (*sing.*) crauti; cavolo.
Kräutertee (-s,-s) *s.m.* tisana, infuso alle erbe.
Krawall (-s,-e) *s.m.* 1 (*fam.*) baccano 2 (*pl.*) disordini, tumulto.
Krawatte (-,-n) *s.f.* cravatta.
Krawattennadel (-,-n) *s.f.* fermacravatta.
kreativ *agg.* creativo ♦ *avv.* in modo creativo; in modo produttivo.
Krebs¹ (-es,-e) *s.m.* 1 gambero; granchio 2 (*astrologia*) Cancro.
Krebs² (-es,-e) *s.m.* (*med.*) cancro.
Kredit (-es,-e) *s.m.* 1 (*comm.*) credito 2 (*conlidità*) avere, credito.

Kriegsgefangene

Kreditkarte (-,-n) *s.f.* carta di credito.
Kreide (-,-n) *s.f.* gesso; gessetto.
Kreis (-es,-e) *s.n.* 1 cerchio 2 cerchia, circolo 3 distretto, circoscrizione.
kreisen *v.intr.* 1 girare, ruotare 2 volteggiare.
Kreislauf (-s,-läufe) *s.m.* 1 circolazione 2 (*della natura*) ciclo; andamento ciclico.
Kreißsaal (-es,-säle) *s.m.* sala parto.
Kreppverschluß (-schlusses,-schlüsse) *s.m.* chiusura a velcro, chiusura a strappo.
Kreuz (-es,-e) *s.n.* 1 croce 2 (*fam.*) schiena 3 (*carte*) fiori 4 (*mus.*) diesis 5 crocevia autostradale.
kreuzen *v.tr.* 1 incrociare; accavallare (le gambe) 2 (*biol.*) incrociare; (*bot.*) ibridare 3 attraversare (la strada) ♦ *v.intr.* incrociare ♦ **sich** – *v.pron.* 1 incrociarsi (*anche fig.*) 2 (*geometria*) intersecarsi.
Kreuzer (-s,-) *s.m.* 1 incrociatore 2 yacht da crociera.
Kreuzgang (-es,-gänge) *s.m.* chiostro.
Kreuzung (-,-en) *s.f.* 1 incrocio stradale 2 (*biol.*) incrocio 3 (*fig.*) miscuglio.
Kreuzworträtsel (-s,-) *s.n.* cruciverba.
kriechen (kroch, gekrochen) *v.intr.* 1 strisciare 2 procedere lentamente.
Krieg (-es,-e) *s.m.* 1 guerra 2 (*fig.*) lotta.
kriegen *v.tr.* (*fam.*) 1 ricevere 2 prendere, acchiappare, beccare 3 *jdn. dazu* –, *etwas zu tun* –, incitare qlcu. a fare qlco. 4 *ein Kind* –, aspettare un bimbo.
Krieger (-s,-) *s.m.* guerriero.
Kriegsgefangene (-n,-n) *s.m.* prigioniero di guerra.

Krimi (-s,-s) *s.m.* (romanzo/film) giallo.
Kriminalität (/-.) *s.f.* criminalità, delinquenza.
Kriminalpolizei (/-.) *s.f.* polizia giudiziaria.
Kriminalroman (-s,-e) *s.m.* romanzo poliziesco, giallo.
kriminell *agg.* criminale.
Kriminelle (-n,-n) *s.m.* delinquente.
Kripo (/-.) *s.f. abbr. di* → **Kriminalpolizei**.
Krippe (-,-n) *s.f.* 1 mangiatoia 2 asilo nido 3 presepio.
Krippenspiel (-s,-e) *s.n.* recita di Natale.
Krise (-,-n) *s.f.* crisi.
Kristall (-s,-e) *s.n.* 1 cristallo 2 (*sing.*) cristalleria.
Kritik (-,-en) *s.f.* 1 critica 2 recensione, critica.
Kritiker (-s,-) *s.m.* critico.
kritisch *agg.* critico ♦ *avv.* criticamente.
kritisieren *v.tr.* criticare.
kritzeln *v.intr. e tr.* scarabocchiare.
Krokant (-s/.) *s.m.* croccante.
krokant *agg.* croccante.
Krokodil (-s,-e) *s.n.* coccodrillo.
Krone (-,-n) *s.f.* 1 corona 2 (*di onda*) cresta 3 (*moneta*) corona.
krönen *v.tr.* 1 incoronare 2 coronare (*anche fig.*).
Kronleuchter (-s,-) *s.m.* lampadario di cristallo (di Boemia).
Kronprinz (-en,-en) *s.m.* principe ereditario.
Kropf (-es, Kröpfe) *s.m.* gozzo.
Kröte (-,-n) *s.f.* 1 rospo 2 (*pl.*) soldi, grana.
Krücke (-,-n) *s.f.* stampella, gruccia.
Krug (-es, Krüge) *s.m.* brocca.
Krümel (-s,-) *s.m.* briciola.

krümeln *v.tr.* sbriciolare ♦ *v.intr.* sbriciolarsi.
krumm *agg.* 1 storto, curvo 2 (*fig.*) losco ♦ *avv.* storto.
krümmen *v.tr.* curvare, piegare ♦ **sich –** *v.pron.* curvarsi, piegarsi.
Krüppel (-s,-) *s.m.* storpio, sciancato.
Kruste (-,-n) *s.f.* crosta.
Kübel (-s,-) *s.m.* secchio.
Küche (-,-n) *s.f.* cucina: *warme –*, piatti caldi **i** *in Teufels – kommen*, mettersi nei guai.
Kuchen (-s,-) *s.m.* dolce, torta, crostata.
Kuchengabel (-,-n) *s.f.* forchetta da dessert.
Küchengerät (-es,-e) *s.n.* utensile da cucina.
Küchenschrank (-es,-schränke) *s.m.* credenza.
Küchenzeile (-,-n) *s.f.* (*cucina*) monoblocco.
Kuckuck (-s,-e) *s.m.* cuculo: *zum –!*, (*fam.*) al diavolo!
Kufe (-,-n) *s.f.* pattino.
Kugel (-,-n) *s.f.* 1 palla, sfera 2 pallottola, proiettile 3 (*biliardo*) biglia.
Kugelschreiber (-s,-) *s.m.* penna a sfera, biro.
kugelsicher *agg.* antiproiettile.
Kugelstoßen (-/.) *s.n.* (*sport*) lancio del peso.
Kuh (-, Kühe) *s.f.* 1 vacca, mucca 2 femmina di molti animali 3 (*inter.*) *blöde –!*, cretina!
kühl *agg.* 1 fresco 2 (*fig.*) freddo, distaccato.
Kühle (-/.) *s.f.* 1 fresco, frescura 2 (*fig.*) freddezza, distacco.
Kühlfach (-es,-fächer) *s.n.* (scomparto) freezer.

Kühlschrank (-es,-schränke) *s.m.* frigorifero.

Kühltruhe (-,-n) *s.f.* congelatore, freezer.

kühn *agg.* 1 audace, ardito 2 sfacciato ♦ *avv.* 1 arditamente 2 in modo sfacciato.

Küken (-s,-) *s.n.* pulcino.

Kulisse (-,-n) *s.f.* 1 (*teatr.*) quinta 2 (*fig.*) sfondo.

Kult (-es,-e) *s.m.* culto.

kultivieren *v.tr.* 1 coltivare 2 affinare, formare, educare.

kultiviert *agg.* 1 colto, istruito 2 raffinato, distinto.

Kultstätte (-,-n) *s.f.* luogo di culto.

Kultur (-,-en) *s.f.* 1 cultura 2 civiltà 3 coltivazione.

kulturell *agg.* culturale.

Kultusministerium (-s,-ien) *s.n.* ministero della pubblica istruzione.

Kummer (-s/.) *s.m.* dispiacere; preoccupazione.

kümmerlich *agg.* misero, povero; scarso.

kümmern *v.tr.* importare, a riguardare ♦ *sich* – *v.pron.* (*um*) 1 occuparsi (di) 2 prendersi cura (di).

Kumpel (-s,-) *s.m.* 1 minatore 2 compagno (di lavoro), collega.

Kunde[1] (-,-n) *s.f.* 1 notizia 2 conoscenza.

Kunde[2] (-n,-n) *s.m.* cliente.

kund·geben (gab kund, kundgegeben) *v.tr.* annunciare, comunicare.

Kundgebung (-,-en) *s.f.* 1 comunicato 2 manifestazione.

kündigen *v.tr.* disdire ♦ *v.intr.* 1 dare le dimissioni 2 (+*dat.*) licenziare.

Kundin (-,-nen) *s.f.* cliente.

Kundschaft (,-en) *s.f.* clientela.

künftig *agg.* futuro, prossimo ♦ *avv.* nel futuro, in avvenire.

Kunst (-, Künste) *s.f.* 1 arte 2 arte, abilità 3 artificio.

Kunstausstellung (-,-en) *s.f.* mostra d'arte.

Kunstdruck (-s,-e) *s.m.* stampa artistica.

kunstgerecht *agg. e avv.* a regola d'arte.

Kunstgewerbe (-s,-) *s.n.* artigianato artistico.

Kunstleder (-s,-) *s.n.* similpelle.

Künstler (-s,-) *s.m.* artista.

künstlerisch *agg.* artistico.

künstlich *agg.* 1 artificiale, finto 2 sintetico.

Kunststoff (-s,-e) *s.m.* materia sintetica, plastica.

Kunstwerk (-es,-e) *s.n.* opera d'arte.

Kupfer (-s/.) *s.n.* rame.

Kuppe (-,-n) *s.f.* 1 punta (del dito) 2 (*di montagna*) sommità 3 (*di strada*) dosso.

Kuppel (-,-n) *s.f.* cupola; volta.

kuppeln *v.tr.* 1 (*mit*) accoppiare (a); abbinare (a) 2 (*di veicoli*) (*an* +*acc.*) attaccare (a), agganciare (a) ♦ *v.intr.* 1 innestare la frizione 2 combinare matrimoni.

Kupplungspedal (-s,-e) *s.n.* pedale della frizione.

Kur (-,-en) *s.f.* 1 cura, terapia 2 soggiorno di cura.

Kür (-,-en) *s.f.* (*sport*) esercizi liberi.

Kuratorium (-s,-ien) *s.n.* consiglio di amministratori fiduciari.

Kurbel (-,-n) *s.f.* (*tecn.*) manovella.

Kurbelwelle (-,-n) *s.f.* albero a gomiti.

Kürbis (-ses,-se) *s.m.* zucca.

Kurfürst (-en,-en) *s.m.* principe elettore.

Kurier (-s,-e) *s.m.* corriere, messaggero.

kurieren *v.tr.* curare, guarire.

kurios *agg.* curioso, strano, buffo ♦ *avv.* in modo strano, buffo.

Kuriosität (-,-en) *s.f.* 1 stranezza 2 rarità, oggetto raro.

Kurs (-es,-e) *s.m.* 1 corso 2 rotta 3 quotazione 4 cambio 5 (*di monete*) circolazione: *außer ~ setzen*, ritirare dalla circolazione.

Kursbericht (-es,-e) *s.m.* listino di Borsa.

Kursbuch (-es,-bücher) *s.n.* orario ferroviario.

kursieren *v.intr.* circolare, essere in circolazione (*anche fig.*).

Kurswagen (-s,-) *s.m.* carrozza diretta.

Kurtaxe (-,-n) *s.f.* tassa di soggiorno.

Kurve (-,-n) *s.f.* curva.

kurvenreich *agg.* pieno di curve.

Kurverwaltung (-,-en) *s.f.* azienda di cura e soggiorno.

kurz *agg.* 1 corto; breve 2 basso, piccolo 3 (*fig.*) conciso, breve ♦ *avv.* 1 per breve tempo 2 in breve.

Kurzarbeit (-,-en) *s.f.* lavoro a orario ridotto.

Kürze (-,-n) *s.f.* 1 cortezza 2 brevità | *in~*, tra poco.

Kürzel (-s,-) *s.n.* abbreviazione.

kürzen *v.tr.* 1 abbreviare 2 accorciare 3 stringere, riassumere 4 (*mat.*) ridurre, semplificare.

kurzerhand *avv.* di punto in bianco; senza esitare.

Kurzfassung (-,-en) *s.f.* edizione ridotta.

Kurzfilm (-s,-e) *s.m.* cortometraggio.

kurzfristig *agg.* 1 improvviso 2 a breve termine ♦ *avv.* 1 a breve 2 senza preavviso 3 rapidamente.

Kurzgeschichte (-,-n) *s.f.* racconto breve, short story.

kürzlich *agg.* recente ♦ *avv.* recentemente.

Kurzschluß (-schlusses,-schlüsse) *s.m.* corto circuito.

Kurzschlußhandlung (-,-en) *s.f.* colpo di testa.

Kurzschrift (-,-en) *s.f.* stenografia.

kurzsichtig *agg.* miope (*anche fig.*) ♦ *avv.* senza lungimiranza.

kurzum *avv.* per farla breve.

Kürzung (-,-en) *s.f.* 1 diminuzione, taglio 2 accorciamento; abbreviazione 3 riduzione (di testo).

Kurzwaren *s.pl.* articoli di merceria.

Kurzweil (-/.) *s.f.* passatempo.

kuscheln, sich *v.pron.* (*an +acc.*) stringersi (a).

kuschen *v.intr.* (*fig.*) abbassarsi, piegarsi ♦ **sich** – *v.pron.* (*di cane*) accucciarsi.

Kusine (-,-n) *s.f.* cugina.

Kuß (Kusses, Küsse) *s.m.* bacio.

küssen *v.tr.* baciare.

Kußhand (-,-hände) *s.f.* bacio lanciato con la mano | *etwas mit ~ nehmen*, (*fig.*) accettare qlco. a braccia aperte.

Küste (-,-n) *s.f.* costa.

Küstenstreifen (-s,-) *s.m.* fascia costiera.

Küstenwache (-/.) *s.f.* guardia costiera.

Küster (-s,-) *s.m.* sagrestano.

Kutsche (-,-n) *s.f.* carrozza.

Kutte (-,-n) *s.f.* saio, tonaca.

Kutteln *s.pl.* (*gastr.*) trippa.

Kuvert (-s,-e) *s.n.* busta (per lettere).

Küvette (-,-n) *s.f.* vaschetta, bacinella.

Kybernetik (-/.) *s.f.* cibernetica.

L

labil *agg.* 1 labile 2 fragile.
Labor (-s,-) *s.n. abbr. di* → **Laboratorium.**
Laboratorium (-s,-rien) *s.n.* laboratorio.
lächeln *v.intr.* sorridere.
lachen *v.intr.* (*über*) ridere (di, per).
Lachen (-s/.) *s.n.* risata.
lächerlich *agg.* ridicolo ♦ *avv.* in modo ridicolo.
Lachs (-es,-e) *s.m.* salmone.
Lack (-s,-e) *s.m.* 1 lacca, vernice 2 smalto (per unghie).
lackieren *v.tr.* laccare, verniciare | *sich* (*dat.*) *die Fingernägel* –, mettersi lo smalto sulle unghie.
Lackleder (-s/.) *s.n.* 1 pelle laccata 2 (*fam.*) vernice.
laden¹ (lud, geladen) *v.tr.* caricare | *eine Schuld auf sich* –, (*fig.*) addossarsi una colpa.
laden² (lud, geladen) *v.tr.* citare: *jdn. vor Gericht* –, citare qlcu. in giudizio.
Laden (-s, Läden) *s.m.* 1 negozio, bottega 2 persiana, imposta.
Ladenhüter (-s,-) *s.m.* fondo di magazzino.
lädieren *v.tr.* danneggiare.
Ladung (-,-en) *s.f.* 1 carico 2 carica 3 (*dir.*) citazione.
Lage (-,-n) *s.f.* 1 posizione 2 situazione 3 strato, mano (di vernice).
Lager² (-s,-) *s.n.* 1 magazzino 2 campo, accampamento 3 (*fig.*) campo, schieramento 4 (*tecn.*) cuscinetto.
lagern *v.tr.* 1 immagazzinare 2 posizionare ♦ *v.intr.* 1 stagionare 2 accamparsi.

lahm *agg.* 1 paralizzato 2 (*di arto*) rigido 3 (*fam.*) noioso.
lähmen *v.tr.* paralizzare (*anche fig.*).
Laib (-es,-e) *s.m.* 1 pagnotta 2 forma rotonda.
Laich (-es,-e) *s.m.* uova (di pesci e anfibi).
Laie (-s,-n) *s.m.* 1 profano 2 laico.
Laken (-,-n) *s.n.* lenzuolo.
Lakritze (-,-n) *s.f.* liquirizia.
Lamelle (-,-n) *s.f.* 1 lamella 2 (*tecn.*) aletta.
Lametta (-/.) *s.n.* fili d'argento o dorati per le decorazioni natalizie.
Lamm (-es, Lämmer) *s.n.* 1 agnello 2 (*fig.*) agnellino.
Lampe (-,-n) *s.f.* lampada, luce.
Lampenfieber (-s/.) *s.n.* (*teatr.*) febbre della ribalta.
Lampion (-s,-s) *s.m.* lampioncino.
lancieren *v.tr.* lanciare (*anche econ.*).
Land (-es, Länder) *s.n.* 1 (*sing.*) terra 2 (*sing.*) terreno, campo 3 (*sing.*) campagna: *auf dem* –, in campagna 4 terra, paese, nazione 5 (*pol.*) Land (della Germania), provincia (dell'Austria).
Landebahn (-,-en) *s.f.* pista d'atterraggio.
landen *v.intr.* 1 atterrare 2 sbarcare 3 (*fam.*) finire a finire.
Ländereien *s.pl.* grandi proprietà terriere.
Länderkampf (-es,-kämpfe) *s.m.* gara sportiva internazionale.
Landflucht (-/.) *s.f.* esodo dalle campagne.
Landgericht (-es,-e) *s.n.* tribunale.
Landhaus (-es,-häuser) *s.n.* casa di campagna.
Landjäger (-s,-) *s.m.* salsiccia cruda affumicata.

Landkarte (-,-n) *s.f.* carta geografica.
ländlich *agg.* rurale, campagnolo.
Landpartie (-,-n) *s.f.* scampagnata.
Landregen (-s,-) *s.m.* pioggia continua.
Landschaft (-,-en) *s.f.* 1 paesaggio 2 (*fig.*) ambiente, scenario.
landschaftlich *agg.* 1 paesaggistico 2 regionale.
Landschaftsschutz (-es/.) *s.m.* tutela del paesaggio naturale.
Landtag (-es,-e) *s.m.* 1 dieta regionale, giunta provinciale 2 sede del Landtag.
Landung (-,-en) *s.f.* atterraggio; approdo.
landwärts *avv.* verso l'entroterra.
Landwirt (-es,-e) *s.m.* 1 agricoltore 2 agronomo, perito agrario.
Landwirtschaft (-/.) *s.f.* 1 agricoltura 2 agraria 3 piccola azienda agricola.
lang *agg.* 1 lungo 2 alto 3 (*gastr.*) diluito, lungo.
lange *avv.* a lungo, per molto tempo.
Länge (-,-n) *s.f.* 1 lunghezza 1 durata: *sich in die — ziehen*, andare per le lunghe 3 (*fig.*) prolissità.
langen *v.intr.* 1 bastare, essere sufficiente 2 (*nach*) tentare di afferrare ♦ *v.tr.* porgere, allungare | *jdm. eine –*, allungare un ceffone a qlcu.
Längengrad (-es,-e) *s.m.* grado di longitudine.
Längenmaß (-es,-e) *s.n.* misura di lunghezza.
Langeweile (-/.) *s.f.* noia.
langfristig *agg.* a lungo termine.
Langlauf (-es,-läufe) *s.m.* (*sport*) sci di fondo.
länglich *agg.* allungato.
längs *prep.* (+*gen.*) lungo ♦ *avv.* per il lungo.

langsam *agg.* lento ♦ *avv.* lentamente.
Längsschnitt (-es,-e) *s.m.* sezione longitudinale.
längst *avv.* 1 da molto tempo 2 di gran lunga.
Langstreckenlauf (-es,-läufe) *s.m.* (*sport*) corsa di fondo.
Languste (-,-n) *s.f.* aragosta.
langweilen, sich *v.pron.* annoiarsi.
langweilig *agg.* noioso.
Lanze (-,-n) *s.f.* lancia | *für jdn. eine – brechen*, (*fig.*) spezzare una lancia in favore di qlcu.
Lappen (-s,-) *s.m.* straccio, strofinaccio.
Lärche (-,-n) *s.f.* larice.
Lärm (-es/.) *s.m.* rumore, chiasso.
lärmen *v.intr.* far rumore.
Lasche (-,-n) *s.f.* 1 linguetta di scarpa 2 (*tecn.*) copriguinto.
Laschheit (-/.) *s.f.* fiacchezza.
lassen (ließ, gelassen) *v.tr.mod.* 1 permettere, lasciare 2 (*usato negativamente*) proibire, non lasciare 3 (*con infinito*) fare ♦ *v.tr.* 1 smettere, lasciare 2 abbandonare, lasciare 3 avanzare, lasciare 4 mettere a disposizione, lasciare.
lässig *agg.* disinvolto ♦ *avv.* in modo disinvolto.
Last (-,-en) *s.f.* 1 peso 2 carico (*anche fig.*).
lasten *v.intr.* (*auf* +*dat.*) gravare (su).
Laster[1] (-s,-) *s.n.* vizio.
Laster[2] (-s,-) *s.m.* *abbr. di* → **Lastkraftwagen**.
lästern *v.intr.* (*über* +*acc.*) sparlare (di).
lästig *agg.* fatidioso.
Lastkraftwagen (-s,-) *s.m.* camion.
Lastschrift (-,-en) *s.f.* nota di addebito.
Lastwagen (-s,-) *s.m.* *abbr. di* → **Lastkraftwagen**.

Laterne (-,-n) *s.f.* 1 lanterna 2 lampione.

Latex (-,-tizes) *s.m.* lattice.

Latte (-,-n) *s.f.* 1 (*sport*) asticella 2 assicella.

Lattenrost (-es,-e) *s.m.* (*di letto*) telaio a doghe.

Lätzchen (-s,-) *s.n.* bavaglino.

Latzhose (-,-n) *s.f.* salopette.

lau *agg.* tiepido; mite ♦ *avv.* tiepidamente.

Laub (-es/-) *s.n.* fogliame, foglie.

Laube (-,-n) *s.f.* portico.

Laubfrosch (-es,-frösche) *s.m.* raganella.

Lauch (-es,-e) *s.m.* (*bot.*) porro.

lauern *v.intr.* 1 stare in agguato (*anche fig.*) 2 attendere con impazienza.

Lauf (-es, Läufe) *s.m.* 1 corsa 2 corso, decorso 3 (*sport*) corsa 4 (*tecn.*) funzionamento.

Laufbahn (-,-en) *s.f.* 1 carriera 2 (*sport*) pista.

laufen (lief, gelaufen) *v.intr.* 1 correre 2 andare a piedi 3 funzionare, andare 4 scorrere, scivolare 5 svolgersi 6 gocciolare 7 essere in programma 8 essere valido.

laufend *agg.* 1 (*comm.*) corrente 2 continuo, corrente | *am -en Band*, (*fig.*) ininterrottamente.

Läufer (-s,-) *s.m.* 1 corridore 2 (*scacchi*) alfiere 3 passatoia.

Laufpaß (-passes, -pässe) *s.m.*: *jdm. den – geben*, mettere qlcu. alla porta.

Laufzeit (-,-en) *s.f.* durata, decorrenza.

Laune (-,-n) *s.f.* 1 umore: *jdn. bei – halten*, tenere qlcu. di buonumore 2 capriccio.

launenhaft *agg.* lunatico; capriccioso.

Laus (-, Läuse) *s.f.* pidocchio.

lauschen *v.intr.* 1 ascoltare attentamente 2 origliare.

laut[1] *agg.* 1 forte, alto 2 rumoroso ♦ *avv.* forte, ad alta voce.

laut[2] *prep.* (+*gen./dat.*) secondo, in conformità di.

läuten *v.intr.* 1 suonare 2 (*di telefono*) squillare.

Lautsprecher (-s,-) *s.m.* altoparlante.

Lava (-, Laven) *s.f.* lava.

Lawine (-,-n) *s.f.* valanga, slavina (*anche fig.*).

lax *agg.* 1 negligente 2 molle, rilassato.

leben *v.intr. e intr.* vivere.

Leben (-s,-) *s.n.* vita | *wie das blühende – aussehen*, essere il ritratto della salute.

lebendig *agg.* 1 vivo, vivente 2 (*fig.*) vivace ♦ *avv.* con vivacità, in modo vivo.

Lebensgefährte (-n,-n) *s.m.* coniuge; convivente.

Lebenshaltungskosten *s.pl.* costo della vita.

Lebenslage (-,-n) *s.f.* situazione (nella vita).

lebenslänglich *agg.* 1 a vita 2 vitalizio.

Lebenslauf (-es,-läufe) *s.m.* curriculum vitae.

Lebensmittel *s.pl.* generi alimentari.

Lebensunterhalt (-es/-) *s.m.* sostentamento.

Lebensversicherung (-,-en) *s.f.* assicurazione sulla vita.

Lebenszeichen (-s,-) *s.n.* segno di vita (*anche fig.*).

Leber (-,-n) *s.f.* fegato.

Leberwurst (-,-würste) *s.f.* (*gastr.*) salsiccia da spalmare di fegato di maiale.

Leberzirrhose (-,-n) *s.f.* (*med.*) cirrosi epatica.

Lebewesen (-s,-) s.n. essere vivente.
Lebewohl (-s/.) s.n. addio.
lebhaft agg. 1 vivace, pieno di vita 2 (di fantasia) vivo 3 (di discussione) acceso, animato ♦ avv. 1 vivacemente 2 vivamente.
Lebzeiten s.pl.: zu jds. –, ai tempi di qlcu.
Leck (-s,-e) s.n. falla.
lecken v.tr. leccare ♦ v.intr. (an +dat.) leccare.
lecker agg. appetitoso, gustoso.
Leckerbissen (-s,-) s.m. leccornia, ghiottoneria.
Leder (-s,-) s.n. 1 cuoio, pelle 2 pallone (da calcio).
ledern agg. di cuoio, di pelle.
ledig agg. 1 nubile 2 celibe.
lediglich avv. unicamente.
leer agg. 1 vuoto 2 vacante, libero 3 (in) bianco 4 (di promessa) vano, vuoto ♦ avv. a vuoto.
Leere (-/.) s.f. vuoto: ins – fallen, cadere nel vuoto.
leeren v.tr. vuotare ♦ sich – v.pron. svuotarsi.
Leerlauf (-es,-läufe) s.m. 1 funzionamento a vuoto, minimo 2 periodo inattivo.
legalisieren v.tr. legalizzare.
Legasthenie (-,-n) s.f. dislessia.
legen v.tr. 1 mettere, adagiare, posare 2 (uova) deporre ♦ v.intr. deporre (o fare) le uova ♦ sich – v.pron. 1 coricarsi, stendersi 2 (fig.) calmarsi, placarsi.
Legende (-,-n) s.f. leggenda.
leger agg. 1 naturale 2 leggero, comodo 3 superficiale ♦ avv. 1 naturale 2 comodamente.
legieren v.tr. legare.

Legierung (-,-en) s.f. (di metallo) lega.
Legislatur (-,-en) s.f. 1 legislazione 2 legislatura.
legitim agg. legittimo.
legitimieren v.tr. legittimare.
Lehm (-s,-e) s.m. argilla, creta.
Lehne (-,-n) s.f. 1 spalliera 2 bracciolo.
lehnen v.tr. (an +acc.) appoggiare (a) ♦ v.intr. (an +dat.) essere appoggiato (a) ♦ sich – v.pron. 1 (an +acc./gegen) appoggiarsi (a/contro) 2 (aus) sporgersi (da).
Lehre (-,-n) s.f. 1 apprendistato 2 insegnamento 3 dottrina 4 scienza 5 (fam.) lezione: das wird ihm eine – sein, gli servirà da lezione.
lehren v.tr. e intr. insegnare.
Lehrer (-s,-) s.m. insegnante, maestro, professore.
Lehrling (-s,-e) s.m. apprendista.
Leib (-es,-er) s.m. 1 corpo / etwas am eigenen – erfahren, (fig.) sperimentare qlco. sulla propria pelle 2 ventre, pancia.
Leibwächter (-s,-) s.m. guardia del corpo.
Leiche (-,-n) s.f. cadavere, salma.
Leichenwagen (-s,-) s.m. carro funebre.
Leichnam (-s,-e) s.m. salma.
leicht agg. 1 leggero 2 facile ♦ avv. 1 in modo leggero 2 in modo facile.
Leichtathletik (-/.) s.f. atletica leggera.
leichtfertig agg. sconsiderato, spensierato ♦ avv. alla leggera, spensieratamente.
Leichtigkeit (-/.) s.f. 1 leggerezza 2 facilità.
Leichtsinn (-s/.) s.m. leggerezza, scon-

sideratezza, sventatezza.

leichtsinnig *agg.* sventato, sconsiderato.

Leid (-es/.) *s.n.* pena, dolore, dispiacere.

leiden (litt, gelitten) *v.intr.* (*an +dat, unter + acc.*) soffrire ♦ *v.tr.* soffrire, sopportare.

Leiden (-s,-) *s.n.* sofferenza; malattia.

Leidenschaft (-,-en) *s.f.* passione.

leidenschaftlich *agg.* 1 appassionato, passionale 2 entusiasta ♦ *avv.* 1 con passione 2 con veemenza.

Leidensgenosse (-n,-n) *s.m.* compagno di sventura.

leider *avv.* purtroppo, sfortunatamente.

leihen (lieh, geliehen) *v.tr.* 1 prestare, dare in prestito 2 *sich* (*dat.*) *etwas* ~, prendere in prestito qlco.

Leihgebühr (-,-en) *s.f.* tariffa di prestito.

Leihhaus (-es,-häuser) *s.n.* monte di pietà.

Leihwagen (-s,-) *s.m.* macchina a noleggio.

Leim (-es,-e) *s.m.* colla: *jdm. auf den ~ gehen*, (*fig.*) farsi raggirare da qlcu.

leimen *v.tr.* incollare.

Leine (-,-n) *s.f.* 1 guinzaglio 2 corda del bucato | *zieh ~*, (*fam.*) vattene.

Leinen (-s,-) *s.n.* 1 lino 2 tela (per libri).

Leinwand (-,-wände) *s.f.* 1 schermo 2 tela (per dipingere).

leise *agg.* 1 silenzioso 2 sommesso 3 lieve, leggero ♦ *avv.* sottovoce, piano.

Leiste (-,-n) *s.f.* 1 listello 2 (*anat.*) inguine.

leisten *v.tr.* 1 rendere 2 *sich* (*dat.*) *etwas ~*, permettersi qlco. | *Gesellschaft ~*, far compagnia; *Widerstand ~*, opporre resistenza.

Leistung (-,-en) *s.f.* 1 prestazione, rendimento 2 (*motore*) potenza.

leistungsfähig *agg.* efficiente, capace.

Leitartikel (-s,-) *s.m.* articolo di fondo.

Leitbild (-es,-er) *s.n.* 1 esempio, modello 2 ideale.

leiten *v.tr.* 1 dirigere; presiedere; gestire 2 guidare, condurre (*anche fig.*): *etwas in die Wege ~*, avviare qlco. 3 convogliare (acqua, traffico) 4 (*an +acc.*) inoltrare (a).

Leiter[1] (-s,-) *s.m.* 1 capo; direttore; guida 2 (*tecn.*) conduttore.

Leiter[2] (-,-n) *s.f.* scala.

Leitfaden (-s,-fäden) *s.m.* 1 (*fig.*) filo conduttore 2 manuale.

Leitmotiv (-s,-e) *s.n.* leitmotiv; motivo conduttore (*anche fig.*).

Leitplanke (-,-n) *s.f.* guardrail.

Leitung (-,-en) *s.f.* 1 guida 2 conduzione 3 conduttura 4 cavo.

Lektion (-,-en) *s.f.* 1 lezione 2 rimprovero.

Lektüre (-,-n) *s.f.* lettura.

Lende (-,-n) *s.f.* (*anat.*) lombo.

lenken *v.tr.* 1 guidare, pilotare 2 (*fig.*) (*auf +acc.*) dirigere (su).

Lenkrad (-es,-räder) *s.n.* (*auto*) volante.

Lenkstange (-,-n) *s.f.* manubrio.

Leopard (-en,-en) *s.m.* leopardo.

Lepra (-/.) *s.f.* (*med.*) lebbra.

lernen *v.tr.* 1 imparare 2 studiare ♦ *v.intr.* 1 studiare 2 fare l'apprendista.

Lesegerät (-es,-e) *s.n.* microlettore.

lesen (las, gelesen) *v.tr.* leggere ♦ *v.intr.* tenere un corso (all'università).

leserlich *agg.* leggibile,

letzte(r,-s) *agg.* **1** ultimo, scorso **2** finale, estremo **3** *(fig.)* sommo, estremo **4** peggiore, infimo.

letztens *avv.* **1** recentemente **2** per ultimo.

letzthin *avv.* ultimamente, recentemente.

letztlich *avv.* **1** infine, alla fine **2** in fin dei conti, alla fin fine.

Leuchte (-,-n) *s.f.* **1** lampada **2** *(fig.)* luminare.

leuchten *v.intr.* **1** splendere, brillare **2** far luce, illuminare.

Leuchtkugel (-,-n) *s.f.* razzo, segnale luminoso.

leugnen *v.tr.* negare.

Leukämie (-,-n) *s.f. (med.)* leucemia.

Leumund (-es/.) *s.m.* fama, reputazione, nomea: *einen guten – haben*, avere una buona reputazione.

Leute *s.pl.* gente.

Leutnant (-s,-s) *s.m.* sottotenente.

leutselig *agg.* socievole.

Leviten *s.pl.*: *jdm. die – lesen*, fare la predica a qlcu.

Lexikon (-s,-ka) *s.n.* enciclopedia; dizionario enciclopedico.

Libelle (-,-n) *s.f.* **1** libellula **2** *(tecn.)* livella.

Licht (-es,-er) *s.n.* **1** luce **2** lampada, lume, luci | *grünes – geben*, *(fig.)* dare via libera.

lichten[1] *v.tr.* diradare ♦ *sich –* *v.pron.* **1** rischiararsi **2** diradarsi.

lichten[2] *v.tr. (mar.) die Anker –*, levare l'ancora.

Lichtschalter (-s,-) *s.m.* interruttore della luce.

Lichtung (-,-en) *s.f.* radura.

Lidschatten (-s,-) *s.m.* ombretto.

lieb *agg.* **1** caro **2** simpatico; gentile; carino.

Liebe (-/.) *s.f.* amore.

lieben *v.tr.* amare ♦ *v.intr.* amare, essere innamorati.

lieber *avv.* **1** preferibilmente, di preferenza **2** (è) meglio (che).

liebevoll *agg.* amoroso, affettuoso ♦ *avv.* con amore.

lieb-haben (hatte lieb, liebgehabt) *v.tr.* voler bene.

Liebhaber (-s,-) *s.m.* **1** amante **2** amatore.

Lied (-es,-er) *s.n.* canzone, canto.

liederlich *agg.* **1** disordinato **2** sregolato ♦ *avv.* in modo sciatto, disordinato.

Lieferant (-en,-en) *s.m.* fornitore.

liefern *v.tr.* fornire, consegnare | *Gesprächsstoff –*, *(fig.)* fornire argomenti di conversazione.

Lieferschein (-es,-e) *s.m.* bolla di consegna.

Lieferwagen (-s,-) *s.m.* autofurgone, furgoncino.

Liege (-,-n) *s.f.* branda, divano.

liegen (lag, gelegen) *v.intr.* **1** giacere, essere disteso **2** stare, essere poggiato **3** trovarsi, essere situato **4** dipendere, spettare **5** piacere, andare a genio ♦ *v.impers.* **1** dipendere **2** essere importante.

liegen-bleiben (blieb liegen, liegengeblieben) *v.intr.* **1** rimanere disteso **2** rimanere incompiuto **3** *(di merci)* rimanere invenduto.

liegen-lassen (ließ liegen, liegenlassen) *v.tr.* **1** dimenticare, lasciare **2** lasciare incompiuto.

Liegenschaft (-,-en) *s.f.* bene immobile.

Liegesitz (-es,-e) *s.m.* sedile reclinabile.

Liegestuhl (-es,-stühle) *s.m.* sdraio,

sedia a sdraio.
Liegewagen (-s,-) *s.m.* vagone con cuccette.
Lift (-s,-e) *s.m.* 1 ascensore 2 sciovia, skilift.
liieren, sich *v.pron.* (*mit*) 1 legarsi sentimentalmente (a) 2 unirsi (a).
lila *agg.inv.* lilla.
Lilie (-,-n) *s.f.* giglio.
Limit (-s,-s) *s.n.* limite estremo.
Limonade (-,-n) *s.f.* gassosa.
Linde (-,-n) *s.f.* tiglio.
lindern *v.tr.* alleviare, lenire, mitigare.
Lineal (-s,-e) *s.n.* riga, righello.
Linie (-,-n) *s.f.* 1 linea 2 riga 3 (*fig.*) linea, direttiva.
Linienbus (-ses,-se) *s.m.* autobus di linea.
links *avv.* 1 a sinistra 2 (*nel lavoro a maglia*) a rovescio.
linkshändig *agg.* 1 mancino 2 maldestro ♦ *avv.* con la (mano) sinistra.
Linse (-,-n) *s.f.* 1 lenticchia 2 (*ottica*) lente 3 (*foto*) obiettivo 4 (*anat.*) cristallino.
Lippe (-,-n) *s.f.* labbro.
liquidieren *v.tr.* liquidare (*anche fig.*).
List (-,-en) *s.f.* 1 trucco, stratagemma 2 astuzia.
Liste (-,-n) *s.f.* lista, elenco.
listig *agg.* astuto, scaltro.
Liter (-s,-s) *s.m.* litro: *ein halber* –, mezzo litro.
literarisch *agg.* letterario.
Litfaßsäule (-,-n) *s.f.* colonna delle affissioni.
Lizenz (-,-en) *s.f.* licenza.
Lkw (-s,-s) *s.m. abbr. di* → **Lastkraftwagen.**
Loh (-es,-e) *s.n.* lode, elogio.
loben *v.tr.* lodare, elogiare.

Loch (-es, Löcher) *s.n.* 1 buco, foro 2 buca.
Locher (-s,-) *s.m.* 1 perforatrice 2 perforatore.
Locke (-,-n) *s.f.* riccio, ricciolo.
locken *v.tr.* attirare, allettare ♦ *v. impers.* sentirsi tentato.
locker *agg.* 1 lento, allentato 2 traballante 3 (*di atteggiamento*) rilassato, disinvolto 4 (*di impasto*) soffice.
locker-lassen (ließ locker, lockergelassen) *v.intr.* mollare.
locker-machen *v.tr.*: *Geld* –, tirare fuori i soldi.
lockern *v.tr.* 1 allentare 2 rendere meno rigido 3 (*muscoli*) rilassare 4 (*di terreno*) smuovere.
Lockvogel (-s,-vögel) *s.m.* 1 uccello da richiamo 2 (*fig.*) esca.
Loden (-s,-) *s.m.* loden.
Löffel (-s,-) *s.m.* 1 cucchiaio 2 orecchio del coniglio.
Loge (-,-n) *s.f.* 1 (*teatr.*) palco 2 loggia massonica.
Logierbesuch (-s,-e) *s.m.* ospite che rimane anche a dormire.
logisch *agg.* logico.
Lohn (-es, Löhne) *s.m.* 1 salario, paga 2 ricompensa.
lohnen *v.tr.* 1 valere la pena di 2 ricompensare ♦ *sich* – *v.pron.* valere la pena di, meritare.
Lohnsteuer (-,-n) *s.f.* imposta sui redditi da lavoro dipendente.
Lohnstreifen (-s,-) *s.m.* busta paga.
Loipe (-,-n) *s.f.* pista per lo sci da fondo.
Lok (-s,-s) *s.f. abbr. di* → **Lokomotive.**
Lokal (-s,-e) *s.n.* locale pubblico.
lokalisieren *v.tr.* localizzare.
Lokalpatriotismus (-/-) *s.m.* campanilismo.

Lokomotive (-,-n) *s.f.* locomotiva, locomotrice.
Lorbeer (-s,-en) *s.m.* 1 alloro, lauro 2 (*gastr.*) foglia d'alloro.
los *avv.* 1 avanti! forza! | *was ist –?*, che cosa succede?; *was ist mit dir –?*, che cosa hai? 2 *jdn. oder etwas – werden*, liberarsi di qlcu. o di qlco. ♦ elemento mobile di verbi separabili.
Los (-es,-e) *s.n.* 1 sorte, destino 2 biglietto della lotteria 3 (*comm.*) partita.
löschen *v.tr.* 1 spegnere (*anche fig.*) 2 cancellare 3 (*debiti*) estinguere.
lose *agg.* 1 lento, allentato 2 (*fogli*) sciolto ♦ *avv.* 1 lento 2 sciolto, sfuso.
Lösegeld (-es,-er) *s.n.* riscatto.
losen *v.intr.* tirare a sorte, sorteggiare.
lösen *v.tr.* 1 sciogliere 2 staccare 3 allentare 4 risolvere 5 (*biglietto*) comperare, fare 6 (*fig.*) annullare.
los-gehen (ging los, losgegangen) *v.intr.* 1 partire 2 (*auf+acc.*) gettarsi (su) ♦ *v.impers.* iniziare: *es geht los!*, sta cominciando!
los-kaufen *v.tr.* riscattare.
los-kommen (kam los, losgekommen) *v.intr.* (*von*) riuscire a liberarsi (da).
löslich *agg.* solubile.
los-reißen, sich (riß los, losgerissen) *v.pron.* (*von*) 1 separarsi (da) 2 staccarsi (da).
los-sagen, sich *v.pron.* (*von*) 1 allontanarsi (da) 2 staccarsi (da).
los-sprechen (sprach los, losgesprochen) *v.tr.* (*religione*) assolvere.
Lostage *s.pl.* giorni importanti per le previsioni del tempo.
Losung (-,-en) *s.f.* 1 parola d'ordine 2 motto; slogan.
Lösung (-,-en) *s.f.* 1 soluzione 2 distacco.

los-werden (wurde los, losgeworden) *v.tr.* 1 disfarsi di, liberarsi di 2 perdere.
los-ziehen (zog los, losgezogen) *v.intr.* partire, incamminarsi.
Lotse (-n,-n) *s.m.* 1 (*mar.*) pilota 2 guida.
Löwe (-n,-n) *s.m.* leone.
Löwenzahn (-es/.) *s.m.* (*bot.*) dente di leone.
loyal *agg.* leale.
Luchs (-es,-e) *s.m.* lince.
Lücke (-,-n) *s.f.* 1 spazio, vuoto (*anche fig.*) 2 lacuna 3 (*di legge*) scappatoia.
Luder (-s,-) *s.n.* 1 disgraziata 2 sgualdrina.
Luft (-, Lüfte) *s.f.* 1 aria 2 fiato, respiro: *– holen*, prendere fiato 3 aria aperta: *an die frische – gehen*, andare all'aria aperta.
Luftdruck (-s/.) *s.m.* pressione atmosferica.
lüften *v.tr.* 1 aerare (*locali*); arieggiare (*vestiti*) 2 alzare (*il cappello*) 3 (*fig.*) svelare (*segreti*) ♦ *v.intr.* cambiare aria.
luftleer *agg.* vuoto (d'aria).
Luftröhre (-/.) *s.f.* (*anat.*) trachea.
Luftzug (-es,-züge) *s.m.* corrente d'aria.
Lüge (-,-n) *s.f.* bugia, menzogna.
lügen (*v.intr.*) mentire, dire bugie.
Luke (-,-n) *s.f.* botola.
Lümmel (-s,-) *s.m.* 1 birbante 2 villano.
Lump (-en,-en) *s.m.* mascalzone.
Lumpen (-s,-) *s.m.* straccio, cencio.
lumpig *agg.* 1 meschino, vile 2 misero, lacero.
Lunge (-,-n) *s.f.* polmone.
Lungenentzündung (-,-en) *s.f.* polmo-

nite.
Lunte (-,-n) *s.f.* **1** miccia **2** (*di animale peloso*) coda.
Lupe (-,-n) *s.f.* lente di ingrandimento.
lupenrein *agg.* **1** purissimo **2** ineccepibile.
Lust (-, Lüste) *s.f.* **1** voglia **2** gioia, piacere, soddisfazione.
Lüster (-s,-) *s.m.* lampadario (a corona).
lüstern *agg.* **1** (*auf +acc.*) avido (di) **2** libertino ♦ *avv.* **1** con avidità **2** in modo lascivo.
lustig *agg.* **1** allegro **2** divertente | *sich über jdn. – machen*, prendere in giro qlcu.
Lustmord (-es,-e) *s.m.* omicidio a sfondo sessuale.
lutschen *v.tr.* succhiare.
Luxation (-,-en) *s.f.* (*med.*) lussazione.
luxuriös *agg.* lussuoso, di lusso ♦ *avv.* lussuosamente.
Lymphdrüse (-,-n) *s.f.* ghiandola linfatica.
Lymphe (-,-n) *s.f.* linfa.
Lymphknoten (-s,-) *s.m.* linfonodo.
lynchen *v.tr.* linciare.
Lyrik (-/.) *s.f.* lirica: poesia.

M

machbar *agg.* fattibile.
machen *v.tr.* **1** fare **2** rendere: *jdn. traurig –*, rendere triste qlcu. **3** (*fam.*) costare: *was macht's?*, quanto costa?
Machenschaften *s.pl.* intrighi, macchinazioni.
Macht (-, Mächte) *s.f.* **1** (*sing.*) potere **2** facoltà **3** potenza; torza.
Machtbereich (-s,-e) *s.m.* competenza.
mächtig *agg.* **1** potente | *einer Sache sein*, (*fig.*) avere padronanza di una cosa **2** (*di cose*) imponente, possente ♦ *avv.* enormemente.
Machtlosigkeit (-/.) *s.f.* impotenza.
Machtwort (-es,-e) *s.n.* parola decisiva: *ein – sprechen*, far valere la propria autorità.
Macke (-,-n) *s.f.* fisima, fissazione.
Mädchen (-s,-) *s.n.* ragazza; bambina.
Mädchenhandel (-s/.) *s.m.* tratta delle bianche.
Mädchenname (-ns,-n) *s.m.* cognome da ragazza.
Made (-,-n) *s.f.* baco, verme.
madig *agg.* pieno di vermi.
Magazin (-s,-e) *s.n.* **1** magazzino, deposito **2** rivista; (*tv*) programma di attualità **3** (*armi*) caricatore.
Magen (-s, Mägen) *s.m.* stomaco.
Magengeschwür (-s,-e) *s.n.* ulcera gastrica.
Magenspülung (-,-en) *s.f.* lavanda gastrica.
Magenverstimmung (-,-en) *s.f.* indigestione.
mager *agg.* **1** magro, scarno **2** (*di latte*) scremato **3** (*fig.*) scarso, misero.
Magermilch (-/.) *s.f.* latte scremato.
Magie (-/.) *s.f.* magia.
Magnet (-en,-en) *s.m.* magnete, calamita.
magnetisch *agg.* magnetico.
Magnetnadel (-,-n) *s.f.* ago della bussola.
Mahagoni (-s/.) *s.n.* mogano.
mähen *v.tr.* mietere, falciare.
Mahl (-es,-e/Mähler) *s.n.* pasto; banchetto.
mahlen (mahlte, gemahlen) *v.tr.* maci-

nare.
Mahlzeit (-,-en) *s.f.* 1 pasto 2 (*inter.*) –!, buon appetito!
Mahnbrief (-es,-e) *s.m.* (*comm.*) lettera di sollecito.
Mähne (-,-n) *s.f.* criniera (*anche fig.*).
mahnen *v.tr.* 1 esortare, invitare 2 (*dir.*) ingiungere 3 (*comm.*) sollecitare.
Mahnung (-,-en) *s.f.* 1 (*comm.*) sollecito 2 esortazione 3 (*dir.*) ingiunzione.
Mai (-/-s,-e) *s.m.* maggio.
Maiglöckchen (-s,-) *s.n.* mughetto.
Maisbrei (-s,-e) *s.m.* polenta.
Maiskolben (-s,-) *s.m.* pannocchia di granoturco.
majestätisch *agg.* maestoso, grandioso.
Majoran (-s,-e) *s.m.* maggiorana.
Makel (-s,-) *s.m.* 1 pecca, tara, difetto 2 macchia.
makellos *agg.* perfetto; ineccepibile.
Makler (-s,-) *s.m.* agente immobiliare.
Maklergebühr (-,-en) *s.f.* provvigione per un agente immobiliare.
Makrele (-,-n) *s.f.* sgombro.
Makulatur (-,-en) *s.f.* cartastraccia, carta da macero.
Mal (-es,-e) *s.n.* volta.
mal *avv.* (*mat.*) per: *drei – drei*, tre per tre.
malen *v.tr.* e *intr.* 1 dipingere 2 pitturare, colorare.
Maler (-s,-) *s.m.* 1 pittore 2 imbianchino.
malerisch *agg.* pittoresco.
mal-nehmen (nahm mal, malgenommen) *v.tr.* (*mit*) moltiplicare (con).
Malz (-es/.) *s.n.* malto.
Malzbier (-s,-e) *s.n.* birra scura, birra di malto.
Mami (-,-s) *s.f.* mamma.
Mammutprozeß (-prozesses,-prozesse) *s.m.* maxiprocesso.
Mammutsitzung (-,-en) *s.f.* seduta fiume.
man *pron.ind.inv.* si.
manch... *agg.indef.* qualche, parecchio ♦ *agg.indef.inv.* qualche, alcuno ♦ *pron. indef.* qualcuno, alcuni ♦ *pron.indef.n.* alcune cose.
mancherlei *agg.indef.inv.* di vario genere ♦ *pron.indef.inv.* diverse cose.
manchmal *avv.* talvolta, a volte.
Mandarine (-,-n) *s.f.* mandarino.
Mandel (-,-n) *s.f.* 1 mandorla 2 (*med.*) tonsilla.
Manege (-,-n) *s.f.* 1 maneggio 2 (*di circo*) arena.
Mangan (-s/.) *s.n.* manganese.
Mangel¹ (-s, Mängeln) *s.m.* 1 mancanza, carenza 2 difetto 3 (*dir.*) vizio.
Mangel² (-,-n) *s.f.* mangano.
mangelhaft *agg.* 1 difettoso 2 (*scuola*) insufficiente.
mangeln *v.intr.impers.* (*an +dat.*) mancare (di).
mangels *prep.* (*+gen.*) in mancanza di.
Manie (-,-n) *s.f.* mania; ossessione.
Manier (-,-en) *s.f.* 1 modo, maniera 2 (*pl.*) modi, maniere.
manipulieren *v.tr.* 1 maneggiare 2 manipolare, manovrare.
manisch *agg.* maniaco; maniacale.
Mann (-es, Männer) *s.m.* 1 uomo 2 marito.
Mannequin (-s,-s) *s.n.* indossatrice.
mannhaft *agg.* 1 virile 2 deciso, risoluto.
mannigfach *agg.* 1 vario 2 molteplice.

Maß

Mannschaft (-,-en) *s.f.* **1** (*sport*) squadra **2** equipaggio.
Manöver (-s,-) *s.n.* manovra.
Mansarde (-,-n) *s.f.* mansarda.
Manschette (-,-n) *s.f.* **1** polsino **2** (*med.*) bracciale (per misurare la pressione).
Manschettenknopf (-es,-knöpfe) *s.m.* gemello.
Mantel (-s, Mäntel) *s.m.* **1** cappotto, mantello **2** (*zool.*) manto **3** (*fig.*) velo, manto.
manuell *agg.* manuale ♦ *avv.* a mano, manualmente.
Manuskript (-es,-e) *s.n.* manoscritto.
Mappe (-,-n) *s.f.* **1** borsa, cartella **2** cartelletta.
Märchen (-s,-) *s.n.* fiaba, storia.
Märchenprinz (-en,-en) *s.m.* principe azzurro.
Marder (-s,-) *s.m.* martora.
Margarine (-/-) *s.f.* margarina.
Marienkäfer (-s,-) *s.m.* coccinella.
Marinestützpunkt (-es,-e) *s.m.* base navale.
marinieren *v.tr.* (*gastr.*) marinare.
Marionette (-,-n) *s.f.* marionetta (*anche fig.*).
Mark¹ (-,-) *s.f.* marco.
Mark² (-s/-) *s.n.* **1** midollo **2** (*di frutta*) polpa.
markant *agg.* **1** marcato **2** (*fig.*) significativo.
Marke (-,-n) *s.f.* **1** marca; marchio **2** contromarca; gettone.
markieren *v.tr.* marcare, contrassegnare.
Markise (-,-n) *s.f.* tendone (da sole).
Markstein (-es,-e) *s.m.* pietra miliare (*anche fig.*).
Markstück (-s,-e) *s.n.* moneta da un marco.

Markt (-es, Märkte) *s.m.* mercato.
Marktpreis (-es,-e) *s.m.* prezzo di mercato.
Marktschreier (-s,-) *s.m.* imbonitore.
Marmelade (-,-n) *s.f.* marmellata.
Marmor (-s,-e) *s.m.* marmo.
Marotte (-,-n) *s.f.* fissazione, mania.
Marsch (-es, Märsche) *s.m.* **1** marcia **2** lunga camminata a piedi.
marschieren *v.intr.* marciare.
Marsmensch (-en,-en) *s.m.* marziano.
Martinshorn (-es,-hörner) *s.n.* sirena (dell'ambulanza).
Märtyrer (-s,-) *s.m.* martire.
März (-/-) *s.m.* marzo.
Marzipan (-es,-e) *s.n.* marzapane.
Masche (-,-n) *s.f.* **1** maglia | *durch die -n schlüpfen,* trovare una scappatoia **2** trucco, trovata **3** (*austr.*) fiocco.
Maschendraht (-es,-drähte) *s.m.* rete metallica.
Maschine (-,-n) *s.f.* **1** macchina **2** motocicletta **3** aereo.
maschinell *agg.* a macchina ♦ *avv.* meccanicamente.
Maschinenpistole (-,-n) *s.f.* mitra.
Maschinerie (-,-n) *s.f.* **1** macchinario **2** (*fig.*) ingranaggio.
Maschinist (-es,-e) *s.m.* macchinista.
Maser (-,-n) *s.f.* venatura (del legno).
Maske (-,-n) *s.f.* **1** maschera **2** mascherina.
Maskenbildner (-s,-) *s.m.* (*teatr.*) truccatore.
Maskierung (-,-en) *s.f.* **1** travestimento, mascheramento **2** camuffamento.
Maskottchen (-s,-) *s.n.* portafortuna, mascotte.
Maß¹ (-es,-e) *s.n.* misura; unità di misura.
Maß² (-,-(e)) *s.f.* un litro (di birra).

Massage (-,-n) *s.f.* massaggio.
massakrieren *v.tr.* massacrare.
Maßanzug (-s,-züge) *s.m.* abito da uomo su misura.
Masse (-,-n) *s.f.* **1** massa (*anche fisica*) **2** gran quantità **3** folla.
Massenbewegung (-,-en) *s.f.* movimento di massa.
massenhaft *agg.* massiccio, di massa.
massenweise *agg.* in massa; in modo massiccio.
Masseur (-s,-e) *s.m.* massaggiatore.
Masseuse (-,-n) *s.f.* massaggiatrice.
maßgebend *agg.* **1** normativo **2** decisivo.
maßgeschneidert *agg.* confezionato su misura.
maß-halten (hielt maß, maßgehalten) *v.tr.* (*in +dat.*) moderarsi (in).
massieren *v.tr.* massaggiare.
mäßig *agg.* **1** moderato **2** (*di prezzo*) modico **3** mediocre, scadente ♦ *avv.* **1** con moderazione **2** scarsamente.
mäßigen *v.tr.* **1** misurare; limitare **2** moderare, ridurre.
Mäßigung (-,-en) *s.f.* **1** (*di costi*) contenimento **2** limitazione.
massiv *agg.* massiccio ♦ *avv.* **1** in modo massiccio **2** (*fig.*) in modo pesante.
maßlos *agg.* **1** smisurato **2** (*fig.*) eccessivo ♦ *avv.* esagerataménte.
Maßlosigkeit (-/.) *s.f.* esagerazione, eccesso.
Maßnahme (-,-n) *s.f.* misura, provvedimento.
Maßstab (-es,-stäbe) *s.m.* **1** scala: *der Plan ist im - 1:100*, il progetto è in scala 1 a 100 **2** (*fig.*) parametro, criterio **3** riferimento.
Mast¹ (-es,-en) *s.m.* **1** (*mare*) albero **2** palo, pilone **3** (*di bandiera*) asta.
Mast² (-,-en) *s.f.* ingrasso.
Mastdarm (-es,-därme) *s.m.* (*anat.*) retto.
mästen *v.tr.* mettere all'ingrasso (*anche fig.*).
Material (-s,-ien) *s.n.* **1** materiale **2** (*pl.*) documentazione.
materiell *agg.* **1** materiale **2** economico, finanziario.
mathematisch *agg.* **1** matematico **2** (*fig.*) preciso, matematico ♦ *avv.* matematicamente.
Matratze (-,-n) *s.f.* materasso.
Mätresse (-,-n) *s.f.* mantenuta.
Matrize (-,-n) *s.f.* matrice.
Matrose (-n,-n) *s.m.* marinaio.
Matrosenkragen (-s,-) *s.m.* colletto alla marinara.
Matsch (-es,-e) *s.m.* poltiglia, fango.
matt *agg.* **1** opaco **2** fiacco, spossato **3** scacco matto.
Matte (-,-n) *s.f.* **1** stuoia **2** (*sport*) tappeto.
Mattscheibe (-,-n) *s.f.* (*fam.*) video, schermo.
Mauer (-,-n) *s.f.* **1** muro **2** mura.
mauern *v.tr.* murare ♦ *v.intr.* (*fig.*) erigere una barriera.
Maul (-es, Mäuler) *s.n.* **1** (*di animali*) muso **2** malalingua; boccaccia.
Maulkorb (-es,-körbe) *s.m.* museruola (*anche fig.*).
Maulwurf (-s,-würfe) *s.m.* talpa.
Maurer (-s,-) *s.m.* muratore.
Maus (-, Mäuse) *s.f.* **1** topo **2** (*inform.*) mouse.
mauscheln *v.intr.* fare sutterfugi.
Mäusemelken (-s/.) *s.n.*: *es ist zum -*, c'è da spararsi!
mausern, sich *v.pron.* **1** (*zool.*) mu-

tare le penne 2 (*zu*) trasformarsi (in), diventare.
Maut (-,-en) *s.f.* (*austr.*) pedaggio.
maximal *agg.* massimo ♦ *avv.* al massimo.
Maxime (-,-n) *s.f.* massima.
Mayonnaise (-,-n) *s.f.* maionese.
Mäzen (-s,-e) *s.m.* mecenate.
Mechanik (-,-en)*s.f.* 1 (*fisica*) meccanica 2 meccanismo (*anche fig.*).
mechanisch *agg.* meccanico (*anche fig.*) ♦ *avv.* meccanicamente, automaticamente.
Meckerer (-s,-) *s.m.* brontolone.
meckern *v.intr.* 1 (*di capre*) belare 2 trovare da ridire; brontolare.
Medaille (-,-n) *s.f.* medaglia.
Medaillon (-s,-s) *s.n.* medaglione.
Medien *s.pl.* mass-media.
mediterran *agg.* mediterraneo.
meditieren *v.intr.* (*über +acc.*) meditare (su).
Medizin (-,-en) *s.f.* medicina.
Meer (-es,-e) *s.n.* mare (*anche fig.*).
Meerbusen (-s,-) *s.m.* insenatura.
Meerenge (-,-n) *s.f.* stretto.
Meeresfrüchte *s.pl.* frutti di mare.
Meeresgrund (-es,-gründe) *s.m.* fondale (marino).
Meerjungfrau (-,-en) *s.f.* sirena.
Meerrettich (-s,-e) *s.m.* rafano.
Meerschweinchen (-s,-) *s.n.* porcellino d'India, cavia.
Mehl (-s,-e) *s.n.* farina.
mehlig *agg.* 1 farinoso 2 (*di frutta*) senza succo, farinoso 3 infarinato.
mehr *agg.indef.inv.* più ♦ *avv.* più; piuttosto.
mehrdeutig *agg.* ambiguo.
mehren *v.tr.* aumentare, crescere ♦ **sich ~** *v.pron.* aumentare, moltiplicarsi.

mehrere *pron.inv.pl.* parecchi, diversi.
mehreres *pron.inv.n.* alcune cose.
mehrfach *agg.* più volte; molteplice.
Mehrheit (-,-en) *s.f.* maggioranza.
mehrmalig *agg.* ripetuto; frequente.
mehrmals *avv.* ripetutamente, più volte.
mehrsprachig *agg.* poliglotta.
mehrstimmig *agg.* (*mus.*) a più voci.
mehrstöckig *agg.* a più piani.
Mehrwegflasche (-,-n) *s.f.* bottiglia riciclabile.
Mehrwertsteuer (-,-n) *s.f.* imposta sul valore aggiunto, IVA.
Mehrzahl (-/.) *s.f.* 1 maggior parte, maggioranza 2 plurale.
Mehrzweckhalle (-,-n) *s.f.* sala polifunzionale.
meiden (mied, gemieden) *v.tr.* evitare.
Meile (-,-n) *s.f.* miglio.
Meilenstein (-s,-e) *s.m.* pietra miliare (*anche fig.*).
mein *agg.poss.* mio.
Meineid (-es,-e) *s.m.* spergiuro: *einen ~ leisten*, giurare il falso.
meinen *v.tr.* 1 pensare, credere, ritenere 2 intendere, voler dire.
meine(r,s) *pron.poss.* mio, mia.
meinerseits *avv.* da parte mia.
meinetwegen *avv.* 1 per quanto mi riguarda 2 per causa mia.
Meinung (-,-en) *s.f.* opinione, idea.
Meinungsaustausch (-s/.) *s.m.* scambio di vedute.
Meinungsfreiheit (-/.) *s.f.* libertà d'opinione.
Meißel (-s,-) *s.m.* scalpello.
meißeln *v.tr.* e *intr.* (*an +dat.*) scalpellare; scolpire.
meist... *agg.indef.* la maggior parte, il più di ♦ *avv.* per lo più ♦ **am meisten**

meistens *avv.* più di tutto, maggiormente.
meistens *avv.* per lo più.
Meister (-s,-) *s.m.* **1** maestro artigiano **2** caporeparto **3** (*sport*) campione.
meisterhaft *agg.* magistrale ♦ *avv.* magistralmente.
meistern *v.tr.* far fronte a.
Meisterschaft (-,-en) *s.f.* (*sport*) campionato.
Meisterwerk (-,-en) *s.f.* capolavoro.
Melancholie (-,-n) *s.f.* malinconia.
melancholisch *agg.* malinconico.
melden *v.tr.* **1** notificare **2** annunciare, comunicare ♦ **sich** – *v.pron.* **1** offrirsi, presentarsi **2** farsi sentire, farsi vivo.
Meldung (-,-en) *s.f.* **1** denuncia **2** annuncio, comunicazione **3** comunicato, notizia.
meliert *agg.* (*di capelli*) brizzolato.
melken (molk, gemolken) *v.tr.* mungere (*anche fig.*).
Melodie (-,-n) *s.f.* melodia.
Melone (-,-n) *s.f.* **1** melone, anguria **2** bombetta.
Membran (-,-en) *s.f.* membrana.
Memoiren *s.pl.* memorie.
Memorandum (-s, Memoranden) *s.n.* promemoria, memorandum.
Menge (-,-n) *s.f.* **1** quantità, gran numero **2** folla.
mengen *v.tr.* mescolare, mischiare.
Mengenlehre (-,-n) *s.f.* (*mat.*) insiemistica.
Mensa (-,-s/-sen) *s.f.* mensa universitaria.
Mensch (-en,-en) *s.m.* **1** uomo **2** persona, individuo **3** (*pl.*) gente.
Menschenaffe (-,-n) *s.m.* antropoide.
Menschenfresser (-s,-) *s.m.* cannibale.

menschenfreundlich *agg.* filantropico.
menschenmöglich *agg.* umanamente possibile.
Menschenrechte *s.pl.* diritti dell'uomo.
menschenscheu *agg.* schivo.
Menschenseele (-,-n) *s.f.* anima viva.
Menschenverstand (-es/.-) *s.m.* intelletto: *der gesunde* –, il buon senso.
Menschenwürde (-/.) *s.f.* dignità umana.
Menschheit (-/.) *s.f.* umanità, genere umano.
menschlich *agg.* **1** umano **2** decente ♦ *avv.* umanamente.
Menschlichkeit (-/.) *s.f.* umanità.
Menstruation (-,-en) *s.f.* mestruazione.
Mentalität (-,-en) *s.f.* mentalità.
Menü (-s,-s) *s.n.* menu (*anche inform.*).
Merkblatt (-s,-blätter) *s.n.* foglio di istruzioni.
merken *v.tr.* **1** accorgersi di, notare *sich* (*dat.*) *etwas* –, ricordare qlco., tenere a mente qlco.
merklich *agg.* sensibile, percettibile ♦ *avv.* sensibilmente.
Merkmal (-s,-e) *s.n.* caratteristica, segno distintivo.
merkwürdig *agg.* strano, curioso ♦ *avv.* stranamente.
meschugge *avv.* (*fam.*) fuori di testa, matto.
Meßband (-es,-bänder) *s.n.* metro a nastro.
meßbar *agg.* misurabile.
Meßbecher (-s,-) *s.m.* bicchiere graduato.
Messe (-,-n) *s.f.* **1** (*relig.*) messa **2** fiera, esposizione.
Messehalle (-,-n) *s.f.* padiglione della

fiera.
messen (maß, gemessen) *v.tr.* **1** misurare **2** (*an +dat.*) valutare (in base a).
Messer¹ (-s,-) *s.n.* **1** coltello **2** (*tecn.*) lama **3** (*med.*) ferri.
Messer² (-s,-) *s.m.* contatore.
Messerklinge (-,-n) *s.f.* lama del coltello.
Messerspitze (-,-n) *s.f.* **1** punta del coltello **2** (*misura*) punta.
Messing (-s,-) *s.n.* ottone.
Messung (-,-en) *s.f.* misurazione; rilevamento.
Metall (-s,-e) *s.n.* metallo.
Metallsuchgerät (-s,-e) *s.n.* rivelatore di metalli.
Metapher (-,-n) *s.f.* metafora.
Meteorologe (-n,-n) *s.m.* meteorologo.
Meter (-s,-) *s.m./n.* metro.
Methan (-s/.) *s.n.* metano.
Methode (-,-n) *s.f.* metodo.
methodisch *agg.* metodico ♦ *avv.* metodicamente.
Metier (-s,-s) *s.n.* mestiere, professione.
Mett (-s/.) *s.n.* carne macinata per salsiccia.
Metzger (-s,-) *s.m.* macellaio.
Metzgerei (-,-en) *s.f.* macelleria.
Meuchelmord (-es,-e) *s.m.* assassinio a tradimento.
Meute (-,-n) *s.f.* **1** orda, banda **2** (*di cani*) muta.
Meuterei (-,-en) *s.f.* ammutinamento.
meutern *v.intr.* ammutinarsi.
miauen *v.intr.* miagolare.
mich *pron.pers.acc.* me, mi.
mickerig *agg.* scarso, misero.
Mieder (-s,-) *s.n.* busto, corsetto.
Mief (-s/.) *s.m.* tanfo.
Miene (-, n) *s.f.* espressione del viso,

aria | *gute – zum bösen Spiel machen*, far buon viso a cattiva sorte; *ohne eine – zu verziehen*, senza batter ciglio.
mies *agg.* **1** male: *mir ist –*, mi sento male **2** perfido.
Miesmacher (-s,-) *s.m.* guastafeste.
Miesmuschel (-,-n) *s.f.* cozza.
Miete (-,-n) *s.f.* **1** affitto **2** noleggio.
mieten *v.tr.* **1** affittare, prendere in affitto **2** noleggiare, prendere a nolo.
Mieter (-s,-) *s.m.* **1** inquilino **2** chi prende a nolo.
Mietzins (-es,-e) *s.m.* affitto.
Mieze (-,-n) *s.f.* micio, gattino.
Migräne (-,-n) *s.f.* emicrania.
Mikrofon (-s,-e) *s.n.* microfono.
Mikroskop (-s,-e) *s.n.* microscopio.
Mikrowellenherd (-es,-e) *s.m.* forno a microonde.
Milch (-/.) *s.f.* latte.
Milchflasche (-,-n) *s.f.* biberon.
Milchglas (-es,-gläser) *s.n.* vetro opalino.
milchig *agg.* lattiginoso, latteo.
Milchkaffee (-s,-s) *s.m.* caffellatte.
Milchmädchenrechnung (-,-en) *s.f.* (*fam.*) pie illusioni.
Milchmann (-es,-männer) *s.m.* lattaio.
Milchmixgetränk (-s,-e) *s.n.* frappé.
Milchreis (-es/.) *s.m.* riso al latte.
Milchschokolade (-,-n) *s.f.* cioccolato al latte.
Milchschorf (-es,-e) *s.m.* crosta lattea.
Milchstraße (-/.) *s.f.* via lattea.
Milchzahn (-es,-zähne) *s.m.* dente da latte.
Milchzucker (-s/.) *s.m.* lattosio.
mild *agg.* **1** mite, dolce **2** indulgente **3** (*di pena*) lieve **4** (*di sapori*) non piccante.
Milde (-/.) *s.f.* **1** mitezza; bontà **2** in-

mildern 408

dulgenza 3 *(di tabacco)* leggerezza.
mildern *v.tr.* mitigare; moderare.
mildtätig *agg.* caritatevole.
Milieu (-s,-s) *s.n.* ambiente.
mileugeschädigt *agg.* disadattato.
militant *agg.* militante, attivo.
Militär (-s/.) *s.n.* esercito, forze armate.
Militärgericht (-es,-e) *s.n.* tribunale militare.
militärisch *agg.* militare.
Militarisierung (/.) *s.f.* militarizzazione.
Militärkapelle (-,-n) *s.f.* banda militare.
Militärparade (-,-n) *s.f.* parata militare.
Militärstützpunkt (-es,-e) *s.m.* base militare.
Milliarde (-,-n) *s.f.* miliardo.
Millimeterpapier (-s,-e) *s.n.* carta millimetrata.
Million (-,-en) *s.f.* milione.
Milz (-,-en) *s.f.* milza.
mimen *v.tr.* 1 mimare 2 simulare.
Mimik (/.) *s.f.* mimica.
Mimikry (/.) *s.f.* 1 *(zool.)* mimetismo 2 *(fig.)* camuffamento.
Mimose (-,-n) *s.f.* mimosa.
minder *agg.* 1 minore, inferiore 2 scadente ♦ *avv.* meno; *mehr oder –*, più o meno.
Minderung (-,-en) *s.f.* 1 attenuazione 2 diminuzione.
minderwertig *agg.* scadente.
Minderwertigkeitsgefühl (-s,-e) *s.n.* senso di inferiorità.
mindest... *agg.* minimo, il più piccolo ♦ *pron.indef.n.* il minimo.
mindestens *avv.* almeno, per lo meno.
Mindestmaß (-es,-e) *s.n.* minimo: *sich auf das – beschränken*, limitarsi al minimo indispensabile.
Mindeststrafe (-,-n) *s.f.* minimo della pena.
Mine (-,-n) *s.f.* 1 mina 2 miniera.
Minenfeld (-es,-er) *s.n.* campo minato.
Minensuchgerät (-s,-e) *s.n.* cercamine.
Mineraliensammlung (-,-en) *s.f.* collezione di minerali.
mineralisch *agg.* minerale.
Mineralöl (-s,-e) *s.n.* 1 olio minerale 2 petrolio.
Mineralquelle (-,-n) *s.f.* sorgente d'acqua minerale.
Mineralwasser (-s,-) *s.n.* acqua minerale.
Miniatur (-,-en) *s.f.* miniatura.
minimal *agg.* minimo, minimale ♦ *avv.* in modo minimo.
Minister (-s,-) *s.m.* ministro.
ministeriell *agg.* ministeriale.
Ministerium (-s,-rien) *s.n.* ministero.
Ministerpräsident (-en,-en) *s.m.* 1 primo ministro 2 *(in Germania)* primo ministro di un Land.
minus *avv.* meno.
Minuspol (-s,-e) *s.m.* polo negativo.
Minute (-,-n) *s.f.* minuto.
Minutenzeiger (-s,-) *s.m.* lancetta dei minuti.
Minze (-,-n) *s.f.* menta.
mir *pron.pers.dat.* a me, mi.
Mischehe (-,-n) *s.f.* matrimonio misto.
mischen *v.tr.* mescolare, mischiare, mixare.
Mischling (-s,-e) *s.m.* 1 meticcio 2 *(biol.)* ibrido.
Mischpult (-es,-e) *s.n.* *(mus.)* mixer.
Mischung (-,-en) *s.f.* 1 miscuglio 2 miscela *(anche fig.)*.
miserabel *agg.* pessimo, orribile; pietoso ♦ *avv.* in modo orribile.
Mispel (-,-n) *s.f.* nespola.
mißachten *v.tr.* trascurare, ignorare.

Mißbildung (-,-en) *s.f.* malformazione.
Mißbilligung (-,-en) *s.f.* disapprovazione.
Mißbrauch (-s,-bräuche) *s.m.* 1 abuso 2 uso improprio.
mißbrauchen *v.tr.* 1 usare malamente 2 abusare di 3 violentare.
Mißerfolg (-es,-e) *s.f.* insuccesso; fiasco.
Mißfallen (-s/.) *s.n.* riprovazione.
Mißgeschick (-s,-e) *s.n.* disavventura.
mißglücken *v.intr.* riuscire male.
Mißgunst (-/.) *s.f.* sfavore; invidia.
mißhandeln *v.tr.* 1 maltrattare 2 seviziare.
Mission (-,-en) *s.f.* missione.
Mißkredit (-s/.) *s.m.* discredito.
mißlingen (mißlang, mißlungen) *v. intr.* non riuscire.
mißlich *agg.* spiacevole, scomodo.
Mißmut (-s/.) *s.m.* malumore.
mißraten (mißriet, mißraten) *v.intr.* riuscire male.
mißraten *agg.* cresciuto male, maleducato.
Mißstand (-es,-stände) *s.m.* 1 situazione insostenibile 2 (*pl.*) disfunzione.
Mißstimmung (-,-en) *s.f.* malumore.
mißtrauen *v.intr.* (+*dat.*) non fidarsi di, diffidare di.
Mißtrauensantrag (-es,-träge) *s.m.* mozione di sfiducia.
mißtrauisch *agg.* diffidente; sospettoso.
Mißverständnis (-ses,-se) *s.n.* malinteso.
Mißwirtschaft (-,-en) *s.f.* malgoverno.
Mist (-es/.) *s.m.* 1 letame 2 spazzatura 3 schifezza.
Mistel (-,-n) *s.f.* vischio.
mit *prep.* (+*dat.*) con ♦ elemento mobile di verbi separabili.

Mitarbeit (-/.) *s.f.* collaborazione.
mit-arbeiten *v.intr.* collaborare.
Mitarbeiter (-s,-) *s.m.* collaboratore.
mit-bekommen (bekam mit, mitbekommen) *v.tr.* (*fam.*) capire, recepire.
mit-benutzen *v.tr.* usare insieme ad altri; condividere.
Mitbestimmung (-/.) *s.f.* cogestione.
Mitbewohner (-s,-) *s.m.* coinquilino.
mit-bringen (brachte mit, mitgebracht) *v.tr.* 1 portare con sé 2 portare in regalo 3 essere dotato di.
Mitbringsel (-s,-) *s.n.* regalino, pensierino.
Mitbürger (-s,-s) *s.m.* 1 concittadino 2 connazionale.
Miteigentümer (-s,-) *s.m.* comproprietario, condomino.
miteinander *avv.* insieme, l'uno con l'altro.
Mitesser (-s,-) *s.m.* (*med.*) comedone.
Mitfahrer (-s,-) *s.m.* passeggero.
mitfühlend *agg.* compassionevole.
Mitgefühl (-s,-e) *s.n.* compassione.
mitgenommen *agg.* 1 (*di persona*) patito, provato 2 malconcio.
Mitgift (-,-en) *s.f.* dote.
Mitglied (-s,-er) *s.n.* 1 membro 2 socio 3 iscritto, tesserato.
Mithilfe (-/.) *s.f.* 1 collaborazione 2 complicità.
Mitinhaber (-s,-) *s.m.* comproprietario, contitolare.
mit-kämpfen *v.intr.* partecipare alla lotta.
mit-kriegen *v.tr.* 1 ricevere (da portare via) 2 (*fig.*) afferrare, capire.
Mitläufer (-s,-) *s.m.* simpatizzante, fiancheggiatore.
Mitleid (-s/.) *s.n.* compassione; pietà.
Mitleidenschaft (-/.) *s.f.*: *in – ziehen*,

coinvolgere.
mitleidig *agg.* compassionevole, pietoso ♦ *avv.* pietosamente.
Mitmensch (-en,-en) *s.m.* prossimo.
mit·nehmen (nahm mit, mitgenommen) *v.tr.* **1** portare con sé **2** dare un passaggio (a) **3** (*fig.*) sconvolgere.
mit·reden *v.intr.* **1** partecipare alla conversazione **2** (*fig.*) avere voce in capitolo.
mit·reißen (riß mit, mitgerissen) *v.tr.* trascinare (*anche fig.*); entusiasmare.
mitreißend *agg.* entusiasmante.
Mitschuld (-/.) *s.f.* (*dir.*) complicità, correità.
mitschuldig *agg.* (*dir.*) complice, corresponsabile.
Mitschüler (-s,-) *s.m.* compagno di scuola.
mit·spielen *v.intr.* **1** partecipare ad un gioco **2** suonare con altri **3** recitare assieme ad altri **4** (*fig.*) entrare in gioco.
Mittag (-s,-e) *s.m.* mezzogiorno: *zu* –, a mezzogiorno.
mittag *avv.* a mezzogiorno: *heute* –, oggi a mezzogiorno.
Mittagessen (-s,-) *s.n.* pranzo.
Mittagspause (-,-n) *s.f.* intervallo del pranzo.
Mittagsschläfchen (-s,-) *s.n.* sonnellino pomeridiano.
Mittäter (-s,-) *s.m.* complice.
Mitte (-,-n) *s.f.* **1** centro **2** metà, mezzo: – *der Woche*, a metà settimana **3** (*fig.*) cerchia, gruppo.
mit·teilen *v.tr.* comunicare.
Mitteilung (-,-en) *s.f.* comunicazione, annuncio.
Mittel (-s,-) *s.n.* **1** mezzo **2** farmaco **3** (*pl.*) mezzi finanziari.

Mittelalter (-s/.) *s.n.* medioevo.
mittelbar *agg.* indiretto, mediato ♦ *avv.* indirettamente.
Mittelding (-s/.) *s.n.* via di mezzo.
Mittelfeldspieler (-s,-) *s.m.* (*sport*) centrocampista.
mittelfristig *agg.* a medio termine.
mittelgroß *agg.* **1** di media grandezza **2** (*di persona*) di media statura.
mittellos *agg.* privo di mezzi, nullatenente.
mittelmäßig *agg.* medio; mediocre.
Mittelohrentzündung (-,-en) *s.f.* (*med.*) otite media.
Mittelpunkt (-es,-e) *s.m.* centro.
mittels *prep.* (+*gen.*) per mezzo di, mediante.
Mittelstand (-es/.) *s.m.* ceto medio.
Mittelstreifen (-s,-) *s.m.* spartitraffico.
Mittelweg (-es,-e) *s.m.* (*fig.*) via di mezzo.
mitten *avv.* **1** (*luogo*) in mezzo a **2** (*tempo*) nel mezzo di, in pieno: – *im Winter*, in pieno inverno.
mittendrin *avv.* proprio nel mezzo.
Mitternacht (-/.) *s.f.* mezzanotte: *um* –, a mezzanotte.
Mittler (-s,-) *s.m.* mediatore, intermediario.
mittler... *agg.* **1** medio **2** centrale, di mezzo: – *Alters*, di media età.
mittlerweile *avv.* nel frattempo.
mit·tragen (trug mit, mitgetragen) *v.tr.* **1** aiutare a portare **2** (*fig.*) condividere.
Mittwoch (-s,-e) *s.m.* mercoledì.
mitunter *avv.* talvolta, di tanto in tanto.
Mitverantwortung (-/.) *s.f.* corresponsabilità.
mit·wirken *v.intr.* (*an* +*dat., bei*) **1** partecipare (a) **2** contribuire (a).

Mitwirkung (-,-en) *s.f.* **1** partecipazione **2** collaborazione: *unter – von*, hanno collaborato...
Mitwisserschaft (-/.) *s.f.* connivenza.
Mixbecher (-s,-) *s.m.* shaker.
mixen *v.tr.* **1** mescolare **2** mixare.
Mixgetränk (-s,-e) *s.n.* **1** cocktail **2** frappé.
Möbel (-s,-) *s.n.* mobile.
mobil *agg.* **1** mobile **2** arzillo ♦ *– machen*, mobilitare.
mobilisieren *v.tr.* mobilitare.
möblieren *v.tr.* ammobiliare, arredare.
möbliert *agg.* arredato.
Mode (-,-n) *s.f.* moda: *mit der – gehen*, seguire la moda.
Modell (-s,-e) *s.n.* **1** modello **2** modella.
modellieren *v.tr.* modellare.
Modenschau (-,-en) *s.f.* sfilata di moda.
Moderation (-,-en) *s.f.* (*radio, tv*) presentazione.
moderieren *v.tr.* (*bei*) fare da moderatore (in).
modern *agg.* **1** moderno **2** alla moda.
modernisieren *v.tr.* modernizzare; rimodernare.
Modeschmuck (-es/.) *s.m.* bigiotteria.
Modeschöpfer (-s,-) *s.m.* stilista.
modisch *agg.* di moda, alla moda.
Mofa (-s,-s) *s.n.* motorino.
mogeln *v.intr.* imbrogliare, barare.
mögen (mochte, gemocht) *v.intr.mo-dale* **1** volere: *ich mag* (*möchte*) *jetzt gehen*, vorrei andare **2** potere: *es mag sein*, può darsi **3** (*supposizione*): *sie mag um die 30 sein*, avrà circa 30 anni ♦ *v.tr.* piacere: *er mag kein Fleisch*, non gli piace la carne **2** voler bene a,

möglich *agg.* possibile.
Möglichkeit (-,-en) *s.f.* possibilità; occasione; eventualità.
möglichst *avv.* **1** possibilmente **2** il più possibile.
Mohn (-s/.) *s.m.* papavero.
Möhre (-,-n) *s.f.* carota.
mokieren, sich *v.pron.* (*über +acc.*) beffarsi (di).
Mokkalöffel (-s,-) *s.m.* cucchiaino da caffè.
Mole (-,-n) *s.f.* (*mar.*) molo.
Molke (-/.) *s.f.* siero del latte.
Molkerei (-,-en) *s.f.* caseificio, latteria.
mollig *agg.* grassottello.
Moment¹ (-s,-e) *s.m.* momento, attimo, istante.
Moment² (-s,-e) *s.n.* **1** (*fisica*) momento **2** fattore, elemento.
momentan *agg.* momentaneo, del momento ♦ *avv.* momentaneamente.
Monarchie (-,-n) *s.f.* monarchia.
Monat (-s,-e) *s.m.* mese.
monatelang *avv.* per mesi.
monatlich *agg.* mensile ♦ *avv.* mensilmente, al mese.
Mönch (-s,-e) *s.m.* monaco.
Mond (-es,-e) *s.m.* luna.
mondän *agg.* **1** chic, raffinato **2** mondano.
Mondphase (-,-n) *s.f.* fase lunare.
Mondschein (-s/.) *s.m.* chiaro di luna.
Moneten *s.pl.* quattrini.
Monopol (-s,-e) *s.n.* monopolio.
monopolisieren *v.tr.* monopolizzare.
Monster (-s,-) *s.n.* mostro (*anche fig.*).
Montag (-s,-e) *s.m.* lunedì.
Montage (-,-n) *s.f.* montaggio, installazione.
Monteur (-s,-e) *s.m.* montatore, installatore.

Moor (-es,-e) *s.n.* palude.
Moorbad (-es,-bäder) *s.n.* fanghi, bagno di fango.
Moos (-es,-e) *s.n.* 1 muschio 2 (*fam.*) grana, quattrini.
Mop (-s,-s) *s.m.* scopa a frange.
Moped (-s,-s) *s.n.* motorino, ciclomotore.
Moral (-/.) *s.f.* 1 morale 2 (*filosofia*) morale, etica.
Moralpredigt (-,-en) *s.f.* ramanzina.
Morast (-s,-e/Moräste) *s.m.* melma, pantano, fango.
Mord (-es,-e) *s.m.* omicidio, assassinio.
Mörder (-s,-) *s.m.* assassino, omicida.
mörderisch *agg.* 1 omicida 2 (*fig.*) micidiale ♦ *avv.* terribilmente.
Mordsangst (-/.) *s.f.* paura tremenda.
Mordsdurst (-es/.) *s.m.* sete da morire.
Mordskrach (-s/.) *s.m.* baccano infernale.
mordsmäßig *agg.* micidiale, terribile.
Mordversuch (-s,-e) *s.m.* tentato omicidio.
morgen *avv.* domani.
Morgen (-s,-) *s.m.* mattina, mattino; mattinata: *guten –!*, buon giorno!
Morgenrock (-s,-röcke) *s.m.* vestaglia.
morgens *avv.* di mattina.
Morphium (-s/.) *s.n.* morfina.
morsch *agg.* 1 marcio 2 friabile.
Mörser (-s,-) *s.m.* mortaio.
Mörtel (-s/.) *s.m.* malta.
Mosaik (-s,-e) *s.n.* mosaico.
Moschee (-,-n) *s.f.* moschea.
Moskito (-s,-s) *s.m.* zanzara.
Most (-es,-e) *s.m.* 1 mosto 2 (*di mele*) sidro.
Mostrich (-s/.) *s.m.* (*gastr.*) mostarda.
Motiv (-s,-e) *s.n.* 1 motivo, movente 2 motivo, tema.

motivieren *v.tr.* motivare.
Motivierung (-,-en) *s.f.* motivazione.
Motor (-s,-en) *s.m.* motore (*anche fig.*).
Motorboot (-s,-e) *s.n.* motoscafo.
Motorhaube (-,-n) *s.f.* (*auto*) cofano.
Motorrad (-es,-räder) *s.n.* motocicletta.
Motte (-,-n) *s.f.* tarma.
Möwe (-,-n) *s.f.* gabbiano.
Mücke (-,-n) *s.f.* moscerino.
müde *agg.* 1 stanco 2 (+*gen.*) stufo.
Müdigkeit (-/.) *s.f.* stanchezza.
Muff (-s/.) *s.m.* odore di muffa, tanfo.
Muffel (-s,-) *s.m.* brontolone.
Mühe (-,-n) *s.f.* fatica, sforzo.
mühelos *agg.* senza fatica ♦ *avv.* facilmente.
mühevoll *agg.* faticoso, penoso.
Mühle (-,-n) *s.f.* 1 mulino, macinino 2 (*gioco*) mulinello.
Mühsal (-,-e) *s.f.* 1 fatica 2 tribolazione.
mühsam *agg.* faticoso ♦ *avv.* a fatica.
Mulde (-,-n) *s.f.* avvallamento, conca.
Müll (-s/.) *s.m.* immondizia.
Mullbinde (-,-n) *s.f.* (*med.*) benda di garza.
Mülleimer (-s,-) *s.m.* pattumiera.
Müller (-s,-) *s.m.* mugnaio.
Mülltonne (-,-n) *s.f.* bidone delle immondizie.
Müllverwertung (-,-en) *s.f.* riciclaggio dei rifiuti.
mulmig *agg.* sgradevole, spiacevole: *mir ist – zumute*, mi tremano le gambe.
multiplizieren *v.tr.* moltiplicare.
Mumie (-,-n) *s.f.* mummia.
Mumps (-/.) *s.m.* (*med.*) orecchioni.
Mund (-es, Münder) *s.m.* bocca | *den – halten*, stare zitto.
Mundart (-,-en) *s.f.* dialetto.
münden *v.intr.* 1 (*in* +*acc.*) sfociare

(in) **2** (*di strade*) sboccare.
Mundgeruch (-s/.) *s.m.* alito cattivo.
Mundharmonika (-,-s) *s.f.* armonica a bocca.
mündig *agg.* maggiorenne.
Mündigkeit (-/.) *s.f.* maggiore età.
mündlich *agg.* verbale, orale ♦ *avv.* oralmente.
Mundstück (-s,-e) *s.n.* bocchino.
Mündung (-,-en) *s.f.* **1** (*di fiumi*) foce; punto di confluenza **2** (*di strade*) sbocco.
Mundwasser (-s,-wässer) *s.n.* collutorio.
Mundwerk (-s/.) *s.n.*: *ein loses – haben*, (*fig.*) avere una lingua tagliente.
Mund-zu-Mund-Beatmung (-,-en) *s.f.* (*med.*) respirazione bocca a bocca.
Munition (-,-en) *s.f.* munizione, munizioni.
Münster (-s,-) *s.n.* cattedrale; chiesa di un monastero.
munter *agg.* **1** sveglio **2** vivace; allegro: *gesund und –*, vivo e vegeto.
Münzautomat (-en,-en) *s.m.* distributore a monete.
Münze (-,-s) *s.f.* moneta; gettone.
Münzfernsprecher (-s,-) *s.m.* telefono a monete/gettoni.
mürbe *agg.* **1** friabile **2** marcio **3** (*gastr.*) frollo.
Mürbteig (-es,-e) *s.m.* pasta frolla.
Murks (-es/.) *s.m.* lavoro fatto male, pasticcio.
Murmel (-,-n) *s.f.* bilia.
murmeln *v.intr.* mormorare, borbottare.
Murmeltier (-s,-e) *s.n.* marmotta.
murren *v.intr.* brontolare, mugugnare.
mürrisch *agg.* scontroso, scorbutico.
Mus (-es,-e) *s.n.* (*di frutta*) purea,

mousse.
Muschel (-,-n) *s.f.* **1** conchiglia **2** padiglione dell'orecchio **3** (*telefono*) ricevitore.
Muse (-,-n) *s.f.* musa.
Museum (-s, Museen) *s.n.* museo.
Musik (-/.) *s.f.* musica.
Musikbox (-,-en) *s.f.* juke-box.
Musiker (-s,-) *s.m.* musicista.
musisch *agg.* artistico.
musizieren *v.intr.* fare della musica, suonare insieme.
Muskatnuß (-,-nüsse) *s.f.* noce moscata.
Muskel (-s,-n) *s.m.* muscolo.
Muskelkater (-s,-) *s.m.* indolenzimento muscolare.
Muskelschwund (-es/.) *s.m.* atrofia muscolare.
Muß (-/.) *s.n.* necessità assoluta.
Muße (-/.) *s.f.* **1** ozio, inattività **2** tempo libero.
müssen (mußte, gemußt) *v.intr.modale* **1** dovere (assolutamente) **2** dovere, essere costretto **3** dovere, aver bisogno.
Müßiggang (-es/.) *s.m.* ozio.
Muster (-s,-) *s.n.* **1** modello **2** campione **3** (*fig.*) modello, esempio **4** disegno.
Mustermesse (-,-n) *s.f.* fiera campionaria.
mustern *v.tr.* **1** squadrare **2** (*militare*) sottoporre alla visita di leva.
Musterung (-,-en) *s.f.* **1** (*militare*) visita di leva **2** motivo, disegno (su stoffa).
Mut (-es/.) *s.m.* coraggio; audacia.
mutig *agg.* coraggioso; audace ♦ *avv.* coraggiosamente.
mutlos *agg.* scoraggiato.

mutmaßen *v.tr.* presumere, supporre.
mutmaßlich *agg.* presunto.
Mutter¹ (-, Mütter) *s.f.* madre, mamma.
Mutter² (-,-n) *s.f.* (*tecn.*) dado della vite.
mütterlich *agg.* materno.
mütterlicherseits *avv.* da parte materna.
Mutterliebe (-/.) *s.f.* amore materno.
Mutterpaß (-passes,-pässe) *s.m.* cartella clinica della gestante.
mutterseelenallein *agg.* completamente solo, solo soletto.
Muttersöhnchen (-s,-) *s.n.* cocco di mamma.
Muttersprache (-/.) *s.f.* madrelingua.
Muttertag (-s,-e) *s.m.* festa della mamma.
Mutti (-,-s) *s.f.* mamma.
Mütze (-,-n) *s.f.* berretto.
Mykologie (-/.) *s.f.* micologia.
Myrrhe (-,-n) *s.f.* mirra.
Myrte (-,-n) *s.f.* mirto.
mysteriös *agg.* enigmatico; misterioso.
Mystik (-/.) *s.f.* mistica.
mythisch *agg.* mitico.
Mythos (-, Mythen) *s.m.* mito.

N

na *particella* **1** (*inter.*) beh, allora **2** (*esortazione*) dai, su forza.
Nabel (-s,-) *s.m.* ombelico.
nach *prep.* (+*dat.*) **1** (*luogo*) a, in, verso, per **2** (*tempo*) dopo **3** (*indicazione di tempo*) e: zehn – sechs, le sei e dieci **4** (*modo*) secondo, in conformità di: *meiner Meinung –*, secondo me ♦ *avv.* dopo, dietro | *– und –*, a poco a poco.
nach·ahmen *v.tr.* imitare; emulare.
Nachbar (-n,-n) *s.m.* vicino.
Nachbarschaft (-/.) *s.f.* **1** vicinato **2** vicinanza.
Nachbehandlung (-,-en) *s.f.* (*med.*) terapia di supporto.
Nachbestellung (-,-en) *s.f.* ordinazione supplementare.
nach·bilden *v.tr.* copiare, imitare.
nachdem *cong.* **1** (*tempo*) dopo (+*inf.*), dopo che **2** dato che ♦ *avv.* (sempre correlato a "je" o a una *prop.interr.indiretta*) **→ je**.
nach·denken (dachte nach, nachgedacht) *v.intr.* (über +*acc.*) riflettere (su).
nachdenklich *agg.* **1** pensoso **2** riflessivo, meditativo.
Nachdruck (-s,-e) *s.m.* **1** rilievo, enfasi **2** forza, vigore **3** ristampa.
nacheinander *avv.* uno dopo l'altro, di seguito.
nach·erzählen *v.tr.* riassumere.
Nachfolge (-,-n) *s.f.* successione.
nach·folgen *v.intr.* (+*dat.*) **1** essere seguace (di) **2** seguire **3** succedere (a).
Nachfolger (-s,-) *s.m.* successore.
nach·forschen *v.intr.* (+*dat.*) indagare (su).
Nachfrage (-,-n) *s.f.* (*comm.*) domanda, richiesta.
nach·fragen *v.intr.* **1** informarsi, chiedere informazioni **2** chiedere ulteriormente **3** (*comm.*) richiedere.
nach·fühlen *v.tr.* immedesimarsi nei sentimenti di.
nach·füllen *v.tr.* rabboccare, riempire di nuovo.
nach·geben (gab nach, nachgegeben) *v.intr.* cedere.
nach·gehen (ging nach, nachgegangen) *v.intr.* **1** seguire **2** studiare a fondo **3** (*di orologio*) andare indietro **4**

dedicarsi: *er geht ganz der Arbeit nach*, si dedica completamente al lavoro.
Nachgeschmack (-s,-schmäcke(r)) *s.m.* **1** retrogusto **2** (*fig.*) ricordo spiacevole.
nachgiebig *agg.* **1** (*fig.*) arrendevole; indulgente **2** cedevole.
Nachhall (-s/.) *s.m.* eco.
nachhaltig *agg.* persistente, duraturo ♦ *avv.* a lungo, in modo duraturo.
nach-helfen (half nach, nachgeholfen) *v.intr.* (+*dat.*) **1** dare una mano (a) **2** (*fig.*) dare una spinta (a).
nachher *avv.* dopo, poi, più tardi.
nach-holen *v.tr.* ricuperare.
Nachkomme (-n,-n) *s.m.* discendente.
nach-kommen (kam nach, nachgekommen) *v.intr.* **1** (+*dat.*) raggiungere **2** (*mit*) stare dietro (a) **3** (*idiom.*) *einer Bitte* –, fare un favore.
Nachkommenschaft (-/.) *s.f.* **1** discendenza **2** posteri.
Nachlaß (-lasses,-lässe) *s.m.* **1** eredità, lascito **2** (*comm.*) sconto, riduzione.
nach-lassen (ließ nach, nachgelassen) *v.intr.* diminuire; placarsi ♦ *v.tr.* **1** lasciare in eredità **2** (*comm.*) ridurre.
nachlässig *agg.* negligente ♦ *avv.* in modo trasandato.
nach-machen *v.tr.* imitare, copiare.
nachmittag *avv.* pomeriggio: *heute* –, questo pomeriggio.
Nachmittag (-s,-e) *s.m.* pomeriggio.
Nachnahme (-,-n) *s.f.* contrassegno.
Nachname (-ns,-n) *s.m.* cognome.
nach-prüfen *v.tr.* verificare; riesaminare.
Nachrede (-,-n) *s.f.*: *üble* –, maldicenza; diffamazione.
Nachricht (-,-en) *s.f.* **1** notizia; messaggio **2** (*pl.*) notiziario (radio/tv).

Nachrichtensperre (-,-n) *s.f.* silenzio stampa.
Nachrüstung (-/.) *s.f.* riarmo.
Nachsaison (-,-en) *s.f.* bassa stagione.
nach-schlagen (schlug nach, nachgeschlagen) *v.tr.* consultare, cercare in ♦ *v.intr.* (+*dat.*) assomigliare (a).
Nachschlüssel (-s,-) *s.m.* chiave falsa.
nach-sehen (sah nach, nachgesehen) *v.intr.* **1** (+*dat.*) seguire con lo sguardo **2** andare a vedere, dare un'occhiata ♦ *v.tr.* **1** verificare, controllare **2** (*fig.*) (+*dat.*) chiudere un occhio: *jdm. etwas* –, perdonare qlco. a qlcu.
nach-senden (sandte nach, nachgesandt/nachgesendet) *v.tr.* **1** mandare in un secondo tempo **2** (*posta*) inoltrare (a un nuovo recapito).
Nachsicht (-/.) *s.f.* indulgenza, clemenza.
Nachspeise (-,-n) *s.f.* dessert, dolce.
Nachspiel (-s,-e) *s.n.* **1** (*fig.*) seguito, strascico **2** (*teatr.*) epilogo.
nach-sprechen (sprach nach, nachgesprochen) *v.tr.* ripetere.
nächst... *agg.* **1** prossimo, più vicino **2** (*tempo*) (il) prossimo, (il) seguente, (il) successivo **3** (*fig.*) più stretto, intimo ♦ **am nächsten** *avv.* più vicino.
nachstehend *agg.* seguente.
nach-stellen *v.tr.* **1** (*tecn.*) regolare **2** (*orologio*) mettere indietro **3** posporre ♦ *v.intr.* (+*dat.*) perseguitare.
Nächstenliebe (-/.) *s.f.* amore del prossimo, carità.
Nacht (-, Nächte) *s.f.* notte: *heute* –, stanotte; *gute* –, buona notte; *in der – zum Sonntag*, nella notte tra sabato e domenica | *häßlich wie die* –, brutto come la fame.
Nachteil (-s,-e) *s.m.* svantaggio; incon-

veniente.
Nachthemd (-es,-en) *s.n.* camicia da notte.
Nachtisch (-s,-e) *s.m.* dessert, dolce.
nächtlich *agg.* notturno.
Nachtlokal (-s,-e) *s.n.* locale notturno, night.
Nachtrag (-s,-träge) *s.m.* **1** poscritto **2** postilla.
nachtragend *agg.* permaloso.
nachträglich *agg.* **1** in ritardo **2** posteriore ♦ *avv.* **1** a posteriori **2** in un secondo momento.
nach-trauern *v.intr.* (+*dat.*) rimpiangere.
nachts *avv.* di notte.
Nachttisch (-es,-e) *s.m.* comodino.
Nachttopf (-es,-töpfe) *s.m.* vaso da notte.
nach-wachsen (wuchs nach, nachgewachsen) *v.intr.* riscrescere.
Nachweis (-es,-e) *s.m.* **1** prova, dimostrazione **2** documentazione.
nachweisbar *agg.* documentabile; dimostrabile.
nach-weisen (wies nach, nachgewiesen) *v.tr.* **1** provare, dimostrare **2** documentare; attestare.
Nachwirkung (-,-en) *s.f.* postumi (*anche fig.*), strascico.
Nachwort (-es,-worte) *s.n.* postfazione.
Nachwuchs (-es/.) *s.m.* **1** prole **2** nuove leve.
Nachzügler (-s,-) *s.m.* ritardatario.
Nacken (-s,-) *s.m.* nuca, cervice | *einen steifen – haben*, avere il torcicollo.
nackt *agg.* **1** nudo, scoperto, spoglio **2** (*fig.*) nudo e crudo; puro.
Nacktkultur (-/.) *s.f.* nudismo.
Nadel (-,-n) *s.f.* **1** ago **2** puntina (di giradischi).

Nadelwald (-es,-wälder) *s.m.* bosco di conifere.
Nagel (-s, Nägel) *s.m.* **1** chiodo | *Nägel mit Köpfen machen*, fare le cose come si deve **2** unghia.
Nagelhaut (-,-häute) *s.f.* pipita, pellicina delle unghie.
Nagellack (-es,-e) *s.m.* smalto per unghie.
nagen *v.intr.* **1** rosicchiare, rodere **2** corrodere ♦ *v.tr.* rodere.
Nagetier (-s,-e) *s.n.* roditore.
nahe *agg.* **1** (*luogo*) vicino (*tempo*) vicino, imminente **3** stretto: *ein -r Verwandter*, un parente stretto ♦ *avv.* (*superl.* **am nächsten**) **1** (*luogo*) vicino a, in prossimità di **2** (*tempo*) quasi **3** stretto ♦ *prep.* (+*dat.*) **1** (*luogo*) vicino a, presso **2** (*fig.*) a un passo (da), sull'orlo (di) ♦ elemento mobile di verbi separabili.
Nähe (-/.) *s.f.* **1** vicinanza **2** vicinanze, dintorni.
nahe-gehen (ging nahe, nahegegangen) *v.intr.* toccare da vicino.
nahe-legen *v.tr.* consigliare; suggerire.
naheliegend *agg.* ovvio, evidente.
nähen *v.tr. e intr.* **1** cucire **2** (*med.*) suturare.
näher *agg.* **1** più preciso **2** più breve ♦ *avv.* **1** (*luogo*) più da vicino **2** meglio, più precisamente.
Nähere (-n/.) *s.n.* ulteriori dettagli.
nähern, sich *v.pron.* (+*dat.*) avvicinarsi (a).
nahe-stehen (stand nahe, nahegestanden) *v.intr.* **1** essere intimo (di) **2** simpatizzare (per).
nahezu *avv.* quasi.
Nahkampf (-es,-kämpfe) *s.m.* (*sport*) corpo a corpo.

Nähmaschine (-,-n) *s.f.* macchina da cucire.
nähren, sich *v.pron.* (*von*) nutrirsi (di).
nahrhaft *agg.* nutriente, sostanzioso.
Nährstoff (-s,-e) *s.m.* sostanza nutritiva.
Nahrung (-,-en) *s.f.* alimentazione; nutrimento.
Nährwert (-es,-e) *s.m.* valore nutritivo.
Naht (-, Nähte) *s.f.* 1 cucitura 2 (*med.*) sutura 3 (*tecn.*) saldatura.
nahtlos *agg.* 1 senza cucitura 2 (*tecn.*) senza saldatura ♦ *avv.* in modo sfumato.
Nahverkehr (-s/.) *s.m.* traffico locale.
naiv *agg.* ingenuo, naif.
Naivität (-/.) *s.f.* ingenuità.
Name (-ns,-n) *s.m.* 1 nome 2 fama, reputazione.
namens *avv.* di nome, chiamato.
namentlich *agg.* nominativo; nominale ♦ *avv.* 1 per nome 2 specialmente, in particolare.
nämlich *cong.* infatti; e cioè.
nanu *inter.* ma guarda un po'.
Napf (-es, Näpfe) *s.m.* ciotola (per animali).
Narbe (-,-n) *s.f.* 1 cicatrice 2 (*bot.*) stigma.
Narkose (-,-n) *s.f.* anestesia, narcosi.
Narr (-en,-en) *s.m.* 1 stupido, sciocco 2 (*teatr.*) buffone.
Narzisse (-,-n) *s.f.* narciso.
naschen *v.intr.* 1 (*von*) piluccare 2 mangiare dolciumi.
Naschkatze (-,-n) *s.f.* goloso, ghiottone.
Nase (-,-n) *s.f.* naso | *pro* –, a cranio; *jdm. die Tür vor der – zuschlagen*, sbattere la porta in faccia a qlcu.
Nasenbluten (-s/.) *s.n.* sangue dal naso.
Nasenloch (-s,-löcher) *s.n.* narice.
Nashorn (-s,-hörner) *s.n.* rinoceronte.
naß *agg.* 1 bagnato 2 (*di tempo*) umido.
Nässe (-/.) *s.f.* umidità.
naßkalt *agg.* freddo e umido.
Nationalflagge (-,-n) *s.f.* bandiera nazionale.
Nationalgericht (-s,-e) *s.n.* piatto tipico di una nazione.
Nationalität (-,-en) *s.f.* nazionalità.
Natron (-s/.) *s.n.* bicarbonato di sodio.
Natter (-,-n) *s.f.* serpente.
Natur (-/.) *s.f.* 1 natura 2 indole, natura 3 fisico, costituzione fisica 4 tipo, natura 5 (stato) naturale.
Naturalien *s.pl.* prodotti naturali; materie prime.
Naturerscheinung (-,-en) *s.f.* fenomeno naturale.
naturgemäß *avv.* 1 secondo natura, in modo naturale 2 per propria natura.
Naturkatastrophe (-,-n) *s.f.* cataclisma, catastrofe naturale.
natürlich *agg.* 1 naturale 2 genuino, schietto 3 ovvio, logico ♦ *avv.* certamente; naturalmente.
Naturschutz (-es/.) *s.m.* protezione della natura: *unter – stehen*, essere protetto (a norma di legge).
Naturschutzgebiet (-es,-e) *s.n.* zona protetta; parco naturale.
nautisch *agg.* nautico.
Navigation (-,-en) *s.f.* navigazione.
Nazi (-s,-s) *s.m.* nazista.
Nebel (-s,-) *s.m.* 1 nebbia 2 (*fig.*) velo, nebbia.
nebelig *agg.* nebbioso.
Nebelscheinwerfer (-s,-) *s.m.* faro antinebbia.

neben *prep.* (+*dat./acc.*) **1** (*stato in luogo* +*dat.*) accanto a, vicino a **2** (*moto a luogo* +*acc.*) accanto a, di fianco a **3** (+*dat.*) oltre a **4** (+*dat.*) rispetto a, in confronto a.

nebenan *avv.* vicino, accanto.

nebenbei *avv.* **1** inoltre **2** tra l'altro, per inciso.

nebeneinander *avv.* l'uno accanto all'altro, fianco a fianco.

Nebeneingang (-s,-gänge) *s.m.* entrata secondaria.

Nebenerscheinung (-,-en) *s.f.* fenomeno concomitante.

Nebenfluß (-flusses,-flüsse) *s.m.* affluente.

Nebengebäude (-s,-e) *s.n.* dépendance.

nebenher *avv.* **1** accanto, vicino **2** contemporaneamente.

Nebensache (-,-n) *s.f.* cosa di secondaria importanza.

nebensächlich *agg.* di secondaria importanza.

Nebenstraße (-,-n) *s.f.* strada secondaria.

necken *v.tr.* stuzzicare, punzecchiare.

nee *avv.* no.

Neffe (-n,-n) *s.m.* nipote (di zio).

negativ *agg.* negativo.

negieren *v.tr.* negare.

nehmen (nahm, genommen) *v.tr.* **1** prendere, pigliare **2** togliere: *jdm. die Freude an etwas* –, togliere a qlcu. il piacere di qlco. **3** tenere, serbare **4** prendere, trattare: *jdn. zu* – *wissen,* saper prendere qlcu.

Neid (-es/.) *s.m.* invidia: *aus* –, per invidia.

neidisch *agg.* (*auf* +*acc.*) invidioso (di).

neigen *v.tr.* inclinare; chinare ♦ *v.intr.* (*zu*) essere propenso (a), essere soggetto (a) ♦ *sich* – *v.pron.* inclinarsi.

Neigung (-,-en) *s.f.* **1** inclinazione **2** (*fig.*) attitudine **3** simpatia, affetto.

nein *avv.* no.

Nelke (-,-n) *s.f.* **1** garofano **2** chiodo di garofano.

nennen (nannte, genannt) *v.tr.* **1** chiamare **2** citare, menzionare.

nennenswert *agg.* notevole.

Nerv (-s,-en) *s.m.* nervo | *gute* -en *haben,* avere i nervi saldi.

nervenaufreibend *agg.* snervante, logorante.

nervenberuhigend *agg.* calmante.

nervenkrank *agg.* neuropatico, malato di mente.

Nervenschwäche (-/.) *s.f.* nevrastenia.

Nervenzusammenbruch (-s/.) *s.m.* esaurimento nervoso.

nervös *agg.* nervoso.

Nerz (-es,-e) *s.m.* visone.

Nessel (-,-n) *s.f.* ortica | *sich in die* -n *setzen,* (*fig.*) cacciarsi nei guai.

Nest (-es,-er) *s.n.* **1** nido (*anche fig.*) **2** (*fig.*) covo.

nett *agg.* **1** carino, grazioso **2** simpatico **3** (*fam.*) bello.

netto *avv.* (*comm.*) netto.

Nettoeinkommen (-s,-) *s.n.* reddito netto.

Netz (-es,-e) *s.n.* rete (*anche fig.*) | *jdm. ins* – *gehen,* cadere nella trappola tesa da qlcu.

Netzkarte (-,-n) *s.f.* abbonamento per i mezzi pubblici valido per la circolazione in un determinato territorio.

neu *agg.* **1** nuovo **2** moderno, recente ♦ *avv.* recentemente, ultimamente.

neuartig *agg.* di nuovo tipo.

neuerdings *avv.* ultimamente.

neuerlich *agg.* 1 nuovo, recente 2 ulteriore ♦ *avv.* di nuovo.
Neuerung (-,-en) *s.f.* innovazione.
neuest... *agg.* 1 più nuovo 2 ultimo, più recente ♦ **seit neuestem** *locuz.avv.* ultimamente.
Neueste (-n/.) *s.n.* ultima (novità).
neuestens *avv.* ultimamente, recentemente.
Neufundländer (-s,-) *s.m.* (*zool.*) terranova.
Neugeborene (-n,-n) *s.n.* neonato.
Neugier (-/.) *s.f.* curiosità.
neugierig *agg.* curioso.
Neuheit (-,-en) *s.f.* novità; innovazione.
Neuigkeit (-,-en) *s.f.* novità: *weißt du schon die letzte –?*, sai già l'ultima?
Neujahr (-s,-e) *s.n.* capodanno.
Neuland (-es,-länder) *s.n.* 1 terreno non ancora sfruttato 2 terra inesplorata 3 (*fig.*) campo sconosciuto.
neulich *avv.* recentemente.
Neuling (-s,-e) *s.m.* principiante, novellino.
Neumond (-es/.) *s.m.* luna nuova.
Neuralgie (-,-n) *s.f.* nevralgia.
Neurose (-,-n) *s.f.* nevrosi.
Neuschnee (-s/.) *s.m.* neve fresca.
neutral *agg.* 1 neutrale, imparziale 2 neutro.
Neuzeit (-/.) *s.f.* età moderna.
nicht *avv.* 1 non 2 (*domanda retorica*) non è vero.
Nichte (-,-n) *s.f.* nipote (di zio).
nichtig *agg.* 1 nullo 2 insignificante, senza valore.
Nichtraucher (-s,-) *s.m.* non fumatore.
nichts *pron.indef.* 1 niente, nulla 2 mai: *er ist mit – zufrieden*, non è mai contento ♦ **nichts als**, niente al di fuori di, nient'altro che.

Nichts (-/.) *s.n.* 1 niente, nulla 2 nullità.
nichtsdestoweniger *cong.* ciò nonostante.
Nichtsnutz (-es,-e) *s.m.* buono a nulla.
nichtssagend *agg.* 1 insignificante 2 inespressivo.
nicken *v.intr.* 1 annuire 2 salutare con un cenno della testa.
Nidel (-s/.) *s.m.* (*svizz.*) panna.
nie *avv.* mai: *– wieder*, mai più.
nieder... *agg.* 1 basso 2 ignobile 3 (*fig.*) basso, inferiore, subalterno ♦ *avv.* 1 giù, in basso 2 abbasso!
Niedergang (-s/.) *s.m.* declino, decadenza.
niedergeschlagen *agg.* abbattuto, avvilito; scoraggiato.
Niederlage (-,-n) *s.f.* sconfitta (*anche fig.*).
nieder·lassen, sich (ließ nieder, niedergelassen) *v.pron.* 1 stabilirsi 2 posarsi.
nieder·legen, sich *v.pron.* coricarsi.
niederträchtig *agg.* infame, vile.
niedlich *agg.* carino, grazioso.
niedrig *agg.* 1 basso 2 umile 3 vile, meschino ♦ *avv.* in basso.
niemals *avv.* mai.
niemand *pron.* nessuno.
Niere (-,-n) *s.f.* 1 rene 2 (*gastr.*) rognone.
nieseln *v.intr.impers.* piovigginare.
niesen *v.intr.* starnutire.
Niete (-,-n) *s.f.* 1 biglietto (di lotteria) non vincente 2 (*fig.*) insuccesso, fiasco 3 schiappa, brocco.
Nihilist (-en,-en) *s.m.* nichilista.
Nilpferd (-es,-e) *s.n.* ippopotamo.
nimmer *avv.* mai, giammai.
nippen *v intr* sorseggiare.

Nippsachen *s.pl.* ninnoli, gingilli.
nirgends *avv.* da nessuna parte.
Nische (-,-n) *s.f.* nicchia.
nisten *v.intr.* nidificare, fare il nido.
Niveau (-s,-s) *s.n.* livello (*anche fig.*).
nivellieren *v.tr.* livellare.
Nixe (-,-n) *s.f.* ninfa, ondina.
nobel *agg.* **1** generoso **2** di lusso, signorile.
Nobelpreis (-es/.) *s.m.* premio Nobel.
noch *avv.* **1** ancora **2** altro: *möchten sie – etwas?*, desidera altro? **3** fare in tempo a **4** appena.
nochmals *avv.* ancora una volta.
nominell *agg.* nominale ♦ *avv.* nominalmente, di nome.
nominieren *v.tr.* designare, nominare.
Nonne (-,-n) *s.f.* monaca, suora.
Norden (-s/.) *s.m.* **1** nord, settentrione **2** paesi nordici.
nordisch *agg.* nordico.
nördlich *agg.* settentrionale, del nord ♦ *avv.* a nord, a settentrione.
nordwärts *avv.* verso nord.
nörgeln *v.intr.* (*an +dat.*) avere sempre da ridire (su).
Nörgler (-s,-) *s.m.* criticone.
Norm (-,-en) *s.f.* **1** norma, regola **2** (*tecn.*) standard **3** (*sport*) risultato minimo per la qualificazione.
normalerweise *avv.* normalmente.
Normaltarif (-s,-e) *s.m.* tariffa ordinaria.
Normalverbraucher (-s,-) *s.m.* consumatore medio.
Not (-, Nöte) *s.f.* **1** bisogno, necessità **2** emergenza **3** miseria, povertà **4** grande difficoltà.
Notar (-s,-e) *s.m.* notaio.
Notausgang (-es,-gänge) *s.m.* uscita di sicurezza.

Notbremse (-,-n) *s.f.* freno di emergenza.
Notdurft (-,-dürfte) *s.f.* bisogno (fisiologico).
notdürftig *agg.* **1** provvisorio ♦ *avv.* alla meno peggio.
Note (-,-n) *s.f.* **1** nota caratteristica **2** (*mus.*) nota; (*pl.*) spartito **3** (*scuola*) voto **4** nota diplomatica.
Notenständer (-s,-) *s.m.* leggio.
notfalls *avv.* in caso di bisogno.
notgedrungen *avv.* spinto dal bisogno, per forza.
notieren *v.tr.* **1** annotare, segnare, prendere nota **2** quotare.
nötig *agg.* necessario, occorrente.
nötigen *v.tr.* costringere, obbligare.
Notiz (-,-en) *s.f.* **1** nota, annotazione **2** (*di giornale*) notizia.
Notlage (-,-n) *s.f.* stato di necessità, difficoltà: *sich in einer – befinden*, trovarsi in difficoltà.
Notlüge (-,-n) *s.f.* bugia pietosa.
Notruf (-s,-e) *s.m.* chiamata di emergenza.
Notrufsäule (-,-n) *s.f.* colonnina del soccorso stradale.
Notstand (-es,-stände) *s.m.* stato d'emergenza.
Notverordnung (-,-en) *s.f.* ordinanza d'emergenza.
Notwehr (-/.) *s.f.* legittima difesa.
notwendig *agg.* necessario.
Notwendigkeit (-/.) *s.f.* necessità.
November (-s,-) *s.m.* novembre.
Nu *s.m.*: *im –*, in un baleno.
Nuance (-,-n) *s.f.* sfumatura.
nüchtern *agg.* **1** sobrio (*anche fig.*) **2** digiuno **3** (*fig.*) obiettivo, imparziale ♦ *avv.* **1** a digiuno **2** (*fig.*) obiettivamente.

Nudel (-,-n) *s.f.* pasta (alimentare).
Nudelsuppe (-,-n) *s.f.* pastina in brodo.
null *agg.* zero, nullo.
Nummer (-,-n) *s.f.* **1** numero, cifra **2** numero di targa, numero **4** numero di telefono **5** numero (di rivista) **6** numero (di spettacolo).
nun *avv.* ora, adesso.
nunmehr *avv.* oramai.
nur *avv.* **1** solo, non più di **2** esclusivamente ♦ *cong.* **1** ma **2** (*correlato a "nicht" o "sondern"*) non solo, ma.
nuscheln *v.intr.* farfugliare.
Nuß (-, Nüsse) *s.f.* **1** noce; nocciola **1** *eine harte – zu knacken haben*, (*fig.*) avere una gatta da pelare **2** (*fam.*) zucca, testa: *dumme –!*, testa di rapa!
Nußknacker (-s,-) *s.m.* schiaccianoci.
nützen *v.intr.* (*zu*) servire (a) ♦ *v.tr.* sfruttare, approfittare di.
Nutzen (-s/.) *s.m.* **1** utilità **2** vantaggio, profitto.
nützlich *agg.* utile, vantaggioso.
nutzlos *agg.* inutile, vano.
Nutznießung (-,-en) *s.f.* usufrutto.
Nylon (-s,-s) *s.n.* nylon.
Nymphe (-,-n) *s.f.* ninfa.
Nymphomanin (-,-nen) *s.f.* ninfomane.

O

Oase (-,-n) *s.f.* oasi.
ob *cong.* **1** (*in proposizioni interr. indirette*) se **2** (*correlato a "oder"*) che: *ob du kommst oder nicht...*, che tu venga o no... **3** (*correlato a "und"*) eccome, altroché.
Obacht (-/.) *s.f.* attenzione, cura: *auf etwas – geben*, fare attenzione a qlco.
Obdach (-s/.) *s.n.* riparo, rifugio.
obdachlos *agg.* senza tetto.
O-Beine *s.pl.* gambe storte.
oben *avv.* **1** su, sopra **2** in alto, in cima.
obenauf *avv.* sopra, in cima.
obendrein *avv.* per giunta, per di più.
obenerwähnt *agg.* sopra menzionato.
obengenannt *agg.* suddetto.
obenhin *avv.* superficialmente; di sfuggita.
obenhinaus *avv.* su in alto: *– wollen*, puntare in alto, essere ambizioso.
ober... *agg.* superiore, più alto.
Ober (-s,-) *s.m.* cameriere: *Herr –!*, cameriere!
Oberarzt (-es,-ärzte) *s.m.* aiuto primario.
Oberfläche (-,-n) *s.f.* superficie.
oberflächlich *agg.* superficiale.
Obergeschoß (-schosses,-schosse) *s.n.* piano superiore.
oberhalb *prep.* (+*gen.*) al di sopra di ♦ *avv.* (*correlato a "von"*) in alto.
Oberhand (-/.) *s.f.*: *über etwas/jdn. die – gewinnen*, aver il sopravvento su qlco/qlcu.
Oberhaupt (-es,-häupter) *s.n.* capo (supremo).
Oberin (-,-nen) *s.f.* (*relig.*) madre superiora.
oberirdisch *agg.* sopra il suolo, in superficie.
Oberkommando (-s,-s) *s.n.* comando supremo.
Oberkörper (-s,-) *s.m.* (*anat.*) busto, torso.
Oberleutnant (-s,-s) *s.m.* tenente.
Obers (-/.) *s.n.* (*austr.*) panna montata.
Oberschenkel (-s,-) *s.m.* coscia.

Oberschenkelbruch (-es,-brüche) *s.m.* frattura del femore.

Oberschule (-,-n) *s.f.* scuola (media) superiore.

Oberst (-en,-en) *s.m.* colonnello.

oberst... *agg.* 1 il più alto, supremo 2 superiore, massimo.

Oberstleutnant (-s,-s) *s.m.* tenente colonnello.

Oberstufe (-,-n) *s.f.* classi superiori.

Oberwasser (-s/.) *s.n.*: – *haben*, avere il sopravvento, trovarsi in vantaggio.

Obhut (-/.) *s.f.* custodia; tutela.

obig *agg.* suddetto.

objektiv *agg.* obiettivo, oggettivo, imparziale ♦ *avv.* obiettivamente.

Oblate (-,-n) *s.f.* 1 (*relig.*) ostia 2 (*gastr.*) cialda.

obligatorisch *agg.* obbligatorio, d'obbligo.

Obrigkeit (-,-en) *s.f.* 1 autorità 2 potere pubblico.

obschon *cong.* sebbene.

obskur *agg.* oscuro; sospetto.

Obst (-es/.) *s.n.* frutta.

Obsthändler (-s,-) *s.m.* fruttivendolo.

Obstler (-s,-) *s.m.* acquavite di frutta.

obszön *agg.* osceno.

obwohl *cong.* sebbene, benché, nonostante.

Ochse (-n,-n) *s.m.* 1 bue 2 (*fam.*) cretino.

öde *agg.* 1 brullo; incolto 2 desolato; deserto 3 (*fig.*) noioso, monotono.

oder *cong.* 1 o, oppure 2 (*posposto*) vero, nevvero: *du kommst doch, oder?*, tu vieni, (nev)vero?

Ofen (-s, Öfen) *s.m.* 1 stufa 2 forno.

offen *agg.* 1 aperto (*anche fig.*) 2 sfuso, sciolto 3 libero, vacante ♦ *avv.* 1 apertamente 2 (in modo) sciolto, (in modo) sfuso.

offenbar *agg.* evidente, ovvio ♦ *avv.* evidentemente, a quanto pare.

offenbaren *v.tr.* rivelare ♦ **sich** – *v.pron.* 1 rivelarsi, manifestarsi 2 (+*dat.*) confidarsi con.

offen-bleiben (blieb offen, offengeblieben) *v.intr.* rimanere aperto.

offen-halten (hielt offen, offengehalten) *v.tr.* tenere aperto (*anche fig.*).

Offenheit (-/.) *s.f.* franchezza; schiettezza.

offenherzig *agg.* 1 franco; schietto 2 aperto ♦ *avv.* francamente.

offenkundig *agg.* manifesto, palese, ovvio.

offen-lassen (ließ offen, offengelassen) *v.tr.* 1 lasciare aperto (*anche fig.*) 2 lasciare in bianco.

offen-legen *v.tr.* scoprire, svelare.

offensichtlich *agg.* evidente, manifesto ♦ *avv.* evidentemente, a quanto pare.

offen-stehen (stand offen, offengestanden) *v.intr.* 1 essere aperto 2 (*comm.*) essere scoperto 3 (*fig.*) essere vacante.

öffentlich *agg.* pubblico ♦ *avv.* pubblicamente, in pubblico.

Öffentlichkeit (-/.) *s.f.* pubblico; opinione pubblica.

Öffentlichkeitsarbeit (-/.) *s.f.* pubbliche relazioni.

Offerte (-,-n) *s.f.* (*comm.*) offerta.

offiziell *agg.* ufficiale ♦ *avv.* ufficialmente.

Offizier (-s,-e) *s.m.* ufficiale.

öffnen *v.tr.* aprire (*anche fig.*) ♦ **sich** – *v.pron.* aprirsi; dischiudersi (*anche fig.*).

Öffner (-s,-) *s.m.* 1 apriporta 2 apriscatole 3 apribottiglie.

Öffnung (-,-en) *s.f.* apertura (*anche fig.*).
oft *avv.* spesso, frequentemente.
öfter *avv.* **1** più spesso **2** piuttosto spesso ♦ **des -en** *locuz.avv.* più volte, frequentemente.
ohne *prep.* (+*acc.*) senza.
ohnedies *avv.* comunque, in ogni caso.
ohnegleichen *avv.* **1** incomparabile **2** inaudito.
Ohnmacht (-,-en) *s.f.* **1** svenimento **2** (*fig.*) debolezza, impotenza.
ohnmächtig *agg.* **1** svenuto **2** (*fig.*) impotente, debole.
Ohr (-s,-en) *s.n.* orecchio | *schlechte -en haben*, (*fig.*) essere duro d'orecchi; *halt die -en steif!*, su con la vita!; *jdn. übers – hauen*, menare qlcu. per il naso.
Ohrfeige (-,-n) *s.f.* schiaffo, ceffone.
Ohrring (-s,-e) *s.m.* orecchino.
Ökologie (-/.) *s.f.* ecologia.
Oktober (-s,-) *s.m.* ottobre.
ökonomisch *agg.* economico.
ökumenisch *agg.* ecumenico.
Öl (-s,-e) *s.n.* **1** olio **2** olio combustibile **3** petrolio.
ölen *v.tr.* **1** (*fig.*) oliare, lubrificare **2** (*gastr.*) ungere.
Ölfarbe (-,-n) *s.f.* colore a olio.
Ölfilm (-s,-e) *s.m.* leggero strato d'olio.
ölig *agg.* **1** oleoso, unto **2** (*fig.*) untuoso.
Ölpest (-/.) *s.f.* marea nera; inquinamento da petrolio.
Ölwanne (-,-n) *s.f.* (*auto*) coppa dell'olio.
Ölwechsel (-s,-) *s.m.* cambio dell'olio.
Olympiade (-,-n) *s.f.* olimpiade.
Oma (-,-s) *s.f.* (*fam.*) nonna.
Omen (-s,-) *s.n.* presagio.
Omnibus (-ses,-se) *s.m.* autobus, corriera.
onanieren *v.intr.* masturbarsi.
Onkel (-s,-) *s.m.* zio.
Opa (-s,-s) *s.m.* (*fam.*) nonno.
Oper (-,-n) *s.f.* **1** opera **2** teatro dell'opera.
Operation (-,-en) *s.f.* operazione.
Opernglas (-es,-gläser) *s.n.* binocolo da teatro.
Opernsänger (-s,-) *s.m.* (*f.-*in/-innen) cantante lirico/a.
Opfer (-s,-) *s.n.* **1** sacrificio **2** vittima (*anche fig.*).
opfern *v.tr.* **1** sacrificare **2** donare, offrire ♦ **sich** – *v.pron.* sacrificarsi.
Opiumsüchtige (-n,-n) *s.m./f.* oppiomane.
Opposition (-,-en) *s.f.* opposizione.
Optiker (-s,-) *s.m.* ottico.
optimal *agg.* ottimale.
Optimist (-en,-en) *s.m.* (*f.-*in/-innen) ottimista.
orakelhaft *agg.* (*fig.*) sibillino, ambiguo.
Orange¹ (-,-n) *s.f.* arancia.
Orange² (-/.) *s.n.* colore arancione.
Orangeat (-s,-e) *s.n.* buccia d'arancia candita.
Orchester (-s,-) *s.n.* orchestra.
Orden (-s,-) *s.m.* **1** decorazione, onorificenza **2** (*relig.*) ordine.
ordentlich *agg.* **1** ordinato **2** accurato, ben fatto **3** regolare, ordinario **4** buono, bello, come si deve.
ordern *v.tr.* ordinare ♦ *v.intr.* fare un'ordinazione.
Ordination (-,-en) *s.f.* (*austr.*) ambulatorio, studio medico.
ordnen *v.tr.* (ri)ordinare, sistemare.
Ordner (-s,-) *s.m.* raccoglitore (per documenti).

Ordnung (-,-en) *s.f.* **1** ordine **2** categoria, rango **3** sistemazione, disposizione **4** (*fam.*) routine, abitudini di vita.
Ordnungsstrafe (-,-n) *s.f.* ammenda.
Organ (-s,-e) *s.n.* **1** (*anat.*) organo **2** organo, istituzione **3** organo (ufficiale), giornale **4** (*fam.*) voce: *ein lautes – haben*, avere una voce forte.
organisieren *v.tr.* **1** organizzare **2** procurare ♦ *sich* – *v.pron.* organizzarsi.
Organismus (-,-men) *s.m.* organismo.
Orgel (-,-n) *s.f.* organo.
Orient (-s/.) *s.m.* oriente.
orientieren *v.tr.* orientare (*anche fig.*) ♦ *sich* – *v.pron.* orientarsi.
Orientierungssinn (-es/.) *s.m.* senso dell'orientamento.
original *agg.* autentico.
Original (-s,-e) *s.n.* **1** originale: *testo originale* **2** (*di persona*) tipo originale.
originell *agg.* originale, strano.
Ort (-es,-e) *s.m.* **1** luogo, posto **2** località, paese.
Örtchen (-s,-) *s.n.* (*fam.*) posticino, gabinetto.
Orthopäde (-n,-n) *s.m.* ortopedico.
örtlich *agg.* locale ♦ *avv.* localmente.
ortsfremd *agg.* forestiero.
Ortsschild (-es,-er) *s.n.* cartello indicatore di località.
Ortsteil (-es,-e) *s.m.* frazione.
ortsüblich *agg.* di uso locale
Öse (-,-n) *s.f.* occhiello, asola.
Osten (-s/.) *s.m.* est, oriente.
Ostern *s.n.inv.* Pasqua: *zu –*, a Pasqua.
Ostwind (-es/.) *s.m.* vento di levante.
Otter (-,-n) *s.f.* vipera.
Overall (-s,-s) *s.m.* tuta.
Overheadprojektor (-s,-en) *s.m.* lavagna luminosa.

Oxydation (-,-en) *s.f.* ossidazione.
Ozean (-s,-e) *s.m.* oceano.
Ozon (-s/.) *s.n.* ozono.
Ozonschicht (-/.) *s.f.* ozonosfera.

P

paar *agg.indef.inv.* **1** alcuni, qualche **2** pochi: *die – Male*, quelle poche volte | *alle – Minuten*, ogni due, tre minuti; *schreib mir ein – Zeilen*, scrivimi due righe.
Paar (-es,-e) *s.n.* **1** paio **2** coppia.
paaren *v.tr.* **1** (*zool.*) accoppiare **2** (*fig.*) (*mit*) unire (a) ♦ *sich* – *v.pron.* **1** (*zool.*) accoppiarsi **2** (*fig.*) (*mit*) unirsi (a).
paarweise *agg. e avv.* a coppie.
Pacht (-,-en) *s.f.* **1** affitto, locazione (di esercizi) **2** canone di locazione.
pachten *v.tr.* prendere in affitto, affittare.
Pächter (-s,-) *s.m.* locatario, affittuario.
Pack (-s,-e) *s.m.* pacco, pacchetto; fascio.
Pack (-s/.) *s.n.* gentaglia.
Päckchen (-s,-) *s.n.* pacchetto; pacchetto postale.
packen *v.intr.* fare i bagagli ♦ *v.tr.* **1** fare: *ein Paket –*, fare un pacco **2** mettere via **3** afferrare, prendere **4** (*di sentimenti*) cogliere, impossessarsi **4** (*di film ecc.*) avvincere, prendere.
Packen (-s,-) *s.m.* pacco, pacchetto.
packend *agg.* avvincente, affascinante.
Packpapier (-s,-e) *s.n.* carta da pacchi.
Packung (-,-en) *s.f.* **1** pacchetto, scatola, confezione **2** (*med.*) impacco.
Paddelboot (es,-e) *s.n.* canoa.

Paket (-s,-e) *s.n.* **1** pacco; pacchetto **2** (*pol.*) pacchetto.
Pakt (-s,-e) *s.m.* patto.
paktieren *v.intr.* patteggiare.
Palast (-es, Paläste) *s.m.* palazzo.
Palette (-,-n) *s.f.* **1** tavolozza **2** gamma, varietà **3** (*tecn.*) paletta.
Palme (-,-n) *s.f.* palma | *jdn. auf die – bringen*, (*fig.*) mandare in bestia qlcu.
Pampelmuse (-,-n) *s.f.* pompelmo.
Paneel (-s,-e) *s.n.* pannello.
panieren *v.tr.* (*gastr.*) impanare.
Panik (-,-en) *s.f.* panico: *in – geraten*, farsi prendere dal panico; *nur keine –!*, calma!
panisch *agg.* panico; *-e Angst haben* (*vor*), avere una paura viscerale (di).
Panne (-,-n) *s.f.* **1** errore, sbaglio **2** (*auto*) guasto, panne.
Pannenhilfe (-/.) *s.f.* soccorso stradale.
Panorama (-s,-men) *s.n.* panorama.
panschen *v.tr.* annacquare (vino) ♦ *v.intr.* sguazzare.
Panther (-s,-) *s.m.* pantera.
Pantine (-,-n) *s.f.* zoccolo | *aus den -n kippen*, (*fig.*) svenire.
Pantoffel (-s,-n) *s.m.* pantofola, ciabatta.
Panzer (-s,-) *s.m.* **1** carro armato **2** corazza (*anche fig.*).
Papa (-s,-s) *s.m.* papà.
Papagei (-s,-en) *s.m.* pappagallo.
Papier (-s,-e) *s.n.* **1** carta **2** (*pl.*) documenti, atti **3** (*econ.*) effetto, titolo.
Papierfabrik (-,-en) *s.f.* cartiera.
Papierhandlung (-,-en) *s.f.* cartoleria.
Papierkorb (-es,-körbe) *s.m.* cestino per la carta.
Pappbecher (-s,-) *s.m.* bicchiere di carta.
Pappe (-,-n) *s.f.* cartone, cartoncino.

Pappel (-,-n) *s.f.* pioppo.
pappig *agg.* appiccicoso.
Pappteller (-s,-) *s.m.* piatto di carta.
Paprika (-s,-s) *s.m.* **1** peperoncino rosso, peperone **2** paprica | *– im Blut haben*, (*fig.*) avere il fuoco nelle vene.
Paprikaschote (-,-n) *s.f.* peperone.
Papst (-es, Päpste) *s.m.* papa, pontefice.
päpstlich *agg.* papale, pontificio.
Parade (-,-n) *s.f.* **1** parata, rassegna **2** (*fig.*) mostra, sfoggio.
Paradeiser (-s,-) *s.m.* (*austr.*) pomodoro.
Paradies (-es,-e) *s.n.* paradiso.
paradox *agg.* paradossale.
parallel *agg.* parallelo ♦ *avv.* parallelamente.
Paralyse (-,-n) *s.f.* (*med.*) paralisi.
Parasit (-en,-en) *s.m.* **1** parassita **2** (*fig.*) scroccone.
parat *agg.* pronto, preparato.
pardon *interr.* pardon, scusi.
Parfum (-s,-s) *s.n.* profumo.
Parfümerie (-,-n) *s.f.* profumeria.
parieren¹ *v.intr.* ubbidire.
parieren² *v.tr.* (*sport*) parare.
Park (-s,-s) *s.m.* **1** parco **2** giardini pubblici.
Parkett (-s,-e) *s.n.* **1** parquet **2** (*teatr.*) prime file della platea.
Parkhaus (-es,-häuser) *s.n.* autosilo.
Parkplatz (-es,-plätze) *s.m.* posteggio, parcheggio.
Parkscheibe (-,-n) *s.f.* disco orario.
Parkverbot (-s,-e) *s.n.* divieto di sosta.
Parkwächter (-s,-) *s.m.* posteggiatore.
Parlament (-s,-e) *s.n.* **1** parlamento **2** palazzo del parlamento.
Parmesan (-s/.) *s.m.* (*gastr.*) formaggio parmigiano.

Parodie (-,-n) *s.f.* (*auf* +*acc.*) parodia (di).

parodieren *v.tr.* fare la parodia di.

Parole (-,-n) *s.f.* 1 motto, slogan 2 parola d'ordine.

Paroli *s.n.*: *jdm. – bieten*, tener testa a qlcu.

Partei (-,-en) *s.f.* 1 (*pol.*) partito 2 parte: *beteiligte –, parte interessata | für jdn. – ergreifen*, (*fig.*) prendere partito per qlcu. 3 inquilino.

parteiisch *agg.* parziale, non obiettivo.

Parterre (-s,-s) *s.n.* 1 pianterreno 2 (*teatr.*) platea.

Partie (-,-n) *s.f.* 1 parte (*anche mus.*) 2 partita (*anche sport*) 3 partito.

partiell *agg.* parziale.

Partner (-s,-) *s.m.* 1 compagno, collega 2 (*comm.*) socio 3 (*danza*) cavaliere 4 interlocutore.

Partnerschaft (-,-en) *s.f.* 1 (*comm.*) partecipazione 2 gemellaggio (fra città).

Parzelle (-,-n) *s.f.* parcella; lotto.

Paß (Passes, Pässe) *s.m.* 1 passaporto 2 (*di montagna*) passo, valico 3 (*sport*) passaggio.

Passage (-,-n) *s.f.* 1 galleria di negozi 2 (*di testo*) passo.

Passagier (-s,-e) *s.m.* passeggero: *blinder –*, passeggero clandestino.

Passant (-en,-en) *s.m.* passante.

Paßbild (-es,-er) *s.n.* fototessera.

passen *v.intr.* 1 andare bene 2 (*zu*) abbinarsi (con) 3 (*auf* +*acc.*) corrispondere (a) 4 (*gioco delle carte*) passare ♦ *v.tr.* 1 (*calcio*) passare 2 (*in* +*acc.*) far stare/entrare in.

passend *agg.* 1 che va bene 2 adatto, adeguato ♦ *avv.* adeguatamente.

passierbar *agg.* praticabile, transitabile.

passieren *v.tr.* 1 passare per, attraversare 2 (*gastr.*) passare ♦ *v.intr.* succedere, accadere.

Paste (-,-n) *s.f.* 1 crema; pasta 2 unguento.

pastellfarben *agg.* di colore pastello.

Pastete (-,-n) *s.f.* (*gastr.*) pasticcio; sfoglia ripiena.

pasteurisieren *v.tr.* pastorizzare.

Pastille (-,-n) *s.f.* pastiglia, pasticca.

Pastor (-s,-en) *s.m.* (*rel.*) pastore.

Pate (-n,-n) *s.m.* padrino.

Patenkind (-es,-er) *s.n.* figlioccio.

patent *agg.* 1 (*fam.*) bravo, in gamba 2 formidabile.

Patent (-s,-e) *s.n.* brevetto.

Patentamt (-es,-ämter) *s.n.* ufficio brevetti.

patentrechtlich *avv.*: *– geschützt*, brevettato.

Pater (-s, Patres) *s.m.* (*rel.*) padre.

pathetisch *agg.* patetico.

Pathos (-/.) *s.n.* pathos, enfasi.

Patient (-en,-en) *s.m.* paziente.

Patin (-,-nen) *s.f.* madrina.

Patriot (-en,-en) *s.m.* patriota.

Patron (-s,-e) *s.m.* 1 (*rel.*) patrono 2 tipo, tizio.

Patrone (-,-n) *s.f.* cartuccia.

Patrouille (-,-n) *s.f.* pattuglia: *auf – sein*, essere di pattuglia.

Patsche (-,-n) *s.f.* 1 (*fam.*) pasticcio, guaio 2 fango, melma.

Patt (-s,-s) *s.n.* (*scacchi*) stallo.

Patte (-,-n) *s.f.* 1 (*sartoria*) pattina, patta; risvolto 2 lembo, linguetta.

patzig *agg.* impertinente; insolente.

Pauke (-,-n) *s.f.* (*mus.*) timpano.

pauken *v.tr. e intr.* studiare con impegno; (*fam.*) darci dentro.

pauschal *agg.* forfettario.
Pauschale (-,-n) *s.f.* somma forfettaria.
Pause (-,-n) *s.f.* pausa, intervallo.
Pauspapier (-s,-e) *s.n.* carta carbone.
Pazifist (-en,-en) *s.m.* pacifista.
Pech (-s,-e) *s.n.* **1** pece | *wie – und Schwefel zusammenhalten*, (fig.) essere inseparabili **2** sfortuna | *– gehabt!*, che sfortuna!
Pechvogel (-s,-vögel) *s.m.* (fam.) scalognato.
Pedal (-s,-e) *s.n.* pedale.
peilen *v.tr.* (mar.) sondare (anche fig.), scandagliare | *über den Daumen –*, (fam.) calcolare approssimativamente.
Pein (-/.) *s.f.* pena, tormento.
peinigen *v.tr.* tormentare.
peinlich *agg.* **1** penoso, imbarazzante **2** scrupoloso, meticoloso.
Peitsche (-,-n) *s.f.* frusta, scudiscio.
Pelikan (-s,-e) *s.m.* (zool.) pellicano.
Pelle (-,-n) *s.f.* (di salumi) pelle, (di verdure) buccia | *jdm. auf die – rücken*, stare alle calcagna di qlcu.
pellen *v.tr.* pelare, sbucciare ♦ *sich – v.pron.* spellarsi, pelarsi.
Pellkartoffel (-,-n) *s.f.* patate lesse con la buccia.
Pelz (-es,-e) *s.m.* **1** (di animali) pelo, pelliccia **2** (abbigl.) pelliccia.
Pelzhändler (-s,-) *s.m.* pellicciaio.
Pendel (-s,-) *s.n.* pendolo.
pendeln *v.intr.* **1** oscillare **2** fare il pendolare.
Pendler (-s,-) *s.m.* pendolare.
penibel *agg.* scrupoloso; pignolo.
Pennäler (-s,-) *s.m.* studente delle scuole medie e medie superiori.
Pennbruder (-s,-brüder) *s.m.* (fam.) barbone, vagabondo.
Pension (-,-en) *s.f.* **1** pensione **2** (albergo) pensione.
Pensionat (-s,-e) *s.n.* collegio, convitto.
pensionieren *v.tr.* mandare in pensione.
Pensionist (-en,-en) *s.m.* (austr.) pensionato.
Pensum (-s, Pensen) *s.n.* compito/lavoro assegnato.
Pep (-s/.) *s.m.* (fam.) brio, vitalità.
Pepita (-s,-s) *s.m.* tessuto a quadrettini.
per *prep.* (+acc.) **1** per, a mezzo **2** con, in: *– Bahn*, con il treno **3** (comm.) per.
perforieren *v.tr.* perforare (anche med.).
Pergamentpapier (-s,-e) *s.n.* carta oleata.
Periode (-s,-n) *s.f.* **1** periodo **2** (fam.) ciclo mestruale.
Peripherie (-,-n) *s.f.* **1** periferia **2** (fig.) secondo piano.
Perle (-,-n) *s.f.* **1** perla (anche fig.) **2** (di spumante ecc.) bollicina.
Perlmutt (-s/.) *s.n.* madreperla.
Perlwein (-s,-e) *s.m.* vino frizzante.
permanent *agg.* permanente.
perplex *agg.* (über +acc.) stupito (per), colpito (da.); sbalordito.
Person (-,-en) *s.f.* **1** persona **2** individuo **3** personaggio.
Personal (-s/.) *s.n.* pesonale, organico.
Personalien *s.pl.* dati anagrafici, generalità.
Personenzug (-es,-züge) *s.m.* (treno) locale.
personifizieren *v.tr.* personificare.
persönlich *agg.* **1** personale, individuale **2** riservato ♦ *avv.* personalmente, di persona.
Persönlichkeit (-,-en) *s.f.* personalità.

Perspektive (-,-n) *s.f.* 1 prospettiva, visuale 2 punto di vista.
Perücke (-,-n) *s.f.* parrucca.
pervers *agg.* 1 perverso, pervertito 2 (*fam.*) scandaloso ♦ *avv.* in modo perverso.
Pessimist (-en,-en) *s.m.* pessimista.
pessimistisch *agg.* pessimistico, pessimista.
Pest (-/.) *s.f.* 1 peste 2 (*fig.*) flagello | *jdn. wie die – hassen*, odiare a morte qlcu.
Petersilie (-,-n) *s.f.* prezzemolo.
petzen *v.intr.* (*fam.*) fare la spia, riportare.
Pfad (-es,-e) *s.m.* sentiero.
Pfadfinder (-s,-) *s.m.* (boy) scout.
Pfahl (-s, Pfähle) *s.m.* palo, paletto.
Pfand (-es,-e) *s.n.* 1 pegno (*anche fig.*) 2 deposito (per il vuoto).
pfänden *v.tr.* pignorare.
Pfanne (-,-n) *s.f.* padella, tegame.
Pfannkuchen (-s,-) *s.m.* crêpe.
Pfarrei (-,-en) *s.f.* parrocchia.
Pfarrer (-s,-) *s.m.* parroco; pastore.
Pfau (-s,-en/-e) *s.m.* pavone.
Pfeffer (-s/.) *s.m.* pepe | *hingehen wo der – wächst*, (*fig.*) andare a quel paese.
Pfefferkuchen (-s,-) *s.m.* (*gastr.*) pan pepato.
Pfefferminze (-/.) *s.f.* menta piperita.
pfeffern *v.tr.* 1 pepare 2 (*fam.*) scaraventare.
Pfeife (-,-n) *s.f.* 1 pipa 2 fischietto.
pfeifen (pfiff, gepfiffen) *v.tr.* fischiare, fischiettare ♦ *v.intr.* fischiare | *auf etwas/jdn. –*, infischiarsene di qlco./qlcu.
Pfeil (-es) *s.m.* freccia.
Pfeiler (-s,-) *s.m.* pilastro; pilone.
Pfennig (-s,-e) *s.m.* centesimo di marco | *keinen – wert sein*, non valere una cicca.
Pfennigabsatz (-es,-sätze) *s.m* tacco a spillo.
Pfennigfuchser (-s,-s) *s.m.* (*fam.*) tirchio, taccagno.
pferchen *v.tr.* 1 rinchiudere nel recinto 2 (*fig.*) stipare.
Pferd (-es,-e) *s.n.* cavallo | *wie ein – arbeiten*, (*fam.*) sgobbare come un mulo; *mit jdm. -e stehlen können*, potersi fidare ciecamente di qlcu.
Pferdeschwanz (-es,-schwänze) *s.m.* coda di cavallo (*anche fig.*).
Pferdestärke, PS (-,-n) *s.f.* (*fis./tecn.*) cavallo vapore.
Pfiff (-es,-e) *s.m.* 1 fischio 2 *der letzte –*, (*fam.*) il tocco finale.
pfiffig *agg.* furbo, astuto, scaltro ♦ *avv.* astutamente.
Pfingsten (-/.) *s.n.* Pentecoste.
Pfirsich (-s,-e) *s.m.* pesca.
Pflanze (-,-n) *s.f.* pianta | *in ziehen*, coltivare piante.
pflanzen *v.tr.* piantare ♦ *sich – v.pron.* (*fam.*) piantarsi, piazzarsi.
Pflanzenfett (-s,-e) *s.n.* grasso vegetale.
Pflanzenschädling (-s,-e) *s.m.* parassita delle piante.
Pflanzenwelt (-/.) *s.f.* flora.
pflanzlich *agg.* vegetale.
Pflaster (-s,-) *s.n.* 1 lastricato, selciato | *ein teures –*, (*fam.*) un posto molto caro 2 cerotto.
pflastern *v.tr.* lastricare, selciare.
Pflaume (-,-n) *s.f.* susina, prugna.
Pflege (-/.) *s.f.* 1 cure; assistenza | *jdn. in – nehmen*, prendersi cura di qlcu. 2 cura: *die – des Körpers*, la cura del corpo 3 (*tecn.*) manutenzione.
Pflegeeltern *s.pl.* (genitori) affidatari.
Pflegefall (-es,-fälle) *s.m.* persona non

autosufficiente.
pflegen *v.tr.* **1** assistere; curare, avere cura **2** dedicarsi a, coltivare ♦ **sich –** *v.pron.* curarsi, aver cura di sé.
Pflegesatz (-es,-sätze) *s.m.* retta giornaliera (per la degenza).
Pflicht (-,-en) *s.f.* **1** dovere; obbligo **2** (*sport*) esercizi obbligatori.
pflichtbewußt *agg.* coscienzioso ♦ *avv.* coscienziosamente.
Pflock (-s, Pflöcke) *s.m.* picchetto, paletto.
pflücken *v.tr.* raccogliere (frutti); cogliere (fiori).
Pflug (-es, Pflüge) *s.m.* aratro.
pflügen *v.tr.* arare.
Pforte (-,-n) *s.f.* cancello; entrata.
Pförtner (-s,-) *s.m.* portinaio, portiere.
Pfosten (-s,-) *s.m.* **1** (*sport*) palo **2** (*di porta*) stipite **3** montante.
Pfote (-,-n) *s.f.* zampa (*anche fig.*): *überall die -n drinhaben*, (*fig.*) avere le mani dappertutto.
Pfropf (-es,-e) *s.m.* **1** tampone **2** (*med.*) coagulo; embolo.
pfropfen *v.tr.* **1** tappare, turare **2** stipare **3** innestare.
Pfropfen (-s,-) *s.m.* tappo, turacciolo.
Pfuhl (-es,-e) *s.m.* pantano, pozza fangosa.
pfui *interr.* puah: *– Teufel!*, che schifo!
Pfund (-es,-e) *s.n.* **1** mezzo chilo **2** lira sterlina.
Pfuscharbeit (-,-en) *s.f.* lavoro fatto male, lavoraccio.
pfuschen *v.intr.* (*fam.*) lavorare alla carlona.
Pfütze (-,-n) *s.f.* pozzanghera.
Phänomen (-s,-e) *s.n.* fenomeno.
Phantasie (-,-n) *s.f.* fantasia, immaginazione.
phantastisch *agg.* **1** fantastico, irreale **2** (*fam.*) incredibile, straordinario ♦ *avv.* in modo fantastico, incredibilmente.
Phantom (-s,-e) *s.n.* fantasma.
Phantombild (-es,-er) *s.n.* identikit.
pharmazeutisch *agg.* farmaceutico.
Phase (-,-n) *s.f.* fase, periodo, stadio.
Philantropie (-/.) *s.f.* filantropia.
Philharmoniker (-s,-) *s.m.* (*mus.*) **1** filarmonico **2** (*pl.*) orchestra filarmonica.
Philosoph (-en,-en) *s.m.* filosofo.
Phlegma (-s/.) *s.n.* flemma.
Phobie (-,-n) *s.f.* fobia.
phosphoreszieren *v.intr.* essere fosforescente.
Photo (*anche:* **Foto**) (-s,-s) *s.n.* foto, fotografia.
Physik (-/.) *s.f.* fisica.
physisch *agg.* fisico; corporeo.
Piano (-s,-s) *s.n.* pianoforte.
Pickel¹ (-s,-) *s.m.* brufolo, foruncoletto.
Pickel² (-s,-) *s.m.* **1** piccone **2** piccozza.
Pieps *s.m.*: *(fam.) keinen – sagen*, non dire una parola; *einen – haben*, essere un po' suonato.
Piepser (-s,-) *s.m.* (*fam.*) cicalino, teledrin.
pieseln *v.intr.* (*austr./svizz.*) fare la pipì.
Pietät (-/.) *s.f.* **1** pietà **2** misericordia.
pietätvoll *agg.* rispettoso, riverente.
Pik (-s,-) *s.n.* (*carte*) picche.
pikant *agg.* **1** piccante, speziato **2** (*fig.*) spinto, osé.
pikiert *agg.* **1** risentito, offeso.
Pilger (-s,-) *s.m.* pellegrino.
pilgern *v.intr.* recarsi in pellegrinaggio.

Pille (-,-n) *s.f.* 1 pillola | *eine bittere –*, (*fig.*) un boccone amaro 2 (*fam.*) pillola anticoncezionale.
Pilot (-es,-en) *s.m.* pilota.
Pilz (-es,-e) *s.m.* fungo.
Pimmel (-s,-) *s.m.* (*fam.*) pisellino.
pingelig *agg.* pedante.
Pinguin (-s,-e) *s.m.* pinguino.
Pinie (-,-n) *s.f.* pino.
Pinke (-/-) *s.f.* (*fam.*) quattrini, palanche.
pinkeln *v.intr.* orinare.
Pinne (-,-n) *s.f.* chiodino, puntina.
Pinnwand (-,-wände) *s.f.* pannello per avvisi.
Pinsel (-s,-) *s.m.* pennello.
pinseln *v.tr.* 1 spennellare; pennellare 2 (*fam.*) dipingere ♦ *v.intr.* (*auf +dat.*) dipingere (su).
Pinte (-,-n) *s.f.* 1 birreria 2 bricco.
Pinzette (-,-n) *s.f.* pinzetta.
Pionier (-s,-e) *s.m.* pioniere (*anche fig.*).
Pioniergeist (-es/.) *s.m.* spirito pionieristico.
Pipeline (-,-s) *s.f.* oleodotto.
Pirat (-en,-en) *s.m.* pirata.
Pirsch (-/ä/.) *s.f.* caccia in appostamento.
Pistazie (-s,-n) *s.f.* pistacchio.
Piste (-,-n) *s.f.* pista.
Pistole (-,-n) *s.f.* pistola | *wie aus der – geschossen antworten*, rispondere di botto.
placieren *v.tr.* 1 collocare, piazzare (*anche fig.*) 2 (*sport*) piazzare ♦ *sich – v.pron.* piazzarsi.
placken *sich v.pron.* (*fam.*) affaticarsi, strapazzarsi.
Plackerei (-,-en) *s.f.* lavoraccio, faticaccia.

plädieren *v.intr.* 1 (*auf +acc.*) perorare, chiedere 2 (*für/gegen*) battersi (in favore di/contro).
Plädoyer (-s,-s) *s.n.* 1 arringa 2 difesa.
Plafond (-s,-s) *s.m.* 1 (*austr.*) soffitto 2 (*fin.*) castelletto; plafond.
Plage (-,-n) *s.f.* tormento, piaga.
Plagegeist (-es,-er) *s.m.* seccatore/trice, scocciatore/trice.
plagen *v.tr.* 1 tormentare 2 molestare, seccare ♦ *sich – v.pron.* 1 tribolare 2 affaticarsi 3 tormentarsi.
Plagiat (-s,-e) *s.n.* plagio.
Plakat (-es,-e) *s.n.* manifesto, cartellone, affisso.
plakatieren *v.tr. e v.intr.* affiggere manifesti.
Plakette (-,-n) *s.f.* 1 targhetta, placca 2 distintivo.
Plan (-es, Pläne) *s.m.* 1 piano, programma, progetto 2 disegno, progetto.
Plane (-,-n) *s.f.* telone.
planen *v.tr.* 1 progettare; pianificare; programmare 2 progettare, fare il progetto per ♦ *v.intr.* fare progetti, fare programmi.
Planet (-en,-en) *s.m.* pianeta.
plangemäß *agg.* conforme al piano ♦ *avv.* secondo i piani.
planieren *v.tr. e intr.* spianare, livellare.
Planschbecken (-s,-) *s.n.* piscina gonfiabile (per bambini).
planschen *v.intr.* sguazzare.
Planstelle (-,-n) *s.f.* posto in organico.
Plantage (-,-n) *s.f.* piantagione.
Planung (-,-en) *s.f.* progettazione; pianificazione; programmazione.
Planwagen (-s,-) *s.m.* carro coperto.
Planwirtschaft (-,-en) *s.f.* economia

pianificata.
plappern v.intr. chiacchierare ♦ v.tr. blaterare.
plärren v.intr. strillare, piagnucolare.
plastifizieren v.tr. plastificare.
Plastik¹ (-s/.) s.n. plastica.
Plastik² (-,-en) s.f. **1** (sing.) scultura **2** (med.) plastica.
Platane (-,-n) s.f. platano.
Plateau (-s,-s) s.n. altopiano.
platonisch agg. platonico.
platsch interr. ciac.
platschen v.intr. **1** (auf|in +acc.) cadere con un tonfo (in/su) **2** (auf|gegen +acc.) battere (su/contro).
plätschern v.intr. **1** gorgogliare **2** sguazzare **3** scrosciare.
platt agg. **1** piano, piatto **2** (di pneumatico) a terra **3** (fig.) insulso, scialbo **4** (fam.) di stucco: – sein, rimanere di stucco.
Platte (-,-n) s.f. **1** piastra, lastra; tavola **2** piastrella, mattonella **3** vassoio, piatto **4** disco (fonografico).
plätten v.tr. **1** stirare **2** levigare; appianare.
Plattenleger (-s,-) s.m. piastrellista.
Plattenspieler (-s,-) s.m. giradischi.
Plattform (-,-en) s.f. piattaforma e podio.
Platz (-s, Plätze) s.m. **1** piazza **2** posto, luogo; punto **3** posto, spazio **4** posto, piazzamento **5** (sport) campo **6** (comm.) piazza.
Platzangst (-/.) s.f. **1** agorafobia **2** affanno.
Plätzchen (-s,-) s.n. **1** posticino **2** biscotto, pasticcino.
platzen v.intr. **1** scoppiare; aprirsi; rompersi **2** scoppiare, esplodere **3** (fig.) crepare, schiattare.

platzraubend agg. ingombrante.
Platzregen (-s/.) s.m. acquazzone.
Platzwunde (-,-n) s.f. taglio, ferita lacero-contusa.
Plauderei (-,-en) s.f. chiacchierata, conversazione.
plaudern v.intr. **1** (über +acc.) chiacchierare (di) **2** spifferare.
plausibel agg. plausibile, convincente ♦ avv. in modo convincente, in modo plausibile.
pleite agg.: – gehen, fare fallimento; – sein, essere al verde.
Pleite (-,-n) s.f. (fam.) **1** fallimento, bancarotta **2** fiasco.
Plombe (-,-n) s.f. **1** (di dente) piombatura, otturazione **2** sigillo di piombo, piombino.
plombieren v.tr. **1** piombare, impiombare **2** (di denti) otturare.
plötzlich agg. improvviso, repentino ♦ avv. improvvisamente, tutt'a un tratto.
plump agg. **1** goffo **2** (fig.) grossolano; ordinario.
Plumps (-es,-e) s.m. (fam.) tonfo.
plumpsen v.intr. (fam.) cadere con un tonfo.
Plunder (-s/.) s.m. (fam.) cianfrusaglie.
plündern v.tr. **1** saccheggiare **2** (fig.) far man bassa di.
pluralistisch agg. pluralistico.
plus avv. più: – drei Grad, più tre, tre gradi sopra zero; vier – vier gibt acht, quattro più quattro fa otto.
Plüsch (-es,-e) s.m. peluche.
Pluspol (-s,-e) s.m. polo positivo.
plustern, sich v.pron. gonfiarsi, rizzare le penne.
Pneu (-s,-s) s.m. (svizz.) pneumatico.
Po (-s,-s) s.m. (fam.) culetto.
Pöbel (-s/.) s.m. plebaglia, marmaglia.

pochen v.intr. 1 bussare, picchiare 2 (*cuore*) battere 3 (*fig.*) (*auf +acc.*) insistere (su).
pochiert agg. (*gastr.*) affogato: *-e Eier*, uova in camicia.
Pocken s.pl. (*med.*) vaiolo.
Podest (-es,-e) s.n. 1 podio, pedana 2 piedistallo.
Podiumsdiskussion (-,-en) s.f. tavola rotonda, dibattito pubblico.
Poesie (-,-n) s.f. poesia (*anche fig.*).
Pointe (-,-n) s.f. battuta (a effetto).
Pokal (-s,-e) s.m. coppa (*anche sport*).
Pökelfleisch (-es/-) s.n. carne in salamoia.
pökeln v.tr. mettere in salamoia.
pokern v.intr. 1 giocare a poker 2 (*fig.*) rischiare.
Pol (-s,-e) s.m. polo (*anche fig.*).
Polarlicht (-es,-er) s.n. aurora boreale.
Polemik (-,-en) s.f. 1 polemica 2 polemicità.
polemisieren v.intr. (*gegen*) polemizzare (con).
polen v.tr. (*tecn.*) polarizzare.
polieren v.tr. lucidare, lustrare.
Poliklinik (-,-en) s.f. policlinico.
Polioimpfung (-,-en) s.f. vaccinazione antipolio.
Politik (-,-en) s.f. politica.
Politiker (-s,-) s.m. (*uomo*) politico.
politisieren v.intr. parlare di politica ♦ v.tr. politicizzare.
Politur (-,-en) s.f. 1 lucidatura; (*metallo*) brunitura 2 lucidante.
Polizei (-/-) s.f. polizia.
Polizeirevier (-s,-e) s.n. distretto di polizia.
Polzeistreife (-,-n) s.f. pattuglia di polizia.
Polizeistunde (-/-) s.f. orario di chiusura degli esercizi pubblici.
Polizeiwache (-,-n) s.f. posto di polizia.
Polizist (-en,-en) s.m. agente di polizia, poliziotto.
Pollen (-s,-) s.m. polline.
Polster (-s,-) s.n. 1 imbottitura | *ein finanzielles -*, (*fam.*) una riserva finanziaria 2 (*austr.*) cuscino.
polstern v.tr. imbottire.
poltern v.intr. 1 fare rumore 2 urlare, sbraitare 3 festeggiare la vigilia delle nozze.
Pomade (-,-n) s.f. pomata; brillantina.
Pommes frites s.pl. patatine fritte.
Pomp (-/-) s.m. pompa; sfarzo, sontuosità.
pompös agg. pomposo, fastoso.
Pony (-s,-s) s.m. frangetta.
Popo (-s,-s) s.m. (*fam.*) sederino.
populär agg. popolare.
Pore (-,-n) s.f. poro.
porös agg. poroso.
Porphyr (-s/-) s.m. porfido.
Porree (-s,-s) s.m. (*bot.*) porro.
Portal (-s,-e) s.n. 1 portale 2 portone.
Portemonnaie (-s,-s) s.n. portamonete, borsellino.
Portier (-s,-s) s.m. portinaio, portiere, custode.
Portion (-,-en) s.f. porzione | *eine halbe -*, (*fig.*) una mezza cartuccia.
Porto (-s,-s/-ti) s.n. affrancatura, tariffa postale.
Porträt (-s,-s) s.n. ritratto.
Portwein (-s,-e) s.m. (*vino*) porto.
Porzellan (-s,-e) s.n. porcellana.
Posaune (-,-n) s.f. (*mus.*) trombone.
Pose (-,-n) s.f. posa.
posieren v.intr. 1 mettersi in posa 2 assumere atteggiamenti affettati.

Position (-,-en) *s.f.* **1** posizione **2** condizione **3** (*comm.*) voce.
positiv *agg.* positivo ♦ *avv.* in modo positivo; in meglio.
Posse (-,-n) *s.f.* **1** (*teatr.*) farsa **2** buffonata.
possierlich *agg.* grazioso, carino.
Post (-/.) *s.f.* **1** posta, servizio postale **2** ufficio postale **3** posta, corrispondenza.
Postamt (-es,-ämter) *s.n.* ufficio postale, posta.
Postanweisung (-,-en) *s.f.* vaglia postale.
Postbote (-n,-n) *s.m.* postino.
Posten (-s,-) *s.m.* **1** posto di guardia **2** posto, impiego **3** (*comm.*) partita; voce.
Postfach (-s,-fächer) *s.n.* casella postale.
Postgirokonto (-s,-ten) *s.n.* conto corrente postale.
postlagernd *agg. e avv.* fermo posta.
Postleitzahl (-,-en) *s.f.* codice di avviamento postale.
Postscheckkonto (-s,-konten) *s.n.* → **Postgirokonto**.
Postüberweisung (-,-en) *s.f.* postagiro.
Potential (-s,-e) *s.n.* potenziale.
potentiell *agg.* potenziale.
Pott (-s, Pötte) *s.m.* (*fam.*) **1** pentola **2** vaso da notte **3** (*mar.*) carcassa.
Pracht (-/.) *s.f.* **1** splendore; grandiosità **2** pompa, sfarzo.
prächtig *agg.* **1** sontuoso, sfarzoso **2** splendido, magnifico ♦ *avv.* **1** con sfarzo **2** splendidamente.
Prägeanstalt (-,-en) *s.f.* zecca.
prägen *v.tr.* **1** (*auf +acc.*) imprimere (su) **2** coniare: *Münzen* –, coniare monete **3** (*fig.*) caratterizzare, improntare **4** (*zool.*) imprintare.
pragmatisch *agg.* prammatico.
Prägung (-,-en) *s.f.* **1** (*di monete*) coniatura; (*di parole*) conio **2** (*fig.*) impronta; stampo **3** (*zool.*) imprinting.
prahlen *v.intr.* (*mit*) vantarsi (di).
Prahlsucht (-/.) *s.f.* vanagloria.
Praktik (-,-en) *s.f.* (*spec.pl.*) **1** prassi, pratica **2** manovre.
Praktikum (-s,-ka) *s.n.* tirocinio, pratica.
praktisch *agg.* **1** pratico **2** utile, funzionale **3** (*di persona*) abile, esperto ♦ *avv.* praticamente; in pratica.
praktizieren *v.intr.* praticare, esercitare la professione ♦ *v.tr.* praticare.
Praline (-,-n) *s.f.* cioccolatino ripieno.
prall *agg.* **1** duro; sodo **2** gonfio; turgido **3** (*di luce*) diretto, pieno ♦ *avv.* – *gefüllt* (*mit*), pieno zeppo (di).
prallen *v.intr.* (*gegen*) urtare (contro).
Prämie (-,-n) *s.f.* **1** premio, ricompensa **2** premio (*di assicurazione*) **3** gratifica, bonus.
Prämierung (-,-en) *s.f.* premiazione.
prangen *v.intr.* **1** spiccare **2** brillare, splendere.
präparieren *v.tr.* **1** preparare **2** (*anat.*) sezionare.
Prärie (-,-n) *s.f.* prateria.
präsentieren *v.tr.* presentare, mostrare; sottoporre ♦ *sich* – *v.pron.* presentarsi.
Präsentierteller *s.m.*: *auf dem* – *sitzen*, (*fam.*) essere in vetrina.
Präservativ (-s,-e) *s.n.* preservativo, profilattico.
Präsident (-en,-en) *s.m.* presidente.
präsidieren *v.intr.* (*+dat.*) presiedere ♦ *v.tr.* (*svizz.*) presiedere.

Präsidium (-s,-dien) *s.n.* 1 presidenza 2 comitato direttivo 3 questura.

prassen *v.intr.* 1 scialare, sperperare 2 gozzovigliare.

Pratze (-,-n) *s.f.* (*fam.*) zampa.

Präventivmedizin (-/-) *s.f.* medicina preventiva.

Praxis (-, Praxen) *s.f.* 1 pratica: *in die – umsetzen*, mettere in pratica 2 esperienza, pratica 3 prassi, procedura 4 studio medico, ambulatorio.

Präzedenzfall (-s,-fälle) *s.m.* precedente.

präzise *agg.* 1 preciso, accurato 2 (*di ore*) in punto, esatto ♦ *avv.* precisamente.

predigen *v.tr. e intr.* predicare | *tauben Ohren –*, (*fig.*) predicare al vento.

Preis (-es,-e) *s.m.* 1 prezzo 2 premio 3 taglia, ricompensa.

Preisausschreiben (-s,-) *s.n.* concorso a premi.

Preiselbeere (-,-n) *s.f.* mirtillo rosso.

preisen (pries, gepriesen) *v.tr.* lodare, elogiare ♦ *sich* – *v.pron.* considerarsi, ritenersi.

Preisgabe (-,-n) *s.f.* 1 rivelazione (di un segreto) 2 abbandono; rinuncia.

preis-geben (gab preis, preisgegeben) *v.tr.* 1 abbandonare 2 rinunciare (a) 3 rivelare; tradire.

preisgünstig *agg.* conveniente, a buon mercato.

preislich *agg. e avv.* per quanto riguarda il prezzo.

Preisliste (-,-n) *s.f.* listino dei prezzi.

Preisnachlaß (-lasses,-lässe) *s.m.* sconto, ribasso.

Preisträger (-s,-) *s.m.* premiato.

preiswert *agg.* a buon prezzo, conveniente.

prekär *agg.* precario.

prellen *v.tr.* 1 truffare, imbrogliare 2 (andare a) sbattere, urtare 3 (*sport*) far rimbalzare ♦ *sich* – *v.pron.* (andare a) sbattere.

Prellung (-,-en) *s.f.* (*med.*) contusione.

Premiere (-,-n) *s.f.* (*teatr.*) prima.

Premierminister (-s,-) *s.m.* primo ministro, premier.

Presse¹ (-,-n) *s.f.* 1 torchio 2 pressa.

Presse² (-) *s.f.* stampa | *von der – sein*, essere giornalista.

Pressemeldung (-,-en) *s.f.* dispaccio di agenzia.

pressen *v.tr.* 1 pressare, pigiare, spremere 2 (*fig.*) stringere: *jdn. an sich –*, stringere a sé qlcu.

Pressesprecher (-s,-) *s.m.* portavoce.

Preßglas (-es,-gläser) *s.n.* vetro stampato.

pressieren *v.intr. e impers.* essere urgente, urgere.

Preßluft (-/-) *s.f.* aria compressa.

Preßlufthammer (-s,-hämmer) *s.m.* martello pneumatico.

Prestige (-s,-) *s.n.* prestigio.

prickeln *v.intr.* 1 pizzicare 2 (*di bibita*) frizzare, spumeggiare.

prickelnd *agg.* 1 pruriginoso 2 frizzante 3 (*fig.*) eccitante.

Priester (-s,-) *s.m.* sacerdote.

prima *agg.inv.* ottimo, formidabile ♦ *avv.* perfettamente, ottimamente.

primär *agg.* primario ♦ *avv.* in primo luogo.

Primel (-,-n) *s.f.* (*bot.*) primula.

primitiv *agg.* 1 primitivo 2 (*fig.*) elementare, rudimentale.

Primzahl (-,-en) *s.f.* numero primo.

Prinz (-en,-en) *s.m.* principe.

Prinzessin (-,-nen) *s.f.* principessa.

Prophezeiung

Prinzip (-s,-ien) *s.n.* principio | *aus –*, per principio; *im –*, fondamentalmente.
prinzipiell *agg.* principale, fondamentale ♦ *avv.* in linea di principio.
Prinzipienreiter (-s,-) *s.m.* persona intransigente e pignola.
Priorität (-,-en) *s.f.* priorità.
Prise (-,-n) *s.f.* pizzico, presa.
Prisma (-s,-men) *s.n.* prisma.
Pritsche (-,-n) *s.f.* 1 branda 2 (*auto*) pianale.
privat *agg.* privato; riservato ♦ *avv.* privatamente; in privato.
privatisieren *v.intr.* vivere di rendita ♦ *v.tr.* privatizzare.
Privileg (-s,-ien) *s.n.* privilegio.
pro *prep.* +*acc.* a, per: *– Person*, a persona ♦ *avv.* a favore.
Probe (-,-n) *s.f.* 1 prova (*anche teatr.*) 2 campione 3 esperimento.
Probeaufnahme (-,-n) *s.f.* provino.
Probefahrt (-,-en) *s.f.* 1 (*auto*) prova su strada 2 (*mar.*) collaudo in mare.
proben *v.intr.* (*teatr.*) provare.
probeweise *avv.* in prova, a titolo di prova.
Probezeit (-,-en) *s.f.* periodo di prova.
probieren *v.tr.* assaggiare ♦ *v.intr.* provare (a), cercare (di).
Problem (-s,-e) *s.n.* problema | *das ist dein –*, sono affari tuoi.
Problematik (-,-en) *s.f.* 1 problematica 2 problematicità.
problematisch *agg.* problematico; difficile.
Produkt (-es,-e) *s.n.* prodotto (*anche fig.*).
Produktion (-,-en) *s.f.* produzione.
produktiv *agg.* 1 produttivo 2 (*fig.*) proficuo, fecondo.
Produzent (-en,-en) *s.m.* produttore.

produzieren *v.tr.* produrre ♦ *sich – v.pron.* esibirsi.
profan *agg.* profano, secolare.
professionell *agg.* professionale; di professione.
Professor (-s,-en) *s.m.* professore, docente universitario.
Profi (-s,-s) *s.m.* (*sport*) professionista.
Profil (-s,-e) *s.n.* 1 profilo 2 (*auto*) battistrada.
Profit (-s,-e) *s.n.* profitto.
Prognose (-,-s) *s.f.* 1 (*med.*) prognosi 2 (*über* +*acc.*) pronostico (relativo a).
prognostizieren *v.tr.* (*med.*) prognosticare.
Programm (-s,-e) *s.n.* 1 programma 2 (*tv*) canale 3 (*comm.*) assortimento, gamma.
programmgemäß *agg. e avv.* secondo i programmi.
Projekt (-es,-e) *s.n.* progetto.
projizieren *v.tr.* proiettare.
Pro-Kopf-Einkommen (-s,-) *s.n.* reddito pro capite.
Prolet (-en,-en) *s.m.* cafone, villano.
Proletarier (-s,-) *s.m.* proletario.
proletenhaft *agg.* villano, maleducato.
Promenade (-,-n) *s.f.* passeggiata.
Promille (-(s),-) *s.n.* 1 per mille 2 (*sangue*) tasso alcolico.
prominent *agg.* eminente, notabile.
Prominenz (-,-en) *s.f.* vip, pesona importante.
Promotion (-,-en) *s.f.* laurea (dottorato di ricerca).
prompt *agg.* immediato, pronto; sollecito ♦ *avv.* prontamente.
Propeller (-s,-) *s.m.* elica.
Prophet (-(s),-) *s.m.* profeta.
prophezeien *v.tr.* predire, profetare.
Prophezeiung (, en) *s.f.* profezia.

proportional *agg.* (*zu*) proporzionale (a) ♦ *avv.* proporzionalmente.
proportioniert *agg.* proporzionato.
Prosa (-/-) *s.f.* prosa: *erzählende –*, prosa narrativa.
prosit *inter.* cin cin, alla salute.
Prosit (-s,-s) *s.n.* brindisi.
Prospekt (-es,-e) *s.m.* 1 prospetto, opuscolo 2 (*econ.*) prospetto informativo.
prost *inter.* cin cin, alla salute.
Prostituierte (-n,-n) *s.f.* prostituta.
Protegé (-s,-s) *s.m.* 1 favorito; protetto 2 raccomandato.
Protest (-es,-e) *s.m.* 1 protesta 2 protesto.
protestieren *v.intr.* (*gegen*) protestare (contro) ♦ *v.tr.* (*comm.*) protestare.
Protokoll (-s,-e) *s.n.* 1 verbale 2 protocollo.
protokollieren *v.tr.* verbalizzare, protocollare.
protzen *v.intr.* (*mit*) vantarsi (di), fare sfoggio (di).
protzig *agg.* 1 borioso 2 vistoso ♦ *avv.* in maniera vistosa.
Proviant (-s/-) *s.m.* viveri, provviste.
Provinz (-,-en) *s.f.* provincia.
Provision (-,-en) *s.f.* (*comm.*) provvigione.
provisorisch *agg.* provvisorio, temporaneo ♦ *avv.* temporaneamente.
provokativ *agg.* provocatorio.
provozieren *v.intr.* provocare; sfidare ♦ *v.tr.* provocare, causare.
Provozierung (-,-en) *s.f.* provocazione.
Prozent (-es,-e) *s.n.* 1 percento 2 (*fam.*) sconto.
prozentual *agg.* percentuale ♦ *avv.* in percentuale.
Prozeß (Prozesses, Prozesse) *s.m.* 1 processo, causa 2 processo, procedimento.
Prozeßvollmacht (-,-en) *s.f.* procura in giudizio.
prüde *agg.* puritano, ritroso.
prüfen *v.tr.* 1 esaminare 2 controllare, verificare; revisionare 3 (*tecn.*) collaudare 4 mettere alla prova.
Prüfstand (-es,-stände) *s.m.* (*tecn.*) banco di prova.
Prüfung (-,-en) *s.f.* 1 esame; prova 2 controllo, verifica; revisione 3 (*tecn.*) collaudo.
Prügel (-s,-) *s.m.* 1 bastone 2 (*pl.*) bastonate.
Prügelei (-,-en) *s.f.* rissa.
prügeln *v.tr.* bastonare, picchiare ♦ *sich – v.pron.* picchiarsi.
prunkvoll *agg.* pomposo, sfarzoso.
Pseudonym (-s,-e) *s.n.* pseudonimo.
psychisch *agg.* psichico.
Psychologe (-n,-n) *s.m.* psicologo.
Publikum (-s/-) *s.n.* 1 pubblico 2 lettori; ascoltatori; spettatori.
Puck (-s,-s) *s.m.* disco (per hockey).
Pudding (-s,-e) *s.m.* budino.
Pudel (-s,-) *s.m.* (*zool.*) barboncino.
pudelwohl *avv.*: *sich – fühlen,* (*fam.*) stare ottimamente.
Puder (-s,-) *s.m.* 1 cipria 2 borotalco.
pudern *v.tr.* 1 incipriare 2 cospargere di talco.
Puderzucker (-s/-) *s.m.* zucchero a velo.
Puff¹ (-s,-e) *s.m.* 1 pouf, cuscino 2 (*abbigl.*) sbuffo.
Puff² (-s, Püffe) *s.m.* (*fam.*) spinta, colpo, botta.
Puff³ (-s,-s) *s.m.* bordello, casino.
Puffärmel (-s,-) *s.m.* manica a sbuffo.
Puffer (-s,-) *s.m.* 1 ammortizzatore 2

cuscinetto **3** (*gastr.*) frittella di patate **4** (*inform.*) buffer.
Puffreis (-es/.) *s.m.* (*gastr.*) riso soffiato.
Pulli (-s,-s) *s.m.* pullover, maglione.
Puls (-es,-e) *s.m.* polso.
pulsieren *v.intr.* pulsare.
Pult (-es,-e) *s.n.* **1** leggio **2** podio **3** (*scuola*) cattedra **4** (*tecn.*) quadro di comando.
Pulver (-s,-) *s.n.* **1** polvere **2** (*fam.*) soldi.
pulverig *agg.* **1** polveroso; impolverato **2** polverizzato, in polvere.
pummelig *agg.* paffutello.
Pump (-s,-e) *s.m.* (*fam.*) prestito.
Pumpe (-,-n) *s.f.* pompa.
pumpen *v.tr.* **1** pompare **2** prestare.
Pumphose (-,-n) *s.f.* calzoni alla zuava.
punkt *avv.* in punto.
Punkt (-es,-e) *s.m.* punto.
pünktlich *agg.* puntuale ♦ *avv.* puntualmente.
Pünktlichkeit (-/.) *s.f.* puntualità.
Punsch (-es,-e) *s.m.* ponce.
Puppe (-,-n) *s.f.* **1** bambola **2** marionetta **3** pupa **4** *bis in die -n*, (*fam.*) fino a tardi.
pur *agg.* **1** puro **2** liscio.
Püree (-s,-s) *s.n.* purè, passato.
purpurfarben *agg.* color porpora.
Purzelbaum (-es,-bäume) *s.m.* capriola: *einen – schlagen*, fare una capriola.
purzeln *v.intr.* **1** ruzzolare **2** (*di prezzi*) precipitare.
Puste (-/.) *s.f.* (*fam.*) fiato | *mir geht die – aus*, (*fig.*) sono senza fiato.
Pustel (-,-n) *s.f.* pustola.
pusten *v.tr.* soffiare via ♦ *v.intr.* **1** soffiare **2** ansimare.

Pute (-,-n) *s.f.* **1** tacchina **2** (*fig.*) oca: *eingebildete –*, oca giuliva.
Puter (-s,-) *s.m.* tacchino.
Putsch (-es,-e) *s.m.* colpo di stato, golpe.
Putz (-es/.) *s.m.* intonaco | *auf den – hauen*, (*fig.*) darci dentro.
putzen *v.tr.* **1** pulire; lavare **2** (*scarpe*) lucidare ♦ *v.intr.* pulire; fare le pulizie.
Putzfimmel (-s/.) *s.m.* mania delle pulizie.
Putzfrau (-,-en) *s.f.* donna delle pulizie.
Putzlappen (-s,-) *s.m.* straccio per le pulizie.
Putzmittel (-s,-) *s.n.* detersivo; detergente.
Pyjama (-s,-s) *s.m.* pigiama.
Pyramide (-,-n) *s.f.* piramide.
Python (-s,-s) *s.m.* pitone.

Q

quabbelig *agg.* **1** molle, gelatinoso, viscido **2** (*di persona*) grasso e flaccido.
Quacksalber (-s,-) *s.m.* ciarlatano.
Quaddel (-,-n) *s.f.* gonfiore pruriginoso (*spec. dopo punture d'insetto*).
Quader (-s,-) *s.m.* **1** parallelepipedo rettangolare **2** concio, pietra squadrata.
Quadrant (-en,-en) *s.m.* quadrante.
Quadrat (-s,-e) *s.n.* quadrato.
quadratisch *agg.* **1** quadrato, quadro **2** (*mat.*) quadratico.
Quadratlatschen *s.pl.* (*fam.*) **1** piedoni **2** scarpe molto grandi.
quaken *v.intr.* **1** gracidare **2** schiamaz-

Qual

zare.
Qual (-,-en) *s.f.* **1** tormento, strazio **2** pena, angoscia.
quälen *v.tr.* tormentare, torturare, affliggere ♦ **sich** – *v.pron.* tormentarsi, rodersi.
Quälgeist (-es,-er) *s.m.* persona assillante.
Qualifikation (-,-en) *s.f.* **1** qualificazione (*anche sport*) **2** qualifica.
qualifizieren *v.tr.* qualificare ♦ **sich** – *v.pron.* (*für*) qualificarsi (per).
Qualität (-,-en) *s.f.* qualità.
Qualle (-,-n) *s.f.* medusa.
Qualm (-s/.) *s.m.* **1** fumo denso; vapore; caligine **2** (*fam.*) lite, noie: *es hat – gegeben*, hanno litigato.
qualmen *v.intr.* fumare, emettere fumo.
Quantität (-,-en) *s.f.* quantità.
Quark (-s/.) *s.m.* **1** quark, formaggio tipo ricotta **2** (*fig.*) stupidaggine.
Quartal (-s,-e) *s.n.* trimestre.
Quartier (-s,-e) *s.n.* **1** alloggio, abitazione; ricovero notturno **2** (*svizz./austr.*) quartiere, rione **3** acquartieramento.
Quarz (-es,-e) *s.m.* quarzo.
quasi *avv.* quasi; come; per così dire.
quasseln *v.intr.* cianciare.
Quaste (-,-n) *s.f.* **1** nappa **2** piumino (per cipria).
Quatsch (-es/.) *s.m.* **1** stupidaggini, idiozie: *red keinen –*, non dire idiozie **2** (*sing.*) (*austr.*) fanghiglia mista a neve.
quatschen *v.intr.* chiacchierare.
Quatschkopf (-s,-köpfe) *s.m.* chiacchierone/a.
Quecke (-,-n) *s.f.* gramigna.
Quecksilber (-s/.) *s.n.* mercurio, argento vivo.
quecksilbrig *agg.* vivacissimo; irrequieto.
Quelle (-,-n) *s.f.* **1** sorgente **2** (*fig.*) fonte, origine.
quellen (quoll, gequollen) *v.intr.* **1** sgorgare; uscire **2** gonfiarsi, dilatarsi.
Quellensteuer (-,-n) *s.f.* tassazione alla fonte.
Quellung (-,-en) *s.f.* rigonfiamento.
quengeln *v.intr.* **1** piagnucolare **2** lamentarsi in modo petulante.
Quentchen (-s,-) *s.n.* quantità minima, pizzico.
quer *agg.* trasversale; obliquo ♦ *avv.* **1** di traverso **2** (*durch/über*) attraverso.
Querkopf (-s,-köpfe) *s.m.* bastian contrario.
querlegen, sich *v.pron.* opporsi fermamente.
Querschnitt (-s,-e) *s.m.* sezione trasversale.
querschnittgelähmt *agg.* (*med.*) paraplegico.
Querschuß (-schusses,-schüsse) *s.m.* (*fig.*) colpo mancino.
Querstraße (-,-n) *s.f.* via trasversale.
Quertreiber (-s,-) *s.m.* intrigante.
Querulant (-en,-en) *s.m.* petulante.
quetschen *v.tr.* **1** schiacciare, pigiare **2** (*fam.*) stringere (in una morsa) ♦ **sich** – *v.pron.* stiparsi.
Quetschwunde (-,-n) *s.f.* contusione.
quicklebendig *agg.* vivacissimo.
quieken *v.intr.* squittire.
quietschen *v.intr.* **1** cigolare; stridere **2** lanciare urletti.
quietschvergnügt *agg.* contento come una pasqua.
Quintessenz (-,-en) *s.f.* quintessenza.
Quirl (-s,-e) *s.m.* frullino.
quirlen *v.tr.* frullare; (*uova*) sbattere.

Quitte (-,-n) *s.f.* mela cotogna.
quittieren *v.tr.* 1 rilasciare una ricevuta 2 abbandonare, lasciare (il lavoro) 3 reagire.
Quittung (-,-en) *s.f.* ricevuta.
Quote (-,-n) *s.f.* 1 quota 2 percentuale.

R

Rabatt (-es,-e) *s.m.* sconto: *auf etwas (+acc.) einen – gewähren*, concedere uno sconto su qlco.
Rabe (-n,-n) *s.m.* corvo.
Rabeneltern *s.pl.* genitori degeneri.
Rache (-/.) vendetta: *– üben*, vendicarsi |*nach – dürsten*, essere assetato di vendetta.
Rachen (-s,-) *s.m.* faringe; (*di animali*) fauci.
rächen *v.tr.* vendicare ♦ *sich* – *v.pron.* (*an +dat., für*) vendicarsi (con, per).
Rachenkatarrh (-s,-) *s.m.* (*med.*) faringite.
Rad (-es,Räder) *s.n.* 1 ruota |*das fünfte – am Wagen sein*, (*fig.*) essere l'ultima ruota del carro 2 bicicletta; (*fam.*) bici: *sich aufs – schwingen*, inforcare la bici.
Radar (-s,-e) *s.m./n.* radar.
Radau (-s/.) *s.m.* (*fam.*) casino, baldoria.
rad/fahren (fuhr rad, radgefahren) *v.intr.* andare in bicicletta.
Radfahrer (-s,-) *s.m.* (f.-in/-innen) 1 ciclista 2 (*spreg.*) leccapiedi.
radieren *v.tr. e intr.* 1 cancellare (con la gomma) 2 (*arte*) incidere all'acquaforte.
Radiergummi (-s,-s) *s.m.* gomma (per cancellare).
Radierung (-,-en) *s.f.* acquaforte.
Radieschen (-s,-) *s.n.* ravanello.
radikal *agg.* radicale (*anche pol.*).
Radio (-s,-s) *s.n.* radio: *etwas im – bringen*, trasmettere qlco. alla radio.
Radiologe (-n,-n) *s.m.* radiologo.
Radiosender (-s,-) *s.m.* emittente radio, stazione radio.
Radiowecker (-s,-) *s.m.* radiosveglia.
Radius (-,-dien) *s.m.* 1 (*geom.*) raggio 2 (*anat.*) radio.
Radkappe (-,-n) *s.f.* coppa coprimozzo, coppa copriruota.
Radler (-s,-) *s.m.* 1 ciclista 2 bevanda a base di birra e gassosa.
Radrennbahn (-,-en) *s.f.* velodromo.
Radrennen (-s,-) *s.n.* corsa ciclistica.
Radsport (-s/.) *s.m.* ciclismo.
Radweg (-s,-e) *s.m.* pista ciclabile.
raffen *v.tr.* 1 arraffare, afferrare 2 accumulare 3 (*di tessuti*) drappeggiare 4 (*fam.*) capire.
Raffgier (-/.) *s.f.* avidità, cupidigia.
raffgierig *agg.* avido.
Raffinerie (-,-n) *s.f.* raffineria.
Raffinesse (-,-n) *s.f.* 1 astuzia, furbizia 2 raffinatezza, ricercatezza: *mit allen -n*, con tutti i comfort.
raffiniert *agg.* 1 astuto, ingegnoso 2 raffinato, sofisticato ♦ *avv.* 1 astutamente, ingegnosamente 2 raffinatamente.
Rage (-/.) *s.f.* (*fam.*) rabbia |*in – kommen*, andare su tutte le furie.
ragen *v.intr.* ergersi; torreggiare.
Ragout (-s,-s) *s.n.* spezzatino di carne/pesce in sugo speziato.
Rahm (-s/.) *s.m.* panna; crema.
rahmen *v.tr.* incorniciare.
Rahmen (-s,-) *s.m.* 1 cornice 2 te-

Rahmenbedingungen 440

laio, intelaiatura 3 (fig.) ambito, contesto | *nicht in den – passen*, (fig.) essere fuori posto.
Rahmenbedingungen s.pl. condizioni generali.
Rahmengesetz (-es,-e) s.n. legge quadro.
rahmig agg. cremoso.
Rakete (-,-n) s.f. missile; razzo.
rammen v.tr. 1 conficcare (pali) 2 urtare contro; investire, tamponare 3 (di nave) speronare.
Rampe (-,-n) s.f. 1 rampa 2 (teatr.) ribalta.
Rampenlicht (-es,-er) s.n. (teatr.) luci della ribalta.
Ramsch (-es/.) s.m. scarto; cianfrusaglie.
Rand (-es, Ränder) s.m. 1 bordo, orlo (anche fig.): *am – der Verzweiflung*, sull'orlo della disperazione 2 margine 3 alone 4 (pl.) occhiaie.
randalieren v.intr. compiere atti di vandalismo.
Randbemerkung (-,-en) s.f. 1 nota a margine 2 osservazione marginale.
Randgebiet (-es,-e) s.n. 1 zona periferica 2 zona confinante 3 (fig.) settore marginale.
Randgruppe (-,-n) s.f. 1 gruppo emarginato, (pl.) emarginati 2 (psic.) gruppo marginale.
randlos agg. 1 senza orlo 2 (di occhiali) montati a giorno.
Randstreifen (-,-) s.m. (di strada) banchina.
Rang (-es, Ränge) s.m. 1 rango, grado | *alles, was – und Namen hat*, quelli che contano 2 importanza, rilevanza 3 (teatr.) balconata 4 posto (in classifica).

rangieren v.tr. (ferr.) 1 manovrare 2 smistare ♦ v.intr. occupare un posto (in classifica): *an zweiter Stelle –*, essere al secondo posto.
Rangliste (-,-n) s.f. graduatoria; (sport) classifica.
Rangordnung (-,-en) s.f. 1 gerarchia 2 graduatoria.
Ränke s.pl. intrighi: *– schmieden*, tramare.
Rankengewächs (-es,-e) s.n. pianta rampicante.
Ranunkel (-,-n) s.f. ranuncolo.
Ranzen (-s,-) s.m. cartella.
ranzig agg. rancido.
Rappen (-,-) s.m. (svizz.) centesimo (di un franco).
Rapsöl (-s/.) s.n. olio di colza.
rar agg. raro | *sich – machen*, farsi vedere di rado.
rasant agg. velocissimo, fulmineo.
rasch agg. rapido, veloce.
rascheln v.intr. frusciare.
rasen v.intr. 1 (di cuore) battere all'impazzata 2 (auto) sfrecciare 3 infuriare, imperversare.
Rasen (-s,-) s.m. prato (rasato all'inglese).
rasend agg. furioso, folle | *mit -er Geschwindigkeit*, a velocità folle.
Rasenmäher (-s,-) s.m. tagliaerba.
Rasensprenger (-s,-) s.m. irrigatore (da giardino).
Raserei (-/.) s.f. 1 (auto) corsa folle 2 furia, furore; attacco di pazzia.
Rasierapparat (-s,-e) s.m. rasoio elettrico.
Rasiercreme (-,-s) s.f. crema da barba.
rasieren v.tr. radere ♦ sich – v.pron. radersi, farsi la barba.
Rasierklinge (-,-n) s.f. lametta da barba.

Rasierwasser (-s,-) *s.n.* lozione da barba, dopobarba.
Raspel (-,-n) *s.f.* **1** raspa **2** (*gastr.*) grattugia.
Rasse (-,-n) *s.f.* razza.
Rassel (-,-n) *s.f.* sonaglio (per bambini).
Rasselbande (-,-n) *s.f.* (*fam.*) banda di monelli.
rasseln *v.intr.* strepitare, sferragliare.
rassig *agg.* focoso.
rassisch *agg.* razziale.
Rassismus (-/-) *s.m.* razzismo.
Rassist (-en,-en) *s.m.* razzista.
rassistisch *agg.* razzista.
Rast (-,-en) *s.f.* **1** pausa, intervallo **2** sosta, fermata **3** (*mecc.*) arresto.
Raster (-s,-) *s.n.* schema.
Rasthaus (-es,-häuser) *s.n.* **1** posto di ristoro **2** motel.
rastlos *agg.* **1** instancabile, infaticabile **2** irrequieto.
Rastplatz (-es,-plätze) *s.m.* **1** piazzola di sosta **2** area di servizio.
Raststätte (-,-n) *s.f.* posto di riposo, autogrill.
Rat¹ (-es/-) *s.m.* consiglio: *jdn/etwas zu -e ziehen*, consultare qlcu/qlco.
Rat² (-es,Räte) *s.m.* **1** consiglio, collegio **2** consigliere.
Rate (-,-n) *s.f.* **1** rata: *auf -n kaufen*, comprare a rate; *in -n zahlen*, pagare a rate **2** tasso.
raten (riet, geraten) *v.intr.* (+*dat.*) **1** consigliare **2** indovinare **3** *v.tr.* indovinare.
ratenweise *avv.* a rate, ratealmente.
Ratenzahlung (-,-en) *s.f.* pagamento rateale.
Ratgeber (-s,-) *s.m.* **1** consigliere **2** manuale, guida.
Rathaus (-es,-häuser) *s.n.* municipio, comune.
Ratifikation (-,-en) *s.f.* ratifica.
rationell *agg.* razionale.
ratlos *agg.* titubante, perplesso; interdetto.
ratsam *agg.* consigliabile, opportuno.
Ratschlag (-s,-schläge) *s.m.* consiglio, suggerimento.
Rätsel (-s,-) *s.n.* **1** indovinello **2** (*fig.*) mistero, enigma.
rätselhaft *agg.* enigmatico, misterioso; inspiegabile.
Ratte (-,-n) *s.f.* **1** ratto, topo **2** (*fam.*) verme.
Rattenschwanz (-es,-schwänze) *s.m.* **1** coda di ratto **2** sfilza **3** (*fam.*) (*di capelli*) codino.
Raub (-es/-) *s.m.* rapina.
Raubbau (-s/-) *s.m.* **1** sfruttamento abusivo **2** (*agr.*) coltivazione abusiva.
rauben *v.tr.* **1** rapinare **2** rapire, sequestrare **3** (*fig.*) togliere, privare di.
Räuber (-s,-) *s.m.* **1** rapinatore, bandito **2** (*letter.*) brigante, masnadiere.
räuberisch *agg.* rapace.
Raubmord (-es,-e) *s.m.* omicidio a scopo di rapina.
Raubtier (-es,-e) *s.n.* predatore.
Rauch (-es/-) *s.m.* fumo | *in – aufgehen*, (*fig.*) andare in fumo.
rauchen *v.tr. e v.intr.* fumare.
Rauchen (-s/-) *s.n.* fumo, il fumare: *– verboten*, vietato fumare; *das – aufgeben*, smettere di fumare.
Raucher (-s,-) *s.m.* **1** fumatore **2** reparto fumatori.
Räucherlachs (-es,-e) *s.m.* salmone affumicato.
räuchern *v.tr.* affumicare.
Rauchmelder (-s,-) *s.m.* allarme antifumo.

Rauchverbot (-s,-e) *s.n.* divieto di fumare.

raufen *v.intr.* (*mit*) azzuffarsi (con).

rauflustig *agg.* rissoso.

rauh *agg.* 1 ruvido 2 (*di pelo*) ispido 3 (*di clima*) rigido 4 rauco, roco 5 (*fig.*) rude, rozzo.

Rauheit (-/.) *s.f.* 1 ruvidità 2 (*di clima*) rigidità 3 (*fig.*) rudezza, rozzezza.

Raum (-es, Räume) *s.m.* 1 spazio: – *schaffen*, fare spazio 2 locale, stanza 3 zona (*anche sport*): (*den*) – *decken*, marcare a zona.

räumen *v.tr.* 1 sgomberare, liberare 2 togliere, levare 3 (*in +acc.*) riporre (in) 4 evacuare (un edificio).

Raumfahrt (-/.) *s.f.* astronautica, navigazione spaziale.

Raumschiff (-es,-e) *s.n.* astronave, navicella spaziale.

Räumung (-,-en) *s.f.* 1 sgombero 2 evacuazione.

Raupe (-,-n) *s.f.* 1 bruco 2 cingolo.

Raupenschlepper (-s,-) *s.m.* trattore a cingoli.

Rausch (-es, Räusche) *s.m.* 1 ebbrezza; sbornia 2 (*fig.*) impeto, trasporto.

rauschen *v.intr.* mormorare; stormire; frusciare.

Rauschgift (-s,-e) *s.n.* (sostanza) stupefacente.

Rauschgiftsüchtige (-n,-n) *s.m./f.* tossicomane.

räuspern, sich *v.pron.* schiarirsi la voce.

Rausschmeißer (-s,-) *s.m.* buttafuori.

Razzia (-, -Razzien) *s.f.* retata.

Reagenzglas (-es,-gläser) *s.n.* provetta.

reagieren *v.intr.* (*auf +acc.*) reagire (a).

Reaktor (-s,-en) *s.m.* reattore.

realisieren *v.tr.* 1 realizzare, attuare 2 realizzare, capire.

Realität (-,-en) *s.f.* 1 realtà 2 (*pl.*) beni immobiliari; proprietà fondiarie.

Realkapital (-s/.) *s.n.* capitale d'azienda.

Rebe (-,-n) *s.f.* vite; viticcio.

Rebell (-en,-en) *s.m.* ribelle.

rebellieren *v.intr.* ribellarsi.

Rebhuhn (-s,-hühner) *s.n.* pernice.

Rebstock (-s,-stöcke) *s.m.* vite; vitigno.

Rechenfehler (-s,-) *s.m.* errore di calcolo.

Rechenmaschine (-,-n) *s.f.* calcolatrice; calcolatore.

Rechenschaft (-/.) *s.f.* 1 conto: *jdm. über etwas – ablegen*, rendere conto a qlcu. di qlco. 2 resa dei conti.

Rechenschaftsbericht (-es,-e) *s.m.* resoconto, rendiconto.

recherchieren *v.intr.* fare ricerche, svolgere indagini ♦ *v.tr.* ricercare.

rechnen *v.intr.* 1 fare i conti, calcolare 2 (*mit*) contare (su), fare affidamento (su) 3 (*zu*) essere annoverato (tra).

Rechnung (-,-en) *s.f.* 1 conto, calcolo | *die – geht auf*, il conto torna (*anche fig.*) | *Rechnung* | *das geht auf meine –*, offro io; *für etwas die – zahlen*, pagare lo scotto di qlco.

recht *agg.* 1 giusto: *zur – en Zeit*, al momento giusto | *ist es dir –?*, per te va bene? 2 destro 3 (*gen.*) retto.

Recht (-es,-e) *s.n.* diritto: *bürgerliches –*, diritto civile; *das – anwenden*, applicare la legge; *von -s wegen*, di diritto; *das – auf Arbeit*, il diritto al lavoro | *alle -e vorbehalten*, tutti i diritti riservati; *recht haben*, avere ragione.

Rechte (-n,-n) *s.f.* 1 (meno) destra 2

destra, lato destro 3 (*boxe*) destro 4 (*pol.*) destra 5 *s.f./m.* persona giusta: *auf den -n kommen*, trovare la persona giusta.

rechteckig *agg.* rettangolare.

rechtfertigen *v.tr.* giustificare ♦ **sich –** *v.pron.* giustificarsi.

Rechtfertigung (-,-en) *s.f.* giustificazione | *zu meiner –*, a mia discolpa.

rechthaberisch *agg.* prepotente.

rechtlich *agg.* giuridico, legale ♦ *avv.* giuridicamente, legalmente.

rechtlos *agg.* privo di diritti.

rechtmäßig *agg.* legale; legittimo.

rechts *avv.* 1 a destra: *nach – abbiegen*, voltare a destra; (*pol.*) *– eingestellt*, di destra 2 (*lavoro a maglia*) dritto: *zwei –, zwei links*, due dritti, due rovesci | *– gestrickt*, a maglia rasata ♦ *prep.* (+*gen.*) a destra di.

Rechtsanwalt (-s,-wälte) *s.m.* avvocato, legale.

Rechtsauskunft (-,-künfte) *s.f.* consulenza legale.

Rechtsaußen (-s,-) *s.m.* (*sport*) ala destra.

Rechtschreibung (-/.) *s.f.* ortografia.

Rechtsempfinden (-s/.) *s.n.* senso della giustizia.

rechtsfähig *agg.* giuridicamente capace.

Rechtsfrage (-,-n) *s.f.* questione giuridica.

rechtsgültig *agg.* giuridicamente valido, legittimo.

Rechtshänder (-s,-) *s.m.* destro, destrimano.

rechtskräftig *agg.* (*dir.*) giudicato: *– werden*, passare in giudicato.

Rechtsschutz (-es/.) *s.m.* tutela giuridica.

Rechtsstaat (-es,-en) *s.m.* stato di diritto.

Rechtsstreit (-es,-e) *s.m.* controversia giuridica.

rechtsunfähig *agg.* giuridicamente incapace.

rechtsverbindlich *agg.* 1 obbligatorio per legge 2 giuridicamente vincolante.

Rechtsverfahren (-s,-) *s.n.* procedimento legale.

Rechtsverkehr (-s/.) *s.m.* (*auto*) circolazione a destra.

Rechtsweg (-es,-e) *s.m.* via legale: *den – beschreiten*, adire le vie legali.

rechtswidrig *agg.* contrario alla legge, illegale.

rechtzeitig *agg.* 1 tempestivo 2 puntuale.

Reck (-s,-e) *s.n.* (*ginnastica*) sbarra.

recken *v.tr.* allungare ♦ **sich –** *v.pron.* stiracchiarsi.

Recorder (-s,-) *s.m.* 1 registratore 2 videoregistratore.

Recycling (-s/.) *s.n.* riciclaggio.

Redaktion (-,-en) *s.f.* redazione.

Rede (-,-n) *s.f.* 1 discorso: *keine Rede!*, neanche per idea! | *nicht der – wert*, non vale la pena parlarne; non c'è di che; *davon kann gar keine – sein*, non se ne parla nemmeno; *è fuori discussione* 2 diceria, voce: *es geht die –, daß...*, gira voce che...

reden *v.intr.* (*von*, *über* +*acc.*) parlare (di) 2 parlare, tenere un discorso ♦ *v.tr.* dire: *Unsinn –*, dire sciocchezze.

Redensart (-,-en) *s.f.* modo di dire, espressione idiomatica.

redigieren *v.tr.* redigere.

Redner (-s,-) *s.m.* oratore, relatore.

Rednerpult (-es,-e) *s.n.* podio dell'ora-

redselig *agg.* loquace.
Reeder (-s,-) *s.m.* (*mar.*) armatore.
Referat (-s,-e) *s.n.* 1 rapporto (scritto), relazione 2 sezione, reparto.
Referent (-en,-en) *s.m.* 1 relatore 2 (*für*) responsabile (per) | *der persönliche – des Ministers*, il segretario personale del ministro.
reflektieren *v.tr.* riflettere, specchiare ♦ *v.intr.* (*über +acc.*) riflettere (su), considerare.
Reformhaus (-es,-häuser) *s.n.* negozio di prodotti dietetici naturali.
Reformkost (-/.) *s.f.* alimenti naturali.
Regal (-s,-e) *s.n.* scaffale; scansia, scaffalatura.
Regatta (-, Regatten) *s.f.* regata.
rege *agg.* 1 vivace, vivo 2 intenso; animato.
Regel (-,-n) *s.f.* 1 regola 2 (*med.*) mestruazione.
regelmäßig *agg.* regolare ♦ *avv.* regolarmente.
regeln *v.tr.* 1 regolare | *eine Frage –*, sistemare una questione 2 regolamentare ♦ *sich – v.pron.* regolarsi.
regelrecht *agg.* (*fam.*) vero e proprio.
Regelung (-,-en) *s.f.* 1 regolazione, sistemazione 2 regolamentazione 3 regolamento; direttiva.
regen, sich *v.pron.* 1 muoversi 2 (*di sentimenti*) risvegliarsi, destarsi.
Regen (-s/.) *s.m.* pioggia | *vom – in die Traufe kommen*, (*fig.*) cadere dalla padella nella brace.
Regenbogen (-s,-bögen) *s.m.* arcobaleno.
Regenmantel (-s,-mäntel) *s.m.* impermeabile.
Regenschirm (-s,-e) *s.m.* ombrello.

Regenwetter (-s/.) *s.n.* tempo piovoso | *ein Gesicht wie drei/sieben Tage – machen*, fare una faccia da funerale.
Regie (-,-n) *s.f.* 1 regia 2 direzione, gestione 3 (*austr.*) monopolio di stato.
Regierung (-,-en) *s.f.* governo.
Regisseur (-s,-e) *s.m.* regista.
reglos *agg.* immobile.
regnen *v.impers.* piovere.
regnerisch *agg.* piovoso.
Regung (-,-en) *s.f.* 1 lieve movimento | *eine – der Luft*, un filo d'aria 2 moto dell'animo, impulso.
Reh (-es,-e) *s.n.* capriolo.
Rehbraten (-s,-) *s.m.* (*gastr.*) arrosto di capriolo.
Reibeisen (-s,-) *s.n.* grattugia.
reiben (rieb, gerieben) *v.tr.* 1 sfregare, strofinare 2 grattugiare ♦ *v.intr.* (*an +dat.*) sfregare (contro) ♦ *sich – v.pron.* (*an +dat.*) scontrarsi (con), essere in attrito (con).
Reiberei (-,-en) *s.f.* contrasto, attrito.
Reibung (-,-en) *s.f.* 1 sfregamento 2 (*fig.*) attrito.
reich *agg.* 1 ricco 2 (*an +dat.*) ricco (di), abbondante, copioso.
Reich (-es,-e) *s.n.* 1 impero, regno 2 Reich, impero germanico: *das Dritte –*, il Terzo Reich 3 (*fig.*) regno: *das – der Tiere, der Pflanzen*, il regno animale, vegetale.
reichen *v.tr.* 1 porgere, passare 2 (*di bibite ecc.*) servire ♦ *v.intr.* 1 bastare, essere sufficiente | *jetzt reicht's mir aber!*, ora basta! 2 arrivare; estendersi.
reichlich *agg.* 1 ricco, abbondante 2 più che sufficiente.
Reichtum (-s,-tümer) *s.m.* 1 ricchezza 2 (*an +dat.*) ricchezza (di), abbondanza (di).

Reichweite (-/.) s.f. 1 portata: *in* –, a portata di mano 2 (*di armi*) gittata 3 autonomia (di volo).

reif agg. 1 maturo (*anche fig.*) 2 ponderato, ben meditato.

Reif (-s/.) s.m. brina.

Reife (-/.) s.f. 1 maturità (*anche fig.*) | (*scol.*) *mittlere* –, diploma rilasciato alla fine della Realschule o dopo la decima classe del Gymnasium 2 maturazione.

reifen v.intr. maturare (*anche fig.*).

Reifen (-s,-) s.m. pneumatico; gomma: *ein platter* –, una gomma a terra.

Reifenpanne (-,-n) s.f. (*di pneumatico*) foratura: *eine* – *haben*, avere forato.

Reifeprüfung (-,-en) s.f. esame di maturità.

reiflich agg. maturo, ponderato.

Reihe (-,-n) s.f. 1 fila: *der* – *nach*, per ordine; *er ist an der* –, tocca a lui 2 serie; sfilza 3 (*pl.*) (*fig.*) file, schiere 4 (*mat.*) serie, progressione.

Reihenfolge (-,-n) s.f. successione, ordine, sequenza.

Reihenhaus (-es,-häuser) s.n. villetta a schiera.

Reiher (-s,-) s.m. (*zool.*) airone.

Reim (-es,-e) s.m. rima.

rein agg. 1 puro (*anche fig.*) 2 pulito| *etwas ins* – *schreiben*, scrivere qlco. in bella (copia) 3 (*idiom.*) *etwas ins* – *bringen*, chiarire qlco.; *mit jdm ins* – *kommen*, chiarirsi con qlcu.; *mit sich selbst ins* – *kommen*, chiarirsi le idee ♦ avv. 1 puramente, prettamente 2 (*fam.*) (*rafforzativo*) proprio.

Reinfall (-s,-fälle) s.m. (*fam.*) fiasco, fregatura.

reinigen v.tr. 1 pulire: *etwas* – *lassen*, far lavare qlco. a secco 2 (*tecn.*) depurare 3 (*med.*) purgare 4 purificare.

Reinigung (-,-en) s.f. 1 pulitura, pulizia: *chemische* –, lavaggio a secco 2 (*tecn.*) depurazione 3 lavanderia a secco, tintoria.

Reinschrift (-,-en) s.f. bella copia.

Reis (-es,-e) s.m. riso.

Reise (-,-n) s.f. viaggio: *sich auf die* – *machen*, mettersi in viaggio.

Reisebüro (-s,-s) s.n. agenzia viaggi.

Reisegesellschaft (-,-en) s.f. 1 comitiva (di turisti) 2 (*pl.*) compagni di viaggio.

reisen v.intr. viaggiare.

Reisende (-n,-n) s.m./f. 1 viaggiatore/trice, passeggero/a 2 commesso viaggiatore, rappresentante.

Reisepaß (-passes,-pässe) s.m. passaporto.

Reisezeit (-,-en) s.f. stagione turistica.

Reisfeld (-es,-er) s.n. risaia.

reißen (riß, gerissen) v.tr. 1 strappare, lacerare 2 strattonare, spingere 3 tirare con forza 4 sbranare ♦ v.intr. 1 strapparsi 2 (*an +dat.*) tirare (per) ♦ *sich* – v.pron. (*fam.*) (*um*) fare a pugni (per).

reißend agg. 1 (*fiume*) impetuoso|*-en Absatz finden*, (*fig.*) andare a ruba 2 (*dolore*) lancinante 3 rapace.

Reißverschluß (-schlusses,-schlüsse) s.m. chiusura lampo, cerniera lampo, lampo.

Reißzwecke (-,-n) s.f. puntina da disegno.

Reitbahn (-,-en) s.f. maneggio.

reiten (ritt, geritten) v.intr. andare a cavallo, cavalcare ♦ v.tr. cavalcare.

Reiter (-s,-) s.m. 1 cavaliere, fantino 2 soldato di cavalleria.

Reiz (-es,-e) s.m. 1 stimolo 2 fascino, attrattiva.

reizbar *agg.* suscettibile, irritabile.
reizen *v.tr.* 1 irritare, provocare 2 attrarre, affascinare 3 (*med.*) irritare.
reizend *agg.* carino, grazioso.
Reizwäsche (-/.) *s.f.* biancheria sexy.
rekeln, sich *v.pron.* stirarsi, stiracchiarsi.
Reklame (-,-en) *s.f.* réclame, pubblicità.
reklamieren *v.tr.* reclamare ♦ *v.intr.* reclamare, sporgere reclamo.
Rekrut (-en,-en) *s.m.* recluta.
Rektor (-s,-en) *s.m.* 1 (*università*) rettore 2 (*scol.*) direttore, preside.
Rekurs (-es,-e) *s.m.* ricorso: – *einlegen*, fare ricorso.
Religion (-,-en) *s.f.* religione.
Relikt (-es,-e) *s.n.* 1 retaggio, residuo 2 reperto 3 (*biol., ling.*) relitto.
remis *agg.inv.* (*sport*) pari; (*scacchi*) patta.
Ren (-s,-e) *s.n.* renna.
Renaissance (-,-n) *s.f.* 1 (*st.*) rinascimento 2 (*fig.*) rinascita.
Rendezvous (-,-) *s.n.* appuntamento, incontro.
Rennbahn (-,-en) *s.f.* pista.
rennen (rannte, gerannt) *v.intr.* 1 correre 2 (*fam.*) (*gegen*) contro) urtare (contro), andare a sbattere (contro) ♦ *v.tr.* (*fam.*) piantare, conficcare | *jdn. über den Haufen –*, buttare qlcu. a terra.
Rennen (-s,-) *s.n.* corsa, gara.
Renner (-s,-) *s.m.* 1 cavallo da corsa 2 (*fam.*) articolo che va a ruba; (*di libro*) best seller.
Rennstall (-s,-ställe) *s.m.* scuderia.
Rennstrecke (-,-n) *s.f.* circuito.
Renommee (-s,-s) *s.n.* fama, rinomanza.
rentabel *agg.* redditizio, remunerativo.
Rente (-,-n) *s.f.* 1 pensione 2 rendita, reddito da capitale.

rentieren, sich *v.pron.* 1 rendere, fruttare 2 (*fig.*) valere la pena, convenire.
Rentner (-s,-) *s.m.* pensionato.
reparaturbedürftig *agg.* che necessita di riparazione, da riparare.
Reparaturwerkstatt (-,-stätten) *s.f.* officina riparazioni.
reparieren *v.tr.* riparare.
Report (-s,-e) *s.m.* 1 rapporto, relazione 2 (*Borsa*) riporto.
Reptil (-s,-ien) *s.n.* rettile.
Republik (-,-en) *s.f.* repubblica.
Reservat (-es,-e) *s.n.* (*per animali*) riserva.
Reserve (-,-n) *s.f.* 1 scorta, riserva (*anche sport/mil.*) 2 riserbo, riservatezza.
reservieren *v.tr.* riservare, prenotare: *einen Tisch – lassen*, prenotare un tavolo (al ristorante).
resignieren *v.intr.* rassegnarsi.
resozialisieren *v.tr.* reinserire nella società.
Respekt (-s/.) *s.m.* rispetto; considerazione: *bei allem –*, con tutto il rispetto.
Ressentiment (-s,-s) *s.n.* risentimento, rancore.
Ressort (-s,-s) *s.n.* 1 dipartimento 2 campo, competenza.
Ressourcen *s.pl.* risorse.
Rest (-es,-e) *s.m.* 1 resto (*anche mat.*) 2 (*di cibo*) avanzi.
Restaurant (-s,-s) *s.n.* ristorante.
restaurieren *v.tr.* restaurare.
restlos *avv.* completamente, del tutto.
Restposten (-s,-) *s.m.* rimanenze, articoli di fine serie.
Resultat (-es,-e) *s.n.* risultato; esito.
resultieren *v.intr.* (*aus*) risultare (da), conseguire (da).

ringen

Resümee (-s,-s) *s.n.* riassunto.
Retortenbaby (-s,-s) *s.n.* bambino (concepito) in provetta.
retten *v.tr.* salvare ♦ **sich** – *v.pron.* salvarsi, mettersi in salvo.
Rettich (-s,-e) *s.m.* rafano.
Rettung (-,-en) *s.f.* 1 salvataggio 2 salvezza | *die letzte – sein*, (fig.) essere l'ultima spiaggia.
Rettungsring (-es,-e) *s.m.* salvagente.
retuschieren *v.tr.* (foto) ritoccare.
Reue (-/.) *s.f.* rimorso, pentimento.
reumütig *agg.* pentito.
revanchieren, sich *v.pron.* (für) 1 prendersi la rivincita 2 ricambiare, sdebitarsi (di).
Revier (-s,-e) *s.n.* 1 (fig.) campo, regno 2 (zool.) territorio 3 commissariato di polizia 4 distretto forestale 5 riserva di caccia 6 distretto minerario.
Revolution (-,-en) *s.f.* rivoluzione.
Revue (-,-n) *s.f.* 1 (teatr.) varietà 2 rivista.
Rezept (-es,-e) *s.n.* 1 ricetta, prescrizione medica: *auf* –, dietro presentazione di ricetta medica 2 (gastr.) ricetta.
R-Gespräch (-s,-e) *s.n.* (tel.) chiamata a carico del destinatario.
Rheuma (-s/.) *s.n.* reumatismo, reumatismi.
Rhythmus (-,-men) *s.m.* ritmo.
richten *v.tr.* 1 dirigere (sguardo, parola ecc.) volgere, rivolgere 3 (arma) puntare 4 preparare, approntare 5 (dir.) giudicare 6 punire; giustiziare ♦ *v.intr.* (über) giudicare; condannare ♦ **sich** – *v.pron.* 1 (an +acc.) rivolgersi (a) 2 (nach) concordarsi (con).
Richter (-s,-) *s.m.* giudice, magistrato.
richtig *agg.* 1 giusto; corretto, esatto 2 vero, autentico ♦ *avv.* 1 giustamente, esattamente; correttamente 3 (fam.) ovviamente.
richtig-stellen *v.tr.* rettificare, correggere.
Richtlinie (-,-n) *s.f.* direttiva, norma.
Richtpreis (-es,-e) *s.m.* prezzo indicativo.
Richtung (-,-en) *s.f.* direzione, senso.
Richtungsanzeiger (-s,-) *s.m.* (svizz.) lampeggiatore.
riechen (roch, gerochen) *v.intr.* 1 (nach) odorare (di), profumare/puzzare (di): *es riecht nach Gas*, c'è odore di gas 2 (an +dat.) annusare 3 (fig.) (nach) puzzare (di) ♦ *v.tr.* 1 annusare, fiutare 2 (fam.) prevedere.
Riegel (-s,-) *s.m.* chiavistello, catenaccio.
Riemen (-s,-) *s.m.* 1 cinghia | *sich den – enger schnallen*, (fig.) tirare la cinghia 2 stringhe (di cuoio).
Ries (-es,-e) *s.n.* risma (di fogli).
Riese (-n,-n) *s.m.* gigante.
riesig *agg.* 1 gigantesco, colossale, enorme 2 (fam.) stupendo, fantastico, incredibile.
Riff (-es,-e) *s.n.* scogliera.
Rille (-,-n) *s.f.* 1 (di disco) solco 2 scanalatura.
Rind (-es,-er) *s.n.* bovino; manzo.
Rinde (-,-en) *s.f.* 1 (d'albero) corteccia 2 crosta.
Rindfleisch (-s/.) *s.n.* carne di manzo.
Ring (-es,-e) *s.m.* 1 anello 2 cerchio | *-e um die Augen haben*, avere le borse sotto gli occhi 3 associazione, circolo 4 circonvallazione 5 (sport) ring.
Ringelnatter (-,-n) *s.f.* biscia d'acqua.
Ringelreihen (-s,-) *s.m.* girotondo.
ringen (rang, gerungen) *v.tr.* torcere ♦

Ringer

v.intr. (*um* +*acc.*) lottare (per), combattere (per) |*nach Luft* –, boccheggiare.
Ringer (-s,-) *s.m.* lottatore.
Ringfinger (-s,-) *s.m.* anulare.
Ringmauer (-,-n) *s.f.* mura (di una città, di un centro storico).
Ringrichter (-s,-) *s.m.* arbitro (di pugilato).
Ringstraße (-,-n) *s.f.* circonvallazione.
ringsumher *avv.* tutt'intorno.
rinnen (rann, geronnen) *v.intr.* 1 scorrere 2 gocciolare, grondare.
Rinnstein (-s,-e) *s.m.* 1 tombino 2 canaletto di scolo.
Rippchen (-s,-) *s.n.* (*gastr.*) costina, puntina (di maiale).
Rippe (-,-n) *s.f.* 1 (*anat.*) costa; (*fam.*) costola 2 (*bot.*) costa, nervatura 3 (*arch.*) costolone, costola 4 (*di termosifone*) elemento.
Risiko (-s,-ken/s; *austr.* Risken) *s.n.* rischio.
riskant *agg.* rischioso, azzardato, arrischiato.
riskieren *v.tr.* rischiare |*Kopf und Kragen* –, rischiare l'osso del collo.
Riß (Risses, Risse) *s.m.* 1 strappo 2 crepa, incrinatura |*Risse bekommen*, (*fig.*) incrinarsi 3 screpolatura 4 (*med.*) lacerazione 5 (*tecn.*) tracciato.
Rist (-es,-e) *s.m.* collo del piede.
ritterlich *agg.* cavalleresco ♦ *avv.* cavallerescamente.
rittlings *avv.* a cavalcioni.
Ritze (-,-n) *s.f.* fessura, fenditura.
ritzen *v.tr.* scalfire; incidere, tagliare.
rivalisieren *v.intr.* rivaleggiare, competere.
Robbe (-,-n) *s.f.* foca.
Roboter (-s,-) *s.m.* robot.
Rock¹ (-es, Röcke) *s.m.* gonna.
Rock² (-s/.) *s.m.* (musica) rock.
rodeln *v.intr.* andare in slitta.
roden *v.tr.* 1 sradicare 2 disboscare; dissodare 3 bonificare ♦ *v.intr.* disboscare.
Roggen (-s/.) *s.m.* segale, segala.
roh *agg.* 1 crudo 2 greggio, grezzo 3 rozzo, grossolano; rude |*-e Gewalt*, forza bruta.
Rohbau (-s,-ten) *s.m.* scheletro di un edificio.
Rohkost (-/.) *s.f.* alimentazione a base di verdura e frutta crude.
Rohöl (-s/.) *s.n.* (petrolio) greggio.
Rohr (-s,-e) *s.n.* 1 tubo; conduttura, tubatura 2 (*di arma da fuoco*) canna 3 (*bot.*) canna, vimine.
Rohrzucker (-s/.) *s.m.* zucchero di canna.
Rohstoff (-es,-e) *s.m.* materia prima.
Rolladen (-s,-läden) *s.m.* serranda, saracinesca; tapparella.
Rolle (-,-n) *s.f.* 1 rotella 2 rocchetto (di filo) 3 carrucola, puleggia 4 rotolo 5 rullo; cilindro 6 bobina 7 (*teatr./film*) ruolo.
rollen *v.tr.* 1 ruotare, far girare 2 arrotolare, avvolgere ♦ *v.intr.* 1 rotolare |*es werden Köpfe* –, (*fig.*) cadranno delle teste 2 muoversi su ruote, girare 3 (*aer.*) rullare; (*mar.*) rollare 4 roteare 5 rimbombare ♦ *sich* – *v.pron.* 1 rotolarsi; arrotolarsi 2 girarsi 3 (*di capelli*) arricciarsi.
Roller (-s,-) *s.m.* 1 monopattino 2 scooter, motoretta.
Rollkragenpullover (-s,-) *s.m.* maglione a collo alto, dolcevita.
Rollstuhl (-s,-stühle) *s.m.* sedia a rotelle.
Rolltreppe (-,-n) *s.f.* scala mobile.

Roman (-s,-e) *s.m.* romanzo.
Romantik (-/.) *s.f.* romanticismo.
Römer¹ (-s,-) *s.m.* romano.
Römer² (-s,-) *s.m.* coppa (da vino in vetro colorato).
Rommé (-s,-s) *s.n.* ramino.
Rose (-,-n) *s.f.* rosa.
Rosenkohl (-s,-e) *s.m.* cavolino di Bruxelles.
Rosenkranz (-es,-kränze) *s.m.* rosario.
Rosenmontag (-s,-e) *s.m.* lunedì di carnevale.
Rosette (-,-n) *s.f.* rosone.
rosig *agg.* roseo (*anche fig.*).
Rosine (-,-n) *s.f.* 1 acino di uva passa 2 (*pl.*) uva passa.
Roß (Rosses, Rosse/Rösser) *s.n.* cavallo, destriero.
Roßhaar (-es,-e) *s.n.* crine di cavallo.
Rost¹ (-es,-e) *s.m.* griglia, graticola: *auf dem – braten*, cucinare alla brace.
Rost² (-es,-e) *s.m.* ruggine.
Rostbraten (-s/.) *s.m.* carne alla griglia/ brace.
rosten *v.intr.* arrugginire.
rösten *v.tr.* 1 cuocere alla griglia, arrostire 2 tostare; torrefare.
rostfrei *agg.* inossidabile.
Rösti *s.pl.* (*svizz.*) tortino di patate schiacciate e arrostite in padella.
rostig *agg.* arrugginito (*anche fig.*).
Röstkastanien *s.pl.* caldarroste.
rot *agg.* 1 rosso 2 (*fam.*) rosso, comunista.
Röte (-/.) *s.f.* rossore.
Röteln *s.pl.* (*med.*) rosolia.
rotieren *v.intr.* 1 ruotare 2 (*fam.*) agitarsi.
Rotstift (-es,-e) *s.m.* matita rossa | *den – ansetzen*, tagliare i fondi.
Rötung (-,-en) *s.f.* arrossamento.

Rotz (-es/.) *s.m.* (*fam.*) moccio, moccolo.
Rotznase (-,-n) *s.f.* (*fam.*) moccioso.
Rouge (-s,-s) *s.n.* 1 fard 2 (*roulette*) rouge, rosso.
Roulade (-,-n) *s.f.* (*gastr.*) involtino di carne.
Route (-,-n) *s.f.* itinerario, percorso; rotta.
Rowdy (-s,-s) *s.m.* teppista.
Rübe (-,-n) *s.f.* 1 rapa | *gelbe –*, (*fam.*) carota; *rote –*, barbabietola 2 (*fig.*) zucca, crapa.
Rubrik (-,-en) *s.f.* 1 (*di giornale*) rubrica, colonna 2 categoria, sezione.
Ruck (-es,-e) *s.m.* scossa, scossone.
ruckartig *agg.* brusco.
Rückblick (-s,-e) *s.m.* 1 sguardo retrospettivo 2 retrospettiva, rassegna.
rücken *v.tr.* spostare ♦ *v.intr.* spostarsi: *näher –*, avvicinarsi.
Rücken (-s,-) *s.m.* schiena, dorso (*anche sport*) | *jdm. in den – fallen*, (*fig.*) pugnalare qlcu. alle spalle.
Rückfall (-s,-fälle) *s.m.* 1 (*med.*) ricaduta 2 (*dir.*) recidiva 3 reversibilità.
Rückgang (-s,-gänge) *s.m.* riduzione, diminuzione.
rückgängig *agg.* in diminuzione | *– machen*, revocare.
Rückhalt (-es,-e) *s.m.* appoggio, sostegno (*anche fig.*).
Rücklage (-,-n) *s.f.* 1 (*econ.*) riserva, fondo di riserva 2 risparmi.
Rückporto (-s,-s/-ti) *s.n.* francobollo accluso.
Rucksack (-s,-säcke) *s.m.* zaino.
Rückschlag (-s,-schläge) *s.m.* 1 contraccolpo 2 stangata, batosta 3 (*sport*) respinta, risposta.
Rückschluß (-schlusses,-schlüsse) *s.m.*

rücksichtlos

deduzione.

rücksichtlos *agg.* 1 senza riguardo 2 sconsiderato ♦ *avv.* 2 senza alcun riguardo 2 sconsideratamente.

rückständig *agg.* antiquato, arretrato, superato.

Rücktritt (-s,-e) *s.m.* 1 dimissioni 2 recesso.

rückvergüten *v.tr.* rimborsare.

rückwärts *avv.* indietro, all'indietro: – *fahren*, fare marcia indietro.

Rückwärtsgang (-s,-gänge) *s.m.* retromarcia.

rückwirkend *agg.* retroattivo.

Rückzahlung (-,-en) *s.f.* rimborso.

Rückzieher (-s,-) *s.m.* 1 *einen – machen*, (*fig.*) fare marcia indietro 2 (*calcio*) rovesciata.

Ruder (-s,-) *s.n.* 1 remo 2 timone.

Ruf (-s,-e) *s.m.* 1 chiamata (*anche mil.*); (*università*) nomina 2 grido 3 (*di animali*) richiamo 4 fama, reputazione.

rufen *v.intr.* 1 gridare 2 chiamare.

rügen *v.tr.* rimproverare, biasimare.

Ruhe (-/.) *s.f.* 1 calma, pace, tranquillità: *in aller –*, con tutta calma 2 silenzio, quiete 3 riposo.

ruhen *v.intr.* 1 riposare, riposarsi 2 essere fermo, essere sospeso 3 (*auf +acc.*) poggiare (su), pesare (su), gravare (su) (*anche fig.*).

Ruhestand (-es) *s.m.* pensione: *in den – gehen*, andare in pensione.

ruhig *agg.* 1 tranquillo 2 calmo; sicuro.

Ruhm (-es/.) *s.m.* gloria, fama.

rühmen, sich *v.pron.* (*+gen.*) vantarsi (di).

Rührei (-s,-er) *s.n.* uovo strapazzato.

rühren *v.tr.* 1 muovere 2 (*gastr.*) mescolare, rimestare 3 (*fig.*) toccare, commuovere ♦ *v.intr.* 1 (*an +acc.*) accennare (a) 2 derivare, avere origine: *das rührt daher, daß*, deriva dal fatto che 3 rimestare, mescolare ♦ *sich – v.pron.* 1 muoversi 2 darsi da fare 3 (*fig.*) destarsi, ridestarsi.

rührend *agg.* commovente, toccante.

Ruin (-s/.) *s.m.* rovina.

Ruine (-,-n) *s.f.* rovina, rudere.

rülpsen *v.intr.* (*fam.*) ruttare, fare un rutto.

Rummelplatz (-es,-plätze) *s.m.* fiera, parco dei divertimenti.

Rumpf (-es, Rümpfe) *s.m.* 1 (*anat.*) tronco, torso 2 (*mar.*) scafo 3 (*aereo*) fusoliera.

Rumpssteak (-s,-s) *s.n.* costata (di manzo).

rund *agg.* 1 rotondo, tondo | -*e Augen machen*, far tanto d'occhi 2 grassottello, rotondetto 3 (*fig.*) completo, ben riuscito.

Rundbrief (-s,-e) *s.m.* circolare.

Runde (-,-n) *s.f.* 1 giro, cerchia (di persone) 2 dintorni 3 giro (*anche sport*) | *eine – spendieren*, (*fam.*) offrire un giro (pagando da bere) 4 (*sport*) ripresa; (*pugilato*) round, ripresa.

runden *v.tr.* arrotondare.

Rundfunk (-s/.) *s.m.* radio.

Ruß (-es/.) *s.m.* fuliggine.

Rüssel (-s,-) *s.m.* 1 proboscide 2 (*di suino*) grugno.

rüstig *agg.* arzillo, in forma.

Rüstung (-,-en) *s.f.* 1 armamento 2 armatura.

Rüstzeug (-s/.) *s.n.* 1 attrezzatura, equipaggiamento 2 requisiti, conoscenze, know-how.

Rute (-,-n) *s.f.* verga, bacchetta.

rutschen *v.intr.* **1** scivolare, sdrucciolare; fare uno scivolone **2** *(di terreno)* franare, smottare.
rutschfest *agg.* antisdrucciolo.
rütteln *v.tr.* scuotere, scrollare, agitare ♦ *v.intr.* (*an* +*dat.*) **1** scuotere, agitare **2** *(fig.)* cambiare, mutare: *daran gibt es nichts zu –*, non ci si può fare più niente.

S

Saal (-es, Säle) *s.m.* **1** sala **2** pubblico, spettatori.
Saat (-,-en) *s.f.* **1** semina **2** semente.
Sabotageakt (-es,-e) *s.m.* atto di sabotaggio.
Säbel (-s,-) *s.m.* sciabola.
Sachbearbeiter (-s,-) *s.m.* incaricato, addetto, esperto.
Sachbuch (-es,-bücher) *s.n.* **1** opera specialistica **2** opera di divulgazione.
Sache (-,-n) *s.f.* **1** cosa | *seine sieben -n einpacken*, fare fagotto **2** questione, affare, faccenda: *bei der – bleiben*, non divagare; *zur – kommen*, arrivare al punto; *das ist deine –*, sono affari tuoi **3** *(dir.)* causa **4** *mit über hundert -n fahren*, sfrecciare a più di cento all'ora.
Sachgebiet (-es,-e) *s.n.* ambito, materia.
sachkundig *agg.* competente.
sachlich *agg.* obiettivo, oggettivo.
Sachregister (-s,-) *s.n.* indice analitico.
Sachverhalt (-s,-e) *s.m.* **1** stato di fatto **2** fattispecie.
Sachverständige (-n,-n) *s.m./f.* perito.
Sack (-es, Säcke) *s.m.* sacco | *mit – und Pack*, con armi e bagagli.

Sackgasse (-,-n) *s.f.* vicolo cieco.
sadistisch *agg.* sadico.
säen *v.tr.* seminare *(anche fig.)*.
Safe (-s,-s) *s.m./n.* cassaforte, cassetta di sicurezza.
Safran (-s,-e) *s.m.* zafferano.
Saft (-es, Säfte) *s.m.* **1** succo, spremuta **2** sugo **3** linfa.
saftig *agg.* succoso.
Sage (-,-n) *s.f.* saga, leggenda.
Säge (-,-n) *s.f.* sega.
Sägemehl (-s/-) *s.n.* segatura.
sagen *v.tr. e intr.* dire ♦ *sich* – *v.pron.* dirsi.
sagenhaft *agg.* **1** leggendario, favoloso **2** incredibile.
Sahne (-/-) *s.f.* panna, crema di latte.
Saison (-,-en) *s.f.* stagione: *außerhalb der –*, fuori stagione.
Saite (-,-n) *s.f.* *(mus.)* corda.
Sakko (-s,-s) *s.m.* *(austr.) n.* giacca da uomo.
Salamander (-s,-) *s.m.* salamandra.
Salat (-es,-e) *s.m.* **1** insalata **2** *(fig.)* disastro, pasticcio.
Salbe (-,-n) *s.f.* pomata, unguento.
Salbei (-s/-) *s.m.* salvia.
Salmiakgeist (-es/-) *s.m.* ammoniaca.
Salon (-s,-s) *s.m.* salone.
salonfähig *agg.* **1** socialmente accettabile **2** *(fam.)* presentabile.
salopp *agg.* **1** *(di vestiti)* informale, casual **2** popolare **3** *(di linguaggio)* colloquiale, familiare.
Salü *escl.* *(svizz.)* salve, ciao.
Salz (-es,-e) *s.n.* sale.
salzen (salzte, gesalzen) *v.tr.* salare.
Salzgebäck (-s/-) *s.n.* salatini.
salzig *agg.* salato.
Salzkartoffeln *s.pl.* patate lesse (in acqua salata).

Salzsäure (-/.) *s.f.* acido muriatico.
Salzstreuer (-s,-) *s.m.* saliera.
Samen (-s,-) *s.m.* 1 seme (*anche fig.*); semente 2 sperma.
sämig *agg.* denso.
Sammelaktion (-,-en) *s.f.* campagna di raccolta.
sammeln *v.tr.* 1 raccogliere 2 collezionare, far raccolta di ♦ *v.intr.* avere l'hobby del collezionismo ♦ **sich –** *v.pron.* raccogliersi.
Sammler (-s,-) *s.m.* collezionista.
Sammlung (-,-en) *s.f.* 1 raccolta, collezione 2 colletta, raccolta di fondi.
Samstag (-es,-e) *s.m.* sabato.
samt *prep.* +*dat.* (insieme) con | – *und sonders*, tutti quanti.
Samt (-es,-e) *s.m.* velluto.
sämtlich *pron.* e *agg. indef.* tutto | *-e Werke*, opera omnia.
Sand (-es,-e) *s.m.* sabbia: *den Kopf in den – stecken*, (*fig.*) fare lo struzzo.
Sandale (-,-n) *s.f.* sandalo.
Sandpapier (-s,-e) *s.n.* carta vetrata.
Sanduhr (-,-en) *s.f.* clessidra.
sanft *agg.* 1 lieve, leggero 2 mite, dolce 3 calmo, pacato 4 (*di colore*) tenue, pallido.
sanftmütig *agg.* mite, mansueto.
Sänger (-s,-) *s.m.* (*f.-in*/*innen*) cantante.
sang- und klanglos *locuz.avv.*: *– verschwinden*, (*fam.*) sparire nel nulla.
sanieren *v.tr.* 1 risanare 2 ristrutturare 3 sanare (un bilancio) ♦ **sich –** *v.pron.* riprendersi finanziariamente.
sanitär *agg.* igienico | *-e Anlagen*, (impianti) sanitari.
Sanitäter (-s,-) *s.m.* infermiere del pronto soccorso.
Sankt *agg.inv.* santo.

Saphir (-s,-e) *s.m.* zaffiro.
sapperlot *inter.* perbacco.
Sardelle (-,-n) *s.f.* acciuga, alice.
Sardine (-,-n) *s.f.* sardina, sarda.
Sarg (-es, Särge) *s.m.* bara.
Satan (-s,-) *s.m.* 1 (*sing.*) Satana 2 (*fam.*) diavolo: *dieser Mann ist ein –*, quell'uomo è un diavolo.
Satellit (-en,-en) *s.m.* satellite.
satt *agg.* 1 sazio, satollo, pieno 2 (*fam.*) stufo, stanco: *ich habe es –!*, ne ho abbastanza! 3 soddisfatto, compiaciuto 4 (*di colore*) intenso, carico.
Sattel (-s, Sättel) *s.m.* 1 sella 2 (*di bicicletta e ciclomotore*) sellino 3 (*di monte*) sella, passo.
sättigen *v.tr.* saturare.
Satz (-es, Sätze) *s.m.* 1 frase, proposizione 2 serie, set; batteria (*di pentole*) 3 (*tennis*) set 4 salto 5 (*tip.*) composizione 6 (*mus.*) movimento 7 sedimento, deposito; fondo (*di caffè*) 8 tariffa.
Satzung (-,-en) *s.f.* statuto, regolamento, ordinamento.
Sau (-, Säue) *s.f.* 1 scrofa 2 (*volg.*) porco | *unter aller –*, da cani; *jdn. zur – machen*, fare un culo così a qlcu.
sauber *agg.* pulito (*anche fig.*).
Säuberung (-,-en) *s.f.* 1 pulizia 2 (*pol.*) epurazione 3 rastrellamento (*mil.*).
Saubohne (-,-n) *s.f.* fava.
Sauce (-,-n) *s.f.* salsa.
sauer *agg.* 1 acido 2 aspro, acerbo 3 (*di verdure*) sotto aceto 4 (*fam.*) incavolato: *auf jdn. – sein*, essere incavolato con qlcu.
Sauerbraten (-s,-) *s.m.* arrosto all'agro.
Sauerei (-,-en) *s.f.* (*fam.*) porcheria, schifezza.

Sauerkirsche (-,-n) *s.f.* amarena.
Sauerkraut (-/-) *s.n.* crauti.
Sauerstoff (-/-) *s.m.* ossigeno.
saufen (soff, gesoffen) *v.tr.* 1 (*di animali*) bere, abbeverarsi 2 (*fam.*) trincare ♦ *v.intr.* trincare, sbevazzare.
saugen¹ (sog, gesogen) *v.tr.* 1 succhiare, poppare 2 aspirare: *den Teppich* –, passare l'aspirapolvere.
saugen² (*tecn.*) *v.tr.* aspirare, pompare.
Säugling (-s,-e) *s.m.* lattante, poppante.
Säule (-,-n) *s.f.* colonna.
Saum (-es, Säume) *s.m.* orlo.
säumig *agg.* 1 (*comm.*) moroso 2 negligente | *mit der Arbeit sein*, essere indietro con il lavoro.
Säure (-,-n) *s.f.* 1 acido 2 acidità.
Saus *s.m.*: *in – und Braus*, fare la bella vita.
sausen *v.intr.* 1 (*di vento*) sibilare, fischiare 2 (*di orecchie*) ronzare 3 affrettarsi, correre 4 – *lassen*, (*fam.*) lasciar perdere.
Sauwetter (-/-) *s.n.* tempo da cani.
Savanne (-,-n) *s.f.* savana.
S-Bahn (-,-en) *s.f.* metropolitana leggera.
Schabe (-,-n) *s.f.* 1 blatta, scarafaggio 2 (*svizz.*) tarma.
schäbig *agg.* 1 misero, miserabile 2 consunto, logoro 3 gretto, meschino.
Schablone (-,-n) *s.f.* 1 modello 2 forma, sagoma 3 schema fisso, cliché.
Schachbrett (-s,-er) *s.n.* scacchiera.
schachmatt *agg.* 1 (scacco) matto: *jdn. – setzen*, (*anche fig.*) dare scacco matto a qlcu. 2 sfinito, esausto.
Schacht (-s,Schächte) *s.m.* 1 pozzo (*anche min.*) 2 tromba dell'ascensore.

Schachtel (-,-n) *s.f.* 1 scatola 2 pacchetto (di sigarette).
schade *avv.* peccato | *für etwas zu – sein*, essere sprecato per qlco.
Schädel (-s, -) *s.m.* 1 cranio, teschio 2 (*fam.*) testa, zucca.
Schaden (-, Schäden) *s.m.* 1 danno, sinistro; guasto: *einen – erleiden*, subire un danno | *aus – wird man klug*, sbagliando si impara 2 lesione, ferita.
Schadenersatz (-es/-) *s.m.* indennizzo, risarcimento danni.
schädigen *v.tr.* danneggiare, nuocere a.
schädlich *agg.* dannoso, nocivo.
Schädling (-s,-e) *s.m.* parassita.
Schadstoff (-es, -e) *s.m.* sostanza nociva.
Schaf (-es,-e) *s.n.* pecora.
Schäferhund (-es,-e) *s.m.* cane pastore.
schaffen¹ (schuf, geschaffen) *v.tr.* creare: *sich eine Stellung –*, farsi una posizione.
schaffen² *v.intr.* lavorare, darsi da fare ♦ *v.tr.* 1 fare, combinare | *die Prüfung nicht –*, non superare l'esame 2 portare a termine 3 farcela: *das schaffe ich nie*, non ce la farò mai.
Schaffner (-s,-) *s.m.* bigliettaio, controllore.
Schaft (-es, Schäfte) *s.m.* 1 gambo, fusto 2 (*di stivale*) gambale.
schäkern *v.intr.* 1 scherzare 2 flirtare.
Schal (-s,-s) *s.m.* 1 sciarpa 2 scialle.
Schale (-,-n) *s.f.* buccia, scorza (*anche fig.*).
schälen *v.tr.* sbucciare; (*patate*) pelare; (*frutta secca*) sgusciare; (*riso*) brillare.
Schalentier (-s,-e) *s.n.* crostaceo.

Schall (-(e)s,-e) *s.m.* 1 suono 2 eco.
Schalldämpfer (-s,-) *s.m.* 1 silenziatore 2 (*musica*) sordina.
schalldicht *agg.* insonorizzato.
schallen *v.intr.* risonare, rimbombare.
schallend *agg.* sonoro.
Schallmauer (-/-) *s.f.* muro del suono.
Schallplatte (-,-n) *s.f.* disco.
Schalotte (-,-n) *s.f.* scalogno.
schalten *v.tr.* 1 far scattare (un interruttore) 2 (*elettricità*) inserire 3 (*zwischen*) inserire (tra), infilare (tra) 4 afferrare, capire ♦ *v.intr.* 1 (*di interruttore*) scattare 2 (*in +acc.*) (*di marcia*) ingranare.
Schalter (-s,-) *s.m.* 1 interruttore, commutatore 2 (*banca*) sportello.
Schaltjahr (-es,-e) *s.n.* anno bisestile.
Scham (-/-) *s.f.* 1 pudore 2 vergogna.
schämen, sich *v.pron.* (+*gen., für*) vergognarsi (di, per).
schamlos *agg.* 1 spudorato 2 vergognoso, indecente 3 sfacciato.
Schande (-/-) *s.f.* vergogna, infamia.
schänden *v.tr.* profanare.
Schanktisch (-s,-e) *s.m.* banco di mescita.
Schanze (-,-n) *s.f.* 1 (*sci*) trampolino (di lancio) 2 trincea 3 (*mar.*) cassero.
Schar (-,-en) *s.f.* 1 schiera, frotta 2 (*di animali*) branco 3 (*di uccelli*) stormo.
scharen, sich *v.pron.* affollarsi.
scharf *agg.* 1 affilato, tagliente; aguzzo | *ein -er Wind*, un vento pungente 2 piccante 3 corrosivo, caustico (*anche fig.*) 4 (*di odore*) acre 5 nitido, definito | *-e Gesichtszüge*, lineamenti marcati 6 forte, geniale.
schärfen *v.tr.* 1 affilare, aguzzare 2 acuire.

scharf·machen *v.tr.* 1 innescare 2 aizzare, sobillare 3 provocare (sessualmente).
Scharfsinn (-s/.) *s.m.* acume, perspicacia.
Scharlach (-s/.) *s.m.* scarlattina.
Scharlatan (-s,-e) *s.m.* ciarlatano.
Scharmützel (-s,-) *s.n.* scaramuccia.
Scharnier (-s,-e) *s.n.* cerniera.
Schärpe (-,-n) *s.f.* sciarpa, fusciacca.
scharren *v.tr.* 1 raschiare 2 scavare raschiando ♦ *v.intr.* 1 raschiare 2 razzolare 3 scalpitare.
Scharte (-,-n) *s.f.* 1 tacca, scalfittura 2 fessura 3 feritoia.
Schaschlik (-s,-s) *s.m./n.* spiedini di carne piccanti.
Schatten (-s,-) *s.m.* ombra: *im -*, all'ombra.
Schattenriß (-risses,-risse) *s.m.* silhouette.
Schattenseite (-,-n) *s.f.* 1 lato in ombra 2 (*fig.*) rovescio della medaglia.
Schattenwirtschaft (-/-) *s.f.* economia sommersa.
schattieren *v.tr.* 1 ombreggiare 2 sfumare.
schattig *agg.* ombroso, ombreggiato.
Schatulle (-,-n) *s.f.* scatoletta, cassettina, scrignetto.
Schatz (-es, Schätze) *s.m.* tesoro (*anche fig.*).
Schatzamt (-es,-ämter) *s.n.* tesoreria.
schätzen *v.tr.* 1 stimare, valutare | *jdn. auf fünfzig -*, dare a qlcu. cinquant'anni 2 pensare, ritenere ♦ *v.intr.* pensare, credere.
Schätzung (-,-en) *s.f.* 1 calcolo approssimativo 2 valutazione, stima.
Schau (-,-en) *s.f.* 1 spettacolo 2 esposizione, mostra 3 punto di vista.

Schaubild (-es,-er) *s.n.* diagramma, grafico.
Schauder (-s,-) *s.m.* **1** brivido **2** orrore.
schauderhaft *agg.* orrendo, orribile, terribile.
schaudern *v.intr.* (*vor*) rabbrividire (di, per) (*anche fig.*).
schauen *v.intr.* guardare.
Schauer (-s,-) *s.m.* **1** scroscio, rovescio; nevicata, grandinata **2** brivido.
schauerlich *agg.* orribile, orrendo, terribile, spaventoso, atroce.
Schaufel (-,-n) *s.f.* **1** pala, paletta **2** palata.
schaufeln *v.intr.* spalare ♦ *v.tr.* spalare, scavare (con la pala).
Schaufenster (-s,-) *s.n.* vetrina.
Schaukasten (-s,-kästen) *s.m.* vetrinetta, teca.
Schaukel (-,-n) *s.f.* altalena.
schaukeln *v.intr.* **1** andare in altalena **2** dondolarsi ♦ *v.tr.* far dondolare, dondolare.
Schaukelstuhl (-s,-stühle) *s.m.* sedia a dondolo.
schaulustig *agg.* curioso.
Schaum (-s, Schäume) *s.m.* **1** schiuma, spuma **2** bava.
Schaumbad (-es,-bäder) *s.n.* bagnoschiuma.
schäumen *v.intr.* fare schiuma, spumeggiare.
Schaumgummi (-s,-s) *s.m.* gommapiuma.
schaumig *agg.* schiumoso, coperto di schiuma.
Schaumlöffel (-s,-) *s.m.* schiumarola.
Schaumschläger (-s,-) *s.m.* spaccone, sbruffone.
Schaumwein (-s,-e) *s.m.* spumante.

Schauplatz (-es,-plätze) *s.m.* luogo, scena: *der – der Handlung*, il luogo dell'azione.
schaurig *agg.* orrendo, orribile, terribile.
Schauspiel (-s,-e) *s.n.* **1** opera teatrale, dramma **2** (*fig.*) spettacolo, scena.
Schauspieler (-s,-) *s.m.* (*f.-in/-innen*) attore/-trice.
Schauspielhaus (-es,-häuser) *s.n.* teatro.
Scheck (-s,-s) *s.m.* assegno.
Scheckheft (-s,-e) *s.n.* libretto degli assegni.
scheckig *agg.* pezzato, screziato.
Scheckkarte (-,-n) *s.f.* carta assegno.
scheel *agg.* storto, bieco.
Scheffel (-s,-) *s.m.* staio | *in -n*, (*fig.*) a palate.
scheffeln *v.tr.* ammassare, accumulare.
Scheibe (-,-n) *s.f.* **1** disco **2** fetta **3** lastra di vetro, lastra di cristallo **4** bersaglio.
Scheibenbremse (-,-n) *s.f.* freno a disco.
Scheibenschießen (-s/.) *s.n.* (*sport*) tiro al bersaglio.
Scheide (-,-n) *s.f.* **1** fodero, guaina **2** vagina.
scheiden (schied, geschieden) *v.tr.* separare, dividere ♦ *v.intr.* separarsi, accomiatarsi ♦ **sich** *– v.pron.* separarsi, dividersi: *sich von jdm. – lassen*, divorziare da qlcu.
Scheidung (-,-en) *s.f.* divorzio.
Schein (-s,-e) *s.m.* **1** luce, splendore **2** apparenza: *der – trügt*, l'apparenza inganna **3** certificato, attestato **3** banconota.
scheinbar *agg.* apparente.
scheinen (schien, geschienen) *v.intr.*

scheinheilig 456

1 splendere, risplendere, brillare **2** sembrare, parere.
scheinheilig *agg.* ipocrita.
Scheinwerfer (-s,-) *s.m.* **1** riflettore, proiettore **2** (*auto*) faro.
Scheiße (-/.) *s.f.* **1** merda **2** cagata, stronzata: – bauen, fare stronzate **3** (*escl.*) merda.
Scheit (-es,-e/-er) *s.n.* ciocco, ceppo.
Scheitel (-s,-) *s.m.* **1** riga, scriminatura **2** apice, vertice (*anche geom.*) **3** zenit.
Scheiterhaufen (-s,-) *s.m.* rogo, pira.
scheitern *v.intr.* (*mit*) fallire (in).
Schelle (-,-n) *s.f.* campanellino.
Schelm (-s,-e) *s.m.* birichino, birbante.
schelmisch *agg.* birichino.
Schelte (-/.) *s.f.* rimprovero; sgridata.
schelten (schalt, gescholten) *v.tr.* rimproverare ♦ *v.intr.* **1** (*auf jdn.*) sgridare qlcu.
Schema (-s,-s) *s.n.* schema.
Schemel (-s,-) *s.m.* sgabello, poggiapiedi.
Schenke (-,-n) *s.f.* osteria.
Schenkel (-s,-) *s.m.* coscia; gamba; femore.
schenken *v.tr.* **1** regalare, donare **2** condonare | das kannst du dir –, questa te la puoi risparmiare.
Schenkung (-,-en) *s.f.* (*dir.*) donazione.
Scherbe (-,-n) *s.f.* coccio; pezzo, frammento.
Schere (-,-n) *s.f.* **1** forbici **2** cesoia, trancia **3** chela.
scheren (schor, geschoren) *v.tr.* **1** radere, rasare **2** (*animali*) tosare.
Schererei (-,-en) *s.f.* seccatura, grana.
Scherz (-es,-e) *s.m.* scherzo ♦ *aus* –, per scherzo; *ohne* –, sul serio.

scherzen *v.intr.* (*über +acc.*) scherzare (su).
scheu *agg.* **1** timido; pauroso, timoroso **2** (*di cavallo*) ombroso.
Scheu (-/.) *s.f.* timidezza; timore.
scheuchen *v.tr.* **1** scacciare, cacciar via **2** (*fig.*) spingere: jdn zum Arzt –, spingere qlcu. ad andare dal medico.
scheuen *v.tr.* evitare, scansare | keine Kosten –, non badare a spese ♦ *v.intr.* (*di cavallo*) adombrarsi; fare uno scarto ♦ *sich* – *v.pron.* (*vor*) aver paura (di), temere.
Scheuerlappen (-s,-) *s.m.* strofinaccio.
scheuern *v.tr.* **1** strofinare; pulire strofinando **2** sfregare contro, grattare.
Scheuklappe (-,-n) *s.f.* paraocchi (*anche fig.*).
Scheune (-,-n) *s.f.* fienile, granaio.
Scheusal (-s,-e) *s.n.* mostro.
scheußlich *agg.* orribile, orrendo, spaventoso.
Schi (-s,-er) *s.m.* sci: – laufen, sciare.
Schicht (-,-en) *s.f.* **1** strato; (*di vernice*) mano **2** classe, ceto **3** turno (di lavoro).
Schichtarbeit (-/.) *s.f.* lavoro a turni.
schichten *v.tr.* ammucchiare, accatastare.
schick *agg.* chic.
schicken *v.tr.* mandare, inviare, spedire ♦ *sich* – *v.pron.* **1** (*in +acc.*) adeguarsi (a), rassegnarsi (a).
schicklich *agg.* **1** decente, conveniente **2** adatto, opportuno.
Schicksal (-s,-e) *s.n.* destino, sorte.
Schiebedach (-s,-dächer) *s.n.* tettuccio apribile (dell'auto).
schieben (schob, geschoben) *v.tr.* **1** spingere **2** (*fig.*) addossare **3** rimani-

dare.
Schiebung (-,-en) *s.f.* 1 traffico illecito 2 spinta (*anche fig.*).
Schiedsgericht (-s,-e) *s.n.* tribunale arbitrale.
Schiedsrichter (-s,-) *s.m.* 1 arbitro 2 (*dir.*) giudice arbitrale.
Schiedsverfahren (-s,-) *s.n.* procedimento arbitrale.
schief *agg.* 1 storto, obliquo 2 pendente, inclinato 3 sbagliato, distorto.
Schiefer (-s,-) *s.m.* ardesia.
schief-gehen (ging schief, schiefgegangen) *v.intr.* andare storto.
schief-liegen (lag schief, schiefgelegen) *v.intr.* essere dalla parte sbagliata, sbagliare.
schielen *v.intr.* 1 essere strabico 2 (*nach, auf* +acc.) dare una sbirciatina (a).
Schienbein (-s,-e) *s.n.* tibia.
Schiene (-,-n) *s.f.* 1 rotaia; (*tecn.*) guida: *aus den -n springen*, deragliare 2 (*med.*) stecca.
schienen *v.tr.* steccare.
schier *agg.* puro, schietto.
Schießbude (-,-n) *s.f.* baraccone del tiro a segno.
schießen (schoß, geschossen) *v.intr.* 1 (*nach, auf* +acc.) sparare (a), far fuoco (su) 2 (*sport*) tirare 3 (*aus*) scaturire (da) 4 sfrecciare.
Schiff (-es,-e) *s.n.* 1 nave 2 navata.
Schiffbruch (-s,-brüche) *s.m.* naufragio.
schiffen *v.intr.* (*volg.*) pisciare.
Schifferklavier (-s,-) *s.m.* (*fam.*) fisarmonica.
schikanieren *v.tr.* tormentare.
Schild[1] (-es,-er) *s.n.* 1 cartello, insegna, targa (*anche d'auto*) 2 etichetta 3 distintivo.
Schild[2] (-es,-e) *s.m.* scudo.
Schilddrüse (-,-n) *s.f.* tiroide.
schildern *v.tr.* illustrare, descrivere.
Schilderung (-,-en) *s.f.* descrizione, illustrazione.
Schildkröte (-,-n) *s.f.* tartaruga.
Schilf (-s,-e) *s.n.* canneto; canne (palustri).
Schillerlocke (-,-n) *s.f.* (*gastr.*) cannolo alla crema.
schillern *v.intr.* cangiare.
Schilling (-s,-e) *s.m.* (*austr.*) scellino.
Schimmel (-s,-) *s.m.* muffa.
schimmeln *v.intr.* ammuffire.
Schimmer (-s,-) *s.m.* 1 scintillio; chiarore 2 (*fig.*) barlume.
schimmern *v.intr.* luccicare, scintillare.
Schimpanse (-n,-n) *s.m.* scimpanzé.
schimpfen *v.intr.* 1 (*mit*) sgridare 2 (*auf/über* +acc.) lamentarsi (di) ♦ *sich* – *v.pron.*: *und so etwas schimpft sich...*, e questo ha il coraggio di chiamarsi...
Schimpfwort (-s,-wörter) *s.n.* parolaccia, bestemmia.
Schindel (-,-n) *s.f.* pannello.
schinden (schindete, geschunden) *v.tr.* maltrattare, tormentare ♦ *sich* – *v.pron.* affaticarsi, arrabattarsi.
Schinken (-s,-) *s.m.* 1 prosciutto 2 (*fam.*) mattone, polpettone.
Schippe (-,-n) *s.f.* pala, paletta.
schippen *v.tr.* spalare.
Schirm (-s,-e) *s.m.* 1 schermo, protezione 2 ombrello, parasole 3 paravento 4 paralume 5 (*di funghi*) calotta.
Schirmherr (-n,-en) *s.m.* protettore, patrono.
Schirmmütze (-,-n) *s.f.* berretto con visiera.

Schirmständer (-s,-) *s.m.* portaombrelli.

Schiß (Schisses, Schisse) *s.m.* (*fam.*) strizza.

Schizophrenie (-/.) *s.f.* schizofrenia.

schlabbern *v.intr.* **1** (*fam.*) sleppare **2** sporcarsi.

Schlacht (-,-en) *s.f.* battaglia.

schlachten *v.tr.* macellare, scannare.

Schlachtenbummler (-s,-) *s.m.* tifoso che segue la squadra in trasferta.

Schlachthof (-s,-höfe) *s.m.* macello, mattatoio.

Schlachtplatte (-,-n) *s.f.* (*gastr.*) piatto con diversi tipi di affettati e carni lessate.

Schlacke (-,-n) *s.f.* scoria.

Schlaf (-s/.) *s.m.* sonno: *keinen – finden*, non riuscire ad addormentarsi.

Schlafanzug (-s,-züge) *s.m.* pigiama.

Schläfe (-,-n) *s.f.* tempia.

schlafen (schlief, geschlafen) *v.intr.* dormire.

schlaff *agg.* **1** allentato, lento **2** rilassato; flaccido **3** fiacco, debole.

Schlafgelegenheit (-,-en) *s.f.* posto letto.

schlaflos *agg.* insonne.

Schlafmittel (-s,-) *s.n.* sonnifero.

schläfrig *agg.* **1** assonnato, sonnolento **2** indolente, pigro.

Schlafrock (-s,-röcke) *s.m.* vestaglia.

Schlafsack (-s,-säcke) *s.m.* sacco a pelo.

Schlafwagen (-s,-) *s.m.* vagone letto.

Schlag (-es, Schläge) *s.m.* **1** colpo (*anche fig.*) | *ein – ins Wasser*, un buco nell'acqua **2** (*pl.*) botte **3** (*di cuore*) battito; (*di orologio*) tocco; (*di campana*) rintocco **4** (*fam.*) colpo, ictus.

Schlaganfall (-s,-fälle) *s.m.* colpo apoplettico.

schlagartig *agg.* fulmineo, improvviso.

schlagen (schlug, geschlagen) *v.tr.* **1** picchiare **2** battere, sconfiggere **3** (*panna*) montare; (*uova*) sbattere **4** abbattere, tagliare ♦ *v.intr.* **1** battere, picchiare **2** battere, pulsare **3** andare a sbattere ♦ **sich** – *v.pron.* **1** battersi | *sich ins Gebüsch –*, darsi alla macchia **2** (*um*) contendersi (qlco.).

Schlager (-s,-) *s.m.* **1** (canzone di) successo **2** best-seller.

Schläger (-s,-) *s.m.* **1** picchiatore **2** bastone (da hockey); racchetta (da tennis); mazza (da golf, da baseball).

schlagfertig *agg.* che ha la risposta pronta.

Schlaginstrument (-s,-e) *s.n.* strumento a percussione.

Schlagkraft (-/.) *s.f.* **1** forza, potenza **2** efficacia **3** forza d'urto.

Schlagsahne (-/.) *s.f.* panna montata.

Schlagwort (-es,-wörter) *s.n.* (*editoria*) voce.

Schlagzeile (-,-n) *s.f.* titolo a caratteri cubitali.

Schlagzeug (-s,-e) *s.n.* batteria.

Schlamassel (-s,-) *s.n./m.* pasticcio, guaio.

Schlamm (-es, Schlämme) *s.m.* fango, melma.

schlammig *agg.* melmoso, limaccioso.

Schlampe (-,-n) *s.f.* sciattona.

schlampig *agg.* trasandato, sciatto.

Schlange (-,-n) *s.f.* **1** serpente **2** coda, fila **3** serpentina.

schlängeln, sich *v.pron.* serpeggiare; (*di strada*) essere tortuoso.

schlank *agg.* slanciato, snello.

Schlankheitskur (-,-en) *s.f.* cura dimagrante.

schlapp agg. fiacco, debole.
schlapp·machen v.intr. stancarsi, crollare.
Schalaraffenland (-es/.) s.n. paese della cuccagna.
schlau agg. furbo, astuto | *aus etwas nicht – werden*, non venire a capo di qlco.
Schlauch (-es,Schläuche) s.m. 1 tubo (flessibile); manichetta (antincendio) 2 camera d'aria.
Schlauchboot (-s,-e) s.n. gommone, canotto pneumatico.
Schlaufe (-,-n) s.f. nodo scorsoio.
schlecht agg. 1 cattivo 2 scadente 3 duro, difficile.
schlecht·gehen (ging schlecht, schlechtgegangen) v.impers. essere malato, sentirsi male.
schlecht·machen v.tr. sparlare di.
schlecken v.tr. mangiucchiare, spiluzzicare.
Schleckerei (-,-en) s.f. leccornia.
Schlegel (-s,-) s.m. 1 martello di legno 2 (di batteria) bacchetta.
schleichen (schlich, geschlichen) v.intr. 1 strisciare 2 (fig.) passare lentamente.
Schleie (-,-n) s.f. tinca.
Schleier (-s,-) s.m. 1 velo (anche fig.) 2 veletta.
Schleiereule (-,-n) s.f. barbagianni.
schleierhaft agg. oscuro, incomprensibile.
schleifen¹ (schliff, geschliffen) v.tr. 1 arrotare, affilare 2 levigare, molare.
schleifen² (-s,-) s.m. 1 trascinare 2 distruggere, smantellare ♦ v.intr. strisciare.
Schleim (-s,-e) s.m. 1 muco, mucillagine 2 bava.
schleißig agg. logoro.
schlendern v.intr. bighellonare.

schleppen v.tr. 1 trascinare, portare con fatica, tirarsi dietro 2 trainare, rimorchiare.
Schlepper (-s,-) s.m. rimorchiatore.
Schleuder (-,-n) s.f. 1 fionda 2 centrifuga.
schleudern v.tr. 1 gettare, scagliare, scaraventare 2 centrifugare.
Schleuderpreis (-es,-e) s.m. prezzo stracciato.
Schleuse (-,-n) s.f. chiusa, cateratta.
schlicht agg. semplice, modesto.
schlichten v.tr. comporre (una controversia), appianare (una lite).
schließen (schloß, geschlossen) v.tr. 1 chiudere 2 stringere 3 concludere | *Freundschaft –*, stringere amicizia.
Schließfach (-es,-fächer) s.n. 1 cassetta di sicurezza 2 deposito bagagli a cassette.
schließlich avv. 1 da ultimo, per finire 2 in fondo, dopo tutto.
Schliff (-s,-e) s.m. 1 (sing.) taglio, sfaccettatura (di una gemma) 2 (di lama) affilatura, filo 3 rifinitura 4 buone maniere.
schlimm agg. 1 cattivo; negativo 2 grave.
Schlinge (-,-n) s.f. 1 cappio, nodo scorsoio 2 trappola.
schlingen (schlang, geschlungen) v.tr. stringere, avvinghiare.
Schlips (-es,-e) s.m. cravatta.
Schlitten (-s,-) s.m. 1 slitta, slittino 2 (fam.) auto, macchina.
Schlittschuh (-s,-e) s.m. pattino da ghiaccio.
Schlitz (-es,-e) s.m. 1 fessura 2 spacco (della gonna); patta (dei pantaloni).
Schlitzohr (-s,-en) s.n. furbacchione, drittone.

Schloß (Schlosses, Schlösser) *s.n.* 1 serratura, lucchetto 2 castello.

Schlot (-s,-e) *s.m.* 1 ciminiera 2 camino.

Schlucht (-,-en) *s.f.* (*geologia*) gola.

schluchzen *v.intr.* singhiozzare.

Schluck (-s,-e) *s.m.* sorso.

Schluckauf (-s/.) *s.m.* singhiozzo.

schlucken *v.tr.* 1 inghiottire, deglutire 2 (*fig.*) consumare: *der Wagen schluckt viel Benzin*, la macchina consuma molto 3 (*fig.*) inglobare, fagocitare ♦ *v.intr.* deglutire.

Schlumpf (-es, Schlümpfe) *s.m.* puffo.

schlüpfen *v.intr.* 1 scivolare; sgusciare 2 (*in* +*acc.*) infilarsi, mettersi.

Schlüpfer (-s,-) *s.m.* mutandine, slip.

Schluß (Schlusses, Schlüsse) *s.m.* 1 fine, termine: *mit etwas – machen*, terminare qlco. 2 chiusura (di uffici e negozi) 3 conclusione, deduzione: (*aus*) *Schlüsse ziehen*, trarre conclusioni (da).

Schlüssel (-s,-) *s.m.* chiave (*anche fig. e mus.*).

schlüssig *agg.* 1 conclusivo 2 decisivo|*sich* (*dat.*) *– werden*, decidersi.

Schlußverkauf (-s,-käufe) *s.m.* vendita di fine stagione.

schmackhaft *agg.* 1 gustoso, appetitoso 2 (*fig.*) appetibile.

Schmährede (-,-n) *s.f.* invettiva.

schmal *agg.* 1 stretto, sottile 2 magro 3 (*fig.*) misero, scarso.

schmälern *v.tr.* 1 ridurre, diminuire 2 sminuire.

Schmalz (-es/.) *s.n.* strutto.

Schmarotzer (-s,-) *s.m.* 1 parassita 2 scroccone.

Schmarren (-s/.) *s.m.* 1 frittata dolce, sminuzzata 2 (*fig.*) sciocchezze.

schmecken *v.tr.* assaporare, sentire il sapore di ♦ *v.intr.* 1 (*nach*) sapere (di) 2 piacere, essere buono.

schmeichelhaft *agg.* lusinghiero.

schmeicheln *v.intr.* (+*dat.*) adulare.

schmeißen (schmiß, geschmissen) *v.tr.* 1 gettare, buttare 2 sbrigare, sistemare 3 mollare, piantare ♦ *v.intr.* tirare, lanciare, sbattere.

schmelzen (schmolz, geschmolzen) *v.tr.* sciogliere, fondere, liquefare ♦ *v.intr.* 1 sciogliersi, fondere, liquefarsi 2 svanire.

Schmelzkäse (-s,-) *s.m.* formaggio fuso.

Schmerz (-es,-en) *s.m.* dolore (*anche fig.*).

schmerzen *v.tr.* far male a, causare dolore a ♦ *v.intr.* far male, dolere.

schmerzhaft *agg.* doloroso.

Schmetterling (-s,-e) *s.m.* farfalla.

schmettern *v.tr.* 1 scagliare, gettare, scaraventare 2 (*sport*) schiacciare 3 suonare (ad alto volume) 4 gridare (a squarciagola) ♦ *v.intr.* 1 cantare 2 squillare 3 (*gegen*) urtare (contro), cozzare (contro).

Schmied (-s,-e) *s.m.* fabbro.

schmiegen, sich *v.pron.* (*an/in* +*acc.*) aderire (a), stringersi (a).

Schmiere (-,-n) *s.f.* (grasso/olio) lubrificante.

Schminke (-,-n) *s.f.* trucco, make up.

Schmirgelpapier (-s/.) *s.n.* carta smeriglio; (*fam.*) carta vetrata.

Schmöker (-s,-) *s.m.* libro ameno.

schmollen *v.intr.* (*mit*) tenere il broncio (a).

Schmorbraten (-s,-) *s.m.* stufato.

schmoren (-s/.) *v.tr.* (*gastr.*) stufare ♦ *v.intr.* cuocere a fuoco lento.

Schmuck (-s/.) *s.m.* 1 gioielli 2 orna-

mento, decorazione.
schmücken v.tr. ornare, decorare.
Schmuckstück (-s,-e) s.n. monile, gioiello.
Schmuggel (-s/.) s.m. contrabbando.
schmuggeln v.tr. 1 contrabbandare 2 (fig.) far passare di nascosto.
schmunzeln v.intr. sorridere compiaciuto.
schmusen v.intr. sbaciucchiarsi; pomiciare.
Schmutz (-es/.) s.m. sporco, sporcizia.
schmutzen v.intr. sporcarsi.
Schmutzfink (-s,-en) s.m. sporcaccione (anche fig.).
schmutzig agg. sporco (anche fig.).
Schnabel (-s,Schnäbel) s.m. 1 becco (anche fig.) 2 ancia.
Schnake (-,-n) s.f. 1 tipula 2 (fam.) zanzara.
Schnalle (-,-n) s.f. 1 fibbia, fermaglio 2 (austr.) maniglia.
schnalzen v.intr. (mit) schioccare.
schnappen v.tr. 1 addentare 2 acciuffare, acchiappare ♦ v.intr. 1 (nach) tentare di addentare 2 (nach) tentare di afferrare 3 (di serratura) scattare.
Schnappschuß (-schusses,-schüsse) s.m. (fotografia) istantanea.
Schnaps (-es, Schnäpse) s.m. acquavite; grappa.
Schnapsidee (-,-n) s.f. idea stramba.
schnarchen v.intr. russare.
schnattern v.intr. 1 schiamazzare 2 cianciare.
schnaufen v.intr. sbuffare; ansimare, ansare.
Schnauzbart (-es,-bärte) s.m. 1 baffoni 2 (di persona) baffone.
Schnauze (-,-n) s.f. 1 muso, grugno 2 (fig.) becco 3 (di brocca ecc.) beccuccio, becco.
Schnecke (-,-n) s.f. 1 chiocciola; lumaca (anche fig.) 2 spirale.
Schnee (-s/.) s.m. 1 neve 2 neve, cocaina.
Schneebesen (-s,-) s.m. (gastr.) frullino, frusta.
Schneebrett (-es,-er) s.n. banco di neve.
Schneemann (-s,-männer) s.m. pupazzo di neve.
Schneetreiben (-s/.) s.n. tormenta.
schneiden (schnitt, geschnitten) v.tr. 1 tagliare; (tabacco) trinciare 2 (med.) incidere ♦ v.intr. tagliare ♦ sich – v.pron. 1 tagliarsi 2 intersecarsi.
Schneider (-s,-) s.m. sarto.
Schneidezahn (-s,-zähne) s.m. incisivo.
schneien v.impers. nevicare.
schnell agg. 1 veloce, rapido, svelto 2 affrettato.
Schnellhefter (-s,-) s.m. raccoglitore.
Schnellimbiß (-bisses,-bisse) s.m. snack bar.
Schnellkochtopf (-s,-töpfe) s.m. pentola a pressione.
Schnellstraße (-,-n) s.f. superstrada.
schneuzen, sich v.pron. soffiarsi il naso.
Schnippchen (-s,-) s.n.: jdm. ein – schlagen, giocare un tiro a qlcu.
schnippisch agg. sfacciatello ♦ avv. sfacciatamente.
Schnitt (-es,-e) s.m. 1 taglio 2 cartamodello 3 (film) montaggio 4 (geom.) sezione 5 media.
Schnitte (-,-n) s.f. fetta (di pane).
Schnittlauch (-s,-) s.m. erba cipollina.
Schnittmuster (-s,-) s.n. cartamodello.
Schnitzel (-s,-) s.n. fettina, scaloppina;

Wiener –, cotoletta alla milanese.
schnitzen *v.tr.* scolpire nel legno, intagliare.
Schnitzerei (-/-) *s.f.* intaglio, lavoro d'intaglio.
Schnorchel (-s,-) *s.m.* boccaglio.
Schnörkel (-s,-) *s.m.* svolazzo, ghirigoro, fronzolo.
schnorren *v.tr.* scroccare.
schnüffeln *v.intr.* 1 (*an +dat.*) fiutare, annusare 2 (*in +acc.*) ficcare il naso (in), curiosare (in).
Schnuller (-s,-) *s.m.* succhiotto.
Schnulze (-,-n) *s.f.* canzone/film/romanzo strappalacrime.
Schnupfen (-s,-) *s.m.* raffreddore.
schnuppern *v.tr.* assaporare (fiutando) ♦ *v.intr.* (*an +dat.*) annusare, fiutare.
Schnur (-, Schnüre) *s.f.* corda; spago.
Schnürchen (-s,-) *s.n.*: *wie am – laufen/klappen*, filare liscio come l'olio; *etwas wie am – können*, sapere qlco. a menadito.
schnüren *v.tr.* allacciare, legare.
schnurgerade *agg.* diritto, rettilineo.
Schnurrbart (-es,-bärte) *s.m.* baffi.
schnurren *v.intr.* 1 fare le fusa 2 ronzare.
Schnürsenkel (-s,-) *s.m.* stringa, laccio per scarpe.
schnurstracks *avv.* dritto, difilato.
Schock (-s,-s) *s.m.* shock.
schockieren *v.tr.* scioccare.
Schöffe (-n,-n) *s.m.* giudice popolare.
Schokolade (-,-n) *s.f.* cioccolato, cioccolata.
Scholle (-,-n) *s.f.* 1 zolla 2 lastrone di ghiaccio 3 passera di mare.
schon *avv.* 1 già: *er ist – zu Hause*, è già a casa 2 solo, solamente: *– der Gedanke daran*, solo al pensiero 3 persino.
schön *agg.* 1 bello | *das wird ja immer schöner!*, andiamo di bene in meglio! 2 piacevole.
schonen *v.tr.* aver cura di, aver riguardo per.
schonend *agg.* delicato.
Schönheit (-,-en) *s.f.* bellezza.
Schopf (-s, Schöpfe) *s.m.* ciuffo, ciocca.
schöpfen *v.tr.* 1 attingere 2 trarre, ricavare ♦ *v.intr.* attingere.
Schöpfer[1] (-s,-) *s.m.* 1 creatore 2 Creatore, Dio.
Schöpfer[2] (-s,-) *s.m.* mestolo.
Schöpserne (-n.) *s.n.* (*austr.*) carne di montone.
Schorle (-,-n) *s.f.* vino/succo di mele con acqua gassata.
Schornstein (-s,-e) *s.m.* comignolo; ciminiera.
Schornsteinfeger (-s,-) *s.m.* spazzacamino.
Schoß (-es, Schöße) *s.m.* 1 grembo | *im – der Familie*, in seno alla famiglia 2 (*di vestiti*) falda.
Schoßhund (-es,-e) *s.m.* cane da salotto.
Schößling (-s,-e) *s.m.* (*di piante*) getto.
Schote (-,-n) *s.f.* baccello.
Schotter (-s,-) *s.m.* ghiaia, pietrisco.
schraffieren *v.tr.* tratteggiare.
schräg *agg.* 1 obliquo, diagonale 2 inclinato.
Schramme (-,-n) *s.f.* scalfittura, graffio.
Schrank (-s, Schränke) *s.m.* armadio.
Schranke (-,-n) *s.f.* 1 barriera 2 (*fig.*) limite 3 barra.
Schraube (-,-n) *s.f.* 1 vite, bullone 2 (*sport*) avvitamento 3 elica.
schrauben *v.tr.* avvitare.
Schraubenzieher (-s,-) *s.m.* cacciavite.

Schraubverschluß (-schlusses,-schlüsse) *s.m.* tappo/coperchio a vite.
Schrebergarten (-s,-) *s.m.* piccolo orto.
Schrecken (-s,-) *s.m.* 1 spavento, paura 2 orrore.
schrecklich *agg.* terribile, tremendo, spaventoso.
Schrei (-s,-e) *s.m.* grido, urlo.
schreiben (schrieb, geschrieben) *v.tr.* e *intr.* scrivere.
Schreiben (-s,-) *s.n.* scritto; lettera.
Schreibmaschine (-, n) *s.f.* macchina per scrivere.
Schreibtisch (-s,-e) *s.m.* scrivania.
schreien (schrie, geschrien) *v.intr.* gridare, urlare: *um Hilfe* –, gridare aiuto ♦ *v.tr.* gridare.
Schreiner (-s,-) *s.m.* falegname.
schreiten (schritt, geschritten) *v.intr.* 1 incedere, camminare 2 (*fig.*) (*zu*) passare (a), venire (a).
Schrift (-,-en) *s.f.* 1 scrittura, grafia 2 scritta, dicitura 3 scritto, opera, pubblicazione.
schriftlich *agg.* scritto.
Schriftsteller (-s,-) *s.m.* scrittore, autore.
Schriftverkehr (-s/.) *s.m.* corrispondenza, carteggio.
schrill *agg.* 1 stridulo, acuto 2 stridente (*anche fig.*).
Schritt (-es,-e) *s.m.* 1 passo | (*fig.*): *einen – zu weit gehen*, andare troppo oltre; – *halten mit*, stare al passo con 2 andatura 3 provvedimento, misura 4 (*di pantaloni*) cavallo.
Schrittmacher (-s,-) *s.m.* 1 (*sport*) battistrada 2 (*med.*) pace-maker.
schrittweise *avv.* passo dopo passo, gradualmente.

schroff *agg.* 1 ripido 2 brusco, secco.
Schrott (-s/.) *s.m.* rottami.
Schrubber (-s,-) *s.m.* spazzolone.
schrullig *agg.* strampalato.
schrumpfen *v.intr.* 1 raggrinzire 2 restringersi 3 diminuire, assottigliarsi.
Schub (-s, Schübe) *s.m.* 1 spinta (*anche fisica*) 2 infornata 3 gruppo, quantità.
Schubfach (-es,-fächer) *s.n.* cassetto.
Schubkarren (-s,-) *s.m.* carriola.
Schubs (-es,-e) *s.m.* (*fam.*) spintarella.
schubsen *v.tr.* spingere, dare una spintarella.
schüchtern *agg.* timido.
Schuft (-es,-e) *s.m.* furfante, canaglia.
schuften *v.intr.* sgobbare, sfacchinare.
Schuh (-s,-e) *s.m.* scarpa.
Schuhmacher (-s,-) *s.m.* calzolaio.
Schukostecker (-s,-) *s.m.* spina con messa a terra.
Schulbildung (-/.) *s.f.* formazione scolastica.
schuld *agg.*: *an etwas – sein*, avere la colpa di qlco.; *wer ist* –?, di chi è la colpa?
Schuld (-,-en) *s.f.* 1 colpa; (*dir.*) colpevolezza 2 debito.
schulden *v.tr.* dovere, essere debitore di.
schuldig *agg.* 1 colpevole, responsabile 2 debitore.
Schuldner (-s,-) *s.m.* debitore.
Schule (-,-n) *s.f.* scuola.
schulen *v.tr.* addestrare, educare, esercitare.
Schüler (-s,-) *s.m.* (*f.*-in,-innen) alunno/a, scolaro/a, allievo/a; discepolo/a.
Schulfach (-s,-fächer) *s.n.* materia (scolastica).
Schulmedizin (/.) *s.f* medicina tradi-

zionale.
Schulranzen (-s,-) *s.m.* cartella a zaino.
Schulter (-,-n) *s.f.* spalla.
Schulterblatt (-es,-blätter) *s.n.* scapola.
schummeln *v.intr.* barare.
Schundliteratur (-/.) *s.f.* letteratura da strapazzo.
Schuppe (-,-n) *s.f.* **1** squama, scaglia **2** (*pl.*) forfora.
Schuppen (-s,-) *s.m.* capannone, rimessa.
schüren *v.tr.* **1** attizzare **2** fomentare.
Schurke (-n,-n) *s.m.* farabutto, mascalzone.
Schurwolle (-,-) *s.f.* lana vergine.
Schürze (-,-n) *s.f.* grembiule.
Schürzenjäger (-s,-) *s.m.* donnaiolo.
Schuß (Schusses, Schüsse) *s.m.* **1** sparo, colpo **2** (*sport*) tiro: *ein – ins Schwarze*, (*fig.*) un colpo andato a segno **3** sorso, goccio.
Schüssel (-,-n) *s.f.* scodella, ciotola.
schusselig *agg.* sbadato, sconsiderato.
Schuster (-s,-) *s.m.* calzolaio.
schustern *v.tr.* fare da sé ♦ *v.intr.* lavorare alla carlona.
Schutt (-s/.) *s.m.* **1** macerie, rovine, calcinacci **2** (*geol.*) detriti.
Schüttelfrost (-s/.) *s.m.* brividi di febbre.
schütteln *v.tr.* scuotere, agitare ♦ *sich – v.pron.* agitarsi, tremare, contorcersi.
schütten *v.tr.* versare.
Schutz (-es/.) *s.m.* **1** protezione, difesa, tutela, salvaguardia **2** riparo, rifugio.
Schütze (-n,-n) *s.m.* **1** tiratore, fuciliere **2** (*pl.*) in Tirolo organizzato per la tutela della cultura e delle tradizioni locali **3** (*calcio*) marcatore **4** (*astrologia*) sagittario.
schützen *v.tr.* proteggere, tutelare, salvaguardare.
Schutzheilige (-n,-n) *s.m.* santo patrono.
Schutzhelm (-s,-e) *s.m.* elmetto; casco.
Schutzmann (-es,-männer) *s.m.* poliziotto.
schwach *agg.* **1** debole, delicato, fragile **2** (*di luce*) fioco; (*di colore*) tenue; (*di suono*) fievole **3** (*di tè*) leggero; (*di caffè*) lungo **4** scarso, esiguo.
Schwäche (-,-n) *s.f.* **1** debolezza, fiacchezza **2** delicatezza, fragilità **3** punto debole **4** carenza.
Schwachkopf (-s,-köpfe) *s.m.* imbecille, stupido.
Schwachsinn (-s/.) *s.m.* **1** (*med.*) deficienza **2** scemenza, stupidaggine.
Schwager (-s, Schwäger) *s.m.* cognato.
Schwägerin (-,-nen) *s.f.* cognata.
Schwaige (-,-n) *s.f.* (*austr.*) baita, malga.
Schwalbe (-,-n) *s.f.* rondine.
Schwall (-s,-e) *s.m.* **1** flusso; massa (d'acqua) **2** gran quantità.
Schwamm (-s, Schwämme) *s.m.* spugna.
schwammig *agg.* **1** spugnoso **2** gonfio, molliccio **3** vago, nebuloso.
Schwan (-es, Schwäne) *s.m.* cigno.
schwanen *v.intr.* avere un presentimento, intuire.
schwanger *agg.* incinta, gravida.
Schwank (-es, Schwänke) *s.m.* **1** farsa **2** storiella divertente.
schwanken *v.intr.* **1** oscillare (*anche econ.*) **2** essere indeciso, tentennare, esitare **3** vacillare, barcollare.

Schwanz (-es, Schwänze) *s.m.* 1 coda 2 (*volg.*) cazzo.
schwänzen *v.tr.* marinare, bigiare.
Schwarm (-s, Schwärme) *s.m.* 1 (*di insetti*) sciame; (*di pesci*) branco; (*di uccelli*) stormo; (*di persone*) stuolo, schiera 2 passione, fiamma.
schwärmen *v.intr.* 1 (*di insetti*) sciamare 2 (*für*) andare matto (per).
Schwarte (-, -n) *s.f.* 1 cotenna 2 (*fam.*) librone.
schwarz *agg.* 1 nero (*anche fig.*) 2 cattolico.
Schwarzarbeit (-, -en) *s.f.* lavoro nero.
Schwarzbrot (-s, -e) *s.n.* pane nero.
schwarz-fahren (fuhr schwarz, schwarzgefahren) *v.intr.* viaggiare (sui mezzi) senza biglietto.
Schwarzsender (-s, -) *s.m.* radiopirata, emittente clandestina.
schwatzen *v.intr.* fare due chiacchere, spettegolare.
Schwebe (-/-) *s.f.*: *in der –*, in sospeso.
Schwebebahn (-, -en) *s.f.* 1 teleferica 2 monorotaia sospesa.
schweben *v.intr.* 1 rimanere sospeso 2 cadere volteggiando 3 (*dir.*) essere pendente.
Schwefel (-s/.) *s.m.* zolfo.
Schweif (-es, -e) *s.m.* coda (*anche fig.*).
schweifen *v.intr.* vagare, errare.
schweigen (schwieg, geschwiegen) *v.intr.* (*über +acc./zu*) tacere (su).
schweigsam *agg.* taciturno.
Schweigepflicht (-, -en) *s.f.* segreto professionale.
Schwein (-s, -e) *s.n.* maiale, porco (*anche fig.*) | *– haben*, avere fortuna.
Schweinerei (-, -en) *s.f.* schifezza, porcheria.
Schweiß (-es/.) *s.m.* sudore, traspirazione.
schweißen *v.tr.* (*tecn.*) saldare.
Schwelle (-, -n) *s.f.* 1 soglia (*anche fig.*) 2 traversina.
schwellen (schwoll, geschwollen) *v.intr.* 1 gonfiarsi 2 (*di acque*) ingrossarsi; (*di vento*) aumentare 3 (*di tono ecc.*) crescere, aumentare.
Schwellung (-, -en) *s.f.* 1 (*med.*) gonfiore, tumefazione 2 (*di terreno*) rigonfiamento, ingrossamento.
schwenken *v.tr.* 1 agitare, sventolare 2 (*gastr.*) far saltare 3 sciacquare 4 (*cinema*) fare una carrellata su.
schwer *agg.* 1 pesante 2 difficile, faticoso 3 grave, serio 4 (*mit*) carico (di).
Schwerbehinderte (-n, -n) *s.m./f.* invalido/a grave, grande invalido/a.
schwer-fallen (fiel schwer, schwergefallen) *v.intr.* 1 riuscire difficile 2 rincrescere.
schwerfällig *agg.* 1 pesante 2 lento.
schwerhörig *agg.* duro d'orecchi.
Schwermut (-/.) *s.f.* malinconia.
Schwerpunkt (-es, -e) *s.m.* 1 centro di gravità, baricentro 2 (*fig.*) punto centrale, fulcro.
Schwert (-es, -er) *s.n.* 1 spada 2 (*di imbarcazione*) deriva.
Schwester (-, -n) *s.f.* 1 sorella 2 infermiera 3 sorella, suora.
Schwiegereltern *s.pl.* suoceri.
Schwiegersohn (-es, -söhne) *s.m.* genero.
Schwiegertochter (-, -töchter) *s.f.* nuora.
Schwiele (-, -n) *s.f.* callo, callosità.
schwierig *agg.* difficile, complesso; (*di questioni*) delicato.
Schwierigkeit (-, -en) *s.f.* difficoltà.

Schwimmbad (-es,-bäder) *s.n.* piscina.
schwimmen (schwamm, geschwommen) *v.intr.* **1** nuotare **2** galleggiare **3** essere insicuro, impappinarsi.
Schwimmhaut (-,-häute) *s.f.* membrana (dei palmipedi).
Schwimmweste (-,-n) *s.f.* giubbotto di salvataggio.
Schwindel (-s/.) *s.m.* **1** vertigini, capogiro **2** imbroglio, truffa.
schwindeln *v.intr.* raccontare bugie.
schwinden (schwand, geschwunden) *v.intr.* **1** diminuire, calare **2** svanire, affievolirsi.
schwindlig *agg.* che soffre di vertigini: *mir ist –,* mi gira la testa.
schwingen (schwang, geschwungen) *v.tr.* agitare, sventolare ♦ *v.intr.* **1** oscillare **2** vibrare.
Schwingung (-,-en) *s.f.* oscillazione.
Schwips (-es,-e) *s.m.* leggera sbornia.
schwirren *v.intr.* **1** (*di pensieri*) frullare **2** ronzare; sibilare.
schwitzen *v.tr.* **1** sudare, bagnare di sudore **2** (*gastr.*) soffriggere ♦ *v.intr.* **1** sudare **2** trasudare.
schwören (schwor, geschworen) *v.tr.* giurare ♦ *v.intr.* (*auf +acc.*) **1** giurare (su) **2** credere ciecamente (in).
schwul *agg.* gay.
schwül *agg.* **1** afoso, soffocante **2** opprimente, pesante **3** sensuale, inebriante.
Schwund (-es/.) *s.m.* **1** diminuzione, calo; perdita (di peso) **2** (*med.*) atrofia **3** (*tecn.*) evanescenza, fading.
Schwung (-es, Schwünge) *s.m.* **1** slancio, spinta, impulso **2** entusiasmo, energia, impeto **3** brio, vivacità **4** (*fam.*) mucchio, fracco.
Schwur (-es, Schwüre) *s.m.* giuramento.
Schwurgericht (-s,-e) *s.n.* corte d'assise.
See[1] (-s,-n) *s.m.* lago.
See[2] (-,-n) *s.f.* mare.
Seehecht (-s,-e) *s.m.* nasello, merluzzo.
Seejungfrau (-,-en) *s.f.* sirena.
Seelachs (-es,-e) *s.m.* merlano nero.
Seele (-,-n) *s.f.* anima: *aus ganzer –,* di tutto cuore.
seelisch *agg.* **1** psicologico **2** interiore.
Seelsorger (-s,-) *s.m.* pastore d'anime, padre spirituale.
Seenot (-/.) *s.f.* pericolo (in mare).
Seeräuber (-s,-) *s.m.* pirata, corsaro.
Seerose (-,-n) *s.f.* ninfea.
Seezunge (-,-n) *s.f.* sogliola.
Segel (-s,-) *s.n.* vela.
Segelboot (-s,-e) *s.n.* barca a vela.
Segelflug (-es,-flüge) *s.m.* volo con aliante.
segeln *v.intr.* **1** veleggiare, navigare a vela; fare della vela **2** veleggiarsi, librarsi.
Segen (-s/.) *s.m.* **1** benedizione **2** approvazione consenso **3** fortuna.
segnen *v.tr.* benedire.
sehen (sah, gesehen) *v.tr.* vedere ♦ *v.intr.* **1** vedere **2** guardare **3** (*auf +acc.*) badare (a) ♦ *sich –, v.pron.* vedersi, guardarsi.
sehenswert *agg.* da vedersi, interessante.
Sehenswürdigkeit (-,-en) *s.f.* luoghi da visitare, luoghi di interesse.
Sehne (-,-n) *s.f.* **1** tendine **2** corda (*di arco e geom.*).
sehnen, sich *v.pron.* (*nach*) **1** avere nostalgia (di) **2** desiderare.

sehnig *agg.* muscoloso, nerboruto.
Sehnsucht (-,-en) *s.f.* 1 nostalgia 2 desiderio ardente.
sehnsüchtig *agg.* 1 nostalgico, pieno di nostalgia 2 struggente, ardente.
sehr *avv.* molto.
seicht *agg.* 1 (*di acqua*) basso, poco profondo 2 (*fig.*) piatto, banale.
Seide (-,-n) *s.f.* seta.
Seidenpapier (-s/.) *s.n.* carta velina.
Seidenraupe (-,-n) *s.f.* baco da seta.
seidig *agg.* setoso, morbido come la seta.
Seife (-,-n) *s.f.* sapone, saponetta.
Seifenblase (-,-n) *s.f.* bolla di sapone (*anche fig.*).
seihen *v.tr.* filtrare.
Seil (-es,-e) *s.n.* corda, fune.
Seilbahn (-,-en) *s.f.* funivia, teleferica.
seil-springen (sprang seil, seilgesprungen) *v.intr.* saltare (al)la corda.
Seiltänzer (-s,-) *s.m.* funambolo.
sein¹ (war, gewesen) *v.intr.* essere (in tutti i significati).
sein² *pron.poss.* suo/a.
Sein (-s/.) *s.n.* essere (*anche filosofico*).
seine *pron.poss.* suo/a.
seiner *pron.poss.* suo/a.
seinerseits *avv.* da parte sua.
seinesgleichen *pron.inv* un suo pari, uno come lui.
seinetwegen *avv.* per quanto lo riguarda.
seinetwillen *avv.* per lui.
sein-lassen (ließ sein, seingelassen) *v.tr.* lasciar stare, lasciar perdere.
seismisch *agg.* sismico.
seit *prep.* (+*dat.*) 1 (*tempo*) da 2 a partire da ♦ *cong.* da quando, dacché.
seitdem *avv.* da allora ♦ *cong.* da quando, dacché.

Seite (-,-n) *s.f.* 1 parte, lato (*anche fig.*) 2 pagina 3 (*mat.*) termine.
Seitenausgang (-s,-gänge) *s.m.* uscita laterale.
Seitenhieb (-s,-e) *s.m.* 1 (*sport*) colpo al fianco 2 (*fig.*) stoccata.
seitens *prep.* (+*gen.*) da parte di.
Seitensprung (-s,-sprünge) *s.m.* scappatella, breve avventura.
Seitenstechen (-s/.) *s.n.* fitta al fianco.
Seitenstraße (-,-n) *s.f.* strada laterale.
Seitenstreifen (-s,-) *s.m.* 1 ciglio stradale 2 corsia d'emergenza.
seither *avv.* da allora.
seitlich *agg.* laterale ♦ *avv.* lateralmente, di lato.
seitwärts *avv.* lateralmente, di lato.
Sekret (-s,-e) *s.n.* secrezione.
Sekretär (-s,-e) *s.m.* (*f.*-in,-innen) 1 segretario 2 funzionario statale 3 scrittoio, secrétaire.
Sekretariat (-s,-e) *s.n.* segreteria, segretariato.
Sekt (-es,-e) *s.m.* spumante.
Sekte (-,-n) *s.f.* setta.
Sekunde (-,-n) *s.f.* 1 (*minuto*) secondo 2 momento, attimo.
selber *pron.inv.* stesso.
selbst *pron.inv.* 1 stesso 2 in persona, di persona 3 da solo ♦ *avv.* persino, stesso.
selbständig *agg.* indipendente, autonomo.
Selbstbedienung (-/.) *s.f.* self-service.
Selbstbeherrschung (-/.) *s.f.* autocontrollo.
Selbstbestimmung (-/.) *s.f.* autodeterminazione.
Selbstbeteiligung (-/.) *s.f.* (*assicurazioni*) franchigia.
selbstbewußt *agg.* cosciente di sé, si-

Selbstkostenpreis curo di sé.

Selbstkostenpreis (-es,-e) *s.m.* prezzo di costo.

Selbstkritik (-/.) *s.f.* autocritica.

Selbstlob (-s/.) *s.n.* autocompiacimento.

selbstlos *agg.* disinteressato, altruista.

Selbstmord (-es,-e) *s.m.* suicidio (*anche fig.*): – **begehen**, suicidarsi.

selbstverständlich *agg.* ovvio, naturale.

Selbstvertrauen (-s/.) *s.n.* fiducia in sé.

Seligsprechung (-,-en) *s.f.* beatificazione.

Sellerie (-s/.) *s.m.* (*austr.* -/. *s.f.*) sedano.

selten *agg.* raro ♦ *avv.* raramente.

seltsamerweise *avv.* stranamente.

Semmel (-,-n) *s.f.* panino | *das geht weg wie warme Fresche* –, va a ruba.

senden (sendete/sandte, gesendet/gesandt) *v.tr.* **1** mandare, inviare, spedire **2** (*radio, tv*) trasmettere, mandare in onda.

Sender (-s,-) *s.m.* **1** stazione trasmittente **2** rete, canale (televisivo); stazione (radio).

Sendung (-,-en) *s.f.* **1** invio, spedizione **2** trasmissione (televisiva/radiofonica).

Senf (-s,-e) *s.m.* senape.

Senior (-s,-en) *s.m.* **1** anziano **2** (*sport*) senior.

senken *v.tr.* abbassare, diminuire ♦ **sich** – *v.pron.* abbassarsi, calare, scendere.

senkrecht *agg.* **1** verticale **2** perpendicolare, ortogonale **3** (*fam.*) sincero, onesto.

Senkung (-,-en) *s.f.* **1** abbassamento, calo, riduzione **2** depressione, avvallamento.

Sense (-,-n) *s.f.* falce.

sensibel *agg.* **1** sensibile, delicato; impressionabile **2** (*med.*) sensorio.

September (-s,-) *s.m.* settembre.

Serie (-,-n) *s.f.* **1** serie, sequela **2** serie; (*editoria*) collana.

seriös *agg.* serio.

Service[1] (-s,-) *s.n.* servizio (da tavola).

Service[2] (-,-s) *s.m.* **1** (*in ristorante ecc.*) servizio **2** assistenza tecnica **3** (*sport*) servizio, battuta.

servieren *v.tr.* **1** servire (*anche sport*) **2** (*fam.*) dare, fornire.

Serviette (-,-n) *s.f.* tovagliolo.

servus *inter.* salve.

Sessel (-s,-) *s.m.* poltrona.

Sessellift (-es,-e) *s.m.* seggiovia.

seßhaft *agg.* **1** stanziale, sedentario **2** residente.

setzen *v.tr.* **1** mettere a sedere, far sedere **2** mettere, porre | *sich ein Ziel* –, prefiggersi uno scopo; *sich etwas in den Kopf* –, (*fam.*) mettersi in testa qlco. ♦ **sich** – *v.pron.* **1** sedersi, mettersi seduto **2** mettersi, porsi.

Seuche (-,-n) *s.f.* **1** epidemia **2** (*fig.*) calamità, flagello.

seufzen *v.intr.* sospirare.

Sex (-es/.) *s.m.* **1** sesso **2** sessualità.

Sexualaufklärung (-/.) *s.f.* educazione sessuale.

sezieren *v.tr.* **1** sezionare **2** analizzare minuziosamente.

sich *pron.rifl.* **1** (*acc.*) si, sé **2** (*dat.*) si, a sé **3** (*impers.*) si.

Sichel (-,-n) *s.f.* falce.

sicher *agg.* **1** sicuro, certo **2** sicuro, fidato, attendibile.

Sicherheit (-,-en) *s.f.* sicurezza.

sicherheitshalber *avv.* per motivi di sicurezza.

Sicherheitsnadel (-,-n) *s.f.* spilla di si-

Sippschaft

curezza/da balia.
sicherlich *avv.* certamente, sicuramente.
sichern *v.tr.* 1 mettere al sicuro 2 assicurare, garantire 3 assicurare, fermare, bloccare.
sicher·stellen *v.tr.* 1 assicurare 2 mettere al sicuro 3 recuperare (una refurtiva).
Sicherung (-,-en) *s.f.* 1 protezione, salvaguardia 2 assicurazione, garanzia 3 dispositivo di sicurezza; sicura.
Sicht (-/-.) *s.f.* 1 vista, visibilità 2 visuale 3 punto di vista.
sichtbar *agg.* 1 visibile 2 palese, evidente.
sichten *v.tr.* 1 avvistare, scorgere 2 esaminare, visionare, prendere visione di.
sichtlich *avv.* visibilmente.
Sichtweite (-/-.) *s.f.* visibilità.
sickern *v.intr.* colare, stillare.
sie *pron.pers.f.* lei, essa, ella ♦ (*pl.*) essi, esse.
Sie *pron.pers.nom. e acc.* 1 Lei 2 (*pl.*) Voi.
Sieb (-es,-e) *s.n.* setaccio, colino.
Siebensachen *s.pl.*: *meine/deine* –, le mie/tue cianfrusaglie.
Siedepunkt (-es,-e) *s.m.* punto di ebollizione.
Siedler (-s,-) *s.m.* 1 colono 2 colonizzatore.
Siedlung (-,-en) *s.f.* 1 centro/quartiere residenziale 2 insediamento, colonia (*anche zool.*).
Sieg (-es,-e) *s.m.* vittoria.
Siegel (-s,-) *s.n.* sigillo.
Siegellack (-es,-e) *s.m.* ceralacca.
siegen *v.intr.* vincere.
Sieger (-s,-) *s.m.* vincitore: *als – hervor-*

gehen, uscire vincitore.
siezen *v.tr.* dare del Lei a qlcu.
Signal (-s,-e) *s.n.* segnale.
Signatur (-,-en) *s.f.* 1 firma 2 sigla 3 (*in biblioteca*) segnatura.
signieren *v.tr.* firmare.
Silbe (-,-n) *s.f.* sillaba.
Silber (-s/-.) *s.n.* 1 argento 2 argenteria.
Silberblick (-es,-e) *s.m.* sguardo leggermente strabico.
silberpapier (-s/-.) *s.n.* stagnola.
silbern *agg.* d'argento, argenteo.
Silvester (-s/-.) *s.n.* (sera di) San Silvestro.
Sims (-es,-e) *s.m.* 1 (*architettura*) cornice, cimasa 2 davanzale.
Simultandolmetscher (-s,-) *s.m.* interprete simultaneo, simultaneista.
singen (sang, gesungen) *v.intr.* cantare.
Singstimme (-,-n) *s.f.* voce.
Singvogel (-s,-vögel) *s.m.* uccello canoro.
sinken (sank, gesunken) *v.intr.* 1 sprofondare, affondare 2 abbassarsi, calare.
Sinn (-es,-e) *s.m.* 1 senso: *der sechste* –, (*fig.*) il sesto senso 2 mente, pensiero: *etwas im – haben*, avere qlco. in mente 3 senso, significato.
Sinnbild (-es,-er) *s.n.* (*für*) simbolo (di).
Sinnesorgan (-es,-e) *s.n.* organo sensoriale.
sinnlich *agg.* 1 sensoriale 2 sensuale.
sinnlos *agg.* 1 insensato 2 inutile, vano.
sinnvoll *agg.* 1 ragionevole, sensato 2 soddisfacente.
Sippschaft (, en) *s.f.* 1 parentela, pa-

rentado 2 gentaglia.
Sirup (-s,-e) *s.m.* sciroppo; melassa.
Sitte (-,-n) *s.f.* 1 costume, tradizione, uso 2 morale comune.
Sittenkodex (-es,-e/-kodizes) *s.m.* codice morale.
sittenstreng *agg.* moralistico.
Sittlichkeit (-/.) *s.f.* moralità, morale.
Situation (-,-en) *s.f.* situazione.
Sitz (-es,-e) *s.m.* 1 posto (a sedere), sedile 2 sede 3 seggio (parlamentare).
sitzen (saß, gesessen) *v.intr.* 1 sedere, stare seduto 2 avere la propria sede.
sitzen-bleiben (blieb sitzen, sitzengeblieben) *v.intr.* 1 essere bocciato 2 (*auf +acc.*) non riuscire a vendere.
sitzen-lassen (ließ sitzen, sitzengelassen) *v.tr.* 1 piantare, lasciare, mollare 2 fare/tirare un bidone a.
Sitzung (-,-en) *s.f.* seduta.
Skandal (-s,-e) *s.m.* scandalo.
Skelett (-s,-e) *s.n.* scheletro.
Skepsis (-/.) *s.f.* scetticismo.
skeptisch *agg.* scettico.
Ski (-s,-er) *s.m.* sci: – *laufen*, sciare.
Skibindung (-,-en) *s.f.* attacco degli sci.
Skilaufen (-s/.) *s.n.: zum – fahren*, andare a sciare.
Skilanglauf (-s/.) *s.m.* sci di fondo.
Skistock (-s,-stöcke) *s.m.* racchetta da sci.
Skiwachs (-es,-e) *s.m.* sciolina.
Skizze (-,-n) *s.f.* schizzo, abbozzo.
Sklave (-n,-n) *s.m.* schiavo (*anche fig.*).
Skorpion (-s,-e) *s.m.* scorpione (*anche astrologia*).
Skrupel (-s,-) *s.m.* scrupolo.
Skulptur (-,-en) *s.f.* scultura.
S-Kurve (-,-n) *s.f.* doppia curva, curva a S.

Slum (-s,-s) *s.m.* slum, quartiere povero.
Smaragd (-es,-e) *s.m.* smeraldo.
so *avv.* 1 così 2 altrettanto 3 (*in proposizione comparativa non si traduce*) *er ist – alt wie sie*, ha la sua stessa età 4 così, talmente 5 gratis, gratuitamente 6 ...e simili.
sobald *cong.* (non) appena.
Socke (-,-n) *s.f.* calza, calzino.
Sockel (-s,-) *s.m.* 1 zoccolo, piedistallo, basamento 2 (*elettricità*) attacco.
Sodawasser (-s/.) *s.n.* soda, selz.
Sodbrennen (-s/.) *s.n.* bruciore di stomaco.
soeben *avv.* or ora, poco fa.
Sofa (-s,-s) *s.n.* sofà, divano.
sofern *cong.* se, in caso che.
sofort *avv.* subito, immediatamente, all'istante.
Sofortmaßnahme (-,-n) *s.f.* provvedimento immediato.
Sog (-s,-e) *s.m.* 1 risucchio 2 risacca.
sogar *avv.* perfino, persino, addirittura.
sogenannt *agg.* 1 cosiddetto 2 sedicente.
Sohle (-,-n) *s.f.* 1 suola 2 pianta (del piede) 3 soletta (delle scarpe) 4 fondovalle.
Sohn (-es, Söhne) *s.m.* figlio.
solange *cong.* fintantoché, finché.
solch *agg.dim.inv.* tale, talmente, simile.
solcher *agg.dim.* tale.
Soldat (-en,-en) *s.m.* soldato: *der Unbekannte –*, il milite ignoto.
Söldner (-s,-) *s.m.* mercenario; (*storico*) soldato di ventura.
solidarisch *agg.* solidale.
solide *agg.* 1 solido, stabile 2 serio, affidabile.

Soll (-s,-s) *s.n.* **1** dare, debito: *– und Haben*, dare e avere **2** target, quota di produzione **3** norma di lavoro, norma di produzione.

sollen *v.intr.modale* **1** dovere | *woher soll ich das wissen?*, come faccio a saperlo? **2** (*esortazione, si traduce con il congiuntivo*) *soll er doch zum Teufel gehen!*, ma vada al diavolo! **3** (*futuro nel passato, si traduce con il condizionale*) *damals wußte er noch nicht, daß er abreisen sollte*, allora non sapeva ancora che sarebbe partito.

Sollzinsen *s.pl.* interessi debitori.

somit *avv.* **1** quindi, di conseguenza **2** con ciò, con questo.

Sommer (-s,-) *s.m.* estate.

Sommerfrische (-,-n) *s.f.* (luogo di) villeggiatura.

sommerlich *agg.* estivo, d'estate.

Sommerspiele *s.pl.*: *Olympische –*, olimpiadi estive.

Sommersprossen *s.pl.* efelidi, lentiggini.

Sommerzeit (-/-.) *s.f.* **1** *zur –*, d'estate **2** ora legale.

Sonderabgabe (-,-n) *s.f.* contributo straordinario.

Sonderausgabe (-,-n) *s.f.* **1** (*di giornali ecc.*) edizione straordinaria **2** spesa extra/straordinaria.

sonderbar *agg.* strano, bizzarro.

Sonderfall (-es,-fälle) *s.m.* caso particolare; eccezione.

Sondergenehmigung (-,-en) *s.f.* permesso speciale.

sondergleichen *agg.inv.* senza pari, unico.

sonderlich *agg.* strano; particolare, speciale.

Sonderling (-s,-e) *s.m.* persona strana.

sondern *cong.* ma, invece, bensì.

Sonderpreis (-es,-e) *s.m.* prezzo speciale.

Sonderzug (-es,-züge) *s.m.* treno straordinario.

Sonnabend (-s,-e) *s.m.* sabato.

Sonne (-,-n) *s.f.* sole: *in der –*, al sole.

sonnen, sich *v.pron.* **1** prendere il sole **2** bearsi.

Sonnenblume (-,-n) *s.f.* girasole.

Sonnenbrand (-es,-brände) *s.m.* **1** scottatura solare **2** eritema solare.

Sonnenstich (-s,-e) *s.m.* colpo di sole, insolazione.

Sonnenuhr (-,-en) *s.f.* meridiana.

sonnig *agg.* **1** assolato, soleggiato **2** solare.

Sonntag (-s,-e) *s.m.* domenica.

sonst *avv.* **1** altrimenti, in caso contrario **2** per il resto **3** altro: *wer –?*, chi altri? **4** di solito, in genere.

sonstig *agg.* altro, ulteriore; diverso.

sooft *cong.* ogni volta che.

Sorge (-,-n) *s.f.* **1** preoccupazione, pensiero: *in – um jdn. sein*, essere in pensiero per qlcu.; *sich -n um etwas machen*, darsi pensiero per qlco. **2** cura, premura.

sorgen *v.intr.* (*für*) provvedere (a), occuparsi (di) ♦ *sich – v.pron.* (*um +acc.*) essere in pensiero (per), preoccuparsi (di, per).

Sorgerecht (-es/-.) *s.n.* affidamento (dei figli), tutela.

Sorgfalt (-/-.) *s.f.* accuratezza, precisione, meticolosità.

sorgfältig *agg.* accurato, preciso, meticoloso.

sorglos *agg.* **1** spensierato **2** irresponsabile, incauto.

Sorte (-,-n) *s.f.* **1** tipo, sorta, specie **2**

sortieren

marca, qualità.
sortieren v.tr. 1 ordinare 2 selezionare.
Sortiment (-s,-e) s.n. assortimento, scelta.
sosehr cong. per quanto.
soso inter. ah sì, ma va'?, ma guarda un po'.
Soße (-,-n) s.f. sugo, salsa.
Souffleur (-s,-e) s.m. suggeritore.
soundso avv. tanto, tot.
soviel cong. per quanto ♦ pron. tanto.
soweit cong. 1 fin dove 2 per quanto, nella misura in cui ♦ avv. 1 fin qui, fino a questo punto 2 abbastanza.
sowenig cong. per quanto poco ♦ pron. poco.
sowie cong. 1 come (anche) 2 non appena, appena.
sowieso avv. in ogni caso, comunque.
sowohl cong.: – als auch, tanto... quanto, sia... sia.
sozial agg. sociale.
Sozialleistungen s.pl. prestazioni sociali.
Sozialversicherung (-,-en) s.f. previdenza sociale.
Sozialwohnung (-,-en) s.f. casa popolare.
Soziologe (-n,-n) s.m. (f.-in/innen) sociologa.
sozusagen avv. per così dire.
Spachtel (-s,-) s.f. spatola.
spachteln v.tr. 1 stuccare 2 stendere con la spatola.
Spagat (-es,-e) s.m. spaccata.
spähen v.intr. (nach) spiare, scrutare.
Spalier (-s,-e) s.n. 1 (agricoltura) spalliera 2 ala (di persone).
Spalt (-es,-e) s.m. fessura, fenditura; spiraglio.

Spalte (-,-n) s.f. 1 crepa, falla 2 (editoria) colonna.
spalten v.tr. 1 fendere, spaccare | gespaltene Oberlippe, labbro leporino 2 dividere, scindere ♦ sich – v.pron. 1 dividersi, sfaldarsi 2 dividersi, dissociarsi, spaccarsi.
Spaltung (-,-en) s.f. 1 fenditura, spaccatura 2 divisione, scissione 3 fissione 4 dissociazione.
Spanferkel (-s,-) s.n. maialino da latte.
Spange (-,-n) s.f. 1 fermaglio 2 apparecchio per i denti.
Spannbettuch (-s,-tücher) s.n. lenzuolo con angoli.
Spanne (-,-n) s.f. 1 spanna 2 intervallo, lasso di tempo 3 (commerciale) margine 4 differenza.
spannen v.tr. 1 tendere 2 serrare, stringere ♦ sich – v.pron. 1 tendersi, irrigidirsi 2 (über) estendersi (su), coprire.
spannend agg. avvincente.
Spannung (-,-en) s.f. 1 (sing.) tensione, impazienza 2 tensione, voltaggio.
Sparbuch (-s,-bücher) s.n. libretto di risparmio.
Sparbüchse (-,-n) s.f. salvadanaio.
sparen v.tr. 1 risparmiare (anche fig.) 2 risparmiare su, fare economia su.
Spargel (-s,-) s.m. o (-,-n) s.f. asparago.
Sparkasse (-,-n) s.f. cassa di risparmio.
spärlich agg. scarso, misero.
sparsam agg. parsimonioso, economo.
Sparschwein (-s,-e) s.n. salvadanaio (a forma di porcellino).
Sparte (-,-n) s.f. 1 branca 2 (di giornale) rubrica.
Spaß (-es, Späße) s.m. 1 scherzo: zum –, per scherzo; – beiseite, scherzi a parte 2 divertimento: viel – an etwas ha-

ben, divertirsi un mondo per qlco.
spaßen *v.intr.* scherzare.
Spaßvogel (-s;-vögel) *s.m.* burlone, mattacchione.
spät *agg.* tardo, inoltrato, avanzato.
Spaten (-s,-) *s.m.* vanga, badile.
später *agg.* **1** posteriore, successivo **2** tardo ♦ *avv.* dopo, più tardi.
Spätlese (-,-n) *s.f.* **1** vendemmia di fine autunno **2** vino della vendemmia di fine autunno.
Spätschicht (-,-en) *s.f.* turno a tarda serata.
Spatz (-en,-en) *s.m.* passero | (*prov.*) *ein – in der Hand ist besser als eine Taube auf dem Dach*, meglio un uovo oggi che una gallina domani.
spazieren *v.intr.* passeggiare.
spazieren-gehen (*ging spazieren, spazierengegangen*) *v.intr.* andare a passeggio, andare a spasso.
Spaziergang (-es,-gänge) *s.m.* passeggiata.
Spediteur (-s,-e) *s.m.* spedizioniere.
Speerwerfen (-s/.) *s.n.* (*sport*) lancio del giavellotto.
Speichel (-s/.) *s.m.* **1** saliva **2** sputo.
Speicher (-s,-) *s.m.* **1** magazzino, deposito **2** granaio, silo **3** serbatoio, cisterna **4** (*region.*) sottotetto, solaio **5** memoria (*informatica*).
speichern *v.tr.* **1** immagazzinare **2** (*informatica*) memorizzare; salvare.
speien (*spie, gespie(e)n*) *v.intr.* **1** sputare **2** vomitare.
Speise (-,-n) *s.f.* piatto, pietanza.
Speisekarte (-,-n) *s.f.* menu, lista (delle vivande).
speisen *v.intr.* mangiare ♦ *v.tr.* **1** nutrire, dare da mangiare a **2** (*tecn.*) alimentare.

Speisesaal (-es,-säle) *s.m.* sala da pranzo.
Speisewagen (-s,-) *s.m.* vagone ristorante.
Spektakel (-s,-) *s.m.* (*fam.*) chiasso, baccano, scenata.
spendabel *agg.* generoso.
Spende (-,-n) *s.f.* dono, offerta; donazione.
spenden *v.tr.* donare, offrire | *jdm. ein Lob –*, lodare qlcu.
spendieren *v.tr.* offrire, pagare.
Sperre (-,-n) *s.f.* **1** barriera, sbarramento, blocco **2** dispositivo d'arresto, bloccaggio **3** embargo, blocco **4** (*sport*) sospensione, squalifica.
sperren *v.tr.* **1** bloccare, sbarrare **2** proibire **3** tagliare, sospendere: *den Strom –*, tagliare la luce **4** (*sport*) sospendere, squalificare **5** rinchiudere **6** (*tipografia*) spaziare ♦ *v.intr.* chiudere male, chiudersi male ♦ **sich –** *v.pron.* (*gegen*) opporsi (a).
Sperrholz (-es/.) *s.n.* (*legno*) compensato.
sperrig *agg.* ingombrante, voluminoso.
Sperrmüll (-s/.) *s.m.* rifiuti ingombranti.
Sperrstunde (-,-n) *s.f.* orario di chiusura degli esercizi pubblici.
Spesen *s.pl.* spese.
speziell *agg.* **1** speciale, particolare **2** specializzato.
Spezies (-,-) *s.f.* specie.
Spiegel (-s,-) *s.m.* **1** specchio **2** specchio, superficie **3** (*med.*) livello, tasso **4** specolo.
Spiegelei (-s,-er) *s.n.* uovo all'occhio di bue.
spiegeln *v.tr.* **1** riflettere, rispecchiare (*anche fig.*) **2** (*med.*) esaminare con uno specolo.

Spiel (-s,-e) *s.n.* **1** gioco: *alles aufs setzen*, tentare il tutto per tutto **2** partita, gara **3** (*tennis*) gioco, game **4** recitazione; esecuzione.

Spielautomat (-en,-en) *s.m.* flipper.

Spielbank (-,-en) *s.f.* casinò.

Spieldose (-,-n) *s.f.* carillon.

spielen *v.tr.* **1** giocare a/con **2** giocare, disputare **3** suonare **4** recitare **5** venir rappresentato (a teatro): *was wird im Theater gespielt?*, che cosa danno a teatro?

spielend *avv.* con facilità, senza sforzo.

Spieler (-s,-) *s.m.* **1** giocatore (anche d'azzardo) **2** (*musica*) esecutore **3** (*teatro*) attore.

Spielverderber (-s,-) *s.m.* guastafeste.

Spielzeug (-s/-) *s.n.* giocattolo; giocattoli.

Spieß (-es,-e) *s.m.* **1** lancia, giavellotto **2** spiedo.

Spießbürger (-s,-) *s.m.* piccolo borghese, filisteo.

spießen *v.tr.* infilzare, infilare.

Spike (-s,-s) *s.m.* (*tecn.*) chiodo.

Spinat (-s/-) *s.m.* spinacio; spinaci.

Spindel (-,-n) *s.f.* **1** fuso **2** (*tecn.*) mandrino.

spindeldürr *agg.* magro come un chiodo.

Spinne (-,-n) *s.f.* ragno.

spinnen (spann, gesponnen) *v.intr.* **1** filare **2** (*fam.*) dare i numeri.

Spinner (-s,-) *s.m.* **1** filatore **2** matto.

Spinnwebe (-,-n) *s.f.* ragnatela.

Spion (-s,-e) *s.m.* **1** spia, agente segreto **2** spioncino.

spionieren *v.intr.* fare la spia.

Spirituosen *s.pl.* superalcolici.

Spiritus (-,-se) *s.m.* spirito, alcol.

Spital (-s, Spitäler) *s.n.* (*austr./svizz.*) ospedale.

spitz *agg.* **1** appuntito, aguzzo; a punta **2** (*fam.*) affilato **3** (*fig.*) tagliente, pungente **4** acuto (*anche in geometria*).

Spitze (-,-n) *s.f.* **1** punta: *die – des Eisbergs*, (*anche fig.*) la punta dell'eisberg **2** vetta, cima | *an der – des Zuges*, in testa al treno **3** vertice (*anche fig.*) **4** apice, culmine **5** (*fig.*) frecciata **6** pizzo.

Spitzel (-s,-) *s.m.* spia, informatore.

spitzen *v.tr.* fare la punta a, temperare.

Spitzer (-s,-) *s.m.* temperamatite.

spitzfindig *agg.* cavilloso.

Spleen (-s,-e/-s) *s.m.* fisima, fissazione.

Splitt (-s,-e) *s.m.* pietrisco.

Splitter (-s,-) *s.m.* scheggia.

spontan *agg.* spontaneo.

Sport (-s/-) *s.m.* sport.

Sporthalle (-,-n) *s.f.* palestra.

Sportkanone (-,-n) *s.f.* asso dello sport.

Spott (-es/-) *s.m.* scherno, derisione.

spottbillig *agg.* (*fam.*) a un prezzo irrisorio.

spötteln *v.intr.* (*über +acc.*) burlarsi (di).

sprachbegabt *agg.* portato per le lingue.

Sprache (-,-n) *s.f.* lingua, linguaggio.

Sprechanlage (-,-n) *s.f.* citofono.

Sprechblase (-,-n) *s.f.* nuvoletta, fumetto.

sprechen (sprach, gesprochen) *v.intr.* **1** (*von, über +acc.*) parlare (di, su) **2** (*estens.*) esprimere ♦ *v.tr.* **1** dire, pronunciare **2** parlare (una lingua) **3** parlare a/con.

Sprecher (-s,-) *s.m.* **1** annunciatore, speaker **2** portavoce **3** (*in linguistica*) parlante.

Sprechstunde (-,-n) *s.f.* 1 (*med.*) orario delle visite 2 (*scuola*) orario di ricevimento.

Sprechzimmer (-s,-) *s.n.* studio medico.

spreizen *v.tr.* allargare, divaricare.

Sprengbombe (-,-n) *s.f.* bomba dirompente.

sprengen *v.tr.* 1 far esplodere, far saltare 2 forzare 3 annaffiare, irrigare 4 sciogliere (un assembramento).

Sprichwort (-es,-wörter) *s.n.* proverbio.

sprichwörtlich *agg.* proverbiale.

sprießen (sproß, gesprossen) *v.intr.* germinare, germogliare, spuntare | *aus dem Boden –*, spuntare come funghi.

springen (sprang, gesprungen) *v.intr.* 1 saltare 2 (*aus*) sgorgare (da) 3 creparsi, incrinarsi.

sprinten *v.intr.* (*sport*) scattare.

Spritzer (-s,-) *s.m.* 1 schizzo, spruzzo 2 zacchera.

spritzig *agg.* 1 frizzante 2 vivace, pieno di spirito.

spröde *agg.* 1 fragile 2 (*di pelle*) screpolato; (*di capelli*) arido, secco 3 scontroso, scostante.

Sproß (Sprosses, Sprosse) *s.m.* 1 germoglio 2 (*fig.*) discendente, rampollo.

Sprößling (-s,-e) *s.m.* rampollo.

Spruch (-es, Sprüche) *s.m.* 1 detto, massima 2 verdetto, sentenza 3 versetto (della Bibbia).

Spruchband (-es,-bänder) *s.n.* striscione.

Sprudel (-s,-) *s.m.* acqua minerale gassata.

sprühen *v.tr.* schizzare, spruzzare.

Sprühflasche (-,-n) *s.f.* bottiglietta con nebulizzatore.

Sprung (-s, Sprünge) *s.m.* 1 salto, balzo | *ein – ins kalte Wasser*, un salto nel vuoto 2 incrinatura, crepa 3 (*fam.*) breve distanza, passo.

sprunghaft *agg.* 1 sconnesso; discontinuo 2 improvviso, repentino.

Sprungschanze (-,-n) *s.f.* trampolino (da sci).

Spucke (-/.) *s.f.* 1 saliva 2 sputo.

Spuk (-s,-e) *s.m.* 1 apparizione, visione 2 (*fam.*) faccenda, storia.

spuken *v.intr.* 1 (*di fantasma*) apparire, aggirarsi 2 (*di pensieri*) frullare (in testa).

Spule (-,-n) *s.f.* bobina.

Spüle (-,-n) *s.f.* lavabo, secchiaio.

spülen *v.tr.* 1 rigovernare, lavare 2 risciacquare, sciacquare 3 trascinare a riva ♦ *v.intr.* 1 (*an +acc.*) sciabordare (contro) 2 tirare lo sciacquone.

Spülmaschine (-,-n) *s.f.* lavastoviglie.

Spur (-,-en) *s.f.* 1 traccia, orma, impronta | *jdm. auf der – sein*, essere sulle tracce di qlcu. 2 (*pl.*) segni, tracce, vestigia 3 corsia 4 (*mar.*) scia 5 scartamento, rotaia 6 (*fam.*) pizzico, ombra.

spürbar *agg.* sensibile, percettibile.

spüren *v.tr.* sentire, provare.

spurlos *avv.* senza lasciare traccia.

Spürsinn (-es/.) *s.m.* fiuto (*anche fig.*).

Spurt (-s,-es) *s.m.* sprint, scatto finale, volata.

spurten *v.intr.* fare uno sprint.

Staat (-es,-en) *s.m.* stato.

staatlich *agg.* statale; pubblico.

Staatsanwalt (-es,-anwälte) *s.m.* pubblico ministero; procuratore della pubblica.

Staatsbürger (-s,-) *s.m.* cittadino.

Stab (-es, Stäbe) *s.m.* 1 bacchetta (*anche mus.*); bastone 2 asta; barra 3

Stachel

(*staffetta*) testimone 4 (*biliardo*) stecca 5 (*mil.*) stato maggiore 6 staff, équipe, squadra.

Stachel (-s,-n) *s.m.* 1 spina (*anche metallica*) 2 aculeo, pungiglione 3 (*fig.*) pungolo dell'ambizione.

Stachelbeere (-,-n) *s.f.* uva spina.

Stacheldraht (-es,-drähte) *s.m.* filo spinato.

Stachelschwein (-s,-e) *s.n.* porcospino.

Stadion (-s, Stadien) *s.n.* stadio.

Stadt (-, Städte) *s.f.* città.

Städtepartnerschaft (-,-en) *s.f.* gemellaggio (tra città).

Staffelei (-,-en) *s.f.* cavalletto (da pittore).

staffeln *v.tr.* scaglionare; graduare.

stagnieren *v.intr.* stagnare, ristagnare.

Stahl (-s, Stähle, Stahle) *s.m.* acciaio.

stählern *agg.* d'acciaio.

Stall (-s, Ställe) *s.m.* 1 stalla 2 scuderia.

Stamm (-es, Stämme) *s.m.* 1 tronco, fusto 2 stirpe, ceppo, tribù 3 (*grammatica*) radice.

Stammbaum (-es,-bäume) *s.m.* 1 albero genealogico 2 pedigree.

stammen *v.intr.* (*aus/von*) 1 provenire (da), essere originario (di) 2 derivare (da).

Stammgast (-es,-gäste) *s.m.* cliente abituale.

stampfen *v.intr.* battere (i piedi); (*di cavalli*) scalpitare.

Stand (-es, Stände) *s.m.* 1 posizione eretta 2 posto; (*di taxi*) posteggio 3 bancarella; stand 4 stato, situazione 5 classe (sociale), ceto.

Standarte (-,-n) *s.f.* bandierina.

Ständer (-s,-) *s.m.* 1 sostegno, appoggio 2 attaccapanni 3 portaombrelli 4 leggio 5 montante.

Standesamt (-es,-ämter) *s.n.* ufficio di stato civile, anagrafe.

stand-halten (hielt stand, standgehalten) *v.intr.* (+*dat.*) 1 resistere (a), tener testa (a) 2 reggere (a).

Standpunkt (-es,-e) *s.m.* punto di vista, parere.

Stange (-,-n) *s.f.* 1 bastone, stanga, palo 2 bastoncino, stecca 3 pertica 4 (*danza*) sbarra.

Stapel (-s,-) *s.m.* catasta, pila.

stark *agg.* 1 forte (*anche fig.*) 2 resistente, spesso 3 corpulento, grosso 4 (*fig.*) incallito.

Starrsinn (-es/.) *s.m.* testardaggine, caparbietà.

starten *v.intr.* 1 partire 2 prendere parte a una competizione 3 decollare.

Station (-,-en) *s.f.* 1 stazione, fermata 2 tappa 3 (*di ospedale*) reparto 4 stazione (radio) 5 stazione (meteorologica).

Statistik (-,-en) *s.f.* statistica.

Stativ (-s,-e) *s.n.* stativo; treppiede.

statt *prep.* (+*gen.*) invece di, al posto di.

statt-finden (fand statt, stattgefunden) *v.intr.* avere luogo.

statt-geben (gab statt, stattgegeben) *v.intr.* (+*dat.*) accogliere.

Statue (-,-n) *s.f.* statua.

Statur (-,-en) *s.f.* statura; corporatura.

Statut (-es,-en) *s.n.* statuto.

Stau (-s,-e) *s.m.* 1 ristagno 2 (*di traffico*) congestione, ingorgo.

Staub (-es/.) *s.m.* polvere.

stauben *v.intr.* essere polveroso, fare polvere.

stauen *v.tr.* 1 arrestare (un flusso) 2 sbarrare (fiumi ecc.).

staunen v.intr. (über +acc.) stupirsi (di), meravigliarsi (di).
Stausee (-s,-n) s.m. lago artificiale.
Stauung (-,-en) s.f. **1** ristagno **2** ingorgo **3** (med.) stasi, congestione.
stechen (stach, gestochen) v.tr. **1** pungere **2** fiocinare **3** scannare, sgozzare **4** scavare **5** incidere **6** (carte) vincere su, prendere **7** *Löcher in etwas –*, forare qlco.
Stechuhr (-,-en) s.f. orologio di controllo.
Steckbrief (-es,-e) s.m. **1** foto segnaletica **2** dati segnaletici.
Steckdose (-,-n) s.f. presa di corrente.
stecken v.intr. **1** essere infilato | *in ihm steckt etwas*, ha del talento **2** essere conficcato **3** (fam.) essersi cacciato, essere finito: *wo steckt er wieder?*, dove si è cacciato questa volta?
stecken-bleiben (blieb stecken, steckengeblieben) v.intr. **1** impantanarsi **2** (fig.) bloccarsi, arenarsi **3** impappinarsi (nel parlare).
stecken-lassen (ließ stecken, steckengelassen) v.tr. lasciare (infilato).
Steckenpferd (-es,-e) s.n. **1** cavallino di legno **2** hobby, passione.
Stecker (-s,-) s.m. spina (elettrica).
Stecknadel (-,-n) s.f. spillo.
Steg (-s,-e) s.m. **1** passerella, pontile **2** (di occhiali) ponticello, archetto **3** (mus.) ponticello **4** (di pantaloni) staffa, sottopiede.
stehen (stand, gestanden) v.intr. **1** stare in piedi **2** stare, trovarsi, essere: *im Buch steht, daß...*, nel libro c'è scritto che... | *zu seinem Wort –*, mantenere la parola **3** (svizz.) mettersi.
stehen-bleiben (blieb stehen, stehengeblieben) v.intr. **1** fermarsi **2** rimanere in piedi **3** restare, rimanere.
stehlen (stahl, gestohlen) v.tr. rubare.
Stehplatz (-es,-plätze) s.m. posto in piedi.
steif agg. **1** rigido, duro **2** goffo, impalato **3** formale, freddo **4** (di panna) montato.
Steig (-es,-e) s.m. sentiero, viottolo.
Steigeisen s.pl. ramponi.
steigen (stieg, gestiegen) v.intr. **1** (auf/in +acc.) salire (su) **2** (aus/von) scendere (da) **3** (di prezzi, valore ecc.) aumentare, salire.
steigern v.tr. aumentare, accrescere, incrementare.
Steigerung (-,-en) s.f. **1** aumento, incremento **2** (grammatica) comparazione.
Steigung (-,-en) s.f. salita, pendenza.
steil agg. ripido, erto, scosceso.
Steilhang (-es,-hänge) s.m. pendio.
Stein (-s,-e) s.m. **1** sasso, pietra; ciottolo; masso | *jdm. die -e aus dem Weg räumen*, (fig.) spianare la strada a qlcu. **2** (med.) calcolo **3** (di frutta) nocciolo **4** mattone **5** pedina.
Steinbock (-s,-böcke) s.m. **1** stambecco **2** (astrologia) Capricorno.
Steinkohle (-/-) s.f. carbon fossile.
Steinschlag (-s,-schläge) s.m. caduta (di) massi.
Steinzeit (-/-) s.f. età della pietra.
Steißbein (-es,-e) s.n. coccige.
Steißlage (-,-n) s.f. presentazione podalica.
Stelle (-,-n) s.f. **1** posto, luogo; posizione | *an erster –*, in primo luogo; *an seiner –*, al suo posto; *auf der –*, immediatamente; *nicht von der – kommen*, (fig.) non fare un passo avanti **2** passo, brano **3** impiego, posto (di lavoro) **4**

stellen 478

(*mat.*) cifra; decimale.
stellen *v.tr.* 1 mettere, porre | *Bedingungen* –, porre condizioni 2 arrestare 3 mettere a disposizione, offrire 4 (*idiom.*) *eine Aufgabe* –, assegnare un compito.
Stellenangebot (-es,-e) *s.n.* offerta di lavoro.
stellenweise *avv.* qua e là, in qualche punto.
Stellung (-,-en) *s.f.* 1 posizione | (*fig.*): *zu etwas – nehmen*, prendere posizione su; *für jdn – nehmen*, prendere le parti di qlcu 2 collocazione, disposizione 3 posto, impiego 4 rango 5 postazione.
Stellungnahme (-,-n) *s.f.* presa di posizione.
Stellvertreter (-s,-) *s.m.* sostituto.
Stelzen *s.pl.* trampoli.
Stempel (-s,-) *s.m.* 1 timbro 2 (*fig.*) impronta 3 (*di metalli preziosi*) marchio 4 pistillo 5 (*in miniera*) puntello 6 punzone.
stempeln *v.tr.* 1 timbrare 2 apporre il marchio a, marchiare.
Steppdecke (-,-n) *s.f.* trapunta, coperta imbottita.
Steppe (-,-n) *s.f.* steppa.
sterben (starb, gestorben) *v.intr.* morire: *an Altersschwäche* –, morire di vecchiaia; *eines natürlichen Todes* –, morire di morte naturale; *vor Hunger* –, morire di fame.
sterilisieren *v.tr.* sterilizzare.
Stern (-s,-e) *s.m.* 1 stella, astro | *Hotel mit drei* –*en*, albergo a tre stelle 2 asterisco 3 stelletta (militare).
Sternbild (-es,-er) *s.n.* costellazione.
Sternstunde (-,-n) *s.f.* momento di grazia.
Sternwarte (-,-n) *s.f.* osservatorio astronomico.
stetig *agg.* continuo, costante, ininterrotto.
stets *avv.* sempre, in ogni momento.
Steuer (-,-n) *s.f.* imposta.
Steuer (-s,-) *s.n.* 1 timone 2 volante.
Steuererklärung (-,-en) *s.f.* dichiarazione dei redditi.
steuern *v.tr.* 1 comandare, pilotare; (*auto*) guidare 2 (*tecn.*) regolare, comandare 3 gestire.
Steward (-s,-s) *s.m.* steward, assistente di volo/di bordo.
stibitzen *v.tr.* sgraffignare.
Stich (-es,-e) *s.m.* 1 puntura (d'insetto) 2 pugnalata; coltellata; stoccata 3 fitta 4 (*fig.*) frecciata 5 (*cucito e carte*) punto 6 (*arte*) incisione 7 (*idiom.*) *jdn. im* – *lassen*, piantare in asso qlcu.
sticheln *v.intr.* punzecchiare.
stichhaltig *agg.* convincente.
Stichprobe (-,-n) *s.f.* 1 campionatura 2 campione, saggio, prova.
Stichtag (-es,-e) *s.m.* giorno fissato; data di scadenza.
Stichwahl (-,-en) *s.f.* ballottaggio.
Stichwort (-es,-wörter) *s.n.* 1 lemma, voce 2 punto (di appunti ecc.) 3 spunto (teatrale).
sticken *v.tr.* ricamare.
stickig *agg.* (*di aria*) soffocante, viziato; (*di luogo*) non aerato, con aria viziata.
Stickstoff (-s/,) *s.m.* azoto.
Stiefel (-s,-) *s.m.* 1 stivale 2 boccale da birra (a forma di stivale).
Stiefgeschwister *s.pl.* fratellastri, sorellastre.
Stiefmütterchen (-s,-) *s.n.* viola del pensiero.
Stiege (-,-n) *s.f.* 1 scala stretta e ripi-

da 2 (*austr.*) scala 3 (*austr.*) cassetta (per la fruttaverdura).
Stier (-s,-e) *s.m.* toro (*anche astrologia*) | *den – bei den Hörnern fassen*, prendere il toro per le corna.
Stierkampf (-s,-kämpfe) *s.m.* corrida.
Stift¹ (-es,-e) *s.m.* 1 perno, chiodo 2 (*mecc.*) spina 3 matita, lapis.
stiften *v.tr.* 1 offrire, donare, elargire 2 fondare, istituire, creare 3 creare, provocare.
Stiftung (-,-en) *s.f.* 1 donazione 2 fondazione.
Stil (-es,-e) *s.m.* stile.
stilistisch *agg.* stilistico, di stile.
still *agg.* 1 silenzioso 2 quieto, calmo, tranquillo | *das -e Örtchen*, (*fam.*) quel posticino/gabinetto 3 immobile 4 segreto, nascosto.
Stille (-/-) *s.f.* 1 silenzio 2 calma, pace, tranquillità.
Stilleben (-s,-) *s.n.* natura morta.
stillen *v.tr.* 1 allattare 2 placare, sedare, calmare.
still-schweigen (schwieg still, stillgeschwiegen) *v.intr.* tacere, stare zitto.
Stilmöbel (-s,-) *s.n.* mobile d'epoca.
Stimme (-,-n) *s.f.* 1 voce 2 parere, opinione 3 voto.
stimmen *v.intr.* 1 essere esatto, essere vero: *stimmt!*, esatto!; *die Rechnung stimmt nicht*, il conto non torna 2 votare.
Stimmschlüssel (-s,-) *s.m.* accordatore, chiave d'accordatore.
Stimmung (-,-en) *s.f.* 1 stato d'animo, umore 2 atmosfera, clima 3 opinione, parere 4 accordatura, tonalità.
Stimmzettel (-s,-) *s.m.* scheda elettorale.
stimulieren *v.tr.* stimolare.

stinken (stank, gestunken) *v.intr.* (*nach*) puzzare (di).
Stipendiat (-en,-en) *s.m.* borsista.
Stipendium (-s,-dien) *s.n.* borsa di studio.
Stippvisite (-,-n) *s.f.* visitina, capatina.
Stirn (-,-en) *s.f.* fronte.
Stock¹ (-es, Stöcke) *s.m.* bastone.
Stock² (-s, Stöcke) *s.m.* piano: *im zweiten –*, al secondo piano.
Stockwerk (-s,-e) *s.n.* piano.
Stoff (-es,-e) *s.m.* 1 stoffa, tessuto 2 sostanza, materia 3 soggetto, tema; materia 4 (*gergo*) roba.
Stoffwechsel (-s/.) *s.m.* metabolismo.
stöhnen *v.intr.* 1 (*vor*) gemere (per) 2 (*über +acc.*) lamentarsi (di per).
Stollen (-s,-) *s.m.* 1 galleria (di una miniera) 2 dolce natalizio con canditi, uvetta, marzapane 3 (*sport*) tacchetto.
stolpern *v.intr.* (*über +acc.*) inciampare (in), incespicare (in).
stolz *agg.* 1 (*auf +acc.*) orgoglioso (di) 2 altezzoso, superbo.
stoppen *v.tr.* 1 fermare, arrestare 2 (*calcio*) stoppare 3 cronometrare.
Stopplicht (-es,-er) *s.n.* (*auto*) luce d'arresto, stop.
Stoppuhr (-,-en) *s.f.* cronometro.
Stör (-s,-e) *s.m.* storione.
Storch (-s,-e) *s.m.* cicogna.
stören *v.tr.* disturbare, dare fastidio a; molestare.
stornieren *v.tr.* 1 (*finanza*) stornare 2 (*commerciale*) annullare un'ordinazione.
Stoß (-es, Stöße) *s.m.* 1 colpo, urto; spinta, spintone 2 vogata, remata; (*nuoto*) bracciata 3 scossa (sismica) 4 pila, catasta.
Stoßdämpfer (-s,-) *s.m.* ammortizza-

tore.
Stößel (-s,-) *s.m.* pestello.
stoßen (stieß, gestoßen) *v.tr.* 1 urtare, dare un colpo a 2 spingere 3 conficcare, piantare 4 (*sport*) lanciare.
Stoßzeit (-,-en) *s.f.* ora di punta.
Strafanzeige (-,-n) *s.f.* denuncia.
strafbar *agg.* punibile, passibile di pena.
Strafe (-,-n) *s.f.* 1 punizione, castigo 2 (*dir.*) pena: *eine – androhen*, comminare una pena 3 multa, contravvenzione.
strafen *v.tr.* punire.
straff *agg.* 1 teso, tirato 2 rigido, rigoroso.
Strafgesetzbuch (-es,-bücher) *s.n.* codice penale.
sträflich *agg.* imperdonabile.
Strafpredigt (-,-en) *s.f.* ramanzina.
Strahl (-s,-en) *s.m.* raggio.
strahlen *v.intr.* 1 splendere 2 essere radioattivo; emettere radiazioni 3 (*vor*) essere raggiante (di).
Strähne (-,-n) *s.f.* ciocca (di capelli).
stramm *agg.* 1 teso, tirato 2 forte, robusto 3 rigido, rigoroso.
Strand (-es, Strände) *s.m.* spiaggia: *am –, in/sulla spiaggia.
stranden *v.intr.* 1 arenarsi 2 fallire.
strapazieren *v.tr.* 1 affaticare 2 consumare, logorare.
Straße (-,-n) *s.f.* 1 strada, via 2 (*geografia*) stretto.
Straßenbahn (-,-en) *s.f.* tram.
Strategie (-,-n) *s.f.* strategia.
sträuben, sich *v.pron.* 1 rizzarsi, drizzarsi 2 (*gegen*) opporsi (a).
Strauch (-es, Sträucher) *s.m.* arbusto, cespuglio.
Strauß[1] (-es,-e) *s.m.* struzzo.

Strauß[2] (-es, Sträuße) *s.m.* mazzo (di fiori).
streben *v.intr.* 1 (*nach*) tendere (a), mirare (a), aspirare (a) 2 avviarsi (verso), dirigersi (verso).
Strecke (-,-n) *s.f.* 1 distanza, percorso, tragitto 2 (*ferrovia*) linea, percorso, tratto 3 segmento.
strecken *v.tr.* 1 tendere, distendere, allungare 2 (*med.*) estendere 3 (*gastr.*) diluire, allungare.
Streich (-s,-e) *s.m.* tiro, scherzo.
streichen (strich, gestrichen) *v.tr.* 1 verniciare, dare una mano di vernice a, pitturare 2 spalmare, stendere 3 spostare con la mano 4 annullare, cancellare 5 ammainare ♦ *v.intr.* 1 (*durch, über +acc.*) passare la mano (tra/su), lisciare 2 (*um/durch*) aggirarsi (per), vagare (per) 3 soffiare lievemente.
Streichholz (-es,-hölzer) *s.n.* fiammifero.
Streichquartett (-s,-e) *s.n.* quartetto d'archi.
Streife (-,-n) *s.f.* 1 pattuglia 2 giro di pattugliamento.
Streifen (-s,-) *s.m.* 1 striscia, fascia 2 (*fam.*) film.
streifen *v.intr.* (*durch*) vagare (per), girovagare (per).
Streik (-s,-s) *s.m.* sciopero.
streiken *v.intr.* 1 scioperare, far sciopero 2 rifiutarsi di fare qlco./di funzionare.
Streit (-s,-e) *s.m.* lite, litigio; controversia.
streiten (stritt, gestritten) *v.intr.* 1 (*um*) litigare (per) 2 (*über +acc.*) discutere (su) 3 (*dir.*) essere in lite/causa.
Streitfall (-s,-fälle) *s.m.* caso controverso; controversia.

streng *agg.* **1** severo, rigoroso, austero **2** aspro, forte **3** (*di clima*) rigido, pungente.

Strenge (-/.) *s.f.* **1** severità, austerità, rigore **2** asprezza **3** (*di clima*) rigore.

Streß (Stresses, Stresse) *s.m.* stress.

stressen *v.tr.* stressare.

streuen *v.tr.* spargere, spandere.

Strich (-es,-e) *s.m.* **1** riga; lineetta, trattino **2** (*di pittura*) pennellata, tratto **3** cancellatura **4** (*di tessuti*) verso, pelo **5** (*mus.*) arcata **6** *auf den – gehen*, battere il marciapiede.

Strichmädchen (-s,-) *s.n.* ragazza di vita.

stricken *v.intr.* lavorare a maglia: *Strümpfe –*, fare la calza.

Strickwaren *s.pl.* (articoli di) maglieria.

strikt *agg.* rigoroso.

Strippe (-,-n) *s.f.* **1** filo, spago **2** telefono.

Stroh (-s/.) *s.n.* paglia.

Strohfeuer (-s,-) *s.n.* fuoco di paglia.

Strohhalm (-es,-e) *s.m.* **1** filo di paglia, pagliuzza **2** cannuccia.

Strohmann (-es,-männer) *s.m.* prestanome.

Strohwitwer (-s,-) *s.m.* marito lasciato solo temporaneamente.

Strolch (-es,-e) *s.m.* **1** vagabondo **2** farabutto, mascalzone **3** monello, discolo.

Strom (-es, Ströme) *s.m.* **1** corrente, flusso **2** corrente (elettrica).

strömen *v.intr.* **1** scorrere, fluire **2** (*fig.*) affluire, riversarsi.

Stromkreis (-es,-e) *s.m.* circuito elettrico.

Strömung (-,-en) *s.f.* **1** corrente, flusso **2** corrente, tendenza.

Strophe (-,-n) *s.f.* strofa.

Strudel (-s,-) *s.m.* **1** gorgo, mulinello, vortice **2** (*gastr.*) strudel.

Struktur (-,-en) *s.f.* struttura.

Strumpf (-es, Strümpfe) *s.m.* calza, calzino.

Strumpfhose (-,-n) *s.f.* calzamaglia, collant.

struppig *agg.* ispido, irsuto; arruffato.

Stube (-,-n) *s.f.* **1** (*region.*) camera, stanza **2** camerata.

stubenrein *agg.* (*di animali domestici*) pulito.

Stück (-es,-e) *s.n.* **1** pezzo, parte **2** pezzo (musicale/teatrale) **3** oggetto, pezzo **4** tratto, pezzo **5** (*comm.*) collo **6** capo (di bestiame).

Student (-en,-en) *s.m.* studente (universitario).

Studie (-,-n) *s.f.* studio.

studieren *v.tr.* studiare (all'università).

Studium (-s, Studien) *s.n.* **1** studio (universitario) **2** studio, ricerca.

Stufe (-,-n) *s.f.* **1** gradino, scalino **2** livello, stadio.

stufenweise *avv.* gradualmente, gradatamente.

Stuhl (-es, Stühle) *s.m.* **1** sedia, seggiola **2** (*med.*) evacuazione, defecazione **3** *der Heilige –*, la Santa Sede.

Stuhlgang (-s/.) *s.m.* evacuazione, defecazione.

stumm *agg.* muto.

stümperhaft *agg.* pasticciato, malriuscito.

stumpf *agg.* **1** spuntato, smussato **2** (*geometria*) ottuso **3** (*gegen*) ottuso; sordo (a), insensibile (a) **4** opaco.

stumpfsinnig *agg.* **1** ottuso, stupido **2** monotono, noioso.

Stunde (-,-n) *s.f.* ora (*anche fig.*): *die –*

stunden

der Wahrheit, l'ora della verità.
stunden *v.tr.* concedere una dilazione per.
stundenlang *agg.* di ore ♦ *avv.* per ore (e ore).
stündlich *agg.* orario.
stur *agg.* testardo, caparbio, ostinato.
Sturm (-es, Stürme) *s.m.* **1** tempesta, bufera **2** assalto **3** (*sport*) attacco.
stürmen *v.tr.* assaltare, dare l'assalto a (*anche fig.*).
stürmisch *agg.* **1** burrascoso, tempestoso; (*di mare*) agitato **2** appassionato, irruente.
Sturz (-es, Stürze) *s.m.* **1** caduta (*anche fig.*) **2** crollo (economico).
stürzen *v.intr.* **1** cadere, precipitare (*anche fig.*) **2** (*in +acc., aus*) precipitarsi (inverso, fuori da) **3** (*di terreno*) scendere a picco.
Sturzhelm (-es,-e) *s.m.* casco.
Stütze (-,-n) *s.f.* appoggio, sostegno (*anche fig.*).
stützen *v.tr.* **1** sostenere, sorreggere **2** puntellare; (*di gomiti*) appoggiare **3** (*econ.*) consolidare.
stutzig *agg.* **1** sorpreso, stupito **2** sospettoso.
Stützpunkt (-es,-e) *s.m.* base militare.
Styropor (-s/.) *s.n.* polistirolo espanso.
Subjekt (-es,-e) *s.n.* soggetto.
Subkontinent (-s,-e) *s.m.* subcontinente.
Subkultur (-,-en) *s.f.* sottocultura.
subkutan *agg.* sottocutaneo.
Substanz (-,-en) *s.f.* **1** (*filosofia*) sostanza, materia **2** sostanza, essenza.
substituieren *v.tr.* (*durch*) sostituire (con).
Subunternehmer (-s,-) *s.m.* subappaltatore.

Subvention (-,-en) *s.f.* sovvenzione.
subventionieren *v.tr.* sovvenzionare.
Suche (-/.) *s.f.* ricerca.
suchen *v.tr.* cercare.
Sucht (-, Süchte) *s.f.* **1** (*med.*) dipendenza **2** ossessione, mania.
süchtig *agg.* **1** assuefatto **2** (*fig.*) maniaco.
Süden (-s/.) *s.m.* sud, Meridione; paesi del sud.
Südfrüchte *s.pl.* **1** frutti tropicali **2** agrumi.
südwärts *avv.* a sud, verso sud.
sühnen *v.tr.* espiare.
Sukkulente (-,-n) *s.f.* pianta grassa.
sukzessiv *agg.* graduale.
Sultanat (-s,-e) *s.n.* sultanato.
Sultanine (-,-n) *s.f.* sultanina.
Sülze (-,-n) *s.f.* **1** acqua salsa **2** gelatina, aspic.
summarisch *agg.* sommario.
Summe (-,-n) *s.f.* **1** somma **2** totale; importo.
summen *v.intr.* ronzare.
summieren *v.tr.* sommare, addizionare.
Sumpf (-es, Sümpfe) *s.m.* palude, acquitrino; pantano.
sumpfig *agg.* paludoso.
Sünde (-,-n) *s.f.* peccato.
sündhaft *agg.* **1** peccaminoso **2** oltraggioso, indecente.
sündigen *v.intr.* peccare.
super *agg.* fantastico, bello.
Supermacht (-,-mächte) *s.f.* superpotenza.
Suppe (-,-n) *s.f.* minestra.
Suppengrün (-s/.) *s.n.* verdure per il brodo.
surfen *v.intr.* praticare il surfing; praticare il windsurf.

surren *v.intr.* ronzare.
süß *agg.* 1 dolce (*anche fig.*) 2 grazioso, carino 3 mieloso, melenso.
süßlich *agg.* 1 dolciastro 2 sdolcinato.
Süßstoff (-s,-e) *s.m.* dolcificante.
Symbiose (-,-n) *s.f.* simbiosi.
Symbol (-s,-e) *s.n.* simbolo.
symbolisieren *v.tr.* simboleggiare.
Symmetrie (-,-n) *s.f.* simmetria.
Sympathie (-,-n) *s.f.* simpatia.
sympathisch *agg.* simpatico.
Symptom (-s,-e) *s.n.* sintomo.
synchronisieren *v.tr.* 1 sincronizzare 2 doppiare (un film).
Syndikat (-s,-e) *s.n.* associazione imprenditori.
Syndrom (-s,-e) *s.n.* sindrome.
Synonym (-s,-e) *s.n.* sinonimo.
synthetisch *agg.* sintetico.
Syphilis (-/.) *s.f.* sifilide.
System (-s,-e) *s.n.* 1 sistema 2 ordine, metodo.
Szenario (-s,-rien) *s.n.* scenario (*anche fig.*).
Szene (-,-n) *s.f.* 1 scena 2 scenata 3 ambiente (politico).
Szenerie (-,-n) *s.f.* scenario (*anche fig.*).

T

Tabak (-s,-e) *s.m.* tabacco.
Tabelle (-,-n) *s.f.* tabella, tavola.
Tablett (-s,-e) *s.n.* vassoio.
Tablette (-,-n) *s.f.* compressa, pastiglia.
Tabu (-s,-e) *s.n.* tabù.
Tacho (-s,-s) *s.m.* tachimetro.
tacken *v.intr.* ticchettare
Tadel (-s,-) *s.m.* biasimo, rimprovero.

tadellos *agg.* 1 irreprensibile 2 impeccabile.
tadeln *v.tr.* biasimare, rimproverare.
Tafel (-,-n) *s.f.* 1 lastra, piastra; targa (commemorativa ecc.) 2 lavagna 3 (*di cioccolata ecc.*) tavoletta 4 tabella, tavola 5 (*svizz.*) segnale stradale.
täfeln *v.tr.* pannellare.
Tag (-es,-e) *s.m.* 1 giorno: *den ganzen –*, (per) tutto il giorno; *von – zu –*, di giorno in giorno | *etwas an den – bringen*, portare qlco. alla luce 2 giornata.
tagaus *avv.*: *–, tagein*, tutti i giorni, giorno dopo giorno.
Tageblatt (-es,-blätter) *s.n.* quotidiano.
Tagebuch (-es,-bücher) *s.n.* diario.
Tagegeld (-es,-er) *s.n.* diaria.
tagelang *agg.* di parecchi giorni.
Tageskarte (-,-n) *s.f.* 1 biglietto giornaliero 2 menu del giorno.
Tageslichtprojektor (-s,-en) *s.m.* lavagna luminosa.
Tagesordnung (-,-en) *s.f.* ordine del giorno.
Tagesschau (-,-en) *s.f.* telegiornale.
täglich *agg.* quotidiano, giornaliero.
Tagung (-,-en) *s.f.* 1 congresso, convegno 2 (*dir.*) seduta, sessione.
Taifun (-s,-e) *s.m.* tifone.
Taille (-,-n) *s.f.* vita.
Takt (-es,-e) *s.m.* 1 (*mus.*) tempo, misura, battuta 2 tatto, delicatezza.
Taktik (-,-en) *s.f.* tattica.
taktisch *agg.* tattico.
taktlos *agg.* privo di tatto, indelicato, indiscreto.
taktvoll *agg.* pieno di tatto, discreto, delicato.
Tal (-es, Täler) *s.n.* valle.
Talent (-es,-e) *s.n.* talento.
Talg (-es,-e) *s.m.* 1 sego 2 sebo.

Talkum (-s/.) *s.n.* talco.
Talsohle (-,-n) *s.f.* 1 fondovalle 2 punto più basso, depressione.
talwärts *avv.* verso valle, a valle.
Tampon (-s,-s) *s.m.* 1 (*med.*) tampone 2 tampone, assorbente interno.
Tank (-s,-s) *s.m.* serbatoio; cisterna.
tanken *v.intr.* fare rifornimento, fare benzina ♦ *v.tr.* raccogliere, prendere.
Tanksäule (-,-n) *s.f.* pompa di benzina.
Tankstelle (-,-n) *s.f.* distributore di benzina.
Tankwart (-es,-e) *s.m.* benzinaio.
Tanne (-,-n) *s.f.* abete.
Tante (-,-n) *s.f.* zia.
Tanz (-es, Tänze) *s.m.* ballo, danza.
tanzen *v.intr.* ballare, danzare ♦ *v.tr.* tanzen.
Tänzer (-s,-) *s.m.* ballerino.
Tapete (-,-n) *s.f.* tappezzeria, carta da parati.
Tapetenwechsel (-s,-) *s.m.*: – *brauchen*, aver bisogno di cambiare aria.
tapezieren *v.tr.* tappezzare.
tapfer *agg.* valoroso, coraggioso, intrepido.
Tara (-,-ren) *s.f.* tara.
tarieren *v.tr.* tarare.
Tarif (-s,-e) *s.m.* 1 tariffa 2 contratto collettivo di lavoro.
tariflich *agg.* tariffario.
Tariflohn (-es,-löhne) *s.m.* salario contrattuale.
tarnen *v.tr.* 1 mimetizzare 2 camuffare, mascherare.
Tasche (-,-n) *s.f.* 1 tasca 2 borsa, borsetta.
Taschenbuch (-es, bücher) *s.n.* libro tascabile.
Taschendieb (-es,-e) *s.m.* borseggiatore.

Taschengeld (-es,-er) *s.n.* denaro per le piccole spese; (*fam.*) mancia.
Taschenlampe (-,-n) *s.f.* pila, torcia.
Taschenmesser (-s,-) *s.n.* temperino, coltellino.
Taschenrechner (-s,-) *s.m.* calcolatrice tascabile.
Taschentuch (-es,-tücher) *s.n.* fazzoletto.
Tasse (-,-n) *s.f.* tazza.
Taste (-,-n) *s.f.* tasto.
tasten *v.tr.* 1 tastare, palpare 2 digitare ♦ *v.intr.* 1 andare a tastoni 2 (*nach*) cercare a tastoni.
Tastsinn (-s/.) *s.m.* tatto.
Tat (-,-en) *s.f.* 1 azione, atto; fatto | *in der* –, effettivamente 2 (*dir.*) reato, crimine.
Tatbestand (-es,-bestände) *s.m.* stato di fatto.
Täter (-s,-) *s.m.* colpevole: *unbekannte* – ignoti.
tätig *agg.* attivo.
Tätigkeit (-,-en) *s.f.* attività, occupazione; professione.
Tatort (-es,-e) *s.m.* luogo del reato.
tätowieren *v.tr.* tatuare.
Tatsache (-,-n) *s.f.* fatto; dato di fatto, realtà.
tatsächlich *agg.* reale, effettivo.
Tatze (-,-n) *s.f.* zampa.
Tau (-s/.) *s.m.* rugiada.
taub *agg.* 1 sordo 2 intorpidito, insensibile.
Taube (-,-n) *s.f.* colomba; piccione.
tauchen *v.intr.* immergersi | *aus dem Wasser* –, emergere dall'acqua.
Taucher (-s,-) *s.m.* subacqueo; sommozzatore, palombaro.
Taucheranzug (-s,-züge) *s.m.* muta; scafandro.

Tauchsieder (-s,-) *s.m.* scaldaacqua a immersione.
tauen *v.intr.* sciogliersi.
Taufe (-,-n) *s.f.* battesimo.
taufen *v.tr.* battezzare.
Taufpate (-n,-n) *s.m.* padrino (di battesimo).
taugen *v.intr.* 1 (*zu*) servire (a), essere adatto (a) 2 valere.
tauglich *agg.* 1 (*zu*) adatto (a), idoneo (a) 2 abile, idoneo (al servizio militare).
taumeln *v.intr.* barcollare, vacillare.
Tausch (-es,-e) *s.m.* cambio, scambio.
tauschen *v.tr.* scambiare.
täuschen *v.tr.* ingannare; imbrogliare.
Tauschhandel (-s/.) *s.n.* baratto.
Täuschung (-,-en) *s.f.* 1 inganno, imbroglio 2 illusione.
tausendmal *avv.* mille volte.
Tauwetter (-s/.) *s.n.* disgelo (*anche fig.*).
Taxe (-,-n) *s.f.* 1 tassa 2 valutazione, stima.
Taxi (-s,-s) *s.n.* taxi.
taxieren *v.tr.* valutare, stimare.
Technik (-,-en) *s.f.* tecnica.
Teddybär (-s,-en) *s.m.* orsacchiotto.
Tee (-s,-s) *s.m.* tè, infuso |*abwarten und* – *trinken*, dare tempo al tempo.
Teer (-s,-e) *s.m.* catrame.
teeren *v.tr.* catramare, incatramare.
Teewurst (-,-würste) *s.f.* salsiccia affumicata da spalmare.
Teich (-s,-e) *s.m.* stagno.
Teig (-es,-e) *s.m.* impasto; pasta di pane; pastella.
Teigwaren *s.pl.* pasta.
Teil¹ (-s,-e) *s.m.* parte, componente.
Teil² (-s,-e) *s.n.* parte, pezzo, elemento.
teilen *v.tr.* 1 dividere, separare 2

condividere 3 (*durch*) dividere (per).
Teilhaber (-s,-) *s.m.* socio.
teilnahmslos *agg.* apatico, indifferente.
teil-nehmen (nahm teil, teilgenommen) *v.intr.* (*an* +*dat.*) partecipare (a), prendere parte (a).
Teilung (-,-en) *s.f.* 1 divisione, spartizione 2 scissione.
Teint (-s,-s) *s.m.* carnagione, colorito.
Telefon (-s,-e) *s.n.* telefono, apparecchio telefonico.
Telepathie (-,-n) *s.f.* telepatia.
Teller (-s,-) *s.m.* piatto.
Tempel (-s,-) *s.m.* tempio.
Temperament (-s,-e) *s.n.* temperamento.
Temperatur (-,-en) *s.f.* temperatura.
temperieren *v.tr.* 1 portare alla temperatura giusta 2 mitigare, moderare.
Tempo (-s,-s/-pi) *s.n.* 1 (*mus.*) tempo 2 velocità.
Tendenz (-,-en) *s.f.* tendenza.
tendenziell *avv.* tendenzialmente.
tendieren *v.tr.* (*zu*) tendere (a).
Tennis (-/.) *s.n.* tennis.
Tenor¹ (-s/.) *s.m.* 1 tenore, contenuto 2 (*dir.*) dispositivo (di una sentenza).
Tenor² (-s, Tenöre) *s.m.* (*mus.*) tenore.
Teppich (-s,-e) *s.m.* tappeto.
Teppichboden (-s, böden) *s.m.* moquette.
Termin (-s,-e) *s.m.* 1 appuntamento 2 termine, (data di) scadenza 3 termine (legale).
Terrasse (-,-n) *s.f.* terrazza, terrazzo.
Terrine (-,-n) *s.f.* terrina, zuppiera.
Territorialgewässer *s.pl.* acque territoriali.
Test (-s,-s/-e) *s.m.* test, prova.
Testament (-s,-e) *s.n.* testamento.

testen *v.tr.* sottoporre a test, testare.

teuer *agg.* 1 caro, costoso 2 amato, carissimo.

Teuerung (-,-en) *s.f.* rincaro, aumento (di prezzo).

Teufel (-s,-) *s.m.* diavolo, demonio.

Teufelskreis (-es,-e) *s.m.* circolo vizioso.

teuflisch *agg.* diabolico, infernale.

Text (-es,-e) *s.m.* 1 testo 2 (*mus.*) libretto 3 copione 4 didascalia.

Textilien *s.pl.* prodotti tessili.

Theater (-s,-) *s.n.* teatro | *mach kein -!*, non fare scene!

Theke (-,-n) *s.f.* 1 banco di mescita, bancone 2 banco di vendita.

Thema (-s, Themen) *s.n.* tema (*anche musicale*).

theologisch *agg.* teologico.

Theorie (-,-n) *s.f.* teoria.

Therapeut (-en,-en) *s.m.* terapeuta.

Therapie (-,-n) *s.f.* terapia.

Thermalbad (-es,-bäder) *s.n.* 1 località termale 2 bagno termale 3 piscina con acqua termale.

Thermometer (-s,-) *s.n.* termometro.

Thermostat (-es,-en) *s.m.* termostato.

These (-,-n) *s.f.* tesi.

Thorax (-, Thoraces) *s.m.* torace.

Thriller (-s,-) *s.m.* thriller.

Thron (-es,-e) *s.m.* trono.

Thunfisch (-s,-e) *s.m.* tonno.

ticken *v.intr.* ticchettare.

Ticket (-s,-s) *s.n.* biglietto (aeromarittimo).

tief *agg.* 1 profondo (*anche fig.*) 2 basso.

Tiefdruckgebiet (-es,-e) *s.n.* zona di bassa pressione.

Tiefe (-,-n) *s.f.* 1 profondità (*anche fig.*) 2 (suono) basso.

Tiefgarage (-,-n) *s.f.* garage sotterraneo.

tiefgehend *agg.* profondo.

Tiefkühlfach (-es,-fächer) *s.n.* (scomparto) congelatore (del frigorifero).

Tiefschlag (-s,-schläge) *s.m.* colpo basso (*anche fig.*).

Tier (-es,-e) *s.n.* animale; bestia (*anche fig.*) | *ein hohes/großes -,* (*fig.*) un pezzo grosso.

tierisch *agg.* 1 animale 2 bestiale, brutale 3 grande, tremendo, bestiale.

Tierkreis (-es/.) *s.m.* zodiaco.

Tierkreiszeichen (-s,-) *s.n.* segno zodiacale.

Tierquälerei (-,-en) *s.f.* maltrattamento di animali.

Tiger (-s,-) *s.m.* tigre.

tilgen *v.tr.* 1 (*econ.*) estinguere, ammortizzare 2 cancellare.

Tinktur (-,-en) *s.f.* tintura.

Tinte (-,-n) *s.f.* inchiostro.

Tip (-s,-s) *s.m.* 1 consiglio, suggerimento 2 indicazione; soffiata.

tippen¹ *v.tr.* battere (un testo) a macchina.

tippen² *v.intr.* 1 (*auf +acc.*) scommettere (su) 2 fare previsioni 3 giocare una schedina.

Tippfehler (-s,-) *s.m.* errore di battitura.

Tisch (-es,-e) *s.m.* tavolo, tavola.

Tischdecke (-,-n) *s.f.* tovaglia.

Tischler (-s,-) *s.m.* falegname.

Tischtennis (-/.) *s.n.* tennis da tavolo, ping pong.

Titel (-s,-) *s.m.* titolo.

Titelbild (-es,-er) *s.n.* 1 illustrazione di copertina 2 frontespizio.

toben *v.intr.* 1 infuriare, imperversare 2 essere furioso 3 fare il diavolo a

quattro.
Tochter (-, Töchter) *s.f.* **1** figlia **2** società affiliata.
Tod (-es,-e) *s.m.* morte.
Todesangst (-,-ängste) *s.f.* **1** paura di morire **2** paura da morire.
Todesanzeige (-,-n) *s.f.* necrologio, annuncio mortuario.
Todesfall (-s,-fälle) *s.m.* caso di morte.
Todesgefahr (-,-en) *s.f.* pericolo di morte.
Todesopfer (-s,-) *s.n.* vittima, morto.
Todesstrafe (-,-n) *s.f.* pena di morte, pena capitale.
Todfeind (-es,-e) *s.m.* nemico mortale.
tödlich *agg.* mortale, letale.
Toilette (-,-n) *s.f.* **1** toeletta **2** toilette, servizi.
toi, toi, toi *inter.* tocchiamo ferro: –!, in bocca al lupo!
tolerant *agg.* tollerante.
Toleranz (-,-en) *s.f.* tolleranza (*anche med.*).
tolerieren *v.tr.* tollerare.
toll *agg.* fantastico, grandioso.
Tollwut (-/-) *s.f.* rabbia, idrofobia.
Tomate (-,-n) *s.f.* pomodoro.
Tomatenmark (-s/-) *s.n.* concentrato di pomodoro.
Ton[1] (-es,-e) *s.m.* argilla, creta: *gebrannter –*, terracotta.
Ton[2] (-es, Töne) *s.m.* **1** tono; suono **2** accento **3** tonalità, sfumatura.
Tonart (-,-en) *s.f.* **1** tonalità **2** tono.
Tonbandgerät (-es,-e) *s.n.* registratore.
tönen *v.intr.* **1** suonare, risuonare **2** (*fam.*) dire spaccontate.
Tonikum (-s,-ka) *s.n.* tonico.
Tonleiter (-,-n) *s.f.* scala (musicale).
Tonne (-,-n) *s.f.* **1** tonnellata **2** botte,

barile **3** ciccione, grassone.
tonnenweise *avv.* a tonnellate.
Tönung (-,-en) *s.f.* tintura, colorazione.
Topf (-es, Töpfe) *s.m.* pentola, casseruola.
Topfen (-s/.) *s.m.* (*austr.*) ricotta.
topfit *agg.* in perfetta forma.
topp *inter.* d'accordo, va bene.
Tor[1] (-es,-e) *s.n.* **1** (*di palazzo*) portone **2** porta (della città) **3** (*sport*) porta; rete, goal.
Torf (-es/.) *s.m.* torba.
Torheit (-,-en) *s.f.* **1** (*sing.*) stoltezza **2** sciocchezza.
töricht *agg.* stolto, insensato.
Torte (-,-n) *s.f.* torta.
Tortenheber (-s,-) *s.m.* paletta per dolci.
Tortur (-,-en) *s.f.* tormento, sofferenza.
Torwart (-s,-e) *s.m.* (*sport*) portiere.
tot *agg.* **1** morto, defunto **2** (*di luoghi*) inanimato, deserto **3** (*di colori, di sguardo*) spento.
total *agg.* totale.
totalisieren *v.tr.* totalizzare.
Tote (-n,-n) *s.m./f.* morto, defunto.
töten *v.tr.* **1** uccidere, ammazzare **2** devitalizzare.
Totenfeier (-,-n) *s.f.* commemorazione di un defunto.
totenstill *agg.* silenziosissimo.
tot-lachen, sich *v.pron.* morire dalle risate.
Totschlag (-s/-) *s.m.* omicidio doloso.
tot-stellen, sich *v.pron.* fingersi morto.
Touch (-s,-s) *s.m.* tocco, stile.
Toupet (-s,-s) *s.n.* toupet, parrucchino.
toupieren *v.tr.* cotonare.
Tour (-,-en) *s.f.* **1** tour, giro, viaggio **2** (*fam.*) maniera, modo **3** (*pl.*) giri, regi-

me: *auf vollen -en, (anche fig.)* a pieno regime.
Tourenzähler (-s,-) *s.m.* contagiri.
Tourismus (-/.) *s.m.* turismo.
touristisch *agg.* turistico.
Tournee (-,-n) *s.f.* tournée.
toxisch *agg.* tossico.
Toxoplasmose (-/.) *s.f.* toxoplasmosi.
Trab (-es/.) *s.m.* trotto: *im –*, al trotto.
Trabant (-en,-en) *s.m.* satellite.
traben *v.intr.* trottare, andare al trotto.
Tracheitis (-,-itiden) *s.f.* tracheite.
Tracht (-,-en) *s.f.* 1 costume (tradizionale) 2 *jdm. eine – Prügel verpassen*, dare a qlcu. una manica di botte.
trachten *v.intr. (nach)* mirare (a), ambire (a), anelare (a).
Trachtenfest (-es,-e) *s.n.* festa folcloristica.
trächtig *agg.* pregno, gravido.
tradieren *v.tr.* tramandare.
Tradition (-,-en) *s.f.* tradizione.
traditionell *agg.* tradizionale.
Trafik (-,-en) *s.f.* *(austr.)* tabaccheria.
Trafo (-s,-s) *s.m.* trasformatore.
Tragbahre (-,-n) *s.f.* barella.
tragbar *agg.* 1 portatile 2 *(di vestiti)* indossabile 3 sopportabile, tollerabile, sostenibile.
träge *agg.* 1 indolente, pigro, lento; intontito 2 inerte.
tragen (trug, getragen) *v.tr.* 1 portare 2 reggere, sostenere 3 *(fig.)* sopportare 4 portare, indossare 5 *(idiom.) Sorge – (für)*, prendersi cura (di); *Schuld –*, avere colpa; *Verantwortung –*, avere la responsabilità.
Träger (-s,-) *s.m.* 1 facchino, portabagagli 2 vettore 3 trave 4 spallina 5 *(med.)* portatore 6 *(econ.)* detentore; titolare.

tragfähig *agg.* 1 stabile, solido 2 accettabile.
Tragflügel (-s,-) *s.m.* superficie portante.
Trägheit (-/.) *s.f.* 1 indolenza, pigrizia 2 inerzia.
Tragik (-/.) *s.f.* tragicità, tragico.
tragisch *agg.* tragico.
Tragödie (-,-n) *s.f.* tragedia.
Tragweite (-,-n) *s.f.* portata.
Trainer (-s,-) *s.m.* allenatore.
trainieren *v.intr.* allenarsi, esercitarsi.
Trainingsanzug (-s,-züge) *s.m.* tuta (da ginnastica).
Trakt (-es,-e) *s.m.* *(di edifici)* ala, parte; *(di prigioni)* braccio.
Traktat (-es,-e) *s.m.* trattato.
traktieren *v.intr.* maltrattare, tormentare.
Traktor (-s,-en) *s.m.* trattore.
Tram (-,-s) *s.f.* tram.
trampeln *v.intr.* 1 battere i piedi 2 camminare pesantemente.
trampen *v.intr.* fare l'autostop.
Trampolin (-s,-e) *s.n.* trampolino.
Tran (-es,-e) *s.m.* olio (di pescefocabalena).
Trance (-/.) *s.f.* trance.
tranchieren *v.tr.* trinciare.
Träne (-,-n) *s.f.* lacrima: *in -n ausbrechen*, scoppiare in lacrime.
Tränengas (-es,-e) *s.n.* gas lacrimogeno.
Trank (-e, Tränke) *s.m.* bevanda.
Transfer (-s,-s) *s.m.* 1 trasferimento (di valuta) 2 *(sport)* trasferta 3 transfer.
transformieren *v.tr.* trasformare.
Transfusion (-,-en) *s.f.* trasfusione.
Transit (-s,-e) *s.m.* transito (commerciale).

Transparent (-s,-e) *s.n.* striscione.
transplantieren *v.tr.* trapiantare.
Transport (-es,-e) *s.m.* trasporto.
transportfähig *agg.* trasportabile.
transportieren *v.tr.* trasportare.
Trapez (-es,-e) *s.n.* trapezio.
Trasse (-,-n) *s.f.* tracciato.
Tratsch (-es/.) *s.m.* pettegolezzi.
tratschen *v.intr.* spettegolare.
Tratte (-,-n) *s.f.* tratta (commerciale).
Traube (-,-n) *s.f.* 1 acino, chicco 2 grappolo 3 (*pl.*) uva.
Traubenzucker (-s/.) *s.m.* glucosio.
trauen *v.tr.* sposare, unire in matrimonio ◆ *v.intr.* (+*dat.*) fidarsi (di), credere (a) ◆ **sich** – *v.pron.* osare, avere il coraggio di.
Trauer (-/.) *s.f.* lutto.
Trauerfall (-es,-fälle) *s.m.* lutto.
trauern *v.intr.* (*um*) essere in lutto (per).
Traufe (-,-n) *s.f.* grondaia.
Traum (-es, Träume) *s.m.* sogno.
Trauma (-s,-men/-mata) *s.n.* trauma.
träumen *v.tr.* sognare ◆ *v.intr.* 1 sognare 2 fantasticare.
traumhaft *agg.* di sogno, fantastico, magnifico.
traurig *agg.* 1 triste 2 misero, deplorevole.
Trauung (-,-en) *s.f.* matrimonio.
Trauzeuge (-n,-n) *s.m.* testimone (di nozze).
Trawler (-s,-) *s.m.* peschereccio per la pesca a strascico, trawler.
Treck (-s,-s) *s.m.* 1 (*ferr.*) convoglio 2 esodo.
treffen (traff, getroffen) *v.tr.* 1 colpire 2 incontrare 3 (*idiom.*) *eine Entscheidung* –, prendere una decisione; *eine Maßnahme* –, prendere un provvedimento ◆ *v.intr.* (*auf*) imbattersi (in) ◆ **sich** – *v.pron.* 1 incontrarsi 2 avvenire, accadere.
Treffen (-s,-) *s.n.* incontro.
Treffer (-s,-) *s.m.* 1 colpo mandato a segno 2 vincita, numero vincente 3 goal.
Treffpunkt (-es,-e) *s.m.* punto d'incontro.
Treibeis (-es/.) *s.n.* ghiaccio alla deriva.
treiben (trieb, getrieben) *v.tr.* 1 far andare, sospingere 2 (*fig.*) spingere, incitare 3 ficcare, conficcare 4 fare, combinare ◆ *v.intr.* 1 avere effetti diuretici 2 essere portato dall'acqua 3 (*di piante*) buttare.
Treibhaus (-es,-häuser) *s.n.* serra.
Treibmittel (-s,-) *s.n.* sostanza lievitante.
Treibstoff (-es,-e) *s.m.* carburante.
Trend (-s,-s) *s.m.* trend, tendenza.
trennen *v.tr.* 1 dividere, separare 2 interrompere (una telefonata) 3 scucire, staccare ◆ **sich** – *v.pron.* dividersi, separarsi.
Trennung (-,-en) *s.f.* 1 divisione, separazione 2 distacco 3 interruzione.
Trennwand (-,-wände) *s.f.* parete divisoria.
Treppe (-,-n) *s.f.* scala, scalinata.
Treppenabsatz (-es,-sätze) *s.m.* pianerottolo.
Treppenhaus (-es,-häuser) *s.n.* tromba delle scale.
Tresen (-s,-) *s.m.* bancone, banco.
Tresor (-s,-e) *s.m.* 1 cassaforte, camera blindata 2 (*in banca*) caveau.
treten (trat, getreten) *v.tr.* spronare ◆ *v.intr.* 1 andare 2 (*auf/in +acc.*) calpestare 3 (*nach*) dare un calcio/una pedata (a) 4 *in Kraft* – entrare in vi-

treu gore; *in Aktion –*, entrare in azione.
treu *agg.* 1 fedele, devoto 2 leale, fidato.
Treue (-/.) *s.f.* 1 fedeltà, devozione 2 lealtà.
Treuhand (-/.) *s.f.* 1 amministrazione fiduciaria 2 agenzia federale responsabile della privatizzazione delle società della ex DDR.
treuherzig *agg.* candido, ingenuo.
Tribüne (-,-n) *s.f.* tribuna, podio.
Tribut (-s,-e) *s.m.* tributo.
Trichter (-s,-) *s.m.* 1 imbuto 2 tramoggia 3 cratere.
Trick (-s,-s) *s.m.* trucco, astuzia.
Trieb (-es,-e) *s.m.* 1 pulsione, istinto 2 impulso 3 azionamento 4 (*di piante*) getto, pollone.
Triebverbrecher (-s,-) *s.m.* maniaco sessuale.
Triebwerk (-s,-e) *s.n.* motore, propulsore.
Trift (-,-en) *s.f.* 1 pascolo 2 fluitazione 3 corrente di deriva.
triftig *agg.* valido, fondato; convincente.
Trillerpfeife (-,-n) *s.f.* fischietto.
Trimm-dich-Pfad (-es,-e) *s.m.* sentiero ginnico.
trimmen *v.tr.* 1 (*di aerei*) dare assetto a, assettare 2 stivare 3 addestrare ♦ **sich** *– v.pron.* allenarsi; mantenersi in forma (facendo dello sport).
trinkbar *agg.* 1 potabile 2 bevibile.
trinken (trank, getrunken) *v.tr.* bere.
Trinker (-s,-) *s.m.* bevitore.
Trinkgeld (-es,-er) *s.n.* mancia.
Trip (-s,-s) *s.m.* 1 gita, escursione 2 (*gergo*) viaggio, trip 3 fissa, fissazione.
Tritt (-es,-e) *s.m.* 1 passo, andatura 2 pedata, calcio.

Trittbrett (-s,-er) *s.n.* predellino.
Trittbrettfahrer (-s,-) *s.m.* opportunista.
Triumph (-es,-e) *s.m.* trionfo.
trivial *agg.* banale, ovvio, scontato.
trocken *agg.* asciutto, secco; arido.
Trockenhaube (-,-n) *s.f.* casco (asciugacapelli).
trocken-legen *v.tr.* 1 prosciugare, bonificare 2 cambiare i pannolini a.
Trockenobst (-es/.) *s.n.* frutta secca.
Trockenpflaume (-,-n) *s.f.* prugna secca.
Trockenreinigung (-/.) *s.f.* lavaggio a secco.
Trockenschleuder (-,-n) *s.f.* centrifuga.
trocknen *v.tr.* 1 asciugare, seccare 2 essiccare.
Trödel (-s/.) *s.m.* cianfrusaglie.
Trödler (-s,-) *s.m.* rigattiere.
Trog (-es, Tröge) *s.m.* trogolo.
Trommel (-,-n) *s.f.* 1 tamburo 2 cestello (della lavatrice).
trommeln *v.intr.* 1 suonare il tamburo 2 tamburellare 3 (*gegen/auf +acc.*) picchiare (contro), battere (contro).
Trompete (-,-n) *s.f.* tromba.
Tropen *s.pl.* Tropici.
Tropf¹ (-es, Tröpfe) *s.m.*: *ein armer –*, un povero diavolo.
Tropf² (-es,-e) *s.m.* flebo, fleboclisi.
tropfen *v.intr.* gocciolare.
Tropfen (-s,-) *s.m.* goccia | *es ist ein – auf den heißen Stein*, è una goccia nel mare.
Tropfenzähler (-s,-) *s.m.* contagocce.
Trost (-es/.) *s.m.* consolazione, conforto: *ein schwacher –*, una magra consolazione.
trösten *v.tr.* consolare, confortare.
trostlos *agg.* 1 sconsolato 2 desola-

to, squallido, deprimente.

Trostpreis (-es,-e) *s.m.* premio di consolazione.

Trott (-s/.) *s.m.* 1 (piccolo) trotto 2 tran tran, routine.

Trottel (-s,-) *s.m.* tonto.

trotz *prep.*(+*gen.*) nonostante, malgrado.

Trotz (-es/.) *s.m.* 1 caparbietà, ostinazione 2 resistenza, opposizione; dispetto: *jdm. zum –*, a dispetto di qlcu.

trotzdem *cong.* benché, nonostante.

trotzen *v.intr.* (+*dat.*) sfidare, opporsi (a).

trotzig *agg.* caparbio, ostinato; capriccioso.

trüb *agg.* 1 torbido (*anche fig.*) 2 (*di luce*) fioco 3 (*di sguardo*) torvo, cupo 4 (*di tempo*) grigio, bigio 5 (*di vetro ecc.*) sporco, opaco.

Trubel (-s/.) *s.m.* 1 confusione, scompiglio 2 eccitazione.

trüben *v.tr.* 1 intorbidire; offuscare 2 guastare.

Trübsal (-/.) *s.f.* afflizione, tristezza, avvilimento.

Trüffel (-s,-s) *s.m.* tartufo.

Trugbild (-es,-er) *s.n.* allucinazione, miraggio.

trügen *v.intr.* ingannare, trarre in inganno.

Trugschluß (-schlusses,-schlüsse) *s.m.* falsa conclusione.

Truhe (-,-n) *s.f.* cassapanca.

Trümmer *s.pl.* 1 (*di edifici*) macerie, rovine; (*di aerei ecc.*) rottami 2 resti, frammenti, pezzi.

Trumpf (-es,Trümpfe) *s.m.* briscola; carta vincente.

Trunkenheit (-/.) *s.f.* ebbrezza: *– am Steuer*, guida in stato di ebbrezza.

Truppe (-,-n) *s.f.* 1 (*mil.*) truppa 2 (*teatro, cinema*) troupe, squadra.

Truthuhn (-es,-hühner) *s.n.* tacchino.

tschüs *inter.* ciao.

Tube (-,-n) *s.f.* tubetto, tuba.

Tuch (-es, Tücher) *s.n.* 1 tessuto, panno 2 foulard.

Tuchfühlung (-/.) *s.f.* stretto contatto: *mit jdm. auf – sein*, essere a stretto contatto con qlcu.

tüchtig *agg.* 1 in gamba, bravo, efficiente 2 forte, rilevante.

Tücke (-/.) *s.f.* malvagità, perfidia.

tückisch *agg.* 1 malvagio, perfido 2 brutto, insidioso.

Tuff (-s,-e) *s.m.* tufo.

Tüftelei (-,-en) *s.f.* rompicapo, lavoro complicato.

Tugend (-,-en) *s.f.* virtù.

Tüll (-s,-e) *s.m.* tulle.

Tülle (-,-n) *s.f.* 1 becco, beccuccio 2 (*di sigaretta ecc.*) bocchino.

Tulpe (-,-n) *s.f.* 1 tulipano 2 (*bicchiere a*) calice 3 (*fam.*) tipa strana.

tummeln, sich *v.pron.* 1 (*auf +acc.*) scorazzare (su) 2 (*in +dat.*) sguazzare (in) 3 affrettarsi.

Tummelplatz (-es,-plätze) *s.m.* (*fam.*) ritrovo preferito.

Tumor (-s,-en) *s.m.* tumore.

Tümpel (-s,-) *s.m.* pantano.

Tumult (-es,-e) *s.m.* tumulto.

tun (tan, getan) *v.tr.* 1 fare 2 mettere, porre 3 commettere.

Tun (-s/.) *s.n.* 1 attività 2 modo di fare.

Tünche (-,-n) *s.f.* 1 intonaco 2 apparenza, facciata.

tünchen *v.tr.* intonacare.

Tunichtgut (-es,-e) *s.m.* buono a nulla.

Tunke (-,-n) *s.f.* sugo, salsa.

Tunnel (-s,-) *s.m.* tunnel, galleria.
Tupfen (-s,-) *s.m.* 1 punto 2 macchia.
Tür (-,-en) *s.f.* 1 porta; (*auto*) portiera: *– an – wohnen*, abitare porta a porta 2 sportello, anta.
Turban (-s,-e) *s.m.* turbante.
Turbine (-,-n) *s.f.* turbina.
turbulent *agg.* turbolento.
türken *v.tr.* simulare.
türkis *agg.* turchese.
Türklinke (-,-n) *s.f.* maniglia (della porta).
Turm (-es, Türme) *s.m.* 1 torre 2 campanile 3 (*mil.*) torretta.
türmen, sich *v.pron.* 1 accumularsi, impilarsi 2 ergersi, torreggiare.
Turmspringen (-s/.) *s.n.* tuffi.
turnen *v.intr.* fare ginnastica.
Turnhalle (-,-n) *s.f.* palestra.
Turnschuh (-s,-e) *s.m.* scarpa da ginnastica.
Turnier (-s,-e) *s.n.* torneo; concorso.
Turnus (-,-) *s.m.* rotazione, turno.
Türöffner (-s,-) *s.m.* pulsante per aprire il portone.
Türriegel (-s,-) *s.m.* chiavistello (della porta).
Türstock (-s,-stöcke) *s.m.* infisso.
turteln *v.intr.* tubare.
Tusche (-,-n) *s.f.* inchiostro di china.
Tüte (-,-n) *s.f.* 1 sacchetto 2 cono (gelato).
tuten *v.intr.* (*di clacson*) suonare.
Tutor (-s,-en) *s.m.* insegnante liceale responsabile di gruppo.
Tuttifrutti (-s,-s) *s.n.* dolce con diversi tipi di frutta.
TÜV (-s/.) *s.m.* ufficio motorizzazione civile.
Typ (-s,-en) *s.m.* 1 tipo, modello 2 (*fam.*) tipo.

Type (-,-n) *s.f.* 1 carattere (tipografico) 2 tipo strambo.
Typhus (-/.) *s.m.* tifo.
typisch *agg.* (*für*) tipico (di).
Tyrann (-s,-en) *s.m.* tiranno.

U

U-Bahn (-,-en) *s.f.* metropolitana.
Übel (-s,-) *s.n.* 1 male 2 malattia 3 disgrazia, sfortuna.
Übelkeit (-,-en) *s.f.* 1 nausea; malessere 2 (*fig.*) nausea, schifo, ripugnanza.
übel-nehmen (nahm übel, übelgenommen) *v.tr.* prendersela.
Übeltäter (-s,-) *s.m.* malfattore.
üben *v.tr.* 1 esercitarsi a 2 allenarsi a 3 (*fig.*) usare, praticare ♦ *v.intr.* 1 esercitarsi 2 (*sport*) allenarsi.
über *prep.* (+*dat.*, *acc.*) 1 (*stato in luogo* +*dat.*) sopra, su 2 (*moto a luogo* +*acc.*) sopra, su 3 (*moto per luogo* +*acc.*) per, via 4 (*compl. di argomento* +*acc.*) di, su, intorno a 5 (*compl. di tempo* +*acc.*) per, durante 6 più di, oltre (+*acc.*) ♦ *– alles*, sopra ogni altra cosa.
überall *avv.* dappertutto.
überarbeiten *v.tr.* rifare, rielaborare ♦ **sich** *– v.pron.* lavorare troppo, affaticarsi lavorando.
überaus *avv.* estremamente.
überbacken *agg.* gratinato.
überbewerten *v.tr.* sopravvalutare.
überbieten (überbot, überboten) *v.tr.* 1 offrire di più 2 superare, sorpassare ♦ **sich** *– v.pron.* superare se stesso.
Überbleibsel (-s,-) *s.n.* avanzo.
Überblick (-s,-e) *s.m.* 1 visione/vista

d'insieme 2 visione generale; prospetto 3 sintesi.

überblicken v.tr. 1 abbracciare con lo sguardo, avere una visione d'insieme 2 (fig.) valutare.

überbringen (überbrachte, überbracht) v.tr. 1 portare, consegnare 2 trasmettere, riferire.

Überdachung (-,-en) s.f. 1 copertura con tetto 2 tettoia.

überdies avv. inoltre, oltre a ciò; per giunta.

Überdruß (-drusses/.) s.m. tedio, noia; nausea.

überdrüssig agg. 1 stufo, annoiato 2 sazio, nauseato.

überdurchschnittlich agg. 1 superiore alla media 2 straordinario.

übereilt agg. 1 affrettato 2 avventato.

übereinander avv. l'uno sull'altro, uno sopra l'altro.

überein-kommen (kam überein, übereingekommen) v.intr. accordarsi, convenire.

Übereinkunft (-,-künfte) s.f. accordo, patto; convenzione.

überein-stimmen v.intr. 1 essere d'accordo, convenire (mit) concordare; corrispondere (a).

überfahren (überfuhr, überfahren) v.tr. 1 investire 2 (fig.) cogliere di sorpresa.

Überfahrt (-,-en) s.f. (über +acc.) traversata (di).

Überfall (-s,-fälle) s.m. assalto, aggressione.

überfällig agg. 1 in ritardo 2 scaduto.

Überfluß (-flusses/.) s.m. sovrabbondanza.

überflüssig agg. superfluo, di troppo, inutile.

über-fluten v.intr. straripare.

überfluten v.tr. 1 inondare, sommergere 2 inondare, invadere.

über-führen v.tr. 1 trasportare, portare, trasferire 2 portare dall'altra parte.

überführen v.tr. provare la colpevolezza di.

Übergabe (-,-n) s.f. 1 consegna 2 (dir.) passaggio, trasferimento 3 capitolazione, resa.

Übergang (-s,-e) s.m. 1 passaggio 2 (fig.) momento di transizione.

übergeben v.tr. 1 consegnare, affidare 2 demandare (incarico) ♦ sich - v.pron. vomitare.

über-gehen (ging über, übergegangen) v.intr. 1 passare 2 trasformarsi 3 confondersi.

übergehen (überging, übergangen) v.tr. tralasciare, saltare, omettere.

übergeschnappt agg. (fam.) matto, pazzo.

Übergewicht (-s,-e) s.n. sovrappeso.

über-greifen (griff über, übergegriffen) v.intr. (auf +acc.) estendersi (a).

überhand-nehmen (nahm überhand, überhandgenommen) v.intr. aumentare in modo preoccupante.

Überhang (-s,-hänge) s.m. 1 sporgenza 2 (di roccia) strapiombo 3 (comm.) eccedenza.

überhaupt avv. 1 in genere 2 affatto ♦ particella 1 ma, veramente 2 anche.

überheblich agg. presuntuoso, arrogante.

überholen v.tr. 1 sorpassare (anche fig.) 2 (tecn.) revisionare.

überholt agg. 1 superato, antiquato.

überhören v.tr. 1 non sentire 2 far finta di non sentire.

über·kippen *v.intr.* 1 capovolgersi 2 (*di voce*) diventare stridulo.

über·kochen *v.intr.* 1 traboccare bollendo 2 (*fig.*) ribollire.

überkommen (überkam, überkommen) *v.tr.* essere colto da.

überkreuzen *v.tr.* 1 attraversare 2 incrociare.

überlassen (überließ, überlassen) *v.tr.* 1 cedere, lasciare 2 lasciare, abbandonare ♦ **sich** – *v.pron.* abbandonarsi.

über·laufen (lief über, übergelaufen) *v.tr.* 1 traboccare 2 (*fig.*) passare (dall'altra parte).

überlaufen (überlief, überlaufen) *v.tr.* essere colto da.

überleben *v.tr.* sopravvivere a ♦ *v.tr.* sopravvivere.

überlegen *v.tr.* riflettere su; pensare a.

Überlegung (-, -en) *s.f.* riflessione.

überliefern *v.tr.* tramandare, trasmettere.

übermäßig *agg.* eccessivo, smisurato; esagerato.

übermitteln *v.tr.* 1 inviare, trasmettere 2 portare (saluti).

übermorgen *avv.* dopodomani.

übermüdet *agg.* spossato, morto di sonno.

übermütig *agg.* 1 sfrenato 2 baldanzoso.

übernachten *v.intr.* pernottare.

Übernahme (-, -n) *s.f.* 1 (*di carica*) assunzione 2 (*di attività*) subentro.

übernehmen (übernahm, übernommen) *v.tr.* 1 assumere, prendere; subentrare I *wir – das!*, ci pensiamo noi! 2 adottare ♦ **sich** – *v.pron.* strafare.

überprüfen *v.tr.* controllare, esaminare, verificare.

überqueren *v.tr.* attraversare.

überraschen *v.tr.* sorprendere.

überraschend *agg.* 1 sorprendente 2 inaspettato ♦ *avv.* inaspettatamente.

überreden *v.tr.* (*zu*) persuadere, convincere (a).

überreichen *v.tr.* consegnare.

Überrest (-es, -e) *s.m.* resto, avanzo.

übersät *agg.* disseminato.

Überschallgeschwindigkeit (-/-) *s.f.* velocità supersonica.

überschaubar *agg.* 1 comprensibile, chiaro 2 calcolabile, valutabile.

überschlagen (überschlug, überschlagen) *v.tr.* calcolare approssimativamente ♦ **sich** – *v.pron.* 1 ribaltarsi 2 (*di voce*) dare nel falsetto 3 (*di onde*) frangersi 4 (*di eventi*) susseguirsi rapidamente.

überschreiten (überschritt, überschritten) *v.tr.* 1 attraversare, passare; valicare 2 (*fig.*) superare, oltrepassare.

Überschrift (-, -en) *s.f.* titolo.

Überschuß (-schusses, -schüsse) *s.m.* eccedenza, surplus.

Überschwang (-s/-) *s.m.* esuberanza; entusiasmo.

überschwemmen *v.tr.* 1 inondare, allagare 2 (*fig.*) (*mit*) sommergere (di).

überschwenglich *agg.* 1 esuberante 2 esagerato.

Übersee (-/-) *s.f.* oltremare: *aus* –, d'oltremare.

übersehen (übersah, übersehen) *v.tr.* 1 non vedere, lasciarsi sfuggire 2 ignorare 3 abbracciare con lo sguardo 4 (*fig.*) dominare; rilevare; valutare.

übersenden (übersandte, übersandt)

v.tr. inviare.
über·setzen *v.tr.* traghettare ♦ *v.intr.* passare sull'altra riva.
übersetzen *v.tr.* tradurre.
Übersicht (-,-en) *s.f.* 1 visione d'insieme 2 sommario 3 compendio.
übersiedeln *v.intr.* (*in +acc./nach*) traslocare (in/a).
überspannt *agg.* 1 troppo teso (*fig.*) esagerato; esaltato.
überspielen *v.tr.* 1 registrare 2 (*fig.*) ignorare, passare sopra a.
überspitzt *agg.* esagerato.
überspringen (übersprang, übersprungen) *v.tr.* 1 superare saltando 2 (*fig.*) tralasciare, saltare.
überstehen (überstand, überstanden) *v.tr.* superare, resistere.
Überstunde (-,-n) *s.f.* ora di lavoro straordinario.
überstürzen *v.tr.* affrettare ♦ *sich – v.pron.* 1 precipitarsi 2 (*di eventi*) susseguirsi rapidamente.
übertragen (übertrug, übertragen) *v.tr.* 1 riportare, trascrivere 2 tradurre 3 (*radio, tv*) trasmettere 4 (*med.*) (*auf +acc.*) trasmettere a 5 (*auf +acc.*) applicare, riferire a 6 affidare, assegnare 7 (*dir.*) cedere, trasferire 8 *Blut –*, praticare una trasfusione di sangue ♦ *sich – v.pron.* essere trasmesso; contagiare.
übertreffen (übertraf, übertroffen) *v.tr.* (*an +dat.*) superare (in/per), essere superiore a (in/per).
übertreiben (übertrieb, übertrieben) *v.tr. e intr.* esagerare (in), eccedere (in).
übertreten (übertrat, übertreten) *v.tr.* trasgredire, violare.
übervorteilen *v.tr.* imbrogliare.
überwachen *v.tr.* sorvegliare; controllare.
überwältigen *v.tr.* sopraffare.
überweisen (überwies, überwiesen) *v.tr.* 1 (*banca*) trasferire 2 inviare (un ammalato).
überwiegend *agg.* prevalente, predominante ♦ *avv.* in prevalenza.
überwinden (überwand, überwunden) *v.tr.* 1 superare, vincere 2 dominare (un sentimento) ♦ *sich – v.pron.* dominarsi; sforzarsi.
überzählig *agg.* in soprannumero; in eccedenza.
überzeugen *v.tr.* (*von*) convincere (di), persuadere (di) ♦ *sich – v.pron.* accertarsi (di), assicurarsi (di), convincersi (di).
über·ziehen (zog über, übergezogen) *v.tr.* 1 indossare sopra 2 *jdm. ein paar –*, (*fam.*) mollare un paio di schiaffi a qlcu.
überziehen (überzog, überzogen) *v.tr.* 1 (*mit*) rivestire (con), foderare (con) 2 (*gastr.*) (*mit*) ricoprire (di), glassare 3 (*banca*) andare in rosso 4 protrarre, prolungare ♦ *sich – v.pron.* (*di cielo*) rannuvolarsi, coprirsi.
Überzug (-s,-züge) *s.m.* rivestimento, fodera, copertura.
üblich *agg.* solito, consueto, abituale.
U-Boot (-es,-e) *s.n.* sommergibile.
übrig *agg.* rimanente, restante.
Übung (-,-en) *s.f.* 1 esercizio, pratica 2 esercitazione.
Ufer (-s,-) *s.n.* riva, sponda.
Uhr (-,-en) *s.f.* 1 orologio 2 ora.
Uhrzeit (-/.) *s.f.* ora: *die genaue –*, l'ora esatta.
Uhu (-s,-s) *s.m.* (*zool.*) gufo.
um *prep.* (*+acc.*) 1 (*luogo*) intorno 2 (*tempo*) a, verso, intorno 3 (*correlato*

um-ändern

a "willen") (+gen.) per amore di ♦ *avv.* **1** di: *es ist – 500 g schwerer als jenes*, è di mezzo chilo più pesante di quello **2** circa, all'incirca **3** (*fam.*) passato, terminato ♦ *cong.* **1** (*correlato a "zu" nelle prop. finali*) *sie ist hergekommen, – besser Italienisch zu lernen*, è venuta per imparare meglio l'italiano **2** (*in prop. comparative*) tanto: *je schneller das Auto, – so größer die Gefahr*, quanto più veloce è la macchina, tanto maggiore è il pericolo ♦ elemento mobile di verbi separabili.

um-ändern *v.tr.* modificare; trasformare.

um-arbeiten *v.tr.* rimaneggiare, rielaborare.

umarmen *v.tr.* abbracciare.

um-blättern *v.tr.* voltare pagina.

um-blicken, sich *v.pron.* guardarsi intorno.

um-bringen (brachte um, umgebracht) *v.tr.* uccidere, ammazzare ♦ **sich** – *v.pron.* ammazzarsi (*anche fig.*).

um-buchen *v.tr.* **1** cambiare una prenotazione **2** (*comm.*) trasferire (da un conto sull'altro).

um-drehen *v.tr.* **1** girare **2** rivoltare ♦ *v.intr.* tornare indietro ♦ **sich** – *v.pron.* voltarsi.

umfahren (umfuhr, umfahren) *v.tr.* girare intorno (a); tagliare fuori.

um-fallen (fiel um, umgefallen) *v.intr.* **1** cadere a terra **2** svenire **3** (*fam.*) fare un voltafaccia.

Umfang (-s, -fänge) *s.m.* **1** perimetro, circonferenza **2** misura, dimensione **3** (*fig.*) portata, entità.

umfangreich *agg.* **1** ampio, esteso **2** completo.

umfassend *agg.* ampio, vasto.

Umfrage (-,-n) *s.f.* (*über +acc.*) inchiesta, sondaggio (su).

um-füllen *v.tr.* travasare.

Umgang (-s,-gänge) *s.m.* **1** relazione, rapporti **2** compagnia; contatto.

Umgangsformen *s.pl.* modi, maniere.

umgeben (umgab, umgeben) *v.tr.* circondare ♦ **sich** – *v.pron.* (*mit*) circondarsi (di).

Umgebung (-,-en) *s.f.* **1** dintorni, paraggi **2** ambiente.

um-gehen (ging um, umgegangen) *v.intr.* **1** (*mit*) maneggiare, adoperare **2** (*fig.*) trattare, avere a che fare **3** (*di voci*) circolare.

umgehen (umging, umgangen) *v.tr.* **1** girare intorno a, tagliare fuori **2** (*fig.*) eludere, evitare.

umgehend *agg.* immediato, pronto ♦ *avv.* immediatamente.

Umgehungsstraße (-,-n) *s.f.* circonvallazione.

umgekehrt *agg.* **1** opposto **2** inverso ♦ *avv.* **1** al contrario **2** viceversa **3** inversamente.

um-gewöhnen *v.tr.* far cambiare abitudini a ♦ **sich** – *v.pron.* cambiare abitudini.

um-gucken, sich *v.pron.* guardarsi intorno.

Umhang (-s, -hänge) *s.m.* mantellina; scialle.

umher *avv.* in giro; qua e là.

umhin *avv.: nicht – können*, non poter fare a meno.

umhören, sich *v.pron.* informarsi.

umhüllen *v.tr.* avvolgere; coprire.

um-kehren *v.tr.* **1** rovesciare, rivoltare **2** invertire ♦ *v.intr.* **1** tornare indietro **2** (*fig.*) cambiare vita.

umklammern *v.tr.* stringere, avvin-

ghiarsi a; abbracciare forte.
um-kleiden *v.tr.* cambiare vestito a ♦ **sich** – *v.pron.* cambiarsi (vestito).
um-kommen (kam um, umgekommen) *v.intr.* morire (*anche fig.*).
Umkreis (-es,-e) *s.m.* raggio, cerchia; vicinanze (*anche fig.*).
Umlage (-,-n) *s.f.* quota, contributo spese.
Umlauf (-s,-läufe) *s.m.* 1 giro, rotazione 2 circolazione: *in – setzen*, mettere in circolazione; *ein Gerücht in – bringen*, far girare una voce.
Umleitung (-,-en) *s.f.* deviazione (stradale).
umliegend *agg.* circostante.
um-pflanzen *v.tr.* trapiantare.
umrahmen *v.tr.* incorniciare, (*fig.*) inserire in.
um-rechnen *v.tr.* convertire, calcolare: *können sie das in DM –?*, me lo può calcolare in marchi?
umreißen (umriß, umrissen) *v.tr.* abbozzare, schizzare.
umringen *v.tr.* circondare, attorniare.
Umriß (-risses,-risse) *s.m.* contorno, profilo (*anche fig.*).
um-rühren *v.tr.* mescolare.
Umsatz (-es,-sätze) *s.m.* (*econ.*) volume d'affari; fatturato.
um-schalten *v.tr.* commutare ♦ *v.intr.* (*auf +acc.*) 1 (*auto*) cambiare marcia; scattare, passare a 2 (*tv, radio*) cambiare canale 3 (*fig.*) riabituarsi a, adattarsi a.
um-schauen, sich *v.pron.* 1 guardarsi intorno 2 guardare indietro.
Umschlag (-s,-schläge) *s.m.* 1 busta 2 copertina 3 (*med.*) impacco 4 (*di merci*) trasbordo 5 (*abbigl.*) risvolto.
Umschwung (-s,-schwünge) *s.m.* cam

biamento radicale.
um-sehen, sich (sah um, umgesehen) *v.pron.* 1 guardarsi in giro 2 guardare indietro 3 (*fig.*) (*nach*) cercare.
umseitig *agg.* retrostante ♦ *avv.* sul retro.
umsichtig *agg.* avveduto, accorto.
um-siedeln *v.tr.* trasferirsi.
umsonst *avv.* 1 gratis, gratuitamente 2 inutilmente, invano.
Umstand (-es,-stände) *s.m.* 1 circostanza; condizione 2 (*pl.*) complimenti, cerimonie.
umständlich *avv.* 1 in modo impacciato 2 complicato.
um-steigen (stieg um, umgestiegen) *v.intr.* 1 cambiare (mezzi di trasporto) 2 (*fam.*) (*auf +acc.*) cambiare, passare a.
umstritten *agg.* discutibile, contestabile.
Umtausch (-es,-e) *s.m.* 1 cambio, scambio 2 (*econ.*) conversione.
um-tauschen *v.tr.* 1 cambiare, scambiare 2 (*econ.*) convertire.
Umtrunk (-es,-trünke) *s.m.* rinfresco.
Umverteilung (-,-en) *s.f.* (*econ.*) ridistribuzione.
um-wälzen *v.tr.* rivoluzionare.
um-wechseln *v.tr.* cambiare (valuta).
Umweg (-s,-e) *s.m.* giro più lungo: *ohne -e*, direttamente (*anche fig.*).
Umwelt (-/.) *s.f.* ambiente.
Umweltbelastung (-/.) *s.f.* inquinamento ambientale.
Umweltforschung (-/.) *s.f.* ecologia; ricerca ecologica.
um-werfen (warf um, umgeworfen) *v.tr.* 1 far cadere, rovesciare 2 (*fam.*) sconvolgere.
Umzäunung (-,-en) *s.f.* recinto; recin

zione.
Umzug (-s,-züge) *s.m.* **1** trasloco **2** corteo.
unabhängig *agg.* indipendente.
unabkömmlich *agg.* **1** indispensabile **2** impegnato, occupato.
unablässig *agg.* incessante, continuo.
unabsehbar *agg.* **1** incalcolabile **2** imprevedibile.
unangebracht *agg.* inopportuno, fuori luogo.
Unart (-,-en) *s.f.* cattiva abitudine.
unaufschiebbar *agg.* improrogabile.
unausgeglichen *agg.* **1** sbilanciato **2** (*di persona*) non equilibrato.
unbändig *agg.* **1** irrefrenabile **2** (*di temperamento*) esuberante ♦ *avv.* in modo irrefrenabile.
unbedacht *agg.* sconsiderato, sventato.
unbedarft *agg.* ingenuo, inesperto.
unbefangen *agg.* **1** disinvolto, spigliato **2** spregiudicato; imparziale ♦ *avv.* **1** apertamente **2** con spregiudicatezza.
unbehelligt *agg.* indisturbato.
unbeholfen *agg.* maldestro, goffo.
unbekümmert *agg.* spensierato ♦ *avv.* senza darsi pena.
unbelastet *agg.* **1** spensierato **2** (*von*) libero (da), esente (da) **3** non compromesso **4** (*di terreni ecc.*) non gravato da ipoteche.
unbeschwert *agg.* spensierato, senza preoccupazioni.
unbesehen *avv.* a occhi chiusi.
unbesonnen *agg.* avventato ♦ *avv.* alla leggera.
unbestreitbar *agg.* indiscutibile.
unbestritten *agg.* indiscusso, fuori discussione.
unbewältigt *agg.* irrisolto.
unbewohnt *agg.* disabitato.
und *cong.* **1** e **2** (*mat.*) più.
Unding (-s,-e) *s.n.*: *das ist ein –!*, è assurdo!
unehelich *agg.* illegittimo.
uneigennützig *agg.* disinteressato; altruista ♦ *avv.* in modo disinteressato.
unerhört *agg.* inaudito ♦ *avv.* incredibilmente.
unerläßlich *agg.* indispensabile.
unermeßlich *agg.* smisurato; immenso.
unerschrocken *agg.* impavido, intrepido.
unerwidert *agg.* **1** senza risposta **2** non corrisposto; non ricambiato.
unfair *agg.* (*gegen*) scorretto, sleale (nei confronti di).
Unfall (-s,-fälle) *s.m.* incidente.
unfaßbar *agg.* inconcepibile.
unflätig *agg.* sconcio, osceno.
Unfug (-s/.) *s.m.* stupidaggini; scemenze.
ungeachtet *prep.* (+*gen.*) nonostante, malgrado | *dessen –*, ciò nonostante.
ungebärdig *agg.* ribelle, indomito.
ungebeten *agg.* indesiderato.
ungebräuchlich *agg.* insolito, non comune.
ungefähr *avv.* circa, all'incirca; più o meno. ♦ *agg.* approssimativo.
ungefährdet *avv.* sicuro; non esposto ai pericoli.
ungehalten *agg.* (*über* +*acc.*) indignato (per), irritato (da).
ungeheuer *agg.* **1** mostruoso **2** (*fam.*) immenso ♦ *avv.* enormemente.
Ungeheuer (-s,-) *s.n.* mostro (*anche fig.*).
ungehindert *agg.* senza essere ostacolato.
ungehobelt *agg.* rozzo; villano.

ungekünstelt *agg.* naturale, spontaneo ♦ *avv.* in modo spontaneo.
ungelegen *agg.* inopportuno; importuno ♦ *avv.* in modo inopportuno.
ungelenk *agg.* maldestro; goffo.
ungelenkig *agg.* (*di arti*) rigido.
ungelogen *avv.* (*fam.*) veramente.
ungemein *agg.* grandissimo; straordinario ♦ *avv.* immensamente.
ungeniert *agg.* disinvolto, senza ritegno ♦ *avv.* senza mezzi termini.
ungerade *agg.* dispari.
ungeschmälert *agg.* intero, integro; non diminuito.
ungeschminkt *agg.* 1 senza trucco 2 (*fig.*) nudo e crudo.
ungeschoren *agg.* non tosato ♦ *agg.*: – *davonkommen*, (*fam.*) passarla liscia.
ungestraft *agg.* impunito ♦ *avv.*: – *davonkommen*, farla franca.
ungestüm *agg.* impetuoso; irruente.
Ungeziefer (-s/.) *s.n.* parassiti.
ungezogen *agg.* maleducato, villano.
unglaubhaft *agg.* poco credibile, inattendibile.
ungläubig *agg.* 1 incredulo; scettico 2 miscredente.
unglaublich *agg.* incredibile.
Unglück (-s/.) *s.n.* 1 disgrazia, sventura 2 sciagura, calamità.
Unglücksrabe (-n,-n) *s.m.* (*fam.*) persona sfortunata.
Ungnade (-/.) *s.f.* sfavore; disgrazia: *bei jdm. in – fallen*, cadere in disgrazia presso qlcu.
ungültig *agg.* 1 non valido, nullo 2 scaduto 3 (*denaro*) fuori corso.
Ungunst (-/.) *s.f.* 1 sfavore 2 scapito, svantaggio.
ungut *agg.* 1 inquietante 2 cattivo | *nichts für –*, (*fam.*) non prendertela a male.
unhaltbar *agg.* 1 insostenibile 2 (*sport*) imparabile.
Unheil (-s/.) *s.n.* sventura, disgrazia.
unheilvoll *agg.* funesto, nefasto.
universell *agg.* universale.
Universität (-,-en) *s.f.* università.
Universum (-s/.) *s.n.* universo.
Unke (-,-n) *s.f.* 1 (*zool.*) ululone 2 (*fam.*) pessimista.
unken *v.intr.* fare l'uccello del malaugurio.
Unkosten *s.pl.* spese aggiuntive: *sich in – stürzen*, darsi alle spese pazze.
Unkostenbeitrag (-s,-beiträge) *s.m.* contributo alle spese.
Unkraut (-s/.) *s.n.* erbacce.
unlängst *avv.* recentemente.
unlauter *agg.* sleale, disonesto.
unleidlich *agg.* di malumore; insopportabile.
unlieb *agg.* sgradito.
unliebsam *agg.* spiacevole, sgradevole.
Unmenge (-,-n) *s.f.* grande quantità.
Unmensch (-en,-en) *s.m.* (*fam.*) bruto, mostro.
unmittelbar *agg.* immediato, diretto ♦ *avv.* immediatamente, direttamente.
unmündig *agg.* minorenne.
Unmut (-es/.) *s.m.* (*über*) malcontento, malumore (per).
unnachahmlich *agg.* inimitabile; senza pari.
Unordnung (-/.) *s.f.* disordine; confusione.
unparteisch *agg.* imparziale.
unparteilich *agg.* apartitico.
Unpäßlichkeit (-,-en) *s.f.* indisposizione.
Unrast (-/.) *s.f.* inquietudine, irrequietezza.

Unrat (-s/.) *s.m.* immondizia.
Unruheherd (-es,-e) *s.m.* focolaio di disordini.
Unruhestifter (-s,-) *s.m.* agitatore.
uns *pron.pers.pl.dat./acc.* a noi, ci; noi.
unser¹ *pron.poss.* nostro.
unser² *pron.pers.gen.di* → wir.
Unsere (-n,-n) *s.n.* 1 i nostri averi 2 il nostro dovere 3 (*pl.*) i nostri, i nostri cari.
unsereins *pron.indef.inv.* uno come noi.
unsererseits *avv.* da parte nostra.
unseresgleichen *pron.inv.* uno come noi, un nostro pari.
unseretwegen *avv.* 1 per quanto ci riguarda, per noi 2 per causa nostra.
unseretwillen *avv.* per noi: *um* –, per amor nostro.
Unsinn (-s/.) *s.m.* assurdità; sciocchezza.
Unsitte (-,-n) *s.f.* cattiva abitudine.
unsozial *agg.* privo di coscienza sociale.
Unstern (-s/.) *s.m.* cattiva stella.
unstet *agg.* 1 inquieto; irrequieto 2 incostante; instabile.
Unsumme (-,-n) *s.f.* somma enorme.
untadelig *agg.* irreprensibile, inappuntabile.
Untat (-/.) *s.f.* misfatto; delitto.
unten *avv.* giù, sotto; in fondo.
unter *prep.* (+*dat./+acc.*) 1 (*stato in luogo +dat.*) sotto, al di sotto di 2 (*stato in luogo +dat.*) in mezzo a, tra, fra 3 (*moto a luogo +acc.*) sotto, al di sotto di 4 (*moto a luogo +acc.*) in mezzo, tra, fra 5 (*modo +dat.*) tra, con, a: – *diesen Umständen*, a queste condizioni; – *Tränen*, tra le lacrime ♦ elemento mobile di verbi separabili.

Unterarm (-s,-e) *s.m.* avambraccio.
Unterbau (-s,-ten) *s.m.* 1 fondamenta 2 (*fig.*) base, fondamento 3 massicciata.
unterbesetzt *agg.* con personale insufficiente.
Unterbewußtsein (-s/.) *s.n.* subconscio, subcosciente.
unterbleiben (unterblieb, unterblieben) *v.intr.* non accadere; non aver luogo.
unterbrechen (unterbrach, unterbrochen) *v.tr.* interrompere; sospendere.
unter-bringen (brachte unter, untergebracht) *v.tr.* 1 alloggiare 2 (*fam.*) sistemare; trovare un posto (*di lavoro*) a.
unterdrücken *v.tr.* 1 soffocare, reprimere 2 (*fig.*) opprimere.
untere *agg.* inferiore.
Unterfangen (-s/.) *s.n.* impresa audace.
unter-gehen (ging unter, untergegangen) *v.intr.* 1 tramontare 2 (*mar.*) affondare 3 (*fig.*) andare in rovina; perdersi.
Untergeschoß (-schosses,-schoße) *s.n.* sotterraneo; scantinato.
Untergestell (-s,-e) *s.n.* (*auto*) telaio.
untergraben (untergrub, untergraben) *v.tr.* minare, compromettere.
Untergrund (-s,-gründe) *s.m.* 1 sottosuolo 2 (*di colori*) fondo 3 fondamento, base 4 (*pol.*) clandestinità.
Untergrundbewegung (-,-en) *s.f.* (*pol.*) movimento clandestino.
unter-haken *v.tr.* prendere sottobraccio.
unterhalb *prep.* (+*gen.*) (al di) sotto.
Unterhalt (-s/.) *s.m.* 1 sostentamento, mantenimento 2 (*dir.*) alimenti 3 manutenzione.
unterhalten (unterhielt, unterhalten)

v.tr. **1** mantenere **2** provvedere alla manutenzione **3** intrattenere; divertire ♦ *sich* – *v.pron.* **1** (*über* +acc.) chiacchierare (di) **2** divertirsi, intrattenersi.

unterhaltsam *agg.* divertente, spassoso.

Unterhaltungskosten *s.pl.* spese di manutenzione.

Unterhaltungsmusik (-/.) *s.f.* musica leggera.

Unterhändler (-s,-) (-/.) *s.m.* negoziatore.

Unterhemd (-es,-en) *s.n.* maglietta, canottiera.

Unterhose (-,-n) *s.f.* mutande.

unter·kommen (kam unter, untergekommen) *v.intr.* **1** trovare un impiego **2** trovare alloggio **3** (*fam.*) capitare.

unterkühlt *agg.* **1** assiderato **2** (*fig.*) freddo, distaccato.

Unterkunft (-,-künfte) *s.f.* sistemazione, alloggio.

Unterlage (-,-n) *s.f.* **1** base, supporto **2** (*fig.*) documento; giustificativo.

unterlassen (unterließ, unterlassen) *v.tr.* **1** astenersi da **2** tralasciare.

unterlaufen (unterlief, unterlaufen) *v.intr.* capitare: *mir ist ein Fehler* –, ho commesso un errore.

unterlegen *agg.* (+*dat.*) inferiore (a), meno forte (di).

Unterlegenheit (-/.) *s.f.* inferiorità.

Unterleib (-s/.) *s.m.* basso ventre.

unterliegen (unterlag, unterlegen) *v.intr.* **1** soccombere **2** (+*dat.*) sottostare (a); essere soggetto (a).

Untermiete (-,-n) *s.f.* subaffitto.

unternehmen (unternahm, unternommen) *v.tr.* intraprendere.

Unternehmen (-s,-) *s.n.* impresa; iniziativa.

Unternehmungsgeist (-es/.) *s.m.* spirito d'iniziativa.

unternehmungslustig *agg.* intraprendente, pieno di iniziativa.

Unterpfand (-es,-pfände) *s.n.* pegno.

Unterredung (-,-en) *s.f.* colloquio.

Unterricht (-s,-e) *s.m.* **1** insegnamento **2** lezione.

unterrichten *v.tr.* **1** insegnare **2** (*über* +acc.) informare (su).

Unterrock (-s,-röcke) *s.m.* sottoveste.

untersagen *v.tr.* vietare, proibire.

Untersatz (-es,-sätze) *s.m.* base; sottobicchiere; sottopentola.

unterscheiden (unterschied, unterschieden) *v.tr.* distinguere; differenziare ♦ *v.intr.* fare una distinzione ♦ *sich* – *v.pron.* distinguersi.

Unterscheidungsvermögen (-s/.) *s.n.* discernimento.

Unterschenkel (-s,-) *s.m.* (*anat.*) gamba.

unterschieben (unterschob, unterschoben) *v.tr.* **1** infilare di nascosto **2** (*fig.*) accusare ingiustamente di.

Unterschied (-s,-e) *s.m.* differenza.

unterschlagen (unterschlug, unterschlagen) *v.tr.* **1** malversare **2** nascondere; passare sotto silenzio.

Unterschlagung (-,-en) *s.f.* appropriazione indebita.

Unterschlupf (-s,-schlüpfe) *s.m.* nascondiglio, rifugio.

unterschreiben (unterschrieb, unterschrieben) *v.tr.* firmare; sottoscrivere.

Unterschrift (-,-en) *s.f.* firma.

unterschwellig *agg.* subliminare.

untersetzt *agg.* tozzo, tarchiato.

Unterstand (-es,-stände) *s.m.* riparo.

unterstehen (unterstand, unterstanden) *v.tr.* (+*dat.*) sottostare (a), dipen-

unterstellen

dere (da) ♦ sich – *v.pron.* azzardarsi.
unterstellen[1] *v.tr.* 1 subordinare 2 ammettere 3 (*fig.*) accusare ingiustamente: imputare.
unter·stellen[2] *v.tr.* sistemare temporaneamente ♦ **sich** – *v.pron.* ripararsi.
unterstreichen (unterstrich, unterstrichen) *v.tr.* sottolineare (*anche fig.*).
unterstützen *v.tr.* sostenere; appoggiare: *jdn. finanziell* –, dare un aiuto finanziario a qlcu.
Unterstützung (-,-en) *s.f.* 1 sostegno, appoggio; assistenza 2 sussidio.
untersuchen *v.tr.* 1 analizzare, esaminare 2 (*dir.*) indagare su 3 (*med.*) visitare.
Untersuchung (-,-en) *s.f.* 1 analisi, esame 2 indagine, inchiesta 3 (*med.*) visita.
Untertasse (-,-n) *s.f.* piattino | *fliegende* –, disco volante.
unter·tauchen *v.intr.* 1 immergersi 2 (*fig.*) darsi alla clandestinità ♦ *v.tr.* mettere sott'acqua.
Unterteil (-s,-e) *s.n.* parte inferiore, parte bassa.
unterteilen *v.tr.* (*in +acc.*) suddividere (in).
untervermieten *v.tr.* subaffittare.
Unterwäsche (-/-) *s.f.* biancheria intima.
Unterwassersport (-s/-) *s.m.* sport subacqueo.
unterwegs *avv.* strada facendo, in viaggio; (*di merci*) in arrivo | *immer – sein*, essere sempre in giro.
unterwerfen (unterwarf, unterworfen) *v.tr.* sottomettere; assoggettare ♦ **sich** – *v.pron.* sottomettersi.
unterzeichnen *v.tr.* firmare, sottoscrivere.

Unterzeichnete (-n,-n) *s.m./f.* sottoscritto/a.
unterziehen, sich (unterzog, unterzogen) *v.pron.* (*+dat.*) sottoporsi (a).
untragbar *agg.* intollerabile, insopportabile.
unüberlegt *agg.* avventato, sconsiderato.
unumgänglich *agg.* inevitabile; indispensabile.
unumstößlich *agg.* irrefutabile.
unverblümt *agg.* schietto; nudo e crudo ♦ *avv.* senza mezzi termini.
unverdorben *agg.* 1 (*di cibi*) non deteriorato 2 (*fig.*) puro, innocente.
unverdrossen *agg.* indefesso, instancabile.
unverfroren *agg.* sfrontato, sfacciato.
unversehens *avv.* improvvisamente, all'improvviso.
unversucht *agg.* intentato: *nichts – lassen*, non lasciar nulla di intentato.
unverwandt *avv.* fisso: *jdn. – ansehen*, guardare fisso qlcu.
unverzagt *agg.* intrepido.
unverzüglich *agg.* immediato ♦ *avv.* subito, immediatamente.
unvorbereitet *agg.* impreparato ♦ *avv.* alla sprovvista.
unvoreingenommen *agg.* non prevenuto, imparziale.
unweigerlich *agg.* immancabile, inevitabile ♦ *avv.* immancabilmente.
unweit *prep.* (*+gen.* o *correlato a "von"*) non lontano (da).
Unwesen (-s/-) *s.n.* confusione | *sein – treiben*, combinare di grosse; imperversare.
Unwetter (-s,-) *s.n.* maltempo; burrasca.
Unwohlsein (-s/-) *s.n.* indisposizione.

Unzahl (-/.) *s.f.* (*von*) grande quantità (di).
unzeitgemäß *agg.* anacronistico.
Unzucht (-/.) *s.f.* oscenità.
üppig *agg.* **1** rigoglioso **2** folto **3** (*di corpo*) prosperoso **4** (*di pasti*) molto abbondante.
Urahn (-es/-en,-en) *s.m.* avo, antenato.
uralt *agg.* vecchissimo.
Uraufführung (-,-en) *s.f.* (*teatr./film*) prima.
Urbarmachung (-,-en) *s.f.* bonifica.
Urbevölkerung (-,-en) *s.f.* aborigeni.
Urenkel (-s,-) *s.m.* pronipote.
Urfassung (-,-en) *s.f.* versione originale.
Urgeschichte (-/.) *s.f.* preistoria.
Urgroßeltern *s.pl.* bisnonni.
Urheber (-s,-) *s.m.* **1** iniziatore; promotore **2** (*dir.*) autore.
Urkunde (-,-n) *s.f.* documento, atto; certificato.
Urlaub (-s,-e) *s.m.* **1** vacanza; ferie: *auf – sein*, essere in vacanza **2** permesso, licenza.
Urne (-,-n) *s.f.* urna.
Ursache (-,-n) *s.f.* **1** causa **2** motivo, ragione: *keine –!*, non c'è di che!
Ursprung (-s,-sprünge) *s.m.* origine; provenienza.
Urteil (-s,-e) *s.n.* **1** giudizio; parere **2** (*dir.*) sentenza, verdetto.
Urteilsvermögen (-s/.) *s.n.* **1** capacità di giudizio **2** discernimento.
urtümlich *agg.* originario; primordiale.
Urureltern *s.pl.* trisavoli.
Urwald (-es,-wälder) *s.m.* foresta vergine.
urwüchsig *agg.* **1** primitivo; selvatico **2** naturale, spontaneo.
Urzeit (-,-en) *s.f.* epoca primordiale: *seit -en, (fam.)* da tempo immemorabile.
UV-Strahlen *s.pl.* raggi ultravioletti.

V

Vagabund (-en,-en) *s.m.* vagabondo.
vage *agg.* vago; indefinito.
Vakuum (-s, Vakuen) *s.n.* vuoto (*anche fig.*).
vakuumverpackt *agg.* confezionato sotto vuoto.
Vanille (-/.) *s.f.* vaniglia.
variieren *v.tr.* e *intr.* variare.
Vase (-,-n) *s.f.* vaso.
Vater (-s, Väter) *s.m.* padre.
Vaterland (-es,-länder) *s.n.* patria.
väterlich *agg.* paterno.
Vaterschaft (-,-n) *s.f.* paternità.
Vati (-s,-s) *s.m.* babbo, papà.
vegetarisch *agg.* e *avv.* vegetariano.
Vegetation (-,-en) *s.f.* vegetazione.
vegetativ *agg.* vegetativo.
Veilchen (-s,-) *s.n.* viola mammola, violetta | *blau sein wie ein –*, essere ubriaco fradicio.
Veitstanz (-es/.) *s.m.* (*med.*) ballo di San Vito.
Velo (-s,-s) *s.n.* (*svizz.*) bicicletta.
Velours (-/.) *s.m.* velluto.
Vene (-,-n) *s.f.* (*anat.*) vena.
Ventil (-s,-e) *s.n.* **1** (*tecn.*) valvola **2** (*mus.*) pistone **3** (*fig.*) sfogo.
verabreden, sich *v.pron.* darsi appuntamento.
verabreichen *v.tr.* somministrare.
verabscheuen *v.tr.* detestare.
verabschieden *v.tr.* **1** accomiatare **2** mandare in pensione; licenziare **3** (*di legge*) varare **4** (*di bilancio*) approvare

verachten

♦ **sich** – *v.pron.* congedarsi.
verachten *v.tr.* dispezzare.
veralbern *v.tr.* prendere in giro.
verallgemeinern *v.tr.* generalizzare.
veraltet *agg.* passato di moda.
veränderlich *agg.* 1 variabile 2 instabile.
verändern *v.tr.* cambiare, modificare ♦ **sich** – *v.pron.* trasformarsi, cambiare.
verängstigt *agg.* impaurito.
verankert *agg.* 1 ancorato 2 (*fig.*) radicato.
veranlagt *agg.* dotato, portato.
veranlassen *v.tr.* predisporre, disporre.
Veranlassung (-,-en) *s.f.* 1 disposizione, ordine 2 motivo, occasione.
veranschaulichen *v.tr.* illustrare.
veranschlagen *v.tr.* preventivare.
veranstalten *v.tr.* organizzare; allestire.
Veranstaltung (-,-en) *s.f.* 1 organizzazione 2 manifestazione.
verantworten *v.tr.* assumere la responsabilità di; farsi carico di.
verantwortlich *agg.* responsabile.
Verantwortung (-,-en) *s.f.* responsabilità; *jdn. für etwas zur – ziehen*, chiedere conto di qlco. a qlcu.
verarbeiten *v.tr.* 1 lavorare (trasformando) 2 (*fig.*) assimilare.
verärgern *v.tr.* irritare.
verarschen *v.tr.* prendere per il culo.
verarzten *v.tr.* medicare.
verausgaben, sich *v.pron.* dar fondo alle proprie risorse.
veräußern *v.tr.* alienare; vendere.
Verband (-es,-bände) *s.m.* 1 bendaggio 2 associazione.
Verbandskasten (-s,-kästen) *s.m.* cassetta di pronto soccorso.

verbannen *v.tr.* bandire; scacciare.
verbergen (verbarg, verborgen) *v.tr.* nascondere.
verbessern *v.tr.* migliorare ♦ **sich** – *v.pron.* 1 correggersi 2 migliorare.
verbeugen, sich *v.pron.* inchinarsi.
verbeulen *v.tr.* ammaccare.
verbiegen (verbog, verbogen) *v.tr.* piegare; curvare.
verbieten (verbot, verboten) *v.tr.* proibire, vietare | *das verbietet sich von selbst*, è fuori discussione.
verbinden (verband, verbunden) *v.tr.* 1 bendare 2 collegare, unire 3 accomunare 4 associare; collegare.
verbindlich *agg.* 1 cortese 2 obbligatorio, vincolante.
Verbindlichkeit (-,-en) *s.f.* 1 gentilezza 2 vincolo 3 (*pl.*) obbligo 4 (*pl.*) (*comm.*) debiti.
Verbindung (-,-en) *s.f.* 1 collegamento; allacciamento 2 congiunzione 3 linea telefonica 4 contatto 5 nesso, collegamento 6 unione: *in – mit*, assieme a 7 corporazione 8 (*chimica*) composto.
verblassen *v.intr.* 1 impallidire 2 (*fig.*) svanire.
verblenden *v.tr.* 1 (*di muro, dente ecc.*) rivestire 2 (*fig.*) abbagliare.
verblöden *v.intr.* rincretinire.
verblüffen *v.tr.* sbalordire.
verblühen *v.intr.* sfiorire; appassire (*anche fig.*).
verbluten *v.intr.* morire dissanguato; dissanguarsi (*anche fig.*).
verbohrt *agg.* ostinato, testardo.
verborgen *agg.* nascosto.
Verbot (-es,-e) *s.n.* divieto.
verboten *agg.* vietato, proibito.
verbrauchen *v.tr.* 1 consumare 2 lo-

gorare.

Verbraucher (-s,-) *s.m.* consumatore.
Verbrechen (-s,-) *s.n.* delitto, crimine.
verbreiten *v.tr.* diffondere; spargere.
verbreitern *v.tr.* allargare, estendere.
Verbreitung (-/-) *s.f.* diffusione; divulgazione.
verbrennen (verbrannte, verbrannt) *v.tr.* bruciare; cremare ♦ *v.intr.* bruciare, ardere.
Verbrennung (-,-en) *s.f.* 1 bruciatura; incenerimento 2 (*med.*) ustione 3 (*tecn.*) combustione.
verbringen (verbrachte, verbracht) *v.tr.* trascorrere, passare.
verbrühen *v.tr.* scottarsi
verbummeln *v.tr.* 1 dimenticare 2 sprecare; buttare via (tempo, occasioni).
verbunden *agg.* legato, collegato.
verbünden, sich *v.pron.* allearsi.
Verbundglas (-es,-gläser) *s.n.* vetro di sicurezza.
verbürgen, sich *v.pron.* rendersi garante.
Verdacht (-s,-dächte) *s.m.* sospetto.
verdächtigen *v.tr.* sospettare di.
verdammen *v.tr.* condannare.
verdammt *inter.* maledizione!
verdampfen *v.tr.* evaporare.
verdanken *v.tr.* dovere, essere riconoscente per.
verdauen *v.intr. e tr.* digerire (*anche fig.*)
Verdeck (-s,-e) *s.n.* 1 (*auto*) capote 2 (*mar.*) coperta.
verderben (verdarb, verdorben) *v.tr.* rovinare, guastare.
verderblich *agg.* deperibile, deteriorabile.
verdeutlichen *v.tr.* chiarire, spiegare.

verdienen *v.tr.* 1 guadagnare 2 meritare.
Verdienst[1] (-es,-e) *s.m.* 1 guadagno 2 utile, profitto.
Verdienst[2] (-es,-e) *s.n.* merito.
verdonnern *v.tr.* (*fam.*) condannare.
verdoppeln *v.tr.* raddoppiare.
verdorben *agg.* 1 guastato, (*di alimenti*) andato a male 2 (*fig.*) corrotto.
Verdrängung (-,-en) *s.f.* (*psicologia*) rimozione; repressione.
verdrehen *v.tr.* 1 torcere 2 (*fig.*) stravolgere.
Verdruß (-drusses,-drusse) *s.m.* fastidio; dispiacere.
verdummen *v.tr.* rimbambire.
verdunkeln *v.tr.* 1 oscurare 2 (*dir.*) occultare.
verdünnen *v.tr.* diluire, allungare.
verdunsten *v.intr.* evaporare.
verdursten *v.intr.* morire di sete.
verdutzt *agg.* stupito; perplesso.
verehren *v.tr.* 1 venerare 2 (*fam.*) regalare.
Verehrer (-s,-) *s.m.* ammiratore.
Vereidigung (-,-en) *s.f.* giuramento.
Verein (-s,-e) *s.m.* associazione, circolo, club, società.
vereinbaren *v.tr.* 1 concordare 2 conciliare, rendere compatibile.
Vereinbarung (-,-en) *s.f.* accordo; convenzione | *nach –*, da convenirsi.
vereinen *v.tr.* unificare.
vereinfachen *v.tr.* semplificare.
vereinigen *v.tr.* unire ♦ **sich –** *v.pron.* unirsi.
Vereinigung (-,-en) *s.f.* 1 unione 2 associazione 3 (*pol.*) unificazione.
vereist *agg.* coperto di ghiaccio; ghiacciato.
vereiteln *v.tr.* 1 ostacolare 2 sventa-

re.
verenden *v.tr.* (*di animali*) morire.
verengen, sich *v.pron.* restringersi.
vererben *v.tr.* (+*dat.*) lasciare in eredità.
verewigen *v.tr.* immortalare.
verfahren (verfuhr, verfahren) *v.intr.* **1** procedere, agire **2** trattare ♦ **sich –** *v.pron.* sbagliare strada, perdersi.
Verfahren (-s,-e) *s.n.* procedimento.
Verfall (-s/.) *s.m.* **1** rovina, decadimento **2** (*fig.*) decadenza **3** (*comm.*) scadenza.
verfallen (verfiel, verfallen) *v.intr.* **1** andare in rovina **2** (*fig.*) incorrere, cadere **3** scadere; decadere.
verfälschen *v.tr.* **1** falsificare **2** falsare **3** (*di alimenti*) adulterare.
verfärben, sich *v.pron.* cambiare colore.
verfassen *v.tr.* redigere.
Verfasser (-s,-) *s.m.* autore.
Verfassung (-,-en) *s.f.* **1** (*dir.*) costituzione **2** stato d'animo.
verfaulen *v.intr.* marcire.
verfechten (verfocht, verfochten) *v.tr.* sostenere.
verfehlen *v.tr.* sbagliare; fallire.
verfließen (verfloß, verflossen) *v.intr.* scorrere, passare.
verflixt *agg.* dannato: – *noch mal!*, dannazione!
verflossen *agg.* **1** passato **2** ex.
verflüchtigen, sich *v.pron.* volatilizzarsi.
verfolgen *v.tr.* **1** inseguire **2** perseguitare (*anche fig.*).
Verfolger (-s,-) *s.m.* **1** inseguitore **2** persecutore.
verfremden *v.tr.* estraniare.
verfrüht *agg.* prematuro, precoce ♦ *avv.* prematuramente.
verfügbar *agg.* disponibile.
verfügen *v.intr.* (*über* +*acc.*) disporre (di).
Verfügung (-,-en) *s.f.* disposizione.
verführen *v.tr.* sedurre.
verführerisch *agg.* seducente; allettante.
vergangen *agg.* scorso; passato.
Vergangenheit (-/.) *s.f.* passato.
vergänglich *agg.* transitorio; effimero.
vergeben (vergab, vergeben) *v.tr.* **1** perdonare **2** (*sport*) sprecare.
vergebens *avv.* invano, inutilmente.
vergeblich *agg.* vano, inutile.
vergehen (verging, vergangen) *v.tr.* **1** passare **2** (*vor*) struggersi (per/di).
vergelten (vergalt, vergolten) *v.tr.* contraccambiare; ripagare.
Vergeltung (-,-en) *s.f.* rappresaglia, ritorsione.
vergessen (vergaß, vergessen) *v.tr.* dimenticare, scordare ♦ **sich –** *v.pron.* lasciarsi andare.
Vergessenheit (-/.) *s.f.* oblio.
vergeßlich *agg.* smemorato.
vergeuden *v.tr.* sprecare.
vergewaltigen *v.tr.* violentare, stuprare.
vergewissern, sich *v.pron.* (+*gen.*) assicurarsi di, accertarsi di.
vergießen (vergoß, vergossen) *v.tr.* versare; rovesciare.
vergiften *v.tr.* **1** avvelenare **2** (*med.*) intossicare.
Vergißmeinnicht (-s,-e) *s.n.* (*bot.*) nontiscordardimé.
Vergleich (-s,-e) *s.m.* **1** paragone **2** (*dir.*) compromesso.
vergleichen (verglich, verglichen) *v.tr.* (*mit*) paragonare (a), confrontare

verklemmt

(con).
vergnügen, sich *v.pron.* divertirsi.
Vergnügen (-s,-) *s.n.* 1 divertimento 2 piacere.
Vergnügungsreise (-,-n) *s.f.* viaggio di piacere.
vergolden *v.tr.* dorare.
vergöttern *v.tr.* idolatrare.
vergraben (vergrub, vergraben) *v.tr.* sotterrare, seppellire.
vergriffen *agg.* (*di libri ecc.*) esaurito.
vergrößern *v.tr.* ingrandire; ampliare.
Vergrößerungsglas (-es,-gläser) *s.n.* lente di ingrandimento.
Vergünstigung (-,-en) *s.f.* agevolazione.
verhaften *v.tr.* arrestare.
verhalten *agg.* 1 trattenuto, smorzato 2 sottovoce.
Verhalten (-s/.) *s.n.* comportamento, condotta.
Verhältnis (-ses,-se) *s.n.* 1 rapporto: proporzione 2 relazione 3 (*pl.*) condizioni.
verhältnismäßig *avv.* relativamente.
Verhandlung (-,-en) *s.f.* 1 trattativa 2 (*dir.*) udienza.
Verhängnis (-ses,-se) *s.n.* fatalità; rovina.
verhängnisvoll *agg.* fatale; disastroso.
verhaßt *agg.* odioso; detestato.
verheerend *agg.* disastroso; orribbile.
verheimlichen *v.tr.* nascondere, occultare.
verheiratet *agg.* coniugato.
verhelfen (verhalf, verholfen) *v.intr.* (*zu*) aiutare (a).
verherrlichen *v.tr.* esaltare, magnificare.
verhexen *v.tr.* stregare.
verhindern *v.tr.* impedire, ostacolare.

verhöhnen *v.tr.* schernire.
verhören *v.tr.* (*dir.*) interrogare.
verhüllen *v.tr.* 1 celare, coprire 2 (*fig.*) nascondere.
verhungern *v.intr.* morire di fame.
verhüten *v.tr.* prevenire, evirare.
Verhütung (-/.) *s.f.* 1 prevenzione 2 contraccezione.
Verhütungsmittel (-s,-) *s.n.* anticoncezionale.
verirren, sich *v.pron.* smarrirsi.
verjagen *v.tr.* scacciare.
verjährt *agg.* (*dir.*) cadere in prescrizione.
verjubeln *v.tr.* (*fam.*) scialacquare.
verjüngen *v.tr.* ringiovanire.
verkalken *v.intr.* 1 incrostarsi di calcare 2 (*med.*) sclerotizzare 3 (*fam.*) rimbambire.
verkannt *agg.* incompreso.
Verkauf (-s,-käufe) *s.m.* 1 vendita 2 ufficio vendite.
verkaufen *v.tr.* vendere.
Verkäufer (-s,-) *s.m.* 1 commesso 2 venditore.
Verkehr (-s,-e) *s.m.* 1 traffico, circolazione 2 circolazione 3 rapporti (*anche sessuali*).
verkehren *v.intr.* 1 (*di mezzi di trasporto*) circolare 2 (*mit*) frequentare | *geschlechtlich -*, avere rapporti sessuali.
Verkehrsampel (-,-n) *s.f.* semaforo.
Verkehrsunfall (-s,-fälle) *s.m.* incidente stradale.
verkehrt *agg.* 1 rovesciato, capovolto 2 (*fig.*) sbagliato ♦ *avv.* 1 alla rovescia 2 in modo sbagliato.
verkleiden *v.tr.* 1 travestire 2 rivestire.
verkleinern *v.tr.* ridurre, rimpicciolire.
verklemmt *agg.* bloccato, inibito.

verknacksen v.tr.: sich (dat.) den Fuß –, prendere una storta.

verknallen, sich v.pron. prendersi una cotta.

verkneifen (verkniff, verkniffen) v.tr. 1 soffocare, reprimere 2 rinunciare.

verknüpfen v.tr. 1 annodare 2 (fig.) (mit) collegare (con).

verkommen (verkam, verkommen) v.intr. 1 trascurarsi 2 (fig.) (zu) degenerare (in).

verkörpern v.tr. personificare; incarnare.

verkrachen, sich v.pron. (fam.) litigare, rompere.

verkriechen, sich (verkroch, verkrochen) v.pron. rintanarsi, nascondersi.

Verkrümmung (-,-en) s.f. deformazione.

verkrüppelt agg. storpio.

verkrustet agg. incrostato.

verkühlen, sich v.pron. raffreddarsi.

verkümmern v.intr. 1 atrofizzarsi 2 (fig.) inaridire.

verkünden v.tr. 1 annunciare 2 (dir.) pronunciare.

verkürzen v.tr. accorciare, abbreviare.

Verlag (-s,-e) s.m. casa editrice.

verlangen v.tr. pretendere, esigere ♦ v.intr. (nach) volere, chiedere.

Verlangen (-s/.) s.n. 1 desiderio; brama 2 richiesta: auf –, a richiesta.

verlängern v.tr. 1 allungare (anche gastr.) 2 prolungare.

verlangsamen v.tr. rallentare.

verlassen¹ (verließ, verlassen) v.tr. abbandonare ♦ **sich** – v.pron. (auf +acc.) fidarsi (di).

verlassen² agg. abbandonato.

verläßlich agg. affidabile; attendibile.

Verlauf (-s,-läufe) s.m. 1 corso, andamento 2 (med.) decorso.

verlaufen, sich (verlief, verlaufen) v.pron. perdersi, smarrirsi.

verleben v.tr. passare, trascorrere.

verlebt agg. segnato, sciupato.

verlegen¹ v.tr. 1 mettere nel posto sbagliato 2 rinviare 3 pubblicare (un'opera) 4 (tecn.) posare ♦ **sich** – v.pron. (auf +acc.) ricorrere (a).

verlegen² agg. imbarazzato; a disagio.

Verlegenheit (-,-en) s.f. 1 imbarazzo; disagio 2 difficoltà.

Verleger (-s,-) s.m. editore.

Verleih (-s,-e) s.m. 1 noleggio 2 (film) distribuzione.

verleihen (verlieh, verliehen) v.tr. 1 noleggiare 2 conferire, assegnare.

verleiten v.tr. (zu) istigare (a).

verlernen v.tr. disimparare.

verletzen v.tr. 1 ferire 2 offendere 3 ledere (un diritto).

verletzend agg. offensivo.

Verletzte (-n,-n) s.m./f. ferito.

verleugnen v.tr. 1 negare 2 rinnegare ♦ **sich** – v.pron. negarsi (al telefono).

verleumden v.tr. calunniare.

verlieben, sich v.pron. (in +acc.) innamorarsi (di).

verlieren (verlor, verloren) v.tr. perdere.

verloben, sich v.pron. fidanzarsi.

Verlobte (-n,-n) s.m./f. fidanzato/a.

verlocken v.tr. (zu) allettare (a), tentare (a).

verlogen agg. falso; bugiardo.

verloren agg. 1 perso (anche fig.) 2 assorto.

verlosen v.tr. sorteggiare, estrarre a sorte.

Verlust (-es,-e) s.m. perdita; smarrimento.

vermachen *v.tr.* lasciare per testamento.
Vermählung (-,-en) *s.f.* nozze.
vermehren *v.tr.* aumentare ♦ **sich –** *v.pron.* 1 aumentare 2 moltiplicarsi; (*biol.*) riprodursi.
vermeiden (vermied, vermieden) *v.tr.* evitare.
vermeintlich *agg.* presunto.
Vermerk (-s,-e) *s.m.* annotazione, nota, appunto.
vermerken *v.tr.* annotare, prendere nota di.
vermessen *agg.* presuntuoso.
vermieten *v.tr.* dare in affitto; dare a nolo.
vermindern *v.tr.* 1 diminuire 2 attenuare.
vermischen *v.tr.* mischiare, mescolare.
vermißt *agg.* disperso.
Vermittlung (-,-en) *s.f.* 1 mediazione 2 agenzia di mediazione 3 centralino telefonico.
Vermittlungsgebühr (-,-en) *s.f.* provvigione, commissione.
Vermögen (-s,-) *s.n.* 1 capacità 2 patrimonio.
vermögend *agg.* ricco, facoltoso.
vermuten *v.tr.* presumere; supporre.
vernachlässigen *v.tr.* trascurare.
vernehmen (vernahm, vernommen) *v.tr.* 1 percepire 2 venire a sapere 3 (*dir.*) interrogare.
vernehmlich *agg.* udibile, distinto ♦ *avv.* distintamente.
verneigen, sich *v.pron.* inchinarsi.
verneinen *v.tr.* negare, rispondere di no.
vernichten *v.tr.* annientare.
vernichtend *agg.* 1 distruttivo 2 (*sport*) schiacciante.

Vernunft (-/.) *s.f.* ragione.
vernünftig *agg. e avv.* ragionevole.
veröffentlichen *v.tr.* pubblicare.
Veröffentlichung (-,-en) *s.f.* pubblicazione.
verordnen *v.tr.* 1 (*med.*) prescrivere 2 ordinare.
verpachten *v.tr.* dare in locazione.
verpacken *v.tr.* confezionare; imballare.
Verpackung (-,-en) *s.f.* confezione; imballaggio.
verpassen *v.tr.* 1 perdere, mancare: *den Zug –*, perdere il treno 2 (*fam.*) mollare, appioppare.
Verpflegung (-,-en) *s.f.* vitto.
verpflichten *v.tr.* 1 obbligare 2 (*film*) scritturare 3 (*sport*) ingaggiare.
verplappern, sich *v.pron.* (*fam.*) lasciarsi sfuggire un segreto.
verprügeln *v.tr.* picchiare, pestare.
Verputz (-es/.) *s.m.* intonaco.
verquatschen *v.tr.* passare il tempo in chiacchiere.
Verrat (-es/.) *s.m.* tradimento.
verraten (verriet, verraten) *v.tr.* 1 tradire 2 svelare.
Verräter (-s,-) *s.m.* traditore.
verrechnen, sich *v.pron.* fare un errore di calcolo.
verreisen *v.intr.* partire, essere in viaggio.
verrenken *v.tr.* (*med.*) slogare.
verrichten *v.tr.* fare, compiere, eseguire.
verringern *v.tr.* diminuire, ridurre.
verrückt *agg.* matto, pazzo.
Verruf *s.m.*: *in – kommen*, cadere in discredito.
verrufen *agg.* malfamato.
versagen *v.intr.* fallire 2 fare cilecca,

Versager (-s,-) *s.m.* fallito.
versalzen *v.tr.* salare troppo.
versammeln *v.tr.* riunire, radunare.
Versammlung (-,-en) *s.f.* riunione, assemblea.
Versand (-es/,) *s.m.* (*comm.*) spedizione.
versäumen *v.tr.* 1 perdere: *eine Gelegenheit –*, perdere un'occasione 2 venir meno a.
verschaffen *v.tr.* procurare.
verschämt *agg.* timido.
verschärfen *v.tr.* 1 intensificare 2 acutizzare.
verscheuchen *v.tr.* scacciare.
verschieben (verschob, verschoben) *v.tr.* 1 spostare 2 (*fig.*) rinviare.
verschieden *agg.* (*von*) differente (da).
verschiedentlich *avv.* più volte.
verschiffen *v.tr.* trasportare via nave.
verschimmeln *v.intr.* ammuffire.
verschlafen[1] (verschlief, verschlafen) *v.tr.* non svegliarsi in tempo.
verschlafen[2] *agg.* assonnato.
Verschlag (-s,-schläge) *s.m.* 1 baracca, capanno 2 tramezzo (di assi).
verschlagen *agg.* scaltro, astuto.
verschlechtern *v.tr.* peggiorare.
verschleißen (verschliß, verschlissen) *v.tr.* logorare.
verschlimmern *v.tr.* aggravare.
verschlingen (verschlang, verschlungen) *v.tr.* 1 intrecciare 2 divorare, ingoiare (*anche fig.*).
verschlossen *agg.* chiuso; riservato.
verschlucken *v.tr.* inghiottire.
Verschluß (-schlusses,-schlüsse) *s.m.* chiusura.
verschmerzen *v.tr.* rassegnarsi per; superare.

verschmutzen *v.tr.* sporcare; inquinare.
verschnaufen, sich *v.pron.* (*fam.*) riprendere fiato.
verschneit *agg.* coperto di neve, innevato.
verschnupft *agg.* 1 raffreddato 2 (*fam.*) scocciato, seccato.
verschollen *agg.* disperso, scomparso.
verschonen *v.tr.* risparmiare.
verschönern *v.tr.* abbellire.
verschreiben (verschrieb, verschrieben) *v.tr.* prescrivere.
verschrien *agg.* malfamato.
verschroben *agg.* svitato, strambo.
verschüchtert *agg.* intimidito.
verschulden *v.tr.* provocare, rendersi responsabile ♦ **sich** – *v.pron.* indebitarsi.
Verschulden (-s/.) *s.n.* colpa.
verschütten *v.tr.* 1 versare, rovesciare 2 seppellire (sotto macerie).
verschweigen (verschwieg, verschwiegen) *v.tr.* passare sotto silenzio.
verschwenden *v.tr.* sprecare.
Verschwender (-s,-) *s.m.* spendaccione.
verschwiegen *agg.* 1 fidato, discreto 2 (*di luogo*) poco frequentato.
verschwinden (verschwand, verschwunden) *v.intr.* sparire, scomparire.
verschwindend *agg.* minimo; insignificante.
verschwitzen *v.tr.* (*fam.*) dimenticare completamente.
verschwommen *agg.* 1 sfocato 2 vago.
verschwören, sich *v.pron.* (*gegen*) cospirare (contro).
versehen (versah, versehen) *v.tr.* 1 munire, rifornire (di) 2 esercitare, compiere ♦ **sich** – *v.pron.* 1 (*mit*) mu-

nirsi (di) 2 sbagliarsi.
Versehen (-s/.) *s.n.* svista, sbaglio: *aus –*, per sbaglio.
versehentlich *avv.* inavvertitemente.
Versehrte (-n,-n) *s.m.* 1 invalido 2 mutilato.
versenken *v.tr.* affondare ♦ **sich –** *v.pron.* (fig.) immergersi.
versessen *agg.: – sein auf etwas*, andare pazzo per.
versetzen *v.tr.* 1 spostare 2 mettere 3 sferrare (un calcio ecc.) 4 *(scuola)* promuovere 5 trapiantare 6 fare un bidone a 7 *(mit)* mischiare (con) ♦ **sich – ** *v.pron.* 1 spostarsi 2 *(fig.)* mettersi nei panni di.
verseuchen *v.tr.* contaminare, inquinare.
versichern *v.tr.* 1 assicurare 2 rassicurare ♦ **sich –** *v.pron.* assicurarsi.
Versicherung (-,-en) *s.f.* assicurazione.
versiert *agg.* *(in +dat.)* esperto (in).
versinken (versank, versunken) *v.intr.* 1 affondare 2 *(in +acc.)* immergersi (in).
versinnbildlichen *v.tr.* simboleggiare.
versöhnen *v.tr.* 1 riconciliare 2 placare ♦ **sich –** *v.pron.* riconciliarsi.
versorgen *v.tr.* 1 occuparsi di 2 assistere, curare 3 *(mit)* rifornire (di) 4 mantenere, sostentare ♦ **sich –** *v.pron.* 1 *(mit)* rifornirsi (di) 2 badare a se stesso.
verspäten, sich *v.pron.* essere/arrivare in ritardo.
verspätet *agg.* 1 in ritardo 2 tardivo ♦ *avv.* in ritardo.
Verspätung (-,-en) *s.f.* ritardo.
versperren *v.tr.* sbarrare, bloccare; chiudere.
verspotten *v.tr.* deridere, schernire.

versprechen (versprach, versprochen) *v.tr.* 1 promettere *(anche fig.)* 2 **sich** *(dat.)* –, aspettarsi.
Versprechen (-s,-) *s.n.* promessa.
verspüren *v.tr.* sentire, provare.
Verstand (-es/.) *s.m.* intelletto, ragione; mente.
verständig *agg.* 1 ragionevole 2 giudizioso.
verständigen *v.tr.* *(über +acc.)* informare (di) ♦ **sich –** *v.pron.* 1 comunicare 2 *(über +acc.)* accordarsi (su).
Verständigung (-,-en) *s.f.* 1 informazione 2 comunicazione 3 accordo.
verständlich *agg.* comprensibile.
verständlicherweise *avv.* comprensibilmente, chiaramente.
Verständnis (-ses/.) *s.n.* 1 comprensione 2 sensibilità.
verstärken *v.tr.* rinforzare; aumentare.
Verstärker (-s,-) *s.m.* amplificatore.
verstauben *v.intr.* impolverarsi.
verstauchen *v.tr.* slogare.
verstauen *v.tr.* sistemare, stipare.
Versteck (-s,-e) *s.n.* nascondiglio.
verstecken *v.tr.* nascondere.
verstehen (verstand, verstanden) *v.tr.* 1 capire; comprendere 2 sapere ♦ **sich –** *v.pron.* 1 capirsi 2 considerarsi 3 intendersi, andare d'accordo.
versteifen *v.tr.* irrigidire ♦ **sich –** *v.pron.* 1 irrigidirsi 2 *(fig.)* *(auf +acc.)* impuntarsi.
Versteigerung (-,-en) *s.f.* asta.
verstellbar *agg.* regolabile.
verstellen *v.tr.* 1 spostare 2 ostacolare, sbarrare 3 alterare ♦ **sich –** *v.pron.* 1 spostarsi 2 fingere, simulare.
versteuern *v.tr.* pagare le imposte per.
verstimmt *agg.* 1 di malumore 2

verstockt

(*stomaco*) imbarazzato 3 (*mus.*) scordato.

verstockt *agg.* ostinato.

verstohlen *agg.* furtivo.

verstopfen *v.tr.* 1 intasare 2 congestionare 3 (*med.*) costipare ♦ *v.intr.* intasarsi.

verstorben *agg.* defunto.

verstört *agg.* sconvolto.

Verstoß (-e,-stöße) *s.m.* (*gegen*) violazione, infrazione (di).

verstoßen (verstieß, verstoßen) *v.tr.* ripudiare ♦ *v.intr.* (*gegen*) contravvenire (a).

verstreichen (verstrich, verstrichen) *v.intr.*(*di tempo*) passare, trascorrere ♦ *v.tr.* spalmare.

verstreuen *v.tr.* spargere, sparpagliare.

verstümmeln *v.tr.* 1 mutilare 2 (*fig.*) storpiare.

verstummen *v.intr.* ammutolire.

Versuch (-s,-e) *s.m.* 1 tentativo 2 esperimento.

versuchen *v.tr.* 1 tentare 2 assaggiare, provare.

Versuchskaninchen (-s,-) *s.n.* cavia.

Versuchung (-,-en) *s.f.* tentazione.

versunken *agg.* (*in +acc.*) immerso (in); assorto (in).

versüßen *v.tr.* addolcire (*anche fig.*).

vertagen *v.tr.* aggiornare, rinviare.

vertauschen *v.tr.* scambiare; sostituire.

verteidigen *v.tr.* difendere ♦ **sich** — *v.pron.* (*gegen*) difendersi (da).

verteilen *v.tr.* 1 distribuire 2 ripartire, dividere.

verteuern, sich *v.pron.* rincarare.

vertiefen *v.tr.* approfondire (*anche fig.*).

Vertiefung (-,-en) *s.f.* 1 approfondimento (*anche fig.*) 2 avvallamento.

vertikal *agg.* verticale.

vertilgen *v.tr.* 1 (*erbacce, insetti*) sterminare 2 (*fam.*) divorare.

Vertrag (-s,-träge) *s.m.* 1 contratto 2 (*pol.*) trattato.

vertragen (vertrug, vertragen) *v.tr.* sopportare, tollerare.

vertraglich *agg.* contrattuale ♦ *avv.* secondo contratto.

verträglich *agg.* 1 tollerabile 2 (*di cibo*) digeribile.

Vertrauen (-s/.) *s.n.* 1 fiducia 2 fede.

vertrauenswürdig *agg.* degno di fiducia.

vertraulich *agg.* 1 confidenziale, riservato 2 intimo, familiare ♦ *avv.* in confidenza.

verträumt *agg.* 1 trasognato, sognante 2 (*di luogo*) idilliaco.

vertraut *agg.* familiare, intimo.

vertreiben (vertrieb, vertrieben) *v.tr.* 1 scacciare (*anche fig.*) 2 dissipare 3 vendere (all'ingrosso).

vertretbar *agg.* sostenibile.

vertreten (vertrat, vertreten) *v.tr.* 1 fare le veci di 2 rappresentare (*anche comm.*) 3 sostenere, difendere ♦ **sich** (*dat.*) **die Beine —,** sgranchirsi le gambe.

Vertreter (-s,-) *s.m.* 1 sostituto 2 rappresentante 3 sostenitore.

Vertrieb (-es,-e) *s.m.* 1 distribuzione, vendita 2 ufficio vendite.

vertrocknen *v.intr.* seccare; esaurirsi (*anche fig.*).

vertrödeln *v.tr.* (*fam.*) sprecare (di tempo).

vertuschen *v.tr.* nascondere, occultare.

verübeln *v.tr.:* jdm. etwas —, prendersela con qlcu. per qlco.

verüben *v.tr.* compiere, commettere.

verunglücken *v.intr.* 1 infortunarsi,

avere un incidente 2 (*fam.*) riuscire male.
verunstalten *v.tr.* sfigurare, deturpare.
verursachen *v.tr.* causare, provocare.
verurteilen *v.tr.* condannare; disapprovare.
Verurteilung (-,-en) *s.f.* condanna.
vervielfältigen *v.tr.* **1** riprodurre **2** fotocopiare.
vervollkommnen *v.tr.* perfezionare.
vervollständigen *v.tr.* completare.
verwackelt *agg.* (*fam.*) mosso: *ein -es Foto*, una foto mossa.
verwahren *v.tr.* custodire, conservare.
verwahrlost *agg.* in stato di abbandono; trascurato; (*di edificio*) fatiscente.
verwaist *agg.* **1** orfano **2** (*fig.*) abbandonato.
verwalten *v.tr.* **1** amministrare, gestire **2** (*di carica*) ricoprire.
Verwaltung (-,-en) *s.f.* amministrazione; gestione.
verwandeln *v.tr.* trasformare.
verwandt *agg.* imparentato.
Verwandte (-n,-n) *s.m./.f.* parente.
Verwarnung (-,-en) *s.f.* **1** avvertimento **2** ammonizione.
verwechseln *v.tr.* (*mit*) scambiare (per).
verwegen *agg.* **1** temerario **2** ardito.
verwehren *v.tr.* impedire, vietare.
verweichlicht *agg.* rammollito.
verweigern *v.tr.* negare; rifiutare.
verweilen *v.intr.* **1** trattenersi **2** (*fig.*) (*bei*) soffermarsi (su).
Verweis (-es,-e) *s.m.* **1** richiamo, rimprovero **2** (*auf+acc.*) rimando (a).
verweisen *v.tr.* (verwies, verwiesen) **1** rimandare, indicare **2** (*sport*) espellere.

verwelken *v.intr.* appassire.
verwendbar *agg.* utilizzabile.
verwenden (*anche:* verwandte, verwandt) *v.tr.* usare, utilizzare.
Verwendung (-,-en) *s.f.* uso; impiego; applicazione.
verwerflich *agg.* deplorevole; riprovevole.
verwerten *v.tr.* **1** utilizzare **2** riciclare, recuperare.
verwesen *v.intr.* decomporsi.
verwickeln *v.tr.* **1** aggrovigliare **2** (*fig.*) coinvolgere ♦ **sich** – *v.pron.* (*in +acc.*) impigliarsi (in).
verwildern *v.intr.* inselvatichirsi.
verwirklichen *v.tr.* realizzare, attuare.
Verwirklichung (-,-en) *s.f.* realizzazione.
verwirren *v.tr.* **1** scompigliare **2** (*fig.*) confondere.
Verwirrung (-,-en) *s.f.* **1** scompiglio **2** confusione.
verwitwet *agg.* vedovo.
verwöhnen *v.tr.* viziare.
verworfen *agg.* abietto, ignobile.
verworren *agg.* confuso; intricato.
verwundbar *agg.* vulnerabile.
verwunden *v.tr.* ferire (*anche fig.*)
verwunderlich *agg.* sorprendente.
verwundern *v.tr.* meravigliare, stupire.
Verwundete (-n,-n) *s.m./.f.* ferito/a.
verwunschen *agg.* incantato, fatato.
verwünschen *v.tr.* maledire.
verwüsten *v.tr.* devastare, distruggere.
verzagen *v.intr.* perdersi d'animo, scoraggiarsi.
verzählen, sich *v.pron.* sbagliarsi nel contare.
verzaubern *v.tr.* **1** incantare **2** (*in +acc.*) trasformare (in).
verzehren *v.tr.* consumare (*anche fig.*).

verzeichnen v.tr. 1 registrare 2 constatare.

Verzeichnis (-ses,-se) s.n. elenco, lista; indice.

verzeihen (verzieh, verziehen) v.tr. perdonare; scusare.

Verzeihung (-/.) s.f. 1 perdono 2 –a!, scusa, scusi!

Verzicht (-es,-e) s.m. rinuncia.

verzichten v.intr. 1 (auf +acc.) rinunciare (a) 2 desistere (da).

verziehen (verzog, verzogen) v.tr. 1 deformare 2 (di bambino) viziare 3 (tecn.) svergolare ♦ v.intr. (in +acc./nach) trasferirsi (a, in) ♦ **sich – v.pron.** 1 storcersi 2 deformarsi 3 (fam.) smammare.

verzieren v.tr. decorare, guarnire.

verzögern v.tr. ritardare ♦ **sich – v.pron.** andare per le lunghe.

Verzögerung (-,-en) s.f. rallentamento, ritardo.

verzückt agg. estasiato.

verzweifeln v.intr. 1 disperarsi 2 (an +dat.) disperare (di).

Verzweiflung (-/.) s.f. disperazione.

verzweigen, sich v.pron. ramificarsi, diramarsi.

verzwickt agg. ingarbugliato.

Vesper (-,-n) s.f. 1 vespro 2 (austr.) merenda, spuntino.

Vetter (-s,-n) s.m. cugino.

Vieh (-s/.) s.n. bestiame.

viehisch agg. bestiale; brutale.

viel agg. molto, numeroso ♦ pron.indef. molto, molti, molte cose ♦ avv. 1 molto, tanto 2 spesso.

vielerlei agg.inv. svariato ♦ pron. indef.inv. molte cose.

vielfach agg. 1 multiplo 2 molteplice; multi..., pluri...

vielfältig agg. molteplice; vario.

vielleicht avv. 1 forse 2 circa, all'incirca.

vielmehr avv. anzi, meglio, piuttosto.

vielsagend agg. eloquente.

vielseitig agg. 1 versatile 2 svariato 3 di più persone: auf -en Wunsch, a grande richiesta ♦ avv. in vario modo.

viereckig agg. quadrangolare.

vierfach agg. quadruplo.

Viertel (-s,-) s.n. 1 quarto, quarta parte 2 quartiere.

violett agg. viola, violetto.

Violine (-,-n) s.f. violino.

Visier (-s,-e) s.n. 1 visiera 2 mira: jdn. ins – nehmen, (fig.) prendere di mira qlcu.

Visite (-,-n) s.f. visita medica.

Visitenkarte (-,-n) s.f. biglietto da visita.

Visum (-s, Visa) s.n. visto.

vital agg. vitale.

Vitamin (-s,-e) s.n. vitamina.

Vogel (-s, Vögel) s.m. 1 uccello 2 (fam.) individuo, tipo.

Vogelscheuche (-,-n) s.f. spaventapasseri (anche fig.).

Volk (-es, Völker) s.n. 1 popolo 2 popolazione.

Völkermord (-es,-e) s.m. genocidio.

Völkerrecht (-es/.) s.n. diritto internazionale.

Volksabstimmung (-,-en) s.f. referendum.

Volkshochschule (-,-n) s.f. università popolare.

Volkslied (-es,-er) s.n. canzone popolare.

Volksschule (-,-n) s.f. (austr.) scuola elementare.

volkstümlich agg. popolare.

voll *agg.* 1 pieno, colmo 2 pieno, rotondo 3 *(fig.)* intenso 4 – *sein*, *(fam.)* essere ciucco ♦ *avv.* pienamente; intensamente.

vollauf *avv.* pienamente; del tutto.

vollbringen (vollbrachte, vollbracht) *v.tr.* compiere.

vollenden *v.tr.* terminare, portare a conclusione.

Vollendung (-,-en) *s.f.* 1 compimento 2 perfezionamento; coronamento.

voller *agg.inv.* (+gen.) pieno (di).

vollführen *v.tr.* eseguire; compiere.

Vollgas (-es/.) *s.n.: mit –*, a tutto gas.

völlig *agg.* completo, totale ♦ *avv.* completamente.

volljährig *agg.* maggiorenne.

vollkommen *agg.* perfetto ♦ *avv.* perfettamente; completamente.

Vollkornbrot (-es,-e) *s.n.* pane/panino integrale.

Vollmacht (-,-en) *s.f.* procura/delega.

Vollmilch (-/.) *s.f.* latte intero.

Vollmond (-es/.) *s.m.* luna piena.

Vollpension (-,-en) *s.f.* pensione completa.

vollschlank *agg.* rotondetto, pienotto.

vollständig *agg.* completo; integrale ♦ *avv.*completamente; al completo.

vollstrecken *v.tr. (dir.)* rendere esecutivo.

voll·tanken *v.tr.* fare il pieno (di benzina).

vollzählig *agg. e avv.* al completo.

vollziehen (vollzog, vollzogen) *v.tr.* effettuare ♦ *sich – v.pron.* avere luogo, compiersi.

von *prep.* (+*dat.*) 1 *(luogo)* da 2 *(tempo)* da 3 *(causa)* di, da 4 *(qualità)* di 5 *(agente)* da 6 *(con misura)* di 7 *(partitivo)* di 8 *(correlato a "aus")*: – *mir aus*, per me; – *hier aus*, da qui.

vor *prep.* (+*dat.*/*acc.*) 1 *(stato in luogo)* (+*dat.*) davanti a 2 *(moto a luogo)* (+*acc.*) davanti a 3 *(tempo)* (+*dat.*) prima di, ...fa 4 *(causa involontaria)* (+*dat.*) per, da, di ♦ *avv.* in avanti.

Vorabend (-s,-e) *s.m.* vigilia.

voran *avv.* 1 in testa 2 avanti.

voran·gehen (ging voran, vorangegangen) *v.intr.* 1 andare avanti 2 precedere.

vorankommen (kam voran, vorangekommen) *v.intr.* procedere, avanzare.

Voranschlag (-es,-schläge) *s.m.* preventivo.

Vorarbeiter (-s,-) *s.m.* caposquadra.

voraus *avv.* 1 *(luogo)* davanti, in testa 2 *(tempo)* prima ♦ elemento mobile di verbi separabili.

voraus·gehen (ging voraus, vorausgegangen) *v.intr.* precedere.

vorausgesetzt *agg.* presupposto.

Voraussage (-,-n) *s.f.* previsione, pronostico.

voraus·sagen *v.tr.* predire, pronosticare.

voraus·sehen (sah voraus, vorausgesehen) *v.tr.* prevedere.

voraus·setzen *v.tr.* presupporre.

Voraussetzung (-,-en) *s.f.* premessa, presupposto

Voraussicht (-/.) *s.f.* previsione.

voraussichtlich *agg.* prevedibile, probabile.

Vorauszahlung (-,-en) *s.f.* pagamento anticipato.

Vorbehalt (-es,-e) *s.m.* riserva: *ohne –*, senza riserve.

vorbehaltlich *prep.* (+*gen.*) con riserva

vorbei di, salvo.

vorbei *avv.* 1 (*luogo*) davanti 2 (*tempo*) passato, finito ♦ elemento mobile di verbi separabili.

vorbei-gehen (ging vorbei, vorbeigegangen) *v.intr.* 1 passare 2 (*an* +*dat.*) passare davanti a.

vor-bereiten *v.tr.* preparare.

Vorbereitung (-,-en) *s.f.* preparativo, preparazione.

vor-bestellen *v.tr.* (far) prenotare, (far) riservare.

Vorbestellung (-,-en) *s.f.* prenotazione.

vorbestraft *agg.* (*dir.*) pregiudicato.

vor-beugen *v.intr.* (+*dat.*) prevenire ♦ **sich** – *v.pron.* chinarsi in avanti.

Vorbeugung (-/-) *s.f.* prevenzione.

Vorbild (-es,-er) *s.n.* modello, esempio.

vorbildlich *agg.* esemplare.

vor-bringen (brachte vor, vorgebracht) *v.tr.* formulare, esprimere.

vorder... *agg.* anteriore.

Vordergrund (-es,-gründe) *s.m.* primo piano (*anche fig.*).

Vorderrad (-es,-räder) *s.n.* (*auto*) ruota anteriore.

Vorderteil (-s,-e) *s.n.* parte anteriore.

vor-drängen, **sich** *v.pron.* farsi largo.

vordringlich *agg.* impellente, urgente ♦ *avv.* con la massima urgenza.

voreilig *agg.* precipitoso, avventato.

voreinander *avv.* uno davanti all'altro.

voreingenommen *agg.* prevenuto.

vor-enthalten (enthielt vor, vorenthalten) *v.tr.* negare; non fornire.

vorerst *avv.* per ora, per il momento.

Vorfahr (-en,-en) *s.m.* antenato.

Vorfahrt (-,-en) *s.f.* precedenza.

Vorfall (-s,-fälle) *s.m.* 1 avvenimento, fatto 2 (*med.*) prolasso.

vor-fallen (fiel vor, vorgefallen) *v.intr.* 1 accadere, succedere 2 cadere in avanti.

vor-finden (fand vor, vorgefunden) *v.tr.* trovare, incontrare.

Vorfreude (-,-n) *s.f.* (*auf* +*acc.*) gioia dell'attesa (di).

vor-führen *v.tr.* 1 presentare 2 (*film*) proiettare.

Vorgang (-s,-gänge) *s.m.* 1 avvenimento, evento 2 processo 3 pratica.

Vorgänger (-s,-) *s.m.* predecessore.

vor-geben (gab vor, vorgegeben) *v.tr.* 1 far finta, fingere 2 indicare, predisporre.

Vorgefühl (-s,-e) *s.n.* presentimento.

vor-gehen (ging vor, vorgegangen) *v.intr.* 1 procedere, agire 2 (*fam.*) andare avanti 3 (+*dat.*) venire prima di.

Vorgeschichte (-,-n) *s.f.* 1 preistoria 2 (*fig.*) antefatto.

vorgesehen *agg.* previsto.

Vorgesetzte (-n,-n) *s.m./f.* superiore.

vorgestern *avv.* l'altro ieri.

vor-haben (hatte vor, vorgehabt) *v.tr.* avere intenzione di.

Vorhaben (-s,-) *s.n.* proposito, progetto, piano.

vor-halten (hielt vor, vorgehalten) *v.tr.* (*fig.*) rinfacciare ♦ *v.intr.* (*fam.*) bastare; durare.

Vorhaltungen *s.pl.* rimproveri, rimostranze.

vorhanden *agg.* 1 presente, esistente 2 disponibile.

Vorhang (-s,-hänge) *s.m.* 1 tenda 2 (*teatr.*) sipario.

Vorhängeschloß (-schlosses, schlösser) *s.n.* lucchetto.

vorher *avv.* 1 prima, in precedenza 2 in anticipo ♦ elemento mobile di verbi

separabili.
vorhergehend *agg.* precedente ♦ *avv.* in precedenza.
Vorherrschaft (-/.) *s.f.* predominio; supremazia.
vor·herrschen *v.intr.* (*über +acc.*) predominare (su).
Vorhersage (-,-n) *s.f.* 1 pronostico 2 previsione.
vorher·sagen *v.tr.* predire; pronosticare.
vorher·sehen (sah vorher, vorhergesehen) *v.tr.* prevedere.
vorhin *avv.* poco fa, or ora, appena.
vorhinein *avv.: im –*, in anticipo.
vorig *agg.* scorso, precedente.
Vorkehrungen *s.pl.* misure preventive, precauzioni.
vor·kommen (kam vor, vorgekommen) *v.intr.* 1 accadere, succedere 2 comparire 3 (*+dat.*) sembrare, apparire.
Vorkommnis (-ses,-se) *s.n.* avvenimento; episodio.
Vorkriegszeit (-,-en) *s.f.* anteguerra.
Vorlage (-,-n) *s.f.* 1 presentazione 2 progetto; disegno (*di legge*) 3 (*sport*) passaggio.
vor·lassen (ließ vor, vorgelassen) *v.tr.* dare la precedenza.
vorläufig *agg.* provvisorio ♦ *avv.* per il momento, provvisoriamente.
vor·lesen (las vor, vorgelesen) *v.tr.* e *intr.* leggere ad alta voce (*per qlcu.*).
Vorlesung (-,-en) *s.f.* (*università*) lezione.
Vorliebe (-/.) *s.f.* predilezione.
vor·liegen (lag vor, vorgelegen) *v.intr.* 1 esserci; essere disponibile 2 (*di pratiche*) essere pervenuto.
vorliegend *agg.* presente; in questione.
vor·machen *v.tr.* 1 far vedere a 2 (*fam.*) dare a intendere.
vormittag(s) *avv.* di mattina, al mattino.
vorn *avv.* davanti, nella parte anteriore.
Vorname (-ns,-n) *s.m.* nome di battesimo.
vornehm *agg.* 1 elegante, distinto 2 nobile.
vor·nehmen, sich (nahm vor, vorgenommen) *v.pron.* (*+dat.*) programmare.
vornehmlich *agg.* specialmente, soprattutto.
Vorort (-s,-e) *s.m.* sobborgo.
Vorrang (-es/.) *s.m.* 1 priorità 2 (*vor*) precedenza (su).
vorrangig *agg.* prioritario ♦ *avv.* in primo luogo.
Vorrat (-s,-räte) *s.m.* provvista, scorte.
vorrätig *agg.* disponibile; in magazzino.
Vorrecht (-es,-e) *s.n.* privilegio.
Vorrichtung (-,-en) *s.f.* dispositivo, meccanismo.
vor·rücken *v.tr.* spostare in avanti.
Vorsaison (-,-en) *s.f.* periodo che precede l'alta stagione; bassa stagione.
Vorsatz (-es, sätze) *s.m.* proposito, intenzione.
Vorschau (-,-en) *s.f.* 1 anticipazione; (*tv, radio*) sommario dei programmi 2 (*film*) prossimamente.
vor·schießen (schoß vor, vorgeschossen) *v.tr.* (*fam.*) (*+dat.*) anticipare soldi (a).
Vorschlag (-s,-schläge) *s.m.* proposta, suggerimento.
vor·schlagen (schlug vor, vorgeschlagen) *v.tr.* (*für*) proporre (per); (*als*) suggerire (come).
vorschnell *agg.* precipitoso.

vor·schreiben (schrieb vor, vorgeschrieben) *v.tr.* **1** imporre, stabilire **2** prescrivere, ordinare.
Vorschrift (-,-en) *s.f.* **1** disposizione, norma **2** (*med.*) prescrizione.
Vorschuß (-schusses,-schüsse) *s.m.* anticipo.
vor·schweben *v.intr.* avere in mente.
vor·sehen (sah vor, vorgesehen) *v.tr.* **1** prevedere **2** designare ♦ **sich –** *v.pron.* (*vor* +*dat.*) guardarsi (da).
vor·setzen *v.tr.* **1** mettere davanti (*anche fig.*) **2** servire, offrire.
Vorsicht (-/) *s.f.* **1** prudenza, precauzione **2** (*esclamazione*) attenzione!
vorsichtig *agg.* prudente; cauto.
Vorsitz (-es,-e) *s.m.* presidenza.
Vorsitzende (-n,-n) *s.m./f.* presidente.
Vorsorge (-/.) *s.f.* **1** precauzione **2** (*med.*) prevenzione.
vor·sorgen *v.intr.* (*für*) provvedere (a).
vorsorglich *agg.* precauzionale ♦ *avv.* per precauzione.
Vorspeise (-,-n) *s.f.* antipasto.
Vorspiel (-,-e) *s.n.* **1** (*mus.*) preludio **2** (*teatr.*) prologo.
vor·sprechen (sprach vor, vorgesprochen) *v.intr.* (*bei*) recarsi (da).
Vorsprung (-s,-sprünge) *s.m.* **1** sporgenza **2** (*von*) vantaggio (di) **3** superiorità.
Vorstadt (-,-städte) *s.f.* sobborgo.
vor·stehen (stand vor, vorgestanden) *v.intr.* **1** sporgere **2** (+*dat.*) dirigere.
vorstellbar *agg.* immaginabile.
Vorstellung (-,-en) *s.f.* **1** presentazione **2** idea, concetto **3** rappresentazione.
vor·täuschen *v.tr.* simulare, fingere.
Vorteil (-s,-e) *s.m.* vantaggio.
vorteilhaft *agg.* vantaggioso.

Vortrag (-s,-träge) *s.m.* **1** conferenza **2** (*comm.*) riporto **3** (*mus.*) esecuzione; (*versi*) recita.
vor·tragen (trug vor, vorgetragen) *v.tr.* **1** esporre, riferire **2** (*mus.*) eseguire **3** (*versi*) declamare.
vortrefflich *agg.* eccellente ♦ *avv.* in modo superbo.
vor·treten (trat vor, vorgetreten) *v.intr.* avanzare; farsi avanti.
vorüber *avv.* **1** (*di luogo*) davanti **2** (*di tempo*) passato, finito.
vorüber·gehen (ging vorüber, vorübergegangen) *v.intr.* **1** passare davanti a **2** passare, finire.
vorübergehend *agg.* temporaneo; provvisorio.
Vorurteil (-s,-e) *s.n.* pregiudizio.
vor·wählen *v.tr.* (*telefono*) fare il prefisso.
Vorwand (-es,-wände) *s.m.* pretesto, scusa.
vorwärts *avv.* avanti ♦ elemento mobile di verbi separabili.
vorweg *avv.* **1** dapprima, prima **2** in testa ♦ elemento mobile di verbi separabili.
vorweg·nehmen (nahm vorweg, vorweggenommen) *v.tr.* anticipare; precorrere.
vor·weisen (wies vor, vorgewiesen) *v.tr.* **1** esibire **2** possedere (conoscenze, esperienza).
vor·werfen (warf vor, vorgeworfen) *v.tr.* rimproverare.
vorwiegend *avv.* prevalentemente.
Vorwort (-es,-e) *s.n.* premessa, prefazione; introduzione.
Vorwurf (-s,-würfe) *s.m.* rimprovero, appunto; accusa.
vorzeitig *agg.* anticipato.

vor·ziehen (zog vor, vorgezogen) *v.tr.* **1** preferire **2** anticipare.
Vorzug (-s,-züge) *s.m.* **1** preferenza **2** precedenza **3** vantaggio.
vorzüglich *agg.* squisito; eccellente.
vulgär *agg.* volgare; ordinario.
Vulkan (-s,-e) *s.m.* vulcano (*anche fig.*).

W

Waage (-,-n) *s.f.* **1** bilancia **2** (*astrologia*) Bilancia.
waagrecht *agg.* orizzontale ♦ *avv.* orizzontalmente.
Wabe (-,-n) *s.f.* favo.
wach *agg.* **1** sveglio **2** vivace, vispo **3** vigile, attento.
Wache (-,-n) *s.f.* **1** servizio di guardia **2** sentinella **3** posto di guardia.
wachen *v.intr.* **1** vegliare **2** (*über +acc.*) vigilare, sorvegliare.
Wacholder (-s,-) *s.m.* (*bot.*) ginepro.
Wachs (-es,-e) *s.n.* cera.
wachsam *agg.* vigile, attento ♦ *avv.* attentamente.
wachsen (wuchs, gewachsen) *v.intr.* **1** crescere **2** estendersi **3** intensificarsi; aumentare.
Wachstum (-s/.) *s.n.* crescita; sviluppo (*anche fig.*).
Wachtel (-,-n) *s.f.* quaglia.
Wächter (-s,-) *s.m.* **1** guardiano **2** custode.
wackeln *v.tr.* traballare; tremare.
Wade (-,-n) *s.f.* (*anat.*) polpaccio.
Waffe (-,-n) *s.f.* arma (*anche fig.*).
wagen *v.tr.* **1** rischiare **2** osare ♦ *sich – v.pron.* avventurarsi.
Wagen (-s,-) *s.m.* **1** macchina **2** furgone **3** vagone, carrozza **4** carrello **5** *Großer –*, Orsa maggiore; *Kleiner –*, Orsa minore.
Waggon (-s,-s) *s.m.* vagone.
waghalsig *agg.* **1** temerario **2** rischioso ♦ *avv.* da spericolato.
Wagnis (-ses,-se) *s.n.* impresa rischiosa.
Wahl (-,-en) *s.f.* **1** (*sing.*) scelta **2** elezione, votazione.
wahlberechtigt *agg.* avente diritto al voto.
wählen *v.tr.* **1** scegliere; selezionare **2** votare ♦ *v.intr.* **1** scegliere **2** votare.
Wähler (-s,-) *s.m.* elettore.
Wahn (-s/.) *s.m.* **1** illusione, chimera **2** (*med.*) mania.
Wahnsinn (-s/.) *s.m.* **1** pazzia, follia **2** (*esclamazione*) –!, (*fam.*) assurdo!, stupendo!
wahnsinnig *agg.* **1** pazzo, folle **2** insensato **3** (*fam.*) fortissimo ♦ *avv.* (*fam.*) terribilmente.
wahr *agg.* vero; autentico.
wahren *v.tr.* **1** tutelare, difendere **2** mantenere, serbare.
währen *v.intr.* durare, perdurare.
während *prep.* (+*gen.*) durante ♦ *cong.* mentre.
währenddessen *avv.* nel frattempo.
wahrhaft *avv.* veramente, davvero.
Wahrheit (-,-en) *s.f.* verità.
wahr·nehmen (nahm wahr, wahrgenommen) *v.tr.* **1** percepire **2** (*fig.*) approfittare di **3** espletare **4** tutelare (interessi).
Wahrsager (-s,-) *s.m.* indovino.
wahrscheinlich *agg.* verosimile, probabile ♦ *avv.* probabilmente.
Währung (-,-en) *s.f.* valuta; divisa.
Wahrzeichen (-s,-) *s.n.* simbolo; em-

blema.
Waise (-,-n) *s.f.* orfano/a.
Wal (-s,-e) *s.m.* balena.
Wald (-es, Wälder) *s.m.* bosco, foresta, selva.
Wallfahrt (-,-en) *s.f.* pellegrinaggio.
Wallfahrtskriche (-,-n) *s.f.* santuario.
Walnuß (-,-nüsse) *s.f.* noce.
walten *v.intr.* regnare, dominare, prevalere.
walzen *v.tr.* 1 laminare 2 rullare.
wälzen *v.tr.* 1 rotolare 2 (*fig.*) studiare a fondo.
Wälzer (-s,-) *s.m.* librone, mattone.
Wand (-, Wände) *s.f.* parete; muro.
Wandel (-s/.) *s.m.* mutamento, cambiamento.
wandeln *v.tr.* mutare, cambiare ♦ *v.intr.* passeggiare.
Wanderer (-s,-) *s.m.* 1 escursionista 2 viandante.
wandern *v.intr.* 1 camminare, fare un'escursione 2 girare, girovagare 3 (*popoli, animali*) migrare 4 (*di pensieri*) vagare.
Wanderung (-,-en) *s.f.* 1 escursione 2 migrazione.
Wandlung (-,-en) *s.f.* 1 mutamento 2 (*rel.*) transustanziazione.
Wandteppich (-s,-e) *s.m.* arazzo.
Wanduhr (-,-en) *s.f.* orologio da parete.
Wange (-,-n) *s.f.* guancia.
wankelmütig *agg.* volubile, incostante.
wanken *v.intr.* 1 vacillare 2 (*fig.*) titubare.
wann *avv.* quando.
Wanne (-,-n) *s.f.* vasca.
Wanze (-,-n) *s.f.* cimice (*anche fig.*).
Wappen (-s,-) *s.n.* stemma.
Ware (-,-n) *s.f.* merce; articolo.

Warenhaus (-es,-häuser) *s.n.* emporio.
warm *agg.* caldo.
Wärme (-,/.) *s.f.* calore; caldo.
wärmen *v.tr.* e *intr.* scaldare.
Wärmflasche (-,-n) *s.f.* borsa dell'acqua calda.
Warmhaltekanne (-,-n) *s.f.* thermos.
Warmwasserbereiter (-s,-) *s.m.* boiler, scaldabagno.
Warnblinkanlage (-,-n) *s.f.* (*auto*) luci di emergenza.
Warnsignal (-s,-e) *s.n.* segnale di pericolo.
warnen *v.tr.* mettere in guardia.
Warnung (-,-en) *s.f.* avviso, avvertimento.
Warte (-,-n) *s.f.* 1 osservatorio 2 punto di vista: *von meiner – aus gesehen*, dal mio punto di vista.
warten *v.intr.* (*auf +acc.*) aspettare, attendere ♦ *v.tr.* (*tecn.*) revisionare, controllare.
Wärter (-s,-) *s.m.* guardiano, custode.
Wartesaal (-s,-säle) *s.m.* sala d'aspetto.
warum *avv.* perché, per quale motivo.
Warze (-,-n) *s.f.* verruca.
was *pron.inter.n.* 1 che, che cosa 2 quanto 3 (*per esprimere sorpresa*) come – *für ein?*, quale, che genere di? ♦ *pron.rel.* 1 ciò che 2 quanto più 3 – *auch immer*, qualunque cosa ♦ *pron. indef.* qualcosa.
waschbar *agg.* lavabile.
Waschbecken (-s,-) *s.n.* lavandino.
Wäsche (-,-n) *s.f.* 1 lavaggio 2 bucato 3 *abbr.di → Unterwäsche.*
waschecht *agg.* 1 resistente al lavaggio 2 (*fig.*) autentico.
Wäscheklammer (-,-n) *s.f.* molletta (da bucato).
waschen (wusch, gewaschen) *v.tr.* la-

vare ♦ sich – *v.pron.* lavarsi.
Wäscherei (-,-en) *s.f.* lavanderia, tintoria.
Waschmaschine (-,-n) *s.f.* lavatrice.
Waschmittel (-s,-) *s.n.* detersivo.
Wasser (-s, Wässer) *s.n.* 1 acqua 2 liquido.
wasserdicht *agg.* impermeabile.
wasserdurchlässig *agg.* permeabile.
Wasserfall (-s,-fälle) *s.m.* cascata.
Wassermann (-s,-männer) *s.m.* (*astrologia*) Acquario.
Wassermelone (-,-n) *s.f.* anguria.
wasserscheu *agg.* che ha paura dell'acqua.
Wasserski (-s,-er) *s.m.* sci d'acqua ♦ *s.n.* (*sing.*) (*sport*) sci nautico.
Wasserspülung (-,-en) *s.f.* sciacquone.
Wasserzeichen (-s,-) *s.n.* filigrana.
waten *v.intr.* guadare.
Watte (-,-n) *s.f.* ovatta, cotone.
weben (wob, gewoben) *v.tr.* tessere.
Weberei (-,-en) *s.f.* stabilimento tessile.
Webstuhl (-es,-stühle) *s.m.* telaio.
Wechsel (-s,-) *s.m.* 1 cambiamento 2 scambio 3 (*banca*) cambio 4 (*comm.*) cambiale, tratta.
Wechselbad (-es,-bäder) *s.n.* doccia scozzese.
Wechselgeld (-es/.) *s.n.* 1 resto 2 moneta, spiccioli.
Wechseljahre *s.pl.* menopausa.
wechseln *v.tr.* 1 cambiare 2 scambiare ♦ *v.intr.* cambiare, mutare.
wecken *v.tr.* 1 svegliare 2 (*fig.*) suscitare.
Wecker (-s,-) *s.m.* sveglia.
Wedel (-s,-) *s.m.* piumino della polvere.
wedeln *v.intr.* 1 scodinzolare 2 (*sci*) fare lo scodinzolo.

weder *cong.*: – ... noch, né ... né.
weg *avv.* via ♦ elemento mobile di verbi separabili.
Weg (-es,-e) *s.m.* 1 sentiero, cammino 2 strada, percorso 3 modo, maniera; metodo: *einen – finden*, trovare una soluzione.
weg-bringen (brachte weg, weggebracht) *v.tr.* portare via.
wegen *prep.* (+*gen.*) a causa di, per.
weg-fahren (fuhr weg, weggefahren) *v.intr.* andare via, partire.
weg-fallen (fiel weg, weggefallen) *v. intr.* essere soppresso; andare in disuso.
weg-gehen (ging weg, weggegangen) *v.intr.* andare via.
weg-lassen (ließ weg, weggelassen) *v.tr.* 1 tralasciare 2 (*qualcuno*) *jdn.* –, lasciar andare qlcu.
weg-machen *v.tr.* togliere via, rimuovere.
weg-nehmen (nahm weg, weggenommen) *v.tr.* 1 togliere 2 sottrarre; sequestrare.
weg-räumen *v.tr.* 1 rimuovere 2 riporre (oggetti).
weg-werfen (warf weg, weggeworfen) *v.tr.* 1 gettare via 2 (*fig.*) sprecare.
weg-ziehen (zog weg, weggezogen) *v.intr.* 1 trasferirsi 2 (*zool.*) migrare.
weh *agg.* dolente, doloroso ♦ *inter.* guai: – *dir!*, guai a te!
wehen *v.intr.* 1 soffiare 2 sventolare.
Wehen *s.pl.* doglie.
wehmütig *agg.* malinconico.
Wehr[1] (-/.) *s.f.* difesa, resistenza: *sich zur – setzen*, opporre resistenza.
Wehr[2] (-s,-) *s.n.* diga, sbarramento.
Wehrdienst (-es/.) *s.m.* servizio militare.
Wehrdienstverweigerer (-s,-) *s.m.*

obiettore di coscienza.
Wehrpflicht (-/.) s.f. obbligo di leva.
Weib (-es,-er) s.n. femmina, donnaccia.
weiblich agg. femminile.
weich agg. 1 morbido, tenero 2 (fig.) tenero, dolce.
weichen (wich, gewichen) v.intr. 1 (von) allontanarsi (da) 2 retrocedere 3 svanire.
Weide[1] (-,-n) s.f. (bot.) salice.
Weide[2] (-,-n) s.f. pascolo.
weiden v.tr. pascolare ♦ sich – v.pron. (an +dat.) provar piacere, deliziarsi (a).
weigern, sich v.pron. rifiutarsi.
Weigerung (-,-en) s.f. rifiuto.
weihen v.tr. 1 consacrare 2 (rel.catt.) ordinare.
Weiher (-s,-) s.m. stagno, laghetto.
Weihnachten senza art. Natale: frohe –, buon Natale.
Weihnachtsbaum (-s,-bäume) s.m. albero di Natale.
Weihnachtsmann (-es,-männer) s.m. babbo Natale.
Weihrauch (-s/.) s.m. incenso.
Weihwasser (-s/.) s.n. acquasanta.
weil cong. perché, poiché.
Weile (-/.) s.f. lasso di tempo.
weilen v.intr. trattenersi, restare.
Weiler (-s,-) s.m. casale; piccolo paese.
Wein (-es,-e) s.m. vino.
Weinbau (-s/.) s.m. viticoltura.
Weinberg (-es,-e) s.m. vigneto, vigna.
Weinbrand (-es,-brände) s.m. acquavite, brandy.
weinen v.intr. e tr. piangere: *es ist zum Weinen*, ci sarebbe da piangere.
Weinkarte (-,-n) s.f. lista dei vini.
Weinlese (-,-n) s.f. vendemmia.
weise agg. saggio, sapiente.
Weise[1] (-n,-n) s.m./f. saggio/a.

Weise[2] (-,-n) s.f. 1 modo, maniera 2 melodia, aria.
weisen (wies, gewiesen) v.tr. 1 mostrare, indicare 2 espellere ♦ v.intr. mostrare, indicare.
Weisheit (-/.) s.f. saggezza.
weis·machen v.tr. (fam.) dare ad intendere.
weiß agg. bianco.
weißen v.tr. imbiancare.
Weißwaren s.pl. biancheria.
Weisung (-,-en) s.f. istruzione, direttiva.
weit agg. 1 (luogo) esteso, vasto 2 (di spazio) lontano, distante 3 largo, ampio ♦ avv. 1 (luogo) lontano, distante 2 completamente 3 (rafforzativo) ampiamente, di gran lunga.
weitab avv. lontano.
weitblickend agg. lungimirante.
Weite (-,-n) s.f. 1 ampiezza, estensione 2 (abbigl.) taglio ampio, ampiezza 3 (sport) distanza, lunghezza 4 (tecn.) ampiezza, regola.
weiter agg. ulteriore ♦ avv. 1 (luogo) più lontano 2 inoltre, oltre, altro ♦ elemento mobile di verbi separabili.
weiter·arbeiten v.intr. continuare a lavorare.
weiter·bilden, sich v.pron. perfezionarsi, aggiornarsi.
weiter·entwickeln v.tr. sviluppare ulteriormente.
weiter·erzählen v.tr. raccontare ad altri.
weiter·fahren (fuhr weiter, weitergefahren) v.intr. 1 proseguire un viaggio 2 ripartire 3 (esclamazione) circolare!, muoversi!
weiter·geben (gab weiter, weitergegeben) v.tr. passare, dare a un altro.

weiterhin *avv.* 1 in seguito, in futuro 2 inoltre.

weiter-leben *v.intr.* continuare a vivere.

weitgehend *agg.* ampio, esteso (*anche fig.*) ◆ *avv.* ampiamente.

weitläufig *agg.* 1 ampio, esteso 2 minuzioso ◆ *avv.* 1 alla lontana 2 in modo dettagliato.

weitsichtig *agg.* 1 (*med.*) presbite 2 (*fig.*) lungimirante.

Weizen (-s/.) *s.m.* frumento, grano.

Weizenmehl (-s/.) *s.n.* farina di frumento.

welcher *agg.interr.* quale, che ◆ *pron.interr.* quale, che ◆ *pron.indef.* un po', alcuni.

welk *agg.* appassito (*anche fig.*).

welken *v.intr.* appassire; sfiorire (*anche fig.*).

Welle (-,-n) *s.f.* onda, ondata (*anche fig.*).

Welpe (-n,-n) *s.m.* (*zool.*) cucciolo (di cane ecc.).

Welt (-,-en) *s.f.* mondo; *alle* –, tutti.

Weltall (-s/.) *s.n.* universo, cosmo.

Weltkugel (-s/.) *s.f.* globo terrestre.

weltlich *agg.* laico, secolare; profano.

Weltmeister (-s,-) *s.m.* campione del mondo.

Weltraum (-s/.) *s.m.* spazio, cosmo.

weltweit *agg.* mondiale; internazionale.

wem *pron.inter. e rel.dat.* a chi.

wen *pron.inter. e rel.acc.* chi.

Wende (-,-n) *s.f.* svolta; cambiamento.

Wendekreis (-es,-e) *s.m.* tropico: *der nördliche –*, tropico del Cancro; *der südliche –*, tropico del Capricorno.

Wendeltreppe (-,-n) *s.f.* scala a chiocciola.

wenden (*anche:* wandte, gewandt) *v.tr.* (*auto*) girare; (*mar.*) virare ◆ sich – *v.pron.* 1 girarsi, voltarsi 2 (*an +acc.*) rivolgersi (a).

Wendepunkt (-es,-e) *s.m.* (*fig.*) svolta.

wendig *agg.* 1 maneggevole 2 versatile, svelto.

wenig *agg.* poco ◆ *pron.indef.* poco ◆ *avv.* poco.

weniger *agg.inv.* meno ◆ *avv.* meno.

wenigstens *avv.* 1 almeno 2 perlomeno.

wenn *cong.* 1 (*tempo*) quando, tutte le volte che 2 (*nelle prop.ipotetiche*) se.

wer *pron.interr.nom.* chi? ◆ *pron.correlativo* colui che, chi ◆ *pron.rel.* chiunque ◆ *pron.indef.* qualcuno.

Werbeanzeige (-,-n) *s.f.* annuncio pubblicitario.

werben (warb, geworben) *v.intr.* 1 (*für*) fare pubblicità (per) 2 (*um*) cercare di ottenere ◆ *v.tr.* 1 attirare (clienti) 2 ingaggiare; reclutare.

Werbeprospekt (-es,-e) *s.m.* opuscolo pubblicitario.

Werbespruch (-s,-sprüche) *s.m.* slogan pubblicitario.

Werbung (-,-en) *s.f.* pubblicità; propaganda.

werden (wurde, geworden) *v.intr.* 1 diventare 2 accadere: *was soll nun –?*, cosa succederà? 3 riuscire ◆ *v.aus.* per le forme del futuro, passivo, condizionale.

werfen (warf, geworfen) *v.tr. e intr.* 1 gettare, tirare 2 (*di animali*) partorire 3 *um sich – mit*, (*fig.*) fare sfoggio di ◆ sich – *v.pron.* gettarsi.

Werft (, en) *s.f.* cantiere navale.

Werk (-s,-e) *s.n.* 1 opera, azione 2 la-

Werkstatt

voro 3 stabilimento, fabbrica 4 congegno, meccanismo.
Werkstatt (-,-stätten) *s.f.* 1 officina 2 laboratorio, bottega.
werktags *avv.* nei giorni feriali.
Werkzeug (-s,-e) *s.n.* 1 utensile, attrezzo 2 (*sing.*) attrezzatura, arnesi 3 (*fig.*) strumento, mezzo.
wert *agg.* 1 del valore di 2 (+*gen.*) degno (di) 2 pregiato; egregio.
Wert (-es,-e) *s.m.* 1 valore 2 (*pl.*) oggetti di valore.
Wertpapier (-s,-e) *s.n.* (*econ.*) titolo.
Wertschätzung (-/-) *s.f.* stima.
Wesen (-s,-) *s.n.* 1 natura, essenza 2 essere vivente; creatura.
wesentlich *agg.* 1 sostanziale 2 notevole ♦ *avv.* molto, notevolmente: *im* -*en*, sostanzialmente.
weshalb *avv.* perché, per quale ragione ♦ *cong.* per cui.
Wespe (-,-n) *s.f.* vespa.
wessen *pron.inter.gen.* di chi?
Weste (-,-n) *s.f.* gilè, panciotto.
Westen (-s/.) *s.m.* ovest, occidente.
westlich *agg.* occidentale ♦ *avv.* a ovest ♦ *prep.* (+*gen.*) a ovest (di).
Wettbewerb (-s,-e) *s.m.* 1 gara; concorso 2 competizione, concorrenza.
Wette (-,-n) *s.f.* scommessa.
wett-eifern *v.intr.* (*mit*) competere (con).
wetten *v.tr. e intr.* scommettere.
Wetter (-s,-) *s.n.* tempo (atmosferico).
Wetterbericht (-es,-e) *s.m.* bollettino meteorologico.
Wettkampf (-s,-kämpfe) *s.m.* competizione, gara.
Wettlauf (-s,-läufe) *s.m.* gara, corsa.
Wettrüsten (-s/.) *s.n.* corsa agli armamenti.

Wichse (-,-n) *s.f.* 1 lucido da scarpe 2 (*fam.*) botte: – *beziehen*, prenderle.
Wicht (-es,-e) *s.m.* 1 gnomo 2 (*fam.*) bambino.
wichtig *agg.* importante; rilevante.
Wichtigkeit (-/.) *s.f.* importanza, rilevanza.
Wickel (-s,-) *s.m.* impacco.
wickeln *v.tr.* 1 avvolgere, incartare 2 cambiare il pannolino (a un bambino).
Wickler (-s,-) *s.m.* bigodino.
Widder (-s,-) *s.m.* 1 (*zool.*) montone 2 (*astrologia*) Ariete.
wider *prep.* (+*acc.*) contro.
widerfahren (widerfuhr, widerfahren) *v.intr.* incorrere, subire.
widerlegen *v.tr.* confutare, controbattere.
widerlich *agg.* disgustoso; schifoso.
widerrechtlich *agg.* illegale, illecito ♦ *avv.* illegalmente; abusivamente.
Widerrede (-,-n) *s.f.* obiezione; replica.
widerrufen (widerrief, widerrufen) *v.tr.* 1 revocare 2 ritrattare.
Widersacher (-s,-) *s.m.* oppositore; avversario.
widersetzen, sich *v.pron.* (+*dat.*) opporsi (a); ribellarsi (a).
widerspenstig *agg.* recalcitrante; ribelle.
widerspiegeln *v.tr.* riflettere, rispecchiare (*anche fig.*).
widersprechen (widersprach, widersprochen) *v.intr.* contraddire.
Widerspruch (-s,-sprüche) *s.m.* 1 contraddizione 2 obiezione; opposizione.
Widerstand (-es,-stände) *s.m.* resistenza.
widerstehen (widerstand, widerstan-

den) *v.intr.* (+*dat.*) **1** resistere (a) **2** disgustare.
widerwärtig *agg.* ripugnante, sgradevole.
Widerwille (-ns/.) *s.m.* **1** avversione **2** ripugnanza, disgusto.
widmen *v.tr.* dedicare ♦ **sich** – *v.pron.* (+*dat.*) dedicarsi (a).
widrig *agg.* **1** avverso, ostile **2** sfavorevole.
wie *avv.* **1** (*modo*) come **2** (*quantità*) quanto: – *alt ist sie?*, quanti anni ha? ♦ *cong.* **1** come, quanto **2** (*subord.*) come **3** (*tempo*) quando.
wieder *avv.* di nuovo, ancora una volta.
wieder-beleben *v.tr.* **1** rianimare (*anche med.*) **2** ristabilire (usi).
Wiedergabe (-,-n) *s.f.* **1** restituzione, resa **2** riproduzione **3** (*mus.*) esecuzione.
wieder-geben (gab wieder, wiedergegeben) *v.tr.* **1** restituire **2** riprodurre **3** interpretare **4** rendere (un testo).
wiederhergestellt *agg.* ristabilito, ripristinato.
wiederholen *v.tr.* ripetere.
Wiederkäuer (-s,-) *s.m.* ruminante.
Wiederkehr (-/.) *s.f.* **1** ritorno **2** ricorrenza.
wieder-kehren *v.intr.* **1** ritornare **2** ripetersi.
wieder-sehen (sah wieder, wiedergesehen) *v.tr.* rivedere.
wiederum *avv.* **1** di nuovo **2** d'altra parte.
Wiege (-,-n) *s.f.* culla.
Wiegemesser (-s,-) *s.n.* mezzaluna.
wiegen[1] (wog, gewogen) *v.tr.* pesare.
wiegen[2] *v.tr.* cullare ♦ **sich** – *v.pron.* **1** (*fig.*) cullarsi **2** dondolarsi.
Wiese (-,-n) *s.f.* prato.

winken

Wiesel (-s,-) *s.n.* (*zool.*) donnola.
wieso *avv.inter.* perché, come mai?
wieviel *avv.interr.* quanto?, quanti?
wieweit *cong.* fin dove, fino a che punto.
wild *agg.* **1** selvaggio, selvatico **2** (*di terreno*) incolto **3** primitivo, incivile **4** (*fig.*) furioso, furente **5** (*fig.*) abusivo, illegale **6** (*fig.*) incontrollato.
Wild (-es/.) *s.n.* selvaggina, cacciagione.
Wildnis (-,-se) *s.f.* luogo selvaggio; territorio alla stato naturale.
Wildschwein (-s,-e) *s.n.* cinghiale.
Wille (-ns/.) *s.m.* volontà, desiderio; intenzione.
willen *prep.* (+*gen.*): *um Himmels –*, per amor del cielo.
willig *agg.* volonteroso, ben disposto.
willkommen *agg.* benvenuto; gradito.
willkürlich *agg.* **1** arbitrario **2** volontario.
wimmeln *v.intr.* brulicare; pullulare (*anche fig.*).
wimmern *v.intr.* piagnucolare, frignare.
Wimper (-,-n) *s.f.* ciglio.
Wind (-es,-e) *s.m.* vento.
Windel (-,-n) *s.f.* pannolino.
winden (wand, gewunden) *v.tr.* **1** intrecciare **2** (*um*) avvolgere (attorno a) ♦ **sich** – *v.pron.* **1** contorcersi **2** serpeggiare **3** (*fam.*) tergiversare.
windig *agg.* **1** ventoso **2** (*fig.*) dubbio; vuoto.
Windjacke (-,-n) *s.f.* giacca a vento.
Windpocken *s.pl.* (*med.*) varicella.
Wink (-es,-e) *s.m.* **1** cenno **2** (*fig.*) suggerimento.
Winkel (-s,-) *s.m.* **1** (*mat.*) angolo **2** (*fig.*) cantuccio, angolino.
winken *v.intr.* **1** salutare con un cenno **2** far cenno ♦ *v.tr.* chiamare con un

winseln *v.intr.* 1 (*di cane*) guaire 2 (*di persona*) frignare.
Winter (-s,-) *s.m.* inverno.
Winterschlaf (-s/.) *s.m.* letargo invernale.
winzig *agg.* minuscolo.
Wipfel (-s,-) *s.m.* cima (di albero).
Wippe (-,-n) *s.f.* altalena a bilico.
wir *pron.pers.pl.* noi.
Wirbel (-s,-) *s.m.* 1 vortice; turbine 2 (*fig.*) scalpore, polverone 3 (*anat.*) vertebra.
wirken *v.intr.* 1 agire, operare 2 (*auf +acc.*) fare effetto (a) 3 sembrare, avere l'aspetto.
wirklich *agg.* reale; effettivo; vero ♦ *avv.* in effetto; davvero.
Wirklichkeit (-/.) *s.f.* realtà.
wirksam *agg.* efficace, attivo.
Wirkung (-,-en) *s.f.* effetto; azione.
wirr *agg.* 1 caotico, confuso 2 (*di capelli*) arruffato.
Wirsing (-s/.) *s.m.* verza.
Wirt (-es,-e) *s.m.* 1 oste 2 affittacamere.
Wirtschaft (-,-en) *s.f.* 1 economia 2 amministrazione; gestione 3 osteria, trattoria 4 (*fam.*) disordine, baraonda.
wirtschaften *v.intr.* 1 amministrare, gestire 2 sfaccendare.
wirtschaftlich *agg.* economico ♦ *avv.* dal punto di vista economico.
Wirtshaus (-es,-häuser) *s.n.* osteria; taverna.
wischen *v.tr.* 1 pulire con un panno 2 asciugare, detergere.
Wischer (-s,-) *s.m.* tergicristallo.
Wischlappen (-s,-) *s.m.* strofinaccio.
wispern *v.tr.* bisbigliare.
wissen (wußte, gewußt) *v.tr.* sapere.

Wissen (-s/.) *s.n.* sapere; conoscenza; cognizioni.
Wissenschaft (-,-en) *s.f.* scienza.
wissenschaftlich *agg.* scientifico.
wissenswert *agg.* interessante, degno di essere conosciuto.
wissentlich *agg.* consapevole; deliberato.
wittern *v.tr.* 1 fiutare 2 subodorare.
Witwe (-,-n) *s.f.* vedova.
Witwer (-s,-) *s.m.* vedovo.
Witz (-es,-e) *s.m.* 1 barzelletta; scherzo 2 spirito.
witzig *agg.* spiritoso; arguto.
wo *avv. interr.* (*stato in luogo*) dove ♦ *pron.rel.* 1 (*luogo*) dove, in cui 2 (*tempo*) in cui ♦ *cong.* visto che, dal momento che.
Woche (-,-n) *s.f.* settimana: *unter der –*, (*fam.*) nei giorni feriali.
Wochenende (-s,-n) *s.n.* fine settimana.
wochenlang *agg.* di settimane ♦ *avv.* per settimane.
wöchentlich *agg.* settimanale ♦ *avv.* ogni settimana.
Wochenzeitung (-,-en) *s.f.* (*giornale*) settimanale.
Wöchnerin (-,-nen) *s.f.* puerpera.
woher *pron./avv. interr.* 1 (*luogo*) da dove, di dove 2 (*provenienza, modo*) dome?, da chi? ♦ *pron.rel.* da dove?, da cui.
wohin *pron.(interr.)* (*moto a luogo*) dove ♦ *pron.rel.* dove, nel luogo in cui.
wohl *avv.* 1 bene 2 circa, all'incirca 3 certamente ♦ *cong.* (*correlato a "aber"*) ma, in compenso.
Wohl (-s/.) *s.n.* 1 bene 2 benessere.
wohlauf *agg.pred.* in buona salute.
Wohlbefinden (-s/.) *s.n.* benessere (fi-

sico).
Wohlbehagen (-s/.) *s.n.* sensazione di benessere.
Wohlfahrt (-/.) *s.f.* assistenza (pubblica).
wohlhabend *agg.* abbiente, benestante.
Wohlklang (-s/.) *s.m.* armonia.
wohlriechend *agg.* profumato, fragrante.
wohlschmeckend *agg.* gustoso.
Wohlstand (-es/.) *s.m.* benessere; agiatezza.
Wohltat (-,-en) *s.f.* 1 opera buona 2 (*fig.*) toccasana.
wohltätig *agg.* caritatevole.
wohltuend *agg.* benefico, piacevole.
wohlwollend *agg.* benevolo.
wohnen *v.intr.* abitare; vivere; alloggiare.
wohnhaft *agg.* (*in* +*dat.*) residente (a).
Wohnhaus (-es,-häuser) *s.n.* palazzo.
wohnlich *agg.* accogliente.
Wohnmobil (-s,-e) *s.n.* camper.
Wohnort (-es,-e) *s.m.* domicilio; residenza.
Wohnsitz (-es,-e) *s.m.* residenza, domicilio: *ohne festen* –, senza fissa dimora.
Wohnung (-,-en) *s.f.* 1 abitazione 2 appartamento.
Wohnviertel (-s,-) *s.n.* quartiere residenziale.
Wohnwagen (-s,-) *s.m.* roulotte, caravan.
Wohnzimmer (-s,-) *s.n.* salotto, soggiorno.
wölben *v.tr.* incurvare ♦ *sich* – *v.pron.* 1 formare un arco 2 incurvarsi.
Wolf (-es, Wölfe) *s.m.* 1 lupo 2 tritacarne.
Wolke (-,-n) *s.f.* nuvola, nube.

Wolkenkratzer (-s,-) *s.m.* grattacielo.
wollen[1] *agg.* di lana.
wollen[2] *v.intr.modale* 1 volere, desiderare 2 voler andare 3 affermare, dire 4 occorrere ♦ *v.tr. e intr.* 1 volere, desiderare 2 esigere, voler avere 3 aver bisogno di 4 *nicht* –, (*fam.*) non funzionare.
Wollfabrik (-,-en) *s.f.* lanificio.
Wollknäuel (-s,-) *s.n.* gomitolo di lana.
Wollust (-/.) *s.f.* voluttà.
Wonne (-,-n) *s.f.* 1 gioia, delizia 2 piacere.
Wort (-es, Wörter/-e) *s.n.* 1 parola 2 vocabolo, termine 3 detto, massima.
Wörterbuch (-s,-bücher) *s.n.* vocabolario; dizionario.
wortgewandt *agg.* eloquente.
wortkarg *agg.* taciturno.
wörtlich *agg.* letterale, testuale ♦ *avv.* letteralmente.
Wortschatz (-es/.) *s.m.* 1 lessico, vocabolario 2 patrimonio lessicale.
Wrack (-s,-s) *s.n.* 1 (*mar.*) relitto 2 (*fig.*) relitto umano.
wringen (wrang, gewrungen) *v.tr.* strizzare.
Wucher (-s/.) *s.m.* usura; strozzinaggio.
Wucherer (-s,-) *s.m.* usuraio.
wuchern *v.intr.* 1 (*di piante*) proliferare 2 (*med.*) espandersi 3 esercitare l'usura.
Wuchs (-es/.) *s.m.* 1 crescita 2 corporatura; statura.
Wucht (-,-en) *s.f.* 1 forza, impeto; violenza 2 quantità.
wuchtig *agg.* 1 imponente, massiccio 2 violento; impetuoso ♦ *avv.* con forza.
wühlen *v.intr.* 1 scavare 2 frugare ♦ *v.tr.* scavare ♦ *sich* – *v.pron.* 1 interrarsi 2 (*durch*) farsi strada (attraverso

Wulst (-, Wülste) *s.f.* **1** rigonfiamento **2** (*med.*) protuberanza **3** (*fam.*) cuscinetto di grasso.

wund *agg.* ferito; irritato.

Wunde (-,-n) *s.f.* ferita; piaga (*anche fig.*).

Wunder (-s,-) *s.n.* **1** miracolo **2** meraviglia.

wunderbar *agg.* **1** miracoloso **2** meraviglioso.

Wunderkind (-es,-er) *s.n.* bambino prodigio.

wunderlich *agg.* strano; bizzarro.

Wundermittel (-s,-) *s.n.* rimedio prodigioso.

wundern *v.tr.* meravigliare, stupire ♦ *sich – v.pron.* **1** (*über* +*acc.*) stupirsi (di) **2** (*svizz.*) chiedersi con stupore.

Wunsch (-es, Wünsche) *s.m.* **1** desiderio **2** augurio.

wünschen *v.tr.* **1** desiderare **2** augurare: *jdm. alles Gute –*, fare gli auguri a qlcu.

wünschenswert *agg.* auspicabile.

Würde (-,-n) *s.f.* **1** dignità, decoro **2** solennità **3** grado, titolo **4** (*pl.*) onori.

würdevoll *agg.* dignitoso.

würdig *agg.* **1** (+*gen.*) degno (di) **2** rispettabile, dignitoso.

würdigen *v.tr.* apprezzare; degnare.

Wurf (-es, Würfe) *s.m.* **1** lancio; tiro **2** (*di animali*) figliata **3** (*fig.*) successo, bel colpo.

Würfel (-s,-) *s.m.* **1** cubo **2** dado | *die – sind gefallen*, il dado è tratto.

würfeln *v.intr.* **1** tirare i dadi **2** giocare ai dadi ♦ *v.tr.* **1** tagliare a dadini **2** ottenere tirando il dado.

Würfelzucker (-s/-) *s.m.* zucchero in zollette.

würgen *v.tr.* strozzare, strangolare ♦ *v.intr.* (*an* +*dat.*) inghiottire a fatica.

Wurm (-es, Würmer) *s.m.* **1** verme **2** (*fig.*) povero diavolo.

wurmig *agg.* bacato.

wurmstichig *agg.* tarlato.

Wurst (-, Würste) *s.f.* salsiccia, salame | *das ist mir wurst*, non mi importa niente.

Wurstwaren *s.pl.* salumi, insaccati.

Würze (-,-n) *s.f.* **1** spezia, aroma **2** (*fig.*) condimento.

Wurzel (-,-n) *s.f.* radice: *-n schlagen*, mettere radici (*anche fig.*).

Wurzelholz (-es,-hölzer) *s.n.* radica.

wurzeln *v.intr.* (*in* +*dat.*) essere radicato (in) (*anche fig.*).

würzen *v.tr.* condire (*anche fig.*).

würzig *agg.* **1** condito, saporito; piccante (*anche fig.*) **2** aromatico.

Würzkräuter *s.pl.* erbe aromatiche.

wüst *agg.* **1** deserto; desolato **2** incolto **3** spaventoso, tremendo **4** disordinato.

Wüste (-,-n) *s.f.* deserto.

Wut (-/.) *s.f.* **1** furia, furore; rabbia **2** smania, passione.

wüten *v.intr.* infuriare, imperversare (*anche fig.*).

wütend *agg.* **1** furente, furioso, furibondo **2** (*fig.*) violento; tremendo.

X

X-Beine *s.pl.* gambe a x.

x-beliebig *agg.* qualsiasi.

x-fach *agg.* molteplice.

x-mal *avv.* molte volte: *zum x-tenmal*, per l'ennesima volta.

X-Strahlen *s.pl.* raggi x.
Xylophon (-s,-e) *s.n.* xilofono.
X-Zeit (-/.) *s.f.* ora X.

Y

Yacht (-,-en) *s.f.* yacht.
Yard (-s,-s) *s.n.* iarda.
Yeti (-s,-s) *s.m.* yeti.
Yoga (-s/.) *s.n.* yoga.
Yoghurt (-s,-e) *s.m./n.* yogurt.
Yuppie (-s,-s) *s.m.* yuppie.

Z

Zacke (-,-n) *s.f.* 1 punta 2 (*di oggetto*) dente.
zackig *agg.* 1 dentellato 2 (*fam.*) energico, risoluto 3 brillante.
zaghaft *agg.* 1 timido 2 esitante.
zäh *agg.* 1 duro: *-es Fleisch*, carne dura 2 tenace 3 denso 4 (*fig.*) ostinato.
Zahl (-,-en) *s.f.* numero.
zahlen *v.tr.* pagare.
zählen *v.tr. e intr.* 1 contare 2 (*zu*) annoverare (tra).
Zähler (-s,-) *s.m.* 1 contatore 2 (*mat.*) numeratore.
Zahlkarte (-,-n) *s.f.* bollettino di versamento.
zahlreich *agg.* numeroso ♦ *avv.* in gran numero.
Zahlung (-,-en) *s.f.* pagamento.
Zahlungsbilanz (-/.) *s.f.* bilancia dei pagamenti.
Zahlungsfrist (-,-en) *s.f.* termine di pagamento.
zahlungsunfähig *agg.* insolvibile, insolvente.
zahm *agg.* 1 docile, mansueto 2 (*fig.*) indulgente.
zähmen *v.tr.* 1 addomesticare 2 (*fig.*) dominare.
Zahn (-es, Zähne) *s.m.* 1 dente 2 (*pl.*) dentellatura.
Zahnarzt (-es,-ärzte) *s.m.* odontoiatra, dentista.
Zahnbürste (-,-n) *s.f.* spazzolino da denti.
zähneknirschend *avv.* digrignando i denti.
Zahnfleisch (-es/.) *s.n.* gengiva | *auf dem – kriechen*, (*fig.*) essere allo stremo delle forze.
Zahnkrone (-,-n) *s.f.* corona (dentaria).
Zahnpasta (-,-pasten) *s.f.* dentifricio.
Zahnradbahn (-,-en) *s.f.* cremagliera.
Zahnspange (-,-n) *s.f.* apparecchio per i denti.
Zahnstein (-s/.) *s.m.* tartaro (dentario).
Zahnstocher (-s,-) *s.m.* stuzzicadenti.
Zander (-s,-) *s.m.* (*zool.*) lucioperca, sandra.
Zange (-,-n) *s.f.* 1 tenaglie, pinze 2 (*zool.*) chela, pinza.
Zank (-s/.) *s.m.* bisticcio, alterco.
zanken, sich *v.pron.* litigare.
Zäpfchen (-s,-) *s.n.* 1 supposta 2 (*anat.*) ugola.
Zapfen (-s,-) *s.m.* 1 (*bot.*) pigna 2 (*tecn.*) perno.
Zapfenstreich (-s,-e) *s.m.* (*militare*) ritirata, silenzio | *gleich ist –*, (*fam.*) fra poco chiudiamo baracca.
Zapfsäule (-,-n) *s.f.* pompa di benzina.
zappelig *agg.* irrequieto, vivace; agitato.

zappeln *v.intr.* dimenarsi, agitarsi | *jdn. - lassen*, (*fam.*) tenere qlcu. sulla corda.

zart *agg.* **1** delicato, tenero **2** gracile, esile **3** tenue, fine ♦ *avv.* con delicatezza.

zärtlich *agg.* affettuoso, tenero ♦ *avv.* con affetto.

Zauber (-s/.) *s.m.* **1** incantesimo, magia **2** fascino, incanto.

Zauberer (-s,-) *s.m.* **1** mago, stregone **2** prestigiatore, illusionista.

zauberhaft *agg.* incantevole, affascinante.

zaubern *v.intr.* fare giochi di prestigio ♦ *v.tr.* far apparire per incantesimo.

zaudern *v.intr.* esitare, tentennare.

Zaum (-es, Zäume) *s.m.* briglia | *jdn. im - halten*, (*fig.*) tenere a freno qlcu.

zäumen *v.tr.* imbrigliare, mettere le briglie a.

Zaun (-es, Zäune) *s.m.* recinto, recinzione; staccionata.

Zaungast (-es,-gäste) *s.m.* spettatore abusivo, portoghese.

z.B. *abbr. di zum Beispiel*, per esempio.

z.d.A. *abbr. di zu den Akten*, da archiviare.

Zebra (-s,-s) *s.n.* (*zool.*) zebra.

Zebrastreifen (-s,-) *s.m.* strisce pedonali.

Zeche (-,-n) *s.f.* **1** conto | *die – bezahlen*, (*fig.*) pagare lo scotto **2** miniera.

zechen *v.intr.* sbevazzare.

Zechpreller (-s,-) *s.m.* cliente che non paga la consumazione.

Zecke (-,-n) *s.f.* (*zool.*) zecca.

Zeder (-,-n) *s.f.* (*bot.*) cedro.

Zehe (-,-n) *s.f.* **1** dito del piede: *große –,* alluce **2** spicchio.

Zehnkampf (-s,-kämpfe) *s.m.* decathlon.

Zehntel (-s,-) *s.n.* decimo; decima parte.

zehren *v.intr.* **1** (*von*) vivere di **2** (*an +dat.*) consumare; privare (di).

Zeichen (-s,-) *s.n.* **1** segno **2** segnale; cenno **3** insegna **4** segno, simbolo.

Zeichentrickfilm (-s,-e) *s.m.* cartoni animati.

zeichnen *v.tr.* **1** disegnare **2** contrassegnare **3** (*fig.*) segnare **4** (*fin.*) sottoscrivere ♦ *v.intr.* disegnare.

Zeichnung (-,-en) *s.f.* **1** disegno **2** (*comm./fin.*) sottoscrizione.

Zeigefinger (-s,-) *s.m.* (dito) indice.

zeigen *v.tr.* **1** mostrare, indicare; far vedere **2** segnare, indicare **3** dare prova di ♦ *v.intr.* (*auf +acc.*) indicare ♦ *sich – v.pron.* **1** farsi vedere **2** dimostrarsi, rivelarsi | *das wird sich –!,* si vedrà!

Zeiger (-s,-) *s.m.* **1** indicatore **2** lancetta (dell'orologio).

Zeile (-,-n) *s.f.* **1** riga **2** fila.

Zeit (-,-en) *s.f.* **1** tempo **2** momento; ora: *hast du die genaue –?,* hai l'ora giusta?

Zeitalter (-s/.) *s.n.* epoca, era.

Zeitaufwand (-es/.) *s.m.* dispendio di tempo.

zeitgemäß *agg.* attuale, moderno.

Zeitgenosse (-n,-n) *s.m.* contemporaneo.

Zeitgeschichte (-/.) *s.f.* storia contemporanea.

zeitig *agg.* **1** primo: *am -en Nachmittag*, nel primo pomeriggio **2** precoce, prematuro ♦ *avv.* presto, per tempo.

zeitlebens *avv.* per tutta la vita.

zeitlich *agg.* **1** temporale, cronologico **2** terreno, caduco ♦ *avv.* per quanto riguarda il tempo/l'orario.

Zertifikat

Zeitpunkt (-es,-e) *s.m.* momento, attimo: *einen – festsetzen*, stabilire data e ora.

Zeitraum (-es,-räume) *s.m.* arco di tempo, periodo.

Zeitschrift (-,-en) *s.f.* rivista, periodico.

Zeitung (-,-en) *s.f.* giornale.

Zeitvertreib (-es,-e) *s.m.* passatempo.

zeitweilig (-s,-e) *agg.* temporaneo, momentaneo ♦ *avv.* temporaneamente.

Zelle (-,-n) *s.f.* 1 cellula 2 cella.

Zelt (-es,-e) *s.n.* tenda | *seine -ebbrechen*, (*fig.*) levare le tende 2 tendone.

zelten *v.intr.* campeggiare.

zementieren *v.tr.* cementare.

zensieren *v.tr.* 1 dare un voto a 2 censurare ♦ *v.intr.* (*scuola*) dare il voto, classificare.

Zentner (-s,-) *s.m.* 1 mezzo quintale 2 (*austr./svizz.*) quintale.

zentral *agg.* centrale ♦ *avv.* in posizione centrale.

zerbrechen (zerbrach, zerbrochen) *v.tr.* rompere ♦ *v.intr.* rompersi; frantumarsi.

zerdrücken *v.tr.* 1 schiacciare, spiaccicare 2 (*fam.*) sgualcire.

Zerfall (-s/.) *s.m.* 1 crollo, rovina (*anche fig.*) 2 decomposizione 3 decadimento 4 (*fig.*) decadenza.

zerfallen (zerfiel, zerfallen) *v.intr.* 1 cadere a pezzi 2 decomporsi 3 dividersi.

zerfetzen *v.tr.* fare a pezzi strappando.

zerfleischen *v.tr.* sbranare, dilaniare.

zergehen (zerging, zergangen) sciogliersi, disfarsi.

zerkleinern *v.tr.* spezzettare; triturare.

zermürben *v.tr.* logorare, snervare.

zerquetschen *v.tr.* schiacciare.

zerreiben (zerrieb, zerrieben) *v.tr.* 1 macinare; grattugiare 2 (*fig.*) logorare, distruggere.

zerreißen (zerriß, zerrissen) *v.tr.* 1 stracciare, fare a pezzi 2 lacerare, strappare 3 sbranare (*anche fig.*) ♦ *sich – v.pron.* (*fig.*) farsi in quattro.

zerren *v.tr.* 1 tirare, trascinare (*anche fig.*) 2 (*med.*) stirare.

zerrinnen (zerrann, zerronnen) 1 (*di neve*) sciogliersi 2 svanire, dileguarsi.

zerrissen *agg.* tormentato, travagliato.

Zerrissenheit (-/.) *s.f.* travaglio interiore.

Zerrung (-,-en) *s.f.* (*med.*) stiramento, strappo.

zerschlagen[1] (zerschlug, zerschlagen) *v.tr.* 1 fracassare 2 annientare 3 mandare a monte ♦ *sich – v.pron.* fallire, andare in fumo.

zerschlagen[2] *agg.* spossato, sfinito.

zerschlissen *agg.* consunto, logoro.

zersetzen *v.tr.* 1 decomporre 2 (*fig.*) minare, sovvertire ♦ *sich – v.pron.* 1 decomporsi 2 (*fig.*) disgregarsi.

zersplittern *v.tr.* 1 frantumare 2 (*fig.*) smembrare ♦ *v.intr.* andare in frantumi.

zerspringen (zersprang, zersprungen) *v.intr.* 1 andare in mille pezzi 2 scoppiare.

zerstören *v.tr.* 1 distruggere 2 (*fig.*) rovinare.

zerstreuen *v.tr.* 1 disperdere, sparpagliare 2 (*fig.*) dissipare, dileguare 3 (*fig.*) distrarre ♦ *sich – v.pron.* 1 disperdersi 2 (*fig.*) distrarsi.

zerstreut *agg.* 1 distratto, sbadato 2 sparpagliato.

Zertifikat (-s,-e) *s.n.* certificato.

zertreten (zertrat, zertreten) *v.tr.* schiacciare con i piedi, pestare.

zerzausen *v.tr.* arruffare; scompigliare.

Zettel (-s,-) *s.m.* **1** biglietto, foglietto **2** volantino.

Zeug (-s/.) *s.n.* **1** roba **2** (*fig.*) stoffa.

Zeuge (-n,-n) *s.m.* testimone; teste.

zeugen¹ *v.tr.* **1** testimoniare **2** (*von*) dar prova (di), dimostrare.

zeugen² *v.tr.* concepire; generare, procreare.

Zeugnis (-ses,-se) *s.n.* **1** (*scuola*) pagella **2** attestato **3** testimonianza; deposizione **4** prova.

Zeugung (-,-en) *s.f.* procreazione, concepimento.

Ziege (-,-n) *s.f.* **1** (*zool.*) capra **2** (*donna*) sciocca, oca.

Ziegel (-s,-) *s.m.* **1** mattone, laterizio **2** tegola.

ziehen (zog, gezogen) *v.tr.* **1** tirare, trainare **2** trarre, ricavare **3** tirare fuori, estrarre **4** attirare **5** (*piante*) coltivare **6** (*abbigl.*) infilarsi ♦ *v.intr.* **1** tirare **2** camminare, passeggiare **3** tirare, andar bene **4** stare in infusione **5** (*gastr.*) bollire a fuoco lento **6** passare, attraversare ♦ *v.impers.*: *es zieht*, c'è corrente.

Ziehung (-,-en) *s.f.* estrazione.

Ziel (-es,-e) *s.n.* **1** destinazione; meta **2** (*sport*) traguardo, arrivo.

zielen *v.intr.* **1** (*auf +acc.*) mirare **2** (*fig.*) mirare (a), puntare (a).

ziemlich *avv.* piuttosto, abbastanza.

Zierde (-,-n) *s.f.* **1** ornamento, decorazione **2** (*fig.*) vanto, onore.

zieren *v.tr.* ornare ♦ *sich – v.pron.* **1** fare complimenti **2** fare il prezioso.

zierlich *agg.* **1** minuto, esile **2** delicato.

Ziffer (-,-n) *s.f.* **1** cifra, numero **2** caporverso, comma.

Zifferblatt (-es,-blätter) *s.n.* quadrante (di orologio).

Zigarette (-,-n) *s.f.* sigaretta.

Zigarre (-,-n) *s.f.* sigaro.

Zigeuner (-s,-) *s.m.* zingaro, nomade.

Zimmer (-s,-) *s.n.* camera, stanza.

Zimmerlautstärke (-/.) *s.f.* (*di radio, tv*) volume accettabile.

Zimmermädchen (-s,-) *s.n.* cameriera al piano.

Zimmermann (-s,-leute) *s.m.* carpentiere.

zimperlich *agg.* **1** ipersensibile **2** castigato **3** schifiltoso.

Zimperliese (-/,-to) *s.f.* smorfiosetta.

Zimt (-es/.) *s.m.* cannella.

Zins (-es/,-en/-e) *s.m.* **1** (*econ.*) (*pl.*-en) interessi **2** (*pl.*-e) affitto, pigione.

Zinseszins (-es,-en) *s.m.* interesse composto.

Zipfel (-s,-) *s.m.* punta, estremità; (*di vestito*) lembo.

zirka *avv.* circa, all'incirca.

Zirkel (-s,-) *s.m.* **1** compasso **2** circolo, club.

Zirkus (-,-se) *s.m.* **1** circo **2** (*fam.*) confusione, storie.

zischen *v.intr.* **1** sibilare **2** sfrigolare **3** (*fam.*) sfrecciare.

Zitat (-s,-e) *s.n.* (*aus*) citazione (da).

zitieren *v.tr.* citare.

Zitronat (-s,-e) *s.n.* cedro candito.

Zitrone (-,-n) *s.f.* limone.

Zitronenlimonade (-,-n) *s.f.* limonata.

zittern *v.intr.* tremare.

zivil *agg.* **1** civile; borghese **2** ragionevole, giusto.

Zivil (-s/.) *s.n.* abito civile: *in –*, in borghese.

zivilisieren v.tr. civilizzare.
Zivilist (-en,-en) s.m. civile.
Zobel (-s,-) s.m. 1 (zool.) zibellino 2 pelliccia di zibellino.
zögern v.intr. indugiare; esitare, titubare.
Zoll¹ (-s, Zölle) s.m. 1 dazio 2 dogana.
Zoll² (-s) s.m. (misura) pollice.
zollen v.tr. tributare, accordare: *jdm. Beifall* –, applaudire qlcu.
zollfrei agg. esente da dazio, franco dogana ♦ avv. in franchigia.
Zone (-,-n) s.f. zona.
Zoo (-s,-s) s.m. zoo.
Zopf (-s, Zöpfe) s.m. treccia | *das ist ein alter* –, (fig.) è vecchio come il cucco.
Zorn (-s/.) s.m. rabbia, ira, collera.
zornig agg. arrabbiato, adirato.
zottig agg. arruffato.
zu prep. 1 (moto a luogo e verso persona) da, a, per 2 (stato in luogo) in, a, di, su 3 (tempo) a, per 4 (modo) a, per 5 (fine, scopo) da, per 6 (indica trasformazione) in 7 (abbinamento) con, insieme a 8 (con prezzi e quantità) a, da ♦ avv. 1 troppo 2 chiuso: *das Geschäft ist* –, il negozio è chiuso ♦ cong. 1 (seguito da un verbo all'infinito) di, da 2 (correlato a "um") per 3 (con part.pres.) (si traduce con il passivo) *die* – *erreichende Menge*, la quantità che deve essere raggiunta ♦ elemento mobile di verbi separabili.
Zubehör (-s,-e) s.n. accessori.
zu-bereiten v.tr. preparare.
zu-binden (band zu, zugebunden) v.tr. chiudere legando; allacciare (le scarpe).
zu bringen (brachte zu, zugebracht) v.tr. 1 trascorrere, passare 2 (fam.) riuscire a chiudere.

Zubringer (-s,-) s.m. svincolo, raccordo.
Zubringerdienst (-es,-e) s.m. servizio navetta.
Zucht (-/.) s.f. 1 allevamento 2 coltivazione 3 disciplina.
Zuchthaus (-es,-häuser) s.n. 1 penitenziario 2 reclusione.
züchten v.tr. 1 allevare 2 coltivare.
züchtigen v.tr. punire (corporalmente).
zucken v.intr. sussultare | *mit den Achseln* –, alzare le spalle.
Zucker (-s/.) s.m. zucchero: *brauner* –, zucchero di canna.
Zuckerfrüchte s.pl. canditi.
Zuckerguß (-gusses,-güsse) s.m. glassa: *mit* – *überziehen*, glassare.
zuckerkrank agg. diabetico.
zuckern v.tr. zuccherare.
Zuckung (-,-en) s.f. convulsione; spasimo: *nervöse* -*en*, tic nervosi.
zudem avv. inoltre, per di più.
zu-drehen v.tr. 1 chiudere girando 2 voltare: *jdm. den Rücken* –, voltare le spalle a qlcu.
zudringlich agg. invadente, importuno.
Zueignung (-/.) s.f. dedica.
zueinander avv. uno verso l'altro.
zuerst avv. 1 dapprima 2 in primo luogo.
Zufahrt (-,-en) s.f. accesso.
Zufall (-s,-fälle) s.m. caso, coincidenza: *reiner* –, un puro caso; *so ein* –!, che coincidenza!
zu-fallen (fiel zu, zugefallen) v.intr. 1 (di infisso) chiudersi 2 (+dat.) ricadere (su).
zufällig agg. accidentale, casuale, fortuito ♦ avv. per caso.

zu-fassen *v.intr.* 1 afferrare 2 dare una mano, aiutare.

Zuflucht (-,-) *s.f.* rifugio.

zufolge *prep.* (+*dat.*) (*sempre posposto*) secondo, conformemente.

zufrieden *agg.* (*mit*) soddisfatto (di), contento (di).

zufrieden-geben, sich (gab zufrieden, zufriedengegeben) *v.pron.* (*mit*) accontentarsi (di).

zu-fügen *v.tr.* 1 infliggere, recare: *jdm. Schaden –*, recare danno a qlcu.

zu-führen *v.tr.* (*tecn.*) alimentare; rifornire ♦ *v.intr.* (*auf +acc.*) portare (a), condurre (a).

Zug (-s, Züge) *s.m.* 1 treno 2 corteo; gruppo 3 migrazione 4 (*giochi*) mossa 5 corrente (d'aria).

Zugabe (-,-n) *s.f.* 1 aggiunta; supplemento 2 (*teatr.*) bis.

Zugang (-s,-gänge) *s.m.* 1 accesso (*anche fig.*) 2 nuovo acquisto.

zugänglich *agg.* 1 accessibile 2 ricettivo.

Zugbrücke (-,-n) *s.f.* ponte levatoio.

zu-geben (gab zu, zugegeben) *v.tr.* ammettere, confessare.

zu-gehen (ging zu, zugegangen) *v.intr.* 1 avvicinarsi 2 (*fam.*) svolgersi, esserci | *das kann nicht mit rechten Dingen –*, qui gatta ci cova 3 (*fam.*) chiudersi 4 essere recapitato.

Zugehörigkeit (-/.) *s.f.* appartenenza.

zugeknöpft *agg.* abbottonato (*anche fig.*).

Zügel (-s,-) *s.m.* briglia, redine (*anche fig.*).

zügeln *v.tr.* 1 tenere le briglie di 2 (*fig.*) frenare, tenere a freno.

Zugeständnis (-ses,-se) *s.n.* (*an +acc.*) concessione (a).

zu-gestehen (gestand zu, zugestanden) *v.tr.* concedere.

Zugführer (-s,-) *s.m.* capotreno.

zugleich *avv.* nello stesso tempo.

Zugluft (-/.) *s.f.* corrente d'aria.

Zugpferd (-es,-e) *s.n.* 1 cavallo da tiro 2 (*fig.*) attrazione.

zu-greifen (griff zu, zugegriffen) *v.intr.* 1 cogliere al volo 2 (*a tavola*) servirsi 3 dare una mano.

Zugriff (-s,-e) *s.m.* 1 presa 2 (*inform.*) accesso.

zugrunde *avv.*: *– gehen*, andare in rovina.

zugunsten *prep.* (+*gen.*) a favore di.

zugute *avv.* (+*dat.*) a vantaggio di, a beneficio di.

Zugverbindung (-,-en) *s.f.* (*ferr.*) coincidenza.

Zugvogel (-s,-vögel) *s.m.* uccello migratore.

zu-halten (hielt zu, zugehalten) *v.tr.* 1 tenere chiuso 2 (*auf +acc.*) dirigersi (verso).

Zuhälter (-s,-) *s.m.* protettore (di prostituta).

Zuhause (-s/.) *s.n.* casa: *hier ist mein zweites –*, qui mi sento come a casa mia.

zu-hören *v.intr.* ascoltare, stare a sentire.

Zuhörer (-s,-) *s.m.* ascoltatore.

zu-kommen (kam zu, zugekommen) *v.intr.* 1 (*auf +acc.*) avvicinarsi (a) 2 (+*dat.*) pervenire (a) 3 (+*dat.*) spettare (a).

Zukunft (-/.) *s.f.* futuro.

zukünftig *agg.* futuro ♦ *avv.* in futuro.

Zulage (-,-n) *s.f.* indennità, assegno.

zu-lassen (ließ zu, zugelassen) *v.tr.* 1 (*zu*) ammettere (a/in) 2 permettere 3 abilitare (a una professione) 4

(*auto*) immatricolare.
zulässig *agg.* consentito, permesso.
zuleide *avv.*: *jdm. etwas – tun*, fare del male a qlcno.
zu-leiten *v.tr.* **1** condurre (verso un punto) **2** (*fig.*) far pervenire.
zuletzt *avv.* **1** per ultimo **2** l'ultima volta.
zuliebe *prep.* (+*dat.*) (*sempre posposto*) per amore di.
zu-machen *v.tr.* chiudere.
zumal *cong.* tanto più che.
zu-mauern *v.tr.* murare.
zumeist *avv.* **1** per lo più **2** per la maggior parte.
zumindest *avv.* perlomeno.
zumutbar *agg.* ragionevole, accettabile.
Zumutung (-,-en) *s.f.* **1** pretesa eccessiva **2** affronto.
zunächst *avv.* **1** dapprima **2** per il momento.
Zunahme (-,-n) *s.f.* aumento, incremento.
zünden *v.tr.* **1** far detonare, innescare **2** lanciare (razzi ecc.) **3** accendere (carburante) ♦ *v.intr.* **1** accendersi (*fig.*) infiammarsi **3** capire, arrivarci.
Zündholz (-es,-hölzer) *s.n.* (*austr.*) fiammifero.
Zündung (-,-en) *s.f.* **1** accensione **2** innesco.
Zündverteiler (-s,-) *s.m.* (*auto*) spinterogeno.
zu-nehmen (nahm zu, zugenommen) *v.intr.* **1** (*an*) aumentare (di) **2** intensificarsi ♦ *v.tr.* aumentare di, mettere su.
zunehmend *agg.* crescente ♦ *avv.* sempre più.
Zuneigung (-/-) *s.f.* (*zu*) affetto (per); simpatia (per).
Zunge (-,-n) *s.f.* **1** lingua **2** linguetta **3** (*mus.*) ancia.
Zünglein (-s,-) *s.n.* **1** linguetta **2** lancetta, ago | *das – an der Waage sein*, (*fig.*) essere l'ago della bilancia.
zunichte *avv.: – machen*, annientare, distruggere; vanificare.
zunutze *avv.: sich* (*dat.*) *etwas – machen*, trarre vantaggio da qlco.
zuoberst *avv.* in cima.
zu-ordnen *v.tr.* annoverare tra, classificare tra.
zu-packen *v.intr.* **1** darsi da fare **2** afferrare energicamente.
zupfen *v.tr.* **1** tirare: *jdn. am Ärmel –*, tirare qlcu. per la manica **2** (*mus.*) pizzicare.
zu-prosten *v.intr.* brindare a qlcu.
zurechnungsfähig *agg.* capace di intendere e di volere.
zurecht-finden, sich (fand zurecht, zurechtgefunden) *v.pron.* **1** orientarsi (*anche fig.*) **2** (*fig.*) cavarsela, raccapezzarsi.
zurecht-kommen (kam zurecht, zurechtgekommen) *v.intr.* **1** intendersi, andare d'accordo **2** (*mit*) venire a capo (di).
zurecht-legen *v.tr.* (*fig.*) escogitare: *sich* (*dat.*) *eine Ausrede –*, escogitare una scusa.
zurecht-machen, sich *v.pron.* prepararsi (per uscire); truccarsi.
Zurechtweisung (-,-en) *s.f.* rimprovero.
zu-reden *v.intr.* (+*dat.*) cercare di persuadere.
zu-richten *v.tr.* **1** ridurre (in cattivo stato) **2** (*pellame*) conciare
zürnen *v.intr.* (+*dat.*) essere in collera

zurück (con).

zurück avv. 1 (luogo) di ritorno 2 indietro ♦ elemento mobile di verbi separabili.

zurück·blicken v. intr. 1 guardare indietro 2 (fig.) (auf +acc.) ripercorrere con la memoria.

zurück·fahren (fuhr zurück, zurückgefahren) v.intr. 1 tornare indietro 2 (fig.) indietreggiare ♦ v.tr. riportare indietro (con un veicolo).

zurück·finden (fand zurück, zurückgefunden) v.tr. e intr. ritrovare la strada.

zurück·geben (gab zurück, zurückgegeben) v.tr. restituire.

zurück·gehen (ging zurück, zurückgegangen) v.intr. 1 tornare indietro (a piedi) 2 (fig.) diminuire, calare 3 (auf +acc.) risalire (a).

zurück·gewinnen (gewann zurück, zurückgewonnen) v.tr. 1 riguadagnare 2 (fig.) riconquistare.

zurück·greifen (griff zurück, zurückgegriffen) v.intr. 1 andare indietro (nel tempo) 2 (auf +acc.) ricorrere (a).

zurück·halten (hielt zurück, zurückgehalten) v.tr. 1 trattenere 2 (fig.) dominare, controllare 3 (von) distogliere (da) ♦ **sich** – v.pron. trattenersi.

Zurückhaltung (-/-.) s.f. riservatezza; discrezione.

zurück·kommen (kam zurück, zurückgekommen) v.intr. ritornare (anche fig.).

zurück·lehnen, sich v.pron. appoggiarsi.

zurück·liegen (lag zurück, zurückgelegen) v.intr. 1 essere avvenuto nel passato 2 essere indietro.

zurück·nehmen (nahm zurück, zurückgenommen) v.tr. 1 riprendere 2 (fig.) revocare; ritrattare.

zurück·schauen v.intr. 1 guardare indietro 2 (fig.) guardare al passato.

zurück·schrecken v.intr. indietreggiare (anche fig.).

zurück·setzen v.tr. 1 rimettere dove era prima 2 (fig.) svantaggiare, sfavorire 3 spostare indietro ♦ v.intr. (di veicolo) andare indietro.

zurück·stecken v.intr. scendere a compromessi; accontentarsi di meno.

zurück·stehen (stand zurück, zurückgestanden) v.intr. 1 stare indietro 2 (fig.) rimanere indietro.

zurück·stellen v.tr. 1 rimettere a posto 2 spostare indietro 3 (fig.) rimandare, rinviare.

zurück·treten (trat zurück, zurückgetreten) v.intr. 1 indietreggiare 2 (von) dimettersi (da) 3 recedere 4 (fig.) passare in secondo piano.

zurück·versetzen, sich v.pron. (in +acc.) ritornare con la mente (a).

zurück·weisen (wies zurück, zurückgewiesen) v.tr. respingere, rifiutare.

zurück·zahlen v.tr. 1 rimborsare 2 (fam.) far pagare (un'offesa).

zurück·ziehen (zog zurück, zurückgezogen) v.tr. 1 tirare indietro 2 richiamare; revocare ♦ v.intr. ritornare ad abitare.

Zuruf (-es,-e) s.m. acclamazione 2 richiamo.

Zusage (-,-n) s.f. promessa, impegno.

zusammen avv. 1 insieme 2 in tutto, complessivamente ♦ elemento mobile di verbi separabili.

Zusammenarbeit (-/-.) s.f. cooperazione; collaborazione.

zusammen·bauen v.tr. assemblare.

zusammen·brechen (brach zusammen, zusammengebrochen) *v.intr.* crollare.

Zusammenbruch (-s,-brüche) *s.m.* 1 crollo; fallimento 2 collasso nervoso.

zusammen-fallen (fiel zusammen, zusammengefallen) *v.intr.* 1 crollare (*anche fig.*) 2 (*di impasto*) afflosciarsi 3 coincidere.

Zusammenfassung (-,-en) *s.f.* riassunto; sintesi.

Zusammenfluß (-flusses,-flüsse) *s.m.* confluenza.

zusammengewürfelt *agg.* 1 eterogeneo, misto 2 messo insieme alla meglio.

Zusammenhang (-s,-hänge) *s.m.* 1 connessione, nesso; relazione 2 contesto.

Zusammenkunft (-,-künfte) *s.f.* incontro; riunione.

Zusammenleben (-s/.) *s.n.* convivenza.

zusammen-prallen *v.intr.* urtarsi, scontrarsi.

zusammen-raufen, sich *v.pron.* (*fam.*) imparare ad andare d'accordo.

zusammen-reißen, sich (riß zusammen, zusammengerissen) *v.pron.* (*fam.*) fare uno sforzo; stringere i denti.

Zusammenschluß (-schlusses,-schlüsse) *s.m.* unione.

Zusammensein (-s/.) *s.n.* (*fam.*) ritrovo, incontro.

Zusammensetzung (-,-en) *s.f.* composizione.

Zusammenspiel (-s/.) *s.n.* affiatamento.

zusammen-stellen *v.tr.* 1 mettere insieme 2 accostare 3 compilare 4 organizzare.

Zusammenstoß (-es,-stöße) *s.m.* scontro (*anche fig.*).

zusammen-treffen (traf zusammen, zusammengetroffen) *v.intr.* 1 (*mit*) incontrarsi (con) 2 coincidere.

zusammen-zählen *v.tr.* sommare.

zusammen-ziehen (zog zusammen, zusammengezogen) *v.tr.* stringere (tirando) ♦ *v.intr.* andare a vivere insieme ♦ **sich** – *v.pron.* 1 restringersi 2 (*di temporali*) prepararsi.

Zusatz (-es,-sätze) *s.m.* 1 aggiunta 2 additivo 3 appendice; clausola aggiuntiva.

zusätzlich *agg.* supplementare ♦ *avv.* in aggiunta.

Zuschauer (-s,-) *s.m.* spettatore.

Zuschlag (-s,-schläge) *s.m.* 1 indennità, premio 2 (*di prezzi*) maggiorazione 3 (*di treni*) supplemento 4 (*für*) appalto (di).

zu-schlagen (schlug zu, zugeschlagen) *v.tr.* chiudere sbattendo ♦ *v.intr.* 1 chiudersi rumorosamente 2 colpire (*anche fig.*).

zuschlagfrei *agg. e avv.* (*di treni*) senza supplemento.

zuschlagpflichtig *agg. e avv.* (*di treni*) con supplemento obbligatorio.

Zuschnitt (-s,-e) *s.m.* 1 taglio 2 (*fig.*) calibro.

Zuschrift (-,-en) *s.f.* lettera di risposta ad un annuncio.

zu-schulden *avv.: sich etwas – kommen lassen,* rendersi colpevole di qlco.

Zuschuß (-schusses,-schüsse) *s.m.* sovvenzione, sussidio; contributo (in danaro).

zusehends *avv.* a vista d'occhio.

zu-sichern *v.tr.* assicurare, garantire.

zu-spielen *v.tr.* passare (la palla) (*anche fig.*).

Zuspitzung (-/.) *s.f.* inasprimento.
Zuspruch (-s,-sprüche) *s.m.* **1** parole di conforto **2** approvazione, consenso.
Zustand (-es,-stände) *s.m.* stato, condizione; situazione.
zuständig *agg.* competente.
Zuständigkeit (-,-en) *s.f.* **1** competenza **2** (*dir.*) giurisdizione.
zu-steigen (stieg zu, zugestiegen) *v.intr.* salire su un veicolo nelle fermate intermedie.
zu-stellen *v.tr.* **1** recapitare **2** notificare **3** bloccare.
zu-stimmen *v.intr.* **1** acconsentire (a) **2** approvare, aderire (a).
Zustrom (-s/.) *s.m.* afflusso, affluenza (*anche fig.*)
zutage *avv.*: – *bringen*, portare alla luce.
Zutat (-,-en) *s.f.* ingrediente.
zuteil *avv.*: – *werden* (+*dat.*), toccare (a).
Zuteilung (-,-en) *s.f.* assegnazione.
zutiefst *avv.* profondamente.
zu-tragen, sich (trug zu, zugetragen) *v.pron.* accadere, avvenire.
Zuträger (-s,-) *s.m.* delatore, informatore.
zuträglich *agg.* **1** conveniente, vantaggioso **2** salubre, buono.
zu-trauen *v.tr.*: *jdm. etwas* –, credere qlco. capace di qlco.
zutraulich *agg.* docile.
zu-treffen (traf zu, zugetroffen) *v.intr.* essere pertinente; essere vero.
zutreffend *agg.* vero; azzeccato, pertinente.
Zutritt (-s/.) *s.m.* accesso; entrata, ingresso.
zuverlässig *agg.* **1** affidabile, fidato **2** attendibile.
Zuversicht (-/.) *s.f.* fiducia.

zuviel *avv.* troppo.
zuvor *avv.* prima, dapprima, precedentemente.
zuvorkommend *agg.* premuroso, sollecito.
Zuwachs (-es/.) *s.m.* accrescimento; aumento, incremento.
zuwachsen (wuchs zu, zugewachsen) *v.intr.* **1** (*di ferita*) rimarginarsi **2** coprirsi di vegetazione.
zuwege *avv.*: *etwas – bringen*, riuscire a fare qlco.
zuweilen *avv.* di tanto in tanto.
zu-weisen (wies zu, zugewiesen) *v.tr.* assegnare; conferire.
Zuwendung (-,-en) *s.f.* **1** attenzione, affetto **2** donazione.
zuwenig *agg. e pron.indef.* troppo poco.
zuwider *prep.* (+*dat.*) in contraddizione con, contrario ♦ *agg.* sgradevole, ripugnante.
Zuwiderhandlung (-,-en) *s.f.* trasgressione, infrazione.
zu-winken *v.intr.*: *jdm.* –, fare un cenno a qlcu.
zu-ziehen (zog zu, zugezogen) *v.tr.* **1** chiudere tirando **2** (*fig.*) consultare; interpellare **3** *sich* (*dat.*) *eine Krankheit –*, contrarre una malattia ♦ *v.intr.* venire ad abitare.
zuzüglich *prep.* (+*gen.*) in più, con l'aggiunta di.
Zwang (-es, Zwänge) *s.m.* **1** costrizione **2** (*dir.*) coercizione **3** obbligo.
zwanglos *agg.* **1** spontaneo **2** informale ♦ *avv.* senza fare tanti complimenti.
Zwangsarbeit (-/.) *s.f.* lavori forzati.
Zwangseinweisung (-,-en) *s.f.* ricovero coatto.

Zwangsjacke (-,-n) s.f. camicia di forza.

zwangsläufig agg. inevitabile ♦ avv. 1 per forza 2 necessariamente.

Zwangsversteigerung (-,-en) s.f. asta giudiziaria.

Zwangsvorstellung (-,-en) s.f. idea fissa, ossessione.

zwar avv. sì, certamente | *und* –, e cioè.

Zweck (-s,-e) s.m. 1 scopo, fine 2 senso.

Zwecke (-,-n) s.f. puntina da disegno.

zweckentfremden v.tr. usare per uno scopo diverso da quello previsto.

zwecklos agg. inutile, senza senso.

zweckmäßig agg. 1 adeguato 2 utile; opportuno.

zwecks prep. (+gen.) allo scopo di.

zweideutig agg. ambiguo; equivoco.

Zweierbeziehung (-,-en) s.f. rapporto di coppia, rapporto a due.

zweifach agg. duplice, doppio ♦ avv. due volte.

Zweifel (-s,-) s.m. dubbio; incertezza.

zweifelhaft agg. 1 dubbio, dubbioso 2 sospetto.

zweifellos avv. indubbiamente, senza dubbio.

zweifeln v.intr. (*an* +dat.) dubitare (di).

zweifelsohne avv. indubbiamente, senza dubbio.

Zweig (-es,-e) s.m. ramo (anche fig.).

Zweigstelle (-,-n) s.f. agenzia; succursale.

Zweikampf (-es,-kämpfe) s.m. duello.

zweiseitig agg. 1 bilaterale 2 di due pagine.

zweitrangig agg. secondario.

Zwerg (-es,-e) s.m. nano.

Zwetschge (-,-n) s.f. prugna, susina.

Zwickel (-s,-) s.m. (abbigl.) tassello.

zwicken v.tr. 1 pizzicare 2 (fam.) tirare; stringere.

Zwieback (-s,-e) s.m. fetta biscottata.

Zwiebel (-s,-) s.f. 1 cipolla 2 (bot.) bulbo.

Zwielicht (-es/.) s.n. penombra; crepuscolo | *ins – geraten*, (fig.) dare di sé un'immagine ambigua.

Zwiespalt (-es,-e) s.m. conflitto interiore.

Zwilling (-s,-e) s.m. 1 gemello 2 (*astrologia*) Gemelli.

Zwinge (-,-n) s.f. morsetto.

zwingen (zwang, gezwungen) v.tr. costringere; obbligare ♦ *sich* – v.pron. sforzarsi.

zwingend agg. 1 costrittivo 2 plausibile.

Zwinger (-s,-) s.m. serraglio; canile.

zwinkern v.intr. ammiccare.

Zwirn (-es,-e) s.m. filo ritorto.

zwischen prep. 1 (*stato in luogo* +dat.) fra, tra 2 (*moto a luogo* +acc.) fra, tra 3 (*tempo* +dat.) fra, tra.

Zwischending (-s/.) s.n. via di mezzo.

zwischendurch avv. nel frattempo, frattanto.

Zwischenfall (-s,-fälle) s.m. contrattempo, incidente.

Zwischenlandung (-,-en) s.f. (aereo) scalo.

Zwischenmahlzeit (-,-en) s.f. spuntino.

zwischenmenschlich agg. interpersonale.

Zwischenraum (-es,-räume) s.m. 1 spazio; intercapedine 2 intervallo, distanza.

zwischenstaatlich agg. internazionale, fra più stätl.

Zwischenwand (-,-wände) s.f. parete

Zwischenzeit
divisoria.
Zwischenzeit (-,-en) *s.f.* **1** intervallo di tempo: *in der –*, nel frattempo **2** (*sport*) tempo intermedio.
Zwist (-es,-e) *s.m.* **1** discordia, dissidio **2** lite.
zwitschern *v.intr.* cinguettare.

Zyanid (-s,-e) *s.n.* cianuro.
Zyankali (-s/.) *s.n.* cianuro di potassio.
zyklisch *agg.* ciclico.
Zyklus (-,-len) *s.m.* ciclo.
Zylinder (-s,-) *s.m.* cilindro.
zynisch *agg.* cinico.
Zyste (-,-n) *s.f.* (*med.*) cisti.

Finito di stampare nel gennaio 1998
dalle Industrie per le Arti Grafiche Garzanti-Verga s.r.l.
Cernusco s/N (Mi)